宁夏经济普查年鉴

Ningxia Economic Census Yearbook

2008

第二产业卷

宁夏回族自治区人民政府第二次
全国经济普查领导小组办公室 编
宁夏回族自治区统计局

中国统计出版社
China Statistics Press

(京)新登字041号

图书在版编目（CIP）数据

宁夏经济普查年鉴. 2008/ 宁夏回族自治区人民政府第二次全国经济普查领导小组办公室，宁夏回族自治区统计局编
—北京：中国统计出版社，2010.10
ISBN 978-7-5037-6075-4

I.①宁… II.①宁… ②宁… III.①经济-普查-统计资料-宁夏-2008-年鉴 IV. F127.43-54

中国版本图书馆CIP数据核字(2010)第176800号

宁夏经济普查年鉴—2008（第二产业卷）

作　　者/宁夏回族自治区人民政府第二次全国经济普查领导小组办公室
　　　　/宁夏回族自治区统计局
责任编辑/马　平
装帧设计/黄俊杰　李雪燕
出版发行/中国统计出版社
通信地址/北京市西城区月坛南街57号
邮政编码/100826
办公地址/北京市丰台区西三环南路甲6号
网　　址/www.stats.gov.cn/tjshujia
电　　话/邮购（010）63376907　书店（010）68783172
印　　刷/宁夏雅昌彩色印务有限公司
经　　销/新华书店
开　　本/880×1230毫米　1/16
字　　数/500千字
印　　张/16.25
版　　别/2010年11月第1版
版　　次/2010年11月第1次印刷
书　　号/ISBN 978-7-5037-6075-4/F・2939
定　　价/880.00元（全四册 附光盘）

本书附同版光盘一张，内容以纸质图书为准。

编辑委员会

编辑说明

为了全面掌握我国第二产业和第三产业的发展规模及布局，了解我国产业组织、产业结构、产业技术的现状以及各生产要素的构成，摸清我国各类企业和单位能源消耗的基本情况，建立健全覆盖国民经济各行业的基本单位名录库、基础信息数据库和统计电子地理信息系统，为加强和改善宏观调控，科学制定中长期发展规划，提供科学准确的统计信息支持，国务院决定在2008年开展第二次全国经济普查。按照全国的统一部署，我区组织开展了全区第二次全国经济普查。这次普查的标准时点是2008年12月31日，时期资料为2008年度。普查对象是在我区行政区划内从事第二产业和第三产业的全部法人单位、产业活动单位和个体经营户。普查主要内容包括单位基本属性、从业人员、财务状况、生产经营情况、生产能力、能源消耗、科技活动情况等。

在自治区党委、政府及全区各级党和政府的高度重视和领导下，在各有关部门的密切配合下，经过全区各级普查机构和4万多名普查工作者两年的艰苦努力和辛勤工作，全区第二次全国经济普查的主要任务已圆满完成，取得重要成果。

《宁夏经济普查年鉴—2008》是根据宁夏第二次全国经济普查结果汇编的，并按照现行的国家统计分类标准对基础数据进行加工汇总而成的一部大型资料集。全书分为综合卷、第二产业卷和第三产业卷，并随书配送同版本电子光盘一张。与第一次经济普查年鉴相比，综合卷增加了信息化情况表式。本书通过大量的数据，诠释了全区社会发展、经济增长和科技进步的本来面貌，内容全面，资料丰富，是各级党政领导、行政管理人员以及科研机构和社会各界全面了解和认识我区的重要参考资料。同时，为我区宏观经济政策制定和经济社会发展规划编制提供科学依据，为社会各方面应用提供翔实数据，服务于现代化。

为使读者能够更好地使用本资料，现对有关问题做如下说明：

1． 本资料中地区分组数据均按法人单位实际所在行政区的原则进行汇总。

2． 本资料中部分分组数据相加与总计有差异，原因是分组所列项目不全，或分组所列项目只限定部分数据对象填写。

3． 本资料各表种中所列出的“单位数”存在差异，是由于经济普查对不同的表种限定了不同的填报范围，因此各表种的“单位数”均显示为实际填报该表种的单位数量。

4． 本资料中使用的符号：“空格”表示该项指标无数据；“＃”表示主要项中的其中部分项目，“…”表示数据不足该表最小单位数。

第二产业卷 目录

第1篇 工业企业生产经营及财务状况

第2篇 主要工业产品产量及能源消费量

第3篇 规模以上工业企业科技情况

H．企业办科技机构情况

I．科技项目情况

J．新产品开发及生产情况

K．专利情况

L．技术改造和技术获取情况

第 4 篇　建筑业企业生产经营及财务状况

附　录

第1篇

工业企业生产经营及财务状况

A. 全区规模以上工业企业主要经济指标

1-A-1 规模以上工业

项目	企业单位数(个)	亏损企业	工业增加值(当年价格)	工业总产值(当年价格)	工业销售产值(当年价格)
总计	**902**	**309**	**49465354**	**136903700**	**130909657**
一、按登记注册类型分组					
内资企业	857	294	46275203	126987753	121325143
国有企业	36	19	7076927	19686881	19474835
中央企业	8	3		15803971	15702602
地方企业	28	16		3882910	3772233
集体企业	9	3	57617	243715	252269
股份合作企业	3		58175	131505	112555
联营企业	2		51839	119198	120603
国有联营企业	1		23422	39462	39462
集体联营企业	1		28418	79736	81141
国有与集体联营企业					
其他联营企业					
有限责任公司	213	57	22757012	52362997	50165693
国有独资公司	16	5	11450093	21728939	20767251
其他有限责任公司	197	52	11306919	30634058	29398442
股份有限公司	25	3	4235308	18208008	17617571
私营企业	568	212	11962543	35858239	33254870
私营独资企业	16	6	202590	837089	759795
私营合作企业	1		1554	3920	3840
私营有限责任公司	547	205	11734143	34936372	32408173
私营股份有限公司	4	1	24255	80858	83062
其他企业	1		75782	377210	326747
港、澳、台商投资企业	9	4	164857	526133	499394
合资经营企业(港或澳、台资)	6	3	97014	264151	261062
合作经营企业(港或澳、台资)					
港澳台商独资经营企业	2	1	35701	124111	119705
港澳台商投资股份有限公司	1		32143	137871	118627
外商投资企业	36	11	3025294	9389814	9085120
中外合资经营企业	27	8	2471268	7728305	7635758
中外合作经营企业	2	1	39892	101694	97729
外资企业	7	2	514134	1559815	1351633
外商投资股份有限公司					
二、按经济组织类型分组					
独资企业	70	31	7886969	22451611	21958237
国有企业	36	19	7076927	19686881	19474835
集体企业	9	3	57617	243715	252269
私营独资企业	16	6	202590	837089	759795
港澳台商独资经营企业	2	1	35701	124111	119705
外资企业	7	2	514134	1559815	1351633
合作、合伙企业	9	1	227243	733527	661474
股份合作企业	3		58175	131505	112555
国有联营企业	1		23422	39462	39462
集体联营企业	1		28418	79736	81141
国有与集体联营企业					
其他联营企业					
私营合伙企业	1		1554	3920	3840
合作经营企业(港或澳、台资)					
中外合作经营企业	2	1	39892	101694	97729
其他企业(内资)	1		75782	377210	326747

企业主要经济指标

单位：千元

出口交货值	资产总计	流动资产合　计				流动资产年平均余额	固定资产合　计	固定资产原　价
			应收帐款	存货	产成品			
5635574	**206206429**	**75363592**	**12556781**	**24563942**	**11567829**	**68489915**	**106610463**	**117133124**
4295476	195475056	70360054	11641449	22276404	10468906	63029298	102111130	111370553
1604	26618086	4156950	863815	868202	283977	4335263	17763060	27470213
	19521691	2546382	656941	312266	81136	2969643	12812471	22278642
1604	7096395	1610568	206874	555936	202841	1365620	4950589	5191571
	184798	76915	18935	30773	11612	84218	101150	158709
	218102	73421	9338	37605	22645	67475	140807	180951
	112360	42386	18052	15364	12308	43442	56365	208128
	50863	1414	257			9297	49449	166464
	61497	40972	17795	15364	12308	34145	6916	41664
2249426	112445673	36864189	5123603	10721986	5495612	32302969	65300458	56739214
61019	62125621	19460433	1962117	5362480	3170532	17219596	36951486	24169049
2188407	50320052	17403756	3161486	5359506	2325080	15083373	28348972	32570165
306324	21854489	9693452	1287529	3041046	1180694	8788095	8025744	14289439
1738122	33873575	19355845	4315509	7526052	3429255	17316082	10703552	12312531
967	2569663	1061521	75566	253747	54742	835106	269164	385928
67	9232	1372		1091	306	1205	7859	7859
1737088	31230509	18260994	4221599	7263351	3373696	16449368	10402628	11887831
	64171	31958	18344	7863	511	30403	23901	30913
	167973	96896	4668	35376	32803	91754	19994	11368
74479	612112	302861	99906	112249	30220	381890	294691	367642
13376	422633	196630	68938	65242	19907	272408	216627	274627
	77307	44823	8233	21165	10313	42147	27759	34671
61103	112172	61408	22735	25842		67335	50305	58344
1265619	10119261	4700677	815426	2175289	1068703	5078727	4204642	5394929
892221	8135942	3576295	571875	1767461	840747	4012737	3639128	4622228
406	165815	49950	12250	3823	2407	46954	18804	21559
372992	1817504	1074432	231301	404005	225549	1019036	546710	751142
375563	31267358	6414641	1197850	1577892	586193	6315770	18707843	28800663
1604	26618086	4156950	863815	868202	283977	4335263	17763060	27470213
	184798	76915	18935	30773	11612	84218	101150	158709
967	2569663	1061521	75566	253747	54742	835106	269164	385928
	77307	44823	8233	21165	10313	42147	27759	34671
372992	1817504	1074432	231301	404005	225549	1019036	546710	751142
473	673482	264025	44308	93259	70469	250830	243829	429865
	218102	73421	9338	37605	22645	67475	140807	180951
	50863	1414	257			9297	49449	166464
	61497	40972	17795	15364	12308	34145	6916	41664
67	9232	1372		1091	306	1205	7859	7859
406	165815	49950	12250	3823	2407	46954	18804	21559
	167973	96896	4668	35376	32803	91754	19994	11368

1-A-1 续表 1-1

项目	企业单位数(个)	亏损企业	工业增加值(当年价格)	工业总产值(当年价格)	工业销售产值(当年价格)
股份有限公司	30	4	4291706	18426737	17819260
股份有限公司(内资)	25	3	4235308	18208008	17617571
私营股份有限公司	4	1	24255	80858	83062
港澳台商投资股份有限公司	1		32143	137871	118627
外商投资股份有限公司					
有限责任公司	793	273	37059437	95291825	90470686
国有独资公司	16	5	11450093	21728939	20767251
私营有限责任公司	547	205	11734143	34936372	32408173
合资经营企业(港或澳、台资)	6	3	97014	264151	261062
中外合资经营企业	27	8	2471268	7728305	7635758
其他有限责任公司	197	52	11306919	30634058	29398442
三、在总计中					
#亏损企业	309	309		28183007	27078960
#国有控股企业	107	33	26331324	66766467	64931246
#农村工业	3	1		240620	231457
#轻工业	262	82	7438378	21656899	19543423
重工业	640	227	42026976	115246801	111366234
#大型企业	16	4	20477133	54103545	52885422
中型企业	115	25	15739629	44866526	41857282
小型企业	771	280	13248592	37933629	36166953
四、按工业行业分组					
采矿业	**111**	**40**	**11625686**	**20000703**	**19264800**
煤炭开采和洗选业	108	40	11473679	19703045	18977659
烟煤和无烟煤的开采洗选	108	40	11473679	19703045	18977659
石油和天然气开采业	1		134612	200583	200583
与石油和天然气开采有关的服务活动	1		134612	200583	200583
黑色金属矿采选业	1		12151	77381	68015
铁矿采选	1		12151	77381	68015
非金属矿采选业	1		5244	19694	18543
石棉及其他非金属矿采选	1		5244	19694	18543
其他非金属矿采选	1		5244	19694	18543
制造业	**741**	**244**	**28585424**	**95482107**	**90261159**
农副食品加工业	77	17	844090	3000119	2829230
谷物磨制	19	1	328229	1099285	1086466
饲料加工	13	1	143469	661428	636097
植物油加工	10	3	84256	262624	253890
食用植物油加工	10	3	84256	262624	253890
屠宰及肉类加工	13	1	99642	362214	379303
畜禽屠宰	7		65539	258165	248877
肉制品及副产品加工	6	1	34103	104049	130426
蔬菜、水果和坚果加工	9	8	25134	67431	69032
其他农副食品加工	13	3	163360	547137	404442
淀粉及淀粉制品的制造	6	2	124828	420994	284712
豆制品制造	1	1	2363	7529	7529
蛋品加工	3		2195	25075	25075
其他未列明的农副食品加工	3		33973	93539	87126

单位：千元

出口交货值	资产总计	流动资产合计	应收帐款	存货	产成品	流动资产年平均余额	固定资产合计	固定资产原价
367427	22030832	9786818	1328608	3074751	1181205	8885833	8099950	14378696
306324	21854489	9693452	1287529	3041046	1180694	8788095	8025744	14289439
	64171	31958	18344	7863	511	30403	23901	30913
61103	112172	61408	22735	25842		67335	50305	58344
4892111	152234757	58898108	9986015	19818040	9729962	53037482	79558841	73523900
61019	62125621	19460433	1962117	5362480	3170532	17219596	36951486	24169049
1737088	31230509	18260994	4221599	7263351	3373696	16449368	10402628	11887831
13376	422633	196630	68938	65242	19907	272408	216627	274627
892221	8135942	3576295	571875	1767461	840747	4012737	3639128	4622228
2188407	50320052	17403756	3161486	5359506	2325080	15083373	28348972	32570165
361059	27965377	12882756	1823743	4449078	2002972	12476312	11373092	17989454
1015125	135053013	38950389	5327033	10751146	4588810	34958839	81121422	85862873
	153243	122509	38882	64900	28369	117528	30459	42734
1629566	31208140	13780120	2631507	5830435	2587528	12608727	11061238	13101657
4006008	174998289	61583472	9925274	18733507	8980301	55881188	95549225	104031467
1925402	93275995	30276553	3503351	8816112	3948863	27129266	54987928	56364474
2649400	68565513	25341182	4318135	8488426	3821800	23156443	30422796	37739579
1060772	44364921	19745857	4735295	7259404	3797166	18204206	21199739	23029071
111425	**52522861**	**16498046**	**3069074**	**3442772**	**3104318**	**14673867**	**31227304**	**17127682**
111425	51986740	16413906	3036313	3431084	3100168	14425330	31219219	17116814
111425	51986740	16413906	3036313	3431084	3100168	14425330	31219219	17116814
	505986	59207	22220			236989	3779	5098
	505986	59207	22220			236989	3779	5098
	10874	8980		8663	2072	8326	998	1110
	10874	8980		8663	2072	8326	998	1110
	19261	15953	10541	3025	2078	3222	3308	4660
	19261	15953	10541	3025	2078	3222	3308	4660
	19261	15953	10541	3025	2078	3222	3308	4660
5523991	**106965386**	**52219964**	**8518724**	**20573040**	**8462894**	**47300389**	**39196764**	**51848731**
53832	2366045	1220228	166645	583902	276265	998362	1021268	1140016
	721727	403917	42136	230902	65744	328994	272462	340830
2464	277033	120387	10140	61925	20206	104881	115295	146505
	192300	129734	21208	57340	22814	81454	51668	57114
	192300	129734	21208	57340	22814	81454	51668	57114
5734	336740	155501	16500	70456	32092	144069	168877	176360
	134367	48052	10543	32062	3571	50402	78019	79849
5734	202373	107449	5957	38394	28521	93667	90858	96511
9073	127560	74086	22473	40905	39850	79361	44790	59873
36561	710685	336603	54188	122374	95559	259603	368176	359334
3170	568192	237820	15295	98361	80507	189523	327609	314386
	6394	4262	655			1300	1457	
	10570	3222	1578	1506	815	3250	7348	8883
33391	125529	91299	36660	22507	14237	65530	31762	36065

1-A-1 续表 1-2

项　目	企业单位数(个)	亏损企业	工业增加值(当年价格)	工业总产值(当年价格)	工业销售产值(当年价格)
食品制造业	40	11	1095100	3393986	3082250
焙烤食品制造	6	1	21704	76045	70223
糕点、面包制造	6	1	21704	76045	70223
糖果、巧克力及蜜饯制造	2		5149	13275	11694
蜜饯制作	2		5149	13275	11694
方便食品制造	3		19647	61347	57421
米、面制品制造	2		2455	11570	10543
速冻食品制造	1		17192	49777	46878
液体乳及乳制品制造	21	8	457594	1386500	1231884
调味品、发酵制品制造	3	1	525171	1634023	1498806
味精制造	2	1	267177	927487	918591
其他调味品、发酵制品制造	1		257994	706536	580215
其他食品制造	5	1	65835	222796	212222
营养、保健食品制造	3	1	21987	90032	88447
食品及饲料添加剂制造	1		32911	75973	69210
其他未列明的食品制造	1		10937	56791	54565
饮料制造业	21	7	545191	1336167	1385983
酒的制造	15	4	484903	1078596	887118
白酒制造	8	1	111659	237293	206315
啤酒制造	2	1	81947	190978	190685
葡萄酒制造	2	2	55262	110038	102677
其他酒制造	3		236035	540287	387441
软饮料制造	6	3	60288	257571	498865
果菜汁及果菜汁饮料制造	6	3	60288	257571	498865
烟草制品业	2	1	154953	268852	256017
烟叶复烤	1		2320	11500	9841
卷烟制造	1	1	152633	257352	246176
纺织业	42	9	2216407	6301966	5321691
棉、化纤纺织及印染精加工	2	1	15706	41173	39167
棉、化纤纺织加工	2	1	15706	41173	39167
毛纺织和染整精加工	38	8	2188428	6231790	5253598
毛纺织	38	8	2188428	6231790	5253598
纺织制成品制造	2		12273	29003	28926
毛制品制造	1		3471	9614	9537
绳、索、缆的制造	1		8802	19389	19389
纺织服装、鞋、帽制造业	1		26136	60407	60320
纺织服装制造	1		26136	60407	60320
皮革、毛皮、羽毛(绒)及其制品业	11	7	49847	147865	125365
皮革鞣制加工	1		19583	45402	41192
毛皮鞣制及制品加工	9	7	28885	82789	73858
毛皮鞣制加工	5	5	12850	44437	39916
毛皮服装加工	2		3824	16415	15513
其他毛皮制品加工	2	2	12211	21937	18429
羽毛(绒)加工及制品制造	1		1379	19674	10315
羽毛(绒)加工	1		1379	19674	10315
木材加工及木、竹、藤、棕、草制品业	1		11937	22974	18894
木制品制造	1		11937	22974	18894
建筑用木料及木材组件加工	1		11937	22974	18894

单位：千元

出口交货值	资产总计	流动资产合计	应收帐款	存货	产成品	流动资产年平均余额	固定资产合计	固定资产原价
53793	3023522	1328150	319289	406837	229103	1119975	1290934	1575382
	74132	35818	7340	9455	544	36902	23990	32540
	74132	35818	7340	9455	544	36902	23990	32540
	19892	4386	2	4384	2738	7270	14124	17642
	19892	4386	2	4384	2738	7270	14124	17642
	30302	13477	3148	7841	5178	11983	16824	15204
	7520	5214	1023	3422	2763	4350	2305	4817
	22782	8263	2125	4419	2415	7633	14519	10387
	1349884	679261	196239	215023	156252	581330	388210	622406
36397	1379894	474076	76137	137556	56757	374524	813051	843436
3330	642347	207846	42470	85376	36463	227081	404308	481434
33067	737547	266230	33667	52180	20294	147443	408743	362002
17396	169418	121132	36423	32578	7634	107966	34735	44154
3451	68390	45408	10202	14669	4891	41120	16367	17911
13945	64554	58706	25784	4630	517	51716	3248	9880
	36474	17018	437	13279	2226	15130	15120	16363
11999	2673964	1634449	121052	591941	268401	1688122	798717	924962
102	2159812	1411580	116947	387557	89277	1352805	538599	630710
	282644	149644	14592	93841	38150	138721	99437	109960
	479948	217275	3837	44447	8996	191810	214428	236520
	505472	316952	30597	144109		351078	142294	184740
102	891748	727709	67921	105160	42131	671196	82440	99490
11897	514152	222869	4105	204384	179124	335317	260118	294252
11897	514152	222869	4105	204384	179124	335317	260118	294252
	35304	-164445	8407	34992	14945	-45447	52273	106581
	14820	11558		10905	7643	9875	3262	5033
	20484	-176003	8407	24087	7302	-55322	49011	101548
777549	7101893	5244097	1097550	2634579	1168359	4831169	1075170	1164087
	66077	35938	2106	14185	8677	37627	16044	16215
	66077	35938	2106	14185	8677	37627	16044	16215
777549	7017882	5196698	1094984	2615184	1159177	4782224	1053102	1138585
777549	7017882	5196698	1094984	2615184	1159177	4782224	1053102	1138585
	17934	11461	460	5210	505	11318	6024	9287
	6832	3565	460	2963	432	3681	2889	3949
	11102	7896		2247	73	7637	3135	5338
	62920	44289	15579	8070	3124	38789	14743	21977
	62920	44289	15579	8070	3124	38789	14743	21977
12163	171910	126032	26796	68548	51725	107258	34771	40110
	47011	34114	4231	13530	12816	28724	12897	12897
12163	100922	67954	16607	40267	24512	63493	21861	27198
12163	65829	40624	7061	26416	22385	38964	17228	22788
	14284	7699	1264	4402	1626	6793	3455	2884
	20809	19631	8282	9449	501	17736	1178	1526
	23977	23964	5958	14751	14397	15041	13	15
	23977	23964	5958	14751	14397	15041	13	15
	36196	14866	2834	2938	1359	15861	18999	22553
	36196	14866	2834	2938	1359	15861	18999	22553
	36196	14866	2834	2938	1359	15861	18999	22553

1-A-1 续表 1-3

项　目	企业单位数(个)	亏损企业	工业增加值(当年价格)	工业总产值(当年价格)	工业销售产值(当年价格)
家具制造业	4	1	20691	63108	62947
木质家具制造	2	1	13345	43383	43222
金属家具制造	1		5477	13497	13497
其他家具制造	1		1870	6228	6228
造纸及纸制品业	18	5	1288673	3943177	3628252
造纸	13	3	1267510	3876139	3564025
机制纸及纸板制造	12	3	1263734	3843941	3534655
加工纸制造	1		3776	32198	29370
纸制品制造	5	2	21163	67038	64227
纸和纸板容器的制造	3		9544	26023	24218
其他纸制品制造	2	2	11619	41015	40009
印刷业和记录媒介的复制	10	2	96089	275673	258429
印刷	10	2	96089	275673	258429
书、报、刊印刷	4	1	44797	71594	70770
包装装潢及其他印刷	6	1	51293	204079	187659
石油加工、炼焦及核燃料加工业	31	15	2236407	12007825	11978438
精炼石油产品的制造	8	5	1415679	9422823	9578259
原油加工及石油制品制造	8	5	1415679	9422823	9578259
炼焦	23	10	820728	2585002	2400179
化学原料及化学制品制造业	104	48	5823152	17312124	16085655
基础化学原料制造	62	29	2028454	5965180	5528097
无机酸制造	4	1	144731	320690	256147
无机碱制造	5	4	60916	252408	242379
无机盐制造	25	15	689286	2482630	2495664
有机化学原料制造	6	1	227126	537401	484870
其他基础化学原料制造	22	8	906395	2372051	2049037
肥料制造	13	6	1320115	4138674	3833410
氮肥制造	7	5	856954	2818572	2747255
磷肥制造	3		252003	760400	582100
钾肥制造	1		188333	484888	421088
复混肥料制造	2	1	22825	74814	82967
农药制造	3	1	486611	1060772	887162
化学农药制造	3	1	486611	1060772	887162
涂料、油墨、颜料及类似产品制造	6	4	239004	578444	464863
涂料制造	2	1	7624	23033	26882
染料制造	4	3	231380	555411	437981
合成材料制造	4		1512888	4847619	4765157
初级形态的塑料及合成树脂制造	4		1512888	4847619	4765157
专用化学产品制造	16	8	236080	721435	606966
化学试剂和助剂制造	5	1	143810	453061	381871
专项化学用品制造	5	4	21100	66834	53106
林产化学产品制造	4	2	57840	153571	123357
炸药及火工产品制造	1		9664	33713	33750
其他专用化学产品制造	1	1	3666	14256	14882
医药制造业	12	4	680552	1859925	1675242
化学药品原药制造	2	1	421136	1146641	1119535
化学药品制剂制造	4		69471	141507	129334
中药饮片加工	1		6630	18200	13002
中成药制造	2	1	24718	59742	57864
兽用药品制造	3	2	158597	493835	355507

单位：千元

出口交货值	资产总计	流动资产合计	应收帐款	存货	产成品	流动资产年平均余额	固定资产合计	固定资产原价
	72055	35626	17051	11854	2629	33008	33643	40535
	47558	22748	9968	7818	1031	22063	23597	30331
	8970	7963	5982	1755	230	5689	1000	1134
	15527	4915	1101	2281	1368	5256	9046	9070
67	9134738	2685713	493255	937161	391578	2431030	2453497	3221282
67	9049091	2632638	473951	913356	379140	2386121	2425989	3187154
67	9034950	2628155	471953	911400	377184	2381949	2416331	3176504
	14141	4483	1998	1956	1956	4172	9658	10650
	85647	53075	19304	23805	12438	44909	27508	34128
	33767	19546	7492	10979	3787	10171	10348	12951
	51880	33529	11812	12826	8651	34738	17160	21177
	327047	195314	54931	90397	23447	197759	113484	162373
	327047	195314	54931	90397	23447	197759	113484	162373
	99675	40084	15505	10190	208	43813	46084	82564
	227372	155230	39426	80207	23239	153946	67400	79809
4644	8457082	5109470	399367	1299864	677047	4539736	1494153	2684799
	5028347	3483548	353320	574796	159533	3168327	975794	2041126
	5028347	3483548	353320	574796	159533	3168327	975794	2041126
4644	3428735	1625922	46047	725068	517514	1371409	518359	643673
1064607	15775615	5568161	542097	2165544	1033955	4982064	8892598	13334168
422891	3998300	1915545	262473	607376	342640	1817436	1816427	2281116
	166428	123060	18907	28927	11543	57554	40702	65293
	64768	40207	-3160	29832	18078	35361	23349	27113
	1242895	564265	83977	175205	48363	598319	625740	730962
189128	681716	318653	45868	69251	52406	310675	321930	451504
233763	1842493	869360	116881	304161	212250	815527	804706	1006244
	4710576	1400539	80828	919706	389604	1174011	2928773	6079327
	3959393	884312	39653	474594	128824	774355	2729901	5792382
	465328	321743	7973	302085	168071	207735	120450	193259
	204491	151945	10726	141219	92365	151945	40036	47273
	81364	42539	22476	1808	344	39976	38386	46413
430022	365058	97024	45701	47843	14979	123239	263257	294074
430022	365058	97024	45701	47843	14979	123239	263257	294074
8592	435130	295454	48627	93756	44657	235941	106466	168438
	41806	28578	6080	14071	10749	30164	13130	20048
8592	393324	266876	42547	79685	33908	205777	93336	148390
102026	5639277	1551991	42784	336551	145523	1328642	3473174	4104546
102026	5639277	1551991	42784	336551	145523	1328642	3473174	4104546
101076	627274	307608	61684	160312	96552	302795	304501	406667
	275717	104661	33472	46260	30131	129589	168982	214512
25951	93214	51572	9174	30527	14122	42180	39730	52964
75125	176933	111627	10112	67650	44067	96108	54594	87095
	16417	11445	6426	803	208	11633	4972	6712
	64993	28303	2500	15072	8024	23285	36223	45384
711571	3764553	820221	158816	301420	93731	662402	2489122	2705527
470349	2436728	481405	44585	203428	41123	356545	1639207	1885344
	227809	99230	15075	34138	28702	95375	98115	141276
	16858	9340	5063	3241	772	7392	7518	8357
11872	459020	130179	66843	30237	10440	112886	326131	356757
229350	624138	100067	27250	30376	12694	90204	418151	313793

1-A-1 续表 1-4

项 目	企业单位数(个)	亏损企业	工业增加值(当年价格)	工业总产值(当年价格)	工业销售产值(当年价格)
橡胶制品业	4	1	826760	2545190	2516832
轮胎制造	2	1	803401	2478348	2466516
车辆、飞机及工程机械轮胎制造	2	1	803401	2478348	2466516
橡胶板、管、带的制造	2		23360	66842	50316
塑料制品业	26	8	230523	795050	793552
塑料薄膜制造	2		5280	28433	24606
塑料板、管、型材的制造	9	3	144289	478003	476616
塑料丝、绳及编织品的制造	11	1	62974	233493	235952
泡沫塑料制造	1	1	1821	5280	6041
塑料包装箱及容器制造	1	1	4957	17671	17077
塑料零件制造	1	1	5715	16176	16672
日用塑料制造	1	1	5486	15994	16588
日用塑料杂品制造	1	1	5486	15994	16588
非金属矿物制品业	118	40	2100177	5998908	5689201
水泥、石灰和石膏的制造	28	6	962918	2416256	2358315
水泥制造	27	6	958412	2396955	2339482
石灰和石膏制造	1		4506	19301	18833
水泥及石膏制品制造	21	5	211003	602346	586717
水泥制品制造	17	3	196589	551645	533853
砼结构构件制造	2	1	6531	26869	29645
轻质建筑材料制造	2	1	7884	23832	23219
砖瓦、石材及其他建筑材料制造	7	2	69453	232203	221145
粘土砖瓦及建筑砌块制造	1		11502	24450	15840
建筑陶瓷制品制造	3	1	43165	168400	160011
建筑用石加工	1	1	3368	10758	10758
其他建筑材料制造	2		11419	28595	34536
玻璃及玻璃制品制造	3	3	25319	66279	56008
平板玻璃制造	1	1	3423	10045	10350
技术玻璃制品制造	1	1	9414	22658	20037
日用玻璃制品及玻璃包装容器制造	1	1	12482	33576	25621
耐火材料制品制造	1		2201	10849	10173
耐火陶瓷制品及其他耐火材料制造	1		2201	10849	10173
石墨及其他非金属矿物制品制造	58	24	829283	2670975	2456843
石墨及碳素制品制造	40	17	488000	1501401	1410011
其他非金属矿物制品制造	18	7	341284	1169574	1046832
黑色金属冶炼及压延加工业	74	31	2433488	9126692	8773560
炼铁	7	2	507927	1915947	1741817
钢压延加工	8	3	274914	1528891	1537665
铁合金冶炼	59	26	1650647	5681854	5494078
有色金属冶炼及压延加工业	25	12	4413798	16590058	15957302
常用有色金属冶炼	19	10	3917460	14409749	13875385
铜冶炼	3	2	115805	270551	270585
铅锌冶炼	5	4	435512	1646242	1538838
铝冶炼	3	1	2298333	9796375	9442290
镁冶炼	7	3	907114	2095037	2032492
其他常用有色金属冶炼	1		160696	601544	591180

单位：千元

出口交货值	资产总计	流动资产合计	应收帐款	存货		流动资产年平均余额	固定资产合计	固定资产原价
					产成品			
110443	2071702	940440	348629	454768	296504	994449	1042867	1426272
110443	2018822	897544	327594	436786	283833	955330	1034232	1416788
110443	2018822	897544	327594	436786	283833	955330	1034232	1416788
	52880	42896	21035	17982	12671	39119	8635	9484
	752652	431951	172494	129603	70605	486871	288140	374154
	16231	5766		4346	3331	6709	10465	14080
	555521	301514	121202	85695	55293	377157	228190	274838
	122373	92983	34887	31577	8021	69229	28049	58998
	19113	9425	4542	1820	215	10632	6227	3993
	18493	7451	3614	2654	1488	8430	10168	15445
	9240	5379	2815	1688	981	4871	2989	4366
	11681	9433	5434	1823	1276	9843	2052	2434
	11681	9433	5434	1823	1276	9843	2052	2434
435738	9591917	4215770	833677	1284593	532487	3497550	3456945	4894520
	5032267	1791122	338046	425400	82176	1479253	2196248	3272762
	5017094	1784087	334098	423172	81708	1474437	2188110	3263977
	15173	7035	3948	2228	468	4816	8138	8785
	1301197	665461	132175	178815	111249	617113	285951	407849
	1187811	626623	115489	171289	107444	569045	231191	335567
	62154	22752	14821	2341	1002	35535	20993	25285
	51232	16086	1865	5185	2803	12533	33767	46997
	411103	151542	25874	81923	29857	102113	238407	258138
	144000	33155	8377	6224	2960	19778	101690	108416
	210846	82007	2495	64326	23469	48552	125781	140732
	14400	6597	225	249		6734	3033	3349
	41857	29783	14777	11124	3428	27049	7903	5641
	102389	26238	3974	15012	11020	30772	72404	97702
	22263	2014	145	1616		9353	20249	39076
	13593	8410	1005	1650	1542	8053	4583	1908
	66533	15814	2824	11746	9478	13366	47572	56718
	7656	3319	33	3051	891	3723	4337	7333
	7656	3319	33	3051	891	3723	4337	7333
435738	2737305	1578088	333575	580392	297294	1264576	659598	850736
294137	1892637	1105358	278220	295024	116797	915525	481451	571704
141601	844668	472730	55355	285368	180497	349051	178147	279032
412873	6301300	3372227	331022	1662527	1035343	3064852	2533813	3117185
	1498259	958384	106733	414433	350647	782267	386544	438623
1446	1418306	684289	28956	291921	151020	648812	686541	767808
411427	3384735	1729554	195333	956173	533676	1633773	1460728	1910754
1196094	21986520	11010786	863703	4586268	930951	10173029	8395981	10238016
353995	16837285	7833755	495908	3469322	767532	7655475	6849790	8467123
	24857	11466	6163	1468	1437	11484	13391	14393
	863550	407583	48637	294543	103847	581909	370342	410748
	13330827	6170354	287509	3067530	612264	6168078	5311173	6673210
353995	1255853	660104	142762	100997	49876	543702	504076	690916
	1362198	584248	10837	4784	108	350302	650808	677856

1-A-1 续表 1-5

项目	企业单位数(个)	亏损企业	工业增加值(当年价格)	工业总产值(当年价格)	工业销售产值(当年价格)
稀有稀土金属冶炼	3	2	439752	1955638	1876490
稀土金属冶炼	2	2	17026	62631	60026
其他稀有金属冶炼	1		422727	1893007	1816464
有色金属合金制造	1		22433	79870	79870
有色金属压延加工	2		34153	144801	125557
常用有色金属压延加工	2		34153	144801	125557
金属制品业	30	6	465487	1660335	1515470
结构性金属制品制造	14	3	224093	564326	448612
金属结构制造	9	2	191172	499620	389792
金属门窗制造	5	1	32921	64706	58820
金属工具制造	1		2770	9387	9439
农用及园林用金属工具制造	1		2770	9387	9439
集装箱及金属包装容器制造	4	1	20126	40226	35187
金属包装容器制造	4	1	20126	40226	35187
金属丝绳及其制品的制造	1		104140	713343	711891
建筑、安全用金属制品制造	6	1	50280	112994	106380
建筑、家具用金属配件制造	1		3310	11364	11417
建筑装饰及水暖管道零件制造	2		37185	70312	63977
其他建筑、安全用金属制品制造	3	1	9785	31318	30986
金属表面处理及热处理加工	1		13647	29083	29083
不锈钢及类似日用金属制品制造	1		6682	22168	22168
其他日用金属制品制造	1		6682	22168	22168
其他金属制品制造	2	1	43750	168808	152710
其他未列明的金属制品制造	2	1	43750	168808	152710
通用设备制造业	42	9	1272550	3410367	3258251
锅炉及原动机制造	3	1	15665	43134	43134
锅炉及辅助设备制造	3	1	15665	43134	43134
金属加工机械制造	7	1	366425	1134510	1108634
金属切削机床制造	4		353784	1104449	1079301
金属成形机床制造	1		3418	11510	11470
机床附件制造	2	1	9223	18551	17863
起重运输设备制造	7	1	103248	349905	305939
泵、阀门、压缩机及类似机械的制造	2	1	14029	26252	16442
泵及真空设备制造	1		11449	18953	9143
液压和气压动力机械及元件制造	1	1	2580	7299	7299
轴承、齿轮、传动和驱动部件的制造	7	4	200976	697852	672788
轴承制造	6	4	196952	684951	659887
齿轮、传动和驱动部件制造	1		4024	12901	12901
风机、衡器、包装设备等通用设备	4		34156	101573	91681
风机、风扇制造	1		11817	26784	21934
制冷、空调设备制造	1		5810	39220	39220
其他通用设备制造	2		16529	35569	30527
通用零部件制造及机械修理	3		79972	105116	104203
机械零部件加工及设备修理	3		79972	105116	104203
金属铸、锻加工	9	1	458079	952025	915430
钢铁铸件制造	8	1	355278	840745	805470
锻件及粉末冶金制品制造	1		102801	111280	109960
专用设备制造业	13	1	745171	2635028	2476869
矿山、冶金、建筑专用设备制造	11	1	409950	1900259	1790644
采矿、采石设备制造	9	1	379810	1778594	1671454
石油钻采专用设备制造	2		30140	121665	119190

单位：千元

出口交货值	资产总计	流动资产合计	应收帐款	存货		流动资产年平均余额	固定资产合计	固定资产原价
					产成品			
780996	4979796	3081817	335140	1072356	159133	2420570	1473867	1676487
	43415	15129	248	11860	6051	18543	24940	27981
780996	4936381	3066688	334892	1060496	153082	2402027	1448927	1648506
	31396	25236	8000	12858	4286	21078	5287	6156
61103	138043	69978	24655	31732		75906	67037	88250
61103	138043	69978	24655	31732		75906	67037	88250
15736	1999190	1073525	317962	418326	146466	991414	865566	928407
	410806	281497	62581	114526	14998	270756	109078	134879
	328728	226555	44810	86130	14460	218663	86005	106265
	82078	54942	17771	28396	538	52093	23073	28614
	11919	9763	713	8684	2139	9800	296	4220
	11919	9763	713	8684	2139	9800	296	4220
	98085	74204	7653	41378	16592	64077	9778	12776
	98085	74204	7653	41378	16592	64077	9778	12776
15736	1232309	565129	210259	202433	80278	522007	667180	688158
	81363	59647	28948	16656	7795	50611	16595	15465
	5188	2677	100	2456	588	2212	2301	3065
	54841	44027	23562	10860	7183	37994	8673	5752
	21334	12943	5286	3340	24	10405	5621	6648
	12560	4795	5	4150		4623	5425	7888
	37611	2597	873	465	139	2942	27477	29303
	37611	2597	873	465	139	2942	27477	29303
	114537	75893	6930	30034	24525	66598	29737	35718
	114537	75893	6930	30034	24525	66598	29737	35718
658098	5386987	3245590	888579	1407394	671481	3019619	1566418	2300121
	149260	82180	30564	30565	4853	76488	25598	41196
	149260	82180	30564	30565	4853	76488	25598	41196
108814	1615003	943922	190269	450679	199211	882031	561348	743442
108814	1565521	920549	174513	443279	196181	862209	539492	729152
	16811	4583	298	4285	1500	1798	8964	4014
	32671	18790	15458	3115	1530	18024	12892	10276
	495763	341950	60155	154108	13734	284510	70278	75710
	38417	31113	11426	11016	8101	26664	3214	7374
	28967	24401	7608	10126	8101	19906	2276	5171
	9450	6712	3818	890		6758	938	2203
77275	1431090	988892	436584	379730	219958	974531	289579	712450
77275	1419472	983908	436584	376000	219430	970186	284362	706054
	11618	4984		3730	528	4345	5217	6396
	143802	89829	30353	33187	16098	83582	46466	59561
	40105	23803	7478	11615	6793	23943	10394	22940
	27979	24291	13644	6151	352	21705	3688	4347
	75718	41735	9231	15421	8953	37934	32384	32274
	142656	34160	4157	9740	1099	31337	107420	115482
	142656	34160	4157	9740	1099	31337	107420	115482
472009	1370996	733544	125071	338369	208427	660476	462515	544906
472009	1357061	723160	117551	335837	208316	649861	458965	541356
	13935	10384	7520	2532	111	10615	3550	3550
	2600039	1948090	650239	677776	203152	1591478	456875	597719
	2078999	1653863	520936	593897	156214	1335994	267561	450741
	1969537	1555460	506323	570224	143791	1241177	257428	430864
	109462	98403	14613	23673	12423	94817	10133	19877

1-A-1 续表 1-6

项 目	企业单位数(个)	亏损企业	工业增加值(当年价格)	工业总产值(当年价格)	工业销售产值(当年价格)
印刷、制药、日化生产专用设备制造	1		10397	25660	19064
制浆和造纸专用设备制造	1		10397	25660	19064
电子和电工机械专用设备制造	1		324825	709109	667161
电子工业专用设备制造	1		324825	709109	667161
交通运输设备制造业	3	2	39196	53484	53484
汽车制造	2	1	13453	18264	18264
汽车修理	2	1	13453	18264	18264
交通器材及其他交通运输设备制造	1	1	25743	35220	35220
交通管理用金属标志及设施制造	1	1	25743	35220	35220
电气机械及器材制造业	25	6	727109	2032040	1875205
电机制造	6	1	412310	1172077	1033000
发电机及发电机组制造	3	1	229555	754325	674468
电动机制造	3		182755	417752	358532
输配电及控制设备制造	9	2	207142	586455	571068
变压器、整流器和电感器制造	2		80620	230530	222713
配电开关控制设备制造	7	2	126522	355925	348355
电线、电缆、光缆及电工器材制造	6	1	42323	141758	146592
电线电缆制造	5	1	39840	134250	139084
其他电工器材制造	1		2484	7508	7508
电池制造	2	2	19210	63078	55895
非电力家用器具制造	1		4733	12182	12160
燃气、太阳能及类似能源的器具制造	1		4733	12182	12160
其他电气机械及器材制造	1		41391	56490	56490
其他未列明的电气机械制造	1		41391	56490	56490
仪器仪表及文化、办公用机械制造	6	1	241333	638981	581654
通用仪器仪表制造	5		236616	628545	571274
工业自动控制系统装置制造	1		149161	400060	356659
电工仪器仪表制造	3		53336	128405	124385
试验机制造	1		34119	100080	90230
文化、办公用机械制造	1	1	4717	10436	10380
照相机及器材制造	1	1	4717	10436	10380
工艺品及其他制造业	1		607	1806	1066
工艺美术品制造	1		607	1806	1066
地毯、挂毯制造	1		607	1806	1066
电力、燃气及水的生产和供应业	**50**	**25**	**9254243**	**21420890**	**21383698**
电力、热力的生产和供应业	36	17	8968407	20885048	20870812
电力生产	19	3	4529312	8232690	8229932
火力发电	13	3	4253754	7839525	7838089
水力发电	3		189987	288150	288150
其他能源发电	3		85571	105015	103693
电力供应	1		4310105	12222550	12222550
热力生产和供应	16	14	128990	429808	418330
燃气生产和供应业	5		163067	285543	281007
水的生产和供应业	9	8	122770	250299	231879
自来水的生产和供应	9	8	122770	250299	231879

单位：千元

出口交货值	资产总计	流动资产合计	应收帐款	存货	产成品	流动资产年平均余额	固定资产合计	固定资产原价
	161198	122141	37237	41939	4998	123412	20799	24334
	161198	122141	37237	41939	4998	123412	20799	24334
	359842	172086	92066	41940	41940	132072	168515	122644
	359842	172086	92066	41940	41940	132072	168515	122644
	41223	24213	3988	9992		27685	13773	17858
	16757	10043	1703	4093		9839	3477	6427
	16757	10043	1703	4093		9839	3477	6427
	24466	14170	2285	5899		17846	10296	11431
	24466	14170	2285	5899		17846	10296	11431
	2209275	1544469	490371	664852	285260	1387826	356774	417049
	1283696	930615	215968	475161	218914	829382	98177	160331
	477068	426182	36439	332152	166526	372129	20269	24815
	806628	504433	179529	143009	52388	457253	77908	135516
	673780	440125	175164	161785	53955	381985	192952	183187
	289707	214604	97564	87996	21451	157344	70818	75060
	384073	225521	77600	73789	32504	224641	122134	108127
	153178	107792	62882	13964	7100	92512	36077	42684
	143634	104287	61357	13216	6663	88374	31704	37719
	9544	3505	1525	748	437	4138	4373	4965
	71738	48517	30295	11918	4606	62957	20141	20224
	9591	3820	2142	944	685	3790	5771	6222
	9591	3820	2142	944	685	3790	5771	6222
	17292	13600	3920	1080		17200	3656	4401
	17292	13600	3920	1080		17200	3656	4401
4784	1008625	539052	194391	138285	54368	453848	434808	391161
4784	996438	532999	194337	135271	53322	446742	428745	382640
	769911	358845	124332	104601	37381	350585	384169	330502
4784	118907	108373	60169	11418	2012	80376	9801	14879
	107620	65781	9836	19252	13929	15781	34775	37259
	12187	6053	54	3014	1046	7106	6063	8521
	12187	6053	54	3014	1046	7106	6063	8521
	13112	11680	609	609	609	11680	1432	1917
	13112	11680	609	609	609	11680	1432	1917
	13112	11680	609	609	609	11680	1432	1917
158	**46718182**	**6645582**	**968983**	**548130**	**617**	**6515659**	**36186395**	**48156711**
158	43921116	5763304	877193	493984		5786339	34509530	46247674
	28519250	4104818	650925	430995		3703045	21254502	28282516
	25229030	3650046	625492	421738		3314137	18579100	24766367
	1814919	265372	13313	9255		306322	1395322	2380663
	1475301	189400	12120	2		82586	1280080	1135486
	12880320	1186420	130390	14270		1653835	11249620	16173810
158	2521546	472066	95878	48719		429459	2005408	1791348
	998953	672651	33517	20341	380	539075	220391	219434
	1798113	209627	58273	33805	237	190245	1456474	1689603
	1798113	209627	58273	33805	237	190245	1456474	1689603

1-A-1 续表 2-1

项 目	累计折旧	固定资产净值	固定资产净值年平均余额	负债合计	流动负债合计
总 计	**35492181**	**81640943**	**76852962**	**133739910**	**85624046**
一、按登记注册类型分组					
内资企业	34077691	77292862	72577246	127282508	80753665
国有企业	11007834	16462379	15333182	16861625	9740287
中央企业	10295245	11983397	11097715	11855382	6516749
地方企业	712589	4478982	4235467	5006243	3223538
集体企业	58707	100002	97660	260759	230249
股份合作企业	42583	138368	170691	108807	107158
联营企业	152486	55642	55319	50310	43310
国有联营企业	117063	49401	49344	11709	4709
集体联营企业	35423	6241	5975	38601	38601
国有与集体联营企业					
其他联营企业					
有限责任公司	13246885	43492329	40492166	77486564	42746385
国有独资公司	5745581	18423468	16418950	42571694	24099944
其他有限责任公司	7501304	25068861	24073216	34914870	18646441
股份有限公司	6621678	7667761	7565829	10490037	8249902
私营企业	2945134	9367397	8853310	21909888	19521856
私营独资企业	133717	252211	244557	2037250	1571239
私营合作企业		7859	7859	957	956
私营有限责任公司	2801384	9086447	8582652	19840232	17921668
私营股份有限公司	10033	20880	18242	31449	27993
其他企业	2384	8984	9089	114518	114518
港、澳、台商投资企业	80194	287448	296248	391385	331318
合资经营企业(港或澳、台资)	65243	209384	217502	282443	222376
合作经营企业(港或澳、台资)					
港澳台商独资经营企业	6912	27759	28441	53728	53728
港澳台商投资股份有限公司	8039	50305	50305	55214	55214
外商投资企业	1334296	4060633	3979468	6066017	4539063
中外合资经营企业	1124620	3497608	3430296	5078648	3728644
中外合作经营企业	4397	17162	17493	77260	77260
外资企业	205279	545863	531679	910109	733159
外商投资股份有限公司					
二、按经济组织类型分组					
独资企业	11412449	17388214	16235519	20123471	12328662
国有企业	11007834	16462379	15333182	16861625	9740287
集体企业	58707	100002	97660	260759	230249
私营独资企业	133717	252211	244557	2037250	1571239
港澳台商独资经营企业	6912	27759	28441	53728	53728
外资企业	205279	545863	531679	910109	733159
合作、合伙企业	201850	228015	260451	351852	343202
股份合作企业	42583	138368	170691	108807	107158
国有联营企业	117063	49401	49344	11709	4709
集体联营企业	35423	6241	5975	38601	38601
国有与集体联营企业					
其他联营企业					
私营合伙企业		7859	7859	957	956
合作经营企业(港或澳、台资)					
中外合作经营企业	4397	17162	17493	77260	77260
其他企业(内资)	2384	8984	9089	114518	114518

单位：千元

应付账款	长期负债合计	所有者权益合计	实收资本	国家资本	集体资本	法人资本	个人资本	港澳台资本
24559610	**47427519**	**72186830**	**41715754**	**15332372**	**251003**	**16164243**	**7924930**	**74643**
22978996	45872871	67912859	38262722	14535017	245574	15630595	7771767	3912
3549905	7064457	9476772	5332773	4873904		397899	70	
2856525	5315688	7386620	3294498	3233598				
693380	1748769	2090152	2038275	1640306		397899	70	
59493	30510	-75961	48730		41622	6008	1100	
21230	1646	109295	96563	77130		13023	6410	
8586		62050	44577		7887	30000	6690	
1849		39154	30000			30000		
6737		22896	14577		7887		6690	
12581597	34323924	34959109	20188218	7584823	139767	11005878	1457750	
7902394	18418329	19553927	11533826	6158620		5375206		
4679203	15905595	15405182	8654392	1426203	139767	5630672	1457750	
1117703	2193298	11364452	4530071	1991965	47080	1266228	1224798	
5640369	2259036	11963687	8016790	7195	9218	2911559	5069949	3912
682586	465243	532413	529875	2150		74331	453394	
		8275	1000				1000	
4953925	1793793	11390277	7468315	5045	9218	2832128	4603055	3912
3858		32722	17600			5100	12500	
113		53455	5000				5000	
306750	60067	220727	217192			146848		70344
250901	60067	140190	153334			111848		41486
41421		23579	13858					13858
14428		56958	50000			35000		15000
1273864	1494581	4053244	3235840	797355	5429	386800	153163	387
1129786	1317631	3057294	2719303	797355	5429	386800	147913	387
3629		88555	97860				5250	
140449	176950	907395	418677					
4473854	7737160	10864198	6343913	4876054	41622	478238	454564	13858
3549905	7064457	9476772	5332773	4873904		397899	70	
59493	30510	-75961	48730		41622	6008	1100	
682586	465243	532413	529875	2150		74331	453394	
41421		23579	13858					13858
140449	176950	907395	418677					
33558	1646	321630	245000	77130	7887	43023	24350	
21230	1646	109295	96563	77130		13023	6410	
1849		39154	30000			30000		
6737		22896	14577		7887		6690	
		8275	1000				1000	
3629		88555	97860				5250	
113		53455	5000				5000	

1-A-1 续表 2-2

项　　目	累计折旧	固定资产净　　值	固定资产净 值 年平均余额	负债合计	流动负债合　　计
股份有限公司	6639750	7738946	7634376	10576700	8333109
股份有限公司(内资)	6621678	7667761	7565829	10490037	8249902
私营股份有限公司	10033	20880	18242	31449	27993
港澳台商投资股份有限公司	8039	50305	50305	55214	55214
外商投资股份有限公司					
有限责任公司	17238132	56285768	52722616	102687887	64619073
国有独资公司	5745581	18423468	16418950	42571694	24099944
私营有限责任公司	2801384	9086447	8582652	19840232	17921668
合资经营企业(港或澳、台资)	65243	209384	217502	282443	222376
中外合资经营企业	1124620	3497608	3430296	5078648	3728644
其他有限责任公司	7501304	25068861	24073216	34914870	18646441
三、在总计中					
#亏损企业	6940914	11048540	10810725	19755702	15115095
#国有控股企业	27258290	58604583	54917000	88558322	47714190
#农村工业	12460	30274	30922	108596	108591
#轻工业	3010020	10091637	9306177	19365896	13854338
重工业	32482161	71549306	67546785	114374014	71769708
#大型企业	21028741	35335733	31997628	58995821	36067431
中型企业	9682165	28057414	26910838	43470090	27710904
小型企业	4781275	18247796	17944496	31273999	21845711
四、按工业行业分组					
采矿业	**4079973**	**13047709**	**10997883**	**34427511**	**22297302**
煤炭开采和洗选业	4077189	13039625	10991845	34211218	22081009
烟煤和无烟煤的开采洗选	4077189	13039625	10991845	34211218	22081009
石油和天然气开采业	1320	3778	4685	200321	200321
与石油和天然气开采有关的服务活动	1320	3778	4685	200321	200321
黑色金属矿采选业	112	998	865	9540	9540
铁矿采选	112	998	865	9540	9540
非金属矿采选业	1352	3308	488	6432	6432
石棉及其他非金属矿采选	1352	3308	488	6432	6432
其他非金属矿采选	1352	3308	488	6432	6432
制造业	**16388244**	**35460487**	**34305480**	**67041819**	**51401552**
农副食品加工业	200373	939643	938137	1268157	1104679
谷物磨制	83366	257464	239267	364210	307814
饲料加工	37452	109053	96678	123721	100781
植物油加工	12449	44665	35898	137733	128854
食用植物油加工	12449	44665	35898	137733	128854
屠宰及肉类加工	22063	154297	141605	148128	105679
畜禽屠宰	8518	71331	57176	32863	29865
肉制品及副产品加工	13545	82966	84429	115265	75814
蔬菜、水果和坚果加工	15853	44020	51891	66848	62757
其他农副食品加工	29190	330144	372798	427517	398794
淀粉及淀粉制品的制造	23037	291349	335054	352260	324807
豆制品制造				5385	5385
蛋品加工	1535	7348	7348	1672	1672
其他未列明的农副食品加工	4618	31447	30396	68200	66930

单位：千元

应付账款	长期负债合　计	所有者权益合计	实收资本	国家资本	集体资本	法人资本	个人资本	港澳台资本
1135989	2193298	11454132	4597671	1991965	47080	1306328	1237298	15000
1117703	2193298	11364452	4530071	1991965	47080	1266228	1224798	
3858		32722	17600			5100	12500	
14428		56958	50000			35000		15000
18916209	37495415	49546870	30529170	8387223	154414	14336654	6208718	45785
7902394	18418329	19553927	11533826	6158620		5375206		
4953925	1793793	11390277	7468315	5045	9218	2832128	4603055	3912
250901	60067	140190	153334			111848		41486
1129786	1317631	3057294	2719303	797355	5429	386800	147913	387
4679203	15905595	15405182	8654392	1426203	139767	5630672	1457750	
5362157	4509654	7929986	6649852	1922758	62024	1503078	2308456	40692
13944766	40375557	46215002	25758119	14392171	330	10428868	869920	
14956		44647	36500			7750	28750	
3167025	5404998	11842244	7219363	2403324	9481	1846375	2643129	22829
21392585	42022521	60344586	34496391	12929048	241522	14317868	5281801	51814
11555964	22922543	34000485	16600915	9386455		6382667	696943	
6319419	15648266	25095423	15338463	3706848	141612	6751483	3420138	11412
6684227	8856710	13090922	9776376	2239069	109391	3030093	3807849	63231
8228179	**12109754**	**18095350**	**11255364**	**4986894**	**15475**	**5799654**	**448681**	
8175147	12109754	17775522	11177364	4976894	15475	5731654	448681	
8175147	12109754	17775522	11177364	4976894	15475	5731654	448681	
47688		305665	68000			68000		
47688		305665	68000			68000		
1437		1334						
1437		1334						
3907		12829	10000	10000				
3907		12829	10000	10000				
3907		12829	10000	10000				
12723501	**15353048**	**39923567**	**22985124**	**5943748**	**192048**	**7608062**	**7263620**	**74643**
204098	120782	1097888	634999	47938		237861	338100	6000
40410	31188	357517	168461	6262		41665	120534	
47624	20850	153312	62394	3620		6329	41345	6000
12996	3520	54567	36774			4000	32774	
12996	3520	54567	36774			4000	32774	
13556	42410	188612	121020	38056		44465	38499	
4608	2960	101504	38816	1732		13965	23119	
8948	39450	87108	82204	36324		30500	15380	
31725	4091	60712	58692			17465	41227	
57787	18723	283168	187658			123937	63721	
48665	17453	215932	139015			117200	21815	
688		1009	2600				2600	
622		8898	8243			5737	2506	
7812	1270	57329	37800			1000	36800	

1-A-1 续表 2-3

项　目	累计折旧	固定资产净　值	固定资产净值年平均余额	负债合计	流动负债合　计
食品制造业	440528	1134854	1103060	1802308	1537433
焙烤食品制造	8550	23990	28206	53227	43227
糕点、面包制造	8550	23990	28206	53227	43227
糖果、巧克力及蜜饯制造	3518	14124	11134	7615	2370
蜜饯制作	3518	14124	11134	7615	2370
方便食品制造	4091	11113	14123	9735	8707
米、面制品制造	2512	2305	2619	5658	5658
速冻食品制造	1579	8808	11504	4077	3049
液体乳及乳制品制造	254190	368216	336907	798225	706740
调味品、发酵制品制造	159928	683508	679085	864421	727998
味精制造	80116	401318	408793	477299	377101
其他调味品、发酵制品制造	79812	282190	270292	387122	350897
其他食品制造	10251	33903	33605	69085	48391
营养、保健食品制造	2172	15739	15655	36401	32082
食品及饲料添加剂制造	6632	3248	3325	10977	10977
其他未列明的食品制造	1447	14916	14625	21707	5332
饮料制造业	196666	728296	681763	1890950	1665043
酒的制造	153565	477145	474852	1435612	1220948
白酒制造	19331	90629	68814	132103	115700
啤酒制造	22092	214428	208577	252178	163520
葡萄酒制造	76590	108150	114113	596643	506290
其他酒制造	35552	63938	83348	454688	435438
软饮料制造	43101	251151	206911	455338	444095
果菜汁及果菜汁饮料制造	43101	251151	206911	455338	444095
烟草制品业	73654	32927	35867	41590	39304
烟叶复烤	1771	3262	3262	9597	7311
卷烟制造	71883	29665	32605	31993	31993
纺织业	166647	997440	951520	4125761	3689262
棉、化纤纺织及印染精加工	3018	13197	16044	57621	31621
棉、化纤纺织加工	3018	13197	16044	57621	31621
毛纺织和染整精加工	160366	978219	929496	4060833	3650334
毛纺织	160366	978219	929496	4060833	3650334
纺织制成品制造	3263	6024	5980	7307	7307
毛制品制造	1060	2889	2682	4180	4180
绳、索、缆的制造	2203	3135	3298	3127	3127
纺织服装、鞋、帽制造业	9088	12889	12889	38791	36290
纺织服装制造	9088	12889	12889	38791	36290
皮革、毛皮、羽毛(绒)及其制品业	8255	31855	33961	105464	88315
皮革鞣制加工	1671	11226	12414	23394	12367
毛皮鞣制及制品加工	6581	20617	21538	63168	57046
毛皮鞣制加工	5905	16883	17754	36953	31531
毛皮服装加工	328	2556	2552	6709	6009
其他毛皮制品加工	348	1178	1232	19506	19506
羽毛(绒)加工及制品制造	3	12	9	18902	18902
羽毛(绒)加工	3	12	9	18902	18902
木材加工及木、竹、藤、棕、草制	3554	18999	19000	5242	5242
木制品制造	3554	18999	19000	5242	5242
建筑用木料及木材组件加工	3554	18999	19000	5242	5242

单位：千元

应付账款	长期负债合计	所有者权益合计	实收资本	国家资本	集体资本	法人资本	个人资本	港澳台资本
457211	243089	1221214	979143	11000		600079	281215	
12217	10000	20905	20755			12797	7958	
12217	10000	20905	20755			12797	7958	
69	5245	12277	12277			12277		
69	5245	12277	12277			12277		
210		20567	2619			275	2344	
207		1862	2100			275	1825	
3		18705	519				519	
261999	76954	551659	535525	11000		330128	107548	
175174	130198	515473	297000			244602	52398	
93698	100198	165048	117000			117000		
81476	30000	350425	180000			127602	52398	
7542	20692	100333	110967				110967	
9090	4318	31989	72527				72527	
-2419		53577	30000				30000	
871	16374	14767	8440				8440	
438814	225188	783014	607294	68305		111081	271699	
401918	213945	724200	481994	68305		55781	211699	
24621	15685	150541	99928			53631	46297	
38643	88658	227770	214358	58305			20007	
199851	90352	-91171	62000	10000			52000	
138803	19250	437060	105708			2150	93395	
36896	11243	58814	125300			55300	60000	
36896	11243	58814	125300			55300	60000	
13911	2286	-6286	1970	1970				
317	2286	5223	1970	1970				
13594		-11509						
520986	410052	2976132	1219024	5828		447875	722918	
10982	26000	8456	32202				32202	
10982	26000	8456	32202				32202	
505745	384052	2957049	1179484			447875	689206	
505745	384052	2957049	1179484			447875	689206	
4259		10627	7338	5828			1510	
1351		2652	1510				1510	
2908		7975	5828	5828				
9308	2501	24129	10000	7500				
9308	2501	24129	10000	7500				
19501	4410	66446	46721			8791	37390	540
		23617	5680				5680	
15723	4410	37754	36041			8791	26710	540
12924	3710	28876	29251			7171	22080	
830	700	7575	2450				2450	
1969		1303	4340			1620	2180	540
3778		5075	5000				5000	
3778		5075	5000				5000	
45		30954	24380				24380	
45		30954	24380				24380	
45		30954	24380				24380	

1-A-1 续表 2-4

项 目	累计折旧	固定资产净值	固定资产净值年平均余额	负债合计	流动负债合计
家具制造业	12867	27668	27750	45615	45615
木质家具制造	11790	18541	18977	32263	32263
金属家具制造	189	945	740	6292	6292
其他家具制造	888	8182	8033	7060	7060
造纸及纸制品业	942986	2278296	2179969	6015635	3583843
造纸	934131	2253023	2152948	5956076	3524286
机制纸及纸板制造	933139	2243365	2143290	5952601	3521812
加工纸制造	992	9658	9658	3475	2474
纸制品制造	8855	25273	27021	59559	59557
纸和纸板容器的制造	2986	9965	9330	20901	20900
其他纸制品制造	5869	15308	17691	38658	38657
印刷业和记录媒介的复制	61856	100517	94135	208913	206146
印刷	61856	100517	94135	208913	206146
书、报、刊印刷	36513	46051	37044	35410	34294
包装装潢及其他印刷	25343	54466	57091	173503	171852
石油加工、炼焦及核燃料加工业	999152	1685647	1803030	4826756	4313010
精炼石油产品的制造	852304	1188822	1323501	2326209	2249476
原油加工及石油制品制造	852304	1188822	1323501	2326209	2249476
炼焦	146848	496825	479529	2500547	2063534
化学原料及化学制品制造业	5347334	7986834	8280391	9624358	7685755
基础化学原料制造	716874	1564242	1531748	2541291	2213869
无机酸制造	27223	38070	34818	85214	66022
无机碱制造	5506	21607	21450	46506	44506
无机盐制造	158076	572886	597159	854666	779842
有机化学原料制造	205748	245756	257694	364076	247187
其他基础化学原料制造	320321	685923	620627	1190829	1076312
肥料制造	3470352	2608975	2574995	2464001	2228559
氮肥制造	3366234	2426148	2400589	1909112	1674380
磷肥制造	71290	121969	101855	354285	353585
钾肥制造	17329	29944	40036	182996	182986
复混肥料制造	15499	30914	32515	17608	17608
农药制造	30817	263257	233407	127074	86508
化学农药制造	30817	263257	233407	127074	86508
涂料、油墨、颜料及类似产品制造	63166	105272	104634	250451	221654
涂料制造	6918	13130	13485	27706	27259
染料制造	56248	92142	91149	222745	194395
合成材料制造	942658	3161888	3550989	3927509	2626493
初级形态的塑料及合成树脂制造	942658	3161888	3550989	3927509	2626493
专用化学产品制造	123467	283200	284618	314032	308672
化学试剂和助剂制造	57813	156699	156364	129029	129029
专项化学用品制造	13234	39730	41091	36118	35908
林产化学产品制造	38174	48921	52139	71752	71102
炸药及火工产品制造	1740	4972	520	9480	9380
其他专用化学产品制造	12506	32878	34504	67653	63253
医药制造业	475887	2229640	1718554	2171852	1116318
化学药品原药制造	281123	1604221	1105675	1590436	698902
化学药品制剂制造	43229	98047	90883	68428	60381
中药饮片加工	839	7518	7320	10284	10284
中成药制造	81002	275755	274622	242546	135654
兽用药品制造	69694	244099	240054	260158	211097

单位：千元

应付账款	长期负债合计	所有者权益合计	实收资本	国家资本	集体资本	法人资本	个人资本	港澳台资本
3423		26440	22788			10080	12708	
2388		15295	15080			10080	5000	
1006		2678	200				200	
29		8467	7508				7508	
884168	2429688	3119103	1945130	1456130	1200	165933	316791	3912
865332	2429688	3093015	1917017	1456130		153320	302491	3912
863136	2428688	3082349	1911078	1456130		147381	302491	3912
2196	1000	10666	5939			5939		
18836		26088	28113		1200	12613	14300	
9134		12866	13113		1200	2613	9300	
9702		13222	15000			10000	5000	
45872	2765	118134	114916		6233	70090	38206	387
45872	2765	118134	114916		6233	70090	38206	387
23406	1115	64265	58141		613	55710	1431	387
22466	1650	53869	56775		5620	14380	36775	
1498541	511097	3630326	1512984	10000		125353	1286771	
595258	76733	2702138	825970			60000	675110	
595258	76733	2702138	825970			60000	675110	
903283	434364	928188	687014	10000		65353	611661	
1667144	1919675	6151257	4273232	2305726	62459	1140130	645952	11990
510768	308605	1457009	1022869	38184	29887	512118	375799	
23529	13183	81214	15349				15349	
6447	2000	18262	16100			5100	11000	
243062	74069	388229	406693		14000	191498	201195	
58224	116888	317640	181667	35464		90207	18000	
179506	102465	651664	403060	2720	15887	225313	130255	
322890	235432	2246575	2080649	1715042	2572	299246	63789	
151093	234732	2050281	2008687	1713242	2572	259516	33357	
119421	700	111043	22566			17572	4994	
45649		21495	1800	1800				
6727		63756	47596			22158	25438	
24081	40566	237984	90560	13500		15000	62060	
24081	40566	237984	90560	13500		15000	62060	
100817	28797	184679	50361			25949	12422	11990
3182	447	14100	12422				12422	
97635	28350	170579	37939			25949		11990
608863	1301015	1711768	758701	539000		137474	80227	
608863	1301015	1711768	758701	539000		137474	80227	
99725	5260	313242	270092		30000	150343	51655	
53152		146688	118380			98380	20000	
15075	210	57096	49445			650	11745	
19505	650	105181	90557		30000	51313	8200	
323		6937	1689				1689	
11670	4400	-2660	10021				10021	
337585	1055471	1592701	730123	10990	2048	166373	550712	
245677	891534	846292	328907	4070		24000	300837	
13438	8047	159381	100057	6920	2048	81157	9932	
3439		6574	5003				5003	
21901	106890	216474	45080				45080	
53130	49000	363980	251076			61216	189860	

1-A-1 续表 2-5

项目	累计折旧	固定资产净值	固定资产净值年平均余额	负债合计	流动负债合计
橡胶制品业	385254	1041018	1044636	1456040	1045940
轮胎制造	382556	1034232	1038743	1440906	1030906
车辆、飞机及工程机械轮胎制造	382556	1034232	1038743	1440906	1030906
橡胶板、管、带的制造	2698	6786	5893	15134	15034
塑料制品业	105437	268717	268584	468908	391779
塑料薄膜制造	3977	10103	4399	11365	11096
塑料板、管、型材的制造	61464	213374	217073	324490	262842
塑料丝、绳及编织品的制造	30874	28124	29367	85839	84082
泡沫塑料制造	2086	1907	2025	12868	10427
塑料包装箱及容器制造	5277	10168	10633	15606	5187
塑料零件制造	1377	2989	2881	9079	8484
日用塑料制造	382	2052	2206	9661	9661
日用塑料杂品制造	382	2052	2206	9661	9661
非金属矿物制品业	1694794	3199726	3090532	4749861	3999833
水泥、石灰和石膏的制造	1254240	2018522	1961216	1902908	1493916
水泥制造	1253383	2010594	1951960	1896541	1487549
石灰和石膏制造	857	7928	9256	6367	6367
水泥及石膏制品制造	131277	276572	274750	655739	653707
水泥制品制造	113114	222453	220838	584961	582929
砼结构构件制造	4292	20993	21225	49351	49351
轻质建筑材料制造	13871	33126	32687	21427	21427
砖瓦、石材及其他建筑材料制造	36107	222031	201740	188691	99271
粘土砖瓦及建筑砌块制造	6726	101690	102351	73931	20511
建筑陶瓷制品制造	26627	114105	92745	90967	54967
建筑用石加工	316	3033	3055	7117	7117
其他建筑材料制造	2438	3203	3589	16676	16676
玻璃及玻璃制品制造	24880	72822	72265	215733	186839
平板玻璃制造	18833	20243	20312	131559	102665
技术玻璃制品制造	82	1826	1839	12786	12786
日用玻璃制品及玻璃包装容器制造	5965	50753	50114	71388	71388
耐火材料制品制造	2996	4337	4535	7656	6205
耐火陶瓷制品及其他耐火材料制造	2996	4337	4535	7656	6205
石墨及其他非金属矿物制品制造	245294	605442	576026	1779134	1559895
石墨及碳素制品制造	143005	428699	395193	1140853	979485
其他非金属矿物制品制造	102289	176743	180833	638281	580410
黑色金属冶炼及压延加工业	818610	2298575	2238719	5038794	4764829
炼铁	127093	311530	303448	1262477	1247621
钢压延加工	119502	648306	584240	1185264	1151610
铁合金冶炼	572015	1338739	1351031	2591053	2365598
有色金属冶炼及压延加工业	2758451	7479565	6904920	15192281	9014582
常用有色金属冶炼	2125319	6341804	5829129	12328079	7262317
铜冶炼	1002	13391	13417	9655	9655
铅锌冶炼	42300	368448	345459	571671	501205
铝冶炼	1836628	4836582	4558400	10026904	5307708
镁冶炼	218341	472575	474930	989432	775350
其他常用有色金属冶炼	27048	650808	436923	730417	668399

单位：千元

应付账款	长期负债合计	所有者权益合计	实收资本	国家资本	集体资本	法人资本	个人资本	港澳台资本
501579	410000	615662	605190	246500			12190	
494648	410000	577916	593000	246500				
494648	410000	577916	593000	246500				
6931		37746	12190				12190	
317285	77118	283744	209838	10023	398	95897	79270	24250
7348	269	4866	5445		380	500	4565	
254645	61646	231031	151613	10000		86320	31043	24250
42378	1750	36534	41839	23	18	4477	37321	
5439	2440	6245	2600			2600		
2608	10418	2887	4321				4321	
2687	595	161	2000			2000		
2180		2020	2020				2020	
2180		2020	2020				2020	
1081133	682491	4842056	2186788	156825	34803	1086478	741780	
493652	394979	3129359	1146926	147480	15067	718866	265513	
493101	394979	3120553	1136926	147480	15067	718866	255513	
551		8806	10000				10000	
123317	1932	645458	256841	3680	8510	64374	180277	
105961	1932	602850	233172	3680	8510	47435	173547	
15149		12803	15939			12289	3650	
2207		29805	7730			4650	3080	
31339	36000	222412	103885		854	77290	25741	
10420		70069	60000			60000		
7978	36000	119879	18790			8690	10100	
127		7283	8600			8600		
12814		25181	16495		854		15641	
28710	28894	-113344	14690		10372		4318	
17644	28894	-109296	10372		10372			
2388		807	3318				3318	
8678		-4855	1000				1000	
1878	1450							
1878	1450							
402237	219236	958171	664446	5665		225948	265931	
234263	161366	751784	454412	5000		57373	225137	
167974	57870	206387	210034	665		168575	40794	
1507278	250281	1262506	1177326	164000	31000	445081	534245	
562427	14856	235782	155336			14921	140415	
230353	33653	233042	214079	160000		13500	40579	
714498	201772	793682	807911	4000	31000	416660	353251	
1234155	6159092	6794239	3544215	1087980		1806434	156232	19030
976447	5047155	4509206	2530799	1087980		812548	155732	
4001		15202	16000			1000	15000	
10244	70000	291879	104122			5370	98752	
642315	4719196	3303923	1554280	1087980			6800	
257596	195941	266421	176397			126178	35180	
62291	62018	631781	680000			680000		

1-A-1 续表 2-6

项　　目	累计折旧	固定资产净　值	固定资产净值年平均余额	负债合计	流动负债合　计
稀有稀土金属冶炼	611050	1065437	1003733	2776804	1682867
稀土金属冶炼	3041	24940	22941	38496	28443
其他稀有金属冶炼	608009	1040497	980792	2738308	1654424
有色金属合金制造	869	5287	5021	21189	3189
有色金属压延加工	21213	67037	67037	66209	66209
常用有色金属压延加工	21213	67037	67037	66209	66209
金属制品业	318748	609659	496921	1284611	1214638
结构性金属制品制造	30346	104533	103313	264335	256210
金属结构制造	24805	81460	80276	218037	209912
金属门窗制造	5541	23073	23037	46298	46298
金属工具制造	3924	296	303	6442	6168
农用及园林用金属工具制造	3924	296	303	6442	6168
集装箱及金属包装容器制造	3748	9028	13509	78385	77746
金属包装容器制造	3748	9028	13509	78385	77746
金属丝绳及其制品的制造	267333	420825	326631	791437	730502
建筑、安全用金属制品制造	3126	12339	15080	43281	43281
建筑、家具用金属配件制造	764	2301	2192	3023	3023
建筑装饰及水暖管道零件制造	1335	4417	7240	27562	27562
其他建筑、安全用金属制品制造	1027	5621	5648	12696	12696
金属表面处理及热处理加工	2463	5425	4312	12560	12560
不锈钢及类似日用金属制品制造	1826	27477	14858	21923	21923
其他日用金属制品制造	1826	27477	14858	21923	21923
其他金属制品制造	5982	29736	18915	66248	66248
其他未列明的金属制品制造	5982	29736	18915	66248	66248
通用设备制造业	889533	1410588	1371779	3011862	2527912
锅炉及原动机制造	15598	25598	25634	73982	68175
锅炉及辅助设备制造	15598	25598	25634	73982	68175
金属加工机械制造	246007	497435	467719	758309	629175
金属切削机床制造	242147	487005	458105	725364	596230
金属成形机床制造	1896	2118	2075	7945	7945
机床附件制造	1964	8312	7539	25000	25000
起重运输设备制造	20419	55291	55594	332352	307282
泵、阀门、压缩机及类似机械的制造	4922	2452	2947	26336	19222
泵及真空设备制造	3657	1514	1967	21831	14717
液压和气压动力机械及元件制造	1265	938	980	4505	4505
轴承、齿轮、传动和驱动部件的制造	435826	276624	266649	948965	805384
轴承制造	434647	271407	260958	939758	796177
齿轮、传动和驱动部件制造	1179	5217	5691	9207	9207
风机、衡器、包装设备等通用设备	19449	40112	40636	54385	48943
风机、风扇制造	13180	9760	8500	22852	22249
制冷、空调设备制造	1018	3329	3137	20283	20283
其他通用设备制造	5251	27023	28999	11250	6411
通用零部件制造及机械修理	10165	105317	105909	49189	49187
机械零部件加工及设备修理	10165	105317	105909	49189	49187
金属铸、锻加工	137147	407759	406691	768344	600544
钢铁铸件制造	137147	404209	400543	765543	597743
锻件及粉末冶金制品制造		3550	6148	2801	2801
专用设备制造业	212849	384870	363474	1586467	1567674
矿山、冶金、建筑专用设备制造	202802	247939	226511	1344706	1325913
采矿、采石设备制造	193055	237809	216437	1288943	1270150
石油钻采专用设备制造	9747	10130	10074	55763	55763

单位：千元

应付账款	长期负债合计	所有者权益合计	实收资本	国家资本	集体资本	法人资本	个人资本	港澳台资本
242954	1093937	2202992	945540			945040	500	
9016	10053	4919	10500			10000	500	
233938	1083884	2198073	935040			935040		
326	18000	10207	3000			3000		
14428		71834	64876			45846		19030
14428		71834	64876			45846		19030
183015	69972	714579	362170	71029	233	60835	229039	1034
36395	8124	146471	91466	5465		27021	57946	1034
28730	8124	110691	68429	5465		24242	38722	
7665		35780	23037			2779	19224	1034
2955	274	5477	4963			4679	284	
2955	274	5477	4963			4679	284	
22703	639	19700	13261			1661	11600	
22703	639	19700	13261			1661	11600	
71876	60935	440872	193954	65564		880	127510	
24898		38082	32646			12150	20496	
1023		2165	3000				3000	
16415		27279	21000			11650	9350	
7460		8638	8646			500	8146	
3357								
2176		15688	8000				8000	
2176		15688	8000				8000	
18655		48289	17880		233	14444	3203	
18655		48289	17880		233	14444	3203	
569982	483939	2375125	1298102	150970	48858	371075	334680	
12625	5800	75278	59192	22403		36789		
12625	5800	75278	59192	22403		36789		
124748	129134	856694	272304		47606	103000	18234	
114214	129134	840157	266304		47606	100000	15234	
6757		8866	2000				2000	
3777		7671	4000			3000	1000	
64081	25069	163411	141914	45000			96914	
9594	7114	12081	8314				8314	
8710	7114	7136	3274				3274	
884		4945	5040				5040	
209235	143580	482125	344586	83567		35560	123992	
202366	143580	479714	343386	83567		35560	122792	
6869		2411	1200				1200	
22020	5442	89417	31010		1252	13348	16410	
3684	603	17253	9668			9668		
15764		7696	2360			2360		
2572	4839	64468	18982		1252	1320	16410	
10574		93467	75362			35700	5362	
10574		93467	75362			35700	5362	
117105	167800	602652	365420			146678	65454	
117105	167800	591518	362420			146678	62454	
		11134	3000				3000	
688725	18793	1013572	497615	16100		362138	119377	
656963	18793	734293	347615	16100		212138	119377	
640213	18793	680594	331005	13000		207788	110217	
16750		53699	16610	3100		4350	9160	

1-A-1 续表 2-7

项　目	累计折旧	固定资产净值	固定资产净值年平均余额	负债合计	流动负债合计
印刷、制药、日化生产专用设备制造	3535	20799	20831	130058	130058
制浆和造纸专用设备制造	3535	20799	20831	130058	130058
电子和电工机械专用设备制造	6512	116132	116132	111703	111703
电子工业专用设备制造	6512	116132	116132	111703	111703
交通运输设备制造业	4096	13762	13835	25402	25401
汽车制造	2961	3466	3539	9371	9370
汽车修理	2961	3466	3539	9371	9370
交通器材及其他交通运输设备制造	1135	10296	10296	16031	16031
交通管理用金属标志及设施制造	1135	10296	10296	16031	16031
电气机械及器材制造业	114653	302396	294479	1329442	1237685
电机制造	69483	90848	84517	865101	850885
发电机及发电机组制造	4547	20268	20065	375240	364728
电动机制造	64936	70580	64452	489861	486157
输配电及控制设备制造	29318	153869	155279	336249	258728
变压器、整流器和电感器制造	10148	64912	61741	131822	131821
配电开关控制设备制造	19170	88957	93538	204427	126907
电线、电缆、光缆及电工器材制造	12047	30637	30888	70176	70176
电线电缆制造	11455	26264	27631	61145	61145
其他电工器材制造	592	4373	3257	9031	9031
电池制造	2609	17615	16247	47273	47253
非电力家用器具制造	451	5771	5660	2692	2692
燃气、太阳能及类似能源的器具制造	451	5771	5660	2692	2692
其他电气机械及器材制造	745	3656	1888	7951	7951
其他未列明的电气机械制造	745	3656	1888	7951	7951
仪器仪表及文化、办公用机械制造	146487	244674	336143	714678	482943
通用仪器仪表制造	143685	238955	330658	701263	477935
工业自动控制系统装置制造	136123	194379	286728	577555	354300
电工仪器仪表制造	5078	9801	10165	57282	57215
试验机制造	2484	34775	33765	66426	66420
文化、办公用机械制造	2802	5719	5485	13415	5008
照相机及器材制造	2802	5719	5485	13415	5008
工艺品及其他制造业	485	1432	1432	12081	12081
工艺美术品制造	485	1432	1432	12081	12081
地毯、挂毯制造	485	1432	1432	12081	12081
电力、燃气及水的生产和供应业	**15023964**	**33132747**	**31549599**	**32270580**	**11925192**
电力、热力的生产和供应业	14626838	31620836	30069952	30243836	11070391
电力生产	8573729	19708787	19294362	21071101	6795697
火力发电	7499767	17266600	17066015	18488636	5652562
水力发电	1008651	1372012	1350133	1331678	667399
其他能源发电	65311	1070175	878214	1250787	475736
电力供应	5706070	10467740	9579155	7280410	3714710
热力生产和供应	347039	1444309	1196435	1892325	559984
燃气生产和供应业	58876	160558	162344	820374	509558
水的生产和供应业	338250	1351353	1317303	1206370	345243
自来水的生产和供应	338250	1351353	1317303	1206370	345243

单位：千元

应付账款	长期负债合　计	所有者权益合计	实收资本	国家资本	集体资本	法人资本	个人资本	港澳台资本
14892		31140	30000			30000		
14892		31140	30000			30000		
16870		248139	120000			120000		
16870		248139	120000			120000		
-6722		15821	18206			3000	15206	
996		7386	8206			3000	5206	
996		7386	8206			3000	5206	
-7718		8435	10000				10000	
-7718		8435	10000				10000	
427886	69384	879833	646534	48830	4816	218626	346779	
330173	3704	418595	321936	45260	4816	138739	109068	
259803		101828	80129	45260	4816	6000		
70370	3704	316767	241807			132739	109068	
64644	65660	337531	199704	3570		8000	184704	
29984		157885	82000				82000	
34660	65660	179646	117704	3570		8000	102704	
5506		83002	73504			61624	11880	
2516		82489	73003			61123	11880	
2990		513	501			501		
18849	20	24465	36630			2263	34367	
1480		6899	6760				6760	
1480		6899	6760				6760	
7234		9341	8000			8000		
7234		9341	8000			8000		
118578	204974	293947	314436	66104		74852	165980	7500
118414	196567	295175	311936	66104		74852	163480	7500
65243	196500	192356	235890	66104		7156	162630	
32816	67	61625	34852			26502	850	7500
20355		41194	41194			41194		
164	8407	-1228	2500				2500	
164	8407	-1228	2500				2500	
		1031	2000				2000	
		1031	2000				2000	
		1031	2000				2000	
3607930	**19964717**	**14167913**	**7475266**	**4401730**	**43480**	**2756527**	**212629**	
3431020	18792796	13397591	6567885	3563644	43480	2714517	185344	
1236407	13947405	7168460	4505567	1581450	43480	2653868	165869	
1052526	12816175	6460705	4159317	1430200	43480	2458868	165869	
119545	641180	483241	141250	111250		30000		
64336	490050	224514	205000	40000		165000		
1986590	3565700	5599910	1730216	1730216				
208023	1279691	629221	332102	251978		60649	19475	
81714	310797	178579	113718	44423		42010	27285	
95196	861124	591743	793663	793663				
95196	861124	591743	793663	793663				

1-A-1 续表 3-1

项　　目	外商资本	主营业务收　　入	主营业务成　　本	主营业务税金及附加	其他业务收　入
总　　计	**1968563**	**133664948**	**113199282**	**1227289**	**3004101**
一、按登记注册类型分组					
内资企业	75857	123989346	105045300	1185810	2087122
国有企业	60900	19193729	17474591	202948	278165
中央企业	60900	15704847	14612529	179682	116623
地方企业		3488882	2862062	23266	161542
集体企业		276505	243182	1049	1327
股份合作企业		122016	97006	580	24251
联营企业		108814	83441	656	250
国有联营企业		39463	31825	406	
集体联营企业		69351	51616	250	250
国有与集体联营企业					
其他联营企业					
有限责任公司		50956615	38552392	520140	953649
国有独资公司		21253581	13507897	268046	469165
其他有限责任公司		29703034	25044495	252094	484484
股份有限公司		18023606	16921231	309631	291256
私营企业	14957	34667724	31085730	148936	461778
私营独资企业		686781	718885	2071	456
私营合作企业		3445	3244	5	
私营有限责任公司	14957	33897261	30289701	146672	461061
私营股份有限公司		80237	73900	188	261
其他企业		640337	587727	1870	76446
港、澳、台商投资企业		633919	580663	106	12435
合资经营企业(港或澳、台资)		394277	365670	99	12328
合作经营企业(港或澳、台资)					
港澳台商独资经营企业		111171	105558	7	30
港澳台商投资股份有限公司		128471	109435		77
外商投资企业	1892706	9041683	7573319	41373	904544
中外合资经营企业	1381419	7517631	6504948	34285	861312
中外合作经营企业	92610	97957	39030	343	2676
外资企业	418677	1426095	1029341	6745	40556
外商投资股份有限公司					
二、按经济组织类型分组					
独资企业	479577	21694281	19571557	212820	320534
国有企业	60900	19193729	17474591	202948	278165
集体企业		276505	243182	1049	1327
私营独资企业		686781	718885	2071	456
港澳台商独资经营企业		111171	105558	7	30
外资企业	418677	1426095	1029341	6745	40556
合作、合伙企业	92610	972569	810448	3454	103623
股份合作企业		122016	97006	580	24251
国有联营企业		39463	31825	406	
集体联营企业		69351	51616	250	250
国有与集体联营企业					
其他联营企业					
私营合伙企业		3445	3244	5	
合作经营企业(港或澳、台资)					
中外合作经营企业	92610	97957	39030	343	2676
其他企业(内资)		640337	587727	1870	76446

单位：千元

其他业务利润	营业费用	管理费用	税金	财务费用	利息支出	营业利润	投资收益
336144	**3316917**	**7678872**	**496720**	**4124968**	**3951469**	**3481673**	**908378**
266926	2820842	7127706	447466	3925222	3702495	3195430	887553
50557	162296	536477	36677	627641	522769	428133	43355
35134	79153	396777	17564	412631	427500	422758	5660
15423	83143	139700	19113	215010	95269	5375	37695
132	7666	19286	672	4789	4786	1370	
23104	9490	6585	99	7579	7304	3054	3
-254	2486	5607	363	2799	2822	13571	
				1203	1226	6029	
-254	2486	5607	363	1596	1596	7542	
206001	993200	4716181	229938	2195283	2132797	3444984	623265
102735	329116	3461633	136881	787970	801940	1969775	242398
103266	664084	1254548	93057	1407313	1330857	1475209	380867
-61886	410143	905122	103007	411103	412433	-1361268	211303
54882	1221926	934422	76089	674532	618277	639617	9627
31	25668	20220	1098	11503	10689	-92965	
	42	142	2			12	
54596	1194755	910909	74690	662539	607147	731217	9627
255	1461	3151	299	490	441	1353	
-5610	13635	4026	621	1496	1307	25969	
380	20194	27334	1510	9473	8238	-2948	
281	12048	19085	1149	5930	6102	-8274	
22	6311	2264	294	-42	122	-2902	
77	1835	5985	67	3585	2014	8228	
68838	475881	523832	47744	190273	240736	289191	20825
60363	287286	389204	42106	165840	220023	180373	20825
	1627	40789	319	-15134	3810	31300	
8475	186968	93839	5319	39567	16903	77518	
59217	388909	672086	44060	683458	555269	411154	43355
50557	162296	536477	36677	627641	522769	428133	43355
132	7666	19286	672	4789	4786	1370	
31	25668	20220	1098	11503	10689	-92965	
22	6311	2264	294	-42	122	-2902	
8475	186968	93839	5319	39567	16903	77518	
17240	27280	57149	1404	-3260	15243	73906	3
23104	9490	6585	99	7579	7304	3054	3
				1203	1226	6029	
-254	2486	5607	363	1596	1596	7542	
	42	142	2			12	
	1627	40789	319	-15134	3810	31300	
-5610	13635	4026	621	1496	1307	25969	

1-A-1 续表 3-2

项 目	外商资本	主营业务收入	主营业务成本	主营业务税金及附加	其他业务收入
股份有限公司		18232314	17104566	309819	291594
股份有限公司(内资)		18023606	16921231	309631	291256
私营股份有限公司		80237	73900	188	261
港澳台商投资股份有限公司		128471	109435		77
外商投资股份有限公司					
有限责任公司	1396376	92765784	75712711	701196	2288350
国有独资公司		21253581	13507897	268046	469165
私营有限责任公司	14957	33897261	30289701	146672	461061
合资经营企业(港或澳、台资)		394277	365670	99	12328
中外合资经营企业	1381419	7517631	6504948	34285	861312
其他有限责任公司		29703034	25044495	252094	484484
三、在总计中					
#亏损企业	812844	27607026	27630352	476312	1078762
#国有控股企业	66830	65479690	53095262	851094	1187989
#农村工业		204168	195531	115	10609
#轻工业	294225	19412526	16413316	183228	182579
重工业	1674338	114252422	96785966	1044061	2821522
#大型企业	134850	53483335	44248510	686166	1365200
中型企业	1306970	42179951	35379190	284564	940060
小型企业	526743	38001662	33571582	256559	698841
四、按工业行业分组					
采矿业	**4660**	**20646286**	**12548806**	**270315**	**269526**
煤炭开采和洗选业	4660	20390522	12341736	266777	262830
烟煤和无烟煤的开采洗选	4660	20390522	12341736	266777	262830
石油和天然气开采业		154975	122310	3022	6503
与石油和天然气开采有关的服务活动		154975	122310	3022	6503
黑色金属矿采选业		81047	69115	389	
铁矿采选		81047	69115	389	
非金属矿采选业		19742	15645	127	193
石棉及其他非金属矿采选		19742	15645	127	193
其他非金属矿采选		19742	15645	127	193
制造业	**1903003**	**91524719**	**81523362**	**799266**	**2470823**
农副食品加工业	5100	2831219	2562312	4066	8258
谷物磨制		1060430	941457	1271	3673
饲料加工	5100	617411	581200	182	516
植物油加工		348439	325818	96	1815
食用植物油加工		348439	325818	96	1815
屠宰及肉类加工		352140	299775	1277	2020
畜禽屠宰		245592	219860	918	1958
肉制品及副产品加工		106548	79915	359	62
蔬菜、水果和坚果加工		68974	64751	33	
其他农副食品加工		383825	349311	1207	234
淀粉及淀粉制品的制造		258349	244575	1032	166
豆制品制造		7529	6070	14	
蛋品加工		25075	22265	35	
其他未列明的农副食品加工		92872	76401	126	68

单位：千元

其他业务利润	营业费用	管理费用	税金	财务费用	利息支出	营业利润	投资收益
-61554	413439	914258	103373	415178	414888	-1351687	211303
-61886	410143	905122	103007	411103	412433	-1361268	211303
255	1461	3151	299	490	441	1353	
77	1835	5985	67	3585	2014	8228	
321241	2487289	6035379	347883	3029592	2966069	4348300	653717
102735	329116	3461633	136881	787970	801940	1969775	242398
54596	1194755	910909	74690	662539	607147	731217	9627
281	12048	19085	1149	5930	6102	-8274	
60363	287286	389204	42106	165840	220023	180373	20825
103266	664084	1254548	93057	1407313	1330857	1475209	380867
57409	635040	1185718	84816	413908	448619	-3106974	2913
116999	988260	5237195	275379	2658586	2539626	1683823	484898
130	2829	3022	368	3578	3399	421	
66976	543921	738403	65627	762161	735161	926623	34170
269168	2772996	6940469	431093	3362807	3216308	2555050	874208
67955	647856	4722576	246883	1500476	1520831	731387	304564
157719	1286510	1655343	155169	1660840	1537604	2087414	379775
110470	1382551	1300953	94668	963652	893034	662872	224039
48406	**511819**	**3468266**	**120214**	**608037**	**554994**	**2528605**	**473259**
48032	510045	3446688	119990	596917	553347	2517740	278697
48032	510045	3446688	119990	596917	553347	2517740	278697
185		15348	224	10565	1095	3914	194562
185		15348	224	10565	1095	3914	194562
	1332	4342		570	552	5299	
	1332	4342		570	552	5299	
189	442	1888		-15		1652	
189	442	1888		-15		1652	
189	442	1888		-15		1652	
199461	**2755929**	**3579508**	**343390**	**2199594**	**2078443**	**145411**	**139435**
3717	88502	87979	6616	48436	46362	22196	1582
1280	26290	23162	1737	20547	20320	51049	1582
254	20619	19753	1335	4110	3894	-9471	
184	6780	8474	195	5147	4947	2415	
184	6780	8474	195	5147	4947	2415	
1958	12707	15847	1005	2558	2033	365	
1958	9328	9234	840	1656	1076	6284	
	3379	6613	165	902	957	-5919	
	4917	3630	266	1636	1430	-6885	
41	17189	17113	2078	14438	13738	-15277	
27	7655	11009	1665	10808	10367	-16595	
	1300	1327		49	45	-1231	
	1617	359		144	24	655	
14	6617	4418	413	3437	3302	1894	

1-A-1 续表 3-3

项目	外商资本	主营业务收入	主营业务成本	主营业务税金及附加	其他业务收入
食品制造业	86849	3026864	2584061	11513	33070
焙烤食品制造		62547	52807	172	103
糕点、面包制造		62547	52807	172	103
糖果、巧克力及蜜饯制造		11572	8264	293	
蜜饯制作		11572	8264	293	
方便食品制造		59549	49558	54	264
米、面制品制造		12671	10907	13	264
速冻食品制造		46878	38651	41	
液体乳及乳制品制造	86849	1232441	1098879	2201	6098
调味品、发酵制品制造		1454725	1202549	8009	20505
味精制造		871112	778784	4101	18366
其他调味品、发酵制品制造		583613	423765	3908	2139
其他食品制造		206030	172004	784	6100
营养、保健食品制造		88449	75787	310	2500
食品及饲料添加剂制造		63016	46031	365	3600
其他未列明的食品制造		54565	50186	109	
饮料制造业	156209	1340949	1038087	42821	52493
酒的制造	146209	831514	596336	42298	47734
白酒制造		210500	155822	7479	2973
啤酒制造	136046	190693	137043	25149	44606
葡萄酒制造		81041	85226	2713	33
其他酒制造	10163	349280	218245	6957	122
软饮料制造	10000	509435	441751	523	4759
果菜汁及果菜汁饮料制造	10000	509435	441751	523	4759
烟草制品业		256016	133381	94324	46
烟叶复烤		9841	7526	9	
卷烟制造		246175	125855	94315	46
纺织业	42403	5412573	4708532	6245	18756
棉、化纤纺织及印染精加工		39315	35310	86	4670
棉、化纤纺织加工		39315	35310	86	4670
毛纺织和染整精加工	42403	5344282	4647335	6049	14086
毛纺织	42403	5344282	4647335	6049	14086
纺织制成品制造		28976	25887	110	
毛制品制造		9537	7820	8	
绳、索、缆的制造		19439	18067	102	
纺织服装、鞋、帽制造业	2500	61793	43856		147
纺织服装制造	2500	61793	43856		147
皮革、毛皮、羽毛(绒)及其制品业		122754	112944	190	199
皮革鞣制加工		41869	37734	61	
毛皮鞣制及制品加工		73922	69013	129	83
毛皮鞣制加工		39980	36943	103	83
毛皮服装加工		15513	13385	4	
其他毛皮制品加工		18429	18685	22	
羽毛(绒)加工及制品制造		6963	6197		116
羽毛(绒)加工		6963	6197		116
木材加工及木、竹、藤、棕、草制		18894	11155	567	
木制品制造		18894	11155	567	
建筑用木料及木材组件加工		18894	11155	567	

单位：千元

其他业务利润	营业费用	管理费用	税金	财务费用	利息支出	营业利润	投资收益
17727	141595	108194	10373	56220	59116	146502	4134
103	3288	4303	431	1273	1265	797	5
103	3288	4303	431	1273	1265	797	5
	893	801	38	378	376	946	
	893	801	38	378	376	946	
	1501	1527	70	241	230	6404	
		896	60	84	84	507	
	1501	631	10	157	146	5897	
2262	53738	39555	4211	13799	18088	23109	4129
13971	69375	51041	4962	38348	37966	105633	
13342	40316	13796	2752	24749	24863	27821	
629	29059	37245	2210	13599	13103	77812	
1391	12800	10967	661	2181	1191	9613	
1084	6361	5213	516	1679	1191	413	
307	5044	3880	145			8702	
	1395	1874		502		498	
32414	104666	63946	6189	48789	44300	80313	
31389	82043	49981	4528	23957	19398	73983	
2076	11392	12012	627	4275	4091	20767	
29158	23911	15268	3230	5842	5842	12332	
33	1379	5601	27	7168	2793	-14183	
122	45361	17100	644	6672	6672	55067	
1025	22623	13965	1661	24832	24902	6330	
1025	22623	13965	1661	24832	24902	6330	
	4858	36345	825	-2061	-2061	-10078	
	219	1955	66	62	62	400	
	4639	34390	759	-2123	-2123	-10478	
-3730	19708	72768	14487	214282	209199	466661	-186
-5343	1155	2864	72	104	101	-5547	8
-5343	1155	2864	72	104	101	-5547	8
1613	18285	68619	14184	214132	209053	470844	105
1613	18285	68619	14184	214132	209053	470844	105
	268	1285	231	46	45	1364	-299
	268	471	58	46	45	923	-299
		814	173			441	
129	4814	9272	216	710	730	3159	
129	4814	9272	216	710	730	3159	
99	1395	2276	168	2950	2913	381	
		214	48	924	921	3288	
83	936	1901	113	2026	1992	-3070	
83	514	1018	79	1268	1252	-2854	
	291	486	34	75	57	1272	
	131	397		683	683	-1488	
16	459	161	7			163	
16	459	161	7			163	
	467	749		770	692	5168	
	467	749		770	692	5168	
	467	749		770	692	5168	

1-A-1 续表 3-4

项目	外商资本	主营业务收入	主营业务成本	主营业务税金及附加	其他业务收入
家具制造业		62946	51219	261	
木质家具制造		43222	35172	228	
金属家具制造		13496	12157	12	
其他家具制造		6228	3890	21	
造纸及纸制品业	1164	3521618	2918659	12275	16697
造纸	1164	3457406	2858734	12136	16162
机制纸及纸板制造	1164	3428036	2832944	12097	16162
加工纸制造		29370	25790	39	
纸制品制造		64212	59925	139	535
纸和纸板容器的制造		24203	22518	68	339
其他纸制品制造		40009	37407	71	196
印刷业和记录媒介的复制		262168	230609	431	11132
印刷		262168	230609	431	11132
书、报、刊印刷		70711	58296	129	8
包装装潢及其他印刷		191457	172313	302	11124
石油加工、炼焦及核燃料加工业	90860	11766556	12525082	322288	156186
精炼石油产品的制造	90860	9710737	10561535	313207	118871
原油加工及石油制品制造	90860	9710737	10561535	313207	118871
炼焦		2055819	1963547	9081	37315
化学原料及化学制品制造业	106975	16098410	14017516	60215	262472
基础化学原料制造	66881	5657657	5046166	21063	53038
无机酸制造		259404	210014	1306	11415
无机碱制造		243891	214885	371	2
无机盐制造		2518109	2350033	8749	3139
有机化学原料制造	37996	530624	445889	1992	5808
其他基础化学原料制造	28885	2105629	1825345	8645	32674
肥料制造		3871247	3244735	8919	98371
氮肥制造		2760418	2304356	8387	87926
磷肥制造		605852	484232	403	2804
钾肥制造		421088	377580	129	7498
复混肥料制造		83889	78567		143
农药制造		856611	724656	169	
化学农药制造		856611	724656	169	
涂料、油墨、颜料及类似产品制造		413806	370554	566	521
涂料制造		23348	20487	76	
染料制造		390458	350067	490	521
合成材料制造	2000	4708280	4114046	25660	108399
初级形态的塑料及合成树脂制造	2000	4708280	4114046	25660	108399
专用化学产品制造	38094	590809	517359	3838	2143
化学试剂和助剂制造		363286	336241	2324	2140
专项化学用品制造	37050	56294	41246	155	
林产化学产品制造	1044	123357	102851	1160	3
炸药及火工产品制造		33751	25338	151	
其他专用化学产品制造		14121	11683	48	
医药制造业		1707423	1317473	8586	21884
化学药品原药制造		1094990	830357	5131	18918
化学药品制剂制造		118404	74251	909	46
中药饮片加工		12787	9434	11	
中成药制造		119273	89136	254	
兽用药品制造		361969	314295	2281	2920

单位：千元

其他业务利润	营业费用	管理费用	税金	财务费用	利息支出	营业利润	投资收益
	4406	4374	406	1462	1431	1218	
	3269	3492	335	501	475	555	
	566	540		136	132	86	
	571	342	71	825	824	577	
3436	88193	91158	6244	212484	209811	200276	25575
3299	87866	87683	5901	211139	208478	200926	25575
3299	87866	87243	5901	211124	208463	197840	25575
		440		15	15	3086	
137	327	3475	343	1345	1333	-650	
92	144	1138	80	435	432	-7	
45	183	2337	263	910	901	-643	
645	2908	18715	523	6370	4485	4524	
645	2908	18715	523	6370	4485	4524	
7	457	8584	142	396	180	3101	
638	2451	10131	381	5974	4305	1423	
5744	82944	342310	25873	109422	102134	-2092856	
2126	16002	299212	20272	83847	83989	-2039754	
2126	16002	299212	20272	83847	83989	-2039754	
3618	66942	43098	5601	25575	18145	-53102	
-74129	449818	719020	99937	333144	209767	610829	27419
3796	216568	178701	11640	85594	82399	127848	2195
9	4871	14531	548	2879	2869	33991	
2	20765	3421	450	412	423	4039	
1589	78170	52268	2899	24390	21814	9233	
700	22159	29574	1917	3235	6550	28472	2155
1496	90603	78907	5826	54678	50743	52113	40
-92273	66561	357635	53325	10917	11786	182434	25086
-102508	51592	329434	51547	6312	7175	87058	25086
2804	7579	19240	1641	3349	3356	93922	
7296	6121	6468	69	347	364	673	
135	1269	2493	68	909	891	781	
	15465	26471	1222	18843	7702	126837	
	15465	26471	1222	18843	7702	126837	
50	7611	11465	315	4282	4087	15927	3
	196	1873	3	829	551	-248	3
50	7415	9592	312	3453	3536	16175	
12807	120931	105683	29469	206274	96729	157411	135
12807	120931	105683	29469	206274	96729	157411	135
1491	22682	39065	3966	7234	7064	372	
1508	5584	19657	1082	3680	3681	-2677	
	3165	6513	1080	642	594	2325	
-17	10795	7314	674	1212	1092	492	
	2344	2595	52	151	149	3172	
	794	2986	1078	1549	1548	-2940	
11817	42925	167821	14593	115620	102318	95537	709
11805	22252	117466	8406	85264	74626	77311	396
12	7117	19080	447	2564	2512	14496	313
	688	2335	72	59	31	262	
	1680	9886	989	12863	11814	5190	
	11188	19054	4679	14870	13335	-1722	

1-A-1 续表 3-5

项目	外商资本	主营业务收入	主营业务成本	主营业务税金及附加	其他业务收入
橡胶制品业	346500	2347127	2169721	6893	616003
轮胎制造	346500	2295111	2127592	6696	615970
车辆、飞机及工程机械轮胎制造	346500	2295111	2127592	6696	615970
橡胶板、管、带的制造		52016	42129	197	33
塑料制品业		902473	824018	2067	22462
塑料薄膜制造		24606	22556	56	
塑料板、管、型材的制造		587747	531606	1128	20321
塑料丝、绳及编织品的制造		233832	216241	751	2074
泡沫塑料制造		6203	5874	9	
塑料包装箱及容器制造		17019	15551	85	58
塑料零件制造		16663	16159	33	9
日用塑料制造		16403	16031	5	
日用塑料杂品制造		16403	16031	5	
非金属矿物制品业	166902	6176311	4580313	35489	123584
水泥、石灰和石膏的制造		2434065	1730244	20747	28842
水泥制造		2411193	1711410	20714	27395
石灰和石膏制造		22872	18834	33	1447
水泥及石膏制品制造		631040	476877	3359	48747
水泥制品制造		579356	436028	3056	47982
砼结构构件制造		29645	21576	147	
轻质建筑材料制造		22039	19273	156	765
砖瓦、石材及其他建筑材料制造		226313	174872	1150	5871
粘土砖瓦及建筑砌块制造		20004	9927	65	5431
建筑陶瓷制品制造		165475	129812	867	290
建筑用石加工		10758	9648	52	
其他建筑材料制造		30076	25485	166	150
玻璃及玻璃制品制造		52406	50493	193	260
平板玻璃制造		6542	8129	16	165
技术玻璃制品制造		20243	18613	34	32
日用玻璃制品及玻璃包装容器制造		25621	23751	143	63
耐火材料制品制造		10878	9286	33	
耐火陶瓷制品及其他耐火材料制造		10878	9286	33	
石墨及其他非金属矿物制品制造	166902	2821609	2138541	10007	39864
石墨及碳素制品制造	166902	1736060	1315130	7026	34882
其他非金属矿物制品制造		1085549	823411	2981	4982
黑色金属冶炼及压延加工业	3000	9399899	8585067	86331	355165
炼铁		2133720	1943739	8659	151866
钢压延加工		1488196	1424236	5370	112449
铁合金冶炼	3000	5777983	5217092	72302	90850
有色金属冶炼及压延加工业	474539	16185363	14949297	83655	422893
常用有色金属冶炼	474539	14159235	13178240	75436	407565
铜冶炼		270607	268264	349	
铅锌冶炼		1522804	1480627	7216	600
铝冶炼	459500	9636083	8942838	26095	390891
镁冶炼	15039	2138561	1955820	40205	15046
其他常用有色金属冶炼		591180	530691	1571	1028

单位：千元

其他业务利润	营业费用	管理费用	税金	财务费用	利息支出	营业利润	投资收益
18348	86061	43736	11763	63109	72434	-4000	
18326	83408	39000	11043	62468	71803	-5727	
18326	83408	39000	11043	62468	71803	-5727	
22	2653	4736	720	641	631	1727	
1208	26216	30009	2070	12343	12483	16061	15
	229	396	5	291	291	1077	
1220	24965	17045	1372	9135	9316	12050	12
-47	678	10061	379	1273	1236	4559	3
	117	599	25	-42	-42	-31	
58	227	915	142	1374	1371	-1076	
-23		484	100	306	306	-341	
		509	47	6	5	-177	
		509	47	6	5	-177	
32048	524106	347567	21848	159273	150501	394684	23239
20120	177698	168769	13677	100081	104241	236122	924
21093	176337	168553	13677	99648	103976	235100	924
-973	1361	216		433	265	1022	
4675	52943	44407	2794	18274	10845	37643	15758
4648	49955	40241	2591	10086	10013	42427	15808
	936	1846	84	7512	158	-2372	
27	2052	2320	119	676	674	-2412	-50
86	5861	10885	200	7068	4589	29846	2151
	2980	4675		2486		3487	
	1858	3331	60	4521	4521	24794	
	761	369	140	68	68	-85	
86	262	2510		-7		1650	2151
82	1349	5619	542	543	540	-6127	60
47	248	1322	148	147	147	-3484	
32	259	788	112	399	396	-25	60
3	842	3509	282	-3	-3	-2618	
	713	964	4	-3		-116	
	713	964	4	-3		-116	
7085	285542	116923	4631	33310	30286	97316	4346
2921	209941	83792	2861	24479	21771	82543	4451
4164	75601	33131	1770	8831	8515	14773	-105
22790	322479	223805	21450	105708	104089	55356	678
496	69216	48375	4296	31679	28374	32415	678
12214	9432	16472	5271	45572	45485	-17684	
10080	243831	158958	11883	28457	30230	40625	
66887	324648	510414	48977	507356	570503	-399439	17979
61042	283180	367967	43261	434250	509163	-404414	-699
	822	1235	51	37	39	-100	
17	7218	25635	8208	30725	30533	-28507	-725
48303	220789	274563	31531	350667	432815	-416237	
12897	52949	53191	3000	29968	27596	19285	16
-175	1402	13343	471	22853	18180	21145	10

1-A-1 续表 3-6

项 目	外商资本	主营业务收入	主营业务成本	主营业务税金及附加	其他业务收入
稀有稀土金属冶炼		1808384	1592494	4800	15251
稀土金属冶炼		60026	52402	124	
其他稀有金属冶炼		1748358	1540092	4676	15251
有色金属合金制造		82343	63238	3419	
有色金属压延加工		135401	115325		77
常用有色金属压延加工		135401	115325		77
金属制品业		1531037	1349321	4146	56149
结构性金属制品制造		467114	428339	777	12069
金属结构制造		416618	387262	561	7974
金属门窗制造		50496	41077	216	4095
金属工具制造		9439	7961	13	181
农用及园林用金属工具制造		9439	7961	13	181
集装箱及金属包装容器制造		32959	26994	40	3052
金属包装容器制造		32959	26994	40	3052
金属丝绳及其制品的制造		736712	639487	2405	36162
建筑、安全用金属制品制造		79915	72867	115	422
建筑、家具用金属配件制造		12580	11417	22	422
建筑装饰及水暖管道零件制造		35993	31352	44	
其他建筑、安全用金属制品制造		31342	30098	49	
金属表面处理及热处理加工		31613	17333	211	964
不锈钢及类似日用金属制品制造		22168	17397	338	
其他日用金属制品制造		22168	17397	338	
其他金属制品制造		151117	138943	247	3299
其他未列明的金属制品制造		151117	138943	247	3299
通用设备制造业	392519	3294144	2507152	-155	106128
锅炉及原动机制造		40474	28475	85	222
锅炉及辅助设备制造		40474	28475	85	222
金属加工机械制造	103464	1103747	763821	2070	7437
金属切削机床制造	103464	1073777	740019	1052	7437
金属成形机床制造		12107	9442	11	
机床附件制造		17863	14360	1007	
起重运输设备制造		328671	270409	880	16201
泵、阀门、压缩机及类似机械的制造		20920	17289	36	1011
泵及真空设备制造		13851	10447	22	942
液压和气压动力机械及元件制造		7069	6842	14	69
轴承、齿轮、传动和驱动部件的制造	101467	720501	662888	-4669	60542
轴承制造	101467	707600	652093	-4690	60542
齿轮、传动和驱动部件制造		12901	10795	21	
风机、衡器、包装设备等通用设备		91966	70291	413	2860
风机、风扇制造		22479	14418	113	795
制冷、空调设备制造		39220	32352	128	1089
其他通用设备制造		30267	23521	172	976
通用零部件制造及机械修理	34300	59190	42243	19	5984
机械零部件加工及设备修理	34300	59190	42243	19	5984
金属铸、锻加工	153288	928675	651736	1011	11871
钢铁铸件制造	153288	818710	545369	218	11871
锻件及粉末冶金制品制造		109965	106367	793	
专用设备制造业		2579936	2119926	7691	157949
矿山、冶金、建筑专用设备制造		1890411	1551440	6750	157949
采矿、采石设备制造		1766191	1453220	6349	157949
石油钻采专用设备制造		124220	98220	401	

单位：千元

其他业务利润	营业费用	管理费用	税金	财务费用	利息支出	营业利润	投资收益
5768	33609	134170	5649	69070	59326	-11211	18678
	5020	3448	-46	2056	621	-6381	
5768	28589	130722	5695	67014	58705	-4830	18678
	6024	1521		451		7689	
77	1835	6756	67	3585	2014	8497	
77	1835	6756	67	3585	2014	8497	
7290	35894	64879	7894	50336	47767	28393	17605
5249	1045	24961	2100	11413	7941	5223	14022
4451	906	19937	1793	10480	7104	1325	14022
798	139	5024	307	933	837	3898	
	241	821		111		292	
	241	821		111		292	
394	698	2806	252	687	681	1877	
394	698	2806	252	687	681	1877	
647	27360	24996	3940	36912	36592	1479	3583
	1064	4526	714	498	487	1106	
	175	711	235	-7	-7	230	
	840	2561	285	477	475	943	
	49	1254	194	28	19	-67	
964		778	20	-2		14241	
	1159	1954	8	659	655	658	
	1159	1954	8	659	655	658	
36	4327	4037	860	58	1411	3517	
36	4327	4037	860	58	1411	3517	
34681	218845	336135	23652	98874	67102	147801	20921
195	1849	5822	391	2188	2186	2359	
195	1849	5822	391	2188	2186	2359	
3107	110620	97073	5206	42596	8655	90807	22
3107	109929	94886	5009	42401	8513	87881	22
	689	698	45	119	92	1148	
	2	1489	152	76	50	1778	
5014	20446	28150	2940	3326	2356	6147	3573
38	304	2325	81	43	46	1030	
38	209	2089	75	-4		1126	
	95	236	6	47	46	-96	
12246	45287	86218	1283	22105	30749	-90447	
12246	44378	85160	1208	22072	30715	-90533	
	909	1058	75	33	34	86	
6255	6009	12056	167	-350	-4	4889	-333
5941	2007	5061		-7	-7	1127	-333
617	2736	3169	150	5		1446	
-303	1266	3826	17	-348	3	2316	
3469	1890	4355	634	2468	2481	11682	
3469	1890	4355	634	2468	2481	11682	
4357	32440	100136	12950	26498	20633	121334	17659
4357	32433	99955	12950	26306	20483	118902	17659
	7	181		192	150	2432	
9236	75136	139248	5981	8647	7374	240497	4065
9236	74907	126203	5953	3957	4881	138568	2879
9236	70581	120928	5726	3318	3653	123210	2879
	4326	5275	227	639	1228	15358	

1-A-1 续表 3-7

项 目	外商资本	主营业务收入	主营业务成本	主营业务税金及附加	其他业务收入
印刷、制药、日化生产专用设备制造		22364	18715	23	
制浆和造纸专用设备制造		22364	18715	23	
电子和电工机械专用设备制造		667161	549771	918	
电子工业专用设备制造		667161	549771	918	
交通运输设备制造业		37903	34008	130	
汽车制造		18264	16345	33	
汽车修理		18264	16345	33	
交通器材及其他交通运输设备制造		19639	17663	97	
交通管理用金属标志及设施制造		19639	17663	97	
电气机械及器材制造业	27483	1984459	1702573	4009	28590
电机制造	24053	1099621	934510	1795	13198
发电机及发电机组制造	24053	734148	691259	160	
电动机制造		365473	243251	1635	13198
输配电及控制设备制造	3430	607687	509311	1031	14185
变压器、整流器和电感器制造		223188	174997	492	3273
配电开关控制设备制造	3430	384499	334314	539	10912
电线、电缆、光缆及电工器材制造		152586	135419	438	1207
电线电缆制造		142267	126528	399	26
其他电工器材制造		10319	8891	39	1181
电池制造		55895	60658	84	
非电力家用器具制造		12180	10475	11	
燃气、太阳能及类似能源的器具制造		12180	10475	11	
其他电气机械及器材制造		56490	52200	650	
其他未列明的电气机械制造		56490	52200	650	
仪器仪表及文化、办公用机械制造		594818	446184	5216	560
通用仪器仪表制造		584159	437034	5198	497
工业自动控制系统装置制造		365002	264499	4707	
电工仪器仪表制造		127019	94525	89	445
试验机制造		92138	78010	402	52
文化、办公用机械制造		10659	9150	18	63
照相机及器材制造		10659	9150	18	63
工艺品及其他制造业		1066	896	12	
工艺美术品制造		1066	896	12	
地毯、挂毯制造		1066	896	12	
电力、燃气及水的生产和供应业	**60900**	**21493943**	**19127114**	**157708**	**263752**
电力、热力的生产和供应业	60900	20920541	18709122	151789	232699
电力生产	60900	8220317	6668204	85192	109917
火力发电	60900	7831666	6413513	82204	101989
水力发电		288160	198987	2189	
其他能源发电		100491	55704	799	7928
电力供应		12222550	11551930	63810	66190
热力生产和供应		477674	488988	2787	56592
燃气生产和供应业		342016	230272	4665	11861
水的生产和供应业		231386	187720	1254	19192
自来水的生产和供应		231386	187720	1254	19192

单位：千元

其他业务利润	营业费用	管理费用	税金	财务费用	利息支出	营业利润	投资收益
	229	2329	28	-20		884	
	229	2329	28	-20		884	
		10716		4710	2493	101045	1186
		10716		4710	2493	101045	1186
	1100	2915	114	1048	1035	-1428	
	621	1315	114	476	473	-527	
	621	1315	114	476	473	-527	
	479	1600		572	562	-901	
	479	1600		572	562	-901	
8912	64111	95449	9130	11573	23142	94266	-4300
5176	36603	54585	3204	-10883	2560	66718	-4330
	15461	12020	445	-11701	1767	27098	
5176	21142	42565	2759	818	793	39620	-4330
3612	22528	26381	2138	18422	16897	33475	30
2476	18017	10058	849	3285	3550	18355	30
1136	4511	16323	1289	15137	13347	15120	
124	2756	6790	3321	2558	2379	4996	
6	2410	5914	3240	2400	2221	4869	
118	346	876	81	158	158	127	
	2005	4229	335	912	775	-11993	
	219	905	86	720	687	-150	
	219	905	86	720	687	-150	
		2559	46	-156	-156	1220	
		2559	46	-156	-156	1220	
192	40134	60239	4061	32660	30747	39313	
168	38607	58441	3883	32581	30672	41135	
	29464	38743	3618	27442	27442	28816	
145	7273	12846	265	395	351	12036	
23	1870	6852		4744	2879	283	
24	1527	1798	178	79	75	-1822	
24	1527	1798	178	79	75	-1822	
		185		69	69	77	
		185		69	69	77	
		185		69	69	77	
88277	**49169**	**631098**	**33116**	**1317337**	**1318032**	**807657**	**295684**
85167	14661	543027	28262	1242529	1267595	853194	293331
49625	1573	315237	25597	956999	971935	558159	287671
49625	852	297828	25588	830363	844651	563266	286137
	714	14900		80668	80895	-8140	
	7	2509	9	45968	46389	3033	1534
22210		187017		271400	284640	368180	5660
13332	13088	40773	2665	14130	11020	-73145	
2523	8147	37985	1260	26007	1601	37355	
587	26361	50086	3594	48801	48836	-82892	2353
587	26361	50086	3594	48801	48836	-82892	2353

1-A-1 续表 4-1

项 目	补贴收入	营业外收入	营业外支出	利润总额	应交所得税
总 计	**614445**	**1485322**	**1861155**	**3901820**	**405953**
一、按登记注册类型分组					
内资企业	604129	1470480	1836414	3595537	386489
国有企业	32602	79545	92418	461832	71864
中央企业	21819	36856	83773	375841	44965
地方企业	10783	42689	8645	85991	26899
集体企业	1094	6743	5534	3673	139
股份合作企业	9901	8023	230	18434	959
联营企业		240	219	13592	889
国有联营企业			102	5927	889
集体联营企业		240	117	7665	
国有与集体联营企业					
其他联营企业					
有限责任公司	208857	965512	1499215	3291120	142208
国有独资公司	37514	641131	1277990	1340171	-47746
其他有限责任公司	171343	324381	221225	1950949	189954
股份有限公司	170104	289192	86626	-972303	46487
私营企业	181571	121225	151684	753708	119709
私营独资企业	9781	1001	836	-84974	603
私营合作企业				12	2
私营有限责任公司	171554	120224	150798	837131	119057
私营股份有限公司	236		50	1539	47
其他企业			488	25481	4234
港、澳、台商投资企业	7723	757	646	3684	61
合资经营企业(港或澳、台资)	2479	204	640	-6231	61
合作经营企业(港或澳、台资)					
港澳台商独资经营企业	5244	50	6	1184	
港澳台商投资股份有限公司		503		8731	
外商投资企业	2593	14085	24095	302599	19403
中外合资经营企业	1908	11472	21031	193547	9470
中外合作经营企业		100	536	30864	12
外资企业	685	2513	2528	78188	9921
外商投资股份有限公司					
二、按经济组织类型分组					
独资企业	49406	89852	101322	459903	82527
国有企业	32602	79545	92418	461832	71864
集体企业	1094	6743	5534	3673	139
私营独资企业	9781	1001	836	-84974	603
港澳台商独资经营企业	5244	50	6	1184	
外资企业	685	2513	2528	78188	9921
合作、合伙企业	9901	8363	1473	88383	6096
股份合作企业	9901	8023	230	18434	959
国有联营企业			102	5927	889
集体联营企业		240	117	7665	
国有与集体联营企业					
其他联营企业					
私营合伙企业				12	2
合作经营企业(港或澳、台资)					
中外合作经营企业		100	536	30864	12
其他企业(内资)			488	25481	4234

单位：千元

亏损企业亏损总额	利税总额	本年应付工资总额	本年应付福利费总额	本年应交增值税	本年进项税额	本年销项税额	全部从业人员年平均人数（人）
3111753	**10802125**	**7840599**	**686506**	**5673016**	**15522637**	**19703922**	**259200**
2921263	10171901	7396368	661389	5390554	14021686	18029517	244919
137177	1718830	1227647	64336	1054050	2172053	3082641	27491
43748	1414655	1004972	44765	859132	1831065	2583454	18694
93429	304175	222675	19571	194918	340988	499187	8797
4607	14216	19215	4107	9494	26588	36980	1208
	27878	9827	2214	8864	12494	21732	525
	20598	5065	119	6350	12061	18698	320
	10180	1023	119	3847	2566	6708	20
	10418	4042		2503	9495	11990	300
322170	6691463	4283205	453256	2880203	5541016	7612678	123958
21506	3034773	2837871	282848	1426556	2023717	3279657	63027
300664	3656690	1445334	170408	1453647	3517299	4333021	60931
1941998	-237691	785127	61294	424981	2484144	2594843	30379
515311	1887422	1060512	74914	984778	3695846	4568764	60898
94336	-60472	47949	3457	22431	60722	88400	3132
	65	357		48	538	586	68
420648	1943766	1009168	71395	959963	3628408	4472457	57493
327	4063	3038	62	2336	6178	7321	205
	49185	5770	1149	21834	77484	93181	140
22252	14963	18200	154	11173	80055	83664	987
20221	5040	12668	18	11172	56819	67951	692
2031	1192	3426		1	4392	4541	215
	8731	2106	136		18844	11172	80
168238	615261	426031	24963	271289	1420896	1590741	13294
98066	414248	340030	16416	186416	1161799	1271664	11194
995	31950	3978	515	743	5930	17103	133
69177	169063	82023	8032	84130	253167	301974	1967
307328	1842829	1380260	79932	1170106	2516922	3514536	34013
137177	1718830	1227647	64336	1054050	2172053	3082641	27491
4607	14216	19215	4107	9494	26588	36980	1208
94336	-60472	47949	3457	22431	60722	88400	3132
2031	1192	3426		1	4392	4541	215
69177	169063	82023	8032	84130	253167	301974	1967
995	129676	24997	3997	37839	108507	151300	1186
	27878	9827	2214	8864	12494	21732	525
	10180	1023	119	3847	2566	6708	20
	10418	4042		2503	9495	11990	300
	65	357		48	538	586	68
995	31950	3978	515	743	5930	17103	133
	49185	5770	1149	21834	77484	93181	140

1-A-1 续表 4-2

项　　目	补贴收入	营业外收入	营业外支出	利润总额	应交所得税
股份有限公司	170340	289695	86676	-962033	46534
股份有限公司(内资)	170104	289192	86626	-972303	46487
私营股份有限公司	236		50	1539	47
港澳台商投资股份有限公司		503		8731	
外商投资股份有限公司					
有限责任公司	384798	1097412	1671684	4315567	270796
国有独资公司	37514	641131	1277990	1340171	-47746
私营有限责任公司	171554	120224	150798	837131	119057
合资经营企业(港或澳、台资)	2479	204	640	-6231	61
中外合资经营企业	1908	11472	21031	193547	9470
其他有限责任公司	171343	324381	221225	1950949	189954
三、在总计中					
#亏损企业	76873	61349	126907	-3111753	11117
#国有控股企业	311086	1147553	1517075	1468833	145505
#农村工业	402	1176	225	1774	49
#轻工业	110916	99510	54269	1070720	81288
重工业	503529	1385812	1806886	2831100	324665
#大型企业	117207	900331	1430929	216883	21870
中型企业	271017	466897	330974	2594823	248707
小型企业	226221	118094	99252	1090114	135376
四、按工业行业分组					
采矿业	**21562**	**131248**	**1287713**	**1625714**	**58625**
煤炭开采和洗选业	21562	129702	1286457	1419997	57233
烟煤和无烟煤的开采洗选	21562	129702	1286457	1419997	57233
石油和天然气开采业		1531	1243	198764	1146
与石油和天然气开采有关的服务活动		1531	1243	198764	1146
黑色金属矿采选业				5299	
铁矿采选				5299	
非金属矿采选业		15	13	1654	246
石棉及其他非金属矿采选		15	13	1654	246
其他非金属矿采选		15	13	1654	246
制造业	**488069**	**1238411**	**436624**	**1268829**	**244203**
农副食品加工业	52691	9189	3549	76006	6472
谷物磨制	3078	4869	1394	59122	759
饲料加工	34767	1015	464	24645	3453
植物油加工	1137	453	242	3823	102
食用植物油加工	1137	453	242	3823	102
屠宰及肉类加工	4624	2543	1125	3453	1888
畜禽屠宰	2925	1354	145	8463	1772
肉制品及副产品加工	1699	1189	980	-5010	116
蔬菜、水果和坚果加工	2032	3	24	-4819	
其他农副食品加工	7053	306	300	-10218	270
淀粉及淀粉制品的制造	6640	139	146	-11962	18
豆制品制造				-1231	
蛋品加工				655	
其他未列明的农副食品加工	413	167	154	2320	252

单位：千元

亏损企业亏损总额	利税总额	本年应付工资总额	本年应付福利费总额	本年应交增值税	本年进项税额	本年销项税额	全部从业人员年平均人数（人）
1942325	-224897	790271	61492	427317	2509166	2613336	30664
1941998	-237691	785127	61294	424981	2484144	2594843	30379
327	4063	3038	62	2336	6178	7321	205
	8731	2106	136		18844	11172	80
861105	9054517	5645071	541085	4037754	10388042	13424750	193337
21506	3034773	2837871	282848	1426556	2023717	3279657	63027
420648	1943766	1009168	71395	959963	3628408	4472457	57493
20221	5040	12668	18	11172	56819	67951	692
98066	414248	340030	16416	186416	1161799	1271664	11194
300664	3656690	1445334	170408	1453647	3517299	4333021	60931
3111753	-1840028	1224877	94508	795413	4015966	4578335	48309
2148503	5786408	5276727	441386	3466481	7511733	10002838	129685
1499	4787	9895	115	2898	30656	33404	800
257328	1721058	831107	70534	467110	2210469	2565512	49770
2854425	9081067	7009492	615972	5205906	13312168	17138410	209430
1993959	3458427	4618713	391470	2555378	6256493	8181003	109368
437236	4761145	1879399	193661	1881758	4924354	6196108	83515
680558	2582553	1342487	101375	1235880	4341790	5326811	66317
45144	**3359844**	**2817593**	**275887**	**1463815**	**1255499**	**2671862**	**61775**
45144	3136555	2801502	274885	1449781	1232369	2636864	61293
45144	3136555	2801502	274885	1449781	1232369	2636864	61293
	211901	10952		10115	9044	19159	245
	211901	10952		10115	9044	19159	245
	8642	2708	897	2954	11531	14241	172
	8642	2708	897	2954	11531	14241	172
	2746	2431	105	965	2555	1598	65
	2746	2431	105	965	2555	1598	65
	2746	2431	105	965	2555	1598	65
2904504	**4833607**	**3641319**	**331105**	**2765512**	**12099901**	**13624205**	**169708**
27219	107820	86317	5512	27748	293497	268743	4936
299	66120	15595	1120	5727	100728	100267	982
15	25945	18646	913	1118	1346	1496	919
1320	6203	6151	259	2284	29979	31579	391
1320	6203	6151	259	2284	29979	31579	391
5804	8636	7333	641	3906	25975	24803	690
	10638	4350	282	1257	14771	14007	392
5804	-2002	2983	359	2649	11204	10796	298
4953	-4544	5863	197	242	8056	5363	355
14828	5460	32729	2382	14471	127413	105235	1599
13597	-680	27401	2254	10250	117054	93919	1182
1231	-1217	1801			1188	1330	150
	690	932	22				85
	6667	2595	106	4221	9171	9986	182

1-A-1 续表 4-3

项　　目	补贴收入	营业外收入	营业外支出	利润总额	应交所得税
食品制造业	15322	25299	9672	172717	17828
焙烤食品制造	467	395	108	1556	201
糕点、面包制造	467	395	108	1556	201
糖果、巧克力及蜜饯制造		2	1	947	
蜜饯制作		2	1	947	
方便食品制造			2	6402	1481
米、面制品制造			2	505	8
速冻食品制造				5897	1473
液体乳及乳制品制造	8442	12871	5291	34392	1604
调味品、发酵制品制造	2708	11554	3730	116165	12316
味精制造	2708	4122	594	34057	
其他调味品、发酵制品制造		7432	3136	82108	12316
其他食品制造	3705	477	540	13255	2226
营养、保健食品制造	180	16	396	213	12
食品及饲料添加剂制造	1564	321	122	10465	1570
其他未列明的食品制造	1961	140	22	2577	644
饮料制造业	4802	6148	2752	88511	973
酒的制造	2758	3237	2383	77595	576
白酒制造		191	451	20507	220
啤酒制造		17	323	12026	
葡萄酒制造	233	2372	499	-12077	
其他酒制造	2525	657	1110	57139	356
软饮料制造	2044	2911	369	10916	397
果菜汁及果菜汁饮料制造	2044	2911	369	10916	397
烟草制品业		79	1145	-11144	42
烟叶复烤		33	69	364	42
卷烟制造		46	1076	-11508	
纺织业	20319	15304	5079	497019	15822
棉、化纤纺织及印染精加工	50	5	11	-5495	374
棉、化纤纺织加工	50	5	11	-5495	374
毛纺织和染整精加工	19949	15299	4816	501381	15448
毛纺织	19949	15299	4816	501381	15448
纺织制成品制造	320		252	1133	
毛制品制造			235	389	
绳、索、缆的制造	320		17	744	
纺织服装、鞋、帽制造业		226	827	2558	543
纺织服装制造		226	827	2558	543
皮革、毛皮、羽毛(绒)及其制品业	1130	1110	270	1944	393
皮革鞣制加工				3288	352
毛皮鞣制及制品加工	1130	1110	269	-1506	1
毛皮鞣制加工	1130	945	72	-1258	
毛皮服装加工		165	197	1240	1
其他毛皮制品加工				-1488	
羽毛(绒)加工及制品制造			1	162	40
羽毛(绒)加工			1	162	40
木材加工及木、竹、藤、棕、草制				5168	1557
木制品制造				5168	1557
建筑用木料及木材组件加工				5168	1557

单位：千元

亏损企业亏损总额	利税总额	本年应付工资总额	本年应付福利费总额	本年应交增值税	本年进项税额	本年销项税额	全部从业人员年平均人数（人）
29806	281588	112562	8019	97358	368105	444297	6408
19	3581	3203	206	1853	8833	10640	297
19	3581	3203	206	1853	8833	10640	297
	2264	696	3	1024	1294	1681	107
	2264	696	3	1024	1294	1681	107
	6870	2560	227	414	8797	9276	149
	591	928		73	1737	1875	42
	6279	1632	227	341	7060	7401	107
12015	57651	46384	4251	21058	170756	188246	2734
17471	193964	51711	3106	69790	157076	210976	2751
17471	72746	21970	651	34588	103838	131721	1251
	121218	29741	2455	35202	53238	79255	1500
301	17258	8008	226	3219	21349	23478	370
301	1082	1671	147	559	12207	12766	81
	12400	3747		1570	9142	10712	183
	3776	2590	79	1090			106
19481	178811	58229	4883	47479	148283	227217	4092
13558	163157	48086	4136	43264	75114	117257	3467
671	30746	10012	767	2760	2212	4222	968
810	58955	17283	430	21780	18708	40444	646
12077	-8154	3222	476	1210	12822	13783	193
	81610	17569	2463	17514	41372	58808	1660
5923	15654	10143	747	4215	73169	109960	625
5923	15654	10143	747	4215	73169	109960	625
11508	105523	30697	60	22343	20824	43166	379
	515	687	60	142	1137	1279	29
11508	105008	30010		22201	19687	41887	350
23558	540685	94879	10696	37421	597294	647996	7925
5563	-4732	2479	573	677	6187	6842	306
5563	-4732	2479	573	677	6187	6842	306
17995	543320	89809	9958	35890	587087	636280	7451
17995	543320	89809	9958	35890	587087	636280	7451
	2097	2591	165	854	4020	4874	168
	482	483	68	85	1536	1621	40
	1615	2108	97	769	2484	3253	128
	6996	9695		4438	5708	10146	510
	6996	9695		4438	5708	10146	510
2746	3343	4020	115	1209	17062	14216	379
	3767	765		418	6699	7117	60
2746	-586	3046	111	791	7070	5896	289
1258	-557	1453	102	598	4129	2765	157
	1247	1166	9	3			69
1488	-1276	427		190	2941	3131	63
	162	209	4		3293	1203	30
	162	209	4		3293	1203	30
	6447	1024	372	712	2500	3212	64
	6447	1024	372	712	2500	3212	64
	6447	1024	372	712	2500	3212	64

1-A-1 续表 4-4

项 目	补贴收入	营业外收入	营业外支出	利润总额	应交所得税
家具制造业		15	63	1170	415
木质家具制造		15	61	509	254
金属家具制造			2	84	17
其他家具制造				577	144
造纸及纸制品业	4691	7752	7796	203244	11923
造纸	4486	7349	7651	203431	11793
机制纸及纸板制造	4486	7349	7651	200345	11793
加工纸制造				3086	
纸制品制造	205	403	145	-187	130
纸和纸板容器的制造	150	385	4	524	130
其他纸制品制造	55	18	141	-711	
印刷业和记录媒介的复制	110	2240	3189	3685	762
印刷	110	2240	3189	3685	762
书、报、刊印刷		76	2601	576	35
包装装潢及其他印刷	110	2164	588	3109	727
石油加工、炼焦及核燃料加工业	1692	10786	40816	-2121194	12720
精炼石油产品的制造	180	9934	36707	-2066347	5512
原油加工及石油制品制造	180	9934	36707	-2066347	5512
炼焦	1512	852	4109	-54847	7208
化学原料及化学制品制造业	112936	134940	121445	654193	81270
基础化学原料制造	13118	23499	28213	138257	27242
无机酸制造	185	204	536	33659	1071
无机碱制造			167	3872	1329
无机盐制造	12078	16172	14275	23208	10165
有机化学原料制造		4584	1068	34138	5684
其他基础化学原料制造	855	2539	12167	43380	8993
肥料制造	75187	66671	26362	237090	21473
氮肥制造	73862	64301	24616	139765	5032
磷肥制造	1325	1913	690	96470	16215
钾肥制造		457	944	186	109
复混肥料制造			112	669	117
农药制造	45		59469	67413	
化学农药制造	45		59469	67413	
涂料、油墨、颜料及类似产品制造	351	180	1149	15312	5354
涂料制造	351		297	-191	
染料制造		180	852	15503	5354
合成材料制造	24235	39241	4441	192211	25093
初级形态的塑料及合成树脂制造	24235	39241	4441	192211	25093
专用化学产品制造		5349	1811	3910	2108
化学试剂和助剂制造		83	1172	-3766	11
专项化学用品制造		55	412	1968	308
林产化学产品制造		5203	158	5537	1009
炸药及火工产品制造			52	3120	780
其他专用化学产品制造		8	17	-2949	
医药制造业	4115	29382	13659	112486	13429
化学药品原药制造	100	18922	7287	89442	185
化学药品制剂制造	100	271	2434	12746	5242
中药饮片加工	296	65	302	321	64
中成药制造		6499	3284	8405	
兽用药品制造	3619	3625	352	1572	7938

单位：千元

亏损企业亏损总额	利税总额	本年应付工资总额	本年应付福利费总额	本年应交增值税	本年进项税额	本年销项税额	全部从业人员年平均人数（人）
508	3951	5161	88	2520	7933	10447	283
508	2951	4161	88	2214	4880	7094	212
	221	588		125	2176	2295	40
	779	412		181	877	1058	31
8156	379207	237093	20133	163688	447145	600842	15322
7445	378031	233029	20054	162464	437095	589891	14949
7445	374657	231309	19814	162215	432351	584898	14774
	3374	1720	240	249	4744	4993	175
711	1176	4064	79	1224	10050	10951	373
	1232	1698		640	3855	4171	167
711	-56	2366	79	584	6195	6780	206
2806	8038	21167	381	3922	35680	39692	1440
2806	8038	21167	381	3922	35680	39692	1440
1307	1892	5117	85	1187	9035	10117	309
1499	6146	16050	296	2735	26645	29575	1131
2214436	-1645526	223535	22860	153380	1786444	1827798	9258
2114688	-1704236	156828	19167	48904	1564195	1502495	5309
2114688	-1704236	156828	19167	48904	1564195	1502495	5309
99748	58710	66707	3693	104476	222249	325303	3949
83224	1304568	651636	104805	590160	1619347	2049099	28593
48700	416366	230767	70883	257046	602194	762637	12012
1505	50094	9061	334	15129	24637	29898	366
1444	8553	5195	461	4310	37237	41205	271
40017	140704	81090	7128	108747	231477	305362	4498
440	55587	36083	575	19457	60052	55556	1267
5294	161428	99338	62385	109403	248791	330616	5610
17494	292900	216095	17304	46891	264499	267581	7097
17416	188186	187418	14391	40034	86483	135782	5594
	101830	20444	1550	4957	173313	128339	1023
	2050	7073	1325	1735	4703	3295	395
78	834	1160	38	165		165	85
1629	69198	14080	132	1616	83721	88925	693
1629	69198	14080	132	1616	83721	88925	693
5965	27337	12539	1682	11459	61597	68994	747
852	634	1437	109	749	1789	2512	100
5113	26703	11102	1573	10710	59808	66482	647
	455514	134075	11780	237643	537263	756672	5919
	455514	134075	11780	237643	537263	756672	5919
9436	43253	44080	3024	35505	70073	104290	2125
4837	21960	17551	2161	23402	38525	61722	850
1340	6325	7985	219	4202	10285	13460	218
310	11613	14021	331	4916	16251	20970	839
	5889	2285	222	2618	2991	5737	120
2949	-2534	2238	91	367	2021	2401	98
31956	152968	83526	11406	31896	178905	156775	4198
1892	116717	46379	6760	22144	124183	110034	2291
	22026	16378	653	8371	11412	19706	635
	427	805	113	95	1567	1662	80
17	9945	6521	1559	1286	6950	8246	435
30047	3853	13443	2321		34793	17127	757

1-A-1 续表 4-5

项　目	补贴收入	营业外收入	营业外支出	利润总额	应交所得税
橡胶制品业		77	4009	-7932	-2890
轮胎制造		2	3936	-9661	-3083
车辆、飞机及工程机械轮胎制造		2	3936	-9661	-3083
橡胶板、管、带的制造		75	73	1729	193
塑料制品业	2070	1155	937	18364	5145
塑料薄膜制造			36	1041	13
塑料板、管、型材的制造	1430	1124	489	14127	4152
塑料丝、绳及编织品的制造	640	31	380	4853	980
泡沫塑料制造			1	-32	
塑料包装箱及容器制造			22	-1098	
塑料零件制造			7	-348	
日用塑料制造			2	-179	
日用塑料杂品制造			2	-179	
非金属矿物制品业	187215	164847	59757	607529	67684
水泥、石灰和石膏的制造	175021	150133	43628	419174	46534
水泥制造	175021	150133	43249	418531	46373
石灰和石膏制造			379	643	161
水泥及石膏制品制造	3726	1225	1139	56942	6441
水泥制品制造	2076	1200	1002	60238	6311
砼结构构件制造	96	23	11	-2264	78
轻质建筑材料制造	1554	2	126	-1032	52
砖瓦、石材及其他建筑材料制造	2013	2721	363	36368	885
粘土砖瓦及建筑砌块制造		2693	132	6048	880
建筑陶瓷制品制造	2013		167	26640	
建筑用石加工		1		-84	1
其他建筑材料制造		27	64	3764	4
玻璃及玻璃制品制造		72	3347	-9342	16
平板玻璃制造				-3484	
技术玻璃制品制造			37	-2	16
日用玻璃制品及玻璃包装容器制造		72	3310	-5856	
耐火材料制品制造	130		8	6	
耐火陶瓷制品及其他耐火材料制造	130		8	6	
石墨及其他非金属矿物制品制造	6325	10696	11272	104381	13808
石墨及碳素制品制造	5959	9713	10198	89438	7914
其他非金属矿物制品制造	366	983	1074	14943	5894
黑色金属冶炼及压延加工业	10024	30681	20375	75863	16292
炼铁	7276	1524	2753	38925	4415
钢压延加工	210	23867	845	5548	1620
铁合金冶炼	2538	5290	16777	31390	10257
有色金属冶炼及压延加工业	32284	586275	58842	141483	-44851
常用有色金属冶炼	18877	504486	44422	55731	-53072
铜冶炼				-100	
铅锌冶炼		4295	896	-25833	
铝冶炼	16500	499181	13501	69443	-69807
镁冶炼	2241	649	28444	-7850	11717
其他常用有色金属冶炼	136	361	1581	20071	5018

单位：千元

亏损企业亏损总额	利税总额	本年应付工资总额	本年应付福利费总额	本年应交增值税	本年进项税额	本年销项税额	全部从业人员年平均人数（人）
22386	42988	98905	325	44027	453425	482393	4077
22386	39086	93949		42051	446065	473150	3775
22386	39086	93949		42051	446065	473150	3775
	3902	4956	325	1976	7360	9243	302
21195	38911	38694	1022	18480	134689	152436	2251
	1197	762	54	100	1998	1224	55
19470	25571	15552	289	10316	91647	102232	841
68	12663	18283	517	7059	33028	39946	1093
32	-5	1168	29	18	444	476	34
1098	-295	1721	133	718	2185	2903	140
348	-106	786		209	2626	2834	60
179	-114	422		60	2761	2821	28
179	-114	422		60	2761	2821	28
73378	1009100	338117	22868	366082	781612	905816	15569
21969	659012	169532	13549	219091	188814	409037	7734
21969	657203	168204	13549	217958	188814	407904	7658
	1809	1328		1133	1133		76
9503	90028	45164	1972	29727	17739	67034	1926
5631	90898	41061	1581	27604	14854	62332	1618
2578	-1550	1046	126	567	1184	1445	73
1294	680	3057	265	1556	1701	3257	235
625	44247	18265	923	6729	24284	30303	1039
	6113	3570	490				260
541	32102	11954		4595	20639	25175	683
84	613	159		645			9
	5419	2582	433	1489	3645	5128	87
9342	-6930	6633	171	2219	7073	9291	399
3484	-3400	941	113	68	1044	1112	110
2	331	649	58	299	3108	3406	45
5856	-3861	5043		1852	2921	4773	244
	439	1250	85	400	15259	18492	45
	439	1250	85	400	15259	18492	45
31939	222304	97273	6168	107916	528443	371659	4426
22931	173203	51610	4290	76739	201591	222009	2257
9008	49101	45663	1878	31177	326852	149650	2169
95325	502383	308536	19573	340189	1281420	1587066	15387
14840	143978	43862	5575	96394	289664	378565	2290
4012	71046	40774	1700	60128	225373	275047	1882
76473	287359	223900	12298	183667	766383	933454	11215
139951	759920	541026	54391	534782	2436871	2438603	21053
135051	637556	418584	46933	506389	2104260	2273063	16247
100	2979	833	43	2730	43003	45434	57
28179	72372	13233	972	90989	139767	74854	839
53047	339981	221234	35414	244443	1700342	1769212	8251
53725	184868	162539	7372	152513	197753	351155	6378
	37356	20745	3132	15714	23395	32408	722

1-A-1 续表 4-6

项　　目	补贴收入	营业外收入	营业外支出	利润总额	应交所得税
稀有稀土金属冶炼	13407	81275	14386	69086	8221
稀土金属冶炼		1508	27	-4900	-816
其他稀有金属冶炼	13407	79767	14359	73986	9037
有色金属合金制造		11	34	7666	
有色金属压延加工		503		9000	
常用有色金属压延加工		503		9000	
金属制品业	9269	5559	4133	48020	4889
结构性金属制品制造	268	50	936	18627	3304
金属结构制造	218	46	864	14747	3109
金属门窗制造	50	4	72	3880	195
金属工具制造		100	7	385	96
农用及园林用金属工具制造		100	7	385	96
集装箱及金属包装容器制造			37	1840	212
金属包装容器制造			37	1840	212
金属丝绳及其制品的制造	5090	5407	2908	3978	
建筑、安全用金属制品制造		2	87	1021	100
建筑、家具用金属配件制造				230	
建筑装饰及水暖管道零件制造		2	50	895	67
其他建筑、安全用金属制品制造			37	-104	33
金属表面处理及热处理加工			53	14188	
不锈钢及类似日用金属制品制造			19	639	159
其他日用金属制品制造			19	639	159
其他金属制品制造	3911		86	7342	1018
其他未列明的金属制品制造	3911		86	7342	1018
通用设备制造业	9375	176452	67500	286934	21317
锅炉及原动机制造	110	82	119	2322	328
锅炉及辅助设备制造	110	82	119	2322	328
金属加工机械制造	6855	101359	77581	121462	14304
金属切削机床制造	6855	101359	77471	118646	14017
金属成形机床制造				1148	287
机床附件制造			110	1668	
起重运输设备制造	30	1914	405	11254	347
泵、阀门、压缩机及类似机械的制造			79	951	277
泵及真空设备制造			54	1072	268
液压和气压动力机械及元件制造			25	-121	9
轴承、齿轮、传动和驱动部件的制造	429	72189	-12051	-5778	3666
轴承制造	429	72187	-12055	-5862	3649
齿轮、传动和驱动部件制造		2	4	84	17
风机、衡器、包装设备等通用设备	1332	68	175	5781	208
风机、风扇制造	946	34	23	1751	
制冷、空调设备制造		34	106	1374	68
其他通用设备制造	386		46	2656	140
通用零部件制造及机械修理		107	66	11723	8
机械零部件加工及设备修理		107	66	11723	8
金属铸、锻加工	619	733	1126	139219	2179
钢铁铸件制造	619	733	1126	136787	2179
锻件及粉末冶金制品制造				2432	
专用设备制造业	590	14109	3366	251240	9511
矿山、冶金、建筑专用设备制造	224	9971	3360	145179	9511
采矿、采石设备制造	224	9971	3339	129842	7145
石油钻采专用设备制造			21	15337	2366

单位：千元

亏损企业亏损总额	利税总额	本年应付工资总额	本年应付福利费总额	本年应交增值税	本年进项税额	本年销项税额	全部从业人员年平均人数（人）
4900	99815	118654	7322	25929	301965	139468	4649
4900	-4267	2454	68	509	9965	10276	142
	104082	116200	7254	25420	292000	129192	4507
	13299	1095		2214	11577	13999	62
	9250	2693	136	250	19069	12073	95
	9250	2693	136	250	19069	12073	95
3724	85037	122000	7347	32871	212554	249492	4697
1240	22168	21068	1932	2764	56661	65029	1075
1225	17135	16202	1741	1827	48885	56293	809
15	5033	4866	191	937	7776	8736	266
	566	1485	164	168			108
	566	1485	164	168			108
51	2503	3034	235	623	5789	6286	160
51	2503	3034	235	623	5789	6286	160
	29751	82325	2652	23368	108533	128966	2771
174	2367	6283	460	1231	12455	13655	235
	456	1222		204	1925	2210	78
	1521	4222		582	5467	6118	84
174	390	839	460	445	5063	5327	73
	14547	1871	22	148	2797	5538	60
	2556	1418	52	1579	2313	3768	50
	2556	1418	52	1579	2313	3768	50
2259	10579	4516	1830	2990	24006	26250	238
2259	10579	4516	1830	2990	24006	26250	238
77141	408123	324529	18149	121344	504291	585173	12207
17	2998	4492	317	591	6683	6613	313
17	2998	4492	317	591	6683	6613	313
549	170379	81614	6951	46847	127959	171029	2340
	164975	77011	6434	45277	124434	165934	2149
	1251	846	118	92	1966	2058	47
549	4153	3757	399	1478	1559	3037	144
41	19684	26683	1505	7550	50688	57562	1010
121	1290	2376	272	303	3394	3663	128
	1314	1929	270	220	2234	2454	110
121	-24	447	2	83	1160	1209	18
75501	46103	113695	8174	56550	193702	244234	5321
75501	45817	113034	8100	56369	191756	242041	5276
	286	661	74	181	1946	2193	45
	10307	11094	161	4113	11723	15938	497
	3126	2098		1262	2639	3901	152
	2785	3026	149	1283	5401	6866	154
	4396	5970	12	1568	3683	5171	191
	12256	4637	464	514	5114	9450	179
	12256	4637	464	514	5114	9450	179
912	145106	79938	305	4876	105028	76684	2419
912	141201	79794	305	4196	89128	60104	2411
	3905	144		680	15900	16580	8
314	319399	141482	10581	60468	384622	444517	4772
314	202922	135094	10334	50993	303587	354007	4303
314	183745	129928	10334	47554	289662	336912	4174
	19177	5166		3439	13925	17095	129

1-A-1 续表 4-7

项　　目	补贴收入	营业外收入	营业外支出	利润总额	应交所得税
印刷、制药、日化生产专用设备制造		19		903	
制浆和造纸专用设备制造		19		903	
电子和电工机械专用设备制造	366	4119	6	105158	
电子工业专用设备制造	366	4119	6	105158	
交通运输设备制造业	736	125	116	-683	15
汽车制造		14	41	-554	15
汽车修理		14	41	-554	15
交通器材及其他交通运输设备制造	736	111	75	-129	
交通管理用金属标志及设施制造	736	111	75	-129	
电气机械及器材制造业	17265	12166	3707	120020	4008
电机制造		1792	2420	66090	1288
发电机及发电机组制造		353	28	27423	
电动机制造		1439	2392	38667	1288
输配电及控制设备制造	17105	9431	1030	59011	1508
变压器、整流器和电感器制造	17105	249	250	35489	498
配电开关控制设备制造		9182	780	23522	1010
电线、电缆、光缆及电工器材制造		81	216	4861	1212
电线电缆制造		32	128	4773	1190
其他电工器材制造		49	88	88	22
电池制造		857	36	-11172	
非电力家用器具制造	160	5	5	10	
燃气、太阳能及类似能源的器具制造	160	5	5	10	
其他电气机械及器材制造				1220	
其他未列明的电气机械制造				1220	
仪器仪表及文化、办公用机械制造	1433	4495	3620	41551	-1066
通用仪器仪表制造	1433	4495	3502	43491	-1066
工业自动控制系统装置制造		3102	3369	28549	-1219
电工仪器仪表制造	1433	1393	133	14659	60
试验机制造				283	93
文化、办公用机械制造			118	-1940	
照相机及器材制造			118	-1940	
工艺品及其他制造业				77	
工艺美术品制造				77	
地毯、挂毯制造				77	
电力、燃气及水的生产和供应业	**104814**	**115663**	**136818**	**1007277**	**103125**
电力、热力的生产和供应业	97587	113807	134927	1043269	88867
电力生产	68066	87143	71831	771733	45944
火力发电	13070	67535	63277	722957	38363
水力发电	53978	13701	8148	37690	7458
其他能源发电	1018	5907	406	11086	123
电力供应		9470	62080	315570	41620
热力生产和供应	29521	17194	1016	-44034	1303
燃气生产和供应业	2	204	284	37277	7085
水的生产和供应业	7225	1652	1607	-73269	7173
自来水的生产和供应	7225	1652	1607	-73269	7173

单位：千元

亏损企业亏损总额	利税总额	本年应付工资总额	本年应付福利费总额	本年应交增值税	本年进项税额	本年销项税额	全部从业人员年平均人数(人)
	1219	1979		293	3486	3779	209
	1219	1979		293	3486	3779	209
	115258	4409	247	9182	77549	86731	260
	115258	4409	247	9182	77549	86731	260
741	792	2087		1345	5045	6443	157
612	-186	1501		335	2770	3105	105
612	-186	1501		335	2770	3105	105
129	978	586		1010	2275	3338	52
129	978	586		1010	2275	3338	52
13005	160268	60575	2510	36239	322121	349358	3667
1159	89893	27442	446	22008	193189	210722	1825
1159	28967	6762	262	1384	124602	122491	230
	60926	20680	184	20624	68587	88231	1595
477	67564	20666	907	7522	93240	98368	1216
	38812	10239	109	2831	35741	38500	389
477	28752	10427	798	4691	57499	59868	827
197	9747	4240	396	4448	21823	25765	243
197	9256	3619	396	4084	20232	23810	195
	491	621		364	1591	1955	48
11172	-10491	4165	524	597	10115	9785	258
	215	951	133	194	1744	1938	66
	215	951	133	194	1744	1938	66
	3340	3111	104	1470	2010	2780	59
	3340	3111	104	1470	2010	2780	59
1940	72028	45495	4980	25261	54524	79112	2072
	73317	43139	4714	24628	53366	77326	2002
	47614	32391	4653	14358	34871	49229	1389
	24406	9168	61	9658	11866	20856	483
	1297	1580		612	6629	7241	130
1940	-1289	2356	266	633	1158	1786	70
1940	-1289	2356	266	633	1158	1786	70
	239	332	29	150		150	12
	239	332	29	150		150	12
	239	332	29	150		150	12
162105	**2608674**	**1381687**	**79514**	**1443689**	**2167237**	**3407855**	**27717**
88731	2620871	1308819	71342	1425813	2139945	3373442	24984
37573	1679411	588111	43377	822486	533181	1246844	10860
37573	1582393	571220	41825	777232	517607	1188051	10514
	76946	12319	1267	37067	13443	50791	263
	20072	4572	285	8187	2131	8002	83
	967630	671350	25656	588250	1509085	2006666	11438
51158	-26170	49358	2309	15077	97679	119932	2686
	49972	14054	1750	8030	22053	29356	450
73374	-62169	58814	6422	9846	5239	5057	2283
73374	-62169	58814	6422	9846	5239	5057	2283

1-A-2　规模以上国有控股

项　目	企业单位数（个）	亏损企业	工业增加值（当年价格）	工业总产值（当年价格）	工业销售产值（当年价格）
总　计	**107**	**33**	**26331324**	**66766467**	**64931246**
一、按登记注册类型分组					
内资企业	105	32	26303252	66697770	64862636
国有企业	36	19	7076927	19686881	19474835
中央企业	8	3		15803971	15702602
地方企业	28	16		3882910	3772233
联营企业	1		23422	39462	39462
国有联营企业	1		23422	39462	39462
有限责任公司	55	12	16033965	32393958	31159352
国有独资公司	16	5	11450093	21728939	20767251
其他有限责任公司	39	7	4583872	10665019	10392101
股份有限公司	12	1	3048460	14326368	13935242
私营企业	1		120480	251101	253745
私营有限责任公司	1		120480	251101	253745
外商投资企业	2	1	28071	68697	68610
中外合资经营企业	2	1	28071	68697	68610
二、按经济组织类型分组					
独资企业	36	19	7076927	19686881	19474835
国有企业	36	19	7076927	19686881	19474835
合作、合伙企业	1		23422	39462	39462
国有联营企业	1		23422	39462	39462
股份有限公司	12	1	3048460	14326368	13935242
股份有限公司(内资)	12	1	3048460	14326368	13935242
有限责任公司	58	13	16182516	32713756	31481707
国有独资公司	16	5	11450093	21728939	20767251
私营有限责任公司	1		120480	251101	253745
中外合资经营企业	2	1	28071	68697	68610
其他有限责任公司	39	7	4583872	10665019	10392101
三、在总计中					
#亏损企业	33	33		10730641	10568610
#国有控股企业	107	33	26331324	66766467	64931246
#轻工业	25	13	1110694	3007864	2856640
重工业	82	20	25220630	63758603	62074606
#大型企业	12	3	18899142	49717534	48634100
中型企业	25	2	5114547	12488083	11874800
小型企业	70	28	2317636	4560850	4422346

工业企业主要经济指标

单位：千元

出口交货值	资产总计	流动资产合计	应收帐款	存货	产成品	流动资产年平均余额	固定资产合计	固定资产原价
1015125	**135053013**	**38950389**	**5327033**	**10751146**	**4588810**	**34958839**	**81121422**	**85862873**
1015125	134970843	38906100	5311454	10743076	4585686	34920050	81099559	85834486
1604	26618086	4156950	863815	868202	283977	4335263	17763060	27470213
	19521691	2546382	656941	312266	81136	2969643	12812471	22278642
1604	7096395	1610568	206874	555936	202841	1365620	4950589	5191571
	50863	1414	257			9297	49449	166464
	50863	1414	257			9297	49449	166464
875313	93174118	27848334	3452566	7626458	3585688	24352976	57031017	46454718
61019	62125621	19460433	1962117	5362480	3170532	17219596	36951486	24169049
814294	31048497	8387901	1490449	2263978	415156	7133380	20079531	22285669
138208	14743648	6749507	977175	2209298	712855	6073571	6054045	11466491
	384128	149895	17641	39118	3166	148943	201988	276600
	384128	149895	17641	39118	3166	148943	201988	276600
	82170	44289	15579	8070	3124	38789	21863	28387
	82170	44289	15579	8070	3124	38789	21863	28387
1604	26618086	4156950	863815	868202	283977	4335263	17763060	27470213
1604	26618086	4156950	863815	868202	283977	4335263	17763060	27470213
	50863	1414	257			9297	49449	166464
	50863	1414	257			9297	49449	166464
138208	14743648	6749507	977175	2209298	712855	6073571	6054045	11466491
138208	14743648	6749507	977175	2209298	712855	6073571	6054045	11466491
875313	93640416	28042518	3485786	7673646	3591978	24540708	57254868	46759705
61019	62125621	19460433	1962117	5362480	3170532	17219596	36951486	24169049
	384128	149895	17641	39118	3166	148943	201988	276600
	82170	44289	15579	8070	3124	38789	21863	28387
814294	31048497	8387901	1490449	2263978	415156	7133380	20079531	22285669
158	9625719	3812589	288975	691847	120419	3482761	4927672	10219037
1015125	135053013	38950389	5327033	10751146	4588810	34958839	81121422	85862873
	9502324	2242652	507245	763306	221960	2185008	3084228	4013897
1015125	125550689	36707737	4819788	9987840	4366850	32773831	78037194	81848976
913181	88136561	28701550	3339404	8318262	3753403	25820724	52171897	52819628
94966	30412074	6856705	1448473	1918579	689299	6104436	16659123	20825825
6978	16504378	3392134	539156	514305	146108	3033679	12290402	12217420

1-A-2 续表 1

项目	企业单位数（个）	亏损企业	工业增加值（当年价格）	工业总产值（当年价格）	工业销售产值（当年价格）
四、按工业行业分组					
采矿业	**7**		**9752943**	**14638908**	**14072872**
煤炭开采和洗选业	6		9747699	14619214	14054329
非金属矿采选业	1		5244	19694	18543
制造业	**65**	**16**	**7474190**	**31073955**	**29837426**
农副食品加工业	5	2	42668	120077	109421
食品制造业	1		5321	40624	35897
饮料制造业	1	1	13504	26137	19865
烟草制品业	2	1	154953	268852	256017
纺织业	1		8802	19389	19389
纺织服装、鞋、帽制造业	1		26136	60407	60320
造纸及纸制品业	2		686877	2148837	2053022
印刷业和记录媒介的复制	2	1	37704	53129	53129
石油加工、炼焦及核燃料加工业	2	1	874683	7676401	7633234
化学原料及化学制品制造业	11	3	1591309	4788663	4486637
医药制造业	1		11958	20113	17701
塑料制品业	1	1	2905	9686	10288
非金属矿物制品业	11		772414	1986019	1934275
黑色金属冶炼及压延加工业	2	1	219489	1342228	1338371
有色金属冶炼及压延加工业	3	1	2008874	8642415	8206479
金属制品业	2	1	107835	724438	721702
通用设备制造业	5	1	182685	566679	535739
专用设备制造业	7		352928	1707206	1600187
电气机械及器材制造业	4	2	223984	472595	389094
仪器仪表及文化、办公用机械制造业	1		149161	400060	356659
电力、燃气及水的生产和供应业	**35**	**17**	**9104187**	**21053604**	**21020948**
电力、热力的生产和供应业	24	9	8859485	20631190	20616954
燃气生产和供应业	2		121932	172115	172115
水的生产和供应业	9	8	122770	250299	231879

单位：千元

出口交货值	资产总计	流动资产合计	应收帐款	存货	产成品	流动资产年平均余额	固定资产合计	固定资产原价
61019	**47851336**	**13171598**	**1665028**	**2587124**	**2576071**	**11574584**	**30665759**	**16320936**
61019	47832075	13155645	1654487	2584099	2573993	11571362	30662451	16316276
	19261	15953	10541	3025	2078	3222	3308	4660
953948	**43037157**	**19998631**	**2727010**	**7635940**	**2012382**	**17599169**	**14929437**	**22093594**
	104635	40085	9014	25583	12013	32517	63122	77059
	12601	12128	4220	5775	5570	10841	473	731
	254236	181823	-40	56877		193928	72412	90816
	35304	-164445	8407	34992	14945	-45447	52273	106581
	11102	7896		2247	73	7637	3135	5338
	62920	44289	15579	8070	3124	38789	14743	21977
	7116377	1871264	396874	587381	185296	1713684	1370730	1929373
	80500	28825	12004	4808		33119	38248	68433
	2695405	2227288	9021	323780	82459	1996484	187658	1431391
67042	6011358	1295799	68426	842444	282591	1113401	4535350	7193477
	26536	11160	2914	3768	702	9695	12618	23986
	25578	6593	858	1299	584	5270	6699	7902
33298	3799977	1297490	134017	335728	100828	984327	1378317	1960534
1446	1328787	599902	18837	260161	153670	594515	673082	751744
780996	15246051	8446906	588105	3745050	723168	7290612	4960772	6303269
15736	1244381	574819	213264	207159	80376	530114	669435	690810
55430	1240809	926603	408190	336050	138835	871093	180441	545668
	2137386	1708101	535907	615714	146938	1400152	257351	428143
	833303	523260	177081	134453	43829	467853	68409	125860
	769911	358845	124332	104601	37381	350585	384169	330502
158	**44164520**	**5780160**	**934995**	**528082**	**357**	**5785086**	**35526226**	**47448343**
158	41467577	4920223	847891	479032		5096807	33903888	45611573
	898830	650310	28831	15245	120	498034	165864	147167
	1798113	209627	58273	33805	237	190245	1456474	1689603

1-A-2 续表 2-1

项　目	累计折旧	固定资产净　值	固定资产净值年平均余额	负债合计	流动负债合　计
总　计	**27258290**	**58604583**	**54917000**	**88558322**	**47714190**
一、按登记注册类型分组					
内资企业	27249037	58585449	54903471	88507671	47677900
国有企业	11007834	16462379	15333182	16861625	9740287
中央企业	10295245	11983397	11097715	11855382	6516749
地方企业	712589	4478982	4235467	5006243	3223538
联营企业	117063	49401	49344	11709	4709
国有联营企业	117063	49401	49344	11709	4709
有限责任公司	10343019	36111699	33617342	65124615	32526263
国有独资公司	5745581	18423468	16418950	42571694	24099944
其他有限责任公司	4597438	17688231	17198392	22552921	8426319
股份有限公司	5723097	5743394	5702583	6441545	5338464
私营企业	58024	218576	201020	68177	68177
私营有限责任公司	58024	218576	201020	68177	68177
外商投资企业	9253	19134	13529	50651	36290
中外合资经营企业	9253	19134	13529	50651	36290
二、按经济组织类型分组					
独资企业	11007834	16462379	15333182	16861625	9740287
国有企业	11007834	16462379	15333182	16861625	9740287
合作、合伙企业	117063	49401	49344	11709	4709
国有联营企业	117063	49401	49344	11709	4709
股份有限公司	5723097	5743394	5702583	6441545	5338464
股份有限公司(内资)	5723097	5743394	5702583	6441545	5338464
有限责任公司	10410296	36349409	33831891	65243443	32630730
国有独资公司	5745581	18423468	16418950	42571694	24099944
私营有限责任公司	58024	218576	201020	68177	68177
中外合资经营企业	9253	19134	13529	50651	36290
其他有限责任公司	4597438	17688231	17198392	22552921	8426319
三、在总计中					
#亏损企业	4957187	5261850	5142065	5616332	2935189
#国有控股企业	27258290	58604583	54917000	88558322	47714190
#轻工业	1083310	2930587	2905862	6474248	3416616
重工业	26174980	55673996	52011138	82084074	44297574
#大型企业	20258094	32561534	29682228	55170156	33996175
中型企业	4962102	15863723	15220245	20369988	8760984
小型企业	2038094	10179326	10014527	13018178	4957031

单位：千元

应付账款	长期负债合计	所有者权益合计	实收资本	国家资本	集体资本	法人资本	个人资本	港澳台资本
13944766	**40375557**	**46215002**	**25758119**	**14392171**	**330**	**10428868**	**869920**	
13935458	40373056	46183483	25741119	14381101	330	10428868	869920	
3549905	7064457	9476772	5332773	4873904		397899	70	
2856525	5315688	7386620	3294498	3233598				
693380	1748769	2090152	2038275	1640306		397899	70	
1849		39154	30000			30000		
1849		39154	30000			30000		
9726427	32245975	28049503	16922678	7526232	330	9260347	135769	
7902394	18418329	19553927	11533826	6158620		5375206		
1824033	13827646	8495576	5388852	1367612	330	3885141	135769	
644552	1062624	8302103	3274758	1980965		559712	734081	
12725		315951	180910			180910		
12725		315951	180910			180910		
9308	2501	31519	17000	11070				
9308	2501	31519	17000	11070				
3549905	7064457	9476772	5332773	4873904		397899	70	
3549905	7064457	9476772	5332773	4873904		397899	70	
1849		39154	30000			30000		
1849		39154	30000			30000		
644552	1062624	8302103	3274758	1980965		559712	734081	
644552	1062624	8302103	3274758	1980965		559712	734081	
9748460	32248476	28396973	17120588	7537302	330	9441257	135769	
7902394	18418329	19553927	11533826	6158620		5375206		
12725		315951	180910			180910		
9308	2501	31519	17000	11070				
1824033	13827646	8495576	5388852	1367612	330	3885141	135769	
804443	2629501	3729698	1561367	1279008		206459	11570	
13944766	40375557	46215002	25758119	14392171	330	10428868	869920	
877315	3056628	3028076	2504105	2287001		93335	121269	
13067451	37318929	43186926	23254014	12105170	330	10335533	748651	
10590852	21168134	32686716	15899034	9209835		6220193	408106	
2249447	11554595	10042086	7115483	3102293		3586242	424448	
1104467	7652828	3486200	2743602	2080043	330	622433	37366	

1-A-2 续表 2-2

项目	累计折旧	固定资产净值	固定资产净值年平均余额	负债合计	流动负债合计
四、按工业行业分组					
采矿业	**3789052**	**12531884**	**10524161**	**31132953**	**19120068**
煤炭开采和洗选业	3787700	12528576	10523673	31126521	19113636
非金属矿采选业	1352	3308	488	6432	6432
制造业	**8561618**	**13531976**	**13354560**	**26239706**	**17472332**
农副食品加工业	13937	63122	64069	61250	53200
食品制造业	258	473	476	8299	8299
饮料制造业	41105	49711	52239	386216	295863
烟草制品业	73654	32927	35867	41590	39304
纺织业	2203	3135	3298	3127	3127
纺织服装、鞋、帽制造业	9088	12889	12889	38791	36290
造纸及纸制品业	563229	1366144	1377378	4691533	2603315
印刷业和记录媒介的复制	30218	38215	28918	19693	19693
石油加工、炼焦及核燃料加工业	730615	700776	678439	382350	311317
化学原料及化学制品制造业	3263350	3930127	4302972	3395591	2692488
医药制造业	11368	12618	13425	17379	12282
塑料制品业	1203	6699	6391	13171	13171
非金属矿物制品业	668412	1292122	1221188	1212028	956256
黑色金属冶炼及压延加工业	110757	640987	557884	1104063	1056750
有色金属冶炼及压延加工业	2019878	4283391	3941165	10857081	5692167
金属制品业	267730	423080	328680	805188	744253
通用设备制造业	365862	179806	172841	687528	677158
专用设备制造业	189217	238926	221009	1416363	1397570
电气机械及器材制造业	63411	62449	48704	520910	505529
仪器仪表及文化、办公用机械制造业	136123	194379	286728	577555	354300
电力、燃气及水的生产和供应业	**14907620**	**32540723**	**31038279**	**31185663**	**11121790**
电力、热力的生产和供应业	14530414	31081159	29609875	29217344	10316870
燃气生产和供应业	38956	108211	111101	761949	459677
水的生产和供应业	338250	1351353	1317303	1206370	345243

单位：千元

应付账款	长期负债合计	所有者权益合计	实收资本	国家资本	集体资本	法人资本	个人资本	港澳台资本
7041750	**12012884**	**16718383**	**10401912**	**4986894**	**330**	**5414688**		
7037843	12012884	16705554	10391912	4976894	330	5414688		
3907		12829	10000	10000				
3423178	**8660634**	**16797451**	**8312543**	**5003547**		**2438367**	**864699**	
21290	7050	43385	37542	6742		30000	800	
7139		4302	4000			4000		
2083	90352	-131980	10000	10000				
13911	2286	-6286	1970	1970				
2908		7975	5828	5828				
9308	2501	24129	10000	7500				
709568	2088218	2424844	1571792	1456130		3625	112037	
13367		60807	55710			55710		
93639	71033	2313055	10000	10000				
428406	703102	2615767	2418291	2301206		110585	6500	
2545	5097	9157	13600	5168			8432	
2259		12407	10000	10000				
266141	188650	2587949	1010229	74750		815345	120134	
215003	47313	224724	244000	164000		70000	10000	
673476	5164914	4388970	1573520	628480		945040		
76024	60935	439193	199489	71029		880	127580	
104042	10369	553281	281900	138970		35228	107702	
634688	18793	721023	360975	16100		240059	104816	
82138	3521	312393	257807	29570		120739	104068	
65243	196500	192356	235890	66104		7156	162630	
3479838	**19702039**	**12699168**	**7043664**	**4401730**		**2575813**	**5221**	
3313669	18538643	11970544	6165101	3563644		2535803	4754	
70973	302272	136881	84900	44423		40010	467	
95196	861124	591743	793663	793663				

1-A-2 续表 3-1

项 目	外商资本	主营业务收入	主营业务成本	主营业务税金及附加	其他业务收入
总 计	**66830**	**65479690**	**53095262**	**851094**	**1187989**
一、按登记注册类型分组					
内资企业	60900	65409607	53044126	851094	1187842
国有企业	60900	19193729	17474591	202948	278165
中央企业	60900	15704847	14612529	179682	116623
地方企业		3488882	2862062	23266	161542
联营企业		39463	31825	406	
国有联营企业		39463	31825	406	
有限责任公司		31786170	21846556	351218	700334
国有独资公司		21253581	13507897	268046	469165
其他有限责任公司		10532589	8338659	83172	231169
股份有限公司		14141390	13537744	295118	209241
私营企业		248855	153410	1404	102
私营有限责任公司		248855	153410	1404	102
外商投资企业	5930	70083	51136		147
中外合资经营企业	5930	70083	51136		147
二、按经济组织类型分组					
独资企业	60900	19193729	17474591	202948	278165
国有企业	60900	19193729	17474591	202948	278165
合作、合伙企业		39463	31825	406	
国有联营企业		39463	31825	406	
股份有限公司		14141390	13537744	295118	209241
股份有限公司(内资)		14141390	13537744	295118	209241
有限责任公司	5930	32105108	22051102	352622	700583
国有独资公司		21253581	13507897	268046	469165
私营有限责任公司		248855	153410	1404	102
中外合资经营企业	5930	70083	51136		147
其他有限责任公司		10532589	8338659	83172	231169
三、在总计中					
#亏损企业	64330	10635098	11370678	385310	80929
#国有控股企业	66830	65479690	53095262	851094	1187989
#轻工业	2500	2815817	2215852	105410	34805
重工业	64330	62663873	50879410	745684	1153184
#大型企业	60900	49158450	40487494	630039	845247
中型企业	2500	11775189	9020037	91168	262736
小型企业	3430	4546051	3587731	129887	80006

单位：千元

其他业务利　润	营业费用	管理费用	税金	财务费用	利息支出	营业利润	投资收益
116999	**988260**	**5237195**	**275379**	**2658586**	**2539626**	**1683823**	**484898**
116870	982926	5227877	275163	2657125	2538896	1680971	484898
50557	162296	536477	36677	627641	522769	428133	43355
35134	79153	396777	17564	412631	427500	422758	5660
15423	83143	139700	19113	215010	95269	5375	37695
				1203	1226	6029	
				1203	1226	6029	
151909	487875	3933855	162161	1756508	1742885	2686805	409690
102735	329116	3461633	136881	787970	801940	1969775	242398
49174	158759	472222	25280	968538	940945	717030	167292
-85698	313960	746787	75232	265321	265564	-1498008	31853
102	18795	10758	1093	6452	6452	58012	
102	18795	10758	1093	6452	6452	58012	
129	5334	9318	216	1461	730	2852	
129	5334	9318	216	1461	730	2852	
50557	162296	536477	36677	627641	522769	428133	43355
50557	162296	536477	36677	627641	522769	428133	43355
				1203	1226	6029	
				1203	1226	6029	
-85698	313960	746787	75232	265321	265564	-1498008	31853
-85698	313960	746787	75232	265321	265564	-1498008	31853
152140	512004	3953931	163470	1764421	1750067	2747669	409690
102735	329116	3461633	136881	787970	801940	1969775	242398
102	18795	10758	1093	6452	6452	58012	
129	5334	9318	216	1461	730	2852	
49174	158759	472222	25280	968538	940945	717030	167292
13375	40649	500994	32664	142354	137518	-2136496	1439
116999	988260	5237195	275379	2658586	2539626	1683823	484898
3432	111270	138856	6364	228857	223067	41910	27928
113567	876990	5098339	269015	2429729	2316559	1641913	456970
22546	513669	4531593	222160	1328591	1344065	630339	304017
65799	380534	457965	45272	890261	788188	942973	164417
28654	94057	247637	7947	439734	407373	110511	16464

1-A-2 续表 3-2

项　目	外商资本	主营业务收　入	主营业务成　本	主营业务税金及附加	其他业务收　入
四、按工业行业分组					
采矿业		**14304852**	**6921255**	**242907**	**239313**
煤炭开采和洗选业		14285110	6905610	242780	239120
非金属矿采选业		19742	15645	127	193
制造业	**5930**	**30044482**	**27356388**	**452773**	**703414**
农副食品加工业		111035	106457	18	167
食品制造业		35897	35897	99	19
饮料制造业		19864	22541	2140	
烟草制品业		256016	133381	94324	46
纺织业		19439	18067	102	
纺织服装、鞋、帽制造业	2500	61793	43856		147
造纸及纸制品业		2009741	1615875	7217	15226
印刷业和记录媒介的复制		53070	42811	94	8
石油加工、炼焦及核燃料加工业		7679429	8545316	267779	
化学原料及化学制品制造业		4337621	3521527	22015	87616
医药制造业		17576	9247	162	
塑料制品业		10288	10768	80	777
非金属矿物制品业		2006884	1269253	13985	10298
黑色金属冶炼及压延加工业		1291806	1240538	4530	94959
有色金属冶炼及压延加工业		8332166	7694679	28933	228895
金属制品业		746394	647827	2549	36291
通用设备制造业		595275	473679	-4211	59649
专用设备制造业		1700972	1384706	6001	156205
电气机械及器材制造业	3430	394214	275464	2249	13111
仪器仪表及文化、办公用机械制造业		365002	264499	4707	
电力、燃气及水的生产和供应业	**60900**	**21130356**	**18817619**	**155414**	**245262**
电力、热力的生产和供应业	60900	20665854	18477926	150539	226070
燃气生产和供应业		233116	151973	3621	
水的生产和供应业		231386	187720	1254	19192

单位：千元

其他业务利润	营业费用	管理费用	税金	财务费用	利息支出	营业利润	投资收益
45885	**176961**	**3321012**	**109968**	**486421**	**446552**	**2436792**	**277639**
45696	176519	3319124	109968	486436	446552	2435140	277639
189	442	1888		-15		1652	
-9903	**769253**	**1320927**	**134575**	**881981**	**800605**	**-1575298**	**53511**
24	5339	4757	43	1048	1046	-6580	
18	1136	966	43	-2		357	
	143	3155		4364		-12480	
	4858	36345	825	-2061	-2061	-10078	
		814	173			441	
129	4814	9272	216	710	730	3159	
2667	67032	22055	1192	175066	173783	145250	25575
7	336	7122	116	210		2821	
	13528	208188	11054	43877	43271	-1916101	
-102894	103139	327495	60910	119064	3283	246592	6766
	1251	4284	162	721	733	1912	
	261	1351	41	-11		-1384	
1982	197872	119208	9363	57805	60528	224493	693
8050	11021	27190	4383	42855	42824	-43224	
49629	167634	254179	29814	346322	385777	-386844	18678
711	27483	27030	3970	36911	36592	585	3583
16060	40394	68470	1903	22890	21695	-15670	-333
8571	72517	118158	5044	3429	4390	126983	2879
5143	21031	42145	1705	1341	572	35654	-4330
	29464	38743	3618	27442	27442	28816	
81017	**42046**	**595256**	**30836**	**1290184**	**1292469**	**822329**	**153748**
80430	12010	517186	27182	1217016	1243633	883680	151395
	3675	27984	60	24367		21541	
587	26361	50086	3594	48801	48836	-82892	2353

1-A-2 续表 4-1

项　　目	补贴收入	营业外收入	营业外支出	利润总额	应交所得税
总　　计	**311086**	**1147553**	**1517075**	**1468833**	**145505**
一、按登记注册类型分组					
内资企业	311086	1147327	1516248	1466582	144962
国有企业	32602	79545	92418	461832	71864
中央企业	21819	36856	83773	375841	44965
地方企业	10783	42689	8645	85991	26899
联营企业			102	5927	889
国有联营企业			102	5927	889
有限责任公司	102948	796045	1348657	2215563	18293
国有独资公司	37514	641131	1277990	1340171	-47746
其他有限责任公司	65434	154914	70667	875392	66039
股份有限公司	155432	251082	74272	-1294608	42021
私营企业	20104	20655	799	77868	11895
私营有限责任公司	20104	20655	799	77868	11895
外商投资企业		226	827	2251	543
中外合资经营企业		226	827	2251	543
二、按经济组织类型分组					
独资企业	32602	79545	92418	461832	71864
国有企业	32602	79545	92418	461832	71864
合作、合伙企业			102	5927	889
国有联营企业			102	5927	889
股份有限公司	155432	251082	74272	-1294608	42021
股份有限公司(内资)	155432	251082	74272	-1294608	42021
有限责任公司	123052	816926	1350283	2295682	30731
国有独资公司	37514	641131	1277990	1340171	-47746
私营有限责任公司	20104	20655	799	77868	11895
中外合资经营企业		226	827	2251	543
其他有限责任公司	65434	154914	70667	875392	66039
三、在总计中					
#亏损企业	23749	24514	50686	-2148503	6479
#国有控股企业	311086	1147553	1517075	1468833	145505
#轻工业	9439	9628	11644	50687	8330
重工业	301647	1137925	1505431	1418146	137175
#大型企业	104179	867332	1408968	102111	10981
中型企业	129092	244077	89402	1162274	103564
小型企业	77815	36144	18705	204448	30960

单位：千元

亏损企业亏损总额	利税总额	本年应付工资总额	本年应付福利费总额	本年应交增值税	本年进项税额	本年销项税额	全部从业人员年平均人数（人）
2148503	**5786408**	**5276727**	**441386**	**3466481**	**7511733**	**10002838**	**129685**
2148196	5779577	5266222	441092	3461901	7506025	9992692	129099
137177	1718830	1227647	64336	1054050	2172053	3082641	27491
43748	1414655	1004972	44765	859132	1831065	2583454	18694
93429	304175	222675	19571	194918	340988	499187	8797
	10180	1023	119	3847	2566	6708	20
	10180	1023	119	3847	2566	6708	20
71686	4670266	3401773	323142	2103485	3291235	4725061	79015
21506	3034773	2837871	282848	1426556	2023717	3279657	63027
50180	1635493	563902	40294	676929	1267518	1445404	15988
1939333	-722126	619327	51192	277364	2020655	2135959	22090
	102427	16452	2303	23155	19516	42323	483
	102427	16452	2303	23155	19516	42323	483
307	6831	10505	294	4580	5708	10146	586
307	6831	10505	294	4580	5708	10146	586
137177	1718830	1227647	64336	1054050	2172053	3082641	27491
137177	1718830	1227647	64336	1054050	2172053	3082641	27491
	10180	1023	119	3847	2566	6708	20
	10180	1023	119	3847	2566	6708	20
1939333	-722126	619327	51192	277364	2020655	2135959	22090
1939333	-722126	619327	51192	277364	2020655	2135959	22090
71993	4779524	3428730	325739	2131220	3316459	4777530	80084
21506	3034773	2837871	282848	1426556	2023717	3279657	63027
	102427	16452	2303	23155	19516	42323	483
307	6831	10505	294	4580	5708	10146	586
50180	1635493	563902	40294	676929	1267518	1445404	15988
2148503	-1517799	509548	42146	245394	1627995	1759993	12656
2148503	5786408	5276727	441386	3466481	7511733	10002838	129685
103103	295872	216273	15071	139775	298921	424736	9482
2045400	5490536	5060454	426315	3326706	7212812	9578102	120203
1971573	3084933	4366022	378738	2352783	5690839	7477853	98757
25891	2078639	651004	47752	825197	1430663	1898042	22277
151039	622836	259701	14896	288501	390231	626943	8651

1-A-2 续表 4-2

项　　目	补贴收入	营业外收入	营业外支出	利润总额	应交所得税
四、按工业行业分组					
采矿业		**125827**	**1270543**	**1328857**	**37724**
煤炭开采和洗选业		125812	1270530	1327203	37478
非金属矿采选业		15	13	1654	246
制造业	**210004**	**912864**	**110311**	**-730101**	**8547**
农副食品加工业	1894	1572	934	-5047	130
食品制造业		50	29	378	47
饮料制造业		1424	39	-11095	
烟草制品业		79	1145	-11144	42
纺织业	320		17	744	
纺织服装、鞋、帽制造业		226	827	2558	543
造纸及纸制品业		4423	4295	145378	
印刷业和记录媒介的复制		66	2591	296	
石油加工、炼焦及核燃料加工业		7620	30708	-1939189	-27
化学原料及化学制品制造业	60840	79676	20407	306295	23185
医药制造业		136	160	1888	395
塑料制品业	384	181		-819	137
非金属矿物制品业	110289	122824	29369	344538	33603
黑色金属冶炼及压延加工业		23827	499	-19896	130
有色金属冶炼及压延加工业	29907	578456	21941	183079	-61611
金属制品业	5090	5407	2919	3073	10
通用设备制造业	1056	73144	-14299	72386	3082
专用设备制造业	224	9220	3006	133197	8817
电气机械及器材制造业		1431	2355	34730	1283
仪器仪表及文化、办公用机械制造业		3102	3369	28549	-1219
电力、燃气及水的生产和供应业	**101082**	**108862**	**136221**	**870077**	**99234**
电力、热力的生产和供应业	93857	107006	134344	921871	88845
燃气生产和供应业		204	270	21475	3216
水的生产和供应业	7225	1652	1607	-73269	7173

单位：千元

亏损企业亏损总额	利税总额	本年应付工资总额	本年应付福利费总额	本年应交增值税	本年进项税额	本年销项税额	全部从业人员年平均人数（人）
	2819148	**2674645**	**261832**	**1247384**	**665931**	**1884813**	**55552**
	2816402	2672214	261727	1246419	663376	1883215	55487
	2746	2431	105	965	2555	1598	65
2010047	**515608**	**1253182**	**102701**	**792936**	**4705577**	**4753453**	**47679**
5819	-4729	3162	85	300	465	495	309
	1248	1142	132	771	5332	6103	62
11095	-8955	1720	157		5467	3377	83
11508	105523	30697	60	22343	20824	43166	379
	1615	2108	97	769	2484	3253	128
	6996	9695		4438	5708	10146	510
	251652	103211	7653	99057	245700	343291	5384
1307	1008	3154	85	618	6775	7288	191
1939333	-1665896	123497	16859	5514	1383670	1287672	3120
10788	463163	220071	17283	134853	368882	448692	6123
	3683	2570	380	1633	927	2560	153
819	-441	976	27	298	1032	1800	58
	505123	105306	6651	146600	370163	302474	3922
23303	40225	40235	2166	55591	192027	240351	1759
3687	397069	256642	31928	185057	1544697	1377203	11274
905	29213	83794	2676	23591	110019	130675	2824
17	99003	91738	4472	30828	85411	111948	4779
	183813	120147	6923	44615	281253	325672	3731
1466	58681	20926	414	21702	39870	58058	1501
	47614	32391	4653	14358	34871	49229	1389
138456	**2451652**	**1348900**	**76853**	**1426161**	**2140225**	**3364572**	**26454**
65082	2484636	1279122	69079	1412226	2122726	3343887	23899
	29185	10964	1352	4089	12260	15628	272
73374	-62169	58814	6422	9846	5239	5057	2283

1-A-3 规模以上私营

项目	企业单位数（个）	亏损企业	工业增加值（当年价格）	工业总产值（当年价格）	工业销售产值（当年价格）
总　　计	**568**	**212**	**11962543**	**35858239**	**33254870**
一、按登记注册类型分组					
内资企业	568	212	11962543	35858239	33254870
私营企业	568	212	11962543	35858239	33254870
私营独资企业	16	6	202590	837089	759795
私营合作企业	1		1554	3920	3840
私营有限责任公司	547	205	11734143	34936372	32408173
私营股份有限公司	4	1	24255	80858	83062
二、按经济组织类型分组					
独资企业	16	6	202590	837089	759795
私营独资企业	16	6	202590	837089	759795
合作、合伙企业	1		1554	3920	3840
私营合伙企业	1		1554	3920	3840
股份有限公司	4	1	24255	80858	83062
私营股份有限公司	4	1	24255	80858	83062
有限责任公司	547	205	11734143	34936372	32408173
私营有限责任公司	547	205	11734143	34936372	32408173
三、在总计中					
#亏损企业	212	212		10220645	9453463
#国有控股企业	1		120480	251101	253745
#农村工业	3	1		240620	231457
#轻工业	168	50	3214132	9536613	8342827
重工业	400	162	8748411	26321626	24912043
中型企业	36	11	4214808	12089781	10733089
小型企业	532	201	7747735	23768458	22521781
四、按工业行业分组					
采矿业	**89**	**34**	**1567992**	**4706236**	**4566131**
煤炭开采和洗选业	88	34	1555841	4628855	4498116
黑色金属矿采选业	1		12151	77381	68015
制造业	**471**	**173**	**10363528**	**31065722**	**28606994**
农副食品加工业	60	12	545962	1933460	1842962
食品制造业	24	7	272269	936521	798765
饮料制造业	9	3	266968	553532	498102
纺织业	30	6	1467306	4224394	3643087
皮革、毛皮、羽毛(绒)及其制品业	10	6	48627	140682	118182
木材加工及木、竹、藤、棕、草制品业	1		11937	22974	18894
家具制造业	4	1	20691	63108	62947
造纸及纸制品业	8	4	165097	520216	442361
印刷业和记录媒介的复制	5	1	45550	188334	171485
石油加工、炼焦及核燃料加工业	23	12	1139285	3550790	3412138
化学原料及化学制品制造业	63	34	2282924	6437881	5700846
医药制造业	6	2	188378	560522	420499
橡胶制品业	1		21723	60622	45796
塑料制品业	18	6	118678	389354	393881
非金属矿物制品业	75	32	943843	2762049	2591622
黑色金属冶炼及压延加工业	53	25	1326879	4429179	4317543
有色金属冶炼及压延加工业	12	7	719409	2340445	2322366
金属制品业	21	4	175708	398186	334181
通用设备制造业	26	5	286633	700287	653132
专用设备制造业	1		4323	23016	21254
交通运输设备制造业	3	2	39196	53484	53484
电气机械及器材制造业	13	3	227216	637711	617440
仪器仪表及文化、办公用机械制造业	4	1	44319	137169	124961
工艺品及其他制造业	1		607	1806	1066
电力、燃气及水的生产和供应业	**8**	**5**	**35493**	**86281**	**81745**
电力、热力的生产和供应业	6	5	17162	51053	51053
燃气生产和供应业	2		18331	35228	30692

工业企业主要经济指标

单位：千元

出口交货值	资产总计	流动资产合计	应收帐款	存货	产成品	流动资产年平均余额	固定资产合计	固定资产原价
1738122	**33873575**	**19355845**	**4315509**	**7526052**	**3429255**	**17316082**	**10703552**	**12312531**
1738122	33873575	19355845	4315509	7526052	3429255	17316082	10703552	12312531
1738122	33873575	19355845	4315509	7526052	3429255	17316082	10703552	12312531
967	2569663	1061521	75566	253747	54742	835106	269164	385928
67	9232	1372		1091	306	1205	7859	7859
1737088	31230509	18260994	4221599	7263351	3373696	16449368	10402628	11887831
	64171	31958	18344	7863	511	30403	23901	30913
967	2569663	1061521	75566	253747	54742	835106	269164	385928
967	2569663	1061521	75566	253747	54742	835106	269164	385928
67	9232	1372		1091	306	1205	7859	7859
67	9232	1372		1091	306	1205	7859	7859
	64171	31958	18344	7863	511	30403	23901	30913
	64171	31958	18344	7863	511	30403	23901	30913
1737088	31230509	18260994	4221599	7263351	3373696	16449368	10402628	11887831
1737088	31230509	18260994	4221599	7263351	3373696	16449368	10402628	11887831
145333	10236448	5304986	882749	2200218	1119694	4911054	3039737	3515023
	384128	149895	17641	39118	3166	148943	201988	276600
	153243	122509	38882	64900	28369	117528	30459	42734
838129	10515388	6554774	1397323	3083173	1179441	5969322	3027774	3247814
899993	23358187	12801071	2918186	4442879	2249814	11346760	7675778	9064717
1201429	15472474	7702903	1148575	2735319	901064	6835233	5259579	5529190
536693	18401101	11652942	3166934	4790733	2528191	10480849	5443973	6783341
	3757741	**2990808**	**1302573**	**804228**	**484235**	**2593471**	**452062**	**654359**
	3746867	2981828	1302573	795565	482163	2585145	451064	653249
	10874	8980		8663	2072	8326	998	1110
1738122	**29807893**	**16254616**	**3000637**	**6708281**	**2945020**	**14634053**	**10065100**	**11496016**
50662	1743517	868589	129849	443743	215878	715676	762468	842725
17396	726379	425716	123741	166319	105295	355630	224951	280525
4925	1102294	741269	111193	239419	70545	745519	210082	239270
511694	4535069	3540600	739066	1886951	617980	3291891	565472	591154
12163	161532	116472	23551	63033	51725	98285	33953	38944
	36196	14866	2834	2938	1359	15861	18999	22553
	72055	35626	17051	11854	2629	33008	33643	40535
67	556401	264812	53241	87963	40623	239287	286524	301543
	184974	135269	35919	70160	18096	135574	47084	53534
4644	4053107	1855988	92474	729868	476192	1748421	798282	933638
538698	3906152	1960907	302747	771166	461616	1812641	1742130	2004809
241222	1017836	208958	100907	57775	19493	182063	701037	660402
	47841	39351	20497	16231	11815	38707	7146	7995
	249046	163297	71250	40069	13052	141171	73748	103304
148705	3833024	1885554	452211	571886	196315	1577647	1485889	2037905
205191	2747385	1533946	197005	792707	398565	1372002	1030725	1140003
	2593165	976293	64241	156367	52959	785856	1445964	1503701
	486813	283292	68126	105440	34019	268251	149560	172525
2755	740329	519261	135579	249844	73384	500174	166269	239824
	16338	14844	5630	5184	4071	13549	1459	1720
	41223	24213	3988	9992		27685	13773	17858
	787686	526392	215731	199394	62676	475447	224079	212298
	156419	107421	33806	29369	16124	48028	41863	47334
	13112	11680		609	609	11680	1432	1917
	307941	**110421**	**12299**	**13543**		**88558**	**184958**	**162156**
	262850	91633	10085	9528		71265	160065	130238
	45091	18788	2214	4015		17293	24893	31918

1-A-3 续表 1

项目	累计折旧	固定资产净值	固定资产净值年平均余额	负债合计	流动负债合计
总计	**2945134**	**9367397**	**8853310**	**21909888**	**19521856**
一、按登记注册类型分组					
内资企业	2945134	9367397	8853310	21909888	19521856
私营企业	2945134	9367397	8853310	21909888	19521856
私营独资企业	133717	252211	244557	2037250	1571239
私营合作企业		7859	7859	957	956
私营有限责任公司	2801384	9086447	8582652	19840232	17921668
私营股份有限公司	10033	20880	18242	31449	27993
二、按经济组织类型分组					
独资企业	133717	252211	244557	2037250	1571239
私营独资企业	133717	252211	244557	2037250	1571239
合作、合伙企业		7859	7859	957	956
私营合伙企业		7859	7859	957	956
股份有限公司	10033	20880	18242	31449	27993
私营股份有限公司	10033	20880	18242	31449	27993
有限责任公司	2801384	9086447	8582652	19840232	17921668
私营有限责任公司	2801384	9086447	8582652	19840232	17921668
三、在总计中					
#亏损企业	882204	2632819	2547939	7897005	7045582
#国有控股企业	58024	218576	201020	68177	68177
#农村工业	12460	30274	30922	108596	108591
#轻工业	694255	2553559	2475261	6161421	5283734
重工业	2250879	6813838	6378049	15748467	14238122
中型企业	1137808	4391382	4041101	9536196	8034196
小型企业	1807326	4976015	4812209	12373692	11487660
四、按工业行业分组					
采矿业	**245360**	**408999**	**362206**	**2814398**	**2725328**
煤炭开采和洗选业	245248	408001	361341	2804858	2715788
黑色金属矿采选业	112	998	865	9540	9540
制造业	**2663043**	**8832973**	**8401097**	**18840387**	**16663465**
农副食品加工业	140364	702361	669105	900171	768522
食品制造业	69309	211216	204941	507958	443242
饮料制造业	65673	173597	175267	582261	546561
纺织业	83611	507543	499025	2790943	2421345
皮革、毛皮、羽毛(绒)及其制品业	7907	31037	33089	96833	79684
木材加工及木、竹、藤、棕、草制品业	3554	18999	19000	5242	5242
家具制造业	12867	27668	27750	45615	45615
造纸及纸制品业	103460	198083	186079	372179	319328
印刷业和记录媒介的复制	17274	36260	36274	146193	144317
石油加工、炼焦及核燃料加工业	177180	756458	760152	2820315	2383302
化学原料及化学制品制造业	457020	1547789	1445319	2503842	2325171
医药制造业	156285	504117	494667	444485	287980
橡胶制品业	2542	5453	5751	11794	11794
塑料制品业	39632	63672	59280	158961	143748
非金属矿物制品业	643614	1394291	1342683	2238542	2003011
黑色金属冶炼及压延加工业	232710	907293	895963	2131937	2034906
有色金属冶炼及压延加工业	265343	1238358	1037211	1701377	1440122
金属制品业	30722	141803	124896	298652	290253
通用设备制造业	110787	129037	139714	520198	480711
专用设备制造业	264	1456	1400	14447	14447
交通运输设备制造业	4096	13762	13835	25402	25401
电气机械及器材制造业	32529	179769	188124	401772	335908
仪器仪表及文化、办公用机械制造业	5815	41519	40140	109187	100774
工艺品及其他制造业	485	1432	1432	12081	12081
电力、燃气及水的生产和供应业	**36731**	**125425**	**90007**	**255103**	**133063**
电力、热力的生产和供应业	27526	102712	66219	221280	99784
燃气生产和供应业	9205	22713	23788	33823	33279

单位：千元

应付账款	长期负债合计	所有者权益合计	实收资本	国家资本	集体资本	法人资本	个人资本	港澳台资本
5640369	**2259036**	**11963687**	**8016790**	**7195**	**9218**	**2911559**	**5069949**	**3912**
5640369	2259036	11963687	8016790	7195	9218	2911559	5069949	3912
5640369	2259036	11963687	8016790	7195	9218	2911559	5069949	3912
682586	465243	532413	529875	2150		74331	453394	
		8275	1000				1000	
4953925	1793793	11390277	7468315	5045	9218	2832128	4603055	3912
3858		32722	17600			5100	12500	
682586	465243	532413	529875	2150		74331	453394	
682586	465243	532413	529875	2150		74331	453394	
		8275	1000				1000	
		8275	1000				1000	
3858		32722	17600			5100	12500	
3858		32722	17600			5100	12500	
4953925	1793793	11390277	7468315	5045	9218	2832128	4603055	3912
4953925	1793793	11390277	7468315	5045	9218	2832128	4603055	3912
2483445	816995	2339443	2681110	600		843658	1832940	3912
12725		315951	180910			180910		
14956		44647	36500			7750	28750	
1199863	798083	4353967	2270519	4772	1200	541690	1703988	3912
4440506	1460953	7609720	5746271	2423	8018	2369869	3365961	
1863590	1501894	5936278	3687457	1800		1711647	1955141	3912
3776779	757142	6027409	4329333	5395	9218	1199912	3114808	
1014459	**68616**	**943343**	**708239**			**282535**	**425704**	
1013022	68616	942009	708239			282535	425704	
1437		1334						
4613188	**2087117**	**10967506**	**7273682**	**7195**	**9218**	**2616324**	**4622076**	**3912**
114407	99956	843346	480533	4772		159721	316040	
162899	57021	218421	247988			25273	222715	
340815	34982	520033	240002			61967	178035	
377580	344942	1744126	743330			199635	528738	
17532	4410	64699	44561			7171	37390	
45		30954	24380				24380	
3423		26440	22788			10080	12708	
40979	50751	184222	104035		1200	40000	58923	3912
20697	1875	38781	40586			9580	31006	
921201	434364	1232792	1150388			54493	1095895	
583407	171793	1402310	995286	1800	8000	539242	446244	
66913	156504	573351	269043			24000	245043	
6888		36047	10830				10830	
68605	15203	90085	74771	23	18	5574	69156	
565142	235119	1594482	756300	600		328038	427662	
614752	96955	615448	624882			279992	344890	
352702	261089	891788	812232			744000	68232	
66450	8398	188161	124360			40069	84291	
161716	39485	220131	186381			13910	172471	
6666		1891	1160				1160	
-6722		15821	18206			3000	15206	
87084	65863	385914	251094			25383	225711	
40007	8407	47232	48546			45196	3350	
		1031	2000				2000	
12722	**103303**	**52838**	**34869**			**12700**	**22169**	
5786	102778	41570	27869			12700	15169	
6936	525	11268	7000				7000	

1-A-3 续表 2

项目	外商资本	主营业务收入	主营业务成本	主营业务税金及附加	其他业务收入
总计	**14957**	**34667724**	**31085730**	**148936**	**461778**
一、按登记注册类型分组					
内资企业	14957	34667724	31085730	148936	461778
私营企业	14957	34667724	31085730	148936	461778
私营独资企业		686781	718885	2071	456
私营合作企业		3445	3244	5	
私营有限责任公司	14957	33897261	30289701	146672	461061
私营股份有限公司		80237	73900	188	261
二、按经济组织类型分组					
独资企业		686781	718885	2071	456
私营独资企业		686781	718885	2071	456
合作、合伙企业		3445	3244	5	
私营合伙企业		3445	3244	5	
股份有限公司		80237	73900	188	261
私营股份有限公司		80237	73900	188	261
有限责任公司	14957	33897261	30289701	146672	461061
私营有限责任公司	14957	33897261	30289701	146672	461061
三、在总计中					
#亏损企业		9771779	9378525	58640	287609
#国有控股企业		248855	153410	1404	102
#农村工业		204168	195531	115	10609
#轻工业	14957	8229084	7221915	21923	48202
重工业		26438640	23863815	127013	413576
中型企业	14957	11015769	9574448	59818	54871
小型企业		23651955	21511282	89118	406907
四、按工业行业分组					
采矿业		**5673641**	**5112513**	**20819**	**15072**
煤炭开采和洗选业		5592594	5043398	20430	15072
黑色金属矿采选业		81047	69115	389	
制造业	**14957**	**28913249**	**25887997**	**127712**	**434775**
农副食品加工业		1897111	1691636	3503	7835
食品制造业		786330	705494	1664	7031
饮料制造业		483999	351861	6626	3253
纺织业	14957	3490165	3093155	5583	14630
皮革、毛皮、羽毛(绒)及其制品业		115571	105995	188	199
木材加工及木、竹、藤、棕、草制品业		18894	11155	567	
家具制造业		62946	51219	261	
造纸及纸制品业		441768	388647	505	535
印刷业和记录媒介的复制		175283	160920	172	11124
石油加工、炼焦及核燃料加工业		3184212	3127266	38106	154040
化学原料及化学制品制造业		5682916	5130250	17600	53633
医药制造业		488231	400842	2462	2920
橡胶制品业		45797	36889	197	33
塑料制品业		390731	356350	907	1288
非金属矿物制品业		2803738	2226672	16184	6006
黑色金属冶炼及压延加工业		4643599	4249542	20609	131424
有色金属冶炼及压延加工业		2342283	2190375	7023	8619
金属制品业		340673	291143	940	10100
通用设备制造业		661830	584150	2854	17965
专用设备制造业		26284	23355	24	
交通运输设备制造业		37903	34008	130	
电气机械及器材制造业		662137	564753	1086	4018
仪器仪表及文化、办公用机械制造业		129782	111424	509	122
工艺品及其他制造业		1066	896	12	
电力、燃气及水的生产和供应业		**80834**	**85220**	**405**	**11931**
电力、热力的生产和供应业		50142	59621	75	70
燃气生产和供应业		30692	25599	330	11861

单位：千元

其他业务利润	营业费用	管理费用	税金	财务费用	利息支出	营业利润	投资收益
54882	**1221926**	**934422**	**76089**	**674532**	**618277**	**639617**	**9627**
54882	1221926	934422	76089	674532	618277	639617	9627
54882	1221926	934422	76089	674532	618277	639617	9627
31	25668	20220	1098	11503	10689	-92965	
	42	142	2			12	
54596	1194755	910909	74690	662539	607147	731217	9627
255	1461	3151	299	490	441	1353	
31	25668	20220	1098	11503	10689	-92965	
31	25668	20220	1098	11503	10689	-92965	
	42	142	2			12	
	42	142	2			12	
255	1461	3151	299	490	441	1353	
255	1461	3151	299	490	441	1353	
54596	1194755	910909	74690	662539	607147	731217	9627
54596	1194755	910909	74690	662539	607147	731217	9627
16475	371996	297793	22861	132659	120628	-525541	76
102	18795	10758	1093	6452	6452	58012	
130	2829	3022	368	3578	3399	421	
4417	180272	231356	28365	255938	244413	308487	1788
50465	1041654	703066	47724	418594	373864	331130	7839
11829	261132	290444	26883	306092	280383	485905	3139
43053	960794	643978	49206	368440	337894	153712	6488
1272	**316165**	**90684**	**8440**	**107182**	**103852**	**44465**	**1058**
1272	314833	86342	8440	106612	103300	39166	1058
	1332	4342		570·	552	5299	
51057	**903836**	**834530**	**66105**	**564127**	**512781**	**616559**	**8569**
3519	57330	56584	5032	40235	38997	51730	1582
1938	28662	28888	1652	13157	12141	6125	405
2145	43690	26431	1004	8767	8556	54749	
-4173	11461	39460	13355	144039	140010	200393	-202
99	1390	1977	168	2608	2571	794	
	467	749		770	692	5168	
	4406	4374	406	1462	1431	1218	
138	8772	19500	452	7785	7565	-4560	
638	2412	5690	342	4849	3187	2276	
3602	63444	46328	3595	37999	31698	-126027	
13415	173442	164647	9027	87572	71288	160191	43
	14086	29190	4675	26580	23959	14783	
22	2417	4479	712	442	441	1394	
380	8004	17091	941	3328	3202	5730	
-2765	206391	132373	7155	55111	51650	157090	3128
20342	185782	97661	6599	31006	28080	28806	
3568	37915	41580	1143	57304	50730	11758	10
2086	3664	21093	3044	10107	9879	15216	
3138	18613	49113	2950	5896	4410	9758	3573
	1862	520	36	217	216	305	
	1100	2915	114	1048	1035	-1428	
2911	24528	33186	3452	18819	17894	22515	30
54	3998	10516	251	4957	3080	-1502	
		185		69	69	77	
2553	**1925**	**9208**	**1544**	**3223**	**1644**	**-21407**	
30	727	4729	344	2963	1418	-22603	
2523	1198	4479	1200	260	226	1196	

1-A-3 续表 3

项　目	补贴收入	营业外收入	营业外支出	利润总额	应交所得税
总　　计	**181571**	**121225**	**151684**	**753708**	**119709**
一、按登记注册类型分组					
内资企业	181571	121225	151684	753708	119709
私营企业	181571	121225	151684	753708	119709
私营独资企业	9781	1001	836	-84974	603
私营合作企业				12	2
私营有限责任公司	171554	120224	150798	837131	119057
私营股份有限公司	236		50	1539	47
二、按经济组织类型分组					
独资企业	9781	1001	836	-84974	603
私营独资企业	9781	1001	836	-84974	603
合作、合伙企业				12	2
私营合伙企业				12	2
股份有限公司	236		50	1539	47
私营股份有限公司	236		50	1539	47
有限责任公司	171554	120224	150798	837131	119057
私营有限责任公司	171554	120224	150798	837131	119057
三、在总计中					
#亏损企业	29075	17231	31052	-515311	3839
#国有控股企业	20104	20655	799	77868	11895
#农村工业	402	1176	225	1774	49
#轻工业	55774	38897	19819	371120	31006
重工业	125797	82328	131865	382588	88703
中型企业	77668	79474	100818	516987	59597
小型企业	103903	41751	50866	236721	60112
四、按工业行业分组					
采矿业	**21065**	**3765**	**11415**	**58938**	**11482**
煤炭开采和洗选业	21065	3765	11415	53639	11482
黑色金属矿采选业				5299	
制造业	**158360**	**117390**	**140206**	**714024**	**107867**
农副食品加工业	19334	5760	2008	72496	3090
食品制造业	11429	3398	1219	15717	3008
饮料制造业	2816	1595	1875	57285	220
纺织业	13970	15200	4702	224659	14561
皮革、毛皮、羽毛(绒)及其制品业	1130	1110	270	2357	393
木材加工及木、竹、藤、棕、草制品业				5168	1557
家具制造业		15	63	1170	415
造纸及纸制品业	2559	475	1152	-4357	309
印刷业和记录媒介的复制	110	117	482	2021	649
石油加工、炼焦及核燃料加工业	1512	2525	8515	-130505	12629
化学原料及化学制品制造业	8252	12863	83219	97940	13520
医药制造业	3915	10293	4094	21299	8002
橡胶制品业		75	72	1397	193
塑料制品业	640	100	462	6008	1557
非金属矿物制品业	63205	42172	12994	220460	30381
黑色金属冶炼及压延加工业	9960	5006	7662	35875	5632
有色金属冶炼及压延加工业	136	2499	7100	7303	6056
金属制品业	268	128	269	15343	2438
通用设备制造业	1123	2538	2654	14333	1735
专用设备制造业			14	291	72
交通运输设备制造业	736	125	116	-683	15
电气机械及器材制造业	17265	10130	1030	48910	1282
仪器仪表及文化、办公用机械制造业		1266	234	-540	153
工艺品及其他制造业				77	
电力、燃气及水的生产和供应业	**2146**	**70**	**63**	**-19254**	**360**
电力、热力的生产和供应业	2144	70	49	-20438	1
燃气生产和供应业	2		14	1184	359

单位：千元

亏损企业亏损总额	利税总额	本年应付工资总额	本年应付福利费总额	本年应交增值税	本年进项税额	本年销项税额	全部从业人员年平均人数（人）
515311	**1887422**	**1060512**	**74914**	**984778**	**3695846**	**4568764**	**60898**
515311	1887422	1060512	74914	984778	3695846	4568764	60898
515311	1887422	1060512	74914	984778	3695846	4568764	60898
94336	-60472	47949	3457	22431	60722	88400	3132
	65	357		48	538	586	68
420648	1943766	1009168	71395	959963	3628408	4472457	57493
327	4063	3038	62	2336	6178	7321	205
94336	-60472	47949	3457	22431	60722	88400	3132
94336	-60472	47949	3457	22431	60722	88400	3132
	65	357		48	538	586	68
	65	357		48	538	586	68
327	4063	3038	62	2336	6178	7321	205
327	4063	3038	62	2336	6178	7321	205
420648	1943766	1009168	71395	959963	3628408	4472457	57493
420648	1943766	1009168	71395	959963	3628408	4472457	57493
515311	-143367	346390	23290	313304	1139449	1399147	20598
	102427	16452	2303	23155	19516	42323	483
1499	4787	9895	115	2898	30656	33404	800
94640	496652	249412	20323	103609	825325	923375	18383
420671	1390770	811100	54591	881169	2870521	3645389	42515
124002	894876	371494	28233	318071	958177	1287188	21488
391309	992546	689018	46681	666707	2737669	3281576	39410
38940	**260080**	**84025**	**7675**	**180323**	**537779**	**700432**	**4009**
38940	251438	81317	6778	177369	526248	686191	3837
	8642	2708	897	2954	11531	14241	172
455933	**1644938**	**970747**	**66824**	**803202**	**3152284**	**3863371**	**56491**
7504	96154	48210	2053	20155	170137	174330	3129
9756	30879	21681	1270	13498	105901	110976	1579
3585	76649	21840	2546	12738	43264	56515	2014
19194	258897	61591	5544	28655	314852	385156	4872
2333	3682	3824	115	1137	15914	12996	352
	6447	1024	372	712	2500	3212	64
508	3951	5161	88	2520	7933	10447	283
8103	9535	31153	3644	13387	58941	71921	2794
1499	4202	14331	186	2009	24706	26658	1035
184621	34204	72674	3400	126603	288036	390713	4641
57913	305638	197054	11413	190098	600383	776731	10224
19244	24400	20018	3426	639	43319	26292	1177
	3567	4606	325	1973	5820	7793	267
1833	15357	24195	796	8442	54651	63104	1346
28009	397586	140723	9566	160942	273035	409978	7074
55060	190384	143745	7335	133900	627675	747916	7833
33866	67268	60717	5690	52942	241935	287740	2325
2499	21263	17957	1552	4980	38418	42160	1018
6383	33031	44922	5644	15844	90567	104390	2399
	615	577		300	415	446	30
741	792	2087		1345	5045	6443	157
11342	57648	26022	1503	7652	127340	133688	1559
1940	2550	6303	327	2581	11497	13616	307
	239	332	29	150		150	12
20438	**-17596**	**5740**	**415**	**1253**	**5783**	**4961**	**398**
20438	-19854	4366	341	509	2528	968	329
	2258	1374	74	744	3255	3993	69

1-A-4 规模以上外商投资和

项目	企业单位数(个)	亏损企业	工业增加值(当年价格)	工业总产值(当年价格)	工业销售产值(当年价格)
总计	**45**	**15**	**3190151**	**9915947**	**9584514**
一、按登记注册类型分组					
港、澳、台商投资企业	9	4	164857	526133	499394
合资经营企业(港或澳、台资)	6	3	97014	264151	261062
港澳台商独资经营企业	2	1	35701	124111	119705
港澳台商投资股份有限公司	1		32143	137871	118627
外商投资企业	36	11	3025294	9389814	9085120
中外合资经营企业	27	8	2471268	7728305	7635758
中外合作经营企业	2	1	39892	101694	97729
外资企业	7	2	514134	1559815	1351633
二、按经济组织类型分组					
独资企业	9	3	549835	1683926	1471338
港澳台商独资经营企业	2	1	35701	124111	119705
外资企业	7	2	514134	1559815	1351633
合作、合伙企业	2	1	39892	101694	97729
中外合作经营企业	2	1	39892	101694	97729
股份有限公司	1		32143	137871	118627
港澳台商投资股份有限公司	1		32143	137871	118627
有限责任公司	33	11	2568282	7992456	7896820
合资经营企业(港或澳、台资)	6	3	97014	264151	261062
中外合资经营企业	27	8	2471268	7728305	7635758
三、在总计中					
#亏损企业	15	15		3819693	3829442
#国有控股企业	2	1	28071	68697	68610
#轻工业	15	5	379853	959965	859157
重工业	30	10	2810299	8955982	8725357
#大型企业	1	1	209701	873753	862137
中型企业	12	2	2150813	6621017	6400632
小型企业	32	12	829637	2421177	2321745
四、按工业行业分组					
采矿业	**1**		**29777**	**117455**	**89205**
煤炭开采和洗选业	1		29777	117455	89205
制造业	**44**	**15**	**3160375**	**9798492**	**9495309**
农副食品加工业	2		55293	170198	167272
食品制造业	1		5831	9060	5300
饮料制造业	4	1	196750	511496	479327
纺织业	2	1	61268	106845	50608
纺织服装、鞋、帽制造业	1		26136	60407	60320
皮革、毛皮、羽毛(绒)及其制品业	1	1	1221	7183	7183
造纸及纸制品业	1		11381	22918	20306
印刷业和记录媒介的复制	1		2953	6080	6080
石油加工、炼焦及核燃料加工业	1		33161	74862	74862
化学原料及化学制品制造业	10	5	222888	544754	488566
橡胶制品业	2	1	803401	2478348	2466516
塑料制品业	1	1	30981	102457	101426
非金属矿物制品业	3	2	133316	380189	369568
黑色金属冶炼及压延加工业	1		32313	107638	117753
有色金属冶炼及压延加工业	4	1	601258	2608304	2595077
金属制品业	1		4605	11039	9435
通用设备制造业	5	1	683469	1784878	1717516
电气机械及器材制造业	2	1	206297	710084	658160
仪器仪表及文化、办公用机械制造业	1		47853	101752	100034

港澳台商投资工业企业主要经济指标

单位：千元

出口交货值	资产总计	流动资产合计	应收帐款	存货	产成品	流动资产年平均余额	固定资产合计	固定资产原价
1340098	**10731373**	**5003538**	**915332**	**2287538**	**1098923**	**5460617**	**4499333**	**5762571**
74479	612112	302861	99906	112249	30220	381890	294691	367642
13376	422633	196630	68938	65242	19907	272408	216627	274627
	77307	44823	8233	21165	10313	42147	27759	34671
61103	112172	61408	22735	25842		67335	50305	58344
1265619	10119261	4700677	815426	2175289	1068703	5078727	4204642	5394929
892221	8135942	3576295	571875	1767461	840747	4012737	3639128	4622228
406	165815	49950	12250	3823	2407	46954	18804	21559
372992	1817504	1074432	231301	404005	225549	1019036	546710	751142
372992	1894811	1119255	239534	425170	235862	1061183	574469	785813
	77307	44823	8233	21165	10313	42147	27759	34671
372992	1817504	1074432	231301	404005	225549	1019036	546710	751142
406	165815	49950	12250	3823	2407	46954	18804	21559
406	165815	49950	12250	3823	2407	46954	18804	21559
61103	112172	61408	22735	25842		67335	50305	58344
61103	112172	61408	22735	25842		67335	50305	58344
905597	8558575	3772925	640813	1832703	860654	4285145	3855755	4896855
13376	422633	196630	68938	65242	19907	272408	216627	274627
892221	8135942	3576295	571875	1767461	840747	4012737	3639128	4622228
205426	3890916	1340002	167274	744982	247664	1901239	1983148	2484174
	82170	44289	15579	8070	3124	38789	21863	28387
47603	1636334	915069	49698	321422	132278	878285	462685	558901
1292495	9095039	4088469	865634	1966116	966645	4582332	4036648	5203670
86707	525349	266616	40499	198555	105851	271598	240803	335772
743262	7561772	3383362	686970	1318128	620058	3740195	3383139	4333111
510129	2644252	1353560	187863	770855	373014	1448824	875391	1093688
50406	**37849**	**29184**	**1317**	**4162**	**3595**	**34171**	**8061**	**18126**
50406	37849	29184	1317	4162	3595	34171	8061	18126
1289692	**10693524**	**4974354**	**914015**	**2283376**	**1095328**	**5426446**	**4482496**	**5744445**
	48024	29437	565	15926	2759	26220	17017	26555
	102920	12605	7491	4441	3239	16748	3547	3715
102	945015	527643	3860	136067	66385	496515	362124	418317
38909	334915	202526	6363	107303	34628	203192	26611	30746
	62920	44289	15579	8070	3124	38789	14743	21977
	10378	9560	3245	5515		8973	818	1166
	34310	27265	3621	1171		27105	4948	10499
	10270	6751	462	4738		6661	3443	6077
	133221	34334	8142			32514	3169	3169
224076	790872	377713	53162	145233	83544	376886	384078	555029
110443	2018822	897544	327594	436786	283833	955330	1034232	1416788
	244561	60924	24751	14785	5661	160047	175576	209449
253735	430359	241231	40802	99655	59684	236384	129383	170277
	9067	2251		2251	1890	1831	6816	11546
61103	2503497	763978	71950	378230	37214	1220403	1343521	1644404
	11856	11157	2731	6576		10046	686	1587
596540	2512975	1285591	275047	602214	345978	1220925	958624	1184850
	407247	366769	32397	310100	166526	332642	13160	14969
4784	82295	72786	36253	4315	863	55235	8776	13325

1-A-4 续表 1

项 目	累计折旧	固定资产净 值	固定资产净 值 年平均余额	负债合计	流动负债合 计
总 计	**1414490**	**4348081**	**4275716**	**6457402**	**4870381**
一、按登记注册类型分组					
港、澳、台商投资企业	80194	287448	296248	391385	331318
合资经营企业(港或澳、台资)	65243	209384	217502	282443	222376
港澳台商独资经营企业	6912	27759	28441	53728	53728
港澳台商投资股份有限公司	8039	50305	50305	55214	55214
外商投资企业	1334296	4060633	3979468	6066017	4539063
中外合资经营企业	1124620	3497608	3430296	5078648	3728644
中外合作经营企业	4397	17162	17493	77260	77260
外资企业	205279	545863	531679	910109	733159
二、按经济组织类型分组					
独资企业	212191	573622	560120	963837	786887
港澳台商独资经营企业	6912	27759	28441	53728	53728
外资企业	205279	545863	531679	910109	733159
合作、合伙企业	4397	17162	17493	77260	77260
中外合作经营企业	4397	17162	17493	77260	77260
股份有限公司	8039	50305	50305	55214	55214
港澳台商投资股份有限公司	8039	50305	50305	55214	55214
有限责任公司	1189863	3706992	3647798	5361091	3951020
合资经营企业(港或澳、台资)	65243	209384	217502	282443	222376
中外合资经营企业	1124620	3497608	3430296	5078648	3728644
三、在总计中					
#亏损企业	516741	1967433	1951195	2675896	1934941
#国有控股企业	9253	19134	13529	50651	36290
#轻工业	99691	459210	416316	1043728	951458
重工业	1314799	3888871	3859400	5413674	3918923
#大型企业	94969	240803	245105	470983	470983
中型企业	1087337	3245774	3235401	4377676	2953664
小型企业	232184	861504	795210	1608743	1445734
四、按工业行业分组					
采矿业	**10065**	**8061**	**10642**	**8068**	**8068**
煤炭开采和洗选业	10065	8061	10642	8068	8068
制造业	**1404425**	**4340020**	**4265074**	**6449334**	**4862313**
农副食品加工业	9538	17017	17547	31861	31861
食品制造业	168	3547	1884	16071	16071
饮料制造业	57551	360766	317599	641289	552631
纺织业	4398	26348	26695	217431	216321
纺织服装、鞋、帽制造业	9088	12889	12889	38791	36290
皮革、毛皮、羽毛(绒)及其制品业	348	818	872	8631	8631
造纸及纸制品业	5551	4948	5380	13361	13361
印刷业和记录媒介的复制	2634	3443	3734	8532	8531
石油加工、炼焦及核燃料加工业	1484	1685	1617	61816	61816
化学原料及化学制品制造业	244512	310517	312482	427995	301296
橡胶制品业	382556	1034232	1038743	1440906	1030906
塑料制品业	41116	168333	175618	183191	123191
非金属矿物制品业	40989	129288	112402	205373	135847
黑色金属冶炼及压延加工业	4730	6816	6879	4862	4862
有色金属冶炼及压延加工业	308795	1335609	1326816	1444528	933366
金属制品业	901	686	684	9475	9475
通用设备制造业	282833	902017	887426	1333817	1038892
电气机械及器材制造业	2684	12285	6532	333468	311096
仪器仪表及文化、办公用机械制造业	4549	8776	9275	27936	27869

单位：千元

应付账款	长期负债合计	所有者权益合计	实收资本	国家资本	集体资本	法人资本	个人资本	港澳台资本
1580614	**1554648**	**4273971**	**3453032**	**797355**	**5429**	**533648**	**153163**	**70731**
306750	60067	220727	217192			146848		70344
250901	60067	140190	153334			111848		41486
41421		23579	13858					13858
14428		56958	50000			35000		15000
1273864	1494581	4053244	3235840	797355	5429	386800	153163	387
1129786	1317631	3057294	2719303	797355	5429	386800	147913	387
3629		88555	97860				5250	
140449	176950	907395	418677					
181870	176950	930974	432535					13858
41421		23579	13858					13858
140449	176950	907395	418677					
3629		88555	97860				5250	
3629		88555	97860				5250	
14428		56958	50000			35000		15000
14428		56958	50000			35000		15000
1380687	1377698	3197484	2872637	797355	5429	498648	147913	41873
250901	60067	140190	153334			111848		41486
1129786	1317631	3057294	2719303	797355	5429	386800	147913	387
809122	719096	1215020	1598109	635620		86056	87709	36780
9308	2501	31519	17000	11070				
242360	92269	592606	485714	65805	613	92452	28659	18917
1338254	1462379	3681365	2967318	731550	4816	441196	124504	51814
412690		54366	246500	172550				
425287	1424012	3184096	2199388	599255		254366	46254	7500
742637	130636	1035509	1007144	25550	5429	279282	106909	63231
1194		**29781**	**18000**			**13340**		
1194		29781	18000			13340		
1579420	**1554648**	**4244190**	**3435032**	**797355**	**5429**	**520308**	**153163**	**70731**
28416		16163	12000				900	6000
11043		86849	86849					
60333	88658	303726	234521	58305			20007	
107733	1110	117484	118598			86700	4452	
9308	2501	24129	10000	7500				
1969		1747	2160			1620		540
781		20949	4464				3300	
4557		1738	1000		613			387
1798		71405	90860					
61762	116700	362877	229587	2720		96652	11250	11990
494648	410000	577916	593000	246500				
230359	60000	61370	97000			72750		24250
42905	69526	224986	228283			3381	58000	
3752		4205	12000				9000	
53994	511162	1058969	1008946	459500		55877		19030
1508		2381	1034					1034
204723	294924	1179158	619601			180828	46254	
246503		73779	55129	22830	4816			
13328	67	54359	30000			22500		7500

1-A-4 续表 2

项　　目	外商资本	主营业务收　　入	主营业务成　　本	主营业务税金及附加	其他业务收　　入
总　　计	**1892706**	**9675602**	**8153982**	**41479**	**916979**
一、按登记注册类型分组					
港、澳、台商投资企业		633919	580663	106	12435
合资经营企业(港或澳、台资)		394277	365670	99	12328
港澳台商独资经营企业		111171	105558	7	30
港澳台商投资股份有限公司		128471	109435		77
外商投资企业	1892706	9041683	7573319	41373	904544
中外合资经营企业	1381419	7517631	6504948	34285	861312
中外合作经营企业	92610	97957	39030	343	2676
外资企业	418677	1426095	1029341	6745	40556
二、按经济组织类型分组					
独资企业	418677	1537266	1134899	6752	40586
港澳台商独资经营企业		111171	105558	7	30
外资企业	418677	1426095	1029341	6745	40556
合作、合伙企业	92610	97957	39030	343	2676
中外合作经营企业	92610	97957	39030	343	2676
股份有限公司		128471	109435		77
港澳台商投资股份有限公司		128471	109435		77
有限责任公司	1381419	7911908	6870618	34384	873640
合资经营企业(港或澳、台资)		394277	365670	99	12328
中外合资经营企业	1381419	7517631	6504948	34285	861312
三、在总计中					
#亏损企业	751944	3920115	3680175	12520	663711
#国有控股企业	5930	70083	51136		147
#轻工业	279268	824409	653016	31980	51698
重工业	1613438	8851193	7500966	9499	865281
#大型企业	73950	810694	783046	6696	462351
中型企业	1292013	6263004	5225656	29756	388414
小型企业	526743	2601904	2145280	5027	66214
四、按工业行业分组					
采矿业	**4660**	**101416**	**62212**		**280**
煤炭开采和洗选业	4660	101416	62212		280
制造业	**1888046**	**9574186**	**8091770**	**41479**	**916699**
农副食品加工业	5100	162910	148980		123
食品制造业	86849	5300	3980		
饮料制造业	156209	440249	320592	31971	47979
纺织业	27446	54389	47545		3419
纺织服装、鞋、帽制造业	2500	61793	43856		147
皮革、毛皮、羽毛(绒)及其制品业		7183	6949	2	
造纸及纸制品业	1164	23598	13038		
印刷业和记录媒介的复制		6080	4988		
石油加工、炼焦及核燃料加工业	90860	74862	20159	343	
化学原料及化学制品制造业	106975	484465	373966	7	8476
橡胶制品业	346500	2295111	2127592	6696	615970
塑料制品业		235008	239124	97	11377
非金属矿物制品业	166902	484589	327107	546	30967
黑色金属冶炼及压延加工业	3000	113981	98771	229	
有色金属冶炼及压延加工业	474539	2604920	2365589	1565	171735
金属制品业		8922	7750		513
通用设备制造业	392519	1692952	1189033	11	25555
电气机械及器材制造业	27483	717840	682490	12	
仪器仪表及文化、办公用机械制造业		100034	70261		438

单位：千元

其他业务利润	营业费用	管理费用	税金	财务费用	利息支出	营业利润	投资收益
69218	**496075**	**551166**	**49254**	**199746**	**248974**	**286243**	**20825**
380	20194	27334	1510	9473	8238	-2948	
281	12048	19085	1149	5930	6102	-8274	
22	6311	2264	294	-42	122	-2902	
77	1835	5985	67	3585	2014	8228	
68838	475881	523832	47744	190273	240736	289191	20825
60363	287286	389204	42106	165840	220023	180373	20825
	1627	40789	319	-15134	3810	31300	
8475	186968	93839	5319	39567	16903	77518	
8497	193279	96103	5613	39525	17025	74616	
22	6311	2264	294	-42	122	-2902	
8475	186968	93839	5319	39567	16903	77518	
	1627	40789	319	-15134	3810	31300	
	1627	40789	319	-15134	3810	31300	
77	1835	5985	67	3585	2014	8228	
77	1835	5985	67	3585	2014	8228	
60644	299334	408289	43255	171770	226125	172099	20825
281	12048	19085	1149	5930	6102	-8274	
60363	287286	389204	42106	165840	220023	180373	20825
22417	137604	221441	15402	68503	124450	-186479	1445
129	5334	9318	216	1461	730	2852	
29852	49557	46021	4687	28405	28334	44887	
39366	446518	505145	44567	171341	220640	241356	20825
9110	32066	16516	4703	1219	13458	-19741	
47193	302322	395815	34517	183076	189627	173532	19380
12915	161687	138835	10034	15451	45889	132452	1445
94	**9020**	**3301**	**723**	**1879**	**1389**	**25095**	
94	9020	3301	723	1879	1389	25095	
69124	**487055**	**547865**	**48531**	**197867**	**247585**	**261148**	**20825**
42	8250	5023	205	56	102	644	
		116	68	1		1203	
29454	34848	23160	3943	25153	25098	33673	
205	74	3838	121	582	579	2575	
129	4814	9272	216	710	730	3159	
	5	299		342	342	-413	
	1417	1683	15	726	570	6733	
		760	5	124	119	208	
		37692	94	-15503	3440	32169	
1444	26863	43867	6180	5755	10646	27737	1721
18326	83408	39000	11043	62468	71803	-5727	
118	5223	5657	951	4527	4785	-19501	
2601	91143	30646	566	8690	8845	20454	1445
	8498	2476	560	442	382	3565	
2428	65324	154567	7134	54357	87188	-33584	
25		897	6	106	78	192	
14214	135366	171229	16856	60439	31309	151209	17659
	15150	6703	376	-11369	1344	24853	
138	6672	10980	192	261	225	11999	

1-A-4 续表 3

项　目	补贴收入	营业外收入	营业外支出	利润总额	应交所得税
总　计	**10316**	**14842**	**24741**	**306283**	**19464**
一、按登记注册类型分组					
港、澳、台商投资企业	7723	757	646	3684	61
合资经营企业(港或澳、台资)	2479	204	640	-6231	61
港澳台商独资经营企业	5244	50	6	1184	
港澳台商投资股份有限公司		503		8731	
外商投资企业	2593	14085	24095	302599	19403
中外合资经营企业	1908	11472	21031	193547	9470
中外合作经营企业		100	536	30864	12
外资企业	685	2513	2528	78188	9921
二、按经济组织类型分组					
独资企业	5929	2563	2534	79372	9921
港澳台商独资经营企业	5244	50	6	1184	
外资企业	685	2513	2528	78188	9921
合作、合伙企业		100	536	30864	12
中外合作经营企业		100	536	30864	12
股份有限公司		503		8731	
港澳台商投资股份有限公司		503		8731	
有限责任公司	4387	11676	21671	187316	9531
合资经营企业(港或澳、台资)	2479	204	640	-6231	61
中外合资经营企业	1908	11472	21031	193547	9470
三、在总计中					
#亏损企业	1481	5612	12549	-190490	12
#国有控股企业		226	827	2251	543
#轻工业	7124	609	2354	49064	2872
重工业	3192	14233	22387	257219	16592
#大型企业		2	2647	-22386	
中型企业	2687	7320	8427	194492	10610
小型企业	7629	7520	13667	134177	8854
四、按工业行业分组					
采矿业	**84**	**22**	**3415**	**21786**	**3268**
煤炭开采和洗选业	84	22	3415	21786	3268
制造业	**10232**	**14820**	**21326**	**284497**	**16196**
农副食品加工业	5244	2	250	4438	-306
食品制造业				1203	180
饮料制造业	1465	207	548	34797	338
纺织业	415		62	2928	916
纺织服装、鞋、帽制造业		226	827	2558	543
皮革、毛皮、羽毛(绒)及其制品业				-413	
造纸及纸制品业		100	198	6635	1182
印刷业和记录媒介的复制		10	4	214	19
石油加工、炼焦及核燃料加工业		100	410	31859	
化学原料及化学制品制造业	20	5145	1684	32939	4481
橡胶制品业		2	3936	-9661	-3083
塑料制品业	1046	63	151	-18543	
非金属矿物制品业	20	5655	7687	19887	2399
黑色金属冶炼及压延加工业		109	329	3345	555
有色金属冶炼及压延加工业		912	3337	-36009	
金属制品业			13	179	61
通用设备制造业	589	1809	1873	169393	8911
电气机械及器材制造业		353		25206	
仪器仪表及文化、办公用机械制造业	1433	127	17	13542	

单位：千元

亏损企业亏损总额	利税总额	本年应付工资总额	本年应付福利费总额	本年应交增值税	本年进项税额	本年销项税额	全部从业人员年平均人数（人）
190490	**630224**	**444231**	**25117**	**282462**	**1500951**	**1674405**	**14281**
22252	14963	18200	154	11173	80055	83664	987
20221	5040	12668	18	11172	56819	67951	692
2031	1192	3426		1	4392	4541	215
	8731	2106	136		18844	11172	80
168238	615261	426031	24963	271289	1420896	1590741	13294
98066	414248	340030	16416	186416	1161799	1271664	11194
995	31950	3978	515	743	5930	17103	133
69177	169063	82023	8032	84130	253167	301974	1967
71208	170255	85449	8032	84131	257559	306515	2182
2031	1192	3426		1	4392	4541	215
69177	169063	82023	8032	84130	253167	301974	1967
995	31950	3978	515	743	5930	17103	133
995	31950	3978	515	743	5930	17103	133
	8731	2106	136		18844	11172	80
	8731	2106	136		18844	11172	80
118287	419288	352698	16434	197588	1218618	1339615	11886
20221	5040	12668	18	11172	56819	67951	692
98066	414248	340030	16416	186416	1161799	1271664	11194
190490	-52307	183503	13562	125663	774884	866914	5313
307	6831	10505	294	4580	5708	10146	586
5253	121336	49186	1690	40292	74092	115975	2546
185237	508888	395045	23427	242170	1426859	1558430	11735
22386	-2782	56604		12908	200659	199022	2405
121932	444482	312820	17606	220234	969439	1124753	8505
46172	188524	74807	7511	49320	330853	350630	3371
	29034	**2384**	**331**	**7248**	**6487**	**13413**	**44**
	29034	2384	331	7248	6487	13413	44
190490	**601190**	**441847**	**24786**	**275214**	**1494464**	**1660992**	**14237**
	4438	3950	294				180
	1563	1375		360	348	708	80
810	99540	25768	1190	32772	35512	79569	1149
734	2993	2384	188	65	18368	8592	224
	6996	9695		4438	5708	10146	510
413	-339	196		72	1148	1220	27
	8821	2436		2186	1827	4012	110
	433	904		219	814	1033	62
	32202	2280	454		2292	12722	61
6468	53005	37634	3762	20059	57012	64641	1720
22386	39086	93949		42051	446065	473150	3775
18543	-16331	2679		2115	40055	41892	115
18897	32903	13680	1410	12470	54814	34049	555
	12032	4760		8458	13002	19376	280
53047	44022	86118	10944	78466	401044	461051	1603
	413	1463		234	1260	1517	70
68885	232189	141582	6250	62785	282948	310416	3190
307	25360	4193	294	142	124091	120631	150
	21864	6801		8322	8156	16267	376

1-A-5 规模以上大中型

项目	企业单位数(个)	亏损企业	工业增加值(当年价格)	工业总产值(当年价格)	工业销售产值(当年价格)
总计	**131**	**29**	**36216762**	**98970071**	**94742704**
一、按登记注册类型分组					
内资企业	118	26	33856248	91475301	87479935
国有企业	9	2	6645289	18699526	18538966
中央企业	4	2		15274989	15176601
地方企业	5			3424537	3362365
联营企业	1		28418	79736	81141
集体联营企业	1		28418	79736	81141
有限责任公司	52	11	18794570	42629861	40723037
国有独资公司	4		11175961	21198613	20278597
其他有限责任公司	48	11	7618609	21431248	20444440
股份有限公司	20	2	4173163	17976397	17403702
私营企业	36	11	4214808	12089781	10733089
私营独资企业	3	1	138738	517991	462623
私营有限责任公司	33	10	4076070	11571790	10270466
港、澳、台商投资企业	1		47853	101752	100034
合资经营企业(港或澳、台资)	1		47853	101752	100034
外商投资企业	12	3	2312660	7393018	7162735
中外合资经营企业	9	2	1922625	6178283	6098392
外资企业	3	1	390035	1214735	1064343
二、按经济组织类型分组					
独资企业	15	4	7174063	20432252	20065932
国有企业	9	2	6645289	18699526	18538966
私营独资企业	3	1	138738	517991	462623
外资企业	3	1	390035	1214735	1064343
合作、合伙企业	1		28418	79736	81141
集体联营企业	1		28418	79736	81141
股份有限公司	20	2	4173163	17976397	17403702
股份有限公司(内资)	20	2	4173163	17976397	17403702
有限责任公司	95	23	24841118	60481686	57191929
国有独资公司	4		11175961	21198613	20278597
私营有限责任公司	33	10	4076070	11571790	10270466
合资经营企业(港或澳、台资)	1		47853	101752	100034
中外合资经营企业	9	2	1922625	6178283	6098392
其他有限责任公司	48	11	7618609	21431248	20444440

工业企业主要经济指标

单位：千元

出口交货值	资产总计	流动资产合计	应收帐款	存货	产成品	流动资产年平均余额	固定资产合计	固定资产原价
4574802	**161841508**	**55617735**	**7821486**	**17304538**	**7770663**	**50285709**	**85410724**	**94104053**
3744833	153754387	51967757	7094017	15787855	7044754	46273916	81786782	89435170
1446	24225617	3953665	784984	720301	255695	4055229	15790953	24610264
	19108264	2674118	627055	264535	66006	2948186	12418784	21144152
1446	5117353	1279547	157929	455766	189689	1107043	3372169	3466112
	61497	40972	17795	15364	12308	34145	6916	41664
	61497	40972	17795	15364	12308	34145	6916	41664
2235634	92500304	30711605	3893744	9298023	4715788	26698322	52900413	45214622
61019	58880879	18423827	1833106	5260169	3128418	16378113	35027979	22191173
2174615	33619425	12287778	2060638	4037854	1587370	10320209	17872434	23023449
306324	21494495	9558612	1248919	3018848	1159899	8650987	7828921	14039430
1201429	15472474	7702903	1148575	2735319	901064	6835233	5259579	5529190
967	2383949	955456	43871	198126	23234	742093	193302	294842
1200462	13088525	6747447	1104704	2537193	877830	6093140	5066277	5234348
4784	82295	72786	36253	4315	863	55235	8776	13325
4784	82295	72786	36253	4315	863	55235	8776	13325
825185	8004826	3577192	691216	1512368	725046	3956558	3615166	4655558
700552	6578948	2699338	503586	1186518	566860	3116087	3165182	4041051
124633	1425878	877854	187630	325850	158186	840471	449984	614507
127046	28035444	5786975	1016485	1244277	437115	5637793	16434239	25519613
1446	24225617	3953665	784984	720301	255695	4055229	15790953	24610264
967	2383949	955456	43871	198126	23234	742093	193302	294842
124633	1425878	877854	187630	325850	158186	840471	449984	614507
	61497	40972	17795	15364	12308	34145	6916	41664
	61497	40972	17795	15364	12308	34145	6916	41664
306324	21494495	9558612	1248919	3018848	1159899	8650987	7828921	14039430
306324	21494495	9558612	1248919	3018848	1159899	8650987	7828921	14039430
4141432	112250072	40231176	5538287	13026049	6161341	35962784	61140648	54503346
61019	58880879	18423827	1833106	5260169	3128418	16378113	35027979	22191173
1200462	13088525	6747447	1104704	2537193	877830	6093140	5066277	5234348
4784	82295	72786	36253	4315	863	55235	8776	13325
700552	6578948	2699338	503586	1186518	566860	3116087	3165182	4041051
2174615	33619425	12287778	2060638	4037854	1587370	10320209	17872434	23023449

1-A-5 续表 1

项 目	企业单位数(个)	亏损企业	工业增加值(当年价格)	工业总产值(当年价格)	工业销售产值(当年价格)
三、在总计中					
#亏损企业	29	29		17698376	17285585
#国有控股企业	37	5	24013688	62205617	60508900
#农村工业	1	1		90500	84948
#轻工业	30	4	4418045	12858332	11327772
重工业	101	25	31798717	86111739	83414932
#大型企业	16	4	20477133	54103545	52885422
中型企业	115	25	15739629	44866526	41857282
四、按工业行业分组					
采矿业	**3**	**1**	**9565324**	**14369708**	**13801078**
煤炭开采和洗选业	3	1	9565324	14369708	13801078
制造业	**117**	**26**	**18937893**	**65900942**	**62244447**
农副食品加工业	3	1	115585	564897	431361
食品制造业	4	1	710223	2076218	1916340
饮料制造业	3		307159	699091	544706
纺织业	5		1302725	3772207	3153420
纺织服装、鞋、帽制造业	1		26136	60407	60320
造纸及纸制品业	8	1	1241232	3785619	3484174
印刷业和记录媒介的复制	1	1	20231	90500	84948
石油加工、炼焦及核燃料加工业	7	6	1401418	9393348	9431427
化学原料及化学制品制造业	21	5	4222517	12217138	11350783
医药制造业	4		635317	1727185	1572537
橡胶制品业	2	1	803401	2478348	2466516
塑料制品业	1		63212	214600	214600
非金属矿物制品业	15	1	962651	2459446	2342993
黑色金属冶炼及压延加工业	14	5	1219449	4747216	4534024
有色金属冶炼及压延加工业	11	3	4042441	15353595	14749513
金属制品业	2		205028	1010846	949969
通用设备制造业	8	1	869949	2518758	2423610
专用设备制造业	2		277183	1447785	1357550
电气机械及器材制造业	3		315022	781926	718963
仪器仪表及文化、办公用机械制造业	2		197014	501812	456693
电力、燃气及水的生产和供应业	**11**	**2**	**7713546**	**18699421**	**18697179**
电力、热力的生产和供应业	10	2	7654109	18617213	18617213
水的生产和供应业	1		59437	82208	79966

单位：千元

出口交货值	资产总计	流动资产合计	应收帐款	存货	产成品	流动资产年平均余额	固定资产合计	固定资产原价
184150	14485907	7237766	754051	2168472	894259	7069261	4629673	10358722
1008147	118548635	35558255	4787877	10236841	4442702	31925160	68831020	73645453
	91957	82050	25372	41876	15892	83000	9632	12490
1362178	21035055	8652838	1489668	3280206	1326282	7718905	7038937	8417286
3212624	140806453	46964897	6331818	14024332	6444381	42566804	78371787	85686767
1925402	93275995	30276553	3503351	8816112	3948863	27129266	54987928	56364474
2649400	68565513	25341182	4318135	8488426	3821800	23156443	30422796	37739579
61019	**47624231**	**13033842**	**1638177**	**2580930**	**2580477**	**11476735**	**30611276**	**16258742**
61019	47624231	13033842	1638177	2580930	2580477	11476735	30611276	16258742
4513783	**82818094**	**38491200**	**5521134**	**14277121**	**5190186**	**34424830**	**30834846**	**41558311**
3170	563216	221346	4431	96345	78598	166307	339087	335329
36397	1847969	726485	129592	173396	80273	584887	922105	1092778
102	1279325	920732	68118	130372	42012	841915	241158	270708
610938	4503738	3316256	610102	1669379	655239	3054297	667792	716496
	62920	44289	15579	8070	3124	38789	14743	21977
	8912353	2566504	465490	885018	376618	2317971	2358136	3095366
	91957	82050	25372	41876	15892	83000	9632	12490
967	6375302	3949344	217038	709076	170839	3526888	731202	1970008
880563	12657220	3875366	254033	1571091	748833	3482866	7625303	11722979
711571	3368470	691379	137993	259538	74526	550264	2280513	2496363
110443	2018822	897544	327594	436786	283833	955330	1034232	1416788
	174575	157689	67258	42647	34468	140263	16756	28173
66880	5990585	2380222	375880	592729	170162	1743424	1994180	2796953
281898	4170742	2081779	187699	984315	656340	1881572	1817265	2280190
1134991	21392120	10739939	804969	4456910	900418	9880453	8079843	9825511
15736	1351326	662538	225764	260731	88155	615741	688080	715594
655343	4216166	2525740	694959	1080393	571900	2333151	1219806	1846436
	1774706	1413994	436284	531305	122669	1113387	209007	327924
	1214376	806373	312394	238228	78043	708505	193061	242421
4784	852206	431631	160585	108916	38244	405820	392945	343827
	31399183	**4092693**	**662175**	**446487**		**4384144**	**23964602**	**36287000**
	30994076	4008896	629184	430275		4302669	23758831	35911221
	405107	83797	32991	16212		81475	205771	375779

1-A-5 续表 2-1

项目	累计折旧	固定资产净值	固定资产净值年平均余额	负债合计	流动负债合计
总计	**30710906**	**63393147**	**58908466**	**102465911**	**63778335**
一、按登记注册类型分组					
内资企业	29528600	59906570	55427960	97617252	60353688
国有企业	9965332	14644932	13596349	15133734	8917159
中央企业	9511834	11632318	10744730	11444282	6122748
地方企业	453498	3012614	2851619	3689452	2794411
联营企业	35423	6241	5975	38601	38601
集体联营企业	35423	6241	5975	38601	38601
有限责任公司	11821941	33392681	30377119	62687348	35258071
国有独资公司	5668213	16522960	14516022	40026447	23261693
其他有限责任公司	6153728	16869721	15861097	22660901	11996378
股份有限公司	6568096	7471334	7407416	10221373	8105661
私营企业	1137808	4391382	4041101	9536196	8034196
私营独资企业	118493	176349	169246	1926629	1472052
私营有限责任公司	1019315	4215033	3871855	7609567	6562144
港、澳、台商投资企业	4549	8776	9275	27936	27869
合资经营企业(港或澳、台资)	4549	8776	9275	27936	27869
外商投资企业	1177757	3477801	3471231	4820723	3396778
中外合资经营企业	1012964	3028087	3029103	4000942	2704121
外资企业	164793	449714	442128	819781	692657
二、按经济组织类型分组					
独资企业	10248618	15270995	14207723	17880144	11081868
国有企业	9965332	14644932	13596349	15133734	8917159
私营独资企业	118493	176349	169246	1926629	1472052
外资企业	164793	449714	442128	819781	692657
合作、合伙企业	35423	6241	5975	38601	38601
集体联营企业	35423	6241	5975	38601	38601
股份有限公司	6568096	7471334	7407416	10221373	8105661
股份有限公司(内资)	6568096	7471334	7407416	10221373	8105661
有限责任公司	13858769	40644577	37287352	74325793	44552205
国有独资公司	5668213	16522960	14516022	40026447	23261693
私营有限责任公司	1019315	4215033	3871855	7609567	6562144
合资经营企业(港或澳、台资)	4549	8776	9275	27936	27869
中外合资经营企业	1012964	3028087	3029103	4000942	2704121
其他有限责任公司	6153728	16869721	15861097	22660901	11996378

单位：千元

应付账款	长期负债合　计	所有者权益合计	实收资本	国家资本	集体资本	法人资本	个人资本	港澳台资本
17875383	**38570809**	**59095908**	**31939378**	**13093303**	**141612**	**13134150**	**4117081**	**11412**
17037406	37146797	55857446	29493490	12321498	141612	12879784	4070827	3912
3349158	6210728	8812194	4555733	4105683		389150		
2804902	5315688	7384293	3283608	3222708				
544256	895040	1427901	1272125	882975		389150		
6737		22896	14577		7887		6690	
6737		22896	14577		7887		6690	
10755310	27365300	29812956	16774798	6222050	90245	9575048	887455	
7505730	16764754	18854432	10955618	5680080		5275538		
3249580	10600546	10958524	5819180	541970	90245	4299510	887455	
1062611	2068875	11273122	4460925	1991965	43480	1203939	1221541	
1863590	1501894	5936278	3687457	1800		1711647	1955141	3912
639194	454577	457320	462922			62922	400000	
1224396	1047317	5478958	3224535	1800		1648725	1555141	3912
13328	67	54359	30000			22500		7500
13328	67	54359	30000			22500		7500
824649	1423945	3184103	2415888	771805		231866	46254	
701035	1296821	2578006	2200794	771805		231866	46254	
123614	127124	606097	215094					
4111966	6792429	9875611	5233749	4105683		452072	400000	
3349158	6210728	8812194	4555733	4105683		389150		
639194	454577	457320	462922			62922	400000	
123614	127124	606097	215094					
6737		22896	14577		7887		6690	
6737		22896	14577		7887		6690	
1062611	2068875	11273122	4460925	1991965	43480	1203939	1221541	
1062611	2068875	11273122	4460925	1991965	43480	1203939	1221541	
12694069	29709505	37924279	22230127	6995655	90245	11478139	2488850	11412
7505730	16764754	18854432	10955618	5680080		5275538		
1224396	1047317	5478958	3224535	1800		1648725	1555141	3912
13328	67	54359	30000			22500		7500
701035	1296821	2578006	2200794	771805		231866	46254	
3249580	10600546	10958524	5819180	541970	90245	4299510	887455	

1-A-5 续表 2-2

项目	累计折旧	固定资产净值	固定资产净值年平均余额	负债合计	流动负债合计
三、在总计中					
#亏损企业	5594369	4764353	4690512	9273645	7728444
#国有控股企业	25220196	48425257	44902473	75540144	42757159
#农村工业	2921	9569	9400	73155	73154
#轻工业	2036357	6380929	5767614	12953277	8662247
重工业	28674549	57012218	53140852	89512634	55116088
#大型企业	21028741	35335733	31997628	58995821	36067431
中型企业	9682165	28057414	26910838	43470090	27710904
四、按工业行业分组					
采矿业	**3765633**	**12493109**	**10483967**	**31004866**	**19062957**
煤炭开采和洗选业	3765633	12493109	10483967	31004866	19062957
制造业	**13686144**	**27872167**	**26747605**	**51407626**	**36936074**
农副食品加工业	28187	307142	307666	344578	318181
食品制造业	307307	785471	786576	1093404	913967
饮料制造业	48052	222656	239063	637502	529594
纺织业	110283	606213	575714	2629442	2252142
纺织服装、鞋、帽制造业	9088	12889	12889	38791	36290
造纸及纸制品业	908050	2187316	2087487	5854368	3427528
印刷业和记录媒介的复制	2921	9569	9400	73155	73154
石油加工、炼焦及核燃料加工业	837991	1132017	1101106	3314969	2806736
化学原料及化学制品制造业	4907131	6815848	7098100	7628756	5821177
医药制造业	435588	2060775	1559370	1999838	953027
橡胶制品业	382556	1034232	1038743	1440906	1030906
塑料制品业	11420	16753	15808	61986	61986
非金属矿物制品业	1027077	1769876	1662079	2482510	2034994
黑色金属冶炼及压延加工业	651209	1628981	1586302	3345906	3121787
有色金属冶炼及压延加工业	2654163	7171348	6619993	14769859	8664693
金属制品业	273869	441725	346916	877125	816190
通用设备制造业	733453	1112983	1065771	2299499	1869986
专用设备制造业	137338	190586	177393	1198549	1179756
电气机械及器材制造业	79789	162632	161226	710992	641811
仪器仪表及文化、办公用机械制造业	140672	203155	296003	605491	382169
电力、燃气及水的生产和供应业	**13259129**	**23027871**	**21676894**	**20053419**	**7779304**
电力、热力的生产和供应业	13072248	22838973	21487445	19771220	7620940
水的生产和供应业	186881	188898	189449	282199	158364

单位：千元

应付账款	长期负债合计	所有者权益合计	实收资本	国家资本	集体资本	法人资本	个人资本	港澳台资本
2647506	1514812	4932573	2925206	786150	2572	478537	958218	3912
12840299	32722729	42728802	23014517	12312128		9806435	832554	
13477		18802	21500			4500	17000	
1712816	4278402	8081778	4330865	1720980		1124329	1317978	3912
16162567	34292407	51014130	27608513	11372323	141612	12009821	2799103	7500
11555964	22922543	34000485	16600915	9386455		6382667	696943	
6319419	15648266	25095423	15338463	3706848	141612	6751483	3420138	11412
7032701	**11941909**	**16619365**	**10334976**	**4914928**		**5415371**	**4677**	
7032701	11941909	16619365	10334976	4914928		5415371	4677	
8193226	**14374583**	**31410468**	**16417530**	**5632512**	**98132**	**5343265**	**3951289**	**11412**
44161	26397	218638	112880			95240	17640	
237192	166832	754565	516474	11000		453076	52398	
170340	107908	641823	297909	58305			93395	
68599	377300	1874296	760944			351175	394812	
9308	2501	24129	10000	7500				
847789	2426819	3057985	1884779	1456130		147381	277356	3912
13477		18802	21500			4500	17000	
1038892	508233	3060333	1019210			60000	959210	
1102026	1805518	5028464	3348952	2254042	10459	811275	235180	
297090	1046810	1368632	542404	4070		72957	465377	
494648	410000	577916	593000	246500				
4987		112589	11840			11840		
471411	433815	3508075	1138255	69750	15067	721695	331743	
1006005	200437	824836	742955	164000	25000	324829	229126	
1147717	6087025	6622261	3361537	1087980		1681218	117800	
90931	60935	474201	209700	65564		13011	131125	
367778	429512	1916667	959036	128567	47606	270688	153956	
596265	18793	576157	283458	13000		181985	88473	
106039	69181	503384	336807			112739	224068	
78571	196567	246715	265890	66104		29656	162630	7500
2649456	**12254317**	**11066075**	**5186872**	**2545863**	**43480**	**2375514**	**161115**	
2624596	12130482	10943167	5002897	2361888	43480	2375514	161115	
24860	123835	122908	183975	183975				

1-A-5 续表 3-1

项　　目	外商资本	主营业务收　　入	主营业务成　　本	主营业务税金及附加	其他业务收　　入
总　　计	**1441820**	**95663286**	**79627700**	**970730**	**2305260**
一、按登记注册类型分组					
内资企业	75857	88589588	73618998	934278	1454495
国有企业	60900	18258352	16714818	105997	248499
中央企业	60900	15178838	14251886	84429	116577
地方企业		3079514	2462932	21568	131922
联营企业		69351	51616	250	250
集体联营企业		69351	51616	250	250
有限责任公司		41436377	30524425	459479	861698
国有独资公司		20740847	13016087	264680	441270
其他有限责任公司		20695530	17508338	194799	420428
股份有限公司		17809739	16753691	308734	289177
私营企业	14957	11015769	9574448	59818	54871
私营独资企业		398218	445633	841	400
私营有限责任公司	14957	10617551	9128815	58977	54471
港、澳、台商投资企业		100034	70261		438
合资经营企业(港或澳、台资)		100034	70261		438
外商投资企业	1365963	6973664	5938441	36452	850327
中外合资经营企业	1150869	5944161	5166076	29707	839586
外资企业	215094	1029503	772365	6745	10741
二、按经济组织类型分组					
独资企业	275994	19686073	17932816	113583	259640
国有企业	60900	18258352	16714818	105997	248499
私营独资企业		398218	445633	841	400
外资企业	215094	1029503	772365	6745	10741
合作、合伙企业		69351	51616	250	250
集体联营企业		69351	51616	250	250
股份有限公司		17809739	16753691	308734	289177
股份有限公司(内资)		17809739	16753691	308734	289177
有限责任公司	1165826	58098123	44889577	548163	1756193
国有独资公司		20740847	13016087	264680	441270
私营有限责任公司	14957	10617551	9128815	58977	54471
合资经营企业(港或澳、台资)		100034	70261		438
中外合资经营企业	1150869	5944161	5166076	29707	839586
其他有限责任公司		20695530	17508338	194799	420428

单位：千元

其他业务利润	营业费用	管理费用	税金	财务费用	利息支出	营业利润	投资收益
225674	**1934366**	**6377919**	**402052**	**3161316**	**3058435**	**2818801**	**684339**
169371	1599978	5965588	362832	2977021	2855350	2665010	664959
45775	120093	453048	34032	555725	450683	536980	43355
35134	48930	361049	16805	393637	407981	435955	5660
10641	71163	91999	17227	162088	42702	101025	37695
-254	2486	5607	363	1596	1596	7542	
-254	2486	5607	363	1596	1596	7542	
175459	817352	4321800	198556	1718974	1719544	3004700	408589
83213	320205	3423646	135967	778212	795210	1982987	240858
92246	497147	898154	62589	940762	924334	1021713	167731
-63438	398915	894689	102998	394634	403144	-1370117	209876
11829	261132	290444	26883	306092	280383	485905	3139
4	21311	12953	104	8347	7882	-90863	
11825	239821	277491	26779	297745	272501	576768	3139
138	6672	10980	192	261	225	11999	
138	6672	10980	192	261	225	11999	
56165	327716	401351	39028	184034	202860	141792	19380
49719	219690	325459	34872	145227	187858	107558	19380
6446	108026	75892	4156	38807	15002	34234	
52225	249430	541893	38292	602879	473567	480351	43355
45775	120093	453048	34032	555725	450683	536980	43355
4	21311	12953	104	8347	7882	-90863	
6446	108026	75892	4156	38807	15002	34234	
-254	2486	5607	363	1596	1596	7542	
-254	2486	5607	363	1596	1596	7542	
-63438	398915	894689	102998	394634	403144	-1370117	209876
-63438	398915	894689	102998	394634	403144	-1370117	209876
237141	1283535	4935730	260399	2162207	2180128	3701025	431108
83213	320205	3423646	135967	778212	795210	1982987	240858
11825	239821	277491	26779	297745	272501	576768	3139
138	6672	10980	192	261	225	11999	
49719	219690	325459	34872	145227	187858	107558	19380
92246	497147	898154	62589	940762	924334	1021713	167731

1-A-5 续表 3-2

项目	外商资本	主营业务收入	主营业务成本	主营业务税金及附加	其他业务收入
三、在总计中					
#亏损企业	695817	17444940	17939114	341563	741639
#国有控股企业	63400	60933639	49507531	721207	1107983
#农村工业		84948	81120	48	10609
#轻工业	163666	11342043	9254235	60556	116066
重工业	1278154	84321243	70373465	910174	2189194
#大型企业	134850	53483335	44248510	686166	1365200
中型企业	1306970	42179951	35379190	284564	940060
四、按工业行业分组					
采矿业		**14031859**	**6629381**	**242641**	**227882**
煤炭开采和洗选业		14031859	6629381	242641	227882
制造业	**1380920**	**62912363**	**55998767**	**598207**	**1865773**
农副食品加工业		379841	365508	633	15
食品制造业		1928361	1585783	9260	24173
饮料制造业	146209	509878	329536	28374	35725
纺织业	14957	3315911	2800361	1666	5121
纺织服装、鞋、帽制造业	2500	61793	43856		147
造纸及纸制品业		3376363	2787635	12048	16162
印刷业和记录媒介的复制		84948	81120	48	10609
石油加工、炼焦及核燃料加工业		9476075	10412352	307014	2033
化学原料及化学制品制造业	37996	11318128	9668694	44465	225848
医药制造业		1604982	1224006	8047	21872
橡胶制品业	346500	2295111	2127592	6696	615970
塑料制品业		191578	150816	701	6571
非金属矿物制品业		2603923	1695668	20506	49284
黑色金属冶炼及压延加工业		4644437	4151905	69474	146585
有色金属冶炼及压延加工业	474539	14963860	13764730	78226	422216
金属制品业		974790	875247	2511	39405
通用设备制造业	358219	2505103	1835656	-3430	82358
专用设备制造业		1453230	1191359	4970	144496
电气机械及器材制造业		759015	572183	2291	16745
仪器仪表及文化、办公用机械制造业		465036	334760	4707	438
电力、燃气及水的生产和供应业	**60900**	**18719064**	**16999552**	**129882**	**211605**
电力、热力的生产和供应业	60900	18639098	16963122	129402	209363
水的生产和供应业		79966	36430	480	2242

单位：千元

其他业务利润	营业费用	管理费用	税金	财务费用	利息支出	营业利润	投资收益
35837	229291	747432	51497	192537	252097	-2387099	678
88345	894203	4989558	267432	2218852	2132253	1573312	468434
130	1536	1784	78	2172	1993	-1582	
56729	348008	422473	45347	534234	518094	885726	31016
168945	1586358	5955446	356705	2627082	2540341	1933075	653323
67955	647856	4722576	246883	1500476	1520831	731387	304564
157719	1286510	1655343	155169	1660840	1537604	2087414	379775
28884	**178496**	**3319542**	**109697**	**486550**	**446586**	**2430572**	**277639**
28884	178496	3319542	109697	486550	446586	2430572	277639
111849	**1727199**	**2555933**	**263611**	**1801012**	**1709561**	**-362763**	**129020**
14	11754	15109	2278	10666	10480	-23775	
15490	102525	64776	7806	38433	42338	149158	3729
23905	69105	28261	2799	11049	11049	67458	
288	14661	48646	12701	149278	145346	373557	89
129	4814	9272	216	710	730	3159	
3299	86231	82733	5846	210398	207893	198395	25575
130	1536	1784	78	2172	1993	-1582	
2033	18735	248076	12926	71731	72769	-2092887	
-81185	283898	565112	87438	288410	168186	543792	26982
11805	37868	145514	11184	111617	98354	120433	709
18326	83408	39000	11043	62468	71803	-5727	
636	10407	3032		3476	3476	29718	9
1760	177305	174116	11865	85834	88337	322151	18710
8077	153088	141460	13959	87343	87526	6506	678
66793	308288	481342	48804	491364	557987	-366884	18704
3890	27360	34939	3940	40261	36592	-6357	17605
22176	194432	268038	19566	88735	58110	123063	17681
6281	66350	101355	4547	2902	3215	94898	2879
7864	39298	53645	2805	16462	15710	61346	-4330
138	36136	49723	3810	27703	27667	40815	
84941	**28671**	**502444**	**28744**	**873754**	**902288**	**750992**	**277680**
83272	9157	476066	26305	873843	902377	752069	276766
1669	19514	26378	2439	-89	-89	-1077	914

1-A-5 续表 4-1

项目	补贴收入	营业外收入	营业外支出	利润总额	应交所得税
总计	**388224**	**1367228**	**1761903**	**2811706**	**270577**
一、按登记注册类型分组					
内资企业	385537	1359906	1750829	2639600	259967
国有企业	8718	62319	83507	554087	60818
中央企业	8118	22795	79377	379373	41620
地方企业	600	39524	4130	174714	19198
联营企业		240	117	7665	
集体联营企业		240	117	7665	
有限责任公司	130527	931577	1480839	2546469	96208
国有独资公司	30800	636098	1275202	1343883	-50919
其他有限责任公司	99727	295479	205637	1202586	147127
股份有限公司	168624	286296	85548	-985608	43344
私营企业	77668	79474	100818	516987	59597
私营独资企业	6365	93	747	-85152	456
私营有限责任公司	71303	79381	100071	602139	59141
港、澳、台商投资企业	1433	127	17	13542	
合资经营企业(港或澳、台资)	1433	127	17	13542	
外商投资企业	1254	7195	11057	158564	10610
中外合资经营企业	589	5914	10062	123379	3516
外资企业	665	1281	995	35185	7094
二、按经济组织类型分组					
独资企业	15748	63693	85249	504120	68368
国有企业	8718	62319	83507	554087	60818
私营独资企业	6365	93	747	-85152	456
外资企业	665	1281	995	35185	7094
合作、合伙企业		240	117	7665	
集体联营企业		240	117	7665	
股份有限公司	168624	286296	85548	-985608	43344
股份有限公司(内资)	168624	286296	85548	-985608	43344
有限责任公司	203852	1016999	1590989	3285529	158865
国有独资公司	30800	636098	1275202	1343883	-50919
私营有限责任公司	71303	79381	100071	602139	59141
合资经营企业(港或澳、台资)	1433	127	17	13542	
中外合资经营企业	589	5914	10062	123379	3516
其他有限责任公司	99727	295479	205637	1202586	147127

单位：千元

亏损企业亏损总额	利税总额	本年应付工资总额	本年应付福利费总额	本年应交增值税	本年进项税额	本年销项税额	全部从业人员年平均人数（人）
2431195	**8219572**	**6498112**	**585131**	**4437136**	**11180847**	**14377111**	**192883**
2286877	7777872	6128688	567525	4203994	10010749	13053336	181973
32240	1662589	1133711	58204	1002505	2111783	2991792	24115
32240	1282618	967649	44566	818816	1791078	2514453	18091
	379971	166062	13638	183689	320705	477339	6024
	10418	4042		2503	9495	11990	300
	10418	4042		2503	9495	11990	300
191215	5470583	3844212	421393	2464635	4468416	6197869	106287
	3011021	2795123	280729	1402458	1972875	3220516	61326
191215	2459562	1049089	140664	1062177	2495541	2977353	44961
1939420	-260594	775229	59695	416280	2462878	2564497	29783
124002	894876	371494	28233	318071	958177	1287188	21488
90193	-66083	40292	2523	18228	38711	63253	2577
33809	960959	331202	25710	299843	919466	1223935	18911
	21864	6801		8322	8156	16267	376
	21864	6801		8322	8156	16267	376
144318	419836	362623	17606	224820	1161942	1307508	10534
75433	306912	291853	10808	153826	951192	1033042	9053
68885	112924	70770	6798	70994	210750	274466	1481
191318	1709430	1244773	67525	1091727	2361244	3329511	28173
32240	1662589	1133711	58204	1002505	2111783	2991792	24115
90193	-66083	40292	2523	18228	38711	63253	2577
68885	112924	70770	6798	70994	210750	274466	1481
	10418	4042		2503	9495	11990	300
	10418	4042		2503	9495	11990	300
1939420	-260594	775229	59695	416280	2462878	2564497	29783
1939420	-260594	775229	59695	416280	2462878	2564497	29783
300457	6760318	4474068	457911	2926626	6347230	8471113	134627
	3011021	2795123	280729	1402458	1972875	3220516	61326
33809	960959	331202	25710	299843	919466	1223935	18911
	21864	6801		8322	8156	16267	376
75433	306912	291853	10808	153826	951192	1033042	9053
191215	2459562	1049089	140664	1062177	2495541	2977353	44961

1-A-5 续表 4-2

项目	补贴收入	营业外收入	营业外支出	利润总额	应交所得税
三、在总计中					
#亏损企业	26880	26764	86137	-2431195	3275
#国有控股企业	233271	1111409	1498370	1264385	114545
#农村工业	110	117	144	-1499	49
#轻工业	51777	74245	34238	973257	50382
重工业	336447	1292983	1727665	1838449	220195
#大型企业	117207	900331	1430929	216883	21870
中型企业	271017	466897	330974	2594823	248707
四、按工业行业分组					
采矿业		**125439**	**1269503**	**1323289**	**36571**
煤炭开采和洗选业		125439	1269503	1323289	36571
制造业	**360254**	**1150960**	**366404**	**630676**	**154681**
农副食品加工业	30610	714	203	7346	2954
食品制造业	688	21073	8121	162110	12968
饮料制造业	2525	674	1430	69227	338
纺织业	8960	14829	3679	393756	9951
纺织服装、鞋、帽制造业		226	827	2558	543
造纸及纸制品业	4486	7249	7361	201090	10609
印刷业和记录媒介的复制	110	117	144	-1499	49
石油加工、炼焦及核燃料加工业		9806	36003	-2119084	5512
化学原料及化学制品制造业	100444	117393	101967	576348	62402
医药制造业	3798	29056	11834	138564	12970
橡胶制品业		2	3936	-9661	-3083
塑料制品业		790	163	30354	3287
非金属矿物制品业	141653	135131	42290	484964	48436
黑色金属冶炼及压延加工业	4578	28178	14062	25663	5658
有色金属冶炼及压延加工业	32284	583624	57418	173536	-44966
金属制品业	5090	5411	3649	9427	1362
通用设备制造业	6494	173728	64414	256552	19254
专用设备制造业	224	9039	2326	101611	4582
电气机械及器材制造业	16877	10691	3191	85723	1855
仪器仪表及文化、办公用机械制造业	1433	3229	3386	42091	-1219
电力、燃气及水的生产和供应业	**27970**	**90829**	**125996**	**857741**	**80544**
电力、热力的生产和供应业	27370	90522	125357	857636	80544
水的生产和供应业	600	307	639	105	

单位：千元

亏损企业 亏损总额	利税总额	本年应付 工资总额	本年应付 福利费总额	本年应交 增值税	本年进项 税　额	本年销项 税　额	全部从业 人员年 平均人数 (人)
2431195	-1602179	750437	59852	487453	2652255	2981944	24345
1997464	5163572	5017026	426490	3177980	7121502	9375895	121034
1499	-228	8272	97	1223	15021	16244	630
6276	1374912	532387	49432	341099	1244315	1545077	31855
2424919	6844660	5965725	535699	4096037	9936532	12832034	161028
1993959	3458427	4618713	391470	2555378	6256493	8181003	109368
437236	4761145	1879399	193661	1881758	4924354	6196108	83515
567	**2804088**	**2670700**	**261755**	**1238158**	**646774**	**1874389**	**55426**
567	2804088	2670700	261755	1238158	646774	1874389	55426
2398388	**3200573**	**2601277**	**254641**	**1971690**	**8561791**	**9486288**	**114176**
4637	13433	16344	943	5454	22554	25019	1261
87	251453	75085	5238	80083	215038	283291	3747
	134091	30659	2419	36490	56420	92910	2128
	417175	66925	7876	21753	334366	399307	5268
	6996	9695		4438	5708	10146	510
53	372661	222260	19443	159523	425720	575576	13836
1499	-228	8272	97	1223	15021	16244	630
2132224	-1764985	169539	17797	47085	1513776	1445155	6017
18265	1033422	464133	88585	412609	1068197	1353994	19082
	173948	72738	10247	27337	169488	142584	3423
22386	39086	93949		42051	446065	473150	3775
	36632	5900		5577	28109	33685	386
19423	707278	173704	11286	201808	392474	421091	7378
43419	301234	161983	10925	206097	635928	828398	8223
87510	765250	513663	52811	513488	2288919	2279200	19850
	36057	91027	3870	24119	143167	169990	3119
68885	354255	260205	11670	101133	399211	458712	8842
	140826	96981	6406	34245	247329	281413	2966
	112511	29023	375	24497	111274	130927	1970
	69478	39192	4653	22680	43027	65496	1765
32240	**2214911**	**1226135**	**68735**	**1227288**	**1972282**	**3016434**	**23281**
32240	2209528	1195726	65566	1222490	1972282	3016434	22229
	5383	30409	3169	4798			1052

1-A-6 分地区规模以上

地　区	企业单位数(个)	亏损企业	工业增加值(当年价格)	工业销售产值(当年价格)	出口交货值	资产总计	流动资产合　计
总　计	**902**	**309**	**13690370**	**13090966**	**563557**	**20620643**	**7536359**
银川市	**335**	**100**	**5435555**	**5193484**	**255253**	**7316689**	**2503494**
银川	157	43	3664004	3599643	112025	5028303	1658267
永宁	36	8	501170	456807	75142	589780	173201
贺兰	84	29	376754	336168	888	336252	177208
灵武	58	20	893627	800867	67199	1362355	494818
石嘴山市	**296**	**123**	**3308343**	**3131149**	**283686**	**3675754**	**1725098**
石嘴山	198	86	2390048	2267636	209021	3005918	1337650
平罗	98	37	918296	863512	74665	669836	387449
吴忠市	**156**	**54**	**2398933**	**2306314**	**12055**	**2938150**	**1358945**
红寺堡	1	1	1260	1260		5178	890
利通	69	28	604832	561123	1245	701730	294298
盐池	11	3	110215	109257		91051	38189
同心	14	2	117492	113916	6695	137575	113630
青铜峡	61	20	1565135	1520759	4115	2002617	911937
固原市	**25**	**3**	**83612**	**75856**	**563**	**144502**	**49729**
原州	12	2	21960	19325		26314	9045
西吉	2	1	16383	11456	317	16616	9539
隆德	2		1412	1255		2032	742
泾源	3		17182	18522		24151	8300
彭阳	6		26675	25300	246	75388	22102
中卫市	**89**	**29**	**1054273**	**1030601**	**5899**	**1856744**	**619179**
中卫	56	16	597717	577659	2748	1199542	404202
中宁	30	13	454506	451052	3151	654692	213691
海原	3		2051	1890		2510	1286
其他直报	**1**		**1409654**	**1353562**	**6102**	**4688805**	**1279915**

工业企业主要经济指标

单位：万元

应收帐款	存货	产成品	流动资产年平均余额	固定资产合计	固定资产原价	累计折旧	固定资产净值	固定资产净值年平均余额	负债合计	流动负债合计
1255678	**2456394**	**1156783**	**6848992**	**10661046**	**11713312**	**3549218**	**8164094**	**7685296**	**13373991**	**8562405**
434472	**802101**	**319131**	**2333280**	**3979965**	**5109124**	**1519822**	**3589303**	**3408949**	**4518570**	**2626471**
238962	486653	201074	1585228	2697649	3867742	1335847	2531895	2394734	2913413	1613613
39446	60631	14364	146907	360530	396027	75412	320615	265947	377582	230751
36802	58080	24508	145302	128511	147152	33561	113591	104371	195041	161266
119262	196738	79185	455844	793274	698203	75001	623202	643897	1032533	620841
383716	**618349**	**302229**	**1530832**	**1702147**	**2202403**	**659393**	**1543010**	**1520488**	**2487504**	**1829243**
262914	463532	203827	1172513	1463818	1906730	585111	1321620	1315150	2038736	1410678
120801	154817	98402	358319	238330	295673	74282	221391	205337	448768	418565
163150	**587461**	**198784**	**1255310**	**1096992**	**1766316**	**757876**	**1008439**	**956770**	**2028230**	**1421401**
4	365	222	746	3383	3597	214	3383	3385	1132	1014
45962	111375	49392	243405	217651	246588	69562	177026	166565	509157	402337
4495	17182	7756	42471	34288	43026	10049	32978	28840	49957	40687
28616	70017	45130	106584	21328	23935	2691	21243	20175	72435	71707
84073	388522	96285	862104	820341	1449170	675360	773810	737804	1395550	905656
13539	**13846**	**9532**	**48624**	**89929**	**99208**	**10659**	**88549**	**47063**	**67176**	**41229**
3366	3629	1654	10868	13909	17422	3817	13605	13591	13096	10604
440	1792	1751	7869	7077	6316	294	6022	5913	9699	9287
132	387	229	726	1230	1387	157	1230	1244	910	638
598	3986	2967	7920	15393	19850	4457	15393	18625	10009	10009
9003	4052	2931	21242	52321	54232	1933	52299	7690	33462	10690
105831	**178375**	**70845**	**556280**	**780595**	**961058**	**225867**	**735191**	**709645**	**1208331**	**750394**
74411	119671	43400	370561	365412	473242	119574	353668	354729	770037	474518
31359	57631	26625	184679	414163	486599	106096	380503	353867	437223	274854
62	1072	819	1041	1020	1216	196	1020	1049	1071	1022
154971	**256262**	**256262**	**1124666**	**3011419**	**1575204**	**375602**	**1199602**	**1042383**	**3064180**	**1893667**

1-A-6 续表 1

地 区	应付账款	长期负债合计	所有者权益合计	实收资本	国家资本	集体资本	法人资本
总 计	**2455961**	**4742752**	**7218683**	**4171575**	**1533237**	**25100**	**1616424**
银川市	**724934**	**1855708**	**2798119**	**1444715**	**595419**	**12135**	**340644**
银川	543555	1296568	2114890	1011292	524900	10423	243135
永宁	66596	146037	212198	107426	407	1037	27310
贺兰	41298	33767	141210	100146	6086	281	29699
灵武	73484	379335	329822	225852	64026	395	40500
石嘴山市	**533594**	**645776**	**1160280**	**725012**	**103310**	**1445**	**413951**
石嘴山	401172	615788	939213	589136	100764	612	354709
平罗	132423	29988	221067	135876	2546	833	59241
吴忠市	**282424**	**587157**	**909920**	**511804**	**145046**	**2123**	**131433**
红寺堡	116	118	4046	270			
利通	121898	91829	192573	170629	14704		63707
盐池	8246	9269	41094	30483	2217		2437
同心	18828	728	65140	20209			1029
青铜峡	133337	485213	607067	290213	128126	2123	64260
固原市	**8944**	**25663**	**77326**	**58994**	**17317**		**37753**
原州	3290	2492	13218	10607	5030		4168
西吉	2029	408	6917	2300	155		716
隆德	156	200	1122	598			598
泾源	1797		14143	13059	11345		1129
彭阳	1672	22562	41926	32430	787		31143
中卫市	**204324**	**457935**	**648414**	**428004**	**180652**	**9397**	**181090**
中卫	145582	295517	429505	245161	172611	9397	18556
中宁	58272	162369	217470	181638	8041		162534
海原	471	49	1439	1205			
其他直报	**701741**	**1170513**	**1624625**	**1003047**	**491493**		**511554**

单位：万元

个人资本	港澳台资本	外商资本	主营业务收入	主营业务成本	主营业务税金及附加	其他业务收入	其他业务利润	营业费用	管理费用	税金
792493	**7464**	**196856**	**13366495**	**11319928**	**122729**	**300410**	**33614**	**331692**	**767887**	**49672**
377778	**5160**	**113579**	**5229659**	**4742514**	**49825**	**125576**	**7288**	**94285**	**216657**	**19256**
138515	5106	89214	3627443	3353532	39289	95717	-394	64624	159146	12162
78671			463835	378501	2072	5426	2997	13384	26018	2179
41316		22765	324544	291701	3133	9784	3636	10851	14244	1758
119277	54	1600	813837	718779	5331	14650	1049	5426	17249	3157
175515	**1913**	**28878**	**3308034**	**2890703**	**22843**	**85525**	**12870**	**128313**	**103754**	**10403**
111899	1500	19653	2390211	2068526	19543	81521	11759	80829	84248	8849
63617	413	9225	917823	822177	3301	4005	1111	47483	19507	1554
180427	**391**	**52383**	**2351703**	**2117506**	**19941**	**57432**	**7372**	**54313**	**88757**	**7930**
270			1054	934	17			47	428	9
91484	391	343	551922	482889	10985	3145	898	16382	21459	1310
25830			114857	106207	2476	38	-272	1138	2133	11
19180			121584	107524	395	272	272	293	1146	64
43663		52040	1562286	1419952	6069	53978	6474	36453	63590	6536
3923			**70725**	**47896**	**877**	**7407**	**2722**	**2623**	**6186**	**138**
1410			18034	14227	244	1643	340	771	1726	32
1430			9226	8484	67			346	501	77
			1240	1004	14			16	100	13
584			16960	12321	87	2292	2290	850	690	6
500			25265	11860	466	3472	92	640	3169	10
54849		**2016**	**1028970**	**870286**	**5506**	**5959**	**633**	**34920**	**24592**	**975**
44597			575910	475969	3638	4738	317	23760	15736	522
9047		2016	451171	392815	1861	1216	314	11087	8734	454
1205			1890	1503	8	6	3	73	123	
			1377404	**651023**	**23737**	**18510**	**2729**	**17240**	**327941**	**10970**

1-A-6 续表 2

地 区	财务费用	利息支出	营业利润	投资收益	补贴收入	营业外收入	营业外支出
总 计	**412497**	**395147**	**348167**	**90838**	**61445**	**148532**	**186116**
银川市	**166894**	**162507**	**-26376**	**55146**	**27094**	**49386**	**26477**
银川	95570	95688	-94171	53538	19079	40033	23172
永宁	19277	17389	30256	1442	912	5032	1821
贺兰	4622	4480	3172	-24	5264	839	754
灵武	47426	44950	34367	191	1839	3483	731
石嘴山市	**86454**	**71481**	**88692**	**2652**	**9820**	**20748**	**19980**
石嘴山	70863	58054	71980	2569	9081	19591	11627
平罗	15591	13428	16712	84	739	1157	8353
吴忠市	**59952**	**67979**	**-7868**	**2625**	**10740**	**60978**	**9799**
红寺堡	-7	-7	-376				3
利通	7900	7877	-3492	373	1729	1440	1715
盐池	2025	1907	468		100	1361	670
同心	4108	3927	8389		515	22	72
青铜峡	45926	54274	-12857	2252	8397	58156	7339
固原市	**2358**	**1074**	**6624**	**3678**	**1536**	**1306**	**365**
原州	1014	236	402		309	69	119
西吉	89	72	-271		196		
隆德	11	11	13		41	6	
泾源	768	712	315		990	802	21
彭阳	476	44	6165	3678		428	225
中卫市	**48596**	**47447**	**49867**	**2650**	**12254**	**4005**	**2788**
中卫	28811	28515	32540	2559	7998	1007	1949
中宁	19746	18896	17178	92	4241	2998	839
海原	39	36	149		15		
其他直报	**48243**	**44659**	**237228**	**24086**		**12109**	**126707**

单位：万元

利润总额	应交所得税	亏损企业亏损总额	利税总额	本年应付工资总额	本年应付福利费总额	本年应交增值税	本年进项税额	本年销项税额	全部从业人员年平均人数（人）
390182	**40595**	**311175**	**1080213**	**784060**	**68651**	**567302**	**1552264**	**1970392**	**259200**
47487	**17101**	**243908**	**260231**	**232730**	**14378**	**162919**	**651161**	**752803**	**80759**
-34067	11245	220678	114768	181147	9840	109546	484549	550631	51606
35258	3651	724	52543	19692	1854	15213	52735	60488	10854
8029	1153	5240	19250	13565	1089	8088	36858	43666	8086
38267	1053	17266	73669	18327	1595	30071	77019	98018	10213
95629	**13122**	**28283**	**269446**	**147822**	**15368**	**150974**	**391154**	**503353**	**60063**
85370	10881	18899	222628	121517	8147	117715	294194	379068	47242
10259	2241	9384	46819	26305	7221	33259	96960	124284	12821
51366	**1760**	**30866**	**153344**	**93561**	**8884**	**82037**	**315239**	**368399**	**39378**
-379	-3	379	-293	526		68	51	86	150
-2206	924	16237	24384	28304	2324	15604	49892	62478	15432
1159	674	1475	8137	2686	11	4502	1992	4074	1613
8853	201	947	9845	1630	86	597	23148	19247	1509
43940	-36	11829	111273	60415	6462	61264	240158	282515	20674
12152	**2057**	**827**	**17114**	**7154**	**1058**	**4086**	**5812**	**9533**	**3810**
461	37	364	1217	1159	130	513	2497	3108	797
-271		464	-204	163	42		595	296	402
61	7		145	119	11	70	58	128	120
1855	100		3034	994	237	1093	1791	2704	552
10046	1913		12922	4719	638	2410	870	3298	1939
60917	**4804**	**7292**	**112427**	**41274**	**3534**	**46004**	**125285**	**152544**	**21957**
39528	2701	1906	70887	26735	2095	27722	63783	89762	15539
21225	2102	5386	41354	14358	1435	18268	61444	62715	6204
164	2		185	181	4	14	58	67	214
122631	**1750**		**267650**	**261519**	**25430**	**121283**	**63612**	**183760**	**53233**

B. 全区规模以下工业企业主要经济指标

1-B-1 分地区规模以下工业企业主要经济指标

地 区	企业个数(个)	现价工业总产值(千元)	营业收入(千元)
总 计	**3420**	**8144792**	**7783976**
银川市	**1084**	**1931680**	**1822289**
市辖区	535	628444	651553
兴庆区	171	242095	256281
西夏区	169	211163	211063
金凤区	195	175186	184209
永宁县	177	239575	203243
贺兰县	251	465305	429080
灵武市	121	598356	538412
石嘴山市	**744**	**2831012**	**2833678**
石嘴山	342	738053	783152
大武口区	197	395582	431508
惠农区	145	342471	351644
平罗县	402	2092960	2050527
吴忠市	**541**	**1568192**	**1527261**
利通区	238	452164	421286
盐池县	122	183255	176480
同心县	70	640509	631666
青铜峡市	85	257836	266946
红寺堡区	26	34428	30883
固原市	**531**	**785504**	**626096**
原州区	147	336876	246765
西吉县	173	178212	151219
隆德县	76	74153	62123
泾源县	25	54850	41497
彭阳县	110	141412	124492
中卫市	**520**	**1028404**	**974652**
沙坡头区	242	462027	446260
中宁县	164	440832	412472
海原县	114	125544	115920

注：本表企业个数为全部规下工业企业法人单位，但不包括筹建、停业(歇业)等没有填报财务报表的企业。

第2篇

主要工业产品产量及能源消费量

A. 规模以上工业企业主要工业产品产量

2-A-1 规模以上工业企业主要工业产品产量

产 品	计量单位	产品产量
原煤	吨	42390088
洗精煤	吨	12452738
小麦粉	吨	189592
大米	吨	184515
饲料	吨	241543
液体乳	吨	106977
味精(谷氨酸钠)	吨	101668
白酒	千升	5730
啤酒	千升	111710
软饮料	吨	193300
卷烟	万支	300000
机制纸及纸板	吨	673946
汽油	吨	655612
柴油	吨	855952
液化石油气	吨	117141
焦炭	吨	1176161
硫酸(折100%)	吨	284558
烧碱(折100%)	吨	484517
碳化钙(电石,折 300升/千克)	吨	1982141
合成氨	吨	1051355
农用化学肥料总计(折纯)	吨	997128
尿素(折含N100%)	吨	643530
化学农药原药(折有效成分100%)	吨	22857
活性炭	吨	56989
化学药品原药	吨	4397
中成药	吨	671
橡胶轮胎外胎	条	3371559
子午线轮胎外胎	条	2394114
水泥	吨	8885070
商品混凝土	立方米	1061656
钢材	吨	341996
铁合金	吨	865301
原铝(电解铝)	吨	603616
镁	吨	68137
铝材	吨	6915
钢丝绳	吨	50208
金属切削机床	台	3898
交流电动机	千瓦	1202485
发电量	万千瓦小时	4704574
火电	万千瓦小时	4492271
水电	万千瓦小时	160071
风电	万千瓦小时	41156

B. 能源消费量

2-B-1 工业分行业终端

行　　业	煤炭合计(万吨)	原煤(万吨)	洗精煤(万吨)	其他洗煤(万吨)
总　　计	**915.32**	**774.00**	**119.25**	**18.87**
采掘业	**140.99**	**118.17**	**17.47**	**5.35**
煤炭开采和洗选业	140.05	117.23	17.47	5.35
石油和天然气开采业	0.2	0.20		
黑色金属矿采选业				
有色金属矿采选业				
非金属矿采选业	0.74	0.74		
其他采矿业				
制造业	**753.29**	**634.79**	**101.78**	**13.52**
农副食品加工业	12.35	12.35		
食品制造业	26.04	26.04		
饮料制造业	6.57	6.57		
烟草制品业	0.96	0.96		
纺织业	2.62	2.62		
纺织服装、鞋、帽制造业				
皮革、毛皮、羽毛(绒)及其制品业	0.29	0.29		
木材加工及木、竹、藤、棕、草制品业	0.01	0.01		
家具制造业	0.1	0.10		
造纸及纸制品业	62.98	62.84	0.14	
印刷业和记录媒介的复制	2.94	2.94		
文教体育用品制造业				
石油加工、炼焦及核燃料加工业	28.36	27.41	0.39	0.56
化学原料及化学制品制造业	245.32	206.66	37.62	0.77
医药制造业	20.35	20.35		
化学纤维制造业	0.84	0.84		
橡胶制品业	11.88	3.25		8.63
塑料制品业	2.15	2.15		
非金属矿物制品业	251.13	188.71	59.49	
黑色金属冶炼及压延加工业	15.51	11.37	4.14	
有色金属冶炼及压延加工业	38.56	37.64		0.92
金属制品业	7.65	7.65		
通用设备制造业	9.11	6.47		2.64
专用设备制造业	4	4.00		
交通运输设备制造业				
电气机械及器材制造业	1.4	1.40		
通信设备、计算机及其他电子设备制造业				
仪器仪表及文化、办公用机械制造业	1.05	1.05		
工艺品及其他制造业	1.07	1.07		
废弃资源和废旧材料回收加工业	0.05	0.05		
电力、煤气及水生产和供应业	**21.04**	**21.04**		
电力、热力的生产和供应业	15.22	15.22		
燃气生产和供应业	2.68	2.68		
水的生产和供应业	3.14	3.14		

能源消费量(实物量)

煤制品 (万吨)	焦炭 (万吨)	焦炉煤气 (亿立方米)	其他煤气 (亿立方米)	其他焦化产品 (万吨)	油品合计 (万吨)	原油 (万吨)
3.20	**237.98**	**4.99**	**0.50**	**7.23**	**57.80**	
	6.20			**0.59**	**4.64**	
	1.20			0.59	3.90	
					0.15	
	5.00					
					0.59	
3.20	**231.78**	**4.99**	**0.50**	**6.64**	**52.50**	
					0.16	
					0.13	
					0.03	
					0.03	
					0.13	
					0.02	
	0.97	0.52	0.05		15.86	
0.27	124.14			3.18	1.34	
					0.18	
					0.03	
2.93	9.35			2.73	1.97	
	79.40	1.82	0.45	0.73	0.52	
	17.90	2.65			31.70	
					0.07	
					0.17	
	0.02				0.08	
					0.04	
					0.03	
					0.01	
					0.66	
					0.60	
					0.03	
					0.03	

2-B-1 续表

行业	汽油(万吨)	煤油(万吨)	柴油(万吨)	燃料油(万吨)
总计	**1.64**	**0.05**	**7.83**	**0.46**
采掘业	**0.38**	**0.02**	**4.14**	
煤炭开采和洗选业	0.23		3.57	
石油和天然气开采业	0.07		0.08	
黑色金属矿采选业				
有色金属矿采选业				
非金属矿采选业	0.08	0.02	0.49	
其他采矿业				
制造业	**0.92**	**0.03**	**3.47**	**0.36**
农副食品加工业	0.08		0.06	
食品制造业	0.05		0.08	
饮料制造业			0.03	
烟草制品业				
纺织业	0.03			
纺织服装、鞋、帽制造业				
皮革、毛皮、羽毛(绒)及其制品业				
木材加工及木、竹、藤、棕、草制品业				
家具制造业				
造纸及纸制品业	0.03		0.04	0.06
印刷业和记录媒介的复制	0.02			
文教体育用品制造业				
石油加工、炼焦及核燃料加工业	0.03		0.28	
化学原料及化学制品制造业	0.06		0.98	0.30
医药制造业	0.18			
化学纤维制造业				
橡胶制品业				
塑料制品业	0.01		0.02	
非金属矿物制品业	0.12	0.01	1.20	
黑色金属冶炼及压延加工业	0.02		0.36	
有色金属冶炼及压延加工业	0.05		0.28	
金属制品业	0.05		0.02	
通用设备制造业	0.08	0.02	0.07	
专用设备制造业	0.05		0.03	
交通运输设备制造业				
电气机械及器材制造业	0.03		0.01	
通信设备、计算机及其他电子设备制造业				
仪器仪表及文化、办公用机械制造业	0.03			
工艺品及其他制造业			0.01	
废弃资源和废旧材料回收加工业				
电力、煤气及水生产和供应业	**0.34**		**0.22**	**0.10**
电力、热力的生产和供应业	0.30		0.20	0.10
燃气生产和供应业	0.02		0.01	
水的生产和供应业	0.02		0.01	

液化石油气 (万吨)	炼厂干气 (万吨)	其他石油制品 (万吨)	天然气 (亿立方米)	热力 (万百万千焦)	电力 (亿千瓦小时)	其他燃料 (万吨标准煤)
9.92	**5.25**	**32.65**	**8.25**	**1664.66**	**380.24**	**3.85**
		0.10	**0.10**	**81.06**	**11.35**	**0.3**
		0.10	0.10	81.06	10.14	0.3
					0.37	
					0.60	
					0.01	
					0.22	
					0.01	
9.92	**5.25**	**32.55**	**8.06**	**1583.60**	**327.85**	**3.55**
0.02				197.94	3.14	
				431.92	1.05	
					0.12	
					0.01	
					0.29	
					0.04	
					0.01	
					0.05	
			0.02	146.82	6.96	3.55
					0.05	
9.90	5.25	0.40			2.50	
			7.37	504.06	95.86	
				207.85	3.15	
					0.02	
					1.57	
					0.13	
		0.64	0.04		26.55	
		0.14			90.58	
		31.37	0.48	91.92	92.17	
					0.41	
			0.13	3.09	1.62	
			0.01		0.75	
					0.01	
			0.01		0.44	
					0.12	
					0.20	
					0.05	
			0.09		**41.04**	
			0.09		38.89	
					0.23	
					1.92	

2-B-2 工业分行业终端

行业	终端消费合计 (发电煤耗计算法)	终端消费合计 (电热当量计算法)	煤炭合计	原煤	洗精煤
总计	**2560.46**	**1749.53**	**785.15**	**661.54**	**105.47**
采掘业	**177.12**	**152.67**	**120.95**	**101.00**	**15.45**
煤炭开采和洗选业	166.40	144.50	120.14	100.20	15.45
石油和天然气开采业	1.62	0.85	0.17	0.17	
黑色金属矿采选业	6.80	5.54			
有色金属矿采选业	0.03	0.01			
非金属矿采选业	2.23	1.76	0.63	0.63	
其他采矿业	0.03	0.01			
制造业	**2226.60**	**1526.27**	**646.22**	**542.55**	**90.02**
农副食品加工业	29.49	21.40	10.56	10.56	
食品制造业	43.93	38.47	22.26	22.26	
饮料制造业	6.06	5.81	5.62	5.62	
烟草制品业	0.85	0.83	0.82	0.82	
纺织业	3.25	2.64	2.24	2.24	
纺织服装、鞋、帽制造业					
皮革、毛皮、羽毛(绒)及其制品业	0.38	0.30	0.25	0.25	
木材加工及木、竹、藤、棕、草制品业	0.04	0.02	0.01	0.01	
家具制造业	0.25	0.15	0.09	0.09	
造纸及纸制品业	87.12	71.40	53.83	53.71	0.12
印刷业和记录媒介的复制	2.71	2.60	2.51	2.51	
文教体育用品制造业					
石油加工、炼焦及核燃料加工业	61.12	55.87	24.24	23.43	0.34
化学原料及化学制品制造业	773.99	568.91	210.75	176.63	33.27
医药制造业	36.80	28.62	17.39	17.39	
化学纤维制造业	0.78	0.74	0.72	0.72	
橡胶制品业	15.25	11.96	10.03	2.78	
塑料制品业	2.31	2.04	1.84	1.84	
非金属矿物制品业	319.74	264.00	216.00	161.29	52.62
黑色金属冶炼及压延加工业	398.59	208.41	13.38	9.72	3.66
有色金属冶炼及压延加工业	408.44	214.22	32.94	32.17	
金属制品业	8.01	7.15	6.54	6.54	
通用设备制造业	15.25	11.82	7.75	5.53	
专用设备制造业	6.18	4.61	3.42	3.42	
交通运输设备制造业	0.03	0.01			
电气机械及器材制造业	2.85	1.93	1.20	1.20	
通信设备、计算机及其他电子设备制造业					
仪器仪表及文化、办公用机械制造业	1.34	1.09	0.90	0.90	
工艺品及其他制造业	1.59	1.17	0.91	0.91	
废弃资源和废旧材料回收加工业	0.21	0.10	0.04	0.04	
电力、煤气及水生产和供应业	**156.75**	**70.58**	**17.98**	**17.98**	
电力、热力的生产和供应业	144.53	62.88	13.01	13.01	
燃气生产和供应业	3.10	2.62	2.29	2.29	
水的生产和供应业	9.12	5.09	2.68	2.68	

能源消费量(标准量)

单位：万吨标准煤

其他洗煤	煤制品	焦炭	焦炉煤气	其他煤气	其他焦化产品	油品合计
15.85	**2.29**	**228.80**	**13.72**	**0.89**	**8.53**	**74.67**
4.49		**5.96**			**0.70**	**6.73**
4.49		1.15			0.70	5.65
						0.22
		4.81				
						0.86
11.36	**2.29**	**222.84**	**13.72**	**0.89**	**7.83**	**66.98**
						0.24
						0.19
						0.04
						0.04
						0.19
						0.03
0.47		0.93	1.43	0.09		26.10
0.65	0.19	119.35			3.75	1.94
						0.26
7.25						
						0.04
	2.10	8.99			3.22	2.62
		76.34	5.00	0.80	0.86	0.70
0.77		17.21	7.28			33.98
						0.10
2.22						0.25
		0.02				0.12
						0.06
						0.04
						0.01
						0.96
						0.88
						0.04
						0.04

2-B-2 续表

行　业	原油	汽油	煤油	柴油	燃料油
总　计		**2.41**	**0.07**	**11.41**	**0.66**
采掘业		**0.56**	**0.03**	**6.03**	
煤炭开采和洗选业		0.34		5.20	
石油和天然气开采业		0.10		0.12	
黑色金属矿采选业					
有色金属矿采选业					
非金属矿采选业		0.12	0.03	0.71	
其他采矿业					
制造业		**1.35**	**0.04**	**5.06**	**0.51**
农副食品加工业		0.12		0.09	
食品制造业		0.07		0.12	
饮料制造业				0.04	
烟草制品业					
纺织业		0.04			
纺织服装、鞋、帽制造业					
皮革、毛皮、羽毛(绒)及其制品业					
木材加工及木、竹、藤、棕、草制品业					
家具制造业					
造纸及纸制品业		0.04		0.06	0.09
印刷业和记录媒介的复制		0.03			
文教体育用品制造业					
石油加工、炼焦及核燃料加工业		0.04		0.41	
化学原料及化学制品制造业		0.09		1.43	0.43
医药制造业		0.26			
化学纤维制造业					
橡胶制品业					
塑料制品业		0.01		0.03	
非金属矿物制品业		0.18	0.01	1.75	
黑色金属冶炼及压延加工业		0.03		0.52	
有色金属冶炼及压延加工业		0.07		0.41	
金属制品业		0.07		0.03	
通用设备制造业		0.12	0.03	0.10	
专用设备制造业		0.07		0.04	
交通运输设备制造业					
电气机械及器材制造业		0.04		0.01	
通信设备、计算机及其他电子设备制造业					
仪器仪表及文化、办公用机械制造业		0.04			
工艺品及其他制造业				0.01	
废弃资源和废旧材料回收加工业					
电力、煤气及水生产和供应业		**0.50**		**0.32**	**0.14**
电力、热力的生产和供应业		0.44		0.29	0.14
燃气生产和供应业		0.03		0.01	
水的生产和供应业		0.03		0.01	

单位：万吨标准煤

液化石油气	炼厂干气	其他石油制品	天然气	热力	电力	其他能源
17.01	**8.25**	**34.86**	**109.84**	**56.76**	**467.32**	**3.85**
		0.11	**1.33**	**2.76**	**13.95**	**0.3**
		0.11	1.33	2.76	12.46	0.3
					0.45	
					0.74	
					0.01	
					0.27	
					0.01	
17.01	**8.25**	**34.76**	**107.31**	**54.00**	**402.93**	**3.55**
0.03				6.75	3.86	
				14.73	1.29	
					0.15	
					0.01	
					0.36	
					0.05	
					0.01	
					0.06	
			0.27	5.01	8.55	3.55
					0.06	
16.97	8.25	0.43			3.07	
			98.12	17.19	117.81	
				7.09	3.87	
					0.02	
					1.93	
					0.16	
		0.68	0.53		32.63	
		0.15			111.32	
		33.50	6.39	3.13	113.28	
					0.50	
			1.73	0.11	1.99	
			0.13		0.92	
					0.01	
			0.13		0.54	
					0.15	
					0.25	
					0.06	
			1.20		**50.44**	
			1.20		47.80	
					0.28	
					2.36	

2-B-3 规模以上工业企业能源购进、消费与库存情况

能源名称	计量单位	年初库存量	购进实物量	消费量		年末库存量
				合 计	工业生产消费	
原煤	吨	2831473	51139683	51271617	51098662	4256060
洗精煤	吨	295940	2112784	2520115	2517949	199875
其他洗煤	吨	40944	729604	820118	813855	81248
煤制品	吨		32357	31998	31989	4500
型煤	吨					
水煤浆	吨					
煤粉	吨		3275	2916	2907	359
焦炭	吨	105920	238765	354840	354807	43763
其他焦化产品	吨	6373	89463	88695	88695	8827
焦炉煤气	万立方米		8881	27874	27874	
高炉煤气	万立方米			39922	39922	
其他煤气	万立方米		5029	5029	5029	
天然气	万立方米		88337	87158	86419	
液化天然气	吨		21	21	21	
原油	吨	44843	1854445	1837537	1837537	55642
汽油	吨	154	10198	10421	6979	138
煤油	吨	6	264	266	250	3
柴油	吨	6102	58765	57546	52173	7405
燃料油	吨	3246	76211	70102	70102	9468
液化石油气	吨	1958	98525	99051	99051	1432
炼厂干气	吨			51686	51686	
其他石油制品	吨	17466	387781	366790	366686	38457
热力	百万千焦		2015286	12512077	12095526	
电力	万千瓦时		3140639	3774713	3739165	
其他燃料	吨标准煤	252705	2263848	2328112	2322564	139137
煤矸石	吨		912385	1029252	1029252	
能源合计	吨标准煤			50131830	49911653	

2-B-3　续表

能源名称	计量单位	加工转换投入合计	火力发电	供热	原煤入洗	炼焦	炼油	加工煤制品	能源加工转换产出	回收利用
原煤	吨	46401456	23307198	1854789	19081772	1812384		345313		
洗精煤	吨	1327615		12800		1314815			12751293	
其他洗煤	吨	631386	538519	33139		59728			3140942	
煤制品	吨									
型煤	吨									
水煤浆	吨									
煤粉	吨									
焦炭	吨								1977974	
其他焦化产品	吨	16410				16410			81039	
焦炉煤气	万立方米								51209	
高炉煤气	万立方米									39922
其他煤气	万立方米								751	27029
天然气	万立方米	4710		4710						
液化天然气	吨									
原油	吨	1837537					1837537			
汽油	吨								650552	
煤油	吨									
柴油	吨	468	468						855607	
燃料油	吨	65460					65460		31229	
液化石油气	吨								113446	13711
炼厂干气	吨								52464	
其他石油制品	吨	40328					40328		96046	
热力	百万千焦	190358	190358						30936902	1057173
电力	万千瓦时								4475144	
其他燃料	吨标准煤	225223	212404	11017		1801			121293	58394
煤矸石	吨	813553	786602	26951					314661	48311
能源合计	吨标准煤	36180661	14894741	1288992	14392784	2559476	2775080	269586	24981803	212948

2-B-4 规模以上工业

行 业	综合能源消费量(吨标准煤)	原 煤(吨)	洗精煤(吨)	其他洗煤(吨)	煤制品(吨)
总 计	**24716901**	**51271617**	**2520115**	**820118**	**31998**
采矿业	**2178607**	**19551448**	**174685**	**53514**	
煤炭开采和洗选业	2148394	19548788	174685	53514	
石油和天然气开采业	1295	860			
黑色金属矿采选业	27541				
有色金属矿采选业					
非金属矿采选业	1378	1800			
其他采矿业					
制造业	**14228396**	**10490487**	**2332630**	**194947**	**31998**
农副食品加工业	66908	75354			
食品制造业	328685	494457			
饮料制造业	37165	53658			
烟草制品业	1	4			
纺织业	14733	16237			
纺织服装、鞋、帽制造业	65				
皮革、毛皮、羽毛(绒)及其制品业	2211	2895			
木材加工及木、竹、藤、棕、草制品业	88	120			
家具制造业	902	1003		46	
造纸及纸制品业	707595	1057440	1409		
印刷业和记录媒介的复制	3305	1424			
文教体育用品制造业					
石油加工、炼焦及核燃料加工业	806532	2347823	936666	60117	
化学原料及化学制品制造业	5793633	3814200	468829	12956	2747
医药制造业	185419	277848			
化学纤维制造业					
橡胶制品业	77563	12519		86321	
塑料制品业	6190	1514			
非金属矿物制品业	1874308	1452266	594942		29251
黑色金属冶炼及压延加工业	2257861	99717	330735	9156	
有色金属冶炼及压延加工业	1915108	646583			
金属制品业	32717	5482		26350	
通用设备制造业	69721	64686	49		
专用设备制造业	32024	40047			
交通运输设备制造业	75				
电气机械及器材制造业	11918	14014			
通信设备、计算机及其他电子设备制造业					
仪器仪表及文化、办公用机械制造业	3130	10459			
工艺品及其他制造业	541	740			
废弃资源和废旧材料回收加工业					
电力、燃气及水的生产和供应业	**8309898**	**21229683**	**12800**	**571658**	
电力、热力的生产和供应业	8267151	21095275	12800	571658	
燃气生产和供应业	816				
水的生产和供应业	41931	134408			

主要能源行业分组消费量

煤　粉 (吨)	焦　炭 (吨)	其他焦化产品 (吨)	焦炉煤气 (万立方米)	高炉煤气 (万立方米)	其他煤气 (万立方米)	天然气 (万立方米)	液化天然气 (吨)
2916	**354840**	**88695**	**27874**	**39922**	**5029**	**87158**	**21**
	12010	**5840**				**945**	
	12010	5840				945	
2916	**342830**	**82855**	**27874**	**39922**	**5029**	**81495**	**21**
						35	0
						5	9
						10	
						166	
						39	
	9716	16410	3085		579		
2747	34349	31785				73693	
						19	
169	617	27327				356	
	288566	7333	8242	39922	4450		
	9170		16547			5624	
	44					29	
	8					1269	11
	157					167	
	202					84	
						4717	
						4710	
						7	

2-B-4 续表

行业	原油(吨)	汽油(吨)	煤油(吨)	柴油(吨)
总计	**1837537**	**10421**	**266**	**57546**
采矿业		**1949**	**23**	**27542**
煤炭开采和洗选业		1909	23	27262
石油和天然气开采业		36		259
黑色金属矿采选业				
有色金属矿采选业				
非金属矿采选业		5		21
其他采矿业				
制造业	**1837537**	**5056**	**229**	**21184**
农副食品加工业		288		135
食品制造业		433		554
饮料制造业		71		50
烟草制品业		1		
纺织业		218	0	56
纺织服装、鞋、帽制造业		58		
皮革、毛皮、羽毛(绒)及其制品业		12		6
木材加工及木、竹、藤、棕、草制品业		8		
家具制造业		61		30
造纸及纸制品业		156	1	389
印刷业和记录媒介的复制		110		41
文教体育用品制造业				
石油加工、炼焦及核燃料加工业	1837537	257		2402
化学原料及化学制品制造业		408	1	4806
医药制造业		44		60
化学纤维制造业				
橡胶制品业		4		12
塑料制品业		74	1	118
非金属矿物制品业		485	5	7559
黑色金属冶炼及压延加工业		150	4	1635
有色金属冶炼及压延加工业		512	25	2431
金属制品业		307		66
通用设备制造业		639	187	450
专用设备制造业		152		262
交通运输设备制造业		35		
电气机械及器材制造业		310	3	124
通信设备、计算机及其他电子设备制造业				
仪器仪表及文化、办公用机械制造业		266	2	
工艺品及其他制造业				
废弃资源和废旧材料回收加工业				
电力、燃气及水的生产和供应业		**3415**	**14**	**8820**
电力、热力的生产和供应业		2969		8814
燃气生产和供应业		216		
水的生产和供应业		230	14	6

燃料油 (吨)	液化石油气 (吨)	炼厂干气 (吨)	其他石油制品 (吨)	热力 (百万千焦)	电力 (万千瓦时)	其他燃料 (吨标准煤)	煤矸石 (吨标准煤)
70102	**99051**	**51686**	**366790**	**12512077**	**3774713**	**2328112**	**1029252**
			955	**210627**	**142277**	**129157**	**281238**
			955	210627	131006	114970	281238
					361		
					10866	14186	
					44		
69109	**99051**	**51686**	**365835**	**12301450**	**3297297**	**2181910**	**652571**
				579425	9616		
				2994847	20997		
					2780		
					2		
5			3		3073		
					67		
					130		
					27		
					140		
633				1468083	82302	31986	78200
					1460		
65460	99043	51686	44353		37693	14036	
3011			38	4540614	1013888	1243421	227463
				1578068	37315		
					10790		
					4018		
			6380	190358	209670	82774	346908
			1403		823657	766655	
	6		313633	919180	1002493	43037	
					8779		
	2		25	30875	18017		
					7010		
					34		
					2172		
					1155		
					10		
993					**335139**	**17046**	**95443**
993					326368	17046	95443
					431		
					8340		

2-B-5 各市县规模以上工业能源消耗表

地区	综合能源消费量 (吨标准煤)	单位产值能耗 (吨标准煤/万元)
总 计	**24716901**	**1.81**
银川市	**7445789**	**1.23**
银川市	3841684	1.05
永宁县	644956	1.29
贺兰县	375815	1.00
灵武市	2583334	1.69
石嘴山市	**9232433**	**2.29**
石嘴山市	7413957	2.38
平罗县	1818476	1.98
吴忠市	**5205918**	**2.19**
红寺堡开发区	98	0.08
利通区	732995	1.26
青铜峡市	4310218	2.75
盐池县	160261	1.45
同心县	2346	0.02
固原市	**70945**	**0.85**
原州区	7569	0.35
西吉县	4297	0.26
隆德县	4871	3.45
泾源县	52844	3.08
彭阳县	1363	0.05
中卫市	**2761781**	**2.63**
沙坡头区	1288247	2.14
中宁县	1472910	3.31
海原县	624	0.30

第3篇

规模以上工业企业科技情况

A. 科技活动主要指标

3-A-1　规模以上工业企业科技活动主要指标

指　标	计量单位	规模以上工业企业	大中型企业	小型企业
科技活动企业分布情况				
工业企业数	个	901	125	754
#有科技活动的企业	个	121	61	59
#有R&D活动的企业	个	84	41	43
#有新产品开发的企业	个	92	45	46
#有科技机构的企业	个	58	41	17
科技活动人员情况				
科技活动人员合计	人	9233	8089	1133
#1.参加科技项目人员	人	7563	6601	954
2.科技管理和服务人员	人	1670	1488	179
#科学家和工程师	人	6319	5559	749
#高中级技术职称人员	人	3451	3032	416
科技活动经费筹集情况				
科技活动经费筹集总额	千元	1496618	1377707	117301
政府资金	千元	117139	107049	9790
企业资金	千元	1090193	989112	99771
金融机构贷款	千元	125101	118901	6200
其他资金	千元	164185	162645	1540
科技活动经费支出情况				
科技活动经费支出总额	千元	1632346	1495961	134775
#1.经常费支出	千元	1375327	1276179	97538
#劳务费	千元	249755	225203	24457
2.科研基建费支出	千元	185884	151151	34733
科技活动经费外部支出	千元	28015	25964	2051
#对研究院所及高等学校支出	千元	41028	39485	1543
对其他企业支出	千元	28840	28576	264
研究与试验发展（R&D）情况				
R&D人员	人	4891	4114	777
R&D人员折合全时当量	个/年	3545	2928	618
R&D项目数	项	644	506	138
R&D经费内部支出	千元	656937	588521	68416
工业企业办科技机构情况				
企业办科技机构数	个	67	48	19
科技机构科技活动人员	人	5065	4646	419
#博士毕业	人	93	75	18
硕士毕业	人	223	194	29
科技机构科技经费内部支出	千元	765829	723560	42269
科技机构仪器设备原价	千元	791407	747322	44085
科技项目情况				
科技项目数	项	1062	882	179
项目经费内部支出	千元	1333265	1241416	90259
新产品开发及生产情况				
新产品开发项目数	项	738	584	153
新产品开发经费支出	千元	813527	737701	74216
新产品产值	千元	8477163	7875616	601222
新产品销售收入	千元	7346791	6805472	541319
专利情况				
专利申请数	项	266	242	24
#发明专利	项	62	53	9
拥有发明专利数	项	111	87	24
技术改造和技术获取情况				
技术改造经费支出	千元	4122432	3981172	134941
引进国外技术经费支出	千元	1621216	1602804	18412
消化吸收经费支出	千元	65236	62631	2605
购买国内技术经费支出	千元	224658	224558	100

3-A-2 分登记注册类型工业

指标	计量单位	国有及国有控股	内资企业		
				国有企业	集体企业
科技活动企业分布情况					
工业企业数	个	207	4429	110	79
#有科技活动的企业	个	28	107	5	1
#有R&D活动的企业	个	20	75	4	1
#有新产品开发的企业	个	21	80	4	
#有科技机构的企业	个	16	50	2	
科技活动人员情况					
科技活动人员合计	人	4689	8492	672	26
#1.参加科技项目人员	人	3645	6964	661	25
2.科技管理和服务人员	人	1044	1528	11	1
#科学家和工程师	人	3182	5824	614	5
#高中级技术职称人员	人	1913	3186	360	2
科技活动经费筹集情况					
科技活动经费筹集总额	千元	802427	1296313	113860	817
政府资金	千元	63570	107659		
企业资金	千元	549212	934079	113860	817
金融机构贷款	千元	31000	90390		
其他资金	千元	158645	164185		
科技活动经费支出情况					
科技活动经费支出总额	千元	798764	1434478	114428	817
#1.经常费支出	千元	735062	1181010	113298	817
#劳务费	千元	141758	221215	31464	437
2.科研基建费支出	千元	19662	183721	470	
科技活动经费外部支出	千元	7682	26696	22	
#对研究院所及高等学校支出	千元	25986	39793	100	
对其他企业支出	千元	17484	28687		
研究与试验发展（R&D）情况					
R&D人员	人	2091	4430	90	26
R&D人员折合全时当量	个/年	1577	3206	75	19
R&D项目数	项	309	562	9	2
R&D经费内部支出	千元	320178	599589	14930	817
工业企业办科技机构情况					
企业办科技机构数	个	23	57	4	
科技机构科技活动人员	人	2260	4567	223	
#博士毕业	人	36	88	4	
硕士毕业	人	143	210	18	
科技机构科技经费内部支出	千元	340807	641618	44382	
科技机构仪器设备原价	千元	536195	721688	96895	
科技项目情况					
科技项目数	项	549	928	47	2
项目经费内部支出	千元	712712	1141449	112730	793
新产品开发及生产情况					
新产品开发项目数	项	376	632	26	
新产品开发经费支出	千元	379535	648798	78935	
新产品产值	千元	3603145	6881859	1244208	
新产品销售收入	千元	3370869	6479997	1120977	
#出口	千元	194756	805163		
专利情况					
专利申请数	项	140	249	66	
#发明专利	项	28	46	6	
拥有发明专利数	项	45	105		
技术改造和技术获取情况					
技术改造经费支出	千元	3490695	3960885	325744	847
引进国外技术经费支出	千元	1579164	1621216	15200	
消化吸收经费支出	千元	58058	65236	5200	
购买国内技术经费支出	千元	208617	224658		

企业科技活动主要指标

股份合作企业	联营企业	有限责任公司	股份有限公司	私营企业	港、澳、台商投资企业	外商投资企业
19	13	413	53	3719	13	57
		37	12	52	3	11
		28	10	32	2	7
		27	10	39	3	9
		16	10	22	1	7
		4007	1910	1877	106	635
		3047	1561	1670	100	499
		960	349	207	6	136
		2438	1488	1279	100	395
		1373	926	525	69	196
		725717	265880	190039	15433	184872
		65490	14620	27549	2400	7080
		474042	218710	126650	11233	144881
		26500	32550	31340	1800	32911
		159685		4500		
		790067	263562	265604	12708	185160
		663190	244751	158954	11650	182667
		110253	50287	28774	3283	25257
		85420	6463	91368	975	1188
		13033	689	12952	77	1242
		28344	4998	6351	83	1152
		12913	7340	8434		153
		2009	1204	1101	92	369
		1188	1003	921	92	247
		219	226	106	46	36
		315482	167292	101068	9508	47840
		19	12	22	1	9
		1768	1397	1179	90	408
		40	13	31	3	2
		113	45	34	1	12
		248685	226010	122541	5850	118361
		307703	269457	47633	6840	62879
		405	323	151	53	81
		637321	237293	153312	11270	180546
		239	256	111	47	59
		320518	140969	108376	10866	153863
		3579772	566650	1491229	148500	1446804
		3494179	509869	1354972	139150	727644
		711771	39569	53823	33456	342469
		80	64	39	1	16
		16	12	12		16
		47	15	43		6
	443	3183897	247393	202561	486	161061
		1595086	3100	7830		
		58213	73	1750		
		189947	34361	350		

3-A-3 分登记注册类型大中型

指 标	计量单位	国有及国有控股	内资企业	国有企业	集体企业
科技活动企业分布情况					
科技活动人员情况					
科技活动人员合计	人	4604	7583	652	
#1.参加科技项目人员	人	3577	6183	644	
2.科技管理和服务人员	人	1027	1400	8	
#科学家和工程师	人	3134	5233	604	
#高中级技术职称人员	人	1881	2866	354	
科技活动经费筹集情况					
科技活动经费筹集总额	千元	794055	1208082	111452	
政府资金	千元	63330	100769		
企业资金	千元	541080	855878	111452	
金融机构贷款	千元	31000	88790		
其他资金	千元	158645	162645		
科技活动经费支出情况					
科技活动经费支出总额	千元	738256	1257119	110890	
#1.经常费支出	千元	726700	1106694	110890	
#劳务费	千元	139718	202941	30576	
2.科研基建费支出	千元	11556	150425		
科技活动经费外部支出	千元	7678	25887	22	
#对研究院所及高等学校支出	千元	25976	39433	100	
对其他企业支出	千元	17484	28488		
研究与试验发展（R&D）情况					
R&D人员	人	2040	3807	70	
R&D人员折合全时当量	个/年	1532	2729	55	
R&D项目数	项	302	479	8	
R&D经费内部支出	千元	312962	548751	12475	
工业企业办科技机构情况					
企业办科技机构数	个	22	43	4	
科技机构科技活动人员	人	2258	4300	223	
#博士毕业	人	35	75	4	
硕士毕业	人	142	182	18	
科技机构科技经费内部支出	千元	340727	613223	44382	
科技机构仪器设备原价	千元	536045	688330	96895	
科技项目情况					
科技项目数	项	534	814	46	
项目经费内部支出	千元	704899	1072858	110530	
新产品开发及生产情况					
新产品开发项目数	项	363	537	25	
新产品开发经费支出	千元	371908	594297	76735	
新产品产值	千元	3522945	6537743	1204258	
新产品销售收入	千元	3303347	6162351	1107319	
#出口	千元	191756	800135		
专利情况					
专利申请数	项	138	227	66	
#发明专利	项	28	38	6	
拥有发明专利数	项	45	82		
技术改造和技术获取情况					
技术改造经费支出	千元	3443642	3823205	303428	
引进国外技术经费支出	千元	1563914	1602804		
消化吸收经费支出	千元	55458	62631	2600	
购买国内技术经费支出	千元	208617	224558		

工业企业科技活动主要指标

股份合作企业	联营企业	有限责任公司	股份有限公司	私营企业	港、澳、台商投资企业	外商投资企业
		3732	1910	1289		506
		2826	1561	1152		418
		906	349	137		88
		2265	1488	876		326
		1282	926	304		166
		697775	265880	132975		169625
		63280	14620	22869		6280
		449850	218710	75866		133234
		26000	32550	30240		30111
		158645		4000		
		707408	251214	187607		170211
		637274	244751	113779		169485
		101926	50287	20152		22262
		70134	6463	73828		726
		12529	689	12647		77
		28034	4998	6301		52
		12913	7340	8235		88
		1806	1204	727		307
		1054	1003	617		199
		191	226	54		27
		296341	167292	72643		39770
		16	12	11		5
		1715	1397	965		346
		35	13	23		
		106	45	13		12
		242135	226010	100696		110337
		301073	269457	20905		58992
		365	323	80		68
		614229	237293	110806		168558
		206	256	50		47
		300927	140969	75666		143404
		3441798	566650	1325037		1337873
		3351792	509869	1193371		643121
		708769	39569	51797		342367
		74	64	23		15
		15	12	5		15
		46	15	21		5
		3151172	247393	121212		157967
		1591874	3100	7830		
		58208	73	1750		
		189847	34361	350		

3-A-4 制造业企业

指　　标	计量单位	制造业合计	农副食品加工业	食品制造业	饮料制造业	烟草制品业
科技活动企业分布情况						
工业企业数	个	3798	559	178	104	1
#有科技活动的企业	个	113	7	6	6	
#有R&D活动的企业	个	79	6	5	4	
#有新产品开发的企业	个	89	6	6	6	
#有科技机构的企业	个	55	2	3	5	
科技活动人员情况						
科技活动人员合计	人	7408	276	241	146	
#1.参加科技项目人员	人	6384	244	163	118	
2.科技管理和服务人员	人	1024	32	78	28	
#科学家和工程师	人	5198	229	201	104	
#高中级技术职称人员	人	2786	59	120	45	
科技活动经费筹集情况						
科技活动经费筹集总额	千元	1332733	29470	18463	12764	
政府资金	千元	101969	2600	800	640	
企业资金	千元	941478	16570	16013	12124	
金融机构贷款	千元	125101	10300	1550		
其他资金	千元	164185		100		
科技活动经费支出情况						
科技活动经费支出总额	千元	1464510	44327	22418	12918	
#1.经常费支出	千元	1240876	28837	15454	10584	
#劳务费	千元	191207	7873	4082	3172	
2.科研基建费支出	千元	182031	15490	5915	874	
科技活动经费外部支出	千元	21725		1049	1454	
#对研究院所及高等学校支出	千元	21092		1000	1370	
对其他企业支出	千元	19244		49	90	
研究与试验发展（R&D）情况						
R&D人员	人	4422	107	213	105	
R&D人员折合全时当量	个/年	3254	71	130	78	
R&D项目数	项	623	22	23	16	
R&D经费内部支出	千元	595183	14131	12734	8936	
工业企业办科技机构情况						
企业办科技机构数	个	63	2	3	7	
科技机构科技活动人员	人	4560	195	142	115	
#博士毕业	人	91	6	6	4	
硕士毕业	人	177	4	31	1	
科技机构科技经费内部支出	千元	689504	22820	7799	9213	
科技机构仪器设备原价	千元	696802	7670	22471	8317	
科技项目情况						
科技项目数	项	972	23	25	19	
项目经费内部支出	千元	1207399	26523	12937	9471	
新产品开发及生产情况						
新产品开发项目数	项	715	21	19	19	
新产品开发经费支出	千元	768959	10452	10358	10226	
新产品产值	千元	8465816	121015	197556	112192	
新产品销售收入	千元	7337870	123918	171430	90733	
#出口	千元	1181088			5059	
专利情况						
专利申请数	项	199	8	40		
#发明专利	项	55		2		
拥有发明专利数	项	102	8			
技术改造和技术获取情况						
技术改造经费支出	千元	1952190	38505	7285	3375	
引进国外技术经费支出	千元	87916			3212	
消化吸收经费支出	千元	65163	500		5	
购买国内技术经费支出	千元	224347	350			

科技活动主要指标

纺织业	纺织服装、鞋、帽制造业	皮革、毛皮、羽毛(绒)及其制品业	木材加工及木、竹、藤、棕、草制品业	家具制造业	造纸及纸制品业	印刷业和记录媒介的复制	文教体育用品制造业	石油加工、炼焦及核燃料加工业	化学原料及化学制品制造业
113	25	40	31	48	72	162	4	54	334
8		1	1		5	1			14
6			1		4				6
7		1	1		4	1			8
3					3				5
415		6	10		725	45			329
320		6	8		659	45			256
95			2		66				73
279			8		653	45			170
132			2		133	6			115
85590		5500	3600		98243	2356			45258
10390		500	1200						600
43130		3200	2000		64743	2356			44058
31770		1800			33500				600
300			400						
101570		1800	193		161790	2238			45963
70800		1800	193		96353	1921			31090
6851		43	30		20055	577			5758
20280					64117				6629
9177					388				
1490					560				1000
9000									7234
199			10		336				140
182			2		183				83
15			1		13				13
44531			193		22608				15577
3					7				5
309					510				136
3					11				3
5					13				1
60150					92322				17068
21100					21923				23695
39		1	1		30	3			46
69652		1800	163		95446	1921			29571
33		1	1		14	3			17
65624		1800	163		47688	1921			16456
982121					1092370	33579			199634
889580					994720	33579			195579
151865									83173
					2	1			14
					2	1			12
1					1	1			5
95920					108348			67	156877
13830									3000
600									
1200									9180

3-A-4 续表

指标	计量单位	医药制造业	化学纤维制造业	橡胶制品业	塑料制品业	非金属矿物制品业
科技活动企业分布情况						
工业企业数	个	32	2	23	142	933
#有科技活动的企业	个	5		2		12
#有R&D活动的企业	个	4		1		6
#有新产品开发的企业	个	5		2		4
#有科技机构的企业	个	3		1		4
科技活动人员情况						
科技活动人员合计	人	891		117		487
#1.参加科技项目人员	人	784		99		439
2.科技管理和服务人员	人	107		18		48
#科学家和工程师	人	641		94		272
##高中级技术职称人员	人	311		52		194
科技活动经费筹集情况						
科技活动经费筹集总额	千元	90477		103148		40288
政府资金	千元	7880		200		2400
企业资金	千元	67667		72837		37888
金融机构贷款	千元	10370		30111		
其他资金	千元	4560				
科技活动经费支出情况						
科技活动经费支出总额	千元	93923		103148		39986
#1.经常费支出	千元	83453		103148		27269
#劳务费	千元	18427		11867		8123
2.科研基建费支出	千元	650				9595
科技活动经费外部支出	千元	6905				106
#对研究院所及高等学校支出	千元	8570				3022
对其他企业支出	千元	1250				100
研究与试验发展（R&D）情况						
R&D人员	人	675		59		125
R&D人员折合全时当量	个/年	560		8		71
R&D项目数	项	87		1		13
R&D经费内部支出	千元	56850		5024		7253
工业企业办科技机构情况						
企业办科技机构数	个	3		1		4
科技机构科技活动人员	人	726		81		91
#博士毕业	人	29				
硕士毕业	人	15				2
科技机构科技经费内部支出	千元	76487		45443		10213
科技机构仪器设备原价	千元	40100		4118		11531
科技项目情况						
科技项目数	项	130		15		44
项目经费内部支出	千元	80104		102824		25994
新产品开发及生产情况						
新产品开发项目数	项	74		13		8
新产品开发经费支出	千元	43659		98097		5331
新产品产值	千元	1374520		708349		51158
新产品销售收入	千元	1289646		50894		49238
#出口	千元	437100				
专利情况						
专利申请数	项	19				
#发明专利	项	4				
拥有发明专利数	项	6				1
技术改造和技术获取情况						
技术改造经费支出	千元	38100		3747		154404
引进国外技术经费支出	千元	21260				2300
消化吸收经费支出	千元	5900				100
购买国内技术经费支出	千元	4100				34050

黑色金属冶炼及压延加工业	有色金属冶炼及压延加工业	金　属制品业	通用设备制 造 业	专用设备制 造 业	交通运输设备制造业	电气机械及器材制造业	通信设备、计算机及其他电子设备制造业	仪器仪表及文化、办公用机械制造业	工艺品及其他制造业
130	56	198	217	93	80	84	4	28	44
4	8	3	14	5		7		4	
3	5	2	11	5		6		4	
3	3	3	14	5		7		3	
	3	2	11	3		4		3	
229	1230	79	1137	353		259		433	
224	1177	60	1016	240		210		316	
5	53	19	121	113		49		117	
80	709	70	732	308		172		431	
51	473	65	516	211		73		228	
39577	428732	8381	168102	60606		60616		31562	
	37990	1820	10590	1800		13909		8650	
39577	227797	6461	157432	58806		46107		22712	
	4300	100				500		200	
	158645		80			100			
38877	453000	9301	182222	61782		56982		32072	
38827	410287	8201	167382	60391		54661		30225	
3362	34838	2642	33221	13029		5312		11945	
	40390	1000	14120	1176		820		975	
	609		483	176		536		842	
50	1984	10	52			1501		483	
	339	90	668	215				209	
81	598	46	805	289		211		423	
63	348	44	703	105		202		423	
7	43	4	185	52		35		93	
11077	146736	5633	116624	52744		44784		29748	
	5	2	11	3		4		3	
	576	73	881	253		148		324	
	15		6	2				6	
	30	5	24	27		2		17	
	78358	8041	129683	53260		49637		29010	
	164610	15200	260784	36346		6587		52350	
10	103	10	260	72		42		99	
38744	407719	7861	162107	52440		53362		28760	
8	51	8	237	54		42		92	
34164	148728	6821	136000	49332		53923		28216	
168200	1299456	18543	745728	734695		455200		171500	
166474	1225155	18543	725498	743809		408724		160350	
18264	182407		299938	2780				502	
2	22	8	22	14		35		12	
2	7	3	9	4		2		7	
3	24	6	23			17		6	
111749	998255	37909	168432	22943		2228		4046	
	29114					15200			
2600	52858					2600			
	175367		100						

3-A-5 大中型制造业

指 标	计量单位	农副食品加工业	食品制造业	饮料制造业	烟草制品业	纺织业
科技活动企业分布情况						
科技活动人员情况						
科技活动人员合计	人	276	241	146		415
#1.参加科技项目人员	人	244	163	118		320
2.科技管理和服务人员	人	32	78	28		95
#科学家和工程师	人	229	201	104		279
#高中级技术职称人员	人	59	120	45		132
科技活动经费筹集情况						
科技活动经费筹集总额	千元	29470	18463	12764		85590
政府资金	千元	2600	800	640		10390
企业资金	千元	16570	16013	12124		43130
金融机构贷款	千元	10300	1550			31770
其他资金	千元		100			300
科技活动经费支出情况						
科技活动经费支出总额	千元	44327	22418	12918		101570
#1.经常费支出	千元	28837	15454	10584		70800
#劳务费	千元	7873	4082	3172		6851
2.科研基建费支出	千元	15490	5915	874		20280
科技活动经费外部支出	千元		1049	1454		9177
#对研究院所及高等学校支出	千元		1000	1370		1490
对其他企业支出	千元		49	90		9000
研究与试验发展（R&D）情况						
R&D人员	人	107	213	105		199
R&D人员折合全时当量	个/年	71	130	78		182
R&D项目数	项	22	23	16		15
R&D经费内部支出	千元	14131	12734	8936		44531
工业企业办科技机构情况						
企业办科技机构数	个	2	3	7		3
科技机构科技活动人员	人	195	142	115		309
#博士毕业	人	6	6	4		3
硕士毕业	人	4	31	1		5
科技机构科技经费内部支出	千元	22820	7799	9213		60150
科技机构仪器设备原价	千元	7670	22471	8317		21100
科技项目情况						
科技项目数	项	23	25	19		39
项目经费内部支出	千元	26523	12937	9471		69652
新产品开发及生产情况						
新产品开发项目数	项	21	19	19		33
新产品开发经费支出	千元	10452	10358	10226		65624
新产品产值	千元	121015	197556	112192		982121
新产品销售收入	千元	123918	171430	90733		889580
#出口	千元			5059		151865
专利情况						
专利申请数	项	8	40			
#发明专利	项		2			
拥有发明专利数	项	8				1
技术改造和技术获取情况						
技术改造经费支出	千元	38505	7285	3375		95920
引进国外技术经费支出	千元			3212		13830
消化吸收经费支出	千元	500		5		600
购买国内技术经费支出	千元	350				1200

企业科技活动主要指标

纺织服装、鞋、帽制造业	皮革、毛皮、羽毛(绒)及其制品业	木材加工及木、竹、藤、棕、草制品业	家具制造业	造纸及纸制品业	印刷业和记录媒介的复制	文教体育用品制造业	石油加工、炼焦及核燃料加工业	化学原料及化学制品制造业	医药制造业
	6	10		725	45			329	891
	6	8		659	45			256	784
		2		66				73	107
		8		653	45			170	641
		2		133	6			115	311
	5500	3600		98243	2356			45258	90477
	500	1200						600	7880
	3200	2000		64743	2356			44058	67667
	1800			33500				600	10370
		400							4560
	1800	193		161790	2238			45963	93923
	1800	193		96353	1921			31090	83453
	43	30		20055	577			5758	18427
				64117				6629	650
				388					6905
				560				1000	8570
								7234	1250
		10		336				140	675
		2		183				83	560
		1		13				13	87
		193		22608				15577	56850
				7				5	3
				510				136	726
				11				3	29
				13				1	15
				92322				17068	76487
				21923				23695	40100
	1	1		30	3			46	130
	1800	163		95446	1921			29571	80104
	1	1		14	3			17	74
	1800	163		47688	1921			16456	43659
				1092370	33579			199634	1374520
				994720	33579			195579	1289646
								83173	437100
				2	1			14	19
				2	1			12	4
				1	1			5	6
				108348			67	156877	38100
								3000	21260
									5900
								9180	4100

3-A-5 续表

指 标	计量单位	化学纤维制造业	橡胶制品业	塑料制品业	非金属矿物制品业	黑色金属冶炼及压延加工业
科技活动企业分布情况						
科技活动人员情况						
科技活动人员合计	人		117		487	229
#1.参加科技项目人员	人		99		439	224
2.科技管理和服务人员	人		18		48	5
#科学家和工程师	人		94		272	80
#高中级技术职称人员	人		52		194	51
科技活动经费筹集情况						
科技活动经费筹集总额	千元		103148		40288	39577
政府资金	千元		200		2400	
企业资金	千元		72837		37888	39577
金融机构贷款	千元		30111			
其他资金	千元					
科技活动经费支出情况						
科技活动经费支出总额	千元		103148		39986	38877
#1.经常费支出	千元		103148		27269	38827
#劳务费	千元		11867		8123	3362
2.科研基建费支出	千元				9595	
科技活动经费外部支出	千元				106	
#对研究院所及高等学校支出	千元				3022	50
对其他企业支出	千元				100	
研究与试验发展（R&D）情况						
R&D人员	人		59		125	81
R&D人员折合全时当量	个/年		8		71	63
R&D项目数	项		1		13	7
R&D经费内部支出	千元		5024		7253	11077
工业企业办科技机构情况						
企业办科技机构数	个		1		4	
科技机构科技活动人员	人		81		91	
#博士毕业	人					
硕士毕业	人				2	
科技机构科技经费内部支出	千元		45443		10213	
科技机构仪器设备原价	千元		4118		11531	
科技项目情况						
科技项目数	项		15		44	10
项目经费内部支出	千元		102824		25994	38744
新产品开发及生产情况						
新产品开发项目数	项		13		8	8
新产品开发经费支出	千元		98097		5331	34164
新产品产值	千元		708349		51158	168200
新产品销售收入	千元		50894		49238	166474
#出口	千元					18264
专利情况						
专利申请数	项					2
#发明专利	项					2
拥有发明专利数	项				1	3
技术改造和技术获取情况						
技术改造经费支出	千元		3747		154404	111749
引进国外技术经费支出	千元				2300	
消化吸收经费支出	千元				100	2600
购买国内技术经费支出	千元				34050	

有色金属冶炼及压延加工业	金属制品业	通用设备制造业	专用设备制造业	交通运输设备制造业	电气机械及器材制造业	通信设备、计算机及其他电子设备制造业	仪器仪表及文化、办公用机械制造业	工艺品及其他制造业
1230	79	1137	353		259		433	
1177	60	1016	240		210		316	
53	19	121	113		49		117	
709	70	732	308		172		431	
473	65	516	211		73		228	
428732	8381	168102	60606		60616		31562	
37990	1820	10590	1800		13909		8650	
227797	6461	157432	58806		46107		22712	
4300	100				500		200	
158645		80			100			
453000	9301	182222	61782		56982		32072	
410287	8201	167382	60391		54661		30225	
34838	2642	33221	13029		5312		11945	
40390	1000	14120	1176		820		975	
609		483	176		536		842	
1984	10	52			1501		483	
339	90	668	215				209	
598	46	805	289		211		423	
348	44	703	105		202		423	
43	4	185	52		35		93	
146736	5633	116624	52744		44784		29748	
5	2	11	3		4		3	
576	73	881	253		148		324	
15		6	2				6	
30	5	24	27		2		17	
78358	8041	129683	53260		49637		29010	
164610	15200	260784	36346		6587		52350	
103	10	260	72		42		99	
407719	7861	162107	52440		53362		28760	
51	8	237	54		42		92	
148728	6821	136000	49332		53923		28216	
1299456	18543	745728	734695		455200		171500	
1225155	18543	725498	743809		408724		160350	
182407		299938	2780				502	
22	8	22	14		35		12	
7	3	9	4		2		7	
24	6	23			17		6	
998255	37909	168432	22943		2228		4046	
29114					15200			
52858					2600			
175367		100						

B. 科技活动企业分布情况

3-B-1 分登记注册类型工业企业科技活动分布情况

单位：个

登记注册类型	规模以上工业企业数	#有科技活动	#有研发活动	#有新产品开发	#有科技机构
总　计	**901**	**121**	**84**	**92**	**58**
内资企业	**856**	**107**	**75**	**80**	**50**
国有企业	35	5	4	4	2
集体企业	9	1	1		
股份合作企业	3				
联营企业	2				
国有联营企业	1				
集体联营企业	1				
有限责任公司	213	37	28	27	16
国有独资公司	16	4	3	2	2
其他有限责任公司	197	33	25	25	14
股份有限公司	25	12	10	10	10
私营企业	568	52	32	39	22
私营独资企业	16	1			1
私营合伙企业	1				
私营有限责任公司	547	51	32	39	21
私营股份有限公司	4				
其他企业	1				
港、澳、台商投资企业	**9**	**3**	**2**	**3**	**1**
合资经营企业(港或澳、台资)	6	2	1	2	1
港、澳、台商独资经营企业	2				
港、澳、台商投资股份有限公司	1	1	1	1	
外商投资企业	**36**	**11**	**7**	**9**	**7**
中外合资经营企业	27	8	5	6	4
中外合作经营企业	2	1	1	1	1
外资企业	7	2	1	2	2

3-B-2　分行业工业企业科技活动分布情况

单位：个

行　业	规模以上工业企业数	#有科技活动	#有R&D活动	#有新产品开发	#有科技机构
总　计	**901**	**121**	**84**	**92**	**58**
采矿业	**111**	**2**	**2**	**1**	**1**
煤炭开采和洗选业	108	1	1	1	1
烟煤和无烟煤的开采洗选	108	1	1	1	1
石油和天然气开采业	1				
与石油和天然气开采有关的服务活动	1				
黑色金属矿采选业	1	1	1		
铁矿采选	1	1	1		
非金属矿采选业	1				
石棉及其他非金属矿采选	1				
制造业	**740**	**113**	**79**	**89**	**55**
农副食品加工业	77	7	6	6	2
谷物磨制	19	3	3	3	
饲料加工	13	3	3	3	1
植物油加工	10				
屠宰及肉类加工	13				
蔬菜、水果和坚果加工	9				
其他农副食品加工	13	1			1
食品制造业	40	6	5	6	3
焙烤食品制造	6				
糖果、巧克力及蜜饯制造	2				
方便食品制造	3	1	1	1	
液体乳及乳制品制造	21	3	2	3	1
调味品、发酵制品制造	3	1	1	1	1
其他食品制造	5	1	1	1	1
饮料制造业	21	6	4	6	5
酒的制造	15	5	4	5	5
软饮料制造	6	1		1	
烟草制品业	1				
烟叶复烤	1				
纺织业	42	8	6	7	3
棉、化纤纺织及印染精加工	2				
毛纺织和染整精加工	38	8	6	7	3
纺织制成品制造	2				
纺织服装、鞋、帽制造业	1				
纺织服装制造	1				
皮革、毛皮、羽毛(绒)及其制品业	11	1		1	
皮革鞣制加工	1				
毛皮鞣制及制品加工	9	1		1	
羽毛(绒)加工及制品制造	1				
木材加工及木、竹、藤、棕、草制品业	1	1	1	1	
木制品制造	1	1	1	1	
家具制造业	4				
木质家具制造	2				
金属家具制造	1				
其他家具制造	1				

3-B-2 续表 1 单位：个

行业	规模以上工业企业数	#有科技活动	#有R&D活动	#有新产品开发	#有科技机构
造纸及纸制品业	18	5	4	4	3
造纸	13	5	4	4	3
纸制品制造	5				
印刷业和记录媒介的复制	10	1		1	
印刷	10	1		1	
石油加工、炼焦及核燃料加工业	31				
精炼石油产品的制造	8				
炼焦	23				
化学原料及化学制品制造业	104	14	6	8	5
基础化学原料制造	62	6	3	3	3
肥料制造	13	4	1	2	
农药制造	3	1	1	1	1
涂料、油墨、颜料及类似产品制造	6	1		1	
合成材料制造	4	1			
专用化学产品制造	16	1	1	1	1
医药制造业	12	5	4	5	3
化学药品原药制造	2	1	1	1	1
化学药品制剂制造	4	3	2	3	1
中药饮片加工	1				
中成药制造	2	1	1	1	1
兽用药品制造	3				
橡胶制品业	4	2	1	2	1
轮胎制造	2	2	1	2	1
橡胶板、管、带的制造	2				
塑料制品业	26				
塑料薄膜制造	2				
塑料板、管、型材的制造	9				
塑料丝、绳及编织品的制造	11				
泡沫塑料制造	1				
塑料包装箱及容器制造	1				
塑料零件制造	1				
日用塑料制造	1				
非金属矿物制品业	118	12	6	4	4
水泥、石灰和石膏的制造	28	7	2	2	3
水泥及石膏制品制造	21	2	1	1	1
砖瓦、石材及其他建筑材料制造	7	1	1	1	
玻璃及玻璃制品制造	3				
耐火材料制品制造	1				
石墨及其他非金属矿物制品制造	58	2	2		
黑色金属冶炼及压延加工业	74	4	3	3	
炼铁	7				
钢压延加工	8	1	1	1	
铁合金冶炼	59	3	2	2	
有色金属冶炼及压延加工业	25	8	5	3	3
常用有色金属冶炼	19	6	3	1	2
稀有稀土金属冶炼	3	1	1	1	1
有色金属合金制造	1				
有色金属压延加工	2	1	1	1	

3-B-2　续表 2　　　　　　　　　　　　　　　　　单位：个

行　业	规模以上工业企业数	#有科技活动	#有R&D活动	#有新产品开发	#有科技机构
金属制品业	30	3	2	3	2
结构性金属制品制造	14				
金属工具制造	1				
集装箱及金属包装容器制造	4				
金属丝绳及其制品的制造	1	1	1	1	1
建筑、安全用金属制品制造	6	1		1	1
金属表面处理及热处理加工	1				
不锈钢及类似日用金属制品制造	1				
其他金属制品制造	2	1	1	1	
通用设备制造业	42	14	11	14	11
锅炉及原动机制造	3	1	1	1	1
金属加工机械制造	7	5	4	5	5
起重运输设备制造	7	2	1	2	1
泵、阀门、压缩机及类似机械的制造	2	1	1	1	1
轴承、齿轮、传动和驱动部件的制造	7	1	1	1	1
风机、衡器、包装设备等通用设备制造	4	1		1	
通用零部件制造及机械修理	3				
金属铸、锻加工	9	3	3	3	2
专用设备制造业	13	5	5	5	3
矿山、冶金、建筑专用设备制造	11	3	3	3	2
印刷、制药、日化生产专用设备制造	1	1	1	1	
电子和电工机械专用设备制造	1	1	1	1	1
交通运输设备制造业	3				
汽车制造	2				
交通器材及其他交通运输设备制造	1				
电气机械及器材制造业	25	7	6	7	4
电机制造	6	3	3	3	2
输配电及控制设备制造	9	3	2	3	2
电线、电缆、光缆及电工器材制造	6				
电池制造	2	1	1	1	
非电力家用器具制造	1				
其他电气机械及器材制造	1				
仪器仪表及文化、办公用机械制造业	6	4	4	3	3
通用仪器仪表制造	5	4	4	3	3
文化、办公用机械制造	1				
工艺品及其他制造业	1				
工艺美术品制造	1				
电力、燃气及水的生产和供应业	**50**	**6**	**3**	**2**	**2**
电力、热力的生产和供应业	36	6	3	2	2
电力生产	19	3	1	1	1
电力供应	1	1	1	1	1
热力生产和供应	16	2	1		
燃气生产和供应业	5				
燃气生产和供应业	5				
水的生产和供应业	9				
自来水的生产和供应	9				

3-B-3 国有及国有控股制造业企业科技活动分布情况

单位：个

行业	规模以上工业企业数	#有科技活动	#有R&D活动	#有新产品开发	#有科技机构
总计	**64**	**22**	**17**	**19**	**14**
农副食品加工业	5				
食品制造业	1				
饮料制造业	1	1	1	1	1
烟草制品业	1				
纺织业	1				
纺织服装、鞋、帽制造业	1				
造纸及纸制品业	2	2	2	2	2
印刷业和记录媒介的复制	2				
石油加工、炼焦及核燃料加工业	2				
化学原料及化学制品制造业	11	2	1	2	1
医药制造业	1	1		1	
塑料制品业	1				
非金属矿物制品业	11	4	1	1	2
黑色金属冶炼及压延加工业	2	1	1	1	
有色金属冶炼及压延加工业	3	2	2	2	2
金属制品业	2	1	1	1	1
通用设备制造业	5	1	1	1	1
专用设备制造业	7	4	4	4	2
电气机械及器材制造业	4	2	2	2	1
仪器仪表及文化、办公用机械制造业	1	1	1	1	1

3-B-4 分登记注册类型大中型工业企业科技活动分布情况

单位：个

登记注册类型	企业数	#有科技活动	#有研发活动	#有新产品开发	#有科技机构
总计	**125**	**61**	**41**	**45**	**41**
#国有及国有控股	36	21	15	16	15
内资企业	**114**	**54**	**36**	**39**	**36**
国有企业	9	4	3	3	2
联营企业	1				
集体联营企业	1				
有限责任公司	49	21	15	15	13
国有独资公司	4	3	2	2	2
其他有限责任公司	45	18	13	13	11
股份有限公司	19	12	10	10	10
私营企业	36	17	8	11	11
私营独资企业	3	1			1
私营有限责任公司	33	16	8	11	10
外商投资企业	**11**	**7**	**5**	**6**	**5**
中外合资经营企业	9	6	5	5	4
外资企业	2	1		1	1

3-B-5　分行业大中型工业企业科技活动分布情况

单位：个

行　业	企业数	#有科技活动	#有R&D活动	#有新产品开发	#有科技机构
总　计	**125**	**61**	**41**	**45**	**41**
采矿业	**3**	**1**	**1**	**1**	**1**
煤炭开采和洗选业	3	1	1	1	1
烟煤和无烟煤的开采洗选	3	1	1	1	1
制造业	**110**	**55**	**38**	**42**	**38**
农副食品加工业	3	2	1	1	2
饲料加工	1	1	1	1	1
其他农副食品加工	2	1			1
食品制造业	5	2	2	2	2
液体乳及乳制品制造	2	1	1	1	1
调味品、发酵制品制造	3	1	1	1	1
饮料制造业	3	2	1	2	2
酒的制造	3	2	1	2	2
纺织业	5	3	3	3	2
毛纺织和染整精加工	5	3	3	3	2
纺织服装、鞋、帽制造业	1				
纺织服装制造	1				
造纸及纸制品业	8	3	3	3	3
造纸	8	3	3	3	3
印刷业和记录媒介的复制	1				
印刷	1				
石油加工、炼焦及核燃料加工业	7				
精炼石油产品的制造	5				
炼焦	2				
化学原料及化学制品制造业	20	8	3	5	3
基础化学原料制造	7	3	1	2	1
肥料制造	7	2		1	
农药制造	1	1	1	1	1
合成材料制造	3	1			
专用化学产品制造	2	1	1	1	1
医药制造业	4	3	3	3	3
化学药品原药制造	1	1	1	1	1
化学药品制剂制造	1	1	1	1	1
中成药制造	1	1	1	1	1
兽用药品制造	1				
橡胶制品业	2	2	1	2	1
轮胎制造	2	2	1	2	1

3-B-5 续表 单位：个

行业	企业数	#有科技活动	#有R&D活动	#有新产品开发	#有科技机构
塑料制品业	1				
塑料板、管、型材的制造	1				
非金属矿物制品业	15	8	4	4	4
水泥、石灰和石膏的制造	10	6	2	2	3
水泥及石膏制品制造	1	1	1	1	1
砖瓦、石材及其他建筑材料制造	1	1	1	1	
石墨及其他非金属矿物制品制造	3				
黑色金属冶炼及压延加工业	10	2	1	2	
炼铁	2				
钢压延加工	1	1	1	1	
铁合金冶炼	7	1		1	
有色金属冶炼及压延加工业	9	7	4	2	3
常用有色金属冶炼	8	6	3	1	2
稀有稀土金属冶炼	1	1	1	1	1
金属制品业	2	1	1	1	1
结构性金属制品制造	1				
金属丝绳及其制品的制造	1	1	1	1	1
通用设备制造业	8	6	5	6	6
金属加工机械制造	3	3	2	3	3
起重运输设备制造	1				
轴承、齿轮、传动和驱动部件的制造	2	1	1	1	1
金属铸、锻加工	2	2	2	2	2
专用设备制造业	2	2	2	2	2
矿山、冶金、建筑专用设备制造	2	2	2	2	2
电气机械及器材制造业	3	3	3	3	3
电机制造	1	1	1	1	1
输配电及控制设备制造	2	2	2	2	2
仪器仪表及文化、办公用机械制造业	1	1	1	1	1
通用仪器仪表制造	1	1	1	1	1
电力、燃气及水的生产和供应业	**12**	**5**	**2**	**2**	**2**
电力、热力的生产和供应业	11	5	2	2	2
电力生产	9	3	1	1	1
电力供应	1	1	1	1	1
热力生产和供应	1	1			
水的生产和供应业	1				
自来水的生产和供应	1				

3-B-6　国有及国有控股大中型制造业企业科技活动分布情况

单位：个

行　业	企业数	#有科技活动	#有R&D活动	#有新产品开发	#有科技机构
总　计	**23**	**16**	**13**	**14**	**13**
纺织服装、鞋、帽制造业	1				
造纸及纸制品业	2	2	2	2	2
石油加工、炼焦及核燃料加工业	1				
化学原料及化学制品制造业	4	2	1	2	1
非金属矿物制品业	5	3	1	1	2
黑色金属冶炼及压延加工业	1	1	1	1	
有色金属冶炼及压延加工业	2	2	2	2	2
金属制品业	1	1	1	1	1
通用设备制造业	2	1	1	1	1
专用设备制造业	2	2	2	2	2
电气机械及器材制造业	1	1	1	1	1
仪器仪表及文化、办公用机械制造业	1	1	1	1	1

C. 科技活动人员情况

3-C-1 分登记注册类型工业企业科技活动人员情况

单位：人

登记注册类型	科技活动人员合计	参加科技项目人员	科技管理和服务人员	科学家和工程师	高中级技术职称人员
总　计	**9233**	**7563**	**1670**	**6319**	**3451**
#国有及国有控股	4689	3645	1044	3182	1913
内资企业	**8492**	**6964**	**1528**	**5824**	**3186**
国有企业	672	661	11	614	360
集体企业	26	25	1	5	2
有限责任公司	4007	3047	960	2438	1373
国有独资公司	1479	836	643	637	344
其他有限责任公司	2528	2211	317	1801	1029
股份有限公司	1910	1561	349	1488	926
私营企业	1877	1670	207	1279	525
私营独资企业	25	22	3	12	8
私营有限责任公司	1852	1648	204	1267	517
港、澳、台商投资企业	**106**	**100**	**6**	**100**	**69**
合资经营企业(港或澳、台资)	96	90	6	90	66
港、澳、台商投资股份有限公司	10	10		10	3
外商投资企业	**635**	**499**	**136**	**395**	**196**
中外合资经营企业	556	433	123	341	170
中外合作经营企业	17	13	4	5	1
外资企业	62	53	9	49	25

3-C-2　分行业工业企业科技活动人员情况

单位：人

行　业	科技活动人员合计	参加科技项目人员	科技管理和服务人员	科学家和工程师	高中级技术职称人员
总　计	**9233**	**7563**	**1670**	**6319**	**3451**
采矿业	**903**	**294**	**609**	**288**	**198**
煤炭开采和洗选业	895	286	609	286	197
烟煤和无烟煤的开采洗选	895	286	609	286	197
黑色金属矿采选业	8	8		2	1
铁矿采选	8	8		2	1
制造业	**7408**	**6384**	**1024**	**5198**	**2786**
农副食品加工业	276	244	32	229	59
谷物磨制	35	33	2	33	17
饲料加工	72	63	9	48	34
其他农副食品加工	169	148	21	148	8
食品制造业	241	163	78	201	120
方便食品制造	7	6	1	6	4
液体乳及乳制品制造	130	69	61	113	64
调味品、发酵制品制造	63	50	13	47	26
其他食品制造	41	38	3	35	26
饮料制造业	146	118	28	104	45
酒的制造	137	110	27	96	42
软饮料制造	9	8	1	8	3
纺织业	415	320	95	279	132
毛纺织和染整精加工	415	320	95	279	132
皮革、毛皮、羽毛(绒)及其制品业	6	6			
毛皮鞣制及制品加工	6	6			
木材加工及木、竹、藤、棕、草制品业	10	8	2	8	2
木制品制造	10	8	2	8	2
造纸及纸制品业	725	659	66	653	133
造纸	725	659	66	653	133
印刷业和记录媒介的复制	45	45		45	6
印刷	45	45		45	6
化学原料及化学制品制造业	329	256	73	170	115
基础化学原料制造	154	101	53	55	28
肥料制造	80	69	11	44	39
农药制造	20	20		20	6
涂料、油墨、颜料及类似产品制造	13	12	1	8	8
合成材料制造	15	15		15	9
专用化学产品制造	47	39	8	28	25
医药制造业	891	784	107	641	311
化学药品原药制造	301	236	65	235	158
化学药品制剂制造	82	68	14	62	29
中成药制造	508	480	28	344	124

3-C-2 续表 单位：人

行业	科技活动人员合计	参加科技项目人员	科技管理和服务人员	科学家和工程师	高中级技术职称人员
橡胶制品业	117	99	18	94	52
轮胎制造	117	99	18	94	52
非金属矿物制品业	487	439	48	272	194
水泥、石灰和石膏的制造	378	345	33	214	161
水泥及石膏制品制造	59	47	12	46	30
砖瓦、石材及其他建筑材料制造	15	15		7	1
石墨及其他非金属矿物制品制造	35	32	3	5	2
黑色金属冶炼及压延加工业	229	224	5	80	51
钢压延加工	56	56		45	45
铁合金冶炼	173	168	5	35	6
有色金属冶炼及压延加工业	1230	1177	53	709	473
常用有色金属冶炼	625	572	53	296	198
稀有稀土金属冶炼	595	595		403	272
有色金属压延加工	10	10		10	3
金属制品业	79	60	19	70	65
金属丝绳及其制品的制造	66	49	17	60	59
建筑、安全用金属制品制造	7	7		7	5
其他金属制品制造	6	4	2	3	1
通用设备制造业	1137	1016	121	732	516
锅炉及原动机制造	40	37	3	26	13
金属加工机械制造	322	294	28	256	195
起重运输设备制造	55	48	7	40	34
泵、阀门、压缩机及类似机械的制造	15	11	4	11	9
轴承、齿轮、传动和驱动部件的制造	424	375	49	224	192
风机、衡器、包装设备等通用设备制造	26	16	10	16	13
金属铸、锻加工	255	235	20	159	60
专用设备制造业	353	240	113	308	211
矿山、冶金、建筑专用设备制造	281	175	106	261	194
印刷、制药、日化生产专用设备制造	5	5		3	3
电子和电工机械专用设备制造	67	60	7	44	14
电气机械及器材制造业	259	210	49	172	73
电机制造	95	56	39	61	29
输配电及控制设备制造	126	116	10	100	40
电池制造	38	38		11	4
仪器仪表及文化、办公用机械制造业	433	316	117	431	228
通用仪器仪表制造	433	316	117	431	228
电力、燃气及水的生产和供应业	**922**	**885**	**37**	**833**	**467**
电力、热力的生产和供应业	922	885	37	833	467
电力生产	231	200	31	172	160
电力供应	529	523	6	499	293
热力生产和供应	162	162		162	14

3-C-3 国有及国有控股制造业企业科技活动人员情况

单位：人

行　业	科技活动人员合计	参加科技项目人员	科技管理和服务人员	科学家和工程师	高中级技术职称人员
总　计	**3066**	**2644**	**422**	**2209**	**1389**
饮料制造业	15	9	6	4	4
造纸及纸制品业	421	396	25	396	110
化学原料及化学制品制造业	81	71	10	60	57
医药制造业	19	11	8	5	3
非金属矿物制品业	281	257	24	188	141
黑色金属冶炼及压延加工业	56	56		45	45
有色金属冶炼及压延加工业	1017	983	34	592	405
金属制品业	66	49	17	60	59
通用设备制造业	424	375	49	224	192
专用设备制造业	286	180	106	264	197
电气机械及器材制造业	75	41	34	46	24
仪器仪表及文化、办公用机械制造业	325	216	109	325	152

3-C-4 分登记注册类型大中型工业企业科技活动人员情况

单位：人

行　业	科技活动人员合计	参加科技项目人员	科技管理和服务人员	科学家和工程师	高中级技术职称人员
总　计	**8089**	**6601**	**1488**	**5559**	**3032**
#国有及国有控股	4604	3577	1027	3134	1881
内资企业	**7583**	**6183**	**1400**	**5233**	**2866**
国有企业	652	644	8	604	354
有限责任公司	3732	2826	906	2265	1282
国有独资公司	1467	824	643	625	340
其他有限责任公司	2265	2002	263	1640	942
股份有限公司	1910	1561	349	1488	926
私营企业	1289	1152	137	876	304
私营独资企业	25	22	3	12	8
私营有限责任公司	1264	1130	134	864	296
外商投资企业	**506**	**418**	**88**	**326**	**166**
中外合资经营企业	489	403	86	316	156
外资企业	17	15	2	10	10

3-C-5 分行业大中型工业企业科技活动人员情况

单位：人

行业	科技活动人员合计	参加科技项目人员	科技管理和服务人员	科学家和工程师	高中级技术职称人员
总计	**8089**	**6601**	**1488**	**5559**	**3032**
采矿业	**895**	**286**	**609**	**286**	**197**
煤炭开采和洗选业	895	286	609	286	197
烟煤和无烟煤的开采洗选	895	286	609	286	197
制造业	**6284**	**5442**	**842**	**4452**	**2372**
农副食品加工业	225	195	30	188	34
饲料加工	56	47	9	40	26
其他农副食品加工	169	148	21	148	8
食品制造业	161	93	68	128	75
液体乳及乳制品制造	98	43	55	81	49
调味品、发酵制品制造	63	50	13	47	26
饮料制造业	66	55	11	47	21
酒的制造	66	55	11	47	21
纺织业	326	260	66	220	96
毛纺织和染整精加工	326	260	66	220	96
造纸及纸制品业	656	629	27	629	121
造纸	656	629	27	629	121
化学原料及化学制品制造业	275	207	68	144	99
基础化学原料制造	126	77	49	46	24
肥料制造	67	56	11	35	35
农药制造	20	20		20	6
合成材料制造	15	15		15	9
专用化学产品制造	47	39	8	28	25
医药制造业	855	759	96	622	305
化学药品原药制造	301	236	65	235	158
化学药品制剂制造	46	43	3	43	23
中成药制造	508	480	28	344	124
橡胶制品业	117	99	18	94	52
轮胎制造	117	99	18	94	52
非金属矿物制品业	430	385	45	258	185
水泥、石灰和石膏的制造	371	338	33	207	156
水泥及石膏制品制造	44	32	12	44	28
砖瓦、石材及其他建筑材料制造	15	15		7	1
黑色金属冶炼及压延加工业	176	176		61	51
钢压延加工	56	56		45	45
铁合金冶炼	120	120		16	6
有色金属冶炼及压延加工业	1220	1167	53	699	470
常用有色金属冶炼	625	572	53	296	198
稀有稀土金属冶炼	595	595		403	272
金属制品业	66	49	17	60	59
金属丝绳及其制品的制造	66	49	17	60	59
通用设备制造业	943	853	90	596	412
金属加工机械制造	274	253	21	218	162
轴承、齿轮、传动和驱动部件的制造	424	375	49	224	192
金属铸、锻加工	245	225	20	154	58
专用设备制造业	274	168	106	254	187
矿山、冶金、建筑专用设备制造	274	168	106	254	187
电气机械及器材制造业	169	131	38	127	53
电机制造	55	24	31	36	18
输配电及控制设备制造	114	107	7	91	35
仪器仪表及文化、办公用机械制造业	325	216	109	325	152
通用仪器仪表制造	325	216	109	325	152
电力、燃气及水的生产和供应业	**910**	**873**	**37**	**821**	**463**
电力、热力的生产和供应业	910	873	37	821	463
电力生产	231	200	31	172	160
电力供应	529	523	6	499	293
热力生产和供应	150	150		150	10

3-C-6　国有及国有控股大中型制造业企业科技活动人员情况

单位：人

行　业	科技活动人员合计	参加科技项目人员	科技管理和服务人员	科学家和工程师	高中级技术职称人员
总　计	**2993**	**2588**	**405**	**2173**	**1361**
造纸及纸制品业	421	396	25	396	110
化学原料及化学制品制造业	81	71	10	60	57
非金属矿物制品业	274	250	24	181	136
黑色金属冶炼及压延加工业	56	56		45	45
有色金属冶炼及压延加工业	1017	983	34	592	405
金属制品业	66	49	17	60	59
通用设备制造业	424	375	49	224	192
专用设备制造业	274	168	106	254	187
电气机械及器材制造业	55	24	31	36	18
仪器仪表及文化、办公用机械制造业	325	216	109	325	152

D. 科技活动经费筹集情况

3-D-1 分登记注册类型工业企业科技活动经费筹集情况

单位：千元

登记注册类型	科技活动经费筹集总额	政府资金	企业资金	金融机构贷款	其他资金
总　计	**1496618**	**117139**	**1090193**	**125101**	**164185**
#国有及国有控股	802427	63570	549212	31000	158645
内资企业	**1296313**	**107659**	**934079**	**90390**	**164185**
国有企业	113860		113860		
集体企业	817		817		
有限责任公司	725717	65490	474042	26500	159685
国有独资公司	334474	28370	147459		158645
其他有限责任公司	391243	37120	326583	26500	1040
股份有限公司	265880	14620	218710	32550	
私营企业	190039	27549	126650	31340	4500
私营独资企业	425		425		
私营有限责任公司	189614	27549	126225	31340	4500
港、澳、台商投资企业	**15433**	**2400**	**11233**	**1800**	
合资经营企业(港或澳、台资)	11433	2100	7533	1800	
港、澳、台商投资股份有限公司	4000	300	3700		
外商投资企业	**184872**	**7080**	**144881**	**32911**	
中外合资经营企业	168746	7080	129355	32311	
中外合作经营企业	2280		1680	600	
外资企业	13846		13846		

3-D-2　分行业工业企业科技活动经费筹集情况

单位：千元

行　业	科技活动经费筹集总额	政府资金	企业资金	金融机构贷款	其他资金
总　计	**1496618**	**117139**	**1090193**	**125101**	**164185**
采矿业	**59043**	**15170**	**43873**		
煤炭开采和洗选业	58853	15170	43683		
烟煤和无烟煤的开采洗选	58853	15170	43683		
黑色金属矿采选业	190		190		
铁矿采选	190		190		
制造业	**1332733**	**101969**	**941478**	**125101**	**164185**
农副食品加工业	29470	2600	16570	10300	
谷物磨制	3080		2780	300	
饲料加工	10170	1400	8770		
其他农副食品加工	16220	1200	5020	10000	
食品制造业	18463	800	16013	1550	100
方便食品制造	1250	100	1050		100
液体乳及乳制品制造	6480	300	4630	1550	
调味品、发酵制品制造	7000	30	6970		
其他食品制造	3733	370	3363		
饮料制造业	12764	640	12124		
酒的制造	11965	640	11325		
软饮料制造	799		799		
纺织业	85590	10390	43130	31770	300
毛纺织和染整精加工	85590	10390	43130	31770	300
皮革、毛皮、羽毛(绒)及其制品业	5500	500	3200	1800	
毛皮鞣制及制品加工	5500	500	3200	1800	
木材加工及木、竹、藤、棕、草制品业	3600	1200	2000		400
木制品制造	3600	1200	2000		400
造纸及纸制品业	98243		64743	33500	
造纸	98243		64743	33500	
印刷业和记录媒介的复制	2356		2356		
印刷	2356		2356		
化学原料及化学制品制造业	45258	600	44058	600	
基础化学原料制造	13502	300	12602	600	
肥料制造	18717		18717		
农药制造	10500		10500		
涂料、油墨、颜料及类似产品制造	229		229		
合成材料制造	350		350		
专用化学产品制造	1960	300	1660		
医药制造业	90477	7880	67667	10370	4560
化学药品原药制造	50489	1750	48739		
化学药品制剂制造	6488		5928		560
中成药制造	33500	6130	13000	10370	4000

3-D-2 续表 单位：千元

行业	科技活动经费筹集总额	政府资金	企业资金	金融机构贷款	其他资金
橡胶制品业	103148	200	72837	30111	
轮胎制造	103148	200	72837	30111	
非金属矿物制品业	40288	2400	37888		
水泥、石灰和石膏的制造	33859		33859		
水泥及石膏制品制造	5360	2400	2960		
砖瓦、石材及其他建筑材料制造	192		192		
石墨及其他非金属矿物制品制造	877		877		
黑色金属冶炼及压延加工业	39577		39577		
钢压延加工	34000		34000		
铁合金冶炼	5577		5577		
有色金属冶炼及压延加工业	428732	37990	227797	4300	158645
常用有色金属冶炼	331942	16750	152247	4300	158645
稀有稀土金属冶炼	92790	20940	71850		
有色金属压延加工	4000	300	3700		
金属制品业	8381	1820	6461	100	
金属丝绳及其制品的制造	7791	1670	6121		
建筑、安全用金属制品制造	430	150	180	100	
其他金属制品制造	160		160		
通用设备制造业	168102	10590	157432		80
锅炉及原动机制造	6410		6330		80
金属加工机械制造	49848	1820	48028		
起重运输设备制造	3301		3301		
泵、阀门、压缩机及类似机械的制造	1360		1360		
轴承、齿轮、传动和驱动部件的制造	50500	2400	48100		
风机、衡器、包装设备等通用设备制造	5088	590	4498		
金属铸、锻加工	51595	5780	45815		
专用设备制造业	60606	1800	58806		
矿山、冶金、建筑专用设备制造	58799	1800	56999		
印刷、制药、日化生产专用设备制造	157		157		
电子和电工机械专用设备制造	1650		1650		
电气机械及器材制造业	60616	13909	46107	500	100
电机制造	34377	1150	33227		
输配电及控制设备制造	23729	12149	11080	500	
电池制造	2510	610	1800		100
仪器仪表及文化、办公用机械制造业	31562	8650	22712	200	
通用仪器仪表制造	31562	8650	22712	200	
电力、燃气及水的生产和供应业	**104842**		**104842**		
电力、热力的生产和供应业	104842		104842		
电力生产	60764		60764		
电力供应	42923		42923		
热力生产和供应	1155		1155		

3-D-3　国有及国有控股制造业企业科技活动经费筹集情况

单位：千元

行　业	科技活动经费筹集总额	政府资金	企业资金	金融机构贷款	其他资金
总　计	**697673**	**48400**	**459628**	**31000**	**158645**
饮料制造业	442	240	202		
造纸及纸制品业	88385		57385	31000	
化学原料及化学制品制造业	13552	300	13252		
医药制造业	905		905		
非金属矿物制品业	29578		29578		
黑色金属冶炼及压延加工业	34000		34000		
有色金属冶炼及压延加工业	367256	34140	174471		158645
金属制品业	7791	1670	6121		
通用设备制造业	50500	2400	48100		
专用设备制造业	58956	1800	57156		
电气机械及器材制造业	23008	1150	21858		
仪器仪表及文化、办公用机械制造业	23300	6700	16600		

3-D-4　分登记注册类型大中型工业企业科技活动经费筹集情况

单位：千元

登记注册类型	科技活动经费筹集总额	政府资金	企业资金	金融机构贷款	其他资金
总　计	**1377707**	**107049**	**989112**	**118901**	**162645**
#国有及国有控股	794055	63330	541080	31000	158645
内资企业	**1208082**	**100769**	**855878**	**88790**	**162645**
国有企业	111452		111452		
有限责任公司	697775	63280	449850	26000	158645
国有独资公司	334324	28370	147309		158645
其他有限责任公司	363451	34910	302541	26000	
股份有限公司	265880	14620	218710	32550	
私营企业	132975	22869	75866	30240	4000
私营独资企业	425		425		
私营有限责任公司	132550	22869	75441	30240	4000
外商投资企业	**169625**	**6280**	**133234**	**30111**	
中外合资经营企业	162688	6280	126297	30111	
外资企业	6937		6937		

3-D-5 分行业大中型工业企业科技活动经费筹集情况

单位：千元

行业	科技活动经费筹集总额	政府资金	企业资金	金融机构贷款	其他资金
总计	**1377707**	**107049**	**989112**	**118901**	**162645**
采矿业	**58853**	**15170**	**43683**		
煤炭开采和洗选业	58853	15170	43683		
烟煤和无烟煤的开采洗选	58853	15170	43683		
制造业	**1214162**	**91879**	**840737**	**118901**	**162645**
农副食品加工业	25110	2400	12710	10000	
饲料加工	8890	1200	7690		
其他农副食品加工	16220	1200	5020	10000	
食品制造业	11423	30	9843	1550	
液体乳及乳制品制造	4423		2873	1550	
调味品、发酵制品制造	7000	30	6970		
饮料制造业	4396	400	3996		
酒的制造	4396	400	3996		
纺织业	73640	7410	36660	29570	
毛纺织和染整精加工	73640	7410	36660	29570	
造纸及纸制品业	93885		60885	33000	
造纸	93885		60885	33000	
化学原料及化学制品制造业	35294	600	34694		
基础化学原料制造	10672	300	10372		
肥料制造	11812		11812		
农药制造	10500		10500		
合成材料制造	350		350		
专用化学产品制造	1960	300	1660		
医药制造业	88062	7880	65812	10370	4000
化学药品原药制造	50489	1750	48739		
化学药品制剂制造	4073		4073		
中成药制造	33500	6130	13000	10370	4000
橡胶制品业	103148	200	72837	30111	
轮胎制造	103148	200	72837	30111	
非金属矿物制品业	39015	2400	36615		
水泥、石灰和石膏的制造	33823		33823		
水泥及石膏制品制造	5000	2400	2600		
砖瓦、石材及其他建筑材料制造	192		192		
黑色金属冶炼及压延加工业	38500		38500		
钢压延加工	34000		34000		
铁合金冶炼	4500		4500		
有色金属冶炼及压延加工业	424732	37690	224097	4300	158645
常用有色金属冶炼	331942	16750	152247	4300	158645
稀有稀土金属冶炼	92790	20940	71850		
金属制品业	7791	1670	6121		
金属丝绳及其制品的制造	7791	1670	6121		
通用设备制造业	148106	9400	138706		
金属加工机械制造	46411	1220	45191		
轴承、齿轮、传动和驱动部件的制造	50500	2400	48100		
金属铸、锻加工	51195	5780	45415		
专用设备制造业	54525	1800	52725		
矿山、冶金、建筑专用设备制造	54525	1800	52725		
电气机械及器材制造业	43235	13299	29936		
电机制造	20600	1150	19450		
输配电及控制设备制造	22635	12149	10486		
仪器仪表及文化、办公用机械制造业	23300	6700	16600		
通用仪器仪表制造	23300	6700	16600		
电力、燃气及水的生产和供应业	**104692**		**104692**		
电力、热力的生产和供应业	104692		104692		
电力生产	60764		60764		
电力供应	42923		42923		
热力生产和供应	1005		1005		

3-D-6　国有及国有控股大中型制造业企业科技活动经费筹集情况

单位：千元

行　业	科技活动经费筹集总额	政府资金	企业资金	金融机构贷款	其他资金
总　计	**689451**	**48160**	**451646**	**31000**	**158645**
造纸及纸制品业	88385		57385	31000	
化学原料及化学制品制造业	13552	300	13252		
非金属矿物制品业	29542		29542		
黑色金属冶炼及压延加工业	34000		34000		
有色金属冶炼及压延加工业	367256	34140	174471		158645
金属制品业	7791	1670	6121		
通用设备制造业	50500	2400	48100		
专用设备制造业	54525	1800	52725		
电气机械及器材制造业	20600	1150	19450		
仪器仪表及文化、办公用机械制造业	23300	6700	16600		

E. 科技活动经费内部支出情况

3-E-1 分登记注册类型工业企业科技活动经费内部支出情况

单位：千元

登记注册类型	科技活动经费内部支出	1.经常费支出	劳务费	2.科研基建支出	#固定资产购建支出
总　计	**1561211**	**1375327**	**249755**	**185884**	**654549**
#国有及国有控股	754724	735062	141758	19662	277276
内资企业	**1364731**	**1181010**	**221215**	**183721**	**599542**
国有企业	113768	113298	31464	470	45822
集体企业	817	817	437		
有限责任公司	748610	663190	110253	85420	325867
国有独资公司	296197	292344	38602	3853	109299
其他有限责任公司	452413	370846	71651	81567	216568
股份有限公司	251214	244751	50287	6463	95206
私营企业	250322	158954	28774	91368	132647
私营独资企业	425	425	75		
私营有限责任公司	249897	158529	28699	91368	132647
港、澳、台商投资企业	**12625**	**11650**	**3283**	**975**	**1795**
合资经营企业(港或澳、台资)	8625	7650	2803	975	1795
港、澳、台商投资股份有限公司	4000	4000	480		
外商投资企业	**183855**	**182667**	**25257**	**1188**	**53212**
中外合资经营企业	168432	167706	23061	726	44794
中外合作经营企业	2280	2280	425		553
外资企业	13143	12681	1771	462	7865

3-E-2　分行业工业企业科技活动经费内部支出情况

单位：千元

行　　业	科技活动经费内部支出	1.经常费支　出	劳务费	2.科研基建支　　出	#固定资产购建支出
总　　计	**1561211**	**1375327**	**249755**	**185884**	**654549**
采矿业	**34596**	**30743**	**27960**	**3853**	**5851**
煤炭开采和洗选业	34406	30553	27900	3853	5766
烟煤和无烟煤的开采洗选	34406	30553	27900	3853	5766
黑色金属矿采选业	190	190	60		85
铁矿采选	190	190	60		85
制造业	**1422907**	**1240876**	**191207**	**182031**	**603165**
农副食品加工业	44327	28837	7873	15490	31415
谷物磨制	14447	2447	913	12000	12632
饲料加工	13310	10170	3340	3140	5863
其他农副食品加工	16570	16220	3620	350	12920
食品制造业	21369	15454	4082	5915	11001
方便食品制造	1250	1250	100		985
液体乳及乳制品制造	9689	6474	2373	3215	4950
调味品、发酵制品制造	6697	3997	854	2700	4711
其他食品制造	3733	3733	755		355
饮料制造业	11458	10584	3172	874	3781
酒的制造	10659	9785	3074	874	3251
软饮料制造	799	799	98		530
纺织业	91080	70800	6851	20280	46111
毛纺织和染整精加工	91080	70800	6851	20280	46111
皮革、毛皮、羽毛(绒)及其制品业	1800	1800	43		
毛皮鞣制及制品加工	1800	1800	43		
木材加工及木、竹、藤、棕、草制品业	193	193	30		
木制品制造	193	193	30		
造纸及纸制品业	160470	96353	20055	64117	100791
造纸	160470	96353	20055	64117	100791
印刷业和记录媒介的复制	1921	1921	577		735
印刷	1921	1921	577		735
化学原料及化学制品制造业	37719	31090	5758	6629	14661
基础化学原料制造	14228	13502	3242	726	4262
肥料制造	10473	10473	278		2606
农药制造	9678	4678	983	5000	6620
涂料、油墨、颜料及类似产品制造	229	229	117		50
合成材料制造	248	248	78		
专用化学产品制造	2863	1960	1060	903	1123
医药制造业	84103	83453	18427	650	22399
化学药品原药制造	46019	45369	10610	650	20019
化学药品制剂制造	5988	5988	2317		384
中成药制造	32096	32096	5500		1996

3-E-2 续表 单位：千元

行业	科技活动经费内部支出	1.经常费支出	劳务费	2.科研基建支出	#固定资产购建支出
橡胶制品业	103148	103148	11867		32698
轮胎制造	103148	103148	11867		32698
非金属矿物制品业	36864	27269	8123	9595	19379
水泥、石灰和石膏的制造	29466	21106	5675	8360	17186
水泥及石膏制品制造	5410	5110	1927	300	1248
砖瓦、石材及其他建筑材料制造	877	192	60	685	685
石墨及其他非金属矿物制品制造	1111	861	461	250	260
黑色金属冶炼及压延加工业	38827	38827	3362		22900
钢压延加工	34000	34000	1800		22400
铁合金冶炼	4827	4827	1562		500
有色金属冶炼及压延加工业	450677	410287	34838	40390	205181
常用有色金属冶炼	356042	316052	19071	39990	173346
稀有稀土金属冶炼	90635	90235	15287	400	31835
有色金属压延加工	4000	4000	480		
金属制品业	9201	8201	2642	1000	3240
金属丝绳及其制品的制造	7791	7791	2372		2200
建筑、安全用金属制品制造	1250	250	170	1000	1040
其他金属制品制造	160	160	100		
通用设备制造业	181502	167382	33221	14120	50290
锅炉及原动机制造	6410	6410	3780		380
金属加工机械制造	55738	49268	8180	6470	19534
起重运输设备制造	3301	3301	1286		195
泵、阀门、压缩机及类似机械的制造	1360	1360	300		656
轴承、齿轮、传动和驱动部件的制造	50500	50500	10649		11184
风机、衡器、包装设备等通用设备制造	12738	5088	965	7650	9440
金属铸、锻加工	51455	51455	8061		8901
专用设备制造业	61567	60391	13029	1176	17215
矿山、冶金、建筑专用设备制造	59724	58584	12039	1140	17082
印刷、制药、日化生产专用设备制造	193	157	52	36	87
电子和电工机械专用设备制造	1650	1650	938		46
电气机械及器材制造业	55481	54661	5312	820	16071
电机制造	32556	31736	2318	820	11006
输配电及控制设备制造	22314	22314	2871		5065
电池制造	611	611	123		
仪器仪表及文化、办公用机械制造业	31200	30225	11945	975	5297
通用仪器仪表制造	31200	30225	11945	975	5297
电力、燃气及水的生产和供应业	**103708**	**103708**	**30588**		**45533**
电力、热力的生产和供应业	103708	103708	30588		45533
电力生产	59630	59630	4802		27961
电力供应	42923	42923	25056		17342
热力生产和供应	1155	1155	730		230

3-E-3　国有及国有控股制造业企业科技活动经费内部支出情况

单位：千元

行　业	科技活动经费内部支出	1.经常费支出	劳务费	2.科研基建支出	#固定资产购建支出
总　计	**675495**	**659686**	**87452**	**15809**	**253938**
饮料制造业	432	432	162		150
造纸及纸制品业	91765	87265	17740	4500	36620
化学原料及化学制品制造业	6211	5308	1202	903	3729
医药制造业	905	905	341		136
非金属矿物制品业	26385	18025	5008	8360	15912
黑色金属冶炼及压延加工业	34000	34000	1800		22400
有色金属冶炼及压延加工业	351271	350871	25259	400	135138
金属制品业	7791	7791	2372		2200
通用设备制造业	50500	50500	10649		11184
专用设备制造业	59917	58741	12091	1176	17169
电气机械及器材制造业	23478	23008	1968	470	6250
仪器仪表及文化、办公用机械制造业	22840	22840	8860		3050

3-E-4　分登记注册类型大中型工业企业科技活动经费内部支出情况

单位：千元

登记注册类型	科技活动经费内部支出	1.经常费支出	劳务费	2.科研基建支出	#固定资产购建支出
总　计	**1427330**	**1276179**	**225203**	**151151**	**598708**
#国有及国有控股	738256	726700	139718	11556	268083
内资企业	1257119	1106694	202941	150425	548540
国有企业	110890	110890	30576		44742
有限责任公司	707408	637274	101926	70134	304448
国有独资公司	296047	292194	38592	3853	109159
其他有限责任公司	411361	345080	63334	66281	195289
股份有限公司	251214	244751	50287	6463	95206
私营企业	187607	113779	20152	73828	104144
私营独资企业	425	425	75		
私营有限责任公司	187182	113354	20077	73828	104144
外商投资企业	170211	169485	22262	726	50168
中外合资经营企业	163274	162548	22073	726	44108
外资企业	6937	6937	189		6060

3-E-5 分行业大中型工业企业科技活动经费内部支出情况

单位：千元

行业	科技活动经费内部支出	1.经常费支出	劳务费	2.科研基建支出	#固定资产购建支出
总计	**1427330**	**1276179**	**225203**	**151151**	**598708**
采矿业	**34406**	**30553**	**27900**	**3853**	**5766**
煤炭开采和洗选业	34406	30553	27900	3853	5766
烟煤和无烟煤的开采洗选	34406	30553	27900	3853	5766
制造业	**1289366**	**1142068**	**166725**	**147298**	**547549**
农副食品加工业	28560	25110	6820	3450	18153
饲料加工	11990	8890	3200	3100	5233
其他农副食品加工	16570	16220	3620	350	12920
食品制造业	11114	8414	2924	2700	5471
液体乳及乳制品制造	4417	4417	2070		760
调味品、发酵制品制造	6697	3997	854	2700	4711
饮料制造业	3803	3391	1168	412	1266
酒的制造	3803	3391	1168	412	1266
纺织业	83130	62850	4781	20280	43446
毛纺织和染整精加工	83130	62850	4781	20280	43446
造纸及纸制品业	156612	92495	19079	64117	100043
造纸	156612	92495	19079	64117	100043
化学原料及化学制品制造业	27755	21126	5051	6629	14038
基础化学原料制造	11398	10672	2732	726	3689
肥料制造	3568	3568	198		2606
农药制造	9678	4678	983	5000	6620
合成材料制造	248	248	78		
专用化学产品制造	2863	1960	1060	903	1123
医药制造业	81988	81338	17706	650	22015
化学药品原药制造	46019	45369	10610	650	20019
化学药品制剂制造	3873	3873	1596		
中成药制造	32096	32096	5500		1996
橡胶制品业	103148	103148	11867		32698
轮胎制造	103148	103148	11867		32698
非金属矿物制品业	27072	26012	7469	1060	10806
水泥、石灰和石膏的制造	21830	21070	5639	760	9586
水泥及石膏制品制造	5050	4750	1770	300	1220
砖瓦、石材及其他建筑材料制造	192	192	60		
黑色金属冶炼及压延加工业	37750	37750	3100		22900
钢压延加工	34000	34000	1800		22400
铁合金冶炼	3750	3750	1300		500
有色金属冶炼及压延加工业	446677	406287	34358	40390	205181
常用有色金属冶炼	356042	316052	19071	39990	173346
稀有稀土金属冶炼	90635	90235	15287	400	31835
金属制品业	7791	7791	2372		2200
金属丝绳及其制品的制造	7791	7791	2372		2200
通用设备制造业	153856	147386	25982	6470	38965
金属加工机械制造	52301	45831	7462	6470	18960
轴承、齿轮、传动和驱动部件的制造	50500	50500	10649		11184
金属铸、锻加工	51055	51055	7871		8821
专用设备制造业	55450	54310	11488	1140	17082
矿山、冶金、建筑专用设备制造	55450	54310	11488	1140	17082
电气机械及器材制造业	41820	41820	3700		10235
电机制造	20600	20600	1080		5170
输配电及控制设备制造	21220	21220	2620		5065
仪器仪表及文化、办公用机械制造业	22840	22840	8860		3050
通用仪器仪表制造	22840	22840	8860		3050
电力、燃气及水的生产和供应业	**103558**	**103558**	**30578**		**45393**
电力、热力的生产和供应业	103558	103558	30578		45393
电力生产	59630	59630	4802		27961
电力供应	42923	42923	25056		17342
热力生产和供应	1005	1005	720		90

3-E-6　国有及国有控股大中型制造业企业科技活动经费内部支出情况

单位：千元

行　业	科技活动经费内部支出	1.经常费支出	劳务费	2.科研基建支出	#固定资产购建支出
总　计	**659177**	**651474**	**85422**	**7703**	**244885**
造纸及纸制品业	91765	87265	17740	4500	36620
化学原料及化学制品制造业	6211	5308	1202	903	3729
非金属矿物制品业	18749	17989	4972	760	8312
黑色金属冶炼及压延加工业	34000	34000	1800		22400
有色金属冶炼及压延加工业	351271	350871	25259	400	135138
金属制品业	7791	7791	2372		2200
通用设备制造业	50500	50500	10649		11184
专用设备制造业	55450	54310	11488	1140	17082
电气机械及器材制造业	20600	20600	1080		5170
仪器仪表及文化、办公用机械制造业	22840	22840	8860		3050

F. 科技活动经费外部支出情况

3-F-1 分登记注册类型工业企业科技活动经费外部支出情况

单位：千元

登记注册类型	科技活动经费外部支出	对研究院所和高校支出	对其他企业支出
总　　计	**71135**	**41028**	**28840**
国有及国有控股	**44040**	**25986**	**17484**
内资企业	**69747**	**39793**	**28687**
国有企业	660	100	
有限责任公司	41457	28344	12913
国有独资公司	29393	20294	9099
其他有限责任公司	12064	8050	3814
股份有限公司	12348	4998	7340
私营企业	15282	6351	8434
私营有限责任公司	15282	6351	8434
港、澳、台商投资企业	**83**	**83**	
合资经营企业(港或澳、台资)	83	83	
外商投资企业	**1305**	**1152**	**153**
中外合资经营企业	140	52	88
外资企业	1165	1100	65

3-F-2　分行业工业企业科技活动经费外部支出情况

单位：千元

行　业	科技活动经费外部支出	对研究院所和高校支出	对其他企业支出
总　计	**71135**	**41028**	**28840**
采矿业	**28300**	**19540**	**8760**
煤炭开采和洗选业	28300	19540	8760
烟煤和无烟煤的开采洗选	28300	19540	8760
制造业	**41603**	**21092**	**19244**
食品制造业	1049	1000	49
液体乳及乳制品制造	6		6
调味品、发酵制品制造	1043	1000	43
饮料制造业	1460	1370	90
酒的制造	1460	1370	90
纺织业	10490	1490	9000
毛纺织和染整精加工	10490	1490	9000
造纸及纸制品业	1320	560	
造纸	1320	560	
印刷业和记录媒介的复制	317		
印刷	317		
化学原料及化学制品制造业	8244	1000	7234
肥料制造	8244	1000	7234
医药制造业	9820	8570	1250
化学药品原药制造	5120	4070	1050
化学药品制剂制造	500	300	200
中成药制造	4200	4200	
非金属矿物制品业	3122	3022	100
水泥、石灰和石膏的制造	3122	3022	100
黑色金属冶炼及压延加工业	50	50	
铁合金冶炼	50	50	
有色金属冶炼及压延加工业	2323	1984	339
常用有色金属冶炼	1923	1584	339
稀有稀土金属冶炼	400	400	
金属制品业	100	10	90
建筑、安全用金属制品制造	100	10	90
通用设备制造业	720	52	668
金属加工机械制造	580		580
金属铸、锻加工	140	52	88
专用设备制造业	215		215
矿山、冶金、建筑专用设备制造	215		215
电气机械及器材制造业	1501	1501	
输配电及控制设备制造	1501	1501	
仪器仪表及文化、办公用机械制造业	872	483	209
通用仪器仪表制造	872	483	209
电力、燃气及水的生产和供应业	**1232**	**396**	**836**
电力、热力的生产和供应业	1232	396	836
电力生产	1232	396	836

3-F-3 国有及国有控股制造业企业科技活动经费外部支出情况

单位：千元

行业	科技活动经费外部支出	对研究院所和高校支出	对其他企业支出
总计	**14564**	**6106**	**7888**
饮料制造业	10	10	
造纸及纸制品业	1120	560	
化学原料及化学制品制造业	8244	1000	7234
非金属矿物制品业	3022	3022	
有色金属冶炼及压延加工业	1493	1154	339
专用设备制造业	215		215
仪器仪表及文化、办公用机械制造业	460	360	100

3-F-4 分登记注册类型大中型工业企业科技活动经费外部支出情况

单位：千元

登记注册类型	科技活动经费外部支出	对研究院所和高校支出	对其他企业支出
总计	**68631**	**39485**	**28576**
#国有及国有控股	44030	25976	17484
内资企业	**68491**	**39433**	**28488**
国有企业	660	100	
有限责任公司	40947	28034	12913
国有独资公司	29393	20294	9099
其他有限责任公司	11554	7740	3814
股份有限公司	12348	4998	7340
私营企业	14536	6301	8235
私营有限责任公司	14536	6301	8235
外商投资企业	**140**	**52**	**88**
中外合资经营企业	140	52	88

3-F-5　分行业大中型工业企业科技活动经费外部支出情况

单位：千元

行　业	科技活动经费外部支出	对研究院所和高校支出	对其他企业支出
总　计	**68631**	**39485**	**28576**
采矿业	**28300**	**19540**	**8760**
煤炭开采和洗选业	28300	19540	8760
烟煤和无烟煤的开采洗选	28300	19540	8760
制造业	**39099**	**19549**	**18980**
食品制造业	1049	1000	49
液体乳及乳制品制造	6		6
调味品、发酵制品制造	1043	1000	43
饮料制造业	285	260	25
酒的制造	285	260	25
纺织业	10490	1490	9000
毛纺织和染整精加工	10490	1490	9000
造纸及纸制品业	1120	560	
造纸	1120	560	
化学原料及化学制品制造业	8244	1000	7234
肥料制造	8244	1000	7234
医药制造业	9520	8270	1250
化学药品原药制造	5120	4070	1050
化学药品制剂制造	200		200
中成药制造	4200	4200	
非金属矿物制品业	3122	3022	100
水泥、石灰和石膏的制造	3122	3022	100
黑色金属冶炼及压延加工业	50	50	
铁合金冶炼	50	50	
有色金属冶炼及压延加工业	2323	1984	339
常用有色金属冶炼	1923	1584	339
稀有稀土金属冶炼	400	400	
通用设备制造业	720	52	668
金属加工机械制造	580		580
金属铸、锻加工	140	52	88
专用设备制造业	215		215
矿山、冶金、建筑专用设备制造	215		215
电气机械及器材制造业	1501	1501	
输配电及控制设备制造	1501	1501	
仪器仪表及文化、办公用机械制造业	460	360	100
通用仪器仪表制造	460	360	100
电力、燃气及水的生产和供应业	**1232**	**396**	**836**
电力、热力的生产和供应业	1232	396	836
电力生产	1232	396	836

3-F-6 国有及国有控股大中型制造业企业科技活动经费外部支出情况

单位：千元

行业	科技活动经费外部支出	对研究院所和高校支出	对其他企业支出
总计	**14554**	**6096**	**7888**
造纸及纸制品业	1120	560	
化学原料及化学制品制造业	8244	1000	7234
非金属矿物制品业	3022	3022	
有色金属冶炼及压延加工业	1493	1154	339
专用设备制造业	215		215
仪器仪表及文化、办公用机械制造业	460	360	100

G. 研究与试验发展（R&D）活动情况

3-G-1　分登记注册类型工业企业研究与试验发展（R&D)活动情况

登记注册类型	R&D人员(人)	R&D人员折合全时当量(人年)	科学家和工程师	R&D项目数(项)	R&D经费内部支出(千元)
总　计	**4891**	**3545**	**2779**	**644**	**656937**
#国有及国有控股	2091	1577	1245	309	320178
内资企业	**4430**	**3206**	**2533**	**562**	**599589**
国有企业	90	75	65	9	14930
集体企业	26	19	4	2	817
有限责任公司	2009	1188	925	219	315482
国有独资公司	504	372	272	22	96559
其他有限责任公司	1505	816	652	197	218923
股份有限公司	1204	1003	838	226	167292
私营企业	1101	921	702	106	101068
私营有限责任公司	1101	921	702	106	101068
港、澳、台商投资企业	**92**	**92**	**92**	**46**	**9508**
合资经营企业(港或澳、台资)	82	82	82	45	5508
港、澳、台商投资股份有限公司	10	10	10	1	4000
外商投资企业	**369**	**247**	**153**	**36**	**47840**
中外合资经营企业	307	199	118	27	39770
中外合作经营企业	17	17	7	1	2280
外资企业	45	32	29	8	5790

3-G-2 分行业工业企业研究与试验发展（R&D)活动情况

行业	R&D人员(人)	R&D人员折合全时当量(人年)	科学家和工程师	R&D项目数(项)	R&D经费内部支出(千元)
总计	**4891**	**3545**	**2779**	**644**	**656937**
采矿业	**277**	**212**	**210**	**8**	**7011**
煤炭开采和洗选业	269	210	210	7	6821
烟煤和无烟煤的开采洗选	269	210	210	7	6821
黑色金属矿采选业	8	2	1	1	190
铁矿采选	8	2	1	1	190
制造业	**4422**	**3254**	**2494**	**623**	**595183**
农副食品加工业	107	71	59	22	14131
谷物磨制	35	23	23	10	3647
饲料加工	72	47	35	12	10484
食品制造业	213	130	116	23	12734
方便食品制造	6	6	6	1	1250
液体乳及乳制品制造	119	68	58	12	5186
调味品、发酵制品制造	63	35	33	7	4267
其他食品制造	25	21	19	3	2031
饮料制造业	105	78	54	16	8936
酒的制造	105	78	54	16	8936
纺织业	199	182	178	15	44531
毛纺织和染整精加工	199	182	178	15	44531
木材加工及木、竹、藤、棕、草制品业	10	2	2	1	193
木制品制造	10	2	2	1	193
造纸及纸制品业	336	183	182	13	22608
造纸	336	183	182	13	22608
化学原料及化学制品制造业	140	83	44	13	15577
基础化学原料制造	88	55	28	7	8591
肥料制造	4	4	1	1	50
农药制造	20	1	1	2	5178
专用化学产品制造	28	23	14	3	1758
医药制造业	675	560	449	87	56850
化学药品原药制造	192	152	106	37	28139
化学药品制剂制造	48	34	34	19	3295
中成药制造	435	374	309	31	25416
橡胶制品业	59	8	7	1	5024
轮胎制造	59	8	7	1	5024
非金属矿物制品业	125	71	49	13	7253
水泥、石灰和石膏的制造	36	10	5	3	1522

3-G-2　续表

行　业	R&D人员(人)	R&D人员折合全时当量(人年)	科学家和工程师	R&D项目数(项)	R&D经费内部支出(千元)
水泥及石膏制品制造	44	39	39	5	4780
砖瓦、石材及其他建筑材料制造	10	2	1	2	90
石墨及其他非金属矿物制品制造	35	20	4	3	861
黑色金属冶炼及压延加工业	81	63	35	7	11077
钢压延加工	28	17	15	4	10000
铁合金冶炼	53	46	20	3	1077
有色金属冶炼及压延加工业	598	348	185	43	146736
常用有色金属冶炼	239	163	61	16	90089
稀有稀土金属冶炼	349	175	114	26	52647
有色金属压延加工	10	10	10	1	4000
金属制品业	46	44	41	4	5633
金属丝绳及其制品的制造	42	42	39	3	5573
其他金属制品制造	4	2	2	1	60
通用设备制造业	805	703	476	185	116624
锅炉及原动机制造	37	31	18	5	6116
金属加工机械制造	209	139	128	31	40563
起重运输设备制造	34	34	34	7	1925
泵、阀门、压缩机及类似机械的制造	15	15	15	4	1360
轴承、齿轮、传动和驱动部件的制造	323	323	190	116	37810
金属铸、锻加工	187	161	92	22	28850
专用设备制造业	289	105	93	52	52744
矿山、冶金、建筑专用设备制造	217	78	74	47	51033
印刷、制药、日化生产专用设备制造	5	3	2	3	161
电子和电工机械专用设备制造	67	23	17	2	1550
电气机械及器材制造业	211	202	106	35	44784
电机制造	95	91	82	28	31818
输配电及控制设备制造	87	82	16	5	12661
电池制造	29	29	8	2	305
仪器仪表及文化、办公用机械制造业	423	423	418	93	29748
通用仪器仪表制造	423	423	418	93	29748
电力、燃气及水的生产和供应业	**192**	**79**	**75**	**13**	**54743**
电力、热力的生产和供应业	192	79	75	13	54743
电力生产	143	36	31	9	53423
电力供应	37	35	35	3	1170
热力生产和供应	12	8	8	1	150

3-G-3 国有及国有控股制造业企业研究与试验发展(R&D)活动情况

行业	R&D人员(人)	R&D人员折合全时当量(人年)		R&D项目数(项)	R&D经费内部支出(千元)
			科学家和工程师		
总计	**1773**	**1324**	**992**	**298**	**312037**
饮料制造业	7	7	2	1	176
造纸及纸制品业	147	103	103	7	17274
化学原料及化学制品制造业	28	23	14	3	1758
非金属矿物制品业	4	4	3	1	122
黑色金属冶炼及压延加工业	28	17	15	4	10000
有色金属冶炼及压延加工业	572	328	168	40	142235
金属制品业	42	42	39	3	5573
通用设备制造业	323	323	190	116	37810
专用设备制造业	222	82	76	50	51194
电气机械及器材制造业	75	71	62	27	23055
仪器仪表及文化、办公用机械制造业	325	325	320	46	22840

3-G-4 分登记注册类型大中型工业企业研究与试验发展 (R&D)活动情况

登记注册类型	R&D人员(人)	R&D人员折合全时当量(人年)		R&D项目数(项)	R&D经费内部支出(千元)
			科学家和工程师		
总计	**4114**	**2928**	**2295**	**506**	**588521**
#国有及国有控股	2040	1532	1214	302	312962
内资企业	**3807**	**2729**	**2177**	**479**	**548751**
国有企业	70	55	53	8	12475
有限责任公司	1806	1054	819	191	296341
国有独资公司	492	364	264	21	96409
其他有限责任公司	1314	691	555	170	199932
股份有限公司	1204	1003	838	226	167292
私营企业	727	617	467	54	72643
私营有限责任公司	727	617	467	54	72643
外商投资企业	**307**	**199**	**118**	**27**	**39770**
中外合资经营企业	307	199	118	27	39770

3-G-5　分行业大中型工业企业研究与试验发展（R&D）活动情况

行　业	R&D人员(人)	R&D人员折合全时当量(人年)	科学家和工程师	R&D项目数(项)	R&D经费内部支出(千元)
总　计	**4114**	**2928**	**2295**	**506**	**588521**
采矿业	**269**	**210**	**210**	**7**	**6821**
煤炭开采和洗选业	269	210	210	7	6821
烟煤和无烟煤的开采洗选	269	210	210	7	6821
制造业	**3665**	**2647**	**2019**	**487**	**527107**
农副食品加工业	56	32	28	10	9200
饲料加工	56	32	28	10	9200
食品制造业	161	97	85	18	8684
液体乳及乳制品制造	98	62	52	11	4417
调味品、发酵制品制造	63	35	33	7	4267
饮料制造业	42	31	17	6	2752
酒的制造	42	31	17	6	2752
纺织业	158	141	137	12	39581
毛纺织和染整精加工	158	141	137	12	39581
造纸及纸制品业	327	179	179	12	21808
造纸	327	179	179	12	21808
化学原料及化学制品制造业	111	60	37	10	13147
基础化学原料制造	63	36	22	5	6211
农药制造	20	1	1	2	5178
专用化学产品制造	28	23	14	3	1758
医药制造业	658	543	432	78	55640
化学药品原药制造	192	152	106	37	28139
化学药品制剂制造	31	17	17	10	2085
中成药制造	435	374	309	31	25416
橡胶制品业	59	8	7	1	5024
轮胎制造	59	8	7	1	5024
非金属矿物制品业	90	51	45	10	6392
水泥、石灰和石膏的制造	36	10	5	3	1522
水泥及石膏制品制造	44	39	39	5	4780
砖瓦、石材及其他建筑材料制造	10	2	1	2	90
黑色金属冶炼及压延加工业	28	17	15	4	10000
钢压延加工	28	17	15	4	10000
有色金属冶炼及压延加工业	588	338	175	42	142736
常用有色金属冶炼	239	163	61	16	90089
稀有稀土金属冶炼	349	175	114	26	52647
金属制品业	42	42	39	3	5573
金属丝绳及其制品的制造	42	42	39	3	5573
通用设备制造业	668	580	371	158	103710
金属加工机械制造	168	104	94	22	37450
轴承、齿轮、传动和驱动部件的制造	323	323	190	116	37810
金属铸、锻加工	177	153	88	20	28450
专用设备制造业	210	71	67	46	46759
矿山、冶金、建筑专用设备制造	210	71	67	46	46759
电气机械及器材制造业	142	133	66	31	33261
电机制造	55	51	51	26	20600
输配电及控制设备制造	87	82	16	5	12661
仪器仪表及文化、办公用机械制造业	325	325	320	46	22840
通用仪器仪表制造	325	325	320	46	22840
电力、燃气及水的生产和供应业	**180**	**71**	**66**	**12**	**54593**
电力、热力的生产和供应业	180	71	66	12	54593
电力生产	143	36	31	9	53423
电力供应	37	35	35	3	1170

3-G-6 国有及国有控股大中型制造业企业研究与试验发展（R&D)活动情况

行 业	R&D人员(人)	R&D人员折合全时当量(人年)	科学家和工程师	R&D项目数(项)	R&D经费内部支出(千元)
总 计	**1734**	**1287**	**969**	**292**	**304971**
造纸及纸制品业	147	103	103	7	17274
化学原料及化学制品制造业	28	23	14	3	1758
非金属矿物制品业	4	4	3	1	122
黑色金属冶炼及压延加工业	28	17	15	4	10000
有色金属冶炼及压延加工业	572	328	168	40	142235
金属制品业	42	42	39	3	5573
通用设备制造业	323	323	190	116	37810
专用设备制造业	210	71	67	46	46759
电气机械及器材制造业	55	51	51	26	20600
仪器仪表及文化、办公用机械制造业	325	325	320	46	22840

H. 企业办科技机构情况

3-H-1 分登记注册类型工业企业办科技机构情况

登记注册类型	企业办科技机构数(个)	机构科技活动人员(人)	#博士毕业	#硕士毕业	机构科技经费内部支出(千元)	机构仪器设备原价(千元)
总计	**67**	**5065**	**93**	**223**	**765829**	**791407**
#国有及国有控股	23	2260	36	143	340807	536195
内资企业	**57**	**4567**	**88**	**210**	**641618**	**721688**
国有企业	4	223	4	18	44382	96895
有限责任公司	19	1768	40	113	248685	307703
国有独资公司	3	307	12	33	60294	126460
其他有限责任公司	16	1461	28	80	188391	181243
股份有限公司	12	1397	13	45	226010	269457
私营企业	22	1179	31	34	122541	47633
私营独资企业	1	25			425	270
私营有限责任公司	21	1154	31	34	122116	47363
港、澳、台商投资企业	**1**	**90**	**3**	**1**	**5850**	**6840**
合资经营企业(港或澳、台资)	1	90	3	1	5850	6840
外商投资企业	**9**	**408**	**2**	**12**	**118361**	**62879**
中外合资经营企业	4	329		10	103400	56062
中外合作经营企业	1	17	1		2280	145
外资企业	4	62	1	2	12681	6672

3-H-2 分行业工业企业办科技机构情况

行　业	企业办科技机构数(个)	机构科技活动人员(人)			机构科技经费内部支出(千元)	机构仪器设备原价(千元)
			#博士毕业	#硕士毕业		
总　计	**67**	**5065**	**93**	**223**	**765829**	**791407**
采矿业	**2**	**138**	**2**	**28**	**6900**	**1200**
煤炭开采和洗选业	2	138	2	28	6900	1200
烟煤和无烟煤的开采洗选	2	138	2	28	6900	1200
制造业	**63**	**4560**	**91**	**177**	**689504**	**696802**
农副食品加工业	2	195	6	4	22820	7670
饲料加工	1	47	5	3	7020	7200
其他农副食品加工	1	148	1	1	15800	470
食品制造业	3	142	6	31	7799	22471
液体乳及乳制品制造	1	70			3780	17680
调味品、发酵制品制造	1	31		11	465	2011
其他食品制造	1	41	6	20	3554	2780
饮料制造业	7	115	4	1	9213	8317
酒的制造	7	115	4	1	9213	8317
纺织业	3	309	3	5	60150	21100
毛纺织和染整精加工	3	309	3	5	60150	21100
造纸及纸制品业	7	510	11	13	92322	21923
造纸	7	510	11	13	92322	21923
化学原料及化学制品制造业	5	136	3	1	17068	23695
基础化学原料制造	3	69	1		10430	21261
农药制造	1	20	1		4678	1532
专用化学产品制造	1	47	1	1	1960	902
医药制造业	3	726	29	15	76487	40100
化学药品原药制造	1	236	9	8	42479	37900
化学药品制剂制造	1	10			2012	200
中成药制造	1	480	20	7	31996	2000
橡胶制品业	1	81			45443	4118
轮胎制造	1	81			45443	4118
非金属矿物制品业	4	91		2	10213	11531
水泥、石灰和石膏的制造	3	53		2	5823	2931
水泥及石膏制品制造	1	38			4390	8600
有色金属冶炼及压延加工业	5	576	15	30	78358	164610
常用有色金属冶炼	2	186	10	5	54594	125610
稀有稀土金属冶炼	3	390	5	25	23764	39000
金属制品业	2	73		5	8041	15200
金属丝绳及其制品的制造	1	66		5	7791	15000
建筑、安全用金属制品制造	1	7			250	200
通用设备制造业	11	881	6	24	129683	260784
锅炉及原动机制造	1	37	3		6330	6280
金属加工机械制造	5	259	1	4	21068	48446
起重运输设备制造	1	37			2188	5540
泵、阀门、压缩机及类似机械的制造	1	11		1	1280	790
轴承、齿轮、传动和驱动部件的制造	1	338	2	9	48560	168870
金属铸、锻加工	2	199		10	50257	30858
专用设备制造业	3	253	2	27	53260	36346
矿山、冶金、建筑专用设备制造	2	239	1	21	53120	36146
电子和电工机械专用设备制造	1	14	1	6	140	200
电气机械及器材制造业	4	148		2	49637	6587
电机制造	2	39			28503	251
输配电及控制设备制造	2	109		2	21134	6336
仪器仪表及文化、办公用机械制造业	3	324	6	17	29010	52350
通用仪器仪表制造	3	324	6	17	29010	52350
电力、燃气及水的生产和供应业	**2**	**367**		**18**	**69425**	**93405**
电力、热力的生产和供应业	2	367		18	69425	93405
电力生产	1	194			58885	5805
电力供应	1	173		18	10540	87600

3-H-3　国有及国有控股制造业企业办科技机构情况

行　业	企业办科技机构数(个)	机构科技活动人员(人)			机构科技经费内部支出(千元)	机构仪器设备原价(千元)
			#博士毕业	#硕士毕业		
总　计	**20**	**1949**	**34**	**97**	**323367**	**447395**
饮料制造业	1	2	1	1	80	150
造纸及纸制品业	6	421	11	12	87265	18765
化学原料及化学制品制造业	1	47	1	1	1960	902
非金属矿物制品业	2	28		2	5398	2661
有色金属冶炼及压延加工业	4	559	15	30	77158	164260
金属制品业	1	66		5	7791	15000
通用设备制造业	1	338	2	9	48560	168870
专用设备制造业	2	239	1	21	53120	36146
电气机械及器材制造业	1	24			20125	81
仪器仪表及文化、办公用机械制造业	1	225	3	16	21910	40560

3-H-4　分登记注册类型大中型工业企业办科技机构情况

登记注册类型	企业办科技机构数(个)	机构科技活动人员(人)			机构科技经费内部支出(千元)	机构仪器设备原价(千元)	机构仪器设备原价(千元)
			#博士毕业	#硕士毕业			
总　计	**48**	**4646**	**75**	**194**		**723560**	**747322**
#国有及国有控股	22	2258	35	142		340727	536045
内资企业	**43**	**4300**	**75**	**182**		**613223**	**688330**
国有企业	4	223	4	18		44382	96895
有限责任公司	16	1715	35	106		242135	301073
国有独资公司	3	307	12	33		60294	126460
其他有限责任公司	13	1408	23	73		181841	174613
股份有限公司	12	1397	13	45		226010	269457
私营企业	11	965	23	13		100696	20905
私营独资企业	1	25				425	270
私营有限责任公司	10	940	23	13		100271	20635
外商投资企业	**5**	**346**		**12**		**110337**	**58992**
中外合资经营企业	4	329		10		103400	56062
外资企业	1	17		2		6937	2930

3-H-5 分行业大中型工业企业办科技机构情况

行业	企业办科技机构数（个）	机构科技活动人员（人）	#博士毕业	#硕士毕业	机构科技经费内部支出（千元）	机构仪器设备原价（千元）
总计	**48**	**4646**	**75**	**194**	**723560**	**747322**
采矿业	**2**	**138**	**2**	**28**	**6900**	**1200**
煤炭开采和洗选业	2	138	2	28	6900	1200
烟煤和无烟煤的开采洗选	2	138	2	28	6900	1200
制造业	**44**	**4141**	**73**	**148**	**647235**	**652717**
农副食品加工业	2	195	6	4	22820	7670
饲料加工	1	47	5	3	7020	7200
其他农副食品加工	1	148	1	1	15800	470
食品制造业	2	101		11	4245	19691
液体乳及乳制品制造	1	70			3780	17680
调味品、发酵制品制造	1	31		11	465	2011
饮料制造业	2	60	1		3231	4375
酒的制造	2	60	1		3231	4375
纺织业	2	274	3	5	59250	20950
毛纺织和染整精加工	2	274	3	5	59250	20950
造纸及纸制品业	7	510	11	13	92322	21923
造纸	7	510	11	13	92322	21923
化学原料及化学制品制造业	3	116	2	1	14338	23520
基础化学原料制造	1	49			7700	21086
农药制造	1	20	1		4678	1532
专用化学产品制造	1	47	1	1	1960	902
医药制造业	3	726	29	15	76487	40100
化学药品原药制造	1	236	9	8	42479	37900
化学药品制剂制造	1	10			2012	200
中成药制造	1	480	20	7	31996	2000
橡胶制品业	1	81			45443	4118
轮胎制造	1	81			45443	4118
非金属矿物制品业	4	91		2	10213	11531
水泥、石灰和石膏的制造	3	53		2	5823	2931
水泥及石膏制品制造	1	38			4390	8600
有色金属冶炼及压延加工业	5	576	15	30	78358	164610
常用有色金属冶炼	2	186	10	5	54594	125610
稀有稀土金属冶炼	3	390	5	25	23764	39000
金属制品业	1	66		5	7791	15000
金属丝绳及其制品的制造	1	66		5	7791	15000
通用设备制造业	6	748	2	23	116448	236106
金属加工机械制造	3	211		4	17631	36378
轴承、齿轮、传动和驱动部件的制造	1	338	2	9	48560	168870
金属铸、锻加工	2	199		10	50257	30858
专用设备制造业	2	239	1	21	53120	36146
矿山、冶金、建筑专用设备制造	2	239	1	21	53120	36146
电气机械及器材制造业	3	133		2	41259	6417
电机制造	1	24			20125	81
输配电及控制设备制造	2	109		2	21134	6336
仪器仪表及文化、办公用机械制造业	1	225	3	16	21910	40560
通用仪器仪表制造	1	225	3	16	21910	40560
电力、燃气及水的生产和供应业	**2**	**367**		**18**	**69425**	**93405**
电力、热力的生产和供应业	2	367		18	69425	93405
电力生产	1	194			58885	5805
电力供应	1	173		18	10540	87600

3-H-6　国有及国有控股大中型制造业企业办科技机构情况

行　　业	企业办科技机构数（个）	机构科技活动人员（人）	#博士毕业	#硕士毕业	机构科技经费内部支出（千元）	机构仪器设备原价（千元）
总　　计	**19**	**1947**	**33**	**96**	**323287**	**447245**
造纸及纸制品业	6	421	11	12	87265	18765
化学原料及化学制品制造业	1	47	1	1	1960	902
非金属矿物制品业	2	28		2	5398	2661
有色金属冶炼及压延加工业	4	559	15	30	77158	164260
金属制品业	1	66		5	7791	15000
通用设备制造业	1	338	2	9	48560	168870
专用设备制造业	2	239	1	21	53120	36146
电气机械及器材制造业	1	24			20125	81
仪器仪表及文化、办公用机械制造业	1	225	3	16	21910	40560

Ⅰ. 科技项目情况

3-Ⅰ-1 工业企业科技项目情况

行业	科技项目数(项)	参加项目人员(人)	科学家和工程师	项目经费内部支出(千元)
总计	**1062**	**7452**	**3180**	**1321858**
按项目来源分组				
国家科技项目	43	522	212	93048
地方科技项目	92	974	422	337962
其他企业委托科技项目	23	107		25573
本企业自选科技项目	894	5738	2460	860108
其它科技项目	10	111	20	5167
按项目合作形式分组				
与国外合作	12	67	22	15005
与国内高校合作	1062	7452	3180	1321858
与国内科研机构合作	41	506	240	273655
与国内注册的其他企业合作	33	218	107	41690
本企业所办科技机构为主自主完成	594	3262	1438	423832
由本企业有关部门组成联合攻关小组协作完成	310	2819	1040	502743
其他	15	106	42	8411
按项目活动类型分组				
应用研究	7	89	44	4815
试验发展	637	3849	1698	623036
研究与试验发展成果应用	418	3514	1438	694007
按项目技术经济目标分组				
开发全新产品	440	2692	1141	565184
增加原有产品的功能	105	579	297	92156
提高产品性能	190	1141	503	131278
提高劳动生产率	100	1062	419	126400
减少能源消耗	68	749	204	105404
节省原材料	34	225	82	28806
减少环境污染	40	362	176	46538
其他	85	642	358	226092

3-I-2　分登记注册类型工业企业科技项目情况

登记注册类型	科技项目数（项）	参加项目人员（人）	科学家和工程师	项目经费内部支出（千元）
总　计	**1062**	**7563**	**6319**	**1333265**
#国有及国有控股	549	3645	3182	712712
内资企业	**928**	**6964**	**5824**	**1141449**
国有企业	47	661	614	112730
集体企业	2	25	5	793
有限责任公司	405	3047	2438	637321
国有独资公司	73	836	637	283007
其他有限责任公司	332	2211	1801	354314
股份有限公司	323	1561	1488	237293
私营企业	151	1670	1279	153312
私营独资企业	3	22	12	375
私营有限责任公司	148	1648	1267	152937
港、澳、台商投资企业	**53**	**100**	**100**	**11270**
合资经营企业(港或澳、台资)	52	90	90	7270
港、澳、台商投资股份有限公司	1	10	10	4000
外商投资企业	**81**	**499**	**395**	**180546**
中外合资经营企业	70	433	341	166124
中外合作经营企业	1	13	5	2051
外资企业	10	53	49	12371

3-I-3 分行业工业企业科技项目情况

行业	科技项目数(项)	参加项目人员(人)	科学家和工程师	项目经费内部支出(千元)
总计	**1062**	**7563**	**6319**	**1333265**
采矿业	**30**	**294**	**288**	**23843**
煤炭开采和洗选业	29	286	286	23653
烟煤和无烟煤的开采洗选	29	286	286	23653
黑色金属矿采选业	1	8	2	190
铁矿采选	1	8	2	190
制造业	**972**	**6384**	**5198**	**1207399**
农副食品加工业	23	244	229	26523
谷物磨制	10	33	33	2423
饲料加工	12	63	48	8300
其他农副食品加工	1	148	148	15800
食品制造业	25	163	201	12937
方便食品制造	1	6	6	1249
液体乳及乳制品制造	13	69	113	4378
调味品、发酵制品制造	7	50	47	3810
其他食品制造	4	38	35	3500
饮料制造业	19	118	104	9471
酒的制造	18	110	96	8758
软饮料制造	1	8	8	713
纺织业	39	320	279	69652
毛纺织和染整精加工	39	320	279	69652
皮革、毛皮、羽毛(绒)及其制品业	1	6		1800
毛皮鞣制及制品加工	1	6		1800
木材加工及木、竹、藤、棕、草制品业	1	8	8	163
木制品制造	1	8	8	163
造纸及纸制品业	30	659	653	95446
造纸	30	659	653	95446
印刷业和记录媒介的复制	3	45	45	1921
印刷	3	45	45	1921
化学原料及化学制品制造业	46	256	170	29571
基础化学原料制造	15	101	55	12273
肥料制造	19	69	44	10395
农药制造	2	20	20	4678
涂料、油墨、颜料及类似产品制造	2	12	8	217
合成材料制造	2	15	15	248
专用化学产品制造	6	39	28	1760
医药制造业	130	784	641	80104
化学药品原药制造	66	236	235	42479
化学药品制剂制造	28	68	62	5629
中成药制造	36	480	344	31996

3-I-3　续表

行　　业	科　技项目数(项)	参加项目人员(人)	科学家和工程师	项目经费内部支出(千元)
橡胶制品业	15	99	94	102824
轮胎制造	15	99	94	102824
非金属矿物制品业	44	439	272	25994
水泥、石灰和石膏的制造	32	345	214	20221
水泥及石膏制品制造	6	47	46	4750
砖瓦、石材及其他建筑材料制造	3	15	7	192
石墨及其他非金属矿物制品制造	3	32	5	831
黑色金属冶炼及压延加工业	10	224	80	38744
钢压延加工	6	56	45	34000
铁合金冶炼	4	168	35	4744
有色金属冶炼及压延加工业	103	1177	709	407719
常用有色金属冶炼	52	572	296	313484
稀有稀土金属冶炼	50	595	403	90235
有色金属压延加工	1	10	10	4000
金属制品业	10	60	70	7861
金属丝绳及其制品的制造	7	49	60	7551
建筑、安全用金属制品制造	2	7	7	250
其他金属制品制造	1	4	3	60
通用设备制造业	260	1016	732	162107
锅炉及原动机制造	6	37	26	6330
金属加工机械制造	41	294	256	48515
起重运输设备制造	9	48	40	2338
泵、阀门、压缩机及类似机械的制造	4	11	11	1280
轴承、齿轮、传动和驱动部件的制造	158	375	224	49510
风机、衡器、包装设备等通用设备制造	3	16	16	3067
金属铸、锻加工	39	235	159	51067
专用设备制造业	72	240	308	52440
矿山、冶金、建筑专用设备制造	67	175	261	50733
印刷、制药、日化生产专用设备制造	3	5	3	157
电子和电工机械专用设备制造	2	60	44	1550
电气机械及器材制造业	42	210	172	53362
电机制造	28	56	61	30703
输配电及控制设备制造	11	116	100	22048
电池制造	3	38	11	611
仪器仪表及文化、办公用机械制造业	99	316	431	28760
通用仪器仪表制造	99	316	431	28760
电力、燃气及水的生产和供应业	**60**	**885**	**833**	**102023**
电力、热力的生产和供应业	60	885	833	102023
电力生产	16	200	172	58305
电力供应	34	523	499	42563
热力生产和供应	10	162	162	1155

3-I-4 国有及国有控股制造业企业科技项目情况

行 业	科技项目数(项)	参加项目人员(人)	科学家和工程师	项目经费内部支出(千元)
总 计	**472**	**2644**	**1358**	**644721**
饮料制造业	2	9	4	320
造纸及纸制品业	19	396	316	86815
化学原料及化学制品制造业	22	71	49	5048
医药制造业	6	11	5	676
非金属矿物制品业	25	257	78	17262
黑色金属冶炼及压延加工业	6	56	26	34000
有色金属冶炼及压延加工业	84	983	306	348434
金属制品业	7	49	47	7551
通用设备制造业	158	375	223	49510
专用设备制造业	70	180	58	50890
电气机械及器材制造业	27	41	32	22325
仪器仪表及文化、办公用机械制造业	46	216	213	21890

3-I-5 分登记注册类型大中型工业企业科技项目情况

登记注册类型	科技项目数(项)	参加项目人员(人)	科学家和工程师	项目经费内部支出(千元)
总 计	**882**	**4509**	**3531**	**1241416**
#国有及国有控股	534	2534	2078	704899
内资企业	**814**	**4220**	**3320**	**1072858**
国有企业	46	576	546	110530
有限责任公司	365	1562	1123	614229
国有独资公司	72	507	372	282857
其他有限责任公司	293	1055	751	331372
股份有限公司	323	1190	983	237293
私营企业	80	891	668	110806
私营独资企业	3	4	2	375
私营有限责任公司	77	887	666	110431
外商投资企业	**68**	**290**	**211**	**168558**
中外合资经营企业	66	286	209	161660
外资企业	2	3	2	6898

3-I-6 分行业大中型工业企业科技项目情况

行　业	科　技 项目数 (项)	参加项 目人员 (人)	科学家和 工 程 师	项目经费 内部支出 (千元)
总　　计	**882**	**4509**	**3531**	**1241416**
采矿业	**29**	**225**	**225**	**23653**
煤炭开采和洗选业	29	225	225	23653
烟煤和无烟煤的开采洗选	29	225	225	23653
制造业	**794**	**3698**	**2749**	**1115890**
农副食品加工业	11	167	163	22820
饲料加工	10	27	23	7020
其他农副食品加工	1	140	140	15800
食品制造业	18	55	49	6170
液体乳及乳制品制造	11	27	23	2360
调味品、发酵制品制造	7	28	26	3810
饮料制造业	7	31	17	2807
酒的制造	7	31	17	2807
纺织业	34	173	150	62517
毛纺织和染整精加工	34	173	150	62517
造纸及纸制品业	26	408	408	92002
造纸	26	408	408	92002
化学原料及化学制品制造业	39	108	73	19848
基础化学原料制造	12	43	20	9672
肥料制造	17	29	27	3490
农药制造	2	1	1	4678
合成材料制造	2	3	3	248
专用化学产品制造	6	31	22	1760
医药制造业	115	611	484	78278
化学药品原药制造	66	197	133	42479
化学药品制剂制造	13	28	28	3803
中成药制造	36	385	323	31996
橡胶制品业	15	49	47	102824
轮胎制造	15	49	47	102824
非金属矿物制品业	39	162	113	24767
水泥、石灰和石膏的制造	31	128	83	20185
水泥及石膏制品制造	5	28	28	4390
砖瓦、石材及其他建筑材料制造	3	6	2	192
黑色金属冶炼及压延加工业	7	117	37	37750
钢压延加工	6	33	26	34000
铁合金冶炼	1	84	11	3750
有色金属冶炼及压延加工业	102	666	364	403719
常用有色金属冶炼	52	384	173	313484
稀有稀土金属冶炼	50	282	191	90235
金属制品业	7	49	47	7551
金属丝绳及其制品的制造	7	49	47	7551
通用设备制造业	226	717	480	145369
金属加工机械制造	31	145	126	45192
轴承、齿轮、传动和驱动部件的制造	158	375	223	49510
金属铸、锻加工	37	197	131	50667
专用设备制造业	66	53	49	46459
矿山、冶金、建筑专用设备制造	66	53	49	46459
电气机械及器材制造业	36	119	54	41119
电机制造	26	22	22	20125
输配电及控制设备制造	10	97	32	20994
仪器仪表及文化、办公用机械制造业	46	216	213	21890
通用仪器仪表制造	46	216	213	21890
电力、燃气及水的生产和供应业	**59**	**586**	**557**	**101873**
电力、热力的生产和供应业	59	586	557	101873
电力生产	16	57	50	58305
电力供应	34	498	475	42563
热力生产和供应	9	32	32	1005

3-I-7 国有及国有控股大中型制造业企业科技项目情况

行业	科技项目数(项)	参加项目人员(人)	科学家和工程师	项目经费内部支出(千元)
总计	**458**	**2588**	**1330**	**1970323**
农副食品加工业				1333265
食品制造业				1333265
饮料制造业	7563	7563	7563	1333265
烟草制品业	4101			1333265
纺织业				1333265
纺织服装、鞋、帽制造业				1333265
皮革、毛皮、羽毛(绒)及其制品业	7563	7563	7563	1333265
木材加工及木、竹、藤、棕、草制品业				1333265
家具制造业	1062	1062	1062	1333265
造纸及纸制品业	19	396	316	1420080
印刷业和记录媒介的复制				1333265
文教体育用品制造业				1333265
石油加工、炼焦及核燃料加工业	1062	1062	1062	1333265
化学原料及化学制品制造业	22	71	49	1338313
医药制造业				1333265
化学纤维制造业	7563	7563	7563	1333265
橡胶制品业			7563	1333265
塑料制品业	7563	7563	7563	1333265
非金属矿物制品业	24	250	78	1350491
黑色金属冶炼及压延加工业	6	56	26	1367265
有色金属冶炼及压延加工业	84	983	306	1681699
金属制品业	7	49	47	1340816
通用设备制造业	1220	7938	4324	1382775
专用设备制造业	66	168	49	1379724
交通运输设备制造业	1062	1062	1062	1333265
电气机械及器材制造业	26	24	22	1353390
通信设备、计算机及其他电子设备制造业				1333265
仪器仪表及文化、办公用机械制造业	7609	7779	7776	1355155
工艺品及其他制造业	1062	7563	4101	1333265
废弃资源和废旧材料回收加工业				1333265

J. 新产品开发及生产情况

3-J-1　分登记注册类型工业企业新产品开发及生产情况

单位：千元

登记注册类型	新产品开发项目数（项）	新产品开发经费	新产品产值	新产品销售收入	出口
总　计	**738**	**813527**	**8477163**	**7346791**	**1181088**
#国有及国有控股	376	379535	3603145	3370869	
内资企业	**632**	**648798**	**6881859**	**6479997**	
国有企业	26	78935	1244208	1120977	
有限责任公司	239	320518	3579772	3494179	
国有独资公司	12	73759	974456	900430	
其他有限责任公司	227	246759	2605316	2593749	
股份有限公司	256	140969	566650	509869	
私营企业	111	108376	1491229	1354972	
私营有限责任公司	111	108376	1491229	1354972	
港、澳、台商投资企业	**47**	**10866**	**148500**	**139150**	
合资经营企业(港或澳、台资)	46	6866	93500	84150	
港、澳、台商投资股份有限公司	1	4000	55000	55000	
外商投资企业	**59**	**153863**	**1446804**	**727644**	
中外合资经营企业	48	139170	1354385	658132	
中外合作经营企业	1	2051	6051	5965	
外资企业	10	12642	86368	63547	

3-J-2 分行业工业企业新产品开发及生产情况

单位：千元

行业	新产品开发项目数(项)	新产品开发经费	新产品产值	新产品销售收入	出口
总计	**738**	**813527**	**8477163**	**7346791**	**1181088**
采矿业	**2**	**2050**			
煤炭开采和洗选业	2	2050			
烟煤和无烟煤的开采洗选	2	2050			
制造业	**715**	**768959**	**8465816**	**7337870**	**1181088**
农副食品加工业	21	10452	121015	123918	
谷物磨制	9	2152	38545	41448	
饲料加工	12	8300	82470	82470	
食品制造业	19	10358	197556	171430	
方便食品制造	1	1250	4521	3782	
液体乳及乳制品制造	13	4408	124515	115105	
调味品、发酵制品制造	2	2700	55020	42743	
其他食品制造	3	2000	13500	9800	
饮料制造业	19	10226	112192	90733	5059
酒的制造	18	9513	108564	88702	3102
软饮料制造	1	713	3628	2031	1957
纺织业	33	65624	982121	889580	151865
毛纺织和染整精加工	33	65624	982121	889580	151865
皮革、毛皮、羽毛(绒)及其制品业	1	1800			
毛皮鞣制及制品加工	1	1800			
木材加工及木、竹、藤、棕、草制品业	1	163			
木制品制造	1	163			
造纸及纸制品业	14	47688	1092370	994720	
造纸	14	47688	1092370	994720	
印刷业和记录媒介的复制	3	1921	33579	33579	
印刷	3	1921	33579	33579	
化学原料及化学制品制造业	17	16456	199634	195579	83173
基础化学原料制造	7	9778	156396	153866	57173
肥料制造	2	173	2710	2604	
农药制造	2	4678	13628	12389	
涂料、油墨、颜料及类似产品制造	2	217	900	720	
专用化学产品制造	4	1610	26000	26000	26000
医药制造业	74	43659	1374520	1289646	437100
化学药品原药制造	30	19895	950000	950000	437100
化学药品制剂制造	24	3838	74520	67166	
中成药制造	20	19926	350000	272480	
橡胶制品业	13	98097	708349	50894	
轮胎制造	13	98097	708349	50894	

3-J-2　续表　　　　　　　　　　　　　　　　　　　　　　　　单位：千元

行　业	新产品开发项目数(项)	新产品开发经费	新产品产值	新产品销售收入	出口
非金属矿物制品业	8	5331	51158	49238	
水泥、石灰和石膏的制造	3	891	6318	5946	
水泥及石膏制品制造	3	4350	29900	32800	
砖瓦、石材及其他建筑材料制造	2	90	14940	10492	
黑色金属冶炼及压延加工业	8	34164	168200	166474	18264
钢压延加工	5	29800	149000	148210	
铁合金冶炼	3	4364	19200	18264	18264
有色金属冶炼及压延加工业	51	148728	1299456	1225155	182407
常用有色金属冶炼	10	71709	974456	900430	9667
稀有稀土金属冶炼	40	73019	270000	269725	139740
有色金属压延加工	1	4000	55000	55000	33000
金属制品业	8	6821	18543	18543	
金属丝绳及其制品的制造	5	6511	12943	12943	
建筑、安全用金属制品制造	2	250	5600	5600	
其他金属制品制造	1	60			
通用设备制造业	237	136000	745728	725498	299938
锅炉及原动机制造	5	6040	5600	5600	
金属加工机械制造	40	48495	55177	85735	1150
起重运输设备制造	9	2338	24282	25008	
泵、阀门、压缩机及类似机械的制造	4	1280	5000	4730	69
轴承、齿轮、传动和驱动部件的制造	150	44471	145226	132900	13523
风机、衡器、包装设备等通用设备制造	1	764	3853	1532	2
金属铸、锻加工	28	32612	506590	469993	285194
专用设备制造业	54	49332	734695	743809	2780
矿山、冶金、建筑专用设备制造	49	47625	707595	716732	2780
印刷、制药、日化生产专用设备制造	3	157	3100	3077	
电子和电工机械专用设备制造	2	1550	24000	24000	
电气机械及器材制造业	42	53923	455200	408724	
电机制造	28	31178	166527	106013	
输配电及控制设备制造	11	22134	288673	302711	
电池制造	3	611			
仪器仪表及文化、办公用机械制造业	92	28216	171500	160350	502
通用仪器仪表制造	92	28216	171500	160350	502
电力、燃气及水的生产和供应业	**21**	**42518**	**11347**	**8921**	
电力、热力的生产和供应业	21	42518	11347	8921	
电力生产	6	29425	11347	8921	
电力供应	15	13093			

3-J-3 国有及国有控股制造业企业新产品开发及生产情况

单位：千元

行业	新产品开发项目数(项)	新产品开发经费	新产品产值	新产品销售收入	
					出口
总计	**359**	**364392**	**3603145**	**3370869**	**194756**
饮料制造业	2	320	2000	6500	3000
造纸及纸制品业	9	43461	1075858	979709	
化学原料及化学制品制造业	5	1733	26000	26000	26000
医药制造业	6	676			
非金属矿物制品业	2	210			
黑色金属冶炼及压延加工业	5	29800	149000	148210	
有色金属冶炼及压延加工业	50	144728	1244456	1170155	149407
金属制品业	5	6511	12943	12943	
通用设备制造业	150	44471	145226	132900	13523
专用设备制造业	52	47782	710695	719809	2780
电气机械及器材制造业	27	22800	163467	102343	
仪器仪表及文化、办公用机械制造业	46	21900	73500	72300	46

3-J-4 分登记注册类型大中型工业企业新产品开发及生产情况

单位：千元

登记注册类型	新产品开发项目数(项)	新产品开发经费	新产品产值	新产品销售收入	
					出口
总计	**584**	**737701**	**7875616**	**6805472**	**1142502**
#国有及国有控股	363	371908	3522945	3303347	191756
内资企业	**537**	**594297**	**6537743**	**6162351**	**800135**
国有企业	25	76735	1204258	1107319	
有限责任公司	206	300927	3441798	3351792	708769
国有独资公司	12	73759	974456	900430	9667
其他有限责任公司	194	227168	2467342	2451362	699102
股份有限公司	256	140969	566650	509869	39569
私营企业	50	75666	1325037	1193371	51797
私营有限责任公司	50	75666	1325037	1193371	51797
外商投资企业	**47**	**143404**	**1337873**	**643121**	**342367**
中外合资经营企业	45	136506	1337873	643121	342367
外资企业	2	6898			

3-J-5　分行业大中型工业企业新产品开发及生产情况

单位：千元

行　　业	新产品开发项目数(项)	新产品开发经费	新产品产值	新产品销售收入	出口
总　计	**584**	**737701**	**7875616**	**6805472**	**1142502**
采矿业	**2**	**2050**			
煤炭开采和洗选业	2	2050			
烟煤和无烟煤的开采洗选	2	2050			
制造业	**561**	**693133**	**7864269**	**6796551**	**1142502**
农副食品加工业	10	7020	80000	80000	
饲料加工	10	7020	80000	80000	
食品制造业	13	5060	178637	157463	
液体乳及乳制品制造	11	2360	123617	114720	
调味品、发酵制品制造	2	2700	55020	42743	
饮料制造业	7	3231	18596	17035	
酒的制造	7	3231	18596	17035	
纺织业	29	59774	948371	855830	151865
毛纺织和染整精加工	29	59774	948371	855830	151865
造纸及纸制品业	11	45024	1075858	979709	
造纸	11	45024	1075858	979709	
化学原料及化学制品制造业	13	14138	189973	186290	83173
基础化学原料制造	6	7727	150345	147901	57173
肥料制造	1	123			
农药制造	2	4678	13628	12389	
专用化学产品制造	4	1610	26000	26000	26000
医药制造业	59	41833	1348520	1269787	437100
化学药品原药制造	30	19895	950000	950000	437100
化学药品制剂制造	9	2012	48520	47307	
中成药制造	20	19926	350000	272480	
橡胶制品业	13	98097	708349	50894	
轮胎制造	13	98097	708349	50894	
非金属矿物制品业	8	5331	51158	49238	
水泥、石灰和石膏的制造	3	891	6318	5946	
水泥及石膏制品制造	3	4350	29900	32800	
砖瓦、石材及其他建筑材料制造	2	90	14940	10492	
黑色金属冶炼及压延加工业	6	33550	168200	166474	18264
钢压延加工	5	29800	149000	148210	
铁合金冶炼	1	3750	19200	18264	18264
有色金属冶炼及压延加工业	50	144728	1244456	1170155	149407
常用有色金属冶炼	10	71709	974456	900430	9667
稀有稀土金属冶炼	40	73019	270000	269725	139740
金属制品业	5	6511	12943	12943	
金属丝绳及其制品的制造	5	6511	12943	12943	
通用设备制造业	207	121905	681073	664592	299867
金属加工机械制造	30	45172	41257	71955	1150
轴承、齿轮、传动和驱动部件的制造	150	44471	145226	132900	13523
金属铸、锻加工	27	32262	494590	459737	285194
专用设备制造业	48	43351	672445	672445	2780
矿山、冶金、建筑专用设备制造	48	43351	672445	672445	2780
电气机械及器材制造业	36	41680	412190	391396	
电机制造	26	20600	123517	88685	
输配电及控制设备制造	10	21080	288673	302711	
仪器仪表及文化、办公用机械制造业	46	21900	73500	72300	46
通用仪器仪表制造	46	21900	73500	72300	46
电力、燃气及水的生产和供应业	**21**	**42518**	**11347**	**8921**	
电力、热力的生产和供应业	21	42518	11347	8921	
电力生产	6	29425	11347	8921	
电力供应	15	13093			

3-J-6 国有及国有控股大中型制造业企业新产品开发及生产情况

单位：千元

行　业	新产品开发项目数(项)	新产品开发经费	新产品产值	新产品销售收入	出口
总　计	**346**	**356765**	**3522945**	**3303347**	**191756**
造纸及纸制品业	9	43461	1075858	979709	
化学原料及化学制品制造业	5	1733	26000	26000	26000
非金属矿物制品业	2	210			
黑色金属冶炼及压延加工业	5	29800	149000	148210	
有色金属冶炼及压延加工业	50	144728	1244456	1170155	149407
金属制品业	5	6511	12943	12943	
通用设备制造业	150	44471	145226	132900	13523
专用设备制造业	48	43351	672445	672445	2780
电气机械及器材制造业	26	20600	123517	88685	
仪器仪表及文化、办公用机械制造业	46	21900	73500	72300	46

K. 专利情况

3-K-1　分登记注册类型工业企业专利情况

单位：件

登记注册类型	专利申请数	发明专利	拥有发明专利数
总　　计	**266**	**62**	**111**
#国有及国有控股	140	28	45
内资企业	**249**	**46**	**105**
国有企业	66	6	
有限责任公司	80	16	47
国有独资公司	16	1	8
其他有限责任公司	64	15	39
股份有限公司	64	12	15
私营企业	39	12	43
私营有限责任公司	39	12	43
港、澳、台商投资企业	**1**		
合资经营企业(港或澳、台资)	1		
外商投资企业	**16**	**16**	**6**
中外合资经营企业	15	15	4
中外合作经营企业	1	1	1
外资企业			1

3-K-2 分行业工业企业专利情况

单位：件

行业	专利申请数	发明专利	拥有发明专利数
总 计	**266**	**62**	**111**
采矿业			**8**
煤炭开采和洗选业			8
烟煤和无烟煤的开采洗选			8
制造业	**199**	**55**	**102**
农副食品加工业	8		8
饲料加工	8		8
食品制造业	40	2	
液体乳及乳制品制造	27		
调味品、发酵制品制造	12	2	
其他食品制造	1		
纺织业			1
毛纺织和染整精加工			1
造纸及纸制品业	2	2	1
造纸	2	2	1
印刷业和记录媒介的复制	1	1	1
印刷	1	1	1
化学原料及化学制品制造业	14	12	5
基础化学原料制造	12	12	5
肥料制造	1		
农药制造	1		
医药制造业	19	4	6
化学药品原药制造	7	2	2
化学药品制剂制造	7		3
中成药制造	5	2	1
非金属矿物制品业			1
水泥及石膏制品制造			1
黑色金属冶炼及压延加工业	2	2	3
铁合金冶炼	2	2	3
有色金属冶炼及压延加工业	22	7	24
常用有色金属冶炼	16	1	
稀有稀土金属冶炼	6	6	24
金属制品业	8	3	6
金属丝绳及其制品的制造			1
建筑、安全用金属制品制造	8	3	5
通用设备制造业	22	9	23
锅炉及原动机制造	3		1
金属加工机械制造	11	3	4
起重运输设备制造			13
轴承、齿轮、传动和驱动部件的制造	3	1	5
风机、衡器、包装设备等通用设备制造	1	1	
金属铸、锻加工	4	4	
专用设备制造业	14	4	
矿山、冶金、建筑专用设备制造	14	4	
电气机械及器材制造业	35	2	17
电机制造	20	1	
输配电及控制设备制造	15	1	17
仪器仪表及文化、办公用机械制造业	12	7	6
通用仪器仪表制造	12	7	6
电力、燃气及水的生产和供应业	**67**	**7**	**1**
电力、热力的生产和供应业	67	7	1
电力生产	1	1	1
电力供应	66	6	

3-K-3　国有及国有控股制造业企业专利情况

单位：件

行　业	专利申请数	发明专利	拥有发明专利数
总　计	**74**	**22**	**37**
造纸及纸制品业	2	2	1
医药制造业	2		
有色金属冶炼及压延加工业	22	7	24
金属制品业			1
通用设备制造业	3	1	5
专用设备制造业	14	4	
电气机械及器材制造业	20	1	
仪器仪表及文化、办公用机械制造业	11	7	6

3-K-4　分登记注册类型大中型工业企业专利情况

单位：件

登记注册类型	专利申请数	发明专利	拥有发明专利数
总　计	**242**	**53**	**87**
#国有及国有控股	138	28	45
内资企业	**227**	**38**	**82**
国有企业	66	6	
有限责任公司	74	15	46
国有独资公司	16	1	8
其他有限责任公司	58	14	38
股份有限公司	64	12	15
私营企业	23	5	21
私营有限责任公司	23	5	21
外商投资企业	**15**	**15**	**5**
中外合资经营企业	15	15	4
外资企业			1

3-K-5 分行业大中型工业企业专利情况

单位：件

行业	专利申请数	发明专利	拥有发明专利数
总　　计	**242**	**53**	**87**
采矿业			**8**
煤炭开采和洗选业			8
烟煤和无烟煤的开采洗选			8
制造业	**175**	**46**	**78**
农副食品加工业	8		8
饲料加工	8		8
食品制造业	39	2	
液体乳及乳制品制造	27		
调味品、发酵制品制造	12	2	
纺织业			1
毛纺织和染整精加工			1
造纸及纸制品业	2	2	1
造纸	2	2	1
化学原料及化学制品制造业	12	11	4
基础化学原料制造	11	11	4
农药制造	1		
医药制造业	17	4	6
化学药品原药制造	7	2	2
化学药品制剂制造	5		3
中成药制造	5	2	1
非金属矿物制品业			1
水泥及石膏制品制造			1
黑色金属冶炼及压延加工业	2	2	3
铁合金冶炼	2	2	3
有色金属冶炼及压延加工业	22	7	24
常用有色金属冶炼	16	1	
稀有稀土金属冶炼	6	6	24
金属制品业			1
金属丝绳及其制品的制造			1
通用设备制造业	13	5	6
金属加工机械制造	6		1
轴承、齿轮、传动和驱动部件的制造	3	1	5
金属铸、锻加工	4	4	
专用设备制造业	14	4	
矿山、冶金、建筑专用设备制造	14	4	
电气机械及器材制造业	35	2	17
电机制造	20	1	
输配电及控制设备制造	15	1	17
仪器仪表及文化、办公用机械制造业	11	7	6
通用仪器仪表制造	11	7	6
电力、燃气及水的生产和供应业	**67**	**7**	**1**
电力、热力的生产和供应业	67	7	1
电力生产	1	1	1
电力供应	66	6	

3-K-6　国有及国有控股大中型制造业企业专利情况

单位：件

行　业	专利申请数	发明专利	拥有发明专利数
总　计	**72**	**22**	**37**
造纸及纸制品业	2	2	1
有色金属冶炼及压延加工业	22	7	24
金属制品业			1
通用设备制造业	3	1	5
专用设备制造业	14	4	
电气机械及器材制造业	20	1	
仪器仪表及文化、办公用机械制造业	11	7	6

L. 技术改造和技术获取情况

3-L-1 分登记注册类型工业企业技术改造和技术获取情况

单位：千元

登记注册类型	技术改造经费支出	技术引进经费支出	消化吸收经费支出	购买国内技术经费支出
总　计	**4122432**	**1621216**	**65236**	**224658**
#国有及国有控股	3490695	1579164	58058	208617
内资企业	**3960885**	**1621216**	**65236**	**224658**
国有企业	325744	15200	5200	
集体企业	847			
联营企业	443			
国有联营企业	443			
有限责任公司	3183897	1595086	58213	189947
国有独资公司	2828703	1561614	52858	174567
其他有限责任公司	355194	33472	5355	15380
股份有限公司	247393	3100	73	34361
私营企业	202561	7830	1750	350
私营独资企业	425			
私营有限责任公司	202136	7830	1750	350
港、澳、台商投资企业	**486**			
合资经营企业(港或澳、台资)	486			
外商投资企业	**161061**			
中外合资经营企业	157967			
中外合作经营企业	1333			
外资企业	1761			

3-L-2　分行业工业企业技术改造和技术获取情况

单位：千元

行　　业	技术改造经费支出	技术引进经费支出	消化吸收经费支出	购买国内技术经费支出
总　　计	**4122432**	**1621216**	**65236**	**224658**
采矿业	**1941060**	**1532500**		
煤炭开采和洗选业	1940930	1532500		
烟煤和无烟煤的开采洗选	1940930	1532500		
黑色金属矿采选业	130			
铁矿采选	130			
制造业	**1952190**	**87916**	**65163**	**224347**
农副食品加工业	38505		500	350
谷物磨制	26845			
饲料加工	960		500	
其他农副食品加工	10700			350
食品制造业	7285			
液体乳及乳制品制造	3487			
调味品、发酵制品制造	3798			
饮料制造业	3375	3212	5	
酒的制造	3375	50		
软饮料制造		3162	5	
纺织业	95920	13830	600	1200
毛纺织和染整精加工	95920	13830	600	1200
造纸及纸制品业	108348			
造纸	108348			
石油加工、炼焦及核燃料加工业	67			
精炼石油产品的制造	67			
化学原料及化学制品制造业	156877	3000		9180
基础化学原料制造	33620			
肥料制造	72257			8000
农药制造	5000	3000		
合成材料制造	46000			1180
医药制造业	38100	21260	5900	4100
化学药品原药制造	35100	17760	4400	4100
中成药制造	3000	3500	1500	
橡胶制品业	3747			
轮胎制造	3747			
非金属矿物制品业	154404	2300	100	34050
水泥、石灰和石膏的制造	149106	2300	100	34050

3-L-2 续表 单位：千元

行 业	技术改造经费支出	技术引进经费支出	消化吸收经费支出	购买国内技术经费支出
水泥及石膏制品制造	1430			
砖瓦、石材及其他建筑材料制造	2421			
石墨及其他非金属矿物制品制造	1447			
黑色金属冶炼及压延加工业	111749		2600	
炼铁	125			
钢压延加工	95410		2600	
铁合金冶炼	16214			
有色金属冶炼及压延加工业	998255	29114	52858	175367
常用有色金属冶炼	973125	29114	52858	175367
稀有稀土金属冶炼	25130			
金属制品业	37909			
结构性金属制品制造	58			
金属丝绳及其制品的制造	37491			
建筑、安全用金属制品制造	300			
其他金属制品制造	60			
通用设备制造业	168432			100
金属加工机械制造	19490			
起重运输设备制造	195			
泵、阀门、压缩机及类似机械的制造	175			
轴承、齿轮、传动和驱动部件的制造	19850			
风机、衡器、包装设备等通用设备制造				100
金属铸、锻加工	128722			
专用设备制造业	22943			
矿山、冶金、建筑专用设备制造	22043			
电子和电工机械专用设备制造	900			
电气机械及器材制造业	2228	15200	2600	
电机制造	902	15200	2600	
输配电及控制设备制造	1326			
仪器仪表及文化、办公用机械制造业	4046			
通用仪器仪表制造	4046			
电力、燃气及水的生产和供应业	**229182**	**800**	**73**	**311**
电力、热力的生产和供应业	229182	800	73	311
电力生产	217967	800	73	311
电力供应	10060			
热力生产和供应	1155			

3-L-3　国有及国有控股制造业企业技术改造和技术获取情况

单位：千元

行　　业	技术改造经费支出	技术引进经费支出	消化吸收经费支出	购买国内技术经费支出
总　　计	**1326583**	**46664**	**58058**	**208617**
饮料制造业	100	50		
造纸及纸制品业	31350			
化学原料及化学制品制造业	55682			
非金属矿物制品业	143097	2300		34050
黑色金属冶炼及压延加工业	95410		2600	
有色金属冶炼及压延加工业	917748	29114	52858	174567
金属制品业	37491			
通用设备制造业	19850			
专用设备制造业	22043			
电气机械及器材制造业	252	15200	2600	
仪器仪表及文化、办公用机械制造业	3560			

3-L-4　分登记注册类型大中型工业企业技术改造和技术获取情况

单位：千元

登记注册类型	技术改造经费支出	技术引进经费支出	消化吸收经费支出	购买国内技术经费支出
总　　计	**3981172**	**1602804**	**62631**	**224558**
#国有及国有控股	3443642	1563914	55458	208617
内资企业	**3823205**	**1602804**	**62631**	**224558**
国有企业	303428		2600	
有限责任公司	3151172	1591874	58208	189847
国有独资公司	2828553	1561614	52858	174567
其他有限责任公司	322619	30260	5350	15280
股份有限公司	247393	3100	73	34361
私营企业	121212	7830	1750	350
私营独资企业	425			
私营有限责任公司	120787	7830	1750	350
外商投资企业	**157967**			
中外合资经营企业	157967			

3-L-5 分行业大中型工业企业技术改造和技术获取情况

单位：千元

行业	技术改造经费支出	技术引进经费支出	消化吸收经费支出	购买国内技术经费支出
总　计	**3981172**	**1602804**	**62631**	**224558**
采矿业	**1934930**	**1532500**		
煤炭开采和洗选业	1934930	1532500		
烟煤和无烟煤的开采洗选	1934930	1532500		
制造业	**1839969**	**69504**	**62558**	**224247**
农副食品加工业	11660		500	350
饲料加工	960		500	
其他农副食品加工	10700			350
食品制造业	7225			
液体乳及乳制品制造	3427			
调味品、发酵制品制造	3798			
饮料制造业	831			
酒的制造	831			
纺织业	93050	13830	600	1200
毛纺织和染整精加工	93050	13830	600	1200
造纸及纸制品业	107648			
造纸	107648			
化学原料及化学制品制造业	132037	3000		9180
基础化学原料制造	25882			
肥料制造	55155			8000
农药制造	5000	3000		
合成材料制造	46000			1180
医药制造业	38100	21260	5900	4100
化学药品原药制造	35100	17760	4400	4100
中成药制造	3000	3500	1500	
橡胶制品业	3747			
轮胎制造	3747			
非金属矿物制品业	141635	2300	100	34050
水泥、石灰和石膏的制造	137784	2300	100	34050
水泥及石膏制品制造	1430			
砖瓦、石材及其他建筑材料制造	2421			
黑色金属冶炼及压延加工业	106954		2600	
钢压延加工	95410		2600	
铁合金冶炼	11544			
有色金属冶炼及压延加工业	996948	29114	52858	175367
常用有色金属冶炼	971818	29114	52858	175367
稀有稀土金属冶炼	25130			
金属制品业	37491			
金属丝绳及其制品的制造	37491			
通用设备制造业	135462			
金属加工机械制造	16890			
轴承、齿轮、传动和驱动部件的制造	19850			
金属铸、锻加工	98722			
专用设备制造业	22043			
矿山、冶金、建筑专用设备制造	22043			
电气机械及器材制造业	1578			
电机制造	252			
输配电及控制设备制造	1326			
仪器仪表及文化、办公用机械制造业	3560			
通用仪器仪表制造	3560			
电力、燃气及水的生产和供应业	**206273**	**800**	**73**	**311**
电力、热力的生产和供应业	206273	800	73	311
电力生产	195208	800	73	311
电力供应	10060			
热力生产和供应	1005			

3-L-6　国有及国有控股大中型制造业企业技术改造和技术获取情况

单位：千元

行　业	技术改造经费支出	技术引进经费支出	消化吸收经费支出	购买国内技术经费支出
总　计	**1302439**	**31414**	**55458**	**208617**
造纸及纸制品业	31350			
化学原料及化学制品制造业	42960			
非金属矿物制品业	131775	2300		34050
黑色金属冶炼及压延加工业	95410		2600	
有色金属冶炼及压延加工业	917748	29114	52858	174567
金属制品业	37491			
通用设备制造业	19850			
专用设备制造业	22043			
电气机械及器材制造业	252			
仪器仪表及文化、办公用机械制造业	3560			

第 4 篇

建筑业企业生产经营及财务状况

4-1 全社会建筑业企业

指标	企业数		增长	建筑业总产值		增长
	2008年	2004年		2008年	2004年	
总计	**886**	**740**	**19.7**	**19804294**	**11377026**	**74.1**
国有及国有控股企业	102	135	-24.4	8174904	4788556	70.7
按登记注册类型分组						
内资企业	529	739	-28.4	19187064	11367796	68.8
国有企业	64	83	-22.9	6403308	3423800	87.0
集体企业	24	43	-44.2	423743	410139	3.3
股份合作企业	3	2	50.0	72708	25260	187.8
有限责任公司	160	163	-1.8	4733697	4013567	17.9
国有独资公司	16	10	60.0	574708	179060	221.0
其他有限责任公司	144	153	-5.9	4158989	3834507	8.5
股份有限公司	8	5	60.0	1151291	670993	71.6
私营企业	621	442	40.5	6998710	2821826	148.0
私营独资企业	51	15	240.0	65368	7898	727.7
私营合伙企业	14	3	366.7	20279	1016	1896.0
私营有限责任公司	534	404	32.2	6820109	2671794	155.3
私营股份有限公司	22	20	10.0	92954	141118	-34.1
港、澳、台商投资企业	2	1	100.0	17117	9230	85.4
合资经营企业(港或澳、台资)		1			9230	-100.0
港、澳、台商独资经营企业	1			2873		
外商投资企业	1			1100		
其他企业	3	1	200.0	2620	2211	18.5
按国民经济行业分组						
房屋和土木工程建筑业	474	420	12.9	18611006	10809124	72.2
建筑安装业	135	119	13.4	577149	248295	132.4
建筑装饰业	234	171	36.8	416080	242061	71.9
其它建筑业	43	30	43.3	200059	77546	158.0
按隶属关系分组						
中央	12	13	-7.7	2936543	1422225	106.5
地方	874	727	20.2	16867751	9954801	69.4
按资质等级分组						
总承包和专业承包	500	484	3.3	19154480	11119132	72.3
劳务分包	30	34	-11.8	35457	29708	19.4
资质外企业	356	222	60.4	614357	228186	169.2

主要指标增减变动情况

单位：个、千元、平方米、%

房屋建筑施工面积		增长	房屋建筑竣工面积		增长	所有者权益合计		
2008年	2004年		2008年	2004年		2008年	2004年	增长
17053453	**11216304**	**52.0**	**7540615**	**5819145**	**29.6**	**7644288**	**5286937**	**44.6**
6485498	4344755	49.3	2501015	1804440	38.6	2132331	1681432	26.8
16772917	11216304	49.5	7412245	5819145	27.4	7644999	5286486	44.6
5159751	2934931	75.8	1653348	1265579	30.6	1077101	904264	19.1
578498	523039	10.6	284088	336194	-15.5	182121	259195	-29.7
83182	40000	108.0	83182	40000	108.0	80601	7859	925.6
4127209	4456700	-7.4	2178483	2379168	-8.4	2267264	1949112	16.3
264123	195100	35.4	156304	81301	92.3	468579	322949	45.1
3863086	4261600	-9.4	2022179	2297867	-12.0	1798685	1626163	10.6
227437	211385	7.6	174562	46735	273.5	214908	128956	66.7
6877376	3048449	125.6	3166952	1749669	81.0	3821004	2037100	87.6
78360	3890	1914.4	53150	3890	1266.3	48926		
17621			310					
6677465	2855652	133.8	3042991	1618296	88.0	3709926	1913134	93.9
103930	188907	-45.0	70501	127483	-44.7	62152	123966	-49.9
						-711	451	-257.6
							451	-100.0
						-711		
	1800			1800				
16809777	11216264	49.9	7408453	5819105	27.3	6702961	4820799	39.0
189625	40	473962.5	97952	40	244780.0	502142	182704	174.8
33560			20340			287967	222662	29.3
20491			13870			151218	60772	148.8
1145377	683023	67.7	219705	156784	40.1	502929	345873	45.4
15908076	10533281	51.0	7320910	5662361	29.3	7141359	4941064	44.5
16772917	11186920	49.9	7412245	5793806	27.9	7644288	5286937	44.6
280536	29384	854.7	128370	25339	406.6			

4-2 各市县总承包和专业

地　区	企业数		合同情况			承包工程完成情况			
	建筑业企业数（个）	有工作量的建筑业企业数（个）	签订的合同额（千元）	上年结转合同额（千元）	本年新签合同额（千元）	直接从建设单位承揽工程完成的产值（千元）	自行完成施工产值	分包出去工程的产值	从建设单位以外承揽工程完成的产值（千元）
总　计	**500**	**483**	**28728529**	**7160373**	**21568156**	**19008044**	**19000293**	**7751**	**154187**
银川市	294	278	20256925	5661703	14595222	12023629	12020049	3580	94111
银川市	260	244	18482696	5189671	13293025	10721782	10718202	3580	94111
永宁县	3	3	283559	107349	176210	161989	161989		
贺兰县	15	15	583971	100492	483479	396337	396337		
灵武市	16	16	906699	264191	642508	743521	743521		
石嘴山市	49	49	3643386	751011	2892375	3035687	3034700	987	20056
石嘴山市	43	43	3390373	743358	2647015	2800863	2799876	987	19640
平罗县	6	6	253013	7653	245360	234824	234824		416
吴忠市	73	73	2412211	226689	2185522	2122429	2122429		9710
利通区	33	33	1211874	133132	1078742	1063257	1063257		
红寺堡	2	2	27664		27664	25754	25754		
盐池县	8	8	565125	17254	547871	526095	526095		
同心县	9	9	183030	2000	181030	164673	164673		
青铜峡市	21	21	424518	74303	350215	342650	342650		9710
固原市	44	43	1021707	245806	775901	708654	708654		
原州区	20	20	737400	182902	554498	490800	490800		
西吉县	7	6	94139	21477	72662	60818	60818		
隆德县	7	7	78156		78156	78156	78156		
泾源县	6	6	54384	25776	28608	37047	37047		
彭阳县	4	4	57628	15651	41977	41833	41833		
中卫市	40	40	1394300	275164	1119136	1117645	1114461	3184	30310
市辖区	21	21	633044	147397	485647	581662	578478	3184	3600
中宁县	15	15	696014	125567	570447	496224	496224		26710
海原县	4	4	65242	2200	63042	39759	39759		

承包建筑业企业生产情况

建筑业产值							房屋建筑施工面积			
建筑业总产值（千元）			按构成分			竣工产值（千元）	房屋建筑施工面积（平方米）			
	#装饰装修产值	#在外省完成的产值	建筑工程产值	安装工程产值	其他产值			#本年新开工面积	#实行投标承包面积	#本年新开工
19154480	**378468**	**1928036**	**17356489**	**1579420**	**218571**	**15537355**	**16772917**	**10180780**	**15549970**	**9409940**
12114160	324146	897383	11039945	987087	87128	10393365	10923173	6105784	10694631	6072152
10812313	317970	853671	9738098	987087	87128	9712594	9534890	5140578	9486468	5106946
161989			161989			133893	226851	129110	226851	129110
396337	1108	33598	396337			268950	354718	292534	315220	292534
743521	5068	10114	743521			277928	806714	543562	666092	543562
3054756	2143	668200	2855332	158543	40881	1620114	2639870	1753006	2098346	1329676
2819516	2143	668200	2620508	158543	40465	1421197	2452200	1571336	1910676	1148006
235240			234824		416	198917	187670	181670	187670	181670
2132139	2595	302686	1780348	335358	16433	1950621	1510729	1278355	1413229	1193989
1063257	1202	16658	978978	84279		921476	1109256	902973	1108956	902673
25754			25754			25754	31430	31430	16430	16430
526095		273660	293434	232261	400	532905	102267	89333	89333	89333
164673			164673			160081	98305	98305	98305	98305
352360	1393	12368	317509	18818	16033	310405	169471	156314	100205	87248
708654	4088	37560	676283	12653	19718	601668	720159	533626	457046	319403
490800		37560	467356	3726	19718	410519	297405	173438	253632	173438
60818	4088		51891	8927		44410	94204	78181	87449	76543
78156			78156			78156	35157	35157	35157	35157
37047			37047			42660	52105	23445	42305	13645
41833			41833			25923	241288	223405	38503	20620
1144771	45496	22207	1004581	85779	54411	971587	978986	510009	886718	494720
582078	11804		507731	73297	1050	411334	703339	281008	637337	269577
522934	33692	22207	457091	12482	53361	520494	252779	211822	226513	207964
39759			39759			39759	22868	17179	22868	17179

4-2 续表

地区	施工机械设备			从业人员情况				
	年末自有施工机械设备净值（千元）	年末自有施工机械设备总台数（台）	年末自有施工机械设备总功率（千瓦）	计算建筑业劳动生产率的平均人数（人）	年末从业人员（人）	#管理人员	#工程技术人员	#持有一级资质证书的项目经理
总计	**1629820**	**39935**	**912832**	**172129**	**66233**	**14502**	**21444**	**549**
银川市	924274	19772	442823	111262	38636	8957	12059	363
银川市	732843	17184	370052	99897	33320	8007	10154	356
永宁县	2257	320	5188	2135	1050	323	328	
贺兰县	54048	842	40629	3022	1405	239	580	6
灵武市	135126	1426	26954	6208	2861	388	997	1
石嘴山市	163700	3980	87610	27274	8998	2067	2497	87
石嘴山市	145808	3490	77980	24304	8591	1923	2177	87
平罗县	17892	490	9630	2970	407	144	320	
吴忠市	277238	6487	175426	15375	7837	1392	3800	43
利通区	78993	2695	44894	6568	2414	322	1783	9
红寺堡	703	155	1683	657	427	71	52	2
盐池县	90301	1314	58239	3701	2240	423	668	
同心县	32159	751	29166	1280	907	121	466	
青铜峡市	75082	1572	41444	3169	1849	455	831	32
固原市	152819	4515	98519	7945	4086	931	1416	32
原州区	88017	1325	46868	4018	3029	555	909	28
西吉县	25822	907	24264	1118	352	66	187	1
隆德县	20038	1355	15246	725	318	51	125	
泾源县	10775	403	7023	956	183	85	103	2
彭阳县	8167	525	5118	1128	204	174	92	1
中卫市	111789	5181	108454	10273	6676	1155	1672	24
市辖区	50362	2675	53770	6007	3399	675	701	21
中宁县	51714	1810	45411	3711	2984	452	786	3
海原县	9713	696	9273	555	293	28	185	

		主要建筑材料消耗量						企业总产值（千元）
#现场施工工人	持证人员	钢材（吨）	木材（立方米）	水泥（吨）	玻璃（重量箱）	玻璃（平方米）	铝材（吨）	
25985	**15603**	**730036**	**242966**	**3125568**	**285886**	**1362668**	**26240**	**19517390**
15842	10003	461969	146774	1905681	200880	755650	20868	12460604
13332	8202	420160	120618	1708825	184630	627541	13629	11158577
556	116	7013	14293	60431	2609	24868	1053	161989
430	310	11857	1835	25436	12633	63430	581	396517
1524	1375	22939	10028	110989	1008	39811	5605	743521
3042	1531	125362	14513	511940	18695	152941	1833	3070317
2953	1456	116960	11505	473617	14636	120441	779	2831771
89	75	8402	3008	38323	4059	32500	1054	238546
2389	1052	76392	48769	310753	38852	229692	2003	2132139
145	90	44793	37012	170787	26769	125604	875	1063257
345	42	590	70	3125				25754
857	375	14448	4613	63914	6206	41368	449	526095
358	108	6436	1189	25747	1107	27577	60	164673
684	437	10125	5885	47180	4770	35143	619	352360
2208	2108	23614	22539	163682	3597	35141	460	708654
2041	1959	11951	17545	112862	233	1713	69	490800
21	21	5299	955	10107	1551	7430	50	60818
		2790	1057	19023	1076	7356	126	78156
56	38	1159	1414	9184	467	11842	80	37047
90	90	2415	1568	12506	270	6800	135	41833
2504	909	42699	10371	233512	23862	189244	1076	1145676
1308	599	23079	6182	117219	15904	108563	630	582841
1196	310	14352	3683	110026	7683	78813	358	523076
		5268	506	6267	275	1868	88	39759

4-3 总承包和专业承包

项目	年初存货	流动资产合计	存货	长期投资	固定资产合计
总计	**3413977**	**15974622**	**3962870**	**1079251**	**4220248**
国有及国有控股企业	734138	5262145	871398	467143	1500987
按登记注册类型分组					
内资企业	3412841	15970174	3959918	1079251	4220103
国有企业	426938	3498335	568504	94932	1016638
集体企业	58117	210364	54465	17105	103653
股份合作企业	32816	81222	73198	3062	78754
有限责任公司	1276603	5070124	1376144	537773	1048617
国有独资公司	57601	359181	47471	336458	89276
其他有限责任公司	1219002	4710943	1328673	201315	959341
股份有限公司	308832	1247078	320268	45952	127615
私营企业	1309535	5863051	1567339	380427	1844826
私营独资企业	275	44261	24499	9228	32435
私营有限责任公司	1299564	5775550	1533903	360734	1781177
私营股份有限公司	9696	43240	8937	10465	31214
港、澳、台商投资企业	1136	4448	2952		145
合资经营企业(港或澳、台资)					
港、澳、台商独资经营企业	1136	4448	2952		145
按国民经济行业分组					
房屋和土木工程建筑业	3187804	14968369	3692620	985548	3798073
房屋工程建筑	2099563	9549362	2370445	625153	1986634
土木工程建筑	1088241	5419007	1322175	360395	1811439
建筑安装业	138248	540669	173755	29067	244354
建筑装饰业	79289	373139	85493	709	94686
其它建筑业	8636	92445	11002	63927	83135
按隶属关系分组					
中央	388979	1995119	505618	109837	518114
地方	3024998	13979503	3457252	969414	3702134
按企业资质等级分组					
施工总承包	2873404	13356939	3365109	839490	3162667
一级	713355	4532974	715396	416928	726172
二级	1250021	4322976	1486975	261703	1108070
三级及以下	910028	4500989	1162738	160859	1328425
专业承包	540573	2617683	597761	239761	1057581
一级	57829	382265	68314	8969	89697
二级	154475	991330	163091	79229	490467
三级及以下	328269	1244088	366356	151563	477417

建筑业企业主要经济指标

单位：千元

固定资产原价	生产经营用	累计折旧	本年折旧	在建工程	无形及递延资产小计	无形资产	其他资产
5983423	**5193080**	**2060912**	**367808**	**254211**	**428214**	**388322**	**82219**
2248055	1984220	821357	129654	52073	172821	158960	53973
5982969	5192715	2060603	367767	254211	428214	388322	82219
1507651	1324758	534124	87649	26765	81313	68643	7883
133184	106543	38559	2710	8724	10324	10324	55
9865	7076	3902	344	72791	1541		
1538130	1341286	540317	113948	43761	143323	124529	54540
151087	133637	85392	10692	18257	81714	81714	925
1387043	1207649	454925	103256	25504	61609	42815	53615
279996	261323	154382	14481	1644	11457	11457	772
2514143	2151729	789319	148635	100526	180256	173369	18969
30634	30474	7528	324				
2441496	2086757	770780	147630	100315	180256	173369	18969
42013	34498	11011	681	211			
454	365	309	41				
454	365	309	41				
5446521	4769830	1887423	318570	204574	409379	371639	39970
2576748	2106259	740263	110376	129716	266670	257302	27970
2869773	2663571	1147160	208194	74858	142709	114337	12000
305091	254772	107087	28649	37442	2043	1599	42097
122591	86825	35830	4914	7708	16775	15071	51
109220	81653	30572	15675	4487	17	13	101
850565	839231	340139	45899	7676	42589	30880	4140
5132858	4353849	1720773	321909	246535	385625	357442	78079
4415338	3793257	1452684	252117	165980	376590	341546	31637
1202421	1065086	481142	64126	3584	152036	141822	8717
1574417	1430660	500067	112601	22428	121655	120611	18076
1638500	1297511	471475	75390	139968	102899	79113	4844
1568085	1399823	608228	115691	88231	51624	46776	50582
222664	213637	133085	21883	118	712		7621
651217	578108	217126	54067	54569	13646	10503	41940
694204	608078	258017	39741	33544	37266	36273	1021

4-3 续表 1

项 目	资产合计	流动负债合计	长期负债合计	负债合计	所有者权益合计
总 计	**21784554**	**13687285**	**452981**	**14140266**	**7644288**
国有及国有控股企业	7457069	5252020	72718	5324738	2132331
按登记注册类型分组					
内资企业	21779961	13681981	452981	14134962	7644999
国有企业	4699101	3604158	17842	3622000	1077101
集体企业	341501	157850	1530	159380	182121
股份合作企业	164579	79249	1719	81978	80601
有限责任公司	6854377	4424851	162262	4587113	2267264
国有独资公司	867554	352621	46354	398975	468579
其他有限责任公司	5986823	4072230	115908	4188138	1798685
股份有限公司	1432874	1217881	85	1217966	214908
私营企业	8287529	4197992	268533	4466525	3821004
私营独资企业	85924	33258	3740	36998	48926
私营有限责任公司	8116686	4142690	264070	4406760	3709926
私营股份有限公司	84919	22044	723	22767	62152
港、澳、台商投资企业	4593	5304		5304	-711
合资经营企业(港或澳、台资)					
港、澳、台商独资经营企业	4593	5304		5304	-711
按国民经济行业分组					
房屋和土木工程建筑业	20201339	13067647	430731	13498378	6702961
房屋工程建筑	12455789	8203962	328125	8532087	3923702
土木工程建筑	7745550	4863685	102606	4966291	2779259
建筑安装业	858230	342872	13216	356088	502142
建筑装饰业	485360	190222	7171	197393	287967
其它建筑业	239625	86544	1863	88407	151218
按隶属关系分组					
中 央	2669799	2162470	4400	2166870	502929
地 方	19114755	11524815	448581	11973396	7141359
按企业资质等级分组					
施工总承包	17767323	11776217	342662	12118879	5648444
一 级	5836827	4683291	19702	4702993	1133834
二 级	5832480	3509195	250511	3759706	2072774
三级及以下	6098016	3583731	72449	3656180	2441836
专业承包	4017231	1911068	110319	2021387	1995844
一 级	489264	262235	42320	304555	184709
二 级	1616612	675431	13997	689428	927184
三级及以下	1911355	973402	54002	1027404	883951

单位：千元

实收资本						工程结算收入	工程结算成本
	国家资本	集体资本	法人资本	个人资本	港澳台资本		
6091184	**1522447**	**295923**	**1023288**	**3248926**	**600**	**19398551**	**17678067**
1598933	1499386		77799	21748		7963751	7426692
6090584	1522447	295923	1023288	3248926		19395678	17675713
884646	819317		65329			6439962	6045176
132778	3093	111248	18437			357469	318850
6943		6217		729		68995	63044
1784320	697645	154516	563327	368832		4278180	3885665
369110	369110					354097	316650
1415210	328535	154516	563327	368832		3924083	3569015
206273	2392	23942		179939		1418848	1322461
3075624			376195	2699429		6832224	6040517
36834			16000	20834		41895	37412
2992860			353885	2638975		6716801	5938154
45930			6310	39620		73528	64951
600					600	2873	2354
600					600	2873	2354
5334840	1430612	288601	975562	2640065		18519224	16949453
3087391	655097	212636	588410	1631248		11603588	10700261
2247449	775515	75965	387152	1008817		6915636	6249192
311568	82770		19710	209088		430464	359914
293756	1404		25016	266736	600	311533	262947
151020	7661	7322	3000	133037		137330	105753
448585	272418	3560	172607			2933793	2757241
5642599	1250029	292363	850681	3248926	600	16464758	14920826
4554847	1124350	286669	849873	2293955		16958070	15587170
1005960	673032		90088	242840		7292399	6901105
1506631	154930	154832	296001	900868		4343894	3864951
2042256	296388	131837	463784	1150247		5321777	4821114
1536337	398097	9254	173415	954971	600	2440481	2090897
172776	57396			115380		596449	543493
555255	135101		72127	348027		875212	721537
808306	205600	9254	101288	491564	600	968820	825867

4-3 续表 2

项　　目	工程结算税金及附加	工程结算利润	其他业务收入	其他业务利润	经营费用
总　　计	**625846**	**1031362**	**488179**	**90617**	**63276**
国有及国有控股企业	250387	276292	255774	27945	10380
按登记注册类型分组					
内资企业	625758	1030931	488179	90617	63276
国有企业	202681	182154	228012	25111	9951
集体企业	12947	22011	293	228	3661
股份合作企业	2316	3635	268	133	
有限责任公司	138966	249898	75439	20170	3651
国有独资公司	10513	26650	561	183	284
其他有限责任公司	128453	223248	74878	19987	3367
股份有限公司	46861	49526	3013	2528	
私营企业	221987	523707	181154	42447	46013
私营独资企业	1068	3400			15
私营有限责任公司	218514	515286	181154	42447	44847
私营股份有限公司	2405	5021			1151
港、澳、台商投资企业	88	431			
合资经营企业(港或澳、台资)					
港、澳、台商独资经营企业	88	431			
按国民经济行业分组					
房屋和土木工程建筑业	599186	924277	404078	76433	46308
房屋工程建筑	386867	486185	202645	17472	30275
土木工程建筑	212319	438092	201433	58961	16033
建筑安装业	13654	44879	78085	12500	12017
建筑装饰业	9321	35332	5856	1626	3933
其它建筑业	3685	26874	160	58	1018
按隶属关系分组					
中　央	93654	79177	180129	12492	3721
地　方	532192	952185	308050	78125	59555
按企业资质等级分组					
施工总承包	550113	780436	250701	40272	40351
一　级	239995	150467	177812	17903	832
二　级	129195	326503	55071	19224	23245
三级及以下	180923	303466	17818	3145	16274
专业承包	75733	250926	237478	50345	22925
一　级	19671	29548	552	429	3737
二　级	27694	118685	126073	16728	7296
三级及以下	28368	102693	110853	33188	11892

单位：千元

管理费用					财务费用		营业利润
	税金	财产保险费	差旅费	工会经费		利息支出	
757253	**31374**	**3666**	**40874**	**13607**	**127298**	**97973**	**236390**
326261	12488	1331	17496	6506	11479	8955	-34541
756790	31374	3666	40869	13600	127298	97973	236422
241760	10524	1076	12313	4949	9891	8087	-44022
14254	547	81	1163	81	1104	1010	6881
2837	121		40	9	39	39	892
200989	7163	678	9394	3110	39758	38001	27919
21847	400	54	1765	335	271	294	3313
179142	6763	624	7629	2775	39487	37707	24606
32030	1009	160	853	674	11088	10103	8936
264920	12010	1671	17106	4777	65418	40733	235816
1523	10	35	40	6	1016	1014	861
261846	11852	1617	16849	4771	64085	39448	231802
1551	148	19	217		317	271	3153
463			5	7			-32
463			5	7			-32
668913	28656	3218	33313	11863	120860	92093	209899
307020	17603	1930	12446	5477	84670	56277	110565
361893	11053	1288	20867	6386	36190	35816	99334
46703	1057	137	5359	1260	3272	3235	7404
30189	1509	183	1336	255	1306	1051	5463
11448	152	128	866	229	1860	1594	13624
140767	5054	663	6305	3001	7316	4100	-56050
616486	26320	3003	34569	10606	119982	93873	292440
545261	25455	2731	25056	9820	111883	82987	162526
196357	9160	961	7069	4752	21806	19097	-50831
168398	7202	974	6995	3048	64147	40734	113182
180506	9093	796	10992	2020	25930	23156	100175
211992	5919	935	15818	3787	15415	14986	73864
17715	556	115	2620	507	2171	2138	10091
97621	2935	311	6033	1433	2598	2748	35194
96656	2428	509	7165	1847	10646	10100	28579

4-3 续表 3

项　　目	营业外收入	营业外支出	利润总额	应交所得税	应付利润
总　计	**147786**	**85367**	**317399**	**80325**	**172363**
国有及国有控股企业	94993	19900	41546	20314	28059
按登记注册类型分组					
内资企业	147786	85367	317431	80324	172396
国有企业	89505	17216	30710	14518	21060
集体企业	1323	250	7979	3553	645
股份合作企业	126	32	986	246	740
有限责任公司	10356	9640	39823	12433	18527
国有独资公司	1384	1329	2786	1724	2579
其他有限责任公司	8972	8311	37037	10709	15948
股份有限公司	2427	1376	9744	1508	31
私营企业	44049	56853	228189	48066	131393
私营独资企业	6	14	853	185	668
私营有限责任公司	44043	56812	224210	47228	128166
私营股份有限公司		27	3126	653	2559
港、澳、台商投资企业			-32	1	-33
合资经营企业(港或澳、台资)					
港、澳、台商独资经营企业			-32	1	-33
按国民经济行业分组					
房屋和土木工程建筑业	146161	84259	293231	74936	169673
房屋工程建筑	114105	36583	199372	44743	116599
土木工程建筑	32056	47676	93859	30193	53074
建筑安装业	617	411	5011	2751	-669
建筑装饰业	963	655	5470	1744	2036
其它建筑业	45	42	13687	894	1323
按隶属关系分组					
中　央	82788	7272	18748	3883	390
地　方	64998	78095	298651	76442	171973
按企业资质等级分组					
施工总承包	143100	81400	242694	61560	143535
一　级	94435	16800	26040	9315	4578
二　级	42962	54608	100954	20344	91504
三级及以下	5703	9992	115700	31901	47453
专业承包	4686	3967	74705	18765	28828
一　级	687	690	10089	2276	1955
二　级	2081	2033	29813	9281	11609
三级及以下	1918	1244	34803	7208	15264

单位：千元、人

劳动、失业保险费	住房公积金及住房补贴	本年应付工资总额		本年应付福利费总额		应收工程款		全部从业人员平均人数
			主营业务		主营业务		竣工工程	
129293	**56092**	**3508384**	**3420088**	**103687**	**99447**	**5982179**	**4096170**	**174536**
96735	40360	1743210	1697169	27665	27081	2290535	1534779	76075
129293	56092	3505970	3417674	103650	99410	5979306	4093297	174456
74579	35609	1330437	1288099	23597	23310	1595448	1057616	56755
1561	479	61761	61459	5120	5078	67404	31182	3481
995		10349	10349	1449	1449	5000	5000	815
32180	10597	963501	952875	19291	18051	1698384	1101536	48106
9879	1370	96754	96530	924	924	96404	61771	4442
22301	9227	866747	856345	18367	17127	1601980	1039765	43664
6640	6858	73962	62666	8844	7934	303092	203273	6234
13338	2549	1065960	1042226	45349	43588	2309978	1694690	59065
84	38	7060	7060	308	308	7298	7298	340
13230	2475	1048414	1024680	44001	42240	2284357	1674187	58020
24	36	10486	10486	1040	1040	18323	13205	705
		2414	2414	37	37	2873	2873	80
		2414	2414	37	37	2873	2873	80
124579	52244	3335379	3253783	96855	93023	5675739	3914955	165174
49767	10427	2538082	2487934	53499	51138	3670739	2405886	124533
74812	41817	797297	765849	43356	41885	2005000	1509069	40641
3001	3508	90349	84511	3622	3267	163367	73369	4362
1180	98	62700	62040	2071	2047	105865	77659	3827
533	242	19956	19754	1139	1110	37208	30187	1173
45718	15469	427859	392808	14294	14016	629730	320189	15912
83575	40623	3080525	3027280	89393	85431	5352449	3775981	158624
111314	39590	3125314	3057238	85777	82941	5231672	3470276	154318
83997	27646	1469217	1445971	19794	19794	1978794	1210069	63786
16878	7225	700438	675623	34912	33233	1719547	1296200	36587
10439	4719	955659	935644	31071	29914	1533331	964007	53945
17979	16502	383070	362850	17910	16506	750507	625894	20218
2486	2556	69307	69188	2583	2583	161432	157996	3877
11485	11728	164088	151747	9953	9248	328668	267783	8247
4008	2218	149675	141915	5374	4675	260407	200115	8094

4-4 各市县总承包和专业

地区	年初存货	流动资产合计		长期投资	固定资产合计
			存货		
总计	**3413977**	**15974622**	**3962870**	**1079251**	**4220248**
银川市	**2223314**	**9625888**	**2446193**	**880041**	**2381896**
银川市	2071910	9075294	2302761	862698	2060186
永宁县	21902	72875	21150	200	20183
贺兰县	32708	157438	27069	2690	102232
灵武市	96794	320281	95213	14453	199295
石嘴山市	**550873**	**2736966**	**752332**	**23354**	**396935**
石嘴山市	484710	2565346	642542	20292	295995
平罗县	66163	171620	109790	3062	100940
吴忠市	**260812**	**1739368**	**351589**	**66795**	**613920**
利通区	166679	831287	180816	24732	262802
红寺堡	1719	15203	1857		12139
盐池县	49543	403680	113253	300	129928
同心县	9365	103656	9500	7889	68189
青铜峡市	33506	385542	46163	33874	140862
固原市	**109101**	**627245**	**112571**	**28186**	**276323**
原州区	72893	448498	78595	9300	135479
西吉县	9398	59605	8045	8390	40566
隆德县	9217	57426	12373		49007
泾源县	13642	38326	10112	10496	26487
彭阳县	3951	23390	3446		24784
中卫市	**269877**	**1245155**	**300185**	**80875**	**551174**
中卫城区	199127	686841	212570	670	139489
中宁县	65828	539141	78801	80205	396130
海原县	4922	19173	8814		15555

承包建筑业经济指标

单位：千元

固定资产原价	生产经营用	累计折旧	本年折旧	在建工程	无形及递延资产小计	无形资产	其他资产
5983423	**5193080**	**2060912**	**367808**	**254211**	**428214**	**388322**	**82219**
3513982	**2973364**	**1250769**	**218523**	**101303**	**257429**	**244911**	**65452**
3110119	2650429	1157878	199014	100555	249438	237382	65397
30816	30816	10633	392		110	108	
110638	75426	14273	3293	409	1480	1050	
262409	216693	67985	15824	339	6401	6371	55
516366	**457784**	**212431**	**39397**	**83425**	**36875**	**32809**	**13158**
472163	428919	196167	37592	10634	34781	32256	13158
44203	28865	16264	1805	72791	2094	553	
849725	**797981**	**269079**	**62700**	**23729**	**15860**	**13865**	**581**
376270	367099	127287	16331	13677	8500	7689	
14090	9490	7010	1077	5059			
200081	192839	72964	35638	2811	2750	2673	
91899	75604	24248	2924	518	1107		
167385	152949	37570	6730	1664	3503	3503	581
401565	**326530**	**136800**	**19929**	**9535**	**18814**	**16279**	
209956	179513	82638	13285	6528	15394	13287	
50870	34309	10846	862	153	428		
63710	56128	14703	2064				
40933	33412	16047	2074	1600	2380	2380	
36096	23168	12566	1644	1254	612	612	
701785	**637421**	**191833**	**27259**	**36219**	**99236**	**80458**	**3028**
169155	123367	52778	9566	23111	18453	710	3028
514499	495923	131479	17179	13108	80783	79748	
18131	18131	7576	514				

4-4 续表 1

地　区	资产合计	流动负债合计	长期负债合计	负债合计	所有者权益合计
总　计	**21784554**	**13687285**	**452981**	**14140266**	**7644288**
银川市	**13210706**	**8487728**	**130397**	**8618125**	**4592581**
银川市	12313013	8064460	120512	8184972	4128041
永宁县	93368	43329	4000	47329	46039
贺兰县	263840	118093	500	118593	145247
灵武市	540485	261846	5385	267231	273254
石嘴山市	**3207288**	**2479938**	**106671**	**2586609**	**620679**
石嘴山市	2929572	2322326	103942	2426268	503304
平罗县	277716	157612	2729	160341	117375
吴忠市	**2436524**	**1318619**	**10114**	**1328733**	**1107791**
利通区	1127321	649352	1900	651252	476069
红寺堡	27342	13652		13652	13690
盐池县	536658	308692		308692	227966
同心县	180841	69156	275	69431	111410
青铜峡市	564362	277767	7939	285706	278656
固原市	**950568**	**441623**	**4738**	**446361**	**504207**
原州区	608671	308343	1097	309440	299231
西吉县	108989	55728	1995	57723	51266
隆德县	106433	34957	1168	36125	70308
泾源县	77689	30452	478	30930	46759
彭阳县	48786	12143		12143	36643
中卫市	**1979468**	**959377**	**201061**	**1160438**	**819030**
中卫城区	848481	537594	1161	538755	309726
中宁县	1096259	415297	199900	615197	481062
海原县	34728	6486		6486	28242

单位：千元

实收资本						工程结算收入	工程结算成本
	国家资本	集体资本	法人资本	个人资本	港澳台资本		
6091184	**1522447**	**295923**	**1023288**	**3248926**	**600**	**19398551**	**17678067**
3791233	**1062167**	**72008**	**524570**	**2131888**	**600**	**12511753**	**11457182**
3428713	1018909	65474	446208	1897522	600	11170874	10230286
45558	5704			39854		158989	148989
117394	14385		64526	38483		491823	458017
199568	23169	6534	13836	156029		690067	619890
540917	**106150**	**45422**	**162093**	**227252**		**2873195**	**2699806**
501661	93838	30456	160904	216463		2638930	2483477
39256	12312	14966	1189	10789		234265	216329
900068	**186014**	**123139**	**156262**	**434653**		**2042956**	**1846793**
389999	127075	26740	50114	186070		1004429	905560
13283		4775		8508		23550	19520
188698	15837	40333	48871	83657		493077	459526
92482	6600	36666	28611	20605		163481	151274
215606	36502	14625	28666	135813		358419	310913
471036	**82128**	**42169**	**118143**	**228596**		**714926**	**651252**
260888	25954	30221	73183	131530		483432	440546
50765	20185	11558	12610	6412		60783	55116
67889	22359		8670	36860		78156	73513
57499		390	15341	41768		51402	47140
33995	13630		8339	12026		41153	34937
387930	**85988**	**13185**	**62220**	**226537**		**1255721**	**1023034**
195032	46254	2711	42366	103701		514888	451693
167024	33714	10474		122836		702897	534710
25874	6020		19854			37936	36631

4-4 续表 2

地区	工程结算税金及附加	工程结算利润	其他业务收入	其他业务利润	经营费用
总计	**625846**	**1031362**	**488179**	**90617**	**63276**
银川市	**400251**	**627592**	**310001**	**62212**	**26728**
银川市	360137	553974	309337	62110	26477
永宁县	6486	3263			251
贺兰县	16832	16974	629	581	
灵武市	16796	53381	35	-479	
石嘴山市	**96530**	**75830**	**158693**	**9597**	**1029**
石嘴山市	88841	65814	157673	8987	798
平罗县	7689	10016	1020	610	231
吴忠市	**64750**	**126953**	**14096**	**13648**	**4460**
利通区	34139	60951			3779
红寺堡	726	3304			
盐池县	12110	21247	13981	13533	194
同心县	5987	6220			
青铜峡市	11788	35231	115	115	487
固原市	**23836**	**30976**	**953**	**936**	**8862**
原州区	17257	22652	835	834	2977
西吉县	2190	3408	4	4	69
隆德县	1493	2949			201
泾源县	1715	730	114	98	1817
彭阳县	1181	1237			3798
中卫市	**40479**	**170011**	**4436**	**4224**	**22197**
中卫城区	18124	44497	1237	1149	574
中宁县	20909	127123	3199	3075	20155
海原县	1446	-1609			1468

单位：千元

管理费用					财务费用		营业利润
	税　金	财产保险费	差旅费	工会经费		利息支出	
757253	**31374**	**3666**	**40874**	**13607**	**127298**	**97973**	**236390**
475156	**20845**	**1885**	**25808**	**9939**	**56593**	**54759**	**157017**
437902	19741	1795	24176	9591	52047	50568	125097
2939	62	3	30	26	518	522	-194
7759	486	58	141	83	460	398	9336
26556	556	29	1461	239	3568	3271	22778
108207	**4917**	**397**	**3204**	**771**	**29957**	**26786**	**-52737**
99294	4474	337	2914	700	29899	26729	-54392
8913	443	60	290	71	58	57	1655
73849	**1084**	**506**	**5921**	**748**	**6415**	**5252**	**60337**
26554	585	205	933	191	3170	1907	31227
2663	17	65	221	144	285	281	356
14086	158	107	1042	50	1487	1579	19207
4487			526		824	779	909
26059	324	129	3199	363	649	706	8638
29181	**1534**	**88**	**2072**	**982**	**4396**	**4120**	**-1665**
20935	1066	42	1018	790	3684	3596	-1133
3157	214	1	602	5	33	33	222
2021	168	45	208	127	320	227	608
2291	54		182	60	254	249	-1717
777	32		62		105	15	355
70860	**2994**	**790**	**3869**	**1167**	**29937**	**7056**	**73438**
18003	555	142	839	254	3728	3289	23915
52026	2303	648	2937	913	26149	3764	52023
831	136		93		60	3	-2500

4-4 续表 3

地　区	营业外收入	营业外支出	利润总额	应交所得税	应付利润	劳动、失业保险费
总　计	**147786**	**85367**	**317399**	**80325**	**172363**	**129293**
银川市	**54312**	**55762**	**153886**	**51656**	**80247**	**115758**
银川市	53526	53767	123177	40217	64798	108277
永宁县	33	61	-222	26	106	496
贺兰县	703	772	9284	4273	3921	295
灵武市	50	1162	21647	7140	11422	6690
石嘴山市	**84471**	**8820**	**34464**	**3049**	**4451**	**6393**
石嘴山市	84295	8629	32820	2648	3403	5025
平罗县	176	191	1644	401	1048	1368
吴忠市	**3942**	**16225**	**52565**	**15360**	**19082**	**2930**
利通区	1066	641	31654	11103	12267	1065
红寺堡	1	66	239	11	51	7
盐池县	2283	12809	8682	1536	4994	1244
同心县			909	271	262	5
青铜峡市	592	2709	11081	2439	1508	609
固原市	**1486**	**789**	**1791**	**402**	**653**	**1624**
原州区	1486	396	2710	176	10	1564
西吉县		389	-167	3	6	60
隆德县			608	53	60	
泾源县		4	-1715	93	346	
彭阳县			355	77	231	
中卫市	**3575**	**3771**	**74693**	**9858**	**67930**	**2588**
中卫城区	199	891	22891	4218	17744	1575
中宁县	3328	2788	54181	5518	50023	1013
海原县	48	92	-2379	122	163	

单位：千元、人

住房公积金及住房补贴	本年应付工资总额		本年应付福利费总额		应收工程款		全部从业人员平均人数
		主营业务		主营业务		竣工工程	
56092	**3508384**	**3420088**	**103687**	**99447**	**5982179**	**4096170**	**174536**
50438	**2291105**	**2248746**	**68876**	**66537**	**3837404**	**2627342**	**112868**
46289	2066123	2029434	54429	52230	3691570	2528177	101481
41	33822	33522	4477	4477	26695	21491	2135
57	44643	44643	975	975	53417	45231	3022
4051	146517	141147	8995	8855	65722	32443	6230
2820	**630749**	**604769**	**8545**	**8051**	**920733**	**504405**	**27274**
2691	577545	552755	4216	3939	899927	485345	24304
129	53204	52014	4329	4112	20806	19060	2970
1565	**320321**	**315148**	**9007**	**8804**	**405427**	**342438**	**15434**
82	136982	136982	2226	2226	172646	135546	6568
	9481	8801	525	523	1472		657
983	95096	92557	1259	1100	82853	79455	3713
	21679	19854	1862	1820	35611	22036	1280
500	57083	56954	3135	3135	112845	105401	3216
208	**97903**	**86183**	**5646**	**4673**	**188650**	**149624**	**8331**
208	62647	51053	4599	3689	141849	111564	4027
	6789	6663	125	99	4501	3371	1489
	5541	5541	139	139	1796	1796	725
	14325	14325	662	662	13089	13089	956
	8601	8601	121	84	27415	19804	1134
1061	**168306**	**165242**	**11613**	**11382**	**629965**	**472361**	**10629**
190	84927	82816	4386	4155	313647	187040	6012
871	79288	78335	7082	7082	313238	282693	4057
	4091	4091	145	145	3080	2628	560

4-5 各市县总承包和专业

地区	房屋建筑竣工面积(平方米)				
	合计	厂房、仓库	住宅	办公用房	批发和零售用房
总计	**7412245**	**809509**	**4029072**	**407326**	**459967**
银川市	**4778456**	**417768**	**2485285**	**288700**	**347878**
银川市	4380294	409503	2238140	225764	295278
永宁县	120073		96007		21562
贺兰县	140021		84962	51986	
灵武市	138068	8265	66176	10950	31038
石嘴山市	**882034**	**220855**	**464612**	**12568**	**51958**
石嘴山市	765258	220855	374543	12568	49458
平罗县	116776		90069		2500
吴忠市	**1118796**	**70999**	**843189**	**55510**	**19031**
利通区	769841	45603	650737	32513	19031
红寺堡	31430	15000	16430		
盐池县	102267	3073	62344	9791	
同心县	96501		39283	11329	
青铜峡市	118757	7323	74395	1877	
固原市	**256232**	**12627**	**137258**	**11896**	**3233**
原州区	119926	2827	81477	5288	
西吉县	33294		8620	2900	3233
隆德县	35157		22948	3708	
泾源县	47386	9800	10011		
彭阳县	20469		14202		
中卫市	**376727**	**87260**	**98728**	**38652**	**37867**
中卫城区	278415	82080	86325	33637	6765
中宁县	78801	5180	7647	5015	31102
海原县	19511		4756		

承包企业房屋建筑完成情况

住宿和餐饮用房	居民服务业用房	教育用房	文化、体育和娱乐用房	卫生医疗用房	科研用房	其他用房
113559	**38745**	**483496**	**336690**	**52128**	**3410**	**678343**
68793	**15128**	**267894**	**288416**	**22952**	**1100**	**574542**
64420	15128	250342	287135	21252	1100	572232
		2504				
1373				1700		
3000		15048	1281			2310
22518	**15151**	**39489**	**18208**			**36675**
12405	15151	26503	18208			35567
10113		12986				1108
8570	**2000**	**70826**	**1641**	**14180**	**2310**	**30540**
	1000	7335	1341			12281
	1000	15425		8324	2310	
8570		30123		5196		2000
		17943	300	660		16259
4180		**66950**	**2812**	**14996**		**2280**
		28254		2080		
1300		10665	1512	4416		648
		8501				
		17775	1300	8500		
2880		1755				1632
9498	**6466**	**38337**	**25613**			**34306**
9498	2948	6497	16359			34306
		20833	9024			
	3518	11007	230			

4-5 续表

地区	竣工房屋价值(千元)				
	合计	厂房、仓库	住宅	办公用房	批发和零售用房
全区总计	**7015909**	**740563**	**3424895**	**451898**	**387944**
银川市	**4653994**	**358311**	**2136857**	**311732**	**286570**
银川市	4288766	346271	1922380	241531	242644
永宁县	108478		88410		18140
贺兰县	135108		75096	56414	
灵武市	121642	12040	50971	13787	25786
石嘴山市	**832599**	**196296**	**445114**	**17094**	**33565**
石嘴山市	731713	196296	367614	17094	31065
平罗县	100886		77500		2500
吴忠市	**965968**	**81986**	**665844**	**73345**	**18810**
利通区	657539	54481	516713	50448	18810
红寺堡	25754	17500	8254		
盐池县	97673	2705	55023	8849	
同心县	75210		21726	12180	
青铜峡市	109792	7300	64128	1868	
固原市	**205916**	**9904**	**99901**	**13378**	**2900**
原州区	86322	3044	57726	7057	
西吉县	32462		7078	2347	2900
隆德县	37001		22248	3974	
泾源县	38055	6860	6021		
彭阳县	12076		6828		
中卫市	**357432**	**94066**	**77179**	**36349**	**46099**
中卫城区	242661	90365	69091	28447	5669
中宁县	97661	3701	5228	7902	40430
海原县	17110		2860		

住宿和餐饮用房	居民服务业用房	教育用房	文化、体育和娱乐用房	卫生医疗用房	科研用房	其他用房
97507	**28118**	**518854**	**425884**	**56532**	**2684**	**881030**
58592	**17170**	**307902**	**357105**	**24299**	**1114**	**794342**
56095	17170	292075	355966	22828	1114	790692
		1928				
2127				1471		
370		13899	1139			3650
23667	**2727**	**52247**	**27189**			**34700**
14567	2727	41561	27189			33600
9100		10686				1100
4670	**2543**	**67003**	**1514**	**17900**	**1570**	**30783**
	850	4760	1074			10403
	1693	19043		8790	1570	
4670		23074		8330		5230
		20126	440	780		15150
3758		**57405**	**2468**	**14333**		**1869**
		16485		2010		
1397		12634	1200	4454		452
		10779				
		16037	1268	7869		
2361		1470				1417
6820	**5678**	**34297**	**37608**			**19336**
6820	3778	6627	12528			19336
		16120	24280			
	1900	11550	800			

4-6 劳务分包

指 标	企业个数	有工作量的企业个数	建筑业总产值	计算劳动生产率的平均人数	年末从业人数
总 计	**30**	**22**	**35457**	**794**	**551**
国有及国有控股企业					
按登记注册类型分组					
内资企业	30	22	35457	794	551
国有企业					
集体企业	3	3	15840	115	82
有限责任公司	3	3	1542	159	72
国有独资公司	2	2	92	39	32
其他有限责任公司	1	1	1450	120	40
私营企业	24	16	18075	520	397
私营独资企业	1	1	200	6	4
私营有限责任公司	23	15	17875	514	393
按国民经济行业分组					
房屋和土木工程建筑业	23	16	16205	646	436
房屋工程建筑	21	14	13122	577	369
土木工程建筑	2	2	3083	69	67
建筑安装业	7	6	19252	148	115
按隶属关系分组					
地 方	30	22	35457	794	551
按企业资质等级分组					
劳务分包	30	22	35457	794	551
一 级	14	11	8389	329	201
二 级	2	2	2990	63	61
三级及以下	14	9	24078	402	289
按地区分					
全区总计	**30**	**22**	**35457**	**794**	**551**
银 川 市	**26**	**18**	**19597**	**643**	**438**
市 辖 区	22	16	16607	573	370
永宁	1	1	2790	57	57
灵武	3	1	200	13	11
石嘴山市	**3**	**3**	**12203**	**114**	**76**
市 辖 区	3	3	12203	114	76
中 卫 市	**1**	**1**	**3657**	**37**	**37**
中 宁 县	1	1	3657	37	37

企业主要指标

单位：千元、个、人

管理人员	工程技术人员	现场施工工人	固定资产原价	本年折旧	资产总计	负债合计	实收资本	国家资本
115	**79**	**352**	**5620**	**599**	**60145**	**28864**	**15948**	**1166**
115	79	352	5620	599	60145	28864	15948	1166
16	17	54	3079	206	21049	17702	1522	
19	15	27	626	13	10177	7618	1266	1166
11	10		626	13	10064	7598	1166	1166
8	5	27			113	20	100	
80	47	271	1915	380	28919	3544	13160	
4	2		200	50	550	200	300	
76	45	271	1715	330	28369	3344	12860	
92	52	280	3422	421	28415	15790	11702	666
84	47	228	2222	288	19797	9363	10626	666
8	5	52	1200	133	8618	6427	1076	
23	27	72	2198	178	31730	13074	4246	500
115	79	352	5620	599	60145	28864	15948	1166
115	79	352	5620	599	60145	28864	15948	1166
56	36	94	2019	238	17042	8312	8026	1166
8	5	50	280	59	2910	700	1300	
51	38	208	3321	302	40193	19852	6622	
115	**79**	**352**	**5620**	**599**	**60145**	**28864**	**15948**	**1166**
89	**52**	**298**	**1915**	**380**	**29978**	**3577**	**13760**	**500**
76	46	248	1451	311	26168	2877	11560	500
4	3	50	80	9	2360	500	1000	
9	3		384	60	1450	200	1200	
19	**20**	**24**	**2656**	**189**	**28790**	**25268**	**830**	**666**
19	20	24	2656	189	28790	25268	830	666
7	**7**	**30**	**1049**	**30**	**1377**	**19**	**1358**	
7	7	30	1049	30	1377	19	1358	

4-6 续表

指　　标	集体资本	法人资本	个人资本	营业收入合计	主营业务收入
总　　计	**1522**	**190**	**13070**	**37028**	**35344**
国有及国有控股企业					
按登记注册类型分组					
内资企业	1522	190	13070	37028	35344
国有企业					
集体企业	1522			16181	15855
有限责任公司			100	2000	1542
国有独资公司				550	92
其他有限责任公司			100	1450	1450
私营企业		190	12970	18847	17947
私营独资企业			300		
私营有限责任公司		190	12670	18847	17947
按国民经济行业分组			**300**		
房屋和土木工程建筑业	76	190	10770	17295	15936
房屋工程建筑		190	9770	13004	12546
土木工程建筑	76		1000	4291	3390
建筑安装业	1446		2300	19733	19408
按隶属关系分组					
地　　方	1522	190	13070	37028	35344
按企业资质等级分组					
劳务分包	1522	190	13070	37028	35344
一　级		190	6670	8526	8068
二　级			1300	3982	3082
三级及以下	1522		5100	24520	24194
按地区分					
全区总计	**1522**	**190**	**13070**	**37028**	**35344**
银 川 市		**190**	**13070**	**20369**	**19469**
市 辖 区		190	10870	16387	16387
永宁			1000	3982	3082
灵武			1200		
石嘴山市	**164**			**13002**	**12218**
市 辖 区	164			13002	12218
中 卫 市	**1358**			**3657**	**3657**
中 宁 县	1358			3657	3657

单位：千元、个、人

主营业务成　本	主营业务税金及附加	费用合计	营业利润	利润总额	从业人员劳动报酬	劳动、失业保险费	全部从业人员年平均人数
33647	**1052**	**3848**	**-1519**	**-1248**	**14101**	**871**	**806**
33647	1052	3848	-1519	-1248	14101	871	806
14395	605	1385	-204	-235	1551	276	115
1530	9	638	-177	-218	2105	426	159
81	8	631	-170	-211	655	426	39
1449	1	7	-7	-7	1450		120
17722	438	1825	-1138	-795	10445	169	532
	2	65	-67		72		6
17722	436	1760	-1071	-795	10373	169	526
	2	**65**	**-67**		**72**		**6**
16009	332	2461	-1507	-1205	12035	667	658
11982	186	2029	-1193	-891	11296	578	586
4027	146	432	-314	-314	739	89	72
17638	720	1387	-12	-43	2066	204	148
33647	1052	3848	-1519	-1248	14101	871	806
33647	1052	3848	-1519	-1248	14101	871	806
7697	177	1675	-1023	-784	6934	514	338
3734	137	158	-47	20	612		66
22216	738	2015	-449	-484	6555	357	402
33647	**1052**	**3848**	**-1519**	**-1248**	**14101**	**871**	**806**
19233	**441**	**1833**	**-1138**	**-795**	**11936**	**169**	**655**
15499	304	1609	-1025	-749	11289	162	573
3734	135	93	20	20	540		60
	2	131	-133	-66	107	7	22
11035	**415**	**1958**	**-406**	**-478**	**1766**	**702**	**114**
11035	415	1958	-406	-478	1766	702	114
3379	**196**	**57**	**25**	**25**	**399**		**37**
3379	196	57	25	25	399		37

4-7 资质以外建筑业

指 标	企业数(个)	年末从业人数(人)	计算劳动生产率的平均人数(人)	建筑业总产值	竣工产值	房屋建筑施工面积	房屋建筑竣工面积	固定资产原 价
总 计	**356**	**4764**	**2378**	**614357**	**204551**	**280536**	**128370**	**231490**
国有及国有控股企业	16	642	243	31324	18507	10200	10200	24054
一、按登记注册类型分组								
国有企业	11	499	138	21967	9150	10200	10200	20629
集体企业	3	34	31	10465	8000			1729
股份合作企业	2	41	62	7018	7018			2424
有限责任公司	40	624	253	67004	15389			42200
国有独资公司	1	75						
其他有限责任公司	39	549	253	67004	15389			42200
股份有限公司	3	29	5	8870				5535
私营企业	292	3495	1835	481069	163334	270336	118170	158105
私营独资企业	48	422	313	34252	14760	28294	23594	17494
私营合伙企业	14	133	173	20279	2885	17621	310	5526
私营有限责任公司	213	2770	1266	420670	145311	212321	94266	124466
私营股份有限公司	17	170	83	5868	378	12100		10619
其他企业	3	23	34	2620	1660			840
港、澳、台商投资企业	1	15	20	14244				
港、澳、台商投资股份有限公司	1	15	20	14244				
外商投资企业	1	4		1100				28
外资企业	1	4		1100				28
二、按行业分组								
房屋和土木工程建筑业	93	2190	1117	331996	128098	218258	88754	92520
建筑安装业	70	1069	531	127069	17600	8227	5406	57514
建筑装饰业	167	1182	494	107338	30739	33560	20340	59908
其他建筑业	26	323	236	47954	28114	20491	13870	21548
三、按隶属关系分组								
中央	1	28	28	8000	8000			1000
省(自治区、直辖市)	17	569	379	62588	9123	35028	10200	18932
地(区、市、州、盟)	45	482	259	43854	34408			43646
县(区、市、旗)	16	314	90	28661	3165			17389
街道	2	35						2128
镇	2	23	20	7900				4572
乡								
居委会								
村委会								
其他	273	3313	1602	463354	149855	245508	118170	143823

企业主要经济指标

单位：千元、平方米

本年折旧	实收资本	营业收入合计	主营业务收入	营业成本	主营业务成本	主营业务税金及附加	费用计	主营业务利润	职工工资和福利费	全部从业人员年平均人数（人）
18471	**551916**	**766828**	**747704**	**585828**	**576033**	**21955**	**66194**	**151859**	**72794**	**4848**
3125	48018	110589	110039	96081	96081	3630	9804	10465	8933	727
3025	26440	100732	100232	86873	86873	3295	9522	10064	8536	615
115	2587	10465	10465	8381	8381	337	324	1747	688	31
36	688	7045	7018	6198	6198	211	208	609	583	62
3077	75544	84453	81169	68989	67270	3151	11310	10139	6610	539
3077	75544	84453	81169	68989	67270	3151	11310	10139	6610	539
46	13568	8870	8870	8423	8423	291	171	155	210	20
12129	429849	538219	522906	394876	386800	14085	43022	124827	55312	3528
500	20721	35809	35583	27240	27240	1227	2689	6705	3858	377
268	14410	21064	21064	12404	12404	626	2137	5096	4237	230
10360	376578	473220	458187	350609	342652	11946	35299	109975	45583	2789
1001	18140	8126	8072	4623	4504	286	2897	3051	1634	132
40	2490	1700	1700	994	994	122	383	531	328	34
	250	14244	14244	10078	10078	435	1254	3731	477	15
	250	14244	14244	10078	10078	435	1254	3731	477	15
3	500	1100	1100	1016	1016	28		56	50	4
3	500	1100	1100	1016	1016	28		56	50	4
8474	233706	451122	440161	352624	345808	11626	20540	91212	36213	2397
4460	154590	164436	157888	123133	120476	4935	23688	29817	14976	1005
4676	129473	124745	123567	88976	88654	4258	19334	26818	14768	1115
861	34147	26525	26088	21095	21095	1136	2632	4012	6837	331
43	120	8000	8000	6000	6000	64	324	1936	588	28
3348	32215	141176	141176	120967	120967	4709	12291	15499	13606	700
1820	64100	46793	45205	33751	33671	1786	7587	9477	7889	566
1345	16209	42531	31909	36516	35264	853	1406	4510	1836	245
96	1000	1512	1512	820	820	86	590	606	547	30
	1300	7900	7900	6414	6414	245	673	1241	432	23
11819	436972	518916	512002	381360	372897	14212	43323	118590	47896	3256

附录

主要指标解释

主要指标解释

工业总产值　指工业在报告期内生产的以货币形式表现的工作最终产品和提供工业劳务活动的总价值量。工业总产值的内容包括三部分：本期生产成品价值、对外加工费收入、自制半成品在制品期末期初差额价值。

工业总产值计算应遵循的原则

①工业生产的原则。即凡是企业在本年内生产的最终产品和提供的劳务，均应包括在内。其中的最终产品，不管是否在本年内销售，只要是本年内生产的，就应包括在内。凡不是工业生产的产品，均不得计入工业总产值。

②最终产品的原则。即企业生产的成品价值必须是本企业生产的，经检验合格不需再进行任何加工的最终产品。企业对外销售的半成品也应视为最终产品计入工业总产值。而在本企业内各车间转移的半成品和在制品只能计算其期末期初差额价值。

③"工厂法"原则。即以法人工业企业作为一个整体计算工业总产值，是其本年内生产的最终产品和提供劳务的总价值量。

规模以上工业企业　指年主营业务收入 500 万元及以上的工业法人企业。

出口交货值　指工业企业交给外贸部门或自营（委托）出口（包括销往香港、澳门、台湾），用外汇价格结算的产品价值，以及外商来样、来料加工、来件装配和补偿贸易等生产的产品价值。在计算出口交货值时，要把外汇价格按交易时的汇率折成人民币计算。

本年生产量　指工业企业在本年内生产的并符合产品质量要求的实物数量，包括商品量和自用量两部分。

本年销售量　指本年内工业企业实际销售的由本企业生产（包括上年生产和本年生产）的符合规定的质量标准或定货合同规定的技术条件的工业产品的实物数量。凡用订货者来料加工生产的产品，并且加工企业只收取加工费的，如果订货者是境内非工业企业和境外企业，其产品销售量由加工企业（即承包企业）统计；如果订货者是境内工业企业，产品销售量由委托企业（即发包企业）统计，加工企业不统计。

本年销售额　指产品的销售额，即企业在报告期内按各种价格销售同一种产品所得到的销售总金额，与销售量的口径是一致的，凡是计算了销售量的产品都应该计算其销售额。这里需要注意两点：第一，产品销售额是按不含增值税（销项税额）的价格计算的，这是为了与现行财税制度对财务会计核算的要求和规定保持一致；第二，用订货者来料加工生产的成品（半成品）的销售额按加工费计算。

购进量　根据企业生产、经营性质划分，购进量分两种情况，一种是能源经销企业（批发和零售业企业）用于销售的能源购进数量，另一种是能源使用企业用于消费的能源购进数量，这两种能源购进量分别在不同表式中统计。

综合能源消费量　指报告期内工业企业在工业生产活动中实际消费的各种能源的总和净值。计算综合能源消费量时，需要先将使用的各种能源折算成标准燃料后再进行计算。根据生产活动的性质，综合能源消费量在不同的企业有不同的计算方法。

综合能源消费量=工业生产消费的能源合计－加工转换产出能源合计－回收利用能源合计。

终端能源消费量　是全国能源平衡表和地区能源平衡表中使用的概念，能源消费分两个部分，即加工转换消费和终端消费。终端能源消费，是在能源核算时，为反映能源的实际消费情况而设置的一个综合指标，它是指没有经过加工转换的一次能源或经过加工转换后的二次能源直接用作原料、材料、燃料、动力以及工艺性消费的数量，不包括用于加工转换的能源。

能源库存量　本制度中所涉及的能源库存量是指企业能源库存量，它是企业在报告期的某时间点所拥有的各种能源数量。根据企业的生产经营活动性质，企业库存量分为生产企业产成品库存、经销企业（批发、零售企业）用于经营销售的库存、使用企业用于消费的库存。

能源加工转换投入　能源加工、转换是为了特定的用途，将一种能源（一般为一次能源），经过一定的工艺，加工或转换成另外一种能源（二次能源）。

能源加工转换产出量　指各种能源经过加工转换后产出的各种二次能源产品（包括不作能源使用的其他副产品和联产品），比如火力发电产出的电力，热电联产同时产出的电力、蒸汽、热水，洗煤产出的洗精煤、洗中煤、洗煤泥等，炼焦产出的焦炭、焦炉煤气和其他焦化产品，炼油产出的汽油、煤油、柴油、燃料油、液化石油气、炼厂干气和其他石油制品（石脑油、各种原料油、溶剂油、石蜡、润滑油、石油沥青等），制气产出的是焦炉煤气、其他煤气、焦炭和其他焦化产品（煤焦油、粗苯等）。

科技活动　指在自然科学、农业科学、医药科学、工程与技术科学、人文与社会科学领域（简称科学技术领域）中的与科技知识的产生、发展、传播和应用密切相关的有组织的活动。

研究与试验发展（R&D）　指在科学技术领域，为增加知识总量、以及运用这些知识去创造新的应用进行的系统的创造性的活动。

科技活动人员　指单位在报告年度直接从事或参与科

技活动的人员，包括参加科技项目（课题）人员、从事科技活动管理和为科技活动提供直接服务的人员。

研究与试验发展（R&D）人员 指单位科技活动人员中从事基础研究、应用研究和试验发展三类活动的人员。包括直接参加上述三类项目（课题）活动的人员及这三类项目（课题）的管理和服务人员。

新产品产值 指报告年度本企业生产的新产品的产值。新产品是指采用新技术原理、新设计构思研制、生产的全新产品，或在结构、材质、工艺等某一方面比原有产品有明显改进，从而显著提高了产品性能或扩大了使用功能的产品。本报表中的新产品产值、新产品销售收入指标既包括经政府有关部门认定并在有效期内的新产品，也包括企业自行研制开发，未经政府有关部门认定，从投产之日起一年之内的新产品。

技术改造经费支出 指本企业在报告年度进行技术改造而发生的费用支出。技术改造指企业在坚持科技进步的前提下，将科技成果应用于生产的各个领域（产品、设备、工艺等），用先进技术改造落后技术，用先进工艺、设备代替落后工艺、设备，实现以内涵为主的扩大再生产，从而提高产品质量、促进产品更新换代、节约能源、降低消耗，全面提高综合经济效益。

在技术改造经费支出中，属于研究与试验发展的经费支出，除了包含在本项外，还要计入企业研究与试验发展经费支出中。

引进国外技术经费支出 指企业在报告年度用于购买国外技术的费用支出，包括产品设计、工艺流程、图纸、配方、专利等技术资料的费用支出，以及购买关键设备、仪器、样机和样件等的费用支出。

引进技术的消化吸收经费支出 指本企业在报告年度对国外引进项目进行消化吸收所支付的经费。包括：人员培训费、测绘费、参加消化吸收人员的工资、工装、工艺开发费、必备的配套设备费、翻版费等。引进技术的消化吸收指对引进技术的掌握、应用、复制而开展的工作，以及在此基础上的创新。通过消化吸收国外技术，达到掌握引进技术，提高自我创新能力的目的。消化吸收经费支出中属于研究与试验发展的经费支出，除包含在本项外，还要计入企业研究与试验发展经费支出中。

购买国内技术经费支出 指本企业在报告年度购买国内其他单位科技成果的经费支出。包括购买产品设计、工艺流程、图纸、配方、专利、技术诀窍及关键设备的费用支出。

专利申请数 指企业在报告年度内向专利行政部门提出专利申请并被受理的件数。

发明专利申请数 指企业在报告年度内向专利行政部门提出发明专利申请并被受理的件数。

拥有发明专利数 指企业作为专利权人在报告年度拥有的、经国内外专利行政部门授权且在有效期内的发明专利件数。

建筑业总产值 建筑业总产值是以货币表现的建筑业企业在一定时期内生产的建筑业产品和服务的总和。建筑业总产值包括建筑工程产值、安装工程产值和其他产值三部分内容。

房屋建筑面积 指房屋全部平面面积的总和。它从房屋的外墙线算起，包括可供使用的有效面积和墙柱等结构占用面积。多层房屋按各层（包括地下室）面积总合计算。旧房加层或改造，只计算增加的建筑面积；旧房拆除重建，计算其全部面积；临时房屋不计算建筑面积。

房屋建筑施工面积 指报告期内施过工的全部房屋建筑面积，它包括本期新开工的面积、上期跨入本期继续施工的房屋面积、上期停缓建在本期恢复施工的房屋面积、本期竣工的房屋面积以及本期施工后又停缓建的房屋面积。

房屋建筑竣工面积 指在报告期内房屋建筑按照设计要求已全部完工，达到了使用条件，经检查验收鉴定合格的房屋建筑面积。计算房屋竣工面积，必须严格执行房屋竣工验收标准。对民用建筑来讲，一般应按设计要求在土建工程和房屋本身附属的水、卫、气、暖等工程已经完工，通风、电梯等设备已安装完毕，做到水通、灯亮、经验收鉴定合格，并正式交付给使用单位后，才能计算竣工面积。对于工业及科研等生产性房屋建筑：一般应按设计要求在土建工程（包括水、暖、电、卫、通风）及属于房屋组成部分的生活间、操作间等已经完成，经验收合格后才计算竣工面积。只差安装工艺设备、管线工程的亦可以计算竣工面积。

竣工房屋价值 指在报告期内按规定已经上报竣工的房屋本身的建造价值。一般按房屋设计和预算规定的内容计算。可按“竣工结算价”或“中标价”填报。

宁夏经济普查年鉴

Ningxia Economic Census Yearbook

2008

综合卷 | 下册

宁夏回族自治区人民政府第二次
全国经济普查领导小组办公室 编
宁 夏 回 族 自 治 区 统 计 局

中国统计出版社
China Statistics Press

第5篇 企业

第6篇　财务状况

附　录

第5篇

企　业

5-1 按行业(大类)、地区

行业	企业法人单位数(个)	兴庆区	西夏区	金凤区
总计	**15514**	**4484**	**720**	**1381**
农、林、牧、渔业	**6**			
农业	6			
采矿业	**565**	**2**	**33**	**3**
煤炭开采和洗选业	279	1		
石油和天然气开采业	45	1		2
黑色金属矿采选业	9			
有色金属矿采选业	5		1	1
非金属矿采选业	227		32	
其他采矿业				
制造业	**3798**	**174**	**200**	**242**
农副食品加工业	559	9	12	15
食品制造业	178	10	6	20
饮料制造业	104	1	10	9
烟草制品业	1			
纺织业	113	4	2	4
纺织服装、鞋、帽制造业	25	5	2	6
皮革、毛皮、羽毛(绒)及其制品业	40			1
木材加工及木、竹、藤、棕、草制品业	31	2	3	1
家具制造业	48	8	4	5
造纸及纸制品业	72	2	4	4
印刷业和记录媒介的复制	162	53	4	19
文教体育用品制造业	4			
石油加工、炼焦及核燃料加工业	54	1	4	1
化学原料及化学制品制造业	334	3	22	14
医药制造业	32	1		8
化学纤维制造业	2		1	
橡胶制品业	23		4	2
塑料制品业	142	5	11	6
非金属矿物制品业	933	21	24	22
黑色金属冶炼及压延加工业	130		3	2
有色金属冶炼及压延加工业	56		3	5
金属制品业	198	11	13	28
通用设备制造业	217	11	48	27
专用设备制造业	93	6	5	9
交通运输设备制造业	80	6	3	7
电气机械及器材制造业	84	7	11	14
通信设备、计算机及其他电子设备制造业	4			1
仪器仪表及文化、办公用机械制造业	28	4	1	10
工艺品及其他制造业	44	4		2
废弃资源和废旧材料回收加工业	7			
电力、燃气及水的生产和供应业	**134**	**24**	**4**	**13**
电力、热力的生产和供应业	71	16	3	12
燃气生产和供应业	20	4		
水的生产和供应业	43	4	1	1
建筑业	**886**	**309**	**39**	**139**
房屋和土木工程建筑业	474	107	24	60
建筑安装业	135	75	4	21
建筑装饰业	234	115	10	51
其他建筑业	43	12	1	7

分组的企业法人单位数

永宁县	贺兰县	灵武市	大武口区	惠农区	平罗县	红寺堡区	利通区
362	**731**	**443**	**1224**	**492**	**771**	**82**	**963**
	1	**1**		**2**			
	1	1		2			
2	**3**	**20**	**81**	**30**	**127**	**5**	**14**
		5	78	16	123	2	12
						1	
				1	1		
							1
2	3	15	3	13	3	2	1
205	**371**	**158**	**234**	**229**	**380**	**27**	**287**
27	34	23	2	38	43	4	45
20	23	4	6	2	10		36
9	12	4	4	2	2	1	5
	5	34		2	1	1	4
1	1				1		1
1	1	3			2		3
	4	2	2	1	4		4
7	13	1	1	1	1		1
8	10	3	1	2	2		12
2	11	3	11	4	2		14
1	1						1
1	1	7	1	15	15		2
14	21	5	19	51	65		23
6	5	4			1		
4	4			1	2	1	2
17	21	3	12	5	11		29
25	52	22	88	50	163	18	29
7	11	1	8	33	30		9
1	2	6	5	1	5	1	5
16	54	14	5	5	5	1	8
16	25	10	31	1	4		21
5	11	3	22	2	6		9
7	13	3	9	1			12
9	20	3	4	3	1		6
	1		1				1
	8						5
	4		2	9	2		
1	3				2		
6	**9**	**4**	**4**	**5**	**9**	**2**	**13**
2	4	2	2	2	3	1	5
2	1	1	1	1			5
2	4	1	1	2	6	1	3
7	**21**	**26**	**68**	**14**	**8**	**5**	**47**
4	14	21	38	7	6	4	30
1	2	1	7	7			2
	4	4	16		2		15
2	1		7			1	

5-1 续表 1

行业	企业法人单位数(个)	兴庆区	西夏区	金凤区
交通运输、仓储和邮政业	**402**	**42**	**11**	**20**
铁路运输业				
道路运输业	238	13	5	6
城市公共交通业	45	3		4
水上运输业	4			
航空运输业	5	1		
管道运输业	2	1		
装卸搬运和其他运输服务业	57	18	3	5
仓储业	40	1	3	4
邮政业	11	5		1
信息传输、计算机服务和软件业	**590**	**131**	**52**	**68**
电信和其他信息传输服务业	55	14		9
计算机服务业	480	89	52	42
软件业	55	28		17
批发和零售业	**5669**	**2478**	**237**	**449**
批发业	3124	1471	190	310
零售业	2545	1007	47	139
住宿和餐饮业	**479**	**186**	**28**	**24**
住宿业	252	94	19	10
餐饮业	227	92	9	14
金融业	**174**	**74**	**3**	**12**
银行业	30	6		3
证券业	2	1		1
保险业	45	19	1	2
其他金融活动	97	48	2	6
房地产业	**761**	**271**	**40**	**113**
房地产业	761	271	40	113
租赁和商务服务业	**1068**	**430**	**33**	**143**
租赁业	181	60	11	23
商务服务业	887	370	22	120
科学研究、技术服务和地质勘查业	**347**	**129**	**11**	**56**
研究与试验发展	20	3		13
专业技术服务业	255	113	9	38
科技交流和推广服务业	60	9		4
地质勘查业	12	4	2	1
水利、环境和公共设施管理业	**73**	**22**	**2**	**7**
水利管理业	7	6		
环境管理业	12	3	1	2
公共设施管理业	54	13	1	5
居民服务和其他服务业	**343**	**139**	**14**	**70**
居民服务业	102	52	9	9
其他服务业	241	87	5	61
教育	**52**	**13**	**3**	**6**
教育	52	13	3	6
卫生、社会保障和社会福利业	**64**	**24**	**6**	**6**
卫生	64	24	6	6
社会保障业				
社会福利业				
文化、体育和娱乐业	**103**	**36**	**4**	**10**
新闻出版业	4	3		
广播、电视、电影和音像业	23	3	1	3
文化艺术业	5	2		
体育	2		1	
娱乐业	69	28	2	7

永宁县	贺兰县	灵武市	大武口区	惠农区	平罗县	红寺堡区	利通区
7	**17**	**14**	**26**	**13**	**6**	**3**	**31**
6	7	8	16	7	4	2	22
1	1	1	2	1	1	1	7
		3					
			1				
	4		6	3			
	5	1		2	1		1
		1	1				1
23	**17**	**43**	**49**	**11**	**12**	**5**	**22**
1	1	2	6				6
22	14	41	41	11	12	5	15
	2		2				1
68	**176**	**107**	**467**	**137**	**127**	**24**	**361**
45	99	67	188	61	71	14	139
23	77	40	279	76	56	10	222
3	**10**	**7**	**30**	**7**	**15**	**3**	**39**
1	3	1	10	6	4	3	20
2	7	6	20	1	11		19
3	**6**	**1**	**19**	**2**	**2**	**1**	**14**
1	1	1	2	1	1	1	2
			9				4
2	5		8	1	1		8
12	**37**	**26**	**74**	**11**	**13**	**3**	**33**
12	37	26	74	11	13	3	33
11	**38**	**25**	**97**	**17**	**41**	**3**	**52**
3	6	9	17	8	11		3
8	32	16	80	9	30	3	49
4	**12**	**3**	**39**	**5**	**6**		**19**
		1			1		
1	9	2	32	4	5		6
3	3		7				12
				1			1
5	**3**	**2**	**8**	**2**	**3**		**2**
							1
			1	1	1		
5	3	2	7	1	2		1
4	**4**	**3**	**20**	**6**	**9**	**1**	**6**
1	2	1	7	2	2	1	
3	2	2	13	4	7		6
2	**2**	**2**	**2**	**1**	**2**		**4**
2	2	2	2	1	2		4
	1	**1**	**1**		**4**		**8**
	1	1	1		4		8
	3		**5**		**7**		**11**
	2				2		2
			1				2
			1				
	1		3		5		7

5-1 续表 2-1

行业	盐池县	同心县	青铜峡市	原州区
总计	**372**	**236**	**450**	**512**
农、林、牧、渔业				
农业				
采矿业	**62**	**5**	**20**	**6**
煤炭开采和洗选业	1			1
石油和天然气开采业	41			
黑色金属矿采选业			1	
有色金属矿采选业				
非金属矿采选业	20	5	19	5
其他采矿业				
制造业	**64**	**77**	**157**	**157**
农副食品加工业	12	6	16	49
食品制造业	6	1	10	6
饮料制造业		1	9	5
烟草制品业				
纺织业	1	46	1	3
纺织服装、鞋、帽制造业	1		1	1
皮革、毛皮、羽毛(绒)及其制品业	3	2	7	1
木材加工及木、竹、藤、棕、草制品业	2		2	
家具制造业		1		2
造纸及纸制品业	1		3	
印刷业和记录媒介的复制	1	1	6	11
文教体育用品制造业				
石油加工、炼焦及核燃料加工业	2		2	
化学原料及化学制品制造业	1		22	4
医药制造业	2			4
化学纤维制造业			1	
橡胶制品业			2	
塑料制品业			10	3
非金属矿物制品业	24	16	34	42
黑色金属冶炼及压延加工业	2		6	
有色金属冶炼及压延加工业	1	1	8	2
金属制品业	2		3	11
通用设备制造业			4	3
专用设备制造业	1		2	4
交通运输设备制造业		1	4	4
电气机械及器材制造业	1		2	1
通信设备、计算机及其他电子设备制造业				
仪器仪表及文化、办公用机械制造业				
工艺品及其他制造业	1	1	2	1
废弃资源和废旧材料回收加工业				
电力、燃气及水的生产和供应业	**7**	**2**	**7**	**4**
电力、热力的生产和供应业	1	1	5	1
燃气生产和供应业	4		1	
水的生产和供应业	2	1	1	3
建筑业	**14**	**16**	**28**	**23**
房屋和土木工程建筑业	14	11	22	17
建筑安装业		5	4	
建筑装饰业			1	5
其他建筑业			1	1

西吉县	隆德县	泾源县	彭阳县	沙坡头区	中宁县	海原县
283	**143**	**82**	**210**	**829**	**509**	**235**
					2	
					2	
10	**9**	**8**	**23**	**40**	**45**	**17**
			3	13	23	1
				1	5	
						2
10	9	8	20	26	17	14
164	**69**	**18**	**90**	**253**	**145**	**97**
96	22	3	21	47	20	15
2	2		3	9	1	1
1	4		5	9	11	
			1			
1			2			2
	1		1	3		
1					1	14
			1	1	2	
	1		1	1		
1	1		1	13	4	
	1	1	7	9	1	1
	1					
				1	1	
2	3		2	42	20	1
				1		
					1	
			1	6	2	
57	27	12	43	64	51	49
				12	6	
				3	6	1
2			1	10	6	3
	2			12	2	
		2		3	3	
	1			3	1	5
				1		1
1	3			2	6	4
				1		
1	**3**	**2**	**3**	**5**	**4**	**3**
	2	1	2	3	2	1
1	1	1	1	2	2	2
9	**7**	**7**	**9**	**60**	**23**	**7**
9	7	7	6	41	19	6
			1	3	1	1
			1	9	1	
			1	7	2	

5-1 续表 2-2

行业	盐池县	同心县	青铜峡市	原州区
交通运输、仓储和邮政业	**14**	**7**	**12**	**60**
铁路运输业				
道路运输业	10	5	6	39
城市公共交通业	4	1	1	3
水上运输业				
航空运输业				
管道运输业				
装卸搬运和其他运输服务业		1	4	7
仓储业			1	10
邮政业				1
信息传输、计算机服务和软件业	**14**	**8**	**22**	**26**
电信和其他信息传输服务业		2	1	4
计算机服务业	14	6	21	17
软件业				5
批发和零售业	**120**	**81**	**134**	**118**
批发业	55	27	86	50
零售业	65	54	48	68
住宿和餐饮业	**13**	**7**	**12**	**22**
住宿业	7	6	6	12
餐饮业	6	1	6	10
金融业	**2**	**1**	**2**	**10**
银行业	1	1	1	1
证券业				
保险业				5
其他金融活动	1		1	4
房地产业	**5**	**10**	**23**	**27**
房地产业	5	10	23	27
租赁和商务服务业	**21**	**12**	**17**	**34**
租赁业	7	3	3	7
商务服务业	14	9	14	27
科学研究、技术服务和地质勘查业	**7**	**3**	**5**	**9**
研究与试验发展				
专业技术服务业	5	2	3	8
科技交流和推广服务业	2	1	1	1
地质勘查业			1	
水利、环境和公共设施管理业	**3**			**1**
水利管理业				
环境管理业				
公共设施管理业	3			1
居民服务和其他服务业	**22**	**2**	**5**	**6**
居民服务业	1		2	4
其他服务业	21	2	3	2
教育	**1**	**4**	**1**	**2**
教育	1	4	1	2
卫生、社会保障和社会福利业			**2**	**6**
卫生			2	6
社会保障业				
社会福利业				
文化、体育和娱乐业	**3**	**1**	**3**	**1**
新闻出版业				
广播、电视、电影和音像业	2	1	1	1
文化艺术业				
体育				
娱乐业	1		2	

西吉县	隆德县	泾源县	彭阳县	沙坡头区	中宁县	海原县
21	**10**	**14**	**4**	**36**	**16**	**18**
18	8	5	2	22	10	17
3	2	1	2	4	1	1
				3	1	
				1		
				4	2	
		8		1	2	
				1		
13	**4**	**2**	**6**	**38**	**14**	**10**
1	1	1		5		1
12	3	1	6	33	14	9
43	**26**	**19**	**58**	**202**	**181**	**56**
11	16	1	20	84	103	16
32	10	18	38	118	78	40
3	**3**	**4**	**4**	**33**	**19**	**7**
3	3	3	1	27	7	6
		1	3	6	12	1
1	**2**	**1**	**2**	**13**	**2**	**1**
1	1	1	1	1	1	1
				5		
	1		1	7	1	
4	**3**		**3**	**38**	**15**	
4	3		3	38	15	
5	**1**	**5**	**1**	**51**	**19**	**12**
				6	4	
5	1	5	1	45	15	12
2	**4**		**3**	**19**	**5**	**6**
				1	1	
	3			12	3	
2	1		3	4	1	6
				2		
2		**1**		**7**	**3**	
				2	1	
2		1		5	2	
3		**1**	**3**	**15**	**10**	
				6	3	
3		1	3	9	7	
1	**1**		**1**	**3**	**1**	
1	1		1	3	1	
	1			**3**	**1**	
	1			3	1	
1				**13**	**4**	**1**
				1		
				1	3	1
1				11	1	

5-2 按行业(大类)、地区分组的

行业	企业法人单位数(个)	兴庆区	西夏区	金凤区	永宁县
总计	**1020**	**242**	**83**	**81**	**19**
农、林、牧、渔业	**7**				
农业	7				
采矿业	**13**	**1**			
煤炭开采和洗选业	11	1			
黑色金属矿采选业	1				
非金属矿采选业	1				
制造业	**127**	**6**	**17**	**13**	**1**
农副食品加工业	11	1	1	1	
食品制造业	2				
饮料制造业	4			1	1
烟草制品业	1				
纺织业	1				
纺织服装、鞋、帽制造业	2	1		1	
木材加工及木、竹、藤、棕、草制品业	1				
造纸及纸制品业	4				
印刷业和记录媒介的复制	9	2		3	
石油加工、炼焦及核燃料加工业	2		1		
化学原料及化学制品制造业	18		5	1	
医药制造业	1			1	
化学纤维制造业	1				
塑料制品业	2		1		
非金属矿物制品业	24		2		
黑色金属冶炼及压延加工业	3				
有色金属冶炼及压延加工业	3				
金属制品业	5			2	
通用设备制造业	10	1	5	2	
专用设备制造业	9	1			
交通运输设备制造业	4		1		
电气机械及器材制造业	7		1	1	
仪器仪表及文化、办公用机械制造业	1				
工艺品及其他制造业	2				
电力、燃气及水的生产和供应业	**67**	**12**	**2**	**5**	**2**
电力、热力的生产和供应业	36	6	1	5	1
燃气生产和供应业	3	3			
水的生产和供应业	28	3	1		1
建筑业	**104**	**28**	**15**	**8**	**1**
房屋和土木工程建筑业	87	20	12	6	1
建筑安装业	12	7	2	1	
建筑装饰业	2	1			
其他建筑业	3		1	1	
交通运输、仓储和邮政业	**59**	**8**	**2**	**3**	**1**
道路运输业	12	1	1	1	1
城市公共交通业	3	1			
航空运输业	5	1			
管道运输业	1	1			
装卸搬运和其他运输服务业	4	2			
仓储业	28		1	2	
邮政业	6	2			

国有控股企业法人单位数

贺兰县	灵武市	大武口区	惠农区	平罗县	红寺堡区	利通区
23	**25**	**95**	**44**	**38**	**8**	**51**
1	**1**		**2**			
1	1		2			
		2	**4**	**1**	**1**	
		2	3	1	1	
			1			
5	**7**	**18**	**16**	**5**	**1**	**7**
1	2					
1	1					
		2				
			1			
1						
1			1			1
			1			
			5	2		
						1
		5	3	2	1	3
			2			
	1	1				
	1		2			
1		1				
		6				
	1	1				
	1	2				1
						1
			1	1		
1	**3**	**3**	**3**	**6**	**2**	**3**
	2	2	2	2	1	2
1	1	1	1	4	1	1
1	**1**	**7**	**2**	**2**	**1**	**8**
1	1	5	2	2	1	8
		1				
		1				
	4	**3**	**1**	**1**	**1**	**2**
		1			1	
						1
	3					
		1				
	1		1	1		
		1				1

5-2 续表 1

行　　业	企业法人单位数（个）	兴庆区	西夏区	金凤区	永宁县
信息传输、计算机服务和软件业	**27**	**4**		**5**	
电信和其他信息传输服务业	25	4		4	
计算机服务业	2			1	
批发和零售业	**211**	**54**	**12**	**14**	**4**
批发业	116	36	9	7	4
零售业	95	18	3	7	
住宿和餐饮业	**50**	**19**	**5**	**2**	
住宿业	38	15	4	2	
餐饮业	12	4	1		
金融业	**39**	**16**		**4**	
银行业	11	5		3	
证券业	1	1			
保险业	20	8		1	
其他金融活动	7	2			
房地产业	**79**	**30**	**11**	**8**	
房地产业	79	30	11	8	
租赁和商务服务业	**84**	**31**	**5**	**10**	**5**
租赁业	3	1			
商务服务业	81	30	5	10	5
科学研究、技术服务和地质勘查业	**62**	**20**	**4**	**4**	
研究与试验发展	2	2			
专业技术服务业	43	15	1	3	
科技交流和推广服务业	12	3		1	
地质勘查业	5		3		
水利、环境和公共设施管理业	**16**	**4**	**2**		**1**
水利管理业	4	3			
环境管理业	5	1	1		
公共设施管理业	7		1		1
居民服务和其他服务业	**11**	**1**	**1**	**4**	
居民服务业	1			1	
其他服务业	10	1	1	3	
教育	**5**	**1**	**1**	**1**	
教育	5	1	1	1	
卫生、社会保障和社会福利业	**9**	**1**	**4**		**2**
卫生	8	1	4		1
社会保障业	1				1
文化、体育和娱乐业	**24**	**4**	**2**		
新闻出版业	4	4			
广播、电视、电影和音像业	16		1		
文化艺术业					
体育	2		1		
娱乐业	2				
公共管理和社会组织	**26**	**2**			**2**
中国共产党机关					
国家机构	10	1			2
人民政协和民主党派					
群众团体、社会团体和宗教组织	14	1			
基层群众自治组织	2				

贺兰县	灵武市	大武口区	惠农区	平罗县	红寺堡区	利通区
	1	**3**				**2**
	1	3				2
3	**3**	**12**	**4**	**9**	**1**	**10**
2	2	8	3	5	1	4
1	1	4	1	4		6
	1	**1**		**4**		**4**
				1		2
	1	1		3		2
		6	**1**			**2**
			1			
		5				
		1				2
	1	**12**	**3**			**2**
	1	12	3			2
1	**1**	**3**	**3**	**5**	**1**	**2**
	1	1				
1		2	3	5	1	2
2	**1**	**11**	**1**	**1**		**6**
1	1	10	1	1		3
1		1				2
						1
		2	**2**			**1**
						1
			1			
		2	1			
		2				
		2				
						1
						1
1	**1**					
1	1					
2		**2**		**2**		**1**
2				2		1
		1				
		1				
6		**8**	**2**	**2**		
1		4		1		
4		4	2	1		
1						

5-2 续表 2-1

行　业	盐池县	同心县	青铜峡市	原州区
总　计	**25**	**11**	**51**	**47**
农、林、牧、渔业			**1**	
农业			1	
采矿业			**1**	
煤炭开采和洗选业				
黑色金属矿采选业				
非金属矿采选业			1	
制造业			**10**	**2**
农副食品加工业			2	1
食品制造业				
饮料制造业				
烟草制品业				
纺织业				
纺织服装、鞋、帽制造业				
木材加工及木、竹、藤、棕、草制品业				
造纸及纸制品业				
印刷业和记录媒介的复制				1
石油加工、炼焦及核燃料加工业				
化学原料及化学制品制造业			1	
医药制造业				
化学纤维制造业			1	
塑料制品业				
非金属矿物制品业			3	
黑色金属冶炼及压延加工业			1	
有色金属冶炼及压延加工业			1	
金属制品业				
通用设备制造业				
专用设备制造业				
交通运输设备制造业				
电气机械及器材制造业			1	
仪器仪表及文化、办公用机械制造业				
工艺品及其他制造业				
电力、燃气及水的生产和供应业	**2**	**2**	**4**	**2**
电力、热力的生产和供应业	1	1	3	
燃气生产和供应业				
水的生产和供应业	1	1	1	2
建筑业	**1**	**2**	**5**	**3**
房屋和土木工程建筑业	1	1	5	3
建筑安装业		1		
建筑装饰业				
其他建筑业				
交通运输、仓储和邮政业	**1**		**1**	**11**
道路运输业	1			
城市公共交通业				
航空运输业				
管道运输业				
装卸搬运和其他运输服务业				
仓储业			1	10
邮政业				1

西吉县	隆德县	泾源县	彭阳县	沙坡头区	中宁县	海原县
8	**16**	**21**	**29**	**54**	**37**	**12**
					2	
					2	
			3			
			3			
	2	**1**	**2**	**10**	**4**	
	1		1			
			1			
				4		
	1			3		
				2	3	
		1		1		
					1	
1	**2**	**1**	**2**	**5**	**3**	**1**
	1		1	2	2	1
1	1	1	1	3	1	
2	**2**	**1**	**2**	**5**	**5**	**2**
2	2	1	2	4	5	2
				1		
1		**9**	**2**	**4**	**4**	
1		1	2		1	
					1	
				1		
				1		
		8		1	2	
				1		

5-2 续表 2-2

行业	盐池县	同心县	青铜峡市	原州区
信息传输、计算机服务和软件业		**1**	**1**	**4**
电信和其他信息传输服务业		1	1	4
计算机服务业				
批发和零售业	**16**	**3**	**12**	**8**
批发业	3	2	9	5
零售业	13	1	3	3
住宿和餐饮业	**3**	**1**	**1**	**1**
住宿业	3	1	1	1
餐饮业				
金融业				**6**
银行业				1
证券业				
保险业				4
其他金融活动				1
房地产业		**1**	**6**	**1**
房地产业		1	6	1
租赁和商务服务业		**1**	**4**	**4**
租赁业				
商务服务业		1	4	4
科学研究、技术服务和地质勘查业			**2**	**1**
研究与试验发展				
专业技术服务业			1	1
科技交流和推广服务业				
地质勘查业			1	
水利、环境和公共设施管理业				
水利管理业				
环境管理业				
公共设施管理业				
居民服务和其他服务业				
居民服务业				
其他服务业				
教育			**1**	
教育			1	
卫生、社会保障和社会福利业				
卫生				
社会保障业				
文化、体育和娱乐业	**2**		**1**	**3**
新闻出版业				
广播、电视、电影和音像业	2		1	3
文化艺术业				
体育				
娱乐业				
公共管理和社会组织			**1**	**1**
中国共产党机关				
国家机构				1
人民政协和民主党派				
群众团体、社会团体和宗教组织			1	
基层群众自治组织				

西吉县	隆德县	泾源县	彭阳县	沙坡头区	中宁县	海原县
	1			**4**		**1**
				4		1
	1					
3	**3**	**7**	**14**	**8**	**8**	**3**
1	2	1	2	5	4	1
2	1	6	12	3	4	2
	2			**6**		
	2			6		
			1	**3**		
			1			
				2		
				1		
				2	**2**	
				2	2	
		2	**1**	**2**	**1**	**2**
		2	1	2	1	2
1	**4**		**1**	**1**	**1**	**1**
	3			1	1	
1	1		1			1
				2	**2**	
				1	1	
				1	1	
				1	**2**	
				1	2	
				1	**3**	**1**
					3	1
				1		
			1			**1**
						1
			1			

5-3 按行业(中类)、地区分组的

行　　业	就业人数(人)	银川市	兴庆区	西夏区	金凤区	永宁县
总　　计	**610020**	**336109**	**181670**	**42755**	**47150**	**16736**
农、林、牧、渔业	**12897**	**7893**				
农业	12897	7893				
谷物及其他作物的种植	12897	7893				
采矿业	**61722**	**48730**	**46660**	**391**	**229**	**11**
煤炭开采和洗选业	57990	47941	46640			
烟煤和无烟煤的开采洗选	57985	47941	46640			
其他煤炭采选	5					
石油和天然气开采业	362	127	20		107	
天然原油和天然气开采	263	28			28	
与石油和天然气开采有关的服务活动	99	99	20		79	
黑色金属矿选业	202					
铁矿采选	201					
其他黑色金属矿采选	1					
有色金属矿选业	157	142		20	122	
常用有色金属矿采选	136	122			122	
贵金属矿采选	1					
稀有稀土金属矿采选	20	20		20		
非金属矿采选业	3011	520		371		11
土砂石开采	2681	514		371		5
化学矿采选	5					
石棉及其他非金属矿采选	325	6				6
制造业	**217777**	**79246**	**4218**	**28314**	**9633**	**13443**
农副食品加工业	11894	2978	181	375	731	288
谷物磨制	2214	985	6	90	281	73
饲料加工	1472	714	11	131	174	13
植物油加工	507	306	54	107		60
制糖	30	30				17
屠宰及肉类加工	1497	570	95		64	108
蔬菜、水果和坚果加工	1741	86	15		12	11
其他农副食品加工	4433	287		47	200	6
食品制造业	9053	5782	670	294	474	3231
焙烤食品制造	989	546	53		7	84
糖果、巧克力及蜜饯制造	229	82			31	2
方便食品制造	454	215			40	10
液体乳及乳制品制造	3157	1263	567	239		118
罐头制造	51	51		29		20
调味品、发酵制品制造	3511	3032	50	18	61	2890
其他食品制造	662	593		8	335	107
饮料制造业	5641	2171	5	360	213	163
酒的制造	4201	1958		284	169	129
软饮料制造	1294	184	5	57	44	34
精制茶加工	146	29		19		
烟草制品业	29					
烟叶复烤	29					

企业法人单位就业人数

		石嘴山市				吴忠市	
贺兰县	灵武市		大武口区	惠农区	平罗县		红寺堡区
21774	**26024**	**102343**	**46047**	**33313**	**22983**	**77562**	**2252**
3056	**4837**	**1856**		**1856**			
3056	4837	1856		1856			
3056	4837	1856		1856			
20	**1419**	**5376**	**2703**	**518**	**2155**	**2836**	**445**
	1301	5191	2677	383	2131	1703	422
	1301	5191	2677	383	2131	1703	422
						235	1
						235	1
		2		1	1	172	
		2		1	1	172	
						10	
						10	
20	118	183	26	134	23	716	22
20	118	124	8	108	8	534	22
						5	
		59	18	26	15	177	
12628	**11010**	**56863**	**16784**	**24200**	**15879**	**41307**	**690**
836	567	1920	21	756	1143	2066	24
126	409	82		10	72	579	9
366	19	125			125	303	2
80	5	55			55	103	
13							
186	117	113	21	20	72	345	13
31	17	1450		726	724	74	
34		95			95	662	
855	258	201	47	24	130	2649	
402		146	19		127	166	
49						26	
58	107	8		8		208	
190	149					1823	
	2						
13		47	28	16	3	370	
143						56	
1012	418	261	82	13	166	712	26
963	413	214	38	10	166	183	
39	5	47	44	3		529	26
10							

5-3 续表 1-1

行业	就业人数(人)	银川市	兴庆区	西夏区	金凤区	永宁县
纺织业	9896	7315	191	161	1273	
棉、化纤纺织及印染精加工	615	192	36	156		
毛纺织和染整精加工	8903	7011	116		1260	
麻纺织	7					
丝绢纺织及精加工	60					
纺织制成品制造	285	94	39	5		
针织品、编织品及其制品制造	26	18			13	
纺织服装、鞋、帽制造业	895	746	136	20	559	6
纺织服装制造	895	746	136	20	559	6
皮革、毛皮、羽毛(绒)及其制品业	707	166			6	2
皮革鞣制加工	218	60				
皮革制品制造	19					
毛皮鞣制及制品加工	423	65				2
羽毛(绒)加工及制品制造	47	41			6	
木材加工及木、竹、藤、棕、草制品业	534	249	12	14	6	
锯材、木片加工	32	4		4		
人造板制造	89	25			6	
木制品制造	198	120	12	10		
竹、藤、棕、草制品制造	215	100				
家具制造业	772	663	263	24	75	104
木质家具制造	577	475	202	24	28	44
金属家具制造	79	77			47	30
塑料家具制造	5					
其他家具制造	111	111	61			30
造纸及纸制品业	16529	4739	16	66	137	2887
纸浆制造	70					
造纸	15434	4419	15	4	127	2763
纸制品制造	1025	320	1	62	10	124
印刷业和记录媒介的复制	3194	1388	523	36	546	25
印刷	3134	1336	519	36	504	25
装订及其他印刷服务活动	60	52	4		42	
文教体育用品制造业	30	23				15
文化用品制造	15	8				
体育用品制造	15	15				15
石油加工、炼焦及核燃料加工业	9814	5100	61	3695	33	23
精炼石油产品的制造	5344	4768	61	3475		23
炼焦	4470	332		220	33	
化学原料及化学制品制造业	30670	8107	64	5596	767	228
基础化学原料制造	12619	1108		665	81	63
肥料制造	7368	5234		4426	30	33
农药制造	741					
涂料、油墨、颜料及类似产品制造	1051	512	63	151	15	37
合成材料制造	5868	64		64		
专用化学产品制造	2719	1039	1	277	574	25
日用化学产品制造	304	150		13	67	70

贺兰县	灵武市	石嘴山市	大武口区	惠农区	平罗县	吴忠市	红寺堡区
139	5551	140		133	7	2023	6
						23	
84	5551					1892	
		7			7		
						60	
50		133		133		48	6
5							
25		15			15	63	
25		15			15	63	
35	123	5			5	324	
	60						
						8	
	63					315	
35		5			5	1	
105	112	57	33	6	18	172	
		2	1		1	11	
19		18		6	12	45	
86	12	32	32			36	
	100	5			5	80	
185	12	9	1	2	6	28	
177		9	1	2	6	28	
8	12						
1619	14	1422	1	148	1273	4437	
1507	3	1274	1		1273	4146	
112	11	148		148		291	
213	45	157	92	60	5	1357	
213	39	157	92	60	5	1357	
	6						
8						3	
8						3	
38	1250	3086	100	1971	1015	1586	
	1209	3		3		573	
38	41	3083	100	1968	1015	1013	
1345	107	13902	1019	7012	5871	5150	
279	20	7918	738	2311	4869	1544	
743	2	7		2	5	1346	
		741		32	709		
246		233	3	41	189	34	
		3794	15	3779		2002	
77	85	1209	263	847	99	224	

5-3 续表 1-2

行业	就业人数(人)	银川市	兴庆区	西夏区	金凤区	永宁县
医药制造业	4926	4611	10		726	3234
化学药品原药制造	2291	2209				2209
化学药品制剂制造	699	699			673	
中药饮片加工	187	57				
中成药制造	684	592			3	457
兽用药品制造	981	970			11	568
生物、生化制品的制造	74	74			39	
卫生材料及医药用品制造	10	10	10			
化学纤维制造业	113	100		100		
合成纤维制造	113	100		100		
橡胶制品业	4221	4028		3963	19	13
轮胎制造	3731	3694		3682	12	
橡胶板、管、带的制造	370	310		281	7	7
橡胶零件制造	21	3				3
再生橡胶制造	18	8				
日用及医用橡胶制品制造	75	7				3
其他橡胶制品制造	6	6				
塑料制品业	3982	1834	62	898	85	344
塑料薄膜制造	392	97	49	13		10
塑料板、管、型材的制造	1116	385		173	26	117
塑料丝、绳及编织品的制造	1900	1202	5	693	33	152
泡沫塑料制造	102	36		4		24
塑料包装箱及容器制造	238	36	3	15		
塑料零件制造	63					
日用塑料制造	65	51			10	41
其他塑料制品制造	106	27	5		16	
非金属矿物制品业	34365	6111	567	2174	532	603
水泥、石灰和石膏的制造	8297	2233		1333	7	240
水泥及石膏制品制造	4110	1454	50	318	447	233
砖瓦、石材及其他建筑材料制造	14757	1432	481	55	73	96
玻璃及玻璃制品制造	455	390	5	303		34
陶瓷制品制造	119					
耐火材料制品制造	294	78			5	
石墨及其他非金属矿物制品制造	6333	524	31	165		
黑色金属冶炼及压延加工业	13083	1598		698	73	502
炼铁	2515	8				
炼钢	30					
钢压延加工	1937	274			5	68
铁合金冶炼	8601	1316		698	68	434
有色金属冶炼及压延加工业	20403	950		98	40	1
常用有色金属冶炼	15316	680			6	1
贵金属冶炼	3					
稀有稀土金属冶炼	4732	155		13	6	
有色金属合金制造	176	85		85		
有色金属压延加工	176	30			28	
金属制品业	6963	3030	269	242	316	609
结构性金属制品制造	2416	1809	193	226	267	497

贺兰县	灵武市	石嘴山市	大武口区	惠农区	平罗县	吴忠市	红寺堡区
439	202	10			10	96	
						82	
26							
17	40						
	132	10			10	14	
391							
5	30						
						13	
						13	
33		103		1	102	88	10
		35			35		
15						60	
						18	
8						10	10
4		68		1	67		
6							
413	32	524	105	89	330	1377	
13	12	192			192	65	
49	20	89	31	58		606	
319		198	60	15	123	385	
8		5	5			33	
18		6	3	3		196	
						63	
6		34	6	13	15	29	
1571	664	7791	2606	1843	3342	6393	617
339	314	1264	429	815	20	1943	
204	202	457	82	165	210	1020	31
579	148	1423	446	202	775	2444	586
48		27			27	5	
		119	96	23			
73		117		100	17	74	
328		4384	1553	538	2293	907	
290	35	7935	899	5039	1997	1639	
8		1350		1337	13		
						30	
166	35	1541	7	1454	80	113	
116		5044	892	2248	1904	1496	
32	779	9051	5063	3860	128	8258	1
30	643	4390	402	3860	128	8208	1
						3	
	136	4525	4525			15	
		62	62			16	
2		74	74			16	
1375	219	3108	52	3028	28	229	6
513	113	189	37	132	20	77	6

5-3 续表 1-3

行业	就业人数（人）	银川市	兴庆区	西夏区	金凤区	永宁县
金属工具制造	214	113			5	
集装箱及金属包装容器制造	241	176		6		8
金属丝绳及其制品的制造	2958	54		6	12	
建筑、安全用金属制品制造	319	287		4	4	68
金属表面处理及热处理加工	166	76				26
搪瓷制品制造	52	52	52			
不锈钢及类似日用金属制品制造	142	87	3		5	
其他金属制品制造	455	376	21		23	10
通用设备制造业	14556	12056	367	8717	1862	346
锅炉及原动机制造	539	389	5	176	152	18
金属加工机械制造	2975	1729	55	1019	553	
起重运输设备制造	1078	1078	59	42	849	
泵、阀门、压缩机及类似机械的制造	369	362	47	297		18
轴承、齿轮、传动和驱动部件的制造	5418	5247		4942	15	164
烘炉、熔炉及电炉制造	14	14	4		10	
风机、衡器、包装设备等通用设备制造	594	537	166		225	12
通用零部件制造及机械修理	638	417	31	185	54	
金属铸、锻加工	2931	2283		2056	4	134
专用设备制造业	6166	754	134	85	84	243
矿山、冶金、建筑专用设备制造	4917	446	99	60	10	168
化工、木材、非金属加工专用设备制造	152	54	17	16		
食品、饮料、烟草及饲料生产专用设备制造	8					
印刷、制药、日化生产专用设备制造	217					
电子和电工机械专用设备制造	299	30	6	4	1	
农、林、牧、渔专用机械制造	268	52		1		1
医疗仪器设备及器械制造	92	92	12		73	7
环保、社会公共安全及其他专用设备制造	213	80		4		67
交通运输设备制造业	1071	578	120	28	120	61
汽车制造	862	442	9	28	100	61
摩托车制造	20	20			20	
自行车制造	5					
交通器材及其他交通运输设备制造	184	116	111			
电气机械及器材制造业	4942	3152	415	646	443	505
电机制造	1934	516		264	42	
输配电及控制设备制造	1606	1460	402	84	238	359
电线、电缆、光缆及电工器材制造	389	311	8	48	85	47
电池制造	289	228		220		8
家用电力器具制造	20					
非电力家用器具制造	143	100		22		66
照明器具制造	27	27	5			22
其他电气机械及器材制造	534	510		8	78	3
通信设备、计算机及其他电子设备制造业	116	20			6	
通信设备制造	6	6			6	
电子计算机制造	14	14				
电子元件制造	88					
家用视听设备制造	8					

贺兰县	灵武市	石嘴山市	大武口区	惠农区	平罗县	吴忠市	红寺堡区
108		29		29		26	
97	65	8			8		
36		2867		2867		36	
211							
50						90	
79		12	12				
281	41	3	3				
655	109	476	403	13	60	510	
38		58	38		20	14	
81	21	29			29	235	
128							
						7	
126						171	
134		48	48			3	
73	74	199	186	13		22	
75	14	142	131		11	58	
115	93	4638	4443	11	184	126	
46	63	4445	4439	6			
21		3			3	65	
						8	
						8	
19		9	4	5			
20	30	54			54	39	
9		127			127	6	
231	18	172	166	6		163	
226	18	104	98	6		158	
						5	
5		68	68				
741	402	1572	1545	19	8	178	
210		1406	1406			12	
377		15		15		116	
123		78	78				
		61	61				
						20	
12		8			8	10	
19	402	4		4		20	
14		88	88			8	
14							
		88	88				
						8	

5-3 续表 1-4

行 业	就业人数（人）	银川市	兴庆区	西夏区	金凤区	永宁县
仪器仪表及文化、办公用机械制造业	2407	847	141	24	463	
通用仪器仪表制造	2272	712	131		392	
专用仪器仪表制造	10	10	10			
光学仪器及眼镜制造	3	3			3	
文化、办公用机械制造	92	92		24	68	
其他仪器仪表的制造及修理	30	30				
工艺品及其他制造业	766	120	11		44	
工艺美术品制造	442	70	9		3	
日用杂品制造	6					
煤制品制造	243	42			41	
其他未列明的制造业	75	8	2			
废弃资源和废旧材料回收加工业	39	30				10
金属废料和碎屑的加工处理	9	2				
非金属废料和碎屑的加工处理	30	28				10
电力、燃气及水的生产和供应业	**30581**	**17654**	**13753**	**599**	**2337**	**192**
电力、热力的生产和供应业	26415	15589	12032	566	2334	80
电力生产	11197	2677	124	425	1812	
电力供应	11613	11613	11438		175	
热力生产和供应	3605	1299	470	141	347	80
燃气生产和供应业	828	506	398			55
燃气生产和供应业	828	506	398			55
水的生产和供应业	3338	1559	1323	33	3	57
自来水的生产和供应	2994	1382	1149	33		57
污水处理及其再生利用	341	177	174		3	
其他水的处理、利用与分配	3					
建筑业	**71678**	**42121**	**23033**	**4680**	**8753**	**1144**
房屋和土木工程建筑业	63152	36154	19516	4432	6749	1107
房屋工程建筑	37605	18659	9441	1532	4331	876
土木工程建筑	25547	17495	10075	2900	2418	231
建筑安装业	4390	2981	1825	127	1004	8
建筑安装业	4390	2981	1825	127	1004	8
建筑装饰业	3096	2445	1409	73	820	
建筑装饰业	3096	2445	1409	73	820	
其他建筑业	1040	541	283	48	180	29
工程准备	738	496	278	48	170	
提供施工设备服务	40	14	3		10	
其他未列明的建筑活动	262	31	2			29
交通运输、仓储和邮政业	**24882**	**12700**	**10438**	**308**	**371**	**111**
道路运输业	11018	2392	1904	134	67	97
公路旅客运输	4886	1903	1707	58	5	39
道路货物运输	5779	449	197	71	62	42
道路运输辅助活动	353	40		5		16
城市公共交通业	4512	3481	3308		30	14
公共电汽车客运	3751	3429	3300			
出租车客运	727	49	5		30	14
其他城市公共交通	34	3	3			

贺兰县	灵武市	石嘴山市	大武口区	惠农区	平罗县	吴忠市	红寺堡区
219						1560	
189						1560	
30							
65		212	18	166	28	99	
58		14	14			94	
1		131	4	99	28	5	
6		67		67			
20		8			8		
2		7			7		
18		1			1		
393	**380**	**6602**	**3633**	**2412**	**557**	**4268**	**85**
261	316	6337	3621	2300	416	3282	23
	316	5005	2514	2300	191	2664	
261		1332	1107		225	618	23
33	20	28	4	24		294	
33	20	28	4	24		294	
99	44	237	8	88	141	692	62
99	44	208	8	88	112	689	62
		29			29		
						3	
1463	**3048**	**9470**	**8315**	**717**	**438**	**8352**	**471**
1405	2945	8073	7135	531	407	7846	441
733	1746	7264	6469	517	278	3732	427
672	1199	809	666	14	129	4114	14
10	7	892	706	186		333	
10	7	892	706	186		333	
47	96	306	275		31	139	
47	96	306	275		31	139	
1		199	199			34	30
1		26	26				
		173	173			34	30
137	**1335**	**1561**	**755**	**733**	**73**	**2818**	**44**
67	123	936	397	507	32	1656	39
	94	264	264			566	9
48	29	668	131	505	32	894	
19		4	2	2		196	30
11	118	77	6	31	40	574	5
11	118	40			40	189	
		6	6			385	5
		31		31			

5-3 续表 1-5

行业	就业人数(人)	银川市	兴庆区	西夏区	金凤区	永宁县
水上运输业	33					
水上货物运输	33					
航空运输业	1167	1084	37			
航空客货运输	127	44	37			
航空运输辅助活动	1040	1040				
管道运输业	1067	1044	1044			
管道运输业	1067	1044	1044			
装卸搬运和其他运输服务业	1103	456	161	163	82	
装卸搬运	893	272		150	72	
运输代理服务	210	184	161	13	10	
仓储业	848	259	12	11	188	
谷物、棉花等农产品仓储	709	187	12		136	
其他仓储	139	72		11	52	
邮政业	5134	3984	3972		4	
国家邮政	5085	3935	3927			
其他寄递服务	49	49	45		4	
信息传输、计算机服务和软件业	**12128**	**7053**	**2959**	**265**	**3471**	**76**
电信和其他信息传输服务业	9120	4977	2141		2792	3
电信	8555	4585	1887		2682	
互联网信息服务	99	64	39		22	3
广播电视传输服务	459	321	208		88	
卫星传输服务	7	7	7			
计算机服务业	2437	1533	662	265	317	73
计算机系统服务	302	268	170		98	
计算机维修	122	90	68		22	
其他计算机服务	2013	1175	424	265	197	73
软件业	571	543	156		362	
公共软件服务	568	542	156		362	
其他软件服务	3	1				
批发和零售业	**62488**	**38282**	**24853**	**2370**	**6377**	**640**
批发业	31782	19959	12383	2011	2946	466
农畜产品批发	2716	977	521	14	117	155
食品、饮料及烟草制品批发	4242	2087	1427	41	236	34
纺织、服装及日用品批发	1130	774	611	2	155	2
文化、体育用品及器材批发	646	563	428		70	
医药及医疗器材批发	1220	526	241		85	43
矿产品、建材及化工产品批发	12233	8112	4056	1770	1312	176
机械设备、五金交电及电子产品批发	7265	6056	4615	114	903	11
贸易经纪与代理	211	162	134		26	2
其他批发	2119	702	350	70	42	43
零售业	30706	18323	12470	359	3431	174
综合零售	8413	4532	2976	120	1021	40
食品、饮料及烟草制品专门零售	1697	718	564	13	130	2
纺织、服装及日用品专门零售	2017	1400	1298	40	46	10
文化、体育用品及器材专门零售	1681	1194	1102	16	49	
医药及医疗器材专门零售	3241	1880	1063	65	729	

贺兰县	灵武市	石嘴山市	大武口区	惠农区	平罗县	吴忠市	红寺堡区
	1047						
	7						
	1040						
		23	23				
		23	23				
50		293	190	103		200	
50		290	190	100		200	
		3		3			
9	39	93		92	1	100	
	39	43		42	1	90	
9		50		50		10	
	8	139	139			288	
	8	139	139			288	
73	**209**	**1340**	**1251**	**46**	**43**	**1861**	**13**
5	36	1050	1050			1613	
5	11	1050	1050			1531	
						32	
	25					50	
43	173	285	196	46	43	243	13
		9	5		4	6	
		9	2		7	2	
43	173	267	189	46	32	235	13
25		5	5			5	
24		5	5			5	
1							
2482	**1560**	**8035**	**5602**	**1546**	**887**	**6647**	**157**
1124	1029	4114	2860	686	568	2723	79
89	81	299	10	79	210	660	35
89	260	448	289	31	128	360	
1	3	105	99		6	39	
65						10	
112	45	23	5		18	12	12
326	472	1944	1505	312	127	979	29
405	8	513	416	64	33	319	3
						2	
37	160	782	536	200	46	342	
1358	531	3921	2742	860	319	3924	78
79	296	1628	1129	448	51	1122	2
7	2	100	78	13	9	268	
6		155	95	16	44	193	30
4	23	156	116	25	15	95	
23		335	254	63	18	543	3

5-3 续表 1-6

行　业	就业人数(人)	银川市	兴庆区	西夏区	金凤区	永宁县
汽车、摩托车、燃料及零配件专门零售	5473	3365	1211	5	769	84
家用电器及电子产品专门零售	4533	3411	2815	31	496	26
五金、家具及室内装修材料专门零售	2138	1017	862	38	83	2
无店铺及其他零售	1513	806	579	31	108	10
住宿和餐饮业	**21302**	**12842**	**9977**	**908**	**1410**	**63**
住宿业	9673	5507	4325	655	417	31
旅游饭店	5956	4527	3794	370	363	
一般旅馆	3468	876	520	285	10	31
其他住宿服务	249	104	11		44	
餐饮业	11629	7335	5652	253	993	32
正餐服务	11174	7040	5366	253	984	32
快餐服务	286	279	279			
饮料及冷饮服务	31	7	7			
其他餐饮服务	138	9			9	
金融业	**31954**	**24026**	**19146**	**71**	**4130**	**235**
银行业	15540	12546	8131		3777	225
商业银行	15176	12182	7853		3691	225
其他银行	364	364	278		86	
证券业	58	58	50		8	
证券经纪与交易	50	50	50			
证券投资	8	8			8	
保险业	14981	10572	10227	45	300	
人寿保险	11331	7899	7610		289	
非人寿保险	3550	2573	2528	45		
保险辅助服务	100	100	89		11	
其他金融活动	1375	850	738	26	45	10
金融信托与管理	21					
金融租赁	3					
财务公司	8	8				
邮政储蓄	679	333	333			
典当	222	166	126	13	10	10
其他未列明的金融活动	442	343	279	13	35	
房地产业	**26204**	**19707**	**11199**	**2788**	**4226**	**170**
房地产业	26204	19707	11199	2788	4226	170
房地产开发经营	8959	6074	2974	438	1861	102
物业管理	14681	11599	6897	1913	2173	68
房地产中介服务	1453	1325	948	189	148	
其他房地产活动	1111	709	380	248	44	
租赁和商务服务业	**17778**	**13132**	**7244**	**950**	**3681**	**169**
租赁业	911	604	319	33	111	10
机械设备租赁	906	599	314	33	111	10
文化及日用品出租	5	5	5			
商务服务业	16867	12528	6925	917	3570	159
企业管理服务	4227	2688	1791	16	736	96
法律服务	392	279	170	5	103	
咨询与调查	1437	1260	947	2	249	11

贺兰县	灵武市	石嘴山市	大武口区	惠农区	平罗县	吴忠市	红寺堡区
1172	124	296	133	61	102	798	13
20	23	350	268	60	22	349	30
14	18	553	353	158	42	370	
33	45	348	316	16	16	186	
233	**251**	**1793**	**1429**	**137**	**227**	**2532**	**99**
72	7	355	228	80	47	1327	99
		190	190				
23	7	158	38	73	47	1327	99
49		7		7			
161	244	1438	1201	57	180	1205	
161	244	1420	1183	57	180	1183	
		18	18				
						22	
211	**233**	**2217**	**1677**	**163**	**377**	**2314**	**57**
180	233	843	328	157	358	916	57
180	233	843	328	157	358	916	57
		1180	1180			1317	
		1018	1018			1176	
		162	162			141	
31		194	169	6	19	81	
						19	
		3	3				
8							
		136	136			34	
7		18	12	6		8	
16		37	18		19	20	
634	**690**	**3021**	**2110**	**612**	**299**	**1804**	**168**
634	690	3021	2110	612	299	1804	168
407	292	1218	884	161	173	673	
203	345	1616	1039	451	126	931	
24	16	90	90			12	
	37	97	97			188	168
211	**877**	**2422**	**628**	**185**	**1609**	**1129**	**20**
27	104	133	51	25	57	127	
27	104	133	51	25	57	127	
184	773	2289	577	160	1552	1002	20
44	5	1430	146	93	1191	58	
	1	61	43		18	52	
35	16	68	41		27	61	

5-3 续表 1-7

行业	就业人数(人)	银川市	兴庆区	西夏区	金凤区	永宁县
广告业	1555	1164	952	3	178	
知识产权服务	132	132	132			
职业中介服务	3075	2667	179	76	1696	42
市场管理	1212	674	466	113	21	10
旅行社	1025	754	484	240	20	
其他商务服务	3812	2910	1804	462	567	
科学研究、技术服务和地质勘查业	**7630**	**5642**	**4267**	**321**	**880**	**49**
研究与试验发展	248	206	98		100	
自然科学研究与试验发展	56	56	37		19	
工程和技术研究与试验发展	44	44			44	
农业科学研究与试验发展	98	56	56			
医学研究与试验发展	47	47	5		34	
社会人文科学研究与试验发展	3	3			3	
专业技术服务业	6482	5109	4091	137	745	30
气象服务	74	15			4	
地震服务	3	3			3	
测绘服务	157	18	6	4	8	
技术检测	612	423	258	15	79	
环境监测	88	45	9	5	28	
工程技术与规划管理	5383	4518	3788	113	566	30
其他专业技术服务	165	87	30		57	
科技交流和推广服务业	579	97	41		26	19
技术推广服务	527	71	25		26	19
科技中介服务	39	16	16			
其他科技服务	13	10				
地质勘查业	321	230	37	184	9	
矿产地质勘查	249	188	34	154		
基础地质勘查	33	30		30		
地质勘查技术服务	39	12	3		9	
水利、环境和公共设施管理业	**1834**	**1304**	**574**	**194**	**134**	**314**
水利管理业	134	132	132			
水资源管理	82	82	82			
其他水利管理	52	50	50			
环境管理业	249	226	195	22	9	
自然保护	3					
环境治理	246	226	195	22	9	
公共设施管理业	1451	946	247	172	125	314
市政公共设施管理	62	37	17		20	
城市绿化管理	656	434	139	172	35	46
游览景区管理	733	475	91		70	268
居民服务和其他服务业	**4355**	**2952**	**1571**	**165**	**1099**	**72**
居民服务业	1570	1327	815	114	363	12
家庭服务	108	87	45	2	40	
托儿所	10	10	10			
洗染服务	28	10	10			

贺兰县	灵武市	石嘴山市				吴忠市	
			大武口区	惠农区	平罗县		红寺堡区
31		104	101	3		168	7
10	664	60	45	8	7	160	9
59	5	136	23	42	71	62	
	10	43	37		6	31	
5	72	387	141	14	232	410	4
93	**32**	**845**	**685**	**48**	**112**	**550**	
	8	31			31		
		31			31		
	8						
82	24	763	637	45	81	294	
	11	47	47				
		43	33	10		19	
71		112	65	35	12	15	
3		43	43				
8	13	498	429		69	202	
		20	20			58	
11		48	48			179	
1		32	32			174	
		16	16			4	
10						1	
		3		3		77	
						50	
		3		3			
						27	
50	**38**	**184**	**110**	**41**	**33**	**50**	
						2	
						2	
		8	3	2	3		
		2		2			
		6	3		3		
50	38	176	107	39	30	48	
		25	25				
38	4	151	82	39	30	12	
12	34					36	
31	**14**	**411**	**246**	**71**	**94**	**325**	**3**
14	9	116	50	34	32	34	3
						21	

5-3 续表 1-8

行业	就业人数（人）	银川市	兴庆区	西夏区	金凤区	永宁县
理发及美容保健服务	187	181	161	4	6	
洗浴服务	631	586	321	92	173	
婚姻服务	42	26	22			
殡葬服务	282	192	36		144	12
摄影扩印服务	245	207	198	9		
其他居民服务	37	28	12	7		
其他服务业	2785	1625	756	51	736	60
修理与维护	1858	1245	699	23	514	3
清洁服务	455	305	17	26	194	57
其他未列明的服务	472	75	40	2	28	
教育	**1106**	**654**	**160**	**277**	**78**	**47**
教育	1106	654	160	277	78	47
学前教育	47	13	13			
中等教育	217	217		217		
其他教育	842	424	147	60	78	47
卫生、社会保障和社会福利业	**2181**	**1263**	**890**	**92**	**248**	
卫生	2181	1263	890	92	248	
医院	1542	1019	757	61	201	
卫生院及社区医疗活动	341	85	32	28		
门诊部医疗活动	186	50	39	3		
计划生育技术服务活动	12	12	12			
疾病预防控制及防疫活动	3					
其他卫生活动	97	97	50		47	
文化、体育和娱乐业	**1523**	**908**	**728**	**62**	**93**	
新闻出版业	19	15	15			
出版业	19	15	15			
广播、电视、电影和音像业	249	112	34	40	15	
广播	26	26			4	
电视	7	7			7	
电影	200	75	34	40		
音像制作	16	4			4	
文化艺术业	13	5	5			
文艺创作与表演	3	3	3			
艺术表演场馆	2					
文化艺术经纪代理	2	2	2			
其他文化艺术	6					
体育	12	10		10		
体育组织	2					
体育场馆	10	10		10		
娱乐业	1230	766	674	12	78	
室内娱乐活动	840	714	645	12	55	
游乐园	219					
休闲健身娱乐活动	70	52	29		23	
其他娱乐活动	101					

贺兰县	灵武市	石嘴山市	大武口区	惠农区	平罗县	吴忠市	红寺堡区
10		6	6				
		34	28	6			
4		1			1	3	3
		67	8	28	31	6	
		8	8				
	9					4	
17	5	295	196	37	62	291	
6		214	126	37	51	272	
11		48	39		9	8	
	5	33	31		2	11	
26	**66**	**73**	**4**	**28**	**41**	**213**	
26	66	73	4	28	41	213	
		18			18	8	
26	66	55	4	28	23	205	
8	**25**	**112**	**48**		**64**	**379**	
8	25	112	48		64	379	
		65	48		17	142	
	25					215	
8		47			47	22	
25		**162**	**67**		**95**	**177**	
23		26			26	66	
22							
1		26			26	63	
						3	
		3	3			5	
						2	
		3	3			3	
		2	2				
		2	2				
2		131	62		69	106	
2		25	12		13	97	
		10	10			6	
		96	40		56	3	

5-3 续表 2-1

行业					固原市	
	利通区	盐池县	同心县	青铜峡市		原州区
总　计	**33369**	**8730**	**5811**	**27400**	**33892**	**15246**
农、林、牧、渔业						
农业						
谷物及其他作物的种植						
采矿业	**1251**	**481**				
煤炭开采和洗选业	1231	50	96	563	2499	47
烟煤和无烟煤的开采洗选	1231	50			1768	15
其他煤炭采选					1763	15
石油和天然气开采业		234			5	
天然原油和天然气开采		234				
与石油和天然气开采有关的服务活动						
黑色金属矿采选业						
铁矿采选				172		
其他黑色金属矿采选				172		
有色金属矿采选业	10					
常用有色金属矿采选	10					
贵金属矿采选						
稀有稀土金属矿采选						
非金属矿采选业	10	197				
土砂石开采	10	192	96	391	731	32
化学矿采选		5		130	439	24
石棉及其他非金属矿采选				177	56	
制造业	**16506**	**2564**	**2867**	**18680**	**11158**	**3434**
农副食品加工业	1192	290	133	427	3390	873
谷物磨制	346	44	15	165	213	57
饲料加工	128	86		87	160	10
植物油加工	79		6	18	39	25
制糖						
屠宰及肉类加工	100	140	79	13	244	2
蔬菜、水果和坚果加工	32		33	9	6	1
其他农副食品加工	507	20		135	2728	778
食品制造业	2044	48	25	532	243	78
焙烤食品制造	10	13	25	118	39	19
糖果、巧克力及蜜饯制造	26				121	
方便食品制造	208					
液体乳及乳制品制造	1734	5		84	31	31
罐头制造						
调味品、发酵制品制造	40			330	52	28
其他食品制造	26	30				
饮料制造业	401		2	283	462	210
酒的制造				183	355	195
软饮料制造	401		2	100	93	15
精制茶加工					14	
烟草制品业					29	
烟叶复烤					29	

西吉县	隆德县	泾源县	彭阳县	中卫市	沙坡头区	中宁县	海原县
7009	**3899**	**2260**	**5478**	**60114**	**32919**	**20807**	**6388**
				3148		3148	
				3148		3148	
				3148		**3148**	
71	136	217	2028	2281	1201	873	207
			1753	1387	741	643	3
			1748	1387	741	643	3
			5				
				28	6	22	
				27	6	21	
				1		1	
				5			5
				4			4
				1			1
71	136	217	275	861	454	208	199
15		217	183	153	32	47	74
56				27			27
2120	**2204**	**1158**	**2242**	**29203**	**17391**	**7854**	**3958**
1428	511	108	470	1540	768	404	368
47	8		101	355	248	107	
	20		130	170	110	12	48
	6		8	4			4
74	88	80		225	192	30	3
5				125	75	45	5
1302	389	28	231	661	143	210	308
18	30		117	178	134	40	4
	20			92	88		4
10			111				
				23	23		
				40		40	
8	10		6	10	10		
				13	13		
34	169		49	2035	1391	644	
34	96		30	1491	1231	260	
	73		5	441	160	281	
			14	103		103	
			29				
			29				

5-3 续表 2-2

行　业					固原市	
	利通区	盐池县	同心县	青铜峡市		原州区
纺织业	97	27	1892	1	248	188
棉、化纤纺织及印染精加工	23				230	180
毛纺织和染整精加工			1892			
麻纺织						
丝绢纺织及精加工	60					
纺织制成品制造	14	27		1	10	8
针织品、编织品及其制品制造					8	
纺织服装、鞋、帽制造业	30	30		3	52	34
纺织服装制造	30	30		3	52	34
皮革、毛皮、羽毛(绒)及其制品业	53	69	41	161	65	8
皮革鞣制加工					57	
皮革制品制造	8				8	8
毛皮鞣制及制品加工	45	69	40	161		
羽毛(绒)加工及制品制造			1			
木材加工及木、竹、藤、棕、草制品业	60	100		12	30	
锯材、木片加工	11					
人造板制造	45					
木制品制造	4	20		12		
竹、藤、棕、草制品制造		80			30	
家具制造业	18		10		67	30
木质家具制造	18		10		65	30
金属家具制造					2	
塑料家具制造						
其他家具制造						
造纸及纸制品业	2895	12		1530	49	
纸浆制造					40	
造纸	2616			1530	3	
纸制品制造	279	12			6	
印刷业和记录媒介的复制	1135	4	8	210	197	108
印刷	1135	4	8	210	189	100
装订及其他印刷服务活动					8	8
文教体育用品制造业	3				4	
文化用品制造	3				4	
体育用品制造						
石油加工、炼焦及核燃料加工业	973	580		33		
精炼石油产品的制造		540		33		
炼焦	973	40				
化学原料及化学制品制造业	1907	17		3226	240	74
基础化学原料制造	836			708	60	
肥料制造	864	17		465	108	40
农药制造						
涂料、油墨、颜料及类似产品制造	21			13	4	
合成材料制造	4			1998		
专用化学产品制造	182			42	61	27
日用化学产品制造					7	7

西吉县	隆德县	泾源县	彭阳县	中卫市	沙坡头区	中宁县	海原县
2			58	170			170
			50	170			170
2							
			8				
	6		12	19	19		
	6		12	19	19		
57				147		20	127
57				101			101
				3			3
				43		20	23
			30	26	15	11	
				15	15		
				1		1	
				10		10	
			30				
	35		2	5	5		
	35						
			2				
				5	5		
6	40		3	5882	5778	104	
	40			30	30		
			3	5592	5592		
6				260	156	104	
	5	15	69	95	88	6	1
	5	15	69	95	88	6	1
	4						
	4						
				42	10	32	
				42	10	32	
47	39		80	3271	1858	1363	50
	20		40	1989	974	1015	
13	15		40	673	387	286	
	4			268	268		
				8	8		
34				186	166	20	
				147	55	42	50

5-3 续表 2-3

行业	利通区	盐池县	同心县	青铜峡市	固原市	原州区
医药制造业		96			198	198
化学药品原药制造		82				
化学药品制剂制造						
中药饮片加工					130	130
中成药制造		14			68	68
兽用药品制造						
生物、生化制品的制造						
卫生材料及医药用品制造						
化学纤维制造业				13		
合成纤维制造				13		
橡胶制品业	45			33		
轮胎制造						
橡胶板、管、带的制造	45			15		
橡胶零件制造				18		
再生橡胶制造						
日用及医用橡胶制品制造						
其他橡胶制品制造						
塑料制品业	750			627	80	74
塑料薄膜制造				65	38	38
塑料板、管、型材的制造	220			386	36	36
塑料丝、绳及编织品的制造	219			166		
泡沫塑料制造	33					
塑料包装箱及容器制造	190			6		
塑料零件制造	63					
日用塑料制造					6	
其他塑料制品制造	25			4		
非金属矿物制品业	1150	1114	642	2870	5207	1181
水泥、石灰和石膏的制造	103	549	50	1241	563	6
水泥及石膏制品制造	246	59		684	509	296
砖瓦、石材及其他建筑材料制造	441	506	592	319	4123	867
玻璃及玻璃制品制造	5				5	5
陶瓷制品制造						
耐火材料制品制造	24			50	7	7
石墨及其他非金属矿物制品制造	331			576		
黑色金属冶炼及压延加工业	1121	12		506		
炼铁						
炼钢	30					
钢压延加工	58	12		43		
铁合金冶炼	1033			463		
有色金属冶炼及压延加工业	273	32	80	7872	12	12
常用有色金属冶炼	258	32	80	7837		
贵金属冶炼				3		
稀有稀土金属冶炼	15					
有色金属合金制造				16	12	12
有色金属压延加工				16		
金属制品业	74	48		101	240	212
结构性金属制品制造	49	12		10	103	97

西吉县	隆德县	泾源县	彭阳县	中卫市	沙坡头区	中宁县	海原县
				11	11		
				11	11		
				2		2	
				2		2	
			6	167	89	78	
				115	55	60	
				28	10	18	
			6	8	8		
				16	16		
500	1208	1007	1311	8863	3258	2694	2911
	99	458		2294	1109	1110	75
44	64	10	95	670	462	208	
456	1045	539	1216	5335	1641	858	2836
				28	28		
				18	18		
				518		518	
				1911	1539	372	
				1157	1066	91	
				9	9		
				745	464	281	
				2132	602	1529	1
				2038	546	1492	
				37		37	
				1			1
				56	56		
22			6	356	138	103	115
			6	238	86	41	111

5-3 续表 2-4

行业	利通区	盐池县	同心县	青铜峡市	固原市	原州区
金属工具制造	25			1	42	42
集装箱及金属包装容器制造						
金属丝绳及其制品的制造		36				
建筑、安全用金属制品制造						
金属表面处理及热处理加工				90		
搪瓷制品制造						
不锈钢及类似日用金属制品制造					43	43
其他金属制品制造					52	30
通用设备制造业	316			194	102	44
锅炉及原动机制造	14				70	12
金属加工机械制造	204			31		
起重运输设备制造						
泵、阀门、压缩机及类似机械的制造	7					
轴承、齿轮、传动和驱动部件的制造	8			163		
烘炉、熔炉及电炉制造						
风机、衡器、包装设备等通用设备制造	3				6	6
通用零部件制造及机械修理	22					
金属铸、锻加工	58				26	26
专用设备制造业	110	4		12	76	48
矿山、冶金、建筑专用设备制造					3	3
化工、木材、非金属加工专用设备制造	61			4		
食品、饮料、烟草及饲料生产专用设备制造				8		
印刷、制药、日化生产专用设备制造	8					
电子和电工机械专用设备制造						
农、林、牧、渔专用机械制造	35	4			73	45
医疗仪器设备及器械制造						
环保、社会公共安全及其他专用设备制造	6					
交通运输设备制造业	130		19	14	54	46
汽车制造	125		19	14	54	46
摩托车制造						
自行车制造	5					
交通器材及其他交通运输设备制造						
电气机械及器材制造业	161	2		15	15	15
电机制造	12					
输配电及控制设备制造	109			7		
电线、电缆、光缆及电工器材制造						
电池制造						
家用电力器具制造	20					
非电力家用器具制造		2		8	15	15
照明器具制造						
其他电气机械及器材制造	20					
通信设备、计算机及其他电子设备制造业	8					
通信设备制造						
电子计算机制造						
电子元件制造						
家用视听设备制造	8					

西吉县	隆德县	泾源县	彭阳县	中卫市	沙坡头区	中宁县	海原县
				4			4
				57		57	
				1		1	
				32	32		
22				24	20	4	
	58			1412	1351	61	
	58			8	8		
				982	967	15	
				422	376	46	
		28		572	259	313	
				23		23	
				30		30	
				209	209		
				260		260	
		28		50	50		
	8			104	53	4	47
	8			104	53	4	47
				25	15		10
				15	15		
				10			10

5-3 续表 2-5

行业	利通区	盐池县	同心县	青铜峡市	固原市	原州区
仪器仪表及文化、办公用机械制造业	1560					
通用仪器仪表制造	1560					
专用仪器仪表制造						
光学仪器及眼镜制造						
文化、办公用机械制造						
其他仪器仪表的制造及修理						
工艺品及其他制造业		79	15	5	98	1
工艺美术品制造		79	15		98	1
日用杂品制造						
煤制品制造				5		
其他未列明的制造业						
废弃资源和废旧材料回收加工业						
金属废料和碎屑的加工处理						
非金属废料和碎屑的加工处理						
电力、燃气及水的生产和供应业	**828**	**257**	**120**	**2978**	**588**	**294**
电力、热力的生产和供应业	494	93	8	2664	241	101
电力生产				2664		
电力供应						
热力生产和供应	494	93	8		241	101
燃气生产和供应业	187	72		35		
燃气生产和供应业	187	72		35		
水的生产和供应业	147	92	112	279	347	193
自来水的生产和供应	147	89	112	279	316	162
污水处理及其再生利用					31	31
其他水的处理、利用与分配		3				
建筑业	**2578**	**2335**	**1047**	**1921**	**4213**	**3087**
房屋和土木工程建筑业	2377	2335	967	1726	4037	2921
房屋工程建筑	1548	272	524	961	2942	2219
土木工程建筑	829	2063	443	765	1095	702
建筑安装业	65		80	188	3	
建筑安装业	65		80	188	3	
建筑装饰业	136			3	140	136
建筑装饰业	136			3	140	136
其他建筑业				4	33	30
工程准备					33	30
提供施工设备服务						
其他未列明的建筑活动				4		
交通运输、仓储和邮政业	**861**	**1197**	**84**	**632**	**5434**	**1232**
道路运输业	296	921	24	376	4355	544
公路旅客运输	9	351	10	187	927	363
道路货物运输	143	559	3	189	3393	181
道路运输辅助活动	144	11	11		35	
城市公共交通业	267	276	10	16	333	14
公共电汽车客运	109	70	10		90	
出租车客运	158	206		16	243	14
其他城市公共交通						

西吉县	隆德县	泾源县	彭阳县	中卫市	沙坡头区	中宁县	海原县
6	91			237	9	74	154
6	91			166	3	9	154
				6	6		
				65		65	
				1	1		
				1	1		
52	**90**	**59**	**93**	**1469**	**426**	**939**	**104**
	70	20	50	966	202	749	15
				851	102	749	
	70	20	50	115	100		15
52	20	39	43	503	224	190	89
52	20	39	43	399	120	190	89
				104	104		
355	**318**	**185**	**268**	**7522**	**3774**	**3215**	**533**
355	318	185	258	7042	3476	3153	413
159	208	183	173	5008	2677	1998	333
196	110	2	85	2034	799	1155	80
			3	181	24	37	120
			3	181	24	37	120
			4	66	65	1	
			4	66	65	1	
			3	233	209	24	
			3	209	209		
				24		24	
3380	**433**	**269**	**120**	**2369**	**1585**	**242**	**542**
3269	387	57	98	1679	1050	105	524
201	237	28	98	1226	704	78	444
3068	124	20		375	286	27	62
	26	9		78	60		18
111	46	140	22	47	26	3	18
37	36		17	3		3	
74	10	140	5	44	26		18

5-3 续表 2-6

行业	利通区	盐池县	同心县	青铜峡市	固原市	原州区
水上运输业						
水上货物运输						
航空运输业						
航空客货运输						
航空运输辅助活动						
管道运输业						
管道运输业						
装卸搬运和其他运输服务业			50	150	27	27
装卸搬运			50	150	4	4
运输代理服务					23	23
仓储业	10			90	280	208
谷物、棉花等农产品仓储				90	273	201
其他仓储	10				7	7
邮政业	288				439	439
国家邮政	288				439	439
其他寄递服务						
信息传输、计算机服务和软件业	**1627**	**32**	**69**	**120**	**932**	**853**
电信和其他信息传输服务业	1561		23	29	779	757
电信	1529		2		757	757
互联网信息服务	32				3	
广播电视传输服务			21	29	19	
卫星传输服务						
计算机服务业	61	32	46	91	135	78
计算机系统服务	6				19	14
计算机维修	2				21	12
其他计算机服务	53	32	46	91	95	52
软件业	5				18	18
公共软件服务	5				16	16
其他软件服务					2	2
批发和零售业	**4073**	**773**	**655**	**989**	**3880**	**2475**
批发业	1458	264	350	572	2361	1768
农畜产品批发	323	23	215	64	143	23
食品、饮料及烟草制品批发	279	20	32	29	672	580
纺织、服装及日用品批发	17			22	204	180
文化、体育用品及器材批发	10					
医药及医疗器材批发					126	72
矿产品、建材及化工产品批发	386	158	89	317	745	581
机械设备、五金交电及电子产品批发	155	57	14	90	307	291
贸易经纪与代理	2				3	3
其他批发	286	6		50	161	38
零售业	2615	509	305	417	1519	707
综合零售	867	159	7	87	284	165
食品、饮料及烟草制品专门零售	116	83	28	41	356	92
纺织、服装及日用品专门零售	118	13	14	18	88	81
文化、体育用品及器材专门零售	40	16	17	22	118	80
医药及医疗器材专门零售	333	98	30	79	245	85

西吉县	隆德县	泾源县	彭阳县	中卫市	沙坡头区	中宁县	海原县
				33	25	8	
				33	25	8	
				83	83		
				83	83		
				127	57	70	
				127	57	70	
		72		116	60	56	
		72		116	60	56	
				284	284		
				284	284		
43	**11**	**6**	**19**	**942**	**803**	**87**	**52**
16	3	3		701	671		30
				632	632		
	3						
16		3		69	39		30
27	8	3	19	241	132	87	22
5							
			9				
22	8	3	10	241	132	87	22
507	**454**	**107**	**337**	**5644**	**2473**	**2542**	**629**
120	360	7	106	2625	1185	1296	144
22	90		8	637	138	472	27
57	10	7	18	675	517	106	52
	24			8		8	
				73	65	8	
	54			533	139	394	
29	63		72	453	180	258	15
8			8	70	31	33	6
				44			44
4	119			132	115	17	
387	94	100	231	3019	1288	1246	485
18	32	35	34	847	513	198	136
154		10	100	255	30	38	187
5			2	181	159	22	
21	9		8	118	73	29	16
73	12	45	30	238	70	129	39

5-3 续表 2-7

行业	利通区	盐池县	同心县	青铜峡市	固原市	原州区
汽车、摩托车、燃料及零配件专门零售	588	52	79	66	153	50
家用电器及电子产品专门零售	141	41	76	61	162	112
五金、家具及室内装修材料专门零售	250	31	54	35	52	12
无店铺及其他零售	162	16		8	61	30
住宿和餐饮业	**1498**	**335**	**240**	**360**	**1814**	**1409**
住宿业	630	279	225	94	1113	912
旅游饭店					662	662
一般旅馆	630	279	225	94	367	166
其他住宿服务					84	84
餐饮业	868	56	15	266	701	497
正餐服务	851	51	15	266	611	407
快餐服务						
饮料及冷饮服务						
其他餐饮服务	17	5			90	90
金融业	**1735**	**167**	**130**	**225**	**1572**	**1082**
银行业	343	165	130	221	739	257
商业银行	343	165	130	221	739	257
其他银行						
证券业						
证券经纪与交易						
证券投资						
保险业	1317				722	722
人寿保险	1176				486	486
非人寿保险	141				236	236
保险辅助服务						
其他金融活动	75	2		4	111	103
金融信托与管理	19					
金融租赁						
财务公司						
邮政储蓄	34				81	81
典当	6	2			9	9
其他未列明的金融活动	16			4	21	13
房地产业	**959**	**77**	**147**	**453**	**554**	**420**
房地产业	959	77	147	453	554	420
房地产开发经营	450	52	63	108	373	277
物业管理	509	25	81	316	147	117
房地产中介服务				12	9	1
其他房地产活动			3	17	25	25
租赁和商务服务业	**516**	**96**	**242**	**255**	**429**	**353**
租赁业	30	18	62	17	24	24
机械设备租赁	30	18	62	17	24	24
文化及日用品出租						
商务服务业	486	78	180	238	405	329
企业管理服务	20			38	28	21
法律服务	36	5		11		
咨询与调查	32	12		17	30	25

西吉县	隆德县	泾源县	彭阳县	中卫市	沙坡头区	中宁县	海原县
33	27		43	861	202	603	56
50				261	142	104	15
28	2	10		146	67	77	2
5	12		14	112	32	46	34
109	**21**	**112**	**163**	**2321**	**1496**	**689**	**136**
109	21	56	15	1371	1058	205	108
				577	577		
109	21	56	15	740	433	199	108
				54	48	6	
		56	148	950	438	484	28
		56	148	920	431	461	28
				7	7		
				6		6	
				17		17	
173	**136**	**82**	**99**	**1825**	**1549**	**237**	**39**
173	133	82	94	496	228	229	39
173	133	82	94	496	228	229	39
				1190	1190		
				752	752		
				438	438		
	3		5	139	131	8	
				2	2		
				95	95		
				21	21		
	3		5	21	13	8	
42	**37**		**55**	**1118**	**851**	**267**	
42	37		55	1118	851	267	
39	10		47	621	496	125	
3	19		8	388	266	122	
	8			17	14	3	
				92	75	17	
19	**3**	**49**	**5**	**666**	**479**	**144**	**43**
				23	14	9	
				23	14	9	
19	3	49	5	643	465	135	43
3		4		23	20		3
5				18	7	11	

5-3 续表 2-8

行业					固原市	
	利通区	盐池县	同心县	青铜峡市		原州区
广告业	111	13	7	30	53	42
知识产权服务						
职业中介服务	9	33	109		26	18
市场管理			62		212	205
旅行社	26			5	41	8
其他商务服务	252	15	2	137	15	10
科学研究、技术服务和地质勘查业	**340**	**88**	**34**	**88**	**249**	**165**
研究与试验发展						
自然科学研究与试验发展						
工程和技术研究与试验发展						
农业科学研究与试验发展						
医学研究与试验发展						
社会人文科学研究与试验发展						
专业技术服务业	148	82	28	36	182	159
气象服务					11	11
地震服务						
测绘服务		11	5	3	77	64
技术检测		15			33	33
环境监测						
工程技术与规划管理	136	10	23	33	61	51
其他专业技术服务	12	46				
科技交流和推广服务业	165	6	6	2	67	6
技术推广服务	162	6	6		67	6
科技中介服务	2			2		
其他科技服务	1					
地质勘查业	27			50		
矿产地质勘查				50		
基础地质勘查						
地质勘查技术服务	27					
水利、环境和公共设施管理业	**3**	**47**			**77**	**36**
水利管理业	2					
水资源管理						
其他水利管理	2					
环境管理业						
自然保护						
环境治理						
公共设施管理业	1	47			77	36
市政公共设施管理						
城市绿化管理		12			36	36
游览景区管理	1	35			41	
居民服务和其他服务业	**45**	**225**	**27**	**25**	**82**	**35**
居民服务业		21		10	27	27
家庭服务		21				
托儿所						
洗染服务						

	西吉县	隆德县	泾源县	彭阳县	中卫市	沙坡头区	中宁县	海原县
	11				66	49	15	2
		3		5	162	131	8	23
			7		128	35	93	
			33		156	145	5	6
			5		90	78	3	9
	51	**24**		**9**	**344**	**152**	**51**	**141**
					11	3	8	
					11	3	8	
		23			134	97	37	
					1	1		
		13						
					29	12	17	
		10			104	84	20	
	51	1		9	188	41	6	141
	51	1		9	183	38	6	139
					3	3		
					2			2
					11	11		
					11	11		
	29		**12**		**219**	**167**	**52**	
					15	14	1	
					1		1	
					14	14		
	29		12		204	153	51	
					23	23		
	29		12		181	130	51	
	35		**4**	**8**	**585**	**171**	**414**	
					66	52	14	
					18	18		

5-3 续表 2-9

行业						
	利通区	盐池县	同心县	青铜峡市	固原市	原州区
理发及美容保健服务						
洗浴服务						
婚姻服务					10	10
殡葬服务				6		
摄影扩印服务					12	12
其他居民服务				4	5	5
其他服务业	45	204	27	15	55	8
修理与维护	36	194	27	15	51	4
清洁服务	8				4	4
其他未列明的服务	1	10				
教育	**98**	**37**	**51**	**27**	**92**	**32**
教育	98	37	51	27	92	32
学前教育			8		8	
中等教育						
其他教育	98	37	43	27	84	32
卫生、社会保障和社会福利业	**331**			**48**	**309**	**285**
卫生	331			48	309	285
医院	116			26	309	285
卫生院及社区医疗活动	215					
门诊部医疗活动				22		
计划生育技术服务活动						
疾病预防控制及防疫活动						
其他卫生活动						
文化、体育和娱乐业	**120**	**19**	**2**	**36**	**10**	**7**
新闻出版业						
出版业						
广播、电视、电影和音像业	20	16	2	28	7	7
广播						
电视						
电影	19	16		28	7	7
音像制作	1		2			
文化艺术业	5					
文艺创作与表演						
艺术表演场馆	2					
文化艺术经纪代理						
其他文化艺术	3					
体育						
体育组织						
体育场馆						
娱乐业	95	3		8	3	
室内娱乐活动	89			8	3	
游乐园						
休闲健身娱乐活动	6					
其他娱乐活动		3				

西吉县	隆德县	泾源县	彭阳县	中卫市	沙坡头区	中宁县	海原县
				11	11		
				2		2	
				17	17		
				18	6	12	
35		4	8	519	119	400	
35		4	8	76	55	21	
				90	64	26	
				353		353	
20	**8**		**32**	**74**	**54**	**20**	
20	8		32	74	54	20	
	8						
20			32	74	54	20	
	24			**118**	**111**	**7**	
	24			118	111	7	
	24			7		7	
				41	41		
				67	67		
				3	3		
3				**266**	**236**	**26**	**4**
				4	4		
				4	4		
				38	9	25	4
				29		25	4
				9	9		
3				224	223	1	
3				1	1		
				219	219		
				2	2		
				2	1	1	

5-4 按行业(大类)、地区分组的

行业	就业人数(人)	兴庆区	西夏区	金凤区	永宁县
总计	**231288**	**105554**	**20319**	**12053**	**808**
农、林、牧、渔业	**13493**				
农业	13493				
林业					
畜牧业					
渔业					
农、林、牧、渔服务业					
采矿业	**49197**	**46640**			
煤炭开采和洗选业	49123	46640			
石油和天然气开采业					
黑色金属矿采选业	1				
有色金属矿采选业					
非金属矿采选业	73				
其他采矿业					
制造业	**49569**	**502**	**11953**	**2046**	**75**
农副食品加工业	512	93	40	38	
食品制造业	109				
饮料制造业	220			86	75
烟草制品业	29				
纺织业	128				
纺织服装、鞋、帽制造业	612	102		510	
皮革、毛皮、羽毛(绒)及其制品业					
木材加工及木、竹、藤、棕、草制品业	5				
家具制造业					
造纸及纸制品业	5518				
印刷业和记录媒介的复制	326	56		214	
文教体育用品制造业					
石油加工、炼焦及核燃料加工业	3093		3038		
化学原料及化学制品制造业	6296		3284	501	
医药制造业	169			169	
化学纤维制造业	13				
橡胶制品业					
塑料制品业	64		58		
非金属矿物制品业	4460		1230		
黑色金属冶炼及压延加工业	1519				
有色金属冶炼及压延加工业	11391				
金属制品业	2964			61	
通用设备制造业	4916	152	4289	407	

国有控股企业法人单位就业人数

贺兰县	灵武市	大武口区	惠农区	平罗县	红寺堡区	利通区
3973	**8120**	**21490**	**12265**	**2580**	**458**	**5104**
3056	**4837**		**1856**			
3056	4837		1856			
		288	**107**	**72**	**264**	
		288	106	72	264	
			1			
222	**666**	**10076**	**6964**	**240**	**50**	**1982**
116	115					
49	60					
		59				
			128			
5						
22			8			9
			55			
			2054	124		
						6
		460	314	105	50	502
			1509			
	136	4525				
	12		2891			
30		38				

5-4 续表 1-1

行业	就业人数(人)	兴庆区	西夏区	金凤区	永宁县
专用设备制造业	3883	99			
交通运输设备制造业	25		4		
电气机械及器材制造业	1912		10	60	
通信设备、计算机及其他电子设备制造业					
仪器仪表及文化、办公用机械制造业	1389				
工艺品及其他制造业	16				
废弃资源和废旧材料回收加工业					
电力、燃气及水的生产和供应业	**28104**	**13426**	**458**	**1724**	**111**
电力、热力的生产和供应业	24556	11726	425	1724	62
燃气生产和供应业	379	379			
水的生产和供应业	3169	1321	33		49
建筑业	**23998**	**10579**	**3409**	**1261**	**174**
房屋和土木工程建筑业	22180	9826	3280	840	174
建筑安装业	1610	731	81	418	
建筑装饰业	27	22			
其他建筑业	181		48	3	
交通运输、仓储和邮政业	**12049**	**8389**	**62**	**161**	**16**
铁路运输业					
道路运输业	619	62	58	25	16
城市公共交通业	3335	3300			
水上运输业					
航空运输业	1167	37			
管道运输业	1044	1044			
装卸搬运和其他运输服务业	62	19			
仓储业	745		4	136	
邮政业	5077	3927			
信息传输、计算机服务和软件业	**5100**	**1370**		**772**	
电信和其他信息传输服务业	5033	1370		707	
计算机服务业	67			65	
软件业					
批发和零售业	**9840**	**3051**	**983**	**688**	**113**
批发业	5935	1438	948	158	113
零售业	3905	1613	35	530	
住宿和餐饮业	**3963**	**1987**	**344**	**488**	
住宿业	3034	1601	262	488	
餐饮业	929	386	82		
金融业	**19455**	**12520**		**4066**	
银行业	11660	7495		3777	
证券业	50	50			
保险业	7273	4868		289	
其他金融活动	472	107			

贺兰县	灵武市	大武口区	惠农区	平罗县	红寺堡区	利通区
		3562				
	12	5				
	331	1427				76
						1389
			5	11		
89	**360**	**3629**	**2353**	**361**	**85**	**520**
	316	3621	2300	225	23	384
89	44	8	53	136	62	136
360	**783**	**2777**	**99**	**167**	**10**	**635**
360	783	2287	99	167	10	635
		360				
		130				
	1086	**406**	**42**	**38**	**30**	**320**
		237			30	
						32
	1047					
		30				
	39		42	38		
		139				288
	25	**894**				**568**
	25	894				568
75	**58**	**969**	**116**	**151**	**15**	**543**
73	47	929	97	126	15	330
2	11	40	19	25		213
	61	**70**		**180**		**191**
				28		13
	61	70		152		178
		1202	**157**			**53**
			157			
		1066				
		136				53

5-4 续表 1-2

行业	就业人数(人)	兴庆区	西夏区	金凤区	永宁县
房地产业	**4997**	**1417**	**1788**	**320**	
房地产业	4997	1417	1788	320	
租赁和商务服务业	**6152**	**3661**	**138**	**253**	**116**
租赁业	74	15			
商务服务业	6078	3646	138	253	116
科学研究、技术服务和地质勘查业	**2508**	**1166**	**638**	**105**	
研究与试验发展	93	93			
专业技术服务业	1568	1057	60	56	
科技交流和推广服务业	192	16		49	
地质勘查业	655		578		
水利、环境和公共设施管理业	**651**	**256**	**194**		**18**
水利管理业	88	86			
环境管理业	201	170	22		
公共设施管理业	362		172		18
居民服务和其他服务业	**181**	**7**	**2**	**159**	
居民服务业	76			76	
其他服务业	105	7	2	83	
教育	**671**	**312**	**217**	**10**	
教育	671	312	217	10	
卫生、社会保障和社会福利业	**305**	**12**	**83**		**32**
卫生	291	12	83		18
社会保障业	14				14
社会福利业					
文化、体育和娱乐业	**560**	**205**	**50**		
新闻出版业	205	205			
广播、电视、电影和音像业	285		40		
文化艺术业					
体育	29		10		
娱乐业	41				
公共管理和社会组织	**495**	**54**			**153**
中国共产党机关					
国家机构	409	23			153
人民政协和民主党派					
群众团体、社会团体和宗教组织	78	31			
基层群众自治组织	8				

贺兰县	灵武市	大武口区	惠农区	平罗县	红寺堡区	利通区
	12	**751**	**414**			**47**
	12	751	414			47
6	**51**	**56**	**98**	**1286**	**4**	**81**
	51	8				
6		48	98	1286	4	81
8	**11**	**174**	**10**	**9**		**138**
2	11	165	10	9		87
6		9				24
						27
		67	**41**			**2**
						2
			2			
		67	39			
		4				
		4				
						5
						5
8	**170**					
8	170					
54		**59**		**26**		**19**
54				26		19
		19				
		40				
95		**68**	**8**	**50**		
60		64		49		
30		4	8	1		
5						

5-4 续表 2-1

行业	盐池县	同心县	青铜峡市	原州区
总计	**483**	**546**	**12688**	**3899**
农、林、牧、渔业			**596**	
农业			596	
林业				
畜牧业				
渔业				
农、林、牧、渔服务业				
采矿业			**73**	
煤炭开采和洗选业				
石油和天然气开采业				
黑色金属矿采选业				
有色金属矿采选业				
非金属矿采选业			73	
其他采矿业				
制造业			**7683**	**22**
农副食品加工业			46	5
食品制造业				
饮料制造业				
烟草制品业				
纺织业				
纺织服装、鞋、帽制造业				
皮革、毛皮、羽毛(绒)及其制品业				
木材加工及木、竹、藤、棕、草制品业				
家具制造业				
造纸及纸制品业				
印刷业和记录媒介的复制				17
文教体育用品制造业				
石油加工、炼焦及核燃料加工业				
化学原料及化学制品制造业			32	
医药制造业				
化学纤维制造业			13	
橡胶制品业				
塑料制品业				
非金属矿物制品业			844	
黑色金属冶炼及压延加工业			10	
有色金属冶炼及压延加工业			6730	
金属制品业				
通用设备制造业				

	西吉县	隆德县	泾源县	彭阳县	沙坡头区	中宁县	海原县
	495	**335**	**220**	**2317**	**10522**	**6679**	**380**
						3148	
						3148	
				1753			
				1753			
		23	**13**	**80**	**6096**	**876**	
		8		51			
				29			
					5518		
		15			286		
					83	872	

5-4 续表 2-2

行业	盐池县	同心县	青铜峡市	原州区
专用设备制造业				
交通运输设备制造业				
电气机械及器材制造业			8	
通信设备、计算机及其他电子设备制造业				
仪器仪表及文化、办公用机械制造业				
工艺品及其他制造业				
废弃资源和废旧材料回收加工业				
电力、燃气及水的生产和供应业	**182**	**120**	**2918**	**181**
电力、热力的生产和供应业	93	8	2639	
燃气生产和供应业				
水的生产和供应业	89	112	279	181
建筑业	**12**	**165**	**621**	**146**
房屋和土木工程建筑业	12	145	621	146
建筑安装业		20		
建筑装饰业				
其他建筑业				
交通运输、仓储和邮政业	**11**		**90**	**647**
铁路运输业				
道路运输业	11			
城市公共交通业				
水上运输业				
航空运输业				
管道运输业				
装卸搬运和其他运输服务业				
仓储业			90	208
邮政业				439
信息传输、计算机服务和软件业		**21**	**29**	**757**
电信和其他信息传输服务业		21	29	757
计算机服务业				
软件业				
批发和零售业	**106**	**69**	**134**	**882**
批发业	24	57	82	776
零售业	82	12	52	106
住宿和餐饮业	**156**	**76**	**2**	**84**
住宿业	156	76	2	84
餐饮业				
金融业				**922**
银行业				137
证券业				
保险业				704
其他金融活动				81

西吉县	隆德县	泾源县	彭阳县	沙坡头区	中宁县	海原县
		13		209		
					4	
52	**74**	**39**	**80**	**418**	**909**	**15**
	54		37	155	749	15
52	20	39	43	263	160	
160	**110**	**2**	**71**	**1621**	**756**	**80**
160	110	2	71	1616	756	80
				5		
61		**81**	**98**	**440**	**71**	
61		9	98		12	
					3	
				83		
				13		
		72		60	56	
				284		
	2			**632**		**30**
				632		30
	2					
174	**88**	**60**	**125**	**466**	**769**	**205**
17	79	7	18	433	166	2
157	9	53	107	33	603	203
	14			**310**		
	14			310		
			94	**441**		
			94			
				346		
				95		

5-4 续表 2-3

行业	盐池县	同心县	青铜峡市	原州区
房地产业		**14**	**172**	**7**
房地产业		14	172	7
租赁和商务服务业		**81**	**161**	**70**
租赁业				
商务服务业		81	161	70
科学研究、技术服务和地质勘查业			**53**	**48**
研究与试验发展				
专业技术服务业			3	48
科技交流和推广服务业				
地质勘查业			50	
水利、环境和公共设施管理业				
水利管理业				
环境管理业				
公共设施管理业				
居民服务和其他服务业				
居民服务业				
其他服务业				
教育			**127**	
教育			127	
卫生、社会保障和社会福利业				
卫生				
社会保障业				
社会福利业				
文化、体育和娱乐业	**16**		**28**	**73**
新闻出版业				
广播、电视、电影和音像业	16		28	73
文化艺术业				
体育				
娱乐业				
公共管理和社会组织			**1**	**60**
中国共产党机关				
国家机构				60
人民政协和民主党派				
群众团体、社会团体和宗教组织			1	
基层群众自治组织				

西吉县	隆德县	泾源县	彭阳县	沙坡头区	中宁县	海原县
				35	**20**	
				35	20	
		25	**10**	**8**	**40**	**7**
		25	10	8	40	7
48	**24**		**3**	**23**	**14**	**36**
	23			23	14	
48	1		3			36
				27	**46**	
				6	1	
				21	45	
				4	**5**	
				4	5	
				1	**25**	**4**
					25	4
				1		
			3			**3**
						3
			3			

5-5 按行业(中类)、营业状态分组的企业法人单位数

行业	企业法人单位数(个)	营业	停业(歇业)	筹建	当年关闭	当年破产	其它
总计	**15514**	**13887**	**884**	**584**	**108**	**15**	**36**
农、林、牧、渔业	**6**	**6**					
农业	6	6					
谷物及其他作物的种植	6	6					
采矿业	**565**	**481**	**55**	**22**	**4**	**1**	**2**
煤炭开采和洗选业	279	247	20	9	1	1	1
烟煤和无烟煤的开采洗选	278	246	20	9	1	1	1
其他煤炭采选	1	1					
石油和天然气开采业	45	36	7	2			
天然原油和天然气开采	43	34	7	2			
与石油和天然气开采有关的服务活动	2	2					
黑色金属矿采选业	9	5	3				1
铁矿采选	8	5	2				1
其他黑色金属矿采选	1		1				
有色金属矿采选业	5	2	1	2			
常用有色金属矿采选	3	1		2			
贵金属矿采选	1		1				
稀有稀土金属矿采选	1	1					
非金属矿采选业	227	191	24	9	3		
土砂石开采	202	172	19	8	3		
化学矿采选	1	1					
石棉及其他非金属矿采选	24	18	5	1			
制造业	**3798**	**3160**	**408**	**178**	**38**	**6**	**8**
农副食品加工业	559	452	77	18	9	1	2
谷物磨制	134	120	7	4	2		1
饲料加工	58	51	6	1			
植物油加工	31	26	1	4			
制糖	2	2					
屠宰及肉类加工	62	52	7	2			1
蔬菜、水果和坚果加工	81	64	13	3	1		
其他农副食品加工	191	137	43	4	6	1	
食品制造业	178	149	19	7	3		
焙烤食品制造	52	43	6	3			
糖果、巧克力及蜜饯制造	10	8	2				
方便食品制造	21	20		1			
液体乳及乳制品制造	37	33	1		3		
罐头制造	4	3		1			
调味品、发酵制品制造	30	25	5				
其他食品制造	24	17	5	2			
饮料制造业	104	79	15	7	2		1
酒的制造	54	39	10	4	1		
软饮料制造	44	34	5	3	1		1
精制茶加工	6	6					
烟草制品业	1	1					
烟叶复烤	1	1					

5-5 续表 1

行 业	企业法人单位数(个)	营业	停业(歇业)	筹建	当年关闭	当年破产	其它
纺织业	113	88	21	2	2		
棉、化纤纺织及印染精加工	8	7			1		
毛纺织和染整精加工	86	66	19	1			
麻纺织	1	1					
丝绢纺织及精加工	1		1				
纺织制成品制造	14	11	1	1	1		
针织品、编织品及其制品制造	3	3					
纺织服装、鞋、帽制造业	25	23		2			
纺织服装制造	25	23		2			
皮革、毛皮、羽毛(绒)及其制品业	40	28	11		1		
皮革鞣制加工	13	10	3				
皮革制品制造	3	2	1				
毛皮鞣制及制品加工	19	14	4		1		
羽毛(绒)加工及制品制造	5	2	3				
木材加工及木、竹、藤、棕、草制品业	31	25	5	1			
锯材、木片加工	6	4	2				
人造板制造	8	6	2				
木制品制造	13	11	1	1			
竹、藤、棕、草制品制造	4	4					
家具制造业	48	43	2	3			
木质家具制造	37	32	2	3			
金属家具制造	5	5					
塑料家具制造	1	1					
其他家具制造	5	5					
造纸及纸制品业	72	56	10	3	3		
纸浆制造	2	1		1			
造纸	33	26	6	1			
纸制品制造	37	29	4	1	3		
印刷业和记录媒介的复制	162	153	8		1		
印刷	156	147	8		1		
装订及其他印刷服务活动	6	6					
文教体育用品制造业	4	4					
文化用品制造	3	3					
体育用品制造	1	1					
石油加工、炼焦及核燃料加工业	54	45	5	4			
精炼石油产品的制造	15	13	2				
炼焦	39	32	3	4			
化学原料及化学制品制造业	334	268	27	31	3	2	3
基础化学原料制造	172	141	15	11	1	2	2
肥料制造	47	32	4	10			1
农药制造	5	5					
涂料、油墨、颜料及类似产品制造	24	19	3	2			
合成材料制造	8	7		1			
专用化学产品制造	67	55	4	6	2		
日用化学产品制造	11	9	1	1			

5-5 续表 2

行业	企业法人单位数(个)	营业	停业(歇业)	筹建	当年关闭	当年破产	其它
医药制造业	32	25	5	2			
化学药品原药制造	2	2					
化学药品制剂制造	4	4					
中药饮片加工	4	4					
中成药制造	10	7	2	1			
兽用药品制造	6	5		1			
生物、生化制品的制造	5	2	3				
卫生材料及医药用品制造	1	1					
化学纤维制造业	2	2					
合成纤维制造	2	2					
橡胶制品业	23	17	4	2			
轮胎制造	5	4	1				
橡胶板、管、带的制造	8	8					
橡胶零件制造	3	1	1	1			
再生橡胶制造	2	1		1			
日用及医用橡胶制品制造	4	2	2				
其他橡胶制品制造	1	1					
塑料制品业	142	120	13	5	2	2	
塑料薄膜制造	16	15		1			
塑料板、管、型材的制造	33	29	2	1	1		
塑料丝、绳及编织品的制造	50	43	4	1		2	
泡沫塑料制造	8	7	1				
塑料包装箱及容器制造	12	9	2	1			
塑料零件制造	2	2					
日用塑料制造	6	5	1				
其他塑料制品制造	15	10	3	1	1		
非金属矿物制品业	933	800	98	28	6		1
水泥、石灰和石膏的制造	67	54	7	5	1		
水泥及石膏制品制造	168	136	25	7			
砖瓦、石材及其他建筑材料制造	428	381	36	8	3		
玻璃及玻璃制品制造	14	12	1	1			
陶瓷制品制造	2	2					
耐火材料制品制造	18	13	4	1			
石墨及其他非金属矿物制品制造	236	202	25	6	2		1
黑色金属冶炼及压延加工业	130	102	14	13		1	
炼铁	27	14	6	7			
炼钢	1	1					
钢压延加工	21	16	3	1		1	
铁合金冶炼	81	71	5	5			
有色金属冶炼及压延加工业	56	37	9	10			
常用有色金属冶炼	34	22	6	6			
贵金属冶炼	1		1				
稀有稀土金属冶炼	7	4	1	2			
有色金属合金制造	7	6		1			
有色金属压延加工	7	5	1	1			
金属制品业	198	157	26	14	1		
结构性金属制品制造	128	99	20	8	1		

5-5 续表 3

行 业	企业法人单位数(个)	营业	停业(歇业)	筹建	当年关闭	当年破产	其它
金属工具制造	9	8	1				
集装箱及金属包装容器制造	9	8		1			
金属丝绳及其制品的制造	10	6	3	1			
建筑、安全用金属制品制造	14	12	1	1			
金属表面处理及热处理加工	5	4		1			
搪瓷制品制造	1	1					
不锈钢及类似日用金属制品制造	6	5		1			
其他金属制品制造	16	14	1	1			
通用设备制造业	217	193	13	9	2		
锅炉及原动机制造	19	17	2				
金属加工机械制造	42	41		1			
起重运输设备制造	12	12					
泵、阀门、压缩机及类似机械的制造	7	7					
轴承、齿轮、传动和驱动部件的制造	18	17	1				
烘炉、熔炉及电炉制造	2	2					
风机、衡器、包装设备等通用设备制造	16	14	2				
通用零部件制造及机械修理	53	43	3	6	1		
金属铸、锻加工	48	40	5	2	1		
专用设备制造业	93	78	9	6			
矿山、冶金、建筑专用设备制造	36	29	3	4			
化工、木材、非金属加工专用设备制造	12	11	1				
食品、饮料、烟草及饲料生产专用设备制造	1	1					
印刷、制药、日化生产专用设备制造	2	1	1				
电子和电工机械专用设备制造	7	6		1			
农、林、牧、渔专用机械制造	18	13	4	1			
医疗仪器设备及器械制造	9	9					
环保、社会公共安全及其他专用设备制造	8	8					
交通运输设备制造业	80	70	5	3	2		
汽车制造	71	61	5	3	2		
摩托车制造	1	1					
自行车制造	1	1					
交通器材及其他交通运输设备制造	7	7					
电气机械及器材制造业	84	75	3	6			
电机制造	9	9					
输配电及控制设备制造	33	30		3			
电线、电缆、光缆及电工器材制造	13	11		2			
电池制造	4	3		1			
家用电力器具制造	1	1					
非电力家用器具制造	8	8					
照明器具制造	3	3					
其他电气机械及器材制造	13	10	3				
通信设备、计算机及其他电子设备制造业	4	3		1			
通信设备制造	1	1					
电子计算机制造	1	1					
电子元件制造	1			1			
家用视听设备制造	1	1					

5-5 续表 4

行业	企业法人单位数（个）	营业	停业(歇业)	筹建	当年关闭	当年破产	其它
仪器仪表及文化、办公用机械制造业	28	27		1			
通用仪器仪表制造	21	20		1			
专用仪器仪表制造	2	2					
光学仪器及眼镜制造	1	1					
文化、办公用机械制造	2	2					
其他仪器仪表的制造及修理	2	2					
工艺品及其他制造业	44	37	5		1		1
工艺美术品制造	20	17	2				1
日用杂品制造	1	1					
煤制品制造	18	14	3		1		
其他未列明的制造业	5	5					
废弃资源和废旧材料回收加工业	7	3	4				
金属废料和碎屑的加工处理	2	1	1				
非金属废料和碎屑的加工处理	5	2	3				
电力、燃气及水的生产和供应业	**134**	**119**	**5**	**9**	**1**		
电力、热力的生产和供应业	71	66		4	1		
电力生产	24	21		2	1		
电力供应	3	1		2			
热力生产和供应	44	44					
燃气生产和供应业	20	13	4	3			
燃气生产和供应业	20	13	4	3			
水的生产和供应业	43	40	1	2			
自来水的生产和供应	36	34		2			
污水处理及其再生利用	6	5	1				
其他水的处理、利用与分配	1	1					
建筑业	**886**	**820**	**32**	**31**	**1**		**2**
房屋和土木工程建筑业	474	447	15	11			1
房屋工程建筑	272	259	7	5			1
土木工程建筑	202	188	8	6			
建筑安装业	135	124	4	6			1
建筑安装业	135	124	4	6			1
建筑装饰业	234	215	12	7			
建筑装饰业	234	215	12	7			
其他建筑业	43	34	1	7	1		
工程准备	25	23	1	1			
提供施工设备服务	6	3		3			
其他未列明的建筑活动	12	8		3	1		
交通运输、仓储和邮政业	**402**	**357**	**19**	**17**	**7**		**2**
道路运输业	238	208	14	9	5		2
公路旅客运输	55	50	3	1	1		
道路货物运输	170	147	10	7	4		2
道路运输辅助活动	13	11	1	1			
城市公共交通业	45	45					
公共电汽车客运	13	13					
出租车客运	30	30					
其他城市公共交通	2	2					

5-5 续表 5

行业	企业法人单位数(个)	营业	停业(歇业)	筹建	当年关闭	当年破产	其它
水上运输业	4	4					
水上货物运输	4	4					
航空运输业	5	3		2			
航空客货运输	3	1		2			
航空运输辅助活动	2	2					
管道运输业	2	2					
管道运输业	2	2					
装卸搬运和其他运输服务业	57	50	4	1	2		
装卸搬运	29	22	4	1	2		
运输代理服务	28	28					
仓储业	40	35	1	4			
谷物、棉花等农产品仓储	27	26	1				
其他仓储	13	9		4			
邮政业	11	10		1			
国家邮政	7	6		1			
其他寄递服务	4	4					
信息传输、计算机服务和软件业	**590**	**575**	**9**	**5**			**1**
电信和其他信息传输服务业	55	51	1	2			1
电信	33	29	1	2			1
互联网信息服务	10	10					
广播电视传输服务	11	11					
卫星传输服务	1	1					
计算机服务业	480	473	5	2			
计算机系统服务	44	44					
计算机维修	18	18					
其他计算机服务	418	411	5	2			
软件业	55	51	3	1			
公共软件服务	53	51	1	1			
其他软件服务	2	2					
批发和零售业	**5669**	**5195**	**230**	**200**	**34**	**4**	**6**
批发业	3124	2866	133	103	15	3	4
农畜产品批发	203	170	17	13	2	1	
食品、饮料及烟草制品批发	175	160	8	4	3		
纺织、服装及日用品批发	101	92	3	3	2		1
文化、体育用品及器材批发	61	57	1	2	1		
医药及医疗器材批发	85	82	2	1			
矿产品、建材及化工产品批发	1359	1240	58	54	2	2	3
机械设备、五金交电及电子产品批发	921	877	21	19	4		
贸易经纪与代理	31	28	1	2			
其他批发	188	160	22	5	1		
零售业	2545	2329	97	97	19	1	2
综合零售	188	162	11	12	3		
食品、饮料及烟草制品专门零售	174	159	5	5	3		2
纺织、服装及日用品专门零售	257	245	6	6			
文化、体育用品及器材专门零售	193	186	5	2			
医药及医疗器材专门零售	161	158	1	2			

5-5 续表 6

行　　业	企业法人单位数(个)						
		营业	停业(歇业)	筹建	当年关闭	当年破产	其它
汽车、摩托车、燃料及零配件专门零售	505	448	25	27	5		
家用电器及电子产品专门零售	500	468	15	13	4		
五金、家具及室内装修材料专门零售	407	360	19	23	4	1	
无店铺及其他零售	160	143	10	7			
住宿和餐饮业	**479**	**446**	**17**	**11**	**4**		**1**
住宿业	252	236	9	5	2		
旅游饭店	74	71	2	1			
一般旅馆	164	151	7	4	2		
其他住宿服务	14	14					
餐饮业	227	210	8	6	2		1
正餐服务	206	191	7	6	1		1
快餐服务	7	7					
饮料及冷饮服务	6	4	1		1		
其他餐饮服务	8	8					
金融业	**174**	**158**	**3**	**13**			
银行业	30	30					
商业银行	28	28					
其他银行	2	2					
证券业	2	2					
证券经纪与交易	1	1					
证券投资	1	1					
保险业	45	43		2			
人寿保险	14	13		1			
非人寿保险	26	26					
保险辅助服务	5	4		1			
其他金融活动	97	83	3	11			
金融信托与管理	2	1		1			
金融租赁	1	1					
财务公司	1	1					
邮政储蓄	6	6					
典当	42	36		6			
其他未列明的金融活动	45	38	3	4			
房地产业	**761**	**717**	**22**	**13**	**4**	**1**	**4**
房地产业	761	717	22	13	4	1	4
房地产开发经营	340	333	4	2			1
物业管理	255	238	10	3	2		2
房地产中介服务	112	102	4	3	2		1
其他房地产活动	54	44	4	5		1	
租赁和商务服务业	**1068**	**960**	**49**	**42**	**9**	**1**	**7**
租赁业	181	158	15	4	3		1
机械设备租赁	179	156	15	4	3		1
文化及日用品出租	2	2					
商务服务业	887	802	34	38	6	1	6
企业管理服务	91	79	2	5	1	1	3
法律服务	26	25					1

5-5 续表 7

行 业	企业法人单位数(个)	营业	停业(歇业)	筹建	当年关闭	当年破产	其它
咨询与调查	156	136	8	11	1		
广告业	269	253	9	6			1
知识产权服务	15	15					
职业中介服务	86	72	7	5	2		
市场管理	67	64	1	2			
旅行社	73	69	1	3			
其他商务服务	104	89	6	6	2		1
科学研究、技术服务和地质勘查业	**347**	**315**	**11**	**18**		**1**	**2**
研究与试验发展	20	19		1			
自然科学研究与试验发展	4	4					
工程和技术研究与试验发展	7	7					
农业科学研究与试验发展	4	3		1			
医学研究与试验发展	4	4					
社会人文科学研究与试验发展	1	1					
专业技术服务业	255	239	7	7			2
气象服务	7	6	1				
地震服务	1			1			
测绘服务	14	13					1
技术检测	35	29	3	2			1
环境监测	8	8					
工程技术与规划管理	175	168	3	4			
其他专业技术服务	15	15					
科技交流和推广服务业	60	47	4	8		1	
技术推广服务	47	39	3	4		1	
科技中介服务	9	6		3			
其他科技服务	4	2	1	1			
地质勘查业	12	10		2			
矿产地质勘查	7	5		2			
地质勘查技术服务	3	3					
水利、环境和公共设施管理业	**73**	**62**	**5**	**5**		**1**	
水利管理业	7	7					
水资源管理	3	3					
其他水利管理	4	4					
环境管理业	12	10	2				
自然保护	2	1	1				
环境治理	10	9	1				
公共设施管理业	54	45	3	5		1	
市政公共设施管理	3	3					
城市绿化管理	31	27		4			
游览景区管理	20	15	3	1		1	
居民服务和其他服务业	**343**	**312**	**11**	**15**	**4**		**1**
居民服务业	102	93	2	4	3		
家庭服务	13	11	1	1			
托儿所	1	1					
洗染服务	4	3		1			

5-5 续表 8

行业	企业法人单位数(个)	营业	停业(歇业)	筹建	当年关闭	当年破产	其它
理发及美容保健服务	16	16					
洗浴服务	20	18	1	1			
婚姻服务	9	6		1	2		
殡葬服务	13	13					
摄影扩印服务	20	20					
其他居民服务	6	5			1		
其他服务业	241	219	9	11	1		1
修理与维护	191	178	4	8			1
清洁服务	29	26	1	2			
其他未列明的服务	21	15	4	1	1		
教育	**52**	**48**	**2**	**2**			
教育	52	48	2	2			
学前教育	5	5					
中等教育	1	1					
其他教育	46	42	2	2			
卫生、社会保障和社会福利业	**64**	**63**	**1**				
卫生	64	63	1				
医院	39	39					
卫生院及社区医疗活动	9	8	1				
门诊部医疗活动	12	12					
计划生育技术服务活动	1	1					
疾病预防控制及防疫活动	1	1					
其他卫生活动	2	2					
文化、体育和娱乐业	**103**	**93**	**5**	**3**	**2**		
新闻出版业	4	4					
出版业	4	4					
广播、电视、电影和音像业	23	20	2	1			
广播	2	2					
电视	1	1					
电影	16	14	2				
音像制作	4	3		1			
文化艺术业	5	4	1				
文艺创作与表演	1	1					
艺术表演场馆	1	1					
文化艺术经纪代理	1	1					
其他文化艺术	2	1	1				
体育	2	1		1			
体育组织	1			1			
体育场馆	1	1					
娱乐业	69	64	2	1	2		
室内娱乐活动	42	40	1		1		
游乐园	8	8					
休闲健身娱乐活动	11	11					
其他娱乐活动	8	5	1	1	1		

5-6 按登记注册类型、营业状态分组的企业法人单位数

登记注册类型	企业法人单位数(个)	营业	停业(歇业)	筹建	当年关闭	当年破产	其它
总 计	**15514**	**13887**	**884**	**584**	**108**	**15**	**36**
内资	**15392**	**13774**	**880**	**579**	**108**	**15**	**36**
国有	643	611	19	6	1		6
集体	368	331	30	3	3		1
股份合作	75	71	4				
国有联营	8	8					
集体联营	9	9					
国有与集体联营	3	3					
其他联营	11	10	1				
国有独资公司	78	73	3	2			
其他有限责任公司	1720	1608	42	62	3		5
股份有限公司	218	201	9	7			1
私营独资	3253	2811	291	92	49	6	4
私营合伙	426	378	26	16	3	2	1
私营有限责任公司	8045	7181	429	366	47	7	15
私营股份有限公司	411	369	20	19	2		1
其他内容	124	110	6	6			2
港、澳、台商投资企业	**32**	**28**	**1**	**3**			
与港澳台合资经营	14	12	1	1			
与港澳台合资经营	1	1					
港澳台商独资	8	7		1			
港澳台商投资股份有限公司	9	8		1			
外商投资企业	**90**	**85**	**3**	**2**			
中外合资经营	51	48	3				
中外合作经营	6	5		1			
外资企业	29	28		1			
外商投资股份有限公司	4	4					

5-7 按行业(中类)、营业状态分组的企业法人单位就业人数

行业	就业人数(人)	营业	停业(歇业)	筹建	当年关闭	当年破产	其它
总计	**610020**	**597769**	**5942**	**5249**	**656**	**85**	**319**
农、林、牧、渔业	**12897**	**12897**					
农业	12897	12897					
谷物及其他作物的种植	12897	12897					
采矿业	**61722**	**60976**	**195**	**497**	**43**		**11**
煤炭开采和洗选业	57990	57427	112	436	5		10
烟煤和无烟煤的开采洗选	57985	57422	112	436	5		10
其他煤炭采选	5	5					
石油和天然气开采业	362	332	25	5			
天然原油和天然气开采	263	233	25	5			
与石油和天然气开采有关的服务活动	99	99					
黑色金属矿采选业	202	198	3				1
铁矿采选	201	198	2				1
其他黑色金属矿采选	1		1				
有色金属矿采选业	157	142	1	14			
常用有色金属矿采选	136	122		14			
贵金属矿采选	1		1				
稀有稀土金属矿采选	20	20					
非金属矿采选业	3011	2877	54	42	38		
土砂石开采	2681	2561	45	37	38		
化学矿采选	5	5					
石棉及其他非金属矿采选	325	311	9	5			
制造业	**217777**	**211755**	**3335**	**2237**	**364**	**4**	**82**
农副食品加工业	11894	11472	274	127	17	1	3
谷物磨制	2214	2091	82	32	8		1
饲料加工	1472	1455	15	2			
植物油加工	507	467	1	39			
制糖	30	30					
屠宰及肉类加工	1497	1436	41	18			2
蔬菜、水果和坚果加工	1741	1681	46	13	1		
其他农副食品加工	4433	4312	89	23	8	1	
食品制造业	9053	8816	126	92	19		
焙烤食品制造	989	912	51	26			
糖果、巧克力及蜜饯制造	229	215	14				
方便食品制造	454	408		46			
液体乳及乳制品制造	3157	3127	11		19		
罐头制造	51	49		2			
调味品、发酵制品制造	3511	3499	12				
其他食品制造	662	606	38	18			
饮料制造业	5641	5204	271	122	43		1
酒的制造	4201	3892	250	56	3		
软饮料制造	1294	1166	21	66	40		1
精制茶加工	146	146					
烟草制品业	29	29					
烟叶复烤	29	29					

5-7 续表 1

行 业	就业人数(人)	营业	停业(歇业)	筹建	当年关闭	当年破产	其它
纺织业	9896	9632	171	16	77		
棉、化纤纺织及印染精加工	615	565			50		
毛纺织和染整精加工	8903	8779	109	15			
麻纺织	7	7					
丝绢纺织及精加工	60		60				
纺织制成品制造	285	255	2	1	27		
针织品、编织品及其制品制造	26	26					
纺织服装、鞋、帽制造业	895	866		29			
纺织服装制造	895	866		29			
皮革、毛皮、羽毛(绒)及其制品业	707	674	23		10		
皮革鞣制加工	218	215	3				
皮革制品制造	19	16	3				
毛皮鞣制及制品加工	423	402	11		10		
羽毛(绒)加工及制品制造	47	41	6				
木材加工及木、竹、藤、棕、草制品业	534	516	9	9			
锯材、木片加工	32	30	2				
人造板制造	89	86	3				
木制品制造	198	185	4	9			
竹、藤、棕、草制品制造	215	215					
家具制造业	772	728	38	6			
木质家具制造	577	533	38	6			
金属家具制造	79	79					
塑料家具制造	5	5					
其他家具制造	111	111					
造纸及纸制品业	16529	16435	42	39	13		
纸浆制造	70	40		30			
造纸	15434	15400	26	8			
纸制品制造	1025	995	16	1	13		
印刷业和记录媒介的复制	3194	3046	124		24		
印刷	3134	2986	124		24		
装订及其他印刷服务活动	60	60					
文教体育用品制造业	30	30					
文化用品制造	15	15					
体育用品制造	15	15					
石油加工、炼焦及核燃料加工业	9814	9599	147	68			
精炼石油产品的制造	5344	5338	6				
炼焦	4470	4261	141	68			
化学原料及化学制品制造业	30670	29951	243	395	3	2	76
基础化学原料制造	12619	12306	169	82	1	2	59
肥料制造	7368	7201	33	117			17
农药制造	741	741					
涂料、油墨、颜料及类似产品制造	1051	1012	33	6			
合成材料制造	5868	5860		8			
专用化学产品制造	2719	2599	6	112	2		
日用化学产品制造	304	232	2	70			

5-7 续表 2

行业	就业人数(人)	营业	停业(歇业)	筹建	当年关闭	当年破产	其它
医药制造业	4926	4737	52	137			
化学药品原药制造	2291	2291					
化学药品制剂制造	699	699					
中药饮片加工	187	187					
中成药制造	684	540	18	126			
兽用药品制造	981	970		11			
生物、生化制品的制造	74	40	34				
卫生材料及医药用品制造	10	10					
化学纤维制造业	113	113					
合成纤维制造	113	113					
橡胶制品业	4221	4202	7	12			
轮胎制造	3731	3729	2				
橡胶板、管、带的制造	370	370					
橡胶零件制造	21	18	1	2			
再生橡胶制造	18	8		10			
日用及医用橡胶制品制造	75	71	4				
其他橡胶制品制造	6	6					
塑料制品业	3982	3829	120	23	10		
塑料薄膜制造	392	382		10			
塑料板、管、型材的制造	1116	1063	45	2	6		
塑料丝、绳及编织品的制造	1900	1883	13	4			
泡沫塑料制造	102	79	23				
塑料包装箱及容器制造	238	217	18	3			
塑料零件制造	63	63					
日用塑料制造	65	59	6				
其他塑料制品制造	106	83	15	4	4		
非金属矿物制品业	34365	33025	836	404	99		1
水泥、石灰和石膏的制造	8297	8095	32	163	7		
水泥及石膏制品制造	4110	3939	148	23			
砖瓦、石材及其他建筑材料制造	14757	14097	524	50	86		
玻璃及玻璃制品制造	455	451	1	3			
陶瓷制品制造	119	119					
耐火材料制品制造	294	231	43	20			
石墨及其他非金属矿物制品制造	6333	6093	88	145	6		1
黑色金属冶炼及压延加工业	13083	12743	289	50		1	
炼铁	2515	2484	14	17			
炼钢	30	30					
钢压延加工	1937	1835	95	6		1	
铁合金冶炼	8601	8394	180	27			
有色金属冶炼及压延加工业	20403	20131	183	89			
常用有色金属冶炼	15316	15114	159	43			
贵金属冶炼	3		3				
稀有稀土金属冶炼	4732	4683	6	43			
有色金属合金制造	176	175		1			
有色金属压延加工	176	159	15	2			
金属制品业	6963	6676	159	127	1		
结构性金属制品制造	2416	2224	109	82	1		

5-7 续表 3

行业	就业人数(人)	营业	停业(歇业)	筹建	当年关闭	当年破产	其它
金属工具制造	214	213	1				
集装箱及金属包装容器制造	241	233		8			
金属丝绳及其制品的制造	2958	2915	41	2			
建筑、安全用金属制品制造	319	314	4	1			
金属表面处理及热处理加工	166	138		28			
搪瓷制品制造	52	52					
不锈钢及类似日用金属制品制造	142	139		3			
其他金属制品制造	455	448	4	3			
通用设备制造业	14556	14392	128	19	17		
锅炉及原动机制造	539	533	6				
金属加工机械制造	2975	2973		2			
起重运输设备制造	1078	1078					
泵、阀门、压缩机及类似机械的制造	369	369					
轴承、齿轮、传动和驱动部件的制造	5418	5413	5				
烘炉、熔炉及电炉制造	14	14					
风机、衡器、包装设备等通用设备制造	594	585	9				
通用零部件制造及机械修理	638	587	20	15	16		
金属铸、锻加工	2931	2840	88	2	1		
专用设备制造业	6166	5871	61	234			
矿山、冶金、建筑专用设备制造	4917	4676	10	231			
化工、木材、非金属加工专用设备制造	152	149	3				
食品、饮料、烟草及饲料生产专用设备制造	8	8					
印刷、制药、日化生产专用设备制造	217	209	8				
电子和电工机械专用设备制造	299	298		1			
农、林、牧、渔专用机械制造	268	226	40	2			
医疗仪器设备及器械制造	92	92					
环保、社会公共安全及其他专用设备制造	213	213					
交通运输设备制造业	1071	1014	10	40	7		
汽车制造	862	805	10	40	7		
摩托车制造	20	20					
自行车制造	5	5					
交通器材及其他交通运输设备制造	184	184					
电气机械及器材制造业	4942	4825	9	108			
电机制造	1934	1934					
输配电及控制设备制造	1606	1594		12			
电线、电缆、光缆及电工器材制造	389	301		88			
电池制造	289	281		8			
家用电力器具制造	20	20					
非电力家用器具制造	143	143					
照明器具制造	27	27					
其他电气机械及器材制造	534	525	9				
通信设备、计算机及其他电子设备制造业	116	28		88			
通信设备制造	6	6					
电子计算机制造	14	14					
电子元件制造	88			88			
家用视听设备制造	8	8					

5-7 续表 4

行　　业	就业人数(人)	营业	停业(歇业)	筹建	当年关闭	当年破产	其它
仪器仪表及文化、办公用机械制造业	2407	2404		3			
通用仪器仪表制造	2272	2269		3			
专用仪器仪表制造	10	10					
光学仪器及眼镜制造	3	3					
文化、办公用机械制造	92	92					
其他仪器仪表的制造及修理	30	30					
工艺品及其他制造业	766	733	8		24		1
工艺美术品制造	442	437	4				1
日用杂品制造	6	6					
煤制品制造	243	215	4		24		
其他未列明的制造业	75	75					
废弃资源和废旧材料回收加工业	39	34	5				
金属废料和碎屑的加工处理	9	7	2				
非金属废料和碎屑的加工处理	30	27	3				
电力、燃气及水的生产和供应业	**30581**	**30122**	**94**	**364**	**1**		
电力、热力的生产和供应业	26415	26191		223	1		
电力生产	11197	11148		48	1		
电力供应	11613	11438		175			
热力生产和供应	3605	3605					
燃气生产和供应业	828	614	91	123			
燃气生产和供应业	828	614	91	123			
水的生产和供应业	3338	3317	3	18			
自来水的生产和供应	2994	2976		18			
污水处理及其再生利用	341	338	3				
其他水的处理、利用与分配	3	3					
建筑业	**71678**	**70868**	**395**	**399**	**4**		**12**
房屋和土木工程建筑业	63152	62852	102	196			2
房屋工程建筑	37605	37457	54	92			2
土木工程建筑	25547	25395	48	104			
建筑安装业	4390	4218	127	35			10
建筑安装业	4390	4218	127	35			10
建筑装饰业	3096	2896	158	42			
建筑装饰业	3096	2896	158	42			
其他建筑业	1040	902	8	126	4		
工程准备	738	662	8	68			
提供施工设备服务	40	13		27			
其他未列明的建筑活动	262	227		31	4		
交通运输、仓储和邮政业	**24882**	**24482**	**234**	**129**	**30**		**7**
道路运输业	11018	10746	227	23	15		7
公路旅客运输	4886	4689	191	4	2		
道路货物运输	5779	5711	31	17	13		7
道路运输辅助活动	353	346	5	2			
城市公共交通业	4512	4512					
公共电汽车客运	3751	3751					
出租车客运	727	727					
其他城市公共交通	34	34					

5-7 续表 5

行 业	就业人数(人)	营业	停业(歇业)	筹建	当年关闭	当年破产	其它
水上运输业	33	33					
水上货物运输	33	33					
航空运输业	1167	1077		90			
航空客货运输	127	37		90			
航空运输辅助活动	1040	1040					
管道运输业	1067	1067					
管道运输业	1067	1067					
装卸搬运和其他运输服务业	1103	1078	6	4	15		
装卸搬运	893	868	6	4	15		
运输代理服务	210	210					
仓储业	848	843	1	4			
谷物、棉花等农产品仓储	709	708	1				
其他仓储	139	135		4			
邮政业	5134	5126		8			
国家邮政	5085	5077		8			
其他寄递服务	49	49					
信息传输、计算机服务和软件业	**12128**	**12042**	**14**	**33**			**39**
电信和其他信息传输服务业	9120	9066	1	14			39
电信	8555	8501	1	14			39
互联网信息服务	99	99					
广播电视传输服务	459	459					
卫星传输服务	7	7					
计算机服务业	2437	2423	7	7			
计算机系统服务	302	302					
计算机维修	122	122					
其他计算机服务	2013	1999	7	7			
软件业	571	553	6	12			
公共软件服务	568	553	3	12			
其他软件服务	3		3				
批发和零售业	**62488**	**60714**	**793**	**823**	**105**	**17**	**36**
批发业	31782	30771	485	429	53	13	31
农畜产品批发	2716	2579	44	70	17	6	
食品、饮料及烟草制品批发	4242	4201	25	12	4		
纺织、服装及日用品批发	1130	1098	7	10	8		7
文化、体育用品及器材批发	646	639	1	5	1		
医药及医疗器材批发	1220	1212	6	2			
矿产品、建材及化工产品批发	12233	11740	214	237	11	7	24
机械设备、五金交电及电子产品批发	7265	7076	109	70	10		
贸易经纪与代理	211	198	1	12			
其他批发	2119	2028	78	11	2		
零售业	30706	29943	308	394	52	4	5
综合零售	8413	8336	30	38	9		
食品、饮料及烟草制品专门零售	1697	1650	8	27	7		5
纺织、服装及日用品专门零售	2017	1980	18	19			
文化、体育用品及器材专门零售	1681	1664	13	4			
医药及医疗器材专门零售	3241	3219	5	17			

5-7 续表 6

行　业	就业人数(人)	营业	停业(歇业)	筹建	当年关闭	当年破产	其它
汽车、摩托车、燃料及零配件专门零售	5473	5262	91	106	14		
家用电器及电子产品专门零售	4533	4417	55	46	15		
五金、家具及室内装修材料专门零售	2138	1999	60	68	7	4	
无店铺及其他零售	1513	1416	28	69			
住宿和餐饮业	**21302**	**20797**	**349**	**80**	**36**		**40**
住宿业	9673	9367	240	33	33		
旅游饭店	5956	5753	192	11			
一般旅馆	3468	3365	48	22	33		
其他住宿服务	249	249					
餐饮业	11629	11430	109	47	3		40
正餐服务	11174	10981	104	47	2		40
快餐服务	286	286					
饮料及冷饮服务	31	25	5		1		
其他餐饮服务	138	138					
金融业	**31954**	**31660**	**10**	**284**			
银行业	15540	15540					
商业银行	15176	15176					
其他银行	364	364					
证券业	58	58					
证券经纪与交易	50	50					
证券投资	8	8					
保险业	14981	14731		250			
人寿保险	11331	11129		202			
非人寿保险	3550	3550					
保险辅助服务	100	52		48			
其他金融活动	1375	1331	10	34			
金融信托与管理	21	19		2			
金融租赁	3	3					
财务公司	8	8					
邮政储蓄	679	679					
典当	222	204		18			
其他未列明的金融活动	442	418	10	14			
房地产业	**26204**	**25862**	**140**	**78**	**34**	**57**	**33**
房地产业	26204	25862	140	78	34	57	33
房地产开发经营	8959	8882	41	27			9
物业管理	14681	14574	78	7	11		11
房地产中介服务	1453	1403	5	9	23		13
其他房地产活动	1111	1003	16	35		57	
租赁和商务服务业	**17778**	**17345**	**224**	**151**	**16**	**3**	**39**
租赁业	911	811	75	19	4		2
机械设备租赁	906	806	75	19	4		2
文化及日用品出租	5	5					
商务服务业	16867	16534	149	132	12	3	37
企业管理服务	4227	4166	12	23	4	3	19
法律服务	392	386					6
咨询与调查	1437	1376	23	36	2		

5-7 续表 7

行业	就业人数(人)	营业	停业(歇业)	筹建	当年关闭	当年破产	其它
广告业	1555	1448	76	23			8
知识产权服务	132	132					
职业中介服务	3075	3040	15	16	4		
市场管理	1212	1199	3	10			
旅行社	1025	1010	6	9			
其他商务服务	3812	3777	14	15	2		4
科学研究、技术服务和地质勘查业	**7630**	**7498**	**53**	**61**		**1**	**17**
研究与试验发展	248	240		8			
自然科学研究与试验发展	56	56					
工程和技术研究与试验发展	44	44					
农业科学研究与试验发展	98	90		8			
医学研究与试验发展	47	47					
社会人文科学研究与试验发展	3	3					
专业技术服务业	6482	6405	43	17			17
气象服务	74	73	1				
地震服务	3			3			
测绘服务	157	147					10
技术检测	612	574	24	7			7
环境监测	88	88					
工程技术与规划管理	5383	5358	18	7			
其他专业技术服务	165	165					
科技交流和推广服务业	579	543	10	25		1	
技术推广服务	527	506	9	11		1	
科技中介服务	39	29		10			
其他科技服务	13	8	1	4			
地质勘查业	321	310		11			
矿产地质勘查	249	238		11			
基础地质勘查	33	33					
地质勘查技术服务	39	39					
水利、环境和公共设施管理业	**1834**	**1771**	**37**	**23**		**3**	
水利管理业	134	134					
水资源管理	82	82					
其他水利管理	52	52					
环境管理业	249	245	4				
自然保护	3	2	1				
环境治理	246	243	3				
公共设施管理业	1451	1392	33	23		3	
市政公共设施管理	62	62					
城市绿化管理	656	639		17			
游览景区管理	733	691	33	6		3	
居民服务和其他服务业	**4355**	**4234**	**27**	**75**	**16**		**3**
居民服务业	1570	1532	5	18	15		
家庭服务	108	103	2	3			
托儿所	10	10					
洗染服务	28	27		1			

5-7 续表 8

行 业	就业人数(人)	营业	停业(歇业)	筹建	当年关闭	当年破产	其它
理发及美容保健服务	187	187					
洗浴服务	631	617	3	11			
婚姻服务	42	28		3	11		
殡葬服务	282	282					
摄影扩印服务	245	245					
其他居民服务	37	33			4		
其他服务业	2785	2702	22	57	1		3
修理与维护	1858	1794	13	48			3
清洁服务	455	449	1	5			
其他未列明的服务	472	459	8	4	1		
教育	**1106**	**1091**	**4**	**11**			
教育	1106	1091	4	11			
学前教育	47	47					
中等教育	217	217					
其他教育	842	827	4	11			
卫生、社会保障和社会福利业	**2181**	**2162**	**19**				
卫生	2181	2162	19				
医院	1542	1542					
卫生院及社区医疗活动	341	322	19				
门诊部医疗活动	186	186					
计划生育技术服务活动	12	12					
疾病预防控制及防疫活动	3	3					
其他卫生活动	97	97					
文化、体育和娱乐业	**1523**	**1493**	**19**	**4**	**7**		
新闻出版业	19	19					
出版业	19	19					
广播、电视、电影和音像业	249	238	10	1			
广播	26	26					
电视	7	7					
电影	200	190	10				
音像制作	16	15		1			
文化艺术业	13	10	3				
文艺创作与表演	3	3					
艺术表演场馆	2	2					
文化艺术经纪代理	2	2					
其他文化艺术	6	3	3				
体育	12	10		2			
体育组织	2			2			
体育场馆	10	10					
娱乐业	1230	1216	6	1	7		
室内娱乐活动	840	832	2		6		
游乐园	219	219					
休闲健身娱乐活动	70	70					
其他娱乐活动	101	95	4	1	1		

5-8 按登记注册类型、营业状态分组的企业法人单位就业人数

登记注册类型	就业人数（人）						
		营业	停业(歇业)	筹建	当年关闭	当年破产	其它
总　　计	**610020**	**597769**	**5942**	**5249**	**656**	**85**	**319**
内资	**589488**	**577509**	**5722**	**5197**	**656**	**85**	**319**
国有	97653	97041	279	260	4		69
集体	9542	9307	135	61	34		5
股份合作	5025	4958	67				
国有联营	152	152					
集体联营	466	466					
国有与集体联营	28	28					
其他联营	1026	1023	3				
国有独资公司	61084	60933	74	77			
其他有限责任公司	112463	111015	512	891	10		35
股份有限公司	63638	63058	72	499			9
私营独资	45421	43294	1364	429	285	3	46
私营合伙	5771	5453	195	76	31	10	6
私营有限责任公司	178421	172317	2873	2745	288	72	126
私营股份有限公司	6769	6508	117	127	4		13
其他内容	2029	1956	31	32			10
港、澳、台商投资企业	**1848**	**1793**	**15**	**40**			
与港澳台合资经营	817	792	15	10			
与港澳台合资经营	7	7					
港澳台商独资	580	560		20			
港澳台商投资股份有限公司	444	434		10			
外商投资企业	**18684**	**18467**	**205**	**12**			
中外合资经营	12072	11867	205				
中外合作经营	435	431		4			
外资企业	5598	5590		8			
外商投资股份有限公司	579	579					

5-9 按行业(中类)、开业(成立)

行业	企业法人单位数(个)	1949年以前	1950-1977年	1978-1991年	1995-1995年	1996年
总计	**15514**	**2**	**336**	**538**	**611**	**298**
农、林、牧、渔业	**6**		**5**	**1**		
农业	6		5	1		
谷物及其他作物的种植	6		5	1		
采矿业	**565**		**2**	**31**	**23**	**6**
煤炭开采和洗选业	279		2	20	12	4
烟煤和无烟煤的开采洗选	278		2	20	12	3
其他煤炭采选	1					1
石油和天然气开采业	45					
天然原油和天然气开采	43					
与石油和天然气开采有关的服务活动	2					
黑色金属矿采选业	9					1
铁矿采选	8					1
其他黑色金属矿采选	1					
有色金属矿采选业	5					
常用有色金属矿采选	3					
贵金属矿采选	1					
稀有稀土金属矿采选	1					
非金属矿采选业	227			11	11	1
土砂石开采	202			10	10	1
化学矿采选	1			1		
石棉及其他非金属矿采选	24				1	
制造业	**3798**		**77**	**171**	**173**	**85**
农副食品加工业	559		3	11	12	9
谷物磨制	134		1	5	5	3
饲料加工	58			1	2	1
植物油加工	31			1		
制糖	2					
屠宰及肉类加工	62		1		1	1
蔬菜、水果和坚果加工	81			1	1	2
其他农副食品加工	191		1	3	3	2
食品制造业	178		3	8	9	5
焙烤食品制造	52		1	1	3	
糖果、巧克力及蜜饯制造	10			1	1	
方便食品制造	21			2	1	1
液体乳及乳制品制造	37		1	3	3	1
罐头制造	4					
调味品、发酵制品制造	30		1	1		2
其他食品制造	24				1	1
饮料制造业	104		1	1	1	1
酒的制造	54		1	1	1	1
软饮料制造	44					
精制茶加工	6					
烟草制品业	1				1	
烟叶复烤	1				1	

时间分组的企业法人单位数

1997年	1998年	1999年	2000年	2001年	2002年	2003年	2004年	2005年	2006年	2007年	2008年
312	**557**	**497**	**740**	**754**	**966**	**1360**	**1533**	**1426**	**1754**	**1888**	**1874**
8	**65**	**21**	**32**	**24**	**36**	**46**	**74**	**50**	**56**	**51**	**40**
3	12	9	12	5	17	30	48	30	29	27	19
3	12	9	12	5	17	30	48	30	29	27	19
	38			1	2	2		1	1		
	38			1	1	2			1		
					1			1			
			1	1			2	1	1	2	
			1	1			2	1	1	1	
										1	
1									1	1	2
										1	2
									1		
1											
4	15	12	19	17	17	14	24	18	24	21	19
4	15	12	15	15	16	12	22	16	18	19	17
			4	2	1	2	2	2	6	2	2
78	**141**	**117**	**183**	**188**	**232**	**385**	**464**	**389**	**387**	**356**	**318**
9	19	20	30	30	43	70	66	83	74	46	28
1	7	6	9	6	13	10	14	17	16	11	8
2	6	1	2	3	1	7	3	6	8	11	4
	1	2	4		2	3	4	1	6	2	3
							1	1			
1	1	3	3		3	7	11	9	7	9	5
1	2	6	6	14	11	12	5	4	8	5	2
4	2	2	6	7	13	31	28	45	29	8	6
4	9	9	13	5	11	15	20	18	10	16	22
2	2	4	3	2	4	3	5	5	3	7	6
				1	1		1		4		1
1	1		1		2		1	4		2	5
1	4	1	4	1	1	5	1	2	2	3	4
						2			1	1	
	1	2	1		1	2	9	4		2	4
	1	2	4	1	2	3	3	3		1	2
3	3	7	7	6	14	12	7	6	10	12	11
2		4	5	4	10	5	1	4	3	7	3
1	3	3	2	1	3	7	6	1	6	4	7
				1	1			1	1	1	1

5-9 续表 1

行业	企业法人单位数（个）	1949年以前	1950-1977年	1978-1991年	1995-1995年	1996年
纺织业	113			3	3	1
棉、化纤纺织及印染精加工	8				1	
毛纺织和染整精加工	86			1	2	1
麻纺织	1					
丝绢纺织及精加工	1					
纺织制成品制造	14			1		
针织品、编织品及其制品制造	3			1		
纺织服装、鞋、帽制造业	25			2	3	1
纺织服装制造	25			2	3	1
皮革、毛皮、羽毛(绒)及其制品业	40			2	2	1
皮革鞣制加工	13			1		
皮革制品制造	3				1	
毛皮鞣制及制品加工	19			1		
羽毛(绒)加工及制品制造	5				1	1
木材加工及木、竹、藤、棕、草制品业	31			2	3	2
锯材、木片加工	6			2		1
人造板制造	8					1
木制品制造	13				2	
竹、藤、棕、草制品制造	4				1	
家具制造业	48		1	3		1
木质家具制造	37			3		1
金属家具制造	5		1			
塑料家具制造	1					
其他家具制造	5					
造纸及纸制品业	72		3	5	5	
纸浆制造	2					
造纸	33		3	2	2	
纸制品制造	37			3	3	
印刷业和记录媒介的复制	162		5	19	15	4
印刷	156		5	19	15	4
装订及其他印刷服务活动	6					
文教体育用品制造业	4					1
文化用品制造	3					1
体育用品制造	1					
石油加工、炼焦及核燃料加工业	54		1			
精炼石油产品的制造	15		1			
炼焦	39					
化学原料及化学制品制造业	334		5	11	15	3
基础化学原料制造	172		1	5	7	1
肥料制造	47		4		2	
农药制造	5					
涂料、油墨、颜料及类似产品制造	24			1		
合成材料制造	8				1	1
专用化学产品制造	67			5	5	1
日用化学产品制造	11					

1997年	1998年	1999年	2000年	2001年	2002年	2003年	2004年	2005年	2006年	2007年	2008年
2	11	3	4	5	8	16	4	17	18	13	5
		1	1	1					2		2
2	11	1	3	2	6	12	3	16	12	12	2
				1							
						1					
		1		1	1	3		1	4	1	1
					1		1				
1	1		2	2	2	2	3	2		1	3
1	1		2	2	2	2	3	2		1	3
1	1	2	1	6	2		2	5	5	2	8
	1			1				3	1		6
1							1				
		2	1	5	2		1	2	4		1
										2	1
2	1			1	3	1	1	3	7	1	4
1						1					1
1	1								4		1
				1	2		1	2	2	1	2
					1			1	1		
	1	2	2	5	1	7	2	4	7	8	3
	1	2	2	4		5	1	2	5	7	3
							1	1	1	1	
								1			
				1	1	2			1		
1	3	2	5	4	7	6	6	4	9	8	4
									1		1
			3	3	2	2	3	3	4	5	1
1	3	2	2	1	5	4	3	1	4	3	2
5	10	3	8	7	10	13	8	17	9	13	16
4	10	3	8	7	9	12	7	17	7	13	16
1					1	1	1		2		
							3				
							2				
							1				
1	3	2	2	3	3	8	10	2	4	9	4
1	2	1	1	1	1	2	2	1		1	1
	1	1	1	2	2	6	8	1	4	8	3
9	11	10	12	20	13	35	57	30	30	32	37
4	6	3	5	14	8	19	33	18	16	13	17
1	1	2	3	2	2	3	6	3	5	4	9
		1						2		2	
1	2	3	2		1	4	3	1	1	2	3
		1	1	1		1	1			1	
1	1		1	3	2	6	13	6	8	7	7
2	1					2	1			3	1

5-9 续表 2

行业	企业法人单位数(个)	1949年以前	1950-1977年	1978-1991年	1995-1995年	1996年
医药制造业	32		4		1	2
化学药品原药制造	2		1			
化学药品制剂制造	4				1	1
中药饮片加工	4		1			
中成药制造	10		2			1
兽用药品制造	6					
生物、生化制品的制造	5					
卫生材料及医药用品制造	1					
化学纤维制造业	2					
合成纤维制造	2					
橡胶制品业	23		1			
轮胎制造	5					
橡胶板、管、带的制造	8		1			
橡胶零件制造	3					
再生橡胶制造	2					
日用及医用橡胶制品制造	4					
其他橡胶制品制造	1					
塑料制品业	142		3	6	5	3
塑料薄膜制造	16			2		1
塑料板、管、型材的制造	33		1		1	
塑料丝、绳及编织品的制造	50		2	3	1	
泡沫塑料制造	8			1		2
塑料包装箱及容器制造	12					
塑料零件制造	2					
日用塑料制造	6				2	
其他塑料制品制造	15				1	
非金属矿物制品业	933		17	58	63	29
水泥、石灰和石膏的制造	67		5	1	8	
水泥及石膏制品制造	168		4	15	8	6
砖瓦、石材及其他建筑材料制造	428		7	38	41	17
玻璃及玻璃制品制造	14		1	1		1
陶瓷制品制造	2					
耐火材料制品制造	18			1	1	
石墨及其他非金属矿物制品制造	236			2	5	5
黑色金属冶炼及压延加工业	130			4	4	
炼铁	27			1	1	
炼钢	1					
钢压延加工	21			1	2	
铁合金冶炼	81			2	1	
有色金属冶炼及压延加工业	56		1	1	2	
常用有色金属冶炼	34		1	1	2	
贵金属冶炼	1					
稀有稀土金属冶炼	7					
有色金属合金制造	7					
有色金属压延加工	7					
金属制品业	198		7	6	10	4
结构性金属制品制造	128		3	4	6	2

1997年	1998年	1999年	2000年	2001年	2002年	2003年	2004年	2005年	2006年	2007年	2008年
	1	1	2	3	1	5	5	1	1	3	1
						1					
				1		1					
						1	1			1	
		1	2				1	1		1	
				1	1	1	1			1	1
	1					1	2		1		
				1							
							1		1		
							1		1		
1	1		1	2		3	2	4	2	4	1
						2	1	1	1		
1				2		1	1	1		1	
			1					1			
										1	1
	1							1		2	
									1		
4	9	3	6	9	6	12	16	16	14	17	12
2	1			1		1	2	1	1	2	2
1	1	1	2	2	2	3	3	4	5	3	3
1	2	2	4	4	2	4	7	7	2	8	1
						1		1	2	1	
	1					1	2		3	1	4
	1				1						
	1			1			1				1
	2			1	1	2	1	3	1	2	1
22	32	26	45	42	57	95	147	84	70	67	74
1	4	2	3	2	1	4	8	9	6	4	9
4	6	5	9	2	7	16	21	18	11	20	13
13	14	12	25	25	28	45	53	32	29	15	34
	1	1		1			1	1	1	3	2
						1			1		
1			2	1		2	3	3	1	1	2
3	7	6	6	11	21	27	61	21	21	24	14
1	2	1	3	2	8	17	27	19	12	10	14
			1		1	2	3	6	4		4
			1								
1			1			1	5	2	4	2	1
	2	1		2	7	14	19	11	4	8	9
	2	4	5	1	1	4	3	7	8	5	9
	1	3	3		1	2	2	3	3	4	5
								1			
		1	1			1	1		2		1
				1		1		2	1		2
	1		1					1	2	1	1
2	5	7	16	7	9	11	19	21	19	24	24
1	3	6	11	6	6	9	13	10	12	15	15

5-9 续表 3

行业	企业法人单位数（个）	1949年以前	1950-1977年	1978-1991年	1995-1995年	1996年
金属工具制造	9		2		2	
集装箱及金属包装容器制造	9			1		1
金属丝绳及其制品的制造	10		1		1	
建筑、安全用金属制品制造	14					
金属表面处理及热处理加工	5					
搪瓷制品制造	1					
不锈钢及类似日用金属制品制造	6					1
其他金属制品制造	16		1	1	1	
通用设备制造业	217		8	9	6	8
锅炉及原动机制造	19		1	1	1	1
金属加工机械制造	42		1	1	1	1
起重运输设备制造	12					
泵、阀门、压缩机及类似机械的制造	7		1			
轴承、齿轮、传动和驱动部件的制造	18		3	1	1	1
烘炉、熔炉及电炉制造	2					1
风机、衡器、包装设备等通用设备制造	16					
通用零部件制造及机械修理	53		1	3	1	2
金属铸、锻加工	48		1	3	2	2
专用设备制造业	93		8	5	1	1
矿山、冶金、建筑专用设备制造	36		3	2		
化工、木材、非金属加工专用设备制造	12					
食品、饮料、烟草及饲料生产专用设备制造	1					
印刷、制药、日化生产专用设备制造	2					
电子和电工机械专用设备制造	7					
农、林、牧、渔专用机械制造	18		5	1	1	
医疗仪器设备及器械制造	9					1
环保、社会公共安全及其他专用设备制造	8			2		
交通运输设备制造业	80		2	8	6	2
汽车制造	71		2	7	5	2
摩托车制造	1			1		
自行车制造	1					
交通器材及其他交通运输设备制造	7				1	
电气机械及器材制造业	84		1	4	3	4
电机制造	9		1			1
输配电及控制设备制造	33			1	2	2
电线、电缆、光缆及电工器材制造	13				1	
电池制造	4					
家用电力器具制造	1					1
非电力家用器具制造	8			1		
照明器具制造	3					
其他电气机械及器材制造	13			2		
通信设备、计算机及其他电子设备制造业	4					
通信设备制造	1					
电子计算机制造	1					
电子元件制造	1					
家用视听设备制造	1					

1997年	1998年	1999年	2000年	2001年	2002年	2003年	2004年	2005年	2006年	2007年	2008年
	1						1	1		1	1
			1	1	1	1		1	1		1
	1	1						3		3	
1			1		1		1	1	2	4	2
			2					1	1		1
					1						
								2	1		2
			1			1	4	2	2	1	2
7	5	9	9	8	11	23	23	18	28	26	14
1	3	1		2			2	2	3	1	
2		4		1	1	6	3	4	8	7	2
1	1		2		2	2	1	1	1	1	
			1				2		2	1	
		1		1	3	2	1	1	1	1	1
									1		
		1			2	6	1	3		2	1
1	1	1	2		3	1	7	2	8	8	8
2		1	4	4		6	6	5	4	5	2
	4		2	7	7	8	14	8	13	6	5
	1		1	3	3	4	6	3	5	1	1
				1	2		2	3	2	1	1
										1	
				1			1				
	1			1	1		2		1		1
	2		1			2			2	2	1
						2		1	3	1	1
				1	1		3	1			
2	1	2	3	2	7	9	4	7	9	11	4
1	1	1	3	1	6	9	4	5	8	11	4
								1			
1		1		1	1			1	1		
1	4	1	3	8	4	7	6	9	9	11	6
							2	2	1	2	
1	3	1	3	3	3	2	1	2	2	2	4
	1			2	1	2	1	2	1	1	
				2						1	
						2		1	1	1	2
						1		1		1	
				1			2	1	4	3	
							1		1	1	1
									1		
							1				
										1	
											1

5-9 续表 4

行业	企业法人单位数（个）	1949年以前	1950-1977年	1978-1991年	1995-1995年	1996年
仪器仪表及文化、办公用机械制造业	28		2		2	1
通用仪器仪表制造	21		2		2	1
专用仪器仪表制造	2					
光学仪器及眼镜制造	1					
文化、办公用机械制造	2					
其他仪器仪表的制造及修理	2					
工艺品及其他制造业	44		1	3	1	2
工艺美术品制造	20			3	1	1
日用杂品制造	1					
煤制品制造	18		1			1
其他未列明的制造业	5					
废弃资源和废旧材料回收加工业	7					
金属废料和碎屑的加工处理	2					
非金属废料和碎屑的加工处理	5					
电力、燃气及水的生产和供应业	**134**		**7**	**19**	**5**	**2**
电力、热力的生产和供应业	71		2	9	3	1
电力生产	24		1	3	1	1
电力供应	3			1		
热力生产和供应	44		1	5	2	
燃气生产和供应业	20					
燃气生产和供应业	20					
水的生产和供应业	43		5	10	2	1
自来水的生产和供应	36		5	10	2	1
污水处理及其再生利用	6					
其他水的处理、利用与分配	1					
建筑业	**886**		**36**	**64**	**82**	**16**
房屋和土木工程建筑业	474		34	58	60	6
房屋工程建筑	272		22	35	35	4
土木工程建筑	202		12	23	25	2
建筑安装业	135		1	4	6	4
建筑安装业	135		1	4	6	4
建筑装饰业	234			2	13	6
建筑装饰业	234			2	13	6
其他建筑业	43		1		3	
工程准备	25				3	
提供施工设备服务	6					
其他未列明的建筑活动	12		1			
交通运输、仓储和邮政业	**402**	**1**	**25**	**19**	**6**	**6**
道路运输业	238		6	5	2	2
公路旅客运输	55		4	4	1	2
道路货物运输	170		1			
道路运输辅助活动	13		1	1	1	
城市公共交通业	45		1		2	2
公共电汽车客运	13		1			
出租车客运	30				2	2
其他城市公共交通	2					

1997年	1998年	1999年	2000年	2001年	2002年	2003年	2004年	2005年	2006年	2007年	2008年
	1	2	1		1	4	3	1	4	3	2
	1	1			1	3	3		3	1	2
									1	1	
			1								
		1				1					
								1		1	
	1	1	1	3	3	1	4	3	8	7	5
	1		1	2		1	2	1	2	2	3
											1
		1			2		2	2	5	3	1
				1	1				1	2	
						1			5		1
						1			1		
									4		1
4	**2**	**3**	**6**	**7**	**6**	**13**	**7**	**12**	**14**	**14**	**13**
3	1		3	2	4	7	5	5	8	11	7
3			1		2	1	2	1	3	3	2
									1		1
	1		2	2	2	6	3	4	4	8	4
		2	2	2	2	2	1	3		1	5
		2	2	2	2	2	1	3		1	5
1	1	1	1	3		4	1	4	6	2	1
1	1	1		2		4	1	3	2	2	1
				1				1	4		
			1								
21	**36**	**38**	**49**	**42**	**61**	**59**	**65**	**62**	**78**	**97**	**78**
11	17	24	30	23	42	30	25	22	28	34	29
9	8	17	10	11	27	20	9	9	16	22	17
2	9	7	20	12	15	10	16	13	12	12	12
3	8	6	8	10	6	10	14	15	19	14	7
3	8	6	8	10	6	10	14	15	19	14	7
6	10	8	9	8	11	15	23	22	24	43	34
6	10	8	9	8	11	15	23	22	24	43	34
1	1		2	1	2	4	3	3	7	6	8
1	1		2	1	2	4	2	3	3		3
										3	2
							1		4	3	3
	17	**13**	**15**	**11**	**17**	**19**	**46**	**31**	**44**	**53**	**76**
	7	7	7	9	9	10	26	24	32	40	52
	3	3	3	5	2	1	4	4	7	6	6
	4	4	3	2	6	9	21	19	22	34	45
			1	2	1		1	1	3		1
	4	2	5	1	6	4	9	2	2	1	4
	2	1	2		1	2	1		1		2
	2	1	3		5	2	8	1	1	1	2
				1				1			

5-9 续表 5

行业	企业法人单位数（个）	1949年以前	1950-1977年	1978-1991年	1995-1995年	1996年
水上运输业	4			2		
水上货物运输	4			2		
航空运输业	5					
航空客货运输	3					
航空运输辅助活动	2					
管道运输业	2			1		
管道运输业	2			1		
装卸搬运和其他运输服务业	57		2	6	1	
装卸搬运	29		1	6		
运输代理服务	28		1		1	
仓储业	40		16	5	1	2
谷物、棉花等农产品仓储	27		16	4	1	1
其他仓储	13			1		1
邮政业	11	1				
国家邮政	7	1				
其他寄递服务	4					
信息传输、计算机服务和软件业	**590**			**1**		**3**
电信和其他信息传输服务业	55			1		1
电信	33			1		1
互联网信息服务	10					
广播电视传输服务	11					
卫星传输服务	1					
计算机服务业	480					2
计算机系统服务	44					1
计算机维修	18					
其他计算机服务	418					1
软件业	55					
公共软件服务	53					
其他软件服务	2					
批发和零售业	**5669**	**1**	**139**	**124**	**195**	**121**
批发业	3124	1	80	62	102	54
农畜产品批发	203		4	14	10	4
食品、饮料及烟草制品批发	175		5	9	3	4
纺织、服装及日用品批发	101		1	1	3	1
文化、体育用品及器材批发	61		1	1	6	1
医药及医疗器材批发	85		1	3	2	2
矿产品、建材及化工产品批发	1359		56	21	51	26
机械设备、五金交电及电子产品批发	921		2	8	21	15
贸易经纪与代理	31		1		1	
其他批发	188	1	9	5	5	1
零售业	2545		59	62	93	67
综合零售	188		16	10	7	6
食品、饮料及烟草制品专门零售	174		17	12	3	3
纺织、服装及日用品专门零售	257		1	6	8	8
文化、体育用品及器材专门零售	193		13	7	7	6
医药及医疗器材专门零售	161		. 8	6	5	3

1997年	1998年	1999年	2000年	2001年	2002年	2003年	2004年	2005年	2006年	2007年	2008年
								1	1		
								1	1		
		1	1				1				2
			1								2
		1					1				
											1
											1
	2	1		1	1	4	6	4	8	8	13
	2			1	1		3	2	3	4	6
		1				4	3	2	5	4	7
		1	1		1		3		1	3	3
		1	1		1					2	
							3		1	1	3
	4	1	1			1	1			1	1
	4	1	1								
						1	1			1	1
2	**7**	**11**	**20**	**21**	**38**	**62**	**60**	**89**	**99**	**97**	**80**
		7	3	2	3	4	10	9	2	7	6
		7			3		7	7	1	3	3
			1	1		1	2		1	3	1
			2	1		2	1	2		1	2
						1					
2	6	1	15	19	34	54	44	77	83	78	65
	1	1		2	1	6	4	5	6	11	6
	1		1	1	1	3		3	2	3	3
2	4		14	16	32	45	40	69	75	64	56
	1	3	2		1	4	6	3	14	12	9
	1	3	2		1	3	6	3	13	12	9
						1			1		
136	**182**	**182**	**250**	**288**	**393**	**508**	**502**	**488**	**630**	**730**	**795**
62	94	102	128	162	234	277	289	280	360	402	432
2	3	8	7	7	11	15	12	21	25	22	37
4	3	13	6	7	9	8	8	7	26	34	29
3	2	1	5	3	11	9	8	9	12	12	20
2	4	2	2	2	6	4	5	3	5	10	7
	5	3	3	6	3	8	11	7	14	11	6
25	38	39	55	78	104	122	141	124	157	161	159
24	34	33	36	49	73	96	79	80	97	132	142
			3	1	5	2	2	6	3	1	6
2	5	3	11	9	12	13	23	23	21	19	26
74	88	80	122	126	159	231	213	208	270	328	363
7	7	5	5	7	11	11	12	11	23	25	25
3	10	8	6	8	8	5	16	12	16	24	23
13	6	12	14	10	24	20	14	30	27	26	38
1	6	14	9	10	8	10	24	15	21	22	20
1	2	2	6	5	11	22	29	15	9	22	15

5-9 续表 6

行业	企业法人单位数（个）	1949年以前	1950-1977年	1978-1991年	1995-1995年	1996年
汽车、摩托车、燃料及零配件专门零售	505		2	3	27	20
家用电器及电子产品专门零售	500			5	14	10
五金、家具及室内装修材料专门零售	407		1	8	11	9
无店铺及其他零售	160		1	5	11	2
住宿和餐饮业	**479**		**9**	**24**	**18**	**9**
住宿业	252		8	17	11	5
旅游饭店	74		3	3	4	
一般旅馆	164		4	14	7	5
其他住宿服务	14		1			
餐饮业	227		1	7	7	4
正餐服务	206		1	7	7	4
快餐服务	7					
饮料及冷饮服务	6					
其他餐饮服务	8					
金融业	**174**		**3**	**8**	**3**	**4**
银行业	30		3	7	2	
商业银行	28		3	7	1	
其他银行	2				1	
证券业	2					
证券经纪与交易	1					
证券投资	1					
保险业	45			1		3
人寿保险	14					1
非人寿保险	26			1		2
保险辅助服务	5					
其他金融活动	97				1	1
金融信托与管理	2					
金融租赁	1					
财务公司	1					
邮政储蓄	6					
典当	42				1	1
其他未列明的金融活动	45					
房地产业	**761**		**1**	**9**	**24**	**7**
房地产业	761		1	9	24	7
房地产开发经营	340			7	16	4
物业管理	255				4	2
房地产中介服务	112			1	3	1
其他房地产活动	54		1	1	1	
租赁和商务服务业	**1068**		**11**	**27**	**29**	**24**
租赁业	181				3	10
机械设备租赁	179				3	10
文化及日用品出租	2					
商务服务业	887		11	27	26	14
企业管理服务	91		7	5	6	2
法律服务	26			4	3	1
咨询与调查	156			1	1	3

1997年	1998年	1999年	2000年	2001年	2002年	2003年	2004年	2005年	2006年	2007年	2008年
19	18	15	25	39	38	61	48	37	37	50	64
11	20	11	31	21	33	51	29	37	72	79	76
16	16	7	21	13	19	32	32	41	44	58	79
3	3	6	5	13	7	19	9	10	21	22	23
11	**27**	**18**	**21**	**26**	**29**	**37**	**32**	**32**	**64**	**59**	**62**
6	17	7	8	17	20	17	19	15	27	30	28
4	5	2	1	3	7	6	7	8	6	8	7
1	11	4	7	12	13	10	12	6	20	17	21
1	1	1		2		1		1	1	5	
5	10	11	13	9	9	20	13	17	37	29	34
5	10	10	12	7	7	18	11	15	34	27	30
			1	1		1	1	1	1		1
		1			1		1	1	1		1
				1	1	1			1	2	2
1	**3**	**2**	**6**	**3**	**7**	**11**	**12**	**19**	**24**	**40**	**28**
1	3				1		1	10		1	1
1	3				1			10		1	1
							1				
				1					1		
									1		
				1							
		1			2	5	3	2	10	13	5
		1			1	3	1		1	3	3
					1	1	2	2	8	8	1
						1			1	2	1
		1	6	2	4	6	8	7	13	26	22
							1				1
			1								
										1	
										1	5
		1	5	2	2	2		4	10	8	6
					2	4	7	3	3	16	10
12	**37**	**37**	**61**	**62**	**62**	**88**	**83**	**74**	**73**	**80**	**51**
12	37	37	61	62	62	88	83	74	73	80	51
6	27	24	26	31	33	48	39	19	27	24	9
2	4	7	26	23	17	28	27	39	28	30	18
2	3	5	6	6	8	9	14	10	10	17	17
2	3	1	3	2	4	3	3	6	8	9	7
21	**21**	**22**	**44**	**49**	**30**	**64**	**101**	**97**	**151**	**174**	**201**
		1	7	3	1	5	16	10	33	50	41
		1	6	3	1	5	16	10	33	50	40
			1								1
21	21	21	37	46	29	59	85	87	118	124	160
2	2	4	7	4	2	2	10	4	9	15	10
2	2		3	5			2			2	2
2	2	5	12	8	4	10	11	21	27	15	34

5-9 续表 7

行业	企业法人单位数（个）	1949年以前	1950-1977年	1978-1991年	1995-1995年	1996年
广告业	269				6	5
知识产权服务	15				1	1
职业中介服务	86			1	1	
市场管理	67			7	3	
旅行社	73			3	2	1
其他商务服务	104		4	6	3	1
科学研究、技术服务和地质勘查业	**347**		**4**	**18**	**19**	**2**
研究与试验发展	20			1	1	
自然科学研究与试验发展	4					
工程和技术研究与试验发展	7					
农业科学研究与试验发展	4			1		
医学研究与试验发展	4				1	
社会人文科学研究与试验发展	1					
专业技术服务业	255		4	15	15	2
气象服务	7					
地震服务	1					
测绘服务	14			1		
技术检测	35				3	
环境监测	8					
工程技术与规划管理	175		4	13	12	2
其他专业技术服务	15			1		
科技交流和推广服务业	60				2	
技术推广服务	47				2	
科技中介服务	9					
其他科技服务	4					
地质勘查业	12			2	1	
矿产地质勘查	7			1	1	
基础地质勘查	2					
地质勘查技术服务	3			1		
水利、环境和公共设施管理业	**73**		**1**	**1**	**6**	**1**
水利管理业	7				2	
水资源管理	3				1	
其他水利管理	4				1	
环境管理业	12			1		1
自然保护	2			1		
环境治理	10					1
公共设施管理业	54		1		4	
市政公共设施管理	3				1	
城市绿化管理	31		1		1	
游览景区管理	20				2	
居民服务和其他服务业	**343**		**1**	**12**	**18**	**10**
居民服务业	102		1	3	5	4
家庭服务	13					
托儿所	1					
洗染服务	4					

1997年	1998年	1999年	2000年	2001年	2002年	2003年	2004年	2005年	2006年	2007年	2008年
4	8	6	8	13	9	20	29	28	40	42	51
				1			5	1		1	5
1	1			1		2	4	7	15	23	30
4	3		1	5	4	11	8	3	8	3	7
2		4	4	6	4	9	8	10	7	9	4
4	3	2	2	3	6	5	8	13	12	14	17
5	**10**	**11**	**25**	**15**	**25**	**17**	**26**	**26**	**42**	**54**	**48**
1					3	2	1	1	3	4	3
					1		1			1	1
						1			2	3	1
					1			1			1
1					1				1		
						1					
3	6	10	19	14	15	12	20	23	33	34	30
							2	1	1	2	1
											1
	1		2		1	2	1	2	3	1	
		1		1	1	1	1	5	9	6	7
		1					2			2	3
3	3	8	17	13	11	9	14	14	19	18	15
	2				2			1	1	5	3
1	4		6		7	2	5	2	6	12	13
1	4		4		5	2	4	2	5	8	10
			2		2		1			2	2
									1	2	1
		1		1		1				4	2
				1		1				1	2
		1								1	
										2	
2	**1**		**5**	**3**	**5**	**5**	**8**	**7**	**12**	**9**	**7**
			1	1				2	1		
								1	1		
			1	1				1			
2			2				2		2	1	1
							1				
2			2				1		2	1	1
	1		2	2	5	5	6	5	9	8	6
								1		1	
			1	1	2	2	5	2	5	7	4
	1		1	1	3	3	1	2	4		2
6	**6**	**13**	**9**	**11**	**17**	**28**	**33**	**23**	**54**	**47**	**55**
2	3	5	2	4	8	12	7	6	15	11	14
						2	1	2	4	2	2
											1
						2					2

5-9 续表 8

行业	企业法人单位数（个）	1949年以前	1950-1977年	1978-1991年	1995-1995年	1996年
理发及美容保健服务	16			2		
洗浴服务	20					2
婚姻服务	9					
殡葬服务	13					1
摄影扩印服务	20		1	1	3	1
其他居民服务	6				2	
其他服务业	241			9	13	6
修理与维护	191			7	11	6
清洁服务	29			2		
其他未列明的服务	21				2	
教育	**52**			**3**	**1**	
教育	52			3	1	
学前教育	5					
中等教育	1			1		
其他教育	46			2	1	
卫生、社会保障和社会福利业	**64**		**5**	**2**	**6**	**2**
卫生	64		5	2	6	2
医院	39		3		3	2
卫生院及社区医疗活动	9		2	2		
门诊部医疗活动	12				2	
计划生育技术服务活动	1				1	
疾病预防控制及防疫活动	1					
其他卫生活动	2					
文化、体育和娱乐业	**103**		**10**	**4**	**3**	
新闻出版业	4				1	
出版业	4				1	
广播、电视、电影和音像业	23		9	3		
广播	2					
电视	1					
电影	16		9	3		
音像制作	4					
文化艺术业	5					
文艺创作与表演	1					
艺术表演场馆	1					
文化艺术经纪代理	1					
其他文化艺术	2					
体育	2					
体育组织	1					
体育场馆	1					
娱乐业	69		1	1	2	
室内娱乐活动	42		1	1	1	
游乐园	8				1	
休闲健身娱乐活动	11					
其他娱乐活动	8					

1997年	1998年	1999年	2000年	2001年	2002年	2003年	2004年	2005年	2006年	2007年	2008年
	1	2	1	1	1		2		2	1	3
	1	1	1	1	3	3	2	1	3	2	
									4	2	3
					1	3	2	1	2	1	2
2	1	2		2	3	2		1		1	
								1		2	1
4	3	8	7	7	9	16	26	17	39	36	41
4	2	7	7	4	7	14	21	14	30	25	32
	1				1	1	4	1	4	8	7
		1		3	1	1	1	2	5	3	2
1		**4**	**5**	**1**	**4**	**7**	**3**	**3**	**7**	**7**	**6**
1		4	5	1	4	7	3	3	7	7	6
1		1		1				1		1	
		3	5		4	7	3	2	7	6	6
	1	**1**	**2**		**1**	**6**	**9**	**10**	**7**	**7**	**5**
	1	1	2		1	6	9	10	7	7	5
	1	1	1		1	4	7	7	4	2	3
			1				1	1		2	
						2	1	2	2	2	1
											1
									1	1	
4	**1**	**4**	**7**	**3**	**3**	**5**	**8**	**14**	**12**	**13**	**11**
			1							1	1
			1							1	1
				1		3		1	4	1	1
						1			1		
						1					
				1					3		
						1		1		1	1
			1						1	3	
									1		
			1								
										1	
										2	
				1							1
											1
				1							
4	1	4	5	1	3	2	8	13	7	8	8
3		2	4		2	1	4	10	4	3	6
		1			1		3	1		1	
	1	1				1	1	1	3	2	1
1			1	1				1		2	1

5-10 按地区、开业(成立)时间

地　区	企业法人单位数(个)	1949年以前	1950-1977年	1978-1991年	1995-1995年	1996年	1997年
总　计	**15514**	**2**	**336**	**538**	**611**	**298**	**312**
银川市	**8121**	**1**	**103**	**212**	**332**	**172**	**174**
兴庆区	4484	1	38	95	199	104	106
西夏区	720		12	27	37	18	18
金凤区	1381		5	19	56	28	28
永宁县	362		12	26	12	5	7
贺兰县	731		25	24	14	10	8
灵武市	443		11	21	14	7	7
石嘴山市	**2487**		**49**	**56**	**70**	**42**	**54**
大武口区	1224		15	30	37	20	26
惠农区	492		14	10	13	7	15
平罗县	771		20	16	20	15	13
吴忠市	**2103**	**1**	**63**	**121**	**78**	**27**	**39**
红寺堡区	82						
利通区	963	1	15	55	29	14	23
盐池县	372		27	22	13	3	7
同心县	236		5	15	17	9	4
青铜峡市	450		16	29	19	1	5
固原市	**1230**		**71**	**81**	**62**	**29**	**20**
原州区	512		19	25	26	10	7
西吉县	283		5	16	17	10	7
隆德县	143		10	4	6	2	4
泾源县	82		20	14	2		2
彭阳县	210		17	22	11	7	
中卫市	**1573**		**50**	**68**	**69**	**28**	**25**
沙坡头区	829		10	30	36	8	11
中宁县	509		19	27	26	17	9
海原县	235		21	11	7	3	5

分组的企业法人单位数

1998年	1999年	2000年	2001年	2002年	2003年	2004年	2005年	2006年	2007年	2008年
557	**497**	**740**	**754**	**966**	**1360**	**1533**	**1426**	**1754**	**1888**	**1874**
266	**280**	**405**	**393**	**519**	**695**	**748**	**718**	**1002**	**1075**	**977**
172	169	239	233	327	405	409	392	522	545	527
33	29	37	46	43	67	56	64	79	87	67
36	44	64	56	70	102	137	112	197	236	191
7	12	22	20	17	29	39	36	42	39	24
7	15	24	22	31	66	65	62	101	109	113
11	11	19	16	31	26	42	52	61	59	55
89	**85**	**113**	**132**	**155**	**237**	**301**	**233**	**258**	**297**	**304**
45	47	66	52	71	103	126	113	138	175	160
21	18	28	51	29	56	54	34	43	50	49
23	20	19	29	55	78	121	86	77	72	95
112	**66**	**106**	**97**	**115**	**163**	**187**	**198**	**200**	**252**	**277**
1	3	1	2	5	6	11	10	12	17	14
45	34	41	48	55	76	73	78	91	129	155
47	9	24	17	31	32	28	24	27	33	28
9	3	12	9	7	24	24	26	22	23	27
10	17	28	21	17	25	51	60	48	50	53
33	**23**	**53**	**52**	**80**	**131**	**127**	**136**	**137**	**103**	**92**
10	7	23	23	38	51	58	50	51	57	57
10	2	11	12	17	43	24	47	38	16	8
5	5	3	5	6	8	13	21	25	15	11
2	2	3	3	3	6	9	1	5	4	6
6	7	13	9	16	23	23	17	18	11	10
57	**43**	**63**	**80**	**97**	**134**	**170**	**141**	**157**	**161**	**224**
30	16	36	37	52	66	106	81	79	91	134
20	20	21	31	33	44	45	41	56	48	52
7	7	6	12	12	24	19	19	22	22	38

5-11 按地区、营业状态分组的

地区	企业法人单位数(个)	营业	停业(歇业)
总计	**1020**	**945**	**27**
银川市	**473**	**442**	**11**
兴庆区	242	230	7
西夏区	83	79	3
金凤区	81	79	
永宁县	19	15	
贺兰县	23	16	
灵武市	25	23	1
石嘴山市	**177**	**164**	**4**
大武口区	95	88	2
惠农区	44	41	
平罗县	38	35	2
吴忠市	**146**	**135**	**5**
红寺堡区	8	6	1
利通区	51	49	1
盐池县	25	23	2
同心县	11	11	
青铜峡市	51	46	1
固原市	**121**	**113**	**4**
原州区	47	45	
西吉县	8	7	1
隆德县	16	14	2
泾源县	21	20	1
彭阳县	29	27	
中卫市	**103**	**91**	**3**
沙坡头区	54	46	1
中宁县	37	34	2
海原县	12	11	

国有控股企业法人单位数

筹建	当年关闭	当年破产	其它
21	**4**		**6**
8	**1**		**2**
4			1
			1
2			
1			
	1		
1			
4			**4**
3			1
			3
1			
3	**1**		
1			
	1		
2			
6	**2**		
6	1		
	1		

5-12 按行业(中类)、登记注册

行业	企业法人单位数(个)	内资企业	国有企业	集体企业
总计	**15514**	**15392**	**643**	**368**
农、林、牧、渔业	**6**	**6**	**6**	
农业	6	6	6	
谷物及其他作物的种植	6	6	6	
采矿业	**565**	**561**	**9**	**17**
煤炭开采和洗选业	279	277	7	8
烟煤和无烟煤的开采洗选	278	276	6	8
其他煤炭采选	1	1	1	
石油和天然气开采业	45	44		
天然原油和天然气开采	43	42		
与石油和天然气开采有关的服务活动	2	2		
黑色金属矿采选业	9	9	1	
铁矿采选	8	8	1	
其他黑色金属矿采选	1	1		
有色金属矿采选业	5	4		
常用有色金属矿采选	3	2		
贵金属矿采选	1	1		
稀有稀土金属矿采选	1	1		
非金属矿采选业	227	227	1	9
土砂石开采	202	202		8
化学矿采选	1	1		1
石棉及其他非金属矿采选	24	24	1	
制造业	**3798**	**3733**	**57**	**58**
农副食品加工业	559	554	6	3
谷物磨制	134	134	2	1
饲料加工	58	56	1	1
植物油加工	31	31		
制糖	2	2		
屠宰及肉类加工	62	62	3	1
蔬菜、水果和坚果加工	81	80		
其他农副食品加工	191	189		
食品制造业	178	174	1	
焙烤食品制造	52	51		
糖果、巧克力及蜜饯制造	10	10	1	
方便食品制造	21	21		
液体乳及乳制品制造	37	36		
罐头制造	4	4		
调味品、发酵制品制造	30	29		
其他食品制造	24	23		
饮料制造业	104	94	3	1
酒的制造	54	47	2	
软饮料制造	44	41	1	1
精制茶加工	6	6		
烟草制品业	1	1	1	
烟叶复烤	1	1	1	

类型分组的企业法人单位数

股份合作	联营	有限责任公司	股份有限公司	私营	其他内资	港、澳、台商投资企业	外商投资企业
75	**31**	**1798**	**218**	**12135**	**124**	**32**	**90**
4	**9**	**34**	**5**	**479**	**4**		**4**
4	9	21	3	225			2
4	9	21	3	225			2
		1		43			1
				42			1
		1		1			
				8			
				7			
				1			
				4			1
				2			1
				1			
				1			
		12	2	199	4		
		11	2	177	4		
		1		22			
15	**2**	**347**	**43**	**3194**	**17**	**13**	**52**
1		28	5	509	2	1	4
		6	1	124			
		6		47	1	1	1
		1		30			
				2			
		7		51			
		3	2	74	1		1
1		5	2	181			2
		20	2	151			4
		6		45			1
		1		8			
		2		19			
		4	2	30			1
				4			
		5		24			1
		2		21			1
1		14	1	73	1	2	8
		7	1	37		1	6
1		7		31		1	2
				5	1		

5-12 续表 1

行业	企业法人单位数(个)	内资企业	国有企业	集体企业
纺织业	113	110		
棉、化纤纺织及印染精加工	8	8		
毛纺织和染整精加工	86	83		
麻纺织	1	1		
纺织制成品制造	14	14		
针织品、编织品及其制品制造	3	3		
纺织服装、鞋、帽制造业	25	24	1	1
纺织服装制造	25	24	1	1
皮革、毛皮、羽毛(绒)及其制品业	40	39		
皮革鞣制加工	13	13		
皮革制品制造	3	3		
毛皮鞣制及制品加工	19	18		
羽毛(绒)加工及制品制造	5	5		
木材加工及木、竹、藤、棕、草制品业	31	31		
锯材、木片加工	6	6		
人造板制造	8	8		
木制品制造	13	13		
竹、藤、棕、草制品制造	4	4		
家具制造业	48	48		1
木质家具制造	37	37		1
金属家具制造	5	5		
塑料家具制造	1	1		
其他家具制造	5	5		
造纸及纸制品业	72	71	1	
纸浆制造	2	2		
造纸	33	32	1	
纸制品制造	37	37		
印刷业和记录媒介的复制	162	161	7	16
印刷	156	155	7	16
装订及其他印刷服务活动	6	6		
文教体育用品制造业	4	4		
文化用品制造	3	3		
体育用品制造	1	1		
石油加工、炼焦及核燃料加工业	54	53		
精炼石油产品的制造	15	14		
炼焦	39	39		
化学原料及化学制品制造业	334	322	3	2
基础化学原料制造	172	166		1
肥料制造	47	47	1	
农药制造	5	5		
涂料、油墨、颜料及类似产品制造	24	22		
合成材料制造	8	7	1	
专用化学产品制造	67	64	1	1
日用化学产品制造	11	11		
医药制造业	32	32		
化学药品原药制造	2	2		

股份合作	联营	有限责任公司	股份有限公司	私营	其他内资	港、澳、台商投资企业	外商投资企业
		12	1	96	1		3
		1		7			
		9	1	73			3
				1			
		2		11	1		
				3			
		2		20			1
		2		20			1
		2		37		1	
		1		12			
				3			
		1		17		1	
				5			
		2		29			
				6			
				8			
		2		11			
				4			
		2		45			
		2		34			
				5			
				1			
				5			
1		9	3	57			1
		1		1			
		6	2	23			1
1		2	1	33			
3	1	9	1	122	2		1
3	1	9		117	2		1
			1	5			
				4			
				3			
				1			
		11	1	41			1
		6	1	7			1
		5		34			
	1	37	8	270	1	3	9
	1	18	3	142	1		6
		8	3	35			
		1		4			
		2		20		2	
		1	1	4			1
		6	1	55		1	2
		1		10			
		8		23	1		
		1		1			

5-12 续表 2

行业	企业法人单位数(个)	内资企业	国有企业	集体企业
化学药品制剂制造	4	4		
中药饮片加工	4	4		
中成药制造	10	10		
兽用药品制造	6	6		
生物、生化制品的制造	5	5		
卫生材料及医药用品制造	1	1		
化学纤维制造业	2	2	1	
合成纤维制造	2	2	1	
橡胶制品业	23	21		
轮胎制造	5	3		
橡胶板、管、带的制造	8	8		
橡胶零件制造	3	3		
再生橡胶制造	2	2		
日用及医用橡胶制品制造	4	4		
其他橡胶制品制造	1	1		
塑料制品业	142	141		1
塑料薄膜制造	16	16		
塑料板、管、型材的制造	33	32		
塑料丝、绳及编织品的制造	50	50		
泡沫塑料制造	8	8		
塑料包装箱及容器制造	12	12		
塑料零件制造	2	2		
日用塑料制造	6	6		
其他塑料制品制造	15	15		1
非金属矿物制品业	933	930	14	20
水泥、石灰和石膏的制造	67	67		
水泥及石膏制品制造	168	168	5	5
砖瓦、石材及其他建筑材料制造	428	428	5	12
玻璃及玻璃制品制造	14	14		2
陶瓷制品制造	2	2		
耐火材料制品制造	18	18		
石墨及其他非金属矿物制品制造	236	233	4	1
黑色金属冶炼及压延加工业	130	127	1	2
炼铁	27	27		
炼钢	1	1		
钢压延加工	21	21	1	
铁合金冶炼	81	78		2
有色金属冶炼及压延加工业	56	52		
常用有色金属冶炼	34	32		
贵金属冶炼	1	1		
稀有稀土金属冶炼	7	7		
有色金属合金制造	7	7		
有色金属压延加工	7	5		
金属制品业	198	197	3	2
结构性金属制品制造	128	127	3	1
金属工具制造	9	9		

股份合作	联营	有限责任公司	股份有限公司	私营	其他内资	港、澳、台商投资企业	外商投资企业
		3		1			
				4			
		3		6	1		
		1		5			
				5			
				1			
		1					
		1					
		2		19			2
				3			2
		1		7			
				3			
				2			
				4			
		1					
1		15		124		1	
		4		12			
1		3		28		1	
		8		42			
				8			
				12			
				2			
				6			
				14			
3		60	9	817	7		3
2		12	3	50			
		15	3	138	2		
		10		397	4		
		1		11			
		1		1			
		1		16	1		
1		20	3	204			3
		16		107	1	1	2
		1		25	1		
				1			
		2		18			
		13		63		1	2
		13	2	37		2	2
		8	2	22			2
				1			
		3		4			
		1		6			
		1		4		2	
2		16	3	171		1	
1		8	1	113		1	
			1	8			

5-12 续表 3

行　业	企业法人单位数(个)	内资企业	国有企业	集体企业
集装箱及金属包装容器制造	9	9		
金属丝绳及其制品的制造	10	10		1
建筑、安全用金属制品制造	14	14		
金属表面处理及热处理加工	5	5		
搪瓷制品制造	1	1		
不锈钢及类似日用金属制品制造	6	6		
其他金属制品制造	16	16		
通用设备制造业	217	211	6	2
锅炉及原动机制造	19	19	3	
金属加工机械制造	42	41		1
起重运输设备制造	12	12		
泵、阀门、压缩机及类似机械的制造	7	7		
轴承、齿轮、传动和驱动部件的制造	18	17	1	1
烘炉、熔炉及电炉制造	2	2		
风机、衡器、包装设备等通用设备制造	16	15		
通用零部件制造及机械修理	53	52	2	
金属铸、锻加工	48	46		
专用设备制造业	93	92	2	3
矿山、冶金、建筑专用设备制造	36	36	1	1
化工、木材、非金属加工专用设备制造	12	12		
食品、饮料、烟草及饲料生产专用设备制造	1	1		
印刷、制药、日化生产专用设备制造	2	2		
电子和电工机械专用设备制造	7	7		
农、林、牧、渔专用机械制造	18	18	1	2
医疗仪器设备及器械制造	9	8		
环保、社会公共安全及其他专用设备制造	8	8		
交通运输设备制造业	80	79	4	3
汽车制造	71	70	4	2
摩托车制造	1	1		
自行车制造	1	1		
交通器材及其他交通运输设备制造	7	7		1
电气机械及器材制造业	84	82	2	
电机制造	9	8	1	
输配电及控制设备制造	33	32		
电线、电缆、光缆及电工器材制造	13	13		
电池制造	4	4	1	
家用电力器具制造	1	1		
非电力家用器具制造	8	8		
照明器具制造	3	3		
其他电气机械及器材制造	13	13		
通信设备、计算机及其他电子设备制造业	4	4		
通信设备制造	1	1		
电子计算机制造	1	1		
电子元件制造	1	1		

股份合作	联营	有限责任公司	股份有限公司	私营	其他内资	港、澳、台商投资企业	外商投资企业
		1		8			
1		1	1	6			
		2		12			
		1		4			
		1					
				6			
		2		14			
1		23	2	177			6
		1		15			
		5	1	34			1
		4		8			
		1		6			
		1	1	13			1
				2			
		2		13			1
1		5		44			1
		4		42			2
1		20		66			1
		13		21			
		3		9			
				1			
		1		1			
		1		6			
1		1		13			
		1		7			1
				8			
		2	1	69			1
		2	1	61			1
				1			
				1			
				6			
1		13	1	65			2
		1	1	5			1
1		3		28			1
		5		8			
				3			
				1			
		1		7			
				3			
		3		10			
		1		3			
				1			
				1			
		1					

5-12 续表 4

行　业	企业法人单位数(个)			
		内资企业		
			国有企业	集体企业
仪器仪表及文化、办公用机械制造业	28	27		
通用仪器仪表制造	21	20		
专用仪器仪表制造	2	2		
光学仪器及眼镜制造	1	1		
文化、办公用机械制造	2	2		
其他仪器仪表的制造及修理	2	2		
工艺品及其他制造业	44	43	1	1
工艺美术品制造	20	19		
日用杂品制造	1	1		
煤制品制造	18	18	1	1
其他未列明的制造业	5	5		
废弃资源和废旧材料回收加工业	7	7		
金属废料和碎屑的加工处理	2	2		
非金属废料和碎屑的加工处理	5	5		
电力、燃气及水的生产和供应业	**134**	**133**	**43**	**4**
电力、热力的生产和供应业	71	70	19	1
电力生产	24	23	5	
电力供应	3	3	1	
热力生产和供应	44	44	13	1
燃气生产和供应业	20	20		
燃气生产和供应业	20	20		
水的生产和供应业	43	43	24	3
自来水的生产和供应	36	36	21	2
污水处理及其再生利用	6	6	3	
其他水的处理、利用与分配	1	1		1
建筑业	**886**	**883**	**64**	**24**
房屋和土木工程建筑业	474	474	51	21
房屋工程建筑	272	272	11	16
土木工程建筑	202	202	40	5
建筑安装业	135	134	10	2
建筑安装业	135	134	10	2
建筑装饰业	234	232	2	1
建筑装饰业	234	232	2	1
其他建筑业	43	43	1	
工程准备	25	25	1	
提供施工设备服务	6	6		
其他未列明的建筑活动	12	12		
交通运输、仓储和邮政业	**402**	**402**	**51**	**6**
道路运输业	238	238	10	1
公路旅客运输	55	55	5	1
道路货物运输	170	170	1	
道路运输辅助活动	13	13	4	
城市公共交通业	45	45	3	
公共电汽车客运	13	13	3	
出租车客运	30	30		
其他城市公共交通	2	2		

股份合作	联营	有限责任公司	股份有限公司	私营	其他内资	港、澳、台商投资企业	外商投资企业
		4	1	22		1	
		3	1	16		1	
		1		1			
				1			
				2			
				2			
		4	2	34	1		1
		4		15			1
				1			
			1	15			
			1	3	1		
		1		6			
				2			
		1		4			
	2	**32**	**5**	**45**	**2**		**1**
	1	24	2	22	1		1
	1	14	2	1			1
		1		1			
		9		20	1		
		5	2	13			
		5	2	13			
	1	3	1	10	1		
	1	2	1	8	1		
		1		2			
3		**160**	**8**	**621**	**3**	**2**	**1**
2		121	5	273	1		
1		60	3	181			
1		61	2	92	1		
		14	1	106	1		1
		14	1	106	1		1
		21	2	205	1	2	
		21	2	205	1	2	
1		4		37			
		1		23			
		1		5			
1		2		9			
5	**2**	**57**	**16**	**262**	**3**		
3	2	37	8	174	3		
2	1	12	4	29	1		
1		23	2	141	2		
	1	2	2	4			
		2	3	37			
		1	1	8			
		1	1	28			
			1	1			

5-12 续表 5

行业	企业法人单位数（个）	内资企业	国有企业	集体企业
水上运输业	4	4		1
水上货物运输	4	4		1
航空运输业	5	5	2	
航空客货运输	3	3	2	
航空运输辅助活动	2	2		
管道运输业	2	2	1	
管道运输业	2	2	1	
装卸搬运和其他运输服务业	57	57	2	2
装卸搬运	29	29	1	1
运输代理服务	28	28	1	1
仓储业	40	40	27	2
谷物、棉花等农产品仓储	27	27	25	1
其他仓储	13	13	2	1
邮政业	11	11	6	
国家邮政	7	7	6	
其他寄递服务	4	4		
信息传输、计算机服务和软件业	**590**	**579**	**13**	
电信和其他信息传输服务业	55	46	13	
电信	33	25	8	
互联网信息服务	10	9		
广播电视传输服务	11	11	4	
卫星传输服务	1	1	1	
计算机服务业	480	479		
计算机系统服务	44	43		
计算机维修	18	18		
其他计算机服务	418	418		
软件业	55	54		
公共软件服务	53	52		
其他软件服务	2	2		
批发和零售业	**5669**	**5647**	**179**	**163**
批发业	3124	3110	93	114
农畜产品批发	203	202	28	10
食品、饮料及烟草制品批发	175	171	28	5
纺织、服装及日用品批发	101	100		2
文化、体育用品及器材批发	61	61	3	
医药及医疗器材批发	85	85	2	
矿产品、建材及化工产品批发	1359	1356	17	76
机械设备、五金交电及电子产品批发	921	918	6	7
贸易经纪与代理	31	30	4	1
其他批发	188	187	5	13
零售业	2545	2537	86	49
综合零售	188	187	4	24
食品、饮料及烟草制品专门零售	174	171	36	3
纺织、服装及日用品专门零售	257	255		2
文化、体育用品及器材专门零售	193	193	20	3
医药及医疗器材专门零售	161	160	14	3
汽车、摩托车、燃料及零配件专门零售	505	505	3	7
家用电器及电子产品专门零售	500	499	3	
五金、家具及室内装修材料专门零售	407	407		4
无店铺及其他零售	160	160	6	3

股份合作	联营	有限责任公司	股份有限公司	私营	其他内资	港、澳、台商投资企业	外商投资企业
			1	2			
			1	2			
		2	1				
			1				
		2					
				1			
				1			
2		14	2	35			
		3		24			
2		11	2	11			
		2	1	8			
				1			
		2	1	7			
				5			
				1			
				4			
2	**1**	**29**	**6**	**519**	**9**	**4**	**7**
1		6	4	21	1	3	6
1		1	4	11		2	6
		2		7		1	
		3		3	1		
	1	13	1	456	8		1
	1	7	1	33	1		1
		1		17			
		5		406	7		
1		10	1	42		1	
1		10	1	40		1	
				2			
12	**7**	**550**	**46**	**4654**	**36**	**10**	**12**
9	7	297	16	2556	18	5	9
	2	9	3	149	1		1
1	2	13		118	4	2	2
	1	15	1	81			1
		7		51			
		7		76			
6	1	132	8	1108	8	1	2
1	1	91	2	806	4	1	2
		5	1	19			1
1		18	1	148	1	1	
3		253	30	2098	18	5	3
2		16	2	138	1	1	
		12	3	117		2	1
1		33	3	215	1	2	
		24	6	139	1		
		14	3	123	3		1
		64	3	421	7		
		46	3	447			1
		29	4	366	4		
		15	3	132	1		

5-12 续表 6

行业	企业法人单位数(个)	内资企业	国有企业	集体企业
住宿和餐饮业	**479**	**476**	**33**	**17**
住宿业	252	250	28	13
旅游饭店	74	73	10	
一般旅馆	164	163	17	13
其他住宿服务	14	14	1	
餐饮业	227	226	5	4
正餐服务	206	205	4	4
快餐服务	7	7		
饮料及冷饮服务	6	6		
其他餐饮服务	8	8	1	
金融业	**174**	**173**	**14**	**5**
银行业	30	30	3	5
商业银行	28	28	1	5
其他银行	2	2	2	
证券业	2	2		
证券经纪与交易	1	1		
证券投资	1	1		
保险业	45	45	6	
人寿保险	14	14	2	
非人寿保险	26	26	4	
保险辅助服务	5	5		
其他金融活动	97	96	5	
金融信托与管理	2	2		
金融租赁	1	1		
财务公司	1	1		
邮政储蓄	6	6	4	
典当	42	42		
其他未列明的金融活动	45	44	1	
房地产业	**761**	**755**	**33**	**11**
房地产业	761	755	33	11
房地产开发经营	340	336	2	3
物业管理	255	253	25	4
房地产中介服务	112	112	2	1
其他房地产活动	54	54	4	3
租赁和商务服务业	**1068**	**1065**	**47**	**35**
租赁业	181	180	1	
机械设备租赁	179	178	1	
文化及日用品出租	2	2		
商务服务业	887	885	46	35
企业管理服务	91	91	14	5
法律服务	26	26	1	1
咨询与调查	156	156	4	3

股份合作	联营	有限责任公司	股份有限公司	私营	其他内资	港、澳、台商投资企业	外商投资企业
3		**57**	**8**	**351**	**7**		**3**
1		37	5	160	6		2
		16	1	45	1		1
1		17	4	106	5		1
		4		9			
2		20	3	191	1		1
2		20	3	171	1		1
				7			
				6			
				7			
17	**1**	**24**	**41**	**70**	**1**	**1**	
14	1		7				
14	1		7				
			1	1			
			1				
				1			
2		5	28	4			
			12				
2		3	16	1			
		2		3			
1		19	5	65	1	1	
		1		1			
		1					
				1			
		1	1				
1		10	2	28	1		
		6	2	35		1	
1	**3**	**188**	**9**	**501**	**9**		**6**
1	3	188	9	501	9		6
1	1	83	2	244			4
	2	73	3	139	7		2
		22	2	83	2		
		10	2	35			
7	**2**	**183**	**17**	**758**	**16**	**2**	**1**
		22	3	151	3	1	
		22	3	149	3	1	
				2			
7	2	161	14	607	13	1	1
1		34	2	34	1		
		1		23			
1		33	2	109	4		

5-12 续表 7

行业	企业法人单位数(个)	内资企业	国有企业	集体企业
广告业	269	269	1	
知识产权服务	15	15	1	
职业中介服务	86	85	4	1
市场管理	67	67	7	12
旅行社	73	73	8	3
其他商务服务	104	103	6	10
科学研究、技术服务和地质勘查业	**347**	**346**	**48**	**14**
研究与试验发展	20	19	2	
自然科学研究与试验发展	4	4	1	
工程和技术研究与试验发展	7	6		
农业科学研究与试验发展	4	4	1	
医学研究与试验发展	4	4		
社会人文科学研究与试验发展	1	1		
专业技术服务业	255	255	34	11
气象服务	7	7	2	
地震服务	1	1		
测绘服务	14	14	4	4
技术检测	35	35	3	4
环境监测	8	8	3	
工程技术与规划管理	175	175	21	3
其他专业技术服务	15	15	1	
科技交流和推广服务业	60	60	9	2
技术推广服务	47	47	6	2
科技中介服务	9	9	3	
其他科技服务	4	4		
地质勘查业	12	12	3	1
矿产地质勘查	7	7	2	
基础地质勘查	2	2	1	
地质勘查技术服务	3	3		1
水利、环境和公共设施管理业	**73**	**73**	**13**	
水利管理业	7	7	4	
水资源管理	3	3	2	
其他水利管理	4	4	2	
环境管理业	12	12	4	
自然保护	2	2	2	
环境治理	10	10	2	
公共设施管理业	54	54	5	
市政公共设施管理	3	3		
城市绿化管理	31	31	3	
游览景区管理	20	20	2	
居民服务和其他服务业	**343**	**342**	**9**	**7**
居民服务业	102	102		2
家庭服务	13	13		
托儿所	1	1		
洗染服务	4	4		

股份合作	联营	有限责任公司	股份有限公司	私营	其他内资	港、澳、台商投资企业	外商投资企业
1		35	3	226	3		
		3		10	1		
1		15		63	1	1	
1	1	4	3	38	1		
	1	18	1	42			
2		18	3	62	2		1
3		**78**	**6**	**188**	**9**		**1**
1		3		11	2		1
1				2			
				6			1
				1	2		
		3		1			
				1			
2		63	5	138	2		
		2		3			
				1			
		1		5			
		8	1	19			
				5			
1		48	3	97	2		
1		4	1	8			
		10	1	33	5		
		7		29	3		
		1		3	2		
		2	1	1			
		2		6			
		2		3			
				1			
				2			
1	**1**	**19**	**1**	**37**	**1**		
		1		2			
				1			
		1		1			
	1	1		6			
	1	1		6			
1		17	1	29	1		
		2		1			
1		8		18	1		
		7	1	10			
		17	**4**	**303**	**2**		**1**
		6	2	91	1		
				13			
				1			
				4			

5-12 续表 8

行业	企业法人单位数(个)	内资企业	国有企业	集体企业
理发及美容保健服务	16	16		
洗浴服务	20	20		1
婚姻服务	9	9		
殡葬服务	13	13		
摄影扩印服务	20	20		
其他居民服务	6	6		1
其他服务业	241	240	9	5
修理与维护	191	191	5	4
清洁服务	29	29	1	1
其他未列明的服务	21	20	3	
教育	**52**	**52**	**1**	**1**
教育	52	52	1	1
学前教育	5	5		
中等教育	1	1	1	
其他教育	46	46		1
卫生、社会保障和社会福利业	**64**	**64**	**5**	**4**
卫生	64	64	5	4
医院	39	39	2	1
卫生院及社区医疗活动	9	9	1	1
门诊部医疗活动	12	12	1	2
计划生育技术服务活动	1	1	1	
疾病预防控制及防疫活动	1	1		
其他卫生活动	2	2		
文化、体育和娱乐业	**103**	**102**	**18**	**2**
新闻出版业	4	4	3	
出版业	4	4	3	
广播、电视、电影和音像业	23	23	12	
广播	2	2	1	
电视	1	1		
电影	16	16	11	
音像制作	4	4		
文化艺术业	5	5		1
文艺创作与表演	1	1		
艺术表演场馆	1	1		1
文化艺术经纪代理	1	1		
其他文化艺术	2	2		
体育	2	2	1	
体育组织	1	1		
体育场馆	1	1	1	
娱乐业	69	68	2	1
室内娱乐活动	42	41	1	
游乐园	8	8		1
休闲健身娱乐活动	11	11		
其他娱乐活动	8	8	1	

股份合作	联营	有限责任公司	股份有限公司	私营	其他内资	港、澳、台商投资企业	外商投资企业
				16			
		2		17			
			1	8			
		3	1	9			
		1		18	1		
				5			
		11	2	212	1		1
		5	2	175			
		4		22	1		
		2		15			1
1	**1**	**5**	**1**	**41**	**1**		
1	1	5	1	41	1		
				5			
1	1	5	1	36	1		
1		**4**	**2**	**45**	**3**		
1		4	2	45	3		
1		3	2	29	1		
				5	2		
		1		8			
				1			
				2			
		14		**67**	**1**		**1**
				1			
				1			
		4		7			
				1			
		1					
		3		2			
				4			
		1		3			
		1					
				1			
				2			
				1			
				1			
		9		55	1		1
		3		36	1		1
		2		5			
		3		8			
		1		6			

5-13 按地区、登记注册

地 区	企业法人单位数(个)				
		内资企业			
			国有企业	集体企业	股份合作
总 计	**15514**	**15392**	**643**	**368**	**75**
银川市	**8121**	**8036**	**285**	**100**	**18**
兴庆区	4484	4454	156	45	9
西夏区	720	707	55	13	2
金凤区	1381	1354	40	8	2
永宁县	362	358	9	12	2
贺兰县	731	724	11	15	1
灵武市	443	439	14	7	2
石嘴山市	**2487**	**2470**	**95**	**49**	**22**
大武口区	1224	1214	46	20	7
惠农区	492	489	23	4	8
平罗县	771	767	26	25	7
吴忠市	**2103**	**2095**	**102**	**82**	**15**
红寺堡区	82	82	6		3
利通区	963	959	28	30	6
盐池县	372	370	24	25	3
同心县	236	236	11	8	
青铜峡市	450	448	33	19	3
固原市	**1230**	**1227**	**96**	**64**	**11**
原州区	512	510	33	16	6
西吉县	283	282	7	4	1
隆德县	143	143	13	14	
泾源县	82	82	19	14	3
彭阳县	210	210	24	16	1
中卫市	**1573**	**1564**	**65**	**73**	**9**
沙坡头区	829	826	27	35	1
中宁县	509	503	30	26	5
海原县	235	235	8	12	3

类型分组的企业法人单位数

联营	有限责任公司	股份有限公司	私营	其他内资	港、澳、台商投资企业	外商投资企业
31	**1798**	**218**	**12135**	**124**	**32**	**90**
10	**1068**	**92**	**6423**	**40**	**23**	**62**
8	608	59	3551	18	13	17
1	123	12	491	10	2	11
1	150	12	1138	3	5	22
	23	1	309	2	1	3
	108	3	581	5		7
	56	5	353	2	2	2
4	**331**	**47**	**1885**	**37**	**3**	**14**
2	237	28	852	22	2	8
1	60	16	366	11		3
1	34	3	667	4	1	3
3	**187**	**35**	**1642**	**29**	**3**	**5**
	7	6	60			
1	85	15	773	21	2	2
	14	7	295	2		2
1	5	3	204	4		
1	76	4	310	2	1	1
3	**63**	**23**	**957**	**10**	**1**	**2**
	34	16	405			2
2	11	4	247	6	1	
	3		112	1		
	4	1	41			
1	11	2	152	3		
11	**149**	**21**	**1228**	**8**	**2**	**7**
2	132	13	611	5	1	2
9	14	5	414		1	5
	3	3	203	3		

5-14 按行业(中类)、登记注册

行业	就业人数(人)	内资企业	国有企业	集体企业
总计	**610020**	**589488**	**97653**	**9542**
农、林、牧、渔业	**12897**	**12897**	**12897**	
农业	12897	12897	12897	
谷物及其他作物的种植	12897	12897	12897	
采矿业	**61722**	**61510**	**2101**	**647**
煤炭开采和洗选业	57990	57926	2027	515
烟煤和无烟煤的开采洗选	57985	57921	2022	515
其他煤炭采选	5	5	5	
石油和天然气开采业	362	336		
天然原油和天然气开采	263	237		
与石油和天然气开采有关的服务活动	99	99		
黑色金属矿采选业	202	202	1	
铁矿采选	201	201	1	
其他黑色金属矿采选	1	1		
有色金属矿采选业	157	35		
常用有色金属矿采选	136	14		
贵金属矿采选	1	1		
稀有稀土金属矿采选	20	20		
非金属矿采选业	3011	3011	73	132
土砂石开采	2681	2681		127
化学矿采选	5	5		5
石棉及其他非金属矿采选	325	325	73	
制造业	**217777**	**203046**	**6887**	**1919**
农副食品加工业	11894	11563	265	15
谷物磨制	2214	2214	49	8
饲料加工	1472	1262	19	4
植物油加工	507	507		
制糖	30	30		
屠宰及肉类加工	1497	1497	197	3
蔬菜、水果和坚果加工	1741	1730		
其他农副食品加工	4433	4323		
食品制造业	9053	8775	49	
焙烤食品制造	989	937		
糖果、巧克力及蜜饯制造	229	229	49	
方便食品制造	454	454		
液体乳及乳制品制造	3157	3023		
罐头制造	51	51		
调味品、发酵制品制造	3511	3486		
其他食品制造	662	595		
饮料制造业	5641	4320	134	2
酒的制造	4201	3085	100	
软饮料制造	1294	1089	34	2
精制茶加工	146	146		
烟草制品业	29	29	29	
烟叶复烤	29	29	29	
纺织业	9896	9600		

类型分组的企业法人单位就业人数

股份合作	联营	有限责任公司	股份有限公司	私营	其他内资	港、澳、台商投资企业	外商投资企业
5025	**1672**	**173547**	**63638**	**236382**	**2029**	**1848**	**18684**
131	**415**	**48884**	**522**	**8735**	**75**		**212**
131	415	48585	476	5777			64
131	415	48585	476	5777			64
		79		257			26
				237			26
		79		20			
				201			
				200			
				1			
				35			122
				14			122
				1			
				20			
		220	46	2465	75		
		214	46	2219	75		
		6		246			
833	**319**	**62112**	**30285**	**100219**	**472**	**1098**	**13633**
120		1756	131	9246	30	130	201
		175	16	1966			
		546		671	22	130	80
		36		471			
				30			
		361		936			
		40	53	1629	8		11
120		598	62	3543			110
		3971	1291	3464			278
		249		688			52
		56		124			
		117		337			
		344	1291	1388			134
				51			
		3170		316			25
		35		560			67
26		1094	30	3024	10	30	1291
		508	30	2447		20	1096
26		586		441		10	195
				136	10		
		2434	650	6511	5		296

5-14 续表 1

行业	就业人数（人）	内资企业	国有企业	集体企业
棉、化纤纺织及印染精加工	615	615		
毛纺织和染整精加工	8903	8607		
麻纺织	7	7		
丝绢纺织及精加工	60	60		
纺织制成品制造	285	285		
针织品、编织品及其制品制造	26	26		
纺织服装、鞋、帽制造业	895	385	102	7
纺织服装制造	895	385	102	7
皮革、毛皮、羽毛(绒)及其制品业	707	680		
皮革鞣制加工	218	218		
皮革制品制造	19	19		
毛皮鞣制及制品加工	423	396		
羽毛(绒)加工及制品制造	47	47		
木材加工及木、竹、藤、棕、草制品业	534	534		
锯材、木片加工	32	32		
人造板制造	89	89		
木制品制造	198	198		
竹、藤、棕、草制品制造	215	215		
家具制造业	772	772		10
木质家具制造	577	577		10
金属家具制造	79	79		
塑料家具制造	5	5		
其他家具制造	111	111		
造纸及纸制品业	16529	16419	1638	
纸浆制造	70	70		
造纸	15434	15324	1638	
纸制品制造	1025	1025		
印刷业和记录媒介的复制	3194	3132	148	268
印刷	3134	3072	148	268
装订及其他印刷服务活动	60	60		
文教体育用品制造业	30	30		
文化用品制造	15	15		
体育用品制造	15	15		
石油加工、炼焦及核燃料加工业	9814	9753		
精炼石油产品的制造	5344	5283		
炼焦	4470	4470		
化学原料及化学制品制造业	30670	28859	1841	139
基础化学原料制造	12619	11368		121
肥料制造	7368	7368	15	
农药制造	741	741		
涂料、油墨、颜料及类似产品制造	1051	747		
合成材料制造	5868	5804	1720	
专用化学产品制造	2719	2527	106	18
日用化学产品制造	304	304		
医药制造业	4926	4926		

股份合作	联营	有限责任公司	股份有限公司	私营	其他内资	港、澳、台商投资企业	外商投资企业
		150		465			
		2152	650	5805			296
				7			
				60			
		132		148	5		
				26			
		46		230			510
		46		230			510
		78		602		27	
		57		161			
				19			
		21		375		27	
				47			
		15		519			
				32			
				89			
		15		183			
				215			
		28		734			
		28		539			
				79			
				5			
				111			
10		5979	5107	3685			110
		30		40			
		5769	5105	2812			110
10		180	2	833			
97	8	298	5	2295	13		62
97	8	298		2240	13		62
			5	55			
				30			
				15			
				15			
		1686	3038	5029			61
		1196	3038	1049			61
		490		3980			
	311	6335	7087	13142	4	338	1473
	311	2181	110	8641	4		1251
		1439	4426	1488			
		118		623			
		276		471		304	
		1998	2050	36			64
		320	501	1582		34	158
		3		301			
		3151		1765	10		

5-14 续表 2

行　　业	就业人数（人）	内资企业	国有企业	集体企业
化学药品原药制造	2291	2291		
化学药品制剂制造	699	699		
中药饮片加工	187	187		
中成药制造	684	684		
兽用药品制造	981	981		
生物、生化制品的制造	74	74		
卫生材料及医药用品制造	10	10		
化学纤维制造业	113	113	13	
合成纤维制造	113	113	13	
橡胶制品业	4221	539		
轮胎制造	3731	49		
橡胶板、管、带的制造	370	370		
再生橡胶制造	18	18		
日用及医用橡胶制品制造	75	75		
其他橡胶制品制造	6	6		
塑料制品业	3982	3867		7
塑料薄膜制造	392	392		
塑料板、管、型材的制造	1116	1001		
塑料丝、绳及编织品的制造	1900	1900		
泡沫塑料制造	102	102		
塑料包装箱及容器制造	238	238		
塑料零件制造	63	63		
日用塑料制造	65	65		
其他塑料制品制造	106	106		7
非金属矿物制品业	34365	33810	758	842
水泥、石灰和石膏的制造	8297	8297		
水泥及石膏制品制造	4110	4110	126	71
砖瓦、石材及其他建筑材料制造	14757	14757	127	708
玻璃及玻璃制品制造	455	455		23
陶瓷制品制造	119	119		
耐火材料制品制造	294	294		
石墨及其他非金属矿物制品制造	6333	5778	505	40
黑色金属冶炼及压延加工业	13083	12801	1454	383
炼铁	2515	2515		
炼钢	30	30		
钢压延加工	1937	1937	1454	
铁合金冶炼	8601	8319		383
有色金属冶炼及压延加工业	20403	18951		
常用有色金属冶炼	15316	13953		
贵金属冶炼	3	3		
稀有稀土金属冶炼	4732	4732		
有色金属合金制造	176	176		
有色金属压延加工	176	87		
金属制品业	6963	6893	73	29
结构性金属制品制造	2416	2346	73	5
金属工具制造	214	214		

股份合作	联营	有限责任公司	股份有限公司	私营	其他内资	港、澳、台商投资企业	外商投资企业
		2209		82			
		673		26			
				187			
		178		496	10		
		91		890			
				74			
				10			
		100					
		100					
		46		493			3682
				49			3682
		40		330			
				18			
				75			
		6					
58		901		2901		115	
		108		284			
58		450		493		115	
		343		1557			
				102			
				238			
				63			
				65			
				99			
470		4658	2866	24006	210		555
458		2169	1858	3812			
		446	592	2812	63		
		635		13179	108		
		5		427			
		23		96			
		7		248	39		
12		1373	416	3432			555
		3524		7300	140	10	272
		1083		1292	140		
				30			
		89		394			
		2352		5584		10	272
		16143	223	2585		89	1363
		11451	223	2279			1363
				3			
		4674		58			
		16		160			
		2		85		89	
14		1015	2901	2861		70	
9		561	10	1688		70	
			29	185			

5-14 续表 3

行业	就业人数(人)	内资企业	国有企业	集体企业
集装箱及金属包装容器制造	241	241		
金属丝绳及其制品的制造	2958	2958		24
建筑、安全用金属制品制造	319	319		
金属表面处理及热处理加工	166	166		
搪瓷制品制造	52	52		
不锈钢及类似日用金属制品制造	142	142		
其他金属制品制造	455	455		
通用设备制造业	14556	11356	264	60
锅炉及原动机制造	539	539	214	
金属加工机械制造	2975	2440		57
起重运输设备制造	1078	1078		
泵、阀门、压缩机及类似机械的制造	369	369		
轴承、齿轮、传动和驱动部件的制造	5418	4907	3	3
烘炉、熔炉及电炉制造	14	14		
风机、衡器、包装设备等通用设备制造	594	580		
通用零部件制造及机械修理	638	484	47	
金属铸、锻加工	2931	945		
专用设备制造业	6166	6132	58	44
矿山、冶金、建筑专用设备制造	4917	4917	45	10
化工、木材、非金属加工专用设备制造	152	152		
食品、饮料、烟草及饲料生产专用设备制造	8	8		
印刷、制药、日化生产专用设备制造	217	217		
电子和电工机械专用设备制造	299	299		
农、林、牧、渔专用机械制造	268	268	13	34
医疗仪器设备及器械制造	92	58		
环保、社会公共安全及其他专用设备制造	213	213		
交通运输设备制造业	1071	1001	25	89
汽车制造	862	792	25	27
摩托车制造	20	20		
自行车制造	5	5		
交通器材及其他交通运输设备制造	184	184		62
电气机械及器材制造业	4942	4782	31	
电机制造	1934	1850	10	
输配电及控制设备制造	1606	1530		
电线、电缆、光缆及电工器材制造	389	389		
电池制造	289	289	21	
家用电力器具制造	20	20		
非电力家用器具制造	143	143		
照明器具制造	27	27		
其他电气机械及器材制造	534	534		
通信设备、计算机及其他电子设备制造业	116	116		
通信设备制造	6	6		
电子计算机制造	14	14		
电子元件制造	88	88		
家用视听设备制造	8	8		

股份合作	联营	有限责任公司	股份有限公司	私营	其他内资	港、澳、台商投资企业	外商投资企业
		35		206			
5		8	2862	59			
		38		281			
		90		76			
		52					
				142			
		231		224			
4		2524	4141	4363			3200
		137		188			
		1407	48	928			535
		445		633			
		32		337			
		117	4093	691			511
				14			
		302		278			14
4		70		363			154
		14		931			1986
31		4989		1010			34
		4461		401			
		28		124			
				8			
		209		8			
		260		39			
31		25		165			
		6		52			34
				213			
		44	8	835			70
		44	8	688			70
				20			
				5			
				122			
3		1054	1406	2288			160
		140	1406	294			84
3		241		1286			76
		201		188			
				268			
				20			
		12		131			
				27			
		460		74			
		88		28			
				6			
				14			
		88					
				8			

5-14 续表 4

行业	就业人数(人)	内资企业	国有企业	集体企业
仪器仪表及文化、办公用机械制造业	2407	2118		
通用仪器仪表制造	2272	1983		
专用仪器仪表制造	10	10		
光学仪器及眼镜制造	3	3		
文化、办公用机械制造	92	92		
其他仪器仪表的制造及修理	30	30		
工艺品及其他制造业	766	751	5	24
工艺美术品制造	442	427		
日用杂品制造	6	6		
煤制品制造	243	243	5	24
其他未列明的制造业	75	75		
废弃资源和废旧材料回收加工业	39	39		
金属废料和碎屑的加工处理	9	9		
非金属废料和碎屑的加工处理	30	30		
电力、燃气及水的生产和供应业	**30581**	**30502**	**20493**	**56**
电力、热力的生产和供应业	26415	26336	17528	20
电力生产	11197	11118	5237	
电力供应	11613	11613	11438	
热力生产和供应	3605	3605	853	20
燃气生产和供应业	828	828		
燃气生产和供应业	828	828		
水的生产和供应业	3338	3338	2965	36
自来水的生产和供应	2994	2994	2733	33
污水处理及其再生利用	341	341	232	
其他水的处理、利用与分配	3	3		3
建筑业	**71678**	**71579**	**17309**	**2003**
房屋和土木工程建筑业	63152	63152	16043	1928
房屋工程建筑	37605	37605	6772	1412
土木工程建筑	25547	25547	9271	516
建筑安装业	4390	4386	1191	72
建筑安装业	4390	4386	1191	72
建筑装饰业	3096	3001	27	3
建筑装饰业	3096	3001	27	3
其他建筑业	1040	1040	48	
工程准备	738	738	48	
提供施工设备服务	40	40		
其他未列明的建筑活动	262	262		
交通运输、仓储和邮政业	**24882**	**24882**	**10656**	**183**
道路运输业	11018	11018	357	11
公路旅客运输	4886	4886	229	11
道路货物运输	5779	5779	62	
道路运输辅助活动	353	353	66	
城市公共交通业	4512	4512	3335	
公共电汽车客运	3751	3751	3335	
出租车客运	727	727		
其他城市公共交通	34	34		

股份合作	联营	有限责任公司	股份有限公司	私营	其他内资	港、澳、台商投资企业	外商投资企业
		91	1389	638		289	
		85	1389	509		289	
		6		4			
				3			
				92			
				30			
		63	12	597	50		15
		63		364			15
				6			
			7	207			
			5	20	50		
		1		38			
				9			
		1		29			
	28	**8161**	**450**	**1286**	**28**		**79**
	20	7492	393	857	26		79
	20	5467	393	1			79
		172		3			
		1853		853	26		
		507	22	299			
		507	22	299			
	8	162	35	130	2		
	8	58	35	125	2		
		104		5			
101		**18382**	**3391**	**30370**	**23**	**95**	**4**
85		16987	3341	24764	4		
60		11133	2054	16174			
25		5854	1287	8590	4		
		799	15	2294	15		4
		799	15	2294	15		4
		444	35	2488	4	95	
		444	35	2488	4	95	
16		152		824			
		8		682			
		6		34			
16		138		108			
537	**26**	**4359**	**574**	**8295**	**252**		
531	26	2808	490	6543	252		
484	15	2124	314	1706	3		
47		663	14	4744	249		
	11	21	162	93			
		120	59	998			
		118	10	288			
		2	18	707			
			31	3			

5-14 续表 5

行业	就业人数(人)	内资企业	国有企业	集体企业
水上运输业	33	33		2
水上货物运输	33	33		2
航空运输业	1167	1167	120	
航空客货运输	127	127	120	
航空运输辅助活动	1040	1040		
管道运输业	1067	1067	1044	
管道运输业	1067	1067	1044	
装卸搬运和其他运输服务业	1103	1103	16	148
装卸搬运	893	893	13	144
运输代理服务	210	210	3	4
仓储业	848	848	707	22
谷物、棉花等农产品仓储	709	709	696	12
其他仓储	139	139	11	10
邮政业	5134	5134	5077	
国家邮政	5085	5085	5077	
其他寄递服务	49	49		
信息传输、计算机服务和软件业	**12128**	**8207**	**2124**	
电信和其他信息传输服务业	9120	5228	2124	
电信	8555	4685	1829	
互联网信息服务	99	77		
广播电视传输服务	459	459	288	
卫星传输服务	7	7	7	
计算机服务业	2437	2433		
计算机系统服务	302	298		
计算机维修	122	122		
其他计算机服务	2013	2013		
软件业	571	546		
公共软件服务	568	543		
其他软件服务	3	3		
批发和零售业	**62488**	**61973**	**7263**	**1525**
批发业	31782	31404	3783	986
农畜产品批发	2716	2708	876	35
食品、饮料及烟草制品批发	4242	3939	1816	50
纺织、服装及日用品批发	1130	1113		26
文化、体育用品及器材批发	646	646	217	
医药及医疗器材批发	1220	1220	148	
矿产品、建材及化工产品批发	12233	12216	556	549
机械设备、五金交电及电子产品批发	7265	7246	49	136
贸易经纪与代理	211	206	34	37
其他批发	2119	2110	87	153
零售业	30706	30569	3480	539
综合零售	8413	8407	628	277
食品、饮料及烟草制品专门零售	1697	1608	601	81
纺织、服装及日用品专门零售	2017	2003		14
文化、体育用品及器材专门零售	1681	1681	692	10
医药及医疗器材专门零售	3241	3233	973	26

股份合作	联营	有限责任公司	股份有限公司	私营	其他内资	港、澳、台商投资企业	外商投资企业
			7	24			
			7	24			
		1040	7				
			7				
		1040					
				23			
				23			
6		300	7	626			
		190		546			
6		110	7	80			
		91	4	24			
				1			
		91	4	23			
				57			
				8			
				49			
143	**8**	**414**	**1702**	**3752**	**64**	**435**	**3486**
133		155	1694	1083	39	410	3482
133		5	1694	1024		388	3482
		29		48		22	
		121		11	39		
	8	125	4	2271	25		4
	8	82	4	199	5		4
		4		118			
		39		1954	20		
10		134	4	398		25	
10		134	4	395		25	
				3			
426	**155**	**9092**	**3555**	**39781**	**176**	**156**	**359**
54	155	4113	1825	20402	86	57	321
	52	268	28	1443	6		8
4	37	117		1898	17	30	273
	55	140	13	879			17
		91		338			
		190		882			
38	5	1848	1357	7826	37	5	12
3	6	1002	8	6018	24	13	6
		24	11	100			5
9		433	408	1018	2	9	
372		4979	1730	19379	90	99	38
369		1353	998	4777	5	6	
		55	9	862		79	10
3		389	15	1574	8	14	
		125	53	799	2		
		498	95	1633	8		8

5-14 续表 6

行业	就业人数(人)	内资企业	国有企业	集体企业
汽车、摩托车、燃料及零配件专门零售	5473	5473	133	41
家用电器及电子产品专门零售	4533	4513	44	
五金、家具及室内装修材料专门零售	2138	2138		38
无店铺及其他零售	1513	1513	409	52
住宿和餐饮业	**21302**	**20709**	**1856**	**423**
住宿业	9673	9408	1696	257
旅游饭店	5956	5699	1173	
一般旅馆	3468	3460	439	257
其他住宿服务	249	249	84	
餐饮业	11629	11301	160	166
正餐服务	11174	10846	143	166
快餐服务	286	286		
饮料及冷饮服务	31	31		
其他餐饮服务	138	138	17	
金融业	**31954**	**31947**	**6733**	**906**
银行业	15540	15540	3391	906
商业银行	15176	15176	3027	906
其他银行	364	364	364	
证券业	58	58		
证券经纪与交易	50	50		
证券投资	8	8		
保险业	14981	14981	2979	
人寿保险	11331	11331	2358	
非人寿保险	3550	3550	621	
保险辅助服务	100	100		
其他金融活动	1375	1368	363	
金融信托与管理	21	21		
金融租赁	3	3		
财务公司	8	8		
邮政储蓄	679	679	346	
典当	222	222		
其他未列明的金融活动	442	435	17	
房地产业	**26204**	**25962**	**3358**	**342**
房地产业	26204	25962	3358	342
房地产开发经营	8959	8813	41	33
物业管理	14681	14585	3179	257
房地产中介服务	1453	1453	69	11
其他房地产活动	1111	1111	69	41
租赁和商务服务业	**17778**	**17712**	**3356**	**935**
租赁业	911	860	8	
机械设备租赁	906	855	8	
文化及日用品出租	5	5		
商务服务业	16867	16852	3348	935
企业管理服务	4227	4227	725	42
法律服务	392	392	35	5

股份合作	联营	有限责任公司	股份有限公司	私营	其他内资	港、澳、台商投资企业	外商投资企业
		1448	486	3326	39		
		776	27	3666			20
		246	24	1810	20		
		89	23	932	8		
113		**4104**	**202**	**13949**	**62**		**593**
13		2135	165	5086	56		265
		1725	11	2772	18		257
13		351	154	2208	38		8
		59		106			
100		1969	37	8863	6		328
100		1969	37	8425	6		328
				286			
				31			
				121			
2521	**636**	**455**	**20091**	**600**	**5**	**7**	
2467	636		8140				
2467	636		8140				
			50	8			
			50				
				8			
50		78	11782	92			
			8973				
50		65	2809	5			
		13		87			
4		377	119	500	5	7	
		19		2			
		3					
				8			
		243	90				
4		52	16	145	5		
		60	13	345		7	
38	**61**	**8280**	**228**	**13320**	**335**		**242**
38	61	8280	228	13320	335		242
38	15	2267	31	6388			146
	46	5356	46	5372	329		96
		286	8	1073	6		
		371	143	487			
94	**16**	**4809**	**2114**	**6054**	**334**	**57**	**9**
		84	9	749	10	51	
		84	9	744	10	51	
				5			
94	16	4725	2105	5305	324	6	9
2		1034	1972	444	8		
		9		343			

5-14 续表 7

行业	就业人数(人)	内资企业	国有企业	集体企业
咨询与调查	1437	1437	86	18
广告业	1555	1555	2	
知识产权服务	132	132	6	
职业中介服务	3075	3069	144	5
市场管理	1212	1212	304	201
旅行社	1025	1025	187	112
其他商务服务	3812	3803	1859	552
科学研究、技术服务和地质勘查业	**7630**	**7627**	**1563**	**230**
研究与试验发展	248	245	93	
自然科学研究与试验发展	56	56	37	
工程和技术研究与试验发展	44	41		
农业科学研究与试验发展	98	98	56	
医学研究与试验发展	47	47		
社会人文科学研究与试验发展	3	3		
专业技术服务业	6482	6482	1104	183
气象服务	74	74	38	
地震服务	3	3		
测绘服务	157	157	82	40
技术检测	612	612	218	18
环境监测	88	88	52	
工程技术与规划管理	5383	5383	689	125
其他专业技术服务	165	165	25	
科技交流和推广服务业	579	579	132	20
技术推广服务	527	527	112	20
科技中介服务	39	39	20	
其他科技服务	13	13		
地质勘查业	321	321	234	27
矿产地质勘查	249	249	204	
基础地质勘查	33	33	30	
地质勘查技术服务	39	39		27
水利、环境和公共设施管理业	**1834**	**1834**	**438**	
水利管理业	134	134	88	
水资源管理	82	82	73	
其他水利管理	52	52	15	
环境管理业	249	249	31	
自然保护	3	3	3	
环境治理	246	246	28	
公共设施管理业	1451	1451	319	
市政公共设施管理	62	62		
城市绿化管理	656	656	253	
游览景区管理	733	733	66	
居民服务和其他服务业	**4355**	**4351**	**101**	**139**
居民服务业	1570	1570		76
家庭服务	108	108		
托儿所	10	10		

股份合作	联营	有限责任公司	股份有限公司	私营	其他内资	港、澳、台商投资企业	外商投资企业
5		415	41	841	31		
21		200	20	1300	12		
		84		40	2		
15		1869		1033	3	6	
38	4	84	29	550	2		
	12	338	8	368			
13		692	35	386	266		9
12		**2711**	**149**	**2818**	**144**		**3**
3		43		72	34		3
3				16			
				41			3
				8	34		
		43		4			
				3			
9		2592	147	2358	89		
		21		15			
				3			
		6		29			
		148	8	220			
				36			
2		2374	100	2004	89		
7		43	39	51			
		62	2	342	21		
		47		334	14		
		5		7	7		
		10	2	1			
		14		46			
		14		31			
				3			
				12			
12	**3**	**499**	**247**	**629**	**6**		
		9		37			
				9			
		9		28			
	3	170		45			
	3	170		45			
12		320	247	547	6		
		45		17			
12		102		283	6		
		173	247	247			
		912	**68**	**3121**	**10**		**4**
		317	4	1169	4		
				108			
				10			

5-14 续表 8

行　业	就业人数(人)	内资企业	国有企业	集体企业
洗染服务	28	28		
理发及美容保健服务	187	187		
洗浴服务	631	631		71
婚姻服务	42	42		
殡葬服务	282	282		
摄影扩印服务	245	245		
其他居民服务	37	37		5
其他服务业	2785	2781	101	63
修理与维护	1858	1858	88	55
清洁服务	455	455	2	8
其他未列明的服务	472	468	11	
教育	**1106**	**1106**	**217**	**75**
教育	1106	1106	217	75
学前教育	47	47		
中等教育	217	217	217	
其他教育	842	842		75
卫生、社会保障和社会福利业	**2181**	**2181**	**67**	**154**
卫生	2181	2181	67	154
医院	1542	1542	25	15
卫生院及社区医疗活动	341	341	22	116
门诊部医疗活动	186	186	8	23
计划生育技术服务活动	12	12	12	
疾病预防控制及防疫活动	3	3		
其他卫生活动	97	97		
文化、体育和娱乐业	**1523**	**1463**	**234**	**5**
新闻出版业	19	19	15	
出版业	19	19	15	
广播、电视、电影和音像业	249	249	168	
广播	26	26	22	
电视	7	7		
电影	200	200	146	
音像制作	16	16		
文化艺术业	13	13		2
文艺创作与表演	3	3		
艺术表演场馆	2	2		2
文化艺术经纪代理	2	2		
其他文化艺术	6	6		
体育	12	12	10	
体育组织	2	2		
体育场馆	10	10	10	
娱乐业	1230	1170	41	3
室内娱乐活动	840	780	1	
游乐园	219	219		3
休闲健身娱乐活动	70	70		
其他娱乐活动	101	101	40	

股份合作	联营	有限责任公司	股份有限公司	私营	其他内资	港、澳、台商投资企业	外商投资企业
				28			
				187			
		168		392			
			1	41			
		105	3	174			
		44		197	4		
				32			
		595	64	1952	6		4
		63	64	1588			
		179		260	6		
		353		104			4
32	**5**	**85**	**4**	**687**	**1**		
32	5	85	4	687	1		
				47			
32	5	85	4	640	1		
32		**89**	**56**	**1744**	**39**		
32		89	56	1744	39		
32		67	56	1339	8		
				172	31		
		22		133			
				3			
				97			
		199		**1022**	**3**		**60**
				4			
				4			
		32		49			
				4			
		7					
		25		29			
				16			
		3		8			
		3					
				2			
				6			
				2			
				2			
		164		959	3		60
		27		749	3		60
		110		106			
		26		44			
		1		60			

5-15 按地区、登记注册类型分组的

地区	就业人数（人）	内资企业	国有企业	集体企业	股份合作
总计	**610020**	**589488**	**97653**	**9542**	**5025**
银川市	**336109**	**321242**	**62265**	**2497**	**909**
兴庆区	181670	180125	42619	595	160
西夏区	42755	35779	6718	749	51
金凤区	47150	42404	2744	196	13
永宁县	16736	16475	489	167	257
贺兰县	21774	20798	3711	208	180
灵武市	26024	25661	5984	582	248
石嘴山市	**102343**	**99603**	**15010**	**998**	**1087**
大武口区	46047	44314	8272	558	303
惠农区	33313	33135	5852	188	270
平罗县	22983	22154	886	252	514
吴忠市	**77562**	**76034**	**7039**	**2785**	**896**
红寺堡区	2252	2252	190		86
利通区	33369	32951	1909	837	778
盐池县	8730	8684	481	317	22
同心县	5811	5811	546	676	
青铜峡市	27400	26336	3913	955	10
固原市	**33892**	**33543**	**5400**	**1633**	**1212**
原州区	15246	14931	2298	935	405
西吉县	7009	6975	463	85	173
隆德县	3899	3899	320	370	
泾源县	2260	2260	197	123	540
彭阳县	5478	5478	2122	120	94
中卫市	**60114**	**59066**	**7939**	**1629**	**921**
沙坡头区	32919	32336	3292	669	228
中宁县	20807	20342	4354	777	475
海原县	6388	6388	293	183	218

企业法人单位就业人数

联营	有限责任公司	股份有限公司	私营	其他内资	港、澳、台商投资企业	外商投资企业
1672	**173547**	**63638**	**236382**	**2029**	**1848**	**18684**
1103	**104808**	**37792**	**111295**	**573**	**1360**	**13507**
784	68602	17220	49918	227	568	977
311	4708	13450	9748	44	230	6746
8	11804	5027	22370	242	464	4282
	8768	247	6532	15	20	241
	4944	1382	10355	18		976
	5982	466	12372	27	78	285
42	**34374**	**10792**	**36429**	**871**	**267**	**2473**
14	19826	4083	11139	119	78	1655
25	11473	5584	9203	540		178
3	3075	1125	16087	212	189	640
36	**21095**	**6502**	**37266**	**415**	**41**	**1487**
	554	341	1081			
5	4533	4110	20433	346	31	387
	1846	114	5893	11		46
11	176	666	3719	17		
20	13986	1271	6140	41	10	1054
52	**2581**	**2709**	**19870**	**86**	**34**	**315**
	1281	2457	7555			315
44	617	194	5378	21	34	
	184		3006	19		
	115	45	1240			
8	384	13	2691	46		
439	**10689**	**5843**	**31522**	**84**	**146**	**902**
19	8350	5269	14456	53	136	447
420	2099	536	11681		10	455
	240	38	5385	31		

5-16 按行业(中类)、登记注册

行业	全年营业收入(千元)	内资企业		
			国有企业	集体企业
总计	**271457368**	**255815328**	**41450487**	**1882171**
农、林、牧、渔业	**516559**	**516559**	**516559**	
农业	516559	516559	516559	
谷物及其他作物的种植	516559	516559	516559	
采矿业	**22716164**	**22506835**	**292900**	**66714**
煤炭开采和洗选业	21915679	21813983	272965	52442
烟煤和无烟煤的开采洗选	21915179	21813483	272465	52442
其他煤炭采选	500	500	500	
石油和天然气开采业	298076	216076		
天然原油和天然气开采	131844	49844		
与石油和天然气开采有关的服务活动	166232	166232		
黑色金属矿采选业	83127	83127		
铁矿采选	83127	83127		
有色金属矿采选业	26073	440		
常用有色金属矿采选	25633			
稀有稀土金属矿采选	440	440		
非金属矿采选业	393209	393209	19935	14272
土砂石开采	324130	324130		13452
化学矿采选	820	820		820
石棉及其他非金属矿采选	68259	68259	19935	
制造业	**101293012**	**90717896**	**4202653**	**314388**
农副食品加工业	4189669	4017574	94527	2465
谷物磨制	1743643	1743643	42650	1415
饲料加工	713935	550902	11605	1000
植物油加工	394392	394392		
制糖	4315	4315		
屠宰及肉类加工	437144	437144	40272	50
蔬菜、水果和坚果加工	194310	189087		
其他农副食品加工	701930	698091		
食品制造业	3354182	3338943	2040	
焙烤食品制造	107956	105296		
糖果、巧克力及蜜饯制造	23869	23869	2040	
方便食品制造	181525	181525		
液体乳及乳制品制造	1304098	1298798		
罐头制造	2493	2493		
调味品、发酵制品制造	1508890	1504050		
其他食品制造	225351	222912		
饮料制造业	1462217	973160	4667	14
酒的制造	909851	572225	3891	
软饮料制造	538737	387306	776	14
精制茶加工	13629	13629		
烟草制品业	9841	9841	9841	
烟叶复烤	9841	9841	9841	
纺织业	6224756	6163538		
棉、化纤纺织及印染精加工	55735	55735		

类型分组的全年营业收入

股份合作	联营	有限责任公司	股份有限公司	私营	其他内资	港、澳、台商投资企业	外商投资企业
2329953	**1004780**	**74210743**	**42088179**	**91772613**	**1076402**	**1031620**	**14610420**
34130	**91917**	**14860995**	**10107**	**7146072**	**4000**		**209329**
34130	91917	14660351	7907	6694271			101696
34130	91917	14660351	7907	6694271			101696
		161478		54598			82000
				49844			82000
		161478		4754			
				83127			
				83127			
				440			25633
							25633
				440			
		39166	2200	313636	4000		
		39072	2200	265406	4000		
		94		48230			
200448	**69811**	**31000814**	**18289848**	**35876154**	**763780**	**649414**	**9925702**
41102		745545	34593	3093932	5410	84464	87631
		50103	23171	1626304			
		339070		194867	4360	84464	78569
		81347		313045			
				4315			
		151775		245047			
		4389	1611	182037	1050		5223
41102		118861	9811	528317			3839
		1697488	565649	1073766			15239
		42183		63113			2660
		6930		14899			
		54205		127320			
		117500	565649	615649			5300
				2493			
		1475243		28807			4840
		1427		221485			2439
1200		421471	800	545001	7		489057
		63553	800	503981			337626
1200		357918		27398			151431
				13622	7		
		1422818	453283	4286837	600		61218
		14566		41169			

5-16 续表 1

行业	全年营业收入(千元)	内资企业	国有企业	集体企业
毛纺织和染整精加工	6121690	6060472		
麻纺织	551	551		
丝绢纺织及精加工	5214	5214		
纺织制成品制造	38684	38684		
针织品、编织品及其制品制造	2882	2882		
纺织服装、鞋、帽制造业	81376	19436	4277	300
纺织服装制造	81376	19436	4277	300
皮革、毛皮、羽毛(绒)及其制品业	148125	140942		
皮革鞣制加工	48429	48429		
皮革制品制造	579	579		
毛皮鞣制及制品加工	91513	84330		
羽毛(绒)加工及制品制造	7604	7604		
木材加工及木、竹、藤、棕、草制品业	64434	64434		
锯材、木片加工	9864	9864		
人造板制造	4518	4518		
木制品制造	39393	39393		
竹、藤、棕、草制品制造	10659	10659		
家具制造业	111820	111820		145
木质家具制造	76638	76638		145
金属家具制造	17076	17076		
塑料家具制造	800	800		
其他家具制造	17306	17306		
造纸及纸制品业	3636048	3612450	960287	
纸浆制造	2300	2300		
造纸	3507384	3483786	960287	
纸制品制造	126364	126364		
印刷业和记录媒介的复制	412526	406446	16520	23127
印刷	409682	403602	16520	23127
装订及其他印刷服务活动	2844	2844		
文教体育用品制造业	1629	1629		
文化用品制造	950	950		
体育用品制造	679	679		
石油加工、炼焦及核燃料加工业	12082491	12007629		
精炼石油产品的制造	9852663	9777801		
炼焦	2229828	2229828		
化学原料及化学制品制造业	16885319	16389318	1547921	56337
基础化学原料制造	6021728	5669367		54039
肥料制造	4004648	4004648	1125	
农药制造	869312	869312		
涂料、油墨、颜料及类似产品制造	432587	369650		
合成材料制造	4822561	4778976	1524579	
专用化学产品制造	724460	687342	22217	2298
日用化学产品制造	10023	10023		
医药制造业	1755375	1755375		
化学药品原药制造	1113908	1113908		
化学药品制剂制造	118450	118450		

股份合作	联营	有限责任公司	股份有限公司	私营	其他内资	港、澳、台商投资企业	外商投资企业
		1388237	453283	4218952			61218
				551			
				5214			
		20015		18069	600		
				2882			
		1077		13782			61940
		1077		13782			61940
		5393		135549		7183	
		680		47749			
				579			
		4713		79617		7183	
				7604			
		489		63945			
				9864			
				4518			
		489		38904			
				10659			
		360		111315			
		360		76133			
				17076			
				800			
				17306			
250		816963	1320087	514863			23598
				2300			
		801431	1320087	401981			23598
250		15532		110582			
2231	210	59286	385	303634	1053		6080
2231	210	59286		301175	1053		6080
			385	2459			
				1629			
				950			
				679			
		951417	7574611	3481601			74862
		757752	7574611	1445438			74862
		193665		2036163			
	69601	4476762	4041382	6188608	8707	65997	430004
	69601	1544481	7967	3984572	8707		352361
		325600	2956718	721205			
		42012		827300			
		227282		142368		62937	
		2244922	1003593	5882			43585
		92324	73104	497399		3060	34058
		141		9882			
		1239596		510799	4980		
		1107873		6035			
		112467		5983			

5-16 续表 2

行　业	全年营业收入(千元)	内资企业	国有企业	集体企业
中药饮片加工	22937	22937		
中成药制造	129567	129567		
兽用药品制造	366236	366236		
生物、生化制品的制造	3900	3900		
卫生材料及医药用品制造	377	377		
化学纤维制造业	8604	8604	3516	
合成纤维制造	8604	8604	3516	
橡胶制品业	2998398	87317		
轮胎制造	2916431	5350		
橡胶板、管、带的制造	70623	70623		
橡胶零件制造	825	825		
再生橡胶制造	1731	1731		
日用及医用橡胶制品制造	7727	7727		
其他橡胶制品制造	1061	1061		
塑料制品业	1160652	914267		620
塑料薄膜制造	86607	86607		
塑料板、管、型材的制造	643669	397284		
塑料丝、绳及编织品的制造	336342	336342		
泡沫塑料制造	16725	16725		
塑料包装箱及容器制造	30635	30635		
塑料零件制造	17097	17097		
日用塑料制造	17573	17573		
其他塑料制品制造	12004	12004		620
非金属矿物制品业	8490981	7975425	278714	61016
水泥、石灰和石膏的制造	2536186	2536186		
水泥及石膏制品制造	996278	996278	15730	7208
砖瓦、石材及其他建筑材料制造	828409	828409	4846	21116
玻璃及玻璃制品制造	68226	68226		6771
陶瓷制品制造	2217	2217		
耐火材料制品制造	51548	51548		
石墨及其他非金属矿物制品制造	4008117	3492561	258138	25921
黑色金属冶炼及压延加工业	10092883	9953268	1224974	140998
炼铁	2350918	2350918		
炼钢	2545	2545		
钢压延加工	1622675	1622675	1224974	
铁合金冶炼	6116745	5977130		140998
有色金属冶炼及压延加工业	16671690	13895035		
常用有色金属冶炼	14612563	11971386		
稀有稀土金属冶炼	1825618	1825618		
有色金属合金制造	91850	91850		
有色金属压延加工	141659	6181		
金属制品业	1869653	1860218	10717	8205
结构性金属制品制造	642142	632707	10717	29
金属工具制造	19655	19655		
集装箱及金属包装容器制造	41921	41921		
金属丝绳及其制品的制造	784041	784041		8176

股份合作	联营	有限责任公司	股份有限公司	私营	其他内资	港、澳、台商投资企业	外商投资企业
				22937			
		11796		112791	4980		
		7460		358776			
				3900			
				377			
		5088					
		5088					
		7280		80037			2911081
				5350			2911081
		6219		64404			
				825			
				1731			
				7727			
		1061					
17679		289901		606067		246385	
		20000		66607			
17679		213072		166533		246385	
		56829		279513			
				16725			
				30635			
				17097			
				17573			
				11384			
132523		1414913	1364565	4699530	24164		515556
128588		550677	978612	878309			
		165937	221695	584074	1634		
		81432		715035	5980		
		180		61275			
		1850		367			
		10878		24120	16550		
3935		603959	164258	2436350			515556
		2783305		5087208	716783		139615
		684908		949227	716783		
				2545			
		23314		374387			
		2075083		3761049			139615
		10521062	966498	2407475		135478	2641177
		8713263	966498	2291625			2641177
		1802224		23394			
		5575		86275			
				6181		135478	
1542		494390	776160	569204		9435	
1370		261630	247	358714		9435	
			3039	16616			
		8421		33500			
172		169	772874	2650			

5-16 续表 3

行业	全年营业收入(千元)	内资企业	国有企业	集体企业
建筑、安全用金属制品制造	90156	90156		
金属表面处理及热处理加工	38504	38504		
搪瓷制品制造	4480	4480		
不锈钢及类似日用金属制品制造	27923	27923		
其他金属制品制造	220831	220831		
通用设备制造业	3708517	1988500	17220	2845
锅炉及原动机制造	57683	57683	16382	
金属加工机械制造	1178301	424125		2569
起重运输设备制造	355762	355762		
泵、阀门、压缩机及类似机械的制造	31477	31477		
轴承、齿轮、传动和驱动部件的制造	809893	625977	38	276
烘炉、熔炉及电炉制造	2652	2652		
风机、衡器、包装设备等通用设备制造	104063	102553		
通用零部件制造及机械修理	161737	126702	800	
金属铸、锻加工	1006949	261569		
专用设备制造业	2892265	2888825	2808	11465
矿山、冶金、建筑专用设备制造	2101238	2101238	2808	7933
化工、木材、非金属加工专用设备制造	23562	23562		
食品、饮料、烟草及饲料生产专用设备制	324	324		
印刷、制药、日化生产专用设备制造	22364	22364		
电子和电工机械专用设备制造	676100	676100		
农、林、牧、渔专用机械制造	25886	25886		3532
医疗仪器设备及器械制造	13078	9638		
环保、社会公共安全及其他专用设备制造	29713	29713		
交通运输设备制造业	128779	102003	4649	6271
汽车制造	95240	68464	4649	1180
摩托车制造	511	511		
自行车制造	110	110		
交通器材及其他交通运输设备制造	32918	32918		5091
电气机械及器材制造业	2137072	1419232	17890	
电机制造	1125418	415868	13658	
输配电及控制设备制造	650970	642680		
电线、电缆、光缆及电工器材制造	157905	157905		
电池制造	60127	60127	4232	
家用电力器具制造	3000	3000		
非电力家用器具制造	16851	16851		
照明器具制造	3949	3949		
其他电气机械及器材制造	118852	118852		
通信设备、计算机及其他电子设备制造业	1473	1473		
通信设备制造	730	730		
电子计算机制造	181	181		
家用视听设备制造	562	562		
仪器仪表及文化、办公用机械制造业	630645	530173		
通用仪器仪表制造	611818	511346		
专用仪器仪表制造	803	803		
光学仪器及眼镜制造	86	86		
文化、办公用机械制造	13484	13484		
其他仪器仪表的制造及修理	4454	4454		

股份合作	联营	有限责任公司	股份有限公司	私营	其他内资	港、澳、台商投资企业	外商投资企业
		9825		80331			
		32577		5927			
		4480					
				27923			
		177288		43543			
500		566690	483281	917964			1720017
		26100		15201			
		299769	529	121258			754176
		141764		213998			
		4196		27281			
		5403	482752	137508			183916
				2652			
		41753		60800			1510
500		44659		80743			35035
		3046		258523			745380
2889		2731491		140172			3440
		2038941		51556			
		2761		20801			
				324			
		22364					
		667161		8939			
2889		102		19363			
		162		9476			3440
				29713			
		1756	300	89027			26776
		1756	300	60579			26776
				511			
				110			
				27827			
532		338720	328887	733203			717840
		10940	328887	62383			709550
532		88928		553220			8290
		130846		27059			
				55895			
				3000			
		1174		15677			
				3949			
		106832		12020			
				1473			
				730			
				181			
				562			
		5691	365002	159480		100472	
		5226	365002	141118		100472	
		465		338			
				86			
				13484			
				4454			

5-16 续表 4

行　　业	全年营业收入(千元)	内资企业	国有企业	集体企业
工艺品及其他制造业	73383	72812	2085	580
工艺美术品制造	13361	12790		
日用杂品制造	488	488		
煤制品制造	55102	55102	2085	580
其他未列明的制造业	4432	4432		
废弃资源和废旧材料回收加工业	8209	8209		
金属废料和碎屑的加工处理	1598	1598		
非金属废料和碎屑的加工处理	6611	6611		
电力、燃气及水的生产和供应业	**22061074**	**22057882**	**14933062**	**1247**
电力、热力的生产和供应业	21307918	21304726	14629336	245
电力生产	8366999	8363807	2179224	
电力供应	12288902	12288902	12288740	
热力生产和供应	652017	652017	161372	245
燃气生产和供应业	406338	406338		
燃气生产和供应业	406338	406338		
水的生产和供应业	346818	346818	303726	1002
自来水的生产和供应	291547	291547	273970	544
污水处理及其再生利用	54813	54813	29756	
其他水的处理、利用与分配	458	458		458
建筑业	**20693441**	**20675224**	**6768706**	**384408**
房屋和土木工程建筑业	19391719	19391719	6620029	368536
房屋工程建筑	12056290	12056290	3901317	294014
土木工程建筑	7335429	7335429	2718712	74522
建筑安装业	692718	691618	140273	15872
建筑安装业	692718	691618	140273	15872
建筑装饰业	444989	427872	2756	
建筑装饰业	444989	427872	2756	
其他建筑业	164015	164015	5648	
工程准备	102772	102772	5648	
提供施工设备服务	670	670		
其他未列明的建筑活动	60573	60573		
交通运输、仓储和邮政业	**3188737**	**3188737**	**1547765**	**18670**
道路运输业	1419614	1419614	42783	100
公路旅客运输	577956	577956	28572	100
道路货物运输	828992	828992	9900	
道路运输辅助活动	12666	12666	4311	
城市公共交通业	206124	206124	160121	
公共电汽车客运	172124	172124	160121	
出租车客运	31604	31604		
其他城市公共交通	2396	2396		
水上运输业	671	671		5
水上货物运输	671	671		5
航空运输业	99638	99638	2410	
航空客货运输	2410	2410	2410	
航空运输辅助活动	97228	97228		

	股份合作	联营	有限责任公司	股份有限公司	私营	其他内资	港、澳、台商投资企业	外商投资企业
			1862	14365	51844	2076		571
			1862		10928			571
					488			
				13893	38544			
				472	1884	2076		
					8209			
					1598			
					6611			
		40095	**6781709**	**115027**	**185570**	**1172**		**3192**
		39463	6426416	98462	110332	472		3192
		39463	6046657	98462	1			3192
			162					
			379597		110331	472		
			324454	10989	70895			
			324454	10989	70895			
		632	30839	5576	4343	700		
		632	6044	5576	4081	700		
			24795		262			
	76308		**4440072**	**1430731**	**7573299**	**1700**	**17117**	**1100**
	74386		4191441	1420037	6715990	1300		
	69263		2818175	137801	4835720			
	5123		1373266	1282236	1880270	1300		
			112587	8749	414037	100		1100
			112587	8749	414037	100		1100
			80774	1945	342097	300	17117	
			80774	1945	342097	300	17117	
	1922		55270		101175			
			380		96744			
					670			
	1922		54890		3761			
	66233	**2214**	**707386**	**46613**	**622725**	**177131**		
	66025	2214	550058	39537	541766	177131		
	61692	714	357641	32913	96204	120		
	4333		192171	3700	441877	177011		
		1500	246	2924	3685			
			1051	6571	38381			
			1008	330	10665			
			43	3862	27699			
				2379	17			
				218	448			
				218	448			
			97228					
			97228					

5-16 续表 5

行业	全年营业收入(千元)	内资企业	国有企业	集体企业
管道运输业	304919	304919	304598	
管道运输业	304919	304919	304598	
装卸搬运和其他运输服务业	91584	91584	2040	16859
装卸搬运	58655	58655	1290	16461
运输代理服务	32929	32929	750	398
仓储业	591346	591346	565229	1706
谷物、棉花等农产品仓储	555704	555704	554167	1537
其他仓储	35642	35642	11062	169
邮政业	474841	474841	470584	
国家邮政	470964	470964	470584	
其他寄递服务	3877	3877		
信息传输、计算机服务和软件业	**5279216**	**1487235**	**388511**	
电信和其他信息传输服务业	5034310	1247045	388511	
电信	4830630	1116816	309774	
互联网信息服务	83780	10329		
广播电视传输服务	119653	119653	78490	
卫星传输服务	247	247	247	
计算机服务业	160127	159333		
计算机系统服务	29100	28306		
计算机维修	9382	9382		
其他计算机服务	121645	121645		
软件业	84779	80857		
公共软件服务	84779	80857		
批发和零售业	**61993533**	**61676148**	**7963494**	**410973**
批发业	47240523	46938071	6650731	328054
农畜产品批发	1405631	1405631	823441	12600
食品、饮料及烟草制品批发	3432481	3164728	2586128	23792
纺织、服装及日用品批发	990762	986762		2061
文化、体育用品及器材批发	698635	698635	95515	
医药及医疗器材批发	487927	487927	70705	
矿产品、建材及化工产品批发	32500302	32498180	2869038	209094
机械设备、五金交电及电子产品批发	5513933	5505412	32218	49097
贸易经纪与代理	70334	57667	7908	3851
其他批发	2140518	2133129	165778	27559
零售业	14753010	14738077	1312763	82919
综合零售	3538689	3538349	175229	37092
食品、饮料及烟草制品专门零售	302176	297675	147711	13439
纺织、服装及日用品专门零售	354011	349860		2273
文化、体育用品及器材专门零售	352334	352334	170043	1052
医药及医疗器材专门零售	1207003	1206103	432747	2391
汽车、摩托车、燃料及零配件专门零售	5559911	5559911	304769	22461
家用电器及电子产品专门零售	2365288	2360247	3213	
五金、家具及室内装修材料专门零售	462829	462829		1937
无店铺及其他零售	610769	610769	79051	2274

股份合作	联营	有限责任公司	股份有限公司	私营	其他内资	港、澳、台商投资企业	外商投资企业
				321			
				321			
208		36813	185	35479			
		14278		26626			
208		22535	185	8853			
		22236	102	2073			
		22236	102	2073			
				4257			
				380			
				3877			
56963	**900**	**67355**	**741364**	**226824**	**5318**	**319658**	**3472323**
56425		31404	738164	28263	4278	315736	3471529
56425			738164	12453		242285	3471529
		3024		7305		73451	
		28380		8505	4278		
	900	12088	1500	143805	1040		794
	900	10416	1500	15170	320		794
		1100		8282			
		572		120353	720		
538		23863	1700	54756		3922	
538		23863	1700	54756		3922	
251707	**466268**	**11393818**	**11598275**	**29508943**	**82670**	**35128**	**282257**
23196	466268	7376113	9766133	22265576	62000	26662	275790
	20342	117494	3481	416562	11711		
120	6950	44939		483566	19233	12491	255262
	419650	32894	2302	529855			4000
		89569		513551			
		98579		318643			
18591	17322	5021694	9725387	14628573	8481	1048	1074
1200	2004	1104832	831	4292755	22475	5734	2787
		8465	49	37394			12667
3285		857647	34083	1044677	100	7389	
228511		4017705	1832142	7243367	20670	8466	6467
226630		873758	895019	1329528	1093	340	
		9730	1	126794		3975	526
1881		94969	3064	246140	1533	4151	
		17614	7771	155848	6		
		312131	16628	438880	3326		900
		1651054	892968	2675945	12714		
		921446	6369	1429219			5041
		121220	5814	332948	910		
		15783	4508	508065	1088		

5-16 续表 6

行业	全年营业收入(千元)	内资企业	国有企业	集体企业
住宿和餐饮业	**1484518**	**1457799**	**110145**	**16068**
住宿业	618441	595458	101348	7731
旅游饭店	424867	401999	72324	
一般旅馆	181665	181550	24129	7731
其他住宿服务	11909	11909	4895	
餐饮业	866077	862341	8797	8337
正餐服务	843479	839743	8297	8337
快餐服务	14350	14350		
饮料及冷饮服务	2150	2150		
其他餐饮服务	6098	6098	500	
金融业	**16000561**	**16000023**	**3995860**	**451168**
银行业	11839991	11839991	2925659	451168
商业银行	10833162	10833162	1918830	451168
其他银行	1006829	1006829	1006829	
证券业	19391	19391		
证券经纪与交易	15021	15021		
证券投资	4370	4370		
保险业	3954559	3954559	1042171	
人寿保险	2600035	2600035	861661	
非人寿保险	1351861	1351861	180510	
保险辅助服务	2663	2663		
其他金融活动	186620	186082	28030	
金融信托与管理	840	840		
金融租赁	74	74		
财务公司	4800	4800		
邮政储蓄	66205	66205	19880	
典当	32724	32724		
其他未列明的金融活动	81977	81439	8150	
房地产业	**12893072**	**12208200**	**238893**	**109546**
房地产业	12893072	12208200	238893	109546
房地产开发经营	11970735	11289627	18329	100443
物业管理	606659	602895	198556	3721
房地产中介服务	167712	167712	17334	500
其他房地产活动	147966	147966	4674	4882
租赁和商务服务业	**1631480**	**1621264**	**197431**	**72130**
租赁业	72878	63313	437	
机械设备租赁	72821	63256	437	
文化及日用品出租	57	57		
商务服务业	1558602	1557951	196994	72130
企业管理服务	620528	620528	102174	2912
法律服务	29696	29696	1000	16
咨询与调查	176974	176974	4430	12997

股份合作	联营	有限责任公司	股份有限公司	私营	其他内资	港、澳、台商投资企业	外商投资企业
6708		**307157**	**6822**	**1007730**	**3169**		**26719**
100		161116	5509	316527	3127		22983
		145941	730	181504	1500		22868
100		12240	4779	130944	1627		115
		2935		4079			
6608		146041	1313	691203	42		3736
6608		146041	1313	669105	42		3736
				14350			
				2150			
				5598			
1606470	**314920**	**77628**	**9469831**	**84026**	**120**	**538**	
1597349	314920		6550895				
1597349	314920		6550895				
			15021	4370			
			15021				
				4370			
8499		3052	2898218	2619			
			1738374				
8499		2733	1159844	275			
		319		2344			
622		74576	5697	77037	120	538	
		840					
		74					
				4800			
		44685	1640				
622		19962	721	11299	120		
		9015	3336	60938		538	
11896	**16716**	**3508120**	**19695**	**8295833**	**7501**		**684872**
11896	16716	3508120	19695	8295833	7501		684872
11896	15364	3212511	5396	7925688			681108
	1352	220249	2704	168887	7426		3764
		16806	680	132317	75		
		58554	10915	68941			
12519	**1610**	**459505**	**335971**	**525368**	**16730**	**9765**	**451**
		18103	365	44067	341	9565	
		18103	365	44010	341	9565	
				57			
12519	1610	441402	335606	481301	16389	200	451
115		113541	326905	66721	8160		
		1456		27224			
300		64943	3023	86732	4549		

5-16 续表 7

行业	全年营业收入(千元)	内资企业	国有企业	集体企业
广告业	160135	160135	137	
知识产权服务	5327	5327	18	
职业中介服务	93172	92972	5446	115
市场管理	81542	81542	6337	12194
旅行社	262381	262381	32422	17108
其他商务服务	128847	128396	45030	26788
科学研究、技术服务和地质勘查业	**943503**	**943453**	**211354**	**16006**
研究与试验发展	14515	14465	7586	
自然科学研究与试验发展	7559	7559	6100	
工程和技术研究与试验发展	4134	4084		
农业科学研究与试验发展	1960	1960	1486	
医学研究与试验发展	782	782		
社会人文科学研究与试验发展	80	80		
专业技术服务业	861414	861414	173746	11668
气象服务	2672	2672	1393	
地震服务	112	112		
测绘服务	11678	11678	6418	2675
技术检测	45209	45209	22722	2667
环境监测	6545	6545	5172	
工程技术与规划管理	745724	745724	130553	6326
其他专业技术服务	49474	49474	7488	
科技交流和推广服务业	32287	32287	4859	548
技术推广服务	29910	29910	3206	548
科技中介服务	1938	1938	1653	
其他科技服务	439	439		
地质勘查业	35287	35287	25163	3790
矿产地质勘查	28750	28750	23760	
基础地质勘查	1825	1825	1403	
地质勘查技术服务	4712	4712		3790
水利、环境和公共设施管理业	**157981**	**157981**	**40758**	
水利管理业	9723	9723	6637	
水资源管理	3709	3709	3194	
其他水利管理	6014	6014	3443	
环境管理业	20493	20493	4089	
自然保护	341	341	341	
环境治理	20152	20152	3748	
公共设施管理业	127765	127765	30032	
市政公共设施管理	8399	8399		
城市绿化管理	95672	95672	29553	
游览景区管理	23694	23694	479	
居民服务和其他服务业	**291006**	**290980**	**2748**	**4343**
居民服务业	128179	128179		1888
家庭服务	3034	3034		
托儿所	100	100		
洗染服务	647	647		

股份合作	联营	有限责任公司	股份有限公司	私营	其他内资	港、澳、台商投资企业	外商投资企业
2112		19305	1267	137257	57		
		3492		1795	22		
3288		57233		26840	50	200	
6310	500	20202	2401	33578	20		
	1110	126181	807	84753			
394		35049	1203	16401	3531		451
527		**465714**	**6782**	**236132**	**6938**		**50**
50		753		5602	474		50
50				1409			
				4084			50
					474		
		753		29			
				80			
477		456794	6700	206020	6009		
		991		288			
				112			
		6		2579			
		9404	160	10256			
				1373			
310		439646	6150	156730	6009		
167		6747	390	34682			
		5867	82	20476	455		
		5478		20423	255		
		32		53	200		
		357	82				
		2300		4034			
		2300		2690			
				422			
				922			
984	**15**	**45686**	**1567**	**65501**	**3470**		
		2174		912			
				515			
		2174		397			
	15	14780		1609			
	15	14780		1609			
984		28732	1567	62980	3470		
		1812		6587			
984		15232		46433	3470		
		11688	1567	9960			
		60777	**3491**	**219010**	**611**		**26**
		33405	340	92280	266		
				3034			
				100			
				647			

5-16 续表 8

行业	全年营业收入(千元)	内资企业	国有企业	集体企业
理发及美容保健服务	7010	7010		
洗浴服务	41919	41919		1856
婚姻服务	536	536		
殡葬服务	57128	57128		
摄影扩印服务	17177	17177		
其他居民服务	628	628		32
其他服务业	162827	162801	2748	2455
修理与维护	124136	124136	2237	2288
清洁服务	13830	13830	73	167
其他未列明的服务	24861	24835	438	
教育	**65071**	**65071**	**22829**	**6901**
教育	65071	65071	22829	6901
学前教育	1338	1338		
中等教育	22829	22829	22829	
其他教育	40904	40904		6901
卫生、社会保障和社会福利业	**137406**	**137406**	**3832**	**8829**
卫生	137406	137406	3832	8829
医院	102776	102776	2582	500
卫生院及社区医疗活动	14871	14871	520	6929
门诊部医疗活动	10903	10903	330	1400
计划生育技术服务活动	400	400	400	
疾病预防控制及防疫活动	84	84		
其他卫生活动	8372	8372		
文化、体育和娱乐业	**111034**	**106635**	**12987**	**780**
新闻出版业	760	760	500	
出版业	760	760	500	
广播、电视、电影和音像业	35619	35619	7213	
广播	4150	4150	3260	
电视	2080	2080		
电影	28329	28329	3953	
音像制作	1060	1060		
文化艺术业	1670	1670		280
文艺创作与表演	700	700		
艺术表演场馆	280	280		280
文化艺术经纪代理	500	500		
其他文化艺术	190	190		
体育	1566	1566	1564	
体育组织	2	2		
体育场馆	1564	1564	1564	
娱乐业	71419	67020	3710	500
室内娱乐活动	41820	37421	50	
游乐园	18350	18350		500
休闲健身娱乐活动	3616	3616		
其他娱乐活动	7633	7633	3660	

股份合作	联营	有限责任公司	股份有限公司	私营	其他内资	港、澳、台商投资企业	外商投资企业
				7010			
		18092		21971			
			10	526			
		12393	330	44405			
		2920		13991	266		
				596			
		27372	3151	126730	345		26
		5599	3151	110861			
		3661		9584	345		
		18112		6285			26
4800	**314**	**2738**	**42**	**27447**			
4800	314	2738	42	27447			
				1338			
4800	314	2738	42	26109			
260		**5454**	**12013**	**105046**	**1972**		
260		5454	12013	105046	1972		
260		2966	12013	84391	64		
				5514	1908		
		2488		6685			
				84			
				8372			
		25815		**66933**	**120**		**4399**
				260			
				260			
		7376		21030			
				890			
		2080					
		5296		19080			
				1060			
		700		690			
		700					
				500			
				190			
				2			
				2			
		17739		44951	120		4399
		1255		35996	120		4399
		14702		3148			
		1782		1834			
				3973			

5-17 按地区、登记注册类型

地区	全年营业收入(千元)	内资企业	国有企业	集体企业	股份合作
总计	**271457368**	**255815328**	**41450487**	**1882171**	**2329953**
银川市	**161214924**	**151017859**	**28432020**	**317237**	**438073**
兴庆区	80468833	79226357	22552516	86740	12281
西夏区	27219980	22239742	3532643	40194	4833
金凤区	27684786	24080969	1401794	22014	300
永宁县	5831964	5801231	77351	43674	184041
贺兰县	8079420	7800333	225822	19282	93177
灵武市	11929941	11869227	641894	105333	143441
石嘴山市	**50469086**	**48861824**	**6619894**	**208349**	**652368**
大武口区	20069495	18772734	3337297	56314	159037
惠农区	17349777	17303690	2962267	19176	152603
平罗县	13049814	12785400	320330	132859	340728
吴忠市	**34729240**	**31736304**	**3172717**	**737350**	**465736**
红寺堡区	166346	166346	52142		16664
利通区	11677559	11321477	1135280	112579	442460
盐池县	2291051	2207025	66604	117428	1289
同心县	2546603	2546603	80869	138226	
青铜峡市	18047681	15494853	1837822	369117	5323
固原市	**6706176**	**6533421**	**1131033**	**368150**	**329241**
原州区	4453947	4284252	644312	222431	52676
西吉县	794898	791838	52152	40114	70318
隆德县	347105	347105	68328	55179	
泾源县	392165	392165	34014	24180	158497
彭阳县	718061	718061	332227	26246	47750
中卫市	**18337942**	**17665920**	**2094823**	**251085**	**444535**
沙坡头区	9918058	9555573	1555999	70979	192384
中宁县	7912372	7602835	503279	144913	207133
海原县	507512	507512	35545	35193	45018

分组的全年营业收入

联营	有限责任公司	股份有限公司	私营	其他内资	港、澳、台商投资企业	外商投资企业
1004780	**74210743**	**42088179**	**91772613**	**1076402**	**1031620**	**14610420**
828319	**40105690**	**32912159**	**47935371**	**48990**	**733620**	**9463445**
757818	22833981	10067095	22880233	35693	246914	995562
69601	1678511	12824105	4085200	4655	273122	4707116
900	4978976	8762545	8908023	6417	196836	3406981
	3346686	1567	2147672	240		30733
	3234192	270653	3956900	307		279087
	4033344	986194	5957343	1678	16748	43966
6926	**14977304**	**4471075**	**20988971**	**936937**	**171137**	**1436125**
2636	7081910	2368437	5747966	19137	134937	1161824
4275	6809258	1991562	4454437	910112		46087
15	1086136	111076	10786568	7688	36200	228214
41277	**12644812**	**2272185**	**12326290**	**75937**	**80840**	**2912096**
	29017	5619	62904			
314	1858906	1184193	6549091	38654	80840	275242
	302698	18882	1698824	1300		84026
1500	13422	453911	1839442	19233		
39463	10440769	609580	2176029	16750		2552828
21270	**1983867**	**220276**	**2472254**	**7330**	**3060**	**169695**
	1761988	203938	1398907			169695
21060	91855	9004	502875	4460	3060	
	20257		203271	70		
	68439	1123	105912			
210	41328	6211	261289	2800		
106988	**4499070**	**2212484**	**8049727**	**7208**	**42963**	**629059**
15864	2724829	1318065	3672688	4765	42963	319522
91124	1749165	889531	4017690			309537
	25076	4888	359349	2443		

5-18 按行业(中类)、登记注册

行业	资产总计(千元)	内资企业	国有企业	集体企业
总计	**579598484**	**560536892**	**106393358**	**7014905**
农、林、牧、渔业	**278480**	**278480**	**278480**	
农业	278480	278480	278480	
谷物及其他作物的种植	278480	278480	278480	
采矿业	**55305751**	**55070592**	**837530**	**55879**
煤炭开采和洗选业	53776118	53709518	715447	48284
烟煤和无烟煤的开采洗选	53775718	53709118	715047	48284
其他煤炭采选	400	400	400	
石油和天然气开采业	786234	654174		
天然原油和天然气开采	274033	141973		
与石油和天然气开采有关的服务活动	512201	512201		
黑色金属矿采选业	123226	123226	102822	
铁矿采选	122976	122976	102822	
其他黑色金属矿采选	250	250		
有色金属矿采选业	68299	31800		
常用有色金属矿采选	66499	30000		
稀有稀土金属矿采选	1800	1800		
非金属矿采选业	551874	551874	19261	7595
土砂石开采	482624	482624		6575
化学矿采选	1020	1020		1020
石棉及其他非金属矿采选	68230	68230	19261	
制造业	**117516905**	**106595554**	**9177051**	**212729**
农副食品加工业	3871149	3771046	61697	4360
谷物磨制	1097142	1097142	22470	1191
饲料加工	373760	325736	2412	400
植物油加工	221990	221990		
制糖	6152	6152		
屠宰及肉类加工	518418	518418	36815	2769
蔬菜、水果和坚果加工	358326	355847		
其他农副食品加工	1295361	1245761		
食品制造业	3411350	3260479	3690	
焙烤食品制造	121840	117186		
糖果、巧克力及蜜饯制造	33102	33102	3690	
方便食品制造	81437	81437		
液体乳及乳制品制造	1399969	1297049		
罐头制造	4488	4488		
调味品、发酵制品制造	1521193	1513887		
其他食品制造	249321	213330		
饮料制造业	3140906	2162481	103935	5
酒的制造	2471702	1661214	96873	
软饮料制造	654647	486710	7062	5
精制茶加工	14557	14557		
烟草制品业	14820	14820	14820	
烟叶复烤	14820	14820	14820	

类型分组的企业资产总额

股份合作企业	联营企业	有限责任公司	股份有限公司	私营企业	其他企业	港、澳、台商投资企业	外商投资企业
18415073	**8594033**	**176289066**	**132517460**	**110901252**	**411745**	**1273267**	**17788325**
67930	**46260**	**48550155**	**59906**	**5449712**	**3220**		**235159**
67930	46260	47990794	54906	4785897			66600
67930	46260	47990794	54906	4785897			66600
		505986		148188			132060
				141973			132060
		505986		6215			
				20404			
				20154			
				250			
				31800			36499
				30000			36499
				1800			
		53375	5000	463423	3220		
		52719	5000	415110	3220		
		656		48313			
355839	**61847**	**38366813**	**20112702**	**38066879**	**241694**	**618832**	**10302519**
106209		627300	42045	2926029	3406	37397	62706
		53201	9284	1010996			
		128290		192278	2356	37397	10627
		43991		177999			
				6152			
		170049		308785			
		3888	21692	329217	1050		2479
106209		227881	11069	900602			49600
		1569553	638071	1049165			150871
		37240		79946			4654
		11604		17808			
		25486		55951			
		103603	638071	555375			102920
				4488			
		1380805		133082			7306
		10815		202515			35991
12000		684946	3000	1358066	529	2500	975925
		347355	3000	1213986			810488
12000		337591		130052		2500	165437
				14028	529		

5-18 续表 1

行　　业	资产总计（千元）			
		内资企业		
			国有企业	集体企业
纺织业	7875561	7522646		
棉、化纤纺织及印染精加工	79853	79853		
毛纺织和染整精加工	7725752	7372837		
麻纺织	330	330		
丝绢纺织及精加工	30687	30687		
纺织制成品制造	34261	34261		
针织品、编织品及其制品制造	4678	4678		
纺织服装、鞋、帽制造业	118760	55840	4080	550
纺织服装制造	118760	55840	4080	550
皮革、毛皮、羽毛(绒)及其制品业	245568	235190		
皮革鞣制加工	65751	65751		
皮革制品制造	2383	2383		
毛皮鞣制及制品加工	129877	119499		
羽毛(绒)加工及制品制造	47557	47557		
木材加工及木、竹、藤、棕、草制品业	103613	103613		
锯材、木片加工	5486	5486		
人造板制造	21260	21260		
木制品制造	71426	71426		
竹、藤、棕、草制品制造	5441	5441		
家具制造业	135939	135939		280
木质家具制造	99196	99196		280
金属家具制造	11670	11670		
塑料家具制造	1200	1200		
其他家具制造	23873	23873		
造纸及纸制品业	9358024	9323714	4487178	
纸浆制造	21000	21000		
造纸	9153304	9118994	4487178	
纸制品制造	183720	183720		
印刷业和记录媒介的复制	534627	524357	23206	39313
印刷	529534	519264	23206	39313
装订及其他印刷服务活动	5093	5093		
文教体育用品制造业	2822	2822		
文化用品制造	1360	1360		
体育用品制造	1462	1462		
石油加工、炼焦及核燃料加工业	8567605	8434384		
精炼石油产品的制造	5069748	4936527		
炼焦	3497857	3497857		
化学原料及化学制品制造业	16854012	16058920	2569853	36587
基础化学原料制造	4718570	4107236		33854
肥料制造	4764991	4764991	1250	
农药制造	390740	390740		
涂料、油墨、颜料及类似产品制造	455905	368323		
合成材料制造	5642246	5610512	2540553	
专用化学产品制造	855436	790994	28050	2733
日用化学产品制造	26124	26124		
医药制造业	3957156	3957156		
化学药品原药制造	2436728	2436728		

股份合作企业	联营企业	有限责任公司	股份有限公司	私营企业	其他企业	港、澳、台商投资企业	外商投资企业
		1852369	449569	5220148	560		352915
		14178		65675			
		1826365	449569	5096903			352915
				330			
				30687			
		11826		21875	560		
				4678			
		2241		48969			62920
		2241		48969			62920
		16742		218448		10378	
		13000		52751			
				2383			
		3742		115757		10378	
				47557			
		572		103041			
				5486			
				21260			
		572		70854			
				5441			
		1600		134059			
		1600		97316			
				11670			
				1200			
				23873			
1235		1068574	3021109	745618			34310
		20000		1000			
		1033715	3021109	576992			34310
1235		14859		167626			
10370	350	102925	2200	340593	5400		10270
10370	350	102925		337700	5400		10270
			2200	2893			
				2822			
				1360			
				1462			
		1694822	2610807	4128755			133221
		1464718	2610807	861002			133221
		230104		3267753			
	61497	2988272	5673736	4711975	17000	91802	703290
	61497	1039608	13729	2941548	17000		611334
		254466	3863164	646111			
		25168		365572			
		177612		190711		87582	
		1370343	1696647	2969			31734
		120937	100196	539078		4220	60222
		138		25986			
		2781597		1173059	2500		
		2391052		45676			

5-18 续表 2

行业	资产总计（千元）	内资企业	国有企业	集体企业
化学药品制剂制造	227809	227809		
中药饮片加工	41368	41368		
中成药制造	598718	598718		
兽用药品制造	626372	626372		
生物、生化制品的制造	25415	25415		
卫生材料及医药用品制造	746	746		
化学纤维制造业	32864	32864	75	
合成纤维制造	32864	32864	75	
橡胶制品业	2115322	96500		
轮胎制造	2021620	2798		
橡胶板、管、带的制造	71814	71814		
橡胶零件制造	2628	2628		
再生橡胶制造	1260	1260		
日用及医用橡胶制品制造	16393	16393		
其他橡胶制品制造	1607	1607		
塑料制品业	1150080	905519		700
塑料薄膜制造	83359	83359		
塑料板、管、型材的制造	603277	358716		
塑料丝、绳及编织品的制造	359997	359997		
泡沫塑料制造	34261	34261		
塑料包装箱及容器制造	31056	31056		
塑料零件制造	10360	10360		
日用塑料制造	15676	15676		
其他塑料制品制造	12094	12094		700
非金属矿物制品业	11971978	11541619	491469	63159
水泥、石灰和石膏的制造	5300877	5300877		
水泥及石膏制品制造	1694504	1694504	30419	8034
砖瓦、石材及其他建筑材料制造	1105893	1105893	11967	17610
玻璃及玻璃制品制造	137311	137311		22348
陶瓷制品制造	34601	34601		
耐火材料制品制造	85886	85886		
石墨及其他非金属矿物制品制造	3612906	3182547	449083	15167
黑色金属冶炼及压延加工业	6577683	6533263	1220735	44967
炼铁	1576905	1576905		
炼钢	6575	6575		
钢压延加工	1460170	1460170	1220735	
铁合金冶炼	3534033	3489613		44967
有色金属冶炼及压延加工业	22046667	19543170		
常用有色金属冶炼	16865120	14499666		
稀有稀土金属冶炼	4988681	4988681		
有色金属合金制造	42932	42932		
有色金属压延加工	149934	11891		
金属制品业	2445020	2433164	46350	854
结构性金属制品制造	735323	723467	46350	186
金属工具制造	31547	31547		
集装箱及金属包装容器制造	115965	115965		

股份合作企业	联营企业	有限责任公司	股份有限公司	私营企业	其他企业	港、澳、台商投资企业	外商投资企业
		220408		7401			
				41368			
		57075		539143	2500		
		113062		513310			
				25415			
				746			
		32789					
		32789					
		6646		89854			2018822
				2798			2018822
		5039		66775			
				2628			
				1260			
				16393			
		1607					
25482		283293		596044		244561	
		34248		49111			
25482		206353		126881		244561	
		42692		317305			
				34261			
				31056			
				10360			
				15676			
				11394			
194628		1784061	3246896	5719520	41886		430359
192620		844492	2607103	1656662			
		255486	576863	816852	6850		
		258602		815498	2216		
		330		114633			
		6519		28082			
		7656		45410	32820		
2008		410976	62930	2242383			430359
		2111173		2988415	167973		44420
		900721		508211	167973		
				6575			
		24960		214475			
		1185492		2259154			44420
		16167130	735135	2640905		138043	2365454
		11188462	735135	2576069			2365454
		4973275		15406			
		5393		37539			
				11891		138043	
2770		308739	1246020	828431		11856	
2607		145901	5155	523268		11856	
			8556	22991			
		12537		103428			

5-18 续表 3

行　业	资产总计（千元）	内资企业		
			国有企业	集体企业
金属丝绳及其制品的制造	1242391	1242391		668
建筑、安全用金属制品制造	89119	89119		
金属表面处理及热处理加工	15156	15156		
搪瓷制品制造	4660	4660		
不锈钢及类似日用金属制品制造	42843	42843		
其他金属制品制造	168016	168016		
通用设备制造业	5961945	3445990	65862	6424
锅炉及原动机制造	285678	285678	62840	
金属加工机械制造	1701788	892054		5701
起重运输设备制造	548196	548196		
泵、阀门、压缩机及类似机械的制造	82323	82323		
轴承、齿轮、传动和驱动部件的制造	1464154	1151890	872	723
烘炉、熔炉及电炉制造	1905	1905		
风机、衡器、包装设备等通用设备制造	160853	157873		
通用零部件制造及机械修理	237878	113762	2150	
金属铸、锻加工	1479170	212309		
专用设备制造业	2850024	2842594	5194	7691
矿山、冶金、建筑专用设备制造	2154132	2154132	4694	3367
化工、木材、非金属加工专用设备制造	45172	45172		
食品、饮料、烟草及饲料生产专用设备制造	345	345		
印刷、制药、日化生产专用设备制造	161198	161198		
电子和电工机械专用设备制造	367472	367472		
农、林、牧、渔专用机械制造	36118	36118	500	4324
医疗仪器设备及器械制造	47711	40281		
环保、社会公共安全及其他专用设备制造	37876	37876		
交通运输设备制造业	428791	409387	9087	6330
汽车制造	335067	315663	9087	1350
摩托车制造	4839	4839		
自行车制造	723	723		
交通器材及其他交通运输设备制造	88162	88162		4980
电气机械及器材制造业	2401151	1993904	64848	
电机制造	1293481	905484	60978	
输配电及控制设备制造	727815	708565		
电线、电缆、光缆及电工器材制造	188720	188720		
电池制造	89452	89452	3870	
家用电力器具制造	1000	1000		
非电力家用器具制造	22471	22471		
照明器具制造	3617	3617		
其他电气机械及器材制造	74595	74595		
通信设备、计算机及其他电子设备制造业	50917	50917		
通信设备制造	5000	5000		
电子计算机制造	1287	1287		
电子元件制造	44009	44009		
家用视听设备制造	621	621		
仪器仪表及文化、办公用机械制造业	1091622	1009327		
通用仪器仪表制造	1068703	986408		

股份合作企业	联营企业	有限责任公司	股份有限公司	私营企业	其他企业	港、澳、台商投资企业	外商投资企业
163		5091	1232309	4160			
		21453		67666			
		12560		2596			
		4660					
				42843			
		106537		61479			
500		1210028	932507	1230669			2515955
		95113		127725			
		700917	2590	182846			809734
		241149		307047			
		4465		77858			
		37910	929917	182468			312264
				1905			
		101267		56606			2980
500		22267		88845			124116
		6940		205369			1266861
1245		2607697		220767			7430
		2075333		70738			
		5659		39513			
				345			
		161198					
		359842		7630			
1245		5520		24529			
		145		40136			7430
				37876			
		131437	2750	259783			19404
		131437	2750	171039			19404
				4839			
				723			
				83182			
1400		264535	735783	927338			407247
		28093	735783	80630			387997
1400		54357		652808			19250
		118059		70661			
				85582			
				1000			
		3089		19382			
				3617			
		60937		13658			
		44009		6908			
				5000			
				1287			
		44009					
				621			
		5899	769911	233517		82295	
		5154	769911	211343		82295	

5-18 续表 4

行业	资产总计（千元）	内资企业	国有企业	集体企业
专用仪器仪表制造	2495	2495		
光学仪器及眼镜制造	120	120		
文化、办公用机械制造	13187	13187		
其他仪器仪表的制造及修理	7117	7117		
工艺品及其他制造业	187876	180876	4972	1509
工艺美术品制造	53676	46676		
日用杂品制造	50	50		
煤制品制造	123301	123301	4972	1509
其他未列明的制造业	10849	10849		
废弃资源和废旧材料回收加工业	13053	13053		
金属废料和碎屑的加工处理	6973	6973		
非金属废料和碎屑的加工处理	6080	6080		
电力、燃气及水的生产和供应业	**49951065**	**49831198**	**17903619**	**10184**
电力、热力的生产和供应业	46111596	45991729	15469345	2000
电力生产	28861519	28741652	2085977	
电力供应	14442688	14442688	12880320	
热力生产和供应	2807389	2807389	503048	2000
燃气生产和供应业	1172584	1172584		
燃气生产和供应业	1172584	1172584		
水的生产和供应业	2666885	2666885	2434274	8184
自来水的生产和供应	2124724	2124724	1919368	8000
污水处理及其再生利用	541977	541977	514906	
其他水的处理、利用与分配	184	184		184
建筑业	**23014225**	**23002349**	**4735418**	**413978**
房屋和土木工程建筑业	20866001	20866001	4592171	399070
房屋工程建筑	12677019	12677019	2362028	320470
土木工程建筑	8188982	8188982	2230143	78600
建筑安装业	1115400	1114360	127298	14791
建筑安装业	1115400	1114360	127298	14791
建筑装饰业	699066	688230	4913	117
建筑装饰业	699066	688230	4913	117
其他建筑业	333758	333758	11036	
工程准备	281064	281064	11036	
提供施工设备服务	796	796		
其他未列明的建筑活动	51898	51898		
交通运输、仓储和邮政业	**17023345**	**17023345**	**4182014**	**27598**
道路运输业	2523915	2523915	102315	660
公路旅客运输	1331049	1331049	16119	660
道路货物运输	1158897	1158897	80000	
道路运输辅助活动	33969	33969	6196	
城市公共交通业	369436	369436	275138	
公共电汽车客运	301086	301086	275138	
出租车客运	60740	60740		
其他城市公共交通	7610	7610		
水上运输业	1426	1426		120
水上货物运输	1426	1426		120

股份合作企业	联营企业	有限责任公司	股份有限公司	私营企业	其他企业	港、澳、台商投资企业	外商投资企业
		745		1750			
				120			
				13187			
				7117			
		17734	3163	151058	2440		7000
		17734		28942			7000
				50			
			2889	113931			
			274	8135	2440		
		130		12923			
				6973			
		130		5950			
	56994	**29291684**	**1931363**	**636059**	**1295**		**119867**
	50863	28185703	1823784	459839	195		119867
	50863	24781027	1823784	1			119867
		1559118		3250			
		1845558		456588	195		
		1030430	4088	138066			
		1030430	4088	138066			
	6131	75551	103491	38154	1100		
	6131	53738	103491	32896	1100		
		21813		5258			
168556		**7024283**	**1462026**	**9195088**	**3000**	**10836**	**1040**
165789		6509700	1453151	7744400	1720		
164579		4153220	357635	5319087			
1210		2356480	1095516	2425313	1720		
		360299	3552	607440	980		1040
		360299	3552	607440	980		1040
		121967	5323	555610	300	10836	
		121967	5323	555610	300	10836	
2767		32317		287638			
		7648		262380			
		200		596			
2767		24469		24662			
147030	**1790**	**11079290**	**150359**	**1407323**	**27941**		
146750	1790	959949	59736	1224774	27941		
139481	1490	759779	43477	369783	260		
7269		191984	4822	847141	27681		
	300	8186	11437	7850			
		1671	11654	80973			
		1639	3051	21258			
		32	1493	59215			
			7110	500			
			586	720			
			586	720			

5-18 续表 5

行业	资产总计(千元)	内资企业	国有企业	集体企业
航空运输业	10095125	10095125	4009	
航空客货运输	78659	78659	4009	
航空运输辅助活动	10016466	10016466		
管道运输业	972289	972289	969289	
管道运输业	972289	972289	969289	
装卸搬运和其他运输服务业	142233	142233	254	7582
装卸搬运	61027	61027	204	7306
运输代理服务	81206	81206	50	276
仓储业	1713540	1713540	1632292	19236
谷物、棉花等农产品仓储	1642732	1642732	1625952	14980
其他仓储	70808	70808	6340	4256
邮政业	1205381	1205381	1198717	
国家邮政	1199407	1199407	1198717	
其他寄递服务	5974	5974		
信息传输、计算机服务和软件业	**7983122**	**2368591**	**1065699**	
电信和其他信息传输服务业	7609482	2000306	1065699	
电信	6953676	1433500	602342	
互联网信息服务	103798	14798		
广播电视传输服务	551880	551880	463229	
卫星传输服务	128	128	128	
计算机服务业	287614	287259		
计算机系统服务	42530	42175		
计算机维修	16471	16471		
其他计算机服务	228613	228613		
软件业	86026	81026		
公共软件服务	86006	81006		
其他软件服务	20	20		
批发和零售业	**35243050**	**34499014**	**3720895**	**264085**
批发业	25619320	24963638	2936734	175455
农畜产品批发	1023722	1023702	484329	18708
食品、饮料及烟草制品批发	2684892	2119413	1483245	10726
纺织、服装及日用品批发	1386564	1383564		1604
文化、体育用品及器材批发	539097	539097	112108	
医药及医疗器材批发	435292	435292	40447	
矿产品、建材及化工产品批发	14284868	14206843	730436	102728
机械设备、五金交电及电子产品批发	3587638	3583771	41910	25572
贸易经纪与代理	90142	89851	30952	5372
其他批发	1587105	1582105	13307	10745
零售业	9623730	9535376	784161	88630
综合零售	2711657	2708017	116507	49265
食品、饮料及烟草制品专门零售	305140	286923	149189	11511
纺织、服装及日用品专门零售	341030	337578		1384
文化、体育用品及器材专门零售	431166	431166	185852	1440
医药及医疗器材专门零售	757939	757639	201152	1687
汽车、摩托车、燃料及零配件专门零售	2644309	2644309	54732	16800
家用电器及电子产品专门零售	1512756	1450011	10383	
五金、家具及室内装修材料专门零售	546100	546100		2750
无店铺及其他零售	373633	373633	66346	3793

股份合作企业	联营企业	有限责任公司	股份有限公司	私营企业	其他企业	港、澳、台商投资企业	外商投资企业
		10016466	74650				
			74650				
		10016466					
				3000			
				3000			
280		45721	1460	86936			
		13981		39536			
280		31740	1460	47400			
		55483	2273	4256			
				1800			
		55483	2273	2456			
				6664			
				690			
				5974			
89429	**2100**	**114408**	**735114**	**356507**	**5334**	**522389**	**5092142**
88381		79294	734114	30750	2068	517389	5091787
88381			734114	8663		428389	5091787
		4077		10721		89000	
		75217		11366	2068		
	2100	11031	500	270362	3266		355
	2100	8482	500	30293	800		355
		650		15821			
		1899		224248	2466		
1048		24083	500	55395		5000	
1048		24083	500	55375		5000	
				20			
118381	**755454**	**6149647**	**2269759**	**21146235**	**74558**	**108733**	**635303**
23048	755454	3954539	1276847	15807860	33701	84071	571611
	25056	121889	3649	368172	1899		20
500	470	42673		576964	4835	8056	557423
	711500	25644	1007	643809			3000
		71054		355935			
		61457		333388			
10198	17322	2413858	1024973	9897259	10069	68569	9456
12160	1106	634132	1293	2850850	16748	2446	1421
		14027	729	38771			291
190		569805	245196	742712	150	5000	
95333		2195108	992912	5338375	40857	24662	63692
91481		527676	903307	1019586	195	3640	
		10849	1296	114078		17570	647
3852		81531	2320	247793	698	3452	
		22499	8066	213275	34		
		202909	12286	339319	286		300
		841554	30839	1665137	35247		
		354259	8337	1077032			62745
		131949	11852	396759	2790		
		21882	14609	265396	1607		

5-18 续表 6

行业	资产总计(千元)	内资企业	国有企业	集体企业
住宿和餐饮业	**3406662**	**3297550**	**390416**	**34031**
住宿业	2144496	2055966	349841	21115
旅游饭店	1360047	1273259	260733	
一般旅馆	726658	724916	69860	21115
其他住宿服务	57791	57791	19248	
餐饮业	1262166	1241584	40575	12916
正餐服务	1235267	1214685	36375	12916
快餐服务	14197	14197		
饮料及冷饮服务	2864	2864		
其他餐饮服务	9838	9838	4200	
金融业	**192860875**	**192850398**	**61104190**	**5271771**
银行业	176306011	176306011	56016614	5271771
商业银行	142590404	142590404	22301007	5271771
其他银行	33715607	33715607	33715607	
证券业	143694	143694		
证券经纪与交易	80756	80756		
证券投资	62938	62938		
保险业	5462086	5462086	2519234	
人寿保险	4921463	4921463	2500492	
非人寿保险	538067	538067	18742	
保险辅助服务	2556	2556		
其他金融活动	10949084	10938607	2568342	
金融信托与管理	38	38		
金融租赁	9572	9572		
财务公司	31794	31794		
邮政储蓄	9704932	9704932	2485342	
典当	254950	254950		
其他未列明的金融活动	947798	937321	83000	
房地产业	**43712972**	**42426425**	**384957**	**385727**
房地产业	43712972	42426425	384957	385727
房地产开发经营	39829757	38544808	34158	259882
物业管理	815910	814312	160524	4811
房地产中介服务	1006919	1006919	181245	106868
其他房地产活动	2060386	2060386	9030	14166
租赁和商务服务业	**20589652**	**20586672**	**1490034**	**288653**
租赁业	307810	306810	437	
机械设备租赁	306555	305555	437	
文化及日用品出租	1255	1255		
商务服务业	20281842	20279862	1489597	288653
企业管理服务	16219508	16219508	1146055	87636
法律服务	29010	29010	800	84
咨询与调查	1581640	1581640	27033	19845

股份合作企业	联营企业	有限责任公司	股份有限公司	私营企业	其他企业	港、澳、台商投资企业	外商投资企业
9776		**743791**	**27886**	**2080774**	**10876**		**109112**
415		397185	19286	1257434	10690		88530
		339783	50	670393	2300		86788
415		37675	19236	568225	8390		1742
		19727		18816			
9361		346606	8600	823340	186		20582
9361		346606	8600	800641	186		20582
				14197			
				2864			
				5638			
17405117	**7614590**	**185091**	**100295023**	**974466**	**150**	**10477**	
17374176	7614590		90028860				
17374176	7614590		90028860				
			80756	62938			
			80756				
				62938			
8499		3187	2929752	1414			
			2420971				
8499		1532	508781	513			
		1655		901			
22442		181904	7255655	910114	150	10477	
		34		4			
		9572					
				31794			
		3360	7216230				
22442		109285	7601	115472	150		
		59653	31824	762844		10477	
25283	**52344**	**14205051**	**236945**	**27127174**	**8944**		**1286547**
25283	52344	14205051	236945	27127174	8944		1286547
25283	48579	11959571	199389	26017946			1284949
	3765	384547	2657	249364	8644		1598
		81800	4319	632387	300		
		1779133	30580	227477			
12870	**2110**	**12389903**	**3202943**	**3187145**	**13014**	**2000**	**980**
		149679	1302	152888	2504	1000	
		149679	1302	151633	2504	1000	
				1255			
12870	2110	12240224	3201641	3034257	10510	1000	980
1103		10829529	3176922	978163	100		
		1295		26831			
400		1063076	8789	459733	2764		

5-18 续表 7

行　　业	资产总计（千元）	内资企业	国有企业	集体企业
广告业	250300	250300	102	
知识产权服务	37441	37441	170	
职业中介服务	1086569	1085569	32152	256
市场管理	518113	518113	28719	121093
旅行社	386531	386531	231929	44969
其他商务服务	172730	171750	22637	14770
科学研究、技术服务和地质勘查业	**8501834**	**8498834**	**396707**	**10846**
研究与试验发展	172085	169085	150274	
自然科学研究与试验发展	6390	6390	4750	
工程和技术研究与试验发展	9728	6728		
农业科学研究与试验发展	148826	148826	145524	
医学研究与试验发展	6561	6561		
社会人文科学研究与试验发展	580	580		
专业技术服务业	1534587	1534587	206112	7037
气象服务	2547	2547	498	
地震服务	280	280		
测绘服务	8538	8538	4015	1212
技术检测	111161	111161	50706	2407
环境监测	7511	7511	3339	
工程技术与规划管理	1351566	1351566	126277	3418
其他专业技术服务	52984	52984	21277	
科技交流和推广服务业	6748493	6748493	5517	839
技术推广服务	6745488	6745488	4628	839
科技中介服务	2945	2945	889	
其他科技服务	60	60		
地质勘查业	46669	46669	34804	2970
矿产地质勘查	37189	37189	29871	
基础地质勘查	4977	4977	4933	
地质勘查技术服务	4503	4503		2970
水利、环境和公共设施管理业	**3077466**	**3077466**	**581165**	
水利管理业	481718	481718	479499	
水资源管理	478907	478907	478251	
其他水利管理	2811	2811	1248	
环境管理业	132876	132876	43392	
自然保护	5534	5534	5534	
环境治理	127342	127342	37858	
公共设施管理业	2462872	2462872	58274	
市政公共设施管理	81035	81035		
城市绿化管理	185129	185129	39401	
游览景区管理	2196708	2196708	18873	
居民服务和其他服务业	**443471**	**442471**	**3326**	**16980**
居民服务业	204861	204861		14508
家庭服务	4600	4600		
托儿所	80	80		
洗染服务	2371	2371		

股份合作企业	联营企业	有限责任公司	股份有限公司	私营企业	其他企业	港、澳、台商投资企业	外商投资企业
1148		63533	1433	183946	138		
		32753		4452	66		
9		16582		1036490	80	1000	
6000	1200	105531	12001	243269	300		
	910	75781	316	32626			
4210		52144	2180	68747	7062		980
1518		**7763953**	**11571**	**305414**	**8825**		**3000**
1000		6494		8515	2802		3000
1000				640			
				6728			3000
				500	2802		
		6494		67			
				580			
518		1049100	11541	256266	4013		
		689		1360			
				280			
		480		2831			
		14828	300	42920			
				4172			
49		1008277	10741	198791	4013		
469		24826	500	5912			
		6707541	30	32556	2010		
		6705964		32447	1610		
		1547		109	400		
		30	30				
		818		8077			
		818		6500			
				44			
				1533			
2744	**230**	**278252**	**2000000**	**212175**	**2900**		
		1102		1117			
				656			
		1102		461			
	230	85073		4181			
	230	85073		4181			
2744		192077	2000000	206877	2900		
		69339		11696			
2744		33997		106087	2900		
		88741	2000000	89094			
		66001	**18591**	**336814**	**759**		**1000**
		37977	4540	147120	716		
				4600			
				80			
				2371			

5-18 续表 8

行业	资产总计(千元)	内资企业	国有企业	集体企业
理发及美容保健服务	7083	7083		
洗浴服务	59985	59985		1434
婚姻服务	1280	1280		
殡葬服务	95477	95477		
摄影扩印服务	19867	19867		
其他居民服务	14118	14118		13074
其他服务业	238610	237610	3326	2472
修理与维护	193933	193933	2248	2289
清洁服务	15161	15161	128	183
其他未列明的服务	29516	28516	950	
教育	**119062**	**119062**	**26065**	**6901**
教育	119062	119062	26065	6901
学前教育	5394	5394		
中等教育	26065	26065	26065	
其他教育	87603	87603		6901
卫生、社会保障和社会福利业	**227007**	**227007**	**4363**	**8343**
卫生	227007	227007	4363	8343
医院	184832	184832	1524	367
卫生院及社区医疗活动	24484	24484	1240	6980
门诊部医疗活动	10571	10571	1299	996
计划生育技术服务活动	300	300	300	
疾病预防控制及防疫活动	1	1		
其他卫生活动	6819	6819		
文化、体育和娱乐业	**343540**	**341884**	**111429**	**7200**
新闻出版业	1827	1827	1387	
出版业	1827	1827	1387	
广播、电视、电影和音像业	85502	85502	33597	
广播	5557	5557	4357	
电视	3500	3500		
电影	75075	75075	29240	
音像制作	1370	1370		
文化艺术业	2100	2100		400
文艺创作与表演	1400	1400		
艺术表演场馆	400	400		400
文化艺术经纪代理	200	200		
其他文化艺术	100	100		
体育	9740	9740	9240	
体育组织	500	500		
体育场馆	9240	9240	9240	
娱乐业	244371	242715	67205	6800
室内娱乐活动	104032	102376	800	
游乐园	51558	51558		6800
休闲健身娱乐活动	18393	18393		
其他娱乐活动	70388	70388	66405	

股份合作企业	联营企业	有限责任公司	股份有限公司	私营企业	其他企业	港、澳、台商投资企业	外商投资企业
				7083			
		11320		47231			
			40	1240			
		21017	4500	69960			
		5640		13511	716		
				1044			
		28024	14051	189694	43		1000
		12044	14051	163301			
		3200		11607	43		
		12780		14786			1000
7600	**314**	**7940**	**47**	**70195**			
7600	314	7940	47	70195			
				5394			
7600	314	7940	47	64801			
3000		**4629**	**3225**	**194512**	**8935**		
3000		4629	3225	194512	8935		
3000		3668	3225	173018	30		
				7359	8905		
		961		7315			
				1			
				6819			
		68175		**154780**	**300**		**1656**
				440			
				440			
		38319		13586			
				1200			
		3500					
		34819		11016			
				1370			
		1400		300			
		1400					
				200			
				100			
				500			
				500			
		28456		139954	300		1656
		2431		98845	300		1656
		22067		22691			
		3958		14435			
				3983			

5-19 按地区、登记注册

地区	企业资产总计(千元)	内资企业	国有企业	集体企业	股份合作企业
总计	**579598484**	**560536892**	**106393358**	**7014905**	**18415073**
银川市	**425958551**	**412767465**	**85505176**	**527419**	**4776024**
兴庆区	246390539	243706935	54369817	310673	39166
西夏区	27934728	23481176	1403836	37297	7769
金凤区	100595417	95329739	28920482	47848	2235
永宁县	11621558	11545560	204643	55562	2034318
贺兰县	9845465	9247394	169673	14250	1062938
灵武市	29570844	29456661	436725	61789	1629598
石嘴山市	**62600642**	**61222057**	**8854997**	**364833**	**6131301**
大武口区	28515434	27478447	4526250	33971	1485054
惠农区	20539494	20469941	4063682	32640	1593755
平罗县	13545714	13273669	265065	298222	3052492
吴忠市	**45531323**	**42431591**	**3261300**	**3799031**	**550186**
红寺堡区	532393	532393	28171		225828
利通区	14296901	13628614	937725	117556	318412
盐池县	3475232	3336972	124474	1146137	3409
同心县	3450842	3450842	128600	837520	
青铜峡市	23775955	21482770	2042330	1697818	2537
固原市	**10848201**	**10731153**	**1763977**	**2051950**	**2090798**
原州区	5606311	5493483	818018	1463749	129866
西吉县	1616393	1612173	68371	21091	825289
隆德县	906954	906954	66012	538725	
泾源县	1042131	1042131	29115	14463	613768
彭阳县	1676412	1676412	782461	13922	521875
中卫市	**34659767**	**33384626**	**7007908**	**271672**	**4866764**
沙坡头区	21637189	20938463	6168354	185169	2204907
中宁县	11860292	11283877	777821	71643	1900856
海原县	1162286	1162286	61733	14860	761001

类型分组的企业资产总额

联营企业	有限责任公司	股份有限公司	私营企业	其他企业	港、澳、台商投资企业	外商投资企业
8594033	**176289066**	**132517460**	**110901252**	**411745**	**1273267**	**17788325**
8413614	**128157279**	**119877233**	**65458046**	**52674**	**988748**	**12202338**
8350017	69684930	80746540	30177820	27972	473767	2209837
61497	7756567	9900171	4304789	9250	284471	4169081
2100	23657745	25997113	16698594	3622	219132	5046546
	4321387	2000000	2928000	1650		75998
	3593344	407630	3998184	1375		598071
	19143306	825779	7350659	8805	11378	102805
8517	**23904600**	**5508577**	**16188436**	**260796**	**164740**	**1213845**
7237	14196815	2012500	5196847	19773	117068	919919
1050	8448326	3136485	2967002	227001		69553
230	1259459	359592	8024587	14022	47672	224373
51477	**16390270**	**3483213**	**14807152**	**88962**	**94000**	**3005732**
	76130	34043	168221			
314	2257576	1632774	8313910	50347	94000	574287
	451834	17320	1593138	660		138260
300	12505	462282	2004800	4835		
50863	13592225	1336794	2727083	33120		2293185
21480	**732091**	**439643**	**3625062**	**6152**	**4220**	**112828**
	324499	396678	2360673			112828
21130	225511	33680	415179	1922	4220	
	57637		244080	500		
	61696	8110	314979			
350	62748	1175	290151	3730		
98945	**7104826**	**3208794**	**10822556**	**3161**	**21559**	**1253582**
49779	4563390	3170966	4593612	2286	19059	679667
49166	2524442	34355	5925594		2500	573915
	16994	3473	303350	875		

5-20 按行业(中类)、就业人数

行业	企业法人单位数(个)	7人及以下	8-19人	20-49人
总计	**15514**	**7653**	**3846**	**2201**
农、林、牧、渔业	**6**			
农业	6			
谷物及其他作物的种植	6			
采矿业	**565**	**208**	**206**	**96**
煤炭开采和洗选业	279	78	98	60
烟煤和无烟煤的开采洗选	278	77	98	60
其他煤炭采选	1	1		
石油和天然气开采业	45	36	5	3
天然原油和天然气开采	43	36	5	2
与石油和天然气开采有关的服务活动	2			1
黑色金属矿采选业	9	7	1	
铁矿采选	8	6	1	
其他黑色金属矿采选	1	1		
有色金属矿采选业	5	2	1	1
常用有色金属矿采选	3	1	1	
贵金属矿采选	1	1		
稀有稀土金属矿采选	1			1
非金属矿采选业	227	85	101	32
土砂石开采	202	72	92	31
化学矿采选	1	1		
石棉及其他非金属矿采选	24	12	9	1
制造业	**3798**	**1189**	**1047**	**854**
农副食品加工业	559	192	191	127
谷物磨制	134	48	54	23
饲料加工	58	21	16	13
植物油加工	31	12	10	8
制糖	2		2	
屠宰及肉类加工	62	18	20	16
蔬菜、水果和坚果加工	81	27	27	19
其他农副食品加工	191	66	62	48
食品制造业	178	39	60	48
焙烤食品制造	52	16	17	14
糖果、巧克力及蜜饯制造	10	2	4	2
方便食品制造	21	4	9	7
液体乳及乳制品制造	37	3	4	14
罐头制造	4	2		2
调味品、发酵制品制造	30	7	16	4
其他食品制造	24	5	10	5
饮料制造业	104	31	24	25
酒的制造	54	14	10	14
软饮料制造	44	17	9	11
精制茶加工	6		5	
烟草制品业	1			1
烟叶复烤	1			1

组距分组的企业法人单位数

50-99人	100-299人	300-499人	500-999人	1000-2999人	3000-4999人	5000人及以上
921	**630**	**115**	**69**	**66**	**10**	**3**
	1		**1**	**2**	**2**	
	1		1	2	2	
	1		1	2	2	
30	**20**		**3**	**1**		**1**
20	18		3	1		1
20	18		3	1		1
1						
1						
	1					
	1					
	1					
	1					
9						
7						
2						
357	**235**	**48**	**34**	**28**	**5**	**1**
35	11	2	1			
7	2					
6	1	1				
1						
6	2					
6	2					
9	4	1	1			
18	8	2	2	1		
5						
2						
	1					
9	5	1	1			
		1	1	1		
2	2					
11	10	2		1		
6	7	2		1		
4	3					
1						

5-20 续表 1

行业	企业法人单位数(个)	7人及以下	8-19人	20-49人
纺织业	113	30	27	24
棉、化纤纺织及印染精加工	8			3
毛纺织和染整精加工	86	21	22	18
麻纺织	1	1		
丝绢纺织及精加工	1			
纺织制成品制造	14	7	3	3
针织品、编织品及其制品制造	3	1	2	
纺织服装、鞋、帽制造业	25	10	8	5
纺织服装制造	25	10	8	5
皮革、毛皮、羽毛(绒)及其制品业	40	12	12	14
皮革鞣制加工	13	3	8	
皮革制品制造	3	1	2	
毛皮鞣制及制品加工	19	4	2	13
羽毛(绒)加工及制品制造	5	4		1
木材加工及木、竹、藤、棕、草制品业	31	16	7	5
锯材、木片加工	6	5	1	
人造板制造	8	5	2	1
木制品制造	13	5	4	3
竹、藤、棕、草制品制造	4	1		1
家具制造业	48	15	22	9
木质家具制造	37	12	18	5
金属家具制造	5	2	2	1
塑料家具制造	1	1		
其他家具制造	5		2	3
造纸及纸制品业	72	17	16	17
纸浆制造	2			2
造纸	33	7	7	2
纸制品制造	37	10	9	13
印刷业和记录媒介的复制	162	83	42	24
印刷	156	78	42	23
装订及其他印刷服务活动	6	5		1
文教体育用品制造业	4	2	2	
文化用品制造	3	2	1	
体育用品制造	1		1	
石油加工、炼焦及核燃料加工业	54	10	4	14
精炼石油产品的制造	15	3	1	2
炼焦	39	7	3	12
化学原料及化学制品制造业	334	86	76	77
基础化学原料制造	172	34	32	48
肥料制造	47	12	16	9
农药制造	5		1	2
涂料、油墨、颜料及类似产品制造	24	11	6	2
合成材料制造	8	1	3	
专用化学产品制造	67	24	16	14
日用化学产品制造	11	4	2	2

50-99人	100-299人	300-499人	500-999人	1000-2999人	3000-4999人	5000人及以上
10	17		3	2		
2	3					
7	13		3	2		
1						
	1					
	1		1			
	1		1			
2						
2						
2	1					
1						
1	1					
1	1					
1	1					
8	5		2	6	1	
4	4		2	6	1	
4	1					
10	2		1			
10	2		1			
5	13	5	2		1	
3	1	3	1		1	
2	12	2	1			
35	40	6	9	5		
22	29	3	4			
	3	3	2	2		
	1		1			
1	4					
1				3		
8	3		2			
3						

5-20 续表 2

行 业	企业法人单位数（个）	7人及以下	8-19人	20-49人
医药制造业	32	7	6	5
化学药品原药制造	2			
化学药品制剂制造	4			1
中药饮片加工	4		1	1
中成药制造	10	3	2	1
兽用药品制造	6	1	2	
生物、生化制品的制造	5	3		2
卫生材料及医药用品制造	1		1	
化学纤维制造业	2		1	
合成纤维制造	2		1	
橡胶制品业	23	10	7	2
轮胎制造	5	1	1	1
橡胶板、管、带的制造	8	3	3	1
橡胶零件制造	3	2	1	
再生橡胶制造	2		2	
日用及医用橡胶制品制造	4	3		
其他橡胶制品制造	1	1		
塑料制品业	142	40	53	27
塑料薄膜制造	16	1	6	8
塑料板、管、型材的制造	33	9	12	7
塑料丝、绳及编织品的制造	50	9	19	8
泡沫塑料制造	8	2	4	2
塑料包装箱及容器制造	12	5	5	1
塑料零件制造	2	1		
日用塑料制造	6	2	3	1
其他塑料制品制造	15	11	4	
非金属矿物制品业	933	273	227	256
水泥、石灰和石膏的制造	67	11	17	10
水泥及石膏制品制造	168	66	47	26
砖瓦、石材及其他建筑材料制造	428	109	52	173
玻璃及玻璃制品制造	14	5	4	4
陶瓷制品制造	2			1
耐火材料制品制造	18	8	5	4
石墨及其他非金属矿物制品制造	236	74	102	38
黑色金属冶炼及压延加工业	130	30	20	22
炼铁	27	13	4	3
炼钢	1			1
钢压延加工	21	8	4	5
铁合金冶炼	81	9	12	13
有色金属冶炼及压延加工业	56	18	11	5
常用有色金属冶炼	34	12	3	3
贵金属冶炼	1	1		
稀有稀土金属冶炼	7	1	3	1
有色金属合金制造	7	2	2	1
有色金属压延加工	7	2	3	
金属制品业	198	70	62	47
结构性金属制品制造	128	47	48	24

50-99人	100-299人	300-499人	500-999人	1000-2999人	3000-4999人	5000人及以上
5	4	3	1	1		
1				1		
	2	1				
2						
1	2	1				
1		1	1			
	1					
	1					
1	1			2		
				2		
	1					
1						
15	5	2				
1						
3	1	1				
10	3	1				
	1					
1						
119	43	12	2	1		
8	11	7	2	1		
23	5	1				
78	15	1				
	1					
1						
1						
8	11	3				
19	29	5	3	2		
1	4		1	1		
3				1		
15	25	5	2			
8	5	2	3	1	2	1
4	4	2	3	1	1	1
	1				1	
2						
2						
12	5	1		1		
5	3	1				

5-20 续表 3

行业	企业法人单位数（个）	7人及以下	8-19人	20-49人
金属工具制造	9	4	1	3
集装箱及金属包装容器制造	9	1	2	5
金属丝绳及其制品的制造	10	5	2	2
建筑、安全用金属制品制造	14	4	4	4
金属表面处理及热处理加工	5	1		3
搪瓷制品制造	1			
不锈钢及类似日用金属制品制造	6	2	2	1
其他金属制品制造	16	6	3	5
通用设备制造业	217	73	66	41
锅炉及原动机制造	19	5	8	3
金属加工机械制造	42	8	9	15
起重运输设备制造	12	1	3	2
泵、阀门、压缩机及类似机械的制造	7	2	1	2
轴承、齿轮、传动和驱动部件的制造	18	5	4	3
烘炉、熔炉及电炉制造	2	1	1	
风机、衡器、包装设备等通用设备制造	16	6	3	4
通用零部件制造及机械修理	53	29	18	5
金属铸、锻加工	48	16	19	7
专用设备制造业	93	34	25	17
矿山、冶金、建筑专用设备制造	36	10	8	5
化工、木材、非金属加工专用设备制造	12	5	4	3
食品、饮料、烟草及饲料生产专用设备制造	1		1	
印刷、制药、日化生产专用设备制造	2		1	
电子和电工机械专用设备制造	7	5	1	
农、林、牧、渔专用机械制造	18	6	5	7
医疗仪器设备及器械制造	9	5	3	1
环保、社会公共安全及其他专用设备制造	8	3	2	1
交通运输设备制造业	80	32	33	11
汽车制造	71	28	32	9
摩托车制造	1			1
自行车制造	1	1		
交通器材及其他交通运输设备制造	7	3	1	1
电气机械及器材制造业	84	23	24	18
电机制造	9		3	2
输配电及控制设备制造	33	11	8	6
电线、电缆、光缆及电工器材制造	13	3	4	4
电池制造	4		1	2
家用电力器具制造	1			1
非电力家用器具制造	8	1	5	1
照明器具制造	3	2		1
其他电气机械及器材制造	13	6	3	1
通信设备、计算机及其他电子设备制造业	4	1	2	
通信设备制造	1	1		
电子计算机制造	1		1	
电子元件制造	1			
家用视听设备制造	1		1	

50-99人	100-299人	300-499人	500-999人	1000-2999人	3000-4999人	5000人及以上
	1					
1						
				1		
2						
1						
1						
1						
1	1					
12	17	2	4	1	1	
1	2					
6	1	1	2			
2	3	1				
	2					
	4		1		1	
	3					
	1					
3	1		1	1		
6	8	1		2		
4	6	1		2		
	1					
	1					
2						
4						
2						
2						
9	6	3		1		
1	2			1		
3	3	2				
2						
	1					
1						
2		1				
1						
1						

5-20 续表 4

行业	企业法人单位数（个）	7人及以下	8-19人	20-49人
仪器仪表及文化、办公用机械制造业	28	8	7	5
通用仪器仪表制造	21	4	7	3
专用仪器仪表制造	2	2		
光学仪器及眼镜制造	1	1		
文化、办公用机械制造	2			1
其他仪器仪表的制造及修理	2	1		1
工艺品及其他制造业	44	22	10	8
工艺美术品制造	20	9	4	5
日用杂品制造	1	1		
煤制品制造	18	9	5	3
其他未列明的制造业	5	3	1	
废弃资源和废旧材料回收加工业	7	5	2	
金属废料和碎屑的加工处理	2	2		
非金属废料和碎屑的加工处理	5	3	2	
电力、燃气及水的生产和供应业	**134**	**17**	**24**	**35**
电力、热力的生产和供应业	71	4	14	16
电力生产	24	2	2	4
电力供应	3	1		
热力生产和供应	44	1	12	12
燃气生产和供应业	20	2	5	9
燃气生产和供应业	20	2	5	9
水的生产和供应业	43	11	5	10
自来水的生产和供应	36	8	5	8
污水处理及其再生利用	6	2		2
其他水的处理、利用与分配	1	1		
建筑业	**886**	**252**	**172**	**165**
房屋和土木工程建筑业	474	65	56	87
房屋工程建筑	272	37	32	45
土木工程建筑	202	28	24	42
建筑安装业	135	41	44	32
建筑安装业	135	41	44	32
建筑装饰业	234	130	60	36
建筑装饰业	234	130	60	36
其他建筑业	43	16	12	10
工程准备	25	7	7	7
提供施工设备服务	6	5		1
其他未列明的建筑活动	12	4	5	2
交通运输、仓储和邮政业	**402**	**184**	**94**	**54**
道路运输业	238	118	50	30
公路旅客运输	55	14	12	10
道路货物运输	170	101	32	18
道路运输辅助活动	13	3	6	2
城市公共交通业	45	20	11	6
公共电汽车客运	13	1	4	4
出租车客运	30	18	7	1
其他城市公共交通	2	1		1

50–99人	100–299人	300–499人	500–999人	1000–2999人	3000–4999人	5000人及以上
5	2			1		
4	2			1		
1						
4						
2						
1						
1						
22	**23**	**4**	**3**	**5**		**1**
13	12	4	3	4		1
3	3	4	3	3		
	1					1
10	8			1		
1	3					
1	3					
8	8			1		
8	6			1		
	2					
148	**102**	**25**	**10**	**12**		
130	92	23	9	12		
81	53	12	4	8		
49	39	11	5	4		
11	4	2	1			
11	4	2	1			
5	3					
5	3					
2	3					
2	2					
	1					
28	**29**	**5**	**3**	**3**	**2**	
14	20	3	1	2		
7	9	2		1		
6	10	1	1	1		
1	1					
3	4				1	
2	1				1	
1	3					

5-20 续表 5

行业	企业法人单位数（个）	7人及以下	8-19人	20-49人
水上运输业	4	2	2	
水上货物运输	4	2	2	
航空运输业	5	1		1
航空客货运输	3	1		1
航空运输辅助活动	2			
管道运输业	2			1
管道运输业	2			1
装卸搬运和其他运输服务业	57	26	15	10
装卸搬运	29	8	6	9
运输代理服务	28	18	9	1
仓储业	40	14	15	5
谷物、棉花等农产品仓储	27	5	13	4
其他仓储	13	9	2	1
邮政业	11	3	1	1
国家邮政	7		1	
其他寄递服务	4	3		1
信息传输、计算机服务和软件业	**590**	**447**	**99**	**21**
电信和其他信息传输服务业	55	18	6	11
电信	33	8	3	4
互联网信息服务	10	6	2	2
广播电视传输服务	11	3	1	5
卫星传输服务	1	1		
计算机服务业	480	394	80	5
计算机系统服务	44	29	14	1
计算机维修	18	10	7	1
其他计算机服务	418	355	59	3
软件业	55	35	13	5
公共软件服务	53	33	13	5
其他软件服务	2	2		
批发和零售业	**5669**	**3899**	**1255**	**341**
批发业	3124	2096	768	187
农畜产品批发	203	125	44	22
食品、饮料及烟草制品批发	175	90	44	25
纺织、服装及日用品批发	101	64	24	10
文化、体育用品及器材批发	61	38	19	3
医药及医疗器材批发	85	46	22	13
矿产品、建材及化工产品批发	1359	947	336	58
机械设备、五金交电及电子产品批发	921	639	228	39
贸易经纪与代理	31	25	3	3
其他批发	188	122	48	14
零售业	2545	1803	487	154
综合零售	188	91	36	30
食品、饮料及烟草制品专门零售	174	117	41	10
纺织、服装及日用品专门零售	257	178	60	16
文化、体育用品及器材专门零售	193	140	40	10
医药及医疗器材专门零售	161	86	39	19

50–99人	100–299人	300–499人	500–999人	1000–2999人	3000–4999人	5000人及以上
1		1	1			
1						
		1	1			
				1		
				1		
4	2					
4	2					
6						
5						
1						
	3	1	1		1	
	3	1	1		1	
4	**11**	**4**	**2**	**2**		
1	11	4	2	2		
	10	4	2	2		
1	1					
1						
1						
2						
2						
104	**55**	**12**	**3**			
42	26	4	1			
9	3					
6	9	1				
2	1					
	1					
3	1					
8	7	2	1			
13	2					
1	2	1				
62	29	8	2			
15	8	6	2			
4	2					
2	1					
2	1					
11	5	1				

5-20 续表 6

行业	企业法人单位数(个)	7人及以下	8-19人	20-49人
汽车、摩托车、燃料及零配件专门零售	505	359	96	32
家用电器及电子产品专门零售	500	362	101	23
五金、家具及室内装修材料专门零售	407	348	51	4
无店铺及其他零售	160	122	23	10
住宿和餐饮业	**479**	**103**	**154**	**94**
住宿业	252	65	87	40
旅游饭店	74	5	13	16
一般旅馆	164	55	68	22
其他住宿服务	14	5	6	2
餐饮业	227	38	67	54
正餐服务	206	29	60	51
快餐服务	7	1	3	1
饮料及冷饮服务	6	5	1	
其他餐饮服务	8	3	3	2
金融业	**174**	**64**	**28**	**23**
银行业	30			2
商业银行	28			2
其他银行	2			
证券业	2		1	
证券经纪与交易	1			
证券投资	1		1	
保险业	45	3	4	13
人寿保险	14			2
非人寿保险	26	2	2	9
保险辅助服务	5	1	2	2
其他金融活动	97	61	23	8
金融信托与管理	2	1	1	
金融租赁	1	1		
财务公司	1		1	
邮政储蓄	6			1
典当	42	36	5	1
其他未列明的金融活动	45	23	16	6
房地产业	**761**	**136**	**269**	**239**
房地产业	761	136	269	239
房地产开发经营	340	16	141	147
物业管理	255	32	81	70
房地产中介服务	112	65	29	13
其他房地产活动	54	23	18	9
租赁和商务服务业	**1068**	**746**	**194**	**81**
租赁业	181	156	19	4
机械设备租赁	179	154	19	4
文化及日用品出租	2	2		
商务服务业	887	590	175	77
企业管理服务	91	39	24	15
法律服务	26	12	7	5
咨询与调查	156	98	42	10

50-99人	100-299人	300-499人	500-999人	1000-2999人	3000-4999人	5000人及以上
11	6	1				
9	5					
4						
4	1					
67	**54**	**7**				
33	25	2				
19	19	2				
13	6					
1						
34	29	5				
34	27	5				
	2					
14	**25**	**4**	**7**	**8**	**1**	
5	15	2	1	4	1	
4	14	2	1	4	1	
1	1					
1						
1						
5	8	2	6	4		
	3	1	4	4		
5	5	1	2			
3	2					
3	2					
74	**37**	**4**		**2**		
74	37	4		2		
35	1					
36	30	4		2		
2	3					
1	3					
25	**15**	**1**	**3**	**3**		
2						
2						
23	15	1	3	3		
5	6		1	1		
2						
6						

5-20 续表 7

行业	企业法人单位数（个）	7人及以下	8-19人	20-49人
广告业	269	219	42	7
知识产权服务	15	13	1	
职业中介服务	86	57	15	9
市场管理	67	34	15	15
旅行社	73	43	16	11
其他商务服务	104	75	13	5
科学研究、技术服务和地质勘查业	**347**	**139**	**96**	**76**
研究与试验发展	20	11	5	3
自然科学研究与试验发展	4	2	1	1
工程和技术研究与试验发展	7	5	2	
农业科学研究与试验发展	4	1	1	1
医学研究与试验发展	4	2	1	1
社会人文科学研究与试验发展	1	1		
专业技术服务业	255	79	78	67
气象服务	7	3	2	2
地震服务	1	1		
测绘服务	14	7	5	2
技术检测	35	16	11	7
环境监测	8	4	2	2
工程技术与规划管理	175	40	54	51
其他专业技术服务	15	8	4	3
科技交流和推广服务业	60	45	10	3
技术推广服务	47	33	9	3
科技中介服务	9	8	1	
其他科技服务	4	4		
地质勘查业	12	4	3	3
矿产地质勘查	7	2	2	1
基础地质勘查	2	1		1
地质勘查技术服务	3	1	1	1
水利、环境和公共设施管理业	**73**	**24**	**21**	**22**
水利管理业	7	1	3	3
水资源管理	3		1	2
其他水利管理	4	1	2	1
环境管理业	12	8	1	2
自然保护	2	2		
环境治理	10	6	1	2
公共设施管理业	54	15	17	17
市政公共设施管理	3		1	2
城市绿化管理	31	10	11	9
游览景区管理	20	5	5	6
居民服务和其他服务业	**343**	**173**	**122**	**37**
居民服务业	102	48	33	15
家庭服务	13	8	3	2
托儿所	1		1	
洗染服务	4	3	1	

50-99人	100-299人	300-499人	500-999人	1000-2999人	3000-4999人	5000人及以上
1						
1						
2	1		1	1		
	3					
1	2					
5	3	1	1	1		
25	**11**					
1						
1						
22	9					
	1					
22	8					
1	1					
1	1					
1	1					
1	1					
3	**3**					
	1					
	1					
3	2					
	1					
3	1					
7	**3**	**1**				
4	2					

5-20 续表 8

行　业	企业法人单位数(个)	7人及以下	8-19人	20-49人
理发及美容保健服务	16	8	5	2
洗浴服务	20	4	10	2
婚姻服务	9	7	2	
殡葬服务	13	3	5	4
摄影扩印服务	20	10	5	5
其他居民服务	6	5	1	
其他服务业	241	125	89	22
修理与维护	191	96	75	18
清洁服务	29	17	6	4
其他未列明的服务	21	12	8	
教育	**52**	**15**	**16**	**19**
教育	52	15	16	19
学前教育	5	1	4	
中等教育	1			
其他教育	46	14	12	19
卫生、社会保障和社会福利业	**64**	**7**	**21**	**26**
卫生	64	7	21	26
医院	39	1	12	20
卫生院及社区医疗活动	9	1	3	3
门诊部医疗活动	12	4	5	2
计划生育技术服务活动	1		1	
疾病预防控制及防疫活动	1	1		
其他卫生活动	2			1
文化、体育和娱乐业	**103**	**50**	**28**	**18**
新闻出版业	4	3	1	
出版业	4	3	1	
广播、电视、电影和音像业	23	11	8	4
广播	2	1		1
电视	1	1		
电影	16	6	7	3
音像制作	4	3	1	
文化艺术业	5	5		
文艺创作与表演	1	1		
艺术表演场馆	1	1		
文化艺术经纪代理	1	1		
其他文化艺术	2	2		
体育	2	1	1	
体育组织	1	1		
体育场馆	1		1	
娱乐业	69	30	18	14
室内娱乐活动	42	14	14	9
游乐园	8	2	1	3
休闲健身娱乐活动	11	8	3	
其他娱乐活动	8	6		2

50-99人	100-299人	300-499人	500-999人	1000-2999人	3000-4999人	5000人及以上
1						
2	2					
1						
3	1	1				
2						
1	1					
		1				
1	**1**					
1	1					
	1					
1						
5	**5**					
5	5					
2	4					
1	1					
1						
1						
7						
7						
5						
2						

5-21 按地区、就业人数组距

地区	企业法人单位数（个）	7人及以下	8-19人	20-49人	50-99人
总计	**15514**	**7653**	**3846**	**2201**	**921**
银川市	**8121**	**4266**	**2001**	**1004**	**423**
兴庆区	4484	2605	1066	453	184
西夏区	720	349	168	91	45
金凤区	1381	656	357	183	101
永宁县	362	160	112	56	14
贺兰县	731	306	190	153	48
灵武市	443	190	108	68	31
石嘴山市	**2487**	**1179**	**633**	**359**	**145**
大武口区	1224	662	289	141	56
惠农区	492	202	114	90	34
平罗县	771	315	230	128	55
吴忠市	**2103**	**1000**	**496**	**324**	**146**
红寺堡区	82	40	14	13	11
利通区	963	444	236	155	63
盐池县	372	214	81	43	16
同心县	236	102	62	40	21
青铜峡市	450	200	103	73	35
固原市	**1230**	**511**	**339**	**245**	**88**
原州区	512	215	138	106	26
西吉县	283	153	68	41	10
隆德县	143	27	49	41	25
泾源县	82	26	31	10	11
彭阳县	210	90	53	47	16
中卫市	**1573**	**697**	**377**	**269**	**119**
沙坡头区	829	367	211	136	53
中宁县	509	220	127	93	34
海原县	235	110	39	40	32

分组的企业法人单位数

100-299人	300-499人	500-999人	1000-2999人	3000-4999人	5000人及以上
630	**115**	**69**	**66**	**10**	**3**
288	**60**	**36**	**34**	**7**	**2**
122	22	10	17	3	2
44	6	8	7	2	
58	13	9	4		
10	4	3	3		
25	6	1	1	1	
29	9	5	2	1	
125	**16**	**12**	**16**	**2**	
53	11	4	7	1	
37	3	4	7	1	
35	2	4	2		
100	**17**	**11**	**8**		**1**
3	1				
46	8	8	3		
14	2	1	1		
10		1			
27	6	1	4		1
34	**9**	**1**	**3**		
19	7		1		
7	2	1	1		
1					
4					
3			1		
83	**13**	**9**	**5**	**1**	
46	7	5	3	1	
23	6	4	2		
14					

5-22 按登记注册类型、就业人数组距

登记注册类型	企业法人单位数(个)	7人及以下	8-19人	20-49人
总　计	**15514**	**7653**	**3846**	**2201**
内资企业	**15392**	**7638**	**3824**	**2183**
国有企业	643	122	162	147
集体企业	368	158	107	54
股份合作企业	75	21	14	14
国有联营企业	8	2	3	2
集体联营企业	9	1	4	3
国有与集体联营企业	3	1	2	
其他联营企业	11	1		5
国有独资公司	78	10	12	17
其他有限责任公司	1720	627	418	282
股份有限公司	218	55	42	43
私营独资企业	3253	1942	751	415
私营合伙企业	426	233	110	57
私营有限责任公司	8045	4156	2073	1079
私营股份有限公司	411	231	104	50
其他内资企业	124	78	22	15
港、澳、台商投资企业	**32**	**6**	**8**	**6**
合资经营企业(港或澳、台资)	14	4	4	1
合作经营企业(港或澳、台资)	1	1		
港、澳、台商独资经营企业	8		1	2
港、澳、台商投资股份有限公司	9	1	3	3
外商投资企业	**90**	**9**	**14**	**12**
中外合资经营企业	51	3	7	8
中外合作经营企业	6	1	1	1
外资企业	29	5	4	3
外商投资股份有限公司	4		2	

分组的企业法人单位数

50-99人	100-299人	300-499人	500-999人	1000-2999人	3000-4999人	5000人及以上
921	**630**	**115**	**69**	**66**	**10**	**3**
898	**601**	**110**	**64**	**61**	**10**	**3**
80	88	13	8	17	5	1
27	19	3				
9	14	3				
1						
		1				
4			1			
15	16	4	1	1		2
179	145	36	13	18	2	
14	19	10	13	19	3	
104	34	2	3	2		
23	3					
422	249	37	25	4		
17	8	1				
3	6					
5	**7**					
2	3					
2	3					
1	1					
18	**22**	**5**	**5**	**5**		
11	12	3	3	4		
2	1					
5	8	1	2	1		
	1	1				

5-23 按行业(中类)、全年营业收入

行　业	企业法人单位数(个)	100万元及以下	100-200万元
总　计	**15514**	**8112**	**1876**
农、林、牧、渔业	**6**		
农业	6		
谷物及其他作物的种植	6		
采矿业	**565**	**237**	**56**
煤炭开采和洗选业	279	47	10
烟煤和无烟煤的开采洗选	278	46	10
其他煤炭采选	1	1	
石油和天然气开采业	45	31	5
天然原油和天然气开采	43	31	5
与石油和天然气开采有关的服务活动	2		
黑色金属矿采选业	9	8	
铁矿采选	8	7	
其他黑色金属矿采选	1	1	
有色金属矿采选业	5	4	
常用有色金属矿采选	3	2	
贵金属矿采选	1	1	
稀有稀土金属矿采选	1	1	
非金属矿采选业	227	147	41
土砂石开采	202	128	41
化学矿采选	1	1	
石棉及其他非金属矿采选	24	18	
制造业	**3798**	**1662**	**536**
农副食品加工业	559	243	82
谷物磨制	134	34	16
饲料加工	58	25	9
植物油加工	31	13	1
制糖	2	1	
屠宰及肉类加工	62	29	6
蔬菜、水果和坚果加工	81	41	12
其他农副食品加工	191	100	38
食品制造业	178	86	21
焙烤食品制造	52	31	8
糖果、巧克力及蜜饯制造	10	3	1
方便食品制造	21	7	3
液体乳及乳制品制造	37	8	3
罐头制造	4	3	1
调味品、发酵制品制造	30	19	3
其他食品制造	24	15	2
饮料制造业	104	67	6
酒的制造	54	32	3
软饮料制造	44	33	1
精制茶加工	6	2	2
烟草制品业	1		
烟叶复烤	1		

组距分组的企业法人单位数

200-500万元	500-1000万元	1000-2000万元	2000-5000万元	5000万元-1亿元	1亿元以上
2072	**1046**	**909**	**738**	**362**	**399**
		2		**3**	**1**
		2		3	1
		2		3	1
76	**44**	**66**	**51**	**18**	**17**
48	37	56	49	16	16
48	37	56	49	16	16
4	3			1	1
3	3			1	
1					1
				1	
				1	
			1		
			1		
24	4	10	1		
21	4	7	1		
3		3			
577	**283**	**210**	**240**	**119**	**171**
99	48	37	32	13	5
34	13	13	18	3	3
8	1	8	3	3	1
4	4	4	2	3	
1					
11	5	3	6	2	
14	10	4			
27	15	5	3	2	1
27	8	10	16	5	5
8	1	4			
5	1				
4	2	2	3		
5	2	3	11	2	3
3	2			1	2
2		1	2	2	
8	9	3	2	2	7
4	6	2	2	1	4
3	2	1		1	3
1	1				
	1				
	1				

5-23 续表 1

行业	企业法人单位数(个)	100万元及以下	100-200万元
纺织业	113	30	9
棉、化纤纺织及印染精加工	8		4
毛纺织和染整精加工	86	18	3
麻纺织	1	1	
丝绢纺织及精加工	1		
纺织制成品制造	14	9	2
针织品、编织品及其制品制造	3	2	
纺织服装、鞋、帽制造业	25	21	
纺织服装制造	25	21	
皮革、毛皮、羽毛(绒)及其制品业	40	23	3
皮革鞣制加工	13	11	1
皮革制品制造	3	3	
毛皮鞣制及制品加工	19	5	2
羽毛(绒)加工及制品制造	5	4	
木材加工及木、竹、藤、棕、草制品业	31	21	1
锯材、木片加工	6	4	
人造板制造	8	6	1
木制品制造	13	8	
竹、藤、棕、草制品制造	4	3	
家具制造业	48	28	5
木质家具制造	37	25	3
金属家具制造	5	2	2
塑料家具制造	1	1	
其他家具制造	5		
造纸及纸制品业	72	31	7
纸浆制造	2	1	
造纸	33	14	
纸制品制造	37	16	7
印刷业和记录媒介的复制	162	110	26
印刷	156	104	26
装订及其他印刷服务活动	6	6	
文教体育用品制造业	4	4	
文化用品制造	3	3	
体育用品制造	1	1	
石油加工、炼焦及核燃料加工业	54	11	
精炼石油产品的制造	15	2	
炼焦	39	9	
化学原料及化学制品制造业	334	118	31
基础化学原料制造	172	46	15
肥料制造	47	23	5
农药制造	5		
涂料、油墨、颜料及类似产品制造	24	12	2
合成材料制造	8	3	
专用化学产品制造	67	27	6
日用化学产品制造	11	7	3

200-500万元	500-1000万元	1000-2000万元	2000-5000万元	5000万元-1亿元	1亿元以上
11	9	16	18	6	14
2		1	1		
7	7	14	17	6	14
	1				
1	1	1			
1					
3				1	
3				1	
3	6	4	1		
			1		
3	5	4			
	1				
5	3	1			
2					
1					
2	2	1			
	1				
11	2	1	1		
7	1		1		
		1			
4	1				
15	4	3	4		8
1					
7		1	3		8
7	4	2	1		
12	6	5	1	2	
12	6	5	1	2	
4	5	4	7	10	13
4		1		1	7
	5	3	7	9	6
58	29	11	31	22	34
31	18	5	20	16	21
6	1	1		5	6
1	2		1		1
4	1	1	2		2
1			1		3
14	7	4	7	1	1
1					

5-23 续表 2

行　业	企业法人单位数(个)	100万元及以下	100-200万元
医药制造业	32	11	5
化学药品原药制造	2		
化学药品制剂制造	4		
中药饮片加工	4		1
中成药制造	10	5	1
兽用药品制造	6	2	1
生物、生化制品的制造	5	3	2
卫生材料及医药用品制造	1	1	
化学纤维制造业	2		
合成纤维制造	2		
橡胶制品业	23	10	5
轮胎制造	5	2	
橡胶板、管、带的制造	8	2	3
橡胶零件制造	3	3	
再生橡胶制造	2	1	1
日用及医用橡胶制品制造	4	2	
其他橡胶制品制造	1		1
塑料制品业	142	58	15
塑料薄膜制造	16	2	4
塑料板、管、型材的制造	33	15	1
塑料丝、绳及编织品的制造	50	14	5
泡沫塑料制造	8	3	2
塑料包装箱及容器制造	12	7	1
塑料零件制造	2	1	
日用塑料制造	6	5	
其他塑料制品制造	15	11	2
非金属矿物制品业	933	361	209
水泥、石灰和石膏的制造	67	22	9
水泥及石膏制品制造	168	89	26
砖瓦、石材及其他建筑材料制造	428	192	151
玻璃及玻璃制品制造	14	7	1
陶瓷制品制造	2	1	1
耐火材料制品制造	18	10	3
石墨及其他非金属矿物制品制造	236	40	18
黑色金属冶炼及压延加工业	130	30	2
炼铁	27	13	1
炼钢	1		
钢压延加工	21	8	1
铁合金冶炼	81	9	
有色金属冶炼及压延加工业	56	23	3
常用有色金属冶炼	34	12	2
贵金属冶炼	1	1	
稀有稀土金属冶炼	7	3	1
有色金属合金制造	7	4	
有色金属压延加工	7	3	
金属制品业	198	101	25
结构性金属制品制造	128	71	17

200-500万元	500-1000万元	1000-2000万元	2000-5000万元	5000万元-1亿元	1亿元以上
4	3	3	2	1	3
	1				1
	1	1	1	1	
2		1			
2		1			1
	1		1		1
1	1				
1	1				
2	2	1	1		2
	1				2
	1	1	1		
2					
35	11	14	5	2	2
4	2	4			
7	3	3	1	1	2
17	5	4	4	1	
2	1				
3		1			
		1			
		1			
2					
146	72	52	60	17	16
5	6	6	6	7	6
25	6	7	11	3	1
68	9	5	2		1
3	1		2		
1	2	2			
44	48	32	39	7	8
12	7	7	22	22	28
3		2	3	1	4
1					
3	1	3	1	1	3
5	6	2	18	20	21
4	2	1	6	4	13
1		1	4	3	11
			2		1
1	1			1	
2	1				1
34	20	8	5	2	3
22	10	4	1	2	1

5-23 续表 3

行业	企业法人单位数(个)	100万元及以下	100-200万元
金属工具制造	9	5	
集装箱及金属包装容器制造	9	3	1
金属丝绳及其制品的制造	10	7	1
建筑、安全用金属制品制造	14	3	3
金属表面处理及热处理加工	5	3	
搪瓷制品制造	1		
不锈钢及类似日用金属制品制造	6	3	1
其他金属制品制造	16	6	2
通用设备制造业	217	90	39
锅炉及原动机制造	19	8	6
金属加工机械制造	42	16	7
起重运输设备制造	12		4
泵、阀门、压缩机及类似机械的制造	7	1	2
轴承、齿轮、传动和驱动部件的制造	18	3	3
烘炉、熔炉及电炉制造	2	1	1
风机、衡器、包装设备等通用设备制造	16	8	3
通用零部件制造及机械修理	53	36	3
金属铸、锻加工	48	17	10
专用设备制造业	93	43	12
矿山、冶金、建筑专用设备制造	36	12	3
化工、木材、非金属加工专用设备制造	12	6	4
食品、饮料、烟草及饲料生产专用设备制造	1	1	
印刷、制药、日化生产专用设备制造	2	1	
电子和电工机械专用设备制造	7	5	
农、林、牧、渔专用机械制造	18	9	3
医疗仪器设备及器械制造	9	6	1
环保、社会公共安全及其他专用设备制造	8	3	1
交通运输设备制造业	80	56	14
汽车制造	71	52	12
摩托车制造	1	1	
自行车制造	1	1	
交通器材及其他交通运输设备制造	7	2	2
电气机械及器材制造业	84	37	7
电机制造	9		2
输配电及控制设备制造	33	16	3
电线、电缆、光缆及电工器材制造	13	6	1
电池制造	4	1	
家用电力器具制造	1		
非电力家用器具制造	8	5	1
照明器具制造	3	2	
其他电气机械及器材制造	13	7	
通信设备、计算机及其他电子设备制造业	4	4	
通信设备制造	1	1	
电子计算机制造	1	1	
电子元件制造	1	1	
家用视听设备制造	1	1	

200-500万元	500-1000万元	1000-2000万元	2000-5000万元	5000万元-1亿元	1亿元以上
3	1				
1	3	1			
	1				1
2	3	2	1		
	1		1		
1					
1			1		
4	1	1	1		1
35	18	11	13	3	8
2	2		1		
10	3	2	1	1	2
1		2	2	2	1
2	1	1			
3	3	2	2		2
1		2	2		
6	5		3		
10	4	2	2		3
17	7	3	4	3	4
7	3	2	3	3	3
1	1				
			1		
	1				1
6					
1	1				
2	1	1			
5	2	2	1		
4	1	1	1		
1	1	1			
10	6	10	7	3	4
	1	3	1		2
3	3	2	3	1	2
	1	3	1	1	
1	1		1		
1					
1		1			
1					
3		1	1	1	

5-23 续表 4

行业	企业法人单位数（个）	100万元及以下	100-200万元
仪器仪表及文化、办公用机械制造业	28	12	1
通用仪器仪表制造	21	9	1
专用仪器仪表制造	2	2	
光学仪器及眼镜制造	1	1	
文化、办公用机械制造	2		
其他仪器仪表的制造及修理	2		
工艺品及其他制造业	44	29	7
工艺美术品制造	20	15	5
日用杂品制造	1	1	
煤制品制造	18	10	1
其他未列明的制造业	5	3	1
废弃资源和废旧材料回收加工业	7	4	1
金属废料和碎屑的加工处理	2	1	1
非金属废料和碎屑的加工处理	5	3	
电力、燃气及水的生产和供应业	**134**	**40**	**10**
电力、热力的生产和供应业	71	12	6
电力生产	24	3	1
电力供应	3	2	
热力生产和供应	44	7	5
燃气生产和供应业	20	9	
燃气生产和供应业	20	9	
水的生产和供应业	43	19	4
自来水的生产和供应	36	16	3
污水处理及其再生利用	6	2	1
其他水的处理、利用与分配	1	1	
建筑业	**886**	**330**	**60**
房屋和土木工程建筑业	474	94	16
房屋工程建筑	272	52	6
土木工程建筑	202	42	10
建筑安装业	135	58	18
建筑安装业	135	58	18
建筑装饰业	234	152	22
建筑装饰业	234	152	22
其他建筑业	43	26	4
工程准备	25	12	2
提供施工设备服务	6	6	
其他未列明的建筑活动	12	8	2
交通运输、仓储和邮政业	**402**	**228**	**47**
道路运输业	238	134	26
公路旅客运输	55	27	5
道路货物运输	170	99	18
道路运输辅助活动	13	8	3
城市公共交通业	45	35	2
公共电汽车客运	13	8	2
出租车客运	30	26	
其他城市公共交通	2	1	

200-500万元	500-1000万元	1000-2000万元	2000-5000万元	5000万元-1亿元	1亿元以上
9	1	2		1	2
6	1	1		1	2
1		1			
2					
5	1	1	1		
4	1	1	1		
1					
2					
2					
18	**14**	**17**	**15**	**7**	**13**
9	8	11	9	4	12
1		2	4	3	10
					1
8	8	9	5	1	1
2	2	3	2	1	1
2	2	3	2	1	1
7	4	3	4	2	
6	4	3	2	2	
1			2		
107	**94**	**103**	**107**	**57**	**28**
42	57	85	98	54	28
17	39	44	59	39	16
25	18	41	39	15	12
27	15	10	5	2	
27	15	10	5	2	
34	17	7	2		
34	17	7	2		
4	5	1	2	1	
3	5	1	2		
1				1	
56	**21**	**15**	**25**	**4**	**6**
34	17	12	12	1	2
11	4	3	4		1
21	13	9	8	1	1
2					
5	1	1			1
2					1
2	1	1			
1					

5-23 续表 5

行　业	企业法人单位数(个)	100万元及以下	100-200万元
水上运输业	4	4	
水上货物运输	4	4	
航空运输业	5	2	
航空客货运输	3	2	
航空运输辅助活动	2		
管道运输业	2	1	
管道运输业	2	1	
装卸搬运和其他运输服务业	57	36	12
装卸搬运	29	15	7
运输代理服务	28	21	5
仓储业	40	12	7
谷物、棉花等农产品仓储	27	3	6
其他仓储	13	9	1
邮政业	11	4	
国家邮政	7	1	
其他寄递服务	4	3	
信息传输、计算机服务和软件业	**590**	**514**	**31**
电信和其他信息传输服务业	55	20	2
电信	33	9	
互联网信息服务	10	6	1
广播电视传输服务	11	4	1
卫星传输服务	1	1	
计算机服务业	480	455	21
计算机系统服务	44	35	8
计算机维修	18	14	4
其他计算机服务	418	406	9
软件业	55	39	8
公共软件服务	53	37	8
其他软件服务	2	2	
批发和零售业	**5669**	**2840**	**756**
批发业	3124	1253	416
农畜产品批发	203	109	14
食品、饮料及烟草制品批发	175	82	19
纺织、服装及日用品批发	101	49	17
文化、体育用品及器材批发	61	30	4
医药及医疗器材批发	85	36	14
矿产品、建材及化工产品批发	1359	459	177
机械设备、五金交电及电子产品批发	921	394	143
贸易经纪与代理	31	21	3
其他批发	188	73	25
零售业	2545	1587	340
综合零售	188	94	27
食品、饮料及烟草制品专门零售	174	109	22
纺织、服装及日用品专门零售	257	187	30
文化、体育用品及器材专门零售	193	128	29
医药及医疗器材专门零售	161	92	22

200-500万元	500-1000万元	1000-2000万元	2000-5000万元	5000万元-1亿元	1亿元以上
1			1	1	
1					
			1	1	
					1
					1
5	2	2			
4	2	1			
1		1			
10	1		8	1	1
9			7	1	1
1	1		1		
1			4	1	1
			4	1	1
1					
14	**10**	**2**	**4**	**5**	**10**
9	5		4	5	10
4	4		3	3	10
2				1	
3	1		1	1	
2	1	1			
	1				
2		1			
3	4	1			
3	4	1			
899	**418**	**377**	**195**	**91**	**93**
536	332	312	144	62	69
30	11	26	8	3	2
29	16	10	9	4	6
21	9	3			2
9	7	3	6	1	1
11	7	12	3	2	
230	160	163	86	38	46
173	100	66	27	10	8
3	2	1	1		
30	20	28	4	4	4
363	86	65	51	29	24
33	9	11	6	1	7
31	8	3	1		
28	6	3	3		
16	15	3	2		
20	9	4	5	8	1

5-23 续表 6

行　业	企业法人单位数(个)	100万元及以下	100-200万元
汽车、摩托车、燃料及零配件专门零售	505	262	77
家用电器及电子产品专门零售	500	310	61
五金、家具及室内装修材料专门零售	407	301	49
无店铺及其他零售	160	104	23
住宿和餐饮业	**479**	**248**	**80**
住宿业	252	147	41
旅游饭店	74	16	14
一般旅馆	164	120	25
其他住宿服务	14	11	2
餐饮业	227	101	39
正餐服务	206	88	33
快餐服务	7	2	3
饮料及冷饮服务	6	6	
其他餐饮服务	8	5	3
金融业	**174**	**73**	**16**
银行业	30		
商业银行	28		
其他银行	2		
证券业	2		
证券经纪与交易	1		
证券投资	1		
保险业	45	7	5
人寿保险	14	1	1
非人寿保险	26	3	2
保险辅助服务	5	3	2
其他金融活动	97	66	11
金融信托与管理	2	2	
金融租赁	1	1	
财务公司	1		
邮政储蓄	6		2
典当	42	36	3
其他未列明的金融活动	45	27	6
房地产业	**761**	**405**	**61**
房地产业	761	405	61
房地产开发经营	340	104	15
物业管理	255	170	31
房地产中介服务	112	95	9
其他房地产活动	54	36	6
租赁和商务服务业	**1068**	**861**	**87**
租赁业	181	172	4
机械设备租赁	179	170	4
文化及日用品出租	2	2	
商务服务业	887	689	83
企业管理服务	91	55	8
法律服务	26	18	4
咨询与调查	156	118	17

200-500万元	500-1000万元	1000-2000万元	2000-5000万元	5000万元-1亿元	1亿元以上
79	16	22	26	10	13
84	16	14	6	7	2
48	5	3		1	
24	2	2	2	2	1
67	**45**	**29**	**8**	**2**	
30	17	14	2	1	
18	13	10	2	1	
11	4	4			
1					
37	28	15	6	1	
36	27	15	6	1	
1	1				
16	**13**	**8**	**10**	**11**	**27**
1		2	3	6	18
1		2	3	6	16
					2
1		1			
		1			
1					
5	4	4	6	5	9
	1	1	1	2	7
5	3	3	5	3	2
9	9	1	1		
1					
2	1		1		
	3				
6	5	1			
64	**51**	**48**	**59**	**42**	**31**
64	51	48	59	42	31
30	29	36	56	39	31
24	17	10	1	2	
4	2	1		1	
6	3	1	2		
65	**23**	**17**	**13**		**2**
1	3	1			
1	3	1			
64	20	16	13		2
12	6	4	4		2
3	1				
12	5	3	1		

5-23 续表 7

行　　业	企业法人单位数(个)	100万元及以下	100-200万元
广告业	269	232	22
知识产权服务	15	14	
职业中介服务	86	75	4
市场管理	67	50	7
旅行社	73	40	15
其他商务服务	104	87	6
科学研究、技术服务和地质勘查业	**347**	**208**	**57**
研究与试验发展	20	16	3
自然科学研究与试验发展	4	3	
工程和技术研究与试验发展	7	5	2
农业科学研究与试验发展	4	3	1
医学研究与试验发展	4	4	
社会人文科学研究与试验发展	1	1	
专业技术服务业	255	137	45
气象服务	7	6	1
地震服务	1	1	
测绘服务	14	10	3
技术检测	35	25	5
环境监测	8	5	2
工程技术与规划管理	175	80	32
其他专业技术服务	15	10	2
科技交流和推广服务业	60	49	7
技术推广服务	47	37	6
科技中介服务	9	8	1
其他科技服务	4	4	
地质勘查业	12	6	2
矿产地质勘查	7	3	1
基础地质勘查	2	1	1
地质勘查技术服务	3	2	
水利、环境和公共设施管理业	**73**	**39**	**11**
水利管理业	7	4	
水资源管理	3	2	
其他水利管理	4	2	
环境管理业	12	9	1
自然保护	2	2	
环境治理	10	7	1
公共设施管理业	54	26	10
市政公共设施管理	3	2	
城市绿化管理	31	10	7
游览景区管理	20	14	3
居民服务和其他服务业	**343**	**277**	**40**
居民服务业	102	82	6
家庭服务	13	12	1
托儿所	1	1	
洗染服务	4	4	

200-500万元	500-1000万元	1000-2000万元	2000-5000万元	5000万元-1亿元	1亿元以上
11	2	2			
1					
4	1	1	1		
7	1	2			
7	3	4	4		
7	1		3		
54	**9**	**9**	**7**	**3**	
	1				
	1				
47	8	8	7	3	
1					
4			1		
1					
40	7	8	5	3	
1	1		1		
4					
4					
3		1			
2		1			
1					
13	**8**	**1**	**1**		
3					
1					
2					
1		1			
1		1			
9	8		1		
	1				
8	5		1		
1	2				
16	**5**	**4**	**1**		
8	2	3	1		

5-23 续表 8

行业	企业法人单位数(个)	100万元及以下	100-200万元
理发及美容保健服务	16	14	1
洗浴服务	20	15	2
婚姻服务	9	9	
殡葬服务	13	5	
摄影扩印服务	20	16	2
其他居民服务	6	6	
其他服务业	241	195	34
修理与维护	191	153	28
清洁服务	29	24	5
其他未列明的服务	21	18	1
教育	**52**	**42**	**5**
教育	52	42	5
学前教育	5	5	
中等教育	1		
其他教育	46	37	5
卫生、社会保障和社会福利业	**64**	**32**	**12**
卫生	64	32	12
医院	39	16	10
卫生院及社区医疗活动	9	5	2
门诊部医疗活动	12	9	
计划生育技术服务活动	1	1	
疾病预防控制及防疫活动	1	1	
其他卫生活动	2		
文化、体育和娱乐业	**103**	**76**	**11**
新闻出版业	4	4	
出版业	4	4	
广播、电视、电影和音像业	23	18	
广播	2	1	
电视	1		
电影	16	13	
音像制作	4	4	
文化艺术业	5	5	
文艺创作与表演	1	1	
艺术表演场馆	1	1	
文化艺术经纪代理	1	1	
其他文化艺术	2	2	
体育	2	1	1
体育组织	1	1	
体育场馆	1		1
娱乐业	69	48	10
室内娱乐活动	42	27	8
游乐园	8	5	1
休闲健身娱乐活动	11	11	
其他娱乐活动	8	5	1

200-500万元	500-1000万元	1000-2000万元	2000-5000万元	5000万元-1亿元	1亿元以上
1					
1		2			
5	1	1	1		
1	1				
8	3	1			
7	3				
1		1			
3	**1**		**1**		
3	1		1		
			1		
3	1				
14	**5**		**1**		
14	5		1		
9	3		1		
1	1				
3					
1	1				
13	**2**	**1**			
4		1			
1					
1					
2		1			
9	2				
7					
	2				
2					

5-24 按登记注册类型、全年营业收入组距分组的企业法人单位数

登记注册类型	企业法人单位数(个)	100万元及以下	100-200万元	200-500万元	500-1000万元	1000-2000万元	2000-5000万元	5000万元-1亿元	1亿元以上
总　　计	**15514**	**8112**	**1876**	**2072**	**1046**	**909**	**738**	**362**	**399**
内资企业	**15392**	**8087**	**1870**	**2054**	**1030**	**906**	**721**	**352**	**372**
国有企业	643	181	79	122	62	64	57	38	40
集体企业	368	195	56	51	27	18	12	7	2
股份合作企业	75	24	7	12	3	9	6	5	9
国有联营企业	8	3	2	1			1		1
集体联营企业	9	2	1	3		2		1	
国有与集体联营企业	3	2				1			
其他联营企业	11	1		1	1	7			1
国有独资公司	78	22	8	1	6	12	12	7	10
其他有限责任公司	1720	712	186	212	141	151	146	79	93
股份有限公司	218	83	20	27	15	11	9	10	43
私营独资企业	3253	2240	488	358	88	51	19	7	2
私营合伙企业	426	282	55	54	21	13	1		
私营有限责任公司	8045	4031	898	1136	642	531	446	195	166
私营股份有限公司	411	226	56	59	20	32	12	3	3
其他内资企业	124	83	14	17	4	4			2
港、澳、台商投资企业	**32**	**7**	**1**	**6**	**8**	**1**	**3**	**2**	**4**
合资经营企业(港或澳、台资)	14	4	1	1	5		1		2
合作经营企业(港或澳、台资)	1	1							
港、澳、台商独资经营企业	8	1		2	2		2	1	
港、澳、台商投资股份有限公司	9	1		3	1	1		1	2
外商投资企业	**90**	**18**	**5**	**12**	**8**	**2**	**14**	**8**	**23**
中外合资经营企业	51	8	2	8	6	2	8	5	12
中外合作经营企业	6	2					2	2	
外资企业	29	7	3	2	2		4	1	10
外商投资股份有限公司	4	1		2					1

5-25 按行业(中类)、资产总额组距分组的企业法人单位数

行 业	企业法人单位数(个)	50万元及以下	50-100万元	100-500万元	500-1000万元	1000-5000万元	5000万元-1亿元	1亿元以上
总 计	**15514**	**4672**	**2489**	**4412**	**1302**	**1763**	**365**	**511**
农、林、牧、渔业	**6**			**1**	**1**	**1**	**2**	**1**
农业	6			1	1	1	2	1
谷物及其他作物的种植	6			1	1	1	2	1
采矿业	**565**	**98**	**65**	**173**	**102**	**97**	**13**	**17**
煤炭开采和洗选业	279	17	6	56	89	85	13	13
烟煤和无烟煤的开采洗选	278	16	6	56	89	85	13	13
其他煤炭采选	1	1						
石油和天然气开采业	45		4	32	4	3		2
天然原油和天然气开采	43		4	32	3	3		1
与石油和天然气开采有关的服务活动	2				1			1
黑色金属矿采选业	9	3	1	3		1		1
铁矿采选	8	2	1	3		1		1
其他黑色金属矿采选	1	1						
有色金属矿采选业	5	2		1		2		
常用有色金属矿采选	3	1				2		
贵金属矿采选	1	1						
稀有稀土金属矿采选	1			1				
非金属矿采选业	227	76	54	81	9	6		1
土砂石开采	202	68	45	78	7	3		1
化学矿采选	1			1				
石棉及其他非金属矿采选	24	8	9	2	2	3		
制造业	**3798**	**856**	**520**	**1219**	**389**	**552**	**111**	**151**
农副食品加工业	559	125	83	208	62	68	8	5
谷物磨制	134	19	16	56	18	21	2	2
饲料加工	58	14	7	21	7	8	1	
植物油加工	31	10	3	6	6	6		
制糖	2			2				
屠宰及肉类加工	62	10	7	28	5	10	2	
蔬菜、水果和坚果加工	81	14	10	36	12	9		
其他农副食品加工	191	58	40	59	14	14	3	3
食品制造业	178	45	31	51	12	27	6	6
焙烤食品制造	52	23	10	15	1	3		
糖果、巧克力及蜜饯制造	10	2	2	3	2	1		
方便食品制造	21	4	5	7	3	2		
液体乳及乳制品制造	37	4	1	9	3	13	4	3
罐头制造	4	2		2				
调味品、发酵制品制造	30	6	7	10	1	2	1	3
其他食品制造	24	4	6	5	2	6	1	
饮料制造业	104	22	11	25	17	17	4	8
酒的制造	54	9	4	13	10	9	3	6
软饮料制造	44	13	6	8	6	8	1	2
精制茶加工	6		1	4	1			
烟草制品业	1					1		
烟叶复烤	1					1		

5-25 续表 1

行业	企业法人单位数(个)	50万元及以下	50-100万元	100-500万元	500-1000万元	1000-5000万元	5000万元-1亿元	1亿元以上
纺织业	113	8	6	28	8	42	8	13
棉、化纤纺织及印染精加工	8			6		1	1	
毛纺织和染整精加工	86	2	3	16	6	39	7	13
麻纺织	1	1						
丝绢纺织及精加工	1					1		
纺织制成品制造	14	5	2	4	2	1		
针织品、编织品及其制品制造	3		1	2				
纺织服装、鞋、帽制造业	25	11	7	5		1	1	
纺织服装制造	25	11	7	5		1	1	
皮革、毛皮、羽毛(绒)及其制品业	40	10	9	6	6	9		
皮革鞣制加工	13	5	6			2		
皮革制品制造	3	1	1	1				
毛皮鞣制及制品加工	19	4	2	2	6	5		
羽毛(绒)加工及制品制造	5			3		2		
木材加工及木、竹、藤、棕、草制品业	31	13	4	8	4	2		
锯材、木片加工	6	4	1	1				
人造板制造	8	2	2	2	2			
木制品制造	13	6		3	2	2		
竹、藤、棕、草制品制造	4	1	1	2				
家具制造业	48	13	5	24	3	3		
木质家具制造	37	11	3	19	2	2		
金属家具制造	5	2	1	1	1			
塑料家具制造	1			1				
其他家具制造	5		1	3		1		
造纸及纸制品业	72	23	3	17	8	11	2	8
纸浆制造	2		1			1		
造纸	33	8	1	6	4	4	2	8
纸制品制造	37	15	1	11	4	6		
印刷业和记录媒介的复制	162	63	28	53	11	4	3	
印刷	156	61	25	52	11	4	3	
装订及其他印刷服务活动	6	2	3	1				
文教体育用品制造业	4	2	1	1				
文化用品制造	3	2	1					
体育用品制造	1			1				
石油加工、炼焦及核燃料加工业	54	5	3	5	8	12	9	12
精炼石油产品的制造	15		1	3	2	1	1	7
炼焦	39	5	2	2	6	11	8	5
化学原料及化学制品制造业	334	60	22	97	44	70	20	21
基础化学原料制造	172	15	8	51	31	48	12	7
肥料制造	47	15	5	10	6	1	4	6
农药制造	5				1	3		1
涂料、油墨、颜料及类似产品制造	24	9	2	7		4		2
合成材料制造	8	2	1	1		1		3
专用化学产品制造	67	13	6	24	6	12	4	2
日用化学产品制造	11	6		4		1		
医药制造业	32	4	4	5	3	8	3	5
化学药品原药制造	2					1		1

5-25 续表 2

行 业	企业法人单位数(个)	50万元及以下	50-100万元	100-500万元	500-1000万元	1000-5000万元	5000万元-1亿元	1亿元以上
化学药品制剂制造	4				1	1	1	1
中药饮片加工	4		1	1		2		
中成药制造	10	2		2	1	3	1	1
兽用药品制造	6	1	1	1			1	2
生物、生化制品的制造	5	1	1	1	1	1		
卫生材料及医药用品制造	1		1					
化学纤维制造业	2	1				1		
合成纤维制造	2	1				1		
橡胶制品业	23	8	1	8	1	3		2
轮胎制造	5	2		1				2
橡胶板、管、带的制造	8	1	1	3	1	2		
橡胶零件制造	3	2		1				
再生橡胶制造	2	1		1				
日用及医用橡胶制品制造	4	2		1		1		
其他橡胶制品制造	1			1				
塑料制品业	142	26	24	53	21	15		3
塑料薄膜制造	16	2		8	3	3		
塑料板、管、型材的制造	33	6	5	10	5	5		2
塑料丝、绳及编织品的制造	50	6	6	22	11	4		1
泡沫塑料制造	8	1	1	4	1	1		
塑料包装箱及容器制造	12	5	3	3		1		
塑料零件制造	2			1	1			
日用塑料制造	6	1	2	2		1		
其他塑料制品制造	15	5	7	3				
非金属矿物制品业	933	187	176	342	92	102	11	23
水泥、石灰和石膏的制造	67	10	8	12	7	12	5	13
水泥及石膏制品制造	168	58	24	45	12	24	3	2
砖瓦、石材及其他建筑材料制造	428	92	130	179	16	9		2
玻璃及玻璃制品制造	14	4		4	2	3	1	
陶瓷制品制造	2				1	1		
耐火材料制品制造	18	3	3	7	4	1		
石墨及其他非金属矿物制品制造	236	20	11	95	50	52	2	6
黑色金属冶炼及压延加工业	130	20	3	18	16	47	15	11
炼铁	27	8	2	5	4	4	1	3
炼钢	1				1			
钢压延加工	21	5		7	2	5	1	1
铁合金冶炼	81	7	1	6	9	38	13	7
有色金属冶炼及压延加工业	56	16	2	11	4	8	4	11
常用有色金属冶炼	34	10		6	1	4	4	9
贵金属冶炼	1	1						
稀有稀土金属冶炼	7	1	1	1	1	2		1
有色金属合金制造	7	3		2	1	1		
有色金属压延加工	7	1	1	2	1	1		1
金属制品业	198	49	27	72	19	27	1	3
结构性金属制品制造	128	36	12	51	12	15		2
金属工具制造	9	2	1	4	1	1		

5-25 续表 3

行　业	企业法人单位数(个)	50万元及以下	50-100万元	100-500万元	500-1000万元	1000-5000万元	5000万元-1亿元	1亿元以上
集装箱及金属包装容器制造	9	1	1	1	2	4		
金属丝绳及其制品的制造	10	4	3	1	1			1
建筑、安全用金属制品制造	14	1	3	5	2	3		
金属表面处理及热处理加工	5	2	1	1		1		
搪瓷制品制造	1			1				
不锈钢及类似日用金属制品制造	6	2	1	2		1		
其他金属制品制造	16	1	5	6	1	2	1	
通用设备制造业	217	43	26	79	21	32	7	9
锅炉及原动机制造	19	4	2	6	2	3	2	
金属加工机械制造	42	6	4	20	5	3	1	3
起重运输设备制造	12	1		1	1	6	2	1
泵、阀门、压缩机及类似机械的制造	7		1	2	2	2		
轴承、齿轮、传动和驱动部件的制造	18	1	4	4	1	5	1	2
烘炉、熔炉及电炉制造	2		1	1				
风机、衡器、包装设备等通用设备制造	16	5		7		3	1	
通用零部件制造及机械修理	53	19	9	17	4	3		1
金属铸、锻加工	48	7	5	21	6	7		2
专用设备制造业	93	21	13	32	9	12	2	4
矿山、冶金、建筑专用设备制造	36	5	3	12	4	8	2	2
化工、木材、非金属加工专用设备制造	12	2	4	2	2	2		
食品、饮料、烟草及饲料生产专用设备制造	1	1						
印刷、制药、日化生产专用设备制造	2	1						1
电子和电工机械专用设备制造	7	2	2	2				1
农、林、牧、渔专用机械制造	18	5	1	11	1			
医疗仪器设备及器械制造	9	4	2	1	1	1		
环保、社会公共安全及其他专用设备制造	8	1	1	4	1	1		
交通运输设备制造业	80	34	12	23	5	3	2	1
汽车制造	71	34	10	18	5	2	1	1
摩托车制造	1			1				
自行车制造	1		1					
交通器材及其他交通运输设备制造	7		1	4		1	1	
电气机械及器材制造业	84	19	11	21	8	18	3	4
电机制造	9		1	1	1	2	2	2
输配电及控制设备制造	33	7	4	10	2	8		2
电线、电缆、光缆及电工器材制造	13	2	3	2	2	3	1	
电池制造	4			1		3		
家用电力器具制造	1		1					
非电力家用器具制造	8	2	1	4	1			
照明器具制造	3	2		1				
其他电气机械及器材制造	13	6	1	2	2	2		
通信设备、计算机及其他电子设备制造业	4		1	2		1		
通信设备制造	1			1				
电子计算机制造	1			1				
电子元件制造	1					1		
家用视听设备制造	1		1					

5-25　续表 4

行　业	企业法人单位数(个)	50万元及以下	50-100万元	100-500万元	500-1000万元	1000-5000万元	5000万元-1亿元	1亿元以上
仪器仪表及文化、办公用机械制造业	28	4	4	11	1	5	1	2
通用仪器仪表制造	21	3	2	8	1	4	1	2
专用仪器仪表制造	2		1	1				
光学仪器及眼镜制造	1	1						
文化、办公用机械制造	2		1			1		
其他仪器仪表的制造及修理	2			2				
工艺品及其他制造业	44	20	3	12	5	3	1	
工艺美术品制造	20	10	3	3	1	3		
日用杂品制造	1	1						
煤制品制造	18	7		7	3		1	
其他未列明的制造业	5	2		2	1			
废弃资源和废旧材料回收加工业	7	4		2	1			
金属废料和碎屑的加工处理	2	1			1			
非金属废料和碎屑的加工处理	5	3		2				
电力、燃气及水的生产和供应业	**134**	**16**	**1**	**26**	**16**	**28**	**14**	**33**
电力、热力的生产和供应业	71	4		12	9	14	7	25
电力生产	24	2		2			2	18
电力供应	3			1				2
热力生产和供应	44	2		9	9	14	5	5
燃气生产和供应业	20	4		4	3	5	3	1
燃气生产和供应业	20	4		4	3	5	3	1
水的生产和供应业	43	8	1	10	4	9	4	7
自来水的生产和供应	36	6	1	8	4	8	3	6
污水处理及其再生利用	6	1		2		1	1	1
其他水的处理、利用与分配	1	1						
建筑业	**886**	**152**	**100**	**163**	**116**	**273**	**32**	**50**
房屋和土木工程建筑业	474	47	19	41	67	221	30	49
房屋工程建筑	272	31	13	12	32	133	21	30
土木工程建筑	202	16	6	29	35	88	9	19
建筑安装业	135	27	21	38	24	23	1	1
建筑安装业	135	27	21	38	24	23	1	1
建筑装饰业	234	66	55	72	21	20		
建筑装饰业	234	66	55	72	21	20		
其他建筑业	43	12	5	12	4	9	1	
工程准备	25	2	3	9	3	7	1	
提供施工设备服务	6	6						
其他未列明的建筑活动	12	4	2	3	1	2		
交通运输、仓储和邮政业	**402**	**135**	**54**	**123**	**32**	**33**	**10**	**15**
道路运输业	238	76	31	79	22	22	3	5
公路旅客运输	55	8	4	27	4	9		3
道路货物运输	170	63	27	46	16	13	3	2
道路运输辅助活动	13	5		6	2			
城市公共交通业	45	19	6	12	5	2		1
公共电汽车客运	13	2	1	7	1	1		1
出租车客运	30	16	5	5	3	1		
其他城市公共交通	2	1			1			

5-25 续表 5

行 业	企业法人单位数(个)	50万元及以下	50-100万元	100-500万元	500-1000万元	1000-5000万元	5000万元-1亿元	1亿元以上
水上运输业	4	3	1					
水上货物运输	4	3	1					
航空运输业	5	1		1		1	1	1
航空客货运输	3	1		1			1	
航空运输辅助活动	2					1		1
管道运输业	2			1				1
管道运输业	2			1				1
装卸搬运和其他运输服务业	57	26	7	16	5	3		
装卸搬运	29	14	4	8	2	1		
运输代理服务	28	12	3	8	3	2		
仓储业	40	8	8	12		4	2	6
谷物、棉花等农产品仓储	27	4	5	8		2	2	6
其他仓储	13	4	3	4		2		
邮政业	11	2	1	2		1	4	1
国家邮政	7		1			1	4	1
其他寄递服务	4	2		2				
信息传输、计算机服务和软件业	**590**	**358**	**124**	**73**	**9**	**10**	**6**	**10**
电信和其他信息传输服务业	55	11	4	12	5	7	6	10
电信	33	6	2	4	2	6	4	9
互联网信息服务	10	2	2	4	1		1	
广播电视传输服务	11	2		4	2	1	1	1
卫星传输服务	1	1						
计算机服务业	480	328	109	39	2	2		
计算机系统服务	44	20	12	11	1			
计算机维修	18	11	4	3				
其他计算机服务	418	297	93	25	1	2		
软件业	55	19	11	22	2	1		
公共软件服务	53	17	11	22	2	1		
其他软件服务	2	2						
批发和零售业	**5669**	**1762**	**1114**	**1849**	**424**	**404**	**66**	**50**
批发业	3124	724	551	1178	310	277	44	40
农畜产品批发	203	63	33	63	21	19	4	
食品、饮料及烟草制品批发	175	54	43	37	12	17	4	8
纺织、服装及日用品批发	101	34	20	39	5	1		2
文化、体育用品及器材批发	61	11	16	20	6	5	2	1
医药及医疗器材批发	85	15	16	38	4	11	1	
矿产品、建材及化工产品批发	1359	272	203	525	162	151	24	22
机械设备、五金交电及电子产品批发	921	201	194	380	77	58	9	2
贸易经纪与代理	31	10	5	10	3	3		
其他批发	188	64	21	66	20	12		5
零售业	2545	1038	563	671	114	127	22	10
综合零售	188	67	29	54	13	15	4	6
食品、饮料及烟草制品专门零售	174	73	31	59	4	7		
纺织、服装及日用品专门零售	257	126	71	46	10	4		
文化、体育用品及器材专门零售	193	92	34	45	15	6	1	
医药及医疗器材专门零售	161	66	31	38	8	14	4	
汽车、摩托车、燃料及零配件专门零售	505	151	108	158	30	47	10	1
家用电器及电子产品专门零售	500	204	123	134	16	18	2	3
五金、家具及室内装修材料专门零售	407	193	105	91	10	7	1	
无店铺及其他零售	160	66	31	46	8	9		

5-25 续表 6

行 业	企业法人单位数(个)	50万元及以下	50-100万元	100-500万元	500-1000万元	1000-5000万元	5000万元-1亿元	1亿元以上
住宿和餐饮业	**479**	**114**	**72**	**166**	**49**	**67**	**8**	**3**
住宿业	252	48	34	97	25	41	5	2
旅游饭店	74	4	6	25	6	28	4	1
一般旅馆	164	40	27	67	17	11	1	1
其他住宿服务	14	4	1	5	2	2		
餐饮业	227	66	38	69	24	26	3	1
正餐服务	206	58	30	65	23	26	3	1
快餐服务	7	2	3	1	1			
饮料及冷饮服务	6	4	2					
其他餐饮服务	8	2	3	3				
金融业	**174**	**35**	**7**	**21**	**19**	**42**	**10**	**40**
银行业	30						1	29
商业银行	28						1	27
其他银行	2							2
证券业	2						2	
证券经纪与交易	1						1	
证券投资	1						1	
保险业	45	11	3	10	2	9	3	7
人寿保险	14	2		3		2	1	6
非人寿保险	26	6	2	6	2	7	2	1
保险辅助服务	5	3	1	1				
其他金融活动	97	24	4	11	17	33	4	4
金融信托与管理	2	2						
金融租赁	1				1			
财务公司	1					1		
邮政储蓄	6		1	2				3
典当	42	16	2	4	6	14		
其他未列明的金融活动	45	6	1	5	10	18	4	1
房地产业	**761**	**148**	**84**	**127**	**57**	**157**	**73**	**115**
房地产业	761	148	84	127	57	157	73	115
房地产开发经营	340	1		10	27	126	66	110
物业管理	255	85	69	70	15	12	4	
房地产中介服务	112	51	8	32	5	11	2	3
其他房地产活动	54	11	7	15	10	8	1	2
租赁和商务服务业	**1068**	**589**	**171**	**182**	**40**	**56**	**9**	**21**
租赁业	181	106	42	25	5	2		1
机械设备租赁	179	105	42	24	5	2		1
文化及日用品出租	2	1		1				
商务服务业	887	483	129	157	35	54	9	20
企业管理服务	91	17	4	23	6	19	8	14
法律服务	26	15	5	4	2			
咨询与调查	156	80	29	29	7	8		3

5-25 续表 7

行 业	企业法人单位数(个)	50万元及以下	50-100万元	100-500万元	500-1000万元	1000-5000万元	5000万元-1亿元	1亿元以上
广告业	269	168	52	41	6	2		
知识产权服务	15	9	3	2		1		
职业中介服务	86	63	8	11	1	2		1
市场管理	67	21	8	17	6	13	1	1
旅行社	73	40	11	14	2	5		1
其他商务服务	104	70	9	16	5	4		
科学研究、技术服务和地质勘查业	**347**	**122**	**63**	**122**	**17**	**15**	**5**	**3**
研究与试验发展	20	9	3	6	1			1
自然科学研究与试验发展	4	2	1	1				
工程和技术研究与试验发展	7	2	1	4				
农业科学研究与试验发展	4	2		1				1
医学研究与试验发展	4	3			1			
社会人文科学研究与试验发展	1		1					
专业技术服务业	255	71	56	98	11	13	5	1
气象服务	7	5	2					
地震服务	1	1						
测绘服务	14	9	2	3				
技术检测	35	9	6	17	1	1	1	
环境监测	8	4	2	2				
工程技术与规划管理	175	36	44	70	10	10	4	1
其他专业技术服务	15	7		6		2		
科技交流和推广服务业	60	37	4	13	4	1		1
技术推广服务	47	25	4	12	4	1		1
科技中介服务	9	8		1				
其他科技服务	4	4						
地质勘查业	12	5		5	1	1		
矿产地质勘查	7	3		2	1	1		
基础地质勘查	2	1		1				
地质勘查技术服务	3	1		2				
水利、环境和公共设施管理业	**73**	**17**	**6**	**27**	**9**	**8**	**4**	**2**
水利管理业	7	2	1	3				1
水资源管理	3		1	1				1
其他水利管理	4	2		2				
环境管理业	12	5	2	3		1	1	
自然保护	2			2				
环境治理	10	5	2	1		1	1	
公共设施管理业	54	10	3	21	9	7	3	1
市政公共设施管理	3		1			1	1	
城市绿化管理	31	3	1	17	6	4		
游览景区管理	20	7	1	4	3	2	2	1
居民服务和其他服务业	**343**	**196**	**69**	**58**	**11**	**9**		
居民服务业	102	58	14	19	6	5		
家庭服务	13	9	3	1				
托儿所	1	1						
洗染服务	4	2	1	1				

5-25 续表 8

行业	企业法人单位数(个)	50万元及以下	50-100万元	100-500万元	500-1000万元	1000-5000万元	5000万元-1亿元	1亿元以上
理发及美容保健服务	16	12	2	2				
洗浴服务	20	10	1	6	2	1		
婚姻服务	9	8	1					
殡葬服务	13	2		5	3	3		
摄影扩印服务	20	10	5	4	1			
其他居民服务	6	4	1			1		
其他服务业	241	138	55	39	5	4		
修理与维护	191	107	45	32	4	3		
清洁服务	29	18	7	4				
其他未列明的服务	21	13	3	3	1	1		
教育	**52**	**18**	**9**	**20**	**3**	**2**		
教育	52	18	9	20	3	2		
学前教育	5	2		3				
中等教育	1					1		
其他教育	46	16	9	17	3	1		
卫生、社会保障和社会福利业	**64**	**19**	**7**	**30**	**4**	**3**	**1**	
卫生	64	19	7	30	4	3	1	
医院	39	9	4	20	2	3	1	
卫生院及社区医疗活动	9	2		5	2			
门诊部医疗活动	12	6	3	3				
计划生育技术服务活动	1	1						
疾病预防控制及防疫活动	1	1						
其他卫生活动	2			2				
文化、体育和娱乐业	**103**	**37**	**23**	**32**	**4**	**6**	**1**	
新闻出版业	4	3	1					
出版业	4	3	1					
广播、电视、电影和音像业	23	7	5	7	2	2		
广播	2			2				
电视	1			1				
电影	16	4	4	4	2	2		
音像制作	4	3	1					
文化艺术业	5	4		1				
文艺创作与表演	1			1				
艺术表演场馆	1	1						
文化艺术经纪代理	1	1						
其他文化艺术	2	2						
体育	2	1			1			
体育组织	1	1						
体育场馆	1				1			
娱乐业	69	22	17	24	1	4	1	
室内娱乐活动	42	11	13	17		1		
游乐园	8		1	4	1	2		
休闲健身娱乐活动	11	7	2	1		1		
其他娱乐活动	8	4	1	2			1	

5-26 按地区、资产总额组距分组的企业法人单位数

地区	企业法人单位数(个)	50万元及以下	50-100万元	100-500万元	500-1000万元	1000-5000万元	5000万元-1亿元	1亿元以上
总计	**15514**	**4672**	**2489**	**4412**	**1302**	**1763**	**365**	**511**
银川市	**8121**	**2325**	**1410**	**2357**	**638**	**888**	**204**	**299**
兴庆区	4484	1264	852	1409	337	403	89	130
西夏区	720	201	106	196	60	100	19	38
金凤区	1381	374	279	349	96	153	55	75
永宁县	362	90	52	116	35	52	5	12
贺兰县	731	239	67	205	77	101	25	17
灵武市	443	157	54	82	33	79	11	27
石嘴山市	**2487**	**681**	**302**	**691**	**308**	**345**	**73**	**87**
大武口区	1224	412	179	287	121	145	34	46
惠农区	492	127	54	140	58	72	20	21
平罗县	771	142	69	264	129	128	19	20
吴忠市	**2103**	**755**	**283**	**555**	**158**	**244**	**52**	**56**
红寺堡区	82	30	11	27	5	6	2	1
利通区	963	359	122	241	76	107	31	27
盐池县	372	151	56	113	18	26	3	5
同心县	236	64	30	74	19	38	7	4
青铜峡市	450	151	64	100	40	67	9	19
固原市	**1230**	**411**	**258**	**333**	**80**	**121**	**9**	**18**
原州区	512	152	73	153	47	69	8	10
西吉县	283	107	91	54	11	17	1	2
隆德县	143	51	33	39	8	11		1
泾源县	82	30	14	20	5	10		3
彭阳县	210	71	47	67	9	14		2
中卫市	**1573**	**500**	**236**	**476**	**118**	**165**	**27**	**51**
沙坡头区	829	270	103	243	58	106	18	31
中宁县	509	133	91	160	45	52	9	19
海原县	235	97	42	73	15	7		1

5-27　按登记注册类型、资产总额组距分组的企业法人单位数

登记注册类型	企业法人单位数(个)	50万元及以下	50-100万元	100-500万元	500-1000万元	1000-5000万元	5000万元-1亿元	1亿元以上
总　　计	**15514**	**4672**	**2489**	**4412**	**1302**	**1763**	**365**	**511**
内资企业	**15392**	**4662**	**2484**	**4388**	**1294**	**1728**	**355**	**481**
国有企业	643	92	57	188	78	126	41	61
集体企业	368	115	76	110	18	40	2	7
股份合作企业	75	15	2	20	7	11	2	18
联营企业	31	6	2	11	5	3	2	2
国有联营企业	8	1	2	2	1		1	1
集体联营企业	9	3		3	1	1	1	
国有与集体联营企业	3			2		1		
其他联营企业	11	2		4	3	1		1
有限责任公司	1798	339	216	452	189	352	102	148
国有独资公司	78	6	5	3	8	23	6	27
其他有限责任公司	1720	333	211	449	181	329	96	121
股份有限公司	218	49	17	49	18	27	9	49
私营企业	12135	3987	2096	3521	974	1165	197	195
私营独资企业	3253	1500	637	910	123	70	6	7
私营合伙企业	426	176	89	114	29	18		
私营有限责任公司	8045	2184	1299	2373	786	1035	185	183
私营股份有限公司	411	127	71	124	36	42	6	5
其他企业	124	59	18	37	5	4		1
港、澳、台商投资企业	**32**	**2**	**2**	**12**	**1**	**9**	**3**	**3**
合资经营企业(港或澳、台资)	14	1	2	4		4	2	1
合作经营企业(港或澳、台资)	1					1		
港、澳、台商独资经营企业	8	1		3		4		
港、澳、台商投资股份有限公司	9			5	1		1	2
外商投资企业	**90**	**8**	**3**	**12**	**7**	**26**	**7**	**27**
中外合资经营企业	51	3	1	6	4	18	4	15
中外合作经营企业	6	1			1	1	1	2
外资企业	29	4	2	5	1	5	2	10
外商投资股份有限公司	4			1	1	2		

5-28 按地区、学历分组的企业法人单位就业人数

地区	企业法人单位数（个）	就业人数（人）	具有研究生及以上学历人员	具有大学本科学历人员	具有大专学历人员	具有高中学历人员	具有初中及以下学历人员
总计	**15514**	**610020**	**3427**	**56739**	**114513**	**202646**	**232695**
银川市	**8121**	**336109**	**2785**	**41612**	**74644**	**106858**	**110210**
兴庆区	4484	181670	1069	25675	43503	56483	54940
西夏区	720	42755	999	3619	7808	15527	14802
金凤区	1381	47150	541	8609	13205	13928	10867
永宁县	362	16736	95	1098	3368	4535	7640
贺兰县	731	21774	49	1276	3524	8545	8380
灵武市	443	26024	32	1335	3236	7840	13581
石嘴山市	**2487**	**102343**	**383**	**6444**	**16765**	**30963**	**47788**
大武口区	1224	46047	275	4110	10688	13664	17310
惠农区	492	33313	70	1549	3813	9593	18288
平罗县	771	22983	38	785	2264	7706	12190
吴忠市	**2103**	**77562**	**130**	**4890**	**11740**	**26214**	**34588**
红寺堡区	82	2252	1	50	240	736	1225
利通区	963	33369	73	2016	4836	12075	14369
盐池县	372	8730	5	373	1372	3414	3566
同心县	236	5811	17	251	608	1322	3613
青铜峡市	450	27400	34	2200	4684	8667	11815
固原市	**1230**	**33892**	**57**	**1407**	**4136**	**12708**	**15584**
原州区	512	15246	44	993	2723	5143	6343
西吉县	283	7009	3	149	463	3853	2541
隆德县	143	3899	8	90	278	1602	1921
泾源县	82	2260	2	51	207	773	1227
彭阳县	210	5478	0	124	465	1337	3552
中卫市	**1573**	**60114**	**72**	**2386**	**7228**	**25903**	**24525**
沙坡头区	829	32919	50	1486	4401	14865	12117
中宁县	509	20807	21	860	2536	9143	8247
海原县	235	6388	1	40	291	1895	4161

5-29　按行业(中类)、学历分组的企业法人单位就业人数

行　业	企业法人单位数(个)	就业人数(人)	具有研究生及以上学历人员	具有大学本科学历人员	具有大专学历人员	具有高中学历人员	具有初中及以下学历人员
总　计	**15514**	**610020**	**3427**	**56739**	**114513**	**202646**	**232695**
农、林、牧、渔业	**6**	**12897**		**152**	**481**	**5770**	**6494**
农业	6	12897		152	481	5770	6494
谷物及其他作物的种植	6	12897		152	481	5770	6494
采矿业	**565**	**61722**	**75**	**5169**	**9751**	**11165**	**35562**
煤炭开采和洗选业	279	57990	72	5107	9479	9973	33359
烟煤和无烟煤的开采洗选	278	57985	72	5107	9479	9973	33354
其他煤炭采选	1	5					5
石油和天然气开采业	45	362	2	5	52	161	142
天然原油和天然气开采	43	263	1	2	20	106	134
与石油和天然气开采有关的服务活动	2	99	1	3	32	55	8
黑色金属矿采选业	9	202		4	24	93	81
铁矿采选	8	201		4	24	93	80
其他黑色金属矿采选	1	1					1
有色金属矿采选业	5	157		16	39	43	59
常用有色金属矿采选	3	136		15	38	38	45
贵金属矿采选	1	1					1
稀有稀土金属矿采选	1	20		1	1	5	13
非金属矿采选业	227	3011	1	37	157	895	1921
土砂石开采	202	2681	1	28	138	833	1681
化学矿采选	1	5				2	3
石棉及其他非金属矿采选	24	325		9	19	60	237
制造业	**3798**	**217777**	**1383**	**11429**	**26950**	**70646**	**107369**
农副食品加工业	559	11894	40	547	1252	3616	6439
谷物磨制	134	2214	1	120	310	735	1048
饲料加工	58	1472	15	184	277	338	658
植物油加工	31	507		21	58	140	288
制糖	2	30		5	8	7	10
屠宰及肉类加工	62	1497	3	60	194	518	722
蔬菜、水果和坚果加工	81	1741	13	24	105	395	1204
其他农副食品加工	191	4433	8	133	300	1483	2509
食品制造业	178	9053	31	584	1708	3394	3336
焙烤食品制造	52	989		63	118	365	443
糖果、巧克力及蜜饯制造	10	229	1	4	17	115	92
方便食品制造	21	454		23	52	117	262
液体乳及乳制品制造	37	3157	5	207	458	1271	1216
罐头制造	4	51		3	9	31	8
调味品、发酵制品制造	30	3511	19	226	950	1209	1107
其他食品制造	24	662	6	58	104	286	208
饮料制造业	104	5641	22	430	1260	2317	1612
酒的制造	54	4201	16	342	1037	1837	969
软饮料制造	44	1294	6	70	197	431	590
精制茶加工	6	146		18	26	49	53
烟草制品业	1	29			6	10	13
烟叶复烤	1	29			6	10	13

5-29 续表 1

行业	企业法人单位数(个)	就业人数(人)	具有研究生及以上学历人员	具有大学本科学历人员	具有大专学历人员	具有高中学历人员	具有初中及以下学历人员
纺织业	113	9896	58	577	607	2815	5839
棉、化纤纺织及印染精加工	8	615		22	17	362	214
毛纺织和染整精加工	86	8903	57	542	554	2336	5414
麻纺织	1	7			2	5	
丝绢纺织及精加工	1	60			2	34	24
纺织制成品制造	14	285	1	12	28	73	171
针织品、编织品及其制品制造	3	26		1	4	5	16
纺织服装、鞋、帽制造业	25	895		75	117	246	457
皮革、毛皮、羽毛(绒)及其制品业	40	707	1	9	21	202	474
皮革鞣制加工	13	218				34	184
皮革制品制造	3	19				4	15
毛皮鞣制及制品加工	19	423		7	20	151	245
羽毛(绒)加工及制品制造	5	47	1	2	1	13	30
木材加工及木、竹、藤、棕、草制品业	31	534		23	55	156	300
锯材、木片加工	6	32			2	23	7
人造板制造	8	89		4	7	30	48
木制品制造	13	198		19	43	65	71
竹、藤、棕、草制品制造	4	215			3	38	174
家具制造业	48	772	2	33	91	357	289
木质家具制造	37	577	2	25	54	293	203
金属家具制造	5	79		4	19	34	22
塑料家具制造	1	5				3	2
其他家具制造	5	111		4	18	27	62
造纸及纸制品业	72	16529	4	288	1099	5867	9271
纸浆制造	2	70		4	6	50	10
造纸	33	15434	3	262	1044	5540	8585
纸制品制造	37	1025	1	22	49	277	676
印刷业和记录媒介的复制	162	3194	19	140	373	1399	1263
印刷	156	3134	19	139	358	1388	1230
装订及其他印刷服务活动	6	60		1	15	11	33
文教体育用品制造业	4	30		1	2	8	19
文化用品制造	3	15				6	9
体育用品制造	1	15		1	2	2	10
石油加工、炼焦及核燃料加工业	54	9814	8	562	1938	4106	3200
精炼石油产品的制造	15	5344	7	384	1290	2619	1044
炼焦	39	4470	1	178	648	1487	2156
化学原料及化学制品制造业	334	30670	868	1412	3623	12887	11880
基础化学原料制造	172	12619	20	330	993	4784	6492
肥料制造	47	7368	834	603	1180	2923	1828
农药制造	5	741	2	20	31	575	113
涂料、油墨、颜料及类似产品制造	24	1051	1	31	89	347	583
合成材料制造	8	5868	5	297	1018	3093	1455
专用化学产品制造	67	2719	5	95	273	1068	1278
日用化学产品制造	11	304	1	36	39	97	131
医药制造业	32	4926	47	542	1336	1600	1401
化学药品原药制造	2	2291	10	202	639	446	994

5-29 续表 2

行 业	企业法人单位数(个)	就业人数(人)	具有研究生及以上学历人员	具有大学本科学历人员	具有大专学历人员	具有高中学历人员	具有初中及以下学历人员
化学药品制剂制造	4	699	6	78	168	306	141
中药饮片加工	4	187		42	45	47	53
中成药制造	10	684	26	133	256	208	61
兽用药品制造	6	981	5	83	207	556	130
生物、生化制品的制造	5	74		4	21	28	21
卫生材料及医药用品制造	1	10				9	1
化学纤维制造业	2	113	2	6	34	41	30
合成纤维制造	2	113	2	6	34	41	30
橡胶制品业	23	4221	11	211	621	1050	2328
轮胎制造	5	3731	11	198	568	922	2032
橡胶板、管、带的制造	8	370		13	48	111	198
橡胶零件制造	3	21			2	3	16
再生橡胶制造	2	18			1	2	15
日用及医用橡胶制品制造	4	75			2	10	63
其他橡胶制品制造	1	6				2	4
塑料制品业	142	3982	8	141	315	1300	2218
塑料薄膜制造	16	392		5	17	99	271
塑料板、管、型材的制造	33	1116	1	78	144	468	425
塑料丝、绳及编织品的制造	50	1900	3	29	83	556	1229
泡沫塑料制造	8	102	3	12	16	33	38
塑料包装箱及容器制造	12	238		10	31	71	126
塑料零件制造	2	63			2	23	38
日用塑料制造	6	65		2	8	21	34
其他塑料制品制造	15	106	1	5	14	29	57
非金属矿物制品业	933	34365	55	1036	2728	9788	20758
水泥、石灰和石膏的制造	67	8297	6	228	997	3199	3867
水泥及石膏制品制造	168	4110	21	393	490	1153	2053
砖瓦、石材及其他建筑材料制造	428	14757	3	66	352	3045	11291
玻璃及玻璃制品制造	14	455	2	25	55	199	174
陶瓷制品制造	2	119			2	1	116
耐火材料制品制造	18	294		14	37	81	162
石墨及其他非金属矿物制品制造	236	6333	23	310	795	2110	3095
黑色金属冶炼及压延加工业	130	13083	5	370	837	3441	8430
炼铁	27	2515	1	40	155	698	1621
炼钢	1	30			2	18	10
钢压延加工	21	1937		125	114	255	1443
铁合金冶炼	81	8601	4	205	566	2470	5356
有色金属冶炼及压延加工业	56	20403	54	1445	2480	4488	11936
常用有色金属冶炼	34	15316	21	822	1520	3101	9852
贵金属冶炼	1	3			1	2	
稀有稀土金属冶炼	7	4732	33	604	877	1282	1936
有色金属合金制造	7	176		5	54	46	71
有色金属压延加工	7	176		14	28	57	77
金属制品业	198	6963	31	477	987	1764	3704
结构性金属制品制造	128	2416	19	160	487	888	862
金属工具制造	9	214		4	11	51	148

5-29 续表 3

行　　业	企业法人单位数(个)	就业人数(人)	具有研究生及以上学历人员	具有大学本科学历人员	具有大专学历人员	具有高中学历人员	具有初中及以下学历人员
集装箱及金属包装容器制造	9	241		16	27	78	120
金属丝绳及其制品的制造	10	2958	10	220	294	314	2120
建筑、安全用金属制品制造	14	319	2	36	65	124	92
金属表面处理及热处理加工	5	166		7	36	59	64
搪瓷制品制造	1	52		5	4	30	13
不锈钢及类似日用金属制品制造	6	142		10	23	33	76
其他金属制品制造	16	455		19	40	187	209
通用设备制造业	217	14556	48	1239	2576	5081	5612
锅炉及原动机制造	19	539	3	56	108	195	177
金属加工机械制造	42	2975	6	289	764	1491	425
起重运输设备制造	12	1078	5	123	150	521	279
泵、阀门、压缩机及类似机械的制造	7	369	1	33	64	220	51
轴承、齿轮、传动和驱动部件的制造	18	5418	13	324	778	1346	2957
烘炉、熔炉及电炉制造	2	14		1	6	7	
风机、衡器、包装设备等通用设备制造	16	594	4	86	104	155	245
通用零部件制造及机械修理	53	638	3	55	163	219	198
金属铸、锻加工	48	2931	13	272	439	927	1280
专用设备制造业	93	6166	27	416	1129	1735	2859
矿山、冶金、建筑专用设备制造	36	4917	24	328	892	1254	2419
化工、木材、非金属加工专用设备制造	12	152		10	13	62	67
食品、饮料、烟草及饲料生产专用设备制造	1	8			2	3	3
印刷、制药、日化生产专用设备制造	2	217		9	25	57	126
电子和电工机械专用设备制造	7	299	3	37	122	92	45
农、林、牧、渔专用机械制造	18	268		5	32	131	100
医疗仪器设备及器械制造	9	92		21	30	21	20
环保、社会公共安全及其他专用设备制造	8	213		6	13	115	79
交通运输设备制造业	80	1071	11	89	165	457	349
汽车制造	71	862	4	61	124	351	322
摩托车制造	1	20		5	7	8	
自行车制造	1	5		1	2	2	
交通器材及其他交通运输设备制造	7	184	7	22	32	96	27
电气机械及器材制造业	84	4942	11	431	916	1371	2213
电机制造	9	1934	3	138	257	306	1230
输配电及控制设备制造	33	1606	4	214	353	492	543
电线、电缆、光缆及电工器材制造	13	389	1	32	96	161	99
电池制造	4	289	1	5	31	77	175
家用电力器具制造		20			3	1	16
非电力家用器具制造	8	143	1	13	52	47	30
照明器具制造	3	27			4	13	10
其他电气机械及器材制造	13	534	1	29	120	274	110
通信设备、计算机及其他电子设备制造业	4	116		14	46	40	16
通信设备制造	1	6			1	4	1
电子计算机制造	1	14		1	10	3	
电子元件制造	1	88		13	35	31	9
家用视听设备制造	1	8				2	6

5-29 续表 4

行 业	企业法人单位数(个)	就业人数(人)	具有研究生及以上学历人员	具有大学本科学历人员	具有大专学历人员	具有高中学历人员	具有初中及以下学历人员
仪器仪表及文化、办公用机械制造业	28	2407	20	309	566	884	628
通用仪器仪表制造	21	2272	18	291	509	850	604
专用仪器仪表制造	2	10		3	3	3	1
光学仪器及眼镜制造	1	3				3	
文化、办公用机械制造	2	92	1	13	52	18	8
其他仪器仪表的制造及修理	2	30	1	2	2	10	15
工艺品及其他制造业	44	766		20	54	215	477
工艺美术品制造	20	442		10	25	148	259
日用杂品制造	1	6			1	3	2
煤制品制造	18	243		10	23	49	161
其他未列明的制造业	5	75			5	15	55
废弃资源和废旧材料回收加工业	7	39		2	8	11	18
金属废料和碎屑的加工处理	2	9				3	6
非金属废料和碎屑的加工处理	5	30		2	8	8	12
电力、燃气及水的生产和供应业	**134**	**30581**	**173**	**5965**	**9113**	**9262**	**6068**
电力、热力的生产和供应业	71	26415	157	5446	7642	7922	5248
电力生产	24	11197	46	2223	3716	2672	2540
电力供应	3	11613	101	2916	3166	3880	1550
热力生产和供应	44	3605	10	307	760	1370	1158
燃气生产和供应业	20	828	7	132	236	288	165
燃气生产和供应业	20	828	7	132	236	288	165
水的生产和供应业	43	3338	9	387	1235	1052	655
自来水的生产和供应	36	2994	8	310	1125	925	626
污水处理及其再生利用	6	341	1	77	107	127	29
其他水的处理、利用与分配	1	3			3		
建筑业	**886**	**71678**	**134**	**6151**	**15199**	**22304**	**27890**
房屋和土木工程建筑业	474	63152	91	5143	13210	19240	25468
房屋工程建筑	272	37605	39	2302	7933	11779	15552
土木工程建筑	202	25547	52	2841	5277	7461	9916
建筑安装业	135	4390	20	442	864	1665	1399
建筑安装业	135	4390	20	442	864	1665	1399
建筑装饰业	234	3096	22	441	912	1006	715
建筑装饰业	234	3096	22	441	912	1006	715
其他建筑业	43	1040	1	125	213	393	308
工程准备	25	738	1	97	180	282	178
提供施工设备服务	6	40		8	14	15	3
其他未列明的建筑活动	12	262		20	19	96	127
交通运输、仓储和邮政业	**402**	**24882**	**36**	**1531**	**4854**	**12197**	**6264**
道路运输业	238	11018	4	363	1037	5257	4357
公路旅客运输	55	4886	2	225	564	1678	2417
道路货物运输	170	5779	2	123	423	3418	1813
道路运输辅助活动	13	353		15	50	161	127
城市公共交通业	45	4512	2	44	353	3624	489
公共电汽车客运	13	3751		21	294	3231	205
出租车客运	30	727	2	23	54	375	273
其他城市公共交通	2	34			5	18	11

5-29 续表 5

行业	企业法人单位数(个)	就业人数(人)	具有研究生及以上学历人员	具有大学本科学历人员	具有大专学历人员	具有高中学历人员	具有初中及以下学历人员
水上运输业	4	33				10	23
水上货物运输	4	33				10	23
航空运输业	5	1167	12	306	410	323	116
航空客货运输	3	127	7	68	25	24	3
航空运输辅助活动	2	1040	5	238	385	299	113
管道运输业	2	1067	1	156	400	351	159
管道运输业	2	1067	1	156	400	351	159
装卸搬运和其他运输服务业	57	1103	1	46	146	337	573
装卸搬运	29	893		17	66	253	557
运输代理服务	28	210	1	29	80	84	16
仓储业	40	848	2	64	308	315	159
谷物、棉花等农产品仓储	27	709	1	49	264	284	111
其他仓储	13	139	1	15	44	31	48
邮政业	11	5134	14	552	2200	1980	388
国家邮政	7	5085	14	550	2177	1961	383
其他寄递服务	4	49		2	23	19	5
信息传输、计算机服务和软件业	**590**	**12128**	**218**	**2810**	**4230**	**3739**	**1131**
电信和其他信息传输服务业	55	9120	168	2324	3452	2566	610
电信	33	8555	162	2170	3190	2457	576
互联网信息服务	10	99	2	40	31	20	6
广播电视传输服务	11	459	4	107	231	89	28
卫星传输服务	1	7		7			
计算机服务业	480	2437	17	245	548	1126	501
计算机系统服务	44	302	8	89	141	56	8
计算机维修	18	122	1	43	47	26	5
其他计算机服务	418	2013	8	113	360	1044	488
软件业	55	571	33	241	230	47	20
公共软件服务	53	568	33	241	227	47	20
其他软件服务	2	3			3		
批发和零售业	**5669**	**62488**	**340**	**6083**	**15883**	**26292**	**13890**
批发业	3124	31782	197	3581	8183	12294	7527
农畜产品批发	203	2716	14	238	518	1016	930
食品、饮料及烟草制品批发	175	4242	12	596	1269	1432	933
纺织、服装及日用品批发	101	1130	4	127	253	461	285
文化、体育用品及器材批发	61	646	3	83	236	192	132
医药及医疗器材批发	85	1220	8	129	342	423	318
矿产品、建材及化工产品批发	1359	12233	78	1398	2920	5098	2739
机械设备、五金交电及电子产品批发	921	7265	65	878	2134	2844	1344
贸易经纪与代理	31	211	5	49	83	32	42
其他批发	188	2119	8	83	428	796	804
零售业	2545	30706	143	2502	7700	13998	6363
综合零售	188	8413	41	462	1562	4359	1989
食品、饮料及烟草制品专门零售	174	1697	7	86	361	721	522
纺织、服装及日用品专门零售	257	2017	5	163	466	1077	306
文化、体育用品及器材专门零售	193	1681	5	184	487	815	190
医药及医疗器材专门零售	161	3241	24	360	1213	1223	421
汽车、摩托车、燃料及零配件专门零售	505	5473	22	349	1276	2276	1550
家用电器及电子产品专门零售	500	4533	20	683	1556	1796	478
五金、家具及室内装修材料专门零售	407	2138	7	127	434	1041	529
无店铺及其他零售	160	1513	12	88	345	690	378

5-29 续表 6

行业	企业法人单位数(个)	就业人数(人)	具有研究生及以上学历人员	具有大学本科学历人员	具有大专学历人员	具有高中学历人员	具有初中及以下学历人员
住宿和餐饮业	**479**	**21302**	**54**	**736**	**2351**	**8445**	**9716**
住宿业	252	9673	19	344	1233	3853	4224
旅游饭店	74	5956	15	241	840	2266	2594
一般旅馆	164	3468	4	100	372	1511	1481
其他住宿服务	14	249		3	21	76	149
餐饮业	227	11629	35	392	1118	4592	5492
正餐服务	206	11174	35	391	1095	4454	5199
快餐服务	7	286			19	103	164
饮料及冷饮服务	6	31			1	7	23
其他餐饮服务	8	138		1	3	28	106
金融业	**174**	**31954**	**327**	**7591**	**9388**	**13351**	**1297**
银行业	30	15540	209	5330	6453	2951	597
商业银行	28	15176	179	5133	6361	2925	578
其他银行	2	364	30	197	92	26	19
证券业	2	58	2	27	23	2	4
证券经纪与交易	1	50	1	24	19	2	4
证券投资	1	8	1	3	4		
保险业	45	14981	107	1822	2251	10150	651
人寿保险	14	11331	78	1193	1625	7839	596
非人寿保险	26	3550	28	608	596	2279	39
保险辅助服务	5	100	1	21	30	32	16
其他金融活动	97	1375	9	412	661	248	45
金融信托与管理	2	21		5	6	7	3
金融租赁	1	3		1	2		
财务公司	1	8		5	3		
邮政储蓄	6	679	4	243	311	104	17
典当	42	222	3	41	117	52	9
其他未列明的金融活动	45	442	2	117	222	85	16
房地产业	**761**	**26204**	**182**	**2813**	**6558**	**7892**	**8759**
房地产业	761	26204	182	2813	6558	7892	8759
房地产开发经营	340	8959	81	1877	3775	2327	899
物业管理	255	14681	69	586	1980	4786	7260
房地产中介服务	112	1453	30	212	559	410	242
其他房地产活动	54	1111	2	138	244	369	358
租赁和商务服务业	**1068**	**17778**	**206**	**2375**	**4284**	**6084**	**4829**
租赁业	181	911	1	69	225	363	253
机械设备租赁	179	906	1	69	223	360	253
文化及日用品出租	2	5			2	3	
商务服务业	887	16867	205	2306	4059	5721	4576
企业管理服务	91	4227	55	667	831	1204	1470
法律服务	26	392	44	260	80	8	
咨询与调查	156	1437	34	484	625	254	40

5-29 续表 7

行业	企业法人单位数(个)	就业人数(人)	具有研究生及以上学历人员	具有大学本科学历人员	具有大专学历人员	具有高中学历人员	具有初中及以下学历人员
广告业	269	1555	30	309	610	447	159
知识产权服务	15	132	1	51	60	18	2
职业中介服务	86	3075	4	228	917	1108	818
市场管理	67	1212		33	178	647	354
旅行社	73	1025	13	170	409	295	138
其他商务服务	104	3812	24	104	349	1740	1595
科学研究、技术服务和地质勘查业	**347**	**7630**	**207**	**2653**	**2710**	**1381**	**679**
研究与试验发展	20	248	35	103	54	36	20
自然科学研究与试验发展	4	56	7	31	9	9	
工程和技术研究与试验发展	7	44	6	13	16	9	
农业科学研究与试验发展	4	98	5	39	24	10	20
医学研究与试验发展	4	47	17	17	5	8	
社会人文科学研究与试验发展	1	3		3			
专业技术服务业	255	6482	142	2356	2518	1090	376
气象服务	7	74		15	34	24	1
地震服务	1	3			3		
测绘服务	14	157	4	44	54	34	21
技术检测	35	612	6	106	204	207	89
环境监测	8	88		57	17	13	1
工程技术与规划管理	175	5383	128	2095	2143	767	250
其他专业技术服务	15	165	4	39	63	45	14
科技交流和推广服务业	60	579	8	49	81	177	264
技术推广服务	47	527	8	38	57	161	263
科技中介服务	9	39		5	20	13	1
其他科技服务	4	13		6	4	3	
地质勘查业	12	321	22	145	57	78	19
矿产地质勘查	7	249	11	122	44	58	14
基础地质勘查	2	33	10	5	1	16	1
地质勘查技术服务	3	39	1	18	12	4	4
水利、环境和公共设施管理业	**73**	**1834**	**36**	**236**	**509**	**500**	**553**
水利管理业	7	134	5	59	56	13	1
水资源管理	3	82	3	31	42	6	
其他水利管理	4	52	2	28	14	7	1
环境管理业	12	249	1	5	116	77	50
自然保护	2	3			1	1	1
环境治理	10	246	1	5	115	76	49
公共设施管理业	54	1451	30	172	337	410	502
市政公共设施管理	3	62		26	23	5	8
城市绿化管理	31	656	8	76	160	167	245
游览景区管理	20	733	22	70	154	238	249
居民服务和其他服务业	**343**	**4355**	**22**	**243**	**736**	**1873**	**1481**
居民服务业	102	1570	12	116	289	639	514
家庭服务	13	108	1	9	9	43	46
托儿所	1	10		2	2	4	2
洗染服务	4	28			3	19	6

5-29　续表 8

行　　业	企业法人单位数(个)	就业人数(人)	具有研究生及以上学历人员	具有大学本科学历人员	具有大专学历人员	具有高中学历人员	具有初中及以下学历人员
理发及美容保健服务	16	187	3	19	80	65	20
洗浴服务	20	631	5	44	61	257	264
婚姻服务	9	42		4	17	13	8
殡葬服务	13	282	1	18	53	102	108
摄影扩印服务	20	245	2	19	60	119	45
其他居民服务	6	37		1	4	17	15
其他服务业	241	2785	10	127	447	1234	967
修理与维护	191	1858	10	87	358	789	614
清洁服务	29	455		16	34	100	305
其他未列明的服务	21	472		24	55	345	48
教育	**52**	**1106**	**9**	**262**	**270**	**370**	**195**
教育	52	1106	9	262	270	370	195
学前教育	5	47		3	15	21	8
中等教育	1	217	2	167	28	14	6
其他教育	46	842	7	92	227	335	181
卫生、社会保障和社会福利业	**64**	**2181**	**22**	**465**	**945**	**584**	**165**
卫生	64	2181	22	465	945	584	165
医院	39	1542	15	363	674	396	94
卫生院及社区医疗活动	9	341	6	51	130	99	55
门诊部医疗活动	12	186	1	23	99	51	12
计划生育技术服务活动	1	12		1	2	7	2
疾病预防控制及防疫活动	1	3				1	2
其他卫生活动	2	97		27	40	30	
文化、体育和娱乐业	**103**	**1523**	**3**	**75**	**301**	**791**	**353**
新闻出版业	4	19	2	14		2	1
出版业	4	19	2	14		2	1
广播、电视、电影和音像业	23	249		19	73	131	26
广播	2	26		2	18	6	
电视	1	7		3	4		
电影	16	200		12	47	118	23
音像制作	4	16		2	4	7	3
文化艺术业	5	13		3	7	3	
文艺创作与表演	1	3			2	1	
艺术表演场馆	1	2				2	
文化艺术经纪代理	1	2		1	1		
其他文化艺术	2	6		2	4		
体育	2	12		2	7	2	1
体育组织	1	2			1	1	
体育场馆	1	10		2	6	1	1
娱乐业	69	1230	1	37	214	653	325
室内娱乐活动	42	840		22	132	453	233
游乐园	8	219		5	43	109	62
休闲健身娱乐活动	11	70	1	5	26	28	10
其他娱乐活动	8	101		5	13	63	20

5-30 按登记注册类型、学历分组的企业法人单位就业人数

登记注册类型	企业法人单位数(个)	就业人数(人)	具有研究生及以上学历人员	具有大学本科学历人员	具有大专学历人员	具有高中学历人员	具有初中及以下学历人员
总　　计	**15514**	**610020**	**3427**	**56739**	**114513**	**202646**	**232695**
内资企业	**15392**	**589488**	**3293**	**54198**	**109428**	**196468**	**226101**
国有企业	643	97653	441	11854	22592	36063	26703
集体企业	368	9542	9	613	1600	3227	4093
股份合作企业	75	5025	20	650	1499	1489	1367
联营企业	31	1672	5	277	425	332	633
国有联营企业	8	152	1	41	55	42	13
集体联营企业	9	466		11	29	116	310
国有与集体联营企业	3	28		6	8	11	3
其他联营企业	11	1026	4	219	333	163	307
有限责任公司	1798	173547	626	16700	33539	46879	75803
国有独资公司	78	61084	107	6536	11831	9470	33140
其他有限责任公司	1720	112463	519	10164	21708	37409	42663
股份有限公司	218	63638	1239	8256	11834	23862	18447
私营企业	12135	236382	940	15706	37519	83904	98313
私营独资企业	3253	45421	75	1169	3694	16188	24295
私营合伙企业	426	5771	38	567	857	1927	2382
私营有限责任公司	8045	178421	727	13226	31495	63334	69639
私营股份有限公司	411	6769	100	744	1473	2455	1997
其他企业	124	2029	13	142	420	712	742
港、澳、台商投资企业	**32**	**1848**	**11**	**287**	**526**	**499**	**525**
合资经营企业(港或澳、台资)	14	817	3	100	187	209	318
合作经营企业(港或澳、台资)	1	7			7		
港、澳、台商独资经营企业	8	580	6	102	200	138	134
港、澳、台商投资股份有限公司	9	444	2	85	132	152	73
外商投资企业	**90**	**18684**	**123**	**2254**	**4559**	**5679**	**6069**
中外合资经营企业	51	12072	44	928	2258	3850	4992
中外合作经营企业	6	435	4	38	90	129	174
外资企业	29	5598	74	1237	2060	1551	676
外商投资股份有限公司	4	579	1	51	151	149	227

5-31 按地区、专业技术职称分组的企业法人单位就业人数

地 区	企业法人单位数(个)	就业人数(人)	#具有高级技术职称人员	#具有中级技术职称人员	#具有初级技术职称人员
总 计	**15514**	**610020**	**10809**	**39273**	**52961**
银川市	**8121**	**336109**	**7881**	**26640**	**32323**
兴庆区	4484	181670	4812	15318	18850
西夏区	720	42755	810	2837	3139
金凤区	1381	47150	1546	5469	6275
永宁县	362	16736	185	818	1254
贺兰县	731	21774	269	1005	1191
灵武市	443	26024	259	1193	1614
石嘴山市	**2487**	**102343**	**1260**	**4398**	**7280**
大武口区	1224	46047	689	2498	4028
惠农区	492	33313	441	1260	2210
平罗县	771	22983	130	640	1042
吴忠市	**2103**	**77562**	**833**	**4449**	**6545**
红寺堡区	82	2252	11	63	91
利通区	963	33369	338	1837	2521
盐池县	372	8730	96	578	777
同心县	236	5811	53	336	394
青铜峡市	450	27400	335	1635	2762
固原市	**1230**	**33892**	**386**	**1552**	**2627**
原州区	512	15246	291	925	1615
西吉县	283	7009	18	117	307
隆德县	143	3899	35	160	265
泾源县	82	2260	15	147	156
彭阳县	210	5478	27	203	284
中卫市	**1573**	**60114**	**449**	**2234**	**4186**
沙坡头区	829	32919	270	1213	2046
中宁县	509	20807	173	892	1729
海原县	235	6388	6	129	411

5-32 按行业(中类)、专业技术职称分组的企业法人单位就业人数

行业	企业法人单位数(个)	就业人数(人)	#具有高级技术职称人员	#具有中级技术职称人员	#具有初级技术职称人员
总计	**15514**	**610020**	**10809**	**39273**	**52961**
农、林、牧、渔业	**6**	**12897**	**115**	**187**	**272**
农业	6	12897	115	187	272
谷物及其他作物的种植	6	12897	115	187	272
采矿业	**565**	**61722**	**852**	**2277**	**3788**
煤炭开采和洗选业	279	57990	831	2196	3682
烟煤和无烟煤的开采洗选	278	57985	831	2196	3682
其他煤炭采选	1	5			
石油和天然气开采业	45	362	5	5	21
天然原油和天然气开采	43	263	1	3	7
与石油和天然气开采有关的服务活动	2	99	4	2	14
黑色金属矿采选业	9	202			
铁矿采选	8	201			
其他黑色金属矿采选	1	1			
有色金属矿采选业	5	157	5	13	12
常用有色金属矿采选	3	136	4	12	10
贵金属矿采选	1	1			
稀有稀土金属矿采选	1	20	1	1	2
非金属矿采选业	227	3011	11	63	73
土砂石开采	202	2681	11	61	70
化学矿采选	1	5			
石棉及其他非金属矿采选	24	325		2	3
制造业	**3798**	**217777**	**2225**	**7945**	**10776**
农副食品加工业	559	11894	99	344	547
谷物磨制	134	2214	27	74	107
饲料加工	58	1472	25	89	127
植物油加工	31	507	3	8	14
制糖	2	30	1	2	3
屠宰及肉类加工	62	1497	14	61	66
蔬菜、水果和坚果加工	81	1741	14	24	26
其他农副食品加工	191	4433	15	86	204
食品制造业	178	9053	80	243	378
焙烤食品制造	52	989	3	22	34
糖果、巧克力及蜜饯制造	10	229	4	6	5
方便食品制造	21	454	13	11	23
液体乳及乳制品制造	37	3157	25	99	180
罐头制造	4	51	1	1	4
调味品、发酵制品制造	30	3511	21	63	95
其他食品制造	24	662	13	41	37
饮料制造业	104	5641	51	275	498
酒的制造	54	4201	37	211	383
软饮料制造	44	1294	11	38	80
精制茶加工	6	146	3	26	35
烟草制品业	1	29		2	4
烟叶复烤	1	29		2	4

5-32 续表 1

行 业	企业法人单位数(个)	就业人数(人)	#具有高级技术职称人员	#具有中级技术职称人员	#具有初级技术职称人员
纺织业	113	9896	53	379	237
棉、化纤纺织及印染精加工	8	615	1	11	25
毛纺织和染整精加工	86	8903	51	362	206
麻纺织	1	7			
丝绢纺织及精加工	1	60			2
纺织制成品制造	14	285	1	6	4
针织品、编织品及其制品制造	3	26			
纺织服装、鞋、帽制造业	25	895	39	75	65
纺织服装制造	25	895	39	75	65
皮革、毛皮、羽毛(绒)及其制品业	40	707	1	22	19
皮革鞣制加工	13	218			
皮革制品制造	3	19			1
毛皮鞣制及制品加工	19	423	1	22	18
羽毛(绒)加工及制品制造	5	47			
木材加工及木、竹、藤、棕、草制品业	31	534	2	21	16
锯材、木片加工	6	32		2	
人造板制造	8	89	2		1
木制品制造	13	198		19	15
竹、藤、棕、草制品制造	4	215			
家具制造业	48	772	6	14	27
木质家具制造	37	577	3	6	4
金属家具制造	5	79	2	6	20
塑料家具制造	1	5			
其他家具制造	5	111	1	2	3
造纸及纸制品业	72	16529	17	127	360
纸浆制造	2	70			3
造纸	33	15434	16	109	338
纸制品制造	37	1025	1	18	19
印刷业和记录媒介的复制	162	3194	42	93	143
印刷	156	3134	42	92	141
装订及其他印刷服务活动	6	60		1	2
文教体育用品制造业	4	30		1	
文化用品制造	3	15			
体育用品制造	1	15		1	
石油加工、炼焦及核燃料加工业	54	9814	92	478	659
精炼石油产品的制造	15	5344	64	351	452
炼焦	39	4470	28	127	207
化学原料及化学制品制造业	334	30670	332	1120	1584
基础化学原料制造	172	12619	108	329	621
肥料制造	47	7368	129	459	465
农药制造	5	741	8	28	35
涂料、油墨、颜料及类似产品制造	24	1051	6	18	8
合成材料制造	8	5868	24	136	259
专用化学产品制造	67	2719	38	134	134
日用化学产品制造	11	304	19	16	62

5-32 续表 2

行业	企业法人单位数(个)	就业人数(人)	#具有高级技术职称人员	#具有中级技术职称人员	#具有初级技术职称人员
医药制造业	32	4926	66	320	465
化学药品原药制造	2	2291	28	187	348
化学药品制剂制造	4	699	12	19	40
中药饮片加工	4	187		5	
中成药制造	10	684	2	65	35
兽用药品制造	6	981	22	41	40
生物、生化制品的制造	5	74	2	3	2
卫生材料及医药用品制造	1	10			
化学纤维制造业	2	113	2	20	15
合成纤维制造	2	113	2	20	15
橡胶制品业	23	4221	15	105	101
轮胎制造	5	3731	14	99	73
橡胶板、管、带的制造	8	370	1	5	22
橡胶零件制造	3	21			1
再生橡胶制造	2	18			3
日用及医用橡胶制品制造	4	75			2
其他橡胶制品制造	1	6		1	
塑料制品业	142	3982	16	111	145
塑料薄膜制造	16	392	2	10	9
塑料板、管、型材的制造	33	1116	7	38	56
塑料丝、绳及编织品的制造	50	1900	3	42	58
泡沫塑料制造	8	102	3	2	2
塑料包装箱及容器制造	12	238		6	8
塑料零件制造	2	63			
日用塑料制造	6	65		6	3
其他塑料制品制造	15	106	1	7	9
非金属矿物制品业	933	34365	214	912	1537
水泥、石灰和石膏的制造	67	8297	63	310	635
水泥及石膏制品制造	168	4110	69	263	360
砖瓦、石材及其他建筑材料制造	428	14757	26	121	275
玻璃及玻璃制品制造	14	455	3	20	30
陶瓷制品制造	2	119		1	
耐火材料制品制造	18	294	1	7	14
石墨及其他非金属矿物制品制造	236	6333	52	190	223
黑色金属冶炼及压延加工业	130	13083	99	345	541
炼铁	27	2515	25	67	68
炼钢	1	30			
钢压延加工	21	1937	40	92	84
铁合金冶炼	81	8601	34	186	389
有色金属冶炼及压延加工业	56	20403	244	897	1189
常用有色金属冶炼	34	15316	149	484	640
贵金属冶炼	1	3			
稀有稀土金属冶炼	7	4732	90	405	536
有色金属合金制造	7	176	1	5	3
有色金属压延加工	7	176	4	3	10
金属制品业	198	6963	98	327	354
结构性金属制品制造	128	2416	52	167	183

5-32 续表 3

行业	企业法人单位数(个)	就业人数(人)	#具有高级技术职称人员	#具有中级技术职称人员	#具有初级技术职称人员
金属工具制造	9	214	2	18	11
集装箱及金属包装容器制造	9	241	1	7	13
金属丝绳及其制品的制造	10	2958	24	85	55
建筑、安全用金属制品制造	14	319	11	22	38
金属表面处理及热处理加工	5	166			
搪瓷制品制造	1	52	3	5	20
不锈钢及类似日用金属制品制造	6	142		8	16
其他金属制品制造	16	455	5	15	18
通用设备制造业	217	14556	311	780	861
锅炉及原动机制造	19	539	7	32	45
金属加工机械制造	42	2975	65	190	236
起重运输设备制造	12	1078	39	59	104
泵、阀门、压缩机及类似机械的制造	7	369	10	26	33
轴承、齿轮、传动和驱动部件的制造	18	5418	121	298	215
烘炉、熔炉及电炉制造	2	14		6	
风机、衡器、包装设备等通用设备制造	16	594	31	33	33
通用零部件制造及机械修理	53	638	8	39	27
金属铸、锻加工	48	2931	30	97	168
专用设备制造业	93	6166	111	316	418
矿山、冶金、建筑专用设备制造	36	4917	80	239	283
化工、木材、非金属加工专用设备制造	12	152	2	12	6
食品、饮料、烟草及饲料生产专用设备制造	1	8			2
印刷、制药、日化生产专用设备制造	2	217	6	1	1
电子和电工机械专用设备制造	7	299	7	35	107
农、林、牧、渔专用机械制造	18	268	2	11	6
医疗仪器设备及器械制造	9	92	13	16	7
环保、社会公共安全及其他专用设备制造	8	213	1	2	6
交通运输设备制造业	80	1071	29	74	62
汽车制造	71	862	22	59	50
摩托车制造	1	20		2	
自行车制造	1	5			
交通器材及其他交通运输设备制造	7	184	7	13	12
电气机械及器材制造业	84	4942	132	331	371
电机制造	9	1934	68	109	95
输配电及控制设备制造	33	1606	25	112	145
电线、电缆、光缆及电工器材制造	13	389	10	18	26
电池制造	4	289	13	18	18
家用电力器具制造	1	20			
非电力家用器具制造	8	143	8	10	15
照明器具制造	3	27		1	5
其他电气机械及器材制造	13	534	8	63	67
通信设备、计算机及其他电子设备制造业	4	116	4	2	2
通信设备制造	1	6	1		1
电子计算机制造	1	14			
电子元件制造	1	88	3	2	1
家用视听设备制造	1	8			

5-32 续表 4

行业	企业法人单位数(个)	就业人数(人)	#具有高级技术职称人员	#具有中级技术职称人员	#具有初级技术职称人员
仪器仪表及文化、办公用机械制造业	28	2407	59	181	130
通用仪器仪表制造	21	2272	51	170	116
专用仪器仪表制造	2	10	2		
光学仪器及眼镜制造	1	3			
文化、办公用机械制造	2	92	5	7	12
其他仪器仪表的制造及修理	2	30	1	4	2
工艺品及其他制造业	44	766	11	30	48
工艺美术品制造	20	442	3	10	36
日用杂品制造	1	6		2	1
煤制品制造	18	243	7	12	10
其他未列明的制造业	5	75	1	6	1
废弃资源和废旧材料回收加工业	7	39			
金属废料和碎屑的加工处理	2	9			
非金属废料和碎屑的加工处理	5	30			
电力、燃气及水的生产和供应业	**134**	**30581**	**1008**	**2530**	**5208**
电力、热力的生产和供应业	71	26415	922	2207	4816
电力生产	24	11197	274	912	2486
电力供应	3	11613	610	1048	2011
热力生产和供应	44	3605	38	247	319
燃气生产和供应业	20	828	18	67	43
燃气生产和供应业	20	828	18	67	43
水的生产和供应业	43	3338	68	256	349
自来水的生产和供应	36	2994	57	218	301
污水处理及其再生利用	6	341	11	38	48
其他水的处理、利用与分配	1	3			
建筑业	**886**	**71678**	**2097**	**9171**	**13974**
房屋和土木工程建筑业	474	63152	1785	8041	12478
房屋工程建筑	272	37605	997	4920	7918
土木工程建筑	202	25547	788	3121	4560
建筑安装业	135	4390	147	462	796
建筑安装业	135	4390	147	462	796
建筑装饰业	234	3096	138	548	572
建筑装饰业	234	3096	138	548	572
其他建筑业	43	1040	27	120	128
工程准备	25	738	22	109	117
提供施工设备服务	6	40	2	2	5
其他未列明的建筑活动	12	262	3	9	6
交通运输、仓储和邮政业	**402**	**24882**	**111**	**707**	**1147**
道路运输业	238	11018	37	299	480
公路旅客运输	55	4886	23	157	120
道路货物运输	170	5779	11	128	344
道路运输辅助活动	13	353	3	14	16
城市公共交通业	45	4512	9	35	48
公共电汽车客运	13	3751	4	19	13
出租车客运	30	727	5	15	31
其他城市公共交通	2	34		1	4

5-32 续表 5

行 业	企业法人单位数(个)	就业人数(人)	#具有高级技术职称人员	#具有中级技术职称人员	#具有初级技术职称人员
水上运输业	4	33		1	4
水上货物运输	4	33		1	4
航空运输业	5	1167	6	55	80
航空客货运输	3	127		3	2
航空运输辅助活动	2	1040	6	52	78
管道运输业	2	1067	12	114	231
管道运输业	2	1067	12	114	231
装卸搬运和其他运输服务业	57	1103	5	23	28
装卸搬运	29	893	3	6	13
运输代理服务	28	210	2	17	15
仓储业	40	848	26	67	60
谷物、棉花等农产品仓储	27	709	26	57	50
其他仓储	13	139		10	10
邮政业	11	5134	16	113	216
国家邮政	7	5085	16	112	215
其他寄递服务	4	49		1	1
信息传输、计算机服务和软件业	**590**	**12128**	**308**	**717**	**1395**
电信和其他信息传输服务业	55	9120	256	593	1227
电信	33	8555	240	552	1140
互联网信息服务	10	99	1	10	5
广播电视传输服务	11	459	13	27	82
卫星传输服务	1	7	2	4	
计算机服务业	480	2437	25	85	113
计算机系统服务	44	302	2	25	26
计算机维修	18	122	11	21	18
其他计算机服务	418	2013	12	39	69
软件业	55	571	27	39	55
公共软件服务	53	568	27	39	55
其他软件服务	2	3			
批发和零售业	**5669**	**62488**	**686**	**3350**	**3776**
批发业	3124	31782	426	1901	1919
农畜产品批发	203	2716	43	169	210
食品、饮料及烟草制品批发	175	4242	18	230	291
纺织、服装及日用品批发	101	1130	39	64	50
文化、体育用品及器材批发	61	646	4	44	53
医药及医疗器材批发	85	1220	9	71	132
矿产品、建材及化工产品批发	1359	12233	154	756	651
机械设备、五金交电及电子产品批发	921	7265	129	461	406
贸易经纪与代理	31	211	11	24	24
其他批发	188	2119	19	82	102
零售业	2545	30706	260	1449	1857
综合零售	188	8413	35	233	327
食品、饮料及烟草制品专门零售	174	1697	3	110	70
纺织、服装及日用品专门零售	257	2017	10	48	58
文化、体育用品及器材专门零售	193	1681	29	111	119
医药及医疗器材专门零售	161	3241	26	314	453

5-32 续表 6

行业	企业法人单位数(个)	就业人数(人)	#具有高级技术职称人员	#具有中级技术职称人员	#具有初级技术职称人员
汽车、摩托车、燃料及零配件专门零售	505	5473	60	283	419
家用电器及电子产品专门零售	500	4533	70	221	268
五金、家具及室内装修材料专门零售	407	2138	14	62	71
无店铺及其他零售	160	1513	13	67	72
住宿和餐饮业	**479**	**21302**	**190**	**586**	**837**
住宿业	252	9673	51	191	325
旅游饭店	74	5956	39	121	199
一般旅馆	164	3468	12	68	120
其他住宿服务	14	249		2	6
餐饮业	227	11629	139	395	512
正餐服务	206	11174	139	393	508
快餐服务	7	286		2	3
饮料及冷饮服务	6	31			1
其他餐饮服务	8	138			
金融业	**174**	**31954**	**395**	**4482**	**4975**
银行业	30	15540	292	4103	4547
商业银行	28	15176	263	3970	4391
其他银行	2	364	29	133	156
证券业	2	58		1	2
证券经纪与交易	1	50			
证券投资	1	8		1	2
保险业	45	14981	76	269	331
人寿保险	14	11331	45	136	227
非人寿保险	26	3550	31	131	104
保险辅助服务	5	100		2	
其他金融活动	97	1375	27	109	95
金融信托与管理	2	21	2	2	7
金融租赁	1	3		1	2
财务公司	1	8		4	2
邮政储蓄	6	679	6	34	42
典当	42	222	6	30	12
其他未列明的金融活动	45	442	13	38	30
房地产业	**761**	**26204**	**877**	**3414**	**2941**
房地产业	761	26204	877	3414	2941
房地产开发经营	340	8959	682	2421	1778
物业管理	255	14681	149	722	1012
房地产中介服务	112	1453	24	122	77
其他房地产活动	54	1111	22	149	74
租赁和商务服务业	**1068**	**17778**	**409**	**1135**	**1143**
租赁业	181	911	14	37	67
机械设备租赁	179	906	14	37	67
文化及日用品出租	2	5			
商务服务业	887	16867	395	1098	1076
企业管理服务	91	4227	139	362	438
法律服务	26	392	24	60	79
咨询与调查	156	1437	143	332	190

5-32 续表 7

行 业	企业法人单位数(个)	就业人数(人)	#具有高级技术职称人员	#具有中级技术职称人员	#具有初级技术职称人员
广告业	269	1555	46	124	99
知识产权服务	15	132	17	36	22
职业中介服务	86	3075	5	38	41
市场管理	67	1212	10	31	29
旅行社	73	1025	3	69	147
其他商务服务	104	3812	8	46	31
科学研究、技术服务和地质勘查业	**347**	**7630**	**1050**	**1662**	**1581**
研究与试验发展	20	248	37	30	22
自然科学研究与试验发展	4	56	15	1	3
工程和技术研究与试验发展	7	44	12	13	1
农业科学研究与试验发展	4	98	8	13	14
医学研究与试验发展	4	47	2	3	4
社会人文科学研究与试验发展	1	3			
专业技术服务业	255	6482	962	1549	1459
气象服务	7	74	1	15	21
地震服务	1	3		1	2
测绘服务	14	157	9	29	54
技术检测	35	612	26	63	96
环境监测	8	88	10	24	33
工程技术与规划管理	175	5383	911	1400	1242
其他专业技术服务	15	165	5	17	11
科技交流和推广服务业	60	579	21	28	24
技术推广服务	47	527	21	23	17
科技中介服务	9	39			4
其他科技服务	4	13		5	3
地质勘查业	12	321	30	55	76
矿产地质勘查	7	249	23	38	68
基础地质勘查	2	33	6	8	4
地质勘查技术服务	3	39	1	9	4
水利、环境和公共设施管理业	**73**	**1834**	**45**	**110**	**102**
水利管理业	7	134	9	25	18
水资源管理	3	82	5	21	15
其他水利管理	4	52	4	4	3
环境管理业	12	249	3	2	1
自然保护	2	3			
环境治理	10	246	3	2	1
公共设施管理业	54	1451	33	83	83
市政公共设施管理	3	62		3	7
城市绿化管理	31	656	29	75	69
游览景区管理	20	733	4	5	7
居民服务和其他服务业	**343**	**4355**	**126**	**268**	**247**
居民服务业	102	1570	59	69	48
家庭服务	13	108	2	3	5
托儿所	1	10	1		
洗染服务	4	28		2	

5-32 续表 8

行　业	企业法人单位数(个)	就业人数(人)	#具有高级技术职称人员	#具有中级技术职称人员	#具有初级技术职称人员
理发及美容保健服务	16	187	16	23	21
洗浴服务	20	631	30	9	7
婚姻服务	9	42		1	1
殡葬服务	13	282	7	13	4
摄影扩印服务	20	245	3	17	9
其他居民服务	6	37		1	1
其他服务业	241	2785	67	199	199
修理与维护	191	1858	61	170	136
清洁服务	29	455	2	7	3
其他未列明的服务	21	472	4	22	60
教育	**52**	**1106**	**161**	**240**	**81**
教育	52	1106	161	240	81
学前教育	5	47			
中等教育	1	217	36	72	37
其他教育	46	842	125	168	44
卫生、社会保障和社会福利业	**64**	**2181**	**143**	**424**	**626**
卫生	64	2181	143	424	626
医院	39	1542	115	325	505
卫生院及社区医疗活动	9	341	9	58	68
门诊部医疗活动	12	186	8	20	45
计划生育技术服务活动	1	12			
疾病预防控制及防疫活动	1	3			
其他卫生活动	2	97	11	21	8
文化、体育和娱乐业	**103**	**1523**	**11**	**68**	**92**
新闻出版业	4	19	2	3	10
出版业	4	19	2	3	10
广播、电视、电影和音像业	23	249		38	33
广播	2	26		4	
电视	1	7			
电影	16	200		33	33
音像制作	4	16		1	
文化艺术业	5	13			
文艺创作与表演	1	3			
艺术表演场馆	1	2			
文化艺术经纪代理	1	2			
其他文化艺术	2	6			
体育	2	12	1	2	7
体育组织	1	2			
体育场馆	1	10	1	2	7
娱乐业	69	1230	8	25	42
室内娱乐活动	42	840	4	12	22
游乐园	8	219	3	8	13
休闲健身娱乐活动	11	70	1	5	3
其他娱乐活动	8	101			4

5-33 按登记注册类型、专业技术职称分组的企业法人单位就业人数

登记注册类型	企业法人单位数(个)	就业人数(人)	#具有高级技术职称人员	#具有中级技术职称人员	#具有初级技术职称人员
总　计	**15514**	**610020**	**10809**	**39273**	**52961**
内资	**15392**	**589488**	**10562**	**38386**	**51562**
国有	643	97653	2127	7134	11764
集体	368	9542	148	630	1162
股份合作	75	5025	22	271	482
国有联营	8	152	42	42	25
集体联营	9	466	5	21	38
国有与集体联营	3	28		2	4
其他联营	11	1026		98	104
国有独资公司	78	61084	1116	2994	4490
其他有限责任公司	1720	112463	2119	6865	9768
股份有限公司	218	63638	998	4937	5819
私营独资产	3253	45421	393	1102	1307
私营合伙	426	5771	109	299	265
私营有限责任公司	8045	178421	3290	13228	15426
私营股份有限公司	411	6769	164	645	730
其他内资	124	2029	29	118	178
港、澳、台商投资	**32**	**1848**	**26**	**109**	**152**
与港澳台合资经营	14	817	6	47	65
与港澳台合作经营	1	7			
港、澳、台商独资	8	580	15	48	69
港、澳、台商投资股份有限公司	9	444	5	14	18
外商投资	**90**	**18684**	**221**	**778**	**1247**
中外合资经营	51	12072	98	410	568
中外合作经营	6	435	6	17	14
外资企业	29	5598	87	291	569
外商投资股份有限公司	4	579	30	60	96

5-34 按地区、技术等级分组的企业法人单位就业人数

地区	企业法人单位数(个)	就业人数(人)	#高级技师	#技师	#高级工	#中级工
总计	**15514**	**610020**	**2142**	**7228**	**20385**	**37177**
银川市	**8121**	**336109**	**1321**	**4558**	**13100**	**24336**
兴庆区	4484	181670	548	1942	7015	14859
西夏区	720	42755	92	696	3564	5040
金凤区	1381	47150	258	1070	961	1293
永宁县	362	16736	52	198	328	675
贺兰县	731	21774	111	320	562	1134
灵武市	443	26024	260	332	670	1335
石嘴山市	**2487**	**102343**	**312**	**1121**	**3549**	**6210**
大武口区	1224	46047	176	740	2349	4142
惠农区	492	33313	92	212	750	1339
平罗县	771	22983	44	169	450	729
吴忠市	**2103**	**77562**	**217**	**802**	**1993**	**3253**
红寺堡区	82	2252	2	16	8	73
利通区	963	33369	113	268	724	992
盐池县	372	8730	22	78	215	376
同心县	236	5811	6	26	138	107
青铜峡市	450	27400	74	414	908	1705
固原市	**1230**	**33892**	**150**	**302**	**451**	**1039**
原州区	512	15246	100	202	239	557
西吉县	283	7009	5	13	17	45
隆德县	143	3899	30	61	109	201
泾源县	82	2260	6	12	62	95
彭阳县	210	5478	9	14	24	141
中卫市	**1573**	**60114**	**142**	**445**	**1292**	**2339**
沙坡头区	829	32919	71	188	693	1107
中宁县	509	20807	67	244	580	998
海原县	235	6388	4	13	19	234

5-35　按行业(中类)、技术等级分组的企业法人单位就业人数

行　业	企业法人单位数(个)	就业人数(人)	#高级技师	#技师	#高级工	#中级工
总　计	**15514**	**610020**	**2142**	**7228**	**20385**	**37177**
农、林、牧、渔业	**6**	**12897**				
农业	6	12897				
谷物及其他作物的种植	6	12897				
采矿业	**565**	**61722**	**45**	**487**	**2428**	**8637**
煤炭开采和洗选业	279	57990	37	470	2364	8481
烟煤和无烟煤的开采洗选	278	57985	37	470	2364	8481
其他煤炭采选	1	5				
石油和天然气开采业	45	362	2	2	3	10
天然原油和天然气开采	43	263	2	2	3	10
与石油和天然气开采有关的服务活动	2	99				
黑色金属矿采选业	9	202				
铁矿采选	8	201				
其他黑色金属矿采选	1	1				
有色金属矿采选业	5	157	2	5		
常用有色金属矿采选	3	136	2	1		
贵金属矿采选	1	1				
稀有稀土金属矿采选	1	20		4		
非金属矿采选业	227	3011	4	10	61	146
土砂石开采	202	2681	2		60	146
化学矿采选	1	5				
石棉及其他非金属矿采选	24	325	2	10	1	
制造业	**3798**	**217777**	**927**	**3295**	**8166**	**14981**
农副食品加工业	559	11894	42	163	152	254
谷物磨制	134	2214	6	19	21	35
饲料加工	58	1472	13	77	42	90
植物油加工	31	507	2	5	2	10
制糖	2	30	1		2	2
屠宰及肉类加工	62	1497	8	17	44	33
蔬菜、水果和坚果加工	81	1741	2	3	8	24
其他农副食品加工	191	4433	10	42	33	60
食品制造业	178	9053	42	102	130	222
焙烤食品制造	52	989	5	13	39	83
糖果、巧克力及蜜饯制造	10	229	1	2	6	
方便食品制造	21	454	6	6	20	21
液体乳及乳制品制造	37	3157	14	28	22	65
罐头制造	4	51	1	1	2	2
调味品、发酵制品制造	30	3511	11	38	28	44
其他食品制造	24	662	4	14	13	7
饮料制造业	104	5641	17	80	108	232
酒的制造	54	4201	14	71	92	199
软饮料制造	44	1294	2	5	10	19
精制茶加工	6	146	1	4	6	14
烟草制品业	1	29				3
烟叶复烤	1	29				3

5-35 续表 1

行业	企业法人单位数(个)	就业人数(人)	#高级技师	#技师	#高级工	#中级工
纺织业	113	9896	248	318	486	864
棉、化纤纺织及印染精加工	8	615	6	4	17	156
毛纺织和染整精加工	86	8903	240	307	455	706
麻纺织	1	7				
丝绢纺织及精加工	1	60				
纺织制成品制造	14	285	2	7	14	2
针织品、编织品及其制品制造	3	26				
纺织服装、鞋、帽制造业	25	895	6	5	6	18
纺织服装制造	25	895	6	5	6	18
皮革、毛皮、羽毛(绒)及其制品业	40	707	1	22	15	26
皮革鞣制加工	13	218				
皮革制品制造	3	19				7
毛皮鞣制及制品加工	19	423	1	22	12	19
羽毛(绒)加工及制品制造	5	47			3	
木材加工及木、竹、藤、棕、草制品业	31	534	4	15	13	23
锯材、木片加工	6	32				
人造板制造	8	89				
木制品制造	13	198	4	15	13	23
竹、藤、棕、草制品制造	4	215				
家具制造业	48	772	5	16	13	11
木质家具制造	37	577	2	8	7	4
金属家具制造	5	79	3	5	6	5
塑料家具制造	1	5				
其他家具制造	5	111		3		2
造纸及纸制品业	72	16529	30	69	364	408
纸浆制造	2	70				
造纸	33	15434	28	65	359	393
纸制品制造	37	1025	2	4	5	15
印刷业和记录媒介的复制	162	3194	10	61	138	92
印刷	156	3134	9	59	136	92
装订及其他印刷服务活动	6	60	1	2	2	
文教体育用品制造业	4	30				
文化用品制造	3	15				
体育用品制造	1	15				
石油加工、炼焦及核燃料加工业	54	9814	18	50	459	432
精炼石油产品的制造	15	5344		15	392	132
炼焦	39	4470	18	35	67	300
化学原料及化学制品制造业	334	30670	110	414	1313	1975
基础化学原料制造	172	12619	60	288	426	805
肥料制造	47	7368	14	102	793	622
农药制造	5	741	1	3		7
涂料、油墨、颜料及类似产品制造	24	1051	4	8	23	158
合成材料制造	8	5868	6	3	45	279
专用化学产品制造	67	2719	24	9	20	56
日用化学产品制造	11	304	1	1	6	48

5-35 续表 2

行 业	企业法人单位数(个)	就业人数(人)				
			#高级技师	#技师	#高级工	#中级工
医药制造业	32	4926	24	52	132	332
化学药品原药制造	2	2291	6	35	108	295
化学药品制剂制造	4	699	3	2	1	
中药饮片加工	4	187				
中成药制造	10	684	1	3	6	12
兽用药品制造	6	981	14	12	17	25
生物、生化制品的制造	5	74				
卫生材料及医药用品制造	1	10				
化学纤维制造业	2	113				
合成纤维制造	2	113				
橡胶制品业	23	4221		35	563	2356
轮胎制造	5	3731		30	563	2353
橡胶板、管、带的制造	8	370		5		3
橡胶零件制造	3	21				
再生橡胶制造	2	18				
日用及医用橡胶制品制造	4	75				
其他橡胶制品制造	1	6				
塑料制品业	142	3982	28	40	217	135
塑料薄膜制造	16	392	6			
塑料板、管、型材的制造	33	1116	17	25	206	115
塑料丝、绳及编织品的制造	50	1900	1	4	6	4
泡沫塑料制造	8	102	1	2		
塑料包装箱及容器制造	12	238		1		
塑料零件制造	2	63				
日用塑料制造	6	65	3	6	1	1
其他塑料制品制造	15	106		2	4	15
非金属矿物制品业	933	34365	54	280	827	1271
水泥、石灰和石膏的制造	67	8297	10	146	636	680
水泥及石膏制品制造	168	4110	21	41	59	117
砖瓦、石材及其他建筑材料制造	428	14757	11	52	57	328
玻璃及玻璃制品制造	14	455				1
陶瓷制品制造	2	119				
耐火材料制品制造	18	294		1	2	6
石墨及其他非金属矿物制品制造	236	6333	12	40	73	139
黑色金属冶炼及压延加工业	130	13083	26	95	184	402
炼铁	27	2515	2	4	12	81
炼钢	1	30				
钢压延加工	21	1937	10	25	75	45
铁合金冶炼	81	8601	14	66	97	276
有色金属冶炼及压延加工业	56	20403	28	167	709	2578
常用有色金属冶炼	34	15316	24	98	232	1120
贵金属冶炼	1	3				
稀有稀土金属冶炼	7	4732		65	461	1434
有色金属合金制造	7	176	1	2	6	10
有色金属压延加工	7	176	3	2	10	14
金属制品业	198	6963	56	175	240	242
结构性金属制品制造	128	2416	12	56	49	137

5-35　续表 3

行　　业	企业法人单位数(个)	就业人数(人)	#高级技师	#技师	#高级工	#中级工
金属工具制造	9	214		1	10	2
集装箱及金属包装容器制造	9	241	1	5	4	14
金属丝绳及其制品的制造	10	2958	29	91	157	
建筑、安全用金属制品制造	14	319	5	10	14	19
金属表面处理及热处理加工	5	166	2	4		
搪瓷制品制造	1	52	5	3	6	20
不锈钢及类似日用金属制品制造	6	142				
其他金属制品制造	16	455	2	5		50
通用设备制造业	217	14556	63	709	814	1011
锅炉及原动机制造	19	539	3	7	24	85
金属加工机械制造	42	2975	14	399	124	319
起重运输设备制造	12	1078	5	21	39	80
泵、阀门、压缩机及类似机械的制造	7	369	6	11	11	17
轴承、齿轮、传动和驱动部件的制造	18	5418	11	52	368	60
烘炉、熔炉及电炉制造	2	14				
风机、衡器、包装设备等通用设备制造	16	594	3	8	38	73
通用零部件制造及机械修理	53	638	9	17	13	25
金属铸、锻加工	48	2931	12	194	197	352
专用设备制造业	93	6166	32	138	679	1163
矿山、冶金、建筑专用设备制造	36	4917	12	89	605	1076
化工、木材、非金属加工专用设备制造	12	152	1	4		
食品、饮料、烟草及饲料生产专用设备制造	1	8				
印刷、制药、日化生产专用设备制造	2	217				
电子和电工机械专用设备制造	7	299	18	43	74	59
农、林、牧、渔专用机械制造	18	268		2		3
医疗仪器设备及器械制造	9	92	1			5
环保、社会公共安全及其他专用设备制造	8	213				20
交通运输设备制造业	80	1071	17	43	51	77
汽车制造	71	862	15	40	40	74
摩托车制造	1	20				
自行车制造	1	5	1			
交通器材及其他交通运输设备制造	7	184	1	3	11	3
电气机械及器材制造业	84	4942	57	199	299	728
电机制造	9	1934	40	137	148	484
输配电及控制设备制造	33	1606	7	49	131	208
电线、电缆、光缆及电工器材制造	13	389	2		3	1
电池制造	4	289	6	7	9	12
家用电力器具制造	1	20				
非电力家用器具制造	8	143	2	5	5	4
照明器具制造	3	27				3
其他电气机械及器材制造	13	534		1	3	16
通信设备、计算机及其他电子设备制造业	4	116				5
通信设备制造	1	6				5
电子计算机制造	1	14				
电子元件制造	1	88				
家用视听设备制造	1	8				

5-35 续表 4

行业	企业法人单位数(个)	就业人数(人)	#高级技师	#技师	#高级工	#中级工
仪器仪表及文化、办公用机械制造业	28	2407	6	42	251	36
通用仪器仪表制造	21	2272	5	32	239	25
专用仪器仪表制造	2	10		1		
光学仪器及眼镜制造	1	3				1
文化、办公用机械制造	2	92	1	8	12	
其他仪器仪表的制造及修理	2	30		1		10
工艺品及其他制造业	44	766	3	3	2	83
工艺美术品制造	20	442	3		2	80
日用杂品制造	1	6				
煤制品制造	18	243				
其他未列明的制造业	5	75		3		3
废弃资源和废旧材料回收加工业	7	39		2	1	2
金属废料和碎屑的加工处理	2	9				
非金属废料和碎屑的加工处理	5	30		2	1	2
电力、燃气及水的生产和供应业	**134**	**30581**	**79**	**696**	**3553**	**2615**
电力、热力的生产和供应业	71	26415	69	674	3248	2348
电力生产	24	11197	23	293	1425	1239
电力供应	3	11613	37	341	1752	803
热力生产和供应	44	3605	9	40	71	306
燃气生产和供应业	20	828	5	8	17	4
燃气生产和供应业	20	828	5	8	17	4
水的生产和供应业	43	3338	5	14	288	263
自来水的生产和供应	36	2994	5	12	261	254
污水处理及其再生利用	6	341		2	27	9
其他水的处理、利用与分配	1	3				
建筑业	**886**	**71678**	**285**	**1174**	**2838**	**6038**
房屋和土木工程建筑业	474	63152	171	859	2611	5620
房屋工程建筑	272	37605	111	522	947	3717
土木工程建筑	202	25547	60	337	1664	1903
建筑安装业	135	4390	66	175	100	178
建筑安装业	135	4390	66	175	100	178
建筑装饰业	234	3096	45	125	103	231
建筑装饰业	234	3096	45	125	103	231
其他建筑业	43	1040	3	15	24	9
工程准备	25	738		12	21	9
提供施工设备服务	6	40		2		
其他未列明的建筑活动	12	262	3	1	3	
交通运输、仓储和邮政业	**402**	**24882**	**71**	**165**	**1175**	**1334**
道路运输业	238	11018	9	42	538	450
公路旅客运输	55	4886	2	29	462	339
道路货物运输	170	5779	6	12	23	53
道路运输辅助活动	13	353	1	1	53	58
城市公共交通业	45	4512		3	7	17
公共电汽车客运	13	3751			3	7
出租车客运	30	727		3	4	10
其他城市公共交通	2	34				

5-35 续表 5

行业	企业法人单位数（个）	就业人数（人）	#高级技师	#技师	#高级工	#中级工
水上运输业	4	33		2		1
水上货物运输	4	33		2		1
航空运输业	5	1167		32	101	42
航空客货运输	3	127				
航空运输辅助活动	2	1040		32	101	42
管道运输业	2	1067	2	37	248	212
管道运输业	2	1067	2	37	248	212
装卸搬运和其他运输服务业	57	1103		8	1	2
装卸搬运	29	893			1	2
运输代理服务	28	210		8		
仓储业	40	848	42	1	14	94
谷物、棉花等农产品仓储	27	709	42		12	93
其他仓储	13	139		1	2	1
邮政业	11	5134	18	40	266	516
国家邮政	7	5085	18	40	266	516
其他寄递服务	4	49				
信息传输、计算机服务和软件业	**590**	**12128**	**36**	**117**	**230**	**255**
电信和其他信息传输服务业	55	9120	13	83	209	218
电信	33	8555	12	80	191	192
互联网信息服务	10	99	1	1	6	
广播电视传输服务	11	459		2	12	26
卫星传输服务	1	7				
计算机服务业	480	2437	11	23	12	31
计算机系统服务	44	302		11	3	12
计算机维修	18	122	6	4	6	2
其他计算机服务	418	2013	5	8	3	17
软件业	55	571	12	11	9	6
公共软件服务	53	568	12	11	9	6
其他软件服务	2	3				
批发和零售业	**5669**	**62488**	**189**	**466**	**559**	**1174**
批发业	3124	31782	89	215	239	550
农畜产品批发	203	2716	1	15	44	103
食品、饮料及烟草制品批发	175	4242	7	10	26	85
纺织、服装及日用品批发	101	1130			4	3
文化、体育用品及器材批发	61	646	6	3	14	19
医药及医疗器材批发	85	1220	2	2	3	7
矿产品、建材及化工产品批发	1359	12233	24	56	49	75
机械设备、五金交电及电子产品批发	921	7265	47	123	96	235
贸易经纪与代理	31	211				1
其他批发	188	2119	2	6	3	22
零售业	2545	30706	100	251	320	624
综合零售	188	8413	6	31	29	33
食品、饮料及烟草制品专门零售	174	1697	1	1	13	38
纺织、服装及日用品专门零售	257	2017	2	13	5	14
文化、体育用品及器材专门零售	193	1681	16	9	26	76
医药及医疗器材专门零售	161	3241	2	11	3	6

5-35 续表 6

行业	企业法人单位数(个)	就业人数(人)				
			#高级技师	#技师	#高级工	#中级工
汽车、摩托车、燃料及零配件专门零售	505	5473	37	109	187	313
家用电器及电子产品专门零售	500	4533	26	51	16	60
五金、家具及室内装修材料专门零售	407	2138	4	18	24	27
无店铺及其他零售	160	1513	6	8	17	57
住宿和餐饮业	**479**	**21302**	**78**	**244**	**282**	**405**
住宿业	252	9673	7	69	117	145
旅游饭店	74	5956	7	53	94	87
一般旅馆	164	3468		15	23	58
其他住宿服务	14	249		1		
餐饮业	227	11629	71	175	165	260
正餐服务	206	11174	68	165	165	259
快餐服务	7	286	3	10		
饮料及冷饮服务	6	31				1
其他餐饮服务	8	138				
金融业	**174**	**31954**	**11**	**13**	**53**	**130**
银行业	30	15540		10	6	3
商业银行	28	15176		3	3	3
其他银行	2	364		7	3	
证券业	2	58				
证券经纪与交易	1	50				
证券投资	1	8				
保险业	45	14981		1	4	
人寿保险	14	11331		1	4	
非人寿保险	26	3550				
保险辅助服务	5	100				
其他金融活动	97	1375	11	2	43	127
金融信托与管理	2	21	1			
金融租赁	1	3				
财务公司	1	8				
邮政储蓄	6	679	5	1	43	122
典当	42	222	4			
其他未列明的金融活动	45	442	1	1		5
房地产业	**761**	**26204**	**157**	**213**	**408**	**783**
房地产业	761	26204	157	213	408	783
房地产开发经营	340	8959	78	86	92	206
物业管理	255	14681	65	108	305	551
房地产中介服务	112	1453	9		8	10
其他房地产活动	54	1111	5	19	3	16
租赁和商务服务业	**1068**	**17778**	**88**	**99**	**224**	**337**
租赁业	181	911	4	3	6	24
机械设备租赁	179	906	4	3	6	24
文化及日用品出租	2	5				
商务服务业	887	16867	84	96	218	313
企业管理服务	91	4227	13	33	70	155
法律服务	26	392				
咨询与调查	156	1437	37	13	20	15

5-35 续表 7

行业	企业法人单位数（个）	就业人数（人）				
			#高级技师	#技师	#高级工	#中级工
广告业	269	1555	8	22	12	41
知识产权服务	15	132				1
职业中介服务	86	3075	1	18	55	80
市场管理	67	1212	21		2	9
旅行社	73	1025	2	3	56	9
其他商务服务	104	3812	2	7	3	3
科学研究、技术服务和地质勘查业	**347**	**7630**	**69**	**83**	**138**	**131**
研究与试验发展	20	248		7	8	1
自然科学研究与试验发展	4	56		2	7	
工程和技术研究与试验发展	7	44		4		
农业科学研究与试验发展	4	98		1	1	1
医学研究与试验发展	4	47				
社会人文科学研究与试验发展	1	3				
专业技术服务业	255	6482	44	73	128	130
气象服务	7	74			1	1
地震服务	1	3				
测绘服务	14	157	1	1	13	8
技术检测	35	612	10	10	15	18
环境监测	8	88				
工程技术与规划管理	175	5383	32	56	99	103
其他专业技术服务	15	165	1	6		
科技交流和推广服务业	60	579	10	3	2	
技术推广服务	47	527	10	3	2	
科技中介服务	9	39				
其他科技服务	4	13				
地质勘查业	12	321	15			
矿产地质勘查	7	249				
基础地质勘查	2	33				
地质勘查技术服务	3	39	15			
水利、环境和公共设施管理业	**73**	**1834**	**8**	**20**	**42**	**77**
水利管理业	7	134		1		
水资源管理	3	82				
其他水利管理	4	52		1		
环境管理业	12	249	1	1		
自然保护	2	3				
环境治理	10	246	1	1		
公共设施管理业	54	1451	7	18	42	77
市政公共设施管理	3	62				
城市绿化管理	31	656	7	18	42	77
游览景区管理	20	733				
居民服务和其他服务业	**343**	**4355**	**72**	**98**	**135**	**182**
居民服务业	102	1570	25	28	14	20
家庭服务	13	108			2	1
托儿所	1	10				
洗染服务	4	28				

5-35　续表 8

行　业	企业法人单位数(个)	就业人数(人)	#高级技师	#技师	#高级工	#中级工
理发及美容保健服务	16	187	21	12	9	12
洗浴服务	20	631		13		
婚姻服务	9	42				
殡葬服务	13	282	2	2	2	3
摄影扩印服务	20	245	2	1	1	4
其他居民服务	6	37				
其他服务业	241	2785	47	70	121	162
修理与维护	191	1858	46	59	114	154
清洁服务	29	455		1	1	2
其他未列明的服务	21	472	1	10	6	6
教育	**52**	**1106**	**3**	**8**	**130**	**65**
教育	52	1106	3	8	130	65
学前教育	5	47				
中等教育	1	217		2	36	21
其他教育	46	842	3	6	94	44
卫生、社会保障和社会福利业	**64**	**2181**	**17**	**47**	**9**	**14**
卫生	64	2181	17	47	9	14
医院	39	1542	11	39	7	9
卫生院及社区医疗活动	9	341	4	4	1	1
门诊部医疗活动	12	186	2	4	1	4
计划生育技术服务活动	1	12				
疾病预防控制及防疫活动	1	3				
其他卫生活动	2	97				
文化、体育和娱乐业	**103**	**1523**	**7**	**3**	**15**	**19**
新闻出版业	4	19			2	
出版业	4	19			2	
广播、电视、电影和音像业	23	249		2	10	18
广播	2	26				8
电视	1	7				
电影	16	200		2	10	10
音像制作	4	16				
文化艺术业	5	13				
文艺创作与表演	1	3				
艺术表演场馆	1	2				
文化艺术经纪代理	1	2				
其他文化艺术	2	6				
体育	2	12				
体育组织	1	2				
体育场馆	1	10				
娱乐业	69	1230	7	1	3	1
室内娱乐活动	42	840	4	1	2	1
游乐园	8	219	2			
休闲健身娱乐活动	11	70	1			
其他娱乐活动	8	101			1	

5-36 按登记注册类型分组、技术等级分组的企业法人单位就业人数

登记注册类型	企业法人单位数(个)	就业人数(人)	#高级技师	#技师	#高级工	#中级工
总 计	**15514**	**610020**	**2142**	**7228**	**20385**	**37177**
内资	**15392**	**589488**	**2077**	**6392**	**19335**	**33845**
国有	643	97653	256	1050	5871	6397
集体	368	9542	35	88	95	325
股份合作	75	5025	13	17	26	43
股份有限公司	218	63638	117	548	3119	2331
其他内资	124	2029	1	2	13	38
港、澳、台商投资	**32**	**1848**	**15**	**38**	**37**	**182**
合资经营企业(港或澳、台资)	14	817	1		12	11
合作经营企业(港或澳、台资)	1	7				
港、澳、台商独资经营企业	8	580	13	37	23	163
港、澳、台商投资股份有限公司	9	444	1	1	2	8
外商投资	**90**	**18684**	**50**	**798**	**1013**	**3150**
中外合资经营	51	12072	30	416	965	3041
中外合作经营	6	435	2	3	11	18
外资企业	29	5598	18	379	37	91
外商投资股份有限公司	4	579				

5-37　按行业(中类)、控股情况分组的企业法人单位数

行业分组	法人单位数(个)	国有控股	集体控股	私人控股	港澳台商控股	外商控股	其他
总　　计	**15514**	**964**	**515**	**12889**	**20**	**56**	**1070**
农、林、牧、渔业	**6**	**6**					
农业	6	6					
谷物及其他作物的种植	6	6					
采矿业	**565**	**13**	**22**	**502**		**2**	**26**
煤炭开采和洗选业	279	11	13	244		1	10
烟煤和无烟煤的开采洗选	278	10	13	244		1	10
其他煤炭采选	1	1					
石油和天然气开采业	45			43		1	1
天然原油和天然气开采	43			42		1	
与石油和天然气开采有关的服务活动	2			1			1
黑色金属矿采选业	9	1		8			
铁矿采选	8	1		7			
其他黑色金属矿采选	1			1			
有色金属矿采选业	5			5			
常用有色金属矿采选	3			3			
贵金属矿采选	1			1			
稀有稀土金属矿采选	1			1			
非金属矿采选业	227	1	9	202			15
土砂石开采	202		8	180			14
化学矿采选	1		1				
石棉及其他非金属矿采选	24	1		22			1
制造业	**3798**	**127**	**84**	**3381**	**7**	**27**	**172**
农副食品加工业	559	11	4	518	1	2	23
谷物磨制	134	3		126			5
饲料加工	58	3		49	1	1	4
植物油加工	31			29			2
制糖	2			2			
屠宰及肉类加工	62	4	1	54			3
蔬菜、水果和坚果加工	81			74		1	6
其他农副食品加工	191	1	3	184			3
食品制造业	178	2	2	164		3	7
焙烤食品制造	52		1	49		1	1
糖果、巧克力及蜜饯制造	10	1		8			1
方便食品制造	21			21			
液体乳及乳制品制造	37	1	1	30		1	4
罐头制造	4			4			
调味品、发酵制品制造	30			28		1	1
其他食品制造	24			24			
饮料制造业	104	4	3	84	1	5	7
酒的制造	54	3	1	42		4	4
软饮料制造	44	1	2	36	1	1	3
精制茶加工	6			6			
烟草制品业	1	1					
烟叶复烤	1	1					

5-37 续表 1

行业分组	法人单位数(个)	国有控股	集体控股	私人控股	港澳台商控股	外商控股	其他
纺织业	113	1	1	108			3
棉、化纤纺织及印染精加工	8		1	7			
毛纺织和染整精加工	86			85			1
麻纺织	1			1			
丝绢纺织及精加工	1						1
纺织制成品制造	14	1		12			1
针织品、编织品及其制品制造	3			3			
纺织服装、鞋、帽制造业	25	2	1	21			1
纺织服装制造	25	2	1	21			1
皮革、毛皮、羽毛(绒)及其制品业	40			39			1
皮革鞣制加工	13			13			
皮革制品制造	3			3			
毛皮鞣制及制品加工	19			19			
羽毛(绒)加工及制品制造	5			4			1
木材加工及木、竹、藤、棕、草制品业	31	1	2	25			3
锯材、木片加工	6		1	5			
人造板制造	8	1		6			1
木制品制造	13		1	10			2
竹、藤、棕、草制品制造	4			4			
家具制造业	48		1	46			1
木质家具制造	37		1	35			1
金属家具制造	5			5			
塑料家具制造	1			1			
其他家具制造	5			5			
造纸及纸制品业	72	4		64			4
纸浆制造	2	1		1			
造纸	33	3		28			2
纸制品制造	37			35			2
印刷业和记录媒介的复制	162	9	14	128			11
印刷	156	9	14	122			11
装订及其他印刷服务活动	6			6			
装订及其他印刷服务活动	6			6			
文教体育用品制造业	4			4			
文化用品制造	3			3			
体育用品制造	1			1			
石油加工、炼焦及核燃料加工业	54	2		49		1	2
精炼石油产品的制造	15	1		13		1	
炼焦	39	1		36			2
化学原料及化学制品制造业	334	18	5	294	2	3	12
基础化学原料制造	172	7	4	150		1	10
肥料制造	47	6		40			1
农药制造	5	1		4			
涂料、油墨、颜料及类似产品制造	24			22	2		
合成材料制造	8	1		7			
专用化学产品制造	67	3	1	61		2	
日用化学产品制造	11			10			1

5-37　续表 2

行业分组	法　人单位数（个）	国有控股	集体控股	私人控股	港澳台商控股	外商控股	其他
医药制造业	32	1		29			2
化学药品原药制造	2			2			
化学药品制剂制造	4	1		3			
中药饮片加工	4			4			
中成药制造	10			10			
兽用药品制造	6			6			
生物、生化制品的制造	5			3			2
卫生材料及医药用品制造	1			1			
化学纤维制造业	2	1		1			
合成纤维制造	2	1		1			
橡胶制品业	23			20		2	1
轮胎制造	5			3		2	
橡胶板、管、带的制造	8			7			1
橡胶零件制造	3			3			
再生橡胶制造	2			2			
日用及医用橡胶制品制造	4			4			
其他橡胶制品制造	1			1			
塑料制品业	142	2	2	124	1		13
塑料薄膜制造	16		1	14			1
塑料板、管、型材的制造	33	2		28	1		2
塑料丝、绳及编织品的制造	50			45			5
泡沫塑料制造	8			8			
塑料包装箱及容器制造	12			11			1
塑料零件制造	2			1			1
日用塑料制造	6			6			
其他塑料制品制造	15		1	11			3
非金属矿物制品业	933	24	22	847		2	38
水泥、石灰和石膏的制造	67	5	1	57			4
水泥及石膏制品制造	168	5	6	151			6
砖瓦、石材及其他建筑材料制造	428	7	12	391			18
玻璃及玻璃制品制造	14		2	9			3
陶瓷制品制造	2						2
耐火材料制品制造	18		1	17			
石墨及其他非金属矿物制品制造	236	7		222		2	5
黑色金属冶炼及压延加工业	130	3	6	116		1	4
炼铁	27		1	26			
炼钢	1			1			
钢压延加工	21	1		20			
铁合金冶炼	81	2	5	69		1	4
有色金属冶炼及压延加工业	56	3		46	2	2	3
常用有色金属冶炼	34	1		29		2	2
贵金属冶炼	1			1			
稀有稀土金属冶炼	7	2		5			
有色金属合金制造	7			7			
有色金属压延加工	7			4	2		1

5-37 续表 3

行业分组	法人单位数（个）	国有控股	集体控股	私人控股	港澳台商控股	外商控股	其他
金属制品业	198	5	4	183		1	5
结构性金属制品制造	128	3	3	117		1	4
金属工具制造	9	1		8			
集装箱及金属包装容器制造	9			9			
金属丝绳及其制品的制造	10	1	1	8			
建筑、安全用金属制品制造	14			14			
金属表面处理及热处理加工	5			5			
搪瓷制品制造	1						1
不锈钢及类似日用金属制品制造	6			6			
其他金属制品制造	16			16			
通用设备制造业	217	10	2	193		2	10
锅炉及原动机制造	19	3		16			
金属加工机械制造	42			36		1	5
起重运输设备制造	12	1		10			1
泵、阀门、压缩机及类似机械的制造	7			7			
轴承、齿轮、传动和驱动部件的制造	18	2	1	14		1	
烘炉、熔炉及电炉制造	2			2			
风机、衡器、包装设备等通用设备制造	16	1		15			
通用零部件制造及机械修理	53	2		49			2
金属铸、锻加工	48	1	1	44			2
专用设备制造业	93	9	8	72			4
矿山、冶金、建筑专用设备制造	36	7	4	25			
化工、木材、非金属加工专用设备制造	12			10			2
食品、饮料、烟草及饲料生产专用设备制造	1			1			
印刷、制药、日化生产专用设备制造	2	1		1			
电子和电工机械专用设备制造	7		1	5			1
农、林、牧、渔专用机械制造	18	1	2	14			1
医疗仪器设备及器械制造	9		1	8			
环保、社会公共安全及其他专用设备制造	8			8			
交通运输设备制造业	80	4	3	67		1	5
汽车制造	71	4	1	60		1	5
摩托车制造	1			1			
自行车制造	1			1			
交通器材及其他交通运输设备制造	7		2	5			
电气机械及器材制造业	84	7	2	69		1	5
电机制造	9	2		6		1	
输配电及控制设备制造	33	1		31			1
电线、电缆、光缆及电工器材制造	13		1	11			1
电池制造	4	1		3			
家用电力器具制造	1						1
非电力家用器具制造	8	1		7			
照明器具制造	3			3			
其他电气机械及器材制造	13	2	1	8			2
通信设备、计算机及其他电子设备制造业	4			4			
通信设备制造	1			1			
电子计算机制造	1			1			
电子元件制造	1			1			
家用视听设备制造	1			1			

5-37　续表 4

行业分组	法　人 单位数 (个)	国有控股	集体控股	私人控股	港澳台商控股	外商控股	其他
仪器仪表及文化、办公用机械制造业	28	1		26			1
通用仪器仪表制造	21	1		19			1
专用仪器仪表制造	2			2			
光学仪器及眼镜制造	1			1			
文化、办公用机械制造	2			2			
其他仪器仪表的制造及修理	2			2			
工艺品及其他制造业	44	2	2	34		1	5
工艺美术品制造	20			17		1	2
日用杂品制造	1			1			
煤制品制造	18	2	2	12			2
其他未列明的制造业	5			4			1
废弃资源和废旧材料回收加工业	7			6			1
金属废料和碎屑的加工处理	2			2			
非金属废料和碎屑的加工处理	5			4			1
电力、燃气及水的生产和供应业	**134**	**66**	**10**	**46**	**1**		**11**
电力、热力的生产和供应业	71	36	5	22			8
电力生产	24	17	3	2			2
电力供应	3	2		1			
热力生产和供应	44	17	2	19			6
燃气生产和供应业	20	3	1	16			
燃气生产和供应业	20	3	1	16			
水的生产和供应业	43	27	4	8	1		3
自来水的生产和供应	36	23	3	7	1		2
污水处理及其再生利用	6	4		1			1
其他水的处理、利用与分配	1		1				
建筑业	**886**	**104**	**40**	**686**	**2**	**1**	**53**
房屋和土木工程建筑业	474	87	33	322			32
房屋工程建筑	272	23	24	213			12
土木工程建筑	202	64	9	109			20
建筑安装业	135	12	2	110		1	10
建筑安装业	135	12	2	110		1	10
建筑装饰业	234	2	2	220	2		8
建筑装饰业	234	2	2	220	2		8
其他建筑业	43	3	3	34			3
工程准备	25	2	1	21			1
提供施工设备服务	6			6			
其他未列明的建筑活动	12	1	2	7			2
交通运输、仓储和邮政业	**402**	**58**	**20**	**270**			**54**
道路运输业	238	12	13	177			36
公路旅客运输	55	6	5	35			9
道路货物运输	170	2	5	137			26
道路运输辅助活动	13	4	3	5			1
城市公共交通业	45	3	1	36			5
公共电汽车客运	13	3		8			2
出租车客运	30			27			3
其他城市公共交通	2		1	1			

5-37 续表 5

行业分组	法 人 单位数 (个)	国有控股	集体控股	私人控股	港澳台商控股	外商控股	其他
水上运输业	4		1	3			
水上货物运输	4		1	3			
航空运输业	5	5					
航空客货运输	3	3					
航空运输辅助活动	2	2					
管道运输业	2	1		1			
管道运输业	2	1		1			
装卸搬运和其他运输服务业	57	4	3	38			12
装卸搬运	29	2	1	21			5
运输代理服务	28	2	2	17			7
仓储业	40	27	2	10			1
谷物、棉花等农产品仓储	27	25	1	1			
其他仓储	13	2	1	9			1
邮政业	11	6		5			
国家邮政	7	6		1			
其他寄递服务	4			4			
信息传输、计算机服务和软件业	**590**	**26**		**481**	**3**	**3**	**77**
电信和其他信息传输服务业	55	24		22	3	2	4
电信	33	17		11	2	2	1
互联网信息服务	10			7	1		2
广播电视传输服务	11	6		4			1
卫星传输服务	1	1					
计算机服务业	480	2		413		1	64
计算机系统服务	44			33		1	10
计算机维修	18			15			3
其他计算机服务	418	2		365			51
软件业	55			46			9
公共软件服务	53			45			8
其他软件服务	2			1			1
批发和零售业	**5669**	**211**	**186**	**4924**	**5**	**9**	**334**
批发业	3124	116	119	2710	3	5	171
农畜产品批发	203	28	11	151		1	12
食品、饮料及烟草制品批发	175	28	8	127	2	2	8
纺织、服装及日用品批发	101	1	2	89		1	8
文化、体育用品及器材批发	61	4		55			2
医药及医疗器材批发	85	3		78			4
矿产品、建材及化工产品批发	1359	33	77	1178			71
机械设备、五金交电及电子产品批发	921	10	11	852	1	1	46
贸易经纪与代理	31	4	2	24			1
其他批发	188	5	8	156			19
零售业	2545	95	67	2214	2	4	163
综合零售	188	6	29	143			10
食品、饮料及烟草制品专门零售	174	36	4	126		1	7
纺织、服装及日用品专门零售	257	1	4	233	2	1	16
文化、体育用品及器材专门零售	193	21	3	156			13

5-37　续表 6

行业分组	法　人 单位数 (个)	国有控股	集体控股	私人控股	港澳台商控股	外商控股	其他
医药及医疗器材专门零售	161	14	4	125		1	17
汽车、摩托车、燃料及零配件专门零售	505	4	11	456		1	33
家用电器及电子产品专门零售	500	6	4	449			41
五金、家具及室内装修材料专门零售	407	1	3	388			15
无店铺及其他零售	160	6	5	138			11
住宿和餐饮业	**479**	**47**	**21**	**380**		**5**	**26**
住宿业	252	37	16	181		4	14
旅游饭店	74	16	1	54		2	1
一般旅馆	164	20	14	115		2	13
其他住宿服务	14	1	1	12			
餐饮业	227	10	5	199		1	12
正餐服务	206	9	5	181		1	10
快餐服务	7			7			
饮料及冷饮服务	6			5			1
其他餐饮服务	8	1		6			1
金融业	**174**	**38**	**19**	**94**	**1**		**22**
银行业	30	10	15				5
商业银行	28	8	15				5
其他银行	2	2					
证券业	2	1		1			
证券经纪与交易	1	1					
证券投资	1			1			
保险业	45	20	4	10			11
人寿保险	14	7	3	3			1
非人寿保险	26	13	1	4			8
保险辅助服务	5			3			2
其他金融活动	97	7		83	1		6
金融信托与管理	2	1		1			
金融租赁	1						1
财务公司	1			1			
邮政储蓄	6	5					1
典当	42			39	1		2
其他未列明的金融活动	45	1		42			2
房地产业	**761**	**78**	**35**	**574**		**7**	**67**
房地产业	761	78	35	574		7	67
房地产开发经营	340	32	12	292		4	
物业管理	255	37	14	151		3	50
房地产中介服务	112	4	4	92			12
其他房地产活动	54	5	5	39			5
租赁和商务服务业	**1068**	**78**	**37**	**823**	**1**		**129**
租赁业	181	3		159			19
机械设备租赁	179	3		157			19
文化及日用品出租	2			2			
商务服务业	887	75	37	664	1		110
企业管理服务	91	29	5	43			14
法律服务	26	1	1	21			3

5-37 续表 7

行业分组	法人单位数（个）	国有控股	集体控股	私人控股	港澳台商控股	外商控股	其他
咨询与调查	156	8	3	124			21
广告业	269	3		236			30
知识产权服务	15	1		12			2
职业中介服务	86	4	2	69	1		10
市场管理	67	7	14	38			8
旅行社	73	12	2	48			11
其他商务服务	104	10	10	73			11
科学研究、技术服务和地质勘查业	**347**	**58**	**24**	**221**		**1**	**43**
研究与试验发展	20	2	1	11		1	5
自然科学研究与试验发展	4	1		2			1
工程和技术研究与试验发展	7			5		1	1
农业科学研究与试验发展	4	1	1	1			1
医学研究与试验发展	4			2			2
社会人文科学研究与试验发展	1			1			
专业技术服务业	255	41	21	160			33
气象服务	7	3		4			
地震服务	1			1			
测绘服务	14	7	2	5			
技术检测	35	3	4	22			6
环境监测	8	3		5			
工程技术与规划管理	175	24	12	113			26
其他专业技术服务	15	1	3	10			1
科技交流和推广服务业	60	11	2	42			5
技术推广服务	47	7	2	35			3
科技中介服务	9	3		5			1
其他科技服务	4	1		2			1
地质勘查业	12	4		8			
矿产地质勘查	7	2		5			
基础地质勘查	2	1		1			
地质勘查技术服务	3	1		2			
水利、环境和公共设施管理业	**73**	**16**	**4**	**41**			**12**
水利管理业	7	4		3			
水资源管理	3	2		1			
其他水利管理	4	2		2			
环境管理业	12	5	2	4			1
自然保护	2	2					
环境治理	10	3	2	4			1
公共设施管理业	54	7	2	34			11
市政公共设施管理	3	1	1	1			
城市绿化管理	31	3		19			9
游览景区管理	20	3	1	14			2
居民服务和其他服务业	**343**	**11**	**7**	**298**		**1**	**26**
居民服务业	102	1	3	87			11
家庭服务	13			13			
托儿所	1			1			
洗染服务	4			4			

5-37 续表 8

行业分组	法人单位数（个）	国有控股	集体控股	私人控股	港澳台商控股	外商控股	其他
理发及美容保健服务	16			14			2
洗浴服务	20		1	18			1
婚姻服务	9			7			2
殡葬服务	13	1		9			3
摄影扩印服务	20		1	17			2
其他居民服务	6		1	4			1
其他服务业	241	10	4	211		1	15
修理与维护	191	5	3	174			9
清洁服务	29	2	1	22			4
其他未列明的服务	21	3		15		1	2
教育	**52**	**2**	**1**	**45**			**4**
教育	52	2	1	45			4
学前教育	5			5			
中等教育	1	1					
其他教育	46	1	1	40			4
卫生、社会保障和社会福利业	**64**	**6**	**4**	**50**			**4**
卫生	64	6	4	50			4
医院	39	3	1	33			2
卫生院及社区医疗活动	9	1	1	6			1
门诊部医疗活动	12	1	2	8			1
计划生育技术服务活动	1	1					
疾病预防控制及防疫活动	1			1			
其他卫生活动	2			2			
文化、体育和娱乐业	**103**	**19**	**1**	**73**			**10**
新闻出版业	4	3					1
出版业	4	3					1
广播、电视、电影和音像业	23	13		8			2
广播	2	1		1			
电视	1			1			
电影	16	12		2			2
音像制作	4			4			
文化艺术业	5			5			
文艺创作与表演	1			1			
艺术表演场馆	1			1			
文化艺术经纪代理	1			1			
其他文化艺术	2			2			
体育	2	1		1			
体育组织	1			1			
体育场馆	1	1					
娱乐业	69	2	1	59			7
室内娱乐活动	42	1		36			5
游乐园	8		1	6			1
休闲健身娱乐活动	11			10			1
其他娱乐活动	8	1		7			

第6篇

财务状况

6-1 按行业(小类)分组的

行业	年初存货	年末存货	固定资产原价	本年折旧
总计	**28468195**	**60386126**	**159327311**	**2959768**
采矿业	**190868**	**3803002**	**18265586**	**49976**
煤炭开采和洗选业	129650	3699698	17813829	28535
烟煤和无烟煤的开采洗选	129650	3699698	17813429	28519
烟煤和无烟煤的开采洗选	129650	3699698	17813429	28519
其他煤炭采选			400	16
其他煤炭采选			400	16
石油和天然气开采业	4083	2395	163457	2303
天然原油和天然气开采	3576	2395	157107	2087
天然原油和天然气开采	3576	2395	157107	2087
与石油和天然气开采有关的服务活动	507	…	6350	216
与石油和天然气开采有关的服务活动	507	…	6350	216
黑色金属矿采选业	1501	9164	10743	220
铁矿采选	1501	9164	10493	220
铁矿采选	1501	9164	10493	220
其他黑色金属矿采选			250	
其他黑色金属矿采选			250	
有色金属矿采选业	14823	30308	2453	182
常用有色金属矿采选	14723	30208	853	162
镍钴矿采选	14723	30208	853	162
镁矿采选				
贵金属矿采选				
金矿采选				
稀有稀土金属矿采选	100	100	1600	20
稀土金属矿采选	100	100	1600	20
非金属矿采选业	40811	61437	275104	18736
土砂石开采	37448	54593	242253	15062
石灰石、石膏开采	3388	7283	65732	3945
建筑装饰用石开采	1947	2431	25055	1559
耐火土石开采	743	331	6281	1105
粘土及其他土砂石开采	31370	44548	145185	8453
化学矿采选	40	20	980	3
化学矿采选	40	20	980	3
石棉及其他非金属矿采选	3323	6824	31871	3671
石墨、滑石采选	144	129	1376	24
其他非金属矿采选	3179	6695	30495	3647
制造业	**1437844**	**22402377**	**55929151**	**277409**
农副食品加工业	181044	853010	1969731	40221
谷物磨制	52336	304196	555127	16348
谷物磨制	52336	304196	555127	16348
饲料加工	17426	77642	197065	1536
饲料加工	17426	77642	197065	1536

企业法人单位财务状况

单位：千元

主营业务收入	主营业务成本	主营业务税金及附加	主营业务利润	三项费用合计	#税金	#利息支出	营业利润
247798221	**210587505**	**3550884**	**12667614**	**26288952**	**825149**	**4807507**	**7296440**
22438955	**13987243**	**299207**	**330648**	**4739630**	**128542**	**568641**	**2714964**
21646272	13433120	282046	154212	4647586	126535	560676	2579610
21645772	13432780	282036	154062	4647556	126527	560654	2579490
21645772	13432780	282036	154062	4647556	126527	560654	2579490
500	340	10	150	30	8	22	120
500	340	10	150	30	8	22	120
291573	184290	9168	68472	29639	227	1530	69851
131844	57450	6125	68269	2914		437	65355
131844	57450	6125	68269	2914		437	65355
159729	126840	3043	203	26725	227	1093	4496
159729	126840	3043	203	26725	227	1093	4496
83127	70594	455	535	6538	…	671	5579
83127	70594	455	535	6538	…	671	5579
83127	70594	455	535	6538	…	671	5579
26073	26972	26	-925	1587			-2512
25633	26822		-1189	1557			-2746
25633	26822		-1189	1557			-2746
440	150	26	264	30			234
440	150	26	264	30			234
391910	272267	7512	108354	54280	1780	5764	62436
323024	213807	7168	102102	46779	1623	5731	59717
119191	100548	2133	16510	8863	124	3440	7705
19402	13429	406	5568	2367	142	453	3201
3628	2620	269	739	216	30		523
180803	97210	4360	79285	35333	1327	1838	48288
820	802		18	2			16
820	802		18	2			16
68066	57658	344	6234	7499	157	33	2703
394	291	20	97	82	35	17	15
67672	57367	324	6137	7417	122	16	2688
98698792	**87885132**	**786674**	**878337**	**9169104**	**381411**	**2147205**	**391331**
4166800	3728291	11345	163415	317651	9979	62472	97476
1735919	1562638	2963	52988	91686	2788	26025	82932
1735919	1562638	2963	52988	91686	2788	26025	82932
713419	658964	643	17883	54053	1878	4734	-782
713419	658964	643	17883	54053	1878	4734	-782

6-1 续表 1-1

行　　业	年初存货	年末存货	固定资产原　价	本年折旧
植物油加工	6472	65316	68942	653
食用植物油加工	6472	65316	68942	653
制糖	266	328	4382	79
制糖	266	328	4382	79
屠宰及肉类加工	7446	83087	272575	2975
畜禽屠宰	3921	40194	144362	1149
肉制品及副产品加工	3525	42893	128213	1826
蔬菜、水果和坚果加工	34856	76381	156281	4403
蔬菜、水果和坚果加工	34856	76381	156281	4403
其他农副食品加工	62242	246060	715359	14227
淀粉及淀粉制品的制造	60899	219742	663235	13620
豆制品制造	877	1721	1911	118
蛋品加工	34	1571	12783	283
其他未列明的农副食品加工	432	23026	37430	206
食品制造业	37278	460358	1706210	8107
焙烤食品制造	3341	13426	67487	1277
糕点、面包制造	2448	13063	63746	1100
饼干及其他焙烤食品制造	893	363	3741	177
糖果、巧克力及蜜饯制造	3931	8720	27469	466
糖果、巧克力制造	1999	4059	7738	260
蜜饯制作	1932	4661	19731	206
方便食品制造	5644	12912	40720	920
米、面制品制造	5141	7813	26875	750
速冻食品制造	473	5044	12925	147
方便面及其他方便食品制造	30	55	920	23
液体乳及乳制品制造	4188	223127	640316	2007
液体乳及乳制品制造	4188	223127	640316	2007
罐头制造	620	756	3085	94
蔬菜、水果罐头制造	620	756	3085	94
调味品、发酵制品制造	5126	143996	868028	1070
味精制造		85376	481434	
酱油、食醋及类似制品的制造	1551	1732	14256	374
其他调味品、发酵制品制造	3575	56888	372338	696
其他食品制造	14428	57421	59105	2273
营养、保健食品制造	12880	37934	30925	2161
食品及饲料添加剂制造	1548	6208	11817	112
其他未列明的食品制造		13279	16363	
饮料制造业	59865	713004	1129649	9103
酒的制造	32635	473125	748564	5236
白酒制造	19196	114263	144810	1457
啤酒制造	1199	45603	247814	215
黄酒制造	510	212	1730	43
葡萄酒制造	8308	203416	235496	2884
其他酒制造	3422	109631	118714	637

单位：千元

主营业务收　入	主营业务成　本	主营业务税金及附加	主营业务利　润	三项费用合　计	#税金	#利息支出	营业利润
392577	364343	203	5506	23665	369	5596	5050
392577	364343	203	5506	23665	369	5596	5050
4315	3918	41	356	133	42	12	229
4315	3918	41	356	133	42	12	229
434956	366040	2336	15732	42444	1614	3501	5301
292014	256282	1348	9792	27991	1251	2298	8511
142942	109758	988	5940	14453	363	1203	-3210
183963	154747	1026	24384	29390	717	3333	-1224
183963	154747	1026	24384	29390	717	3333	-1224
701651	617641	4133	46566	76280	2571	19271	5970
559064	498363	3907	44048	55291	2029	15720	3855
12984	10615	34	890	3265	2	80	-930
33155	29564	46	770	2600	7	166	945
96448	79099	146	858	15124	533	3305	2100
3320862	2846674	13173	32408	326448	11937	61646	160208
107843	87724	631	10050	13356	704	1626	6696
101592	82624	587	8943	12710	651	1520	6235
6251	5100	44	1107	646	53	106	461
23869	18804	317	3353	4192	41	527	2179
5760	4976	19	2385	1356		43	1029
18109	13828	298	968	2836	41	484	1150
181221	165141	324	6863	6754	173	877	9972
130048	123077	195	6061	4180	91	701	3558
49853	41049	98	520	2502	59	176	6204
1320	1015	31	282	72	23		210
1297940	1160000	2717	3862	108317	4405	18237	26178
1297940	1160000	2717	3862	108317	4405	18237	26178
2493	1758	30	714	458	90	36	256
2493	1758	30	714	458	90	36	256
1488245	1231053	8151	4754	163601	5796	38878	106324
871112	778784	4101		78861	2752	24863	27821
12653	10528	121	1884	1312	141	45	752
604480	441741	3929	2870	83428	2903	13970	77751
219251	182194	1003	2812	29770	728	1465	8603
98611	83418	458	2383	16808	551	1465	-759
66075	48590	436	429	9191	177	…	8864
54565	50186	109		3771	…	…	498
1406497	1085405	45685	17510	240614	6981	49108	78508
858973	615230	44143	6815	167023	4946	22525	72429
223732	164389	8975	3169	31598	754	5061	20143
191019	137208	25165	145	46025	3231	5910	11473
940	390	56	494	355			145
87846	90300	2927	1612	19002	236	4882	-14884
355436	222943	7020	1395	70043	725	6672	55552

6-1 续表 1-2

行 业	年初存货	年末存货	固定资产原 价	本年折旧
软饮料制造	17067	228278	370970	3191
瓶(罐)装饮用水制造	4073	7762	29543	1401
果菜汁及果菜汁饮料制造	12655	219677	332320	1222
含乳饮料和植物蛋白饮料制造	91	453	4789	374
固体饮料制造	248	248	4090	194
茶饮料及其他软饮料制造		138	228	
精制茶加工	10163	11601	10115	676
精制茶加工	10163	11601	10115	676
烟草制品业		10905	5033	
烟叶复烤		10905	5033	
烟叶复烤		10905	5033	
纺织业	141165	2783672	1326809	10090
棉、化纤纺织及印染精加工	2459	17645	25438	431
棉、化纤纺织加工	2459	17645	25438	431
毛纺织和染整精加工	118948	2747858	1262735	8772
毛纺织	118948	2747858	1262735	8772
麻纺织			300	18
麻纺织			300	18
丝绢纺织及精加工	17668	10675	10535	533
缫丝加工	17668	10675	10535	533
纺织制成品制造	1966	7350	20125	308
棉及化纤制品制造	1090	1059	1766	14
毛制品制造		2963	3949	
麻制品制造	102	201	7902	102
绳、索、缆的制造	255	2423	5368	3
无纺布制造	269	316	360	131
其他纺织制成品制造	250	388	780	58
针织品、编织品及其制品制造	124	144	7676	28
棉、化纤针织品及编织品制造	105	123	7676	28
毛针织品及编织品制造	19	21		
纺织服装、鞋、帽制造业	16068	24079	84117	1613
纺织服装制造	16068	24079	84117	1613
纺织服装制造	16068	24079	84117	1613
皮革、毛皮、羽毛(绒)及其制品业	15120	83512	64402	1679
皮革鞣制加工	2422	17115	22107	757
皮革鞣制加工	2422	17115	22107	757
皮革制品制造	768	744	492	1
皮鞋制造	768	744	492	1
毛皮鞣制及制品加工	10798	50435	39715	908
毛皮鞣制加工	8198	35984	33925	558
毛皮服装加工	2600	5002	4264	350
其他毛皮制品加工		9449	1526	
羽毛(绒)加工及制品制造	1132	15218	2088	13
羽毛(绒)加工	3	14751	1315	13
羽毛(绒)制品加工	1129	467	773	

单位：千元

主营业务收入	主营业务成本	主营业务税金及附加	主营业务利润	三项费用合计	#税金	#利息支出	营业利润
533895	460464	819	7500	71094	1823	25246	5381
10125	7796	148	2476	2523	92	173	-40
519016	449273	586	3750	67183	1709	24955	4367
3724	2669	61	994	1238	18	118	924
900	640	23	237	142	4		95
130	86	1	43	8			35
13629	9711	723	3195	2497	212	1337	698
13629	9711	723	3195	2497	212	1337	698
9841	7526	9		2236	66	62	400
9841	7526	9		2236	66	62	400
9841	7526	9		2236	66	62	400
6206000	5493939	9198	5068	328959	17180	212481	449534
51065	43579	282	3285	9877	83	196	-8016
51065	43579	282	3285	9877	83	196	-8016
6107604	5410078	8422	-1794	314898	16634	211006	455194
6107604	5410078	8422	-1794	314898	16634	211006	455194
551	489		62	30	9		32
551	489		62	30	9		32
5214	3463	4	1748	1704	103	1213	44
5214	3463	4	1748	1704	103	1213	44
38684	33965	458	1282	2220	341	66	2025
3538	3271	14	253	228	10	13	25
9537	7820	8		785	58	45	923
3962	2972	198	792	305	92	8	487
20241	18867	102	2	818	173	…	439
576	525	1	50	46			4
830	510	135	185	38	8		147
2882	2365	32	485	230	10		255
565	435	29	101	214	10		-113
2317	1930	3	384	16			368
80575	56636	529	5503	20702	418	808	3542
80575	56636	529	5503	20702	418	808	3542
80575	56636	529	5503	20702	418	808	3542
147626	131813	639	5555	9125	661	3719	3692
48429	42044	184	2127	1453	48	1076	5100
48429	42044	184	2127	1453	48	1076	5100
579	327	5	247	244			3
579	327	5	247	244			3
91130	82740	450	3161	6612	606	2643	-1398
55408	49568	371	2536	4209	548	1891	-1727
17293	14487	57	625	1192	58	69	1817
18429	18685	22		1211	…	683	-1488
7488	6702	…	20	816	7	…	-13
6963	6197	…		620	7	…	163
525	505		20	196			-176

6-1 续表 1-3

行　业	年初存货	年末存货	固定资产原　价	本年折旧
木材加工及木、竹、藤、棕、草制品业	10019	14137	63729	2422
锯材、木片加工	4523	4853	1394	338
锯材加工	4273	4574	1244	328
木片加工	250	279	150	10
人造板制造	1132	1290	17069	272
胶合板制造	892	720	11534	133
纤维板制造		100	1000	
其他人造板、材制造	240	470	4535	139
木制品制造	3909	7295	40036	909
建筑用木料及木材组件加工	3546	6491	36827	430
木容器制造	333	754	1409	389
软木制品及其他木制品制造	30	50	1800	90
竹、藤、棕、草制品制造	455	699	5230	903
竹、藤、棕、草制品制造	455	699	5230	903
家具制造业	4258	18603	76159	1060
木质家具制造	3967	12734	56035	698
木质家具制造	3967	12734	56035	698
金属家具制造	40	3305	2934	252
金属家具制造	40	3305	2934	252
塑料家具制造	10	10	1260	50
塑料家具制造	10	10	1260	50
其他家具制造	241	2554	15930	60
其他家具制造	241	2554	15930	60
造纸及纸制品业	33869	963162	3345702	11027
纸浆制造	65	84	900	58
纸浆制造	65	84	900	58
造纸	10001	926499	3260416	7513
机制纸及纸板制造	9265	921696	3231371	7232
加工纸制造	736	4803	29045	281
纸制品制造	23803	36579	84386	3456
纸和纸板容器的制造	11316	15963	37020	1296
其他纸制品制造	12487	20616	47366	2160
印刷业和记录媒介的复制	33099	130306	296253	10814
印刷	32402	129585	292587	10615
书、报、刊印刷	14963	25976	143587	3909
本册印制	5232	7691	29829	4481
包装装潢及其他印刷	12207	95918	119171	2225
装订及其他印刷服务活动	697	721	3666	199
装订及其他印刷服务活动	697	721	3666	199
文教体育用品制造业	225	385	2191	86
文化用品制造	140	140	1280	21
文具制造			720	16
墨水、墨汁制造	140	140	560	5

单位：千元

主营业务收入	主营业务成本	主营业务税金及附加	主营业务利润	三项费用合计			营业利润
					#税金	#利息支出	
64034	48704	1013	7037	5539	257	1105	9183
9864	9259	92	518	718	3	2	-200
9146	8610	85	456	689	3	2	-233
718	649	7	62	29			33
4218	3044	83	1391	752	85	58	749
2945	2033	75	1137	703	78	58	544
26	16		10	1	1		9
1247	995	8	244	48	6		196
39393	27191	685	3932	3801	169	995	7706
32343	21661	646	2864	3241	133	945	6777
6250	5130	39	668	490	16		599
800	400		400	70	20	50	330
10559	9210	153	1196	268		50	928
10559	9210	153	1196	268		50	928
111810	93187	645	6541	13739	665	1717	4325
76628	63574	497	4764	9992	559	666	2652
76628	63574	497	4764	9992	559	666	2652
17076	15202	95	452	1541	10	147	239
17076	15202	95	452	1541	10	147	239
800	590	3	207	177		30	30
800	590	3	207	177		30	30
17306	13821	50	1118	2029	96	874	1404
17306	13821	50	1118	2029	96	874	1404
3619261	2999938	18653	10618	401153	7058	211070	201842
2300	1840	10	450	150		150	300
2300	1840	10	450	150		150	300
3491132	2887006	12441	5159	391459	6114	208809	201314
3451296	2852177	12245	3879	389519	6075	208463	198433
39836	34829	196	1280	1940	39	346	2881
125829	111092	6202	5009	9544	944	2111	228
43860	41209	595	927	3446	438	885	-748
81969	69883	5607	4082	6098	506	1226	976
400154	345664	2124	21385	46001	1367	4955	9181
397310	343569	2071	20689	45654	1341	4954	8832
125459	103941	738	8619	16348	653	336	5088
36097	30023	342	5753	4388	63	15	1430
235754	209605	991	6317	24918	625	4603	2314
2844	2095	53	696	347	26	1	349
2844	2095	53	696	347	26	1	349
1629	1119		510	401	55	8	109
950	765		185	74	43	8	111
200	133		67	34	34		33
750	632		118	40	9	8	78

6-1 续表 1-4

行业	年初存货	年末存货	固定资产原价	本年折旧
体育用品制造	85	245	911	65
体育器材及配件制造	85	245	911	65
石油加工、炼焦及核燃料加工业	8749	1313661	2714244	2988
精炼石油产品的制造	4088	578498	2057905	1891
原油加工及石油制品制造	4088	578498	2057905	1891
炼焦	4661	735163	656339	1097
炼焦	4661	735163	656339	1097
化学原料及化学制品制造业	126878	2312943	13720646	33157
基础化学原料制造	80396	692364	2501488	27898
无机酸制造	142	30069	69961	70
无机碱制造	5124	35496	52169	6054
无机盐制造	17009	188587	734665	2846
有机化学原料制造	2798	74628	474290	6954
其他基础化学原料制造	55323	363584	1170403	11974
肥料制造	3634	926759	6124603	1275
氮肥制造		474594	5792382	
磷肥制造	120	302225	196889	107
钾肥制造		141219	47273	
复混肥料制造	905	5433	71901	330
有机肥料及微生物肥料制造	2609	3288	16158	838
农药制造	1472	49310	307162	35
化学农药制造	1472	49310	307162	35
涂料、油墨、颜料及类似产品制造	3533	98182	175506	641
涂料制造	3533	18497	26146	489
颜料制造			970	152
染料制造		79685	148390	
合成材料制造	333	337053	4104860	31
初级形态的塑料及合成树脂制造	320	336991	4104566	1
合成橡胶制造	13	62	94	30
其他合成材料制造			200	
专用化学产品制造	36646	208078	501801	2953
化学试剂和助剂制造	10873	55261	218232	251
专项化学用品制造	3362	36308	63266	346
林产化学产品制造	16779	90909	154292	1737
炸药及火工产品制造	500	2403	7142	20
环境污染处理专用药剂材料制造	96	22	1491	26
动物胶制造	4203	5212	9206	350
其他专用化学产品制造	833	17963	48172	223
日用化学产品制造	864	1197	5226	324
肥皂及合成洗涤剂制造	125	115	1964	68
化妆品制造	260	20	179	100
其他日用化学产品制造	479	1062	3083	156
医药制造业	13768	322627	2768318	2207
化学药品原药制造		203428	1885344	
化学药品原药制造		203428	1885344	

单位：千元

主营业务收入	主营业务成本	主营业务税金及附加	主营业务利润	三项费用合计	#税金	#利息支出	营业利润
679	354		325	327	12		-2
679	354		325	327	12		-2
11925200	12676218	323145	6651	543692	26603	102178	-2094966
9732687	10581488	313328	1876	402193	20987	84011	-2040777
9732687	10581488	313328	1876	402193	20987	84011	-2040777
2192513	2094730	9817	4775	141499	5616	18167	-54189
2192513	2094730	9817	4775	141499	5616	18167	-54189
16567114	14425304	70899	56265	1555183	102526	214138	611813
5914651	5270157	29131	30454	509395	13016	84446	126989
262277	212888	1351	-46	22621	548	2869	33605
266983	237610	407	870	26501	534	423	3006
2517832	2343837	9117	7205	161333	3491	22584	7133
561042	475325	2686	3614	57661	2132	6861	29395
2306517	2000497	15570	18811	241279	6311	51709	53850
3905277	3272422	9522	5580	438473	53327	12290	184854
2760418	2304356	8387		387338	51547	7175	87058
610384	487203	505	1459	30339	1643	3410	95210
421088	377580	129		12936	69	364	673
95998	88513	492	1511	5218	68	1174	1945
17389	14770	9	2610	2642		167	-32
869312	735590	612	1324	61331	1222	7702	127609
869312	735590	612	1324	61331	1222	7702	127609
431933	385206	849	3251	25319	492	4324	17310
38775	33357	263	2429	4603	180	788	569
2700	1782	96	822	256			566
390458	350067	490		20460	312	3536	16175
4714162	4120175	25668	-255	433018	29490	96809	157026
4713080	4119146	25661	-301	432903	29469	96729	157095
932	929	5	-2	14			-16
150	100	2	48	101	21	80	-53
721856	633646	5061	14152	85426	4933	8330	-1564
380744	352223	2573	1227	30562	1550	4061	-2931
72868	55062	334	2578	12123	1202	785	3101
202373	173617	1712	8325	30096	991	1401	-1777
34551	25894	219	176	5210	52	189	3228
1526	1481	10	35	65			-30
5970	5592	42	321	579		174	-243
23824	19777	171	1490	6791	1138	1720	-2912
9923	8108	56	1759	2221	46	237	-411
3580	2921	12	647	1344	2		-696
1400	1100	13	287	400	20		-113
4943	4087	31	825	477	24	237	398
1733491	1336625	8844	7285	329447	14892	102990	99741
1094990	830357	5131		224982	8406	74626	77311
1094990	830357	5131		224982	8406	74626	77311

6-1 续表 1-5

行　业	年初存货	年末存货	固定资产原　价	本年折旧
化学药品制剂制造		34138	141276	
化学药品制剂制造		34138	141276	
中药饮片加工	2705	12351	23697	651
中药饮片加工	2705	12351	23697	651
中成药制造	6695	36737	396216	761
中成药制造	6695	36737	396216	761
兽用药品制造	386	30691	315811	74
兽用药品制造	386	30691	315811	74
生物、生化制品的制造	3817	5089	5499	708
生物、生化制品的制造	3817	5089	5499	708
卫生材料及医药用品制造	165	193	475	13
卫生材料及医药用品制造	165	193	475	13
化学纤维制造业	754	1919	12775	95
合成纤维制造	754	1919	12775	95
涤纶纤维制造	722	1916	11424	
维纶纤维制造	32	3	1351	95
橡胶制品业	7797	465492	1448245	796
轮胎制造	168	438882	1419366	188
车辆、飞机及工程机械轮胎制造		436786	1416788	
轮胎翻新加工	168	2096	2578	188
橡胶板、管、带的制造	3087	18988	11984	273
橡胶板、管、带的制造	3087	18988	11984	273
橡胶零件制造	462	370	1737	151
橡胶零件制造	462	370	1737	151
再生橡胶制造	1132	760	2550	
再生橡胶制造	1132	760	2550	
日用及医用橡胶制品制造	2756	6233	12454	159
日用及医用橡胶制品制造	2756	6233	12454	159
其他橡胶制品制造	192	259	154	25
其他橡胶制品制造	192	259	154	25
塑料制品业	49394	196848	462956	6414
塑料薄膜制造	8175	13383	32290	877
塑料薄膜制造	8175	13383	32290	877
塑料板、管、型材的制造	11157	100527	292223	1696
塑料板、管、型材的制造	11157	100527	292223	1696
塑料丝、绳及编织品的制造	22674	67318	89629	1815
塑料丝、绳及编织品的制造	22674	67318	89629	1815
泡沫塑料制造	1638	3363	14217	1115
泡沫塑料制造	1638	3363	14217	1115
塑料包装箱及容器制造	2311	6367	17916	195
塑料包装箱及容器制造	2311	6367	17916	195
塑料零件制造	16	1701	4751	
塑料零件制造	16	1701	4751	

单位：千元

主营业务收入	主营业务成本	主营业务税金及附加	主营业务利润	三项费用合计	#税金	#利息支出	营业利润
118404	74251	909		28761	447	2512	14496
118404	74251	909		28761	447	2512	14496
22937	19023	94	1105	3354	142	141	1095
22937	19023	94	1105	3354	142	141	1095
129567	94651	369	4664	25198	1049	12205	9085
129567	94651	369	4664	25198	1049	12205	9085
363316	315239	2293	391	45443	4708	13358	-1662
363316	315239	2293	391	45443	4708	13358	-1662
3900	2858	45	997	1516	132	148	-519
3900	2858	45	997	1516	132	148	-519
377	246	3	128	193	8		-65
377	246	3	128	193	8		-65
7594	6304	20	1270	1686	197	143	189
7594	6304	20	1270	1686	197	143	189
4102	3520	9	573	1514	197	143	-359
3492	2784	11	697	172			548
2382395	2200100	7043	4739	196145	11894	73202	-2443
2300461	2132751	6700	187	185492	11046	71803	-6156
2295111	2127592	6696		184876	11043	71803	-5727
5350	5159	4	187	616	3		-429
70590	58228	272	2400	9220	728	678	2994
70590	58228	272	2400	9220	728	678	2994
825	924	7	-106	56			-162
825	924	7	-106	56			-162
1731	1516	10	205	123	10	16	82
1731	1516	10	205	123	10	16	82
7727	5773	52	1902	1142	84	700	760
7727	5773	52	1902	1142	84	700	760
1061	908	2	151	112	26	5	39
1061	908	2	151	112	26	5	39
1138173	1036668	4064	21072	86816	2879	14936	19930
86607	78228	806	5579	6766	234	1905	1489
86607	78228	806	5579	6766	234	1905	1489
623348	562383	1567	4327	55218	1572	9389	12402
623348	562383	1567	4327	55218	1572	9389	12402
334251	311002	1362	5124	16156	656	1749	5803
334251	311002	1362	5124	16156	656	1749	5803
16725	14943	81	1381	1587	41	74	437
16725	14943	81	1381	1587	41	74	437
30577	27445	107	1642	4161	152	1420	-1079
30577	27445	107	1642	4161	152	1420	-1079
17088	16469	45	103	866	110	306	-314
17088	16469	45	103	866	110	306	-314

6-1 续表 1-6

行　　业	年初存货	年末存货	固定资产原　价	本年折旧
日用塑料制造	960	2873	4717	145
日用塑料杂品制造	960	2873	4717	145
其他塑料制品制造	2463	1316	7213	571
其他塑料制品制造	2463	1316	7213	571
非金属矿物制品业	356860	1728899	5932072	76886
水泥、石灰和石膏的制造	12774	441785	3323283	1887
水泥制造	9447	434293	3275208	660
石灰和石膏制造	3327	7492	48075	1227
水泥及石膏制品制造	36331	263366	646172	23101
水泥制品制造	11274	229197	442359	12918
砼结构构件制造	16110	24155	128184	8087
石棉水泥制品制造	47	27	3160	15
轻质建筑材料制造	8577	9544	68041	1875
其他水泥制品制造	323	443	4428	206
砖瓦、石材及其他建筑材料制造	49902	165292	690538	24476
粘土砖瓦及建筑砌块制造	37885	70704	491208	22930
建筑陶瓷制品制造	992	65317	146811	135
建筑用石加工	1630	2422	13106	229
防水建筑材料制造	5475	7591	12976	453
隔热和隔音材料制造	3078	6098	10770	402
其他建筑材料制造	842	13160	15667	327
玻璃及玻璃制品制造	2447	18030	113636	1065
平板玻璃制造	1631	3295	48436	665
技术玻璃制品制造	466	2609	2757	80
日用玻璃制品及玻璃包装容器制造	38	11772	56803	
玻璃保温容器制造			930	
玻璃纤维及制品制造	170	220	3265	304
玻璃纤维增强塑料制品制造			1200	
其他玻璃制品制造	142	134	245	16
陶瓷制品制造	9365	10734	21523	511
卫生陶瓷制品制造	9310	10657	16960	475
日用陶瓷制品制造	55	77	4563	36
耐火材料制品制造	9780	12983	34839	1349
石棉制品制造	5339	5600	8287	488
耐火陶瓷制品及其他耐火材料制造	4441	7383	26552	861
石墨及其他非金属矿物制品制造	236261	816709	1102081	24497
石墨及碳素制品制造	234289	523546	818553	24321
其他非金属矿物制品制造	1972	293163	283528	176
黑色金属冶炼及压延加工业	51163	1746031	3223906	9599
炼铁	12967	435464	470629	1012
炼铁	12967	435464	470629	1012
炼钢	2742	3453	5570	3
炼钢	2742	3453	5570	3
钢压延加工	4518	297428	776417	400
钢压延加工	4518	297428	776417	400

单位：千元

主营业务收入	主营业务成本	主营业务税金及附加	主营业务利润	三项费用合计	#税金	#利息支出	营业利润
17573	16997	14	195	737	56	50	-204
17573	16997	14	195	737	56	50	-204
12004	9201	82	2721	1325	58	43	1396
12004	9201	82	2721	1325	58	43	1396
8350840	6412931	58069	328166	1255569	35861	167745	504600
2507344	1786951	22518	14779	460421	13880	105191	238537
2459243	1750812	21704	7658	453880	13713	104429	234717
48101	36139	814	7121	6541	167	762	3820
946966	746077	6717	45032	143983	6509	12828	54529
777737	603252	5269	30012	113873	5566	10768	58932
126647	105784	704	12268	21433	615	986	-1143
49	41	7	1	9			-1
38867	34686	700	1436	7803	291	973	-3731
3666	2314	37	1315	865	37	101	472
807244	623343	9663	131567	76531	3162	12856	111379
549361	418842	7665	120295	56829	2651	6837	79703
168225	131672	907	850	10157	130	4638	25197
24300	20112	181	2987	2181	160	78	1993
10544	7143	458	2963	2482	25	1112	481
17303	15078	116	2117	914	73	65	1203
37511	30496	336	2355	3968	123	126	2802
67966	63115	306	2825	9752	716	1045	-5534
12704	12757	113	1437	3245	265	614	-3566
23147	21166	38	347	1698	134	396	70
25685	23794	144	20	4348	282	-3	-2598
1980	1330	10	640	50			590
4250	3830		420	340	35	38	80
200	238	1	-39	71			-110
2197	4153	25	-2776	3116			-4677
347	421	13	-882	3116			-3186
1850	3732	12	-1894				-1491
51541	45939	639	3414	4200	336	58	772
18021	16900	80	1044	817	78		227
33520	29039	559	2370	3383	258	58	545
3967582	3143353	18201	133325	557566	11258	35767	109594
2861146	2300715	15146	131777	438649	9393	27200	94587
1106436	842638	3055	1548	118917	1865	8567	15007
9727850	8875872	92180	31490	671690	22940	105025	67148
2199052	2002798	9449	5543	154465	4878	29040	32763
2199052	2002798	9449	5543	154465	4878	29040	32763
2545	2176	13	356	347	200		9
2545	2176	13	356	347	200		9
1500075	1435202	5433	850	72173	5280	45534	-17531
1500075	1435202	5433	850	72173	5280	45534	-17531

6-1 续表 1-7

行　业	年初存货	年末存货	固定资产原　价	本年折旧
铁合金冶炼	30936	1009686	1971290	8184
铁合金冶炼	30936	1009686	1971290	8184
有色金属冶炼及压延加工业	8660	4591622	10259683	1081
常用有色金属冶炼	1095	3469577	8480481	824
铜冶炼		1468	14393	
铅锌冶炼	12	294553	413048	68
铝冶炼	3	3067531	6673325	
镁冶炼	1080	101241	701859	756
其他常用有色金属冶炼		4784	677856	
稀有稀土金属冶炼	1261	1072993	1677382	35
稀土金属冶炼	160	12186	28873	35
其他稀有金属冶炼	1101	1060807	1648509	
有色金属合金制造	4218	15356	12490	171
有色金属合金制造	4218	15356	12490	171
有色金属压延加工	2086	33696	89330	51
常用有色金属压延加工	2086	33696	89330	51
金属制品业	74027	505655	1113397	9941
结构性金属制品制造	49453	171923	271976	7371
金属结构制造	17058	105572	188198	2861
金属门窗制造	32395	66351	83778	4510
金属工具制造	4837	14662	12419	473
手工具制造		58	167	
农用及园林用金属工具制造	200	9054	6870	110
其他金属工具制造	4637	5550	5382	363
集装箱及金属包装容器制造	1109	42433	24257	821
金属包装容器制造	1109	42433	24257	821
金属丝绳及其制品的制造	696	203130	693671	238
金属丝绳及其制品的制造	696	203130	693671	238
建筑、安全用金属制品制造	585	17501	18850	293
建筑、家具用金属配件制造		2456	3065	
建筑装饰及水暖管道零件制造	585	11705	8153	278
其他建筑、安全用金属制品制造		3340	7632	15
金属表面处理及热处理加工	154	4204	9194	187
金属表面处理及热处理加工	154	4204	9194	187
搪瓷制品制造	598	1529	923	25
工业生产配套用搪瓷制品制造	598	1529	923	25
不锈钢及类似日用金属制品制造	231	685	31899	46
金属制厨房调理及卫生器具制造	31	120	468	11
其他日用金属制品制造	200	565	31431	35
其他金属制品制造	16364	49588	50208	487
其他未列明的金属制品制造	16364	49588	50208	487
通用设备制造业	81686	1521729	2484443	13967
锅炉及原动机制造	9024	45688	65785	554
锅炉及辅助设备制造	8174	44743	65463	554
内燃机及配件制造	850	945	322	

单位：千元

主营业务收　入	主营业务成　本	主营业务税金及附加	主营业务利　润	三项费用合　计	#税金	#利息支出	营业利润
6026178	5435696	77285	24741	444705	12582	30451	51907
6026178	5435696	77285	24741	444705	12582	30451	51907
16248797	15005222	85054	6152	1346554	49015	570600	-397423
14204998	13218073	76664	4744	1087991	43277	509193	-402264
270607	268264	349		2094	51	39	-100
1524304	1481955	7228	160	63638	8208	30563	-28407
9636264	8943073	26108	-30	846043	31544	432815	-416291
2181973	1993449	41403	4585	138602	3000	27596	21376
591850	531332	1576	29	37614	474	18180	21158
1810367	1594224	4815	238	237087	5667	59326	-11211
60904	53204	136	64	10542	-34	621	-6335
1749463	1541020	4679	174	226545	5701	58705	-4876
91850	71733	3550	881	8682	1	37	7884
91850	71733	3550	881	8682	1	37	7884
141582	121192	25	289	12794	70	2044	8168
141582	121192	25	289	12794	70	2044	8168
1808382	1600588	7463	22499	177493	9986	50827	27453
625211	567676	2860	16679	56126	3496	10114	5202
500871	462615	1832	7630	40312	2574	7830	1038
124340	105061	1028	9049	15814	922	2284	4164
19274	14886	99	2824	1945	19	102	2394
432	183	3	246	14		6	232
13039	11047	37	490	1307	18	96	698
5803	3656	59	2088	624	1		1464
38869	30911	456	1578	5630	552	1101	2016
38869	30911	456	1578	5630	552	1101	2016
747879	649554	2529	990	89744	4003	36644	2055
747879	649554	2529	990	89744	4003	36644	2055
89724	80547	208	2054	6789	734	593	2463
12580	11417	22		879	235	-7	230
43557	37245	120	1595	4493	293	581	1923
33587	31885	66	459	1417	206	19	310
37540	22334	388	749	1657	204	50	14109
37540	22334	388	749	1657	204	50	14109
4480	2873		1607	984	50		623
4480	2873		1607	984	50		623
27923	21832	380	610	4528	43	655	1180
855	206	1	-20	712	35		-64
27068	21626	379	630	3816	8	655	1244
217482	209975	543	-4592	10090	885	1568	-2589
217482	209975	543	-4592	10090	885	1568	-2589
3594616	2772812	2466	33513	685878	25268	68442	151451
57076	41607	449	3416	13130	689	2236	3054
56756	41311	448	3393	13109	689	2236	3052
320	296	1	23	21			2

6-1 续表 1-8

行业	年初存货	年末存货	固定资产原价	本年折旧
金属加工机械制造	23840	480465	778189	5269
金属切削机床制造	4103	447291	731978	280
金属成形机床制造	4377	8320	12182	2505
铸造机械制造	1677	2120	3916	219
金属切割及焊接设备制造	800	1000		
机床附件制造	4825	12391	22400	1443
其他金属加工机械制造	8058	9343	7713	822
起重运输设备制造	3730	157878	78494	784
起重运输设备制造	3730	157878	78494	784
泵、阀门、压缩机及类似机械的制造	4663	25876	18985	232
泵及真空设备制造		10126	5171	
阀门和旋塞的制造	657	1569	8050	171
液压和气压动力机械及元件制造	4006	14181	5764	61
轴承、齿轮、传动和驱动部件的制造	7984	389584	724153	1211
轴承制造	5638	383319	715043	1043
齿轮、传动和驱动部件制造	2346	6265	9110	168
烘炉、熔炉及电炉制造	551	157	1528	37
烘炉、熔炉及电炉制造	551	157	1528	37
风机、衡器、包装设备等通用设备制造	5026	40660	62693	343
风机、风扇制造	2145	13883	23539	180
制冷、空调设备制造		7251	4355	3
风动和电动工具制造	515	471	386	
包装专用设备制造	486	645	107	
衡器制造	1783	2822	1914	142
其他通用设备制造	97	15588	32392	18
通用零部件制造及机械修理	8751	21903	153194	2649
金属密封件制造	459	510	782	44
紧固件、弹簧制造	955	2589	8537	193
机械零部件加工及设备修理	5947	18514	142935	2362
其他通用零部件制造	1390	290	940	50
金属铸、锻加工	18117	359518	601422	2888
钢铁铸件制造	17335	356288	595651	2710
锻件及粉末冶金制品制造	782	3230	5771	178
专用设备制造业	41391	728635	702158	7719
矿山、冶金、建筑专用设备制造	10823	608698	476697	1965
采矿、采石设备制造	10454	584604	454713	1955
石油钻采专用设备制造		23673	19877	
建筑工程用机械制造	369	421	107	10
建筑材料生产专用机械制造			2000	
化工、木材、非金属加工专用设备制造	4775	2622	21047	2278
炼油、化工生产专用设备制造	300	600	10800	880
塑料加工专用设备制造	3014	532	4589	58
模具制造	1461	1490	5658	1340
其他非金属加工专用设备制造				

单位：千元

主营业务收入	主营业务成本	主营业务税金及附加	主营业务利润	三项费用合计	#税金	#利息支出	营业利润
1170421	820735	2689	9312	258423	5636	8776	92495
1084240	749756	1358	420	247427	5009	8513	88460
19459	15208	22	1564	2682	143	209	1569
5604	5432	38	315	342	28		-16
3050	2600		450	368	120		82
46166	37713	1180	4778	4965	271	54	3254
11902	10026	91	1785	2639	65		-854
339561	280403	896	880	52948	2943	2425	6001
339561	280403	896	880	52948	2943	2425	6001
30466	25059	61	1751	7469	95	46	-1866
13851	10447	22		2294	75	…	1126
3281	2118	7	1156	1519	6		-363
13334	12494	32	595	3656	14	46	-2629
747882	687855	-4462	2207	155795	1328	31079	-90407
724548	667645	-4665	1371	153206	1232	31045	-90758
23334	20210	203	836	2589	96	34	351
2652	2199	104	349	342		203	7
2652	2199	104	349	342		203	7
100385	77789	605	693	18968	314	-4	4775
23117	14890	122	164	7215	36	-7	1137
40730	33632	291	67	5939	151	…	1484
184	140	1	13	28	1		15
513	361		152	191			-39
5303	5006	18	266	806	109	…	-124
30538	23760	173	31	4789	17	3	2302
151095	125987	634	8420	14911	955	2732	14075
7698	5798	16	1884	399	45	-1	1485
4294	3877	44	373	493	84		-113
135176	112550	541	6031	13906	796	2733	12684
3927	3762	33	132	113	30		19
995078	711178	1490	6485	163892	13308	20949	123317
878670	599392	663	5495	163086	13308	20699	120321
116408	111786	827	990	806	…	250	2996
2730838	2249663	9108	21298	242946	7482	8385	242796
1942057	1597039	7199	6639	211668	6823	5176	138867
1816380	1497478	6796	6525	201319	6596	3948	123504
124220	98220	401		10240	227	1228	15358
1457	1341	2	114	109			5
23562	19559	185	3855	3619	210	318	289
10000	7115	85	2800	1600	85		1200
6626	7182	19	-573	713	22	316	-1233
6936	5262	81	1628	1306	103	2	322

6-1 续表 1-9

行　业	年初存货	年末存货	固定资产原　价	本年折旧
食品、饮料、烟草及饲料生产专用设备制造	142	31	95	21
饲料生产专用设备制造	142	31	95	21
印刷、制药、日化生产专用设备制造		41939	24334	
制浆和造纸专用设备制造		41939	24334	
电子和电工机械专用设备制造	863	43105	126504	79
电工机械专用设备制造	783	1145	3360	43
电子工业专用设备制造	80	41960	123144	36
农、林、牧、渔专用机械制造	10460	11473	29183	681
机械化农业及园艺机具制造	6233	6751	15757	147
畜牧机械制造	1376	1528	4766	258
其他农林牧渔业机械制造及机械修理	2851	3194	8660	276
医疗仪器设备及器械制造	11103	16004	11286	1009
医疗诊断、监护及治疗设备制造	3802	3415	10636	926
假肢、人工器官及植(介)入器械制造	68	32	370	36
其他医疗设备及器械制造	7233	12557	280	47
环保、社会公共安全及其他专用设备制造	3225	4763	13012	1686
环境污染防治专用设备制造	1159	2204	8854	1531
社会公共安全设备及器材制造	1896	2204	3108	102
其他专用设备制造	170	355	1050	53
交通运输设备制造业	19112	32368	72539	4598
汽车制造	13785	21464	48880	3720
汽车整车制造		103	446	21
改装汽车制造	491	295	4187	132
汽车零部件及配件制造	2015	2494	9959	616
汽车修理	11279	18572	34288	2951
摩托车制造	2691	2934	1647	14
摩托车零部件及配件制造	2691	2934	1647	14
自行车制造	51	23		
脚踏自行车及残疾人座车制造	51	23		
交通器材及其他交通运输设备制造	2585	7947	22012	864
交通管理用金属标志及设施制造	2585	7947	22012	864
电气机械及器材制造业	23239	691731	470134	5586
电机制造	377	475693	163396	176
发电机及发电机组制造		332152	24815	
电动机制造	377	143541	138581	176
输配电及控制设备制造	8117	172999	201887	2260
变压器、整流器和电感器制造	1000	89240	75768	46
电容器及其配套设备制造	1872	1878	3034	404
配电开关控制设备制造	3917	80390	114894	1588
电力电子元器件制造	119	160	7191	160
其他输配电及控制设备制造	1209	1331	1000	62
电线、电缆、光缆及电工器材制造	424	14550	50575	146
电线电缆制造	424	13802	45610	146
其他电工器材制造		748	4965	

单位：千元

主营业务收入	主营业务成本	主营业务税金及附加	主营业务利润	三项费用合计	#税金	#利息支出	营业利润
324	249	2	73	47	38	…	26
324	249	2	73	47	38	…	26
22364	18715	23		2538	28	…	884
22364	18715	23		2538	28	…	884
675900	556920	1071	1437	16816	19	2501	101332
7939	6809	83	1047	820	19		227
667961	550111	988	390	15996	…	2501	101105
25885	21435	325	4125	2940	62	316	1205
7666	6487	95	1084	968		152	116
4991	4266	22	703	567	14	122	136
13228	10682	208	2338	1405	48	42	953
13078	11461	80	1737	2226	64	6	-361
4431	3101	6	1324	1592	12		44
1775	1561	22	192	308	4	6	-100
6872	6799	52	221	326	48		-305
27668	24285	223	3432	3092	238	68	554
21759	19541	203	2291	2190	154	47	290
4879	3974	20	881	870	84		36
1030	770		260	32		21	228
127633	99057	812	25601	22928	612	1508	6486
94118	70138	641	23055	17540	366	863	7572
1677	1452	2	223	230	10		-7
6251	5800	7	453	436	10	…	27
26776	16893	19	9864	5770	1		4097
59414	45993	613	12515	11104	345	863	3455
487	384	1	102	289	21	1	-181
487	384	1	102	289	21	1	-181
110	86	1	23	28	5		-5
110	86	1	23	28	5		-5
32918	28449	169	2421	5071	220	644	-900
32918	28449	169	2421	5071	220	644	-900
2108370	1805185	7329	18108	184087	9536	24010	101042
1112220	944701	2107	2096	81893	3204	2560	67226
734148	691259	160		15780	445	1767	27098
378072	253442	1947	2096	66113	2759	793	40128
636785	532360	1230	5930	70479	2261	17009	36586
224118	175661	497	261	31594	855	3551	18382
3707	2505	62	1140	473	28	44	717
406254	352277	617	3794	37612	1330	13413	17552
1725	1051	49	625	584	18		41
981	866	5	110	216	30	1	-106
156698	138455	456	1058	12540	3350	2390	5620
146379	129564	417	1058	11160	3269	2232	5493
10319	8891	39		1380	81	158	127

6-1 续表 1-10

行　业	年初存货	年末存货	固定资产原　价	本年折旧
电池制造	1250	13285	21793	38
电池制造	1250	13285	21793	38
家用电力器具制造				
家用厨房电器具制造				
非电力家用器具制造	1578	2878	10688	448
燃气、太阳能及类似能源的器具制造	1518	2868	10668	448
其他非电力家用器具制造	60	10	20	
照明器具制造	55	59	3035	289
照明灯具制造	15	59	2975	284
灯用电器附件及其他照明器具制造	40		60	5
其他电气机械及器材制造	11438	12267	18760	2229
其他未列明的电气机械制造	11438	12267	18760	2229
通信设备、计算机及其他电子设备制造业	95	142	2966	355
通信设备制造	53	72	1500	134
通信传输设备制造	53	72	1500	134
电子计算机制造	42	45	1396	221
计算机网络设备制造	42	45	1396	221
家用视听设备制造		25	70	
家用影视设备制造		25	70	
仪器仪表及文化、办公用机械制造业	20800	160633	427633	3513
通用仪器仪表制造	18617	154824	416823	2963
工业自动控制系统装置制造	6280	111188	341350	809
电工仪器仪表制造	713	12205	15999	95
实验分析仪器制造	381	323	713	38
试验机制造	7790	27861	56253	1623
供应用仪表及其他通用仪器制造	3453	3247	2508	398
专用仪器仪表制造	350	532	213	8
汽车及其他用计数仪表制造	350	513	84	2
其他专用仪器制造		19	129	6
光学仪器及眼镜制造	85	85	270	27
眼镜制造	85	85	270	27
文化、办公用机械制造	108	3227	9221	369
照相机及器材制造		3014	8521	
其他文化、办公用机械制造	108	213	700	369
其他仪器仪表的制造及修理	1640	1965	1106	146
其他仪器仪表的制造及修理	1640	1965	1106	146
工艺品及其他制造业	16315	20613	38759	2238
工艺美术品制造	8433	11516	11130	573
雕塑工艺品制造	1008	2194	535	162
金属工艺品制造			400	40
抽纱刺绣工艺品制造	15	15	200	5
地毯、挂毯制造	4671	6547	7116	159
其他工艺美术品制造	2739	2760	2879	207

单位：千元

主营业务收入	主营业务成本	主营业务税金及附加	主营业务利润	三项费用合计	#税金	#利息支出	营业利润
60127	64200	99	675	8118	335	786	-12290
60127	64200	99	675	8118	335	786	-12290
3000	1200	680	1120	60	60		1060
3000	1200	680	1120	60	60		1060
16851	14509	110	535	2538	239	830	-289
16691	14389	105	500	2516	239	830	-302
160	120	5	35	22			13
3949	3688	24	237	291	21		-54
3919	3648	24	247	273	21		-26
30	40		-10	18			-28
118740	106072	2623	6457	8168	66	435	3183
118740	106072	2623	6457	8168	66	435	3183
1473	1012	46	415	176	19	1	269
730	498	26	206	39			167
730	498	26	206	39			167
181	85	18	78	10	1	1	68
181	85	18	78	10	1	1	68
562	429	2	131	127	18		34
562	429	2	131	127	18		34
630085	474362	5612	6693	145121	4632	31398	34141
611321	458548	5561	5285	140244	4412	31309	36008
372342	270319	4730	1497	99376	3627	27438	26586
130171	97128	164	474	21078	281	373	11948
982	784	5	193	189			4
100916	86331	481	378	16984	387	3496	-2656
6910	3986	181	2743	2617	117	2	126
803	615	7	181	239	1		-38
465	316	3	146	152	1		14
338	299	4	35	87			-52
86	75	4	7	41	2		-34
86	75	4	7	41	2		-34
13421	11730	21	179	3579	215	75	-1818
10659	9150	18		3404	178	75	-1822
2762	2580	3	179	175	37		4
4454	3394	19	1041	1018	2	14	23
4454	3394	19	1041	1018	2	14	23
72643	61147	1438	9902	10298	439	2526	263
12621	9677	214	2572	4728	31	2209	-1758
383	268	9	106	2740	12	2002	-2624
300	220	24	56	64			-8
1447	1115	28	304	10		10	294
8202	6808	108	1128	792	19	182	667
2289	1266	45	978	1122		15	-87

6-1 续表 1-11

行业	年初存货	年末存货	固定资产原价	本年折旧
日用杂品制造	…	68	50	8
其他日用杂品制造	…	68	50	8
煤制品制造	6184	8225	25820	1263
煤制品制造	6184	8225	25820	1263
其他未列明的制造业	1698	804	1759	394
其他未列明的制造业	1698	804	1759	394
废弃资源和废旧材料回收加工业	5146	5696	4292	47
金属废料和碎屑的加工处理	5146	5396	822	
金属废料和碎屑的加工处理	5146	5396	822	
非金属废料和碎屑的加工处理	…	300	3470	47
非金属废料和碎屑的加工处理	…	300	3470	47
电力、燃气及水的生产和供应业	**17704**	**581635**	**49519107**	**104066**
电力、热力的生产和供应业	8683	511435	46814056	65610
电力生产	33	431100	28563137	42912
火力发电	33	421843	24787400	1848
水力发电		9255	2388534	360
核力发电				
其他能源发电		2	1387203	40704
电力供应		14270	16239249	553
电力供应		14270	16239249	553
热力生产和供应	8650	66065	2011670	22145
热力生产和供应	8650	66065	2011670	22145
燃气生产和供应业	1800	29381	267957	4084
燃气生产和供应业	1800	29381	267957	4084
燃气生产和供应业	1800	29381	267957	4084
水的生产和供应业	7221	40819	2437094	34372
自来水的生产和供应	7035	40443	1897522	14284
自来水的生产和供应	7035	40443	1897522	14284
污水处理及其再生利用	186	376	539386	20079
污水处理及其再生利用	186	376	539386	20079
其他水的处理、利用与分配			186	9
其他水的处理、利用与分配			186	9
建筑业	**3496542**	**4072156**	**6214913**	**386279**
房屋和土木工程建筑业	3222180	3738908	5539041	327044
房屋工程建筑	2126175	2405565	2620614	115229
房屋工程建筑	2126175	2405565	2620614	115229
土木工程建筑	1096005	1333343	2918427	211815
铁路、道路、隧道和桥梁工程建筑	537288	699755	990796	62588
水利和港口工程建筑	71960	114607	446349	25374
工矿工程建筑	114347	116496	697937	37814
架线和管道工程建筑	320380	331311	569540	70459
其他土木工程建筑	52030	71174	213805	15580
建筑安装业	156046	194823	362605	33109
建筑安装业	156046	194823	362605	33109
建筑安装业	156046	194823	362605	33109

单位：千元

主营业务收入	主营业务成本	主营业务税金及附加	主营业务利润	三项费用合计			营业利润
					#税金	#利息支出	
488	437	3	48	18	3	5	30
488	437	3	48	18	3	5	30
55102	46825	1176	7103	5374	405	312	1990
55102	46825	1176	7103	5374	405	312	1990
4432	4208	45	179	178			1
4432	4208	45	179	178			1
8209	7166	69	1668	827	6		841
1598	1546	4	48	8	6		40
1598	1546	4	48	8	6		40
6611	5620	65	1620	819			801
6611	5620	65	1620	819			801
21776463	**19389691**	**161303**	**23929**	**2108274**	**35366**	**1337179**	**729291**
21064499	18836440	153650	15539	1880174	29817	1283458	790252
8254538	6688427	85370	13820	1302318	26137	983543	543470
7834858	6415858	82226	825	1129905	25604	844651	563229
289785	201802	2192	-1193	96850	1	80895	-9901
129895	70767	952	14188	75563	532	57997	-9858
12222712	11552002	63818	82	484495	…	286725	342184
12222712	11552002	63818	82	484495	…	286725	342184
587249	596011	4462	1637	93361	3680	13190	-95402
587249	596011	4462	1637	93361	3680	13190	-95402
391178	262766	5628	21508	81671	1394	2241	53475
391178	262766	5628	21508	81671	1394	2241	53475
391178	262766	5628	21508	81671	1394	2241	53475
320786	290485	2025	-13118	146429	4155	51480	-114436
266051	216777	1947	4821	141809	4131	49441	-90882
266051	216777	1947	4821	141809	4131	49441	-90882
54277	73339	72	-18022	4551	24	2039	-23568
54277	73339	72	-18022	4551	24	2039	-23568
458	369	6	83	69			14
458	369	6	83	69			14
20146255	**18254100**	**647801**	**1183221**	**1014021**	**34597**	**103994**	**327821**
18959385	17295261	610812	1015489	856621	29182	96197	280170
11840513	10911479	393413	505198	431246	18442	57973	120328
11840513	10911479	393413	505198	431246	18442	57973	120328
7118872	6383782	217399	510291	425375	10740	38224	159842
2870476	2633212	93548	148245	124056	2897	23949	32345
1125322	1004526	37874	77692	75195	1415	2604	9681
1795728	1594922	50328	149644	104032	3425	2109	53531
939363	818712	23213	93464	85212	2345	7988	52235
387983	332410	12436	41246	36880	658	1574	12050
588352	480390	18589	74696	85680	2772	4174	17632
588352	480390	18589	74696	85680	2772	4174	17632
588352	480390	18589	74696	85680	2772	4174	17632

6-1 续表 1-12

行业	年初存货	年末存货	固定资产原价	本年折旧
建筑装饰业	105620	123416	182499	9590
建筑装饰业	105620	123416	182499	9590
建筑装饰业	105620	123416	182499	9590
其他建筑业	12696	15009	130768	16536
工程准备	9039	11830	111388	16156
工程准备	9039	11830	111388	16156
提供施工设备服务			176	4
提供施工设备服务			176	4
其他未列明的建筑活动	3657	3179	19204	376
其他未列明的建筑活动	3657	3179	19204	376
交通运输、仓储和邮政业	**969388**	**1290199**	**3980042**	**355497**
道路运输业	13111	33226	1462258	158404
公路旅客运输	5579	6790	846981	116684
公路旅客运输	5579	6790	846981	116684
道路货物运输	6921	6440	566332	29631
道路货物运输	6921	6440	566332	29631
道路运输辅助活动	611	19996	48945	12089
客运汽车站	13	40	23411	3650
公路管理与养护	598	19956	12274	8439
其他道路运输辅助活动			13260	
城市公共交通业	1355	1487	385470	27415
公共电汽车客运	1103	1033	355865	26903
公共电汽车客运	1103	1033	355865	26903
出租车客运	250	453	27572	444
出租车客运	250	453	27572	444
其他城市公共交通	2	1	2033	68
其他城市公共交通	2	1	2033	68
水上运输业	8	6	1323	15
水上货物运输	8	6	1323	15
内河货物运输	8	6	1323	15
航空运输业	221	3121	502131	31038
航空客货运输			1054	750
航空货物运输			1054	750
航空运输辅助活动	221	3121	501077	30288
机场	221	3121	501077	30288
管道运输业			430	
管道运输业			430	
管道运输业			430	
装卸搬运和其他运输服务业	4656	1983	74103	7030
装卸搬运	4514	1814	47500	6380
装卸搬运	4514	1814	47500	6380

单位：千元

主营业务收入	主营业务成本	主营业务税金及附加	主营业务利润	三项费用合计			营业利润
					#税金	#利息支出	
435100	351601	13579	62150	54762	2298	1204	11897
435100	351601	13579	62150	54762	2298	1204	11897
435100	351601	13579	62150	54762	2298	1204	11897
163418	126848	4821	30886	16958	345	2419	18122
102202	76816	3857	20767	14215	281	2020	9972
102202	76816	3857	20767	14215	281	2020	9972
670	641	32	-22	17			-20
670	641	32	-22	17			-20
60546	49391	932	10141	2726	64	399	8170
60546	49391	932	10141	2726	64	399	8170
2725268	**2341016**	**52201**	**-154255**	**779741**	**16862**	**58644**	**-389515**
1314402	962986	32206	268244	190254	9249	20020	161870
480302	344245	15228	101790	113271	5055	12373	39053
480302	344245	15228	101790	113271	5055	12373	39053
821468	611272	16558	162161	73819	4058	7544	121214
821468	611272	16558	162161	73819	4058	7544	121214
12632	7469	420	4293	3164	136	103	1603
10406	6227	352	3382	2726	136	103	1125
1980	1120	64	796	405			391
246	122	4	115	33			87
194348	193720	6540	-6229	26205	2511	8231	-22819
161350	171602	5199	-15451	20851	2461	8198	-28753
161350	171602	5199	-15451	20851	2461	8198	-28753
31604	21948	1265	8074	3472	50	33	4809
31604	21948	1265	8074	3472	50	33	4809
1394	170	76	1148	1882			1125
1394	170	76	1148	1882			1125
671	469	23	179	28		17	151
671	469	23	179	28		17	151
671	469	23	179	28		17	151
99568	85603	3118	-2394	12367	13		-2394
2387	2701	84	-1322	3			-1322
2387	2701	84	-1322	3			-1322
97181	82902	3034	-1072	12364	13		-1072
97181	82902	3034	-1072	12364	13		-1072
321		15	-4570	4876			-4570
321		15	-4570	4876			-4570
321		15	-4570	4876			-4570
90452	52245	2503	23571	21864	997	719	6048
58596	28261	1936	17500	17335	952	713	2580
58596	28261	1936	17500	17335	952	713	2580

6-1 续表 1-13

行业	年初存货	年末存货	固定资产原价	本年折旧
运输代理服务	142	169	26603	650
运输代理服务	142	169	26603	650
仓储业	932935	1223568	406606	42080
谷物、棉花等农产品仓储	932875	1223354	373839	40775
谷物、棉花等农产品仓储	932875	1223354	373839	40775
其他仓储	60	214	32767	1305
其他仓储	60	214	32767	1305
邮政业	17102	26808	1147721	89515
国家邮政	17069	26775	1146417	89129
国家邮政	17069	26775	1146417	89129
其他寄递服务	33	33	1304	386
其他寄递服务	33	33	1304	386
信息传输、计算机服务和软件业	**94599**	**91488**	**7670588**	**611458**
电信和其他信息传输服务业	56832	51345	7440191	589846
电信	51790	46288	7293568	562201
固定电信服务	8652	12023	2268124	84974
移动电信服务	36292	28857	4438473	387236
其他电信服务	6846	5408	586971	89991
互联网信息服务	1764	1271	3651	1032
互联网信息服务	1764	1271	3651	1032
广播电视传输服务	3278	3786	142666	26397
有线广播电视传输服务	3278	3786	92666	7661
无线广播电视传输服务			50000	18736
卫星传输服务			306	216
卫星传输服务			306	216
计算机服务业	18305	18979	206707	19023
计算机系统服务	5307	4925	13634	1451
计算机系统服务	5307	4925	13634	1451
计算机维修	3248	3410	3755	198
计算机维修	3248	3410	3755	198
其他计算机服务	9750	10644	189318	17374
其他计算机服务	9750	10644	189318	17374
软件业	19462	21164	23690	2589
公共软件服务	19462	21164	23670	2589
基础软件服务	3830	5331	16235	2104
应用软件服务	15632	15833	7435	485
其他软件服务			20	
其他软件服务			20	
批发和零售业	**5334173**	**5752361**	**6268498**	**418102**
批发业	3714396	3926819	3500717	193800
农畜产品批发	596160	255785	409922	20507
谷物、豆及薯类批发	511875	139438	222656	12376
种子、饲料批发	56546	75658	79974	5374
棉、麻批发		360	940	
其他农畜产品批发	27739	40329	106352	2757

单位：千元

主营业务收　入	主营业务成　本	主营业务税金及附加	主营业务利　润	三项费用合　计			营业利润
					#税金	#利息支出	
31856	23984	567	6071	4529	45	6	3468
31856	23984	567	6071	4529	45	6	3468
576664	554205	808	-749	100514	1147	24657	-67514
544570	532119	84	-10033	92054	685	24620	-68552
544570	532119	84	-10033	92054	685	24620	-68552
32094	22086	724	9284	8460	462	37	1038
32094	22086	724	9284	8460	462	37	1038
448842	491788	6988	-432307	423633	2945	5000	-460287
444965	489712	6841	-433711	423026	2934	4976	-461633
444965	489712	6841	-433711	423026	2934	4976	-461633
3877	2076	147	1404	607	11	24	1346
3877	2076	147	1404	607	11	24	1346
5072828	**1741983**	**148718**	**2539263**	**1320861**	**12161**	**67124**	**1907446**
4831892	1606313	137967	2457430	1260840	10201	65162	1869081
4630587	1484484	134703	2399670	1216008	9668	51507	1837804
479757	320942	15669	-76243	259177	2022	48218	-76239
3656125	985046	103376	2248272	874343	7635	3154	1695678
494705	178496	15658	227641	82488	11	135	218365
81500	18283	2490	62642	16978	20		43551
81500	18283	2490	62642	16978	20		43551
119558	103302	765	-4876	27456	513	13655	-11870
48215	25302	200	15991	13811	513	10	8997
71343	78000	565	-20867	13645		13645	-20867
247	244	9	-6	398			-404
247	244	9	-6	398			-404
157726	78676	7685	59253	38305	1763	1879	33035
27375	20105	980	5536	6334	50	39	889
27375	20105	980	5536	6334	50	39	889
9382	5703	241	3315	2540	42	25	916
9382	5703	241	3315	2540	42	25	916
120969	52868	6464	50402	29431	1671	1815	31230
120969	52868	6464	50402	29431	1671	1815	31230
83210	56994	3066	22580	21716	197	83	5330
83210	56994	3066	22580	21716	197	83	5330
61506	38969	1455	20512	18733	75	17	5665
21704	18025	1611	2068	2983	122	66	-335
59609297	**54239846**	**448537**	**4725406**	**3746472**	**84395**	**241532**	**1174143**
45068488	41534910	223795	3127876	2395725	46698	183204	773766
1401313	1283678	8100	86820	89422	2467	14044	5265
964882	922513	2323	41163	44119	1015	10310	-3491
193711	151663	1877	24886	29389	292	3096	2673
444	318	7	119	40			79
242276	209184	3893	20652	15874	1160	638	6004

6-1 续表 1-14

行　　业	年初存货	年末存货	固定资产原　价	本年折旧
食品、饮料及烟草制品批发	264795	386359	616741	34568
米、面制品及食用油批发	93077	117590	124654	4784
糕点、糖果及糖批发	5487	5053	1525	293
果品、蔬菜批发	8314	11051	167782	7159
肉、禽、蛋及水产品批发	4119	4449	6936	561
盐及调味品批发	19647	22604	47112	4305
饮料及茶叶批发	37393	76499	74298	5109
烟草制品批发	87394	139310	188879	11944
其他食品批发	9364	9803	5555	413
纺织、服装及日用品批发	405268	356212	160736	2939
纺织品、针织品及原料批发	296389	232624	123866	270
服装批发	69445	80069	17954	1292
鞋帽批发		958	101	6
厨房、卫生间用具及日用杂货批发	7237	7760	1697	168
化妆品及卫生用品批发	10540	14369	5095	376
其他日用品批发	21657	20432	12023	827
文化、体育用品及器材批发	103864	116089	66140	4534
文具用品批发	32294	43638	27553	1436
体育用品批发			133	16
图书批发	8797	8310	33459	2745
音像制品及电子出版物批发	4525	7550	1530	
其他文化用品批发	58248	56591	3465	337
医药及医疗器材批发	49253	50826	92230	4386
西药批发	36924	31407	45850	1525
中药材及中成药批发	4709	6735	38575	1854
医疗用品及器材批发	7620	12684	7805	1007
矿产品、建材及化工产品批发	1513971	1753612	1593549	84654
煤炭及制品批发	181434	189372	185834	19109
石油及制品批发	194884	397423	744777	21867
非金属矿及制品批发	5326	8039	29697	1500
金属及金属矿批发	749680	649566	293330	19362
建材批发	143587	149792	142951	8831
化肥批发	144419	238246	127729	8035
农药批发	1578	2677	2321	112
农用薄膜批发	4030	4233	8173	70
其他化工产品批发	89033	114264	58737	5768
机械设备、五金交电及电子产品批发	675691	881997	399369	30239
农业机械批发	70833	89603	38830	2188
汽车、摩托车及零配件批发	193048	257072	121746	8225
五金、交电批发	85074	106299	50535	4517
家用电器批发	17618	21035	13359	1062
计算机、软件及辅助设备批发	24773	30844	7799	1143
通讯及广播电视设备批发	8210	9449	12990	540
其他机械设备及电子产品批发	276135	367695	154110	12564

单位：千元

主营业务收　入	主营业务成　本	主营业务税金及附加	主营业务利　润	三项费用合　计			营业利润
					#税金	#利息支出	
3115773	2293018	11933	799241	271460	3729	1039	536643
195124	177387	213	12462	25214	232	7113	-12283
26652	24348	207	2100	1983	32	1113	157
114933	97846	116	16076	6905	242	378	10380
45072	30813	20	14230	2518	46	22	11406
92776	62974	531	26547	20446	315	355	8320
495145	327977	1230	163095	85939	552	1564	81388
2075026	1507977	9041	558008	123952	2174	-9933	434882
71045	63696	575	6723	4503	136	427	2393
980203	864872	13376	101989	98259	3465	22108	8661
456236	391691	12315	52139	54492	752	16895	-2196
380656	352108	172	28364	27038	2297	4883	5825
369	347	11	11	30			-19
20089	18545	52	2492	2392	17	3	597
41369	34135	273	6967	4905	130	182	2114
81484	68046	553	12016	9402	269	145	2340
697993	630689	2586	64723	31899	1586	537	35454
153841	139198	442	14201	12128	768	1014	2136
1042	656	22	364	344		30	20
98732	82612	372	15753	13200	210	215	2995
51003	48454	1524	1025	2243	275	2	295
393375	359769	226	33380	3984	333	-724	30008
455273	388147	2460	101730	48441	1107	4483	17841
248124	220149	357	64895	27232	462	2654	1446
111663	90341	1362	20015	8245	296	1247	12638
95486	77657	741	16820	12964	349	582	3757
30732628	29045481	158358	1454630	1374271	24434	136797	85283
3257029	2950868	32509	371120	353975	3680	3224	42222
11203158	10693271	7347	501443	393902	5629	68975	62697
258251	236977	1180	20080	21589	729	1623	941
13139976	12542080	104975	373198	406525	10204	44302	-23037
828785	733311	8004	71132	63495	1642	4001	10861
1196306	1147694	2117	31845	54091	1143	12435	-17345
9674	8543	22	1091	471	29	235	639
8149	7155	19	945	1457	34		-350
831300	725582	2185	83776	78766	1344	2002	8655
5476382	4951688	18863	451880	375872	7736	-3019	109996
601663	528495	1419	47198	40242	406	1127	7934
1853603	1721381	4091	123440	90823	3264	-8206	45455
669410	600226	1980	60662	45236	444	318	15781
113053	100006	1106	12298	9015	430	15	3567
180021	166582	377	13118	10225	184	166	3326
51715	44083	677	6900	6699	66	…	387
2006917	1790915	9213	188264	173632	2942	3561	33546

6-1 续表 1-15

行业	年初存货	年末存货	固定资产原价	本年折旧
贸易经纪与代理	1135	1237	9503	607
贸易经纪与代理	1135	1237	9503	607
其他批发	104259	124702	152527	11366
再生物资回收与批发	62464	58529	81463	3969
其他未列明的批发	41795	66173	71064	7397
零售业	1619777	1825542	2767781	224302
综合零售	216616	222375	1012370	78912
百货零售	131035	111752	725209	63777
超级市场零售	75980	99119	260031	13609
其他综合零售	9601	11504	27130	1526
食品、饮料及烟草制品专门零售	80352	92628	107590	8582
粮油零售	41721	47628	64096	6373
糕点、面包零售	93	173	148	11
果品、蔬菜零售	2050	1272	3160	42
肉、禽、蛋及水产品零售	2328	2223	14350	829
饮料及茶叶零售	12691	16324	13173	335
烟草制品零售	1922	1957	3687	360
其他食品零售	19547	23051	8976	632
纺织、服装及日用品专门零售	97499	129813	92594	5762
纺织品及针织品零售	8927	10685	15147	318
服装零售	52176	70556	43593	2002
鞋帽零售	2378	3138	3443	91
钟表、眼镜零售	15296	20592	13961	1990
化妆品及卫生用品零售	8062	10357	7131	835
其他日用品零售	10660	14485	9319	526
文化、体育用品及器材专门零售	177565	145334	204874	23926
文具用品零售	10173	13052	7454	360
体育用品零售	9086	11485	5157	497
图书零售	33216	28380	91607	5481
音像制品及电子出版物零售	4044	4435	59065	15985
珠宝首饰零售	57638	61949	26841	1137
工艺美术品及收藏品零售	7590	7170	4052	114
照相器材零售		300	50	5
其他文化用品零售	55818	18563	10648	347
医药及医疗器材专门零售	141437	148998	191950	10377
药品零售	127019	141982	186225	9781
医疗用品及器材零售	14418	7016	5725	596
汽车、摩托车、燃料及零配件专门零售	436756	562014	646573	53693
汽车零售	296126	410188	287252	16685
汽车零配件零售	26652	29767	28420	2491
摩托车及零配件零售	55014	60024	27784	896
机动车燃料零售	58964	62035	303117	33621

单位：千元

主营业务收入	主营业务成本	主营业务税金及附加	主营业务利润	三项费用合计	#税金	#利息支出	营业利润
70203	61564	622	7998	7579	294	354	1836
70203	61564	622	7998	7579	294	354	1836
2138720	2015773	7497	58865	98522	1880	6861	-27213
1926763	1818599	4582	26101	58460	1541	4888	-25374
211957	197174	2915	32764	40062	339	1973	-1839
14540809	12704936	224742	1597530	1350747	37697	58328	400377
3485458	2906226	41773	524494	454065	8700	-2521	110120
2442622	2021315	33004	382114	324145	7253	4060	86986
945328	802914	6375	132318	118137	1197	-6868	23843
97508	81997	2394	10062	11783	250	287	-709
268949	229375	2601	19174	30129	939	905	-1976
152703	141466	657	3393	14612	266	695	-4303
774	608	6	161	112	25		49
9987	3100	79	3448	1213	60	66	2755
15243	12911	47	1243	2567	270		-1301
26749	16863	515	3969	4692	161	17	-748
5684	5028	54	600	689	15	7	144
57809	49399	1243	6360	6244	142	120	1428
353640	283515	4201	63083	51312	2723	3244	16725
36091	29229	902	6531	5275	140	103	2368
178213	147606	1748	27982	25600	963	1779	4202
10458	7867	88	2468	2050	1022	282	773
50849	36408	498	13561	8353	311	3	5187
34362	25297	292	6802	5075	94	204	2267
43667	37108	673	5739	4959	193	873	1928
335523	353022	3552	60261	61095	1696	2360	8736
40796	32414	385	7045	4935	216	121	3210
29349	23944	200	5205	5099	126	95	937
159337	123741	586	30363	34427	1043	248	646
16347	103671	363	-689	2681	9	575	-2011
58331	44987	1435	11890	9211	140	1299	3253
7543	4666	145	2739	856	13	10	2362
1800	1600	20	180	250	20		-70
22020	17999	418	3528	3636	129	12	409
1203199	1064990	4141	131142	122655	2922	10621	12964
1164841	1033622	3618	124675	117595	2770	10596	11519
38358	31368	523	6467	5060	152	25	1445
5509576	4949632	152804	379225	290816	14226	26617	106055
3309730	3120096	2827	180125	178481	5400	21676	15145
103761	89589	1478	13660	11139	272	518	3388
247932	230751	1790	16930	11201	292	726	5069
1848153	1509196	146709	168510	89995	8262	3697	82453

6-1 续表 1-16

行　业	年初存货	年末存货	固定资产原　价	本年折旧
家用电器及电子产品专门零售	324728	362005	180116	13902
家用电器零售	157723	182478	63693	4099
计算机、软件及辅助设备零售	102318	110809	82589	6849
通信设备零售	48530	45256	18611	1930
其他电子产品零售	16157	23462	15223	1024
五金、家具及室内装修材料专门零售	106160	116693	198143	21117
五金零售	53657	51714	36649	1947
家具零售	20696	30220	139296	17392
涂料零售	5261	5530	6738	442
其他室内装修材料零售	26546	29229	15460	1336
无店铺及其他零售	38664	45682	133571	8031
流动货摊零售	11	4		
邮购及电子销售	10	15	1	
生活用燃料零售	17645	18499	83630	4740
花卉零售	4698	1854	5445	456
其他未列明的零售	16300	25310	44495	2835
住宿和餐饮业	**95566**	**116251**	**2667819**	**115987**
住宿业	43686	58138	1822495	78727
旅游饭店	26315	30992	1164139	53235
旅游饭店	26315	30992	1164139	53235
一般旅馆	15491	25405	614401	23809
一般旅馆	15491	25405	614401	23809
其他住宿服务	1880	1741	43955	1683
其他住宿服务	1880	1741	43955	1683
餐饮业	51880	58113	845324	37260
正餐服务	49875	55651	832609	36395
正餐服务	49875	55651	832609	36395
快餐服务	1886	2295	7623	707
快餐服务	1886	2295	7623	707
饮料及冷饮服务	96	132	1465	96
饮料及冷饮服务	96	132	1465	96
其他餐饮服务	23	35	3627	62
其他餐饮服务	23	35	3627	62
金融业	**10713**	**10742**	**164932**	**6296**
其他金融活动	10713	10742	164932	6296
金融信托与管理			69880	93
金融信托与管理			69880	93
金融租赁				
金融租赁				
财务公司			803	232
财务公司			803	232
典当	9505	9562	46137	2200
典当	9505	9562	46137	2200
其他未列明的金融活动	1208	1180	48112	3771
其他未列明的金融活动	1208	1180	48112	3771

单位：千元

主营业务收入	主营业务成本	主营业务税金及附加	主营业务利润	三项费用合计	#税金	#利息支出	营业利润
2319351	2072196	9255	221176	219013	3556	10864	57323
1199609	1058250	4270	127393	118111	1988	6423	37011
779386	714172	2959	58583	68265	1115	3391	13235
270575	241653	1312	26587	24575	344	463	5832
69781	58121	714	8613	8062	109	587	1245
460146	320100	4504	124565	57841	1572	4171	73728
192837	165974	1823	19179	15854	488	382	6717
150221	57192	1631	89811	28976	849	3176	62991
12949	11153	31	1765	1487	38	23	424
104139	85781	1019	13810	11524	197	590	3596
604967	525880	1911	74410	63821	1363	2067	16702
138	11			104	2		22
750	562	3	185	150			35
337156	300988	607	35453	39475	677	1902	-3376
10140	8133	106	1860	2333	71	35	-12
256783	216186	1195	36912	21759	613	130	20033
1460206	**665428**	**83175**	**703805**	**752565**	**18008**	**41061**	**-28031**
602133	229007	35518	336760	379550	9347	24725	-29878
418998	147946	25214	245775	270088	6138	14263	-20956
418998	147946	25214	245775	270088	6138	14263	-20956
174235	76954	9734	86762	102346	2989	10059	-6250
174235	76954	9734	86762	102346	2989	10059	-6250
8900	4107	570	4223	7116	220	403	-2672
8900	4107	570	4223	7116	220	403	-2672
858073	436421	47657	367045	373015	8661	16336	1847
835677	423959	46534	358389	365915	8256	16051	-84
835677	423959	46534	358389	365915	8256	16051	-84
14150	7365	793	5992	5086	339	171	963
14150	7365	793	5992	5086	339	171	963
2150	1160	74	761	665	18	26	414
2150	1160	74	761	665	18	26	414
6096	3937	256	1903	1349	48	88	554
6096	3937	256	1903	1349	48	88	554
116620	**18496**	**5805**	**70985**	**50818**	**2837**	**474**	**42153**
116620	18496	5805	70985	50818	2837	474	42153
840	50	2	439	349	33		439
840	50	2	439	349	33		439
74	9	5	21	39			21
74	9	5	21	39			21
4800		267	1495	3038	120		1495
4800		267	1495	3038	120		1495
32589	8383	1541	21178	10687	240	163	12471
32589	8383	1541	21178	10687	240	163	12471
78317	10054	3990	47852	36705	2444	311	27727
78317	10054	3990	47852	36705	2444	311	27727

6-1 续表 1-17

行业	年初存货	年末存货	固定资产原价	本年折旧
房地产业	**16491055**	**21996027**	**3404661**	**225640**
房地产业	16491055	21996027	3404661	225640
房地产开发经营	16375888	21829950	2043031	101419
房地产开发经营	16375888	21829950	2043031	101419
物业管理	36509	33973	277996	24562
物业管理	36509	33973	277996	24562
房地产中介服务	10437	10231	274101	20836
房地产中介服务	10437	10231	274101	20836
其他房地产活动	68221	121873	809533	78823
其他房地产活动	68221	121873	809533	78823
租赁和商务服务业	**206293**	**82221**	**3789829**	**281656**
租赁业	5296	2986	206254	17095
机械设备租赁	5196	2746	205153	17092
汽车租赁	4366	1675	164705	14152
农业机械租赁	8	9	102	49
建筑工程机械与设备租赁	822	1062	40314	2883
计算机及通讯设备租赁			32	8
文化及日用品出租	100	240	1101	3
图书及音像制品出租	100	150	150	3
其他文化及日用品出租		90	951	
商务服务业	200997	79235	3583575	264561
企业管理服务	110102	29811	2435649	199684
企业管理机构	103332	17564	2092111	182666
投资与资产管理	3836	9283	296075	15057
其他企业管理服务	2934	2964	47463	1961
法律服务	98	219	13594	2032
律师及相关的法律服务	98	219	12794	2022
公证服务			800	10
咨询与调查	3257	2679	171683	14979
会计、审计及税务服务	558	684	80278	9863
市场调查	1	1	1077	70
社会经济咨询	718	526	72899	3414
其他专业咨询	1980	1468	17429	1632
广告业	19435	11349	67162	6647
广告业	19435	11349	67162	6647
知识产权服务	29	29	15966	2489
知识产权服务	29	29	15966	2489
职业中介服务	108	7690	208123	1134
职业中介服务	108	7690	208123	1134

单位：千元

主营业务收入	主营业务成本	主营业务税金及附加	主营业务利润	三项费用合计			营业利润
					#税金	#利息支出	
12495513	**10215125**	**726864**	**1365336**	**1374085**	**78224**	**187692**	**277733**
12495513	10215125	726864	1365336	1374085	78224	187692	277733
11638236	9547639	691000	1226933	1038078	73782	185446	413394
11638236	9547639	691000	1226933	1038078	73782	185446	413394
562607	488805	21215	40235	151743	2245	1622	-78074
562607	488805	21215	40235	151743	2245	1622	-78074
148744	83660	5989	58576	75911	1042	328	7456
148744	83660	5989	58576	75911	1042	328	7456
145926	95021	8660	39592	108353	1155	296	-65043
145926	95021	8660	39592	108353	1155	296	-65043
1604813	**847908**	**110521**	**558016**	**721301**	**15813**	**40987**	**73369**
72373	34967	2691	27469	30931	1252	336	4626
72316	34952	2686	27432	30875	1251	336	4645
54516	27887	1703	18254	22602	1153	129	2953
73	31	3	39	42			-3
17231	6747	976	8934	8113	97	205	1608
496	287	4	205	118	1	2	87
57	15	5	37	56	1		-19
50	10	4	36	6			30
7	5	1	1	50	1		-49
1532440	812941	107830	530547	690370	14561	40651	68743
601773	287830	28471	306106	382910	8178	30804	43380
455622	237768	16262	108097	240435	3265	11221	-29508
136216	45062	11563	194089	137178	4904	19326	73896
9935	5000	646	3920	5297	9	257	-1008
29696	10719	1749	14696	12852	158	153	4376
28696	10499	1689	13976	12642	108	53	3866
1000	220	60	720	210	50	100	510
176411	106777	10034	53123	47743	356	259	12671
60650	34441	3113	20989	23316	162	112	279
1922	143	109	1670	1124	2		546
34887	16574	3226	11925	11127	131	13	4193
78952	55619	3586	18539	12176	61	134	7653
158471	102395	7359	30247	41081	1303	1304	8507
158471	102395	7359	30247	41081	1303	1304	8507
5327	1904	153	2331	2640	161	28	630
5327	1904	153	2331	2640	161	28	630
93146	61622	44403	-18131	15892	138	798	-28748
93146	61622	44403	-18131	15892	138	798	-28748

6-1 续表 1-18

行业	年初存货	年末存货	固定资产原价	本年折旧
市场管理	57116	16880	364242	18030
市场管理	57116	16880	364242	18030
旅行社	1822	1290	212502	8433
旅行社	1822	1290	212502	8433
其他商务服务	9030	9288	94654	11133
会议及展览服务			1375	35
保安服务	1560	1299	52814	6680
办公服务	3857	4014	14003	1408
其他未列明的商务服务	3613	3975	26462	3010
科学研究、技术服务和地质勘查业	**28958**	**42167**	**420793**	**48138**
研究与试验发展	84	237	16923	4308
自然科学研究与试验发展			2894	575
自然科学研究与试验发展			2894	575
工程和技术研究与试验发展		60	2120	103
工程和技术研究与试验发展		60	2120	103
农业科学研究与试验发展	…	…	11563	3614
农业科学研究与试验发展	…	…	11563	3614
医学研究与试验发展	84	177	46	6
医学研究与试验发展	84	177	46	6
社会人文科学研究与试验发展			300	10
社会人文科学研究与试验发展			300	10
专业技术服务业	19809	33562	360350	41306
气象服务	24	13	872	64
气象服务	24	13	872	64
地震服务				
测绘服务	31	45	5656	990
测绘服务	31	45	5656	990
技术检测	101	69	59124	5336
技术检测	101	69	59124	5336
环境监测	2	152	3452	316
环境监测	2	152	3452	316
工程技术与规划管理	19366	31426	282811	32785
工程管理服务	2991	12238	119719	13568
工程勘察设计	16372	18833	161911	19205
规划管理	3	355	1181	12
其他专业技术服务	285	1857	8435	1815
其他专业技术服务	285	1857	8435	1815
科技交流和推广服务业	5627	6431	25742	1301
技术推广服务	5620	6426	23943	1234
技术推广服务	5620	6426	23943	1234
科技中介服务			1749	65
科技中介服务			1749	65
其他科技服务	7	5	50	2
其他科技服务	7	5	50	2

单位：千元

主营业务收入	主营业务成本	主营业务税金及附加	主营业务利润	三项费用合计			营业利润
主营业务收　入	主营业务成　本	主营业务税金及附加	主营业务利　润	三项费用合　计	#税金	#利息支出	营业利润
80850	23976	5942	26259	55627	2534	5950	-4252
80850	23976	5942	26259	55627	2534	5950	-4252
262215	192434	1500	63734	42188	136	1012	26168
262215	192434	1500	63734	42188	136	1012	26168
124551	25284	8219	52182	89437	1597	343	6011
5166	3326	128	1670	1586	1		136
95996	8810	7277	44255	79500	1265	71	4371
13649	8082	470	2373	4754	259	71	776
9740	5066	344	3884	3597	72	201	728
932558	**590388**	**52492**	**212746**	**274708**	**9351**	**3108**	**31909**
14515	7467	794	5834	6305	203	102	-51
7559	3824	499	3013	1498	186	37	1738
7559	3824	499	3013	1498	186	37	1738
4134	2895	116	1010	1075	15		48
4134	2895	116	1010	1075	15		48
1960	283	133	1544	3060		42	-1516
1960	283	133	1544	3060		42	-1516
782	409	44	245	632	2	23	-303
782	409	44	245	632	2	23	-303
80	56	2	22	40			-18
80	56	2	22	40			-18
852424	551560	48621	186461	244560	8903	2569	25334
2672	1804	121	84	691	10	-2	56
2672	1804	121	84	691	10	-2	56
112	58	4	50	5			45
11678	7062	651	2746	3785	276	45	136
11678	7062	651	2746	3785	276	45	136
37639	31659	1485	4757	19577	223	344	-8151
37639	31659	1485	4757	19577	223	344	-8151
6545	3777	550	-1856	6481	1550	382	-4360
6545	3777	550	-1856	6481	1550	382	-4360
744370	460939	45386	179837	209074	6775	1796	39796
312682	211707	14215	63885	111147	2401	911	-20633
430344	248052	31075	115886	97690	4368	885	60566
1344	1180	96	66	237	6		-137
49408	46261	424	843	4947	69	4	-2188
49408	46261	424	843	4947	69	4	-2188
31552	17908	1199	6889	6998	171	362	4515
29175	16238	1079	7795	5522	86	362	5514
29175	16238	1079	7795	5522	86	362	5514
1938	1446	101	-1077	1445	70		-1164
1938	1446	101	-1077	1445	70		-1164
439	224	19	171	31	15		165
439	224	19	171	31	15		165

6-1 续表 1-19

行　业	年初存货	年末存货	固定资产原　价	本年折旧
地质勘查业	3438	1937	17778	1223
矿产地质勘查	3238	1737	10498	734
能源矿产地质勘查	3238	1737	8331	480
固体矿产地质勘查			2167	254
基础地质勘查			3871	421
基础地质勘查			3871	421
地质勘查技术服务	200	200	3409	68
地质勘查技术服务	200	200	3409	68
水利、环境和公共设施管理业	**48334**	**80600**	**286072**	**17226**
水利管理业			3540	412
水资源管理			1094	244
其他水资源管理			1094	244
其他水利管理			2446	168
其他水利管理			2446	168
环境管理业	669	565	95577	8254
自然保护			5114	269
自然保护区管理			2839	191
其他自然保护			2275	78
环境治理	669	565	90463	7985
城市环境卫生管理	130	148	4611	2390
水污染治理	70	35	528	41
其他环境治理	469	382	85324	5554
公共设施管理业	47665	80035	186955	8560
市政公共设施管理	17	17	4339	337
市政公共设施管理	17	17	4339	337
城市绿化管理	47035	78684	37749	3315
城市绿化管理	47035	78684	37749	3315
游览景区管理	613	1334	144867	4908
风景名胜区管理	607	1326	78241	4451
公园管理			61362	254
其他游览景区管理	6	8	5264	203
居民服务和其他服务业	**29987**	**45319**	**217205**	**18939**
居民服务业	12697	21082	112022	11653
家庭服务	49	63	2469	96
家庭服务	49	63	2469	96
托儿所			80	3
托儿所			80	3
洗染服务		25	1190	49
洗染服务		25	1190	49
理发及美容保健服务	252	644	3605	423
理发及美容保健服务	252	644	3605	423
洗浴服务	931	1109	39747	3379
洗浴服务	931	1109	39747	3379

单位：千元

主营业务收入	主营业务成本	主营业务税金及附加	主营业务利润	三项费用合计	#税金	#利息支出	营业利润
34067	13453	1878	13562	16845	74	75	2111
27750	9946	1491	12399	14657	12	81	1656
23218	9946	1234	12038	10743		81	1295
4532		257	361	3914	12		361
1605	975	44	586	803	62	-6	3
1605	975	44	586	803	62	-6	3
4712	2532	343	577	1385			452
4712	2532	343	577	1385			452
152098	**103153**	**5103**	**34590**	**36886**	**730**	**4354**	**8004**
9723	2792	495	6401	5373	93	15	1249
3709	142	162	3405	3815	85		-224
3709	142	162	3405	3815	85		-224
6014	2650	333	2996	1558	8	15	1473
6014	2650	333	2996	1558	8	15	1473
20493	18697	120	1509	2346	228		-559
341	193	4	144	358	23		-214
279	181		98	255	23		-157
62	12	4	46	103			-57
20152	18504	116	1365	1988	205		-345
4680	3987	104	462	1168	203		-579
473	379	4	50	142	2		-52
14999	14138	8	853	678			286
121882	81664	4488	26680	29167	409	4339	7314
8399	6413	274	-4848	7722	48	3990	-6010
8399	6413	274	-4848	7722	48	3990	-6010
91356	69918	3438	15782	13166	335	220	5699
91356	69918	3438	15782	13166	335	220	5699
22127	5333	776	15746	8279	26	129	7625
20055	3935	722	15126	7304	26	53	7980
1046	346		700	460			240
1026	1052	54	-80	515		76	-595
269420	**158466**	**8736**	**82639**	**90689**	**3803**	**2697**	**12113**
119618	62661	4342	46469	44418	2157	1632	5301
3034	1843	136	1055	1204	19		-149
3034	1843	136	1055	1204	19		-149
100	20	4	76	120			-44
100	20	4	76	120			-44
647	437	13	194	87		…	110
647	437	13	194	87		…	110
7010	1831	439	4197	3962	104	3	800
7010	1831	439	4197	3962	104	3	800
41919	15252	1478	24390	19337	640	333	5998
41919	15252	1478	24390	19337	640	333	5998

6-1 续表 1-20

行业	年初存货	年末存货	固定资产原价	本年折旧
婚姻服务	58	56	408	67
婚姻服务	58	56	408	67
殡葬服务	8433	16868	47406	6786
殡葬服务	8433	16868	47406	6786
摄影扩印服务	2926	2269	13281	819
摄影扩印服务	2926	2269	13281	819
其他居民服务	48	48	3836	31
其他居民服务	48	48	3836	31
其他服务业	17290	24237	105183	7286
修理与维护	14054	19234	84586	5321
汽车、摩托车维护与保养	12936	17446	66152	4942
办公设备维修	112	156	500	25
家用电器修理	455	1164	17710	333
其他日用品修理	551	468	224	21
清洁服务	545	636	8016	640
建筑物清洁服务	8	7	143	26
其他清洁服务	537	629	7873	614
其他未列明的服务	2691	4367	12581	1325
其他未列明的服务	2691	4367	12581	1325
教育	**527**	**1920**	**105759**	**9003**
教育	527	1920	105759	9003
学前教育	50	90	4756	278
学前教育	50	90	4756	278
中等教育			28987	1230
职业中学教育			28987	1230
其他教育	477	1830	72016	7495
职业技能培训	477	1830	69919	7141
其他未列明的教育			2097	354
卫生、社会保障和社会福利业	**13005**	**14326**	**194979**	**22925**
卫生	13005	14326	194979	22925
医院	10628	11013	150221	18466
综合医院	6167	5972	126879	16720
中医医院	120	80	255	50
中西医结合医院	1322	1398	12798	516
民族医院	110	264	1236	94
专科医院	2909	3299	9053	1086
卫生院及社区医疗活动	1132	1793	32502	2904
卫生院及社区医疗活动	1132	1793	32502	2904
门诊部医疗活动	1175	1400	7581	944
门诊部医疗活动	1175	1400	7581	944
计划生育技术服务活动	20	20	100	
计划生育技术服务活动	20	20	100	
疾病预防控制及防疫活动			1	
疾病预防控制及防疫活动			1	
其他卫生活动	50	100	4574	611
其他卫生活动	50	100	4574	611

单位：千元

主营业务收入	主营业务成本	主营业务税金及附加	主营业务利润	三项费用合计	#税金	#利息支出	营业利润
536	322	26	183	219	4	3	-21
536	322	26	183	219	4	3	-21
49503	32262	1546	11235	14195	1117	1278	-2389
49503	32262	1546	11235	14195	1117	1278	-2389
16241	10532	683	4701	4843	270	15	998
16241	10532	683	4701	4843	270	15	998
628	162	17	438	451	3		-2
628	162	17	438	451	3		-2
149802	95805	4394	36170	46271	1646	1065	6812
122466	81022	2943	31689	31172	1337	695	7175
114443	77235	2551	28015	28444	1218	681	5963
805	607	17	181	116		3	91
6330	2637	362	3190	2418	119	11	968
888	543	13	303	194			153
13425	6263	674	4408	5881	122	329	949
1794	9	98	1687	1415	9		272
11631	6254	576	2721	4466	113	329	677
13911	8520	777	73	9218	187	41	-1312
13911	8520	777	73	9218	187	41	-1312
59322	**42612**	**1027**	**13715**	**11747**	**358**	**368**	**4297**
59322	42612	1027	13715	11747	358	368	4297
1338	914	24	376	194			206
1338	914	24	376	194			206
22829	21092	23	1714	3933			-2038
22829	21092	23	1714	3933			-2038
35155	20606	980	11625	7620	358	368	6129
33399	19528	965	11219	6744	353	363	6342
1756	1078	15	406	876	5	5	-213
133307	**70174**	**6150**	**51490**	**45398**	**1313**	**1335**	**9113**
133307	70174	6150	51490	45398	1313	1335	9113
99651	54522	4375	38339	37642	1108	1334	3691
82670	46892	3525	31696	31689	799	1151	1368
430	437		-117	110			-117
2077	1305	98	316	505	18		169
859	430	50	669	416	40	10	343
13615	5458	702	5775	4922	251	173	1928
14227	4476	938	6029	2303	189		4425
14227	4476	938	6029	2303	189		4425
10573	7619	436	2224	1466	2	1	86
10573	7619	436	2224	1466	2	1	86
400	400	1	-1	…			-1
400	400	1	-1	…			-1
84	59		25				25
84	59		25				25
8372	3098	400	4874	3987	14		887
8372	3098	400	4874	3987	14		887

6-1 续表 1-21

行　业	年初存货	年末存货	固定资产原　价	本年折旧
文化、体育和娱乐业	**2639**	**3335**	**227377**	**11171**
新闻出版业	121	84	413	138
出版业	121	84	413	138
图书出版	111	74	236	34
电子出版物出版			170	98
其他出版	10	10	7	6
广播、电视、电影和音像业	184	233	60217	2236
广播	41	39	4595	474
广播	41	39	4595	474
电视			300	90
电视			300	90
电影	102	124	55027	1657
电影制作与发行			650	
电影放映	102	124	54377	1657
音像制作	41	70	295	15
音像制作	41	70	295	15
文化艺术业			1100	80
文艺创作与表演			1000	80
文艺创作与表演			1000	80
艺术表演场馆				
艺术表演场馆				
文化艺术经纪代理				
文化艺术经纪代理				
其他文化艺术			100	
其他文化艺术			100	
体育			1445	53
体育组织				
体育组织				
体育场馆			1445	53
体育场馆			1445	53
娱乐业	2334	3018	164202	8664
室内娱乐活动	1647	2140	41201	3754
室内娱乐活动	1647	2140	41201	3754
游乐园	51	87	49324	1910
游乐园	51	87	49324	1910
休闲健身娱乐活动	416	535	2756	493
休闲健身娱乐活动	416	535	2756	493
其他娱乐活动	220	256	70921	2507
其他娱乐活动	220	256	70921	2507

单位：千元

主营业务收入	主营业务成本	主营业务税金及附加	主营业务利润	三项费用合计	#税金	#利息支出	营业利润
106506	**36744**	**6570**	**47743**	**52652**	**1378**	**1112**	**10299**
760	225	21	474	763	5		-206
760	225	21	474	763	5		-206
419	75	10	334	396			-19
81		1	80	327			-247
260	150	10	60	40	5		60
35033	13266	1943	16465	20977	787	108	1471
4150	690	12	687	2822			577
4150	690	12	687	2822			577
2080	1590	110	380	170			210
2080	1590	110	380	170			210
27743	10323	1744	15078	17882	780	108	467
158	102	2	54	54	2		
27585	10221	1742	15024	17828	778	108	467
1060	663	77	320	103	7		217
1060	663	77	320	103	7		217
1670	970	97	473	323		6	280
700	500	10	190	100			90
700	500	10	190	100			90
280	60	84	136	60			76
280	60	84	136	60			76
500	400	2	98	33		6	65
500	400	2	98	33		6	65
190	10	1	49	130			49
190	10	1	49	130			49
1566	714	87	764	703			62
2	40	1	-40	1			-40
2	40	1	-40	1			-40
1564	674	86	804	702			102
1564	674	86	804	702			102
67477	21569	4422	29567	29886	586	998	8692
38118	16596	3115	14123	12854	491	527	5672
38118	16596	3115	14123	12854	491	527	5672
18110	1600	892	15513	10618	60	426	5015
18110	1600	892	15513	10618	60	426	5015
3616	1256	145	1170	2230	35	22	39
3616	1256	145	1170	2230	35	22	39
7633	2117	270	-1239	4184		23	-2034
7633	2117	270	-1239	4184		23	-2034

6-1 续表 2-1

行业	应付工资	应付福利费	本年应交增值税	所有者权益合计	实收资本
总计	**12269461**	**837898**	**7500877**	**135980757**	**92541136**
采矿业	**2817593**	**275887**	**1526781**	**19229836**	**12342902**
煤炭开采和洗选业	2801502	274885	1499124	18465039	11824172
烟煤和无烟煤的开采洗选	2801502	274885	1499124	18464639	11823772
烟煤和无烟煤的开采洗选	2801502	274885	1499124	18464639	11823772
其他煤炭采选				400	400
其他煤炭采选				400	400
石油和天然气开采业	10952	…	11017	409550	172530
天然原油和天然气开采			728	103564	103530
天然原油和天然气开采			728	103564	103530
与石油和天然气开采有关的服务活动	10952	…	10289	305986	69000
与石油和天然气开采有关的服务活动	10952	…	10289	305986	69000
黑色金属矿采选业	2708	897	3009	83210	89440
铁矿采选	2708	897	3009	82960	89190
铁矿采选	2708	897	3009	82960	89190
其他黑色金属矿采选				250	250
其他黑色金属矿采选				250	250
有色金属矿采选业			10	17331	17331
常用有色金属矿采选				16131	16131
镍钴矿采选				16131	16131
镁矿采选					
贵金属矿采选					
金矿采选					
稀有稀土金属矿采选			10	1200	1200
稀土金属矿采选			10	1200	1200
非金属矿采选业	2431	105	13621	254706	239429
土砂石开采			11347	209943	201306
石灰石、石膏开采			5923	33640	53120
建筑装饰用石开采			201	21312	17360
耐火土石开采			240	5451	3509
粘土及其他土砂石开采			4983	149540	127317
化学矿采选				980	950
化学矿采选				980	950
石棉及其他非金属矿采选	2431	105	2274	43783	37173
石墨、滑石采选			14	1630	1302
其他非金属矿采选	2431	105	2260	42153	35871
制造业	**3608202**	**328830**	**2837085**	**44323205**	**26995023**
农副食品加工业	86317	5512	42036	1848421	1205384
谷物磨制	15595	1120	17039	575165	303073
谷物磨制	15595	1120	17039	575165	303073
饲料加工	18646	913	1933	202041	96563
饲料加工	18646	913	1933	202041	96563

单位：千元

国家资本	集体资本	法人资本	个人资本	港澳台商资本	外商资本	全部从业人员年平均人数（人）
26370110	**3280039**	**29774640**	**29621318**	**295829**	**3199200**	**733100**
5075818	**21975**	**6033777**	**1099721**	**1050**	**110561**	**67999**
4982328	18525	5929527	880962	400	12430	64225
4982328	18525	5929527	880562	400	12430	64220
4982328	18525	5929527	880562	400	12430	64220
			400			5
			400			5
…	…	68000	22530	…	82000	491
			21530		82000	238
			21530		82000	238
…	…	68000	1000	…	…	253
…	…	68000	1000	…	…	253
83190	…	200	6050	…	…	199
83190	…	200	5800	…	…	199
83190	…	200	5800	…	…	199
			250			
			250			
			1200		16131	157
					16131	136
					16131	122
						14
						1
						1
			1200			20
			1200			20
10300	3450	36050	188979	650	…	2927
300	2500	31170	166686	650		2660
		1700	50770	650		647
	200	4190	12970			309
			3509			149
300	2300	25280	99437			1555
	950					5
	950					5
10000	…	4880	22293	…	…	262
			1302			8
10000	…	4880	20991	…	…	254
6064069	**245386**	**8760490**	**9883633**	**87208**	**1954237**	**219199**
56208	9102	424841	703083	6000	6150	10913
11322	100	57748	233903	…	…	2106
11322	100	57748	233903	…	…	2106
5630	…	20289	59444	6000	5200	1413
5630	…	20289	59444	6000	5200	1413

6-1 续表 2-2

行　　业	应付工资	应付福利费	本年应交增值税	所有者权益合计	实收资本
植物油加工	6151	259	2474	67694	45101
食用植物油加工	6151	259	2474	67694	45101
制糖			630	2000	2000
制糖			630	2000	2000
屠宰及肉类加工	7333	641	5335	283895	211283
畜禽屠宰	4350	282	1522	162545	101885
肉制品及副产品加工	2983	359	3813	121350	109398
蔬菜、水果和坚果加工	5863	197	1734	171552	144512
蔬菜、水果和坚果加工	5863	197	1734	171552	144512
其他农副食品加工	32729	2382	12891	546074	402852
淀粉及淀粉制品的制造	27401	2254	8624	470953	345154
豆制品制造	1801		142	3978	7025
蛋品加工	932	22		12156	11373
其他未列明的农副食品加工	2595	106	4125	58987	39300
食品制造业	112562	8019	94882	1369366	1095309
焙烤食品制造	3203	206	3096	43500	43942
糕点、面包制造	3203	206	3081	41106	41627
饼干及其他焙烤食品制造			15	2394	2315
糖果、巧克力及蜜饯制造	696	3	1137	21985	20070
糖果、巧克力制造			100	6582	5380
蜜饯制作	696	3	1037	15403	14690
方便食品制造	2560	227	504	46711	18449
米、面制品制造	928		79	22720	13650
速冻食品制造	1632	227	425	23341	4099
方便面及其他方便食品制造				650	700
液体乳及乳制品制造	46384	4251	15450	571725	553895
液体乳及乳制品制造	46384	4251	15450	571725	553895
罐头制造			151	2519	2408
蔬菜、水果罐头制造			151	2519	2408
调味品、发酵制品制造	51711	3106	70317	547304	320261
味精制造	21970	651	34588	165048	117000
酱油、食醋及类似制品的制造			199	16754	11440
其他调味品、发酵制品制造	29741	2455	35530	365502	191821
其他食品制造	8008	226	4227	135622	136284
营养、保健食品制造	1671	147	1529	63353	93294
食品及饲料添加剂制造	3747		1583	57002	34050
其他未列明的食品制造	2590	79	1115	15267	8940
饮料制造业	58229	4883	48107	932206	800311
酒的制造	48086	4136	44259	790601	585750
白酒制造	10012	767	3194	173492	129688
啤酒制造	17283	430	21798	228157	217674
黄酒制造			24	633	546
葡萄酒制造	3222	476	1559	-73341	111200
其他酒制造	17569	2463	17684	461660	126642

单位：千元

国家资本	集体资本	法人资本	个人资本	港澳台商资本	外商资本	全部从业人员年平均人数（人）
		6189	38912			535
		6189	38912			535
			2000			27
			2000			27
38066	2769	75522	94926			1455
1742	2769	42422	54952			926
36324		33100	39974			529
	450	55591	87921		550	1455
	450	55591	87921		550	1455
1190	5783	209502	185977		400	3922
1190	4583	199635	139346		400	3343
	1200	800	5025			225
		7567	3806			132
		1500	37800			222
13000		623599	368996		89714	8381
		16717	25192		2033	902
		16117	23477		2033	834
		600	1715			68
2000		12577	5493			251
2000			3380			75
		12577	2113			176
		6155	12294			414
		5275	8375			217
		880	3219			175
			700			22
11000		332518	123528		86849	3052
11000		332518	123528		86849	3052
			2408			46
			2408			46
		250112	69317		832	3076
		117000				1252
		4910	6530			174
		128202	62787		832	1650
		5520	130764			640
		5520	87774			305
			34050			227
			8940			108
100804	3005	165055	365297	2300	163850	5279
98305		88476	245119		153850	4084
		68392	55655		5641	1330
58305			23323		136046	673
			546			42
40000		6000	65200			333
		14084	100395		12163	1706

6-1 续表 2-3

行业	应付工资	应付福利费	本年应交增值税	所有者权益合计	实收资本
软饮料制造	10143	747	3584	129817	201873
瓶(罐)装饮用水制造			287	26106	26092
果菜汁及果菜汁饮料制造	10143	747	3297	95275	166311
含乳饮料和植物蛋白饮料制造				3309	4350
固体饮料制造				5007	5000
茶饮料及其他软饮料制造				120	120
精制茶加工			264	11788	12688
精制茶加工			264	11788	12688
烟草制品业	687	60	142	5223	1970
烟叶复烤	687	60	142	5223	1970
烟叶复烤	687	60	142	5223	1970
纺织业	94879	10696	10253	3151488	1409605
棉、化纤纺织及印染精加工	2479	573	731	19316	41822
棉、化纤纺织加工	2479	573	731	19316	41822
毛纺织和染整精加工	89809	9958	8175	3096760	1338985
毛纺织	89809	9958	8175	3096760	1338985
麻纺织				330	330
麻纺织				330	330
丝绢纺织及精加工			36	10000	10000
缫丝加工			36	10000	10000
纺织制成品制造	2591	165	1178	15939	11978
棉及化纤制品制造			108	2322	1650
毛制品制造	483	68	85	2652	1510
麻制品制造			78	1000	1000
绳、索、缆的制造	2108	97	769	8575	6428
无纺布制造			18	500	500
其他纺织制成品制造			120	890	890
针织品、编织品及其制品制造			133	9143	6490
棉、化纤针织品及编织品制造			90	8640	5990
毛针织品及编织品制造			43	503	500
纺织服装、鞋、帽制造业	9695		5539	69592	50132
纺织服装制造	9695		5539	69592	50132
纺织服装制造	9695		5539	69592	50132
皮革、毛皮、羽毛(绒)及其制品业	4020	115	2361	91407	71301
皮革鞣制加工	765		431	28912	10670
皮革鞣制加工	765		431	28912	10670
皮革制品制造			3	876	800
皮鞋制造			3	876	800
毛皮鞣制及制品加工	3046	111	1927	51644	49931
毛皮鞣制加工	1453	102	1663	42116	42491
毛皮服装加工	1166	9	74	8225	3100
其他毛皮制品加工	427		190	1303	4340
羽毛(绒)加工及制品制造	209	4		9975	9900
羽毛(绒)加工	209	4		6175	6100
羽毛(绒)制品加工				3800	3800

单位：千元

国家资本	集体资本	法人资本	个人资本	港澳台商资本	外商资本	全部从业人员年平均人数（人）
2499	3005	68391	115678	2300	10000	1056
500	3005	3355	19232			207
1999		64916	87096	2300	10000	787
			4350			40
			5000			15
		120				7
		8188	4500			139
		8188	4500			139
1970						29
1970						29
1970						29
5828	500	520193	839029		44055	9498
		1620	40202			572
		1620	40202			572
	500	507493	786937		44055	8562
	500	507493	786937		44055	8562
		330				7
		330				7
		10000				60
		10000				60
5828		750	5400			267
		250	1400			24
			1510			40
			1000			35
5828			600			133
		500				4
			890			31
			6490			30
			5990			18
			500			12
9748	100	1317	36467		2500	856
9748	100	1317	36467		2500	856
9748	100	1317	36467		2500	856
	3040	12591	55130	540		688
	3040		7630			218
	3040		7630			218
			800			17
			800			17
		8791	40600	540		416
		7171	35320			245
			3100			108
		1620	2180	540		63
		3800	6100			37
			6100			31
		3800				6

6-1 续表 2-4

行　业	应付工资	应付福利费	本年应交增值税	所有者权益合计	实收资本
木材加工及木、竹、藤、棕、草制品业	1024	372	4303	61565	45982
锯材、木片加工			191	2358	1680
锯材加工			177	2058	1380
木片加工			14	300	300
人造板制造			82	6109	6030
胶合板制造			75	3475	3360
纤维板制造				1000	1000
其他人造板、材制造			7	1634	1670
木制品制造	1024	372	3892	50185	36342
建筑用木料及木材组件加工	1024	372	782	47264	33432
木容器制造			3110	921	1110
软木制品及其他木制品制造				2000	1800
竹、藤、棕、草制品制造			138	2913	1930
竹、藤、棕、草制品制造			138	2913	1930
家具制造业	5161	88	3744	50297	46459
木质家具制造	4161	88	2902	34899	33598
木质家具制造	4161	88	2902	34899	33598
金属家具制造	588		157	4431	2403
金属家具制造	588		157	4431	2403
塑料家具制造			24	420	500
塑料家具制造			24	420	500
其他家具制造	412		661	10547	9958
其他家具制造	412		661	10547	9958
造纸及纸制品业	237093	20133	168646	3194059	2026701
纸浆制造				1000	1000
纸浆制造				1000	1000
造纸	233029	20054	163956	3117051	1947870
机制纸及纸板制造	231309	19814	163471	3082737	1924456
加工纸制造	1720	240	485	34314	23414
纸制品制造	4064	79	4690	76008	77831
纸和纸板容器的制造	1698		982	28692	32643
其他纸制品制造	2366	79	3708	47316	45188
印刷业和记录媒介的复制	21167	381	8752	226608	209778
印刷	21167	381	8675	222515	205608
书、报、刊印刷	5117	85	2759	104925	96239
本册印制			1325	29643	21683
包装装潢及其他印刷	16050	296	4591	87947	87686
装订及其他印刷服务活动			77	4093	4170
装订及其他印刷服务活动			77	4093	4170
文教体育用品制造业			32	1756	2190
文化用品制造				1300	1190
文具制造				720	720
墨水、墨汁制造				580	470

单位：千元

国家资本	集体资本	法人资本	个人资本	港澳台商资本	外商资本	全部从业人员年平均人数（人）
		4830	41152			460
			1680			30
			1380			26
			300			4
		1800	4230			116
		800	2560			85
		800	200			14
		200	1470			17
		3030	33312			200
		3030	30402			147
			1110			43
			1800			10
			1930			114
			1930			114
	274	16318	29864		3	717
	174	15418	18006			524
	174	15418	18006			524
	100		2300		3	81
	100		2300		3	81
			500			5
			500			5
		900	9058			107
		900	9058			107
1456130	1200	200469	362826	3912	2164	16417
			1000			40
			1000			40
1456130		165605	321059	3912	1164	15388
1456130		151571	311679	3912	1164	14950
		14034	9380			438
	1200	34864	40767		1000	989
	1200	2913	28530			447
		31951	12237		1000	542
7191	10280	77470	114450	387		3173
7191	10280	76780	110970	387		3146
3232	2551	58903	31166	387		1018
3134	1930	3327	13292			479
825	5799	14550	66512			1649
		690	3480			27
		690	3480			27
			2190			30
			1190			15
			720			3
			470			12

6-1 续表 2-5

行业	应付工资	应付福利费	本年应交增值税	所有者权益合计	实收资本
体育用品制造			32	456	1000
体育器材及配件制造			32	456	1000
石油加工、炼焦及核燃料加工业	223535	22860	159722	3718958	1606516
精炼石油产品的制造	156828	19167	49777	2730057	858092
原油加工及石油制品制造	156828	19167	49777	2730057	858092
炼焦	66707	3693	109945	988901	748424
炼焦	66707	3693	109945	988901	748424
化学原料及化学制品制造业	648529	102530	627973	6618254	4710556
基础化学原料制造	227660	68608	285765	1796005	1337864
无机酸制造	9061	334	15191	87302	21437
无机碱制造	5195	461	4347	67365	58756
无机盐制造	77983	4853	109615	441596	450665
有机化学原料制造	36083	575	20936	436746	298337
其他基础化学原料制造	99338	62385	135676	762996	508669
肥料制造	216095	17304	46901	2292536	2121415
氮肥制造	187418	14391	40034	2050281	2008687
磷肥制造	20444	1550	4957	119158	30606
钾肥制造	7073	1325	1735	21495	1800
复混肥料制造	1160	38	169	86631	66661
有机肥料及微生物肥料制造			6	14971	13661
农药制造	14080	132	2220	246966	99542
化学农药制造	14080	132	2220	246966	99542
涂料、油墨、颜料及类似产品制造	12539	1682	15118	192202	58926
涂料制造	1437	109	1078	20623	19987
颜料制造			3330	1000	1000
染料制造	11102	1573	10710	170579	37939
合成材料制造	134075	11780	237698	1712998	759901
初级形态的塑料及合成树脂制造	134075	11780	237643	1712268	759201
合成橡胶制造			55	530	500
其他合成材料制造				200	200
专用化学产品制造	44080	3024	40201	369863	326995
化学试剂和助剂制造	17551	2161	24118	153700	125108
专项化学用品制造	7985	219	4585	65026	57518
林产化学产品制造	14021	331	8126	138638	125511
炸药及火工产品制造	2285	222	2674	8337	2289
环境污染处理专用药剂材料制造			150	1380	1380
动物胶制造			1	2248	2188
其他专用化学产品制造	2238	91	547	534	13001
日用化学产品制造			70	7684	5913
肥皂及合成洗涤剂制造			22	2411	1593
化妆品制造				300	300
其他日用化学产品制造			48	4973	4020
医药制造业	83526	11406	31509	1641292	795068
化学药品原药制造	46379	6760	22144	846292	328907
化学药品原药制造	46379	6760	22144	846292	328907

单位：千元

国家资本	集体资本	法人资本	个人资本	港澳台商资本	外商资本	全部从业人员年平均人数（人）
			1000			15
			1000			15
10000		203962	1301694		90860	9851
		87519	679713		90860	5436
		87519	679713		90860	5436
10000		116443	621981			4415
10000		116443	621981			4415
2314236	48959	1213327	1015069	11990	106975	31716
40794	15887	565693	648609		66881	13677
			21437			411
		41161	17595			423
		198258	252407			4551
38074		93327	128940		37996	1527
2720	15887	232947	228230		28885	6765
1715442	2572	309096	94305			7410
1713242	2572	259516	33357			5594
400		17572	12634			1101
1800						395
		30758	35903			170
		1250	12411			150
13500		15000	71042			724
13500		15000	71042			724
		27117	19819	11990		844
		1168	18819			181
			1000			16
		25949		11990		647
539000	500	137474	80927		2000	5943
539000		137474	80727		2000	5934
	500					9
			200			
5500	30000	157597	95804		38094	2930
		103250	21858			940
		650	19818		37050	399
4877	30000	53211	36379		1044	1204
			2289			143
			1380			15
623		27	1538			77
		459	12542			152
		1350	4563			188
			1593			66
			300			10
		1350	2670			112
10990	2048	214573	567457			4521
4070		24000	300837			2291
4070		24000	300837			2291

6-1 续表 2-6

行业	应付工资	应付福利费	本年应交增值税	所有者权益合计	实收资本
化学药品制剂制造	16378	653	8371	159381	100057
化学药品制剂制造	16378	653	8371	159381	100057
中药饮片加工	805	113	409	19214	14053
中药饮片加工	805	113	409	19214	14053
中成药制造	6521	1559	1320	248661	91558
中成药制造	6521	1559	1320	248661	91558
兽用药品制造	13443	2321	-1141	366258	253356
兽用药品制造	13443	2321	-1141	366258	253356
生物、生化制品的制造			387	750	6585
生物、生化制品的制造			387	750	6585
卫生材料及医药用品制造			19	736	552
卫生材料及医药用品制造			19	736	552
化学纤维制造业			270	16158	20062
合成纤维制造			270	16158	20062
涤纶纤维制造			79	16096	20000
维纶纤维制造			191	62	62
橡胶制品业	98905	325	45110	641206	624808
轮胎制造	93949		42114	582354	597438
车辆、飞机及工程机械轮胎制造	93949		42051	577916	593000
轮胎翻新加工			63	4438	4438
橡胶板、管、带的制造	4956	325	2700	43082	15590
橡胶板、管、带的制造	4956	325	2700	43082	15590
橡胶零件制造			49	1697	1100
橡胶零件制造			49	1697	1100
再生橡胶制造			194	1060	1000
再生橡胶制造			194	1060	1000
日用及医用橡胶制品制造			34	12033	8680
日用及医用橡胶制品制造			34	12033	8680
其他橡胶制品制造			19	980	1000
其他橡胶制品制造			19	980	1000
塑料制品业	38694	1022	25178	386487	305360
塑料薄膜制造	762	54	869	32967	26906
塑料薄膜制造	762	54	869	32967	26906
塑料板、管、型材的制造	15552	289	11011	250175	172348
塑料板、管、型材的制造	15552	289	11011	250175	172348
塑料丝、绳及编织品的制造	18283	517	11665	68577	73996
塑料丝、绳及编织品的制造	18283	517	11665	68577	73996
泡沫塑料制造	1168	29	49	14765	10040
泡沫塑料制造	1168	29	49	14765	10040
塑料包装箱及容器制造	1721	133	1009	7319	8402
塑料包装箱及容器制造	1721	133	1009	7319	8402
塑料零件制造	786		233	602	2300
塑料零件制造	786		233	602	2300

单位：千元

国家资本	集体资本	法人资本	个人资本	港澳台商资本	外商资本	全部从业人员年平均人数（人）
6920	2048	81157	9932			635
6920	2048	81157	9932			635
		8000	6053			187
		8000	6053			187
		38378	53180			540
		38378	53180			540
		61216	192140			785
		61216	192140			785
		1270	5315			73
		1270	5315			73
		552				10
		552				10
62		20000				54
62		20000				54
		20000				41
62						13
246500		6598	25210		346500	4307
246500		3998	440		346500	3816
246500					346500	3775
		3998	440			41
		500	15090			365
		500	15090			365
		1100				19
		1100				19
			1000			18
			1000			18
			8680			83
			8680			83
		1000				6
		1000				6
10023	11508	107829	150750	25250		3831
	10840	630	15436			338
	10840	630	15436			338
10000	260	92010	44828	25250		1160
10000	260	92010	44828	25250		1160
23	18	7669	66286			1786
23	18	7669	66286			1786
		2600	7440			110
		2600	7440			110
		2100	6302			227
		2100	6302			227
		2000	300			63
		2000	300			63

6-1 续表 2-7

行业	应付工资	应付福利费	本年应交增值税	所有者权益合计	实收资本
日用塑料制造	422		115	3614	3778
日用塑料杂品制造	422		115	3614	3778
其他塑料制品制造			227	8468	7590
其他塑料制品制造			227	8468	7590
非金属矿物制品业	338117	22868	417092	5887569	3119262
水泥、石灰和石膏的制造	169532	13549	221707	3191735	1206883
水泥制造	168204	13549	219778	3157248	1171182
石灰和石膏制造	1328		1929	34487	35701
水泥及石膏制品制造	45164	1972	39641	882523	465316
水泥制品制造	41061	1581	35507	740516	350911
砼结构构件制造	1046	126	2505	84659	82644
石棉水泥制品制造			3	198	200
轻质建筑材料制造	3057	265	1626	48345	26441
其他水泥制品制造				8805	5120
砖瓦、石材及其他建筑材料制造	18265	923	12268	648447	465504
粘土砖瓦及建筑砌块制造	3570	490	5187	453831	386560
建筑陶瓷制品制造	11954		4595	121165	20290
建筑用石加工	159		682	15697	15812
防水建筑材料制造			160	11001	8394
隔热和隔音材料制造			135	10780	10350
其他建筑材料制造	2582	433	1509	35973	24098
玻璃及玻璃制品制造	6633	171	2257	-101483	26095
平板玻璃制造	941	113	70	-102618	17702
技术玻璃制品制造	649	58	328	1807	4318
日用玻璃制品及玻璃包装容器制造	5043		1852	-4805	1030
玻璃保温容器制造				1300	1300
玻璃纤维及制品制造				2161	1000
玻璃纤维增强塑料制品制造				500	500
其他玻璃制品制造			7	172	245
陶瓷制品制造			137	-15663	1020
卫生陶瓷制品制造			21	-9853	500
日用陶瓷制品制造			116	-5810	520
耐火材料制品制造	1250	85	1812	27226	25723
石棉制品制造			298	12044	12044
耐火陶瓷制品及其他耐火材料制造	1250	85	1514	15182	13679
石墨及其他非金属矿物制品制造	97273	6168	139270	1254784	928721
石墨及碳素制品制造	51610	4290	119362	1046359	715317
其他非金属矿物制品制造	45663	1878	19908	208425	213404
黑色金属冶炼及压延加工业	308536	19573	347567	1340671	1270320
炼铁	43862	5575	98623	251857	179726
炼铁	43862	5575	98623	251857	179726
炼钢			118	5000	5000
炼钢			118	5000	5000
钢压延加工	40774	1700	60407	237446	219246
钢压延加工	40774	1700	60407	237446	219246

单位：千元

						全部从业人员年平均人数（人）
国家资本	集体资本	法人资本	个人资本	港澳台商资本	外商资本	
			3778			65
			3778			65
	390	820	6380			82
	390	820	6380			82
171717	55553	1312546	1411605	900	166941	34458
147480	20067	736940	302396			8192
147480	20067	725586	278049			7845
		11354	24347			347
10372	8710	144145	302089			4158
5810	8510	82895	253696			2748
4562	200	49897	27985			856
			200			8
		6353	20088			503
		5000	120			43
7200	15374	139695	303235			14843
6948	14520	114915	250177			13447
		10190	10100			704
		11690	4122			206
252			8142			122
		2900	7450			170
	854		23244			194
	10372	500	15223			533
	10372		7330			167
			4318			63
			1030			249
		500	800			10
			1000			27
			500			1
			245			16
		520	500			119
			500			96
		520				23
		9652	16062		9	255
		2205	9830		9	49
		7447	6232			206
6665	1030	281094	472100	900	166932	6358
6000	1030	111289	429166	900	166932	4142
665		169805	42934			2216
164000	31150	474334	581654		19182	16478
		27014	152712			2559
		27014	152712			2559
			5000			21
			5000			21
160000		13500	45746			1929
160000		13500	45746			1929

6-1 续表 2-8

行　　业	应付工资	应付福利费	本年应交增值税	所有者权益合计	
					实收资本
铁合金冶炼	223900	12298	188419	846368	866348
铁合金冶炼	223900	12298	188419	846368	866348
有色金属冶炼及压延加工业	541026	54391	536624	6833996	3571491
常用有色金属冶炼	418584	46933	507761	4531001	2540508
铜冶炼	833	43	2730	15202	16000
铅锌冶炼	13233	972	90999	293059	105122
铝冶炼	221234	35414	244456	3303961	1554780
镁冶炼	162539	7372	153822	286798	184406
其他常用有色金属冶炼	20745	3132	15754	631981	680200
稀有稀土金属冶炼	118654	7322	26083	2204917	947465
稀土金属冶炼	2454	68	659	5844	11425
其他稀有金属冶炼	116200	7254	25424	2199073	936040
有色金属合金制造	1095		2393	17602	8785
有色金属合金制造	1095		2393	17602	8785
有色金属压延加工	2693	136	387	80476	74733
常用有色金属压延加工	2693	136	387	80476	74733
金属制品业	122000	7347	41662	898770	568982
结构性金属制品制造	21068	1932	9921	285713	249840
金属结构制造	16202	1741	4061	177431	153984
金属门窗制造	4866	191	5860	108282	95856
金属工具制造	1485	164	398	15027	12630
手工具制造			3	167	167
农用及园林用金属工具制造	1485	164	168	8727	7763
其他金属工具制造			227	6133	4700
集装箱及金属包装容器制造	3034	235	380	28154	21715
金属包装容器制造	3034	235	380	28154	21715
金属丝绳及其制品的制造	82325	2652	23518	444606	196341
金属丝绳及其制品的制造	82325	2652	23518	444606	196341
建筑、安全用金属制品制造	6283	460	1243	42512	36876
建筑、家具用金属配件制造	1222		204	2165	3000
建筑装饰及水暖管道零件制造	4222		594	30209	23730
其他建筑、安全用金属制品制造	839	460	445	10138	10146
金属表面处理及热处理加工	1871	22	148	5120	4530
金属表面处理及热处理加工	1871	22	148	5120	4530
搪瓷制品制造				4020	3000
工业生产配套用搪瓷制品制造				4020	3000
不锈钢及类似日用金属制品制造	1418	52	1588	19591	11990
金属制厨房调理及卫生器具制造			9	603	690
其他日用金属制品制造	1418	52	1579	18988	11300
其他金属制品制造	4516	1830	4466	54027	32060
其他未列明的金属制品制造	4516	1830	4466	54027	32060
通用设备制造业	324529	18149	117140	2579119	1507960
锅炉及原动机制造	4492	317	1113	116551	106937
锅炉及辅助设备制造	4492	317	1113	116111	106383
内燃机及配件制造				440	554

单位：千元

国家资本	集体资本	法人资本	个人资本	港澳台商资本	外商资本	全部从业人员年平均人数（人）
4000	31150	433820	378196		19182	11969
4000	31150	433820	378196		19182	11969
1087980	500	1809069	180373	19030	474539	21383
1087980		812548	165441		474539	16397
		1000	15000			57
		5370	99752			857
1087980			7300		459500	8255
		126178	43189		15039	6504
		680000	200			724
		945365	2100			4681
		10325	1100			166
		935040	1000			4515
		4800	3985			175
		4800	3985			175
	500	46356	8847	19030		130
	500	46356	8847	19030		130
104455	7652	97358	358483	1034		6661
38891	4033	49733	156149	1034		2347
37465		40954	75565			1353
1426	4033	8779	80584	1034		994
		6479	6151			212
			167			4
		6479	1284			153
			4700			55
		4261	17454			231
		4261	17454			231
65564	556	951	129270			2863
65564	556	951	129270			2863
		12150	24726			306
			3000			78
		11650	12080			144
		500	9646			84
			4530			106
			4530			106
		3000				52
		3000				52
		2300	9690			121
			690			17
		2300	9000			104
	3063	18484	10513			423
	3063	18484	10513			423
153400	50091	416973	492964		394532	14566
22403	554	44789	39191			524
22403		44789	39191			514
	554					10

6-1 续表 2-9

行 业	应付工资	应付福利费	本年应交增值税	所有者权益合计	实收资本
金属加工机械制造	81614	6951	49097	882160	296386
金属切削机床制造	77011	6434	45452	842974	267804
金属成形机床制造	846	118	198	12521	6067
铸造机械制造			142	4861	3961
金属切割及焊接设备制造					
机床附件制造	3757	399	2799	19758	13293
其他金属加工机械制造			506	2046	5261
起重运输设备制造	26683	1505	7687	188761	167264
起重运输设备制造	26683	1505	7687	188761	167264
泵、阀门、压缩机及类似机械的制造	2376	272	508	19206	18281
泵及真空设备制造	1929	270	220	7136	3274
阀门和旋塞的制造			19	3912	3180
液压和气压动力机械及元件制造	447	2	269	8158	11827
轴承、齿轮、传动和驱动部件的制造	113695	8174	56891	488711	355874
轴承制造	113034	8100	56601	483208	351651
齿轮、传动和驱动部件制造	661	74	290	5503	4223
烘炉、熔炉及电炉制造			92	1317	1160
烘炉、熔炉及电炉制造			92	1317	1160
风机、衡器、包装设备等通用设备制造	11094	161	4233	97300	38750
风机、风扇制造	2098		1274	18529	10668
制冷、空调设备制造	3026	149	1283	10626	5260
风动和电动工具制造			11	489	500
包装专用设备制造			11	500	500
衡器制造			81	2366	2540
其他通用设备制造	5970	12	1573	64790	19282
通用零部件制造及机械修理	4637	464	2383	127680	106032
金属密封件制造			165	4150	3040
紧固件、弹簧制造			109	5961	5906
机械零部件加工及设备修理	4637	464	1869	115223	96286
其他通用零部件制造			240	2346	800
金属铸、锻加工	79938	305	-4864	657433	417276
钢铁铸件制造	79794	305	-5637	644919	412405
锻件及粉末冶金制品制造	144		773	12514	4871
专用设备制造业	141482	10581	64008	1124654	575359
矿山、冶金、建筑专用设备制造	135094	10334	52728	750652	361443
采矿、采石设备制造	129928	10334	49260	695553	343433
石油钻采专用设备制造	5166		3439	53699	16610
建筑工程用机械制造			29	1400	1400
建筑材料生产专用机械制造					
化工、木材、非金属加工专用设备制造			690	18443	16516
炼油、化工生产专用设备制造			120	7300	7300
塑料加工专用设备制造			148	3053	2970
模具制造			422	8090	6246
其他非金属加工专用设备制造					

单位：千元

国家资本	集体资本	法人资本	个人资本	港澳台商资本	外商资本	全部从业人员年平均人数（人）
	47606	105710	39598		103472	3108
	47606	101300	15434		103464	2239
			6067			166
		500	3461			82
						15
		3900	9393			431
		10	5243		8	175
45000		15000	107264			1065
45000		15000	107264			1065
		7766	10515			370
			3274			110
		1766	1414			55
		6000	5827			205
83567	115	37060	133665		101467	5429
83567	115	35560	130942		101467	5337
		1500	2723			92
			1160			14
			1160			14
	1252	13848	21650		2000	619
		9668	1000			160
		2360	900		2000	171
		500				25
			500			21
			2540			46
	1252	1320	16710			196
2030	564	37862	31276		34300	553
		580	2460			28
			5906			34
2030	564	37282	22110		34300	475
			800			16
400		154938	108645		153293	2884
400		154938	103774		153293	2844
			4871			40
23805	3130	379505	166269		2650	5873
16715	829	217438	126461			4592
13615	829	213088	115901			4454
3100		4350	9160			129
			1400			8
						1
680	1220	1246	13370			173
			7300			30
		500	2470			61
680	1220	746	3600			81
						1

6-1 续表 2-10

行业	应付工资	应付福利费	本年应交增值税	所有者权益合计	实收资本
食品、饮料、烟草及饲料生产专用设备制造			35	200	200
饲料生产专用设备制造			35	200	200
印刷、制药、日化生产专用设备制造	1979		293	31140	30000
制浆和造纸专用设备制造	1979		293	31140	30000
电子和电工机械专用设备制造	4409	247	9298	252862	124720
电工机械专用设备制造			116	3823	3920
电子工业专用设备制造	4409	247	9182	249039	120800
农、林、牧、渔专用机械制造			316	22576	13078
机械化农业及园艺机具制造			240	12559	3536
畜牧机械制造			12	3803	3785
其他农林牧渔业机械制造及机械修理			64	6214	5757
医疗仪器设备及器械制造			287	23985	12766
医疗诊断、监护及治疗设备制造			53	10979	10120
假肢、人工器官及植(介)入器械制造			14	784	766
其他医疗设备及器械制造			220	12222	1880
环保、社会公共安全及其他专用设备制造			361	24796	16636
环境污染防治专用设备制造			163	23414	14500
社会公共安全设备及器材制造			198	1382	751
其他专用设备制造					1385
交通运输设备制造业	2087		5287	276706	228318
汽车制造	1501		3647	257370	209749
汽车整车制造			19	70157	20000
改装汽车制造			838	8480	8214
汽车零部件及配件制造			1597	116139	116139
汽车修理	1501		1193	62594	65396
摩托车制造			3	1122	1122
摩托车零部件及配件制造			3	1122	1122
自行车制造			5	100	100
脚踏自行车及残疾人座车制造			5	100	100
交通器材及其他交通运输设备制造	586		1632	18114	17347
交通管理用金属标志及设施制造	586		1632	18114	17347
电气机械及器材制造业	60575	2510	759	947244	704108
电机制造	27442	446	-15188	421521	324836
发电机及发电机组制造	6762	262	-35827	101828	80129
电动机制造	20680	184	20639	319693	244707
输配电及控制设备制造	20666	907	8572	362631	222397
变压器、整流器和电感器制造	10239	109	2856	158498	82850
电容器及其配套设备制造			653	1480	1480
配电开关控制设备制造	10427	798	4989	193623	130173
电力电子元器件制造			44	7172	5800
其他输配电及控制设备制造			30	1858	2094
电线、电缆、光缆及电工器材制造	4240	396	4457	88980	78764
电线电缆制造	3619	396	4093	88467	78263
其他电工器材制造	621		364	513	501

单位：千元

国家资本	集体资本	法人资本	个人资本	港澳台商资本	外商资本	全部从业人员年平均人数（人）
			200			8
			200			8
		30000				217
		30000				217
		120300	4420			301
		300	3620			32
		120000	800			269
500	1081	1536	9961			285
500		1536	1500			112
			3785			51
	1081		4676			122
5910		100	4106		2650	87
5910			1560		2650	56
		100	666			24
			1880			7
		8885	7751			210
		7500	7000			149
			751			55
		1385				6
1088	1000	131537	78554		16139	1006
1088		130917	61605		16139	804
			20000			18
		7314	900			20
		100000			16139	79
1088		23603	40705			687
			1122			20
			1122			20
			100			5
			100			5
	1000	620	15727			177
	1000	620	15727			177
48830	4816	235793	387186		27483	4728
45260	4816	138739	111968		24053	1875
45260	4816	6000			24053	230
		132739	111968			1645
3570		8970	206427		3430	1473
			82850			406
			1480			34
3570		8970	114203		3430	994
			5800			23
			2094			16
		61784	16980			386
		61283	16980			338
		501				48

6-1 续表 2-11

行业	应付工资	应付福利费	本年应交增值税	所有者权益合计	实收资本
电池制造	4165	524	782	24908	37830
电池制造	4165	524	782	24908	37830
家用电力器具制造				800	800
家用厨房电器具制造				800	800
非电力家用器具制造	951	133	248	13931	13140
燃气、太阳能及类似能源的器具制造	951	133	238	13901	13110
其他非电力家用器具制造			10	30	30
照明器具制造			148	533	4088
照明灯具制造			148	453	4038
灯用电器附件及其他照明器具制造				80	50
其他电气机械及器材制造	3111	104	1740	33940	22253
其他未列明的电气机械制造	3111	104	1740	33940	22253
通信设备、计算机及其他电子设备制造业			167	3802	3800
通信设备制造			124	2500	2500
通信传输设备制造			124	2500	2500
电子计算机制造				1002	1000
计算机网络设备制造				1002	1000
家用视听设备制造			43	300	300
家用影视设备制造			43	300	300
仪器仪表及文化、办公用机械制造业	45495	4980	26679	319242	353776
通用仪器仪表制造	43139	4714	25822	312779	343531
工业自动控制系统装置制造	32391	4653	14527	197093	246691
电工仪器仪表制造	9168	61	9795	64289	37516
实验分析仪器制造			56	500	500
试验机制造	1580		1016	43623	53324
供应用仪表及其他通用仪器制造			428	7274	5500
专用仪器仪表制造			33	1164	1245
汽车及其他用计数仪表制造			29	723	745
其他专用仪器制造			4	441	500
光学仪器及眼镜制造				3000	3000
眼镜制造				3000	3000
文化、办公用机械制造	2356	266	633	-228	3500
照相机及器材制造	2356	266	633	-1228	2500
其他文化、办公用机械制造				1000	1000
其他仪器仪表的制造及修理			191	2527	2500
其他仪器仪表的制造及修理			191	2527	2500
工艺品及其他制造业	332	29	1446	85589	62594
工艺美术品制造	332	29	280	14994	21037
雕塑工艺品制造			3	-2207	3100
金属工艺品制造			3	500	500
抽纱刺绣工艺品制造			20	200	200
地毯、挂毯制造	332	29	162	5948	6940
其他工艺美术品制造			92	10553	10297

单位：千元

国家资本	集体资本	法人资本	个人资本	港澳台商资本	外商资本	全部从业人员年平均人数（人）
		3463	34367			279
		3463	34367			279
			800			20
			800			20
		5330	7810			139
		5330	7780			136
			30			3
			4088			27
			4038			25
			50			2
		17507	4746			529
		17507	4746			529
		300	3500			28
			2500			6
			2500			6
			1000			14
			1000			14
		300				8
		300				8
66104		81912	198260	7500		2514
66104		78967	190960	7500		2377
66104		7457	173130			1497
		28316	1700	7500		522
			500			11
		41194	12130			248
		2000	3500			99
		745	500			10
		745				6
			500			4
			3000			3
			3000			3
		700	2800			94
			2500			70
		700	300			24
		1500	1000			30
		1500	1000			30
	1478	8191	44560	8365		747
		7266	5406	8365		412
		3100				11
		300	200			4
			200			30
		2950	3990			289
		916	1016	8365		78

6-1 续表 2-12

行　业	应付工资	应付福利费	本年应交增值税	所有者权益合计	实收资本
日用杂品制造				150	150
其他日用杂品制造				150	150
煤制品制造			1030	67540	39177
煤制品制造			1030	67540	39177
其他未列明的制造业			136	2905	2230
其他未列明的制造业			136	2905	2230
废弃资源和废旧材料回收加工业			95	1500	1561
金属废料和碎屑的加工处理			95	1050	1111
金属废料和碎屑的加工处理			95	1050	1111
非金属废料和碎屑的加工处理				450	450
非金属废料和碎屑的加工处理				450	450
电力、燃气及水的生产和供应业	**1381687**	**79514**	**1452300**	**16754142**	**10048202**
电力、热力的生产和供应业	1308819	71342	1430585	15350209	8484055
电力生产	588111	43377	825275	7355062	4690992
火力发电	571220	41825	777696	6595705	4294317
水力发电	12319	1267	37165	484843	145675
核力发电					
其他能源发电	4572	285	10414	274514	251000
电力供应	671350	25656	588250	7252443	3343266
电力供应	671350	25656	588250	7252443	3343266
热力生产和供应	49358	2309	17060	742704	449797
热力生产和供应	49358	2309	17060	742704	449797
燃气生产和供应业	14054	1750	9086	216717	137815
燃气生产和供应业	14054	1750	9086	216717	137815
燃气生产和供应业	14054	1750	9086	216717	137815
水的生产和供应业	58814	6422	12629	1187216	1426332
自来水的生产和供应	58814	6422	11264	775634	939919
自来水的生产和供应	58814	6422	11264	775634	939919
污水处理及其再生利用			1365	411482	486313
污水处理及其再生利用			1365	411482	486313
其他水的处理、利用与分配				100	100
其他水的处理、利用与分配				100	100
建筑业	**3508384**	**103687**	**1084**	**8239649**	**6643100**
房屋和土木工程建筑业	3335379	96855	279	6940739	5568546
房屋工程建筑	2541833	53517	44	3994161	3148235
房屋工程建筑	2541833	53517	44	3994161	3148235
土木工程建筑	793546	43338	235	2946578	2420311
铁路、道路、隧道和桥梁工程建筑	216575	10959		1136251	993026
水利和港口工程建筑	146403	4185	120	537480	452443
工矿工程建筑	224156	16833		320347	319204
架线和管道工程建筑	148580	9332	97	679464	502878
其他土木工程建筑	57832	2029	18	273036	152760
建筑安装业	90349	3622	535	668650	466158
建筑安装业	90349	3622	535	668650	466158
建筑安装业	90349	3622	535	668650	466158

单位：千元

国家资本	集体资本	法人资本	个人资本	港澳台商资本	外商资本	全部从业人员年平均人数（人）
		75	75			6
		75	75			6
	1178		37999			248
	1178		37999			248
	300	850	1080			81
	300	850	1080			81
			1561			36
			1111			8
			1111			8
			450			28
			450			28
4965695	**93165**	**4590105**	**268940**	**1705**	**128592**	**30485**
3616449	45880	4480635	212499		128592	26366
1585875	43480	2767368	165869		128400	11000
1430200	43480	2526368	165869		128400	10534
115675		30000				325
						42
40000		211000				99
1730216		1612000	1050			11588
1730216		1612000	1050			11588
300358	2400	101267	45580		192	3778
300358	2400	101267	45580		192	3778
44423		52710	40682			673
44423		52710	40682			673
44423		52710	40682			673
1304823	47285	56760	15759	1705		3446
879510	47185	760	10759	1705		3104
879510	47185	760	10759	1705		3104
425313		56000	5000			339
425313		56000	5000			339
	100					3
	100					3
1554920	**304353**	**1228003**	**3554474**	**850**	**500**	**179359**
1454439	289921	1101271	2722915			167546
673207	213836	599973	1661219			125944
673207	213836	599973	1661219			125944
781232	76085	501298	1061696			41602
92743	2208	237174	660901			14413
245049	38325	64281	104788			8970
218027		80000	21177			8003
155754	35552	98055	213517			6653
69659		21788	61313			3563
89416	200	55391	320651		500	5367
89416	200	55391	320651		500	5367
89416	200	55391	320651		500	5367

6-1 续表 2-13

行　业	应付工资	应付福利费	本年应交增值税	所有者权益合计	实收资本
建筑装饰业	62700	2071	270	448580	423229
建筑装饰业	62700	2071	270	448580	423229
建筑装饰业	62700	2071	270	448580	423229
其他建筑业	19956	1139		181680	185167
工程准备	12622	883		175674	169830
工程准备	12622	883		175674	169830
提供施工设备服务				213	230
提供施工设备服务				213	230
其他未列明的建筑活动	7334	256		5793	15107
其他未列明的建筑活动	7334	256		5793	15107
交通运输、仓储和邮政业			**6265**	**2296513**	**2008720**
道路运输业			3560	999980	849085
公路旅客运输			631	400601	345040
公路旅客运输			631	400601	345040
道路货物运输			2729	572843	475157
道路货物运输			2729	572843	475157
道路运输辅助活动			200	26536	28888
客运汽车站			200	11318	13301
公路管理与养护				9118	9487
其他道路运输辅助活动				6100	6100
城市公共交通业			1697	203544	88917
公共电汽车客运			1607	159252	68726
公共电汽车客运			1607	159252	68726
出租车客运			90	41659	18811
出租车客运			90	41659	18811
其他城市公共交通				2633	1380
其他城市公共交通				2633	1380
水上运输业			1	1486	1486
水上货物运输			1	1486	1486
内河货物运输			1	1486	1486
航空运输业				605983	606895
航空客货运输				983	1895
航空货物运输				983	1895
航空运输辅助活动				605000	605000
机场				605000	605000
管道运输业					3000
管道运输业					3000
管道运输业					3000
装卸搬运和其他运输服务业			379	62838	51491
装卸搬运			379	23419	24421
装卸搬运			379	23419	24421

单位：千元

国家资本	集体资本	法人资本	个人资本	港澳台商资本	外商资本	全部从业人员年平均人数（人）
3404	800	53534	364641	850		4942
3404	800	53534	364641	850		4942
3404	800	53534	364641	850		4942
7661	13432	17807	146267			1504
6661	7322	14700	141147			962
6661	7322	14700	141147			962
		100	130			39
		100	130			39
1000	6110	3007	4990			503
1000	6110	3007	4990			503
324671	**109979**	**956870**	**616200**	**1000**		**23500**
75544	16012	214386	543143			9884
15282	6785	143109	179864			3984
15282	6785	143109	179864			3984
55111	7977	65077	346992			5554
55111	7977	65077	346992			5554
5151	1250	6200	16287			346
5151	1250	6200	700			179
			9487			144
			6100			23
42070	10200	6863	29784			4031
42070	10200	1000	15456			3510
42070	10200	1000	15456			3510
		5863	12948			487
		5863	12948			487
			1380			34
			1380			34
	120	220	1146			27
	120	220	1146			27
	120	220	1146			27
4717	2178	600000				1077
1895						37
1895						37
2822	2178	600000				1040
2822	2178	600000				1040
			3000			23
			3000			23
			3000			23
100	1560	30017	18814	1000		1086
	700	13217	10504			882
	700	13217	10504			882

6-1 续表 2-14

行业	应付工资	应付福利费	本年应交增值税	所有者权益合计	实收资本
运输代理服务				39419	27070
运输代理服务				39419	27070
仓储业			50	333711	306911
谷物、棉花等农产品仓储			46	286405	269497
谷物、棉花等农产品仓储			46	286405	269497
其他仓储			4	47306	37414
其他仓储			4	47306	37414
邮政业			578	88971	100935
国家邮政			578	82212	96585
国家邮政			578	82212	96585
其他寄递服务				6759	4350
其他寄递服务				6759	4350
信息传输、计算机服务和软件业			**6019**	**7508344**	**3283214**
电信和其他信息传输服务业			3563	7152999	2966925
电信			3508	6935651	2795835
固定电信服务			3437	2032371	1808254
移动电信服务				4271907	962156
其他电信服务			71	631373	25425
互联网信息服务			43	13428	11360
互联网信息服务			43	13428	11360
广播电视传输服务			12	205302	159730
有线广播电视传输服务			12	95302	49730
无线广播电视传输服务				110000	110000
卫星传输服务				-1382	
卫星传输服务				-1382	
计算机服务业			764	229605	225889
计算机系统服务			341	38227	40618
计算机系统服务			341	38227	40618
计算机维修			117	12973	12695
计算机维修			117	12973	12695
其他计算机服务			306	178405	172576
其他计算机服务			306	178405	172576
软件业			1692	125740	90400
公共软件服务			1692	125740	90400
基础软件服务			1680	62204	49308
应用软件服务			12	63536	41092
其他软件服务					
其他软件服务					
批发和零售业	**515243**	**31440**	**672539**	**11821113**	**9586050**
批发业	235433	20985	464808	8359418	6824889
农畜产品批发	14144	479	24599	351575	376607
谷物、豆及薯类批发	11006	479	5263	144792	198792
种子、饲料批发	3138	…	202	131274	114110
棉、麻批发			7	800	800
其他农畜产品批发			19127	74709	62905

单位：千元

国家资本	集体资本	法人资本	个人资本	港澳台商资本	外商资本	全部从业人员年平均人数（人）
100	860	16800	8310	1000		204
100	860	16800	8310	1000		204
187640	4384	98924	15963			907
181290		80924	7283			732
181290		80924	7283			732
6350	4384	18000	8680			175
6350	4384	18000	8680			175
14600	75525	6460	4350			6465
14600	75525	6460				6397
14600	75525	6460				6397
			4350			68
			4350			68
565837	**1434411**	**82400**	**249821**	**159767**	**790978**	**10461**
564837	1434061	8070	19043	150467	790447	7574
539162	1308556	3320	3883	150467	790447	6993
498578	1308556	800	320			1465
19522		1320	400	150467	790447	4109
21062		1200	3163			1419
	1250	4750	5360			91
	1250	4750	5360			91
25675	124255		9800			483
25675	14255		9800			275
	110000					208
						7
						7
1000	350	36770	186788	450	531	2344
		10194	30224		200	275
		10194	30224		200	275
		1050	11645			117
		1050	11645			117
1000	350	25526	144919	450	331	1952
1000	350	25526	144919	450	331	1952
		37560	43990	8850		543
		37560	43990	8850		541
		11060	38248			455
		26500	5742	8850		86
						2
						2
1144762	**284811**	**3084891**	**5016389**	**36625**	**18572**	**117825**
880885	194996	2120930	3595862	23967	8249	87477
141685	30752	55661	148509			2378
116767	9215	27410	45400			924
24918	16890	18031	54271			821
	800					2
	3847	10220	48838			631

6-1 续表 2-15

行　业	应付工资	应付福利费	本年应交增值税	所有者权益合计	实收资本
食品、饮料及烟草制品批发	79776	9420	108765	1675036	374529
米、面制品及食用油批发	3732	34	572	87397	77024
糕点、糖果及糖批发	258	13	219	4040	4102
果品、蔬菜批发	315	29	320	99364	103057
肉、禽、蛋及水产品批发	480	17	72	19810	12311
盐及调味品批发	1678	149	3798	79319	57618
饮料及茶叶批发	13126	1252	11451	450165	64546
烟草制品批发	60187	7926	89476	919275	46879
其他食品批发			2857	15666	8992
纺织、服装及日用品批发	14654		3206	212170	211348
纺织品、针织品及原料批发	13010		290	2722	69393
服装批发	1644		203	156527	97212
鞋帽批发				983	1000
厨房、卫生间用具及日用杂货批发			182	4691	4854
化妆品及卫生用品批发			234	12360	12521
其他日用品批发			2297	34887	26368
文化、体育用品及器材批发	5917	698	6728	229570	111932
文具用品批发	917	16	1648	36475	34078
体育用品批发			18	680	500
图书批发	4585	652	658	48162	35568
音像制品及电子出版物批发			79	2151	1840
其他文化用品批发	415	30	4325	142102	39946
医药及医疗器材批发	4855		7067	114207	86491
西药批发	4855		3497	45155	37585
中药材及中成药批发			389	37271	21110
医疗用品及器材批发			3181	31781	27796
矿产品、建材及化工产品批发	92226	9602	264333	3980935	3825067
煤炭及制品批发	15677	1773	56517	583963	545636
石油及制品批发	51740	4922	73493	669383	760570
非金属矿及制品批发	607	143	2623	92627	82215
金属及金属矿批发	17576	798	99358	1918512	1794909
建材批发	122		5999	381655	347784
化肥批发	4823	1911	17783	166152	152614
农药批发			23	2550	2451
农用薄膜批发			54	-101	8746
其他化工产品批发	1681	55	8483	166194	130142
机械设备、五金交电及电子产品批发	20149	665	40689	1041495	1033141
农业机械批发	2879	22	1700	60380	54354
汽车、摩托车及零配件批发	9343	604	12758	239478	270761
五金、交电批发	836	28	6251	156295	137440
家用电器批发			902	40014	37801
计算机、软件及辅助设备批发			1117	33587	29639
通讯及广播电视设备批发			769	34756	31169
其他机械设备及电子产品批发	7091	11	17192	476985	471977

单位：千元

国家资本	集体资本	法人资本	个人资本	港澳台商资本	外商资本	全部从业人员年平均人数（人）
162566	30673	77871	98113	1800	3506	3600
52623		50	24351			412
		482	3620			25
	27387	56690	18980			785
		611	11700			56
47390	560	8518	1150			354
21754	2316	9640	25536	1800	3500	808
40799		80	6000			1003
	410	1800	6776		6	157
11089	1534	136260	61265		1200	1630
10999		45364	13030			711
		85172	12040			209
			1000			3
		2000	2854			77
	300	2690	8331		1200	160
90	1234	1034	24010			470
26049	100	12758	73025			638
3381		5778	24919			249
			500			8
21768	100		13700			248
900			940			40
		6980	32966			93
4815		26047	55629			1128
4815		9026	23744			473
		16650	4460			402
		371	27425			253
504765	106576	971467	2225031	15330	1898	69013
50623	5716	84887	403910	500		59828
224416	1200	375378	159576			2166
37078	1160	25845	18132			178
170612	22140	363680	1224163	12680	1634	3184
20936	6607	68838	249623	1550	230	1388
1100	63159	15365	72689	300	1	1128
		72	2379			45
	6594	1000	1152			87
		36402	93407	300	33	1009
4666	18865	216279	791155	1550	626	6830
1140	1172	12848	39194			442
	8540	61123	201086		12	1394
710	7093	18062	111161		414	1005
		17040	20761			285
		4984	23655	1000		295
		10568	20601			201
2816	2060	91654	374697	550	200	3208

6-1 续表 2-16

行 业	应付工资	应付福利费	本年应交增值税	所有者权益合计	实收资本
贸易经纪与代理			86	47615	60000
贸易经纪与代理			86	47615	60000
其他批发	3712	121	9335	706815	745774
再生物资回收与批发	2936	117	1562	562644	629813
其他未列明的批发	776	4	7773	144171	115961
零售业	279810	10455	207731	3461695	2761161
综合零售	115000	3050	97785	1123594	664896
百货零售	77673	2853	93005	941198	492737
超级市场零售	37327	197	4171	146824	139212
其他综合零售			609	35572	32947
食品、饮料及烟草制品专门零售	1739	51	2243	130075	143369
粮油零售	1213		176	50728	66615
糕点、面包零售			9	836	660
果品、蔬菜零售			35	3100	3000
肉、禽、蛋及水产品零售			207	17474	17790
饮料及茶叶零售			975	32106	31427
烟草制品零售			33	5138	6185
其他食品零售	526	51	808	20693	17692
纺织、服装及日用品专门零售	3058	20	3711	139579	129803
纺织品及针织品零售			341	12358	9801
服装零售	1188		1533	56555	55574
鞋帽零售			131	9690	9660
钟表、眼镜零售	1870	20	686	20975	17684
化妆品及卫生用品零售			592	12956	12280
其他日用品零售			428	27045	24804
文化、体育用品及器材专门零售	14731	1677	7502	141388	126441
文具用品零售			799	22727	25869
体育用品零售	696		541	10375	11253
图书零售	11645	1448	4427	48820	30504
音像制品及电子出版物零售			216	4213	8990
珠宝首饰零售	1970	90	1154	38020	27264
工艺美术品及收藏品零售			64	9359	9175
照相器材零售			22	350	500
其他文化用品零售	420	139	279	7524	12886
医药及医疗器材专门零售	31662	1802	26028	129799	143481
药品零售	31662	1802	25547	103518	120527
医疗用品及器材零售			481	26281	22954
汽车、摩托车、燃料及零配件专门零售	70134	2449	34671	791745	705827
汽车零售	46291	2043	15831	382973	337131
汽车零配件零售	197		846	47550	45456
摩托车及零配件零售	1664	75	1490	59514	55485
机动车燃料零售	21982	331	16504	301708	267755

单位：千元

国家资本	集体资本	法人资本	个人资本	港澳台商资本	外商资本	全部从业人员年平均人数（人）
18470	4512	8890	27975		153	209
18470	4512	8890	27975		153	209
6780	1984	615697	115160	5287	866	2051
3700	1984	539783	83480		866	1106
3080		75914	31680	5287		945
263877	89815	963961	1420527	12658	10323	30348
52377	36071	361592	214856			8551
51272	16486	254711	170268			5825
	8751	98453	32008			2285
1105	10834	8428	12580			441
48706	10181	17158	56574	10750		1597
48406	1100	2523	14586			654
			660			40
	400		2600			72
		1000	6790	10000		137
	8354	10780	11543	750		300
			6185			47
300	327	2855	14210			347
	1544	17692	107191	1370	2006	1959
	586	2280	6935			173
	704	6540	45960	1370	1000	940
		3230	6430			66
		130	17554			218
		2132	9142		1006	270
	254	3380	21170			292
19003	690	36151	70157	300	140	1671
	260	2408	22901	300		283
		5888	5365			179
16948		10265	3151		140	684
	430	1400	7160			105
1055		13490	12719			220
1000		1050	7125			78
			500			5
		1650	11236			117
36008	4675	38307	64291		200	3233
36008	4305	33889	46325			3006
	370	4418	17966		200	227
52842	4135	282091	366749		10	5366
	393	152236	184502			2604
300	94	8546	36516			455
		21391	34094			427
52542	3648	99918	111637		10	1880

6-1 续表 2-17

行业	应付工资	应付福利费	本年应交增值税	所有者权益合计	实收资本
家用电器及电子产品专门零售	29964	1218	20438	556650	426471
家用电器零售	14438	1104	6202	188096	123822
计算机、软件及辅助设备零售	11559	103	11322	263114	208969
通信设备零售	3967	11	2066	65729	57011
其他电子产品零售			848	39711	36669
五金、家具及室内装修材料专门零售	1162	15	5708	273508	240170
五金零售			2584	91834	88226
家具零售	1162	15	1292	111090	86610
涂料零售			194	6182	4847
其他室内装修材料零售			1638	64402	60487
无店铺及其他零售	12360	173	9645	175357	180703
流动货摊零售			4	950	950
邮购及电子销售				440	440
生活用燃料零售	9268	173	2843	87986	102458
花卉零售			128	17983	12958
其他未列明的零售	3092		6670	67998	63897
住宿和餐饮业	**218709**	**5173**	**863**	**1355976**	**1469464**
住宿业	84152	3510	493	900540	918053
旅游饭店	72271	2681	169	484240	589994
旅游饭店	72271	2681	169	484240	589994
一般旅馆	11881	829	264	395255	304451
一般旅馆	11881	829	264	395255	304451
其他住宿服务			60	21045	23608
其他住宿服务			60	21045	23608
餐饮业	134557	1663	370	455436	551411
正餐服务	132287	1663	370	438447	538511
正餐服务	132287	1663	370	438447	538511
快餐服务	2270			10130	7400
快餐服务	2270			10130	7400
饮料及冷饮服务				1629	1290
饮料及冷饮服务				1629	1290
其他餐饮服务				5230	4210
其他餐饮服务				5230	4210
金融业			**95**	**1714594**	**1162311**
其他金融活动			95	1714594	1162311
金融信托与管理				548494	105800
金融信托与管理				548494	105800
金融租赁				8500	8500
金融租赁				8500	8500
财务公司				31556	30000
财务公司				31556	30000
典当			7	259294	247905
典当			7	259294	247905
其他未列明的金融活动			88	866750	770106
其他未列明的金融活动			88	866750	770106

单位：千元

国家资本	集体资本	法人资本	个人资本	港澳台商资本	外商资本	全部从业人员年平均人数（人）
5011	29100	116758	267729	38	7835	4514
4000	1150	39597	79075			1437
	23950	56660	120524		7835	1813
711	4000	13704	38558	38		940
300		6797	29572			324
300	1056	47257	191557			2031
	880	18257	69089			795
300		24444	61866			672
		250	4597			53
	176	4306	56005			511
49630	2363	46955	81423	200	132	1426
			950			5
			440			5
44739	588	24749	32382			632
100		1790	11068			141
4791	1775	20416	36583	200	132	643
354023	**35170**	**438669**	**608284**	**3400**	**29918**	**21021**
319817	26925	197329	344532	3400	26050	9811
270839	12825	87621	193709		25000	6127
270839	12825	87621	193709		25000	6127
38809	14100	108598	138494	3400	1050	3445
38809	14100	108598	138494	3400	1050	3445
10169		1110	12329			239
10169		1110	12329			239
34206	8245	241340	263752		3868	11210
33646	8245	239860	252892		3868	10763
33646	8245	239860	252892		3868	10763
			7400			285
			7400			285
		180	1110			29
		180	1110			29
560		1300	2350			133
560		1300	2350			133
105800	**24920**	**433904**	**597687**			**687**
105800	24920	433904	597687			687
105800						20
105800						20
		8500				3
		8500				3
			30000			8
			30000			8
	24920	103960	119025			215
	24920	103960	119025			215
		321444	448662			441
		321444	448662			441

6-1 续表 2-18

行 业	应付工资	应付福利费	本年应交增值税	所有者权益合计	实收资本
房地产业	**219643**	**13367**	**4477**	**10348952**	**9284997**
房地产业	219643	13367	4477	10348952	9284997
房地产开发经营	219643	13367		8038033	7220721
房地产开发经营	219643	13367		8038033	7220721
物业管理			3641	346704	458680
物业管理			3641	346704	458680
房地产中介服务			327	794213	762841
房地产中介服务			327	794213	762841
其他房地产活动			509	1170002	842755
其他房地产活动			509	1170002	842755
租赁和商务服务业			**984971**	**10090453**	**8022677**
租赁业			647	220669	203957
机械设备租赁			646	219669	202807
汽车租赁			612	202507	168125
农业机械租赁				346	346
建筑工程机械与设备租赁			34	16269	33836
计算机及通讯设备租赁				547	500
文化及日用品出租			1	1000	1150
图书及音像制品出租					150
其他文化及日用品出租			1	1000	1000
商务服务业			984324	9869784	7818720
企业管理服务			980334	8598087	6708443
企业管理机构			980192	5250956	4293891
投资与资产管理			142	3271064	2338172
其他企业管理服务				76067	76380
法律服务			6	11711	12068
律师及相关的法律服务			6	11711	11568
公证服务					500
咨询与调查			263	330328	255105
会计、审计及税务服务			66	101629	101246
市场调查			3	796	892
社会经济咨询			61	176154	93553
其他专业咨询			133	51749	59414
广告业			1527	170215	172825
广告业			1527	170215	172825
知识产权服务			22	30337	18721
知识产权服务			22	30337	18721
职业中介服务			40	38255	34100
职业中介服务			40	38255	34100

单位：千元

						全部从业人员年平均人数(人)
国家资本	集体资本	法人资本	个人资本	港澳台商资本	外商资本	
877966	**312824**	**2659502**	**5273793**	**160**	**160752**	**26268**
877966	312824	2659502	5273793	160	160752	26268
573335	80733	1869461	4536940		160252	8909
573335	80733	1869461	4536940		160252	8909
174386	15083	127571	140980	160	500	14571
174386	15083	127571	140980	160	500	14571
129662	160140	45731	427308			1665
129662	160140	45731	427308			1665
583	56868	616739	168565			1123
583	56868	616739	168565			1123
4842711	**110279**	**1183595**	**1882799**	**2482**	**811**	**17370**
82667	1000	14841	103529	1920		897
82667	1000	14841	102379	1920		892
82667	1000	13691	68847	1920		641
			346			3
		1150	32686			244
			500			4
			1150			5
			150			2
			1000			3
4760044	109279	1168754	1779270	562	811	16473
4655704	25769	604694	1422063		213	4029
2845645	8638	415728	1023880			2828
1775007	5000	176058	381894		213	823
35052	12131	12908	16289			378
500	100	240	11228			394
	100	240	11228			359
500						35
47984	9050	139880	58191			1395
42167		39049	20030			687
192			700			22
5320	50	74723	13460			395
305	9000	26108	24001			291
3130	1162	30318	137617		598	1561
3130	1162	30318	137617		598	1561
260		5630	12831			132
260		5630	12831			132
1500	105	9273	22722	500		3016
1500	105	9273	22722	500		3016

6-1 续表 2-19

行业	应付工资	应付福利费	本年应交增值税	所有者权益合计	实收资本
市场管理			470	223412	188650
市场管理			470	223412	188650
旅行社			763	249067	225363
旅行社			763	249067	225363
其他商务服务			899	218372	203445
会议及展览服务				122296	112873
保安服务			18	27031	32688
办公服务			848	16605	17453
其他未列明的商务服务			33	52440	40431
科学研究、技术服务和地质勘查业			**1472**	**1214239**	**685458**
研究与试验发展			10	160725	67457
自然科学研究与试验发展				5940	3060
自然科学研究与试验发展				5940	3060
工程和技术研究与试验发展			2	8828	8060
工程和技术研究与试验发展			2	8828	8060
农业科学研究与试验发展				144391	55431
农业科学研究与试验发展				144391	55431
医学研究与试验发展			8	1536	876
医学研究与试验发展			8	1536	876
社会人文科学研究与试验发展				30	30
社会人文科学研究与试验发展				30	30
专业技术服务业			1198	1000040	560696
气象服务				1975	1985
气象服务				1975	1985
地震服务				280	280
测绘服务				6590	4973
测绘服务				6590	4973
技术检测			120	33403	32401
技术检测			120	33403	32401
环境监测			220	3587	3833
环境监测			220	3587	3833
工程技术与规划管理			846	911361	470615
工程管理服务			567	528008	353706
工程勘察设计			268	377633	111049
规划管理			11	5720	5860
其他专业技术服务			12	42844	46609
其他专业技术服务			12	42844	46609
科技交流和推广服务业			178	35063	41709
技术推广服务			172	33107	39706
技术推广服务			172	33107	39706
科技中介服务				1906	1953
科技中介服务				1906	1953
其他科技服务			6	50	50
其他科技服务			6	50	50

单位：千元

国家资本	集体资本	法人资本	个人资本	港澳台商资本	外商资本	全部从业人员年平均人数(人)
21552	42530	57160	67408			1191
21552	42530	57160	67408			1191
16980	23601	162748	22034			993
16980	23601	162748	22034			993
12434	6962	158811	25176	62		3762
		110243	2630			31
11854	5899	7340	7595			3242
100	1063	7069	9221			297
480		34159	5730	62		192
115939	**268238**	**138551**	**158238**	**1582**	**2910**	**7925**
55861		1080	7606		2910	278
1010			2050			65
1010			2050			65
			5150		2910	38
			5150		2910	38
54851		580				123
54851		580				123
		500	376			47
		500	376			47
			30			5
			30			5
49798	265015	113015	131286	1582		6848
125		500	1360			73
125		500	1360			73
		200	80			3
1614	1080	300	1979			106
1614	1080	300	1979			106
1250	2031	17212	11908			621
1250	2031	17212	11908			621
2390			1443			86
2390			1443			86
44239	241904	73454	109436	1582		5816
19567	234996	29818	67825	1500		3698
24672	6908	38286	41101	82		2081
		5350	510			37
180	20000	21349	5080			143
180	20000	21349	5080			143
1060	2723	21806	16120			463
830	1389	21647	15840			421
830	1389	21647	15840			421
230	1334	109	280			34
230	1334	109	280			34
		50				8
		50				8

6-1 续表 2-20

行　业	应付工资	应付福利费	本年应交增值税	所有者权益合计	实收资本
地质勘查业			86	18411	15596
矿产地质勘查			50	12265	12279
能源矿产地质勘查			50	10394	10408
固体矿产地质勘查				1871	1871
基础地质勘查				2388	2291
基础地质勘查				2388	2291
地质勘查技术服务			36	3758	1026
地质勘查技术服务			36	3758	1026
水利、环境和公共设施管理业			**350**	**468075**	**396007**
水利管理业			16	195726	139833
水资源管理			16	193083	138083
其他水资源管理			16	193083	138083
其他水利管理				2643	1750
其他水利管理				2643	1750
环境管理业			14	95022	93759
自然保护				5434	5041
自然保护区管理				3978	3978
其他自然保护				1456	1063
环境治理			14	89588	88718
城市环境卫生管理				2076	2237
水污染治理			2	2711	1680
其他环境治理			12	84801	84801
公共设施管理业			320	177327	162415
市政公共设施管理				18862	6000
市政公共设施管理				18862	6000
城市绿化管理			120	106754	112799
城市绿化管理			120	106754	112799
游览景区管理			200	51711	43616
风景名胜区管理			200	46183	38088
公园管理				1200	1200
其他游览景区管理				4328	4328
居民服务和其他服务业			**6242**	**222012**	**240815**
居民服务业			277	111230	109159
家庭服务			27	4871	4566
家庭服务			27	4871	4566
托儿所				456	500
托儿所				456	500
洗染服务				1245	1200
洗染服务				1245	1200
理发及美容保健服务			2	6162	5191
理发及美容保健服务			2	6162	5191
洗浴服务				40589	39644
洗浴服务				40589	39644

单位：千元

国家资本	集体资本	法人资本	个人资本	港澳台商资本	外商资本	全部从业人员年平均人数（人）
9220	500	2650	3226			336
7129		2650	2500			255
6258		2650	1500			198
871			1000			57
2091			200			46
2091			200			46
	500		526			35
	500		526			35
260802	**6971**	**39138**	**89096**			**1744**
137982	650		1201			127
137882			201			76
137882			201			76
100	650		1000			51
100	650		1000			51
91269		30	2460			305
5041						47
3978						45
1063						2
86228		30	2460			258
2007		30	200			75
			1680			11
84221			580			172
31551	6321	39108	85435			1312
	800	200	5000			62
	800	200	5000			62
15353	5521	28030	63895			769
15353	5521	28030	63895			769
16198		10878	16540			481
13978		7570	16540			427
		1200				18
2220		2108				36
4999	**19775**	**75572**	**139444**		**1025**	**4188**
3450	8241	52455	45013			1550
1000		300	3266			127
1000		300	3266			127
		500				10
		500				10
		300	900			26
		300	900			26
		1300	3891			183
		1300	3891			183
	322	21300	18022			614
	322	21300	18022			614

6-1 续表 2-21

行业	应付工资	应付福利费	本年应交增值税	所有者权益合计	实收资本
婚姻服务				2212	2212
婚姻服务				2212	2212
殡葬服务			131	37119	41652
殡葬服务			131	37119	41652
摄影扩印服务			107	15363	12107
摄影扩印服务			107	15363	12107
其他居民服务			10	3213	2087
其他居民服务			10	3213	2087
其他服务业			5965	110782	131656
修理与维护			3757	87056	106537
汽车、摩托车维护与保养			3650	74821	87330
办公设备维修			4	587	583
家用电器修理			83	10098	16064
其他日用品修理			20	1550	2560
清洁服务			940	8873	9865
建筑物清洁服务				330	330
其他清洁服务			940	8543	9535
其他未列明的服务			1268	14853	15254
其他未列明的服务			1268	14853	15254
教育				**65706**	**59792**
教育				65706	59792
学前教育				2154	2050
学前教育				2154	2050
中等教育				20530	20530
职业中学教育				20530	20530
其他教育				43022	37212
职业技能培训				36290	30112
其他未列明的教育				6732	7100
卫生、社会保障和社会福利业			**11**	**119462**	**112458**
卫生			11	119462	112458
医院			6	99093	93060
综合医院				77853	74425
中医医院				1000	1000
中西医结合医院				4100	4100
民族医院				4110	3000
专科医院			6	12030	10535
卫生院及社区医疗活动			3	10177	9465
卫生院及社区医疗活动			3	10177	9465
门诊部医疗活动			2	4462	4403
门诊部医疗活动			2	4462	4403
计划生育技术服务活动				250	50
计划生育技术服务活动				250	50
疾病预防控制及防疫活动					
疾病预防控制及防疫活动					
其他卫生活动				5480	5480
其他卫生活动				5480	5480

单位：千元

						全部从业人员年平均人数(人)
国家资本	集体资本	法人资本	个人资本	港澳台商资本	外商资本	
		1040	1172			41
		1040	1172			41
2450	2180	25660	11362			270
2450	2180	25660	11362			270
	4024	2025	6058			246
	4024	2025	6058			246
	1715	30	342			33
	1715	30	342			33
1549	11534	23117	94431		1025	2638
1219	11492	8350	85451		25	1734
	477	7050	79803			1514
147			436			33
792	11015	1300	2932		25	171
280			2280			16
	42	4825	4998			442
		300	30			154
	42	4525	4968			288
330		9942	3982		1000	462
330		9942	3982		1000	462
20540	**10**	**16464**	**22778**			**950**
20540	10	16464	22778			950
		1560	490			48
		1560	490			48
20530						217
20530						217
10	10	14904	22288			685
10	10	9904	20188			598
		5000	2100			87
1518	**1350**	**15720**	**93870**			**2467**
1518	1350	15720	93870			2467
268	970	10189	81633			1841
268	300	5689	68168			1364
			1000			17
			4100			64
		2500	500			40
	670	2000	7865			356
1200	380	1611	6274			341
1200	380	1611	6274			341
		2630	1773			173
		2630	1773			173
50						12
50						12
						3
						3
		1290	4190			97
		1290	4190			97

6-1 续表 2-22

行　业	应付工资	应付福利费	本年应交增值税	所有者权益合计	实收资本
文化、体育和娱乐业			**323**	**208486**	**199946**
新闻出版业			129	780	1851
出版业			129	780	1851
图书出版			109	-373	451
电子出版物出版			5	753	1000
其他出版			15	400	400
广播、电视、电影和音像业			100	41016	31972
广播				2908	2630
广播				2908	2630
电视				500	500
电视				500	500
电影			100	36488	28112
电影制作与发行				158	158
电影放映			100	36330	27954
音像制作				1120	730
音像制作				1120	730
文化艺术业			20	2312	2100
文艺创作与表演			20	1300	1200
文艺创作与表演			20	1300	1200
艺术表演场馆				400	400
艺术表演场馆				400	400
文化艺术经纪代理				412	300
文化艺术经纪代理				412	300
其他文化艺术				200	200
其他文化艺术				200	200
体育				9307	8000
体育组织					
体育组织					
体育场馆				9307	8000
体育场馆				9307	8000
娱乐业			74	155071	156023
室内娱乐活动			62	43691	45551
室内娱乐活动			62	43691	45551
游乐园				22151	19023
游乐园				22151	19023
休闲健身娱乐活动			12	16034	15993
休闲健身娱乐活动			12	16034	15993
其他娱乐活动				73195	75456
其他娱乐活动				73195	75456

单位：千元

						全部从业人员年平均人数（人）
国家资本	集体资本	法人资本	个人资本	港澳台商资本	外商资本	
90040	**6422**	**36989**	**66151**		**344**	**1652**
1451			400			19
1451			400			19
451						6
1000						9
			400			4
14793		10449	6730			304
1630			1000			25
1630			1000			25
		500				7
		500				7
13163		9949	5000			262
158						4
13005		9949	5000			258
			730			10
			730			10
		700	1400			10
			1200			3
			1200			3
		400				2
		400				2
		300				2
		300				2
			200			3
			200			3
8000						12
						2
						2
8000						10
8000						10
65796	6422	25840	57621		344	1307
		11660	33547		344	770
		11660	33547		344	770
1480	6422	6520	4601			358
1480	6422	6520	4601			358
		2660	13333			75
		2660	13333			75
64316		5000	6140			104
64316		5000	6140			104

6-2 按地区分组的企业

地区	年初存货	年末存货	固定资产原价	本年折旧	主营业务收入
总计	**28468195**	**60386126**	**159327311**	**2959768**	**247798221**
银川市	**21010603**	**36418640**	**92621779**	**1896347**	**145057183**
兴庆区	12406340	18840903	47786800	1070633	69514233
西夏区	1035231	4324319	15436068	155891	26306876
金凤区	5714962	7315727	14000929	502782	24679442
永宁县	274176	981956	4504390	35872	5578749
贺兰县	929866	2278171	2390578	56217	7549816
灵武市	650028	2677564	8503014	74952	11428067
石嘴山市	**3330556**	**10595028**	**26730401**	**371495**	**47870783**
大武口区	1985889	5374021	8139284	154624	18564815
惠农区	370157	2561756	14092474	52257	16574339
平罗县	974510	2659251	4498643	164614	12731629
吴忠市	**1937974**	**8306820**	**22124535**	**316178**	**33215052**
红寺堡区	24642	81900	227029	9254	150315
利通区	1218734	2636310	4899374	177258	11082939
盐池县	118766	404917	1123318	67040	2160491
同心县	178079	890476	727855	17778	2485552
青铜峡市	397753	4293217	15146959	44848	17335755
固原市	**590566**	**1015718**	**3939468**	**132339**	**4085079**
原州区	423216	667297	2059257	96423	2097513
西吉县	60450	123353	507445	8931	720296
隆德县	40211	57551	241816	12657	304475
泾源县	25522	69336	373984	5302	329143
彭阳县	41167	98181	756966	9026	633652
中卫市	**1598496**	**4049920**	**13911128**	**243409**	**17570124**
沙坡头区	878242	2640704	7054011	144638	9476049
中宁县	696470	1366390	6612502	81671	7599088
海原县	23784	42826	244615	17100	494987

法人单位财务状况

单位：千元

主营业务成　本	主营业务税金及附加	主营业务利　润	三项费用合　计	#税金	#利息支出	营业利润
210587505	**3550884**	**12667614**	**26288952**	**825149**	**4807507**	**7296440**
122069467	**2304515**	**8132122**	**16510444**	**529669**	**2648005**	**4107682**
54605800	1237183	4807039	9287006	240666	1069545	4318376
24964568	389631	565585	2158937	118090	283116	-1632093
20775370	427279	2227396	2909448	65519	579659	736562
4608384	44789	79798	659983	28213	185578	318022
6830286	71297	372219	616442	35020	61430	84957
10285059	134336	80085	878628	42161	468677	281858
41758008	**490959**	**1540886**	**4570545**	**145654**	**806459**	**1264499**
15931510	218750	952580	1965150	53025	222168	528535
14547055	178028	177914	1431055	65607	432281	487128
11279443	94181	410392	1174340	27022	152010	248836
29258412	**335491**	**1251694**	**2880833**	**106130**	**743834**	**511592**
129719	2825	16840	19014	792	2425	-1712
9284307	165234	881845	1004647	31708	116378	411512
1901011	53173	145893	120552	1015	22949	107335
2275262	17570	56068	99781	2836	46472	97106
15668113	96689	151048	1636839	69779	555610	-102649
3121065	**92547**	**542903**	**500476**	**12774**	**57092**	**325590**
1603180	61491	319362	322452	5111	30982	114813
616180	7891	90371	35798	1938	6560	64457
249265	5459	32567	29966	3315	7436	10696
238538	4003	28465	40688	1442	9338	23986
413902	13703	72138	71572	968	2776	111638
14380553	**327372**	**1200009**	**1826654**	**30922**	**552117**	**1087077**
7639759	124555	645793	1131265	13292	328155	615510
6365767	193223	449276	675681	16456	218567	380408
375027	9594	104940	19708	1174	5395	91159

6-2 续表

地区	应付工资	应付福利费	本年应交增值税	所有者权益合计	#实收资本
总计	**12269461**	**837898**	**7500877**	**135980757**	**92541136**
银川市	**7917408**	**498611**	**4304758**	**89451337**	**60938277**
兴庆区	5511475	340764	3135754	47654633	31640539
西夏区	953379	60688	236255	13254578	8351648
金凤区	655843	34341	349920	18249733	13092829
永宁县	233656	23234	156998	2689063	1660618
贺兰县	219734	13216	108876	2756708	2388749
灵武市	343321	26368	316955	4846622	3803894
石嘴山市	**2221679**	**169886**	**1765702**	**17373618**	**12300009**
大武口区	1174079	50386	449998	8014256	5610561
惠农区	719702	42266	871443	5493691	4021081
平罗县	327898	77234	444261	3865671	2668367
吴忠市	**1290051**	**99026**	**845966**	**14827504**	**9164044**
红寺堡区	15346	610	940	150033	118457
利通区	444334	28177	178643	5611075	3947173
盐池县	126378	1484	49947	995374	836121
同心县	40101	2932	-15120	1137247	663840
青铜峡市	663892	65823	631556	6933775	3598453
固原市	**188716**	**17396**	**51955**	**3519022**	**3183136**
原州区	89645	6455	14723	1836988	1704156
西吉县	9297	690	-561	456363	397703
隆德县	6948	283	1453	245628	219815
泾源县	24260	3036	11085	319806	310350
彭阳县	58566	6932	25255	660237	551112
中卫市	**651607**	**52979**	**532496**	**10809276**	**6955670**
沙坡头区	398770	30547	318520	6769419	3784839
中宁县	245268	22091	213512	3785660	2942632
海原县	7569	341	464	254197	228199

单位：千元、人

						全部从业人员年平均人数
国家资本	集体资本	法人资本	个人资本	港澳台商资本	外商资本	
26370110	**3280039**	**29774640**	**29621318**	**295829**	**3199200**	**733100**
19379064	**2173496**	**18646469**	**18299975**	**171070**	**2268203**	**382229**
13715761	782465	9230453	7643243	84975	183642	229609
3107246	125919	1792377	2620791	32108	673207	44696
1555098	1192350	5221636	3952409	39657	1131679	48353
160900	24501	365320	1091432	300	18165	16416
94956	12254	888467	1136566	11070	245436	19010
745103	36007	1148216	1855534	2960	16074	24145
2068409	**179664**	**5425891**	**4216882**	**117585**	**291578**	**176950**
1030421	73871	2361272	1856869	112553	175575	117528
932279	60445	2102354	902352		23651	33769
105709	45348	962265	1457661	5032	92352	25653
2006297	**591775**	**1970965**	**3984469**	**4162**	**606376**	**79930**
19000	4775	15488	78944	250		2076
457822	446896	938475	2096522	3912	3546	34943
82500	51911	126093	493217		82400	8707
50534	50222	136496	426588			5991
1396441	37971	754413	889198		520430	28213
740023	**102044**	**1280933**	**1060136**			**35651**
441112	54818	698407	509819			14165
41245	20870	111325	224263			8322
43870	1864	84395	89686			4029
169091	13057	48307	79895			2859
44705	11435	338499	156473			6276
2176317	**233060**	**2450382**	**2059856**	**3012**	**33043**	**58340**
1912497	190567	465118	1214597		2060	34225
221465	30140	1950903	706841	2300	30983	18331
42355	12353	34361	138418	712		5784

6-3 按登记注册类型分组的

登记注册类型	年初存货	年末存货	固定资产原价	本年折旧
总计	**28468195**	**60386126**	**159327311**	**2959768**
内资企业	**27480906**	**57290166**	**148554878**	**2547310**
国有企业	2739392	3518651	35778973	577285
集体企业	339937	308723	801354	31677
股份合作企业	77821	161556	625917	26629
联营企业	297126	267013	375883	2845
国有联营企业	286567	226191	295343	698
集体联营企业	3975	19357	47885	271
国有与集体联营企业	3656	3983	1315	62
其他联营企业	2928	17482	31340	1814
有限责任公司	5725671	20563573	64286312	650229
国有独资公司	907633	8221280	25358820	64296
其他有限责任公司	4818038	12342293	38927492	585933
股份有限公司	494378	3777375	18174283	296139
私营企业	17784517	28617555	28412601	957283
私营独资企业	618907	1161418	3286753	143202
私营合伙企业	102695	151137	439189	28857
私营有限责任公司	16575244	26615041	23847751	737856
私营股份有限公司	487671	689959	838908	47368
其他企业	22064	75720	99555	5223
港、澳、台商投资企业	**27995**	**140128**	**998151**	**15370**
合资经营企业(港或澳、台资)	4977	70316	286617	4114
合作经营企业(港或澳、台资)			658	38
港、澳、台商独资经营企业	3328	26675	47649	971
港、澳、台商投资股份有限公司	19690	43137	663227	10247
外商投资企业	**959294**	**2955832**	**9774282**	**397088**
中外合资经营企业	106248	1981357	5245511	36346
中外合作经营企业	1312	6409	255671	7835
外资企业	849485	964278	4080736	334901
外商投资股份有限公司	2249	3788	192364	18006

企业法人单位财务状况

单位：千元

主营业务收　入	主营业务成　本	主营业务税金及附加	主营业务利　润	三项费用合　计	#税金	#利息支出	营业利润
247798221	**210587505**	**3550884**	**12667614**	**26288952**	**825149**	**4807507**	**7296440**
233170122	**200638399**	**3363159**	**9982442**	**24018949**	**764082**	**4551594**	**5022985**
35701428	32384297	433678	602183	3310427	79131	682192	-99684
1335512	1097493	32215	138296	157082	4622	9755	30740
671316	539770	9483	82690	95248	2610	3043	42149
689583	562857	15080	86322	73269	1300	22525	38263
464498	394482	12460	50239	54438	702	18116	3228
108072	77580	1432	11053	13924	441	2882	14882
18936	17693	660	583	937	37		-354
98077	73102	528	24447	3970	120	1527	20507
71160240	55994892	1009726	2217717	10185507	301322	2302107	3727910
22719451	14711521	338522	263122	4800271	144840	815265	2054018
48440789	41283371	671204	1954595	5385236	156482	1486842	1673892
32202990	29567869	535670	1236174	2450835	112385	432193	-749415
90418695	79658700	1322301	5527874	7707270	261497	1098277	1926818
5231913	4314863	126623	783064	491523	18522	51170	306233
719090	530826	18139	164269	104138	4359	8753	72676
82446259	73035609	1137347	4362098	6884510	226742	1019618	1527705
2021433	1777402	40192	218443	227099	11874	18736	20204
990358	832521	5006	91186	39311	1215	1502	106204
1007979	**660392**	**10337**	**231502**	**130398**	**2924**	**9374**	**201568**
413844	380548	248	38	44419	1173	6622	-10506
538		30	508	251			257
173549	130557	2303	23904	20168	575	568	18467
420048	149287	7756	207052	65560	1176	2184	193350
13620120	**9288714**	**177388**	**2453670**	**2139605**	**58143**	**246539**	**2071887**
7873298	6644285	45561	168049	921179	43281	220440	305691
202460	88535	4472	50869	51124	1144	7103	59227
5262248	2523242	119371	2059826	1114835	12668	18998	1535665
282114	32652	7984	174926	52467	1050	-2	171304

6-3 续表

登记注册类型	应付工资	应付福利费	本年应交增值税	所有者权益合计	实收资本
总计	**12269461**	**837898**	**7500877**	**135980757**	**92541136**
内资企业	**11795556**	**811481**	**7254210**	**126198347**	**87449287**
国有企业	2693599	103428	2160065	17088547	11244341
集体企业	80082	7078	12928	635710	667981
股份合作企业	27319	3837	13112	466137	390915
联营企业	18243	122	11299	127387	162982
国有联营企业	14033	119	3960	35326	89627
集体联营企业	4210	3	3803	47868	31603
国有与集体联营企业			51	5903	5432
其他联营企业			3485	38290	36320
有限责任公司	5464808	483407	3006905	52771882	34869730
国有独资公司	2961017	284412	1427199	24249504	14998347
其他有限责任公司	2503791	198995	1579706	28522378	19871383
股份有限公司	945832	76394	543423	16804033	8633083
私营企业	2559903	136066	1483252	38129955	31359787
私营独资企业	82020	4347	89611	3246501	2996564
私营合伙企业	4502	154	6194	522762	443117
私营有限责任公司	2444543	129770	1363895	33405843	26953050
私营股份有限公司	28838	1795	23552	954849	967056
其他企业	5770	1149	23226	174696	120468
港、澳、台商投资企业	**20614**	**191**	**12110**	**625471**	**396014**
合资经营企业(港或澳、台资)	12668	18	11951	210838	215004
合作经营企业(港或澳、台资)				10243	10000
港、澳、台商独资经营企业	5840	37	65	59000	26258
港、澳、台商投资股份有限公司	2106	136	94	345390	144752
外商投资企业	**453291**	**26226**	**234557**	**9156939**	**4695835**
中外合资经营企业	342650	16430	139294	3961184	3111312
中外合作经营企业	9148	515	780	208499	235652
外资企业	99200	9281	94483	4963090	1323303
外商投资股份有限公司	2293			24166	25568

单位：千元、人

						全部从业人员年平均人数
国家资本	集体资本	法人资本	个人资本	港澳台商资本	外商资本	
26370110	**3280039**	**29774640**	**29621318**	**295829**	**3199200**	**733100**
25562465	**3245910**	**29040788**	**29397218**	**121301**	**81605**	**712462**
8959177	1222230	975918	25476	500	61040	117500
13844	563307	52348	38325		157	9930
79570	46431	63079	105220	96615		3241
19299	23357	74128	46198			1572
13799	1200	73998	630			684
300	18935	100	12268			447
	1222		4210			28
5200	2000	30	29090			413
11369110	844017	18368023	4280485	6887	1208	212258
8938183	2178	6057986				69970
2430927	841839	12310037	4280485	6887	1208	142288
4990402	429591	1488831	1724259			45542
129624	111011	7995676	23086977	17299	19200	320131
26325	30559	645472	2289409	4550	249	43634
2250	1950	91941	345240	1450	286	5620
96647	54401	6936464	19835988	11299	18251	264215
4402	24101	321799	616340		414	6662
1439	5966	22785	90278			2288
2880	**2250**	**173848**	**50420**	**165616**	**1000**	**1657**
2880	2250	112348	39420	58106		802
			10000			7
				26258		393
		61500	1000	81252	1000	455
804765	**31879**	**560004**	**173680**	**8912**	**3116595**	**18981**
804765	31879	520888	162619	547	1590614	12079
		18616	9061	8365	199610	470
			2000		1321303	5861
		20500			5068	571

6-4 按行业(小类)分组的

登记注册类型	固定资产原价	本年收入合计	经营收入	本年支出合计	#工资福利支出	#商品和服务支出	#取暖费	#差旅费
总计	**841328**	**542728**	**39068**	**684420**	**179044**	**279972**	**9552**	**21578**
金融业	**539323**	**101433**	**38162**	**228941**	**57765**	**92851**	**4951**	**6914**
银行业	539323	101433	38162	228941	57765	92851	4951	6914
中央银行	539323	101433	38162	228941	57765	92851	4951	6914
中央银行	539323	101433	38162	228941	57765	92851	4951	6914
公共管理和社会组织	**302005**	**441295**	**906**	**455479**	**121279**	**187121**	**4601**	**14664**
中国共产党机关	298539	428749		442600	118096	186558	4417	14664
中国共产党机关	298539	428749		442600	118096	186558	4417	14664
中国共产党机关	298539	428749		442600	118096	186558	4417	14664
基层群众自治组织	3466	12546	906	12879	3183	563	184	
社区自治组织	1399	10617	19	10743	2954	481	112	
社区自治组织	1399	10617	19	10743	2954	481	112	
村民自治组织	2067	1929	887	2136	229	82	72	
村民自治组织	2067	1929	887	2136	229	82	72	

行政事业单位财务状况

单位：千元

#劳务费	#工会经费	#福利费	对个人和家庭的补助	#抚恤金	#生活补助	#救济费	#助学金	#退职(役)费	收支结余	经营税金
9649	**2381**	**11758**	**54994**	**2000**	**2332**	**6618**	**16**	**375**	**-141692**	**484**
2195	**1155**	**9955**	**3656**	**10**	**10**				**-127508**	**484**
2195	1155	9955	3656	10	10				-127508	484
2195	1155	9955	3656	10	10				-127508	484
2195	1155	9955	3656	10	10				-127508	484
7454	**1226**	**1803**	**51338**	**1990**	**2322**	**6618**	**16**	**375**	**-14184**	
7418	1225	1793	44040	1950	2272	107	16	374	-13851	
7418	1225	1793	44040	1950	2272	107	16	374	-13851	
7418	1225	1793	44040	1950	2272	107	16	374	-13851	
36	1	10	7298	40	50	6511		1	-333	
36	1		7298	40	50	6511		1	-126	
36	1		7298	40	50	6511		1	-126	
		10							-207	
		10							-207	

6-5 按地区分组的行政

地区	固定资产原价	本年收入合计	经营收入	本年支出合计	工资福利支出	商品和服务支出	#取暖费	#差旅费
总计	**841328**	**542728**	**39068**	**684420**	**179044**	**279972**	**9552**	**21578**
银川市	**506338**	**235299**	**39024**	**315584**	**80242**	**136837**	**5012**	**8769**
兴庆区	338042	56325	39024	121350	33972	63076	3298	4618
西夏区	4109	7777		7477	4386	2474	127	71
金凤区	151315	136719		150559	34015	56991	1403	3359
永宁县	2614	5706		5676	1726	2595	8	22
贺兰县	5359	16674		18421	3745	6564	71	318
灵武市	4899	12098		12101	2398	5137	105	381
石嘴山市	**100271**	**102065**	**19**	**127624**	**26745**	**39139**	**896**	**2172**
大武口区	91148	86506	19	114636	22955	33058	634	1560
惠农区	3050	4238		4133	1822	701	23	51
平罗县	6073	11321		8855	1968	5380	239	561
吴忠市	**106892**	**70702**	**25**	**92971**	**26167**	**30752**	**1524**	**4449**
红寺堡区	1886	4382		3710	1004	2483	5	71
利通区	90647	28666	25	52243	15080	15706	164	3705
盐池县	5666	16251		16401	3584	4361	330	47
同心县	5621	12791		11865	3215	5430	974	241
青铜峡市	3072	8612		8752	3284	2772	51	385
固原市	**81321**	**61060**		**59036**	**23894**	**23668**	**1368**	**3311**
原州区	45714	30793		30054	12453	13109	879	2212
西吉县	7707	6775		6775	2127	4545	341	290
隆德县	12255	4328		4328	3356	711	118	164
泾源县	4275	7496		7930	2397	1289	30	358
彭阳县	11370	11668		9949	3561	4014		287
中卫市	**46506**	**73602**		**89205**	**21996**	**49576**	**752**	**2877**
沙坡头区	34147	42907		60403	13136	33835	626	1285
中宁县	3274	13013		12807	3592	8618	44	425
海原县	9085	17682		15995	5268	7123	82	1167

事业单位财务状况

单位：千元

#劳务费	#工会经费	#福利费	对个人和家庭的补助	#抚恤金	#生活补助	#救济费	#助学金	#退职(役)费	收支结余	经营税金
9649	**2381**	**11758**	**54994**	**2000**	**2332**	**6618**	**16**	**375**	**-141692**	**484**
3384	**1330**	**5473**	**27712**	**1237**	**484**	**98**	**15**	**281**	**-80285**	**457**
1758	653	4518	11988	309	112				-65025	457
2		1	210		4	10			300	
1583	676	939	11897	363	75			51	-13840	
			780	110	182			148	30	
41	1	15	1251	257	53	80	10	82	-1747	
			1586	198	58	8	5		-3	
962	**557**	**1315**	**6371**	**94**	**252**	**2**	**1**		**-25559**	
949	319	1278	5828	94	167		1		-28130	
13	236	36	206		75	2			105	
	2	1	337		10				2466	
2743	**207**	**1558**	**11271**	**320**	**198**	**6516**		**1**	**-22269**	**27**
31			59						672	
2664	207	1534	993	114	115	5			-23577	27
36			8456	77	54	6511		1	-150	
4			1352	118	25				926	
8		24	411	11	4				-140	
311	**145**	**1099**	**5580**	**177**	**856**			**50**	**2024**	
263	144	1079	3301	47	810			29	739	
20		20	100							
6	1		261	37	20					
10			1065	63	12			21	-434	
12			853	30	14				1719	
2249	**142**	**2313**	**4060**	**172**	**542**	**2**		**43**	**-15603**	
58	129	2190	1910	41	360				-17496	
1662	13	119	552	53	29				206	
529		4	1598	78	153	2		43	1687	

6-6 按登记注册类型分组的

登记注册类型	固定资产原价	本年收入合计	经营收入	本年支出合计	#工资福利支出	#商品和服务支出	#取暖费	#差旅费	#劳务费
总计	**841328**	**542728**	**39068**	**684420**	**179044**	**279972**	**9552**	**21578**	**9649**
#内资	**841328**	**542728**	**39068**	**684420**	**179044**	**279972**	**9552**	**21578**	**9649**
国有	837862	530182	38162	671541	175861	279409	9368	21578	9613
其他内资	3466	12546	906	12879	3183	563	184		36

6-7 按行业(小类)分组的

行业	固定资产原价	本年收入合计	#提供服务收入	#政府补助收入	本年费用合计	业务活动成本	#人员费用
总计	**581237**	**407444**	**155096**	**64036**	**330519**	**212763**	**53465**
水利、环境和公共设施管理业	**30**				**21**		
环境管理业	30				21		
自然保护	30				21		
野生动植物保护	30				21		
文化、体育和娱乐业	**334**	**193**	**150**	**43**	**747**	**423**	**165**
体育	334	193	150	43	747	423	165
体育组织	334	193	150	43	747	423	165
体育组织	334	193	150	43	747	423	165
公共管理和社会组织	**580873**	**407251**	**154946**	**63993**	**329751**	**212340**	**53300**
群众团体、社会团体和宗教组织	580873	407251	154946	63993	329751	212340	53300
群众团体	24574	61330	3843	31582	57915	26804	4587
工会	13517	38262	3813	12561	36628	16205	1121
妇联	569	2994		924	3111	2686	334
共青团	330	2617		1776	2571	2166	1260
其他群众团体	10158	17457	30	16321	15605	5747	1872
社会团体	330463	334372	150756	28645	256860	173213	46311
专业性团体	117515	111772	74713	11553	86755	67696	18167
行业性团体	208870	214520	73565	15274	163903	100784	27688
其他社会团体	4078	8080	2478	1818	6202	4733	456
宗教组织	225836	11549	347	3766	14976	12323	2402
宗教组织	225836	11549	347	3766	14976	12323	2402

行政事业单位财务状况

单位：千元

#工会经费	#福利费	#对个人和家庭的补助	#抚恤金	#生活补助	#救济费	#助学金	#退职(役)费	收支结余	经营税金
2381	**11758**	**54994**	**2000**	**2332**	**6618**	**16**	**375**	**-141692**	**484**
2381	**11758**	**54994**	**2000**	**2332**	**6618**	**16**	**375**	**-141692**	**484**
2380	11748	47696	1960	2282	107	16	374	-141359	484
1	10	7298	40	50	6511		1	-333	

社团及其他单位财务状况

单位：千元

#日常费用	#固定资产折旧	#税费	管理费用	#人员费用	#日常费用	#固定资产折旧	#税费	净资产变动额
80233	**7309**	**577**	**83549**	**34207**	**38296**	**2524**	**265**	**55629**
			21	**21**				
			21	21				
			21	21				
			21	21				
	58	**27**	**322**	**40**	**281**			**552**
	58	27	322	40	281			552
	58	27	322	40	281			552
	58	27	322	40	281			552
80233	**7251**	**550**	**83206**	**34146**	**38015**	**2524**	**265**	**55077**
80233	7251	550	83206	34146	38015	2524	265	55077
15215	7		26490	11976	11063		24	512
11262	1		16246	9344	3989		24	512
127			425	305	120			
900	6		405	204	201			
2926			9414	2123	6753			
58206	4821	550	54251	21129	25813	2418	241	54565
28357	1851	168	15524	7166	6893	801	51	5791
27820	2924	382	37780	13385	18581	1589	190	48717
2029	46		947	578	339	28		57
6812	2423		2465	1041	1139	106		
6812	2423		2465	1041	1139	106		

6-8 按地区分组的社团

地区	固定资产原价	本年收入合计	#提供服务收入	#政府补助收入	本年费用合计	业务活动成本	#人员费用
总计	**581237**	**407444**	**155096**	**64036**	**330519**	**212763**	**53465**
银川市	**298679**	**216907**	**49182**	**37654**	**162263**	**92718**	**15407**
兴庆区	88799	68388	12716	18158	54502	33226	4158
西夏区	51977	10083	7244	670	8663	6264	2191
金凤区	8642	26470	2484	11505	18900	10025	104
永宁县	86198	59417	13053	2259	25244	14085	5345
贺兰县	21892	19495	9365	4651	21218	16222	1173
灵武市	41171	33054	4320	411	33736	12896	2436
石嘴山市	**50166**	**28448**	**15206**	**1988**	**21871**	**4964**	**2893**
大武口区	12412	12420	3565	1356	11581	1461	589
惠农区	32528	5275	4265	552	4435	2009	835
平罗县	5226	10753	7376	80	5855	1494	1469
吴忠市	**58770**	**53215**	**9987**	**15450**	**50365**	**40239**	**18028**
红寺堡区	12	23	23		20	20	15
利通区	35777	34489	5073	8812	32756	28851	13112
盐池县	13924	7736	4645	2060	6934	5480	3862
同心县	1765	5575	127	2067	5575	3283	977
青铜峡市	7292	5392	119	2511	5080	2605	62
固原市	**41443**	**25758**	**19366**	**3734**	**14611**	**9735**	**4500**
原州区	2025	2308	1747	422	1205	626	407
西吉县	4140	1925	5		923	850	660
隆德县	14704	1173	1173		1173	1173	737
泾源县	8024	4782	3226	1496	2667	903	403
彭阳县	12550	15570	13215	1816	8643	6183	2293
中卫市	**132179**	**83116**	**61355**	**5210**	**81409**	**65107**	**12637**
沙坡头区	27502	70038	54143	2823	67232	54424	8206
中宁县	12221	8519	4535	2032	7963	5041	2556
海原县	92456	4559	2677	355	6214	5642	1875

及其他单位财务状况

单位：千元

#日常费用	#固定资产折旧	#税费	管理费用	#人员费用	#日常费用	#固定资产折旧	#税费	净资产变动额
80233	**7309**	**577**	**83549**	**34207**	**38296**	**2524**	**265**	**55629**
31834	**4988**	**403**	**48578**	**16476**	**24631**	**1411**	**138**	**11175**
18374	1901	79	20582	7628	8387	673	16	2722
1738	1221	20	2285	1177	897	123	2	4
5149	3		8242	1299	6881	40		194
3262	757	221	9546	3656	4496	432	120	7428
727	74	83	2887	1187	612	5		788
2584	1032		5036	1529	3358	138		39
1628	**293**	**35**	**12129**	**4606**	**7064**	**169**	**3**	
853	18	1	5717	2827	2847	40	3	
750	275	34	2054	974	677	119		
25			4358	805	3540	10		
14652	**412**	**27**	**7826**	**3937**	**2260**	**310**	**23**	**38798**
11422	46	1	1895	893	614	13	23	37580
581	278	5	1193	321	537	297		1218
236			2282	1402	880			
2413	88	21	2456	1321	229			
2686	**17**	**80**	**3749**	**1502**	**1699**			
169		50	579	236	343			
190			73		73			
436								
300			1421	382	491			
1591	17	30	1676	884	792			
29433	**1599**	**32**	**11267**	**7686**	**2642**	**634**	**101**	**5656**
25494	1137	32	8396	5801	1774	586	42	4830
945	79		2304	1571	675	3	44	
2994	383		567	314	193	45	15	826

6-9 按登记注册类型分组的

登记注册类型	固定资产原价	本年收入合计	提供服务收入	政府补助收入	本年费用合计	业务活动成本	#人员费用
总计	**581237**	**407444**	**155096**	**64036**	**330519**	**212763**	**53465**
内资	**581216**	**407334**	**154986**	**64036**	**330434**	**212690**	**53442**
国有	25060	48185	4926	22295	43768	28084	5815
集体	12987	9779	4720	156	7042	5192	1128
股份合作	2433	2711	2191	520	1152	783	499
集体联营	472	1768	1752	5	1766	1291	285
国有独资公司	50	80			43	23	10
私营独资产	29288	5504	3731	110	4765	2507	848
私营合伙	12617	4942	783		3255	721	476
私营有限责任公司	1800	900	900		180		
私营股份有限公司	288	252	230		232	80	60
其他内资	496221	333213	135753	40950	268231	174009	44321
外商投资	**714**	**911**	**911**		**828**	**667**	**485**
中外合资经营	21	110	110		85	73	23
中外合作经营	693	801	801		743	594	462

社团及其他单位财务状况

单位：千元

#日常费用	#固定资产折旧	#税费	管理费用	#人员费用	#日常费用	#固定资产折旧	#税费	净资产变动额
80233	**7309**	**577**	**83549**	**34207**	**38296**	**2524**	**265**	**55629**
80183	**7309**	**577**	**83537**	**34195**	**38296**	**2524**	**265**	**55629**
12121	48		14862	5325	5849	223		2721
1059	180	1	1073	552	388	56	27	204
200	16	50	334	108	226			
	18		100	68	28	4		
10	3		20	10	5	5		
243	176		1917	845	510	63	100	7448
170	9	1	1499	502	793	203		
			180	144	36			
10	10		152	52	100			
66370	6849	525	63400	26589	30361	1970	138	45256
167	**15**		**161**	**104**	**32**	**25**		
50			12	12				
117	15		149	92	32	25		

附　录

主要指标解释

主要指标解释

法人单位　是指具备以下条件的单位：⑴依法成立，有自己的名称、组织机构和场所，能够独立承担民事责任；⑵独立拥有和使用(或授权使用)资产，承担负债，有权与其他单位签订合同；⑶会计上独立核算，能够编制资产负债表。在有关部门登记为法人，但不符合上述条件的单位，根据实际情况或作为产业活动单位普查，或并入上一级法人。

产业活动单位　是指法人单位的附属单位，且具备以下条件：⑴在一个场所从事一种或主要从事一种社会经济活动；⑵相对独立组织生产经营或业务活动；⑶能够掌握收入和支出等业务核算资料。

单产业法人　法人单位只位于一个场所并主要从事一种社会经济活动，称为单产业法人。单产业法人本身也是一个产业活动单位。

多产业法人　法人单位从事多种经济活动，活着位于多个地点，称为多产业法人。多产业法人由两个或两个以上产业活动单位组成。

法人单位所属的产业活动单位　指具备以下条件的单位：（1）在一个场所从事一种或主要从事一种社会经济活动；（2）相对独立组织生产经营或业务活动；（3）能够掌握收入和支出等业务核算资料。

期末从业人员　指在本单位工作并取得劳动报酬或收入的期末实有人员数。期末从业人员包括在各单位工作的外方人员和港澳台方人员、兼职人员、再就业的离退休人员、借用的外单位人员和第二职业者。但不包括离开本单位仍保留劳动关系的职工。

具有研究生及以上学历人员　指接受的最高一级教育为硕士研究生、博士研究生并取得毕业证书的人员，不包括肄业、在读或辍学人员。

具有大学本科学历人员　指接受的最高一级教育为大学本科并取得毕业证书的人员，不包括肄业、在读或辍学人员。

具有大专学历人员　指接受的最高一级教育为大学专科并取得毕业证书的人员，不包括肄业、在读或辍学人员。

具有高中学历人员　指接受的最高一级教育为普通高中、职业高中、技工学校、成人高中，并取得毕业证书的人员。包括等同于高中学历的中等专业学校、成人中专的人员。不包括肄业、在读或辍学人员。

具有初中及以下学历人员　指接受的最高一级教育为初中、相当于初中及以下的人员。

具有高级技术职称人员　指具有国家规定的高级专业技术职称资格或受聘高级技术职务的人员。包括高级工程师(含一级飞行员、高级船长)，农业推广研究员、高级农艺师，正副研究员，正副主任医师，正副教授、高级讲师、中学高级教师，高级经济师，高级会计师，高级统计师，正副译审，正副研究馆员，正副编审、高级记者、主任记者、高级编辑、主任编辑，一、二级律师、公证员，播音指导、主任播音员，高级工艺美术师，国家级教练、高级教练，一、二级艺术人员，高级政工师。

具有中级技术职称人员　指具有国家规定的中级专业技术职称资格或受聘中级技术职务的人员。包括工程师(含二级飞行员、船长、大副)，农艺师，助理研究员，主治医师，讲师、中学一级教师、小学高级教师，经济师，会计师，统计师，翻译，馆员，编辑、记者、一级校对，三级律师、公证员，一级播音员，工艺美术师，一级教练，三级艺术人员，政工师。

具有初级技术职称人员　指具有国家规定的初级专业技术职称资格或受聘初级技术职务的人员。包括助理工程师、技术员(含三、四级飞行员、二、三副)，助理农艺师、农业技术员，研究实习员、实验员，医(护)师(士)，助教、中学二、三级教师、小学一、二、三级教师，助理经济师、经济员、助理会计师、会计员，助理统计师、统计员，助理翻译，助理馆员、管理员，助理编辑记者、二、三级校对，四级律师、公证员助理，二、三级播音员，助理工艺美术师、美术员，二、三级教练，四级艺术人员，助理政工师、政工员。

高级技师　指持有国家劳动保障部门颁发的《职业资格证书》(包括《技术等级证书》、《技师合格证书》、《高级技师合格证书》)职业资格一级(高级技师)证书的人员。

技师　指持有国家劳动保障部门颁发的《职业资格证书》(包括《技术等级证书》、《技师合格证书》、《高级技师合格证书》)职业资格二级(技师)证书的人员。

高技工　指持有国家劳动保障部门颁发的《职业资格证书》(包括《技术等级证书》、《技师合格证书》、《高级技师合格证书》)职业资格三级(高级工)证书的人员。

中技工　指持有国家劳动保障部门颁发的《职业资格证书》(包括《技术等级证书》、《技师合格证书》、《高级技师合格证书》)职业资格四级(中级工)证书的人员。

初技工　指持有国家劳动保障部门颁发的《职业资格证书》(包括《技术等级证书》、《技师合格证书》、《高级技师合格证书》)职业资格五级(初级工)证书的人员。

资产总计　指企业拥有或控制的能以货币计量的经济资源，包括各种财产、债权和其他权利。资产按其流动性（即资产的变现能力和支付能力）划分为：流动资产、长期投资、固定资产、无形资产、递延资产和其他资产。

固定资产原价　指企业在购置、自行建造、安装、改建、扩建、技术改造某项固定资产时所支出的全部支出总额。

所有者权益合计　指所有者在企业资产中享有的经济利益，它等于企业资产减去负债后的余额。包括实收资本（或股本)、资本公积、盈余公积和未分配利润等。

实收资本 指投资者按照企业章程，或合同、协议的约定，实际投入企业的资本。企业实收资本按照投资主体划分为国家资本、集体资本、法人资本、个人资本、港澳台资本和外商资本六种。

国家资本 指有权代表国家投资的政府部门或机构以国有资产投入企业形成的资本。不论企业的资本是哪个政府部门或机构投入的，只要是以国家资金进行投资的，均作为国家资本。根据会计“实收资本”科目期末余额分析填列。

集体资本 指劳动群众集体所有的资产实际投入企业形成的资本。根据会计“实收资本”科目期末余额分析填列。

法人资本 指我国具有法人资格的单位以其依法可以支配的资产投入企业形成的资本。可根据会计“实收资本”科目期末余额分析填列。

个人资本 指我国公民以其合法财产投入企业形成的资本。根据会计“实收资本”科目期末余额分析填列。

港澳台资本 指我国香港、澳门和台湾地区投资者将所有的资产实际投入企业形成的资本。根据会计“实收资本”科目期末余额分析填列。

外商资本 指外国投资者（不包括我国香港、澳门和台湾地区投资者）将所有的资产实际投入企业形成的资本。根据会计“实收资本”科目期末余额分析填列。

营业收入 指企业(单位)在报告期内从事销售商品、提供劳务及转让资产使用权等日常活动中所形成的总收入。包括主营业务收入和其他业务收入。

利润总额 指企业在生产经营过程中各种收入扣除各种耗费后盈余，反映企业在报告期内实现的亏盈总额，包括营业利润、补贴收入、投资净收益和营业外支出净额。

全部从业人员年平均人数 指企业单位年内各月平均拥有的人数，其计算公式为：

$$\text{全部从业人员年平均人数}=\frac{\text{1月平均人数}+\text{2月平均人数}+\cdots+\text{12月平均人数}}{12}$$

$$\text{月平均人数}=\frac{\text{月初从业人员数}+\text{月末从业人员数}}{2}$$

年末在用计算机数 包括年末在用的台式计算机和笔记本电脑的数量。在范围上，不包括本单位生产、购买用于转卖的计算机、长期弃置不用待处理的计算机。在类型上，不包括大、中、小型计算机、服务器、工业用计算机、单板机，以及各类信息终端机、银行用自动存取款机、计算器、掌上电脑（PDA）、电子快译通、电子记事本、电子词典等。

年末拥有网站数 指企业拥有和维护的、有唯一网址、在互联网上可浏览的网站数，不包括企业内网数量。

全年电子商务采购金额 指报告期借助网络订单而采购的商品和服务总额。借助网络订单指通过网络发送订单。付款可以是网上，也可以是网下进行。

全年电子商务销售金额 指报告期借助网络订单而销售的商品和服务总额。借助网络订单指通过网络接受订单。付款可以是网上，也可以是网下进行。

个体经营户 是指除农户外，生产资料归劳动者个人所有，以个体劳动为基础，劳动成果归劳动者个人占有和支配的一种经营单位。包括：(1)经各级工商行政管理机关登记注册并领取《营业执照》的个体工商户。(2)经民政部门核准登记并领取证书的民办非企业单位。(3)没有领取执照或证书，或按照有关规定免于登记，但有相对固定场所、实际从事个体经营活动三个月以上的城镇、农村个体户。但不包括农民家庭以辅助劳力或利用农闲时间进行的一些兼营性活动。

宁夏经济普查年鉴

Ningxia Economic Census Yearbook

2008

综合卷 | 上册

宁夏回族自治区人民政府第二次
全国经济普查领导小组办公室 编
宁夏回族自治区统计局

中国统计出版社
China Statistics Press

（京）新登字041号

图书在版编目（CIP）数据

宁夏经济普查年鉴. 2008/ 宁夏回族自治区人民政府第二次全国经济普查领导小组办公室，宁夏回族自治区统计局编
—北京：中国统计出版社，2010.10
ISBN 978-7-5037-6075-4

I.①宁… II.①宁… ②宁… III.①经济－普查－统计资料－宁夏－2008－年鉴
IV. F127.43-54

中国版本图书馆CIP数据核字(2010)第176800号

宁夏经济普查年鉴—2008（综合卷·上下）

作　　者/宁夏回族自治区人民政府第二次全国经济普查领导小组办公室
　　　　/宁夏回族自治区统计局
责任编辑/马　平
装帧设计/黄俊杰　李雪燕
出版发行/中国统计出版社
通信地址/北京市西城区月坛南街57号
邮政编码/100826
办公地址/北京市丰台区西三环南路甲6号
网　　址/www.stats.gov.cn/tjshujia
电　　话/邮购（010）63376907　书店（010）68783172
印　　刷/宁夏雅昌彩色印务有限公司
经　　销/新华书店
开　　本/880×1230毫米　1/16
字　　数/2150千字
印　　张/68.25
版　　别/2010年11月第1版
版　　次/2010年11月第1次印刷
书　　号/ISBN 978-7-5037-6075-4/F·2939
定　　价/880.00元（全四册 附光盘）

本书附同版光盘一张，内容以纸质图书为准。

编辑说明

为了全面掌握我国第二产业和第三产业的发展规模及布局，了解我国产业组织、产业结构、产业技术的现状以及各生产要素的构成，摸清我国各类企业和单位能源消耗的基本情况，建立健全覆盖国民经济各行业的基本单位名录库、基础信息数据库和统计电子地理信息系统，为加强和改善宏观调控，科学制定中长期发展规划，提供科学准确的统计信息支持，国务院决定在2008年开展第二次全国经济普查。按照全国的统一部署，我区组织开展了全区第二次全国经济普查。这次普查的标准时点是2008年12月31日，时期资料为2008年度。普查对象是在我区行政区划内从事第二产业和第三产业的全部法人单位、产业活动单位和个体经营户。普查主要内容包括单位基本属性、从业人员、财务状况、生产经营情况、生产能力、能源消耗、科技活动情况等。

在自治区党委、政府及全区各级党和政府的高度重视和领导下，在各有关部门的密切配合下，经过全区各级普查机构和4万多名普查工作者两年的艰苦努力和辛勤工作，全区第二次全国经济普查的主要任务已圆满完成，取得重要成果。

《宁夏经济普查年鉴—2008》是根据宁夏第二次全国经济普查结果汇编的，并按照现行的国家统计分类标准对基础数据进行加工汇总而成的一部大型资料集。全书分为综合卷、第二产业卷和第三产业卷，并随书配送同版本电子光盘一张。与第一次经济普查年鉴相比，综合卷增加了信息化情况表式。本书通过大量的数据，诠释了全区社会发展、经济增长和科技进步的本来面貌，内容全面，资料丰富，是各级党政领导、行政管理人员以及科研机构和社会各界全面了解和认识我区的重要参考资料。同时，为我区宏观经济政策制定和经济社会发展规划编制提供科学依据，为社会各方面应用提供翔实数据，服务于现代化。

为使读者能够更好地使用本资料，现对有关问题做如下说明:

1．本资料中地区分组数据均按法人单位实际所在行政区的原则进行汇总。

2．本资料中部分分组数据相加与总计有差异，原因是分组所列项目不全，或分组所列项目只限定部分数据对象填写。

3． 本资料各表种中所列出的“单位数”存在差异，是由于经济普查对不同的表种限定了不同的填报范围，因此各表种的“单位数”均显示为实际填报该表种的单位数量。

4． 本资料中使用的符号：“空格”表示该项指标无数据；“＃”表示主要项中的其中部分项目，“…”表示数据不足该表最小单位数。

综合卷（上册）目录

第1篇 综合

第2篇 事业、机关、团体、民办非企业

第3篇 信息化

第4篇 能源

第 1 篇

综　　合

1-1 按地区、行业(门类)

地区	法人单位数	农、林、牧、渔业	采矿业	制造业	电力、燃气及水的生产和供应业	建筑业	交通运输、仓储和邮政业	信息传输、计算机服务和软件业	批发和零售业
总计	**29300**	**8**	**565**	**3798**	**136**	**886**	**439**	**623**	**5669**
银川市	**11490**	**3**	**63**	**1350**	**61**	**541**	**117**	**359**	**3515**
兴庆区	5535		2	174	25	309	42	140	2478
西夏区	1088		33	200	4	39	11	53	237
金凤区	1883		3	242	13	139	21	77	449
永宁县	791		2	205	6	7	8	24	68
贺兰县	1229	2	3	371	9	21	17	19	176
灵武市	964	1	20	158	4	26	18	46	107
石嘴山市	**3993**	**2**	**238**	**843**	**18**	**90**	**49**	**74**	**731**
大武口区	1770		81	234	4	68	26	51	467
惠农区	868	2	30	229	5	14	14	11	137
平罗县	1355		127	380	9	8	9	12	127
吴忠市	**4872**	**1**	**106**	**612**	**31**	**110**	**80**	**75**	**720**
红寺堡区	190		5	27	2	5	3	6	24
利通区	1764		14	287	13	47	36	23	361
盐池县	669		62	64	7	14	17	14	120
同心县	1336		5	77	2	16	10	9	81
青铜峡市	913	1	20	157	7	28	14	23	134
固原市	**4561**		**56**	**498**	**13**	**55**	**115**	**53**	**264**
原州区	1453		6	157	4	23	61	27	118
西吉县	1290		10	164	1	9	23	13	43
隆德县	484		9	69	3	7	11	4	26
泾源县	516		8	18	2	7	15	2	19
彭阳县	818		23	90	3	9	5	7	58
中卫市	**4384**	**2**	**102**	**495**	**13**	**90**	**78**	**62**	**439**
沙坡头区	1762		40	253	6	60	39	38	202
中宁县	1266	2	45	145	4	23	19	14	181
海原县	1356		17	97	3	7	20	10	56

分组的法人单位数

单位：个

住宿和餐饮业	金融业	房地产业	租赁和商务服务业	科学研究、技术服务和地质勘查业	水利、环境和公共设施管理业	居民服务和其他服务业	教育	卫生、社会保障和社会福利业	文化、体育和娱乐业	公共管理和社会组织	国际组织
490	**190**	**772**	**1252**	**627**	**225**	**372**	**1344**	**791**	**299**	**10814**	
263	**105**	**508**	**769**	**318**	**89**	**246**	**483**	**162**	**139**	**2399**	
189	77	274	489	179	50	145	179	63	93	627	
28	3	41	34	25	9	15	116	23	11	206	
26	14	114	160	76	10	75	67	29	19	349	
3	3	13	17	11	5	4	23	18	4	370	
10	6	39	43	17	10	4	45	20	11	406	
7	2	27	26	10	5	3	53	9	1	441	
54	**28**	**99**	**177**	**83**	**34**	**42**	**199**	**69**	**35**	**1128**	
30	23	75	109	62	20	27	97	21	22	353	
8	3	11	26	8	6	6	50	19	3	286	
16	2	13	42	13	8	9	52	29	10	489	
75	**22**	**75**	**142**	**98**	**52**	**42**	**186**	**110**	**46**	**2289**	
3	1	3	3	1	1	1	10	9		86	
39	16	34	62	28	10	9	58	31	20	676	
13	2	5	29	19	21	22	28	23	9	200	
7	1	10	26	42	15	3	42	23	9	958	
13	2	23	22	8	5	7	48	24	8	369	
39	**17**	**37**	**64**	**77**	**32**	**14**	**181**	**133**	**42**	**2871**	
22	11	27	42	31	14	7	47	33	20	803	
3	1	4	7	12	9	3	36	34	7	911	
4	2	3	2	11	6		39	20	2	266	
6	1		8	16	2	1	17	15	5	374	
4	2	3	5	7	1	3	42	31	8	517	
59	**18**	**53**	**100**	**51**	**18**	**28**	**295**	**317**	**37**	**2127**	
33	15	38	61	32	10	18	120	181	24	592	
19	2	15	24	11	8	10	124	110	9	501	
7	1		15	8			51	26	4	1034	

1-2 按机构类型、人员组距、开业(成立)时间分组的法人单位数、产业活动单位数及就业人数

分组	法人单位 单位数(个)	单产业法人	多产业法人	就业人数(人)	女性	产业活动单位 单位数(个)	多产业法人所属的产业活动单位数	就业人数(人)
总计	**29300**	**27934**	**1366**	**887129**	**307913**	**37011**	**9077**	**935166**
按机构类型分组								
企业法人	15514	15086	428	610020	202398	18189	3103	645651
事业法人	2753	2436	317	162574	76496	5066	2630	170135
机关法人	1465	890	575	61373	15876	4110	3220	66146
社会法人	2098	2079	19	18245	3957	2132	53	18258
民办非企业单位	492	489	3	6855	4429	499	10	6864
基金会	5	5		37	9	5		37
居委会	421	418	3	3001	2237	425	7	3014
村委会	2324	2309	15	9313	1272	2339	30	9316
其他组织机构	4228	4222	6	15711	1239	4244	22	15724
按就业人员分组								
7人及以下	16882	16809	73	61903	16244	16961	152	62004
8-19人	5767	5592	175	67988	23400	6123	531	69173
20-49人	3506	3122	384	109274	38539	4925	1803	111145
50-99人	1694	1370	324	115574	43320	3306	1936	117901
100-299人	1101	815	286	177225	64615	3798	2983	185391
300-499人	170	118	52	64486	22121	710	592	64723
500-999人	93	63	30	63889	24289	379	316	66639
1000-4999人	84	45	39	161982	61860	758	713	150903
5000-9999人	1		1	6730	1218	5	5	6406
10000人及以上	2		2	58078	12307	44	44	100860
按开业(成立)年份分组								
1949年以前	321	267	54	14644	5944	663	396	15563
1950-1977年	3010	2613	397	164885	62627	5372	2759	159181
1978-1991年	5494	5197	297	138424	45358	7401	2204	140618
1992-1995年	1278	1217	61	41265	12336	1547	330	41614
1996年	536	517	19	15602	6179	633	116	15717
1997年	447	421	26	14881	6512	540	119	17114
1998年	851	815	36	33832	12558	1152	337	38045
1999年	671	633	38	34132	12468	871	238	37444
2000年	1031	996	35	31523	11141	1219	223	31873
2001年	986	965	21	27971	10056	1053	88	28147
2002年	1387	1315	72	37240	13707	1680	365	37247
2003年	2005	1896	109	64581	22386	2525	629	61175
2004年	2107	2025	82	58434	19912	2614	589	58132
2005年	2098	2064	34	41136	14266	2334	270	41241
2006年	2368	2340	28	98020	27126	2469	129	140728
2007年	2321	2288	33	39030	14613	2411	123	39259
2008年	2278	2259	19	30287	10417	2396	137	30725

1-3　按地区分组的法人单位数、就业人数及产业活动单位数

地　　区	法人单位数(个)	单产业法人单位	多产业法人单位	就业人数(人)	产业活动单位数(个)	其中:多产业法人所属的产业活动单位
总　　计	**29300**	**27934**	**1366**	**887129**	**37011**	**9077**
银川市	**11490**	**11014**	**476**	**441160**	**13948**	**2934**
兴庆区	5535	5329	206	229046	6682	1353
西夏区	1088	1058	30	59140	1250	192
金凤区	1883	1810	73	63306	2275	465
永宁县	791	734	57	25313	1087	353
贺兰县	1229	1167	62	29557	1464	297
灵武市	964	916	48	34798	1189	273
石嘴山市	**3993**	**3838**	**155**	**133875**	**4662**	**824**
大武口区	1770	1730	40	59829	1929	199
惠农区	868	805	63	41193	1104	299
平罗县	1355	1303	52	32853	1629	326
吴忠市	**4872**	**4584**	**288**	**130030**	**6384**	**1800**
红寺堡区	190	166	24	5033	303	137
利通区	1764	1660	104	54236	2371	711
盐池县	669	623	46	15189	847	224
同心县	1336	1302	34	16792	1649	347
青铜峡市	913	833	80	38780	1214	381
固原市	**4561**	**4283**	**278**	**84720**	**6527**	**2244**
原州区	1453	1391	62	33379	1901	510
西吉县	1290	1228	62	19760	1834	606
隆德县	484	426	58	10605	845	419
泾源县	516	476	40	7343	725	249
彭阳县	818	762	56	13633	1222	460
中卫市	**4384**	**4215**	**169**	**97344**	**5490**	**1275**
沙坡头区	1762	1714	48	46552	2042	328
中宁县	1266	1225	41	31989	1545	320
海原县	1356	1276	80	18803	1903	627

1-4 按行业(小类)分组的法人单位数、产业活动单位数及就业人数

行业	法人单位					产业活动单位		
	单位数(个)	单产业法人	多产业法人	就业人数(人)	女性	单位数(个)	多产业法人所属的产业活动单位数	就业人数(人)
总计	**29300**	**27934**	**1366**	**887129**	**307913**	**37011**	**9077**	**935166**
农、林、牧、渔业	**8**		**8**	**13843**	**6299**	**107**	**107**	**693**
农业	8		8	13843	6299	4	4	47
谷物及其他作物的种植	8		8	13843	6299	3	3	43
谷物的种植	8		8	13843	6299	3	3	43
水果、坚果、饮料和香料作物的种植						1	1	4
水果、坚果的种植						1	1	4
林业						6	6	61
林木的培育和种植						6	6	61
育种和育苗						6	6	61
畜牧业						2	2	23
牲畜的饲养						1	1	5
牲畜的饲养						1	1	5
家禽的饲养						1	1	18
家禽的饲养						1	1	18
农、林、牧、渔服务业						95	95	562
农业服务业						11	11	89
灌溉服务						1	1	30
其他农业服务						10	10	59
林业服务业						22	22	159
林业服务业						22	22	159
畜牧服务业						62	62	314
兽医服务						61	61	312
其他畜牧服务						1	1	2
采矿业	**565**	**560**	**5**	**61722**	**10739**	**589**	**29**	**93801**
煤炭开采和洗选业	279	276	3	57990	10337	298	22	89808
烟煤和无烟煤的开采洗选	278	275	3	57985	10337	297	22	89803
烟煤和无烟煤的开采洗选	278	275	3	57985	10337	297	22	89803
其他煤炭采选	1	1		5		1		5
其他煤炭采选	1	1		5		1		5
石油和天然气开采业	45	45		362	8	45		362
天然原油和天然气开采	43	43		263	4	43		263
天然原油和天然气开采	43	43		263	4	43		263
与石油和天然气开采有关的服务活动	2	2		99	4	2		99
与石油和天然气开采有关的服务活动	2	2		99	4	2		99
黑色金属矿采选业	9	9		202	30	10	1	204
铁矿采选	8	8		201	30	9	1	203
铁矿采选	8	8		201	30	9	1	203
其他黑色金属矿采选	1	1		1		1		1
其他黑色金属矿采选	1	1		1		1		1
有色金属矿采选业	5	5		157	30	5		157
常用有色金属矿采选	3	3		136	30	3		136
镍钴矿采选	1	1		122	30	1		122
镁矿采选	2	2		14		2		14

1-4　续表 1

行　　业	法人单位					产业活动单位		
	单位数(个)	单产业法　人	多产业法　人	就业人数(人)	女性	单位数(个)	多产业法人所属的产业活动单位数	就业人数(人)
贵金属矿采选	1	1		1		1		1
金矿采选	1	1		1		1		1
稀有稀土金属矿采选	1	1		20		1		20
稀土金属矿采选	1	1		20		1		20
非金属矿采选业	227	225	2	3011	334	231	6	3270
土砂石开采	202	200	2	2681	272	206	6	2940
石灰石、石膏开采	38	38		705	45	38		705
建筑装饰用石开采	29	29		331	27	29		331
耐火土石开采	7	7		183	2	7		183
粘土及其他土砂石开采	128	126	2	1462	198	132	6	1721
化学矿采选	1	1		5	2	1		5
化学矿采选	1	1		5	2	1		5
石棉及其他非金属矿采选	24	24		325	60	24		325
石墨、滑石采选	3	3		15	3	3		15
其他非金属矿采选	21	21		310	57	21		310
制造业	**3798**	**3766**	**32**	**217777**	**69064**	**3891**	**125**	**220120**
农副食品加工业	559	551	8	11894	4023	583	32	11652
谷物磨制	134	132	2	2214	681	134	2	2176
谷物磨制	134	132	2	2214	681	134	2	2176
饲料加工	58	56	2	1472	305	76	20	1174
饲料加工	58	56	2	1472	305	76	20	1174
植物油加工	31	31		507	157	31		507
食用植物油加工	31	31		507	157	31		507
制糖	2	2		30	5	2		30
制糖	2	2		30	5	2		30
屠宰及肉类加工	62	59	3	1497	534	67	8	1524
畜禽屠宰	40	38	2	975	272	45	7	1012
肉制品及副产品加工	22	21	1	522	262	22	1	512
蔬菜、水果和坚果加工	81	81		1741	1028	81		1741
蔬菜、水果和坚果加工	81	81		1741	1028	81		1741
其他农副食品加工	191	190	1	4433	1313	192	2	4500
淀粉及淀粉制品的制造	170	169	1	3810	956	171	2	3877
豆制品制造	6	6		225	119	6		225
蛋品加工	5	5		137	108	5		137
其他未列明的农副食品加工	10	10		261	130	10		261
食品制造业	178	175	3	9053	3838	193	18	9055
焙烤食品制造	52	49	3	989	563	67	18	991
糕点、面包制造	46	43	3	893	513	61	18	895
饼干及其他焙烤食品制造	6	6		96	50	6		96
糖果、巧克力及蜜饯制造	10	10		229	45	10		229
糖果、巧克力制造	4	4		75	28	4		75
蜜饯制作	6	6		154	17	6		154
方便食品制造	21	21		454	261	21		454
米、面制品制造	13	13		211	87	13		211
速冻食品制造	5	5		175	141	5		175
方便面及其他方便食品制造	3	3		68	33	3		68

1-4 续表 2

行业	法人单位					产业活动单位		
	单位数(个)	单产业法人	多产业法人	就业人数(人)	女性	单位数(个)	多产业法人所属的产业活动单位数	就业人数(人)
液体乳及乳制品制造	37	37		3157	1481	37		3157
液体乳及乳制品制造	37	37		3157	1481	37		3157
罐头制造	4	4		51	24	4		51
蔬菜、水果罐头制造	4	4		51	24	4		51
调味品、发酵制品制造	30	30		3511	1194	30		3511
味精制造	5	5		1276	522	5		1276
酱油、食醋及类似制品的制造	15	15		193	73	15		193
其他调味品、发酵制品制造	10	10		2042	599	10		2042
其他食品制造	24	24		662	270	24		662
营养、保健食品制造	16	16		317	154	16		317
食品及饲料添加剂制造	6	6		229	80	6		229
其他未列明的食品制造	2	2		116	36	2		116
饮料制造业	104	103	1	5641	2724	106	3	5660
酒的制造	54	54		4201	2196	54		4201
白酒制造	24	24		1564	885	24		1564
啤酒制造	4	4		706	205	4		706
黄酒制造	3	3		42	21	3		42
葡萄酒制造	14	14		358	174	14		358
其他酒制造	9	9		1531	911	9		1531
软饮料制造	44	43	1	1294	430	45	2	1298
碳酸饮料制造	1	1		40		1		40
瓶(罐)装饮用水制造	20	19	1	221	75	21	2	225
果菜汁及果菜汁饮料制造	17	17		955	326	17		955
含乳饮料和植物蛋白饮料制造	2	2		44	17	2		44
固体饮料制造	1	1		11	4	1		11
茶饮料及其他软饮料制造	3	3		23	8	3		23
精制茶加工	6	6		146	98	7	1	161
精制茶加工	6	6		146	98	7	1	161
烟草制品业	1	1		29	8	1		29
烟叶复烤	1	1		29	8	1		29
烟叶复烤	1	1		29	8	1		29
纺织业	113	109	4	9896	6840	121	12	14211
棉、化纤纺织及印染精加工	8	8		615	462	8		615
棉、化纤纺织加工	8	8		615	462	8		615
毛纺织和染整精加工	86	82	4	8903	6136	94	12	13218
毛纺织	86	82	4	8903	6136	94	12	13218
麻纺织	1	1		7	1	1		7
麻纺织	1	1		7	1	1		7
丝绢纺织及精加工	1	1		60	40	1		60
缫丝加工	1	1		60	40	1		60
纺织制成品制造	14	14		285	185	14		285
棉及化纤制品制造	4	4		27	13	4		27
毛制品制造	2	2		67	28	2		67
麻制品制造	2	2		35	28	2		35

1-4 续表 3

行业	法人单位					产业活动单位		
	单位数(个)	单产业法人	多产业法人	就业人数(人)	女性	单位数(个)	多产业法人所属的产业活动单位数	就业人数(人)
绳、索、缆的制造	2	2		133	98	2		133
无纺布制造	1	1		4	1	1		4
其他纺织制成品制造	3	3		19	17	3		19
针织品、编织品及其制品制造	3	3		26	16	3		26
棉、化纤针织品及编织品制造	2	2		21	15	2		21
毛针织品及编织品制造	1	1		5	1	1		5
纺织服装、鞋、帽制造业	25	25		895	626	26	1	932
纺织服装制造	25	25		895	626	26	1	932
纺织服装制造	25	25		895	626	26	1	932
皮革、毛皮、羽毛(绒)及其制品业	40	40		707	296	40		707
皮革鞣制加工	13	13		218	64	13		218
皮革鞣制加工	13	13		218	64	13		218
皮革制品制造	3	3		19	4	3		19
皮鞋制造	3	3		19	4	3		19
毛皮鞣制及制品加工	19	19		423	197	19		423
毛皮鞣制加工	12	12		244	103	12		244
毛皮服装加工	4	4		109	66	4		109
其他毛皮制品加工	3	3		70	28	3		70
羽毛(绒)加工及制品制造	5	5		47	31	5		47
羽毛(绒)加工	4	4		41	31	4		41
羽毛(绒)制品加工	1	1		6		1		6
木材加工及木、竹、藤、棕、草制品业	31	31		534	260	32	1	574
锯材、木片加工	6	6		32	7	6		32
锯材加工	4	4		27	6	4		27
木片加工	2	2		5	1	2		5
人造板制造	8	8		89	31	9	1	129
胶合板制造	3	3		57	21	3		57
纤维板制造	1	1		14	6	2	1	54
其他人造板、材制造	4	4		18	4	4		18
木制品制造	13	13		198	74	13		198
建筑用木料及木材组件加工	10	10		148	69	10		148
木容器制造	2	2		40	5	2		40
软木制品及其他木制品制造	1	1		10		1		10
竹、藤、棕、草制品制造	4	4		215	148	4		215
竹、藤、棕、草制品制造	4	4		215	148	4		215
家具制造业	48	48		772	207	48		772
木质家具制造	37	37		577	159	37		577
木质家具制造	37	37		577	159	37		577
金属家具制造	5	5		79	24	5		79
金属家具制造	5	5		79	24	5		79
塑料家具制造	1	1		5	1	1		5
塑料家具制造	1	1		5	1	1		5
其他家具制造	5	5		111	23	5		111
其他家具制造	5	5		111	23	5		111

1-4 续表 4

行业	法人单位					产业活动单位		
	单位数（个）	单产业法人	多产业法人	就业人数（人）	女性	单位数（个）	多产业法人所属的产业活动单位数	就业人数（人）
造纸及纸制品业	72	71	1	16529	7325	73	2	16534
纸浆制造	2	2		70	10	2		70
纸浆制造	2	2		70	10	2		70
造纸	33	32	1	15434	6849	33	1	15434
机制纸及纸板制造	22	21	1	14881	6500	22	1	14881
加工纸制造	11	11		553	349	11		553
纸制品制造	37	37		1025	466	38	1	1030
纸和纸板容器的制造	20	20		479	256	20		479
其他纸制品制造	17	17		546	210	18	1	551
印刷业和记录媒介的复制	162	162		3194	1738	167	5	3390
印刷	156	156		3134	1725	161	5	3330
书、报、刊印刷	69	69		947	450	72	3	1109
本册印制	41	41		524	318	43	2	558
包装装潢及其他印刷	46	46		1663	957	46		1663
装订及其他印刷服务活动	6	6		60	13	6		60
装订及其他印刷服务活动	6	6		60	13	6		60
文教体育用品制造业	4	4		30	10	4		30
文化用品制造	3	3		15	8	3		15
文具制造	1	1		3		1		3
墨水、墨汁制造	2	2		12	8	2		12
体育用品制造	1	1		15	2	1		15
体育器材及配件制造	1	1		15	2	1		15
石油加工、炼焦及核燃料加工业	54	52	2	9814	2515	52		8995
精炼石油产品的制造	15	15		5344	1616	15		5344
原油加工及石油制品制造	15	15		5344	1616	15		5344
炼焦	39	37	2	4470	899	37		3651
炼焦	39	37	2	4470	899	37		3651
化学原料及化学制品制造业	334	332	2	30670	7440	339	7	34925
基础化学原料制造	172	172		12619	2366	174	2	12646
无机酸制造	6	6		476	142	6		476
无机碱制造	11	11		425	100	11		425
无机盐制造	46	46		4184	741	47	1	4196
有机化学原料制造	27	27		1491	312	27		1491
其他基础化学原料制造	82	82		6043	1071	83	1	6058
肥料制造	47	46	1	7368	2013	49	3	9583
氮肥制造	7	7		5476	1732	8	1	7691
磷肥制造	9	9		1125	61	9		1125
钾肥制造	1	1		395	120	1		395
复混肥料制造	10	9	1	194	51	11	2	194
有机肥料及微生物肥料制造	18	18		160	46	18		160
其他肥料制造	2	2		18	3	2		18
农药制造	5	5		741	439	5		741
化学农药制造	5	5		741	439	5		741
涂料、油墨、颜料及类似产品制造	24	24		1051	133	24		1051
涂料制造	17	17		222	78	17		222
颜料制造	1	1		16	3	1		16
染料制造	6	6		813	52	6		813

1-4 续表 5

行 业	法人单位 单位数（个）	单产业法人	多产业法人	就业人数（人）	女性	产业活动单位 单位数（个）	多产业法人所属的产业活动单位数	就业人数（人）
合成材料制造	8	7	1	5868	1613	7		4148
初级形态的塑料及合成树脂制造	6	5	1	5855	1610	5		4135
合成橡胶制造	1	1		9	2	1		9
其他合成材料制造	1	1		4	1	1		4
专用化学产品制造	67	67		2719	771	69	2	6452
化学试剂和助剂制造	10	10		915	375	10		915
专项化学用品制造	21	21		390	96	22	1	3678
林产化学产品制造	19	19		1096	220	19		1096
炸药及火工产品制造	2	2		152	42	3	1	597
环境污染处理专用药剂材料制造	1	1		15	4	1		15
动物胶制造	4	4		67	16	4		67
其他专用化学产品制造	10	10		84	18	10		84
日用化学产品制造	11	11		304	105	11		304
肥皂及合成洗涤剂制造	3	3		70	2	3		70
化妆品制造	1	1		10	2	1		10
其他日用化学产品制造	7	7		224	101	7		224
医药制造业	32	32		4926	2195	33	1	4928
化学药品原药制造	2	2		2291	922	2		2291
化学药品原药制造	2	2		2291	922	2		2291
化学药品制剂制造	4	4		699	462	4		699
化学药品制剂制造	4	4		699	462	4		699
中药饮片加工	4	4		187	96	5	1	189
中药饮片加工	4	4		187	96	5	1	189
中成药制造	10	10		684	275	10		684
中成药制造	10	10		684	275	10		684
兽用药品制造	6	6		981	424	6		981
兽用药品制造	6	6		981	424	6		981
生物、生化制品的制造	5	5		74	7	5		74
生物、生化制品的制造	5	5		74	7	5		74
卫生材料及医药用品制造	1	1		10	9	1		10
卫生材料及医药用品制造	1	1		10	9	1		10
化学纤维制造业	2	2		113	27	2		113
合成纤维制造	2	2		113	27	2		113
涤纶纤维制造	1	1		100	25	1		100
维纶纤维制造	1	1		13	2	1		13
橡胶制品业	23	23		4221	1043	23		4221
轮胎制造	5	5		3731	844	5		3731
车辆、飞机及工程机械轮胎制造	2	2		3682	832	2		3682
轮胎翻新加工	3	3		49	12	3		49
橡胶板、管、带的制造	8	8		370	172	8		370
橡胶板、管、带的制造	8	8		370	172	8		370
橡胶零件制造	3	3		21	6	3		21
橡胶零件制造	3	3		21	6	3		21

1-4 续表 6

行业	法人单位					产业活动单位		
	单位数（个）	单产业法人	多产业法人	就业人数（人）	女性	单位数（个）	多产业法人所属的产业活动单位数	就业人数（人）
再生橡胶制造	2	2		18	7	2		18
再生橡胶制造	2	2		18	7	2		18
日用及医用橡胶制品制造	4	4		75	12	4		75
日用及医用橡胶制品制造	4	4		75	12	4		75
其他橡胶制品制造	1	1		6	2	1		6
其他橡胶制品制造	1	1		6	2	1		6
塑料制品业	142	142		3982	2082	143	1	4017
塑料薄膜制造	16	16		392	198	16		392
塑料薄膜制造	16	16		392	198	16		392
塑料板、管、型材的制造	33	33		1116	343	33		1116
塑料板、管、型材的制造	33	33		1116	343	33		1116
塑料丝、绳及编织品的制造	50	50		1900	1259	50		1900
塑料丝、绳及编织品的制造	50	50		1900	1259	50		1900
泡沫塑料制造	8	8		102	52	8		102
泡沫塑料制造	8	8		102	52	8		102
塑料包装箱及容器制造	12	12		238	134	12		238
塑料包装箱及容器制造	12	12		238	134	12		238
塑料零件制造	2	2		63	42	2		63
塑料零件制造	2	2		63	42	2		63
日用塑料制造	6	6		65	20	6		65
日用塑料杂品制造	6	6		65	20	6		65
其他塑料制品制造	15	15		106	34	16	1	141
其他塑料制品制造	15	15		106	34	16	1	141
非金属矿物制品业	933	931	2	34365	8048	953	22	35209
水泥、石灰和石膏的制造	67	66	1	8297	2170	70	4	8445
水泥制造	40	40		7925	2121	41	1	8063
石灰和石膏制造	27	26	1	372	49	29	3	382
水泥及石膏制品制造	168	168		4110	937	176	8	4283
水泥制品制造	96	96		2767	524	98	2	2828
砼结构构件制造	48	48		781	159	54	6	893
石棉水泥制品制造	2	2		9	1	2		9
轻质建筑材料制造	20	20		543	249	20		543
其他水泥制品制造	2	2		10	4	2		10
砖瓦、石材及其他建筑材料制造	428	427	1	14757	3455	436	9	15127
粘土砖瓦及建筑砌块制造	367	366	1	13386	3064	373	7	13690
建筑陶瓷制品制造	5	5		615	254	5		615
建筑用石加工	17	17		232	41	17		232
防水建筑材料制造	11	11		121	23	11		121
隔热和隔音材料制造	16	16		192	42	16		192
其他建筑材料制造	12	12		211	31	14	2	277
玻璃及玻璃制品制造	14	14		455	140	14		455
平板玻璃制造	4	4		85	18	4		85
技术玻璃制品制造	2	2		60	17	2		60
日用玻璃制品及玻璃包装容器制造	2	2		254	75	2		254
玻璃保温容器制造	2	2		10	4	2		10
玻璃纤维及制品制造	2	2		27	20	2		27
玻璃纤维增强塑料制品制造	1	1		3	1	1		3
其他玻璃制品制造	1	1		16	5	1		16

1-4 续表 7

行 业	法人单位					产业活动单位		
	单位数（个）	单产业法人	多产业法人	就业人数（人）	女性	单位数（个）	多产业法人所属的产业活动单位数	就业人数（人）
陶瓷制品制造	2	2		119	51	2		119
卫生陶瓷制品制造	1	1		96	46	1		96
日用陶瓷制品制造	1	1		23	5	1		23
耐火材料制品制造	18	18		294	64	18		294
石棉制品制造	3	3		55	12	3		55
耐火陶瓷制品及其他耐火材料制造	15	15		239	52	15		239
石墨及其他非金属矿物制品制造	236	236		6333	1231	237	1	6486
石墨及碳素制品制造	205	205		4098	727	205		4098
其他非金属矿物制品制造	31	31		2235	504	32	1	2388
黑色金属冶炼及压延加工业	130	128	2	13083	2440	130	2	13063
炼铁	27	26	1	2515	630	27	1	2513
炼铁	27	26	1	2515	630	27	1	2513
炼钢	1	1		30	10	1		30
炼钢	1	1		30	10	1		30
钢压延加工	21	21		1937	363	22	1	1942
钢压延加工	21	21		1937	363	22	1	1942
铁合金冶炼	81	80	1	8601	1437	80		8578
铁合金冶炼	81	80	1	8601	1437	80		8578
有色金属冶炼及压延加工业	56	54	2	20403	5201	56	2	14926
常用有色金属冶炼	34	33	1	15316	3220	34	1	14261
铜冶炼	3	3		45	6	3		45
铅锌冶炼	10	10		631	104	10		631
铝冶炼	6	5	1	8430	2030	6	1	7375
镁冶炼	13	13		5486	856	13		5486
其他常用有色金属冶炼	2	2		724	224	2		724
贵金属冶炼	1	1		3	1	1		3
其他贵金属冶炼	1	1		3	1	1		3
稀有稀土金属冶炼	7	6	1	4732	1886	6		207
稀土金属冶炼	5	5		194	40	5		194
其他稀有金属冶炼	2	1	1	4538	1846	1		13
有色金属合金制造	7	7		176	66	7		176
有色金属合金制造	7	7		176	66	7		176
有色金属压延加工	7	7		176	28	8	1	279
常用有色金属压延加工	7	7		176	28	8	1	279
金属制品业	198	197	1	6963	1854	201	4	6958
结构性金属制品制造	128	128		2416	593	129	1	2431
金属结构制造	47	47		1389	314	47		1389
金属门窗制造	81	81		1027	279	82	1	1042
金属工具制造	9	9		214	25	9		214
手工具制造	1	1		4		1		4
农用及园林用金属工具制造	4	4		153	17	4		153
其他金属工具制造	4	4		57	8	4		57

1-4 续表 8

行业	法人单位					产业活动单位		
	单位数（个）	单产业法人	多产业法人	就业人数（人）	女性	单位数（个）	多产业法人所属的产业活动单位数	就业人数（人）
集装箱及金属包装容器制造	9	9		241	48	9		241
金属包装容器制造	9	9		241	48	9		241
金属丝绳及其制品的制造	10	10		2958	960	11	1	2961
金属丝绳及其制品的制造	10	10		2958	960	11	1	2961
建筑、安全用金属制品制造	14	13	1	319	95	14	1	262
建筑、家具用金属配件制造	2	2		82	28	2		82
建筑装饰及水暖管道零件制造	7	6	1	153	44	7	1	96
其他建筑、安全用金属制品制造	5	5		84	23	5		84
金属表面处理及热处理加工	5	5		166	13	6	1	200
金属表面处理及热处理加工	5	5		166	13	6	1	200
搪瓷制品制造	1	1		52	6	1		52
工业生产配套用搪瓷制品制造	1	1		52	6	1		52
不锈钢及类似日用金属制品制造	6	6		142	27	6		142
金属制厨房调理及卫生器具制造	2	2		17	3	2		17
其他日用金属制品制造	4	4		125	24	4		125
其他金属制品制造	16	16		455	87	16		455
其他未列明的金属制品制造	16	16		455	87	16		455
通用设备制造业	217	216	1	14556	3444	220	4	14562
锅炉及原动机制造	19	19		539	79	20	1	542
锅炉及辅助设备制造	18	18		529	77	19	1	532
内燃机及配件制造	1	1		10	2	1		10
金属加工机械制造	42	42		2975	606	43	1	2979
金属切削机床制造	7	7		2109	425	7		2109
金属成形机床制造	4	4		166	29	4		166
铸造机械制造	8	8		87	10	8		87
金属切割及焊接设备制造	1	1		15	2	1		15
机床附件制造	15	15		422	79	15		422
其他金属加工机械制造	7	7		176	61	8	1	180
起重运输设备制造	12	12		1078	262	12		1078
起重运输设备制造	12	12		1078	262	12		1078
泵、阀门、压缩机及类似机械的制造	7	7		369	84	7		369
泵及真空设备制造	1	1		110	39	1		110
阀门和旋塞的制造	2	2		54	10	2		54
液压和气压动力机械及元件制造	4	4		205	35	4		205
轴承、齿轮、传动和驱动部件的制造	18	18		5418	1747	18		5418
轴承制造	12	12		5321	1733	12		5321
齿轮、传动和驱动部件制造	6	6		97	14	6		97
烘炉、熔炉及电炉制造	2	2		14	3	2		14
烘炉、熔炉及电炉制造	2	2		14	3	2		14
风机、衡器、包装设备等通用设备制造	16	16		594	188	16		594
风机、风扇制造	2	2		160	47	2		160
制冷、空调设备制造	3	3		143	65	3		143
风动和电动工具制造	1	1		25	4	1		25
包装专用设备制造	1	1		21	5	1		21
衡器制造	6	6		49	13	6		49
其他通用设备制造	3	3		196	54	3		196

1-4 续表 9

行业	法人单位					产业活动单位		
	单位数(个)	单产业法人	多产业法人	就业人数(人)	女性	单位数(个)	多产业法人所属的产业活动单位数	就业人数(人)
通用零部件制造及机械修理	53	52	1	638	115	54	2	637
金属密封件制造	3	3		30	6	3		30
紧固件、弹簧制造	4	4		37	7	4		37
机械零部件加工及设备修理	44	43	1	557	100	45	2	556
其他通用零部件制造	2	2		14	2	2		14
金属铸、锻加工	48	48		2931	360	48		2931
钢铁铸件制造	45	45		2891	353	45		2891
锻件及粉末冶金制品制造	3	3		40	7	3		40
专用设备制造业	93	92	1	6166	1838	94	2	5167
矿山、冶金、建筑专用设备制造	36	35	1	4917	1524	36	1	3828
采矿、采石设备制造	30	29	1	4605	1482	30	1	3516
石油钻采专用设备制造	3	3		299	40	3		299
建筑工程用机械制造	1	1		8	2	1		8
建筑材料生产专用机械制造	2	2		5		2		5
化工、木材、非金属加工专用设备制造	12	12		152	43	12		152
炼油、化工生产专用设备制造	1	1		30	5	1		30
塑料加工专用设备制造	3	3		41	23	3		41
模具制造	7	7		78	13	7		78
其他非金属加工专用设备制造	1	1		3	2	1		3
食品、饮料、烟草及饲料生产专用设备制造	1	1		8	1	1		8
饲料生产专用设备制造	1	1		8	1	1		8
印刷、制药、日化生产专用设备制造	2	2		217	59	2		217
制浆和造纸专用设备制造	2	2		217	59	2		217
纺织、服装和皮革工业专用设备制造						1	1	90
纺织专用设备制造						1	1	90
电子和电工机械专用设备制造	7	7		299	102	7		299
电工机械专用设备制造	4	4		32	10	4		32
电子工业专用设备制造	3	3		267	92	3		267
农、林、牧、渔专用机械制造	18	18		268	49	18		268
机械化农业及园艺机具制造	5	5		121	23	5		121
畜牧机械制造	2	2		51	13	2		51
农林牧渔机械配件制造	1	1		1		1		1
其他农林牧渔业机械制造及机械修理	10	10		95	13	10		95
医疗仪器设备及器械制造	9	9		92	33	9		92
医疗诊断、监护及治疗设备制造	4	4		58	22	4		58
假肢、人工器官及植(介)入器械制造	4	4		27	9	4		27
其他医疗设备及器械制造	1	1		7	2	1		7
环保、社会公共安全及其他专用设备制造	8	8		213	27	8		213
环境污染防治专用设备制造	6	6		152	12	6		152
社会公共安全设备及器材制造	1	1		55	14	1		55
其他专用设备制造	1	1		6	1	1		6
交通运输设备制造业	80	79	1	1071	252	81	2	1094
汽车制造	71	71		862	167	72	1	889
汽车整车制造	1	1		23	8	1		23
改装汽车制造	2	2		15	4	2		15
汽车零部件及配件制造	2	2		104	18	2		104
汽车修理	66	66		720	137	67	1	747

1-4 续表 10

行业	法人单位					产业活动单位		
	单位数(个)	单产业法人	多产业法人	就业人数(人)	女性	单位数(个)	多产业法人所属的产业活动单位数	就业人数(人)
摩托车制造	1	1		20	8	1		20
摩托车零部件及配件制造	1	1		20	8	1		20
自行车制造	1	1		5	2	1		5
脚踏自行车及残疾人座车制造	1	1		5	2	1		5
交通器材及其他交通运输设备制造	7	6	1	184	75	7	1	180
交通管理用金属标志及设施制造	7	6	1	184	75	7	1	180
电气机械及器材制造业	84	84		4942	1520	84		4942
电机制造	9	9		1934	584	9		1934
发电机及发电机组制造	3	3		234	39	3		234
电动机制造	6	6		1700	545	6		1700
输配电及控制设备制造	33	33		1606	526	33		1606
变压器、整流器和电感器制造	4	4		449	123	4		449
电容器及其配套设备制造	3	3		34	8	3		34
配电开关控制设备制造	20	20		1081	387	20		1081
电力电子元器件制造	4	4		28	2	4		28
其他输配电及控制设备制造	2	2		14	6	2		14
电线、电缆、光缆及电工器材制造	13	13		389	105	13		389
电线电缆制造	12	12		341	99	12		341
其他电工器材制造	1	1		48	6	1		48
电池制造	4	4		289	153	4		289
电池制造	4	4		289	153	4		289
家用电力器具制造	1	1		20	1	1		20
家用厨房电器具制造	1	1		20	1	1		20
非电力家用器具制造	8	8		143	34	8		143
燃气、太阳能及类似能源的器具制造	7	7		141	32	7		141
其他非电力家用器具制造	1	1		2	2	1		2
照明器具制造	3	3		27	6	3		27
照明灯具制造	2	2		25	5	2		25
灯用电器附件及其他照明器具制造	1	1		2	1	1		2
其他电气机械及器材制造	13	13		534	111	13		534
其他未列明的电气机械制造	13	13		534	111	13		534
通信设备、计算机及其他电子设备制造业	4	4		116	34	4		116
通信设备制造	1	1		6	1	1		6
通信传输设备制造	1	1		6	1	1		6
电子计算机制造	1	1		14	9	1		14
计算机网络设备制造	1	1		14	9	1		14
电子元件制造	1	1		88	22	1		88
电子元件及组件制造	1	1		88	22	1		88
家用视听设备制造	1	1		8	2	1		8
家用影视设备制造	1	1		8	2	1		8
仪器仪表及文化、办公用机械制造业	28	28		2407	785	28		2407
通用仪器仪表制造	21	21		2272	748	21		2272
工业自动控制系统装置制造	4	4		1491	474	4		1491

1-4 续表 11

行业	法人单位					产业活动单位		
	单位数（个）	单产业法人	多产业法人	就业人数（人）	女性	单位数（个）	多产业法人所属的产业活动单位数	就业人数（人）
电工仪器仪表制造	8	8		423	172	8		423
实验分析仪器制造	1	1		11	4	1		11
试验机制造	4	4		246	73	4		246
供应用仪表及其他通用仪器制造	4	4		101	25	4		101
专用仪器仪表制造	2	2		10	2	2		10
汽车及其他用计数仪表制造	1	1		6	1	1		6
其他专用仪器制造	1	1		4	1	1		4
光学仪器及眼镜制造	1	1		3	2	1		3
眼镜制造	1	1		3	2	1		3
文化、办公用机械制造	2	2		92	20	2		92
照相机及器材制造	1	1		68	15	1		68
其他文化、办公用机械制造	1	1		24	5	1		24
其他仪器仪表的制造及修理	2	2		30	13	2		30
其他仪器仪表的制造及修理	2	2		30	13	2		30
工艺品及其他制造业	44	44		766	443	47	3	895
工艺美术品制造	20	20		442	353	23	3	571
雕塑工艺品制造	2	2		8	3	2		8
金属工艺品制造	1	1		3		1		3
抽纱刺绣工艺品制造	1	1		30	26	1		30
地毯、挂毯制造	10	10		322	291	12	2	391
其他工艺美术品制造	6	6		79	33	7	1	139
日用杂品制造	1	1		6	2	1		6
其他日用杂品制造	1	1		6	2	1		6
煤制品制造	18	18		243	66	18		243
煤制品制造	18	18		243	66	18		243
其他未列明的制造业	5	5		75	22	5		75
其他未列明的制造业	5	5		75	22	5		75
废弃资源和废旧材料回收加工业	7	6	1	39	8	7	1	36
金属废料和碎屑的加工处理	2	1	1	9	3	2	1	6
金属废料和碎屑的加工处理	2	1	1	9	3	2	1	6
非金属废料和碎屑的加工处理	5	5		30	5	5		30
非金属废料和碎屑的加工处理	5	5		30	5	5		30
电力、燃气及水的生产和供应业	**136**	**129**	**7**	**30622**	**9664**	**162**	**33**	**31392**
电力、热力的生产和供应业	71	66	5	26415	7900	89	23	27125
电力生产	24	23	1	11197	3498	28	5	12288
火力发电	14	13	1	10749	3348	15	2	11413
水力发电	4	4		305	115	5	1	640
核力发电	1	1		42	9	1		42
其他能源发电	5	5		101	26	7	2	193
电力供应	3	2	1	11613	3347	12	10	11731
电力供应	3	2	1	11613	3347	12	10	11731
热力生产和供应	44	41	3	3605	1055	49	8	3106
热力生产和供应	44	41	3	3605	1055	49	8	3106

1-4 续表 12

行业	法人单位					产业活动单位		
	单位数（个）	单产业法人	多产业法人	就业人数（人）	女性	单位数（个）	多产业法人所属的产业活动单位数	就业人数（人）
燃气生产和供应业	20	20		828	295	20		828
燃气生产和供应业	20	20		828	295	20		828
燃气生产和供应业	20	20		828	295	20		828
水的生产和供应业	45	43	2	3379	1469	53	10	3439
自来水的生产和供应	38	37	1	3035	1339	40	3	3069
自来水的生产和供应	38	37	1	3035	1339	40	3	3069
污水处理及其再生利用	6	5	1	341	129	12	7	367
污水处理及其再生利用	6	5	1	341	129	12	7	367
其他水的处理、利用与分配	1	1		3	1	1		3
其他水的处理、利用与分配	1	1		3	1	1		3
建筑业	**886**	**831**	**55**	**71678**	**10571**	**1176**	**345**	**71611**
房屋和土木工程建筑业	474	424	50	63152	9024	744	320	62009
房屋工程建筑	272	239	33	37605	5119	496	257	36910
房屋工程建筑	272	239	33	37605	5119	496	257	36910
土木工程建筑	202	185	17	25547	3905	248	63	25099
铁路、道路、隧道和桥梁工程建筑	57	53	4	7017	1123	81	28	6899
水利和港口工程建筑	56	53	3	4723	714	61	8	4557
工矿工程建筑	11	10	1	5256	922	17	7	5459
架线和管道工程建筑	40	34	6	6068	773	48	14	5691
其他土木工程建筑	38	35	3	2483	373	41	6	2493
建筑安装业	135	133	2	4390	702	147	14	5226
建筑安装业	135	133	2	4390	702	147	14	5226
建筑安装业	135	133	2	4390	702	147	14	5226
建筑装饰业	234	231	3	3096	727	238	7	3092
建筑装饰业	234	231	3	3096	727	238	7	3092
建筑装饰业	234	231	3	3096	727	238	7	3092
其他建筑业	43	43		1040	118	47	4	1284
工程准备	25	25		738	91	26	1	761
工程准备	25	25		738	91	26	1	761
提供施工设备服务	6	6		40	8	8	2	248
提供施工设备服务	6	6		40	8	8	2	248
其他未列明的建筑活动	12	12		262	19	13	1	275
其他未列明的建筑活动	12	12		262	19	13	1	275
交通运输、仓储和邮政业	**439**	**409**	**30**	**27750**	**9453**	**654**	**245**	**28595**
道路运输业	268	249	19	13641	3116	384	135	14306
公路旅客运输	56	48	8	4932	1639	84	36	4659
公路旅客运输	56	48	8	4932	1639	84	36	4659
道路货物运输	172	169	3	5798	588	178	9	6395
道路货物运输	172	169	3	5798	588	178	9	6395
道路运输辅助活动	40	32	8	2911	889	122	90	3252
客运汽车站	8	8		181	100	9	1	185
公路管理与养护	28	20	8	2684	761	109	89	3021
其他道路运输辅助活动	4	4		46	28	4		46
城市公共交通业	47	45	2	4522	2219	53	8	4635
公共电汽车客运	13	12	1	3751	2029	15	3	3851
公共电汽车客运	13	12	1	3751	2029	15	3	3851

1-4　续表 13

行　业	法人单位					产业活动单位		
	单位数（个）	单产业法　人	多产业法　人	就业人数（人）	女性	单位数（个）	多产业法人所属的产业活动单位数	就业人数（人）
出租车客运	32	31	1	737	172	36	5	750
出租车客运	32	31	1	737	172	36	5	750
其他城市公共交通	2	2		34	18	2		34
其他城市公共交通	2	2		34	18	2		34
水上运输业	4	4		33		5	1	42
水上货物运输	4	4		33		4		33
内河货物运输	4	4		33		4		33
水上运输辅助活动						1	1	9
其他水上运输辅助活动						1	1	9
航空运输业	6	5	1	1170	431	6	1	1170
航空客货运输	4	4		130	37	4		130
航空旅客运输	1	1		83	18	1		83
航空货物运输	3	3		47	19	3		47
航空运输辅助活动	2	1	1	1040	394	2	1	1040
机场	2	1	1	1040	394	2	1	1040
管道运输业	2	2		1067	244	2		1067
管道运输业	2	2		1067	244	2		1067
管道运输业	2	2		1067	244	2		1067
装卸搬运和其他运输服务业	57	56	1	1103	174	58	2	1113
装卸搬运	29	29		893	76	29		893
装卸搬运	29	29		893	76	29		893
运输代理服务	28	27	1	210	98	29	2	220
运输代理服务	28	27	1	210	98	29	2	220
仓储业	44	44		1080	344	64	20	1239
谷物、棉花等农产品仓储	29	29		763	254	48	19	916
谷物、棉花等农产品仓储	29	29		763	254	48	19	916
其他仓储	15	15		317	90	16	1	323
其他仓储	15	15		317	90	16	1	323
邮政业	11	4	7	5134	2925	82	78	5023
国家邮政	7	1	6	5085	2917	75	74	4848
国家邮政	7	1	6	5085	2917	75	74	4848
其他寄递服务	4	3	1	49	8	7	4	175
其他寄递服务	4	3	1	49	8	7	4	175
信息传输、计算机服务和软件业	**623**	**606**	**17**	**13249**	**6520**	**763**	**157**	**14549**
电信和其他信息传输服务业	69	53	16	10055	5320	203	150	11315
电信	37	24	13	8659	4703	160	136	9439
固定电信服务	13	9	4	2169	1102	35	26	2176
移动电信服务	13	7	6	4088	2742	73	66	4442
其他电信服务	11	8	3	2402	859	52	44	2821
互联网信息服务	15	13	2	165	75	15	2	157
互联网信息服务	15	13	2	165	75	15	2	157
广播电视传输服务	16	15	1	1224	540	27	12	1712
有线广播电视传输服务	14	13	1	966	440	24	11	1449
无线广播电视传输服务	2	2		258	100	3	1	263

1-4 续表 14

行业	法人单位					产业活动单位		
	单位数(个)	单产业法人	多产业法人	就业人数(人)	女性	单位数(个)	多产业法人所属的产业活动单位数	就业人数(人)
卫星传输服务	1	1		7	2	1		7
卫星传输服务	1	1		7	2	1		7
计算机服务业	498	497	1	2538	1002	504	7	2578
计算机系统服务	48	48		340	113	50	2	352
计算机系统服务	48	48		340	113	50	2	352
数据处理						1	1	8
数据处理						1	1	8
计算机维修	18	18		122	35	18		122
计算机维修	18	18		122	35	18		122
其他计算机服务	432	431	1	2076	854	435	4	2096
其他计算机服务	432	431	1	2076	854	435	4	2096
软件业	56	56		656	198	56		656
公共软件服务	54	54		653	197	54		653
基础软件服务	40	40		465	146	40		465
应用软件服务	14	14		188	51	14		188
其他软件服务	2	2		3	1	2		3
其他软件服务	2	2		3	1	2		3
批发和零售业	**5669**	**5499**	**170**	**62488**	**28529**	**6459**	**960**	**62515**
批发业	3124	3053	71	31782	11253	3394	341	31568
农畜产品批发	203	192	11	2716	708	281	89	2768
谷物、豆及薯类批发	55	48	7	889	204	103	55	920
种子、饲料批发	87	83	4	893	326	117	34	914
棉、麻批发	1	1		2	1	1		2
其他农畜产品批发	60	60		932	177	60		932
食品、饮料及烟草制品批发	175	172	3	4242	1597	182	10	4235
米、面制品及食用油批发	31	30	1	431	159	32	2	427
糕点、糖果及糖批发	4	4		26	10	4		26
果品、蔬菜批发	36	36		879	380	36		879
肉、禽、蛋及水产品批发	8	8		67	26	8		67
盐及调味品批发	21	20	1	356	144	21	1	351
饮料及茶叶批发	46	46		835	304	46		835
烟草制品批发	8	7	1	1258	314	13	6	1259
其他食品批发	21	21		390	260	22	1	391
纺织、服装及日用品批发	101	98	3	1130	507	104	6	978
纺织品、针织品及原料批发	22	22		179	76	23	1	205
服装批发	20	18	2	224	152	22	4	224
鞋帽批发	1	1		3	2	1		3
厨房、卫生间用具及日用杂货批发	8	8		79	34	8		79
化妆品及卫生用品批发	17	17		159	74	17		159
其他日用品批发	33	32	1	486	169	33	1	308
文化、体育用品及器材批发	61	61		646	307	61		646
文具用品批发	30	30		244	111	30		244
体育用品批发	1	1		8	3	1		8

1-4 续表 15

行业	法人单位					产业活动单位		
	单位数（个）	单产业法人	多产业法人	就业人数（人）	女性	单位数（个）	多产业法人所属的产业活动单位数	就业人数（人）
图书批发	15	15		249	131	15		249
音像制品及电子出版物批发	3	3		45	26	3		45
其他文化用品批发	12	12		100	36	12		100
医药及医疗器材批发	85	78	7	1220	574	93	15	1082
西药批发	17	10	7	538	299	24	14	397
中药材及中成药批发	32	32		420	166	33	1	423
医疗用品及器材批发	36	36		262	109	36		262
矿产品、建材及化工产品批发	1359	1327	32	12233	4441	1502	175	12495
煤炭及制品批发	144	142	2	1853	512	145	3	1952
石油及制品批发	112	106	6	2904	1278	178	72	3110
非金属矿及制品批发	22	21	1	215	76	22	1	205
金属及金属矿批发	477	476	1	3247	1271	478	2	3247
建材批发	270	269	1	1572	511	271	2	1565
化肥批发	163	144	19	1216	369	230	86	1195
农药批发	11	10	1	45	20	15	5	40
农用薄膜批发	11	11		96	24	11		96
其他化工产品批发	149	148	1	1085	380	152	4	1085
机械设备、五金交电及电子产品批发	921	910	11	7265	2510	939	29	7286
农业机械批发	56	54	2	476	147	60	6	476
汽车、摩托车及零配件批发	104	103	1	1397	440	105	2	1397
五金、交电批发	184	182	2	1047	404	186	4	1048
家用电器批发	35	34	1	309	107	37	3	319
计算机、软件及辅助设备批发	39	39		315	124	40	1	319
通讯及广播电视设备批发	25	25		208	92	25		208
其他机械设备及电子产品批发	478	473	5	3513	1196	486	13	3519
贸易经纪与代理	31	30	1	211	86	35	5	211
贸易经纪与代理	31	30	1	211	86	35	5	211
其他批发	188	185	3	2119	523	197	12	1867
再生物资回收与批发	137	136	1	1170	266	141	5	1179
其他未列明的批发	51	49	2	949	257	56	7	688
零售业	2545	2446	99	30706	17276	3065	619	30947
综合零售	188	175	13	8413	5856	247	72	8427
百货零售	88	87	1	5591	3844	125	38	6838
超级市场零售	39	31	8	2289	1739	53	22	1046
其他综合零售	61	57	4	533	273	69	12	543
食品、饮料及烟草制品专门零售	174	169	5	1697	841	230	61	2055
粮油零售	54	51	3	721	296	84	33	802
糕点、面包零售	3	3		40	12	18	15	101
果品、蔬菜零售	6	6		84	63	6		84
肉、禽、蛋及水产品零售	14	14		140	34	14		140
饮料及茶叶零售	38	37	1	295	176	43	6	308
烟草制品零售	14	14		47	29	14		47
其他食品零售	45	44	1	370	231	51	7	573

1-4 续表 16

行业	法人单位					产业活动单位		
	单位数（个）	单产业法人	多产业法人	就业人数（人）	女性	单位数（个）	多产业法人所属的产业活动单位数	就业人数（人）
纺织、服装及日用品专门零售	257	240	17	2017	1352	279	39	2016
纺织品及针织品零售	26	25	1	146	86	29	4	151
服装零售	97	92	5	946	682	103	11	951
鞋帽零售	10	10		106	92	10		106
钟表、眼镜零售	25	21	4	244	143	30	9	242
化妆品及卫生用品零售	39	36	3	274	186	44	8	281
其他日用品零售	60	56	4	301	163	63	7	285
文化、体育用品及器材专门零售	193	183	10	1681	1074	217	34	1681
文具用品零售	63	62	1	265	158	63	1	255
体育用品零售	25	25		179	129	25		179
图书零售	38	31	7	706	416	52	21	704
报刊零售						6	6	6
音像制品及电子出版物零售	9	9		105	68	10	1	110
珠宝首饰零售	18	18		230	191	18		230
工艺美术品及收藏品零售	18	18		73	38	18		73
照相器材零售	1	1		5	3	1		5
其他文化用品零售	21	19	2	118	71	24	5	119
医药及医疗器材专门零售	161	138	23	3241	2248	373	235	3253
药品零售	124	101	23	2994	2133	336	235	3006
医疗用品及器材零售	37	37		247	115	37		247
汽车、摩托车、燃料及零配件专门零售	505	497	8	5473	2097	548	51	5285
汽车零售	131	129	2	2724	949	134	5	2719
汽车零配件零售	93	92	1	455	152	97	5	479
摩托车及零配件零售	71	70	1	434	116	74	4	438
机动车燃料零售	210	206	4	1860	880	243	37	1649
家用电器及电子产品专门零售	500	487	13	4533	2219	561	74	4525
家用电器零售	130	126	4	1450	773	145	19	1296
计算机、软件及辅助设备零售	235	232	3	1852	764	238	6	1854
通信设备零售	77	71	6	938	578	120	49	1082
其他电子产品零售	58	58		293	104	58		293
五金、家具及室内装修材料专门零售	407	401	6	2138	977	418	17	2153
五金零售	231	228	3	918	384	239	11	933
家具零售	54	53	1	620	328	55	2	620
涂料零售	7	6	1	53	20	8	2	53
其他室内装修材料零售	115	114	1	547	245	116	2	547
无店铺及其他零售	160	156	4	1513	612	192	36	1552
流动货摊零售	1	1		5	2	1		5
邮购及电子销售	1	1		5		1		5
生活用燃料零售	43	40	3	686	270	74	34	741
花卉零售	13	13		144	84	14	1	148
旧货零售	2	2		3		2		3
其他未列明的零售	100	99	1	670	256	100	1	650
住宿和餐饮业	**490**	**477**	**13**	**22046**	**13804**	**537**	**60**	**24069**
住宿业	260	255	5	10219	6885	283	28	11773
旅游饭店	77	75	2	6420	4296	82	7	6328
旅游饭店	77	75	2	6420	4296	82	7	6328

1-4　续表 17

行业	法人单位					产业活动单位		
	单位数(个)	单产业法人	多产业法人	就业人数(人)	女性	单位数(个)	多产业法人所属的产业活动单位数	就业人数(人)
一般旅馆	169	167	2	3550	2416	185	18	4398
一般旅馆	169	167	2	3550	2416	185	18	4398
其他住宿服务	14	13	1	249	173	16	3	1047
其他住宿服务	14	13	1	249	173	16	3	1047
餐饮业	230	222	8	11827	6919	254	32	12296
正餐服务	208	203	5	11367	6638	222	19	11746
正餐服务	208	203	5	11367	6638	222	19	11746
快餐服务	7	5	2	286	165	15	10	362
快餐服务	7	5	2	286	165	15	10	362
饮料及冷饮服务	7	6	1	36	21	8	2	44
饮料及冷饮服务	7	6	1	36	21	8	2	44
其他餐饮服务	8	8		138	95	9	1	144
其他餐饮服务	8	8		138	95	9	1	144
金融业	**190**	**122**	**68**	**33327**	**16856**	**1270**	**1148**	**38256**
银行业	38	6	32	16804	7435	908	902	19728
中央银行	7	3	4	1241	324	19	16	1333
中央银行	7	3	4	1241	324	19	16	1333
商业银行	28	1	27	15176	6973	876	875	18040
商业银行	28	1	27	15176	6973	876	875	18040
其他银行	3	2	1	387	138	13	11	355
其他银行	3	2	1	387	138	13	11	355
证券业	2	2		58	22	4	2	79
证券经纪与交易	1	1		50	19	3	2	71
证券经纪与交易	1	1		50	19	3	2	71
证券投资	1	1		8	3	1		8
证券投资	1	1		8	3	1		8
保险业	46	16	30	15019	8652	190	174	16474
人寿保险	14	2	12	11331	6843	83	81	12573
人寿保险	14	2	12	11331	6843	83	81	12573
非人寿保险	26	9	17	3550	1731	100	91	3763
非人寿保险	26	9	17	3550	1731	100	91	3763
保险辅助服务	6	5	1	138	78	7	2	138
保险辅助服务	6	5	1	138	78	7	2	138
其他金融活动	104	98	6	1446	747	168	70	1975
金融信托与管理	3	3		48	24	3		48
金融信托与管理	3	3		48	24	3		48
金融租赁	1	1		3	2	1		3
金融租赁	1	1		3	2	1		3
财务公司	1	1		8	2	1		8
财务公司	1	1		8	2	1		8
邮政储蓄	6		6	679	481	69	69	1202
邮政储蓄	6		6	679	481	69	69	1202
典当	43	43		227	79	43		227
典当	43	43		227	79	43		227
其他未列明的金融活动	50	50		481	159	51	1	487
其他未列明的金融活动	50	50		481	159	51	1	487

1-4 续表 18

行业	法人单位					产业活动单位		
	单位数(个)	单产业法人	多产业法人	就业人数(人)	女性	单位数(个)	多产业法人所属的产业活动单位数	就业人数(人)
房地产业	**772**	**763**	**9**	**26412**	**10176**	**784**	**21**	**26363**
房地产业	772	763	9	26412	10176	784	21	26363
房地产开发经营	341	338	3	8982	3232	342	4	8955
房地产开发经营	341	338	3	8982	3232	342	4	8955
物业管理	258	255	3	14714	5781	259	4	14586
物业管理	258	255	3	14714	5781	259	4	14586
房地产中介服务	118	115	3	1565	735	121	6	1517
房地产中介服务	118	115	3	1565	735	121	6	1517
其他房地产活动	55	55		1151	428	62	7	1305
其他房地产活动	55	55		1151	428	62	7	1305
租赁和商务服务业	**1252**	**1234**	**18**	**20070**	**7176**	**1354**	**120**	**20479**
租赁业	182	179	3	912	277	195	16	1032
机械设备租赁	180	177	3	907	273	193	16	1027
汽车租赁	148	146	2	676	230	148	2	649
农业机械租赁	1	1		3	3	12	11	21
建筑工程机械与设备租赁	30	29	1	224	37	32	3	353
计算机及通讯设备租赁	1	1		4	3	1		4
文化及日用品出租	2	2		5	4	2		5
图书及音像制品出租	1	1		2	2	1		2
其他文化及日用品出租	1	1		3	2	1		3
商务服务业	1070	1055	15	19158	6899	1159	104	19447
企业管理服务	144	139	5	4803	1699	162	23	4653
企业管理机构	45	42	3	2976	936	49	7	2428
投资与资产管理	52	51	1	1039	347	53	2	955
其他企业管理服务	47	46	1	788	416	60	14	1270
法律服务	81	80	1	1071	466	88	8	1100
律师及相关的法律服务	70	69	1	885	347	72	3	893
公证服务	11	11		186	119	15	4	202
其他法律服务						1	1	5
咨询与调查	181	181		1815	814	206	25	1995
会计、审计及税务服务	62	62		819	414	70	8	902
市场调查	14	14		215	94	23	9	266
社会经济咨询	55	55		436	169	63	8	482
其他专业咨询	50	50		345	137	50		345
广告业	279	279		1595	724	283	4	1617
广告业	279	279		1595	724	283	4	1617
知识产权服务	23	23		181	82	23		181
知识产权服务	23	23		181	82	23		181
职业中介服务	101	101		3235	1420	114	13	3359
职业中介服务	101	101		3235	1420	114	13	3359

1-4 续表 19

行业	法人单位					产业活动单位		
	单位数(个)	单产业法人	多产业法人	就业人数(人)	女性	单位数(个)	多产业法人所属的产业活动单位数	就业人数(人)
市场管理	75	73	2	1507	741	79	6	1495
市场管理	75	73	2	1507	741	79	6	1495
旅行社	76	72	4	1050	531	87	15	1097
旅行社	76	72	4	1050	531	87	15	1097
其他商务服务	110	107	3	3901	422	117	10	3950
会议及展览服务	10	10		98	51	13	3	149
包装服务	2	2		15	2	2		15
保安服务	18	17	1	3257	131	19	2	3257
办公服务	37	36	1	261	114	39	3	259
其他未列明的商务服务	43	42	1	270	124	44	2	270
科学研究、技术服务和地质勘查业	**627**	**603**	**24**	**16435**	**5051**	**951**	**348**	**18623**
研究与试验发展	44	42	2	1948	690	44	2	1435
自然科学研究与试验发展	6	6		395	163	6		395
自然科学研究与试验发展	6	6		395	163	6		395
工程和技术研究与试验发展	10	9	1	619	256	9		118
工程和技术研究与试验发展	10	9	1	619	256	9		118
农业科学研究与试验发展	14	13	1	627	137	14	1	612
农业科学研究与试验发展	14	13	1	627	137	14	1	612
医学研究与试验发展	5	5		59	31	5		59
医学研究与试验发展	5	5		59	31	5		59
社会人文科学研究与试验发展	9	9		248	103	10	1	251
社会人文科学研究与试验发展	9	9		248	103	10	1	251
专业技术服务业	376	366	10	9418	2857	453	87	10829
气象服务	36	36		682	243	38	2	693
气象服务	36	36		682	243	38	2	693
地震服务	21	19	2	364	98	30	11	351
地震服务	20	18	2	361	97	29	11	348
测绘服务	21	20	1	557	163	23	3	561
测绘服务	21	20	1	557	163	23	3	561
技术检测	60	60		1251	437	71	11	1553
技术检测	60	60		1251	437	71	11	1553
环境监测	14	14		299	101	14		299
环境监测	14	14		299	101	14		299
工程技术与规划管理	209	202	7	6100	1773	261	59	7205
工程管理服务	133	132	1	3503	912	140	8	4545
工程勘察设计	58	52	6	2221	686	66	14	2161
规划管理	18	18		376	175	55	37	499
其他专业技术服务	15	15		165	42	16	1	167
其他专业技术服务	15	15		165	42	16	1	167
科技交流和推广服务业	187	178	9	3639	1159	434	256	4997
技术推广服务	163	154	9	3433	1093	401	247	4767
技术推广服务	163	154	9	3433	1093	401	247	4767
科技中介服务	16	16		104	27	22	6	118
科技中介服务	16	16		104	27	22	6	118

1-4 续表 20

行业	法人单位 单位数(个)	单产业法人	多产业法人	就业人数(人)	女性	产业活动单位 单位数(个)	多产业法人所属的产业活动单位数	就业人数(人)
其他科技服务	8	8		102	39	11	3	112
其他科技服务	8	8		102	39	11	3	112
地质勘查业	20	17	3	1430	345	20	3	1362
矿产地质勘查	7	7		249	95	7		249
能源矿产地质勘查	5	5		198	81	5		198
固体矿产地质勘查	2	2		51	14	2		51
基础地质勘查	9	6	3	1101	210	8	2	1012
基础地质勘查	9	6	3	1101	210	8	2	1012
地质勘查技术服务	4	4		80	40	5	1	101
地质勘查技术服务	4	4		80	40	5	1	101
水利、环境和公共设施管理业	**225**	**209**	**16**	**14569**	**6032**	**441**	**232**	**16883**
水利管理业	83	71	12	5771	1720	267	196	6522
防洪管理	6	6		107	22	11	5	169
防洪管理	6	6		107	22	11	5	169
水资源管理	58	48	10	5077	1561	215	167	5615
水库管理	10	10		256	77	23	13	492
调水、引水管理	40	30	10	4411	1361	180	150	4582
其他水资源管理	8	8		410	123	12	4	541
其他水利管理	19	17	2	587	137	41	24	738
其他水利管理	19	17	2	587	137	41	24	738
环境管理业	53	50	3	5063	2662	70	20	5518
自然保护	24	24		670	170	26	2	692
自然保护区管理	10	10		394	98	11	1	411
野生动植物保护	1	1		5		1		5
其他自然保护	13	13		271	72	14	1	276
环境治理	29	26	3	4393	2492	44	18	4826
城市市容管理	4	3	1	1042	752	8	5	460
城市环境卫生管理	14	12	2	2809	1422	24	12	3797
水污染治理	5	5		96	34	5		96
其他环境治理	6	6		446	284	7	1	473
公共设施管理业	89	88	1	3735	1650	104	16	4843
市政公共设施管理	16	16		582	212	19	3	612
市政公共设施管理	16	16		582	212	19	3	612
城市绿化管理	46	45	1	2083	926	55	10	2497
城市绿化管理	46	45	1	2083	926	55	10	2497
游览景区管理	27	27		1070	512	30	3	1734
风景名胜区管理	13	13		416	146	14	1	1018
公园管理	6	6		329	140	8	2	391
其他游览景区管理	8	8		325	226	8		325
居民服务和其他服务业	**372**	**366**	**6**	**4638**	**1835**	**398**	**32**	**4783**
居民服务业	126	122	4	1769	889	146	24	1863
家庭服务	15	15		119	69	15		119
家庭服务	15	15		119	69	15		119
托儿所	1	1		10		1		10
托儿所	1	1		10		1		10

1-4　续表 21

行　业	法人单位					产业活动单位		
	单位数（个）	单产业法人	多产业法人	就业人数（人）	女性	单位数（个）	多产业法人所属的产业活动单位数	就业人数（人）
洗染服务	4	4		28	20	4		28
洗染服务	4	4		28	20	4		28
理发及美容保健服务	17	17		202	100	18	1	203
理发及美容保健服务	17	17		202	100	18	1	203
洗浴服务	21	20	1	659	352	25	5	706
洗浴服务	21	20	1	659	352	25	5	706
婚姻服务	17	17		65	32	17		65
婚姻服务	17	17		65	32	17		65
殡葬服务	24	22	2	393	143	34	12	402
殡葬服务	24	22	2	393	143	34	12	402
摄影扩印服务	21	20	1	256	168	24	4	278
摄影扩印服务	21	20	1	256	168	24	4	278
其他居民服务	6	6		37	5	8	2	52
其他居民服务	6	6		37	5	8	2	52
其他服务业	246	244	2	2869	946	252	8	2920
修理与维护	194	193	1	1885	459	199	6	1924
汽车、摩托车维护与保养	165	164	1	1655	391	169	5	1692
办公设备维修	4	4		33	10	5	1	35
家用电器修理	21	21		178	51	21		178
其他日用品修理	4	4		19	7	4		19
清洁服务	30	30		481	300	31	1	541
建筑物清洁服务	3	3		158	141	3		158
其他清洁服务	27	27		323	159	28	1	383
其他未列明的服务	22	21	1	503	187	22	1	455
其他未列明的服务	22	21	1	503	187	22	1	455
教育	**1344**	**1181**	**163**	**83908**	**40146**	**3006**	**1825**	**91551**
教育	1344	1181	163	83908	40146	3006	1825	91551
学前教育	214	209	5	4955	4415	235	26	5119
学前教育	214	209	5	4955	4415	235	26	5119
初等教育	570	434	136	34913	16053	2111	1677	39140
初等教育	570	434	136	34913	16053	2111	1677	39140
中等教育	338	321	17	32686	14503	376	55	34541
初中教育	229	215	14	18119	7969	265	50	18888
高中教育	58	56	2	9653	4256	58	2	9649
中等专业教育	16	15	1	1529	733	17	2	2615
职业中学教育	20	20		2732	1261	20		2732
技工学校教育	5	5		223	105	6	1	227
其他中等教育	10	10		430	179	10		430
高等教育	16	13	3	7038	3428	41	28	7545
普通高等教育	10	7	3	6897	3377	30	23	7356
成人高等教育	6	6		141	51	11	5	189
其他教育	206	204	2	4316	1747	243	39	5206
职业技能培训	128	127	1	2220	871	152	25	3051
特殊教育	4	3	1	571	209	3		543
其他未列明的教育	74	74		1525	667	88	14	1612

1-4 续表 22

行业	法人单位 单位数（个）	法人单位 单产业法人	法人单位 多产业法人	法人单位 就业人数（人）	法人单位 女性	产业活动单位 单位数（个）	产业活动单位 多产业法人所属的产业活动单位数	产业活动单位 就业人数（人）
卫生、社会保障和社会福利业	**791**	**746**	**45**	**30739**	**19718**	**1137**	**391**	**36472**
卫生	702	660	42	29384	18979	1004	344	32172
医院	119	103	16	20543	13856	142	39	21934
综合医院	66	54	12	16785	11415	84	30	18053
中医医院	18	14	4	2503	1610	20	6	2482
中西医结合医院	7	7		293	177	7		293
民族医院	2	2		38	23	2		38
专科医院	22	22		674	467	23	1	699
疗养院	4	4		250	164	6	2	369
卫生院及社区医疗活动	295	276	19	4259	2300	387	111	4589
卫生院及社区医疗活动	295	276	19	4259	2300	387	111	4589
门诊部医疗活动	196	195	1	881	455	226	31	974
门诊部医疗活动	196	195	1	881	455	226	31	974
计划生育技术服务活动	22	21	1	430	312	165	144	1308
计划生育技术服务活动	22	21	1	430	312	165	144	1308
妇幼保健活动	21	18	3	1487	1215	23	5	1454
妇幼保健活动	21	18	3	1487	1215	23	5	1454
专科疾病防治活动	2	2		246	92	2		246
专科疾病防治活动	2	2		246	92	2		246
疾病预防控制及防疫活动	35	33	2	1208	559	45	12	1301
疾病预防控制及防疫活动	35	33	2	1208	559	45	12	1301
其他卫生活动	12	12		330	190	14	2	366
其他卫生活动	12	12		330	190	14	2	366
社会保障业	46	44	2	609	274	66	22	3424
社会保障业	46	44	2	609	274	66	22	3424
社会保障业	46	44	2	609	274	66	22	3424
社会福利业	43	42	1	746	465	67	25	876
提供住宿的社会福利	28	27	1	656	415	47	20	756
干部休养所	6	6		94	46	9	3	103
收养收容服务	22	21	1	562	369	38	17	653
不提供住宿的社会福利	15	15		90	50	20	5	120
不提供住宿的社会福利	15	15		90	50	20	5	120
文化、体育和娱乐业	**299**	**288**	**11**	**7835**	**3325**	**486**	**198**	**8678**
新闻出版业	27	27		1553	656	30	3	1575
新闻业	7	7		334	153	10	3	356
新闻业	7	7		334	153	10	3	356
出版业	20	20		1219	503	20		1219
图书出版	6	6		221	100	6		221
报纸出版	11	11		975	396	11		975
期刊出版	1	1		10	5	1		10
电子出版物出版	1	1		9	1	1		9
其他出版	1	1		4	1	1		4

1-4 续表 23

行 业	法人单位					产业活动单位		
	单位数(个)	单产业法 人	多产业法 人	就业人数(人)	女性	单位数(个)	多产业法人所属的产业活动单位数	就业人数(人)
广播、电视、电影和音像业	46	39	7	1925	732	62	23	1840
广播	9	8	1	387	125	11	3	361
广播	9	8	1	387	125	11	3	361
电视	11	7	4	1219	479	21	14	1183
电视	11	7	4	1219	479	21	14	1183
电影	22	20	2	303	119	26	6	280
电影制作与发行	2	1	1	65	22	4	3	65
电影放映	20	19	1	238	97	22	3	215
音像制作	4	4		16	9	4		16
音像制作	4	4		16	9	4		16
文化艺术业	108	105	3	2558	1211	263	158	3148
文艺创作与表演	15	12	3	925	372	19	7	949
文艺创作与表演	15	12	3	925	372	19	7	949
艺术表演场馆	2	2		18	7	2		18
艺术表演场馆	2	2		18	7	2		18
图书馆与档案馆	23	23		508	302	26	3	540
图书馆	17	17		405	250	19	2	432
档案馆	6	6		103	52	7	1	108
文物及文化保护	15	15		272	109	17	2	278
文物及文化保护	15	15		272	109	17	2	278
博物馆	14	14		314	161	16	2	331
博物馆	14	14		314	161	16	2	331
烈士陵园、纪念馆	2	2		18	9	4	2	24
烈士陵园、纪念馆	2	2		18	9	4	2	24
群众文化活动	26	26		456	239	165	139	946
群众文化活动	26	26		456	239	165	139	946
文化艺术经纪代理	2	2		4		3	1	7
文化艺术经纪代理	2	2		4		3	1	7
其他文化艺术	9	9		43	12	11	2	55
其他文化艺术	9	9		43	12	11	2	55
体育	42	42		437	155	47	5	461
体育组织	33	33		321	108	37	4	340
体育组织	33	33		321	108	37	4	340
体育场馆	4	4		61	26	5	1	66
体育场馆	4	4		61	26	5	1	66
其他体育	5	5		55	21	5		55
其他体育	5	5		55	21	5		55
娱乐业	76	75	1	1362	571	84	9	1654
室内娱乐活动	43	42	1	857	389	51	9	1149
室内娱乐活动	43	42	1	857	389	51	9	1149
游乐园	8	8		219	70	8		219
游乐园	8	8		219	70	8		219
休闲健身娱乐活动	15	15		81	46	15		81
休闲健身娱乐活动	15	15		81	46	15		81
其他娱乐活动	10	10		205	66	10		205
其他娱乐活动	10	10		205	66	10		205

1-4 续表 24

行业	法人单位					产业活动单位		
	单位数（个）	单产业法人	多产业法人	就业人数（人）	女性	单位数（个）	多产业法人所属的产业活动单位数	就业人数（人）
公共管理和社会组织	**10814**	**10145**	**669**	**128021**	**32955**	**12846**	**2701**	**125733**
中国共产党机关	183	151	32	3100	590	214	63	2999
中国共产党机关	183	151	32	3100	590	214	63	2999
中国共产党机关	183	151	32	3100	590	214	63	2999
国家机构	1824	1229	595	80286	24575	3696	2467	77904
国家权力机构	36	32	4	1218	218	55	23	1454
国家权力机构	36	32	4	1218	218	55	23	1454
国家行政机构	1725	1151	574	73340	22384	3506	2355	70250
综合事务管理机构	573	282	291	24009	7278	970	688	19736
对外事务管理机构	9	9		112	33	11	2	128
公共安全管理机构	102	69	33	10502	1760	411	342	11095
社会事务管理机构	313	219	94	8995	3100	635	416	8627
经济事务管理机构	427	312	115	21156	7481	849	537	19700
政府事务管理机构	129	98	31	2951	903	211	113	3149
行政监督检查机构	172	162	10	5615	1829	419	257	7815
人民法院和人民检察院	56	39	17	4206	1199	126	87	4668
人民法院	28	13	15	2568	769	88	75	2580
人民检察院	28	26	2	1638	430	38	12	2088
其他国家机构	7	7		1522	774	9	2	1532
其他国家机构	7	7		1522	774	9	2	1532
人民政协和民主党派	66	62	4	873	222	81	19	889
人民政协	23	20	3	662	138	37	17	678
人民政协	23	20	3	662	138	37	17	678
民主党派	43	42	1	211	84	44	2	211
民主党派	43	42	1	211	84	44	2	211
群众团体、社会团体和宗教组织	6008	5987	21	31780	4235	6121	134	31983
群众团体	148	133	15	1179	482	155	22	1077
工会	44	37	7	455	145	48	11	438
妇联	25	24	1	185	148	26	2	185
共青团	24	23	1	138	50	24	1	134
其他群众团体	55	49	6	401	139	57	8	320
社会团体	1724	1720	4	16098	3377	1773	53	16295
专业性团体	605	604	1	6035	1238	622	18	6095
行业性团体	1049	1046	3	9521	2009	1078	32	9582
其他社会团体	70	70		542	130	73	3	618
宗教组织	4136	4134	2	14503	376	4193	59	14611
宗教组织	4136	4134	2	14503	376	4193	59	14611
基层群众自治组织	2733	2716	17	11982	3333	2734	18	11958
社区自治组织	413	411	2	2720	2079	414	3	2723
社区自治组织	413	411	2	2720	2079	414	3	2723
村民自治组织	2320	2305	15	9262	1254	2320	15	9235
村民自治组织	2320	2305	15	9262	1254	2320	15	9235

1-5　按登记注册类型分组的法人单位数、产业活动单位数及就业人数

登记注册类型	法人单位					产业活动单位		
	单位数(个)	单产业法人	多产业法人	就业人数(人)	女性	单位数(个)	多产业法人所属的产业活动单位数	就业人数(人)
总　　计	**29300**	**27934**	**1366**	**887129**	**307913**	**37011**	**9077**	**935166**
内资	**29174**	**27819**	**1355**	**866552**	**300406**	**36770**	**8951**	**913275**
国有	5180	4198	982	321377	125684	10729	6531	318797
集体	580	553	27	10816	3096	768	215	11548
股份合作	84	64	20	5472	2125	326	262	5956
国有联营	13	13		1672	832	13		1672
集体联营	11	11		489	102	12	1	495
国有与集体联营	4	4		55	22	8	4	70
其他联营	15	14	1	1121	95	64	50	1144
国有独资公司	79	72	7	61091	12807	127	55	98042
其他有限责任公司	1735	1676	59	112803	36498	2111	435	110426
股份有限公司	220	176	44	63651	26732	743	567	78182
私营独资	3407	3384	23	47483	15364	3487	103	47888
私营合伙	473	467	6	6980	2257	493	26	6899
私营有限责任公司	8081	7933	148	179067	61028	8425	492	177135
私营股份有限公司	423	411	12	7185	3067	455	44	7199
其他内资企业	8869	8843	26	47290	10697	9009	166	47822
港澳台商投资	**33**	**30**	**3**	**1851**	**674**	**66**	**36**	**2148**
与港澳台合资经营	14	14		817	257	14		817
与港澳台合作经营	1	1		7	3	1		7
港澳台商独资	9	8	1	583	175	10	2	559
港澳台商投资股份有限公司	9	7	2	444	239	41	34	765
外商投资	**93**	**85**	**8**	**18726**	**6833**	**175**	**90**	**19743**
中外合资经营	52	51	1	12075	3676	65	14	12756
中外合作经营	7	6	1	463	224	12	6	472
外资企业	30	26	4	5609	2709	88	62	5724
外商投资股份有限公司	4	2	2	579	224	10	8	791

1-6 按地区、机构类型分组的法人单位数

地 区	法人单位数(个)	企业	事业单位	机关	社会团体	民办非企业单位	基金会	居委会	村委会	其他
总 计	**29300**	**15514**	**2753**	**1465**	**2098**	**492**	**5**	**421**	**2324**	**4228**
银川市	**11490**	**8121**	**876**	**448**	**855**	**233**	**4**	**200**	**284**	**469**
兴庆区	5535	4484	382	138	250	115	2	90	39	35
西夏区	1088	720	108	35	88	53		49	16	19
金凤区	1883	1381	146	128	44	22	2	31	23	106
永宁县	791	362	74	53	158	9		9	69	57
贺兰县	1229	731	82	48	167	22		6	61	112
灵武市	964	443	84	46	148	12		15	76	140
石嘴山市	**3993**	**2487**	**365**	**225**	**269**	**76**		**104**	**191**	**276**
大武口区	1770	1224	158	126	129	50		39	13	31
惠农区	868	492	93	44	83	25		47	38	46
平罗县	1355	771	114	55	57	1		18	140	199
吴忠市	**4872**	**2103**	**525**	**277**	**331**	**40**		**53**	**517**	**1026**
红寺堡区	190	82	24	36	5	1		2	40	
利通区	1764	963	120	83	125	24		18	105	326
盐池县	669	372	113	48	30			10	96	
同心县	1336	236	172	54	16	4		6	194	654
青铜峡市	913	450	96	56	155	11		17	82	46
固原市	**4561**	**1230**	**528**	**329**	**269**	**11**		**31**	**890**	**1273**
原州区	1453	512	173	113	42	5		17	191	400
西吉县	1290	283	109	60	21	2		4	306	505
隆德县	484	143	89	50	69	1		4	127	1
泾源县	516	82	69	48	23			2	110	182
彭阳县	818	210	88	58	114	3		4	156	185
中卫市	**4384**	**1573**	**459**	**186**	**374**	**132**	**1**	**33**	**442**	**1184**
沙坡头区	1762	829	199	72	170	16	1	20	159	296
中宁县	1266	509	160	62	108	113		5	117	192
海原县	1356	235	100	52	96	3		8	166	696

1-7 按地区、机构类型分组的法人单位就业人数

地区	就业人数（人）	企业	事业单位	机关	社会团体	民办非企业单位	基金会	居委会	村委会	其他
总计	**887129**	**610020**	**162574**	**61373**	**18245**	**6855**	**37**	**3001**	**9313**	**15711**
银川市	**441160**	**336109**	**63801**	**21722**	**9278**	**4412**	**36**	**1632**	**1514**	**2656**
兴庆区	229046	181670	29663	9576	4931	1697	13	717	224	555
西夏区	59140	42755	13182	1056	617	912		307	131	180
金凤区	63306	47150	8719	5487	231	475	23	320	161	740
永宁县	25313	16736	3459	1652	2096	622		120	376	252
贺兰县	29557	21774	4276	1363	853	409		85	309	488
灵武市	34798	26024	4502	2588	550	297		83	313	441
石嘴山市	**133875**	**102343**	**19054**	**7732**	**1462**	**799**		**625**	**656**	**1204**
大武口区	59829	46047	8258	4038	501	490		239	77	179
惠农区	41193	33313	5009	1366	548	305		270	116	266
平罗县	32853	22983	5787	2328	413	4		116	463	759
吴忠市	**130030**	**77562**	**31434**	**12405**	**1849**	**573**		**331**	**2154**	**3722**
红寺堡区	5033	2252	1646	800	20	50		10	255	
利通区	54236	33369	11497	5467	1257	389		106	502	1649
盐池县	15189	8730	4212	1593	209			64	381	
同心县	16792	5811	6690	1633	74	36		29	612	1907
青铜峡市	38780	27400	7389	2912	289	98		122	404	166
固原市	**84720**	**33892**	**28087**	**12164**	**2165**	**259**		**211**	**3157**	**4785**
原州区	33379	15246	10865	4572	401	114		128	570	1483
西吉县	19760	7009	7433	2230	272	57		17	915	1827
隆德县	10605	3899	3793	2112	266	19		41	419	56
泾源县	7343	2260	2159	1175	349			10	621	769
彭阳县	13633	5478	3837	2075	877	69		15	632	650
中卫市	**97344**	**60114**	**20198**	**7350**	**3491**	**812**	**1**	**202**	**1832**	**3344**
沙坡头区	46552	32919	7437	2506	1869	315	1	95	708	702
中宁县	31989	20807	6726	2393	683	412		33	588	347
海原县	18803	6388	6035	2451	939	85		74	536	2295

1-8 按行业(大类)、

行业	法人单位数(个)	银川市	兴庆区	西夏区	金凤区	永宁县
总计	**29300**	**11490**	**5535**	**1088**	**1883**	**791**
农、林、牧、渔业	**8**	**3**				
农业	8	3				
采矿业	**565**	**63**	**2**	**33**	**3**	**2**
煤炭开采和洗选业	279	6	1			
石油和天然气开采业	45	3	1		2	
黑色金属矿采选业	9					
有色金属矿采选业	5	2		1	1	
非金属矿采选业	227	52		32		2
制造业	**3798**	**1350**	**174**	**200**	**242**	**205**
农副食品加工业	559	120	9	12	15	27
食品制造业	178	83	10	6	20	20
饮料制造业	104	45	1	10	9	9
烟草制品业	1					
纺织业	113	49	4	2	4	
纺织服装、鞋、帽制造业	25	15	5	2	6	1
皮革、毛皮、羽毛(绒)及其制品业	40	6			1	1
木材加工及木、竹、藤、棕、草制品业	31	12	2	3	1	
家具制造业	48	38	8	4	5	7
造纸及纸制品业	72	31	2	4	4	8
印刷业和记录媒介的复制	162	92	53	4	19	2
文教体育用品制造业	4	2				1
石油加工、炼焦及核燃料加工业	54	15	1	4	1	1
化学原料及化学制品制造业	334	79	3	22	14	14
医药制造业	32	24	1		8	6
化学纤维制造业	2	1		1		
橡胶制品业	23	14		4	2	4
塑料制品业	142	63	5	11	6	17
非金属矿物制品业	933	166	21	24	22	25
黑色金属冶炼及压延加工业	130	24		3	2	7
有色金属冶炼及压延加工业	56	17		3	5	1
金属制品业	198	136	11	13	28	16
通用设备制造业	217	137	11	48	27	16
专用设备制造业	93	39	6	5	9	5
交通运输设备制造业	80	39	6	3	7	7
电气机械及器材制造业	84	64	7	11	14	9
通信设备、计算机及其他电子设备制造业	4	2			1	
仪器仪表及文化、办公用机械制造业	28	23	4	1	10	
工艺品及其他制造业	44	10	4		2	
废弃资源和废旧材料回收加工业	7	4				1
电力、燃气及水的生产和供应业	**136**	**61**	**25**	**4**	**13**	**6**
电力、热力的生产和供应业	71	39	16	3	12	2
燃气生产和供应业	20	8	4			2
水的生产和供应业	45	14	5	1	1	2
建筑业	**886**	**541**	**309**	**39**	**139**	**7**
房屋和土木工程建筑业	474	230	107	24	60	4
建筑安装业	135	104	75	4	21	1
建筑装饰业	234	184	115	10	51	
其他建筑业	43	23	12	1	7	2
交通运输、仓储和邮政业	**439**	**117**	**42**	**11**	**21**	**8**
道路运输业	268	48	13	5	6	7
城市公共交通业	47	12	3		5	1
水上运输业	4					
航空运输业	6	5	1			

地区分组的法人单位数

贺兰县	灵武市	石嘴山市	大武口区	惠农区	平罗县	吴忠市	红寺堡区
1229	**964**	**3993**	**1770**	**868**	**1355**	**4872**	**190**
2	**1**	**2**		**2**		**1**	
2	1	2		2		1	
3	**20**	**238**	**81**	**30**	**127**	**106**	**5**
	5	217	78	16	123	15	2
						42	1
		2		1	1	1	
						1	
3	15	19	3	13	3	47	2
371	**158**	**843**	**234**	**229**	**380**	**612**	**27**
34	23	83	2	38	43	83	4
23	4	18	6	2	10	53	
12	4	8	4	2	2	16	1
5	34	3		2	1	53	1
1		1			1	3	
1	3	2			2	15	
4	2	7	2	1	4	8	
13	1	3	1	1	1	2	
10	3	5	1	2	2	16	
11	3	17	11	4	2	22	
1						1	
1	7	31	1	15	15	6	
21	5	135	19	51	65	46	
5	4	1			1	2	
						1	
4		3		1	2	5	1
21	3	28	12	5	11	39	
52	22	301	88	50	163	121	18
11	1	71	8	33	30	17	
2	6	11	5	1	5	16	1
54	14	15	5	5	5	14	1
25	10	36	31	1	4	25	
11	3	30	22	2	6	12	
13	3	10	9	1		17	
20	3	8	4	3	1	9	
1		1	1			1	
8						5	
4		13	2	9	2	4	
3		2			2		
9	**4**	**18**	**4**	**5**	**9**	**31**	**2**
4	2	7	2	2	3	13	1
1	1	2	1	1		10	
4	1	9	1	2	6	8	1
21	**26**	**90**	**68**	**14**	**8**	**110**	**5**
14	21	51	38	7	6	81	4
2	1	14	7	7		11	
4	4	18	16		2	16	
1		7	7			2	1
17	**18**	**49**	**26**	**14**	**9**	**80**	**3**
7	10	30	16	8	6	57	2
1	2	4	2	1	1	14	1
	4						

1-8 续表 1

行业	法人单位数(个)	银川市	兴庆区	西夏区	金凤区	永宁县
管道运输业	2	1	1			
装卸搬运和其他运输服务业	57	30	18	3	5	
仓储业	44	14	1	3	4	
邮政业	11	7	5		1	
信息传输、计算机服务和软件业	**623**	**359**	**140**	**53**	**77**	**24**
电信和其他信息传输服务业	69	33	17		11	2
计算机服务业	498	278	95	53	48	22
软件业	56	48	28		18	
批发和零售业	**5669**	**3515**	**2478**	**237**	**449**	**68**
批发业	3124	2182	1471	190	310	45
零售业	2545	1333	1007	47	139	23
住宿和餐饮业	**490**	**263**	**189**	**28**	**26**	**3**
住宿业	260	131	96	19	11	1
餐饮业	230	132	93	9	15	2
金融业	**190**	**105**	**77**	**3**	**14**	**3**
银行业	38	14	8		3	1
证券业	2	2	1		1	
保险业	46	23	19	1	3	
其他金融活动	104	66	49	2	7	2
房地产业	**772**	**508**	**274**	**41**	**114**	**13**
房地产业	772	508	274	41	114	13
租赁和商务服务业	**1252**	**769**	**489**	**34**	**160**	**17**
租赁业	182	112	60	11	23	3
商务服务业	1070	657	429	23	137	14
科学研究、技术服务和地质勘查业	**627**	**318**	**179**	**25**	**76**	**11**
研究与试验发展	44	32	8	3	17	1
专业技术服务业	376	225	140	15	52	3
科技交流和推广服务业	187	47	26		6	7
地质勘查业	20	14	5	7	1	
水利、环境和公共设施管理业	**225**	**89**	**50**	**9**	**10**	**5**
水利管理业	83	29	18	3		
环境管理业	53	18	11	3	4	
公共设施管理业	89	42	21	3	6	5
居民服务和其他服务业	**372**	**246**	**145**	**15**	**75**	**4**
居民服务业	126	83	58	9	12	1
其他服务业	246	163	87	6	63	3
教育	**1344**	**483**	**179**	**116**	**67**	**23**
教育	1344	483	179	116	67	23
卫生、社会保障和社会福利业	**791**	**162**	**63**	**23**	**29**	**18**
卫生	702	135	52	22	24	15
社会保障业	46	12	3		1	3
社会福利业	43	15	8	1	4	
文化、体育和娱乐业	**299**	**139**	**93**	**11**	**19**	**4**
新闻出版业	27	22	21		1	
广播、电视、电影和音像业	46	15	5	2	4	1
文化艺术业	108	41	24	4	7	2
体育	42	20	13	2		1
娱乐业	76	41	30	3	7	
公共管理和社会组织	**10814**	**2399**	**627**	**206**	**349**	**370**
中国共产党机关	183	48	4	6	22	4
国家机构	1824	624	242	41	144	76
人民政协和民主党派	66	25	9		9	1
群众团体、社会团体和宗教组织	6008	1225	248	94	121	212
基层群众自治组织	2733	477	124	65	53	77

贺兰县	灵武市	石嘴山市	大武口区	惠农区	平罗县	吴忠市	红寺堡区
		1	1				
4		9	6	3		5	
5	1	4		2	2	3	
	1	1	1			1	
19	**46**	**74**	**51**	**11**	**12**	**75**	**6**
1	2	8	8			13	1
16	44	64	41	11	12	61	5
2		2	2			1	
176	**107**	**731**	**467**	**137**	**127**	**720**	**24**
99	67	320	188	61	71	321	14
77	40	411	279	76	56	399	10
10	**7**	**54**	**30**	**8**	**16**	**75**	**3**
3	1	21	10	7	4	43	3
7	6	33	20	1	12	32	
6	**2**	**28**	**23**	**3**	**2**	**22**	**1**
1	1	5	3	1	1	8	1
		9	9			4	
5	1	14	11	2	1	10	
39	**27**	**99**	**75**	**11**	**13**	**75**	**3**
39	27	99	75	11	13	75	3
43	**26**	**177**	**109**	**26**	**42**	**142**	**3**
6	9	36	17	8	11	17	
37	17	141	92	18	31	125	3
17	**10**	**83**	**62**	**8**	**13**	**98**	**1**
	3	3	1	1	1	4	
11	4	62	49	5	8	35	
5	3	17	12	1	4	57	1
1		1		1		2	
10	**5**	**34**	**20**	**6**	**8**	**52**	**1**
7	1	6	2		4	25	
		6	3	2	1	19	1
3	4	22	15	4	3	8	
4	**3**	**42**	**27**	**6**	**9**	**42**	**1**
2	1	18	14	2	2	8	1
2	2	24	13	4	7	34	
45	**53**	**199**	**97**	**50**	**52**	**186**	**10**
45	53	199	97	50	52	186	10
20	**9**	**69**	**21**	**19**	**29**	**110**	**9**
16	6	54	12	18	24	97	8
3	2	8	5		3	11	1
1	1	7	4	1	2	2	
11	**1**	**35**	**22**	**3**	**10**	**46**	
		1	1			1	
3		5	2	1	2	11	
3	1	12	8	1	3	19	
4		7	6	1		4	
1		10	5		5	11	
406	**441**	**1128**	**353**	**286**	**489**	**2289**	**86**
7	5	28	17	4	7	38	6
58	63	276	137	69	70	334	34
5	1	10	7	2	1	13	
269	281	521	142	126	253	1335	4
67	91	293	50	85	158	569	42

1-8 续表 2-1

行业	利通区	盐池县	同心县	青铜峡市	固原市	原州区
总计	**1764**	**669**	**1336**	**913**	**4561**	**1453**
农、林、牧、渔业				**1**		
农业				1		
采矿业	**14**	**62**	**5**	**20**	**56**	**6**
煤炭开采和洗选业	12	1			4	1
石油和天然气开采业		41				
黑色金属矿采选业				1		
有色金属矿采选业	1					
非金属矿采选业	1	20	5	19	52	5
制造业	**287**	**64**	**77**	**157**	**498**	**157**
农副食品加工业	45	12	6	16	191	49
食品制造业	36	6	1	10	13	6
饮料制造业	5		1	9	15	5
烟草制品业					1	
纺织业	4	1	46	1	6	3
纺织服装、鞋、帽制造业	1	1		1	3	1
皮革、毛皮、羽毛(绒)及其制品业	3	3	2	7	2	1
木材加工及木、竹、藤、棕、草制品业	4	2		2	1	
家具制造业	1		1		4	2
造纸及纸制品业	12	1		3	3	
印刷业和记录媒介的复制	14	1	1	6	20	11
文教体育用品制造业	1				1	
石油加工、炼焦及核燃料加工业	2	2		2		
化学原料及化学制品制造业	23	1		22	11	4
医药制造业		2			4	4
化学纤维制造业				1		
橡胶制品业	2			2		
塑料制品业	29			10	4	3
非金属矿物制品业	29	24	16	34	181	42
黑色金属冶炼及压延加工业	9	2		6		
有色金属冶炼及压延加工业	5	1	1	8	2	2
金属制品业	8	2		3	14	11
通用设备制造业	21			4	5	3
专用设备制造业	9	1		2	6	4
交通运输设备制造业	12		1	4	5	4
电气机械及器材制造业	6	1		2	1	1
通信设备、计算机及其他电子设备制造业	1					
仪器仪表及文化、办公用机械制造业	5					
工艺品及其他制造业		1	1	2	5	1
废弃资源和废旧材料回收加工业						
电力、燃气及水的生产和供应业	**13**	**7**	**2**	**7**	**13**	**4**
电力、热力的生产和供应业	5	1	1	5	6	1
燃气生产和供应业	5	4		1		
水的生产和供应业	3	2	1	1	7	3
建筑业	**47**	**14**	**16**	**28**	**55**	**23**
房屋和土木工程建筑业	30	14	11	22	46	17
建筑安装业	2		5	4	1	
建筑装饰业	15			1	6	5
其他建筑业				1	2	1
交通运输、仓储和邮政业	**36**	**17**	**10**	**14**	**115**	**61**
道路运输业	27	12	8	8	78	40
城市公共交通业	7	4	1	1	11	3
水上运输业						
航空运输业						

西吉县	隆德县	泾源县	彭阳县	中卫市	沙坡头区	中宁县	海原县
1290	**484**	**516**	**818**	**4384**	**1762**	**1266**	**1356**
				2			**-**
				2		2	
10	**9**	**8**	**23**	**102**	**40**	**2**	
			3	37	13	45	17
						23	1
				6	1		
				2		5	
10	9	8	20	57	26		2
164	**69**	**18**	**90**	**495**	**253**	**17**	**14**
96	22	3	21	82	47	145	97
2	2		3	11	9	20	15
1	4		5	20	9	1	1
			1			11	
1			2	2			
	1		1	3	3		2
1				15			
			1	3	1	1	14
	1		1	1	1	2	
1	1		1	17	13		
	1	1	7	11	9	4	
	1						1
				2	1	1	
2	3		2	63	42	20	1
				1	1		
				1		1	
			1	8	6	2	
57	27	12	43	164	64	51	49
				18	12	6	
				10	3	6	1
2			1	19	10	6	3
	2			14	12	2	
		2		6	3	3	
	1			9	3	1	5
				2	1		1
1	3			12	2	6	4
				1	1		
1	**3**	**2**	**3**	**13**	**6**	**4**	**3**
	2	1	2	6	3	2	1
1	1	1	1	7	3	2	2
9	**7**	**7**	**9**	**90**	**60**	**23**	**7**
9	7	7	6	66	41	19	6
			1	5	3	1	1
			1	10	9	1	
			1	9	7	2	
23	**11**	**15**	**5**	**78**	**39**	**19**	**20**
20	9	6	3	55	25	11	19
3	2	1	2	6	4	1	1
				4	3	1	
				1	1		

1-8 续表 2-2

行　业						
					固原市	
	利通区	盐池县	同心县	青铜峡市		原州区
管道运输业						
装卸搬运和其他运输服务业			1	4	7	7
仓储业	1	1		1	18	10
邮政业	1				1	1
信息传输、计算机服务和软件业	**23**	**14**	**9**	**23**	**53**	**27**
电信和其他信息传输服务业	7		3	2	9	5
计算机服务业	15	14	6	21	39	17
软件业	1				5	5
批发和零售业	**361**	**120**	**81**	**134**	**264**	**118**
批发业	139	55	27	86	98	50
零售业	222	65	54	48	166	68
住宿和餐饮业	**39**	**13**	**7**	**13**	**39**	**22**
住宿业	20	7	6	7	25	12
餐饮业	19	6	1	6	14	10
金融业	**16**	**2**	**1**	**2**	**17**	**11**
银行业	4	1	1	1	6	2
证券业						
保险业	4				5	5
其他金融活动	8	1		1	6	4
房地产业	**34**	**5**	**10**	**23**	**37**	**27**
房地产业	34	5	10	23	37	27
租赁和商务服务业	**62**	**29**	**26**	**22**	**64**	**42**
租赁业	4	7	3	3	7	7
商务服务业	58	22	23	19	57	35
科学研究、技术服务和地质勘查业	**28**	**19**	**42**	**8**	**77**	**31**
研究与试验发展	1	1	2		3	3
专业技术服务业	9	10	11	5	28	17
科技交流和推广服务业	17	8	29	2	45	11
地质勘查业	1			1	1	
水利、环境和公共设施管理业	**10**	**21**	**15**	**5**	**32**	**14**
水利管理业	6	5	12	2	18	7
环境管理业	2	12	2	2	5	2
公共设施管理业	2	4	1	1	9	5
居民服务和其他服务业	**9**	**22**	**3**	**7**	**14**	**7**
居民服务业	2	1	1	3	5	5
其他服务业	7	21	2	4	9	2
教育	**58**	**28**	**42**	**48**	**181**	**47**
教育	58	28	42	48	181	47
卫生、社会保障和社会福利业	**31**	**23**	**23**	**24**	**133**	**33**
卫生	30	20	17	22	111	28
社会保障业	1	3	5	1	10	2
社会福利业			1	1	12	3
文化、体育和娱乐业	**20**	**9**	**9**	**8**	**42**	**20**
新闻出版业	1				1	1
广播、电视、电影和音像业	5	3	2	1	8	5
文化艺术业	5	4	6	4	25	10
体育	1	1	1	1	7	4
娱乐业	8	1		2	1	
公共管理和社会组织	**676**	**200**	**958**	**369**	**2871**	**803**
中国共产党机关	8	8	8	8	43	15
国家机构	101	55	79	65	377	137
人民政协和民主党派	7	1	1	4	8	4
群众团体、社会团体和宗教组织	438	30	670	193	1523	439
基层群众自治组织	122	106	200	99	920	208

西吉县	隆德县	泾源县	彭阳县	中卫市	沙坡头区	中宁县	海原县
				6	4	2	
		8		5	1	4	
				1	1		
13	4	2	7	62	38	14	10
1	1	1	1	6	5		1
12	3	1	6	56	33	14	9
43	26	19	58	439	202	181	56
11	16	1	20	203	84	103	16
32	10	18	38	236	118	78	40
3	4	6	4	59	33	19	7
3	4	5	1	40	27	7	6
		1	3	19	6	12	1
1	2	1	2	18	15	2	1
1	1	1	1	5	3	1	1
				5	5		
	1		1	8	7	1	
4	3		3	53	38	15	
4	3		3	53	38	15	
7	2	8	5	100	61	24	15
				10	6	4	
7	2	8	5	90	55	20	15
12	11	16	7	51	32	11	8
				2	1	1	
3	5	2	1	26	19	5	2
9	6	14	5	21	10	5	6
			1	2	2		
9	6	2	1	18	10	8	
3	6	1	1	5	1	4	
3				5	4	1	
3		1		8	5	3	
3		1	3	28	18	10	
				12	9	3	
3		1	3	16	9	7	
36	39	17	42	295	120	124	51
36	39	17	42	295	120	124	51
34	20	15	31	317	181	110	26
32	19	11	21	305	175	109	21
2	1	2	3	5	2	1	2
		2	7	7	4		3
7	2	5	8	37	24	9	4
				2	2		
	1	1	1	7	2	3	2
6	1	3	5	11	5	5	1
		1	2	4	3		1
1				13	12	1	
911	266	374	517	2127	592	501	1034
6	8	6	8	26	9	9	8
68	58	57	57	213	85	66	62
1	1	1	1	10	5	4	1
526	69	198	291	1404	315	300	789
310	130	112	160	474	178	122	174

1-9 按行业(大类)、地区

行业	就业人数(人)				
		兴庆区	西夏区	金凤区	永宁县
总计	**887129**	**229046**	**59140**	**63306**	**25313**
农、林、牧、渔业	**13843**				
农业	13843				
采矿业	**61722**	**46660**	**391**	**229**	**11**
煤炭开采和洗选业	57990	46640			
石油和天然气开采业	362	20		107	
黑色金属矿采选业	202				
有色金属矿采选业	157		20	122	
非金属矿采选业	3011		371		11
制造业	**217777**	**4218**	**28314**	**9633**	**13443**
农副食品加工业	11894	181	375	731	288
食品制造业	9053	670	294	474	3231
饮料制造业	5641	5	360	213	163
烟草制品业	29				
纺织业	9896	191	161	1273	
纺织服装、鞋、帽制造业	895	136	20	559	6
皮革、毛皮、羽毛(绒)及其制品业	707			6	2
木材加工及木、竹、藤、棕、草制品业	534	12	14	6	
家具制造业	772	263	24	75	104
造纸及纸制品业	16529	16	66	137	2887
印刷业和记录媒介的复制	3194	523	36	546	25
文教体育用品制造业	30				15
石油加工、炼焦及核燃料加工业	9814	61	3695	33	23
化学原料及化学制品制造业	30670	64	5596	767	228
医药制造业	4926	10		726	3234
化学纤维制造业	113		100		
橡胶制品业	4221		3963	19	13
塑料制品业	3982	62	898	85	344
非金属矿物制品业	34365	567	2174	532	603
黑色金属冶炼及压延加工业	13083		698	73	502
有色金属冶炼及压延加工业	20403		98	40	1
金属制品业	6963	269	242	316	609
通用设备制造业	14556	367	8717	1862	346
专用设备制造业	6166	134	85	84	243
交通运输设备制造业	1071	120	28	120	61
电气机械及器材制造业	4942	415	646	443	505
通信设备、计算机及其他电子设备制造业	116			6	
仪器仪表及文化、办公用机械制造业	2407	141	24	463	
工艺品及其他制造业	766	11		44	
废弃资源和废旧材料回收加工业	39				10
电力、燃气及水的生产和供应业	**30622**	**13755**	**599**	**2337**	**192**
电力、热力的生产和供应业	26415	12032	566	2334	80
燃气生产和供应业	828	398			55
水的生产和供应业	3379	1325	33	3	57
建筑业	**71678**	**23033**	**4680**	**8753**	**1144**
房屋和土木工程建筑业	63152	19516	4432	6749	1107
建筑安装业	4390	1825	127	1004	8
建筑装饰业	3096	1409	73	820	
其他建筑业	1040	283	48	180	29
交通运输、仓储和邮政业	**27750**	**10438**	**308**	**376**	**182**
铁路运输业					
道路运输业	13641	1904	134	67	168
城市公共交通业	4522	3308		35	14
水上运输业	33				
航空运输业	1170	37			

分组的法人单位就业数

贺兰县	灵武市	大武口区	惠农区	平罗县	红寺堡区	利通区
29557	**34798**	**59829**	**41193**	**32853**	**5033**	**54236**
3406	**4837**		**1856**			
3406	4837		1856			
20	**1419**	**2703**	**518**	**2155**	**445**	**1251**
	1301	2677	383	2131	422	1231
					1	
			1	1		
						10
20	118	26	134	23	22	10
12628	**11010**	**16784**	**24200**	**15879**	**690**	**16506**
836	567	21	756	1143	24	1192
855	258	47	24	130		2044
1012	418	82	13	166	26	401
139	5551		133	7	6	97
25				15		30
35	123			5		53
105	112	33	6	18		60
185	12	1	2	6		18
1619	14	1	148	1273		2895
213	45	92	60	5		1135
8						3
38	1250	100	1971	1015		973
1345	107	1019	7012	5871		1907
439	202			10		
33			1	102	10	45
413	32	105	89	330		750
1571	664	2606	1843	3342	617	1150
290	35	899	5039	1997		1121
32	779	5063	3860	128	1	273
1375	219	52	3028	28	6	74
655	109	403	13	60		316
115	93	4443	11	184		110
231	18	166	6			130
741	402	1545	19	8		161
14		88				8
219						1560
65		18	166	28		
20				8		
393	**380**	**3633**	**2412**	**557**	**85**	**828**
261	316	3621	2300	416	23	494
33	20	4	24			187
99	44	8	88	141	62	147
1463	**3048**	**8315**	**717**	**438**	**471**	**2578**
1405	2945	7135	531	407	441	2377
10	7	706	186			65
47	96	275		31		136
1		199			30	
137	**1460**	**755**	**767**	**199**	**44**	**1292**
67	240	397	541	120	39	727
11	123	6	31	40	5	267
	1050					

1-9 续表 1

行　业	就业人数（人）	兴庆区	西夏区	金凤区	永宁县
管道运输业	1067	1044			
装卸搬运和其他运输服务业	1103	161	163	82	
仓储业	1080	12	11	188	
邮政业	5134	3972		4	
信息传输、计算机服务和软件业	**13249**	**3033**	**273**	**4280**	**88**
电信和其他信息传输服务业	10055	2188		3468	15
计算机服务业	2538	689	273	365	73
软件业	656	156		447	
批发和零售业	**62488**	**24853**	**2370**	**6377**	**640**
批发业	31782	12383	2011	2946	466
零售业	30706	12470	359	3431	174
住宿和餐饮业	**22046**	**10067**	**908**	**1850**	**63**
住宿业	10219	4350	655	852	31
餐饮业	11827	5717	253	998	32
金融业	**33327**	**19759**	**71**	**4181**	**235**
银行业	16804	8739		3777	225
证券业	58	50		8	
保险业	15019	10227	45	338	
其他金融活动	1446	743	26	58	10
房地产业	**26412**	**11311**	**2804**	**4229**	**181**
房地产业	26412	11311	2804	4229	181
租赁和商务服务业	**20070**	**8174**	**952**	**3883**	**214**
租赁业	912	319	33	111	10
商务服务业	19158	7855	919	3772	204
科学研究、技术服务和地质勘查业	**16435**	**5778**	**1986**	**1808**	**142**
研究与试验发展	1948	234	330	465	14
专业技术服务业	9418	5076	555	1223	47
科技交流和推广服务业	3639	390		111	81
地质勘查业	1430	78	1101	9	
水利、环境和公共设施管理业	**14569**	**2814**	**894**	**1613**	**314**
水利管理业	5771	1465	213		
环境管理业	5063	467	278	1451	
公共设施管理业	3735	882	403	162	314
居民服务和其他服务业	**4638**	**1611**	**191**	**1204**	**72**
居民服务业	1769	855	114	433	12
其他服务业	2869	756	77	771	60
教育	**83908**	**9132**	**8973**	**3170**	**1878**
教育	83908	9132	8973	3170	1878
卫生、社会保障和社会福利业	**30739**	**7552**	**2521**	**1380**	**699**
卫生	29384	7130	2506	1173	663
社会保障业	609	105		15	36
社会福利业	746	317	15	192	
文化、体育和娱乐业	**7835**	**3583**	**441**	**458**	**50**
新闻出版业	1553	1304		8	
广播、电视、电影和音像业	1925	397	221	76	20
文化艺术业	2558	904	161	296	18
体育	437	200	41		12
娱乐业	1362	778	18	78	
公共管理和社会组织	**128021**	**23275**	**2464**	**7545**	**5765**
中国共产党机关	3100	32	69	744	46
国家机构	80286	17174	1313	5654	2959
人民政协和民主党派	873	260		99	21
群众团体、社会团体和宗教组织	31780	5001	644	652	2322
基层群众自治组织	11982	808	438	396	417

贺兰县	灵武市	大武口区	惠农区	平罗县	红寺堡区	利通区
		23				
50		190	103			
9	39		92	39		10
	8	139				288
80	**220**	**1261**	**46**	**43**	**42**	**1677**
5	36	1060			29	1611
50	184	196	46	43	13	61
25		5				5
2482	**1560**	**5602**	**1546**	**887**	**157**	**4073**
1124	1029	2860	686	568	79	1458
1358	531	2742	860	319	78	2615
233	**251**	**1429**	**151**	**355**	**99**	**1498**
72	7	228	94	47	99	630
161	244	1201	57	308		868
211	**242**	**1903**	**173**	**377**	**57**	**1930**
180	233	520	157	358	57	538
		1180				1317
31	9	203	16	19		75
638	**705**	**2150**	**612**	**299**	**168**	**966**
638	705	2150	612	299	168	966
249	**887**	**714**	**278**	**1621**	**20**	**674**
27	104	51	25	57		31
222	783	663	253	1564	20	643
292	**606**	**1503**	**66**	**235**	**5**	**606**
	202	501	4	31		12
102	47	891	57	110		240
41	357	111	2	94	5	327
149			3			27
192	**105**	**1309**	**593**	**125**	**95**	**1567**
142	1	30		87		893
		575	221	3	95	577
50	104	704	372	35		97
31	**14**	**264**	**71**	**94**	**3**	**104**
14	9	68	34	32	3	39
17	5	196	37	62		65
2297	**2573**	**4506**	**2421**	**3140**	**1261**	**4411**
2297	2573	4506	2421	3140	1261	4411
508	**823**	**1109**	**1497**	**1274**	**188**	**2037**
451	790	964	1480	1212	179	2017
37	32	87		35	9	20
20	1	58	17	27		
156	**4**	**387**	**66**	**148**		**592**
		73				55
55		147	33	26		328
61	4	61	29	53		92
38		26	4			20
2		80		69		97
4141	**4654**	**5502**	**3203**	**5027**	**1203**	**11646**
90	70	266	47	88	23	194
2349	3215	4303	1973	3201	900	8142
45	29	33	27	18		57
1263	944	587	770	1141	15	2659
394	396	313	386	579	265	594

1-9 续表 2-1

行业	盐池县	同心县	青铜峡市	原州区
总计	**15189**	**16792**	**38780**	**33379**
农、林、牧、渔业			**596**	
农业			596	
采矿业	**481**	**96**	**563**	**47**
煤炭开采和洗选业	50			15
石油和天然气开采业	234			
黑色金属矿采选业			172	
有色金属矿采选业				
非金属矿采选业	197	96	391	32
制造业	**2564**	**2867**	**18680**	**3434**
农副食品加工业	290	133	427	873
食品制造业	48	25	532	78
饮料制造业		2	283	210
烟草制品业				
纺织业	27	1892	1	188
纺织服装、鞋、帽制造业	30		3	34
皮革、毛皮、羽毛(绒)及其制品业	69	41	161	8
木材加工及木、竹、藤、棕、草制品业	100		12	
家具制造业		10		30
造纸及纸制品业	12		1530	
印刷业和记录媒介的复制	4	8	210	108
文教体育用品制造业				
石油加工、炼焦及核燃料加工业	580		33	
化学原料及化学制品制造业	17		3226	74
医药制造业	96			198
化学纤维制造业			13	
橡胶制品业			33	
塑料制品业			627	74
非金属矿物制品业	1114	642	2870	1181
黑色金属冶炼及压延加工业	12		506	
有色金属冶炼及压延加工业	32	80	7872	12
金属制品业	48		101	212
通用设备制造业			194	44
专用设备制造业	4		12	48
交通运输设备制造业		19	14	46
电气机械及器材制造业	2		15	15
通信设备、计算机及其他电子设备制造业				
仪器仪表及文化、办公用机械制造业				
工艺品及其他制造业	79	15	5	1
废弃资源和废旧材料回收加工业				
电力、燃气及水的生产和供应业	**257**	**120**	**2978**	**294**
电力、热力的生产和供应业	93	8	2664	101
燃气生产和供应业	72		35	
水的生产和供应业	92	112	279	193
建筑业	**2335**	**1047**	**1921**	**3087**
房屋和土木工程建筑业	2335	967	1726	2921
建筑安装业		80	188	
建筑装饰业			3	136
其他建筑业			4	30
交通运输、仓储和邮政业	**1390**	**279**	**752**	**1409**
铁路运输业				
道路运输业	1098	219	496	721
城市公共交通业	276	10	16	14
水上运输业				
航空运输业				

西吉县	隆德县	泾源县	彭阳县	沙坡头区	中宁县	海原县
19760	**10605**	**7343**	**13633**	**46552**	**31989**	**18803**
					3148	
					3148	
71	**136**	**217**	**2028**	**1201**	**873**	**207**
			1753	741	643	3
				6	22	
						5
71	136	217	275	454	208	199
2120	**2204**	**1158**	**2242**	**17391**	**7854**	**3958**
1428	511	108	470	768	404	368
18	30		117	134	40	4
34	169		49	1391	644	
			29			
2			58			170
	6		12	19		
57					20	127
			30	15	11	
	35		2	5		
6	40		3	5778	104	
	5	15	69	88	6	1
	4					
				10	32	
47	39		80	1858	1363	50
				11		
					2	
			6	89	78	
500	1208	1007	1311	3258	2694	2911
				1539	372	
				602	1529	1
22			6	138	103	115
	58			1351	61	
		28		259	313	
	8			53	4	47
				15		10
6	91			9	74	154
				1		
52	**90**	**59**	**93**	**465**	**939**	**104**
	70	20	50	202	749	15
52	20	39	43	263	190	89
355	**318**	**185**	**268**	**3774**	**3215**	**533**
355	318	185	258	3476	3153	413
			3	24	37	120
			4	65	1	
			3	209	24	
3562	**504**	**343**	**227**	**1824**	**596**	**906**
3451	458	131	205	1289	281	888
111	46	140	22	26	3	18
				25	8	
				83		

1-9 续表 2-2

行业	盐池县	同心县	青铜峡市	原州区
管道运输业				
装卸搬运和其他运输服务业		50	150	27
仓储业	16		90	208
邮政业				439
信息传输、计算机服务和软件业	**32**	**87**	**205**	**859**
电信和其他信息传输服务业		41	114	763
计算机服务业	32	46	91	78
软件业				18
批发和零售业	**773**	**655**	**989**	**2475**
批发业	264	350	572	1768
零售业	509	305	417	707
住宿和餐饮业	**335**	**240**	**366**	**1409**
住宿业	279	225	100	912
餐饮业	56	15	266	497
金融业	**167**	**130**	**225**	**1219**
银行业	165	130	221	394
证券业				
保险业				722
其他金融活动	2		4	103
房地产业	**77**	**147**	**453**	**420**
房地产业	77	147	453	420
租赁和商务服务业	**203**	**400**	**388**	**448**
租赁业	18	62	17	24
商务服务业	185	338	371	424
科学研究、技术服务和地质勘查业	**345**	**543**	**114**	**631**
研究与试验发展	13	25		106
专业技术服务业	162	191	54	290
科技交流和推广服务业	170	327	10	235
地质勘查业			50	
水利、环境和公共设施管理业	**596**	**531**	**657**	**540**
水利管理业	146	222	268	137
环境管理业	400	276	364	180
公共设施管理业	50	33	25	223
居民服务和其他服务业	**225**	**32**	**29**	**42**
居民服务业	21	5	11	34
其他服务业	204	27	18	8
教育	**2304**	**3929**	**3606**	**6454**
教育	2304	3929	3606	6454
卫生、社会保障和社会福利业	**547**	**685**	**1461**	**2112**
卫生	509	645	1429	2079
社会保障业	38	34	31	21
社会福利业		6	1	12
文化、体育和娱乐业	**117**	**222**	**196**	**535**
新闻出版业				55
广播、电视、电影和音像业	65	96	28	218
文化艺术业	43	107	159	252
体育	6	19	1	10
娱乐业	3		8	
公共管理和社会组织	**2441**	**4782**	**4601**	**7964**
中国共产党机关	89	95	119	230
国家机构	1679	2035	3577	5112
人民政协和民主党派	19	30	32	44
群众团体、社会团体和宗教组织	209	1981	347	1880
基层群众自治组织	445	641	526	698

西吉县	隆德县	泾源县	彭阳县	沙坡头区	中宁县	海原县
				57	70	
		72		60	234	
				284		
43	**11**	**6**	**21**	**803**	**87**	**52**
16	3	3	2	671		30
27	8	3	19	132	87	22
507	**454**	**107**	**337**	**2473**	**2542**	**629**
120	360	7	106	1185	1296	144
387	94	100	231	1288	1246	485
109	**77**	**122**	**163**	**1496**	**689**	**136**
109	77	66	15	1058	205	108
		56	148	438	484	28
173	**136**	**82**	**99**	**1681**	**237**	**39**
173	133	82	94	360	229	39
				1190		
	3		5	131	8	
42	**37**		**55**	**851**	**267**	
42	37		55	851	267	
38	**9**	**81**	**54**	**545**	**176**	**62**
				14	9	
38	9	81	54	531	167	62
381	**337**	**208**	**46**	**483**	**160**	**160**
				3	8	
58	36	14	4	181	61	19
323	301	194	40	288	91	141
			2	11		
376	**39**	**28**	**20**	**436**	**1725**	
211	39	16	20	242	1639	
134				41	1	
31		12		153	85	
35		**4**	**8**	**190**	**414**	
				71	14	
35		4	8	119	400	
4901	**2710**	**1359**	**3088**	**4299**	**3594**	**3902**
4901	2710	1359	3088	4299	3594	3902
1015	**477**	**295**	**476**	**2319**	**1023**	**741**
998	471	263	423	2282	1011	709
17	6	13	21	23	12	17
		19	32	14		15
134	**20**	**72**	**64**	**444**	**85**	**61**
				58		
	7	31	10	92	25	50
131	13	34	41	35	59	5
		7	13	34		6
3				225	1	
5846	**3046**	**3017**	**4344**	**5877**	**4365**	**7313**
63	243	76	77	169	92	178
2729	2070	1305	2122	2616	2580	3278
23	22	21	18	5	42	28
2099	266	984	1480	2287	1030	3219
932	445	631	647	800	621	610

1-10 按行业(小类)、开业

行业	法人单位数(个)	1949年以前	1950-1977年	1978-1991年	1992-1995年	1996年	1997年
总计	**29300**	**321**	**3010**	**5494**	**1278**	**536**	**447**
农、林、牧、渔业	**8**		**6**	**2**			
农业	8		6	2			
谷物及其他作物的种植	8		6	2			
谷物的种植	8		6	2			
采矿业	**565**		**2**	**31**	**23**	**6**	**8**
煤炭开采和洗选业	279		2	20	12	4	3
烟煤和无烟煤的开采洗选	278		2	20	12	3	3
烟煤和无烟煤的开采洗选	278		2	20	12	3	3
其他煤炭采选	1					1	
其他煤炭采选	1					1	
石油和天然气开采业	45						
天然原油和天然气开采	43						
天然原油和天然气开采	43						
与石油和天然气开采有关的服务活动	2						
与石油和天然气开采有关的服务活动	2						
黑色金属矿采选业	9					1	
铁矿采选	8					1	
铁矿采选	8					1	
其他黑色金属矿采选	1						
其他黑色金属矿采选	1						
有色金属矿采选业	5						1
常用有色金属矿采选	3						
镍钴矿采选	1						
镁矿采选	2						
贵金属矿采选	1						
金矿采选	1						
稀有稀土金属矿采选	1						1
稀土金属矿采选	1						1
非金属矿采选业	227			11	11	1	4
土砂石开采	202			10	10	1	4
石灰石、石膏开采	38			2	2		1
建筑装饰用石开采	29			4	4		1
耐火土石开采	7			1	1		1
粘土及其他土砂石开采	128			3	3	1	1
化学矿采选	1			1			
化学矿采选	1			1			
石棉及其他非金属矿采选	24				1		
石墨、滑石采选	3						
其他非金属矿采选	21				1		
制造业	**3798**		**77**	**171**	**173**	**85**	**78**
农副食品加工业	559		3	11	12	9	9
谷物磨制	134		1	5	5	3	1
谷物磨制	134		1	5	5	3	1

(成立)时间分组的法人单位数

1998年	1999年	2000年	2001年	2002年	2003年	2004年	2005年	2006年	2007年	2008年
851	**671**	**1031**	**986**	**1387**	**2005**	**2107**	**2098**	**2368**	**2321**	**2278**
65	**21**	**32**	**24**	**36**	**46**	**74**	**50**	**56**	**51**	**40**
12	9	12	5	17	30	48	30	29	27	19
12	9	12	5	17	30	48	30	29	27	19
12	9	12	5	17	30	48	30	29	27	19
38			1	2	2		1	1		
38			1	1	2			1		
38			1	1	2			1		
				1			1			
				1			1			
		1	1			2	1	1	2	
		1	1			2	1	1	1	
		1	1			2	1	1	1	
									1	
									1	
								1	1	2
									1	2
									1	
										2
								1		
								1		
15	12	19	17	17	14	24	18	24	21	19
15	12	15	15	16	12	22	16	18	19	17
1	2	2	3	2	2	4	5	2	2	8
2				1	2	2	4	3	2	4
1		1	1		1					
11	10	12	11	13	7	16	7	13	15	5
		4	2	1	2	2	2	6	2	2
		1	1							1
		3	1	1	2	2	2	6	2	1
141	**117**	**183**	**188**	**232**	**385**	**464**	**389**	**387**	**356**	**318**
19	20	30	30	43	70	66	83	74	46	28
7	6	9	6	13	10	14	17	16	11	8
7	6	9	6	13	10	14	17	16	11	8

1-10 续表 1

行业	法人单位数（个）	1949年以前	1950-1977年	1978-1991年	1992-1995年	1996年	1997年
饲料加工	58			1	2	1	2
饲料加工	58			1	2	1	2
植物油加工	31			1			
食用植物油加工	31			1			
制糖	2						
制糖	2						
屠宰及肉类加工	62		1		1	1	1
畜禽屠宰	40		1		1	1	1
肉制品及副产品加工	22						
蔬菜、水果和坚果加工	81			1	1	2	1
蔬菜、水果和坚果加工	81			1	1	2	1
其他农副食品加工	191		1	3	3	2	4
淀粉及淀粉制品的制造	170		1	3	3		3
豆制品制造	6					2	
蛋品加工	5						
其他未列明的农副食品加工	10						1
食品制造业	178		3	8	9	5	4
焙烤食品制造	52		1	1	3		2
糕点、面包制造	46			1	3		2
饼干及其他焙烤食品制造	6		1				
糖果、巧克力及蜜饯制造	10			1	1		
糖果、巧克力制造	4				1		
蜜饯制作	6			1			
方便食品制造	21			2	1	1	1
米、面制品制造	13			2	1	1	
速冻食品制造	5						1
方便面及其他方便食品制造	3						
液体乳及乳制品制造	37		1	3	3	1	1
液体乳及乳制品制造	37		1	3	3	1	1
罐头制造	4						
蔬菜、水果罐头制造	4						
调味品、发酵制品制造	30		1	1		2	
味精制造	5		1				
酱油、食醋及类似制品的制造	15			1		1	
其他调味品、发酵制品制造	10					1	
其他食品制造	24				1	1	
营养、保健食品制造	16				1	1	
食品及饲料添加剂制造	6						
其他未列明的食品制造	2						
饮料制造业	104		1	1	1	1	3
酒的制造	54		1	1	1	1	2
白酒制造	24		1		1		1
啤酒制造	4			1			
黄酒制造	3						
葡萄酒制造	14						1
其他酒制造	9					1	

1998年	1999年	2000年	2001年	2002年	2003年	2004年	2005年	2006年	2007年	2008年
6	1	2	3	1	7	3	6	8	11	4
6	1	2	3	1	7	3	6	8	11	4
1	2	4		2	3	4	1	6	2	3
1	2	4		2	3	4	1	6	2	3
						1	1			
						1	1			
1	3	3		3	7	11	9	7	9	5
1	2	3		2	3	8	6	3	5	3
	1			1	4	3	3	4	4	2
2	6	6	14	11	12	5	4	8	5	2
2	6	6	14	11	12	5	4	8	5	2
2	2	6	7	13	31	28	45	29	8	6
2	1	5	5	13	30	27	39	28	5	5
							2		2	
					1	1	1	1	1	
	1	1	2				3			1
9	9	13	5	11	15	20	18	10	16	22
2	4	3	2	4	3	5	5	3	7	6
2	4	3	2	4	3	3	3	3	6	6
						2	2		1	
			1	1		1		4		1
			1					1		1
				1		1		3		
1		1		2		1	4		2	5
1		1		1		1	1		2	2
				1			2			1
							1			2
4	1	4	1	1	5	1	2	2	3	4
4	1	4	1	1	5	1	2	2	3	4
					2			1	1	
					2			1	1	
1	2	1		1	2	9	4		2	4
	1					2			1	
1				1	1	4	4			2
	1	1			1	3			1	2
1	2	4	1	2	3	3	3		1	2
	1	3	1	1	3	2	2			1
1	1			1		1	1			1
		1							1	
3	7	7	6	14	12	7	6	10	12	11
	4	5	4	10	5	1	4	3	7	3
	4	3	2	3	1		4	1	2	1
			1		1			1		
			1	1					1	
		1		4	1	1		1	3	1
		1		2	2				1	1

1-10 续表 2

行业	法人单位数（个）	1949年以前	1950–1977年	1978–1991年	1992–1995年	1996年	1997年
软饮料制造	44						1
碳酸饮料制造	1						
瓶(罐)装饮用水制造	20						1
果菜汁及果菜汁饮料制造	17						
含乳饮料和植物蛋白饮料制造	2						
固体饮料制造	1						
茶饮料及其他软饮料制造	3						
精制茶加工	6						
精制茶加工	6						
烟草制品业	1				1		
烟叶复烤	1				1		
烟叶复烤	1				1		
纺织业	113			3	3	1	2
棉、化纤纺织及印染精加工	8				1		
棉、化纤纺织加工	8				1		
毛纺织和染整精加工	86			1	2	1	2
毛纺织	86			1	2	1	2
麻纺织	1						
麻纺织	1						
丝绢纺织及精加工	1						
缫丝加工	1						
纺织制成品制造	14			1			
棉及化纤制品制造	4						
毛制品制造	2						
麻制品制造	2			1			
绳、索、缆的制造	2						
无纺布制造	1						
其他纺织制成品制造	3						
针织品、编织品及其制品制造	3			1			
棉、化纤针织品及编织品制造	2			1			
毛针织品及编织品制造	1						
纺织服装、鞋、帽制造业	25			2	3	1	1
纺织服装制造	25			2	3	1	1
纺织服装制造	25			2	3	1	1
皮革、毛皮、羽毛(绒)及其制品业	40			2	2	1	1
皮革鞣制加工	13			1			
皮革鞣制加工	13			1			
皮革制品制造	3				1		1
皮鞋制造	3				1		1
毛皮鞣制及制品加工	19			1			
毛皮鞣制加工	12			1			
毛皮服装加工	4						
其他毛皮制品加工	3						
羽毛(绒)加工及制品制造	5				1	1	
羽毛(绒)加工	4				1		
羽毛(绒)制品加工	1					1	

1998年	1999年	2000年	2001年	2002年	2003年	2004年	2005年	2006年	2007年	2008年
3	3	2	1	3	7	6	1	6	4	7
	1									
3	1	1		1	3	4	1	1	1	3
		1	1	2	3	2		3	2	3
								1	1	
	1									
					1			1		1
			1	1			1	1	1	1
			1	1			1	1	1	1
11	3	4	5	8	16	4	17	18	13	5
	1	1	1					2		2
	1	1	1					2		2
11	1	3	2	6	12	3	16	12	12	2
11	1	3	2	6	12	3	16	12	12	2
			1							
			1							
					1					
					1					
	1		1	1	3		1	4	1	1
					2			1		1
	1								1	
							1			
				1				1		
								1		
			1		1			1		
				1		1				
						1				
				1						
1		2	2	2	2	3	2		1	3
1		2	2	2	2	3	2		1	3
1		2	2	2	2	3	2		1	3
1	2	1	6	2		2	5	5	2	8
1			1				3	1		6
1			1				3	1		6
						1				
						1				
	2	1	5	2		1	2	4		1
	2		4	2			1	2		
		1					1	1		1
			1			1		1		
									2	1
									2	1

1-10 续表 3

行　业	法人单位数(个)	1949年以前	1950-1977年	1978-1991年	1992-1995年	1996年	1997年
木材加工及木、竹、藤、棕、草制品业	31			2	3	2	2
锯材、木片加工	6			2		1	1
锯材加工	4			1		1	1
木片加工	2			1			
人造板制造	8					1	1
胶合板制造	3					1	1
纤维板制造	1						
其他人造板、材制造	4						
木制品制造	13				2		
建筑用木料及木材组件加工	10				2		
木容器制造	2						
软木制品及其他木制品制造	1						
竹、藤、棕、草制品制造	4				1		
竹、藤、棕、草制品制造	4				1		
家具制造业	48		1	3		1	
木质家具制造	37			3		1	
木质家具制造	37			3		1	
金属家具制造	5		1				
金属家具制造	5		1				
塑料家具制造	1						
塑料家具制造	1						
其他家具制造	5						
其他家具制造	5						
造纸及纸制品业	72		3	5	5		1
纸浆制造	2						
纸浆制造	2						
造纸	33		3	2	2		
机制纸及纸板制造	22		3	2	2		
加工纸制造	11						
纸制品制造	37			3	3		1
纸和纸板容器的制造	20			1	2		1
其他纸制品制造	17			2	1		
印刷业和记录媒介的复制	162		5	19	15	4	5
印刷	156		5	19	15	4	4
书、报、刊印刷	69		4	9	8	2	
本册印制	41			7	5	1	2
包装装潢及其他印刷	46		1	3	2	1	2
装订及其他印刷服务活动	6						1
装订及其他印刷服务活动	6						1
文教体育用品制造业	4					1	
文化用品制造	3					1	
文具制造	1						
墨水、墨汁制造	2					1	
体育用品制造	1						
体育器材及配件制造	1						
石油加工、炼焦及核燃料加工业	54		1				1
精炼石油产品的制造	15		1				1
原油加工及石油制品制造	15		1				1

1998年	1999年	2000年	2001年	2002年	2003年	2004年	2005年	2006年	2007年	2008年
1			1	3	1	1	3	7	1	4
					1					1
										1
					1					
1								4		1
								1		
								1		
1								2		1
			1	2		1	2	2	1	2
				2		1	1	1	1	2
			1					1		
							1			
				1			1	1		
				1			1	1		
1	2	2	5	1	7	2	4	7	8	3
1	2	2	4		5	1	2	5	7	3
1	2	2	4		5	1	2	5	7	3
						1	1	1	1	
						1	1	1	1	
							1			
							1			
			1	1	2			1		
			1	1	2			1		
3	2	5	4	7	6	6	4	9	8	4
								1		1
								1		1
		3	3	2	2	3	3	4	5	1
		2	3		1	1	1	3	4	
		1		2	1	2	2	1	1	1
3	2	2	1	5	4	3	1	4	3	2
2	2	2	1	2	3			2		2
1				3	1	3	1	2	3	
10	3	8	7	10	13	8	17	9	13	16
10	3	8	7	9	12	7	17	7	13	16
5	3	3	4	5	4	3	6	2	3	8
2		2	1	2	3	1	4	4	3	4
3		3	2	2	5	3	7	1	7	4
				1	1	1		2		
				1	1	1		2		
						3				
						2				
						1				
						1				
						1				
						1				
3	2	2	3	3	8	10	2	4	9	4
2	1	1	1	1	2	2	1		1	1
2	1	1	1	1	2	2	1		1	1

1-10 续表 4

行　　业	法人单位数（个）	1949年以前	1950-1977年	1978-1991年	1992-1995年	1996年	1997年
炼焦	39						
炼焦	39						
化学原料及化学制品制造业	334		5	11	15	3	9
基础化学原料制造	172		1	5	7	1	4
无机酸制造	6		1			1	1
无机碱制造	11						
无机盐制造	46			2	1		1
有机化学原料制造	27				3		
其他基础化学原料制造	82			3	3		2
肥料制造	47		4		2		1
氮肥制造	7		3				
磷肥制造	9		1		1		1
钾肥制造	1						
复混肥料制造	10				1		
有机肥料及微生物肥料制造	18						
其他肥料制造	2						
农药制造	5						
化学农药制造	5						
涂料、油墨、颜料及类似产品制造	24			1			1
涂料制造	17			1			
颜料制造	1						1
染料制造	6						
合成材料制造	8				1	1	
初级形态的塑料及合成树脂制造	6				1	1	
合成橡胶制造	1						
其他合成材料制造	1						
专用化学产品制造	67			5	5	1	1
化学试剂和助剂制造	10					1	
专项化学用品制造	21			2			
林产化学产品制造	19			1	3		1
炸药及火工产品制造	2			1			
环境污染处理专用药剂材料制造	1						
动物胶制造	4			1	2		
其他专用化学产品制造	10						
日用化学产品制造	11						2
肥皂及合成洗涤剂制造	3						1
化妆品制造	1						
其他日用化学产品制造	7						1
医药制造业	32		4		1	2	
化学药品原药制造	2		1				
化学药品原药制造	2		1				
化学药品制剂制造	4				1	1	
化学药品制剂制造	4				1	1	

1998年	1999年	2000年	2001年	2002年	2003年	2004年	2005年	2006年	2007年	2008年
1	1	1	2	2	6	8	1	4	8	3
1	1	1	2	2	6	8	1	4	8	3
11	10	12	20	13	35	57	30	30	32	37
6	3	5	14	8	19	33	18	16	13	17
	1						1			1
1						2	3	1	3	1
		2	5	2	6	13	4	2	2	5
4	1		3	1	2	4	1	4	1	3
1	1	3	6	5	11	14	9	9	7	7
1	2	3	2	2	3	6	3	5	4	9
	1				1	1				1
1	1					2				2
		1								
		2	1			1	1		2	2
			1	1	2	2	2	5	2	3
				1						1
	1						2		2	
	1						2		2	
2	3	2		1	4	3	1	1	2	3
2	2	2			4	1	1	1	2	1
	1			1		2				2
	1	1	1		1	1			1	
	1	1			1				1	
			1							
						1				
1		1	3	2	6	13	6	8	7	7
			1		2	3		2		1
			1	2	1	3	3	4	3	2
1		1			1	4	3	1	2	1
					1					
						1				
					1					
			1			2		1	2	3
1					2	1			3	1
1										1
					1					
					1	1			3	
1	1	2	3	1	5	5	1	1	3	1
					1					
					1					
			1		1					
			1		1					

1-10 续表 5

行业	法人单位数(个)	1949年以前	1950-1977年	1978-1991年	1992-1995年	1996年	1997年
中药饮片加工	4		1				
中药饮片加工	4		1				
中成药制造	10		2			1	
中成药制造	10		2			1	
兽用药品制造	6						
兽用药品制造	6						
生物、生化制品的制造	5						
生物、生化制品的制造	5						
卫生材料及医药用品制造	1						
卫生材料及医药用品制造	1						
化学纤维制造业	2						
合成纤维制造	2						
涤纶纤维制造	1						
维纶纤维制造	1						
橡胶制品业	23		1				1
轮胎制造	5						
车辆、飞机及工程机械轮胎制造	2						
轮胎翻新加工	3						
橡胶板、管、带的制造	8		1				1
橡胶板、管、带的制造	8		1				1
橡胶零件制造	3						
橡胶零件制造	3						
再生橡胶制造	2						
再生橡胶制造	2						
日用及医用橡胶制品制造	4						
日用及医用橡胶制品制造	4						
其他橡胶制品制造	1						
其他橡胶制品制造	1						
塑料制品业	142		3	6	5	3	4
塑料薄膜制造	16			2		1	2
塑料薄膜制造	16			2		1	2
塑料板、管、型材的制造	33		1		1		1
塑料板、管、型材的制造	33		1		1		1
塑料丝、绳及编织品的制造	50		2	3	1		1
塑料丝、绳及编织品的制造	50		2	3	1		1
泡沫塑料制造	8			1		2	
泡沫塑料制造	8			1		2	
塑料包装箱及容器制造	12						
塑料包装箱及容器制造	12						
塑料零件制造	2						
塑料零件制造	2						
日用塑料制造	6				2		
日用塑料杂品制造	6				2		
其他塑料制品制造	15				1		
其他塑料制品制造	15				1		

1998年	1999年	2000年	2001年	2002年	2003年	2004年	2005年	2006年	2007年	2008年
					1	1			1	
					1	1			1	
	1	2				1	1		1	
	1	2				1	1		1	
			1	1	1	1			1	1
			1	1	1	1			1	1
1					1	2		1		
1					1	2		1		
			1							
			1							
						1		1		
						1		1		
						1				
								1		
1		1	2		3	2	4	2	4	1
					2	1	1	1		
					2					
						1	1	1		
			2		1	1	1		1	
			2		1	1	1		1	
		1					1			
		1					1			
									1	1
									1	1
1							1		2	
1							1		2	
								1		
								1		
9	3	6	9	6	12	16	16	14	17	12
1			1		1	2	1	1	2	2
1			1		1	2	1	1	2	2
1	1	2	2	2	3	3	4	5	3	3
1	1	2	2	2	3	3	4	5	3	3
2	2	4	4	2	4	7	7	2	8	1
2	2	4	4	2	4	7	7	2	8	1
					1		1	2	1	
					1		1	2	1	
1					1	2		3	1	4
1					1	2		3	1	4
1				1						
1				1						
1			1			1				1
1			1			1				1
2			1	1	2	1	3	1	2	1
2			1	1	2	1	3	1	2	1

1-10 续表 6

行业	法人单位数(个)	1949年以前	1950-1977年	1978-1991年	1992-1995年	1996年	1997年
非金属矿物制品业	933		17	58	63	29	22
水泥、石灰和石膏的制造	67		5	1	8		1
水泥制造	40		5	1	5		1
石灰和石膏制造	27				3		
水泥及石膏制品制造	168		4	15	8	6	4
水泥制品制造	96		1	10	4	2	2
砼结构构件制造	48		2	4	3	3	2
石棉水泥制品制造	2						
轻质建筑材料制造	20		1	1	1	1	
其他水泥制品制造	2						
砖瓦、石材及其他建筑材料制造	428		7	38	41	17	13
粘土砖瓦及建筑砌块制造	367		7	36	40	17	13
建筑陶瓷制品制造	5						
建筑用石加工	17						
防水建筑材料制造	11						
隔热和隔音材料制造	16						
其他建筑材料制造	12			2	1		
玻璃及玻璃制品制造	14		1	1		1	
平板玻璃制造	4		1				
技术玻璃制品制造	2					1	
日用玻璃制品及玻璃包装容器制造	2			1			
玻璃保温容器制造	2						
玻璃纤维及制品制造	2						
玻璃纤维增强塑料制品制造	1						
其他玻璃制品制造	1						
陶瓷制品制造	2						
卫生陶瓷制品制造	1						
日用陶瓷制品制造	1						
耐火材料制品制造	18			1	1		1
石棉制品制造	3						1
耐火陶瓷制品及其他耐火材料制造	15			1	1		
石墨及其他非金属矿物制品制造	236			2	5	5	3
石墨及碳素制品制造	205			2	5	3	3
其他非金属矿物制品制造	31					2	
黑色金属冶炼及压延加工业	130			4	4		1
炼铁	27			1	1		
炼铁	27			1	1		
炼钢	1						
炼钢	1						
钢压延加工	21			1	2		1
钢压延加工	21			1	2		1
铁合金冶炼	81			2	1		
铁合金冶炼	81			2	1		
有色金属冶炼及压延加工业	56		1	1	2		
常用有色金属冶炼	34		1	1	2		
铜冶炼	3						

1998年	1999年	2000年	2001年	2002年	2003年	2004年	2005年	2006年	2007年	2008年
32	26	45	42	57	95	147	84	70	67	74
4	2	3	2	1	4	8	9	6	4	9
3	1	3	2		3	5	3	2	1	5
1	1			1	1	3	6	4	3	4
6	5	9	2	7	16	21	18	11	20	13
1	5	6	1	6	11	10	9	6	14	6
5		3			4	5	6	3	4	4
						1		1		
				1	1	4	3	1	2	3
			1			1				
14	12	25	25	28	45	53	32	29	15	34
11	11	20	22	24	42	41	27	22	11	23
		1				1		1	1	1
1		1		1	1	3		1	3	6
1		2	3		1	3	1			
	1	1		2		3	3	3		3
1				1	1	2	1	2		1
1	1		1			1	1	1	3	2
1			1				1			
	1									
									1	
									2	
						1				1
										1
								1		
					1			1		
								1		
					1					
		2	1		2	3	3	1	1	2
							1			1
		2	1		2	3	2	1	1	1
7	6	6	11	21	27	61	21	21	24	14
5	6	5	10	20	24	55	19	18	18	10
2		1	1	1	3	6	2	3	6	4
2	1	3	2	8	17	27	19	12	10	14
		1		1	2	3	6	4		4
		1		1	2	3	6	4		4
		1								
		1								
		1			1	5	2	4	2	1
		1			1	5	2	4	2	1
2	1		2	7	14	19	11	4	8	9
2	1		2	7	14	19	11	4	8	9
2	4	5	1	1	4	3	7	8	5	9
1	3	3		1	2	2	3	3	4	5
							1		1	1

1-10 续表 7

行　业	法　人 单位数 (个)	1949年以前	1950-1977年	1978-1991年	1992-1995年	1996年	1997年
铅锌冶炼	10						
铝冶炼	6		1				
镁冶炼	13			1	2		
其他常用有色金属冶炼	2						
贵金属冶炼	1						
其他贵金属冶炼	1						
稀有稀土金属冶炼	7						
稀土金属冶炼	5						
其他稀有金属冶炼	2						
有色金属合金制造	7						
有色金属合金制造	7						
有色金属压延加工	7						
常用有色金属压延加工	7						
金属制品业	198		7	6	10	4	2
结构性金属制品制造	128		3	4	6	2	1
金属结构制造	47		2	3	2	1	
金属门窗制造	81		1	1	4	1	1
金属工具制造	9		2		2		
手工具制造	1						
农用及园林用金属工具制造	4		2		2		
其他金属工具制造	4						
集装箱及金属包装容器制造	9			1		1	
金属包装容器制造	9			1		1	
金属丝绳及其制品的制造	10		1		1		
金属丝绳及其制品的制造	10		1		1		
建筑、安全用金属制品制造	14						1
建筑、家具用金属配件制造	2						1
建筑装饰及水暖管道零件制造	7						
其他建筑、安全用金属制品制造	5						
金属表面处理及热处理加工	5						
金属表面处理及热处理加工	5						
搪瓷制品制造	1						
工业生产配套用搪瓷制品制造	1						
不锈钢及类似日用金属制品制造	6					1	
金属制厨房调理及卫生器具制造	2						
其他日用金属制品制造	4					1	
其他金属制品制造	16		1	1	1		
其他未列明的金属制品制造	16		1	1	1		
通用设备制造业	217		8	9	6	8	7
锅炉及原动机制造	19		1	1	1	1	1
锅炉及辅助设备制造	18		1	1	1	1	
内燃机及配件制造	1						1
金属加工机械制造	42		1	1	1	1	2
金属切削机床制造	7						
金属成形机床制造	4						2

1998年	1999年	2000年	2001年	2002年	2003年	2004年	2005年	2006年	2007年	2008年
	1	1				1	1	1	1	1
	1					1	1		2	
1	1	2		1	1			2		2
					1					1
							1			
							1			
	1	1			1	1	2			1
	1	1				1		1		1
					1			1		
			1		1		2	1		2
			1		1		2	1		2
1		1					1	2	1	1
1		1					1	2	1	1
5	7	16	7	9	11	19	21	19	24	24
3	6	11	6	6	9	13	10	12	15	15
1	1	2	2	3	4	6	5	3	2	6
2	5	9	4	3	5	7	5	9	13	9
1						1	1		1	1
										1
1						1	1		1	
		1	1	1	1		1			1
		1	1	1	1		1			1
1	1						3		3	
1	1						3		3	
		1		1		1	1	2	4	2
									1	
				1		1	1	2	1	
		1							2	2
		2					1	1		1
		2					1	1		
				1						
				1						
							2	1		2
							2			
								1		2
		1			1	4	2	2	1	2
		1			1	4	2	2	1	2
5	9	9	8	11	23	23	18	28	26	14
3	1		2			2	2	3	1	
3	1		2			2	2	3	1	
	4		1	1	6	3	4	8	7	2
	1				3		2	1		
						2				

1-10　续表 8

行　业	法　人 单位数 (个)	1949年 以前	1950– 1977年	1978– 1991年	1992– 1995年	1996年	1997年
铸造机械制造	8			1			
金属切割及焊接设备制造	1						
机床附件制造	15				1		
其他金属加工机械制造	7		1			1	
起重运输设备制造	12						1
起重运输设备制造	12						1
泵、阀门、压缩机及类似机械的制造	7		1				
泵及真空设备制造	1		1				
阀门和旋塞的制造	2						
液压和气压动力机械及元件制造	4						
轴承、齿轮、传动和驱动部件的制造	18		3	1	1	1	
轴承制造	12		3	1	1		
齿轮、传动和驱动部件制造	6					1	
烘炉、熔炉及电炉制造	2					1	
烘炉、熔炉及电炉制造	2					1	
风机、衡器、包装设备等通用设备制造	16						
风机、风扇制造	2						
制冷、空调设备制造	3						
风动和电动工具制造	1						
包装专用设备制造	1						
衡器制造	6						
其他通用设备制造	3						
通用零部件制造及机械修理	53		1	3	1	2	1
金属密封件制造	3			1			
紧固件、弹簧制造	4			1			
机械零部件加工及设备修理	44		1	1		2	1
其他通用零部件制造	2				1		
金属铸、锻加工	48		1	3	2	2	2
钢铁铸件制造	45		1	3	2	2	2
锻件及粉末冶金制品制造	3						
专用设备制造业	93		8	5	1	1	
矿山、冶金、建筑专用设备制造	36		3	2			
采矿、采石设备制造	30		3	2			
石油钻采专用设备制造	3						
建筑工程用机械制造	1						
建筑材料生产专用机械制造	2						
化工、木材、非金属加工专用设备制造	12						
炼油、化工生产专用设备制造	1						
塑料加工专用设备制造	3						
模具制造	7						
其他非金属加工专用设备制造	1						
食品、饮料、烟草及饲料生产专用设备制造	1						
饲料生产专用设备制造	1						
印刷、制药、日化生产专用设备制造	2						
制浆和造纸专用设备制造	2						

1998年	1999年	2000年	2001年	2002年	2003年	2004年	2005年	2006年	2007年	2008年
	1				1			2	3	
						1				
	1			1	1			5	4	2
	1		1		1			2		
1		2		2	2	1	1	1	1	
1		2		2	2	1	1	1	1	
		1				2		2	1	
						1		1		
		1				1		1	1	
	1		1	3	2	1	1	1	1	1
			1	2	1	1	1			1
	1			1	1			1	1	
								1		
								1		
	1			2	6	1	3		2	1
					1		1			
					1		1			1
							1			
				1						
	1				3	1			1	
				1	1				1	
1	1	2		3	1	7	2	8	8	8
								1	1	
	1					1		1		
1		2		3	1	5	2	6	7	8
						1				
	1	4	4		6	6	5	4	5	2
	1	4	4		6	5	4	4	4	2
						1	1		1	
4		2	7	7	8	14	8	13	6	5
1		1	3	3	4	6	3	5	1	1
1		1	3	2	3	5	2	5	1	1
					1		1			
				1						
						1				
			1	2		2	3	2	1	1
						1				
			1					1	1	
				2		1	3	1		
										1
									1	
									1	
			1			1				
			1			1				

1-10 续表 9

行业	法人单位数(个)	1949年以前	1950–1977年	1978–1991年	1992–1995年	1996年	1997年
电子和电工机械专用设备制造	7						
电工机械专用设备制造	4						
电子工业专用设备制造	3						
农、林、牧、渔专用机械制造	18		5	1	1		
机械化农业及园艺机具制造	5		3				
畜牧机械制造	2		1				
农林牧渔机械配件制造	1				1		
其他农林牧渔业机械制造及机械修理	10		1	1			
医疗仪器设备及器械制造	9					1	
医疗诊断、监护及治疗设备制造	4					1	
假肢、人工器官及植(介)入器械制造	4						
其他医疗设备及器械制造	1						
环保、社会公共安全及其他专用设备制造	8			2			
环境污染防治专用设备制造	6			1			
社会公共安全设备及器材制造	1			1			
其他专用设备制造	1						
交通运输设备制造业	80		2	8	6	2	2
汽车制造	71		2	7	5	2	1
汽车整车制造	1						
改装汽车制造	2						
汽车零部件及配件制造	2						
汽车修理	66		2	7	5	2	1
摩托车制造	1			1			
摩托车零部件及配件制造	1			1			
自行车制造	1						
脚踏自行车及残疾人座车制造	1						
交通器材及其他交通运输设备制造	7				1		1
交通管理用金属标志及设施制造	7				1		1
电气机械及器材制造业	84		1	4	3	4	1
电机制造	9		1			1	
发电机及发电机组制造	3						
电动机制造	6		1			1	
输配电及控制设备制造	33			1	2	2	1
变压器、整流器和电感器制造	4			1		1	
电容器及其配套设备制造	3						
配电开关控制设备制造	20				2		1
电力电子元器件制造	4						
其他输配电及控制设备制造	2					1	
电线、电缆、光缆及电工器材制造	13				1		
电线电缆制造	12				1		
其他电工器材制造	1						
电池制造	4						
电池制造	4						
家用电力器具制造	1					1	
家用厨房电器具制造	1					1	

1998年	1999年	2000年	2001年	2002年	2003年	2004年	2005年	2006年	2007年	2008年
1			1	1		2		1		1
1				1		2				
			1					1		1
2		1			2			2	2	1
		1						1		
					1					
2					1			1	2	1
					2		1	3	1	1
					1			1	1	
					1		1	1		1
								1		
			1	1		3	1			
			1			3	1			
				1						
1	2	3	2	7	9	4	7	9	11	4
1	1	3	1	6	9	4	5	8	11	4
										1
			1						1	
					1				1	
1	1	3		6	8	4	5	8	9	3
							1			
							1			
	1		1	1			1	1		
	1		1	1			1	1		
4	1	3	8	4	7	6	9	9	11	6
						2	2	1	2	
							1	1	1	
						2	1		1	
3	1	3	3	3	2	1	2	2	2	4
				1			1			
			1		1					1
3	1	2	1	2	1	1	1	1	1	3
			1					1	1	
		1								
1			2	1	2	1	2	1	1	
1			1	1	2	1	2	1	1	
			1							
			2						1	
			2						1	

1-10 续表 10

行 业	法 人 单位数 (个)	1949年以前	1950-1977年	1978-1991年	1992-1995年	1996年	1997年
非电力家用器具制造	8			1			
燃气、太阳能及类似能源的器具制造	7						
其他非电力家用器具制造	1			1			
照明器具制造	3						
照明灯具制造	2						
灯用电器附件及其他照明器具制造	1						
其他电气机械及器材制造	13			2			
其他未列明的电气机械制造	13			2			
通信设备、计算机及其他电子设备制造业	4						
通信设备制造	1						
通信传输设备制造	1						
电子计算机制造	1						
计算机网络设备制造	1						
电子元件制造	1						
电子元件及组件制造	1						
家用视听设备制造	1						
家用影视设备制造	1						
仪器仪表及文化、办公用机械制造业	28		2		2	1	
通用仪器仪表制造	21		2		2	1	
工业自动控制系统装置制造	4		1				
电工仪器仪表制造	8				1	1	
实验分析仪器制造	1						
试验机制造	4		1		1		
供应用仪表及其他通用仪器制造	4						
专用仪器仪表制造	2						
汽车及其他用计数仪表制造	1						
其他专用仪器制造	1						
光学仪器及眼镜制造	1						
眼镜制造	1						
文化、办公用机械制造	2						
照相机及器材制造	1						
其他文化、办公用机械制造	1						
其他仪器仪表的制造及修理	2						
其他仪器仪表的制造及修理	2						
工艺品及其他制造业	44		1	3	1	2	
工艺美术品制造	20			3	1	1	
雕塑工艺品制造	2						
金属工艺品制造	1						
抽纱刺绣工艺品制造	1						
地毯、挂毯制造	10			2			
其他工艺美术品制造	6			1	1	1	
日用杂品制造	1						
其他日用杂品制造	1						
煤制品制造	18		1			1	
煤制品制造	18		1			1	

1998年	1999年	2000年	2001年	2002年	2003年	2004年	2005年	2006年	2007年	2008年
					2		1	1	1	2
					2		1	1	1	2
					1		1		1	
							1		1	
					1					
			1			2	1	4	3	
			1			2	1	4	3	
						1		1	1	1
								1		
								1		
						1				
						1				
									1	
									1	
										1
										1
1	2	1		1	4	3	1	4	3	2
1	1			1	3	3		3	1	2
1	1							1		
					1	1		2	1	
				1						
						2				
					2					2
								1	1	
								1		
									1	
		1								
		1								
	1				1					
	1									
					1					
							1		1	
							1		1	
1	1	1	3	3	1	4	3	8	7	5
1		1	2		1	2	1	2	2	3
								2		
									1	
										1
1		1	1		1	1			1	2
			1			1	1			
										1
										1
	1			2		2	2	5	3	1
	1			2		2	2	5	3	1

1-10 续表 11

行业	法人单位数（个）	1949年以前	1950–1977年	1978–1991年	1992–1995年	1996年	1997年
其他未列明的制造业	5						
其他未列明的制造业	5						
废弃资源和废旧材料回收加工业	7						
金属废料和碎屑的加工处理	2						
金属废料和碎屑的加工处理	2						
非金属废料和碎屑的加工处理	5						
非金属废料和碎屑的加工处理	5						
电力、燃气及水的生产和供应业	**136**		**7**	**19**	**5**	**2**	**5**
电力、热力的生产和供应业	71		2	9	3	1	3
电力生产	24		1	3	1	1	3
火力发电	14			2			3
水力发电	4		1	1	1	1	
核力发电	1						
其他能源发电	5						
电力供应	3			1			
电力供应	3			1			
热力生产和供应	44		1	5	2		
热力生产和供应	44		1	5	2		
燃气生产和供应业	20						
燃气生产和供应业	20						
燃气生产和供应业	20						
水的生产和供应业	45		5	10	2	1	2
自来水的生产和供应	38		5	10	2	1	2
自来水的生产和供应	38		5	10	2	1	2
污水处理及其再生利用	6						
污水处理及其再生利用	6						
其他水的处理、利用与分配	1						
其他水的处理、利用与分配	1						
建筑业	**886**		**36**	**64**	**82**	**16**	**21**
房屋和土木工程建筑业	474		34	58	60	6	11
房屋工程建筑	272		22	35	35	4	9
房屋工程建筑	272		22	35	35	4	9
土木工程建筑	202		12	23	25	2	2
铁路、道路、隧道和桥梁工程建筑	57		4	4	6		1
水利和港口工程建筑	56		4	8	12	1	
工矿工程建筑	11		1	2	3		
架线和管道工程建筑	40		1	2	1		
其他土木工程建筑	38		2	7	3	1	1
建筑安装业	135		1	4	6	4	3
建筑安装业	135		1	4	6	4	3
建筑安装业	135		1	4	6	4	3
建筑装饰业	234			2	13	6	6
建筑装饰业	234			2	13	6	6
建筑装饰业	234			2	13	6	6

1998年	1999年	2000年	2001年	2002年	2003年	2004年	2005年	2006年	2007年	2008年
			1	1				1	2	
			1	1				1	2	
					1			5		1
					1			1		
					1			1		
								4		1
								4		1
2	**3**	**6**	**7**	**6**	**13**	**7**	**12**	**15**	**14**	**13**
1		3	2	4	7	5	5	8	11	7
		1		2	1	2	1	3	3	2
		1		1	1	1		3	2	
										1
				1		1	1		1	1
								1		1
								1		1
1		2	2	2	6	3	4	4	8	4
1		2	2	2	6	3	4	4	8	4
	2	2	2	2	2	1	3		1	5
	2	2	2	2	2	1	3		1	5
	2	2	2	2	2	1	3		1	5
1	1	1	3		4	1	4	7	2	1
1	1		2		4	1	3	3	2	1
1	1		2		4	1	3	3	2	1
			1				1	4		
			1				1	4		
		1								
		1								
36	**38**	**49**	**42**	**61**	**59**	**65**	**62**	**78**	**97**	**78**
17	24	30	23	42	30	25	22	28	34	29
8	17	10	11	27	20	9	9	16	22	17
8	17	10	11	27	20	9	9	16	22	17
9	7	20	12	15	10	16	13	12	12	12
3	1	11	3	9	2	3	3	4	2	1
3	5	4	3	4	2	3	2	2	1	2
			1				1		2	1
3	1	4	4	1	2	5	6	3	2	5
		1	1	1	4	5	1	3	5	3
8	6	8	10	6	10	14	15	19	14	7
8	6	8	10	6	10	14	15	19	14	7
8	6	8	10	6	10	14	15	19	14	7
10	8	9	8	11	15	23	22	24	43	34
10	8	9	8	11	15	23	22	24	43	34
10	8	9	8	11	15	23	22	24	43	34

1-10 续表 12

行业	法人单位数(个)	1949年以前	1950-1977年	1978-1991年	1992-1995年	1996年	1997年
其他建筑业	43		1		3		1
工程准备	25				3		1
工程准备	25				3		1
提供施工设备服务	6						
提供施工设备服务	6						
其他未列明的建筑活动	12		1				
其他未列明的建筑活动	12		1				
交通运输、仓储和邮政业	**439**	**2**	**43**	**21**	**7**	**7**	**1**
道路运输业	268	1	22	7	3	2	1
公路旅客运输	56		5	4	1	2	
公路旅客运输	56		5	4	1	2	
道路货物运输	172		1				
道路货物运输	172		1				
道路运输辅助活动	40	1	16	3	2		1
客运汽车站	8		1	1	1		
公路管理与养护	28	1	15	2	1		
其他道路运输辅助活动	4						1
城市公共交通业	47		1		2	3	
公共电汽车客运	13		1				
公共电汽车客运	13		1				
出租车客运	32				2	3	
出租车客运	32				2	3	
其他城市公共交通	2						
其他城市公共交通	2						
水上运输业	4			2			
水上货物运输	4			2			
内河货物运输	4			2			
航空运输业	6						
航空客货运输	4						
航空旅客运输	1						
航空货物运输	3						
航空运输辅助活动	2						
机场	2						
管道运输业	2			1			
管道运输业	2			1			
管道运输业	2			1			
装卸搬运和其他运输服务业	57		2	6	1		
装卸搬运	29		1	6			
装卸搬运	29		1	6			
运输代理服务	28		1		1		
运输代理服务	28		1		1		
仓储业	44		18	5	1	2	
谷物、棉花等农产品仓储	29		16	4	1	1	
谷物、棉花等农产品仓储	29		16	4	1	1	
其他仓储	15		2	1		1	
其他仓储	15		2	1		1	

1998年	1999年	2000年	2001年	2002年	2003年	2004年	2005年	2006年	2007年	2008年
1		2	1	2	4	3	3	7	6	8
1		2	1	2	4	2	3	3		3
1		2	1	2	4	2	3	3		3
									3	2
									3	2
						1		4	3	3
						1		4	3	3
17	**14**	**15**	**11**	**17**	**22**	**47**	**34**	**46**	**53**	**79**
7	8	7	9	9	12	27	27	33	40	53
3	3	3	5	2	1	4	4	7	6	6
3	3	3	5	2	1	4	4	7	6	6
4	4	3	2	6	9	21	20	22	34	46
4	4	3	2	6	9	21	20	22	34	46
	1	1	2	1	2	2	3	4		1
			1	1		1		2		
	1				2	1	3	2		
		1	1							1
4	2	5	1	6	4	9	2	3	1	4
2	1	2		1	2	1		1		2
2	1	2		1	2	1		1		2
2	1	3		5	2	8	1	2	1	2
2	1	3		5	2	8	1	2	1	2
			1				1			
			1				1			
							1	1		
							1	1		
							1	1		
	1	1				1				3
		1								3
										1
		1								2
	1					1				
	1					1				
										1
										1
										1
2	1		1	1	4	6	4	8	8	13
2			1	1		3	2	3	4	6
2			1	1		3	2	3	4	6
	1				4	3	2	5	4	7
	1				4	3	2	5	4	7
	1	1		1	1	3		1	3	4
	1	1		1	1				2	1
	1	1		1	1				2	1
						3		1	1	3
						3		1	1	3

1-10 续表 13

行　业	法人单位数（个）	1949年以前	1950–1977年	1978–1991年	1992–1995年	1996年	1997年
邮政业	11	1					
国家邮政	7	1					
国家邮政	7	1					
其他寄递服务	4						
其他寄递服务	4						
信息传输、计算机服务和软件业	**623**			**4**	**2**	**3**	**2**
电信和其他信息传输服务业	69			4	1	1	
电信	37			3	1	1	
固定电信服务	13			2		1	
移动电信服务	13						
其他电信服务	11			1	1		
互联网信息服务	15						
互联网信息服务	15						
广播电视传输服务	16			1			
有线广播电视传输服务	14			1			
无线广播电视传输服务	2						
卫星传输服务	1						
卫星传输服务	1						
计算机服务业	498					2	2
计算机系统服务	48					1	
计算机系统服务	48					1	
计算机维修	18						
计算机维修	18						
其他计算机服务	432					1	2
其他计算机服务	432					1	2
软件业	56				1		
公共软件服务	54				1		
基础软件服务	40						
应用软件服务	14				1		
其他软件服务	2						
其他软件服务	2						
批发和零售业	**5669**	**1**	**139**	**124**	**195**	**121**	**136**
批发业	3124	1	80	62	102	54	62
农畜产品批发	203		4	14	10	4	2
谷物、豆及薯类批发	55		2	6	3	1	
种子、饲料批发	87			6	5	1	
棉、麻批发	1						
其他农畜产品批发	60		2	2	2	2	2
食品、饮料及烟草制品批发	175		5	9	3	4	4
米、面制品及食用油批发	31			2		1	2
糕点、糖果及糖批发	4				1		
果品、蔬菜批发	36		1	1			
肉、禽、蛋及水产品批发	8						1
盐及调味品批发	21		2	1			
饮料及茶叶批发	46		1	1	1	1	
烟草制品批发	8			4			
其他食品批发	21		1		1	2	1

1998年	1999年	2000年	2001年	2002年	2003年	2004年	2005年	2006年	2007年	2008年
4	1	1			1	1			1	1
4	1	1								
4	1	1								
					1	1			1	1
					1	1			1	1
7	**11**	**21**	**21**	**40**	**65**	**65**	**93**	**106**	**100**	**83**
	7	3	2	4	6	13	10	3	7	8
	7			3	1	7	7	1	3	3
	1			1	1	2	3		1	1
	5					4	3		1	
	1			2		1	1	1	1	2
		1	1	1	1	4		2	3	2
		1	1	1	1	4		2	3	2
		2	1		3	2	3		1	3
		2			2	2	3		1	3
			1		1					
					1					
					1					
6	1	16	19	35	55	46	80	89	81	66
1	1	1	2	1	6	5	5	6	13	6
1	1	1	2	1	6	5	5	6	13	6
1		1	1	1	3		3	2	3	3
1		1	1	1	3		3	2	3	3
4		14	16	33	46	41	72	81	65	57
4		14	16	33	46	41	72	81	65	57
1	3	2		1	4	6	3	14	12	9
1	3	2		1	3	6	3	13	12	9
1	3	1		1	3	5	2	10	8	6
		1				1	1	3	4	3
					1			1		
					1			1		
182	**182**	**250**	**288**	**393**	**508**	**502**	**488**	**630**	**730**	**795**
94	102	128	162	234	277	289	280	360	402	432
3	8	7	7	11	15	12	21	25	22	37
1	5	1	2	1	1	1	3	10	6	12
1	1	5	2	9	10	8	9	8	6	15
	1									
1	1	1	3	1	4	3	9	7	10	10
3	13	6	7	9	8	8	7	26	34	29
1	2	3	1		2	3	1	2	8	3
				1				1	1	
	1	1	1	2	1	3	1	2	7	15
								2	3	2
1	9		1				2	2	2	1
		1	3	6	2	2	1	11	9	7
1								1	2	
	1	1	1		3		2	5	2	1

1-10 续表 14

行业	法人单位数(个)	1949年以前	1950-1977年	1978-1991年	1992-1995年	1996年	1997年
纺织、服装及日用品批发	101		1	1	3	1	3
纺织品、针织品及原料批发	22				1		1
服装批发	20						
鞋帽批发	1						
厨房、卫生间用具及日用杂货批发	8						
化妆品及卫生用品批发	17						1
其他日用品批发	33		1	1	2	1	1
文化、体育用品及器材批发	61		1	1	6	1	2
文具用品批发	30			1	2		2
体育用品批发	1				1		
图书批发	15		1		3	1	
音像制品及电子出版物批发	3						
其他文化用品批发	12						
医药及医疗器材批发	85		1	3	2	2	
西药批发	17		1	3		1	
中药材及中成药批发	32					1	
医疗用品及器材批发	36				2		
矿产品、建材及化工产品批发	1359		56	21	51	26	25
煤炭及制品批发	144				1	1	2
石油及制品批发	112		2	3	6	2	5
非金属矿及制品批发	22			1		1	1
金属及金属矿批发	477		1	4	20	12	5
建材批发	270		2		16	7	10
化肥批发	163		42	11	6	1	1
农药批发	11			1		1	
农用薄膜批发	11		8				
其他化工产品批发	149		1	1	2	1	1
机械设备、五金交电及电子产品批发	921		2	8	21	15	24
农业机械批发	56		1	2	1	1	3
汽车、摩托车及零配件批发	104				5	2	1
五金、交电批发	184		1	1	6	2	3
家用电器批发	35						1
计算机、软件及辅助设备批发	39					3	1
通讯及广播电视设备批发	25				1		1
其他机械设备及电子产品批发	478			5	8	7	14
贸易经纪与代理	31		1		1		
贸易经纪与代理	31		1		1		
其他批发	188	1	9	5	5	1	2
再生物资回收与批发	137	1	2	4	4	1	
其他未列明的批发	51		7	1	1		2
零售业	2545		59	62	93	67	74
综合零售	188		16	10	7	6	7
百货零售	88		8	5	5	4	4
超级市场零售	39		1	1		1	2
其他综合零售	61		7	4	2	1	1

1998年	1999年	2000年	2001年	2002年	2003年	2004年	2005年	2006年	2007年	2008年
2	1	5	3	11	9	8	9	12	12	20
1	1	3		1	3	1	4	1	3	2
			2	3	1		1	4	2	7
										1
		1				2		2	2	1
			1	4	5	1	1	1	2	1
1		1		3		4	3	4	3	8
4	2	2	2	6	4	5	3	5	10	7
3	1		1	2	4		2	5	4	3
		2		3		1	1		3	
						2				1
1	1		1	1		2			3	3
5	3	3	6	3	8	11	7	14	11	6
		1	1	2		3	3		2	
2	3	1	3		3	3	2	8	4	2
3		1	2	1	5	5	2	6	5	4
38	39	55	78	104	122	141	124	157	161	159
1	3	8	6	11	14	23	12	22	18	22
8	6	5	10	16	7	6	4	14	14	3
	1	1				6	2	2		7
12	14	21	29	34	68	57	48	47	66	39
4	7	8	12	18	17	23	27	38	33	47
1	3	7	7	13	8	7	16	11	11	18
1			1		1		2	2		2
	1			1						1
11	4	5	13	11	7	19	13	21	19	20
34	33	36	49	73	96	79	80	97	132	142
1	4	3	4	6	5	2	3	7	5	8
3	1	6	5	10	17	12	15	5	12	10
8	5	8	10	12	17	22	15	24	22	28
		2	4	4	8	1	1	2	7	5
	3		2	5	5	4	3	5	5	3
		3	1	3	1	3	4	2	6	
22	20	14	23	33	43	35	39	52	75	88
		3	1	5	2	2	6	3	1	6
		3	1	5	2	2	6	3	1	6
5	3	11	9	12	13	23	23	21	19	26
5	2	5	7	10	8	17	22	17	13	19
	1	6	2	2	5	6	1	4	6	7
88	80	122	126	159	231	213	208	270	328	363
7	5	5	7	11	11	12	11	23	25	25
3	3	2	5	3	6	2	5	10	14	9
3	2		1	4	1	6	4	4	4	5
1		3	1	4	4	4	2	9	7	11

1-10 续表 15

行业	法人单位数(个)	1949年以前	1950-1977年	1978-1991年	1992-1995年	1996年	1997年
食品、饮料及烟草制品专门零售	174		17	12	3	3	3
粮油零售	54		16	9	1	3	1
糕点、面包零售	3						
果品、蔬菜零售	6						
肉、禽、蛋及水产品零售	14			1	1		
饮料及茶叶零售	38		1		1		2
烟草制品零售	14						
其他食品零售	45			2			
纺织、服装及日用品专门零售	257		1	6	8	8	13
纺织品及针织品零售	26		1		1		1
服装零售	97			2	2	5	4
鞋帽零售	10						1
钟表、眼镜零售	25			3			1
化妆品及卫生用品零售	39				4	1	1
其他日用品零售	60			1	1	2	5
文化、体育用品及器材专门零售	193		13	7	7	6	1
文具用品零售	63				1	1	
体育用品零售	25			1	1		
图书零售	38		13	3	1	2	1
音像制品及电子出版物零售	9					1	
珠宝首饰零售	18			2	1		
工艺美术品及收藏品零售	18				2		
照相器材零售	1						
其他文化用品零售	21			1	1	2	
医药及医疗器材专门零售	161		8	6	5	3	1
药品零售	124		8	6	5	3	1
医疗用品及器材零售	37						
汽车、摩托车、燃料及零配件专门零售	505		2	3	27	20	19
汽车零售	131					1	5
汽车零配件零售	93				9	5	
摩托车及零配件零售	71			1	3	4	
机动车燃料零售	210		2	2	15	10	14
家用电器及电子产品专门零售	500			5	14	10	11
家用电器零售	130			3	7	2	2
计算机、软件及辅助设备零售	235			2	4	3	5
通信设备零售	77				1	3	1
其他电子产品零售	58				2	2	3
五金、家具及室内装修材料专门零售	407		1	8	11	9	16
五金零售	231		1	7	6	5	9
家具零售	54				2	2	3
涂料零售	7				1	2	
其他室内装修材料零售	115			1	2		4

1998年	1999年	2000年	2001年	2002年	2003年	2004年	2005年	2006年	2007年	2008年
10	8	6	8	8	5	16	12	16	24	23
4	7	1	2			2	1	3	1	3
				1	1				1	
			1	1		1	1	1		1
		1		2		3	1		2	3
2		3	1	1	1	1	4	4	9	8
2			1		1	5	1	3	2	
2	1	1	3	3	3	4	4	5	9	8
6	12	14	10	24	20	14	30	27	26	38
	5	2	1	4		3		2		6
1	3	5	3	6	9	3	12	12	15	15
				2	1	1	2		1	2
2	2	3	2	2	2	1	3	1	2	1
1	1	1	1	7	2	4	5	6	3	2
2	1	3	3	3	6	2	8	6	5	12
6	14	9	10	8	10	24	15	21	22	20
3	7	4	2	3	1	8	5	8	11	9
1	2	1	2	2	1	4	3	3	1	3
1	1	2	1	1	1	4	1	2	2	2
1	1		1		2	3				
	1		2		3	1	1	3	2	2
	1	1		1	1	2	2	2	5	1
										1
	1	1	2	1	1	2	3	3	1	2
2	2	6	5	11	22	29	15	9	22	15
2	2	3	3	9	16	21	15	7	15	8
		3	2	2	6	8		2	7	7
18	15	25	39	38	61	48	37	37	50	64
	3	9	5	5	17	13	8	16	17	31
4	2	7	2	5	7	4	7	4	20	17
4	4	5	4	9	12	8	5	5	4	2
10	6	4	28	19	25	23	17	12	9	14
20	11	31	21	33	51	29	37	72	79	76
9	4	11	5	12	12	7	7	16	20	13
7	5	16	12	16	22	16	20	35	32	40
2	1	2	3	3	9	3	7	16	12	14
2	1	2	1	2	8	3	3	5	15	9
16	7	21	13	19	32	32	41	44	58	79
9	7	14	7	11	16	16	20	22	36	45
2		3	2	3	8	4	8	5	1	11
			1	1					1	1
5		4	3	4	8	12	13	17	20	22

1-10 续表 16

行业	法人单位数(个)	1949年以前	1950-1977年	1978-1991年	1992-1995年	1996年	1997年
无店铺及其他零售	160		1	5	11	2	3
流动货摊零售	1						
邮购及电子销售	1						
生活用燃料零售	43			3	6	1	2
花卉零售	13				1		
旧货零售	2						
其他未列明的零售	100		1	2	4	1	1
住宿和餐饮业	**490**		**9**	**24**	**18**	**9**	**11**
住宿业	260		8	17	11	5	6
旅游饭店	77		3	3	4		4
旅游饭店	77		3	3	4		4
一般旅馆	169		4	14	7	5	1
一般旅馆	169		4	14	7	5	1
其他住宿服务	14		1				1
其他住宿服务	14		1				1
餐饮业	230		1	7	7	4	5
正餐服务	208		1	7	7	4	5
正餐服务	208		1	7	7	4	5
快餐服务	7						
快餐服务	7						
饮料及冷饮服务	7						
饮料及冷饮服务	7						
其他餐饮服务	8						
其他餐饮服务	8						
金融业	**190**		**3**	**11**	**3**	**4**	**1**
银行业	38		3	10	2		1
中央银行	7			3			
中央银行	7			3			
商业银行	28		3	7	1		1
商业银行	28		3	7	1		1
其他银行	3				1		
其他银行	3				1		
证券业	2						
证券经纪与交易	1						
证券经纪与交易	1						
证券投资	1						
证券投资	1						
保险业	46			1		3	
人寿保险	14					1	
人寿保险	14					1	
非人寿保险	26			1		2	
非人寿保险	26			1		2	
保险辅助服务	6						
保险辅助服务	6						
其他金融活动	104				1	1	
金融信托与管理	3						
金融信托与管理	3						

	1998年	1999年	2000年	2001年	2002年	2003年	2004年	2005年	2006年	2007年	2008年
	3	6	5	13	7	19	9	10	21	22	23
										1	
											1
	2	2	3	6	3	1	2	1	5	3	3
				1		3		1	2	2	3
							1				1
	1	4	2	6	4	15	6	8	14	16	15
	27	**20**	**21**	**27**	**29**	**37**	**34**	**32**	**67**	**61**	**63**
	17	7	8	18	20	17	21	15	29	32	29
	5	2	1	3	7	6	7	8	8	9	7
	5	2	1	3	7	6	7	8	8	9	7
	11	4	7	13	13	10	14	6	20	18	22
	11	4	7	13	13	10	14	6	20	18	22
	1	1		2		1		1	1	5	
	1	1		2		1		1	1	5	
	10	13	13	9	9	20	13	17	38	29	34
	10	12	12	7	7	18	11	15	34	27	30
	10	12	12	7	7	18	11	15	34	27	30
			1	1		1	1	1	1		1
			1	1		1	1	1	1		1
		1			1		1	1	2		1
		1			1		1	1	2		1
				1	1	1			1	2	2
				1	1	1			1	2	2
	3	**6**	**6**	**5**	**7**	**12**	**13**	**21**	**24**	**40**	**31**
	3	1		1	1		2	11		1	2
		1					1	1			1
		1					1	1			1
	3				1			10		1	1
	3				1			10		1	1
				1			1				
				1			1				
				1					1		
									1		
									1		
				1							
				1							
		1		1	2	5	3	2	10	13	5
		1			1	3	1		1	3	3
		1			1	3	1		1	3	3
					1	1	2	2	8	8	1
					1	1	2	2	8	8	1
				1		1			1	2	1
				1		1			1	2	1
		4	6	2	4	7	8	8	13	26	24
						1	1				1
						1	1				1

1-10 续表 17

行业	法人单位数（个）	1949年以前	1950-1977年	1978-1991年	1992-1995年	1996年	1997年
金融租赁	1						
金融租赁	1						
财务公司	1						
财务公司	1						
邮政储蓄	6						
邮政储蓄	6						
典当	43				1	1	
典当	43				1	1	
其他未列明的金融活动	50						
其他未列明的金融活动	50						
房地产业	**772**		**1**	**10**	**25**	**8**	**12**
房地产业	772		1	10	25	8	12
房地产开发经营	341			8	16	4	6
房地产开发经营	341			8	16	4	6
物业管理	258				4	2	2
物业管理	258				4	2	2
房地产中介服务	118			1	4	2	2
房地产中介服务	118			1	4	2	2
其他房地产活动	55		1	1	1		2
其他房地产活动	55		1	1	1		2
租赁和商务服务业	**1252**		**22**	**75**	**42**	**28**	**22**
租赁业	182				3	10	
机械设备租赁	180				3	10	
汽车租赁	148				3	9	
农业机械租赁	1					1	
建筑工程机械与设备租赁	30						
计算机及通讯设备租赁	1						
文化及日用品出租	2						
图书及音像制品出租	1						
其他文化及日用品出租	1						
商务服务业	1070		22	75	39	18	22
企业管理服务	144		16	21	13	2	2
企业管理机构	45		4	6	8		1
投资与资产管理	52			1	1	1	1
其他企业管理服务	47		12	14	4	1	
法律服务	81			22	6	4	2
律师及相关的法律服务	70			13	6	4	1
公证服务	11			9			1
咨询与调查	181			9	1	3	3
会计、审计及税务服务	62				1		2
市场调查	14			5			
社会经济咨询	55					1	1
其他专业咨询	50			4		2	

1998年	1999年	2000年	2001年	2002年	2003年	2004年	2005年	2006年	2007年	2008年
		1								
		1								
									1	
									1	
									1	5
									1	5
	1	5	2	2	2		5	10	8	6
	1	5	2	2	2		5	10	8	6
	3			2	4	7	3	3	16	12
	3			2	4	7	3	3	16	12
38	**37**	**62**	**62**	**62**	**88**	**84**	**74**	**73**	**82**	**54**
38	37	62	62	62	88	84	74	73	82	54
27	24	26	31	33	48	39	19	27	24	9
27	24	26	31	33	48	39	19	27	24	9
4	7	26	23	17	28	28	39	28	31	19
4	7	26	23	17	28	28	39	28	31	19
3	5	7	6	8	9	14	10	10	18	19
3	5	7	6	8	9	14	10	10	18	19
4	1	3	2	4	3	3	6	8	9	7
4	1	3	2	4	3	3	6	8	9	7
30	**26**	**53**	**55**	**40**	**76**	**116**	**103**	**167**	**184**	**211**
	1	7	3	1	5	16	10	33	50	42
	1	6	3	1	5	16	10	33	50	41
	1	5	1	1	4	9	7	29	42	37
		1	2		1	7	3	4	8	3
										1
		1								1
		1								
										1
30	25	46	52	39	71	100	93	134	134	169
5	7	10	5	4	5	13	6	10	15	10
2	5	4		2	2	3	1		2	5
1		4	4	1	2	6	3	9	13	5
2	2	2	1	1	1	4	2	1		
5	1	5	8	1	5	9	2	4	4	3
5	1	5	8		5	9	2	4	4	3
				1						
3	5	14	8	5	11	12	23	29	19	36
1	3	9	4	2	3	5	7	13	2	10
	1			1		1	2		3	1
		3	2	1	4	2	6	11	8	16
2	1	2	2	1	4	4	8	5	6	9

1-10 续表 18

行业	法人单位数(个)	1949年以前	1950-1977年	1978-1991年	1992-1995年	1996年	1997年
广告业	279				6	5	4
广告业	279				6	5	4
知识产权服务	23			1	1	1	
知识产权服务	23			1	1	1	
职业中介服务	101		1	5	2		1
职业中介服务	101		1	5	2		1
市场管理	75		1	8	5	1	4
市场管理	75		1	8	5	1	4
旅行社	76			3	2	1	2
旅行社	76			3	2	1	2
其他商务服务	110		4	6	3	1	4
会议及展览服务	10			1			
包装服务	2						
保安服务	18			1	2		
办公服务	37		2	3		1	2
其他未列明的商务服务	43		2	1	1		2
科学研究、技术服务和地质勘查业	**627**	**1**	**70**	**107**	**26**	**4**	**12**
研究与试验发展	44		8	10	1		1
自然科学研究与试验发展	6		1				
自然科学研究与试验发展	6		1				
工程和技术研究与试验发展	10		2	1			
工程和技术研究与试验发展	10		2	1			
农业科学研究与试验发展	14		4	5			
农业科学研究与试验发展	14		4	5			
医学研究与试验发展	5				1		1
医学研究与试验发展	5				1		1
社会人文科学研究与试验发展	9		1	4			
社会人文科学研究与试验发展	9		1	4			
专业技术服务业	376	1	37	52	17	3	10
气象服务	36		20	4			
气象服务	36		20	4			
地震服务	21		7	9			2
地震服务	20		7	9			2
测绘服务	21		1	4			2
测绘服务	21		1	4			2
技术检测	60		2	8	3		
技术检测	60		2	8	3		
环境监测	14		2	1			
环境监测	14		2	1			
工程技术与规划管理	209	1	5	25	14	3	6
工程管理服务	133		1	8	10	2	3
工程勘察设计	58		4	13	3		2
规划管理	18	1		4	1	1	1
其他专业技术服务	15			1			
其他专业技术服务	15			1			

1998年	1999年	2000年	2001年	2002年	2003年	2004年	2005年	2006年	2007年	2008年
9	6	10	14	10	20	29	28	43	43	52
9	6	10	14	10	20	29	28	43	43	52
			1		1	7	1	1	2	7
			1		1	7	1	1	2	7
1			1	1	2	6	7	18	24	32
1			1	1	2	6	7	18	24	32
3		1	6	4	12	8	3	8	3	8
3		1	6	4	12	8	3	8	3	8
	4	4	6	7	9	8	10	7	9	4
	4	4	6	7	9	8	10	7	9	4
4	2	2	3	7	6	8	13	14	15	17
1				1	1		1	1		4
								1		
1	1			1	1	3	2	2	1	3
1	1	1	1	4	2	2	7	5	4	1
1		1	2	1	2	3	3	5	10	9
14	**11**	**29**	**24**	**29**	**31**	**41**	**32**	**69**	**65**	**62**
			1	3	3	2	1	6	4	4
				1		1		1	1	1
				1		1		1	1	1
					1			2	3	1
					1			2	3	1
			1	1	1		1			1
			1	1	1		1			1
				1				2		
				1				2		
					1	1		1		1
					1	1		1		1
8	10	22	20	18	18	27	26	38	35	34
				1		4	3	1	2	1
				1		4	3	1	2	1
1								1		1
1								1		
1		3		1	2	1	2	3	1	
1		3		1	2	1	2	3	1	
1	1	2	4	1	3	4	5	12	6	8
1	1	2	4	1	3	4	5	12	6	8
	1			2	1	2			2	3
	1			2	1	2			2	3
3	8	17	16	11	12	16	15	20	19	18
3	8	15	9	7	8	9	11	13	14	12
		2	6	2	3	5	4	7	3	4
			1	2	1	2			2	2
2				2			1	1	5	3
2				2			1	1	5	3

1-10　续表 19

行　业	法人单位数（个）	1949年以前	1950-1977年	1978-1991年	1992-1995年	1996年	1997年
科技交流和推广服务业	187		22	40	7	1	1
技术推广服务	163		21	35	6	1	1
技术推广服务	163		21	35	6	1	1
科技中介服务	16		1	1	1		
科技中介服务	16		1	1	1		
其他科技服务	8			4			
其他科技服务	8			4			
地质勘查业	20		3	5	1		
矿产地质勘查	7			1	1		
能源矿产地质勘查	5			1			
固体矿产地质勘查	2				1		
基础地质勘查	9		2	3			
基础地质勘查	9		2	3			
地质勘查技术服务	4		1	1			
地质勘查技术服务	4		1	1			
水利、环境和公共设施管理业	**225**		**30**	**57**	**18**	**3**	**3**
水利管理业	83		23	22	11	2	1
防洪管理	6		2	3			1
防洪管理	6		2	3			1
水资源管理	58		17	14	6	1	
水库管理	10		1	1			
调水、引水管理	40		14	13	4	1	
其他水资源管理	8		2		2		
其他水利管理	19		4	5	5	1	
其他水利管理	19		4	5	5	1	
环境管理业	53		2	25	1	1	2
自然保护	24		1	18			
自然保护区管理	10		1	5			
野生动植物保护	1						
其他自然保护	13			13			
环境治理	29		1	7	1	1	2
城市市容管理	4			2	1		
城市环境卫生管理	14			5		1	1
水污染治理	5						
其他环境治理	6		1				1
公共设施管理业	89		5	10	6		
市政公共设施管理	16		1	4	2		
市政公共设施管理	16		1	4	2		
城市绿化管理	46		4	4	1		
城市绿化管理	46		4	4	1		
游览景区管理	27			2	3		
风景名胜区管理	13				2		
公园管理	6			2	1		
其他游览景区管理	8						

1998年	1999年	2000年	2001年	2002年	2003年	2004年	2005年	2006年	2007年	2008年
6		7	1	8	9	12	5	25	21	22
6		5	1	6	9	11	3	24	16	18
6		5	1	6	9	11	3	24	16	18
		2		2		1	2		3	3
		2		2		1	2		3	3
								1	2	1
								1	2	1
	1		2		1				5	2
			1		1				1	2
			1		1				1	1
										1
	1		1						2	
	1		1						2	
									2	
									2	
									2	
7	**2**	**7**	**6**	**8**	**11**	**12**	**10**	**27**	**14**	**10**
1	1	1	1	1	1	1	3	10	2	2
1	1			1	1	1	2	10	1	2
								7	1	
1				1	1	1		2		2
	1						2	1		
		1	1				1		1	
		1	1				1		1	
1		2		2	1	4	2	5	3	2
						2		1	1	1
						2		1	1	
										1
1		2		2	1	2	2	4	2	1
				1						
1					1		1	3		1
		1		1			1	1	1	
		1				2			1	
5	1	4	5	5	9	7	5	12	9	6
1	1	1	1		2		1	1	1	
1	1	1	1		2		1	1	1	
2		2	2	2	3	6	2	6	8	4
2		2	2	2	3	6	2	6	8	4
2		1	2	3	4	1	2	5		2
1		1	1	2	3	1	1	1		
			1				1	1		
1				1	1			3		2

1-10 续表 20

行业	法人单位数(个)	1949年以前	1950-1977年	1978-1991年	1992-1995年	1996年	1997年
居民服务和其他服务业	**372**		**3**	**18**	**18**	**11**	**6**
居民服务业	126		3	7	5	5	2
家庭服务	15						
家庭服务	15						
托儿所	1						
托儿所	1						
洗染服务	4						
洗染服务	4						
理发及美容保健服务	17			2			
理发及美容保健服务	17			2			
洗浴服务	21					2	
洗浴服务	21					2	
婚姻服务	17						
婚姻服务	17						
殡葬服务	24		2	3		2	
殡葬服务	24		2	3		2	
摄影扩印服务	21		1	2	3	1	2
摄影扩印服务	21		1	2	3	1	2
其他居民服务	6				2		
其他居民服务	6				2		
其他服务业	246			11	13	6	4
修理与维护	194			8	11	6	4
汽车、摩托车维护与保养	165			4	6	5	4
办公设备维修	4				1		
家用电器修理	21			4	3	1	
其他日用品修理	4				1		
清洁服务	30			2			
建筑物清洁服务	3						
其他清洁服务	27			2			
其他未列明的服务	22			1	2		
其他未列明的服务	22			1	2		
教育	**1344**	**97**	**411**	**231**	**44**	**9**	**13**
教育	1344	97	411	231	44	9	13
学前教育	214		17	25	13	2	4
学前教育	214		17	25	13	2	4
初等教育	570	86	220	102	18	2	7
初等教育	570	86	220	102	18	2	7
中等教育	338	11	151	76	5	3	
初中教育	229	2	122	51	2	3	
高中教育	58	9	21	6	1		
中等专业教育	16		3	6			
职业中学教育	20		4	9	1		
技工学校教育	5			2			
其他中等教育	10		1	2	1		
高等教育	16		2	5			1
普通高等教育	10		2	2			1
成人高等教育	6			3			

	1998年	1999年	2000年	2001年	2002年	2003年	2004年	2005年	2006年	2007年	2008年
	7	**14**	**10**	**13**	**19**	**29**	**34**	**25**	**58**	**49**	**58**
	4	6	2	5	9	13	8	8	19	13	17
					1	2	1	2	5	2	2
					1	2	1	2	5	2	2
											1
											1
						2					2
						2					2
	1	3	1	1	1		2		2	1	3
	1	3	1	1	1		2		2	1	3
	1	1	1	1	3	4	2	1	3	2	
	1	1	1	1	3	4	2	1	3	2	
	1			1			1	2	5	3	4
	1			1			1	2	5	3	4
					1	3	2	1	4	2	4
					1	3	2	1	4	2	4
	1	2		2	3	2		1		1	
	1	2		2	3	2		1		1	
								1		2	1
								1		2	1
	3	8	8	8	10	16	26	17	39	36	41
	2	7	8	4	8	14	21	14	30	25	32
	2	7	6	3	6	13	19	12	26	23	29
							1		1	1	
			2		1	1	1	2	3	1	2
				1	1						1
	1			1	1	1	4	1	4	8	7
							1			1	1
	1			1	1	1	3	1	4	7	6
		1		3	1	1	1	2	5	3	2
		1		3	1	1	1	2	5	3	2
	17	**29**	**35**	**28**	**47**	**69**	**68**	**70**	**69**	**50**	**57**
	17	29	35	28	47	69	68	70	69	50	57
	4	9	15	8	16	14	13	33	14	11	16
	4	9	15	8	16	14	13	33	14	11	16
	6	10	3	4	10	31	29	12	9	10	11
	6	10	3	4	10	31	29	12	9	10	11
	·4	5	5	8	12	9	11	8	12	8	10
	3	3	4	4	4	5	9	5	4	1	7
		2		2	5	1		2	5	3	1
			1	1	2	1			1	1	
	1			1	1		1				2
									1	2	
						2	1	1	1	1	
		1			1	1			2	2	1
		1			1				2		1
						1				2	

1-10　续表 21

行　业	法　人单位数(个)	1949年以前	1950–1977年	1978–1991年	1992–1995年	1996年	1997年
其他教育	206		21	23	8	2	1
职业技能培训	128		1	11	8	1	1
特殊教育	4			2			
其他未列明的教育	74		20	10		1	
卫生、社会保障和社会福利业	**791**	**5**	**328**	**173**	**44**	**9**	**6**
卫生	702	5	324	140	34	8	6
医院	119	3	36	20	9	3	
综合医院	66	3	34	2	5	1	
中医医院	18		1	14	1		
中西医结合医院	7		1	2			
民族医院	2					1	
专科医院	22				3		
疗养院	4			2		1	
卫生院及社区医疗活动	295	2	163	52	12	4	4
卫生院及社区医疗活动	295	2	163	52	12	4	4
门诊部医疗活动	196		102	40	7	1	1
门诊部医疗活动	196		102	40	7	1	1
计划生育技术服务活动	22		1	9	3		1
计划生育技术服务活动	22		1	9	3		1
妇幼保健活动	21		17	4			
妇幼保健活动	21		17	4			
专科疾病防治活动	2		1		1		
专科疾病防治活动	2		1		1		
疾病预防控制及防疫活动	35		4	11			
疾病预防控制及防疫活动	35		4	11			
其他卫生活动	12			4	2		
其他卫生活动	12			4	2		
社会保障业	46		1	14	5		
社会保障业	46		1	14	5		
社会保障业	46		1	14	5		
社会福利业	43		3	19	5	1	
提供住宿的社会福利	28		3	14	3	1	
干部休养所	6		1	4	1		
收养收容服务	22		2	10	2	1	
不提供住宿的社会福利	15			5	2		
不提供住宿的社会福利	15			5	2		
文化、体育和娱乐业	**299**	**3**	**54**	**82**	**6**	**3**	**5**
新闻出版业	27		4	8	1		
新闻业	7		2	3			
新闻业	7		2	3			
出版业	20		2	5	1		
图书出版	6		1	1	1		
报纸出版	11		1	3			
期刊出版	1			1			
电子出版物出版	1						
其他出版	1						

1998年	1999年	2000年	2001年	2002年	2003年	2004年	2005年	2006年	2007年	2008年
3	4	12	8	8	14	15	17	32	19	19
2	4	8	5	7	10	11	7	20	16	16
						1	1			
1		4	3	1	4	3	9	12	3	3
18	**5**	**19**	**8**	**15**	**25**	**28**	**27**	**29**	**32**	**20**
17	5	17	6	10	13	26	23	21	27	20
2	1	1	1	1	5	12	9	6	4	6
1		1	1	1		6	5	3	3	
								1		1
	1					2				1
										1
1					5	4	4	1	1	3
								1		
12	1	10	1	5	2	4	5	5	10	3
12	1	10	1	5	2	4	5	5	10	3
3	2	4	3		5	6	4	2	7	9
3	2	4	3		5	6	4	2	7	9
		1		1		1	3	2		
		1		1		1	3	2		
			1	3	1	2	1	5	5	2
			1	3	1	2	1	5	5	2
	1	1				1	1	1	1	
	1	1				1	1	1	1	
1		1	2	5	9	1	2	4	1	
1		1	2	5	9	1	2	4	1	
1		1	2	5	9	1	2	4	1	
		1			3	1	2	4	4	
					2			3	2	
					2			3	2	
		1			1	1	2	1	2	
		1			1	1	2	1	2	
5	**9**	**8**	**9**	**11**	**11**	**18**	**19**	**18**	**21**	**16**
	3	1	1		2	2	1		2	2
					1					1
					1					1
	3	1	1		1	2	1		2	1
		1	1						1	
	3				1	2	1			
										1
									1	

1-10 续表 22

行业	法人单位数(个)	1949年以前	1950-1977年	1978-1991年	1992-1995年	1996年	1997年
广播、电视、电影和音像业	46		16	10	2		
广播	9		1	4	1		
广播	9		1	4	1		
电视	11		2	2	1		
电视	11		2	2	1		
电影	22		13	4			
电影制作与发行	2		2				
电影放映	20		11	4			
音像制作	4						
音像制作	4						
文化艺术业	108	2	30	53		1	1
文艺创作与表演	15		11	1			1
文艺创作与表演	15		11	1			1
艺术表演场馆	2			1			
艺术表演场馆	2			1			
图书馆与档案馆	23		5	15			
图书馆	17		2	14			
档案馆	6		3	1			
文物及文化保护	15			13			
文物及文化保护	15			13			
博物馆	14	1	5	6			
博物馆	14	1	5	6			
烈士陵园、纪念馆	2		1	1			
烈士陵园、纪念馆	2		1	1			
群众文化活动	26	1	7	12		1	
群众文化活动	26	1	7	12		1	
文化艺术经纪代理	2						
文化艺术经纪代理	2						
其他文化艺术	9		1	4			
其他文化艺术	9		1	4			
体育	42	1	3	8	1	2	
体育组织	33		3	7	1	2	
体育组织	33		3	7	1	2	
体育场馆	4	1					
体育场馆	4	1					
其他体育	5			1			
其他体育	5			1			
娱乐业	76		1	3	2		4
室内娱乐活动	43		1	2	1		3
室内娱乐活动	43		1	2	1		3
游乐园	8				1		
游乐园	8				1		
休闲健身娱乐活动	15						
休闲健身娱乐活动	15						
其他娱乐活动	10			1			1
其他娱乐活动	10			1			1

1998年	1999年	2000年	2001年	2002年	2003年	2004年	2005年	2006年	2007年	2008年
1	1		1	2	3	1	2	5	1	1
				1	1			1		
				1	1			1		
1	1				1	1	1	1		
1	1				1	1	1	1		
			1	1				3		
			1	1				3		
					1		1		1	1
					1		1		1	1
2		1	1	3	2	3	1	2	5	1
								1		
					1			1		
		1								
		1								
2							1			
							1			
2										
				1	1					
				1	1					
			1			1				
			1			1				
				1		1		1	1	1
				1		1		1	1	1
									2	
									2	
				1		1			2	
				1		1			2	
1	1	1	3	3	2	4	2	4	3	3
	1	1	1	3	1	4	1	3	2	3
	1	1	1	3	1	4	1	3	2	3
			1		1				1	
			1		1				1	
1			1				1	1		
1			1				1	1		
1	4	5	3	3	2	8	13	7	10	9
	2	4		2	1	4	10	4	3	6
	2	4		2	1	4	10	4	3	6
	1			1		3	1		1	
	1			1		3	1		1	
1	1		1		1	1	1	3	4	2
1	1		1		1	1	1	3	4	2
		1	2				1		2	1
		1	2				1		2	1

1-10 续表 23

行业	法人单位数(个)	1949年以前	1950-1977年	1978-1991年	1992-1995年	1996年	1997年
公共管理和社会组织	**10814**	**212**	**1769**	**4270**	**547**	**208**	**105**
中国共产党机关	183	24	46	71	1	1	
中国共产党机关	183	24	46	71	1	1	
中国共产党机关	183	24	46	71	1	1	
国家机构	1824	50	389	577	94	17	19
国家权力机构	36	2	7	19	1		
国家权力机构	36	2	7	19	1		
国家行政机构	1725	45	359	533	93	17	19
综合事务管理机构	573	9	171	169	36	3	5
对外事务管理机构	9	1		2	1		
公共安全管理机构	102	7	24	26	8	4	2
社会事务管理机构	313	16	64	122	6	3	5
经济事务管理机构	427	7	69	125	27	4	4
政府事务管理机构	129	5	16	31	6	2	
行政监督检查机构	172		15	58	9	1	3
人民法院和人民检察院	56	3	20	23			
人民法院	28	2	16	5			
人民检察院	28	1	4	18			
其他国家机构	7		3	2			
其他国家机构	7		3	2			
人民政协和民主党派	66	8	10	27	7		
人民政协	23	2	7	9	1		
人民政协	23	2	7	9	1		
民主党派	43	6	3	18	6		
民主党派	43	6	3	18	6		
群众团体、社会团体和宗教组织	6008	117	300	2534	399	175	72
群众团体	148	9	47	32	1		1
工会	44	4	13	2			
妇联	25	2	15	2			
共青团	24	3	14	1			
其他群众团体	55		5	27	1		1
社会团体	1724		11	86	37	9	7
专业性团体	605		6	43	16	4	3
行业性团体	1049		5	36	19	3	4
其他社会团体	70			7	2	2	
宗教组织	4136	108	242	2416	361	166	64
宗教组织	4136	108	242	2416	361	166	64
基层群众自治组织	2733	13	1024	1061	46	15	14
社区自治组织	413		28	109	21	10	9
社区自治组织	413		28	109	21	10	9
村民自治组织	2320	13	996	952	25	5	5
村民自治组织	2320	13	996	952	25	5	5

1998年	1999年	2000年	2001年	2002年	2003年	2004年	2005年	2006年	2007年	2008年
235	**126**	**225**	**168**	**335**	**518**	**435**	**557**	**449**	**322**	**290**
1		1		12	11	8	1		1	1
1		1		12	11	8	1		1	1
1		1		12	11	8	1		1	1
36	16	29	35	116	145	110	57	66	30	21
1				3	1			1		1
1				3	1			1		1
33	16	29	34	111	142	105	57	65	30	20
4	5	11	2	30	57	32	12	4	9	9
				2		1		2		
2		1	1	3	5	7	5	3	2	1
6	1	6	20	17	16	9	10	6	1	1
10	8	7	5	36	34	33	22	18	9	6
6	2	2	2	18	15	9	6	6	1	
5		2	4	5	15	14	2	26	8	3
1			1	2	2	4				
				1	2	2				
1			1	1		2				
1						1				
1						1				
1					9	1	2			
1					2	1				
1					2	1				
					7		2			
					7		2			
177	97	118	109	160	160	253	466	351	280	240
3	3	3	1	9	3	7	8	5	5	11
2	1			4	1	2	3	2	4	6
	1			2	1	1	1			
				2	1	1	2			
1	1	3	1	1		3	2	3	1	5
22	16	26	38	64	101	185	411	265	227	219
10	8	9	15	29	30	66	52	96	113	105
12	8	15	20	32	65	113	354	160	107	96
		2	3	3	6	6	5	9	7	18
152	78	89	70	87	56	61	47	81	48	10
152	78	89	70	87	56	61	47	81	48	10
20	13	77	24	47	193	63	31	32	11	28
8	8	48	5	17	69	17	12	19	5	25
8	8	48	5	17	69	17	12	19	5	25
12	5	29	19	30	124	46	19	13	6	3
12	5	29	19	30	124	46	19	13	6	3

1-11 按地区、开业(成立)

地区	法人单位数(个)	1949年以前	1950-1977年	1978-1991年	1992-1995年	1996年	1997年	1998年
总计	**29300**	**321**	**3010**	**5494**	**1278**	**536**	**447**	**851**
银川市	**11490**	**51**	**547**	**1120**	**515**	**217**	**226**	**346**
兴庆区	5535	17	171	345	266	125	135	203
西夏区	1088	2	56	136	54	22	24	37
金凤区	1883	7	83	151	87	36	30	47
永宁县	791	6	67	111	29	6	9	18
贺兰县	1229	6	87	158	39	11	13	22
灵武市	964	13	83	219	40	17	15	19
石嘴山市	**3993**	**31**	**251**	**581**	**134**	**60**	**64**	**113**
大武口区	1770	3	68	156	67	28	32	54
惠农区	868	6	70	120	30	11	15	25
平罗县	1355	22	113	305	37	21	17	34
吴忠市	**4872**	**57**	**630**	**1185**	**218**	**82**	**66**	**182**
红寺堡区	190							1
利通区	1764	18	176	362	56	32	29	66
盐池县	669	10	119	146	24	3	8	48
同心县	1336	23	245	536	89	21	19	48
青铜峡市	913	6	90	141	49	26	10	19
固原市	**4561**	**79**	**913**	**1461**	**185**	**123**	**43**	**89**
原州区	1453	10	113	493	70	28	13	31
西吉县	1290	23	310	471	69	22	18	30
隆德县	484	9	185	36	9	3	6	6
泾源县	516	33	109	250	10		5	7
彭阳县	818	4	196	211	27	70	1	15
中卫市	**4384**	**103**	**669**	**1147**	**226**	**54**	**48**	**121**
沙坡头区	1762	66	275	249	65	14	13	47
中宁县	1266	23	217	250	89	25	19	46
海原县	1356	14	177	648	72	15	16	28

时间分组的法人单位数

1999年	2000年	2001年	2002年	2003年	2004年	2005年	2006年	2007年	2008年
671	**1031**	**986**	**1387**	**2005**	**2107**	**2098**	**2368**	**2321**	**2278**
333	**517**	**494**	**690**	**928**	**908**	**1004**	**1168**	**1215**	**1141**
198	288	270	374	500	462	441	584	594	561
32	52	63	81	89	68	79	96	109	88
52	77	74	109	139	166	137	216	252	214
16	41	31	34	69	50	115	66	59	50
19	34	32	50	91	105	125	127	122	152
16	25	24	42	40	57	107	79	79	76
111	**157**	**162**	**203**	**302**	**407**	**332**	**362**	**358**	**347**
56	81	62	94	139	164	170	214	203	176
24	46	57	37	60	105	63	56	73	68
31	30	43	72	103	138	99	92	82	103
108	**162**	**134**	**206**	**261**	**294**	**313**	**310**	**344**	**318**
9	18	11	27	19	22	27	23	17	16
46	53	56	68	105	100	105	143	178	170
10	27	20	41	35	44	28	35	37	33
21	29	21	25	44	41	52	40	40	42
22	35	26	45	58	87	101	69	72	57
41	**85**	**81**	**139**	**324**	**204**	**189**	**269**	**179**	**149**
11	36	33	72	186	71	62	92	66	61
14	24	20	23	55	60	59	58	20	13
5	4	9	9	40	19	31	38	40	35
3	4	4	9	15	11	3	32	8	11
8	17	15	26	28	43	34	49	45	29
78	**110**	**115**	**149**	**190**	**294**	**260**	**259**	**225**	**323**
24	49	41	60	80	188	152	129	127	177
28	39	42	52	67	72	77	86	60	72
26	22	32	37	43	34	31	44	38	74

1-12 按地区、学历分组的法人单位就业人数

地区	法人单位数（个）	就业人数（人）	具有研究生及以上学历人员	具有大学本科学历人员	具有大专学历人员	具有高中学历人员	具有初中及以下学历人员
总计	**29300**	**887129**	**11971**	**145135**	**199920**	**255918**	**274185**
银川市	**11490**	**441160**	**9367**	**82942**	**103837**	**123568**	**121446**
兴庆区	5535	229046	4744	46639	56397	63038	58228
西夏区	1088	59140	2964	10123	11991	18063	15999
金凤区	1883	63306	1130	15500	17873	16328	12475
永宁县	791	25313	265	3506	5875	6113	9554
贺兰县	1229	29557	166	3108	5803	10340	10140
灵武市	964	34798	98	4066	5898	9686	15050
石嘴山市	**3993**	**133875**	**953**	**16996**	**26949**	**36895**	**52082**
大武口区	1770	59829	593	9739	14951	15991	18555
惠农区	868	41193	263	3662	6341	11392	19535
平罗县	1355	32853	97	3595	5657	9512	13992
吴忠市	**4872**	**130030**	**743**	**18841**	**29212**	**37070**	**44164**
红寺堡区	190	5033	8	1042	1305	1161	1517
利通区	1764	54236	301	7385	11241	16141	19168
盐池县	669	15189	124	2305	3804	4684	4272
同心县	1336	16792	202	2844	3989	3745	6012
青铜峡市	913	38780	108	5265	8873	11339	13195
固原市	**4561**	**84720**	**512**	**15100**	**21239**	**23652**	**24217**
原州区	1453	33379	388	7094	8432	8738	8727
西吉县	1290	19760	29	2820	4893	6977	5041
隆德县	484	10605	55	1751	2758	3384	2657
泾源县	516	7343	35	698	2053	1793	2764
彭阳县	818	13633	5	2737	3103	2760	5028
中卫市	**4384**	**97344**	**396**	**11256**	**18683**	**34733**	**32276**
沙坡头区	1762	46552	102	5162	8269	18267	14752
中宁县	1266	31989	244	3952	6141	11688	9964
海原县	1356	18803	50	2142	4273	4778	7560

1-13 按行业(小类)、学历分组的法人单位就业人数

行业	法人单位数(个)	就业人数(人)	具有研究生及以上学历人员	具有大学本科学历人员	具有大专学历人员	具有高中学历人员	具有初中及以下学历人员
总计	**29300**	**887129**	**11971**	**145135**	**199920**	**255918**	**274185**
农业	**8**	**13843**	**1**	**172**	**581**	**6130**	**6959**
谷物及其他作物的种植	8	13843	1	172	581	6130	6959
谷物的种植	8	13843	1	172	581	6130	6959
采矿业	**565**	**61722**	**75**	**5169**	**9751**	**11165**	**35562**
煤炭开采和洗选业	279	57990	72	5107	9479	9973	33359
烟煤和无烟煤的开采洗选	278	57985	72	5107	9479	9973	33354
烟煤和无烟煤的开采洗选	278	57985	72	5107	9479	9973	33354
其他煤炭采选	1	5					5
其他煤炭采选	1	5					5
石油和天然气开采业	45	362	2	5	52	161	142
天然原油和天然气开采	43	263	1	2	20	106	134
天然原油和天然气开采	43	263	1	2	20	106	134
与石油和天然气开采有关的服务活动	2	99	1	3	32	55	8
与石油和天然气开采有关的服务活动	2	99	1	3	32	55	8
黑色金属矿采选业	9	202		4	24	93	81
铁矿采选	8	201		4	24	93	80
铁矿采选	8	201		4	24	93	80
其他黑色金属矿采选	1	1					1
其他黑色金属矿采选	1	1					1
有色金属矿采选业	5	157		16	39	43	59
常用有色金属矿采选	3	136		15	38	38	45
镍钴矿采选	1	122		12	34	36	40
镁矿采选	2	14		3	4	2	5
贵金属矿采选	1	1					1
金矿采选	1	1					1
稀有稀土金属矿采选	1	20		1	1	5	13
稀土金属矿采选	1	20		1	1	5	13
非金属矿采选业	227	3011	1	37	157	895	1921
土砂石开采	202	2681	1	28	138	833	1681
石灰石、石膏开采	38	705		5	15	235	450
建筑装饰用石开采	29	331		1	9	74	247
耐火土石开采	7	183			4	24	155
粘土及其他土砂石开采	128	1462	1	22	110	500	829
化学矿采选	1	5				2	3
化学矿采选	1	5				2	3
石棉及其他非金属矿采选	24	325		9	19	60	237
石墨、滑石采选	3	15		1	1	4	9
其他非金属矿采选	21	310		8	18	56	228
制造业	**3798**	**217777**	**1383**	**11429**	**26950**	**70646**	**107369**
农副食品加工业	559	11894	40	547	1252	3616	6439
谷物磨制	134	2214	1	120	310	735	1048
谷物磨制	134	2214	1	120	310	735	1048
饲料加工	58	1472	15	184	277	338	658
饲料加工	58	1472	15	184	277	338	658

1-13 续表 1

行　　业	法人单位数(个)	就业人数(人)	具有研究生及以上学历人员	具有大学本科学历人员	具有大专学历人员	具有高中学历人员	具有初中及以下学历人员
植物油加工	31	507		21	58	140	288
食用植物油加工	31	507		21	58	140	288
制糖	2	30		5	8	7	10
制糖	2	30		5	8	7	10
屠宰及肉类加工	62	1497	3	60	194	518	722
畜禽屠宰	40	975	2	32	101	335	505
肉制品及副产品加工	22	522	1	28	93	183	217
蔬菜、水果和坚果加工	81	1741	13	24	105	395	1204
蔬菜、水果和坚果加工	81	1741	13	24	105	395	1204
其他农副食品加工	191	4433	8	133	300	1483	2509
淀粉及淀粉制品的制造	170	3810	3	105	245	1288	2169
豆制品制造	6	225	3	9	18	99	96
蛋品加工	5	137			8	26	103
其他未列明的农副食品加工	10	261	2	19	29	70	141
食品制造业	178	9053	31	584	1708	3394	3336
焙烤食品制造	52	989		63	118	365	443
糕点、面包制造	46	893		61	113	336	383
饼干及其他焙烤食品制造	6	96		2	5	29	60
糖果、巧克力及蜜饯制造	10	229	1	4	17	115	92
糖果、巧克力制造	4	75	1	4	7	34	29
蜜饯制作	6	154			10	81	63
方便食品制造	21	454		23	52	117	262
米、面制品制造	13	211		6	10	51	144
速冻食品制造	5	175		9	25	39	102
方便面及其他方便食品制造	3	68		8	17	27	16
液体乳及乳制品制造	37	3157	5	207	458	1271	1216
液体乳及乳制品制造	37	3157	5	207	458	1271	1216
罐头制造	4	51		3	9	31	8
蔬菜、水果罐头制造	4	51		3	9	31	8
调味品、发酵制品制造	30	3511	19	226	950	1209	1107
味精制造	5	1276	3	65	247	489	472
酱油、食醋及类似制品的制造	15	193	1	6	24	83	79
其他调味品、发酵制品制造	10	2042	15	155	679	637	556
其他食品制造	24	662	6	58	104	286	208
营养、保健食品制造	16	317		21	59	97	140
食品及饲料添加剂制造	6	229	4	30	19	153	23
其他未列明的食品制造	2	116	2	7	26	36	45
饮料制造业	104	5641	22	430	1260	2317	1612
酒的制造	54	4201	16	342	1037	1837	969
白酒制造	24	1564		120	258	692	494
啤酒制造	4	706	3	30	156	331	186
黄酒制造	3	42			3	17	22
葡萄酒制造	14	358	5	53	110	56	134
其他酒制造	9	1531	8	139	510	741	133
软饮料制造	44	1294	6	70	197	431	590
碳酸饮料制造	1	40					40

1-13 续表 2

行 业	法人单位数(个)	就业人数(人)	具有研究生及以上学历人员	具有大学本科学历人员	具有大专学历人员	具有高中学历人员	具有初中及以下学历人员
瓶(罐)装饮用水制造	20	221	1	12	41	74	93
果菜汁及果菜汁饮料制造	17	955	4	49	145	320	437
含乳饮料和植物蛋白饮料制造	2	44	1	5	8	19	11
固体饮料制造	1	11		2	1	5	3
茶饮料及其他软饮料制造	3	23		2	2	13	6
精制茶加工	6	146		18	26	49	53
精制茶加工	6	146		18	26	49	53
烟草制品业	1	29			6	10	13
烟叶复烤	1	29			6	10	13
烟叶复烤	1	29			6	10	13
纺织业	113	9896	58	577	607	2815	5839
棉、化纤纺织及印染精加工	8	615		22	17	362	214
棉、化纤纺织加工	8	615		22	17	362	214
毛纺织和染整精加工	86	8903	57	542	554	2336	5414
毛纺织	86	8903	57	542	554	2336	5414
麻纺织	1	7			2	5	
麻纺织	1	7			2	5	
丝绢纺织及精加工	1	60			2	34	24
缫丝加工	1	60			2	34	24
纺织制成品制造	14	285	1	12	28	73	171
棉及化纤制品制造	4	27		2	4	16	5
毛制品制造	2	67		3	11	24	29
麻制品制造	2	35		2	5	10	18
绳、索、缆的制造	2	133	1	4	6	18	104
无纺布制造	1	4		1	2	1	
其他纺织制成品制造	3	19				4	15
针织品、编织品及其制品制造	3	26		1	4	5	16
棉、化纤针织品及编织品制造	2	21		1	3	5	12
毛针织品及编织品制造	1	5			1		4
纺织服装、鞋、帽制造业	25	895		75	117	246	457
纺织服装制造	25	895		75	117	246	457
纺织服装制造	25	895		75	117	246	457
皮革、毛皮、羽毛(绒)及其制品业	40	707	1	9	21	202	474
皮革鞣制加工	13	218				34	184
皮革鞣制加工	13	218				34	184
皮革制品制造	3	19				4	15
皮鞋制造	3	19				4	15
毛皮鞣制及制品加工	19	423		7	20	151	245
毛皮鞣制加工	12	244		6	12	85	141
毛皮服装加工	4	109		1	3	32	73
其他毛皮制品加工	3	70			5	34	31
羽毛(绒)加工及制品制造	5	47	1	2	1	13	30
羽毛(绒)加工	4	41	1	2	1	12	25
羽毛(绒)制品加工	1	6				1	5
木材加工及木、竹、藤、棕、草制品业	31	534		23	55	156	300
锯材、木片加工	6	32			2	23	7
锯材加工	4	27			1	20	6
木片加工	2	5			1	3	1

1-13　续表 3

行　业	法人单位数(个)	就业人数(人)	具有研究生及以上学历人员	具有大学本科学历人员	具有大专学历人员	具有高中学历人员	具有初中及以下学历人员
人造板制造	8	89		4	7	30	48
胶合板制造	3	57		2	4	19	32
纤维板制造	1	14				3	11
其他人造板、材制造	4	18		2	3	8	5
木制品制造	13	198		19	43	65	71
建筑用木料及木材组件加工	10	148		19	39	55	35
木容器制造	2	40			4	10	26
软木制品及其他木制品制造	1	10					10
竹、藤、棕、草制品制造	4	215			3	38	174
竹、藤、棕、草制品制造	4	215			3	38	174
家具制造业	48	772	2	33	91	357	289
木质家具制造	37	577	2	25	54	293	203
木质家具制造	37	577	2	25	54	293	203
金属家具制造	5	79		4	19	34	22
金属家具制造	5	79		4	19	34	22
塑料家具制造	1	5				3	2
塑料家具制造	1	5				3	2
其他家具制造	5	111		4	18	27	62
其他家具制造	5	111		4	18	27	62
造纸及纸制品业	72	16529	4	288	1099	5867	9271
纸浆制造	2	70		4	6	50	10
纸浆制造	2	70		4	6	50	10
造纸	33	15434	3	262	1044	5540	8585
机制纸及纸板制造	22	14881	3	251	1008	5378	8241
加工纸制造	11	553		11	36	162	344
纸制品制造	37	1025	1	22	49	277	676
纸和纸板容器的制造	20	479	1	7	23	137	311
其他纸制品制造	17	546		15	26	140	365
印刷业和记录媒介的复制	162	3194	19	140	373	1399	1263
印刷	156	3134	19	139	358	1388	1230
书、报、刊印刷	69	947	8	48	138	403	350
本册印制	41	524	2	22	67	221	212
包装装潢及其他印刷	46	1663	9	69	153	764	668
装订及其他印刷服务活动	6	60		1	15	11	33
装订及其他印刷服务活动	6	60		1	15	11	33
文教体育用品制造业	4	30		1	2	8	19
文化用品制造	3	15				6	9
文具制造	1	3					3
墨水、墨汁制造	2	12				6	6
体育用品制造	1	15		1	2	2	10
体育器材及配件制造	1	15		1	2	2	10
石油加工、炼焦及核燃料加工业	54	9814	8	562	1938	4106	3200
精炼石油产品的制造	15	5344	7	384	1290	2619	1044
原油加工及石油制品制造	15	5344	7	384	1290	2619	1044

1-13　续表 4

行　业	法　人单位数(个)	就业人数(人)	具有研究生及以上学历人员	具有大学本　科学历人员	具有大专学历人员	具有高中学历人员	具有初中及以下学历人员
炼焦	39	4470	1	178	648	1487	2156
炼焦	39	4470	1	178	648	1487	2156
化学原料及化学制品制造业	334	30670	868	1412	3623	12887	11880
基础化学原料制造	172	12619	20	330	993	4784	6492
无机酸制造	6	476	1	5	17	204	249
无机碱制造	11	425	2	15	49	184	175
无机盐制造	46	4184	5	100	267	1484	2328
有机化学原料制造	27	1491	6	55	249	611	570
其他基础化学原料制造	82	6043	6	155	411	2301	3170
肥料制造	47	7368	834	603	1180	2923	1828
氮肥制造	7	5476	12	546	1073	2623	1222
磷肥制造	9	1125	820	11	28	119	147
钾肥制造	1	395		22	28	45	300
复混肥料制造	10	194	1	21	31	94	47
有机肥料及微生物肥料制造	18	160	1	3	17	34	105
其他肥料制造	2	18			3	8	7
农药制造	5	741	2	20	31	575	113
化学农药制造	5	741	2	20	31	575	113
涂料、油墨、颜料及类似产品制造	24	1051	1	31	89	347	583
涂料制造	17	222		19	49	91	63
颜料制造	1	16		1	1	4	10
染料制造	6	813	1	11	39	252	510
合成材料制造	8	5868	5	297	1018	3093	1455
初级形态的塑料及合成树脂制造	6	5855	5	297	1015	3091	1447
合成橡胶制造	1	9			1	1	7
其他合成材料制造	1	4			2	1	1
专用化学产品制造	67	2719	5	95	273	1068	1278
化学试剂和助剂制造	10	915	2	28	85	479	321
专项化学用品制造	21	390	2	18	41	94	235
林产化学产品制造	19	1096	1	36	122	391	546
炸药及火工产品制造	2	152		1	7	42	102
环境污染处理专用药剂材料制造	1	15				6	9
动物胶制造	4	67			3	26	38
其他专用化学产品制造	10	84		12	15	30	27
日用化学产品制造	11	304	1	36	39	97	131
肥皂及合成洗涤剂制造	3	70		23	16	31	
化妆品制造	1	10		3	2	2	3
其他日用化学产品制造	7	224	1	10	21	64	128
医药制造业	32	4926	47	542	1336	1600	1401
化学药品原药制造	2	2291	10	202	639	446	994
化学药品原药制造	2	2291	10	202	639	446	994
化学药品制剂制造	4	699	6	78	168	306	141
化学药品制剂制造	4	699	6	78	168	306	141

1-13 续表 5

行业	法人单位数(个)	就业人数(人)	具有研究生及以上学历人员	具有大学本科学历人员	具有大专学历人员	具有高中学历人员	具有初中及以下学历人员
中药饮片加工	4	187		42	45	47	53
中药饮片加工	4	187		42	45	47	53
中成药制造	10	684	26	133	256	208	61
中成药制造	10	684	26	133	256	208	61
兽用药品制造	6	981	5	83	207	556	130
兽用药品制造	6	981	5	83	207	556	130
生物、生化制品的制造	5	74		4	21	28	21
生物、生化制品的制造	5	74		4	21	28	21
卫生材料及医药用品制造	1	10				9	1
卫生材料及医药用品制造	1	10				9	1
化学纤维制造业	2	113	2	6	34	41	30
合成纤维制造	2	113	2	6	34	41	30
涤纶纤维制造	1	100	2	3	30	35	30
维纶纤维制造	1	13		3	4	6	
橡胶制品业	23	4221	11	211	621	1050	2328
轮胎制造	5	3731	11	198	568	922	2032
车辆、飞机及工程机械轮胎制造	2	3682	11	195	564	898	2014
轮胎翻新加工	3	49		3	4	24	18
橡胶板、管、带的制造	8	370		13	48	111	198
橡胶板、管、带的制造	8	370		13	48	111	198
橡胶零件制造	3	21			2	3	16
橡胶零件制造	3	21			2	3	16
再生橡胶制造	2	18			1	2	15
再生橡胶制造	2	18			1	2	15
日用及医用橡胶制品制造	4	75			2	10	63
日用及医用橡胶制品制造	4	75			2	10	63
其他橡胶制品制造	1	6				2	4
其他橡胶制品制造	1	6				2	4
塑料制品业	142	3982	8	141	315	1300	2218
塑料薄膜制造	16	392		5	17	99	271
塑料薄膜制造	16	392		5	17	99	271
塑料板、管、型材的制造	33	1116	1	78	144	468	425
塑料板、管、型材的制造	33	1116	1	78	144	468	425
塑料丝、绳及编织品的制造	50	1900	3	29	83	556	1229
塑料丝、绳及编织品的制造	50	1900	3	29	83	556	1229
泡沫塑料制造	8	102	3	12	16	33	38
泡沫塑料制造	8	102	3	12	16	33	38
塑料包装箱及容器制造	12	238		10	31	71	126
塑料包装箱及容器制造	12	238		10	31	71	126
塑料零件制造	2	63			2	23	38
塑料零件制造	2	63			2	23	38
日用塑料制造	6	65		2	8	21	34
日用塑料杂品制造	6	65		2	8	21	34
其他塑料制品制造	15	106	1	5	14	29	57
其他塑料制品制造	15	106	1	5	14	29	57

1-13 续表 6

行 业	法人单位数(个)	就业人数(人)	具有研究生及以上学历人员	具有大学本科学历人员	具有大专学历人员	具有高中学历人员	具有初中及以下学历人员
非金属矿物制品业	933	34365	55	1036	2728	9788	20758
水泥、石灰和石膏的制造	67	8297	6	228	997	3199	3867
水泥制造	40	7925	6	224	981	3074	3640
石灰和石膏制造	27	372		4	16	125	227
水泥及石膏制品制造	168	4110	21	393	490	1153	2053
水泥制品制造	96	2767	8	360	365	747	1287
砼结构构件制造	48	781	12	25	99	295	350
石棉水泥制品制造	2	9			1	1	7
轻质建筑材料制造	20	543		7	20	109	407
其他水泥制品制造	2	10	1	1	5	1	2
砖瓦、石材及其他建筑材料制造	428	14757	3	66	352	3045	11291
粘土砖瓦及建筑砌块制造	367	13386	1	41	256	2661	10427
建筑陶瓷制品制造	5	615		7	43	185	380
建筑用石加工	17	232		6	16	75	135
防水建筑材料制造	11	121	2	5	6	30	78
隔热和隔音材料制造	16	192		5	12	41	134
其他建筑材料制造	12	211		2	19	53	137
玻璃及玻璃制品制造	14	455	2	25	55	199	174
平板玻璃制造	4	85		11	16	51	7
技术玻璃制品制造	2	60		8	9	13	30
日用玻璃制品及玻璃包装容器制造	2	254	2	6	20	116	110
玻璃保温容器制造	2	10			6	4	
玻璃纤维及制品制造	2	27				12	15
玻璃纤维增强塑料制品制造	1	3			1	1	1
其他玻璃制品制造	1	16			3	2	11
陶瓷制品制造	2	119			2	1	116
卫生陶瓷制品制造	1	96					96
日用陶瓷制品制造	1	23			2	1	20
耐火材料制品制造	18	294		14	37	81	162
石棉制品制造	3	55		2	7	13	33
耐火陶瓷制品及其他耐火材料制造	15	239		12	30	68	129
石墨及其他非金属矿物制品制造	236	6333	23	310	795	2110	3095
石墨及碳素制品制造	205	4098	11	174	514	1487	1912
其他非金属矿物制品制造	31	2235	12	136	281	623	1183
黑色金属冶炼及压延加工业	130	13083	5	370	837	3441	8430
炼铁	27	2515	1	40	155	698	1621
炼铁	27	2515	1	40	155	698	1621
炼钢	1	30			2	18	10
炼钢	1	30			2	18	10
钢压延加工	21	1937		125	114	255	1443
钢压延加工	21	1937		125	114	255	1443
铁合金冶炼	81	8601	4	205	566	2470	5356
铁合金冶炼	81	8601	4	205	566	2470	5356
有色金属冶炼及压延加工业	56	20403	54	1445	2480	4488	11936
常用有色金属冶炼	34	15316	21	822	1520	3101	9852
铜冶炼	3	45			4	15	26

1-13 续表 7

行业	法人单位数(个)	就业人数(人)	具有研究生及以上学历人员	具有大学本科学历人员	具有大专学历人员	具有高中学历人员	具有初中及以下学历人员
铅锌冶炼	10	631	1	19	46	175	390
铝冶炼	6	8430	14	561	1226	804	5825
镁冶炼	13	5486	6	221	174	1720	3365
其他常用有色金属冶炼	2	724		21	70	387	246
贵金属冶炼	1	3			1	2	
其他贵金属冶炼	1	3			1	2	
稀有稀土金属冶炼	7	4732	33	604	877	1282	1936
稀土金属冶炼	5	194	1	13	35	51	94
其他稀有金属冶炼	2	4538	32	591	842	1231	1842
有色金属合金制造	7	176		5	54	46	71
有色金属合金制造	7	176		5	54	46	71
有色金属压延加工	7	176		14	28	57	77
常用有色金属压延加工	7	176		14	28	57	77
金属制品业	198	6963	31	477	987	1764	3704
结构性金属制品制造	128	2416	19	160	487	888	862
金属结构制造	47	1389	16	117	306	483	467
金属门窗制造	81	1027	3	43	181	405	395
金属工具制造	9	214		4	11	51	148
手工具制造	1	4				4	
农用及园林用金属工具制造	4	153		1	2	28	122
其他金属工具制造	4	57		3	9	19	26
集装箱及金属包装容器制造	9	241		16	27	78	120
金属包装容器制造	9	241		16	27	78	120
金属丝绳及其制品的制造	10	2958	10	220	294	314	2120
金属丝绳及其制品的制造	10	2958	10	220	294	314	2120
建筑、安全用金属制品制造	14	319	2	36	65	124	92
建筑、家具用金属配件制造	2	82	1	12	11	38	20
建筑装饰及水暖管道零件制造	7	153	1	20	39	48	45
其他建筑、安全用金属制品制造	5	84		4	15	38	27
金属表面处理及热处理加工	5	166		7	36	59	64
金属表面处理及热处理加工	5	166		7	36	59	64
搪瓷制品制造	1	52		5	4	30	13
工业生产配套用搪瓷制品制造	1	52		5	4	30	13
不锈钢及类似日用金属制品制造	6	142		10	23	33	76
金属制厨房调理及卫生器具制造	2	17		1	5	6	5
其他日用金属制品制造	4	125		9	18	27	71
其他金属制品制造	16	455		19	40	187	209
其他未列明的金属制品制造	16	455		19	40	187	209
通用设备制造业	217	14556	48	1239	2576	5081	5612
锅炉及原动机制造	19	539	3	56	108	195	177
锅炉及辅助设备制造	18	529	3	54	106	192	174
内燃机及配件制造	1	10		2	2	3	3
金属加工机械制造	42	2975	6	289	764	1491	425
金属切削机床制造	7	2109	4	236	632	1150	87
金属成形机床制造	4	166	1	18	37	35	75

1-13 续表 8

行 业	法人单位数（个）	就业人数（人）	具有研究生及以上学历人员	具有大学本科学历人员	具有大专学历人员	具有高中学历人员	具有初中及以下学历人员
铸造机械制造	8	87		4	5	21	57
金属切割及焊接设备制造	1	15			1	14	
机床附件制造	15	422	1	14	65	220	122
其他金属加工机械制造	7	176		17	24	51	84
起重运输设备制造	12	1078	5	123	150	521	279
起重运输设备制造	12	1078	5	123	150	521	279
泵、阀门、压缩机及类似机械的制造	7	369	1	33	64	220	51
泵及真空设备制造	1	110	1	6	16	48	39
阀门和旋塞的制造	2	54		5	8	32	9
液压和气压动力机械及元件制造	4	205		22	40	140	3
轴承、齿轮、传动和驱动部件的制造	18	5418	13	324	778	1346	2957
轴承制造	12	5321	13	308	767	1303	2930
齿轮、传动和驱动部件制造	6	97		16	11	43	27
烘炉、熔炉及电炉制造	2	14		1	6	7	
烘炉、熔炉及电炉制造	2	14		1	6	7	
风机、衡器、包装设备等通用设备制造	16	1594	4	86	104	155	245
风机、风扇制造	2	160		22	15	18	105
制冷、空调设备制造	3	143		9	25	48	61
风动和电动工具制造	1	25			3		22
包装专用设备制造	1	21		1	3	10	7
衡器制造	6	49		1	8	12	28
其他通用设备制造	3	196	4	53	50	67	22
通用零部件制造及机械修理	53	638	3	55	163	219	198
金属密封件制造	3	30	2	6	7	6	9
紧固件、弹簧制造	4	37		1	4	19	13
机械零部件加工及设备修理	44	557	1	48	151	188	169
其他通用零部件制造	2	14			1	6	7
金属铸、锻加工	48	2931	13	272	439	927	1280
钢铁铸件制造	45	2891	13	271	435	909	1263
锻件及粉末冶金制品制造	3	40		1	4	18	17
专用设备制造业	93	6166	27	416	1129	1735	2859
矿山、冶金、建筑专用设备制造	36	4917	24	328	892	1254	2419
采矿、采石设备制造	30	4605	24	318	863	1073	2327
石油钻采专用设备制造	3	299		8	27	172	92
建筑工程用机械制造	1	8		2	2	4	
建筑材料生产专用机械制造	2	5				5	
化工、木材、非金属加工专用设备制造	12	152		10	13	62	67
炼油、化工生产专用设备制造	1	30			1	11	18
塑料加工专用设备制造	3	41			3	6	32
模具制造	7	78		10	9	45	14
其他非金属加工专用设备制造	1	3					3
食品、饮料、烟草及饲料生产专用设备制造	1	8			2	3	3
饲料生产专用设备制造	1	8			2	3	3
印刷、制药、日化生产专用设备制造	2	217		9	25	57	126
制浆和造纸专用设备制造	2	217		9	25	57	126

1-13 续表 9

行 业	法人单位数(个)	就业人数(人)	具有研究生及以上学历人员	具有大学本科学历人员	具有大专学历人员	具有高中学历人员	具有初中及以下学历人员
电子和电工机械专用设备制造	7	299	3	37	122	92	45
电工机械专用设备制造	4	32	1	5	2	15	9
电子工业专用设备制造	3	267	2	32	120	77	36
农、林、牧、渔专用机械制造	18	268		5	32	131	100
机械化农业及园艺机具制造	5	121		1	17	55	48
畜牧机械制造	2	51			5	20	26
农林牧渔机械配件制造	1	1					1
其他农林牧渔业机械制造及机械修理	10	95		4	10	56	25
医疗仪器设备及器械制造	9	92		21	30	21	20
医疗诊断、监护及治疗设备制造	4	58		11	12	18	17
假肢、人工器官及植(介)入器械制造	4	27		9	13	2	3
其他医疗设备及器械制造	1	7		1	5	1	
环保、社会公共安全及其他专用设备制造	8	213		6	13	115	79
环境污染防治专用设备制造	6	152		6	13	110	23
社会公共安全设备及器材制造	1	55				5	50
其他专用设备制造	1	6					6
交通运输设备制造业	80	1071	11	89	165	457	349
汽车制造	71	862	4	61	124	351	322
汽车整车制造	1	23	2	20		1	
改装汽车制造	2	15		4	2	9	
汽车零部件及配件制造	2	104	1	18	37	23	25
汽车修理	66	720	1	19	85	318	297
摩托车制造	1	20		5	7	8	
摩托车零部件及配件制造	1	20		5	7	8	
自行车制造	1	5		1	2	2	
脚踏自行车及残疾人座车制造	1	5		1	2	2	
交通器材及其他交通运输设备制造	7	184	7	22	32	96	27
交通管理用金属标志及设施制造	7	184	7	22	32	96	27
电气机械及器材制造业	84	4942	11	431	916	1371	2213
电机制造	9	1934	3	138	257	306	1230
发电机及发电机组制造	3	234	2	45	64	86	37
电动机制造	6	1700	1	93	193	220	1193
输配电及控制设备制造	33	1606	4	214	353	492	543
变压器、整流器和电感器制造	4	449	2	61	71	141	174
电容器及其配套设备制造	3	34		4	9	16	5
配电开关控制设备制造	20	1081	1	143	268	327	342
电力电子元器件制造	4	28	1	6	3	6	12
其他输配电及控制设备制造	2	14			2	2	10
电线、电缆、光缆及电工器材制造	13	389	1	32	96	161	99
电线电缆制造	12	341	1	32	93	122	93
其他电工器材制造	1	48			3	39	6
电池制造	4	289	1	5	31	77	175
电池制造	4	289	1	5	31	77	175
家用电力器具制造	1	20			3	1	16
家用厨房电器具制造	1	20			3	1	16

1-13 续表 10

行 业	法人单位数(个)	就业人数(人)	具有研究生及以上学历人员	具有大学本科学历人员	具有大专学历人员	具有高中学历人员	具有初中及以下学历人员
非电力家用器具制造	8	143	1	13	52	47	30
燃气、太阳能及类似能源的器具制造	7	141	1	13	52	46	29
其他非电力家用器具制造	1	2				1	1
照明器具制造	3	27			4	13	10
照明灯具制造	2	25			4	11	10
灯用电器附件及其他照明器具制造	1	2				2	
其他电气机械及器材制造	13	534	1	29	120	274	110
其他未列明的电气机械制造	13	534	1	29	120	274	110
通信设备、计算机及其他电子设备制造业	4	116		14	46	40	16
通信设备制造	1	6			1	4	1
通信传输设备制造	1	6			1	4	1
电子计算机制造	1	14		1	10	3	
计算机网络设备制造	1	14		1	10	3	
电子元件制造	1	88		13	35	31	9
电子元件及组件制造	1	88		13	35	31	9
家用视听设备制造	1	8				2	6
家用影视设备制造	1	8				2	6
仪器仪表及文化、办公用机械制造业	28	2407	20	309	566	884	628
通用仪器仪表制造	21	2272	18	291	509	850	604
工业自动控制系统装置制造	4	1491	14	133	342	613	389
电工仪器仪表制造	8	423	1	83	120	113	106
实验分析仪器制造	1	11		1	3		7
试验机制造	4	246	3	32	24	88	99
供应用仪表及其他通用仪器制造	4	101		42	20	36	3
专用仪器仪表制造	2	10		3	3	3	1
汽车及其他用计数仪表制造	1	6			3	2	1
其他专用仪器制造	1	4		3		1	
光学仪器及眼镜制造	1	3				3	
眼镜制造	1	3				3	
文化、办公用机械制造	2	92	1	13	52	18	8
照相机及器材制造	1	68		12	50	6	
其他文化、办公用机械制造	1	24	1	1	2	12	8
其他仪器仪表的制造及修理	2	30	1	2	2	10	15
其他仪器仪表的制造及修理	2	30	1	2	2	10	15
工艺品及其他制造业	44	766		20	54	215	477
工艺美术品制造	20	442		10	25	148	259
雕塑工艺品制造	2	8		3	3	2	
金属工艺品制造	1	3		1	2		
抽纱刺绣工艺品制造	1	30		2	4	24	
地毯、挂毯制造	10	322		1	4	88	229
其他工艺美术品制造	6	79		3	12	34	30
日用杂品制造	1	6			1	3	2
其他日用杂品制造	1	6			1	3	2
煤制品制造	18	243		10	23	49	161
煤制品制造	18	243		10	23	49	161

1-13 续表 11

行 业	法 人 单位数 (个)	就业人数 (人)	具有研究生及以上学历人员	具有大学本 科学历人员	具有大专学历人员	具有高中学历人员	具有初中及以下学历人员
其他未列明的制造业	5	75			5	15	55
其他未列明的制造业	5	75			5	15	55
废弃资源和废旧材料回收加工业	7	39		2	8	11	18
金属废料和碎屑的加工处理	2	9				3	6
金属废料和碎屑的加工处理	2	9				3	6
非金属废料和碎屑的加工处理	5	30		2	8	8	12
非金属废料和碎屑的加工处理	5	30		2	8	8	12
电力、燃气及水的生产和供应业	**136**	**30622**	**173**	**5970**	**9147**	**9264**	**6068**
电力、热力的生产和供应业	71	26415	157	5446	7642	7922	5248
电力生产	24	11197	46	2223	3716	2672	2540
火力发电	14	10749	39	2079	3538	2560	2533
水力发电	4	305	2	67	138	94	4
核力发电	1	42	1	30	10	1	
其他能源发电	5	101	4	47	30	17	3
电力供应	3	11613	101	2916	3166	3880	1550
电力供应	3	11613	101	2916	3166	3880	1550
热力生产和供应	44	3605	10	307	760	1370	1158
热力生产和供应	44	3605	10	307	760	1370	1158
燃气生产和供应业	20	828	7	132	236	288	165
燃气生产和供应业	20	828	7	132	236	288	165
燃气生产和供应业	20	828	7	132	236	288	165
水的生产和供应业	45	3379	9	392	1269	1054	655
自来水的生产和供应	38	3035	8	315	1159	927	626
自来水的生产和供应	38	3035	8	315	1159	927	626
污水处理及其再生利用	6	341	1	77	107	127	29
污水处理及其再生利用	6	341	1	77	107	127	29
其他水的处理、利用与分配	1	3			3		
其他水的处理、利用与分配	1	3			3		
建筑业	**886**	**71678**	**134**	**6151**	**15199**	**22304**	**27890**
房屋和土木工程建筑业	474	63152	91	5143	13210	19240	25468
房屋工程建筑	272	37605	39	2302	7933	11779	15552
房屋工程建筑	272	37605	39	2302	7933	11779	15552
土木工程建筑	202	25547	52	2841	5277	7461	9916
铁路、道路、隧道和桥梁工程建筑	57	7017	10	697	1489	2170	2651
水利和港口工程建筑	56	4723	13	710	1361	1225	1414
工矿工程建筑	11	5256	11	612	873	1735	2025
架线和管道工程建筑	40	6068	2	504	1106	1568	2888
其他土木工程建筑	38	2483	16	318	448	763	938
建筑安装业	135	4390	20	442	864	1665	1399
建筑安装业	135	4390	20	442	864	1665	1399
建筑安装业	135	4390	20	442	864	1665	1399
建筑装饰业	234	3096	22	441	912	1006	715
建筑装饰业	234	3096	22	441	912	1006	715
建筑装饰业	234	3096	22	441	912	1006	715

1-13 续表 12

行 业	法人单位数(个)	就业人数(人)	具有研究生及以上学历人员	具有大学本科学历人员	具有大专学历人员	具有高中学历人员	具有初中及以下学历人员
其他建筑业	43	1040	1	125	213	393	308
工程准备	25	738	1	97	180	282	178
工程准备	25	738	1	97	180	282	178
提供施工设备服务	6	40		8	14	15	3
提供施工设备服务	6	40		8	14	15	3
其他未列明的建筑活动	12	262		20	19	96	127
其他未列明的建筑活动	12	262		20	19	96	127
交通运输、仓储和邮政业	**439**	**27750**	**38**	**1791**	**5913**	**12915**	**7093**
道路运输业	268	13641	6	576	1962	5911	5186
公路旅客运输	56	4932	2	232	598	1683	2417
公路旅客运输	56	4932	2	232	598	1683	2417
道路货物运输	172	5798	2	124	433	3425	1814
道路货物运输	172	5798	2	124	433	3425	1814
道路运输辅助活动	40	2911	2	220	931	803	955
客运汽车站	8	181		2	19	104	56
公路管理与养护	28	2684	2	211	894	682	895
其他道路运输辅助活动	4	46		7	18	17	4
城市公共交通业	47	4522	2	45	358	3628	489
公共电汽车客运	13	3751		21	294	3231	205
公共电汽车客运	13	3751		21	294	3231	205
出租车客运	32	737	2	24	59	379	273
出租车客运	32	737	2	24	59	379	273
其他城市公共交通	2	34			5	18	11
其他城市公共交通	2	34			5	18	11
水上运输业	4	33				10	23
水上货物运输	4	33				10	23
内河货物运输	4	33				10	23
航空运输业	6	1170	12	306	412	324	116
航空客货运输	4	130	7	68	27	25	3
航空旅客运输	1	83	7	60	9	4	3
航空货物运输	3	47		8	18	21	
航空运输辅助活动	2	1040	5	238	385	299	113
机场	2	1040	5	238	385	299	113
管道运输业	2	1067	1	156	400	351	159
管道运输业	2	1067	1	156	400	351	159
管道运输业	2	1067	1	156	400	351	159
装卸搬运和其他运输服务业	57	1103	1	46	146	337	573
装卸搬运	29	893		17	66	253	557
装卸搬运	29	893		17	66	253	557
运输代理服务	28	210	1	29	80	84	16
运输代理服务	28	210	1	29	80	84	16
仓储业	44	1080	2	110	435	374	159
谷物、棉花等农产品仓储	29	763	1	57	291	303	111
谷物、棉花等农产品仓储	29	763	1	57	291	303	111
其他仓储	15	317	1	53	144	71	48
其他仓储	15	317	1	53	144	71	48

1-13 续表 13

行业	法人单位数(个)	就业人数(人)	具有研究生及以上学历人员	具有大学本科学历人员	具有大专学历人员	具有高中学历人员	具有初中及以下学历人员
邮政业	11	5134	14	552	2200	1980	388
国家邮政	7	5085	14	550	2177	1961	383
国家邮政	7	5085	14	550	2177	1961	383
其他寄递服务	4	49		2	23	19	5
其他寄递服务	4	49		2	23	19	5
信息传输、计算机服务和软件业	**623**	**13249**	**227**	**3349**	**4660**	**3831**	**1182**
电信和其他信息传输服务业	69	10055	174	2791	3823	2614	653
电信	37	8659	162	2203	3241	2469	584
固定电信服务	13	2169	89	896	795	336	53
移动电信服务	13	4088	62	957	1831	1167	71
其他电信服务	11	2402	11	350	615	966	460
互联网信息服务	15	165	6	78	44	23	14
互联网信息服务	15	165	6	78	44	23	14
广播电视传输服务	16	1224	6	503	538	122	55
有线广播电视传输服务	14	966	3	428	417	89	29
无线广播电视传输服务	2	258	3	75	121	33	26
卫星传输服务	1	7		7			
卫星传输服务	1	7		7			
计算机服务业	498	2538	20	281	573	1155	509
计算机系统服务	48	340	11	109	155	57	8
计算机系统服务	48	340	11	109	155	57	8
计算机维修	18	122	1	43	47	26	5
计算机维修	18	122	1	43	47	26	5
其他计算机服务	432	2076	8	129	371	1072	496
其他计算机服务	432	2076	8	129	371	1072	496
软件业	56	656	33	277	264	62	20
公共软件服务	54	653	33	277	261	62	20
基础软件服务	40	465	26	206	182	31	20
应用软件服务	14	188	7	71	79	31	
其他软件服务	2	3			3		
其他软件服务	2	3			3		
批发和零售业	**5669**	**62488**	**340**	**6083**	**15883**	**26292**	**13890**
批发业	3124	31782	197	3581	8183	12294	7527
农畜产品批发	203	2716	14	238	518	1016	930
谷物、豆及薯类批发	55	889	3	63	165	454	204
种子、饲料批发	87	893	11	147	234	315	186
棉、麻批发	1	2					2
其他农畜产品批发	60	932		28	119	247	538
食品、饮料及烟草制品批发	175	4242	12	596	1269	1432	933
米、面制品及食用油批发	31	431		33	139	159	100
糕点、糖果及糖批发	4	26		3	5	12	6
果品、蔬菜批发	36	879	1	15	50	448	365
肉、禽、蛋及水产品批发	8	67		7	18	26	16
盐及调味品批发	21	356	3	46	121	140	46
饮料及茶叶批发	46	835	4	208	299	229	95
烟草制品批发	8	1258	4	266	570	301	117
其他食品批发	21	390		18	67	117	188

1-13 续表 14

行 业	法 人 单位数 (个)	就业人数 (人)	具有研究 生及以上 学历人员	具有大学 本 科 学历人员	具有大专 学历人员	具有高中 学历人员	具有初中 及以下 学历人员
纺织、服装及日用品批发	101	1130	4	127	253	461	285
纺织品、针织品及原料批发	22	179	1	37	47	70	24
服装批发	20	224	1	33	66	103	21
鞋帽批发	1	3		2		1	
厨房、卫生间用具及日用杂货批发	8	79		5	20	48	6
化妆品及卫生用品批发	17	159	2	31	50	72	4
其他日用品批发	33	486		19	70	167	230
文化、体育用品及器材批发	61	646	3	83	236	192	132
文具用品批发	30	244	3	34	87	88	32
体育用品批发	1	8			5	3	
图书批发	15	249		32	108	49	60
音像制品及电子出版物批发	3	45		7	11	15	12
其他文化用品批发	12	100		10	25	37	28
医药及医疗器材批发	85	1220	8	129	342	423	318
西药批发	17	538	7	64	191	223	53
中药材及中成药批发	32	420		11	36	115	258
医疗用品及器材批发	36	262	1	54	115	85	7
矿产品、建材及化工产品批发	1359	12233	78	1398	2920	5098	2739
煤炭及制品批发	144	1853	17	219	484	670	463
石油及制品批发	112	2904	12	323	567	1267	735
非金属矿及制品批发	22	215		36	44	85	50
金属及金属矿批发	477	3247	24	441	913	1305	564
建材批发	270	1572	12	161	397	661	341
化肥批发	163	1216	3	94	204	531	384
农药批发	11	45			11	10	24
农用薄膜批发	11	96		3	9	79	5
其他化工产品批发	149	1085	10	121	291	490	173
机械设备、五金交电及电子产品批发	921	7265	65	878	2134	2844	1344
农业机械批发	56	476		26	86	190	174
汽车、摩托车及零配件批发	104	1397	9	135	347	545	361
五金、交电批发	184	1047	5	98	308	471	165
家用电器批发	35	309	6	38	101	123	41
计算机、软件及辅助设备批发	39	315	6	84	129	89	7
通讯及广播电视设备批发	25	208		22	80	66	40
其他机械设备及电子产品批发	478	3513	39	475	1083	1360	556
贸易经纪与代理	31	211	5	49	83	32	42
贸易经纪与代理	31	211	5	49	83	32	42
其他批发	188	2119	8	83	428	796	804
再生物资回收与批发	137	1170	5	24	133	441	567
其他未列明的批发	51	949	3	59	295	355	237
零售业	2545	30706	143	2502	7700	13998	6363
综合零售	188	8413	41	462	1562	4359	1989
百货零售	88	5591	39	356	1174	2830	1192
超级市场零售	39	2289	1	93	327	1304	564
其他综合零售	61	533	1	13	61	225	233

1-13 续表 15

行业	法人单位数(个)	就业人数(人)	具有研究生及以上学历人员	具有大学本科学历人员	具有大专学历人员	具有高中学历人员	具有初中及以下学历人员
食品、饮料及烟草制品专门零售	174	1697	7	86	361	721	522
粮油零售	54	721		16	194	297	214
糕点、面包零售	3	40		4	2	22	12
果品、蔬菜零售	6	84			7	46	31
肉、禽、蛋及水产品零售	14	140	2	12	19	33	74
饮料及茶叶零售	38	295	3	27	61	102	102
烟草制品零售	14	47		2	9	30	6
其他食品零售	45	370	2	25	69	191	83
纺织、服装及日用品专门零售	257	2017	5	163	466	1077	306
纺织品及针织品零售	26	146		12	41	60	33
服装零售	97	946	1	106	234	513	92
鞋帽零售	10	106			15	61	30
钟表、眼镜零售	25	244		7	42	159	36
化妆品及卫生用品零售	39	274	3	17	61	127	66
其他日用品零售	60	301	1	21	73	157	49
文化、体育用品及器材专门零售	193	1681	5	184	487	815	190
文具用品零售	63	265	2	23	94	113	33
体育用品零售	25	179	1	16	35	85	42
图书零售	38	706		61	233	380	32
音像制品及电子出版物零售	9	105		33	20	42	10
珠宝首饰零售	18	230		14	54	125	37
工艺美术品及收藏品零售	18	73	1	6	18	34	14
照相器材零售	1	5		2		3	
其他文化用品零售	21	118	1	29	33	33	22
医药及医疗器材专门零售	161	3241	24	360	1213	1223	421
药品零售	124	2994	17	315	1113	1148	401
医疗用品及器材零售	37	247	7	45	100	75	20
汽车、摩托车、燃料及零配件专门零售	505	5473	22	349	1276	2276	1550
汽车零售	131	2724	15	261	876	1019	553
汽车零配件零售	93	455	2	18	95	182	158
摩托车及零配件零售	71	434	2	14	64	228	126
机动车燃料零售	210	1860	3	56	241	847	713
家用电器及电子产品专门零售	500	4533	20	683	1556	1796	478
家用电器零售	130	1450	1	110	410	703	226
计算机、软件及辅助设备零售	235	1852	14	400	777	576	85
通信设备零售	77	938	2	128	258	421	129
其他电子产品零售	58	293	3	45	111	96	38
五金、家具及室内装修材料专门零售	407	2138	7	127	434	1041	529
五金零售	231	918	3	46	200	470	199
家具零售	54	620		41	82	298	199
涂料零售	7	53	3	1	12	25	12
其他室内装修材料零售	115	547	1	39	140	248	119

1-13　续表 16

行　　业	法　人 单位数 (个)	就业人数 (人)	具有研究 生及以上 学历人员	具有大学 本　　科 学历人员	具有大专 学历人员	具有高中 学历人员	具有初中 及以下 学历人员
无店铺及其他零售	160	1513	12	88	345	690	378
流动货摊零售	1	5		2	1	2	
邮购及电子销售	1	5				5	
生活用燃料零售	43	686	4	12	134	306	230
花卉零售	13	144		35	31	45	33
旧货零售	2	3			1	2	
其他未列明的零售	100	670	8	39	178	330	115
住宿和餐饮业	**490**	**22046**	**55**	**773**	**2404**	**8899**	**9915**
住宿业	260	10219	20	365	1274	4258	4302
旅游饭店	77	6420	16	262	878	2651	2613
旅游饭店	77	6420	16	262	878	2651	2613
一般旅馆	169	3550	4	100	375	1531	1540
一般旅馆	169	3550	4	100	375	1531	1540
其他住宿服务	14	249		3	21	76	149
其他住宿服务	14	249		3	21	76	149
餐饮业	230	11827	35	408	1130	4641	5613
正餐服务	208	11367	35	407	1107	4502	5316
正餐服务	208	11367	35	407	1107	4502	5316
快餐服务	7	286			19	103	164
快餐服务	7	286			19	103	164
饮料及冷饮服务	7	36			1	8	27
饮料及冷饮服务	7	36			1	8	27
其他餐饮服务	8	138		1	3	28	106
其他餐饮服务	8	138		1	3	28	106
金融业	**190**	**33327**	**390**	**8153**	**9777**	**13599**	**1408**
银行业	38	16804	266	5851	6796	3184	707
中央银行	7	1241	49	509	340	233	110
中央银行	7	1241	49	509	340	233	110
商业银行	28	15176	179	5133	6361	2925	578
商业银行	28	15176	179	5133	6361	2925	578
其他银行	3	387	38	209	95	26	19
其他银行	3	387	38	209	95	26	19
证券业	2	58	2	27	23	2	4
证券经纪与交易	1	50	1	24	19	2	4
证券经纪与交易	1	50	1	24	19	2	4
证券投资	1	8	1	3	4		
证券投资	1	8	1	3	4		
保险业	46	15019	113	1848	2254	10153	651
人寿保险	14	11331	78	1193	1625	7839	596
人寿保险	14	11331	78	1193	1625	7839	596
非人寿保险	26	3550	28	608	596	2279	39
非人寿保险	26	3550	28	608	596	2279	39
保险辅助服务	6	138	7	47	33	35	16
保险辅助服务	6	138	7	47	33	35	16
其他金融活动	104	1446	9	427	704	260	46
金融信托与管理	3	48		13	24	8	3
金融信托与管理	3	48		13	24	8	3

1-13 续表 17

行业	法人单位数(个)	就业人数(人)	具有研究生及以上学历人员	具有大学本科学历人员	具有大专学历人员	具有高中学历人员	具有初中及以下学历人员
金融租赁	1	3		1	2		
金融租赁	1	3		1	2		
财务公司	1	8		5	3		
财务公司	1	8		5	3		
邮政储蓄	6	679	4	243	311	104	17
邮政储蓄	6	679	4	243	311	104	17
典当	43	227	3	41	119	54	10
典当	43	227	3	41	119	54	10
其他未列明的金融活动	50	481	2	124	245	94	16
其他未列明的金融活动	50	481	2	124	245	94	16
房地产业	**772**	**26412**	**184**	**2851**	**6611**	**7941**	**8825**
房地产业	772	26412	184	2851	6611	7941	8825
房地产开发经营	341	8982	83	1895	3777	2328	899
房地产开发经营	341	8982	83	1895	3777	2328	899
物业管理	258	14714	69	588	1983	4796	7278
物业管理	258	14714	69	588	1983	4796	7278
房地产中介服务	118	1565	30	229	570	446	290
房地产中介服务	118	1565	30	229	570	446	290
其他房地产活动	55	1151	2	139	281	371	358
其他房地产活动	55	1151	2	139	281	371	358
租赁和商务服务业	**1252**	**20070**	**321**	**3275**	**4954**	**6582**	**4938**
租赁业	182	912	1	69	225	364	253
机械设备租赁	180	907	1	69	223	361	253
汽车租赁	148	676	1	46	180	278	171
农业机械租赁	1	3			3		
建筑工程机械与设备租赁	30	224		23	39	80	82
计算机及通讯设备租赁	1	4			1	3	
文化及日用品出租	2	5			2	3	
图书及音像制品出租	1	2				2	
其他文化及日用品出租	1	3			2	1	
商务服务业	1070	19158	320	3206	4729	6218	4685
企业管理服务	144	4803	68	802	1068	1360	1505
企业管理机构	45	2976	35	388	530	805	1218
投资与资产管理	52	1039	25	288	235	270	221
其他企业管理服务	47	788	8	126	303	285	66
法律服务	81	1071	113	706	212	40	
律师及相关的法律服务	70	885	103	599	156	27	
公证服务	11	186	10	107	56	13	
咨询与调查	181	1815	54	646	752	319	44
会计、审计及税务服务	62	819	20	257	406	126	10
市场调查	14	215	7	113	66	29	
社会经济咨询	55	436	18	163	159	75	21
其他专业咨询	50	345	9	113	121	89	13

1-13　续表 18

行　　业	法　人单位数（个）	就业人数（人）	具有研究生及以上学历人员	具有大学本　科学历人员	具有大专学历人员	具有高中学历人员	具有初中及以下学历人员
广告业	279	1595	32	323	624	454	162
广告业	279	1595	32	323	624	454	162
知识产权服务	23	181	5	71	74	29	2
知识产权服务	23	181	5	71	74	29	2
职业中介服务	101	3235	11	291	959	1137	837
职业中介服务	101	3235	11	291	959	1137	837
市场管理	75	1507		72	246	792	397
市场管理	75	1507		72	246	792	397
旅行社	76	1050	13	172	416	311	138
旅行社	76	1050	13	172	416	311	138
其他商务服务	110	3901	24	123	378	1776	1600
会议及展览服务	10	98		26	37	27	8
包装服务	2	15		6	5	4	
保安服务	18	3257	2	36	201	1588	1430
办公服务	37	261	20	32	81	79	49
其他未列明的商务服务	43	270	2	23	54	78	113
科学研究、技术服务和地质勘查业	**627**	**16435**	**554**	**5300**	**5602**	**3436**	**1543**
研究与试验发展	44	1948	259	604	440	577	68
自然科学研究与试验发展	6	395	108	197	64	26	
自然科学研究与试验发展	6	395	108	197	64	26	
工程和技术研究与试验发展	10	619	20	205	238	135	21
工程和技术研究与试验发展	10	619	20	205	238	135	21
农业科学研究与试验发展	14	627	8	116	88	388	27
农业科学研究与试验发展	14	627	8	116	88	388	27
医学研究与试验发展	5	59	18	21	10	10	
医学研究与试验发展	5	59	18	21	10	10	
社会人文科学研究与试验发展	9	248	105	65	40	18	20
社会人文科学研究与试验发展	9	248	105	65	40	18	20
专业技术服务业	376	9418	212	3534	3584	1572	516
气象服务	36	682	16	312	248	89	17
气象服务	36	682	16	312	248	89	17
地震服务	21	364	12	124	154	68	6
地震服务	20	361	12	124	151	68	6
测绘服务	21	557	14	157	220	91	75
测绘服务	21	557	14	157	220	91	75
技术检测	60	1251	17	333	445	331	125
技术检测	60	1251	17	333	445	331	125
环境监测	14	299	5	154	99	40	1
环境监测	14	299	5	154	99	40	1
工程技术与规划管理	209	6100	144	2415	2355	908	278
工程管理服务	133	3503	104	1047	1706	491	155
工程勘察设计	58	2221	31	1249	547	301	93
规划管理	18	376	9	119	102	116	30
其他专业技术服务	15	165	4	39	63	45	14
其他专业技术服务	15	165	4	39	63	45	14

1-13 续表 19

行　业	法人单位数(个)	就业人数(人)	具有研究生及以上学历人员	具有大学本科学历人员	具有大专学历人员	具有高中学历人员	具有初中及以下学历人员
科技交流和推广服务业	187	3639	43	839	1254	720	783
技术推广服务	163	3433	35	765	1187	687	759
技术推广服务	163	3433	35	765	1187	687	759
科技中介服务	16	104	3	19	36	22	24
科技中介服务	16	104	3	19	36	22	24
其他科技服务	8	102	5	55	31	11	
其他科技服务	8	102	5	55	31	11	
地质勘查业	20	1430	40	323	324	567	176
矿产地质勘查	7	249	11	122	44	58	14
能源矿产地质勘查	5	198	11	122	32	25	8
固体矿产地质勘查	2	51			12	33	6
基础地质勘查	9	1101	27	171	259	504	140
基础地质勘查	9	1101	27	171	259	504	140
地质勘查技术服务	4	80	2	30	21	5	22
地质勘查技术服务	4	80	2	30	21	5	22
水利、环境和公共设施管理业	**225**	**14569**	**76**	**1590**	**4402**	**4250**	**4251**
水利管理业	83	5771	25	928	2105	1906	807
防洪管理	6	107		25	39	40	3
防洪管理	6	107		25	39	40	3
水资源管理	58	5077	21	711	1861	1786	698
水库管理	10	256		48	136	67	5
调水、引水管理	40	4411	15	564	1517	1651	664
其他水资源管理	8	410	6	99	208	68	29
其他水利管理	19	587	4	192	205	80	106
其他水利管理	19	587	4	192	205	80	106
环境管理业	53	5063	14	344	1452	1230	2023
自然保护	24	670	6	133	243	150	138
自然保护区管理	10	394	6	78	152	81	77
野生动植物保护	1	5		2	1	2	
其他自然保护	13	271		53	90	67	61
环境治理	29	4393	8	211	1209	1080	1885
城市市容管理	4	1042		38	155	101	748
城市环境卫生管理	14	2809	7	148	898	838	918
水污染治理	5	96		17	43	31	5
其他环境治理	6	446	1	8	113	110	214
公共设施管理业	89	3735	37	318	845	1114	1421
市政公共设施管理	16	582	3	79	211	130	159
市政公共设施管理	16	582	3	79	211	130	159
城市绿化管理	46	2083	12	143	421	622	885
城市绿化管理	46	2083	12	143	421	622	885
游览景区管理	27	1070	22	96	213	362	377
风景名胜区管理	13	416	12	19	98	153	134
公园管理	6	329		28	60	112	129
其他游览景区管理	8	325	10	49	55	97	114

1-13 续表 20

行 业	法 人 单位数 (个)	就业人数 (人)	具有研究生及以上学历人员	具有大学本 科学历人员	具有大专学历人员	具有高中学历人员	具有初中及 以 下学历人员
居民服务和其他服务业	**372**	**4638**	**24**	**270**	**800**	**1975**	**1569**
居民服务业	126	1769	14	140	335	706	574
家庭服务	15	119	1	12	11	49	46
家庭服务	15	119	1	12	11	49	46
托儿所	1	10		2	2	4	2
托儿所	1	10		2	2	4	2
洗染服务	4	28			3	19	6
洗染服务	4	28			3	19	6
理发及美容保健服务	17	202	4	20	82	69	27
理发及美容保健服务	17	202	4	20	82	69	27
洗浴服务	21	659	5	44	61	260	289
洗浴服务	21	659	5	44	61	260	289
婚姻服务	17	65		9	21	27	8
婚姻服务	17	65		9	21	27	8
殡葬服务	24	393	2	33	88	139	131
殡葬服务	24	393	2	33	88	139	131
摄影扩印服务	21	256	2	19	63	122	50
摄影扩印服务	21	256	2	19	63	122	50
其他居民服务	6	37		1	4	17	15
其他居民服务	6	37		1	4	17	15
其他服务业	246	2869	10	130	465	1269	995
修理与维护	194	1885	10	87	358	808	622
汽车、摩托车维护与保养	165	1655	10	66	320	733	526
办公设备维修	4	33		5	9	10	9
家用电器修理	21	178		16	27	55	80
其他日用品修理	4	19			2	10	7
清洁服务	30	481		16	36	104	325
建筑物清洁服务	3	158		4	2	60	92
其他清洁服务	27	323		12	34	44	233
其他未列明的服务	22	503		27	71	357	48
其他未列明的服务	22	503		27	71	357	48
教育	**1344**	**83908**	**3368**	**34878**	**29354**	**13755**	**2553**
教育	1344	83908	3368	34878	29354	13755	2553
学前教育	214	4955	42	829	2323	1363	398
学前教育	214	4955	42	829	2323	1363	398
初等教育	570	34913	141	8424	16762	8905	681
初等教育	570	34913	141	8424	16762	8905	681
中等教育	338	32686	1145	21042	7775	2096	628
初中教育	229	18119	221	11044	5336	1232	286
高中教育	58	9653	569	7092	1336	512	144
中等专业教育	16	1529	89	866	345	155	74
职业中学教育	20	2732	227	1696	536	160	113
技工学校教育	5	223	12	129	55	22	5
其他中等教育	10	430	27	215	167	15	6
高等教育	16	7038	1879	2979	1141	563	476
普通高等教育	10	6897	1872	2885	1109	555	476
成人高等教育	6	141	7	94	32	8	

1-13 续表 21

行业	法人单位数(个)	就业人数(人)	具有研究生及以上学历人员	具有大学本科学历人员	具有大专学历人员	具有高中学历人员	具有初中及以下学历人员
其他教育	206	4316	161	1604	1353	828	370
职业技能培训	128	2220	39	548	600	686	347
特殊教育	4	571		255	269	45	2
其他未列明的教育	74	1525	122	801	484	97	21
卫生、社会保障和社会福利业	**791**	**30739**	**745**	**8419**	**11946**	**7726**	**1903**
卫生	702	29384	721	7975	11501	7496	1691
医院	119	20543	634	6485	7484	4901	1039
综合医院	66	16785	599	5452	5922	4013	799
中医医院	18	2503	26	699	1000	633	145
中西医结合医院	7	293	1	77	118	91	6
民族医院	2	38		5	5	17	11
专科医院	22	674	7	170	321	110	66
疗养院	4	250	1	82	118	37	12
卫生院及社区医疗活动	295	4259	18	541	2079	1302	319
卫生院及社区医疗活动	295	4259	18	541	2079	1302	319
门诊部医疗活动	196	881	4	80	348	358	91
门诊部医疗活动	196	881	4	80	348	358	91
计划生育技术服务活动	22	430	9	96	191	125	9
计划生育技术服务活动	22	430	9	96	191	125	9
妇幼保健活动	21	1487	4	288	641	435	119
妇幼保健活动	21	1487	4	288	641	435	119
专科疾病防治活动	2	246	1	48	90	48	59
专科疾病防治活动	2	246	1	48	90	48	59
疾病预防控制及防疫活动	35	1208	29	342	533	252	52
疾病预防控制及防疫活动	35	1208	29	342	533	252	52
其他卫生活动	12	330	22	95	135	75	3
其他卫生活动	12	330	22	95	135	75	3
社会保障业	46	609	9	285	253	49	13
社会保障业	46	609	9	285	253	49	13
社会保障业	46	609	9	285	253	49	13
社会福利业	43	746	15	159	192	181	199
提供住宿的社会福利	28	656	7	123	156	171	199
干部休养所	6	94	1	23	29	31	10
收养收容服务	22	562	6	100	127	140	189
不提供住宿的社会福利	15	90	8	36	36	10	
不提供住宿的社会福利	15	90	8	36	36	10	
文化、体育和娱乐业	**299**	**7835**	**96**	**1986**	**2656**	**2380**	**717**
新闻出版业	27	1553	42	796	479	139	97
新闻业	7	334	5	137	98	63	31
新闻业	7	334	5	137	98	63	31
出版业	20	1219	37	659	381	76	66
图书出版	6	221	21	145	43	6	6
报纸出版	11	975	15	497	337	67	59
期刊出版	1	10	1	7	1	1	
电子出版物出版	1	9		9			
其他出版	1	4		1		2	1

1-13 续表 22

行业	法人单位数(个)	就业人数(人)	具有研究生及以上学历人员	具有大学本科学历人员	具有大专学历人员	具有高中学历人员	具有初中及以下学历人员
广播、电视、电影和音像业	46	1925	9	493	805	560	58
广播	9	387		88	189	93	17
广播	9	387		88	189	93	17
电视	11	1219	4	354	525	321	15
电视	11	1219	4	354	525	321	15
电影	22	303	5	49	87	139	23
电影制作与发行	2	65	5	30	23	7	
电影放映	20	238		19	64	132	23
音像制作	4	16		2	4	7	3
音像制作	4	16		2	4	7	3
文化艺术业	108	2558	21	513	960	886	178
文艺创作与表演	15	925	4	89	181	563	88
文艺创作与表演	15	925	4	89	181	563	88
艺术表演场馆	2	18		2	4	9	3
艺术表演场馆	2	18		2	4	9	3
图书馆与档案馆	23	508	7	124	286	60	31
图书馆	17	405	6	92	223	53	31
档案馆	6	103	1	32	63	7	
文物及文化保护	15	272	5	81	136	45	5
文物及文化保护	15	272	5	81	136	45	5
博物馆	14	314		101	144	48	21
博物馆	14	314		101	144	48	21
烈士陵园、纪念馆	2	18	1	1	10	6	
烈士陵园、纪念馆	2	18	1	1	10	6	
群众文化活动	26	456	1	94	180	151	30
群众文化活动	26	456	1	94	180	151	30
文化艺术经纪代理	2	4		3	1		
文化艺术经纪代理	2	4		3	1		
其他文化艺术	9	43	3	18	18	4	
其他文化艺术	9	43	3	18	18	4	
体育	42	437	18	84	165	116	54
体育组织	33	321	17	56	113	95	40
体育组织	33	321	17	56	113	95	40
体育场馆	4	61		8	32	14	7
体育场馆	4	61		8	32	14	7
其他体育	5	55	1	20	20	7	7
其他体育	5	55	1	20	20	7	7
娱乐业	76	1362	6	100	247	679	330
室内娱乐活动	43	857		25	145	454	233
室内娱乐活动	43	857		25	145	454	233
游乐园	8	219		5	43	109	62
游乐园	8	219		5	43	109	62
休闲健身娱乐活动	15	81	1	10	29	29	12
休闲健身娱乐活动	15	81	1	10	29	29	12
其他娱乐活动	10	205	5	60	30	87	23
其他娱乐活动	10	205	5	60	30	87	23

1-13 续表 23

行业	法人单位数(个)	就业人数(人)	具有研究生及以上学历人员	具有大学本科学历人员	具有大专学历人员	具有高中学历人员	具有初中及以下学历人员
公共管理和社会组织	**10814**	**128021**	**3787**	**37526**	**33330**	**22828**	**30550**
中国共产党机关	183	3100	138	1687	817	258	200
中国共产党机关	183	3100	138	1687	817	258	200
中国共产党机关	183	3100	138	1687	817	258	200
国家机构	1824	80286	3324	30906	28636	12057	5363
国家权力机构	36	1218	34	642	404	117	21
国家权力机构	36	1218	34	642	404	117	21
国家行政机构	1725	73340	3154	27529	27205	11501	3951
综合事务管理机构	573	24009	521	9054	9016	4271	1147
对外事务管理机构	9	112	12	74	22	4	
公共安全管理机构	102	10502	95	4317	4289	1476	325
社会事务管理机构	313	8995	255	3587	3619	1221	313
经济事务管理机构	427	21156	2048	7405	7177	2997	1529
政府事务管理机构	129	2951	124	1236	935	455	201
行政监督检查机构	172	5615	99	1856	2147	1077	436
人民法院和人民检察院	56	4206	136	2713	999	234	124
人民法院	28	2568	63	1675	563	158	109
人民检察院	28	1638	73	1038	436	76	15
其他国家机构	7	1522		22	28	205	1267
其他国家机构	7	1522		22	28	205	1267
人民政协和民主党派	66	873	49	462	269	86	7
人民政协	23	662	37	339	213	68	5
人民政协	23	662	37	339	213	68	5
民主党派	43	211	12	123	56	18	2
民主党派	43	211	12	123	56	18	2
群众团体、社会团体和宗教组织	6008	31780	264	4275	2715	5491	19035
群众团体	148	1179	68	493	434	151	33
工会	44	455	16	185	182	57	15
妇联	25	185	17	96	50	18	4
共青团	24	138	26	78	25	8	1
其他群众团体	55	401	9	134	177	68	13
社会团体	1724	16098	191	3709	2089	3488	6621
专业性团体	605	6035	64	1556	1029	1191	2195
行业性团体	1049	9521	116	2057	951	2146	4251
其他社会团体	70	542	11	96	109	151	175
宗教组织	4136	14503	5	73	192	1852	12381
宗教组织	4136	14503	5	73	192	1852	12381
基层群众自治组织	2733	11982	12	196	893	4936	5945
社区自治组织	413	2720	11	149	638	1610	312
社区自治组织	413	2720	11	149	638	1610	312
村民自治组织	2320	9262	1	47	255	3326	5633
村民自治组织	2320	9262	1	47	255	3326	5633

1-14　按登记注册类型、学历分组的法人单位就业人数

登记注册类型	法人单位数（个）	就业人数（人）	具有研究生及以上学历人员	具有大学本科学历人员	具有大专学历人员	具有高中学历人员	具有初中及以下学历人员
总　计	**29300**	**887129**	**11971**	**145135**	**199920**	**255918**	**274185**
内资企业	**29174**	**866552**	**11836**	**142581**	**194820**	**249727**	**267588**
国有企业	5180	321377	8451	93955	101536	76441	40994
集体企业	580	10816	10	739	1959	3617	4491
股份合作企业	84	5472	20	674	1507	1590	1681
联营企业	43	3337	41	348	482	557	1909
国有联营企业	13	1672	4	71	84	236	1277
集体联营企业	11	489		11	32	128	318
国有与集体联营企业	4	55		25	12	14	4
其他联营企业	15	1121	37	241	354	179	310
有限责任公司	1814	173894	627	16832	33644	46948	75843
国有独资公司	79	61091	107	6536	11831	9472	33145
其他有限责任公司	1735	112803	520	10296	21813	37476	42698
股份有限公司	220	63651	1239	8256	11839	23870	18447
私营企业	12384	240715	1017	16523	38494	84863	99818
私营独资企业	3407	47483	96	1423	4302	16726	24936
私营合伙企业	473	6980	81	838	968	2155	2938
私营有限责任公司	8081	179067	739	13412	31689	63462	69765
私营股份有限公司	423	7185	101	850	1535	2520	2179
其他企业	8869	47290	431	5254	5359	11841	24405
港、澳、台商投资企业	**33**	**1851**	**12**	**289**	**526**	**499**	**525**
合资经营企业(港或澳、台资)	14	817	3	100	187	209	318
合作经营企业(港或澳、台资)	1	7			7		
港、澳、台商独资经营企业	9	583	7	104	200	138	134
港、澳、台商投资股份有限公司	9	444	2	85	132	152	73
外商投资企业	**93**	**18726**	**123**	**2265**	**4574**	**5692**	**6072**
中外合资经营企业	52	12075	44	928	2258	3851	4994
中外合作经营企业	7	463	4	48	102	135	174
外资企业	30	5609	74	1238	2063	1557	677
外商投资股份有限公司	4	579	1	51	151	149	227

1-15 按地区、技术职称分组的法人单位就业人数

地区	法人单位数(个)	就业人数(人)	#具有高级技术职称人员	#具有中级技术职称人员	#具有初级技术职称人员
总计	**29300**	**887129**	**29965**	**91974**	**106442**
银川市	**11490**	**441160**	**18872**	**44901**	**48988**
兴庆区	5535	229046	10945	23952	25782
西夏区	1088	59140	3360	6671	6823
金凤区	1883	63306	2733	7632	8301
永宁县	791	25313	511	1925	2598
贺兰县	1229	29557	612	1945	2508
灵武市	964	34798	711	2776	2976
石嘴山市	**3993**	**133875**	**3090**	**10060**	**12666**
大武口区	1770	59829	1562	4727	5777
惠农区	868	41193	884	2692	3701
平罗县	1355	32853	644	2641	3188
吴忠市	**4872**	**130030**	**3024**	**14199**	**16845**
红寺堡区	190	5033	92	598	943
利通区	1764	54236	1162	4877	6001
盐池县	669	15189	485	2430	2078
同心县	1336	16792	526	2446	2515
青铜峡市	913	38780	759	3848	5308
固原市	**4561**	**84720**	**3051**	**13469**	**15236**
原州区	1453	33379	1754	5575	5693
西吉县	1290	19760	449	2794	4001
隆德县	484	10605	328	2159	2005
泾源县	516	7343	82	679	925
彭阳县	818	13633	438	2262	2612
中卫市	**4384**	**97344**	**1928**	**9345**	**12707**
沙坡头区	1762	46552	871	3772	5197
中宁县	1266	31989	708	3223	4164
海原县	1356	18803	349	2350	3346

1-16 按行业(小类)、专业技术职称分组的法人单位就业人数

行业	法人单位数(个)	就业人数(人)	#具有高级技术职称人员	#具有中级技术职称人员	#具有初级技术职称人员
总计	**29300**	**887129**	**29965**	**91974**	**106442**
农、林、牧、渔业	**8**	**13843**	**122**	**213**	**322**
农业	8	13843	122	213	322
谷物及其他作物的种植	8	13843	122	213	322
谷物的种植	8	13843	122	213	322
采矿业	**565**	**61722**	**852**	**2277**	**3788**
煤炭开采和洗选业	279	57990	831	2196	3682
烟煤和无烟煤的开采洗选	278	57985	831	2196	3682
烟煤和无烟煤的开采洗选	278	57985	831	2196	3682
其他煤炭采选	1	5			
其他煤炭采选	1	5			
石油和天然气开采业	45	362	5	5	21
天然原油和天然气开采	43	263	1	3	7
天然原油和天然气开采	43	263	1	3	7
与石油和天然气开采有关的服务活动	2	99	4	2	14
与石油和天然气开采有关的服务活动	2	99	4	2	14
黑色金属矿采选业	9	202			
铁矿采选	8	201			
铁矿采选	8	201			
其他黑色金属矿采选	1	1			
其他黑色金属矿采选	1	1			
有色金属矿采选业	5	157	5	13	12
常用有色金属矿采选	3	136	4	12	10
镍钴矿采选	1	122	4	12	10
镁矿采选	2	14			
贵金属矿采选	1	1			
金矿采选	1	1			
稀有稀土金属矿采选	1	20	1	1	2
稀土金属矿采选	1	20	1	1	2
非金属矿采选业	227	3011	11	63	73
土砂石开采	202	2681	11	61	70
石灰石、石膏开采	38	705	1	6	4
建筑装饰用石开采	29	331			1
耐火土石开采	7	183			
粘土及其他土砂石开采	128	1462	10	55	65
化学矿采选	1	5			
化学矿采选	1	5			
石棉及其他非金属矿采选	24	325		2	3
石墨、滑石采选	3	15		1	
其他非金属矿采选	21	310		1	3
制造业	**3798**	**217777**	**2225**	**7945**	**10776**
农副食品加工业	559	11894	99	344	547
谷物磨制	134	2214	27	74	107
谷物磨制	134	2214	27	74	107

1-16 续表 1

行业	法人单位数(个)	就业人数(人)	#具有高级技术职称人员	#具有中级技术职称人员	#具有初级技术职称人员
饲料加工	58	1472	25	89	127
饲料加工	58	1472	25	89	127
植物油加工	31	507	3	8	14
食用植物油加工	31	507	3	8	14
制糖	2	30	1	2	3
制糖	2	30	1	2	3
屠宰及肉类加工	62	1497	14	61	66
畜禽屠宰	40	975	5	26	42
肉制品及副产品加工	22	522	9	35	24
蔬菜、水果和坚果加工	81	1741	14	24	26
蔬菜、水果和坚果加工	81	1741	14	24	26
其他农副食品加工	191	4433	15	86	204
淀粉及淀粉制品的制造	170	3810	12	73	178
豆制品制造	6	225		2	3
蛋品加工	5	137			1
其他未列明的农副食品加工	10	261	3	11	22
食品制造业	178	9053	80	243	378
焙烤食品制造	52	989	3	22	34
糕点、面包制造	46	893	2	18	28
饼干及其他焙烤食品制造	6	96	1	4	6
糖果、巧克力及蜜饯制造	10	229	4	6	5
糖果、巧克力制造	4	75	2	6	2
蜜饯制作	6	154	2		3
方便食品制造	21	454	13	11	23
米、面制品制造	13	211	11	6	10
速冻食品制造	5	175	1	4	8
方便面及其他方便食品制造	3	68	1	1	5
液体乳及乳制品制造	37	3157	25	99	180
液体乳及乳制品制造	37	3157	25	99	180
罐头制造	4	51	1	1	4
蔬菜、水果罐头制造	4	51	1	1	4
调味品、发酵制品制造	30	3511	21	63	95
味精制造	5	1276	7	19	32
酱油、食醋及类似制品的制造	15	193		3	7
其他调味品、发酵制品制造	10	2042	14	41	56
其他食品制造	24	662	13	41	37
营养、保健食品制造	16	317	5	12	10
食品及饲料添加剂制造	6	229	8	21	17
其他未列明的食品制造	2	116		8	10
饮料制造业	104	5641	51	275	498
酒的制造	54	4201	37	211	383
白酒制造	24	1564	18	79	121
啤酒制造	4	706		16	54
黄酒制造	3	42			
葡萄酒制造	14	358	4	34	29
其他酒制造	9	1531	15	82	179

1-16 续表 2

行业	法人单位数(个)	就业人数(人)	#具有高级技术职称人员	#具有中级技术职称人员	#具有初级技术职称人员
软饮料制造	44	1294	11	38	80
碳酸饮料制造	1	40			
瓶(罐)装饮用水制造	20	221		1	5
果菜汁及果菜汁饮料制造	17	955	11	33	69
含乳饮料和植物蛋白饮料制造	2	44		2	1
固体饮料制造	1	11			3
茶饮料及其他软饮料制造	3	23		2	2
精制茶加工	6	146	3	26	35
精制茶加工	6	146	3	26	35
烟草制品业	1	29		2	4
烟叶复烤	1	29		2	4
烟叶复烤	1	29		2	4
纺织业	113	9896	53	379	237
棉、化纤纺织及印染精加工	8	615	1	11	25
棉、化纤纺织加工	8	615	1	11	25
毛纺织和染整精加工	86	8903	51	362	206
毛纺织	86	8903	51	362	206
麻纺织	1	7			
麻纺织	1	7			
丝绢纺织及精加工	1	60			2
缫丝加工	1	60			2
纺织制成品制造	14	285	1	6	4
棉及化纤制品制造	4	27			
毛制品制造	2	67	1	2	3
麻制品制造	2	35		2	1
绳、索、缆的制造	2	133		2	
无纺布制造	1	4			
其他纺织制成品制造	3	19			
针织品、编织品及其制品制造	3	26			
棉、化纤针织品及编织品制造	2	21			
毛针织品及编织品制造	1	5			
纺织服装、鞋、帽制造业	25	895	39	75	65
纺织服装制造	25	895	39	75	65
纺织服装制造	25	895	39	75	65
皮革、毛皮、羽毛(绒)及其制品业	40	707	1	22	19
皮革鞣制加工	13	218			
皮革鞣制加工	13	218			
皮革制品制造	3	19			1
皮鞋制造	3	19			1
毛皮鞣制及制品加工	19	423	1	22	18
毛皮鞣制加工	12	244		9	17
毛皮服装加工	4	109	1	13	
其他毛皮制品加工	3	70			1
羽毛(绒)加工及制品制造	5	47			
羽毛(绒)加工	4	41			
羽毛(绒)制品加工	1	6			

1-16 续表 3

行业	法人单位数(个)	就业人数(人)	#具有高级技术职称人员	#具有中级技术职称人员	#具有初级技术职称人员
木材加工及木、竹、藤、棕、草制品业	31	534	2	21	16
锯材、木片加工	6	32		2	
锯材加工	4	27		2	
木片加工	2	5			
人造板制造	8	89	2		1
胶合板制造	3	57			1
纤维板制造	1	14			
其他人造板、材制造	4	18	2		
木制品制造	13	198		19	15
建筑用木料及木材组件加工	10	148		19	15
木容器制造	2	40			
软木制品及其他木制品制造	1	10			
竹、藤、棕、草制品制造	4	215			
竹、藤、棕、草制品制造	4	215			
家具制造业	48	772	6	14	27
木质家具制造	37	577	3	6	4
木质家具制造	37	577	3	6	4
金属家具制造	5	79	2	6	20
金属家具制造	5	79	2	6	20
塑料家具制造	1	5			
塑料家具制造	1	5			
其他家具制造	5	111	1	2	3
其他家具制造	5	111	1	2	3
造纸及纸制品业	72	16529	17	127	360
纸浆制造	2	70			3
纸浆制造	2	70			3
造纸	33	15434	16	109	338
机制纸及纸板制造	22	14881	16	102	325
加工纸制造	11	553		7	13
纸制品制造	37	1025	1	18	19
纸和纸板容器的制造	20	479		16	14
其他纸制品制造	17	546	1	2	5
印刷业和记录媒介的复制	162	3194	42	93	143
印刷	156	3134	42	92	141
书、报、刊印刷	69	947	19	43	42
本册印制	41	524	4	19	15
包装装潢及其他印刷	46	1663	19	30	84
装订及其他印刷服务活动	6	60		1	2
装订及其他印刷服务活动	6	60		1	2
文教体育用品制造业	4	30		1	
文化用品制造	3	15			
文具制造	1	3			
墨水、墨汁制造	2	12			
体育用品制造	1	15		1	
体育器材及配件制造	1	15		1	
石油加工、炼焦及核燃料加工业	54	9814	92	478	659
精炼石油产品的制造	15	5344	64	351	452
原油加工及石油制品制造	15	5344	64	351	452

1-16 续表 4

行业	法人单位数(个)	就业人数(人)	#具有高级技术职称人员	#具有中级技术职称人员	#具有初级技术职称人员
炼焦	39	4470	28	127	207
炼焦	39	4470	28	127	207
化学原料及化学制品制造业	334	30670	332	1120	1584
基础化学原料制造	172	12619	108	329	621
无机酸制造	6	476	3	12	18
无机碱制造	11	425	5	7	28
无机盐制造	46	4184	39	121	263
有机化学原料制造	27	1491	15	23	43
其他基础化学原料制造	82	6043	46	166	269
肥料制造	47	7368	129	459	465
氮肥制造	7	5476	111	419	431
磷肥制造	9	1125	10	18	12
钾肥制造	1	395			
复混肥料制造	10	194	5	18	18
有机肥料及微生物肥料制造	18	160	3	4	4
其他肥料制造	2	18			
农药制造	5	741	8	28	35
化学农药制造	5	741	8	28	35
涂料、油墨、颜料及类似产品制造	24	1051	6	18	8
涂料制造	17	222	3	11	2
颜料制造	1	16	1		1
染料制造	6	813	2	7	5
合成材料制造	8	5868	24	136	259
初级形态的塑料及合成树脂制造	6	5855	23	135	258
合成橡胶制造	1	9	1	1	1
其他合成材料制造	1	4			
专用化学产品制造	67	2719	38	134	134
化学试剂和助剂制造	10	915	25	39	74
专项化学用品制造	21	390	2	52	21
林产化学产品制造	19	1096	8	30	34
炸药及火工产品制造	2	152		5	
环境污染处理专用药剂材料制造	1	15			
动物胶制造	4	67			
其他专用化学产品制造	10	84	3	8	5
日用化学产品制造	11	304	19	16	62
肥皂及合成洗涤剂制造	3	70	18	6	11
化妆品制造	1	10		1	
其他日用化学产品制造	7	224	1	9	51
医药制造业	32	4926	66	320	465
化学药品原药制造	2	2291	28	187	348
化学药品原药制造	2	2291	28	187	348
化学药品制剂制造	4	699	12	19	40
化学药品制剂制造	4	699	12	19	40

1-16 续表 5

行 业	法人单位数(个)	就业人数(人)	#具有高级技术职称人员	#具有中级技术职称人员	#具有初级技术职称人员
中药饮片加工	4	187		5	
中药饮片加工	4	187		5	
中成药制造	10	684	2	65	35
中成药制造	10	684	2	65	35
兽用药品制造	6	981	22	41	40
兽用药品制造	6	981	22	41	40
生物、生化制品的制造	5	74	2	3	2
生物、生化制品的制造	5	74	2	3	2
卫生材料及医药用品制造	1	10			
卫生材料及医药用品制造	1	10			
化学纤维制造业	2	113	2	20	15
合成纤维制造	2	113	2	20	15
涤纶纤维制造	1	100	2	20	15
维纶纤维制造	1	13			
橡胶制品业	23	4221	15	105	101
轮胎制造	5	3731	14	99	73
车辆、飞机及工程机械轮胎制造	2	3682	14	96	73
轮胎翻新加工	3	49		3	
橡胶板、管、带的制造	8	370	1	5	22
橡胶板、管、带的制造	8	370	1	5	22
橡胶零件制造	3	21			1
橡胶零件制造	3	21			1
再生橡胶制造	2	18			3
再生橡胶制造	2	18			3
日用及医用橡胶制品制造	4	75			2
日用及医用橡胶制品制造	4	75			2
其他橡胶制品制造	1	6		1	
其他橡胶制品制造	1	6		1	
塑料制品业	142	3982	16	111	145
塑料薄膜制造	16	392	2	10	9
塑料薄膜制造	16	392	2	10	9
塑料板、管、型材的制造	33	1116	7	38	56
塑料板、管、型材的制造	33	1116	7	38	56
塑料丝、绳及编织品的制造	50	1900	3	42	58
塑料丝、绳及编织品的制造	50	1900	3	42	58
泡沫塑料制造	8	102	3	2	2
泡沫塑料制造	8	102	3	2	2
塑料包装箱及容器制造	12	238		6	8
塑料包装箱及容器制造	12	238		6	8
塑料零件制造	2	63			
塑料零件制造	2	63			
日用塑料制造	6	65		6	3
日用塑料杂品制造	6	65		6	3
其他塑料制品制造	15	106	1	7	9
其他塑料制品制造	15	106	1	7	9

1-16 续表 6

行业	法人单位数(个)	就业人数(人)	#具有高级技术职称人员	#具有中级技术职称人员	#具有初级技术职称人员
非金属矿物制品业	933	34365	214	912	1537
水泥、石灰和石膏的制造	67	8297	63	310	635
水泥制造	40	7925	62	298	631
石灰和石膏制造	27	372	1	12	4
水泥及石膏制品制造	168	4110	69	263	360
水泥制品制造	96	2767	56	204	306
砼结构构件制造	48	781	7	45	34
石棉水泥制品制造	2	9		1	
轻质建筑材料制造	20	543	5	11	17
其他水泥制品制造	2	10	1	2	3
砖瓦、石材及其他建筑材料制造	428	14757	26	121	275
粘土砖瓦及建筑砌块制造	367	13386	16	95	244
建筑陶瓷制品制造	5	615		2	9
建筑用石加工	17	232	5	6	6
防水建筑材料制造	11	121	3	6	4
隔热和隔音材料制造	16	192		5	6
其他建筑材料制造	12	211	2	7	6
玻璃及玻璃制品制造	14	455	3	20	30
平板玻璃制造	4	85		8	5
技术玻璃制品制造	2	60	1	5	7
日用玻璃制品及玻璃包装容器制造	2	254	2	6	15
玻璃保温容器制造	2	10			2
玻璃纤维及制品制造	2	27			
玻璃纤维增强塑料制品制造	1	3		1	1
其他玻璃制品制造	1	16			
陶瓷制品制造	2	119		1	
卫生陶瓷制品制造	1	96			
日用陶瓷制品制造	1	23		1	
耐火材料制品制造	18	294	1	7	14
石棉制品制造	3	55		2	2
耐火陶瓷制品及其他耐火材料制造	15	239	1	5	12
石墨及其他非金属矿物制品制造	236	6333	52	190	223
石墨及碳素制品制造	205	4098	43	155	172
其他非金属矿物制品制造	31	2235	9	35	51
黑色金属冶炼及压延加工业	130	13083	99	345	541
炼铁	27	2515	25	67	68
炼铁	27	2515	25	67	68
炼钢	1	30			
炼钢	1	30			
钢压延加工	21	1937	40	92	84
钢压延加工	21	1937	40	92	84
铁合金冶炼	81	8601	34	186	389
铁合金冶炼	81	8601	34	186	389
有色金属冶炼及压延加工业	56	20403	244	897	1189
常用有色金属冶炼	34	15316	149	484	640
铜冶炼	3	45			2

1-16 续表 7

行　　业	法　人单位数（个）	就业人数（人）	#具有高级技术职称人　员	#具有中级技术职称人　员	#具有初级技术职称人　员
铅锌冶炼	10	631	3	16	27
铝冶炼	6	8430	114	391	437
镁冶炼	13	5486	30	62	137
其他常用有色金属冶炼	2	724	2	15	37
贵金属冶炼	1	3			
其他贵金属冶炼	1	3			
稀有稀土金属冶炼	7	4732	90	405	536
稀土金属冶炼	5	194	2	12	6
其他稀有金属冶炼	2	4538	88	393	530
有色金属合金制造	7	176	1	5	3
有色金属合金制造	7	176	1	5	3
有色金属压延加工	7	176	4	3	10
常用有色金属压延加工	7	176	4	3	10
金属制品业	198	6963	98	327	354
结构性金属制品制造	128	2416	52	167	183
金属结构制造	47	1389	25	93	113
金属门窗制造	81	1027	27	74	70
金属工具制造	9	214	2	18	11
手工具制造	1	4			
农用及园林用金属工具制造	4	153	1	13	8
其他金属工具制造	4	57	1	5	3
集装箱及金属包装容器制造	9	241	1	7	13
金属包装容器制造	9	241	1	7	13
金属丝绳及其制品的制造	10	2958	24	85	55
金属丝绳及其制品的制造	10	2958	24	85	55
建筑、安全用金属制品制造	14	319	11	22	38
建筑、家具用金属配件制造	2	82	2	3	7
建筑装饰及水暖管道零件制造	7	153	8	15	19
其他建筑、安全用金属制品制造	5	84	1	4	12
金属表面处理及热处理加工	5	166			
金属表面处理及热处理加工	5	166			
搪瓷制品制造	1	52	3	5	20
工业生产配套用搪瓷制品制造	1	52	3	5	20
不锈钢及类似日用金属制品制造	6	142		8	16
金属制厨房调理及卫生器具制造	2	17		3	1
其他日用金属制品制造	4	125		5	15
其他金属制品制造	16	455	5	15	18
其他未列明的金属制品制造	16	455	5	15	18
通用设备制造业	217	14556	311	780	861
锅炉及原动机制造	19	539	7	32	45
锅炉及辅助设备制造	18	529	6	31	43
内燃机及配件制造	1	10	1	1	2
金属加工机械制造	42	2975	65	190	236
金属切削机床制造	7	2109	52	133	175
金属成形机床制造	4	166	8	29	23

1-16 续表 8

行 业	法人单位数(个)	就业人数(人)	#具有高级技术职称人员	#具有中级技术职称人员	#具有初级技术职称人员
铸造机械制造	8	87	1	6	4
金属切割及焊接设备制造	1	15			
机床附件制造	15	422	3	15	32
其他金属加工机械制造	7	176	1	7	2
起重运输设备制造	12	1078	39	59	104
起重运输设备制造	12	1078	39	59	104
泵、阀门、压缩机及类似机械的制造	7	369	10	26	33
泵及真空设备制造	1	110	2	8	7
阀门和旋塞的制造	2	54	2	2	6
液压和气压动力机械及元件制造	4	205	6	16	20
轴承、齿轮、传动和驱动部件的制造	18	5418	121	298	215
轴承制造	12	5321	118	291	214
齿轮、传动和驱动部件制造	6	97	3	7	1
烘炉、熔炉及电炉制造	2	14		6	
烘炉、熔炉及电炉制造	2	14		6	
风机、衡器、包装设备等通用设备制造	16	594	31	33	33
风机、风扇制造	2	160		6	8
制冷、空调设备制造	3	143	1	3	2
风动和电动工具制造	1	25		3	
包装专用设备制造	1	21	2		
衡器制造	6	49	1	2	3
其他通用设备制造	3	196	27	19	20
通用零部件制造及机械修理	53	638	8	39	27
金属密封件制造	3	30	1	1	4
紧固件、弹簧制造	4	37		5	2
机械零部件加工及设备修理	44	557	7	33	21
其他通用零部件制造	2	14			
金属铸、锻加工	48	2931	30	97	168
钢铁铸件制造	45	2891	29	97	166
锻件及粉末冶金制品制造	3	40	1		2
专用设备制造业	93	6166	111	316	418
矿山、冶金、建筑专用设备制造	36	4917	80	239	283
采矿、采石设备制造	30	4605	80	214	237
石油钻采专用设备制造	3	299		23	46
建筑工程用机械制造	1	8		2	
建筑材料生产专用机械制造	2	5			
化工、木材、非金属加工专用设备制造	12	152	2	12	6
炼油、化工生产专用设备制造	1	30	1	4	2
塑料加工专用设备制造	3	41		4	
模具制造	7	78	1	4	4
其他非金属加工专用设备制造	1	3			
食品、饮料、烟草及饲料生产专用设备制造	1	8			2
饲料生产专用设备制造	1	8			2
印刷、制药、日化生产专用设备制造	2	217	6	1	1
制浆和造纸专用设备制造	2	217	6	1	1

1-16 续表 9

行业	法人单位数(个)	就业人数(人)	#具有高级技术职称人员	#具有中级技术职称人员	#具有初级技术职称人员
电子和电工机械专用设备制造	7	299	7	35	107
电工机械专用设备制造	4	32	1	5	3
电子工业专用设备制造	3	267	6	30	104
农、林、牧、渔专用机械制造	18	268	2	11	6
机械化农业及园艺机具制造	5	121		4	6
畜牧机械制造	2	51			
农林牧渔机械配件制造	1	1			
其他农林牧渔业机械制造及机械修理	10	95	2	7	
医疗仪器设备及器械制造	9	92	13	16	7
医疗诊断、监护及治疗设备制造	4	58	7	7	2
假肢、人工器官及植(介)入器械制造	4	27	5	8	4
其他医疗设备及器械制造	1	7	1	1	1
环保、社会公共安全及其他专用设备制造	8	213	1	2	6
环境污染防治专用设备制造	6	152	1	2	6
社会公共安全设备及器材制造	1	55			
其他专用设备制造	1	6			
交通运输设备制造业	80	1071	29	74	62
汽车制造	71	862	22	59	50
汽车整车制造	1	23	2	6	8
改装汽车制造	2	15			1
汽车零部件及配件制造	2	104	1	4	3
汽车修理	66	720	19	49	38
摩托车制造	1	20		2	
摩托车零部件及配件制造	1	20		2	
自行车制造	1	5			
脚踏自行车及残疾人座车制造	1	5			
交通器材及其他交通运输设备制造	7	184	7	13	12
交通管理用金属标志及设施制造	7	184	7	13	12
电气机械及器材制造业	84	4942	132	331	371
电机制造	9	1934	68	109	95
发电机及发电机组制造	3	234	4	18	3
电动机制造	6	1700	64	91	92
输配电及控制设备制造	33	1606	25	112	145
变压器、整流器和电感器制造	4	449	9	45	33
电容器及其配套设备制造	3	34		4	3
配电开关控制设备制造	20	1081	14	61	107
电力电子元器件制造	4	28	2	1	2
其他输配电及控制设备制造	2	14		1	
电线、电缆、光缆及电工器材制造	13	389	10	18	26
电线电缆制造	12	341	10	18	26
其他电工器材制造	1	48			
电池制造	4	289	13	18	18
电池制造	4	289	13	18	18
家用电力器具制造	1	20			
家用厨房电器具制造	1	20			

1-16 续表 10

行业	法人单位数(个)	就业人数(人)	#具有高级技术职称人员	#具有中级技术职称人员	#具有初级技术职称人员
非电力家用器具制造	8	143	8	10	15
燃气、太阳能及类似能源的器具制造	7	141	8	10	15
其他非电力家用器具制造	1	2			
照明器具制造	3	27		1	5
照明灯具制造	2	25		1	5
灯用电器附件及其他照明器具制造	1	2			
其他电气机械及器材制造	13	534	8	63	67
其他未列明的电气机械制造	13	534	8	63	67
通信设备、计算机及其他电子设备制造业	4	116	4	2	2
通信设备制造	1	6	1		1
通信传输设备制造	1	6	1		1
电子计算机制造	1	14			
计算机网络设备制造	1	14			
电子元件制造	1	88	3	2	1
电子元件及组件制造	1	88	3	2	1
家用视听设备制造	1	8			
家用影视设备制造	1	8			
仪器仪表及文化、办公用机械制造业	28	2407	59	181	130
通用仪器仪表制造	21	2272	51	170	116
工业自动控制系统装置制造	4	1491	33	105	60
电工仪器仪表制造	8	423	11	50	47
实验分析仪器制造	1	11	1		1
试验机制造	4	246	6	15	3
供应用仪表及其他通用仪器制造	4	101			5
专用仪器仪表制造	2	10	2		
汽车及其他用计数仪表制造	1	6			
其他专用仪器制造	1	4	2		
光学仪器及眼镜制造	1	3			
眼镜制造	1	3			
文化、办公用机械制造	2	92	5	7	12
照相机及器材制造	1	68	2	5	10
其他文化、办公用机械制造	1	24	3	2	2
其他仪器仪表的制造及修理	2	30	1	4	2
其他仪器仪表的制造及修理	2	30	1	4	2
工艺品及其他制造业	44	766	11	30	48
工艺美术品制造	20	442	3	10	36
雕塑工艺品制造	2	8		2	1
金属工艺品制造	1	3			
抽纱刺绣工艺品制造	1	30	2	2	24
地毯、挂毯制造	10	322	1	5	11
其他工艺美术品制造	6	79		1	
日用杂品制造	1	6		2	1
其他日用杂品制造	1	6		2	1
煤制品制造	18	243	7	12	10
煤制品制造	18	243	7	12	10

1-16 续表 11

行业	法人单位数(个)	就业人数(人)	#具有高级技术职称人员	#具有中级技术职称人员	#具有初级技术职称人员
其他未列明的制造业	5	75	1	6	1
其他未列明的制造业	5	75	1	6	1
废弃资源和废旧材料回收加工业	7	39			
金属废料和碎屑的加工处理	2	9			
金属废料和碎屑的加工处理	2	9			
非金属废料和碎屑的加工处理	5	30			
非金属废料和碎屑的加工处理	5	30			
电力、燃气及水的生产和供应业	**136**	**30622**	**1009**	**2532**	**5208**
电力、热力的生产和供应业	71	26415	922	2207	4816
电力生产	24	11197	274	912	2486
火力发电	14	10749	239	839	2389
水力发电	4	305	26	52	65
核力发电	1	42	5	14	8
其他能源发电	5	101	4	7	24
电力供应	3	11613	610	1048	2011
电力供应	3	11613	610	1048	2011
热力生产和供应	44	3605	38	247	319
热力生产和供应	44	3605	38	247	319
燃气生产和供应业	20	828	18	67	43
燃气生产和供应业	20	828	18	67	43
燃气生产和供应业	20	828	18	67	43
水的生产和供应业	45	3379	69	258	349
自来水的生产和供应	38	3035	58	220	301
自来水的生产和供应	38	3035	58	220	301
污水处理及其再生利用	6	341	11	38	48
污水处理及其再生利用	6	341	11	38	48
其他水的处理、利用与分配	1	3			
其他水的处理、利用与分配	1	3			
建筑业	**886**	**71678**	**2097**	**9171**	**13974**
房屋和土木工程建筑业	474	63152	1785	8041	12478
房屋工程建筑	272	37605	997	4920	7918
房屋工程建筑	272	37605	997	4920	7918
土木工程建筑	202	25547	788	3121	4560
铁路、道路、隧道和桥梁工程建筑	57	7017	255	1163	1906
水利和港口工程建筑	56	4723	203	792	1182
工矿工程建筑	11	5256	102	366	699
架线和管道工程建筑	40	6068	96	502	456
其他土木工程建筑	38	2483	132	298	317
建筑安装业	135	4390	147	462	796
建筑安装业	135	4390	147	462	796
建筑安装业	135	4390	147	462	796
建筑装饰业	234	3096	138	548	572
建筑装饰业	234	3096	138	548	572
建筑装饰业	234	3096	138	548	572

1-16 续表 12

行 业	法 人 单位数 (个)	就业人数 (人)	#具有高级 技术职称 人 员	#具有中级 技术职称 人 员	#具有初级 技术职称 人 员
其他建筑业	43	1040	27	120	128
工程准备	25	738	22	109	117
工程准备	25	738	22	109	117
提供施工设备服务	6	40	2	2	5
提供施工设备服务	6	40	2	2	5
其他未列明的建筑活动	12	262	3	9	6
其他未列明的建筑活动	12	262	3	9	6
交通运输、仓储和邮政业	**439**	**27750**	**133**	**891**	**1703**
道路运输业	268	13641	52	456	985
公路旅客运输	56	4932	25	159	120
公路旅客运输	56	4932	25	159	120
道路货物运输	172	5798	11	128	344
道路货物运输	172	5798	11	128	344
道路运输辅助活动	40	2911	16	169	521
客运汽车站	8	181		3	1
公路管理与养护	28	2684	14	159	519
其他道路运输辅助活动	4	46	2	7	1
城市公共交通业	47	4522	9	36	48
公共电汽车客运	13	3751	4	19	13
公共电汽车客运	13	3751	4	19	13
出租车客运	32	737	5	16	31
出租车客运	32	737	5	16	31
其他城市公共交通	2	34		1	4
其他城市公共交通	2	34		1	4
水上运输业	4	33		1	4
水上货物运输	4	33		1	4
内河货物运输	4	33		1	4
航空运输业	6	1170	6	55	80
航空客货运输	4	130		3	2
航空旅客运输	1	83			
航空货物运输	3	47		3	2
航空运输辅助活动	2	1040	6	52	78
机场	2	1040	6	52	78
管道运输业	2	1067	12	114	231
管道运输业	2	1067	12	114	231
管道运输业	2	1067	12	114	231
装卸搬运和其他运输服务业	57	1103	5	23	28
装卸搬运	29	893	3	6	13
装卸搬运	29	893	3	6	13
运输代理服务	28	210	2	17	15
运输代理服务	28	210	2	17	15
仓储业	44	1080	33	93	111
谷物、棉花等农产品仓储	29	763	33	70	64
谷物、棉花等农产品仓储	29	763	33	70	64
其他仓储	15	317		23	47
其他仓储	15	317		23	47

1-16 续表 13

行业	法人单位数(个)	就业人数(人)	#具有高级技术职称人员	#具有中级技术职称人员	#具有初级技术职称人员
邮政业	11	5134	16	113	216
国家邮政	7	5085	16	112	215
国家邮政	7	5085	16	112	215
其他寄递服务	4	49		1	1
其他寄递服务	4	49		1	1
信息传输、计算机服务和软件业	**623**	**13249**	**455**	**927**	**1702**
电信和其他信息传输服务业	69	10055	390	790	1501
电信	37	8659	241	562	1177
固定电信服务	13	2169	128	270	605
移动电信服务	13	4088	61	175	363
其他电信服务	11	2402	52	117	209
互联网信息服务	15	165	5	12	20
互联网信息服务	15	165	5	12	20
广播电视传输服务	16	1224	142	212	304
有线广播电视传输服务	14	966	133	193	267
无线广播电视传输服务	2	258	9	19	37
卫星传输服务	1	7	2	4	
卫星传输服务	1	7	2	4	
计算机服务业	498	2538	35	91	128
计算机系统服务	48	340	12	30	34
计算机系统服务	48	340	12	30	34
计算机维修	18	122	11	21	18
计算机维修	18	122	11	21	18
其他计算机服务	432	2076	12	40	76
其他计算机服务	432	2076	12	40	76
软件业	56	656	30	46	73
公共软件服务	54	653	30	46	73
基础软件服务	40	465	20	29	49
应用软件服务	14	188	10	17	24
其他软件服务	2	3			
其他软件服务	2	3			
批发和零售业	**5669**	**62488**	**686**	**3350**	**3776**
批发业	3124	31782	426	1901	1919
农畜产品批发	203	2716	43	169	210
谷物、豆及薯类批发	55	889	12	28	63
种子、饲料批发	87	893	25	115	111
棉、麻批发	1	2			
其他农畜产品批发	60	932	6	26	36
食品、饮料及烟草制品批发	175	4242	18	230	291
米、面制品及食用油批发	31	431	1	38	29
糕点、糖果及糖批发	4	26		1	
果品、蔬菜批发	36	879	2	8	7
肉、禽、蛋及水产品批发	8	67		1	2
盐及调味品批发	21	356	1	34	32
饮料及茶叶批发	46	835	11	69	128
烟草制品批发	8	1258		44	30
其他食品批发	21	390	3	35	63

1-16　续表 14

行　业	法　人单位数(个)	就业人数(人)	#具有高级技术职称人　员	#具有中级技术职称人　员	#具有初级技术职称人　员
纺织、服装及日用品批发	101	1130	39	64	50
纺织品、针织品及原料批发	22	179	35	19	13
服装批发	20	224	1	13	12
鞋帽批发	1	3		1	
厨房、卫生间用具及日用杂货批发	8	79		5	7
化妆品及卫生用品批发	17	159	1	8	13
其他日用品批发	33	486	2	18	5
文化、体育用品及器材批发	61	646	4	44	53
文具用品批发	30	244	1	17	35
体育用品批发	1	8		2	
图书批发	15	249	3	18	13
音像制品及电子出版物批发	3	45		3	1
其他文化用品批发	12	100		4	4
医药及医疗器材批发	85	1220	9	71	132
西药批发	17	538	2	49	107
中药材及中成药批发	32	420	1	5	6
医疗用品及器材批发	36	262	6	17	19
矿产品、建材及化工产品批发	1359	12233	154	756	651
煤炭及制品批发	144	1853	16	95	151
石油及制品批发	112	2904	33	99	72
非金属矿及制品批发	22	215	9	7	14
金属及金属矿批发	477	3247	40	276	147
建材批发	270	1572	32	119	88
化肥批发	163	1216	7	71	102
农药批发	11	45		5	2
农用薄膜批发	11	96	4	6	3
其他化工产品批发	149	1085	13	78	72
机械设备、五金交电及电子产品批发	921	7265	129	461	406
农业机械批发	56	476	8	26	20
汽车、摩托车及零配件批发	104	1397	19	81	88
五金、交电批发	184	1047	12	63	35
家用电器批发	35	309	5	12	13
计算机、软件及辅助设备批发	39	315	6	19	15
通讯及广播电视设备批发	25	208		6	6
其他机械设备及电子产品批发	478	3513	79	254	229
贸易经纪与代理	31	211	11	24	24
贸易经纪与代理	31	211	11	24	24
其他批发	188	2119	19	82	102
再生物资回收与批发	137	1170	12	27	70
其他未列明的批发	51	949	7	55	32
零售业	2545	30706	260	1449	1857
综合零售	188	8413	35	233	327
百货零售	88	5591	31	180	227
超级市场零售	39	2289	3	34	68
其他综合零售	61	533	1	19	32

1-16 续表 15

行业	法人单位数(个)	就业人数(人)	#具有高级技术职称人员	#具有中级技术职称人员	#具有初级技术职称人员
食品、饮料及烟草制品专门零售	174	1697	3	110	70
粮油零售	54	721		73	43
糕点、面包零售	3	40			
果品、蔬菜零售	6	84		2	
肉、禽、蛋及水产品零售	14	140	1	4	4
饮料及茶叶零售	38	295		16	12
烟草制品零售	14	47		3	2
其他食品零售	45	370	2	12	9
纺织、服装及日用品专门零售	257	2017	10	48	58
纺织品及针织品零售	26	146		13	7
服装零售	97	946	2	17	16
鞋帽零售	10	106		2	17
钟表、眼镜零售	25	244	1	2	2
化妆品及卫生用品零售	39	274			4
其他日用品零售	60	301	7	14	12
文化、体育用品及器材专门零售	193	1681	29	111	119
文具用品零售	63	265	2	13	9
体育用品零售	25	179	2	3	3
图书零售	38	706	17	67	77
音像制品及电子出版物零售	9	105		4	2
珠宝首饰零售	18	230	6	13	13
工艺美术品及收藏品零售	18	73	2	3	10
照相器材零售	1	5			
其他文化用品零售	21	118		8	5
医药及医疗器材专门零售	161	3241	26	314	453
药品零售	124	2994	21	300	436
医疗用品及器材零售	37	247	5	14	17
汽车、摩托车、燃料及零配件专门零售	505	5473	60	283	419
汽车零售	131	2724	49	180	243
汽车零配件零售	93	455	4	23	8
摩托车及零配件零售	71	434	1	14	29
机动车燃料零售	210	1860	6	66	139
家用电器及电子产品专门零售	500	4533	70	221	268
家用电器零售	130	1450	8	33	31
计算机、软件及辅助设备零售	235	1852	35	132	163
通信设备零售	77	938	13	30	50
其他电子产品零售	58	293	14	26	24
五金、家具及室内装修材料专门零售	407	2138	14	62	71
五金零售	231	918	4	29	47
家具零售	54	620	3	11	14
涂料零售	7	53		6	2
其他室内装修材料零售	115	547	7	16	8

1-16 续表 16

行 业	法 人单位数(个)	就业人数(人)	#具有高级技术职称人员	#具有中级技术职称人员	#具有初级技术职称人员
无店铺及其他零售	160	1513	13	67	72
流动货摊零售	1	5			
邮购及电子销售	1	5			
生活用燃料零售	43	686	6	26	23
花卉零售	13	144	1	2	2
旧货零售	2	3			
其他未列明的零售	100	670	6	39	47
住宿和餐饮业	**490**	**22046**	**191**	**593**	**837**
住宿业	260	10219	52	192	325
旅游饭店	77	6420	40	121	199
旅游饭店	77	6420	40	121	199
一般旅馆	169	3550	12	69	120
一般旅馆	169	3550	12	69	120
其他住宿服务	14	249		2	6
其他住宿服务	14	249		2	6
餐饮业	230	11827	139	401	512
正餐服务	208	11367	139	399	508
正餐服务	208	11367	139	399	508
快餐服务	7	286		2	3
快餐服务	7	286		2	3
饮料及冷饮服务	7	36			1
饮料及冷饮服务	7	36			1
其他餐饮服务	8	138			
其他餐饮服务	8	138			
金融业	**190**	**33327**	**437**	**4977**	**5291**
银行业	38	16804	329	4570	4842
中央银行	7	1241	37	467	295
中央银行	7	1241	37	467	295
商业银行	28	15176	263	3970	4391
商业银行	28	15176	263	3970	4391
其他银行	3	387	29	133	156
其他银行	3	387	29	133	156
证券业	2	58		1	2
证券经纪与交易	1	50			
证券经纪与交易	1	50			
证券投资	1	8		1	2
证券投资	1	8		1	2
保险业	46	15019	81	284	344
人寿保险	14	11331	45	136	227
人寿保险	14	11331	45	136	227
非人寿保险	26	3550	31	131	104
非人寿保险	26	3550	31	131	104
保险辅助服务	6	138	5	17	13
保险辅助服务	6	138	5	17	13
其他金融活动	104	1446	27	122	103
金融信托与管理	3	48	2	7	12
金融信托与管理	3	48	2	7	12

1-16 续表 17

行业	法人单位数(个)	就业人数(人)	#具有高级技术职称人员	#具有中级技术职称人员	#具有初级技术职称人员
金融租赁	1	3		1	2
金融租赁	1	3		1	2
财务公司	1	8		4	2
财务公司	1	8		4	2
邮政储蓄	6	679	6	34	42
邮政储蓄	6	679	6	34	42
典当	43	227	6	31	12
典当	43	227	6	31	12
其他未列明的金融活动	50	481	13	45	33
其他未列明的金融活动	50	481	13	45	33
房地产业	**772**	**26412**	**885**	**3446**	**2947**
房地产业	772	26412	885	3446	2947
房地产开发经营	341	8982	687	2436	1781
房地产开发经营	341	8982	687	2436	1781
物业管理	258	14714	150	723	1014
物业管理	258	14714	150	723	1014
房地产中介服务	118	1565	26	138	78
房地产中介服务	118	1565	26	138	78
其他房地产活动	55	1151	22	149	74
其他房地产活动	55	1151	22	149	74
租赁和商务服务业	**1252**	**20070**	**518**	**1417**	**1381**
租赁业	182	912	14	37	67
机械设备租赁	180	907	14	37	67
汽车租赁	148	676	10	26	59
农业机械租赁	1	3			
建筑工程机械与设备租赁	30	224	4	11	8
计算机及通讯设备租赁	1	4			
文化及日用品出租	2	5			
图书及音像制品出租	1	2			
其他文化及日用品出租	1	3			
商务服务业	1070	19158	504	1380	1314
企业管理服务	144	4803	163	460	538
企业管理机构	45	2976	75	230	233
投资与资产管理	52	1039	73	165	89
其他企业管理服务	47	788	15	65	216
法律服务	81	1071	37	122	114
律师及相关的法律服务	70	885	29	98	100
公证服务	11	186	8	24	14
咨询与调查	181	1815	185	391	235
会计、审计及税务服务	62	819	134	292	122
市场调查	14	215	9	23	19
社会经济咨询	55	436	25	49	54
其他专业咨询	50	345	17	27	40

1-16 续表 18

行业	法人单位数(个)	就业人数(人)	#具有高级技术职称人员	#具有中级技术职称人员	#具有初级技术职称人员
广告业	279	1595	47	126	101
广告业	279	1595	47	126	101
知识产权服务	23	181	21	42	27
知识产权服务	23	181	21	42	27
职业中介服务	101	3235	21	62	61
职业中介服务	101	3235	21	62	61
市场管理	75	1507	18	56	52
市场管理	75	1507	18	56	52
旅行社	76	1050	3	70	151
旅行社	76	1050	3	70	151
其他商务服务	110	3901	9	51	35
会议及展览服务	10	98	1	10	10
包装服务	2	15		1	1
保安服务	18	3257	3	11	6
办公服务	37	261	4	23	6
其他未列明的商务服务	43	270	1	6	12
科学研究、技术服务和地质勘查业	**627**	**16435**	**2085**	**3749**	**3509**
研究与试验发展	44	1948	386	379	396
自然科学研究与试验发展	6	395	150	104	98
自然科学研究与试验发展	6	395	150	104	98
工程和技术研究与试验发展	10	619	120	162	211
工程和技术研究与试验发展	10	619	120	162	211
农业科学研究与试验发展	14	627	71	70	61
农业科学研究与试验发展	14	627	71	70	61
医学研究与试验发展	5	59	8	8	5
医学研究与试验发展	5	59	8	8	5
社会人文科学研究与试验发展	9	248	37	35	21
社会人文科学研究与试验发展	9	248	37	35	21
专业技术服务业	376	9418	1278	2261	2133
气象服务	36	682	60	249	255
气象服务	36	682	60	249	255
地震服务	21	364	17	72	56
地震服务	20	361	17	71	54
测绘服务	21	557	48	99	147
测绘服务	21	557	48	99	147
技术检测	60	1251	108	193	217
技术检测	60	1251	108	193	217
环境监测	14	299	37	59	75
环境监测	14	299	37	59	75
工程技术与规划管理	209	6100	1003	1572	1372
工程管理服务	133	3503	527	1022	738
工程勘察设计	58	2221	440	501	579
规划管理	18	376	36	49	55
其他专业技术服务	15	165	5	17	11
其他专业技术服务	15	165	5	17	11

1-16 续表 19

行　　业	法人单位数(个)	就业人数(人)	#具有高级技术职称人员	#具有中级技术职称人员	#具有初级技术职称人员
科技交流和推广服务业	187	3639	298	826	723
技术推广服务	163	3433	263	788	698
技术推广服务	163	3433	263	788	698
科技中介服务	16	104	6	15	7
科技中介服务	16	104	6	15	7
其他科技服务	8	102	29	23	18
其他科技服务	8	102	29	23	18
地质勘查业	20	1430	123	283	257
矿产地质勘查	7	249	23	38	68
能源矿产地质勘查	5	198	23	38	68
固体矿产地质勘查	2	51			
基础地质勘查	9	1101	83	223	179
基础地质勘查	9	1101	83	223	179
地质勘查技术服务	4	80	17	22	10
地质勘查技术服务	4	80	17	22	10
水利、环境和公共设施管理业	**225**	**14569**	**334**	**1031**	**1677**
水利管理业	83	5771	222	727	1083
防洪管理	6	107	13	23	11
防洪管理	6	107	13	23	11
水资源管理	58	5077	141	564	944
水库管理	10	256	10	57	141
调水、引水管理	40	4411	99	404	710
其他水资源管理	8	410	32	103	93
其他水利管理	19	587	68	140	128
其他水利管理	19	587	68	140	128
环境管理业	53	5063	53	142	284
自然保护	24	670	39	79	125
自然保护区管理	10	394	33	26	70
野生动植物保护	1	5			
其他自然保护	13	271	6	53	55
环境治理	29	4393	14	63	159
城市市容管理	4	1042	2	8	73
城市环境卫生管理	14	2809	5	50	71
水污染治理	5	96	5	2	13
其他环境治理	6	446	2	3	2
公共设施管理业	89	3735	59	162	310
市政公共设施管理	16	582	9	42	57
市政公共设施管理	16	582	9	42	57
城市绿化管理	46	2083	42	107	240
城市绿化管理	46	2083	42	107	240
游览景区管理	27	1070	8	13	13
风景名胜区管理	13	416	4	1	7
公园管理	6	329	4	8	2
其他游览景区管理	8	325		4	4

1-16 续表 20

行 业	法人单位数(个)	就业人数(人)	#具有高级技术职称人员	#具有中级技术职称人员	#具有初级技术职称人员
居民服务和其他服务业	**372**	**4638**	**130**	**275**	**259**
居民服务业	126	1769	62	74	51
家庭服务	15	119	3	5	6
家庭服务	15	119	3	5	6
托儿所	1	10	1		
托儿所	1	10	1		
洗染服务	4	28		2	
洗染服务	4	28		2	
理发及美容保健服务	17	202	17	23	22
理发及美容保健服务	17	202	17	23	22
洗浴服务	21	659	30	9	7
洗浴服务	21	659	30	9	7
婚姻服务	17	65		1	1
婚姻服务	17	65		1	1
殡葬服务	24	393	8	16	5
殡葬服务	24	393	8	16	5
摄影扩印服务	21	256	3	17	9
摄影扩印服务	21	256	3	17	9
其他居民服务	6	37		1	1
其他居民服务	6	37		1	1
其他服务业	246	2869	68	201	208
修理与维护	194	1885	62	170	136
汽车、摩托车维护与保养	165	1655	58	154	114
办公设备维修	4	33	1	5	3
家用电器修理	21	178	3	10	17
其他日用品修理	4	19		1	2
清洁服务	30	481	2	7	3
建筑物清洁服务	3	158		1	1
其他清洁服务	27	323	2	6	2
其他未列明的服务	22	503	4	24	69
其他未列明的服务	22	503	4	24	69
教育	**1344**	**83908**	**10437**	**31825**	**26414**
教育	1344	83908	10437	31825	26414
学前教育	214	4955	86	954	902
学前教育	214	4955	86	954	902
初等教育	570	34913	1551	16390	13783
初等教育	570	34913	1551	16390	13783
中等教育	338	32686	6427	11953	9170
初中教育	229	18119	2894	7149	5949
高中教育	58	9653	2512	3338	2127
中等专业教育	16	1529	255	358	291
职业中学教育	20	2732	649	916	583
技工学校教育	5	223	46	71	64
其他中等教育	10	430	71	121	156
高等教育	16	7038	1871	1789	2010
普通高等教育	10	6897	1846	1761	1993
成人高等教育	6	141	25	28	17

1-16 续表 21

行业	法人单位数(个)	就业人数(人)	#具有高级技术职称人员	#具有中级技术职称人员	#具有初级技术职称人员
其他教育	206	4316	502	739	549
职业技能培训	128	2220	249	367	221
特殊教育	4	571	5	60	142
其他未列明的教育	74	1525	248	312	186
卫生、社会保障和社会福利业	**791**	**30739**	**2736**	**7387**	**12223**
卫生	702	29384	2676	7216	12000
医院	119	20543	2161	5192	8531
综合医院	66	16785	1816	4348	7032
中医医院	18	2503	238	561	1064
中西医结合医院	7	293	28	72	114
民族医院	2	38	4	6	8
专科医院	22	674	59	150	224
疗养院	4	250	16	55	89
卫生院及社区医疗活动	295	4259	102	921	1899
卫生院及社区医疗活动	295	4259	102	921	1899
门诊部医疗活动	196	881	17	92	311
门诊部医疗活动	196	881	17	92	311
计划生育技术服务活动	22	430	30	98	106
计划生育技术服务活动	22	430	30	98	106
妇幼保健活动	21	1487	146	396	596
妇幼保健活动	21	1487	146	396	596
专科疾病防治活动	2	246	19	61	71
专科疾病防治活动	2	246	19	61	71
疾病预防控制及防疫活动	35	1208	171	365	405
疾病预防控制及防疫活动	35	1208	171	365	405
其他卫生活动	12	330	30	91	81
其他卫生活动	12	330	30	91	81
社会保障业	46	609	25	126	124
社会保障业	46	609	25	126	124
社会保障业	46	609	25	126	124
社会福利业	43	746	35	45	99
提供住宿的社会福利	28	656	33	40	98
干部休养所	6	94	11	14	9
收养收容服务	22	562	22	26	89
不提供住宿的社会福利	15	90	2	5	1
不提供住宿的社会福利	15	90	2	5	1
文化、体育和娱乐业	**299**	**7835**	**538**	**1406**	**1630**
新闻出版业	27	1553	157	261	250
新闻业	7	334	16	32	39
新闻业	7	334	16	32	39
出版业	20	1219	141	229	211
图书出版	6	221	47	57	31
报纸出版	11	975	86	167	172
期刊出版	1	10	7	2	1
电子出版物出版	1	9	1	1	7
其他出版	1	4		2	

1-16　续表 22

行　业	法　人 单位数 (个)	就业人数 (人)	#具有高级 技术职称 人　员	#具有中级 技术职称 人　员	#具有初级 技术职称 人　员
广播、电视、电影和音像业	46	1925	78	367	614
广播	9	387	10	71	153
广播	9	387	10	71	153
电视	11	1219	55	242	395
电视	11	1219	55	242	395
电影	22	303	13	53	66
电影制作与发行	2	65	11	5	16
电影放映	20	238	2	48	50
音像制作	4	16		1	
音像制作	4	16		1	
文化艺术业	108	2558	271	685	655
文艺创作与表演	15	925	173	325	245
文艺创作与表演	15	925	173	325	245
艺术表演场馆	2	18		5	3
艺术表演场馆	2	18		5	3
图书馆与档案馆	23	508	28	141	145
图书馆	17	405	25	133	139
档案馆	6	103	3	8	6
文物及文化保护	15	272	16	42	74
文物及文化保护	15	272	16	42	74
博物馆	14	314	17	68	79
博物馆	14	314	17	68	79
烈士陵园、纪念馆	2	18		2	1
烈士陵园、纪念馆	2	18		2	1
群众文化活动	26	456	37	101	106
群众文化活动	26	456	37	101	106
文化艺术经纪代理	2	4			
文化艺术经纪代理	2	4			
其他文化艺术	9	43		1	2
其他文化艺术	9	43		1	2
体育	42	437	23	61	65
体育组织	33	321	16	44	43
体育组织	33	321	16	44	43
体育场馆	4	61	4	14	15
体育场馆	4	61	4	14	15
其他体育	5	55	3	3	7
其他体育	5	55	3	3	7
娱乐业	76	1362	9	32	46
室内娱乐活动	43	857	5	18	25
室内娱乐活动	43	857	5	18	25
游乐园	8	219	3	8	13
游乐园	8	219	3	8	13
休闲健身娱乐活动	15	81	1	6	4
休闲健身娱乐活动	15	81	1	6	4
其他娱乐活动	10	205			4
其他娱乐活动	10	205			4

1-16 续表 23

行　　业	法人单位数(个)	就业人数(人)	#具有高级技术职称人员	#具有中级技术职称人员	#具有初级技术职称人员
公共管理和社会组织	**10814**	**128021**	**4095**	**8562**	**9025**
中国共产党机关	183	3100	41	77	33
中国共产党机关	183	3100	41	77	33
中国共产党机关	183	3100	41	77	33
国家机构	1824	80286	3564	6355	7846
国家权力机构	36	1218	28	37	28
国家权力机构	36	1218	28	37	28
国家行政机构	1725	73340	3532	6296	7786
综合事务管理机构	573	24009	292	1876	2730
对外事务管理机构	9	112	2	4	7
公共安全管理机构	102	10502	38	300	267
社会事务管理机构	313	8995	594	1256	1063
经济事务管理机构	427	21156	2328	1992	2750
政府事务管理机构	129	2951	31	169	157
行政监督检查机构	172	5615	247	699	812
人民法院和人民检察院	56	4206	4	13	12
人民法院	28	2568	4	12	8
人民检察院	28	1638		1	4
其他国家机构	7	1522		9	20
其他国家机构	7	1522		9	20
人民政协和民主党派	66	873	28	47	14
人民政协	23	662	17	28	11
人民政协	23	662	17	28	11
民主党派	43	211	11	19	3
民主党派	43	211	11	19	3
群众团体、社会团体和宗教组织	6008	31780	454	2058	1044
群众团体	148	1179	16	77	48
工会	44	455	5	47	29
妇联	25	185	3	3	7
共青团	24	138	2	14	2
其他群众团体	55	401	6	13	10
社会团体	1724	16098	401	1966	955
专业性团体	605	6035	172	626	722
行业性团体	1049	9521	217	1336	228
其他社会团体	70	542	12	4	5
宗教组织	4136	14503	37	15	41
宗教组织	4136	14503	37	15	41
基层群众自治组织	2733	11982	8	25	88
社区自治组织	413	2720	5	15	42
社区自治组织	413	2720	5	15	42
村民自治组织	2320	9262	3	10	46
村民自治组织	2320	9262	3	10	46

1-17 按登记注册类型、专业技术职称分组的法人单位就业人数

登记注册类型	法人单位数(个)	就业人数(人)	#具有高级技术职称人员	#具有中级技术职称人员	#具有初级技术职称人员
总计	**29300**	**887129**	**29965**	**91974**	**106442**
内资企业	**29174**	**866552**	**29718**	**91087**	**105043**
国有企业	5180	321377	20363	56876	62880
集体企业	580	10816	167	809	1466
股份合作企业	84	5472	24	282	514
联营企业	43	3337	66	210	212
国有联营企业	13	1672	57	68	46
集体联营企业	11	489	5	21	38
国有与集体联营企业	4	55		12	4
其他联营企业	15	1121	4	109	124
有限责任公司	1814	173894	3264	9915	14310
国有独资公司	79	61091	1116	2994	4491
其他有限责任公司	1735	112803	2148	6921	9819
股份有限公司	220	63651	998	4937	5822
私营企业	12384	240715	4109	15569	18026
私营独资企业	3407	47483	428	1179	1462
私营合伙企业	473	6980	163	373	329
私营有限责任公司	8081	179067	3335	13336	15505
私营股份有限公司	423	7185	183	681	730
其他企业	8869	47290	727	2489	1813
港、澳、台商投资企业	**33**	**1851**	**26**	**109**	**152**
合资经营企业(港或澳、台资)	14	817	6	47	65
合作经营企业(港或澳、台资)	1	7			
港、澳、台商独资经营企业	9	583	15	48	69
港、澳、台商投资股份有限公司	9	444	5	14	18
外商投资企业	**93**	**18726**	**221**	**778**	**1247**
中外合资经营企业	52	12075	98	410	568
中外合作经营企业	7	463	6	17	14
外资企业	30	5609	87	291	569
外商投资股份有限公司	4	579	30	60	96

1-18 按地区、技术等级分组的法人单位就业人数

地　区	法　人 单位数 (个)	就业人数 (人)	#高级技师	#技师	#高级工	#中级工
总　计	**29300**	**887129**	**4968**	**8188**	**27516**	**46041**
银川市	**11490**	**441160**	**3781**	**4942**	**16306**	**27450**
兴庆区	5535	229046	2812	2131	8320	16065
西夏区	1088	59140	120	741	4364	5674
金凤区	1883	63306	307	1169	1380	1562
永宁县	791	25313	120	208	482	866
贺兰县	1229	29557	145	334	817	1360
灵武市	964	34798	277	359	943	1923
石嘴山市	**3993**	**133875**	**425**	**1230**	**4150**	**6872**
大武口区	1770	59829	182	785	2619	4378
惠农区	868	41193	162	238	874	1521
平罗县	1355	32853	81	207	657	973
吴忠市	**4872**	**130030**	**340**	**1021**	**3423**	**5742**
红寺堡区	190	5033	3	20	28	161
利通区	1764	54236	156	312	1286	2039
盐池县	669	15189	39	90	369	631
同心县	1336	16792	10	34	336	749
青铜峡市	913	38780	132	565	1404	2162
固原市	**4561**	**84720**	**231**	**433**	**1342**	**2187**
原州区	1453	33379	119	250	617	972
西吉县	1290	19760	10	56	253	395
隆德县	484	10605	54	69	219	255
泾源县	516	7343	10	18	148	249
彭阳县	818	13633	38	40	105	316
中卫市	**4384**	**97344**	**191**	**562**	**2295**	**3790**
沙坡头区	1762	46552	84	211	933	1253
中宁县	1266	31989	83	301	1183	1852
海原县	1356	18803	24	50	179	685

1-19　按行业(小类)、技术等级分组的法人单位就业人数

行　业	法　人 单位数 (个)	就业人数 (人)	#高级技师	#技师	#高级工	#中级工
总　　计	**29300**	**887129**	**4968**	**8188**	**27516**	**46041**
农、林、牧、渔业	**8**	**13843**	**56**	**126**	**463**	**227**
农业	8	13843	56	126	463	227
谷物及其他作物的种植	8	13843	56	126	463	227
谷物的种植	8	13843	56	126	463	227
采矿业	**565**	**61722**	**45**	**487**	**2428**	**8637**
煤炭开采和洗选业	279	57990	37	470	2364	8481
烟煤和无烟煤的开采洗选	278	57985	37	470	2364	8481
烟煤和无烟煤的开采洗选	278	57985	37	470	2364	8481
其他煤炭采选	1	5				
其他煤炭采选	1	5				
石油和天然气开采业	45	362	2	2	3	10
天然原油和天然气开采	43	263	2	2	3	10
天然原油和天然气开采	43	263	2	2	3	10
与石油和天然气开采有关的服务活动	2	99				
与石油和天然气开采有关的服务活动	2	99				
黑色金属矿采选业	9	202				
铁矿采选	8	201				
铁矿采选	8	201				
其他黑色金属矿采选	1	1				
其他黑色金属矿采选	1	1				
有色金属矿采选业	5	157	2	5		
常用有色金属矿采选	3	136	2	1		
镍钴矿采选	1	122	2	1		
镁矿采选	2	14				
贵金属矿采选	1	1				
金矿采选	1	1				
稀有稀土金属矿采选	1	20		4		
稀土金属矿采选	1	20		4		
非金属矿采选业	227	3011	4	10	61	146
土砂石开采	202	2681	2		60	146
石灰石、石膏开采	38	705				1
建筑装饰用石开采	29	331			1	5
耐火土石开采	7	183				
粘土及其他土砂石开采	128	1462	2		59	140
化学矿采选	1	5				
化学矿采选	1	5				
石棉及其他非金属矿采选	24	325	2	10	1	
石墨、滑石采选	3	15				
其他非金属矿采选	21	310	2	10	1	
制造业	**3798**	**217777**	**927**	**3295**	**8166**	**14981**
农副食品加工业	559	11894	42	163	152	254
谷物磨制	134	2214	6	19	21	35
谷物磨制	134	2214	6	19	21	35

1-19 续表 1

行业	法人单位数(个)	就业人数(人)	#高级技师	#技师	#高级工	#中级工
饲料加工	58	1472	13	77	42	90
饲料加工	58	1472	13	77	42	90
植物油加工	31	507	2	5	2	10
食用植物油加工	31	507	2	5	2	10
制糖	2	30	1		2	2
制糖	2	30	1		2	2
屠宰及肉类加工	62	1497	8	17	44	33
畜禽屠宰	40	975	3	12	12	14
肉制品及副产品加工	22	522	5	5	32	19
蔬菜、水果和坚果加工	81	1741	2	3	8	24
蔬菜、水果和坚果加工	81	1741	2	3	8	24
其他农副食品加工	191	4433	10	42	33	60
淀粉及淀粉制品的制造	170	3810	9	38	29	52
豆制品制造	6	225				2
蛋品加工	5	137				
其他未列明的农副食品加工	10	261	1	4	4	6
食品制造业	178	9053	42	102	130	222
焙烤食品制造	52	989	5	13	39	83
糕点、面包制造	46	893	3	12	35	79
饼干及其他焙烤食品制造	6	96	2	1	4	4
糖果、巧克力及蜜饯制造	10	229	1	2	6	
糖果、巧克力制造	4	75			3	
蜜饯制作	6	154	1	2	3	
方便食品制造	21	454	6	6	20	21
米、面制品制造	13	211	5	6	18	20
速冻食品制造	5	175				
方便面及其他方便食品制造	3	68	1		2	1
液体乳及乳制品制造	37	3157	14	28	22	65
液体乳及乳制品制造	37	3157	14	28	22	65
罐头制造	4	51	1	1	2	2
蔬菜、水果罐头制造	4	51	1	1	2	2
调味品、发酵制品制造	30	3511	11	38	28	44
味精制造	5	1276	2	11	8	15
酱油、食醋及类似制品的制造	15	193		1	1	3
其他调味品、发酵制品制造	10	2042	9	26	19	26
其他食品制造	24	662	4	14	13	7
营养、保健食品制造	16	317	3	4	6	5
食品及饲料添加剂制造	6	229	1	5	4	
其他未列明的食品制造	2	116		5	3	2
饮料制造业	104	5641	17	80	108	232
酒的制造	54	4201	14	71	92	199
白酒制造	24	1564	8	34	15	37
啤酒制造	4	706		1	20	35
黄酒制造	3	42				
葡萄酒制造	14	358	1	8	7	41
其他酒制造	9	1531	5	28	50	86

1-19 续表 2

行 业	法 人 单位数 (个)	就业人数 (人)	#高级技师	#技师	#高级工	#中级工
软饮料制造	44	1294	2	5	10	19
碳酸饮料制造	1	40				
瓶(罐)装饮用水制造	20	221		1	3	2
果菜汁及果菜汁饮料制造	17	955	2	4	7	17
含乳饮料和植物蛋白饮料制造	2	44				
固体饮料制造	1	11				
茶饮料及其他软饮料制造	3	23				
精制茶加工	6	146	1	4	6	14
精制茶加工	6	146	1	4	6	14
烟草制品业	1	29				3
烟叶复烤	1	29				3
烟叶复烤	1	29				3
纺织业	113	9896	248	318	486	864
棉、化纤纺织及印染精加工	8	615	6	4	17	156
棉、化纤纺织加工	8	615	6	4	17	156
毛纺织和染整精加工	86	8903	240	307	455	706
毛纺织	86	8903	240	307	455	706
麻纺织	1	7				
麻纺织	1	7				
丝绢纺织及精加工	1	60				
缫丝加工	1	60				
纺织制成品制造	14	285	2	7	14	2
棉及化纤制品制造	4	27				
毛制品制造	2	67	2	7	14	2
麻制品制造	2	35				
绳、索、缆的制造	2	133				
无纺布制造	1	4				
其他纺织制成品制造	3	19				
针织品、编织品及其制品制造	3	26				
棉、化纤针织品及编织品制造	2	21				
毛针织品及编织品制造	1	5				
纺织服装、鞋、帽制造业	25	895	6	5	6	18
纺织服装制造	25	895	6	5	6	18
纺织服装制造	25	895	6	5	6	18
皮革、毛皮、羽毛(绒)及其制品业	40	707	1	22	15	26
皮革鞣制加工	13	218				
皮革鞣制加工	13	218				
皮革制品制造	3	19				7
皮鞋制造	3	19				7
毛皮鞣制及制品加工	19	423	1	22	12	19
毛皮鞣制加工	12	244		1	2	13
毛皮服装加工	4	109	1	21	10	6
其他毛皮制品加工	3	70				
羽毛(绒)加工及制品制造	5	47			3	
羽毛(绒)加工	4	41			3	
羽毛(绒)制品加工	1	6				

1-19 续表 3

行　　业	法人单位数(个)	就业人数(人)	#高级技师	#技师	#高级工	#中级工
木材加工及木、竹、藤、棕、草制品业	31	534	4	15	13	23
锯材、木片加工	6	32				
锯材加工	4	27				
木片加工	2	5				
人造板制造	8	89				
胶合板制造	3	57				
纤维板制造	1	14				
其他人造板、材制造	4	18				
木制品制造	13	198	4	15	13	23
建筑用木料及木材组件加工	10	148	4	15	7	19
木容器制造	2	40			6	4
软木制品及其他木制品制造	1	10				
竹、藤、棕、草制品制造	4	215				
竹、藤、棕、草制品制造	4	215				
家具制造业	48	772	5	16	13	11
木质家具制造	37	577	2	8	7	4
木质家具制造	37	577	2	8	7	4
金属家具制造	5	79	3	5	6	5
金属家具制造	5	79	3	5	6	5
塑料家具制造	1	5				
塑料家具制造	1	5				
其他家具制造	5	111		3		2
其他家具制造	5	111		3		2
造纸及纸制品业	72	16529	30	69	364	408
纸浆制造	2	70				
纸浆制造	2	70				
造纸	33	15434	28	65	359	393
机制纸及纸板制造	22	14881	24	61	353	369
加工纸制造	11	553	4	4	6	24
纸制品制造	37	1025	2	4	5	15
纸和纸板容器的制造	20	479	2	3	5	10
其他纸制品制造	17	546		1		5
印刷业和记录媒介的复制	162	3194	10	61	138	92
印刷	156	3134	9	59	136	92
书、报、刊印刷	69	947	7	48	115	64
本册印制	41	524		6	21	16
包装装潢及其他印刷	46	1663	2	5		12
装订及其他印刷服务活动	6	60	1	2	2	
装订及其他印刷服务活动	6	60	1	2	2	
文教体育用品制造业	4	30				
文化用品制造	3	15				
文具制造	1	3				
墨水、墨汁制造	2	12				
体育用品制造	1	15				
体育器材及配件制造	1	15				
石油加工、炼焦及核燃料加工业	54	9814	18	50	459	432
精炼石油产品的制造	15	5344		15	392	132
原油加工及石油制品制造	15	5344		15	392	132

1-19 续表 4

行 业	法 人 单位数 (个)	就业人数 (人)	#高级技师	#技师	#高级工	#中级工
炼焦	39	4470	18	35	67	300
炼焦	39	4470	18	35	67	300
化学原料及化学制品制造业	334	30670	110	414	1313	1975
基础化学原料制造	172	12619	60	288	426	805
无机酸制造	6	476	3	3	11	24
无机碱制造	11	425		4		3
无机盐制造	46	4184	34	78	52	149
有机化学原料制造	27	1491		148	159	193
其他基础化学原料制造	82	6043	23	55	204	436
肥料制造	47	7368	14	102	793	622
氮肥制造	7	5476	4	88	787	614
磷肥制造	9	1125	8	12	5	4
钾肥制造	1	395				
复混肥料制造	10	194	1	2	1	4
有机肥料及微生物肥料制造	18	160	1			
其他肥料制造	2	18				
农药制造	5	741	1	3		7
化学农药制造	5	741	1	3		7
涂料、油墨、颜料及类似产品制造	24	1051	4	8	23	158
涂料制造	17	222	1	2	3	3
颜料制造	1	16	1			
染料制造	6	813	2	6	20	155
合成材料制造	8	5868	6	3	45	279
初级形态的塑料及合成树脂制造	6	5855	6	3	45	278
合成橡胶制造	1	9				1
其他合成材料制造	1	4				
专用化学产品制造	67	2719	24	9	20	56
化学试剂和助剂制造	10	915	18	2	7	20
专项化学用品制造	21	390	4	4	7	25
林产化学产品制造	19	1096	2	3	6	9
炸药及火工产品制造	2	152				
环境污染处理专用药剂材料制造	1	15				
动物胶制造	4	67				
其他专用化学产品制造	10	84				2
日用化学产品制造	11	304	1	1	6	48
肥皂及合成洗涤剂制造	3	70				
化妆品制造	1	10				
其他日用化学产品制造	7	224	1	1	6	48
医药制造业	32	4926	24	52	132	332
化学药品原药制造	2	2291	6	35	108	295
化学药品原药制造	2	2291	6	35	108	295
化学药品制剂制造	4	699	3	2	1	
化学药品制剂制造	4	699	3	2	1	

1-19 续表 5

行业	法人单位数(个)	就业人数(人)	#高级技师	#技师	#高级工	#中级工
中药饮片加工	4	187				
中药饮片加工	4	187				
中成药制造	10	684	1	3	6	12
中成药制造	10	684	1	3	6	12
兽用药品制造	6	981	14	12	17	25
兽用药品制造	6	981	14	12	17	25
生物、生化制品的制造	5	74				
生物、生化制品的制造	5	74				
卫生材料及医药用品制造	1	10				
卫生材料及医药用品制造	1	10				
化学纤维制造业	2	113				
合成纤维制造	2	113				
涤纶纤维制造	1	100				
维纶纤维制造	1	13				
橡胶制品业	23	4221		35	563	2356
轮胎制造	5	3731		30	563	2353
车辆、飞机及工程机械轮胎制造	2	3682		30	563	2350
轮胎翻新加工	3	49				3
橡胶板、管、带的制造	8	370		5		3
橡胶板、管、带的制造	8	370		5		3
橡胶零件制造	3	21				
橡胶零件制造	3	21				
再生橡胶制造	2	18				
再生橡胶制造	2	18				
日用及医用橡胶制品制造	4	75				
日用及医用橡胶制品制造	4	75				
其他橡胶制品制造	1	6				
其他橡胶制品制造	1	6				
塑料制品业	142	3982	28	40	217	135
塑料薄膜制造	16	392	6			
塑料薄膜制造	16	392	6			
塑料板、管、型材的制造	33	1116	17	25	206	115
塑料板、管、型材的制造	33	1116	17	25	206	115
塑料丝、绳及编织品的制造	50	1900	1	4	6	4
塑料丝、绳及编织品的制造	50	1900	1	4	6	4
泡沫塑料制造	8	102	1	2		
泡沫塑料制造	8	102	1	2		
塑料包装箱及容器制造	12	238		1		
塑料包装箱及容器制造	12	238		1		
塑料零件制造	2	63				
塑料零件制造	2	63				
日用塑料制造	6	65	3	6	1	1
日用塑料杂品制造	6	65	3	6	1	1
其他塑料制品制造	15	106		2	4	15
其他塑料制品制造	15	106		2	4	15

1-19 续表 6

行业	法人单位数(个)	就业人数(人)	#高级技师	#技师	#高级工	#中级工
非金属矿物制品业	933	34365	54	280	827	1271
水泥、石灰和石膏的制造	67	8297	10	146	636	680
水泥制造	40	7925	10	146	636	679
石灰和石膏制造	27	372				1
水泥及石膏制品制造	168	4110	21	41	59	117
水泥制品制造	96	2767	14	40	51	69
砼结构构件制造	48	781	7	1	8	42
石棉水泥制品制造	2	9				
轻质建筑材料制造	20	543				4
其他水泥制品制造	2	10				2
砖瓦、石材及其他建筑材料制造	428	14757	11	52	57	328
粘土砖瓦及建筑砌块制造	367	13386	6	38	41	312
建筑陶瓷制品制造	5	615	1	2	3	
建筑用石加工	17	232	1	1	3	
防水建筑材料制造	11	121	1		2	3
隔热和隔音材料制造	16	192	2	8	2	10
其他建筑材料制造	12	211		3	6	3
玻璃及玻璃制品制造	14	455				1
平板玻璃制造	4	85				
技术玻璃制品制造	2	60				
日用玻璃制品及玻璃包装容器制造	2	254				
玻璃保温容器制造	2	10				1
玻璃纤维及制品制造	2	27				
玻璃纤维增强塑料制品制造	1	3				
其他玻璃制品制造	1	16				
陶瓷制品制造	2	119				
卫生陶瓷制品制造	1	96				
日用陶瓷制品制造	1	23				
耐火材料制品制造	18	294		1	2	6
石棉制品制造	3	55				
耐火陶瓷制品及其他耐火材料制造	15	239		1	2	6
石墨及其他非金属矿物制品制造	236	6333	12	40	73	139
石墨及碳素制品制造	205	4098	10	29	60	123
其他非金属矿物制品制造	31	2235	2	11	13	16
黑色金属冶炼及压延加工业	130	13083	26	95	184	402
炼铁	27	2515	2	4	12	81
炼铁	27	2515	2	4	12	81
炼钢	1	30				
炼钢	1	30				
钢压延加工	21	1937	10	25	75	45
钢压延加工	21	1937	10	25	75	45
铁合金冶炼	81	8601	14	66	97	276
铁合金冶炼	81	8601	14	66	97	276
有色金属冶炼及压延加工业	56	20403	28	167	709	2578
常用有色金属冶炼	34	15316	24	98	232	1120
铜冶炼	3	45				

1-19 续表 7

行业	法人单位数(个)	就业人数(人)	#高级技师	#技师	#高级工	#中级工
铅锌冶炼	10	631		1	2	27
铝冶炼	6	8430	7	79	175	874
镁冶炼	13	5486	15	6	30	133
其他常用有色金属冶炼	2	724	2	12	25	86
贵金属冶炼	1	3				
其他贵金属冶炼	1	3				
稀有稀土金属冶炼	7	4732		65	461	1434
稀土金属冶炼	5	194				
其他稀有金属冶炼	2	4538		65	461	1434
有色金属合金制造	7	176	1	2	6	10
有色金属合金制造	7	176	1	2	6	10
有色金属压延加工	7	176	3	2	10	14
常用有色金属压延加工	7	176	3	2	10	14
金属制品业	198	6963	56	175	240	242
结构性金属制品制造	128	2416	12	56	49	137
金属结构制造	47	1389	7	27	28	108
金属门窗制造	81	1027	5	29	21	29
金属工具制造	9	214		1	10	2
手工具制造	1	4				
农用及园林用金属工具制造	4	153				
其他金属工具制造	4	57		1	10	2
集装箱及金属包装容器制造	9	241	1	5	4	14
金属包装容器制造	9	241	1	5	4	14
金属丝绳及其制品的制造	10	2958	29	91	157	
金属丝绳及其制品的制造	10	2958	29	91	157	
建筑、安全用金属制品制造	14	319	5	10	14	19
建筑、家具用金属配件制造	2	82	2	5	3	9
建筑装饰及水暖管道零件制造	7	153	3	5	9	10
其他建筑、安全用金属制品制造	5	84			2	
金属表面处理及热处理加工	5	166	2	4		
金属表面处理及热处理加工	5	166	2	4		
搪瓷制品制造	1	52	5	3	6	20
工业生产配套用搪瓷制品制造	1	52	5	3	6	20
不锈钢及类似日用金属制品制造	6	142				
金属制厨房调理及卫生器具制造	2	17				
其他日用金属制品制造	4	125				
其他金属制品制造	16	455	2	5		50
其他未列明的金属制品制造	16	455	2	5		50
通用设备制造业	217	14556	63	709	814	1011
锅炉及原动机制造	19	539	3	7	24	85
锅炉及辅助设备制造	18	529	2	5	23	82
内燃机及配件制造	1	10	1	2	1	3
金属加工机械制造	42	2975	14	399	124	319
金属切削机床制造	7	2109	3	369	93	237
金属成形机床制造	4	166	8	25	5	40

1-19 续表 8

行业	法人单位数(个)	就业人数(人)	#高级技师	#技师	#高级工	#中级工
铸造机械制造	8	87		5	7	13
金属切割及焊接设备制造	1	15				
机床附件制造	15	422	2		19	23
其他金属加工机械制造	7	176	1			6
起重运输设备制造	12	1078	5	21	39	80
起重运输设备制造	12	1078	5	21	39	80
泵、阀门、压缩机及类似机械的制造	7	369	6	11	11	17
泵及真空设备制造	1	110	1	1	5	13
阀门和旋塞的制造	2	54				
液压和气压动力机械及元件制造	4	205	5	10	6	4
轴承、齿轮、传动和驱动部件的制造	18	5418	11	52	368	60
轴承制造	12	5321	6	50	360	49
齿轮、传动和驱动部件制造	6	97	5	2	8	11
烘炉、熔炉及电炉制造	2	14				
烘炉、熔炉及电炉制造	2	14				
风机、衡器、包装设备等通用设备制造	16	594	3	8	38	73
风机、风扇制造	2	160			9	31
制冷、空调设备制造	3	143			1	
风动和电动工具制造	1	25			2	13
包装专用设备制造	1	21		3		
衡器制造	6	49				1
其他通用设备制造	3	196	3	5	26	28
通用零部件制造及机械修理	53	638	9	17	13	25
金属密封件制造	3	30				
紧固件、弹簧制造	4	37				
机械零部件加工及设备修理	44	557	9	17	13	25
其他通用零部件制造	2	14				
金属铸、锻加工	48	2931	12	194	197	352
钢铁铸件制造	45	2891	12	194	197	350
锻件及粉末冶金制品制造	3	40				2
专用设备制造业	93	6166	32	138	679	1163
矿山、冶金、建筑专用设备制造	36	4917	12	89	605	1076
采矿、采石设备制造	30	4605	12	80	579	1018
石油钻采专用设备制造	3	299		8	23	57
建筑工程用机械制造	1	8		1	3	1
建筑材料生产专用机械制造	2	5				
化工、木材、非金属加工专用设备制造	12	152	1	4		
炼油、化工生产专用设备制造	1	30	1	3		
塑料加工专用设备制造	3	41				
模具制造	7	78		1		
其他非金属加工专用设备制造	1	3				
食品、饮料、烟草及饲料生产专用设备制造	1	8				
饲料生产专用设备制造	1	8				
印刷、制药、日化生产专用设备制造	2	217				
制浆和造纸专用设备制造	2	217				

1-19 续表 9

行业	法人单位数(个)	就业人数(人)	#高级技师	#技师	#高级工	#中级工
电子和电工机械专用设备制造	7	299	18	43	74	59
电工机械专用设备制造	4	32		1		3
电子工业专用设备制造	3	267	18	42	74	56
农、林、牧、渔专用机械制造	18	268		2		3
机械化农业及园艺机具制造	5	121				
畜牧机械制造	2	51				
农林牧渔机械配件制造	1	1				
其他农林牧渔业机械制造及机械修理	10	95		2		3
医疗仪器设备及器械制造	9	92	1			5
医疗诊断、监护及治疗设备制造	4	58				
假肢、人工器官及植(介)入器械制造	4	27	1			5
其他医疗设备及器械制造	1	7				
环保、社会公共安全及其他专用设备制造	8	213				20
环境污染防治专用设备制造	6	152				20
社会公共安全设备及器材制造	1	55				
其他专用设备制造	1	6				
交通运输设备制造业	80	1071	17	43	51	77
汽车制造	71	862	15	40	40	74
汽车整车制造	1	23	3	2	2	1
改装汽车制造	2	15				
汽车零部件及配件制造	2	104	1	1	1	2
汽车修理	66	720	11	37	37	71
摩托车制造	1	20				
摩托车零部件及配件制造	1	20				
自行车制造	1	5	1			
脚踏自行车及残疾人座车制造	1	5	1			
交通器材及其他交通运输设备制造	7	184	1	3	11	3
交通管理用金属标志及设施制造	7	184	1	3	11	3
电气机械及器材制造业	84	4942	57	199	299	728
电机制造	9	1934	40	137	148	484
发电机及发电机组制造	3	234	1	2	10	16
电动机制造	6	1700	39	135	138	468
输配电及控制设备制造	33	1606	7	49	131	208
变压器、整流器和电感器制造	4	449				
电容器及其配套设备制造	3	34				
配电开关控制设备制造	20	1081	6	47	130	206
电力电子元器件制造	4	28		1	1	2
其他输配电及控制设备制造	2	14	1	1		
电线、电缆、光缆及电工器材制造	13	389	2		3	1
电线电缆制造	12	341	2		3	1
其他电工器材制造	1	48				
电池制造	4	289	6	7	9	12
电池制造	4	289	6	7	9	12
家用电力器具制造	1	20				
家用厨房电器具制造	1	20				

1-19 续表 10

行 业	法人单位数(个)	就业人数(人)	#高级技师	#技师	#高级工	#中级工
非电力家用器具制造	8	143	2	5	5	4
燃气、太阳能及类似能源的器具制造	7	141	2	5	5	4
其他非电力家用器具制造	1	2				
照明器具制造	3	27				3
照明灯具制造	2	25				3
灯用电器附件及其他照明器具制造	1	2				
其他电气机械及器材制造	13	534		1	3	16
其他未列明的电气机械制造	13	534		1	3	16
通信设备、计算机及其他电子设备制造业	4	116				5
通信设备制造	1	6				5
通信传输设备制造	1	6				5
电子计算机制造	1	14				
计算机网络设备制造	1	14				
电子元件制造	1	88				
电子元件及组件制造	1	88				
家用视听设备制造	1	8				
家用影视设备制造	1	8				
仪器仪表及文化、办公用机械制造业	28	2407	6	42	251	36
通用仪器仪表制造	21	2272	5	32	239	25
工业自动控制系统装置制造	4	1491	5	30	224	6
电工仪器仪表制造	8	423			10	18
实验分析仪器制造	1	11			5	1
试验机制造	4	246		1		
供应用仪表及其他通用仪器制造	4	101		1		
专用仪器仪表制造	2	10		1		
汽车及其他用计数仪表制造	1	6				
其他专用仪器制造	1	4		1		
光学仪器及眼镜制造	1	3				1
眼镜制造	1	3				1
文化、办公用机械制造	2	92	1	8	12	
照相机及器材制造	1	68				
其他文化、办公用机械制造	1	24	1	8	12	
其他仪器仪表的制造及修理	2	30		1		10
其他仪器仪表的制造及修理	2	30		1		10
工艺品及其他制造业	44	766	3	3	2	83
工艺美术品制造	20	442	3		2	80
雕塑工艺品制造	2	8				
金属工艺品制造	1	3				
抽纱刺绣工艺品制造	1	30				
地毯、挂毯制造	10	322	3		2	80
其他工艺美术品制造	6	79				
日用杂品制造	1	6				
其他日用杂品制造	1	6				
煤制品制造	18	243				
煤制品制造	18	243				

1-19 续表 11

行　业	法　人 单位数 (个)	就业人数 (人)	#高级技师	#技师	#高级工	#中级工
其他未列明的制造业	5	75		3		3
其他未列明的制造业	5	75		3		3
废弃资源和废旧材料回收加工业	7	39		2	1	2
金属废料和碎屑的加工处理	2	9				
金属废料和碎屑的加工处理	2	9				
非金属废料和碎屑的加工处理	5	30		2	1	2
非金属废料和碎屑的加工处理	5	30		2	1	2
电力、燃气及水的生产和供应业	**136**	**30622**	**79**	**696**	**3553**	**2615**
电力、热力的生产和供应业	71	26415	69	674	3248	2348
电力生产	24	11197	23	293	1425	1239
火力发电	14	10749	23	291	1385	1219
水力发电	4	305		2	40	20
核力发电	1	42				
其他能源发电	5	101				
电力供应	3	11613	37	341	1752	803
电力供应	3	11613	37	341	1752	803
热力生产和供应	44	3605	9	40	71	306
热力生产和供应	44	3605	9	40	71	306
燃气生产和供应业	20	828	5	8	17	4
燃气生产和供应业	20	828	5	8	17	4
燃气生产和供应业	20	828	5	8	17	4
水的生产和供应业	45	3379	5	14	288	263
自来水的生产和供应	38	3035	5	12	261	254
自来水的生产和供应	38	3035	5	12	261	254
污水处理及其再生利用	6	341		2	27	9
污水处理及其再生利用	6	341		2	27	9
其他水的处理、利用与分配	1	3				
其他水的处理、利用与分配	1	3				
建筑业	**886**	**71678**	**285**	**1174**	**2838**	**6038**
房屋和土木工程建筑业	474	63152	171	859	2611	5620
房屋工程建筑	272	37605	111	522	947	3717
房屋工程建筑	272	37605	111	522	947	3717
土木工程建筑	202	25547	60	337	1664	1903
铁路、道路、隧道和桥梁工程建筑	57	7017	30	73	187	429
水利和港口工程建筑	56	4723	12	118	249	581
工矿工程建筑	11	5256	4	76	727	386
架线和管道工程建筑	40	6068	13	51	215	192
其他土木工程建筑	38	2483	1	19	286	315
建筑安装业	135	4390	66	175	100	178
建筑安装业	135	4390	66	175	100	178
建筑安装业	135	4390	66	175	100	178
建筑装饰业	234	3096	45	125	103	231
建筑装饰业	234	3096	45	125	103	231
建筑装饰业	234	3096	45	125	103	231

1-19 续表 12

行 业	法 人 单位数 (个)	就业人数 (人)	#高级技师	#技师	#高级工	#中级工
其他建筑业	43	1040	3	15	24	9
工程准备	25	738		12	21	9
工程准备	25	738		12	21	9
提供施工设备服务	6	40		2		
提供施工设备服务	6	40		2		
其他未列明的建筑活动	12	262	3	1	3	
其他未列明的建筑活动	12	262	3	1	3	
交通运输、仓储和邮政业	**439**	**27750**	**72**	**174**	**1510**	**2008**
道路运输业	268	13641	9	46	837	1077
公路旅客运输	56	4932	2	29	462	339
公路旅客运输	56	4932	2	29	462	339
道路货物运输	172	5798	6	12	23	53
道路货物运输	172	5798	6	12	23	53
道路运输辅助活动	40	2911	1	5	352	685
客运汽车站	8	181	1			1
公路管理与养护	28	2684		4	352	684
其他道路运输辅助活动	4	46		1		
城市公共交通业	47	4522		3	7	17
公共电汽车客运	13	3751			3	7
公共电汽车客运	13	3751			3	7
出租车客运	32	737		3	4	10
出租车客运	32	737		3	4	10
其他城市公共交通	2	34				
其他城市公共交通	2	34				
水上运输业	4	33		2		1
水上货物运输	4	33		2		1
内河货物运输	4	33		2		1
航空运输业	6	1170		32	101	42
航空客货运输	4	130				
航空旅客运输	1	83				
航空货物运输	3	47				
航空运输辅助活动	2	1040		32	101	42
机场	2	1040		32	101	42
管道运输业	2	1067	2	37	248	212
管道运输业	2	1067	2	37	248	212
管道运输业	2	1067	2	37	248	212
装卸搬运和其他运输服务业	57	1103		8	1	2
装卸搬运	29	893			1	2
装卸搬运	29	893			1	2
运输代理服务	28	210		8		
运输代理服务	28	210		8		
仓储业	44	1080	43	6	50	141
谷物、棉花等农产品仓储	29	763	43	2	12	94
谷物、棉花等农产品仓储	29	763	43	2	12	94
其他仓储	15	317		4	38	47
其他仓储	15	317		4	38	47

1-19 续表 13

行　　业	法　人 单位数 (个)	就业人数 (人)				
			#高级技师	#技师	#高级工	#中级工
邮政业	11	5134	18	40	266	516
国家邮政	7	5085	18	40	266	516
国家邮政	7	5085	18	40	266	516
其他寄递服务	4	49				
其他寄递服务	4	49				
信息传输、计算机服务和软件业	**623**	**13249**	**36**	**118**	**244**	**291**
电信和其他信息传输服务业	69	10055	13	84	223	253
电信	37	8659	12	80	195	204
固定电信服务	13	2169	2	71	163	116
移动电信服务	13	4088	10	3	25	74
其他电信服务	11	2402		6	7	14
互联网信息服务	15	165	1	1	6	
互联网信息服务	15	165	1	1	6	
广播电视传输服务	16	1224		3	22	49
有线广播电视传输服务	14	966		3	14	31
无线广播电视传输服务	2	258			8	18
卫星传输服务	1	7				
卫星传输服务	1	7				
计算机服务业	498	2538	11	23	12	32
计算机系统服务	48	340		11	3	12
计算机系统服务	48	340		11	3	12
计算机维修	18	122	6	4	6	2
计算机维修	18	122	6	4	6	2
其他计算机服务	432	2076	5	8	3	18
其他计算机服务	432	2076	5	8	3	18
软件业	56	656	12	11	9	6
公共软件服务	54	653	12	11	9	6
基础软件服务	40	465	5	11	9	6
应用软件服务	14	188	7			
其他软件服务	2	3				
其他软件服务	2	3				
批发和零售业	**5669**	**62488**	**189**	**466**	**559**	**1174**
批发业	3124	31782	89	215	239	550
农畜产品批发	203	2716	1	15	44	103
谷物、豆及薯类批发	55	889		10		9
种子、饲料批发	87	893	1	5	44	78
棉、麻批发	1	2				
其他农畜产品批发	60	932				16
食品、饮料及烟草制品批发	175	4242	7	10	26	85
米、面制品及食用油批发	31	431		2	9	61
糕点、糖果及糖批发	4	26				
果品、蔬菜批发	36	879	1	4		13
肉、禽、蛋及水产品批发	8	67				
盐及调味品批发	21	356	2	2	2	
饮料及茶叶批发	46	835		1		1
烟草制品批发	8	1258			2	2
其他食品批发	21	390	4	1	13	8

1-19 续表 14

行 业	法 人 单位数 (个)	就业人数 (人)				
			#高级技师	#技师	#高级工	#中级工
纺织、服装及日用品批发	101	1130			4	3
纺织品、针织品及原料批发	22	179			4	3
服装批发	20	224				
鞋帽批发	1	3				
厨房、卫生间用具及日用杂货批发	8	79				
化妆品及卫生用品批发	17	159				
其他日用品批发	33	486				
文化、体育用品及器材批发	61	646	6	3	14	19
文具用品批发	30	244	1		1	
体育用品批发	1	8				
图书批发	15	249	5	3	3	6
音像制品及电子出版物批发	3	45			9	6
其他文化用品批发	12	100			1	7
医药及医疗器材批发	85	1220	2	2	3	7
西药批发	17	538			1	3
中药材及中成药批发	32	420				
医疗用品及器材批发	36	262	2	2	2	4
矿产品、建材及化工产品批发	1359	12233	24	56	49	75
煤炭及制品批发	144	1853	3	3	3	6
石油及制品批发	112	2904		2	12	
非金属矿及制品批发	22	215				1
金属及金属矿批发	477	3247	7	21	15	25
建材批发	270	1572	3	16	13	31
化肥批发	163	1216	3	8	2	7
农药批发	11	45				
农用薄膜批发	11	96				
其他化工产品批发	149	1085	8	6	4	5
机械设备、五金交电及电子产品批发	921	7265	47	123	96	235
农业机械批发	56	476	5	8	2	14
汽车、摩托车及零配件批发	104	1397	12	32	35	54
五金、交电批发	184	1047	2	5		13
家用电器批发	35	309		1	2	3
计算机、软件及辅助设备批发	39	315	2	8	2	
通讯及广播电视设备批发	25	208				2
其他机械设备及电子产品批发	478	3513	26	69	55	149
贸易经纪与代理	31	211				1
贸易经纪与代理	31	211				1
其他批发	188	2119	2	6	3	22
再生物资回收与批发	137	1170	2	5	3	19
其他未列明的批发	51	949		1		3
零售业	2545	30706	100	251	320	624
综合零售	188	8413	6	31	29	33
百货零售	88	5591	6	28	23	19
超级市场零售	39	2289				
其他综合零售	61	533		3	6	14

1-19 续表 15

行业	法人单位数(个)	就业人数(人)	#高级技师	#技师	#高级工	#中级工
食品、饮料及烟草制品专门零售	174	1697	1	1	13	38
粮油零售	54	721	1		12	7
糕点、面包零售	3	40				
果品、蔬菜零售	6	84				
肉、禽、蛋及水产品零售	14	140				30
饮料及茶叶零售	38	295			1	1
烟草制品零售	14	47		1		
其他食品零售	45	370				
纺织、服装及日用品专门零售	257	2017	2	13	5	14
纺织品及针织品零售	26	146		1	1	1
服装零售	97	946				1
鞋帽零售	10	106				
钟表、眼镜零售	25	244	2	9	1	12
化妆品及卫生用品零售	39	274				
其他日用品零售	60	301		3	3	
文化、体育用品及器材专门零售	193	1681	16	9	26	76
文具用品零售	63	265		2	1	1
体育用品零售	25	179				
图书零售	38	706	13	5	25	45
音像制品及电子出版物零售	9	105	3	2		20
珠宝首饰零售	18	230				1
工艺美术品及收藏品零售	18	73				9
照相器材零售	1	5				
其他文化用品零售	21	118				
医药及医疗器材专门零售	161	3241	2	11	3	6
药品零售	124	2994	2	9	2	4
医疗用品及器材零售	37	247		2	1	2
汽车、摩托车、燃料及零配件专门零售	505	5473	37	109	187	313
汽车零售	131	2724	34	79	174	288
汽车零配件零售	93	455	1	14	4	10
摩托车及零配件零售	71	434	1	8	8	10
机动车燃料零售	210	1860	1	8	1	5
家用电器及电子产品专门零售	500	4533	26	51	16	60
家用电器零售	130	1450	5	6	8	4
计算机、软件及辅助设备零售	235	1852	16	31	7	35
通信设备零售	77	938	2	7		1
其他电子产品零售	58	293	3	7	1	20
五金、家具及室内装修材料专门零售	407	2138	4	18	24	27
五金零售	231	918	2	8	16	27
家具零售	54	620		4	2	
涂料零售	7	53				
其他室内装修材料零售	115	547	2	6	6	

1-19　续表 16

行　　业	法　人 单位数 (个)	就业人数 (人)	#高级技师	#技师	#高级工	#中级工
无店铺及其他零售	160	1513	6	8	17	57
流动货摊零售	1	5				
邮购及电子销售	1	5				
生活用燃料零售	43	686		2		7
花卉零售	13	144	1		4	4
旧货零售	2	3				
其他未列明的零售	100	670	5	6	13	46
住宿和餐饮业	**490**	**22046**	**82**	**251**	**282**	**405**
住宿业	260	10219	7	74	117	145
旅游饭店	77	6420	7	53	94	87
旅游饭店	77	6420	7	53	94	87
一般旅馆	169	3550		20	23	58
一般旅馆	169	3550		20	23	58
其他住宿服务	14	249		1		
其他住宿服务	14	249		1		
餐饮业	230	11827	75	177	165	260
正餐服务	208	11367	72	167	165	259
正餐服务	208	11367	72	167	165	259
快餐服务	7	286	3	10		
快餐服务	7	286	3	10		
饮料及冷饮服务	7	36				1
饮料及冷饮服务	7	36				1
其他餐饮服务	8	138				
其他餐饮服务	8	138				
金融业	**190**	**33327**	**11**	**41**	**59**	**135**
银行业	38	16804		38	11	8
中央银行	7	1241		28	5	5
中央银行	7	1241		28	5	5
商业银行	28	15176		3	3	3
商业银行	28	15176		3	3	3
其他银行	3	387		7	3	
其他银行	3	387		7	3	
证券业	2	58				
证券经纪与交易	1	50				
证券经纪与交易	1	50				
证券投资	1	8				
证券投资	1	8				
保险业	46	15019		1	4	
人寿保险	14	11331		1	4	
人寿保险	14	11331		1	4	
非人寿保险	26	3550				
非人寿保险	26	3550				
保险辅助服务	6	138				
保险辅助服务	6	138				
其他金融活动	104	1446	11	2	44	127
金融信托与管理	3	48	1		1	
金融信托与管理	3	48	1		1	

1-19 续表 17

行业	法人单位数(个)	就业人数(人)	#高级技师	#技师	#高级工	#中级工
金融租赁	1	3				
金融租赁	1	3				
财务公司	1	8				
财务公司	1	8				
邮政储蓄	6	679	5	1	43	122
邮政储蓄	6	679	5	1	43	122
典当	43	227	4			
典当	43	227	4			
其他未列明的金融活动	50	481	1	1		5
其他未列明的金融活动	50	481	1	1		5
房地产业	**772**	**26412**	**157**	**213**	**408**	**793**
房地产业	772	26412	157	213	408	793
房地产开发经营	341	8982	78	86	92	206
房地产开发经营	341	8982	78	86	92	206
物业管理	258	14714	65	108	305	551
物业管理	258	14714	65	108	305	551
房地产中介服务	118	1565	9		8	20
房地产中介服务	118	1565	9		8	20
其他房地产活动	55	1151	5	19	3	16
其他房地产活动	55	1151	5	19	3	16
租赁和商务服务业	**1252**	**20070**	**91**	**103**	**272**	**394**
租赁业	182	912	4	3	6	24
机械设备租赁	180	907	4	3	6	24
汽车租赁	148	676	4	3	4	24
农业机械租赁	1	3				
建筑工程机械与设备租赁	30	224			2	
计算机及通讯设备租赁	1	4				
文化及日用品出租	2	5				
图书及音像制品出租	1	2				
其他文化及日用品出租	1	3				
商务服务业	1070	19158	87	100	266	370
企业管理服务	144	4803	13	35	103	198
企业管理机构	45	2976	1	13	67	158
投资与资产管理	52	1039	11	19	3	1
其他企业管理服务	47	788	1	3	33	39
法律服务	81	1071	1		2	4
律师及相关的法律服务	70	885	1		2	2
公证服务	11	186				2
咨询与调查	181	1815	37	14	22	21
会计、审计及税务服务	62	819	12	7	6	2
市场调查	14	215			2	6
社会经济咨询	55	436	22	5	8	10
其他专业咨询	50	345	3	2	6	3

1-19 续表 18

行业	法人单位数(个)	就业人数(人)	#高级技师	#技师	#高级工	#中级工
广告业	279	1595	8	22	12	41
广告业	279	1595	8	22	12	41
知识产权服务	23	181				1
知识产权服务	23	181				1
职业中介服务	101	3235	3	18	58	80
职业中介服务	101	3235	3	18	58	80
市场管理	75	1507	21	1	8	11
市场管理	75	1507	21	1	8	11
旅行社	76	1050	2	3	56	9
旅行社	76	1050	2	3	56	9
其他商务服务	110	3901	2	7	5	5
会议及展览服务	10	98			2	2
包装服务	2	15			1	
保安服务	18	3257		3	2	
办公服务	37	261		3		1
其他未列明的商务服务	43	270	2	1		2
科学研究、技术服务和地质勘查业	**627**	**16435**	**155**	**141**	**1035**	**939**
研究与试验发展	44	1948	19	12	112	141
自然科学研究与试验发展	6	395		2	7	
自然科学研究与试验发展	6	395		2	7	
工程和技术研究与试验发展	10	619		4		6
工程和技术研究与试验发展	10	619		4		6
农业科学研究与试验发展	14	627	14	6	94	128
农业科学研究与试验发展	14	627	14	6	94	128
医学研究与试验发展	5	59				
医学研究与试验发展	5	59				
社会人文科学研究与试验发展	9	248	5		11	7
社会人文科学研究与试验发展	9	248	5		11	7
专业技术服务业	376	9418	66	115	310	287
气象服务	36	682	3	9	3	1
气象服务	36	682	3	9	3	1
地震服务	21	364		3	6	7
地震服务	20	361		3	6	7
测绘服务	21	557	1	2	52	22
测绘服务	21	557	1	2	52	22
技术检测	60	1251	11	18	55	58
技术检测	60	1251	11	18	55	58
环境监测	14	299	11	14	8	9
环境监测	14	299	11	14	8	9
工程技术与规划管理	209	6100	39	63	186	190
工程管理服务	133	3503	30	50	32	56
工程勘察设计	58	2221	7	8	68	62
规划管理	18	376	2	5	86	72
其他专业技术服务	15	165	1	6		
其他专业技术服务	15	165	1	6		

1-19 续表 19

行业	法人单位数(个)	就业人数(人)	#高级技师	#技师	#高级工	#中级工
科技交流和推广服务业	187	3639	23	13	222	338
技术推广服务	163	3433	22	12	218	328
技术推广服务	163	3433	22	12	218	328
科技中介服务	16	104			1	7
科技中介服务	16	104			1	7
其他科技服务	8	102	1	1	3	3
其他科技服务	8	102	1	1	3	3
地质勘查业	20	1430	47	1	391	173
矿产地质勘查	7	249				
能源矿产地质勘查	5	198				
固体矿产地质勘查	2	51				
基础地质勘查	9	1101	32	1	388	172
基础地质勘查	9	1101	32	1	388	172
地质勘查技术服务	4	80	15		3	1
地质勘查技术服务	4	80	15		3	1
水利、环境和公共设施管理业	**225**	**14569**	**15**	**72**	**1515**	**2434**
水利管理业	83	5771	3	31	919	1564
防洪管理	6	107			16	20
防洪管理	6	107			16	20
水资源管理	58	5077	3	23	792	1496
水库管理	10	256		1	29	11
调水、引水管理	40	4411	3	21	700	1417
其他水资源管理	8	410		1	63	68
其他水利管理	19	587		8	111	48
其他水利管理	19	587		8	111	48
环境管理业	53	5063	4	14	220	426
自然保护	24	670	3	6	56	158
自然保护区管理	10	394		3	39	116
野生动植物保护	1	5				
其他自然保护	13	271	3	3	17	42
环境治理	29	4393	1	8	164	268
城市市容管理	4	1042		5	51	29
城市环境卫生管理	14	2809		2	112	222
水污染治理	5	96		1	1	17
其他环境治理	6	446	1			
公共设施管理业	89	3735	8	27	376	444
市政公共设施管理	16	582		4	97	78
市政公共设施管理	16	582		4	97	78
城市绿化管理	46	2083	7	22	233	316
城市绿化管理	46	2083	7	22	233	316
游览景区管理	27	1070	1	1	46	50
风景名胜区管理	13	416				
公园管理	6	329		1	46	50
其他游览景区管理	8	325	1			

1-19 续表 20

行业	法人单位数(个)	就业人数(人)	#高级技师	#技师	#高级工	#中级工
居民服务和其他服务业	**372**	**4638**	**74**	**104**	**161**	**201**
居民服务业	126	1769	25	31	35	39
家庭服务	15	119			2	1
家庭服务	15	119			2	1
托儿所	1	10				
托儿所	1	10				
洗染服务	4	28				
洗染服务	4	28				
理发及美容保健服务	17	202	21	13	17	14
理发及美容保健服务	17	202	21	13	17	14
洗浴服务	21	659		13		
洗浴服务	21	659		13		
婚姻服务	17	65				
婚姻服务	17	65				
殡葬服务	24	393	2	4	13	12
殡葬服务	24	393	2	4	13	12
摄影扩印服务	21	256	2	1	3	12
摄影扩印服务	21	256	2	1	3	12
其他居民服务	6	37				
其他居民服务	6	37				
其他服务业	246	2869	49	73	126	162
修理与维护	194	1885	47	59	114	154
汽车、摩托车维护与保养	165	1655	46	47	101	145
办公设备维修	4	33		10	6	2
家用电器修理	21	178	1	2	7	7
其他日用品修理	4	19				
清洁服务	30	481		1	1	2
建筑物清洁服务	3	158			1	1
其他清洁服务	27	323		1		1
其他未列明的服务	22	503	2	13	11	6
其他未列明的服务	22	503	2	13	11	6
教育	**1344**	**83908**	**261**	**122**	**1029**	**840**
教育	1344	83908	261	122	1029	840
学前教育	214	4955	1	5	114	103
学前教育	214	4955	1	5	114	103
初等教育	570	34913	50	2	54	113
初等教育	570	34913	50	2	54	113
中等教育	338	32686	197	63	489	383
初中教育	229	18119	189	17	108	178
高中教育	58	9653	6	18	139	107
中等专业教育	16	1529		13	66	18
职业中学教育	20	2732	2	15	170	76
技工学校教育	5	223			6	4
其他中等教育	10	430				
高等教育	16	7038	8	22	156	54
普通高等教育	10	6897	8	22	154	54
成人高等教育	6	141			2	

1-19 续表 21

行业	法人单位数(个)	就业人数(人)	#高级技师	#技师	#高级工	#中级工
其他教育	206	4316	5	30	216	187
职业技能培训	128	2220	3	14	151	124
特殊教育	4	571				
其他未列明的教育	74	1525	2	16	65	63
卫生、社会保障和社会福利业	**791**	**30739**	**64**	**117**	**494**	**585**
卫生	702	29384	62	111	443	542
医院	119	20543	38	76	318	353
综合医院	66	16785	25	48	283	291
中医医院	18	2503	1	6	24	45
中西医结合医院	7	293			2	9
民族医院	2	38				
专科医院	22	674	9	17	6	7
疗养院	4	250	3	5	3	1
卫生院及社区医疗活动	295	4259	14	18	29	81
卫生院及社区医疗活动	295	4259	14	18	29	81
门诊部医疗活动	196	881	6	4	1	4
门诊部医疗活动	196	881	6	4	1	4
计划生育技术服务活动	22	430		1	12	32
计划生育技术服务活动	22	430		1	12	32
妇幼保健活动	21	1487	1	4	16	18
妇幼保健活动	21	1487	1	4	16	18
专科疾病防治活动	2	246		3	10	4
专科疾病防治活动	2	246		3	10	4
疾病预防控制及防疫活动	35	1208		5	49	39
疾病预防控制及防疫活动	35	1208		5	49	39
其他卫生活动	12	330	3		8	11
其他卫生活动	12	330	3		8	11
社会保障业	46	609	1	3	10	16
社会保障业	46	609	1	3	10	16
社会保障业	46	609	1	3	10	16
社会福利业	43	746	1	3	41	27
提供住宿的社会福利	28	656	1	3	36	26
干部休养所	6	94			9	8
收养收容服务	22	562	1	3	27	18
不提供住宿的社会福利	15	90			5	1
不提供住宿的社会福利	15	90			5	1
文化、体育和娱乐业	**299**	**7835**	**12**	**39**	**289**	**260**
新闻出版业	27	1553	5	8	56	38
新闻业	7	334		1	1	5
新闻业	7	334		1	1	5
出版业	20	1219	5	7	55	33
图书出版	6	221	2	3		
报纸出版	11	975	3	4	53	33
期刊出版	1	10				
电子出版物出版	1	9				
其他出版	1	4			2	

1-19　续表 22

行　　业	法　人 单位数 (个)	就业人数 (人)				
			#高级技师	#技师	#高级工	#中级工
广播、电视、电影和音像业	46	1925		12	144	120
广播	9	387		2	27	34
广播	9	387		2	27	34
电视	11	1219		6	106	75
电视	11	1219		6	106	75
电影	22	303		4	11	11
电影制作与发行	2	65		2	1	
电影放映	20	238		2	10	11
音像制作	4	16				
音像制作	4	16				
文化艺术业	108	2558		10	60	86
文艺创作与表演	15	925		3	16	13
文艺创作与表演	15	925		3	16	13
艺术表演场馆	2	18			2	6
艺术表演场馆	2	18			2	6
图书馆与档案馆	23	508			8	5
图书馆	17	405			8	5
档案馆	6	103				
文物及文化保护	15	272		1	10	21
文物及文化保护	15	272		1	10	21
博物馆	14	314			4	6
博物馆	14	314			4	6
烈士陵园、纪念馆	2	18				15
烈士陵园、纪念馆	2	18				15
群众文化活动	26	456		5	20	20
群众文化活动	26	456		5	20	20
文化艺术经纪代理	2	4				
文化艺术经纪代理	2	4				
其他文化艺术	9	43		1		
其他文化艺术	9	43		1		
体育	42	437		7	24	15
体育组织	33	321		7	18	14
体育组织	33	321		7	18	14
体育场馆	4	61			1	1
体育场馆	4	61			1	1
其他体育	5	55			5	
其他体育	5	55			5	
娱乐业	76	1362	7	2	5	1
室内娱乐活动	43	857	4	2	4	1
室内娱乐活动	43	857	4	2	4	1
游乐园	8	219	2			
游乐园	8	219	2			
休闲健身娱乐活动	15	81	1			
休闲健身娱乐活动	15	81	1			
其他娱乐活动	10	205			1	
其他娱乐活动	10	205			1	

1-19 续表 23

行　业	法　人单位数(个)	就业人数(人)	#高级技师	#技师	#高级工	#中级工
公共管理和社会组织	**10814**	**128021**	**2357**	**449**	**2211**	**3084**
中国共产党机关	183	3100	14	22	110	98
中国共产党机关	183	3100	14	22	110	98
中国共产党机关	183	3100	14	22	110	98
国家机构	1824	80286	2304	378	1974	2768
国家权力机构	36	1218	1	31	85	69
国家权力机构	36	1218	1	31	85	69
国家行政机构	1725	73340	2301	343	1865	2658
综合事务管理机构	573	24009	49	136	537	823
对外事务管理机构	9	112			7	1
公共安全管理机构	102	10502	13	38	69	118
社会事务管理机构	313	8995	22	43	223	229
经济事务管理机构	427	21156	2196	68	690	1016
政府事务管理机构	129	2951		18	155	201
行政监督检查机构	172	5615	21	40	184	270
人民法院和人民检察院	56	4206	2	3	18	33
人民法院	28	2568		3	9	16
人民检察院	28	1638	2		9	17
其他国家机构	7	1522		1	6	8
其他国家机构	7	1522		1	6	8
人民政协和民主党派	66	873	18	3	40	38
人民政协	23	662	14	3	37	38
人民政协	23	662	14	3	37	38
民主党派	43	211	4		3	
民主党派	43	211	4		3	
群众团体、社会团体和宗教组织	6008	31780	21	45	85	174
群众团体	148	1179	3	7	24	21
工会	44	455	1	1	8	3
妇联	25	185	2	1	8	5
共青团	24	138		2	3	5
其他群众团体	55	401		3	5	8
社会团体	1724	16098	15	38	60	150
专业性团体	605	6035	4	22	23	25
行业性团体	1049	9521	11	16	35	111
其他社会团体	70	542			2	14
宗教组织	4136	14503	3		1	3
宗教组织	4136	14503	3		1	3
基层群众自治组织	2733	11982		1	2	6
社区自治组织	413	2720			1	2
社区自治组织	413	2720			1	2
村民自治组织	2320	9262		1	1	4
村民自治组织	2320	9262		1	1	4

1-20 按登记注册类型、技术等级分组的法人单位就业人数

登记注册类型	法人单位数(个)	就业人数(人)	#高级技师	#技师	#高级工	#中级工
总 计	**29300**	**887129**	**4968**	**8188**	**27516**	**46041**
内资企业	**29174**	**866552**	**4903**	**7352**	**26466**	**42709**
国有企业	5180	321377	3056	1954	12818	14905
集体企业	580	10816	41	93	107	355
股份合作企业	84	5472	13	23	28	69
联营企业	43	3337	1	2	1	12
国有联营企业	13	1672	1			4
集体联营企业	11	489				
国有与集体联营企业	4	55				4
其他联营企业	15	1121		2	1	4
有限责任公司	1814	173894	547	2034	7026	17839
国有独资公司	79	61091	29	582	2762	9489
其他有限责任公司	1735	112803	518	1452	4264	8350
股份有限公司	220	63651	117	548	3119	2331
私营企业	12384	240715	1114	2663	3212	6934
私营独资企业	3407	47483	149	280	297	815
私营合伙企业	473	6980	24	73	96	119
私营有限责任公司	8081	179067	922	2235	2761	5848
私营股份有限公司	423	7185	19	75	58	152
其他企业	8869	47290	14	35	155	264
港、澳、台商投资企业	**33**	**1851**	**15**	**38**	**37**	**182**
合资经营企业(港或澳、台资)	14	817	1		12	11
合作经营企业(港或澳、台资)	1	7				
港、澳、台商独资经营企业	9	583	13	37	23	163
港、澳、台商投资股份有限公司	9	444	1	1	2	8
外商投资企业	**93**	**18726**	**50**	**798**	**1013**	**3150**
中外合资经营企业	52	12075	30	416	965	3041
中外合作经营企业	7	463	2	3	11	18
外资企业	30	5609	18	379	37	91
外商投资股份有限公司	4	579				

1-21 按行业(小类)、经营性质分组的产业活动单位数及就业人数

行业	产业活动单位数(个)	经营性单位	非经营性单位	就业人数(人)	经营性单位	非经营性单位
总计	**37011**	**15395**	**21616**	**935166**	**576586**	**358580**
农、林、牧、渔业	**107**		**107**	**693**		**693**
农业	4		4	47		47
谷物及其他作物的种植	3		3	43		43
谷物的种植	3		3	43		43
水果、坚果、饮料和香料作物的种植	1		1	4		4
水果、坚果的种植	1		1	4		4
林业	6		6	61		61
林木的培育和种植	6		6	61		61
育种和育苗	6		6	61		61
畜牧业	2		2	23		23
牲畜的饲养	1		1	5		5
牲畜的饲养	1		1	5		5
家禽的饲养	1		1	18		18
家禽的饲养	1		1	18		18
农、林、牧、渔服务业	95		95	562		562
农业服务业	11		11	89		89
灌溉服务	1		1	30		30
其他农业服务	10		10	59		59
林业服务业	22		22	159		159
林业服务业	22		22	159		159
畜牧服务业	62		62	314		314
兽医服务	61		61	312		312
其他畜牧服务	1		1	2		2
采矿业	**589**	**573**	**16**	**93801**	**91943**	**1858**
煤炭开采和洗选业	298	294	4	89808	88331	1477
烟煤和无烟煤的开采洗选	297	293	4	89803	88326	1477
烟煤和无烟煤的开采洗选	297	293	4	89803	88326	1477
其他煤炭采选	1	1		5	5	
其他煤炭采选	1	1		5	5	
石油和天然气开采业	45	45		362	362	
天然原油和天然气开采	43	43		263	263	
天然原油和天然气开采	43	43		263	263	
与石油和天然气开采有关的服务活动	2	2		99	99	
与石油和天然气开采有关的服务活动	2	2		99	99	
黑色金属矿采选业	10	9	1	204	202	2
铁矿采选	9	8	1	203	201	2
铁矿采选	9	8	1	203	201	2
其他黑色金属矿采选	1	1		1	1	
其他黑色金属矿采选	1	1		1	1	
有色金属矿采选业	5	5		157	157	
常用有色金属矿采选	3	3		136	136	
镍钴矿采选	1	1		122	122	
镁矿采选	2	2		14	14	
贵金属矿采选	1	1		1	1	
金矿采选	1	1		1	1	

1-21 续表 1

行业	产业活动单位数(个)	经营性单位	非经营性单位	就业人数(人)	经营性单位	非经营性单位
稀有稀土金属矿采选	1	1		20	20	
稀土金属矿采选	1	1		20	20	
非金属矿采选业	231	220	11	3270	2891	379
土砂石开采	206	195	11	2940	2561	379
石灰石、石膏开采	38	38		705	705	
建筑装饰用石开采	29	29		331	331	
耐火土石开采	7	7		183	183	
粘土及其他土砂石开采	132	121	11	1721	1342	379
化学矿采选	1	1		5	5	
化学矿采选	1	1		5	5	
石棉及其他非金属矿采选	24	24		325	325	
石墨、滑石采选	3	3		15	15	
其他非金属矿采选	21	21		310	310	
制造业	**3891**	**3742**	**149**	**220120**	**217685**	**2435**
农副食品加工业	583	538	45	11652	11125	527
谷物磨制	134	127	7	2176	2122	54
谷物磨制	134	127	7	2176	2122	54
饲料加工	76	55	21	1174	1050	124
饲料加工	76	55	21	1174	1050	124
植物油加工	31	31		507	507	
食用植物油加工	31	31		507	507	
制糖	2	2		30	30	
制糖	2	2		30	30	
屠宰及肉类加工	67	56	11	1524	1372	152
畜禽屠宰	45	35	10	1012	875	137
肉制品及副产品加工	22	21	1	512	497	15
蔬菜、水果和坚果加工	81	80	1	1741	1737	4
蔬菜、水果和坚果加工	81	80	1	1741	1737	4
其他农副食品加工	192	187	5	4500	4307	193
淀粉及淀粉制品的制造	171	166	5	3877	3684	193
豆制品制造	6	6		225	225	
蛋品加工	5	5		137	137	
其他未列明的农副食品加工	10	10		261	261	
食品制造业	193	175	18	9055	8987	68
焙烤食品制造	67	52	15	991	933	58
糕点、面包制造	61	46	15	895	837	58
饼干及其他焙烤食品制造	6	6		96	96	
糖果、巧克力及蜜饯制造	10	10		229	229	
糖果、巧克力制造	4	4		75	75	
蜜饯制作	6	6		154	154	
方便食品制造	21	20	1	454	447	7
米、面制品制造	13	12	1	211	204	7
速冻食品制造	5	5		175	175	
方便面及其他方便食品制造	3	3		68	68	
液体乳及乳制品制造	37	37		3157	3157	
液体乳及乳制品制造	37	37		3157	3157	

1-21 续表 2

行业	产业活动单位数(个)	经营性单位	非经营性单位	就业人数(人)	经营性单位	非经营性单位
罐头制造	4	3	1	51	49	2
蔬菜、水果罐头制造	4	3	1	51	49	2
调味品、发酵制品制造	30	30		3511	3511	
味精制造	5	5		1276	1276	
酱油、食醋及类似制品的制造	15	15		193	193	
其他调味品、发酵制品制造	10	10		2042	2042	
其他食品制造	24	23	1	662	661	1
营养、保健食品制造	16	16		317	317	
食品及饲料添加剂制造	6	5	1	229	228	1
其他未列明的食品制造	2	2		116	116	
饮料制造业	106	102	4	5660	5622	38
酒的制造	54	54		4201	4201	
白酒制造	24	24		1564	1564	
啤酒制造	4	4		706	706	
黄酒制造	3	3		42	42	
葡萄酒制造	14	14		358	358	
其他酒制造	9	9		1531	1531	
软饮料制造	45	42	3	1298	1275	23
碳酸饮料制造	1	1		40	40	
瓶(罐)装饮用水制造	21	18	3	225	202	23
果菜汁及果菜汁饮料制造	17	17		955	955	
含乳饮料和植物蛋白饮料制造	2	2		44	44	
固体饮料制造	1	1		11	11	
茶饮料及其他软饮料制造	3	3		23	23	
精制茶加工	7	6	1	161	146	15
精制茶加工	7	6	1	161	146	15
烟草制品业	1	1		29	29	
烟叶复烤	1	1		29	29	
烟叶复烤	1	1		29	29	
纺织业	121	121		14211	14211	
棉、化纤纺织及印染精加工	8	8		615	615	
棉、化纤纺织加工	8	8		615	615	
毛纺织和染整精加工	94	94		13218	13218	
毛纺织	94	94		13218	13218	
麻纺织	1	1		7	7	
麻纺织	1	1		7	7	
丝绢纺织及精加工	1	1		60	60	
缫丝加工	1	1		60	60	
纺织制成品制造	14	14		285	285	
棉及化纤制品制造	4	4		27	27	
毛制品制造	2	2		67	67	
麻制品制造	2	2		35	35	
绳、索、缆的制造	2	2		133	133	
无纺布制造	1	1		4	4	
其他纺织制成品制造	3	3		19	19	
针织品、编织品及其制品制造	3	3		26	26	
棉、化纤针织品及编织品制造	2	2		21	21	
毛针织品及编织品制造	1	1		5	5	

1-21 续表 3

行业	产业活动单位数(个)	经营性单位	非经营性单位	就业人数(人)	经营性单位	非经营性单位
纺织服装、鞋、帽制造业	26	24	2	932	883	49
纺织服装制造	26	24	2	932	883	49
纺织服装制造	26	24	2	932	883	49
皮革、毛皮、羽毛(绒)及其制品业	40	39	1	707	699	8
皮革鞣制加工	13	13		218	218	
皮革鞣制加工	13	13		218	218	
皮革制品制造	3	2	1	19	11	8
皮鞋制造	3	2	1	19	11	8
毛皮鞣制及制品加工	19	19		423	423	
毛皮鞣制加工	12	12		244	244	
毛皮服装加工	4	4		109	109	
其他毛皮制品加工	3	3		70	70	
羽毛(绒)加工及制品制造	5	5		47	47	
羽毛(绒)加工	4	4		41	41	
羽毛(绒)制品加工	1	1		6	6	
木材加工及木、竹、藤、棕、草制品业	32	30	2	574	530	44
锯材、木片加工	6	6		32	32	
锯材加工	4	4		27	27	
木片加工	2	2		5	5	
人造板制造	9	8	1	129	89	40
胶合板制造	3	3		57	57	
纤维板制造	2	1	1	54	14	40
其他人造板、材制造	4	4		18	18	
木制品制造	13	12	1	198	194	4
建筑用木料及木材组件加工	10	9	1	148	144	4
木容器制造	2	2		40	40	
软木制品及其他木制品制造	1	1		10	10	
竹、藤、棕、草制品制造	4	4		215	215	
竹、藤、棕、草制品制造	4	4		215	215	
家具制造业	48	46	2	772	758	14
木质家具制造	37	35	2	577	563	14
木质家具制造	37	35	2	577	563	14
金属家具制造	5	5		79	79	
金属家具制造	5	5		79	79	
塑料家具制造	1	1		5	5	
塑料家具制造	1	1		5	5	
其他家具制造	5	5		111	111	
其他家具制造	5	5		111	111	
造纸及纸制品业	73	72	1	16534	16529	5
纸浆制造	2	2		70	70	
纸浆制造	2	2		70	70	
造纸	33	33		15434	15434	
机制纸及纸板制造	22	22		14881	14881	
加工纸制造	11	11		553	553	
纸制品制造	38	37	1	1030	1025	5
纸和纸板容器的制造	20	20		479	479	
其他纸制品制造	18	17	1	551	546	5

1-21 续表 4

行业	产业活动单位数(个)	经营性单位	非经营性单位	就业人数(人)	经营性单位	非经营性单位
印刷业和记录媒介的复制	167	162	5	3390	3260	130
印刷	161	156	5	3330	3200	130
书、报、刊印刷	72	69	3	1109	1013	96
本册印制	43	41	2	558	524	34
包装装潢及其他印刷	46	46		1663	1663	
装订及其他印刷服务活动	6	6		60	60	
装订及其他印刷服务活动	6	6		60	60	
文教体育用品制造业	4	4		30	30	
文化用品制造	3	3		15	15	
文具制造	1	1		3	3	
墨水、墨汁制造	2	2		12	12	
体育用品制造	1	1		15	15	
体育器材及配件制造	1	1		15	15	
石油加工、炼焦及核燃料加工业	52	52		8995	8995	
精炼石油产品的制造	15	15		5344	5344	
原油加工及石油制品制造	15	15		5344	5344	
炼焦	37	37		3651	3651	
炼焦	37	37		3651	3651	
化学原料及化学制品制造业	339	333	6	34925	34854	71
基础化学原料制造	174	172	2	12646	12619	27
无机酸制造	6	6		476	476	
无机碱制造	11	11		425	425	
无机盐制造	47	46	1	4196	4184	12
有机化学原料制造	27	27		1491	1491	
其他基础化学原料制造	83	82	1	6058	6043	15
肥料制造	49	46	3	9583	9579	4
氮肥制造	8	8		7691	7691	
磷肥制造	9	8	1	1125	1124	1
钾肥制造	1	1		395	395	
复混肥料制造	11	9	2	194	191	3
有机肥料及微生物肥料制造	18	18		160	160	
其他肥料制造	2	2		18	18	
农药制造	5	5		741	741	
化学农药制造	5	5		741	741	
涂料、油墨、颜料及类似产品制造	24	24		1051	1051	
涂料制造	17	17		222	222	
颜料制造	1	1		16	16	
染料制造	6	6		813	813	
合成材料制造	7	7		4148	4148	
初级形态的塑料及合成树脂制造	5	5		4135	4135	
合成橡胶制造	1	1		9	9	
其他合成材料制造	1	1		4	4	
专用化学产品制造	69	69		6452	6452	
化学试剂和助剂制造	10	10		915	915	
专项化学用品制造	22	22		3678	3678	
林产化学产品制造	19	19		1096	1096	
炸药及火工产品制造	3	3		597	597	

1-21 续表 5

行 业	产业活动单位数(个)	经营性单位	非经营性单位	就业人数(人)	经营性单位	非经营性单位
环境污染处理专用药剂材料制造	1	1		15	15	
动物胶制造	4	4		67	67	
其他专用化学产品制造	10	10		84	84	
日用化学产品制造	11	10	1	304	264	40
肥皂及合成洗涤剂制造	3	3		70	70	
化妆品制造	1	1		10	10	
其他日用化学产品制造	7	6	1	224	184	40
医药制造业	33	32	1	4928	4926	2
化学药品原药制造	2	2		2291	2291	
化学药品原药制造	2	2		2291	2291	
化学药品制剂制造	4	4		699	699	
化学药品制剂制造	4	4		699	699	
中药饮片加工	5	4	1	189	187	2
中药饮片加工	5	4	1	189	187	2
中成药制造	10	10		684	684	
中成药制造	10	10		684	684	
兽用药品制造	6	6		981	981	
兽用药品制造	6	6		981	981	
生物、生化制品的制造	5	5		74	74	
生物、生化制品的制造	5	5		74	74	
卫生材料及医药用品制造	1	1		10	10	
卫生材料及医药用品制造	1	1		10	10	
化学纤维制造业	2	2		113	113	
合成纤维制造	2	2		113	113	
涤纶纤维制造	1	1		100	100	
维纶纤维制造	1	1		13	13	
橡胶制品业	23	23		4221	4221	
轮胎制造	5	5		3731	3731	
车辆、飞机及工程机械轮胎制造	2	2		3682	3682	
轮胎翻新加工	3	3		49	49	
橡胶板、管、带的制造	8	8		370	370	
橡胶板、管、带的制造	8	8		370	370	
橡胶零件制造	3	3		21	21	
橡胶零件制造	3	3		21	21	
再生橡胶制造	2	2		18	18	
再生橡胶制造	2	2		18	18	
日用及医用橡胶制品制造	4	4		75	75	
日用及医用橡胶制品制造	4	4		75	75	
其他橡胶制品制造	1	1		6	6	
其他橡胶制品制造	1	1		6	6	
塑料制品业	143	137	6	4017	3911	106
塑料薄膜制造	16	14	2	392	340	52
塑料薄膜制造	16	14	2	392	340	52
塑料板、管、型材的制造	33	32	1	1116	1110	6
塑料板、管、型材的制造	33	32	1	1116	1110	6
塑料丝、绳及编织品的制造	50	50		1900	1900	
塑料丝、绳及编织品的制造	50	50		1900	1900	

1-21 续表 6

行业	产业活动单位数（个）	经营性单位	非经营性单位	就业人数（人）	经营性单位	非经营性单位
泡沫塑料制造	8	8		102	102	
泡沫塑料制造	8	8		102	102	
塑料包装箱及容器制造	12	12		238	238	
塑料包装箱及容器制造	12	12		238	238	
塑料零件制造	2	2		63	63	
塑料零件制造	2	2		63	63	
日用塑料制造	6	6		65	65	
日用塑料杂品制造	6	6		65	65	
其他塑料制品制造	16	13	3	141	93	48
其他塑料制品制造	16	13	3	141	93	48
非金属矿物制品业	953	919	34	35209	34185	1024
水泥、石灰和石膏的制造	70	66	4	8445	8400	45
水泥制造	41	41		8063	8063	
石灰和石膏制造	29	25	4	382	337	45
水泥及石膏制品制造	176	167	9	4283	4220	63
水泥制品制造	98	92	6	2828	2794	34
砼结构构件制造	54	51	3	893	864	29
石棉水泥制品制造	2	2		9	9	
轻质建筑材料制造	20	20		543	543	
其他水泥制品制造	2	2		10	10	
砖瓦、石材及其他建筑材料制造	436	417	19	15127	14220	907
粘土砖瓦及建筑砌块制造	373	355	18	13690	12787	903
建筑陶瓷制品制造	5	5		615	615	
建筑用石加工	17	16	1	232	228	4
防水建筑材料制造	11	11		121	121	
隔热和隔音材料制造	16	16		192	192	
其他建筑材料制造	14	14		277	277	
玻璃及玻璃制品制造	14	14		455	455	
平板玻璃制造	4	4		85	85	
技术玻璃制品制造	2	2		60	60	
日用玻璃制品及玻璃包装容器制造	2	2		254	254	
玻璃保温容器制造	2	2		10	10	
玻璃纤维及制品制造	2	2		27	27	
玻璃纤维增强塑料制品制造	1	1		3	3	
其他玻璃制品制造	1	1		16	16	
陶瓷制品制造	2	2		119	119	
卫生陶瓷制品制造	1	1		96	96	
日用陶瓷制品制造	1	1		23	23	
耐火材料制品制造	18	18		294	294	
石棉制品制造	3	3		55	55	
耐火陶瓷制品及其他耐火材料制造	15	15		239	239	
石墨及其他非金属矿物制品制造	237	235	2	6486	6477	9
石墨及碳素制品制造	205	203	2	4098	4089	9
其他非金属矿物制品制造	32	32		2388	2388	
黑色金属冶炼及压延加工业	130	129	1	13063	13061	2
炼铁	27	26	1	2513	2511	2
炼铁	27	26	1	2513	2511	2

1-21 续表 7

行 业	产业活动单位数(个)	经营性单位	非经营性单位	就业人数(人)	经营性单位	非经营性单位
炼钢	1	1		30	30	
炼钢	1	1		30	30	
钢压延加工	22	22		1942	1942	
钢压延加工	22	22		1942	1942	
铁合金冶炼	80	80		8578	8578	
铁合金冶炼	80	80		8578	8578	
有色金属冶炼及压延加工业	56	55	1	14926	14924	2
常用有色金属冶炼	34	34		14261	14261	
铜冶炼	3	3		45	45	
铅锌冶炼	10	10		631	631	
铝冶炼	6	6		7375	7375	
镁冶炼	13	13		5486	5486	
其他常用有色金属冶炼	2	2		724	724	
贵金属冶炼	1	1		3	3	
其他贵金属冶炼	1	1		3	3	
稀有稀土金属冶炼	6	6		207	207	
稀土金属冶炼	5	5		194	194	
其他稀有金属冶炼	1	1		13	13	
有色金属合金制造	7	7		176	176	
有色金属合金制造	7	7		176	176	
有色金属压延加工	8	7	1	279	277	2
常用有色金属压延加工	8	7	1	279	277	2
金属制品业	201	197	4	6958	6896	62
结构性金属制品制造	129	128	1	2431	2416	15
金属结构制造	47	47		1389	1389	
金属门窗制造	82	81	1	1042	1027	15
金属工具制造	9	9		214	214	
手工具制造	1	1		4	4	
农用及园林用金属工具制造	4	4		153	153	
其他金属工具制造	4	4		57	57	
集装箱及金属包装容器制造	9	9		241	241	
金属包装容器制造	9	9		241	241	
金属丝绳及其制品的制造	11	11		2961	2961	
金属丝绳及其制品的制造	11	11		2961	2961	
建筑、安全用金属制品制造	14	13	1	262	261	1
建筑、家具用金属配件制造	2	2		82	82	
建筑装饰及水暖管道零件制造	7	6	1	96	95	1
其他建筑、安全用金属制品制造	5	5		84	84	
金属表面处理及热处理加工	6	5	1	200	174	26
金属表面处理及热处理加工	6	5	1	200	174	26
搪瓷制品制造	1	1		52	52	
工业生产配套用搪瓷制品制造	1	1		52	52	
不锈钢及类似日用金属制品制造	6	6		142	142	
金属制厨房调理及卫生器具制造	2	2		17	17	
其他日用金属制品制造	4	4		125	125	

1-21 续表 8

行业	产业活动单位数（个）	经营性单位	非经营性单位	就业人数（人）	经营性单位	非经营性单位
其他金属制品制造	16	15	1	455	435	20
其他未列明的金属制品制造	16	15	1	455	435	20
通用设备制造业	220	214	6	14562	14545	17
锅炉及原动机制造	20	19	1	542	539	3
锅炉及辅助设备制造	19	18	1	532	529	3
内燃机及配件制造	1	1		10	10	
金属加工机械制造	43	42	1	2979	2975	4
金属切削机床制造	7	7		2109	2109	
金属成形机床制造	4	4		166	166	
铸造机械制造	8	8		87	87	
金属切割及焊接设备制造	1	1		15	15	
机床附件制造	15	15		422	422	
其他金属加工机械制造	8	7	1	180	176	4
起重运输设备制造	12	12		1078	1078	
起重运输设备制造	12	12		1078	1078	
泵、阀门、压缩机及类似机械的制造	7	7		369	369	
泵及真空设备制造	1	1		110	110	
阀门和旋塞的制造	2	2		54	54	
液压和气压动力机械及元件制造	4	4		205	205	
轴承、齿轮、传动和驱动部件的制造	18	18		5418	5418	
轴承制造	12	12		5321	5321	
齿轮、传动和驱动部件制造	6	6		97	97	
烘炉、熔炉及电炉制造	2	2		14	14	
烘炉、熔炉及电炉制造	2	2		14	14	
风机、衡器、包装设备等通用设备制造	16	15	1	594	588	6
风机、风扇制造	2	2		160	160	
制冷、空调设备制造	3	3		143	143	
风动和电动工具制造	1	1		25	25	
包装专用设备制造	1	1		21	21	
衡器制造	6	5	1	49	43	6
其他通用设备制造	3	3		196	196	
通用零部件制造及机械修理	54	52	2	637	634	3
金属密封件制造	3	3		30	30	
紧固件、弹簧制造	4	4		37	37	
机械零部件加工及设备修理	45	43	2	556	553	3
其他通用零部件制造	2	2		14	14	
金属铸、锻加工	48	47	1	2931	2930	1
钢铁铸件制造	45	44	1	2891	2890	1
锻件及粉末冶金制品制造	3	3		40	40	
专用设备制造业	94	93	1	5167	5077	90
矿山、冶金、建筑专用设备制造	36	36		3828	3828	
采矿、采石设备制造	30	30		3516	3516	
石油钻采专用设备制造	3	3		299	299	
建筑工程用机械制造	1	1		8	8	
建筑材料生产专用机械制造	2	2		5	5	
化工、木材、非金属加工专用设备制造	12	12		152	152	
炼油、化工生产专用设备制造	1	1		30	30	

1-21 续表 9

行 业	产业活动单位数(个)	经营性单位	非经营性单位	就业人数(人)	经营性单位	非经营性单位
塑料加工专用设备制造	3	3		41	41	
模具制造	7	7		78	78	
其他非金属加工专用设备制造	1	1		3	3	
食品、饮料、烟草及饲料生产专用设备制造	1	1		8	8	
饲料生产专用设备制造	1	1		8	8	
印刷、制药、日化生产专用设备制造	2	2		217	217	
制浆和造纸专用设备制造	2	2		217	217	
纺织、服装和皮革工业专用设备制造	1		1	90		90
纺织专用设备制造	1		1	90		90
电子和电工机械专用设备制造	7	7		299	299	
电工机械专用设备制造	4	4		32	32	
电子工业专用设备制造	3	3		267	267	
农、林、牧、渔专用机械制造	18	18		268	268	
机械化农业及园艺机具制造	5	5		121	121	
畜牧机械制造	2	2		51	51	
农林牧渔机械配件制造	1	1		1	1	
其他农林牧渔业机械制造及机械修理	10	10		95	95	
医疗仪器设备及器械制造	9	9		92	92	
医疗诊断、监护及治疗设备制造	4	4		58	58	
假肢、人工器官及植(介)入器械制造	4	4		27	27	
其他医疗设备及器械制造	1	1		7	7	
环保、社会公共安全及其他专用设备制造	8	8		213	213	
环境污染防治专用设备制造	6	6		152	152	
社会公共安全设备及器材制造	1	1		55	55	
其他专用设备制造	1	1		6	6	
交通运输设备制造业	81	79	2	1094	1065	29
汽车制造	72	71	1	889	862	27
汽车整车制造	1	1		23	23	
改装汽车制造	2	2		15	15	
汽车零部件及配件制造	2	2		104	104	
汽车修理	67	66	1	747	720	27
摩托车制造	1	1		20	20	
摩托车零部件及配件制造	1	1		20	20	
自行车制造	1	1		5	5	
脚踏自行车及残疾人座车制造	1	1		5	5	
交通器材及其他交通运输设备制造	7	6	1	180	178	2
交通管理用金属标志及设施制造	7	6	1	180	178	2
电气机械及器材制造业	84	82	2	4942	4930	12
电机制造	9	9		1934	1934	
发电机及发电机组制造	3	3		234	234	
电动机制造	6	6		1700	1700	
输配电及控制设备制造	33	33		1606	1606	
变压器、整流器和电感器制造	4	4		449	449	
电容器及其配套设备制造	3	3		34	34	
配电开关控制设备制造	20	20		1081	1081	
电力电子元器件制造	4	4		28	28	
其他输配电及控制设备制造	2	2		14	14	

1-21 续表 10

行业	产业活动单位数（个）	经营性单位	非经营性单位	就业人数（人）	经营性单位	非经营性单位
电线、电缆、光缆及电工器材制造	13	13		389	389	
电线电缆制造	12	12		341	341	
其他电工器材制造	1	1		48	48	
电池制造	4	4		289	289	
电池制造	4	4		289	289	
家用电力器具制造	1	1		20	20	
家用厨房电器具制造	1	1		20	20	
非电力家用器具制造	8	7	1	143	133	10
燃气、太阳能及类似能源的器具制造	7	6	1	141	131	10
其他非电力家用器具制造	1	1		2	2	
照明器具制造	3	3		27	27	
照明灯具制造	2	2		25	25	
灯用电器附件及其他照明器具制造	1	1		2	2	
其他电气机械及器材制造	13	12	1	534	532	2
其他未列明的电气机械制造	13	12	1	534	532	2
通信设备、计算机及其他电子设备制造业	4	4		116	116	
通信设备制造	1	1		6	6	
通信传输设备制造	1	1		6	6	
电子计算机制造	1	1		14	14	
计算机网络设备制造	1	1		14	14	
电子元件制造	1	1		88	88	
电子元件及组件制造	1	1		88	88	
家用视听设备制造	1	1		8	8	
家用影视设备制造	1	1		8	8	
仪器仪表及文化、办公用机械制造业	28	28		2407	2407	
通用仪器仪表制造	21	21		2272	2272	
工业自动控制系统装置制造	4	4		1491	1491	
电工仪器仪表制造	8	8		423	423	
实验分析仪器制造	1	1		11	11	
试验机制造	4	4		246	246	
供应用仪表及其他通用仪器制造	4	4		101	101	
专用仪器仪表制造	2	2		10	10	
汽车及其他用计数仪表制造	1	1		6	6	
其他专用仪器制造	1	1		4	4	
光学仪器及眼镜制造	1	1		3	3	
眼镜制造	1	1		3	3	
文化、办公用机械制造	2	2		92	92	
照相机及器材制造	1	1		68	68	
其他文化、办公用机械制造	1	1		24	24	
其他仪器仪表的制造及修理	2	2		30	30	
其他仪器仪表的制造及修理	2	2		30	30	
工艺品及其他制造业	47	44	3	895	766	129
工艺美术品制造	23	20	3	571	442	129
雕塑工艺品制造	2	2		8	8	
金属工艺品制造	1	1		3	3	

1-21 续表 11

行 业	产业活动单位数(个)	经营性单位	非经营性单位	就业人数(人)	经营性单位	非经营性单位
抽纱刺绣工艺品制造	1	1		30	30	
地毯、挂毯制造	12	10	2	391	322	69
其他工艺美术品制造	7	6	1	139	79	60
日用杂品制造	1	1		6	6	
其他日用杂品制造	1	1		6	6	
煤制品制造	18	18		243	243	
煤制品制造	18	18		243	243	
其他未列明的制造业	5	5		75	75	
其他未列明的制造业	5	5		75	75	
废弃资源和废旧材料回收加工业	7	5	2	36	30	6
金属废料和碎屑的加工处理	2		2	6		6
金属废料和碎屑的加工处理	2		2	6		6
非金属废料和碎屑的加工处理	5	5		30	30	
非金属废料和碎屑的加工处理	5	5		30	30	
电力、燃气及水的生产和供应业	**162**	**143**	**19**	**31392**	**30741**	**651**
电力、热力的生产和供应业	89	82	7	27125	26895	230
电力生产	28	28		12288	12288	
火力发电	15	15		11413	11413	
水力发电	5	5		640	640	
核力发电	1	1		42	42	
其他能源发电	7	7		193	193	
电力供应	12	12		11731	11731	
电力供应	12	12		11731	11731	
热力生产和供应	49	42	7	3106	2876	230
热力生产和供应	49	42	7	3106	2876	230
燃气生产和供应业	20	20		828	828	
燃气生产和供应业	20	20		828	828	
燃气生产和供应业	20	20		828	828	
水的生产和供应业	53	41	12	3439	3018	421
自来水的生产和供应	40	34	6	3069	2822	247
自来水的生产和供应	40	34	6	3069	2822	247
污水处理及其再生利用	12	6	6	367	193	174
污水处理及其再生利用	12	6	6	367	193	174
其他水的处理、利用与分配	1	1		3	3	
其他水的处理、利用与分配	1	1		3	3	
建筑业	**1176**	**1163**	**13**	**71611**	**71079**	**532**
房屋和土木工程建筑业	744	740	4	62009	61590	419
房屋工程建筑	496	492	4	36910	36491	419
房屋工程建筑	496	492	4	36910	36491	419
土木工程建筑	248	248		25099	25099	
铁路、道路、隧道和桥梁工程建筑	81	81		6899	6899	
水利和港口工程建筑	61	61		4557	4557	
工矿工程建筑	17	17		5459	5459	
架线和管道工程建筑	48	48		5691	5691	
其他土木工程建筑	41	41		2493	2493	

1-21 续表 12

行业	产业活动单位数(个)	经营性单位	非经营性单位	就业人数(人)	经营性单位	非经营性单位
建筑安装业	147	141	6	5226	5142	84
建筑安装业	147	141	6	5226	5142	84
建筑安装业	147	141	6	5226	5142	84
建筑装饰业	238	236	2	3092	3086	6
建筑装饰业	238	236	2	3092	3086	6
建筑装饰业	238	236	2	3092	3086	6
其他建筑业	47	46	1	1284	1261	23
工程准备	26	25	1	761	738	23
工程准备	26	25	1	761	738	23
提供施工设备服务	8	8		248	248	
提供施工设备服务	8	8		248	248	
其他未列明的建筑活动	13	13		275	275	
其他未列明的建筑活动	13	13		275	275	
交通运输、仓储和邮政业	**654**	**368**	**286**	**28595**	**16167**	**12428**
道路运输业	384	217	167	14306	8213	6093
公路旅客运输	84	45	39	4659	2378	2281
公路旅客运输	84	45	39	4659	2378	2281
道路货物运输	178	159	19	6395	5482	913
道路货物运输	178	159	19	6395	5482	913
道路运输辅助活动	122	13	109	3252	353	2899
客运汽车站	9	8	1	185	181	4
公路管理与养护	109	2	107	3021	149	2872
其他道路运输辅助活动	4	3	1	46	23	23
城市公共交通业	53	43	10	4635	4433	202
公共电汽车客运	15	12	3	3851	3681	170
公共电汽车客运	15	12	3	3851	3681	170
出租车客运	36	29	7	750	718	32
出租车客运	36	29	7	750	718	32
其他城市公共交通	2	2		34	34	
其他城市公共交通	2	2		34	34	
水上运输业	5	3	2	42	31	11
水上货物运输	4	3	1	33	31	2
内河货物运输	4	3	1	33	31	2
水上运输辅助活动	1		1	9		9
其他水上运输辅助活动	1		1	9		9
航空运输业	6	4	2	1170	460	710
航空客货运输	4	3	1	130	127	3
航空旅客运输	1	1		83	83	
航空货物运输	3	2	1	47	44	3
航空运输辅助活动	2	1	1	1040	333	707
机场	2	1	1	1040	333	707
管道运输业	2	2		1067	1067	
管道运输业	2	2		1067	1067	
管道运输业	2	2		1067	1067	
装卸搬运和其他运输服务业	58	54	4	1113	1054	59
装卸搬运	29	28	1	893	881	12
装卸搬运	29	28	1	893	881	12

1-21 续表 13

行 业	产业活动单位数(个)	经营性单位	非经营性单位	就业人数(人)	经营性单位	非经营性单位
运输代理服务	29	26	3	220	173	47
运输代理服务	29	26	3	220	173	47
仓储业	64	41	23	1239	886	353
谷物、棉花等农产品仓储	48	28	20	916	747	169
谷物、棉花等农产品仓储	48	28	20	916	747	169
其他仓储	16	13	3	323	139	184
其他仓储	16	13	3	323	139	184
邮政业	82	4	78	5023	23	5000
国家邮政	75	1	74	4848	8	4840
国家邮政	75	1	74	4848	8	4840
其他寄递服务	7	3	4	175	15	160
其他寄递服务	7	3	4	175	15	160
信息传输、计算机服务和软件业	**763**	**350**	**413**	**14549**	**6905**	**7644**
电信和其他信息传输服务业	203	40	163	11315	4723	6592
电信	160	21	139	9439	4193	5246
固定电信服务	35	7	28	2176	768	1408
移动电信服务	73	7	66	4442	2400	2042
其他电信服务	52	7	45	2821	1025	1796
互联网信息服务	15	7	8	157	64	93
互联网信息服务	15	7	8	157	64	93
广播电视传输服务	27	11	16	1712	459	1253
有线广播电视传输服务	24	10	14	1449	251	1198
无线广播电视传输服务	3	1	2	263	208	55
卫星传输服务	1	1		7	7	
卫星传输服务	1	1		7	7	
计算机服务业	504	255	249	2578	1530	1048
计算机系统服务	50	42	8	352	293	59
计算机系统服务	50	42	8	352	293	59
数据处理	1		1	8		8
数据处理	1		1	8		8
计算机维修	18	17	1	122	120	2
计算机维修	18	17	1	122	120	2
其他计算机服务	435	196	239	2096	1117	979
其他计算机服务	435	196	239	2096	1117	979
软件业	56	55	1	656	652	4
公共软件服务	54	53	1	653	649	4
基础软件服务	40	39	1	465	461	4
应用软件服务	14	14		188	188	
其他软件服务	2	2		3	3	
其他软件服务	2	2		3	3	
批发和零售业	**6459**	**5764**	**695**	**62515**	**57059**	**5456**
批发业	3394	3135	259	31568	29157	2411
农畜产品批发	281	208	73	2768	2418	350
谷物、豆及薯类批发	103	66	37	920	703	217
种子、饲料批发	117	81	36	914	781	133
棉、麻批发	1	1		2	2	
其他农畜产品批发	60	60		932	932	

1-21 续表 14

行业	产业活动单位数(个)	经营性单位	非经营性单位	就业人数(人)	经营性单位	非经营性单位
食品、饮料及烟草制品批发	182	171	11	4235	3926	309
米、面制品及食用油批发	32	30	2	427	388	39
糕点、糖果及糖批发	4	4		26	26	
果品、蔬菜批发	36	35	1	879	873	6
肉、禽、蛋及水产品批发	8	8		67	67	
盐及调味品批发	21	20	1	351	342	9
饮料及茶叶批发	46	46		835	835	
烟草制品批发	13	7	6	1259	1005	254
其他食品批发	22	21	1	391	390	1
纺织、服装及日用品批发	104	99	5	978	944	34
纺织品、针织品及原料批发	23	23		205	205	
服装批发	22	18	4	224	192	32
鞋帽批发	1	1		3	3	
厨房、卫生间用具及日用杂货批发	8	8		79	79	
化妆品及卫生用品批发	17	17		159	159	
其他日用品批发	33	32	1	308	306	2
文化、体育用品及器材批发	61	61		646	646	
文具用品批发	30	30		244	244	
体育用品批发	1	1		8	8	
图书批发	15	15		249	249	
音像制品及电子出版物批发	3	3		45	45	
其他文化用品批发	12	12		100	100	
医药及医疗器材批发	93	81	12	1082	911	171
西药批发	24	13	11	397	229	168
中药材及中成药批发	33	32	1	423	420	3
医疗用品及器材批发	36	36		262	262	
矿产品、建材及化工产品批发	1502	1386	116	12495	11397	1098
煤炭及制品批发	145	143	2	1952	1839	113
石油及制品批发	178	163	15	3110	2397	713
非金属矿及制品批发	22	21	1	205	201	4
金属及金属矿批发	478	476	2	3247	3241	6
建材批发	271	268	3	1565	1559	6
化肥批发	230	146	84	1195	967	228
农药批发	15	10	5	40	30	10
农用薄膜批发	11	11		96	96	
其他化工产品批发	152	148	4	1085	1067	18
机械设备、五金交电及电子产品批发	939	914	25	7286	7127	159
农业机械批发	60	55	5	476	458	18
汽车、摩托车及零配件批发	105	103	2	1397	1392	5
五金、交电批发	186	182	4	1048	1033	15
家用电器批发	37	35	2	319	306	13
计算机、软件及辅助设备批发	40	40		319	319	
通讯及广播电视设备批发	25	25		208	208	
其他机械设备及电子产品批发	486	474	12	3519	3411	108

1-21 续表 15

行 业	产业活动单位数(个)	经营性单位	非经营性单位	就业人数(人)	经营性单位	非经营性单位
贸易经纪与代理	35	30	5	211	189	22
贸易经纪与代理	35	30	5	211	189	22
其他批发	197	185	12	1867	1599	268
再生物资回收与批发	141	136	5	1179	1161	18
其他未列明的批发	56	49	7	688	438	250
零售业	3065	2629	436	30947	27902	3045
综合零售	247	210	37	8427	7905	522
百货零售	125	120	5	6838	6791	47
超级市场零售	53	32	21	1046	678	368
其他综合零售	69	58	11	543	436	107
食品、饮料及烟草制品专门零售	230	183	47	2055	1521	534
粮油零售	84	51	33	802	559	243
糕点、面包零售	18	18		101	101	
果品、蔬菜零售	6	5	1	84	82	2
肉、禽、蛋及水产品零售	14	14		140	140	
饮料及茶叶零售	43	37	6	308	233	75
烟草制品零售	14	14		47	47	
其他食品零售	51	44	7	573	359	214
纺织、服装及日用品专门零售	279	235	44	2016	1782	234
纺织品及针织品零售	29	25	4	151	136	15
服装零售	103	91	12	951	852	99
鞋帽零售	10	10		106	106	
钟表、眼镜零售	30	19	11	242	177	65
化妆品及卫生用品零售	44	35	9	281	252	29
其他日用品零售	63	55	8	285	259	26
文化、体育用品及器材专门零售	217	193	24	1681	1575	106
文具用品零售	63	61	2	255	251	4
体育用品零售	25	25		179	179	
图书零售	52	38	14	704	620	84
报刊零售	6		6	6		6
音像制品及电子出版物零售	10	10		110	110	
珠宝首饰零售	18	18		230	230	
工艺美术品及收藏品零售	18	18		73	73	
照相器材零售	1	1		5	5	
其他文化用品零售	24	22	2	119	107	12
医药及医疗器材专门零售	373	229	144	3253	2511	742
药品零售	336	192	144	3006	2264	742
医疗用品及器材零售	37	37		247	247	
汽车、摩托车、燃料及零配件专门零售	548	507	41	5285	4889	396
汽车零售	134	131	3	2719	2709	10
汽车零配件零售	97	92	5	479	452	27
摩托车及零配件零售	74	72	2	438	434	4
机动车燃料零售	243	212	31	1649	1294	355
家用电器及电子产品专门零售	561	528	33	4525	4352	173
家用电器零售	145	137	8	1296	1237	59
计算机、软件及辅助设备零售	238	232	6	1854	1835	19
通信设备零售	120	103	17	1082	995	87
其他电子产品零售	58	56	2	293	285	8

1-21 续表 16

行　业	产业活动单位数(个)	经营性单位	非经营性单位	就业人数(人)	经营性单位	非经营性单位
五金、家具及室内装修材料专门零售	418	396	22	2153	1998	155
五金零售	239	227	12	933	896	37
家具零售	55	53	2	620	540	80
涂料零售	8	5	3	53	36	17
其他室内装修材料零售	116	111	5	547	526	21
无店铺及其他零售	192	148	44	1552	1369	183
流动货摊零售	1	1		5	5	
邮购及电子销售	1	1		5	5	
生活用燃料零售	74	35	39	741	598	143
花卉零售	14	13	1	148	144	4
旧货零售	2	2		3	3	
其他未列明的零售	100	96	4	650	614	36
住宿和餐饮业	**537**	**477**	**60**	**24069**	**22294**	**1775**
住宿业	283	247	36	11773	10384	1389
旅游饭店	82	76	6	6328	5881	447
旅游饭店	82	76	6	6328	5881	447
一般旅馆	185	157	28	4398	3468	930
一般旅馆	185	157	28	4398	3468	930
其他住宿服务	16	14	2	1047	1035	12
其他住宿服务	16	14	2	1047	1035	12
餐饮业	254	230	24	12296	11910	386
正餐服务	222	205	17	11746	11425	321
正餐服务	222	205	17	11746	11425	321
快餐服务	15	12	3	362	322	40
快餐服务	15	12	3	362	322	40
饮料及冷饮服务	8	5	3	44	25	19
饮料及冷饮服务	8	5	3	44	25	19
其他餐饮服务	9	8	1	144	138	6
其他餐饮服务	9	8	1	144	138	6
金融业	**1270**	**1**	**1269**	**38256**	**6**	**38250**
银行业	908		908	19728		19728
中央银行	19		19	1333		1333
中央银行	19		19	1333		1333
商业银行	876		876	18040		18040
商业银行	876		876	18040		18040
其他银行	13		13	355		355
其他银行	13		13	355		355
证券业	4		4	79		79
证券经纪与交易	3		3	71		71
证券经纪与交易	3		3	71		71
证券投资	1		1	8		8
证券投资	1		1	8		8
保险业	190		190	16474		16474
人寿保险	83		83	12573		12573
人寿保险	83		83	12573		12573

1-21 续表 17

行 业	产业活动单位数（个）	经营性单位	非经营性单位	就业人数（人）	经营性单位	非经营性单位
非人寿保险	100		100	3763		3763
非人寿保险	100		100	3763		3763
保险辅助服务	7		7	138		138
保险辅助服务	7		7	138		138
其他金融活动	168	1	167	1975	6	1969
金融信托与管理	3		3	48		48
金融信托与管理	3		3	48		48
金融租赁	1		1	3		3
金融租赁	1		1	3		3
财务公司	1		1	8		8
财务公司	1		1	8		8
邮政储蓄	69		69	1202		1202
邮政储蓄	69		69	1202		1202
典当	43		43	227		227
典当	43		43	227		227
其他未列明的金融活动	51	1	50	487	6	481
其他未列明的金融活动	51	1	50	487	6	481
房地产业	**784**	**758**	**26**	**26363**	**24589**	**1774**
房地产业	784	758	26	26363	24589	1774
房地产开发经营	342	340	2	8955	8904	51
房地产开发经营	342	340	2	8955	8904	51
物业管理	259	252	7	14586	13163	1423
物业管理	259	252	7	14586	13163	1423
房地产中介服务	121	112	9	1517	1411	106
房地产中介服务	121	112	9	1517	1411	106
其他房地产活动	62	54	8	1305	1111	194
其他房地产活动	62	54	8	1305	1111	194
租赁和商务服务业	**1354**	**1064**	**290**	**20479**	**15280**	**5199**
租赁业	195	175	20	1032	989	43
机械设备租赁	193	173	20	1027	984	43
汽车租赁	148	142	6	649	632	17
农业机械租赁	12	1	11	21	3	18
建筑工程机械与设备租赁	32	29	3	353	345	8
计算机及通讯设备租赁	1	1		4	4	
文化及日用品出租	2	2		5	5	
图书及音像制品出租	1	1		2	2	
其他文化及日用品出租	1	1		3	3	
商务服务业	1159	889	270	19447	14291	5156
企业管理服务	162	93	69	4653	3664	989
企业管理机构	49	33	16	2428	2272	156
投资与资产管理	53	45	8	955	874	81
其他企业管理服务	60	15	45	1270	518	752
法律服务	88	27	61	1100	420	680
律师及相关的法律服务	72	26	46	893	385	508
公证服务	15	1	14	202	35	167
其他法律服务	1		1	5		5

1-21 续表 18

行业	产业活动单位数(个)	经营性单位	非经营性单位	就业人数(人)	经营性单位	非经营性单位
咨询与调查	206	158	48	1995	1479	516
会计、审计及税务服务	70	57	13	902	738	164
市场调查	23	3	20	266	19	247
社会经济咨询	63	55	8	482	436	46
其他专业咨询	50	43	7	345	286	59
广告业	283	274	9	1617	1574	43
广告业	283	274	9	1617	1574	43
知识产权服务	23	18	5	181	150	31
知识产权服务	23	18	5	181	150	31
职业中介服务	114	83	31	3359	2982	377
职业中介服务	114	83	31	3359	2982	377
市场管理	79	63	16	1495	1178	317
市场管理	79	63	16	1495	1178	317
旅行社	87	69	18	1097	914	183
旅行社	87	69	18	1097	914	183
其他商务服务	117	104	13	3950	1930	2020
会议及展览服务	13	10	3	149	81	68
包装服务	2	2		15	15	
保安服务	19	15	4	3257	1391	1866
办公服务	39	36	3	259	241	18
其他未列明的商务服务	44	41	3	270	202	68
科学研究、技术服务和地质勘查业	**951**	**340**	**611**	**18623**	**8286**	**10337**
研究与试验发展	44	20	24	1435	401	1034
自然科学研究与试验发展	6	4	2	395	56	339
自然科学研究与试验发展	6	4	2	395	56	339
工程和技术研究与试验发展	9	7	2	118	44	74
工程和技术研究与试验发展	9	7	2	118	44	74
农业科学研究与试验发展	14	4	10	612	251	361
农业科学研究与试验发展	14	4	10	612	251	361
医学研究与试验发展	5	4	1	59	47	12
医学研究与试验发展	5	4	1	59	47	12
社会人文科学研究与试验发展	10	1	9	251	3	248
社会人文科学研究与试验发展	10	1	9	251	3	248
专业技术服务业	453	252	201	10829	6983	3846
气象服务	38	7	31	693	74	619
气象服务	38	7	31	693	74	619
地震服务	30	1	29	351	3	348
地震服务	29		29	348		348
测绘服务	23	14	9	561	157	404
测绘服务	23	14	9	561	157	404
技术检测	71	35	36	1553	852	701
技术检测	71	35	36	1553	852	701
环境监测	14	8	6	299	88	211
环境监测	14	8	6	299	88	211
工程技术与规划管理	261	172	89	7205	5644	1561
工程管理服务	140	119	21	4545	4197	348
工程勘察设计	66	49	17	2161	1410	751
规划管理	55	4	51	499	37	462

1-21 续表 19

行业	产业活动单位数(个)	经营性单位	非经营性单位	就业人数(人)	经营性单位	非经营性单位
其他专业技术服务	16	15	1	167	165	2
其他专业技术服务	16	15	1	167	165	2
科技交流和推广服务业	434	56	378	4997	581	4416
技术推广服务	401	43	358	4767	506	4261
技术推广服务	401	43	358	4767	506	4261
科技中介服务	22	9	13	118	62	56
科技中介服务	22	9	13	118	62	56
其他科技服务	11	4	7	112	13	99
其他科技服务	11	4	7	112	13	99
地质勘查业	20	12	8	1362	321	1041
矿产地质勘查	7	7		249	249	
能源矿产地质勘查	5	5		198	198	
固体矿产地质勘查	2	2		51	51	
基础地质勘查	8	2	6	1012	33	979
基础地质勘查	8	2	6	1012	33	979
地质勘查技术服务	5	3	2	101	39	62
地质勘查技术服务	5	3	2	101	39	62
水利、环境和公共设施管理业	**441**	**74**	**367**	**16883**	**2063**	**14820**
水利管理业	267	8	259	6522	308	6214
防洪管理	11		11	169		169
防洪管理	11		11	169		169
水资源管理	215	4	211	5615	256	5359
水库管理	23		23	492		492
调水、引水管理	180	1	179	4582	174	4408
其他水资源管理	12	3	9	541	82	459
其他水利管理	41	4	37	738	52	686
其他水利管理	41	4	37	738	52	686
环境管理业	70	13	57	5518	258	5260
自然保护	26	2	24	692	3	689
自然保护区管理	11	1	10	411	1	410
野生动植物保护	1		1	5		5
其他自然保护	14	1	13	276	2	274
环境治理	44	11	33	4826	255	4571
城市市容管理	8		8	460		460
城市环境卫生管理	24	4	20	3797	56	3741
水污染治理	5	3	2	96	12	84
其他环境治理	7	4	3	473	187	286
公共设施管理业	104	53	51	4843	1497	3346
市政公共设施管理	19	3	16	612	62	550
市政公共设施管理	19	3	16	612	62	550
城市绿化管理	55	31	24	2497	692	1805
城市绿化管理	55	31	24	2497	692	1805
游览景区管理	30	19	11	1734	743	991
风景名胜区管理	14	12	2	1018	409	609
公园管理	8	3	5	391	43	348
其他游览景区管理	8	4	4	325	291	34

1-21 续表 20

行业	产业活动单位数(个)	经营性单位	非经营性单位	就业人数(人)	经营性单位	非经营单位
居民服务和其他服务业	**398**	**335**	**63**	**4783**	**3754**	**1029**
居民服务业	146	97	49	1863	1329	534
家庭服务	15	13	2	119	108	11
家庭服务	15	13	2	119	108	11
托儿所	1	1		10	10	
托儿所	1	1		10	10	
洗染服务	4	4		28	28	
洗染服务	4	4		28	28	
理发及美容保健服务	18	16	2	203	184	19
理发及美容保健服务	18	16	2	203	184	19
洗浴服务	25	20	5	706	561	145
洗浴服务	25	20	5	706	561	145
婚姻服务	17	10	7	65	45	20
婚姻服务	17	10	7	65	45	20
殡葬服务	34	9	25	402	157	245
殡葬服务	34	9	25	402	157	245
摄影扩印服务	24	18	6	278	199	79
摄影扩印服务	24	18	6	278	199	79
其他居民服务	8	6	2	52	37	15
其他居民服务	8	6	2	52	37	15
其他服务业	252	238	14	2920	2425	495
修理与维护	199	190	9	1924	1835	89
汽车、摩托车维护与保养	169	161	8	1692	1605	87
办公设备维修	5	4	1	35	33	2
家用电器修理	21	21		178	178	
其他日用品修理	4	4		19	19	
清洁服务	31	28	3	541	468	73
建筑物清洁服务	3	3		158	158	
其他清洁服务	28	25	3	383	310	73
其他未列明的服务	22	20	2	455	122	333
其他未列明的服务	22	20	2	455	122	333
教育	**3006**	**67**	**2939**	**91551**	**1881**	**89670**
教育	3006	67	2939	91551	1881	89670
学前教育	235	10	225	5119	125	4994
学前教育	235	10	225	5119	125	4994
初等教育	2111	1	2110	39140	9	39131
初等教育	2111	1	2110	39140	9	39131
中等教育	376	1	375	34541	217	34324
初中教育	265		265	18888		18888
高中教育	58		58	9649		9649
中等专业教育	17		17	2615		2615
职业中学教育	20	1	19	2732	217	2515
技工学校教育	6		6	227		227
其他中等教育	10		10	430		430

1-21 续表 21

行 业	产业活动单位数(个)	经营性单位	非经营性单位	就业人数(人)	经营性单位	非经营性单位
高等教育	41		41	7545		7545
普通高等教育	30		30	7356		7356
成人高等教育	11		11	189		189
其他教育	243	55	188	5206	1530	3676
职业技能培训	152	46	106	3051	1441	1610
特殊教育	3		3	543		543
其他未列明的教育	88	9	79	1612	89	1523
卫生、社会保障和社会福利业	**1137**	**65**	**1072**	**36472**	**4807**	**31665**
卫生	1004	64	940	32172	2052	30120
医院	142	42	100	21934	1565	20369
综合医院	84	20	64	18053	1058	16995
中医医院	20	1	19	2482	17	2465
中西医结合医院	7	3	4	293	77	216
民族医院	2	2		38	38	
专科医院	23	16	7	699	375	324
疗养院	6		6	369		369
卫生院及社区医疗活动	387	7	380	4589	207	4382
卫生院及社区医疗活动	387	7	380	4589	207	4382
门诊部医疗活动	226	12	214	974	180	794
门诊部医疗活动	226	12	214	974	180	794
计划生育技术服务活动	165		165	1308		1308
计划生育技术服务活动	165		165	1308		1308
妇幼保健活动	23		23	1454		1454
妇幼保健活动	23		23	1454		1454
专科疾病防治活动	2		2	246		246
专科疾病防治活动	2		2	246		246
疾病预防控制及防疫活动	45	1	44	1301	3	1298
疾病预防控制及防疫活动	45	1	44	1301	3	1298
其他卫生活动	14	2	12	366	97	269
其他卫生活动	14	2	12	366	97	269
社会保障业	66	1	65	3424	2755	669
社会保障业	66	1	65	3424	2755	669
社会保障业	66	1	65	3424	2755	669
社会福利业	67		67	876		876
提供住宿的社会福利	47		47	756		756
干部休养所	9		9	103		103
收养收容服务	38		38	653		653
不提供住宿的社会福利	20		20	120		120
不提供住宿的社会福利	20		20	120		120
文化、体育和娱乐业	**486**	**101**	**385**	**8678**	**1902**	**6776**
新闻出版业	30	4	26	1575	205	1370
新闻业	10		10	356		356
新闻业	10		10	356		356
出版业	20	4	16	1219	205	1014
图书出版	6	3	3	221	196	25
报纸出版	11		11	975		975

1-21 续表 22

行 业	产业活动单位数(个)	经营性单位	非经营性单位	就业人数(人)	经营性单位	非经营性单位
期刊出版	1		1	10		10
电子出版物出版	1	1		9	9	
其他出版	1		1	4		4
广播、电视、电影和音像业	62	23	39	1840	222	1618
广播	11	2	9	361	26	335
广播	11	2	9	361	26	335
电视	21	1	20	1183	7	1176
电视	21	1	20	1183	7	1176
电影	26	16	10	280	173	107
电影制作与发行	4	1	3	65	4	61
电影放映	22	15	7	215	169	46
音像制作	4	4		16	16	
音像制作	4	4		16	16	
文化艺术业	263	6	257	3148	28	3120
文艺创作与表演	19	2	17	949	18	931
文艺创作与表演	19	2	17	949	18	931
艺术表演场馆	2	1	1	18	2	16
艺术表演场馆	2	1	1	18	2	16
图书馆与档案馆	26		26	540		540
图书馆	19		19	432		432
档案馆	7		7	108		108
文物及文化保护	17		17	278		278
文物及文化保护	17		17	278		278
博物馆	16		16	331		331
博物馆	16		16	331		331
烈士陵园、纪念馆	4		4	24		24
烈士陵园、纪念馆	4		4	24		24
群众文化活动	165		165	946		946
群众文化活动	165		165	946		946
文化艺术经纪代理	3	1	2	7	2	5
文化艺术经纪代理	3	1	2	7	2	5
其他文化艺术	11	2	9	55	6	49
其他文化艺术	11	2	9	55	6	49
体育	47	3	44	461	31	430
体育组织	37	1	36	340	2	338
体育组织	37	1	36	340	2	338
体育场馆	5	1	4	66	10	56
体育场馆	5	1	4	66	10	56
其他体育	5	1	4	55	19	36
其他体育	5	1	4	55	19	36
娱乐业	84	65	19	1654	1416	238
室内娱乐活动	51	38	13	1149	1026	123
室内娱乐活动	51	38	13	1149	1026	123
游乐园	8	8		219	219	
游乐园	8	8		219	219	
休闲健身娱乐活动	15	11	4	81	70	11
休闲健身娱乐活动	15	11	4	81	70	11
其他娱乐活动	10	8	2	205	101	104
其他娱乐活动	10	8	2	205	101	104

1-21 续表 23

行业	产业活动单位数(个)	经营性单位	非经营性单位	就业人数(人)	经营性单位	非经营性单位
公共管理和社会组织	**12846**	**10**	**12836**	**125733**	**145**	**125588**
中国共产党机关	214		214	2999		2999
中国共产党机关	214		214	2999		2999
中国共产党机关	214		214	2999		2999
国家机构	3696		3696	77904		77904
国家权力机构	55		55	1454		1454
国家权力机构	55		55	1454		1454
国家行政机构	3506		3506	70250		70250
综合事务管理机构	970		970	19736		19736
对外事务管理机构	11		11	128		128
公共安全管理机构	411		411	11095		11095
社会事务管理机构	635		635	8627		8627
经济事务管理机构	849		849	19700		19700
政府事务管理机构	211		211	3149		3149
行政监督检查机构	419		419	7815		7815
人民法院和人民检察院	126		126	4668		4668
人民法院	88		88	2580		2580
人民检察院	38		38	2088		2088
其他国家机构	9		9	1532		1532
其他国家机构	9		9	1532		1532
人民政协和民主党派	81		81	889		889
人民政协	37		37	678		678
人民政协	37		37	678		678
民主党派	44		44	211		211
民主党派	44		44	211		211
群众团体、社会团体和宗教组织	6121	10	6111	31983	145	31838
群众团体	155		155	1077		1077
工会	48		48	438		438
妇联	26		26	185		185
共青团	24		24	134		134
其他群众团体	57		57	320		320
社会团体	1773	9	1764	16295	142	16153
专业性团体	622	7	615	6095	131	5964
行业性团体	1078	2	1076	9582	11	9571
其他社会团体	73		73	618		618
宗教组织	4193	1	4192	14611	3	14608
宗教组织	4193	1	4192	14611	3	14608
基层群众自治组织	2734		2734	11958		11958
社区自治组织	414		414	2723		2723
社区自治组织	414		414	2723		2723
村民自治组织	2320		2320	9235		9235
村民自治组织	2320		2320	9235		9235

1-22 按地区、行业

地　区	个体经营户数(户)	采矿业	制造业	建筑业	交通运输、仓储和邮政业	信息传输、计算机服务和软件业	批发和零售业	住宿和餐饮业
总　计	**215071**	**233**	**13079**	**2436**	**43760**	**1174**	**104997**	**18640**
银川市	**82709**	**50**	**3405**	**947**	**17038**	**546**	**40748**	**7326**
兴庆区	31966		919	108	3616	250	19242	3088
西夏区	8256	1	217	41	530	63	4775	1154
金凤区	8511		206	93	1753	82	3597	1010
永宁县	10993	1	824	382	4194	27	3644	589
贺兰县	11204	8	470	85	3923	42	4227	569
灵武市	11779	40	769	238	3022	82	5263	916
石嘴山市	**25792**	**29**	**1702**	**144**	**4615**	**173**	**11925**	**3128**
大武口区	10672	1	528	19	2498	76	4662	1330
惠农区	7034	19	387	20	1497	49	3101	875
平罗县	8086	9	787	105	620	48	4162	923
吴忠市	**41016**	**93**	**2509**	**338**	**10569**	**138**	**18209**	**3255**
红寺堡区	3201	3	392	93	304	6	1883	213
利通区	14319	68	968	147	2892	68	6889	1129
盐池县	7277	18	317	17	2574	23	2491	770
同心县	5441		389	2	897	16	3048	329
青铜峡市	10778	4	443	79	3902	25	3898	814
固原市	**33928**	**14**	**3643**	**597**	**4247**	**185**	**18467**	**2661**
原州区	12094	3	847	61	629	79	7343	1298
西吉县	8173	2	1425	12	331	42	4874	482
隆德县	3800	1	593	17	557	26	2009	252
泾源县	2381		136	3	588	8	1161	190
彭阳县	7480	8	642	504	2142	30	3080	439
中卫市	**31626**	**47**	**1820**	**410**	**7291**	**132**	**15648**	**2270**
沙坡头区	12457	22	685	104	2427	50	6112	1212
中宁县	9923	17	575	40	1987	20	5368	691
海原县	9246	8	560	266	2877	62	4168	367

分组的个体经营户数

金融业	房地产业	租赁和商务服务业	科学研究、技术服务和地质勘查业	水利、环境和公共设施管理业	居民服务和其他服务业	教育	卫生、社会保障和社会福利业	文化、体育和娱乐业
35	**272**	**2317**	**34**	**83**	**22597**	**320**	**2501**	**2593**
21	**237**	**1074**	**1**	**70**	**9029**	**166**	**699**	**1352**
10	187	422		43	3305	61	209	506
	10	130		8	1024	37	67	199
	23	149		11	1209	36	75	267
3	4	198	1	1	919	10	90	106
2	13	69		6	1490	6	130	164
6		106		1	1082	16	128	110
1	**5**	**234**	**31**	**1**	**3201**	**65**	**370**	**168**
1	1	78	12	1	1242	25	105	93
	1	71	9		831	30	94	50
	3	85	10		1128	10	171	25
11	**28**	**353**	**2**	**10**	**4489**	**42**	**540**	**430**
		74			208	5	13	7
5	23	120	1	4	1669	9	104	223
4	2	56			825	4	103	73
		9			530	1	205	15
2	3	94	1	6	1257	23	115	112
		296		**1**	**2780**	**30**	**704**	**303**
		174		1	1383	11	115	150
		46			595	18	268	78
		28			251		54	12
		14			142	1	120	18
		34			409		147	45
2	**2**	**360**		**1**	**3098**	**17**	**188**	**340**
	2	225			1374	2	13	229
2		103			1021	11	23	65
		32		1	703	4	152	46

1-23 按地区、行业

地区	就业人数（人）	采矿业	制造业	建筑业	交通运输、仓储和邮政业	信息传输、计算机服务和软件业	批发和零售业	住宿和餐饮业
总计	**401301**	**1325**	**33855**	**14376**	**69309**	**2267**	**162009**	**57889**
银川市	**173811**	**171**	**11677**	**5269**	**29699**	**1184**	**69651**	**27328**
兴庆区	67248		2594	223	7320	615	33263	12672
西夏区	15412	4	518	84	724	95	7082	4146
金凤区	18195		687	262	3370	195	6157	4005
永宁县	25020	12	3742	3145	6914	50	6655	1765
贺兰县	26314	56	1620	226	7541	71	8233	1875
灵武市	21622	99	2516	1329	3830	158	8261	2865
石嘴山市	**46609**	**291**	**3835**	**322**	**5696**	**327**	**19358**	**9315**
大武口区	18657	12	1115	40	2997	136	7493	4001
惠农区	13553	194	1170	80	1866	103	5140	2807
平罗县	14399	85	1550	202	833	88	6725	2507
吴忠市	**73400**	**412**	**6055**	**2924**	**16393**	**285**	**26843**	**9240**
红寺堡区	7726	56	880	629	382	10	2772	872
利通区	27717	257	2793	1805	4236	172	11007	3574
盐池县	12286	91	838	60	4890	35	3158	1690
同心县	7792		540	18	1460	30	3993	722
青铜峡市	17879	8	1004	412	5425	38	5913	2382
固原市	**53141**	**79**	**7722**	**3710**	**4851**	**256**	**23999**	**6325**
原州区	20166	10	2049	123	961	118	10314	3367
西吉县	12178	18	3232	21	413	61	6042	1054
隆德县	5354	6	1024	275	589	29	2444	517
泾源县	3377		274	3	663	12	1498	555
彭阳县	12066	45	1143	3288	2225	36	3701	832
中卫市	**54340**	**372**	**4566**	**2151**	**12670**	**215**	**22158**	**5681**
沙坡头区	23454	208	2401	341	4443	105	9349	3258
中宁县	16046	89	1292	1046	2319	28	7586	1690
海原县	14840	75	873	764	5908	82	5223	733

分组的个体户就业人数

金融业	房地产业	租赁和商务服务业	科学研究、技术服务和地质勘查业	水利、环境和公共设施管理业	居民服务和其他服务业	教育	卫生、社会保障和社会福利业	文化、体育和娱乐业
77	**689**	**6360**	**74**	**109**	**42635**	**1395**	**4327**	**4605**
46	**567**	**2468**	**5**	**93**	**20660**	**785**	**1639**	**2569**
15	445	903		56	7159	334	623	1026
	28	230		14	1841	148	154	344
	56	336		12	2313	172	191	439
13	5	688	5	2	1646	20	164	194
4	33	130		8	5924	24	254	315
14		181		1	1777	87	253	251
5	**36**	**452**	**67**	**1**	**5670**	**255**	**647**	**332**
5	2	142	25	1	2257	97	183	151
	8	156	16		1627	94	178	114
	26	154	26		1786	64	286	67
17	**82**	**2233**	**2**	**12**	**7097**	**185**	**908**	**712**
		1679			365	31	28	22
9	43	288	1	6	2784	77	276	389
4	6	81			1204	5	127	97
		12			758	4	233	22
4	33	173	1	6	1986	68	244	182
		582		**2**	**4126**	**125**	**884**	**480**
		336		2	2350	65	185	286
		122			747	57	306	105
		39			327		90	14
		24			175	3	147	23
		61			527		156	52
9	**4**	**625**		**1**	**5082**	**45**	**249**	**512**
	4	417			2556	7	41	324
9		162			1628	29	41	127
		46		1	898	9	167	61

第2篇

事业、机关、团体、民办非企业

2-1 按行业(小类)分组的事业法人单位数及就业人数

行业	事业法人单位数(个)	单产业法人	多产业法人	就业人数(人)	女性
总计	**2753**	**2436**	**317**	**162574**	**76496**
农、林、牧、渔业	**2**		**2**	**946**	**423**
农业	2		2	946	423
谷物及其他作物的种植	2		2	946	423
谷物的种植	2		2	946	423
电力、燃气及水的生产和供应业	**1**	**1**		**39**	**18**
水的生产和供应业	1	1		39	18
自来水的生产和供应	1	1		39	18
自来水的生产和供应	1	1		39	18
交通运输、仓储和邮政业	**33**	**25**	**8**	**2839**	**797**
道路运输业	28	20	8	2604	735
公路旅客运输	1	1		46	14
公路旅客运输	1	1		46	14
道路运输辅助活动	27	19	8	2558	721
公路管理与养护	26	18	8	2535	707
其他道路运输辅助活动	1	1		23	14
航空运输业	1	1		3	1
航空客货运输	1	1		3	1
航空货物运输	1	1		3	1
仓储业	4	4		232	61
谷物、棉花等农产品仓储	2	2		54	4
谷物、棉花等农产品仓储	2	2		54	4
其他仓储	2	2		178	57
其他仓储	2	2		178	57
信息传输、计算机服务和软件业	**15**	**13**	**2**	**944**	**439**
电信和其他信息传输服务业	12	10	2	913	424
电信	4	3	1	104	49
固定电信服务	2	2		10	3
其他电信服务	2	1	1	94	46
互联网信息服务	3	3		44	23
互联网信息服务	3	3		44	23
广播电视传输服务	5	4	1	765	352
有线广播电视传输服务	4	3	1	715	332
无线广播电视传输服务	1	1		50	20
计算机服务业	3	3		31	15
计算机系统服务	2	2		29	14
计算机系统服务	2	2		29	14
其他计算机服务	1	1		2	1
其他计算机服务	1	1		2	1
住宿和餐饮业	**4**	**4**		**634**	**387**
住宿业	2	2		441	310
旅游饭店	1	1		435	305
旅游饭店	1	1		435	305
一般旅馆	1	1		6	5
一般旅馆	1	1		6	5
餐饮业	2	2		193	77
正餐服务	2	2		193	77
正餐服务	2	2		193	77

2-1 续表 1

行业	事业法人单位数(个)	单产业法人	多产业法人	就业人数(人)	女性
金融业	**8**	**7**	**1**	**305**	**112**
银行业	3	2	1	220	72
中央银行	3	2	1	220	72
中央银行	3	2	1	220	72
保险业	1	1		38	15
保险辅助服务	1	1		38	15
保险辅助服务	1	1		38	15
其他金融活动	4	4		47	25
金融信托与管理	1	1		27	17
金融信托与管理	1	1		27	17
其他未列明的金融活动	3	3		20	8
其他未列明的金融活动	3	3		20	8
租赁和商务服务业	**98**	**94**	**4**	**1473**	**597**
商务服务业	98	94	4	1473	597
企业管理服务	45	42	3	533	160
企业管理机构	11	9	2	126	28
投资与资产管理	6	6		65	21
其他企业管理服务	28	27	1	342	111
法律服务	18	18		220	118
律师及相关的法律服务	8	8		69	24
公证服务	10	10		151	94
咨询与调查	15	15		290	134
会计、审计及税务服务	2	2		56	27
市场调查	10	10		188	82
其他专业咨询	3	3		46	25
广告业	1	1		7	5
广告业	1	1		7	5
知识产权服务	3	3		22	6
知识产权服务	3	3		22	6
职业中介服务	7	7		111	43
职业中介服务	7	7		111	43
市场管理	6	5	1	221	95
市场管理	6	5	1	221	95
其他商务服务	3	3		69	36
会议及展览服务	2	2		66	36
保安服务	1	1		3	
科学研究、技术服务和地质勘查业	**259**	**243**	**16**	**8372**	**2706**
研究与试验发展	21	20	1	1690	604
自然科学研究与试验发展	1	1		335	143
自然科学研究与试验发展	1	1		335	143
工程和技术研究与试验发展	3	2	1	575	240
工程和技术研究与试验发展	3	2	1	575	240
农业科学研究与试验发展	9	9		525	112
农业科学研究与试验发展	9	9		525	112

2-1 续表 2

行业	事业法人单位数(个)	单产业法人	多产业法人	就业人数(人)	女性
医学研究与试验发展	1	1		12	7
医学研究与试验发展	1	1		12	7
社会人文科学研究与试验发展	7	7		243	102
社会人文科学研究与试验发展	7	7		243	102
专业技术服务业	115	112	3	2771	969
气象服务	29	29		608	220
气象服务	29	29		608	220
地震服务	20	18	2	361	97
地震服务	20	18	2	361	97
测绘服务	7	6	1	400	102
测绘服务	7	6	1	400	102
技术检测	24	24		631	236
技术检测	24	24		631	236
环境监测	5	5		200	67
环境监测	5	5		200	67
工程技术与规划管理	30	30		571	247
工程管理服务	13	13		181	67
工程勘察设计	3	3		51	17
规划管理	14	14		339	163
科技交流和推广服务业	115	106	9	2802	895
技术推广服务	108	99	9	2696	854
技术推广服务	108	99	9	2696	854
科技中介服务	4	4		25	9
科技中介服务	4	4		25	9
其他科技服务	3	3		81	32
其他科技服务	3	3		81	32
地质勘查业	8	5	3	1109	238
基础地质勘查	7	4	3	1068	208
基础地质勘查	7	4	3	1068	208
地质勘查技术服务	1	1		41	30
地质勘查技术服务	1	1		41	30
水利、环境和公共设施管理业	**145**	**129**	**16**	**12631**	**5251**
水利管理业	74	62	12	5632	1687
防洪管理	6	6		107	22
防洪管理	6	6		107	22
水资源管理	53	43	10	4990	1550
水库管理	10	10		256	77
调水、引水管理	38	28	10	4406	1361
其他水资源管理	5	5		328	112
其他水利管理	15	13	2	535	115
其他水利管理	15	13	2	535	115
环境管理业	38	35	3	4796	2549
自然保护	20	20		658	170
自然保护区管理	8	8		389	98
其他自然保护	12	12		269	72
环境治理	18	15	3	4138	2379
城市市容管理	4	3	1	1042	752
城市环境卫生管理	10	8	2	2753	1401
水污染治理	2	2		84	29
其他环境治理	2	2		259	197

2-1 续表 3

行业	事业法人单位数（个）	单产业法人	多产业法人	就业人数（人）	女性
公共设施管理业	33	32	1	2203	1015
市政公共设施管理	13	13		520	191
市政公共设施管理	13	13		520	191
城市绿化管理	14	13	1	1371	686
城市绿化管理	14	13	1	1371	686
游览景区管理	6	6		312	138
风景名胜区管理	1	1		7	5
公园管理	3	3		286	123
其他游览景区管理	2	2		19	10
居民服务和其他服务业	**7**	**7**		**119**	**44**
居民服务业	6	6		88	29
殡葬服务	6	6		88	29
殡葬服务	6	6		88	29
其他服务业	1	1		31	15
其他未列明的服务	1	1		31	15
其他未列明的服务	1	1		31	15
教育	**988**	**829**	**159**	**76906**	**35714**
教育	988	829	159	76906	35714
学前教育	43	40	3	2247	2090
学前教育	43	40	3	2247	2090
初等教育	555	419	136	34457	15684
初等教育	555	419	136	34457	15684
中等教育	315	298	17	31712	14045
初中教育	222	208	14	17871	7845
高中教育	53	51	2	9279	4080
中等专业教育	13	12	1	1498	720
职业中学教育	18	18		2494	1146
技工学校教育	2	2		182	93
其他中等教育	7	7		388	161
高等教育	12	9	3	6218	3025
普通高等教育	7	4	3	6088	2980
成人高等教育	5	5		130	45
其他教育	63	63		2272	870
职业技能培训	21	21		589	279
特殊教育	3	3		543	185
其他未列明的教育	39	39		1140	406
卫生、社会保障和社会福利业	**422**	**381**	**41**	**27460**	**17676**
卫生	353	314	39	26251	17009
医院	66	52	14	18651	12568
综合医院	43	33	10	15588	10601
中医医院	17	13	4	2486	1598
中西医结合医院	1	1		164	95
专科医院	1	1		163	110
疗养院	4	4		250	164

2-1 续表 4

行业	事业法人单位数（个）	单产业法人	多产业法人	就业人数（人）	女性
卫生院及社区医疗活动	179	161	18	3659	1944
卫生院及社区医疗活动	179	161	18	3659	1944
门诊部医疗活动	23	22	1	360	208
门诊部医疗活动	23	22	1	360	208
计划生育技术服务活动	19	18	1	415	299
计划生育技术服务活动	19	18	1	415	299
妇幼保健活动	21	18	3	1487	1215
妇幼保健活动	21	18	3	1487	1215
专科疾病防治活动	2	2		246	92
专科疾病防治活动	2	2		246	92
疾病预防控制及防疫活动	34	32	2	1205	559
疾病预防控制及防疫活动	34	32	2	1205	559
其他卫生活动	9	9		228	124
其他卫生活动	9	9		228	124
社会保障业	45	43	2	607	272
社会保障业	45	43	2	607	272
社会保障业	45	43	2	607	272
社会福利业	24	24		602	395
提供住宿的社会福利	15	15		547	361
干部休养所	6	6		94	46
收养收容服务	9	9		453	315
不提供住宿的社会福利	9	9		55	34
不提供住宿的社会福利	9	9		55	34
文化、体育和娱乐业	**158**	**149**	**9**	**5976**	**2560**
新闻出版业	20	20		1399	608
新闻业	6	6		326	151
新闻业	6	6		326	151
出版业	14	14		1073	457
图书出版	4	4		215	95
报纸出版	9	9		848	357
期刊出版	1	1		10	5
广播、电视、电影和音像业	23	17	6	1676	628
广播	7	6	1	361	112
广播	7	6	1	361	112
电视	10	6	4	1212	479
电视	10	6	4	1212	479
电影	6	5	1	103	37
电影制作与发行	1		1	61	20
电影放映	5	5		42	17
文化艺术业	93	90	3	2468	1164
文艺创作与表演	12	9	3	906	362
文艺创作与表演	12	9	3	906	362
艺术表演场馆	1	1		16	7
艺术表演场馆	1	1		16	7
图书馆与档案馆	23	23		508	302
图书馆	17	17		405	250
档案馆	6	6		103	52

2-1 续表 5

行 业	事业法人单位数(个)	单产业法人	多产业法人	就业人数(人)	女性
文物及文化保护	14	14		257	99
文物及文化保护	14	14		257	99
博物馆	12	12		310	159
博物馆	12	12		310	159
烈士陵园、纪念馆	2	2		18	9
烈士陵园、纪念馆	2	2		18	9
群众文化活动	23	23		417	216
群众文化活动	23	23		417	216
其他文化艺术	6	6		36	10
其他文化艺术	6	6		36	10
体育	18	18		310	114
体育组织	14	14		246	90
体育组织	14	14		246	90
体育场馆	2	2		50	21
体育场馆	2	2		50	21
其他体育	2	2		14	3
其他体育	2	2		14	3
娱乐业	4	4		123	46
室内娱乐活动	1	1		17	8
室内娱乐活动	1	1		17	8
休闲健身娱乐活动	1	1		2	1
休闲健身娱乐活动	1	1		2	1
其他娱乐活动	2	2		104	37
其他娱乐活动	2	2		104	37
公共管理和社会组织	**613**	**554**	**59**	**23930**	**9772**
中国共产党机关	3	1	2	76	29
中国共产党机关	3	1	2	76	29
中国共产党机关	3	1	2	76	29
国家机构	609	552	57	23853	9743
国家权力机构	2	2		48	3
国家权力机构	2	2		48	3
国家行政机构	599	542	57	22034	8889
综合事务管理机构	76	72	4	2045	1038
对外事务管理机构	4	4		25	11
公共安全管理机构	26	25	1	737	118
社会事务管理机构	113	93	20	3706	1312
经济事务管理机构	211	184	27	10867	4693
政府事务管理机构	36	35	1	784	370
行政监督检查机构	133	129	4	3870	1347
人民法院和人民检察院	2	2		255	78
人民法院	1	1		218	67
人民检察院	1	1		37	11
其他国家机构	6	6		1516	773
其他国家机构	6	6		1516	773
人民政协和民主党派	1	1		1	
民主党派	1	1		1	
民主党派	1	1		1	

2-2 按地区分组的事业法人单位数及就业人数

地 区	事业法人单位数（个）	单产业法人	多产业法人	就业人数（人）	女性
总 计	**2753**	**2436**	**317**	**162574**	**76496**
银川市	**876**	**797**	**79**	**63801**	**32806**
兴庆区	382	360	22	29663	15779
西夏区	108	100	8	13182	6511
金凤区	146	140	6	8719	4639
永宁县	74	60	14	3459	1553
贺兰县	82	64	18	4276	2190
灵武市	84	73	11	4502	2134
石嘴山市	**365**	**338**	**27**	**19054**	**10394**
大武口区	158	156	2	8258	4652
惠农区	93	81	12	5009	2925
平罗县	114	101	13	5787	2817
吴忠市	**525**	**433**	**92**	**31434**	**14780**
红寺堡区	24	18	6	1646	662
利通区	120	87	33	11497	5853
盐池县	113	111	2	4212	1707
同心县	172	157	15	6690	2679
青铜峡市	96	60	36	7389	3879
固原市	**528**	**450**	**78**	**28087**	**10134**
原州区	173	157	16	10865	4612
西吉县	109	87	22	7433	2284
隆德县	89	72	17	3793	1204
泾源县	69	60	9	2159	871
彭阳县	88	74	14	3837	1163
中卫市	**459**	**418**	**41**	**20198**	**8382**
沙坡头区	199	192	7	7437	3540
中宁县	160	155	5	6726	2867
海原县	100	71	29	6035	1975

2-3 按行业(小类)、地区

行业	事业法人单位数(个)	银川市	兴庆区	西夏区	金凤区
总　　计	**2753**	**876**	**382**	**108**	**146**
农、林、牧、渔业	**2**	**1**			
农业	2	1			
谷物及其他作物的种植	2	1			
谷物的种植	2	1			
电力、燃气及水的生产和供应业	**1**				
水的生产和供应业	1				
自来水的生产和供应	1				
自来水的生产和供应	1				
交通运输、仓储和邮政业	**33**	**4**			
道路运输业	28	3			
公路旅客运输	1				
公路旅客运输	1				
道路运输辅助活动	27	3			
公路管理与养护	26	3			
其他道路运输辅助活动	1				
航空运输业	1	1			
航空客货运输	1	1			
航空货物运输	1	1			
仓储业	4				
谷物、棉花等农产品仓储	2				
谷物、棉花等农产品仓储	2				
其他仓储	2				
其他仓储	2				
信息传输、计算机服务和软件业	**15**	**7**	**5**		**2**
电信和其他信息传输服务业	12	4	3		1
电信	4	1	1		
固定电信服务	2				
其他电信服务	2	1	1		
互联网信息服务	3	2	2		
互联网信息服务	3	2	2		
广播电视传输服务	5	1			1
有线广播电视传输服务	4	1			1
无线广播电视传输服务	1				
计算机服务业	3	3	2		1
计算机系统服务	2	2	1		1
计算机系统服务	2	2	1		1
其他计算机服务	1	1	1		
其他计算机服务	1	1	1		
住宿和餐饮业	**4**	**2**	**1**		**1**
住宿业	2	1			1
旅游饭店	1	1			1
旅游饭店	1	1			1
一般旅馆	1				
一般旅馆	1				
餐饮业	2	1	1		
正餐服务	2	1	1		
正餐服务	2	1	1		

分组的事业法人单位数

永宁县	贺兰县	灵武市	石嘴山市	大武口区	惠农区	平罗县	吴忠市	红寺堡区
74	**82**	**84**	**365**	**158**	**93**	**114**	**525**	**24**
	1						**1**	
	1						1	
	1						1	
	1						1	
1		**3**	**4**		**1**	**3**	**12**	
1		2	3		1	2	11	
							1	
							1	
1		2	3		1	2	10	
1		2	3		1	2	9	
							1	
		1						
		1						
		1						
			1			1	1	
			1			1	1	
			1			1	1	
			2	**2**			**4**	**1**
			2	2			4	1
			2	2			1	
			2	2				
							1	
							3	1
							2	1
							1	
			1			**1**	**1**	
							1	
							1	
							1	
			1			1		
			1			1		
			1			1		

2-3 续表 1-1

行业	事业法人单位数(个)	银川市				
			兴庆区	西夏区	金凤区	永宁县
金融业	**8**	**2**			**2**	
银行业	3					
中央银行	3					
中央银行	3					
保险业	1	1			1	
保险辅助服务	1	1			1	
保险辅助服务	1	1			1	
其他金融活动	4	1			1	
金融信托与管理	1					
金融信托与管理	1					
其他未列明的金融活动	3	1			1	
其他未列明的金融活动	3	1			1	
租赁和商务服务业	**98**	**37**	**24**		**4**	**5**
商务服务业	98	37	24		4	5
企业管理服务	45	14	10		1	1
企业管理机构	11	2	1			1
投资与资产管理	6	1				
其他企业管理服务	28	11	9		1	
法律服务	18	6	3			1
律师及相关的法律服务	8	2	1			1
公证服务	10	4	2			
咨询与调查	15	6	3		2	1
会计、审计及税务服务	2					
市场调查	10	3	1		1	1
其他专业咨询	3	3	2		1	
广告业	1					
广告业	1					
知识产权服务	3	2	2			
知识产权服务	3	2	2			
职业中介服务	7	5	4			1
职业中介服务	7	5	4			1
市场管理	6	3	1		1	1
市场管理	6	3	1		1	1
其他商务服务	3	1	1			
会议及展览服务	2	1	1			
保安服务	1					
科学研究、技术服务和地质勘查业	**259**	**91**	**44**	**14**	**16**	**6**
研究与试验发展	21	12	3	3	3	1
自然科学研究与试验发展	1	1			1	
自然科学研究与试验发展	1	1			1	
工程和技术研究与试验发展	3	1		1		
工程和技术研究与试验发展	3	1		1		
农业科学研究与试验发展	9	4	1	1		1
农业科学研究与试验发展	9	4	1	1		1

贺兰县	灵武市	石嘴山市	大武口区	惠农区	平罗县	吴忠市	红寺堡区
		3	**3**			**2**	
						2	
						2	
						2	
		3	3				
		1	1				
		1	1				
		2	2				
		2	2				
3	**1**	**8**	**5**	**2**	**1**	**29**	
3	1	8	5	2	1	29	
2		2		1	1	16	
		1		1		6	
1						5	
1		1			1	5	
1	1	1	1			6	
		1	1			2	
1	1					4	
						5	
						1	
						4	
		1	1				
		1	1				
		1	1				
		1	1				
		1	1				
		1	1				
		1		1		2	
		1		1		2	
		1	1				
		1	1				
5	**6**	**33**	**23**	**3**	**7**	**62**	
	2	2	1	1		4	
		1	1			1	
		1	1			1	
	1	1		1		2	
	1	1		1		2	

2-3 续表 1-2

行业	事业法人单位数（个）	银川市	兴庆区	西夏区	金凤区	永宁县
医学研究与试验发展	1	1	1			
医学研究与试验发展	1	1	1			
社会人文科学研究与试验发展	7	5	1	1	2	
社会人文科学研究与试验发展	7	5	1	1	2	
专业技术服务业	115	49	25	6	12	2
气象服务	29	11			8	1
气象服务	29	11			8	1
地震服务	20	6	2		1	1
地震服务	20	6	2		1	1
测绘服务	7	6	1	4	1	
测绘服务	7	6	1	4	1	
技术检测	24	7	4	1	2	
技术检测	24	7	4	1	2	
环境监测	5	2	1	1		
环境监测	5	2	1	1		
工程技术与规划管理	30	17	17			
工程管理服务	13	8	8			
工程勘察设计	3	2	2			
规划管理	14	7	7			
科技交流和推广服务业	115	23	15		1	3
技术推广服务	108	18	10		1	3
技术推广服务	108	18	10		1	3
科技中介服务	4	2	2			
科技中介服务	4	2	2			
其他科技服务	3	3	3			
其他科技服务	3	3	3			
地质勘查业	8	7	1	5		
基础地质勘查	7	6		5		
基础地质勘查	7	6		5		
地质勘查技术服务	1	1	1			
地质勘查技术服务	1	1	1			
水利、环境和公共设施管理业	**145**	**43**	**24**	**7**	**3**	
水利管理业	74	22	12	3		
防洪管理	6	3	1	2		
防洪管理	6	3	1	2		
水资源管理	53	16	8	1		
水库管理	10					
调水、引水管理	38	14	6	1		
其他水资源管理	5	2	2			
其他水利管理	15	3	3			
其他水利管理	15	3	3			
环境管理业	38	9	5	2	2	
自然保护	20	3	1	2		
自然保护区管理	8	3	1	2		
其他自然保护	12					
环境治理	18	6	4		2	
城市市容管理	4	3	2		1	
城市环境卫生管理	10	3	2		1	
水污染治理	2					
其他环境治理	2					

贺兰县	灵武市	石嘴山市	大武口区	惠农区	平罗县	吴忠市	红寺堡区
	1					1	
	1					1	
2	2	21	17	1	3	19	
1	1	4	1	1	2	4	
1	1	4	1	1	2	4	
1	1	2	1		1	3	
1	1	2	1		1	3	
		1	1				
		1	1				
		8	8			4	
		8	8			4	
		1	1			2	
		1	1			2	
		5	5			6	
		3	3			1	
		1	1				
		1	1			5	
2	2	10	5	1	4	39	
2	2	9	5		4	39	
2	2	9	5		4	39	
		1		1			
		1		1			
1							
1							
1							
7	**2**	**20**	**12**	**4**	**4**	**46**	**1**
7		5	2		3	24	
						2	
						2	
7		3	1		2	18	
						2	
7		3	1		2	14	
						2	
		2	1		1	4	
		2	1		1	4	
		3	2	1		19	1
						12	
						1	
						11	
		3	2	1		7	1
		1	1			5	1
						2	
		2	1	1			

2-3 续表 1-3

行业	事业法人单位数(个)	银川市	兴庆区	西夏区	金凤区	永宁县
公共设施管理业	33	12	7	2	1	
市政公共设施管理	13	5	3			
市政公共设施管理	13	5	3			
城市绿化管理	14	5	3	1	1	
城市绿化管理	14	5	3	1	1	
游览景区管理	6	2	1	1		
风景名胜区管理	1					
公园管理	3	2	1	1		
其他游览景区管理	2					
居民服务和其他服务业	**7**	**3**			**3**	
居民服务业	6	2			2	
殡葬服务	6	2			2	
殡葬服务	6	2			2	
其他服务业	1	1			1	
其他未列明的服务	1	1			1	
其他未列明的服务	1	1			1	
教育	**988**	**277**	**96**	**58**	**43**	**15**
教育	988	277	96	58	43	15
学前教育	43	15	8	3	1	1
学前教育	43	15	8	3	1	1
初等教育	555	149	49	29	25	1
初等教育	555	149	49	29	25	1
中等教育	315	82	25	23	10	10
初中教育	222	47	11	11	6	8
高中教育	53	15	6	3	2	2
中等专业教育	13	8	2	5	1	
职业中学教育	18	7	4	2	1	
技工学校教育	2	2	1	1		
其他中等教育	7	3	1	1		
高等教育	12	6	3	2	1	
普通高等教育	7	5	3	2		
成人高等教育	5	1			1	
其他教育	63	25	11	1	6	3
职业技能培训	21	8	7			1
特殊教育	3					
其他未列明的教育	39	17	4	1	6	2
卫生、社会保障和社会福利业	**422**	**94**	**27**	**11**	**17**	**15**
卫生	353	71	18	11	13	12
医院	66	23	6	5	6	2
综合医院	43	13	4	4	2	1
中医医院	17	5	1	1		1
中西医结合医院	1					
专科医院	1	1	1			
疗养院	4	4			4	

贺兰县	灵武市	石嘴山市	大武口区	惠农区	平罗县	吴忠市	红寺堡区
	2	12	8	3	1	3	
	2	3	1	1	1	2	
	2	3	1	1	1	2	
		7	6	1		1	
		7	6	1		1	
		2	1	1			
		1		1			
		1	1				
		1	**1**			**1**	
		1	1			1	
		1	1			1	
		1	1			1	
24	**41**	**132**	**49**	**34**	**49**	**145**	**9**
24	41	132	49	34	49	145	9
1	1	9	3	3	3	8	
1	1	9	3	3	3	8	
15	30	67	26	19	22	58	4
15	30	67	26	19	22	58	4
7	7	43	10	12	21	66	4
6	5	33	6	9	18	48	3
1	1	7	2	3	2	9	1
						4	
		2	2			4	
	1	1			1	1	
		2	2			1	
		1	1				
		1	1			1	
1	3	11	8		3	12	1
		5	3		2	5	
		2	2			1	
1	3	4	3		1	6	1
16	**8**	**55**	**16**	**16**	**23**	**89**	**9**
12	5	43	8	15	20	77	8
2	2	14	1	4	9	11	1
1	1	12	1	3	8	7	1
1	1	1		1		4	
		1			1		

2-3 续表 1-4

行业	事业法人单位数(个)	银川市	兴庆区	西夏区	金凤区	永宁县
卫生院及社区医疗活动	179	20	1	4	2	6
卫生院及社区医疗活动	179	20	1	4	2	6
门诊部医疗活动	23	5		2	1	2
门诊部医疗活动	23	5		2	1	2
计划生育技术服务活动	19	5	4			
计划生育技术服务活动	19	5	4			
妇幼保健活动	21	5	2			1
妇幼保健活动	21	5	2			1
专科疾病防治活动	2	1				
专科疾病防治活动	2	1				
疾病预防控制及防疫活动	34	8	2		3	1
疾病预防控制及防疫活动	34	8	2		3	1
其他卫生活动	9	4	3		1	
其他卫生活动	9	4	3		1	
社会保障业	45	12	3		1	3
社会保障业	45	12	3		1	3
社会保障业	45	12	3		1	3
社会福利业	24	11	6		3	
提供住宿的社会福利	15	9	5		2	
干部休养所	6	3	3			
收养收容服务	9	6	2		2	
不提供住宿的社会福利	9	2	1		1	
不提供住宿的社会福利	9	2	1		1	
文化、体育和娱乐业	**158**	**64**	**42**	**6**	**8**	**4**
新闻出版业	20	16	16			
新闻业	6	5	5			
新闻业	6	5	5			
出版业	14	11	11			
图书出版	4	4	4			
报纸出版	9	6	6			
期刊出版	1	1	1			
广播、电视、电影和音像业	23	6	2	1	1	1
广播	7	1				
广播	7	1				
电视	10	3	1	1		1
电视	10	3	1	1		1
电影	6	2	1		1	
电影制作与发行	1	1			1	
电影放映	5	1	1			
文化艺术业	93	33	18	4	7	2
文艺创作与表演	12	8	7		1	
文艺创作与表演	12	8	7		1	
艺术表演场馆	1					
艺术表演场馆	1					
图书馆与档案馆	23	7	2	2	1	1
图书馆	17	5	1	1	1	1
档案馆	6	2	1	1		

贺兰县	灵武市	石嘴山市	大武口区	惠农区	平罗县	吴忠市	红寺堡区
7		14	2	6	6	40	
7		14	2	6	6	40	
		2		1	1	3	3
		2		1	1	3	3
1		2	2			6	4
1		2	2			6	4
1	1	3	1	1	1	4	
1	1	3	1	1	1	4	
	1					1	
	1					1	
1	1	7	1	3	3	11	
1	1	7	1	3	3	11	
		1	1			1	
		1	1			1	
3	2	7	4		3	11	1
3	2	7	4		3	11	1
3	2	7	4		3	11	1
1	1	5	4	1		1	
1	1	2	1	1			
1	1	2	1	1			
		3	3			1	
		3	3			1	
4		**16**	**11**	**2**	**3**	**25**	
		1	1			1	
		1	1			1	
		1	1			1	
1		3	2	1		5	
1		1		1		1	
1		1		1		1	
		2	2			3	
		2	2			3	
						1	
						1	
2		9	5	1	3	16	
						1	
						1	
1		3	2		1	5	
1		2	1		1	4	
		1	1			1	

2-3 续表 1-5

行业	事业法人单位数(个)	银川市	兴庆区	西夏区	金凤区	永宁县
文物及文化保护	14	5	3	1	1	
文物及文化保护	14	5	3	1	1	
博物馆	12	5	1		2	1
博物馆	12	5	1		2	1
烈士陵园、纪念馆	2	1	1			
烈士陵园、纪念馆	2	1	1			
群众文化活动	23	6	4	1	1	
群众文化活动	23	6	4	1	1	
其他文化艺术	6	1			1	
其他文化艺术	6	1			1	
体育	18	7	4	1		1
体育组织	14	5	3			1
体育组织	14	5	3			1
体育场馆	2	1		1		
体育场馆	2	1		1		
其他体育	2	1	1			
其他体育	2	1	1			
娱乐业	4	2	2			
室内娱乐活动	1					
室内娱乐活动	1					
休闲健身娱乐活动	1					
休闲健身娱乐活动	1					
其他娱乐活动	2	2	2			
其他娱乐活动	2	2	2			
公共管理和社会组织	**613**	**251**	**119**	**12**	**47**	**28**
中国共产党机关	3	2			1	
中国共产党机关	3	2			1	
中国共产党机关	3	2			1	
国家机构	609	249	119	12	46	28
国家权力机构	2	1			1	
国家权力机构	2	1			1	
国家行政机构	599	245	118	11	45	27
综合事务管理机构	76	29	12	2	7	1
对外事务管理机构	4	3	3			
公共安全管理机构	26	8	6		2	
社会事务管理机构	113	56	27	2	7	9
经济事务管理机构	211	80	29	4	18	10
政府事务管理机构	36	18	5	1	5	3
行政监督检查机构	133	51	36	2	6	4
人民法院和人民检察院	2	2	1			1
人民法院	1	1	1			
人民检察院	1	1				1
其他国家机构	6	1		1		
其他国家机构	6	1		1		
人民政协和民主党派	1					
民主党派	1					
民主党派	1					

		石嘴山市				吴忠市	
贺兰县	灵武市		大武口区	惠农区	平罗县		红寺堡区
		2	1		1	1	
		2	1		1	1	
1		1		1		2	
1		1		1		2	
						1	
						1	
		3	2		1	5	
		3	2		1	5	
						1	
						1	
1		2	2			3	
1		1	1			3	
1		1	1			3	
		1	1				
		1	1				
		1	1				
		1	1				
		1	1				
22	**23**	**90**	**36**	**31**	**23**	**108**	**4**
1						1	
1						1	
1						1	
21	23	90	36	31	23	107	4
		1	1				
		1	1				
21	23	87	34	30	23	105	4
4	3	23	11	9	3	8	
						1	
		7	4	3		5	
4	7	6	3	1	2	13	1
9	10	23	3	11	9	50	3
2	2	6	3	2	1	3	
2	1	22	10	4	8	25	
		2	1	1		2	
		2	1	1		2	

2-3 续表 2-1

行 业					固原市	
	利通区	盐池县	同心县	青铜峡市		原州区
总 计	**120**	**113**	**172**	**96**	**528**	**173**
农、林、牧、渔业				**1**		
农业				1		
谷物及其他作物的种植				1		
谷物的种植				1		
电力、燃气及水的生产和供应业						
水的生产和供应业						
自来水的生产和供应						
自来水的生产和供应						
交通运输、仓储和邮政业	**4**	**3**	**3**	**2**	**6**	**1**
道路运输业	4	2	3	2	6	1
公路旅客运输				1		
公路旅客运输				1		
道路运输辅助活动	4	2	3	1	6	1
公路管理与养护	3	2	3	1	6	1
其他道路运输辅助活动	1					
航空运输业						
航空客货运输						
航空货物运输						
仓储业		1				
谷物、棉花等农产品仓储		1				
谷物、棉花等农产品仓储		1				
其他仓储						
其他仓储						
信息传输、计算机服务和软件业	**1**		**1**	**1**	**2**	**1**
电信和其他信息传输服务业	1		1	1	2	1
电信				1		
固定电信服务						
其他电信服务				1		
互联网信息服务					1	1
互联网信息服务					1	1
广播电视传输服务	1		1		1	
有线广播电视传输服务			1		1	
无线广播电视传输服务	1					
计算机服务业						
计算机系统服务						
计算机系统服务						
其他计算机服务						
其他计算机服务						
住宿和餐饮业				**1**		
住宿业				1		
旅游饭店						
旅游饭店						
一般旅馆				1		
一般旅馆				1		
餐饮业						
正餐服务						
正餐服务						

西吉县	隆德县	泾源县	彭阳县	中卫市	沙坡头区	中宁县	海原县
109	89	69	88	459	199	160	100
				1	1		
				1	1		
				1	1		
				1	1		
2	1	1	1	7	2	3	2
2	1	1	1	5	2	1	2
2	1	1	1	5	2	1	2
2	1	1	1	5	2	1	2
				2		2	
				2		2	
				2		2	
			1				
			1				
			1				
			1				

2-3 续表 2-2

行业	利通区	盐池县	同心县	青铜峡市	固原市	原州区
金融业	**2**					
银行业	2					
中央银行	2					
中央银行	2					
保险业						
保险辅助服务						
保险辅助服务						
其他金融活动						
金融信托与管理						
金融信托与管理						
其他未列明的金融活动						
其他未列明的金融活动						
租赁和商务服务业	**3**	**8**	**13**	**5**	**16**	**7**
商务服务业	3	8	13	5	16	7
企业管理服务	1	4	8	3	9	3
企业管理机构	1		3	2	2	2
投资与资产管理		3	2			
其他企业管理服务		1	3	1	7	1
法律服务	1	1	3	1	3	3
律师及相关的法律服务			2		3	3
公证服务	1	1	1	1		
咨询与调查	1	2	2		3	1
会计、审计及税务服务			1		1	1
市场调查	1	2	1		2	
其他专业咨询						
广告业						
广告业						
知识产权服务						
知识产权服务						
职业中介服务					1	
职业中介服务					1	
市场管理		1		1		
市场管理		1		1		
其他商务服务						
会议及展览服务						
保安服务						
科学研究、技术服务和地质勘查业	**9**	**12**	**39**	**2**	**53**	**21**
研究与试验发展	1	1	2		3	3
自然科学研究与试验发展						
自然科学研究与试验发展						
工程和技术研究与试验发展			1			
工程和技术研究与试验发展			1			
农业科学研究与试验发展	1	1			2	2
农业科学研究与试验发展	1	1			2	2

				中卫市			
西吉县	隆德县	泾源县	彭阳县		沙坡头区	中宁县	海原县
				1	1		
				1	1		
				1	1		
				1	1		
2	1	3	3	8	3	2	3
2	1	3	3	8	3	2	3
1		3	2	4	2	1	1
1		3	2	4	2	1	1
				2	1	1	
				2	1	1	
1	1			1			1
1	1			1			1
			1				
			1				
				1			1
				1			1
10	5	13	4	20	12	6	2

2-3 续表 2-3

行　业					固原市	
	利通区	盐池县	同心县	青铜峡市		原州区
医学研究与试验发展						
医学研究与试验发展						
社会人文科学研究与试验发展			1		1	1
社会人文科学研究与试验发展			1		1	1
专业技术服务业	3	5	9	2	16	8
气象服务	1	1	1	1	6	3
气象服务	1	1	1	1	6	3
地震服务	1		1	1	6	2
地震服务	1		1	1	6	2
测绘服务						
测绘服务						
技术检测	1	1	2		2	1
技术检测	1	1	2		2	1
环境监测		1	1			
环境监测		1	1			
工程技术与规划管理		2	4		2	2
工程管理服务			1		1	1
工程勘察设计						
规划管理		2	3		1	1
科技交流和推广服务业	5	6	28		33	10
技术推广服务	5	6	28		32	10
技术推广服务	5	6	28		32	10
科技中介服务					1	
科技中介服务					1	
其他科技服务						
其他科技服务						
地质勘查业					1	
基础地质勘查					1	
基础地质勘查					1	
地质勘查技术服务						
地质勘查技术服务						
水利、环境和公共设施管理业	**8**	**18**	**15**	**4**	**28**	**13**
水利管理业	5	5	12	2	18	7
防洪管理		1	1		1	1
防洪管理		1	1		1	1
水资源管理	4	3	9	2	12	5
水库管理		2			8	2
调水、引水管理	3	1	8	2	3	2
其他水资源管理	1		1		1	1
其他水利管理	1	1	2		5	1
其他水利管理	1	1	2		5	1
环境管理业	2	12	2	2	5	2
自然保护		11	1		3	1
自然保护区管理			1		2	1
其他自然保护		11			1	
环境治理	2	1	1	2	2	1
城市市容管理					1	
城市环境卫生管理	1	1	1	1	1	1
水污染治理	1			1		
其他环境治理						

西吉县	隆德县	泾源县	彭阳县	中卫市	沙坡头区	中宁县	海原县
3	2	2	1	10	6	2	2
1	1	1		4	2	1	1
1	1	1		4	2	1	1
1	1	1	1	3	1	1	1
1	1	1	1	3	1	1	1
1				3	3		
1				3	3		
7	3	11	2	10	6	4	
7	3	10	2	10	6	4	
7	3	10	2	10	6	4	
		1					
		1					
			1				
			1				
			1				
7	**6**	**1**	**1**	**8**	**3**	**5**	
3	6	1	1	5	1	4	
1	6			4		4	
1	5						
	1			4		4	
2		1	1	1	1		
2		1	1	1	1		
3				2	2		
2				2	2		
1				2	2		
1							
1							
1							

2-3 续表 2-4

行业	利通区	盐池县	同心县	青铜峡市	固原市	原州区
公共设施管理业	1	1	1		5	4
市政公共设施管理		1	1		2	2
市政公共设施管理		1	1		2	2
城市绿化管理	1				1	1
城市绿化管理	1				1	1
游览景区管理					2	1
风景名胜区管理					1	1
公园管理						
其他游览景区管理					1	
居民服务和其他服务业			**1**		**1**	**1**
居民服务业			1		1	1
殡葬服务			1		1	1
殡葬服务			1		1	1
其他服务业						
其他未列明的服务						
其他未列明的服务						
教育	**35**	**27**	**36**	**38**	**170**	**42**
教育	35	27	36	38	170	42
学前教育	2	2	2	2	8	4
学前教育	2	2	2	2	8	4
初等教育	10	9	14	21	81	20
初等教育	10	9	14	21	81	20
中等教育	19	14	15	14	70	14
初中教育	13	9	11	12	50	10
高中教育	2	3	2	1	15	2
中等专业教育	3		1			
职业中学教育	1	1	1	1	4	1
技工学校教育						
其他中等教育		1			1	1
高等教育			1		2	1
普通高等教育					1	1
成人高等教育			1		1	
其他教育	4	2	4	1	9	3
职业技能培训	1	1	3		3	1
特殊教育	1					
其他未列明的教育	2	1	1	1	6	2
卫生、社会保障和社会福利业	**17**	**23**	**22**	**18**	**116**	**27**
卫生	16	20	16	17	102	22
医院	3	2	2	3	10	3
综合医院	2	1	1	2	6	2
中医医院	1	1	1	1	4	1
中西医结合医院						
专科医院						
疗养院						

西吉县	隆德县	泾源县	彭阳县	中卫市	沙坡头区	中宁县	海原县
1				1		1	
				1		1	
				1		1	
1							
1							
				1	**1**		
				1	1		
				1	1		
				1	1		
35	**38**	**17**	**38**	**264**	**109**	**106**	**49**
35	38	17	38	264	109	106	49
1	1	1	1	3	1	1	1
1	1	1	1	3	1	1	1
23	15	9	14	200	88	86	26
23	15	9	14	200	88	86	26
10	21	6	19	54	18	16	20
5	16	3	16	44	12	14	18
4	4	3	2	7	4	2	1
				1	1		
1	1		1	1			1
				1	1		
			1	1			1
			1	1			1
1	1	1	3	6	2	3	1
			2				
1	1	1	1	6	2	3	1
32	**19**	**13**	**25**	**68**	**30**	**16**	**22**
30	18	11	21	60	25	15	20
2	2	1	2	8	4	2	2
1	1	1	1	5	3	1	1
1	1		1	3	1	1	1

2-3 续表 2-5

行业					固原市	
	利通区	盐池县	同心县	青铜峡市		原州区
卫生院及社区医疗活动	10	8	11	11	72	11
卫生院及社区医疗活动	10	8	11	11	72	11
门诊部医疗活动						
门诊部医疗活动						
计划生育技术服务活动			1	1	6	2
计划生育技术服务活动			1	1	6	2
妇幼保健活动	1	1	1	1	6	2
妇幼保健活动	1	1	1	1	6	2
专科疾病防治活动	1					
专科疾病防治活动	1					
疾病预防控制及防疫活动		9	1	1	6	2
疾病预防控制及防疫活动		9	1	1	6	2
其他卫生活动	1				2	2
其他卫生活动	1				2	2
社会保障业	1	3	5	1	10	2
社会保障业	1	3	5	1	10	2
社会保障业	1	3	5	1	10	2
社会福利业			1		4	3
提供住宿的社会福利					2	2
干部休养所					2	2
收养收容服务						
不提供住宿的社会福利			1		2	1
不提供住宿的社会福利			1		2	1
文化、体育和娱乐业	**8**	**6**	**8**	**3**	**36**	**16**
新闻出版业	1				1	1
新闻业					1	1
新闻业					1	1
出版业	1					
图书出版						
报纸出版	1					
期刊出版						
广播、电视、电影和音像业	3	1	1		7	4
广播	1				3	2
广播	1				3	2
电视	1	1	1		1	
电视	1	1	1		1	
电影	1				3	2
电影制作与发行						
电影放映	1				3	2
文化艺术业	3	4	6	3	25	10
文艺创作与表演				1	2	1
文艺创作与表演				1	2	1
艺术表演场馆					1	1
艺术表演场馆					1	1
图书馆与档案馆	1	1	2	1	5	1
图书馆	1	1	1	1	4	1
档案馆			1		1	

西吉县	隆德县	泾源县	彭阳县	中卫市	沙坡头区	中宁县	海原县
25	13	7	16	33	5	11	17
25	13	7	16	33	5	11	17
				13	13		
				13	13		
1	1	1	1				
1	1	1	1				
1	1	1	1	3	1	1	1
1	1	1	1	3	1	1	1
1	1	1	1	2	1	1	
1	1	1	1	2	1	1	
				1	1		
				1	1		
2	1	2	3	5	2	1	2
2	1	2	3	5	2	1	2
2	1	2	3	5	2	1	2
			1	3	3		
				2	2		
				1	1		
				1	1		
			1	1	1		
			1	1	1		
6	**2**	**5**	**7**	**17**	**9**	**5**	**3**
				1	1		
				1	1		
				1	1		
	1	1	1	2	1		1
			1	1			1
			1	1			1
		1		1	1		
		1		1	1		
	1						
	1						
6	1	3	5	10	4	5	1
1				1		1	
1				1		1	
1		1	2	3	2	1	
1		1	1	2	1	1	
			1	1	1		

2-3 续表 2-6

行 业	利通区	盐池县	同心县	青铜峡市	固原市	原州区
文物及文化保护			1		4	2
文物及文化保护			1		4	2
博物馆		1		1	4	1
博物馆		1		1	4	1
烈士陵园、纪念馆			1			
烈士陵园、纪念馆			1			
群众文化活动	2	1	2		7	4
群众文化活动	2	1	2		7	4
其他文化艺术		1			2	
其他文化艺术		1			2	
体育	1	1	1		3	1
体育组织	1	1	1		3	1
体育组织	1	1	1		3	1
体育场馆						
体育场馆						
其他体育						
其他体育						
娱乐业						
室内娱乐活动						
室内娱乐活动						
休闲健身娱乐活动						
休闲健身娱乐活动						
其他娱乐活动						
其他娱乐活动						
公共管理和社会组织	**33**	**16**	**34**	**21**	**100**	**44**
中国共产党机关				1		
中国共产党机关				1		
中国共产党机关				1		
国家机构	33	16	34	20	99	43
国家权力机构						
国家权力机构						
国家行政机构	31	16	34	20	98	43
综合事务管理机构	2	2	3	1	11	7
对外事务管理机构	1					
公共安全管理机构	1	1	1	2	3	1
社会事务管理机构	1	1	3	7	19	10
经济事务管理机构	15	9	16	7	32	9
政府事务管理机构			2	1	8	6
行政监督检查机构	11	3	9	2	25	10
人民法院和人民检察院						
人民法院						
人民检察院						
其他国家机构	2				1	
其他国家机构	2				1	
人民政协和民主党派					1	1
民主党派					1	1
民主党派					1	1

西吉县	隆德县	泾源县	彭阳县	中卫市	沙坡头区	中宁县	海原县
1			1	2	1	1	
1			1	2	1	1	
	1	2					
	1	2					
2			1	2		2	
2			1	2		2	
1			1	2	1		1
1			1	2	1		1
		1	1	3	2		1
		1	1	2	1		1
		1	1	2	1		1
				1	1		
				1	1		
				1	1		
				1	1		
				1	1		
15	**17**	**16**	**8**	**64**	**28**	**17**	**19**
15	17	16	8	64	28	17	19
15	17	15	8	64	28	17	19
1	2	1		5	2	1	2
		1	1	3	2	1	
2	5	1	1	19	7	2	10
6	8	6	3	26	11	8	7
		1	1	1		1	
6	2	5	2	10	6	4	
		1					
		1					

2-4　按行业(小类)、地区分组的

行　业	就业人数(人)	银川市	兴庆区	西夏区	金凤区	永宁县
总　计	**162574**	**63801**	**29663**	**13182**	**8719**	**3459**
农、林、牧、渔业	**946**	**350**				
农业	946	350				
谷物及其他作物的种植	946	350				
谷物的种植	946	350				
电力、燃气及水的生产和供应业	**39**					
水的生产和供应业	39					
自来水的生产和供应	39					
自来水的生产和供应	39					
交通运输、仓储和邮政业	**2839**	**191**				**71**
道路运输业	2604	188				71
公路旅客运输	46					
公路旅客运输	46					
道路运输辅助活动	2558	188				71
公路管理与养护	2535	188				71
其他道路运输辅助活动	23					
航空运输业	3	3				
航空客货运输	3	3				
航空货物运输	3	3				
仓储业	232					
谷物、棉花等农产品仓储	54					
谷物、棉花等农产品仓储	54					
其他仓储	178					
其他仓储	178					
信息传输、计算机服务和软件业	**944**	**744**	**55**		**689**	
电信和其他信息传输服务业	913	713	47		666	
电信	104	9	9			
固定电信服务	10					
其他电信服务	94	9	9			
互联网信息服务	44	38	38			
互联网信息服务	44	38	38			
广播电视传输服务	765	666			666	
有线广播电视传输服务	715	666			666	
无线广播电视传输服务	50					
计算机服务业	31	31	8		23	
计算机系统服务	29	29	6		23	
计算机系统服务	29	29	6		23	
其他计算机服务	2	2	2			
其他计算机服务	2	2	2			
住宿和餐饮业	**634**	**500**	**65**		**435**	
住宿业	441	435			435	
旅游饭店	435	435			435	
旅游饭店	435	435			435	
一般旅馆	6					
一般旅馆	6					
餐饮业	193	65	65			
正餐服务	193	65	65			
正餐服务	193	65	65			

事业法人单位就业人数

贺兰县	灵武市	石嘴山市	大武口区	惠农区	平罗县	吴忠市	红寺堡区
4276	**4502**	**19054**	**8258**	**5009**	**5787**	**31434**	**1646**
350						**596**	
350						596	
350						596	
350						596	
	120	**160**		**34**	**126**	**935**	
	117	122		34	88	919	
						46	
						46	
	117	122		34	88	873	
	117	122		34	88	850	
						23	
	3						
	3						
	3						
		38			38	16	
		38			38	16	
		38			38	16	
		10	**10**			**182**	**29**
		10	10			182	29
		10	10			85	
		10	10				
						85	
						97	29
						47	29
						50	
		128			**128**	**6**	
						6	
						6	
						6	
		128			128		
		128			128		
		128			128		

2-4 续表 1-1

行　业	就业人数(人)	银川市	兴庆区	西夏区	金凤区	永宁县
金融业	**305**	**51**			**51**	
银行业	220					
中央银行	220					
中央银行	220					
保险业	38	38			38	
保险辅助服务	38	38			38	
保险辅助服务	38	38			38	
其他金融活动	47	13			13	
金融信托与管理	27					
金融信托与管理	27					
其他未列明的金融活动	20	13			13	
其他未列明的金融活动	20	13			13	
租赁和商务服务业	**1473**	**742**	**520**		**145**	**42**
商务服务业	1473	742	520		145	42
企业管理服务	533	192	117		36	20
企业管理机构	126	24	4			20
投资与资产管理	65	10				
其他企业管理服务	342	158	113		36	
法律服务	220	119	99			4
律师及相关的法律服务	69	8	4			4
公证服务	151	111	95			
咨询与调查	290	167	76		85	6
会计、审计及税务服务	56					
市场调查	188	121	33		82	6
其他专业咨询	46	46	43		3	
广告业	7					
广告业	7					
知识产权服务	22	21	21			
知识产权服务	22	21	21			
职业中介服务	111	91	84			7
职业中介服务	111	91	84			7
市场管理	221	93	64		24	5
市场管理	221	93	64		24	5
其他商务服务	69	59	59			
会议及展览服务	66	59	59			
保安服务	3					
科学研究、技术服务和地质勘查业	**8372**	**4693**	**1463**	**1665**	**733**	**85**
研究与试验发展	1690	1029	130	330	361	14
自然科学研究与试验发展	335	335			335	
自然科学研究与试验发展	335	335			335	
工程和技术研究与试验发展	575	59		59		
工程和技术研究与试验发展	575	59		59		
农业科学研究与试验发展	525	394	48	148		14
农业科学研究与试验发展	525	394	48	148		14

贺兰县	灵武市	石嘴山市	大武口区	惠农区	平罗县	吴忠市	红寺堡区
		34	**34**			**195**	
						195	
						195	
						195	
		34	34				
		27	27				
		27	27				
		7	7				
		7	7				
25	**10**	**72**	**35**	**25**	**12**	**432**	
25	10	72	35	25	12	432	
19		33		21	12	170	
		21		21		50	
10						55	
9		12			12	65	
6	10	12	12			58	
		12	12			26	
6	10					32	
						80	
						32	
						48	
		7	7				
		7	7				
		1	1				
		1	1				
		8	8				
		8	8				
		4		4		124	
		4		4		124	
		7	7				
		7	7				
199	**548**	**959**	**818**	**18**	**123**	**1050**	
	194	505	501	4		50	
		501	501			15	
		501	501			15	
	184	4		4		25	
	184	4		4		25	

2-4 续表 1-2

行业	就业人数（人）	银川市	兴庆区	西夏区	金凤区	永宁县
医学研究与试验发展	12	12	12			
医学研究与试验发展	12	12	12			
社会人文科学研究与试验发展	243	229	70	123	26	
社会人文科学研究与试验发展	243	229	70	123	26	
专业技术服务业	2771	1780	966	418	336	17
气象服务	608	271			236	13
气象服务	608	271			236	13
地震服务	361	232	188		19	4
地震服务	361	232	188		19	4
测绘服务	400	386	68	282	36	
测绘服务	400	386	68	282	36	
技术检测	631	368	261	62	45	
技术检测	631	368	261	62	45	
环境监测	200	119	45	74		
环境监测	200	119	45	74		
工程技术与规划管理	571	404	404			
工程管理服务	181	140	140			
工程勘察设计	51	36	36			
规划管理	339	228	228			
科技交流和推广服务业	2802	777	326		36	54
技术推广服务	2696	679	228		36	54
技术推广服务	2696	679	228		36	54
科技中介服务	25	17	17			
科技中介服务	25	17	17			
其他科技服务	81	81	81			
其他科技服务	81	81	81			
地质勘查业	1109	1107	41	917		
基础地质勘查	1068	1066		917		
基础地质勘查	1068	1066		917		
地质勘查技术服务	41	41	41			
地质勘查技术服务	41	41	41			
水利、环境和公共设施管理业	**12631**	**4553**	**2166**	**700**	**1479**	
水利管理业	5632	1688	1333	213		
防洪管理	107	51	12	39		
防洪管理	107	51	12	39		
水资源管理	4990	1555	1239	174		
水库管理	256					
调水、引水管理	4406	1321	1005	174		
其他水资源管理	328	234	234			
其他水利管理	535	82	82			
其他水利管理	535	82	82			
环境管理业	4796	1952	254	256	1442	
自然保护	658	295	39	256		
自然保护区管理	389	295	39	256		
其他自然保护	269					
环境治理	4138	1657	215		1442	
城市市容管理	1042	926	165		761	
城市环境卫生管理	2753	731	50		681	
水污染治理	84					
其他环境治理	259					

贺兰县	灵武市	石嘴山市	大武口区	惠农区	平罗县	吴忠市	红寺堡区
	10					10	
	10					10	
20	23	295	254	12	29	353	
11	11	66	33	12	21	88	
11	11	66	33	12	21	88	
9	12	21	13		8	39	
9	12	21	13		8	39	
		14	14				
		14	14				
		89	89			92	
		89	89			92	
		54	54			27	
		54	54			27	
		51	51			107	
		28	28			7	
		15	15				
		8	8			100	
30	331	159	63	2	94	647	
30	331	157	63		94	647	
30	331	157	63		94	647	
		2		2			
		2		2			
149							
149							
149							
142	**66**	**1839**	**1199**	**552**	**88**	**3371**	**95**
142		113	30		83	1527	
						53	
						53	
142		83	14		69	1387	
						29	
142		83	14		69	1309	
						49	
		30	16		14	87	
		30	16		14	87	
		791	572	219		1712	95
						303	
						50	
						253	
		791	572	219		1409	95
		532	532			1325	95
						84	
		259	40	219			

2-4 续表 1-3

行业	就业人数（人）	银川市	兴庆区	西夏区	金凤区	永宁县
公共设施管理业	2203	913	579	231	37	
市政公共设施管理	520	310	244			
市政公共设施管理	520	310	244			
城市绿化管理	1371	420	225	158	37	
城市绿化管理	1371	420	225	158	37	
游览景区管理	312	183	110	73		
风景名胜区管理	7					
公园管理	286	183	110	73		
其他游览景区管理	19					
居民服务和其他服务业	**119**	**95**			**95**	
居民服务业	88	64			64	
殡葬服务	88	64			64	
殡葬服务	88	64			64	
其他服务业	31	31			31	
其他未列明的服务	31	31			31	
其他未列明的服务	31	31			31	
教育	**76906**	**23318**	**7667**	**7794**	**2607**	**1144**
教育	76906	23318	7667	7794	2607	1144
学前教育	2247	806	494	70	54	51
学前教育	2247	806	494	70	54	51
初等教育	34457	6148	2125	1114	662	69
初等教育	34457	6148	2125	1114	662	69
中等教育	31712	10369	3143	2810	1694	982
初中教育	17871	4432	1188	861	628	657
高中教育	9279	3230	1228	678	416	325
中等专业教育	1498	1136	168	820	148	
职业中学教育	2494	1075	281	292	502	
技工学校教育	182	182	68	114		
其他中等教育	388	314	210	45		
高等教育	6218	5054	1471	3566	17	
普通高等教育	6088	5037	1471	3566		
成人高等教育	130	17			17	
其他教育	2272	941	434	234	180	42
职业技能培训	589	358	326			32
特殊教育	543					
其他未列明的教育	1140	583	108	234	180	10
卫生、社会保障和社会福利业	**27460**	**12016**	**6593**	**2324**	**1118**	**693**
卫生	26251	11299	6208	2324	912	657
医院	18651	9216	5112	2266	738	322
综合医院	15588	7741	4552	1915	488	265
中医医院	2486	1062	397	351		57
中西医结合医院	164					
专科医院	163	163	163			
疗养院	250	250			250	

贺兰县	灵武市	石嘴山市	大武口区	惠农区	平罗县	吴忠市	红寺堡区
	66	935	597	333	5	132	
	66	80	45	30	5	36	
	66	80	45	30	5	36	
		735	535	200		96	
		735	535	200		96	
		120	17	103			
		103		103			
		17	17				
		6	**6**			**5**	
		6	6			5	
		6	6			5	
		6	6			5	
1872	**2234**	**9345**	**4067**	**2183**	**3095**	**14813**	**1211**
1872	2234	9345	4067	2183	3095	14813	1211
67	70	436	135	123	178	551	
67	70	436	135	123	178	551	
845	1333	3982	1638	986	1358	7204	499
845	1333	3982	1638	986	1358	7204	499
945	795	3822	1235	1074	1513	6779	705
638	460	2426	586	742	1098	4660	533
307	276	1152	460	332	360	1287	172
						263	
		189	189			559	
	59	55			55	10	
		429	429			13	
		387	387				
		42	42			13	
15	36	676	630		46	266	7
		76	44		32	120	
		523	523			20	
15	36	77	63		14	126	7
490	**798**	**3658**	**1021**	**1454**	**1183**	**4331**	**188**
433	765	3463	878	1437	1148	4193	179
249	529	2691	674	1127	890	2149	97
183	338	2406	674	1006	726	1761	97
66	191	121		121		388	
		164			164		

2-4 续表 1-4

行业	就业人数(人)	银川市	兴庆区	西夏区	金凤区	永宁县
卫生院及社区医疗活动	3659	432	5	42	42	222
卫生院及社区医疗活动	3659	432	5	42	42	222
门诊部医疗活动	360	99		16	37	46
门诊部医疗活动	360	99		16	37	46
计划生育技术服务活动	415	74	63			
计划生育技术服务活动	415	74	63			
妇幼保健活动	1487	744	631			47
妇幼保健活动	1487	744	631			47
专科疾病防治活动	246	170				
专科疾病防治活动	246	170				
疾病预防控制及防疫活动	1205	471	311		88	20
疾病预防控制及防疫活动	1205	471	311		88	20
其他卫生活动	228	93	86		7	
其他卫生活动	228	93	86		7	
社会保障业	607	225	105		15	36
社会保障业	607	225	105		15	36
社会保障业	607	225	105		15	36
社会福利业	602	492	280		191	
提供住宿的社会福利	547	461	252		188	
干部休养所	94	81	81			
收养收容服务	453	380	171		188	
不提供住宿的社会福利	55	31	28		3	
不提供住宿的社会福利	55	31	28		3	
文化、体育和娱乐业	**5976**	**3493**	**2636**	**373**	**357**	**50**
新闻出版业	1399	1162	1162			
新闻业	326	271	271			
新闻业	326	271	271			
出版业	1073	891	891			
图书出版	215	215	215			
报纸出版	848	666	666			
期刊出版	10	10	10			
广播、电视、电影和音像业	1676	657	363	181	61	20
广播	361	32				
广播	361	32				
电视	1212	559	358	181		20
电视	1212	559	358	181		20
电影	103	66	5		61	
电影制作与发行	61	61			61	
电影放映	42	5	5			
文化艺术业	2468	1382	878	161	296	18
文艺创作与表演	906	685	648		37	
文艺创作与表演	906	685	648		37	
艺术表演场馆	16					
艺术表演场馆	16					
图书馆与档案馆	508	217	21	50	127	8
图书馆	405	157	10	1	127	8
档案馆	103	60	11	49		

贺兰县	灵武市	石嘴山市	大武口区	惠农区	平罗县	吴忠市	红寺堡区
121		305	31	202	72	1315	
121		305	31	202	72	1315	
		56		21	35	36	36
		56		21	35	36	36
11		17	17			187	46
11		17	17			187	46
33	33	159	68	21	70	225	
33	33	159	68	21	70	225	
	170					76	
	170					76	
19	33	211	64	66	81	179	
19	33	211	64	66	81	179	
		24	24			26	
		24	24			26	
37	32	120	85		35	132	9
37	32	120	85		35	132	9
37	32	120	85		35	132	9
20	1	75	58	17		6	
20	1	65	48	17			
20	1	65	48	17			
		10	10			6	
		10	10			6	
77		**427**	**312**	**62**	**53**	**932**	
		73	73			55	
		73	73			55	
		73	73			55	
32		180	147	33		451	
32		33		33		58	
32		33		33		58	
		147	147			392	
		147	147			392	
						1	
						1	
29		136	54	29	53	381	
						67	
						67	
11		42	27		15	132	
11		39	24		15	107	
		3	3			25	

2-4 续表 1-5

行业	就业人数(人)	银川市	兴庆区	西夏区	金凤区	永宁县
文物及文化保护	257	142	53	74	15	
文物及文化保护	257	142	53	74	15	
博物馆	310	149	17		104	10
博物馆	310	149	17		104	10
烈士陵园、纪念馆	18	4	4			
烈士陵园、纪念馆	18	4	4			
群众文化活动	417	177	135	37	5	
群众文化活动	417	177	135	37	5	
其他文化艺术	36	8			8	
其他文化艺术	36	8			8	
体育	310	188	129	31		12
体育组织	246	145	117			12
体育组织	246	145	117			12
体育场馆	50	31		31		
体育场馆	50	31		31		
其他体育	14	12	12			
其他体育	14	12	12			
娱乐业	123	104	104			
室内娱乐活动	17					
室内娱乐活动	17					
休闲健身娱乐活动	2					
休闲健身娱乐活动	2					
其他娱乐活动	104	104	104			
其他娱乐活动	104	104	104			
公共管理和社会组织	**23930**	**13055**	**8498**	**326**	**1010**	**1374**
中国共产党机关	76	51			43	
中国共产党机关	76	51			43	
中国共产党机关	76	51			43	
国家机构	23853	13004	8498	326	967	1374
国家权力机构	48	45			45	
国家权力机构	48	45			45	
国家行政机构	22034	12692	8280	314	922	1337
综合事务管理机构	2045	1206	323	64	147	21
对外事务管理机构	25	16	16			
公共安全管理机构	737	387	381		6	
社会事务管理机构	3706	2154	816	52	112	948
经济事务管理机构	10867	6909	5432	149	370	157
政府事务管理机构	784	310	78	16	112	27
行政监督检查机构	3870	1710	1234	33	175	184
人民法院和人民检察院	255	255	218			37
人民法院	218	218	218			
人民检察院	37	37				37
其他国家机构	1516	12		12		
其他国家机构	1516	12		12		
人民政协和民主党派	1					
民主党派	1					
民主党派	1					

贺兰县	灵武市	石嘴山市	大武口区	惠农区	平罗县	吴忠市	红寺堡区
		23	3		20	9	
		23	3		20	9	
18		29		29		59	
18		29		29		59	
						14	
						14	
		42	24		18	95	
		42	24		18	95	
						5	
						5	
16		21	21			45	
16		19	19			45	
16		19	19			45	
		2	2				
		2	2				
		17	17				
		17	17				
		17	17				
1121	**726**	**2416**	**756**	**681**	**979**	**4586**	**123**
8						25	
8						25	
8						25	
1113	726	2416	756	681	979	4561	123
		3	3				
		3	3				
1113	726	2391	747	665	979	3089	123
595	56	429	195	195	39	148	
						9	
		175	47	128		74	
65	161	224	55	15	154	305	8
382	419	669	215	174	280	1906	115
10	67	223	38	102	83	19	
61	23	671	197	51	423	628	
		22	6	16		1472	
		22	6	16		1472	

2-4 续表 2-1

行　业						
	利通区	盐池县	同心县	青铜峡市	固原市	原州区
总　计	**11497**	**4212**	**6690**	**7389**	**28087**	**10865**
农、林、牧、渔业				**596**		
农业				596		
谷物及其他作物的种植				596		
谷物的种植				596		
电力、燃气及水的生产和供应业						
水的生产和供应业						
自来水的生产和供应						
自来水的生产和供应						
交通运输、仓储和邮政业	**427**	**193**	**195**	**120**	**611**	**177**
道路运输业	427	177	195	120	611	177
公路旅客运输				46		
公路旅客运输				46		
道路运输辅助活动	427	177	195	74	611	177
公路管理与养护	404	177	195	74	611	177
其他道路运输辅助活动	23					
航空运输业						
航空客货运输						
航空货物运输						
仓储业		16				
谷物、棉花等农产品仓储		16				
谷物、棉花等农产品仓储		16				
其他仓储						
其他仓储						
信息传输、计算机服务和软件业	**50**		**18**	**85**	**8**	**6**
电信和其他信息传输服务业	50		18	85	8	6
电信				85		
固定电信服务						
其他电信服务				85		
互联网信息服务					6	6
互联网信息服务					6	6
广播电视传输服务	50		18		2	
有线广播电视传输服务			18		2	
无线广播电视传输服务	50					
计算机服务业						
计算机系统服务						
计算机系统服务						
其他计算机服务						
其他计算机服务						
住宿和餐饮业				**6**		
住宿业				6		
旅游饭店						
旅游饭店						
一般旅馆				6		
一般旅馆				6		
餐饮业						
正餐服务						
正餐服务						

西吉县	隆德县	泾源县	彭阳县	中卫市	沙坡头区	中宁县	海原县
7433	**3793**	**2159**	**3837**	**20198**	**7437**	**6726**	**6035**
				39	**39**		
				39	39		
				39	39		
				39	39		
182	**71**	**74**	**107**	**942**	**224**	**354**	**364**
182	71	74	107	764	224	176	364
182	71	74	107	764	224	176	364
182	71	74	107	764	224	176	364
				178		178	
				178		178	
				178		178	
			2				
			2				
			2				
			2				

2-4 续表 2-2

行业	利通区	盐池县	同心县	青铜峡市	固原市	原州区
金融业	**195**					
银行业	195					
中央银行	195					
中央银行	195					
保险业						
保险辅助服务						
保险辅助服务						
其他金融活动						
金融信托与管理						
金融信托与管理						
其他未列明的金融活动						
其他未列明的金融活动						
租赁和商务服务业	**41**	**107**	**151**	**133**	**179**	**85**
商务服务业	41	107	151	133	179	85
企业管理服务	2	52	81	35	108	38
企业管理机构	2		23	25	31	31
投资与资产管理		40	15			
其他企业管理服务		12	43	10	77	7
法律服务	15	3	32	8	23	23
律师及相关的法律服务			26		23	23
公证服务	15	3	6	8		
咨询与调查	24	18	38		36	24
会计、审计及税务服务			32		24	24
市场调查	24	18	6		12	
其他专业咨询						
广告业						
广告业						
知识产权服务						
知识产权服务						
职业中介服务					12	
职业中介服务					12	
市场管理		34		90		
市场管理		34		90		
其他商务服务						
会议及展览服务						
保安服务						
科学研究、技术服务和地质勘查业	**266**	**257**	**509**	**18**	**1214**	**465**
研究与试验发展	12	13	25		106	106
自然科学研究与试验发展						
自然科学研究与试验发展						
工程和技术研究与试验发展			15			
工程和技术研究与试验发展			15			
农业科学研究与试验发展	12	13			102	102
农业科学研究与试验发展	12	13			102	102

西吉县	隆德县	泾源县	彭阳县	中卫市	沙坡头区	中宁县	海原县
				25	**25**		
				25	25		
				25	25		
				25	25		
19	**6**	**32**	**37**	**48**	**15**	**14**	**19**
19	6	32	37	48	15	14	19
13		32	25	30	11	10	9
13		32	25	30	11	10	9
				8	4	4	
				8	4	4	
6	6			7			7
6	6			7			7
			12				
			12				
				3			3
				3			3
330	**279**	**103**	**37**	**456**	**328**	**109**	**19**

2-4 续表 2-3

行业	利通区	盐池县	同心县	青铜峡市	固原市	原州区
医学研究与试验发展						
医学研究与试验发展						
社会人文科学研究与试验发展			10		4	4
社会人文科学研究与试验发展			10		4	4
专业技术服务业	92	80	163	18	219	130
气象服务	51	14	14	9	124	95
气象服务	51	14	14	9	124	95
地震服务	15		15	9	42	22
地震服务	15		15	9	42	22
测绘服务						
测绘服务						
技术检测	26	16	50		44	4
技术检测	26	16	50		44	4
环境监测		6	21			
环境监测		6	21			
工程技术与规划管理		44	63		9	9
工程管理服务			7		6	6
工程勘察设计						
规划管理		44	56		3	3
科技交流和推广服务业	162	164	321		887	229
技术推广服务	162	164	321		881	229
技术推广服务	162	164	321		881	229
科技中介服务					6	
科技中介服务					6	
其他科技服务						
其他科技服务						
地质勘查业					2	
基础地质勘查					2	
基础地质勘查					2	
地质勘查技术服务						
地质勘查技术服务						
水利、环境和公共设施管理业	**1564**	**549**	**531**	**632**	**926**	**504**
水利管理业	891	146	222	268	423	137
防洪管理		33	20		3	3
防洪管理		33	20		3	3
水资源管理	871	84	164	268	326	123
水库管理		29			227	27
调水、引水管理	846	55	140	268	54	51
其他水资源管理	25		24		45	45
其他水利管理	20	29	38		94	11
其他水利管理	20	29	38		94	11
环境管理业	577	400	276	364	314	180
自然保护		253	50		33	15
自然保护区管理			50		17	15
其他自然保护		253			16	
环境治理	577	147	226	364	281	165
城市市容管理					116	
城市环境卫生管理	524	147	226	333	165	165
水污染治理	53			31		
其他环境治理						

	西吉县	隆德县	泾源县	彭阳县	中卫市	沙坡头区	中宁县	海原县
	58	13	14	4	124	81	24	19
	12	10	7		59	34	16	9
	12	10	7		59	34	16	9
	6	3	7	4	27	9	8	10
	6	3	7	4	27	9	8	10
	40				38	38		
	40				38	38		
	272	266	89	31	332	247	85	
	272	266	83	31	332	247	85	
	272	266	83	31	332	247	85	
			6					
			6					
				2				
				2				
				2				
	347	**39**	**16**	**20**	**1942**	**269**	**1673**	
	211	39	16	20	1881	242	1639	
	164	39			1639		1639	
	164	36						
		3			1639		1639	
	47		16	20	242	242		
	47		16	20	242	242		
	134				27	27		
	18				27	27		
	2				27	27		
	16							
	116							
	116							

2-4 续表 2-4

行 业						
	利通区	盐池县	同心县	青铜峡市	固原市	原州区
公共设施管理业	96	3	33		189	187
市政公共设施管理		3	33		60	60
市政公共设施管理		3	33		60	60
城市绿化管理	96				120	120
城市绿化管理	96				120	120
游览景区管理					9	7
风景名胜区管理					7	7
公园管理						
其他游览景区管理					2	
居民服务和其他服务业			**5**		**7**	**7**
居民服务业			5		7	7
殡葬服务			5		7	7
殡葬服务			5		7	7
其他服务业						
其他未列明的服务						
其他未列明的服务						
教育	**3974**	**2267**	**3855**	**3506**	**18248**	**6319**
教育	3974	2267	3855	3506	18248	6319
学前教育	117	81	120	233	318	190
学前教育	117	81	120	233	318	190
初等教育	1324	1053	2283	2045	10718	3213
初等教育	1324	1053	2283	2045	10718	3213
中等教育	2431	1076	1357	1210	6298	2082
初中教育	1536	725	891	975	3333	1189
高中教育	388	295	290	142	2383	657
中等专业教育	226		37			
职业中学教育	281	46	139	93	576	230
技工学校教育						
其他中等教育		10			6	6
高等教育			13		670	664
普通高等教育					664	664
成人高等教育			13		6	
其他教育	102	57	82	18	244	170
职业技能培训	28	40	52		35	20
特殊教育	20					
其他未列明的教育	54	17	30	18	209	150
卫生、社会保障和社会福利业	**1584**	**547**	**679**	**1333**	**3962**	**1827**
卫生	1564	509	639	1302	3868	1794
医院	1069	244	378	361	2188	1235
综合医院	870	201	344	249	1906	1140
中医医院	199	43	34	112	282	95
中西医结合医院						
专科医院						
疗养院						

西吉县	隆德县	泾源县	彭阳县	中卫市	沙坡头区	中宁县	海原县
2				34		34	
				34		34	
				34		34	
2							
2							
				6	**6**		
				6	6		
				6	6		
				6	6		
4881	**2702**	**1359**	**2987**	**11182**	**4045**	**3308**	**3829**
4881	2702	1359	2987	11182	4045	3308	3829
33	26	26	43	136	65	41	30
33	26	26	43	136	65	41	30
3592	1333	894	1686	6405	2181	1708	2516
3592	1333	894	1686	6405	2181	1708	2516
1233	1334	425	1224	4444	1737	1494	1213
465	710	150	819	3020	1028	1056	936
632	514	275	305	1227	607	438	182
				99	99		
136	110		100	95			95
				3	3		
			6	52			52
			6	52			52
23	9	14	28	145	62	65	18
			15				
23	9	14	13	145	62	65	18
958	**453**	**276**	**448**	**3493**	**1891**	**888**	**714**
941	447	263	423	3428	1855	876	697
498	224	99	132	2407	1395	639	373
358	181	99	128	1774	1074	479	221
140	43		4	633	321	160	152

2-4 续表 2-5

行业	利通区	盐池县	同心县	青铜峡市	固原市	原州区
卫生院及社区医疗活动	302	144	121	748	1020	247
卫生院及社区医疗活动	302	144	121	748	1020	247
门诊部医疗活动						
门诊部医疗活动						
计划生育技术服务活动			71	70	137	32
计划生育技术服务活动			71	70	137	32
妇幼保健活动	91	28	37	69	214	85
妇幼保健活动	91	28	37	69	214	85
专科疾病防治活动	76					
专科疾病防治活动	76					
疾病预防控制及防疫活动		93	32	54	242	128
疾病预防控制及防疫活动		93	32	54	242	128
其他卫生活动	26				67	67
其他卫生活动	26				67	67
社会保障业	20	38	34	31	78	21
社会保障业	20	38	34	31	78	21
社会保障业	20	38	34	31	78	21
社会福利业			6		16	12
提供住宿的社会福利					10	10
干部休养所					10	10
收养收容服务						
不提供住宿的社会福利			6		6	2
不提供住宿的社会福利			6		6	2
文化、体育和娱乐业	**470**	**98**	**220**	**144**	**804**	**524**
新闻出版业	55				55	55
新闻业					55	55
新闻业					55	55
出版业	55					
图书出版						
报纸出版	55					
期刊出版						
广播、电视、电影和音像业	308	49	94		259	211
广播	58				192	182
广播	58				192	182
电视	249	49	94		31	
电视	249	49	94		31	
电影	1				36	29
电影制作与发行						
电影放映	1				36	29
文化艺术业	87	43	107	144	471	252
文艺创作与表演				67	124	77
文艺创作与表演				67	124	77
艺术表演场馆					16	16
艺术表演场馆					16	16
图书馆与档案馆	40	12	53	27	82	34
图书馆	40	12	28	27	75	34
档案馆			25		7	

西吉县	隆德县	泾源县	彭阳县	中卫市	沙坡头区	中宁县	海原县
311	143	101	218	587	138	160	289
311	143	101	218	587	138	160	289
				169	169		
				169	169		
44	21	18	22				
44	21	18	22				
48	34	22	25	145	73	37	35
48	34	22	25	145	73	37	35
40	25	23	26	102	62	40	
40	25	23	26	102	62	40	
				18	18		
				18	18		
17	6	13	21	52	23	12	17
17	6	13	21	52	23	12	17
17	6	13	21	52	23	12	17
			4	13	13		
				11	11		
				3	3		
				8	8		
			4	2	2		
			4	2	2		
131	**20**	**72**	**57**	**320**	**204**	**59**	**57**
				54	54		
				54	54		
				54	54		
	7	31	10	129	83		46
			10	46			46
			10	46			46
		31		83	83		
		31		83	83		
	7						
	7						
131	13	34	41	98	34	59	5
47				30		30	
47				30		30	
17		13	18	35	22	13	
17		13	11	27	14	13	
			7	8	8		

2-4 续表 2-6

行业					固原市	
	利通区	盐池县	同心县	青铜峡市		原州区
文物及文化保护			9		72	38
文物及文化保护			9		72	38
博物馆		9		50	73	39
博物馆		9		50	73	39
烈士陵园、纪念馆			14			
烈士陵园、纪念馆			14			
群众文化活动	47	17	31		90	48
群众文化活动	47	17	31		90	48
其他文化艺术		5			14	
其他文化艺术		5			14	
体育	20	6	19		19	6
体育组织	20	6	19		19	6
体育组织	20	6	19		19	6
体育场馆						
体育场馆						
其他体育						
其他体育						
娱乐业						
室内娱乐活动						
室内娱乐活动						
休闲健身娱乐活动						
休闲健身娱乐活动						
其他娱乐活动						
其他娱乐活动						
公共管理和社会组织	**2926**	**194**	**527**	**816**	**2128**	**951**
中国共产党机关				25		
中国共产党机关				25		
中国共产党机关				25		
国家机构	2926	194	527	791	2127	950
国家权力机构						
国家权力机构						
国家行政机构	1454	194	527	791	2117	950
综合事务管理机构	23	24	76	25	148	105
对外事务管理机构	9					
公共安全管理机构	18	5	11	40	87	64
社会事务管理机构	12	15	73	197	410	165
经济事务管理机构	1098	109	137	447	541	170
政府事务管理机构			7	12	227	168
行政监督检查机构	294	41	223	70	704	278
人民法院和人民检察院						
人民法院						
人民检察院						
其他国家机构	1472				10	
其他国家机构	1472				10	
人民政协和民主党派					1	1
民主党派					1	1
民主党派					1	1

西吉县	隆德县	泾源县	彭阳县	中卫市	沙坡头区	中宁县	海原县
26			8	11	8	3	
26			8	11	8	3	
	13	21					
	13	21					
33			9	13		13	
33			9	13		13	
8			6	9	4		5
8			6	9	4		5
		7	6	37	31		6
		7	6	18	12		6
		7	6	18	12		6
				19	19		
				19	19		
				2	2		
				2	2		
				2	2		
585	**223**	**227**	**142**	**1745**	**391**	**321**	**1033**
585	223	227	142	1745	391	321	1033
585	223	217	142	1745	391	321	1033
8	24	11		114	27	11	76
		11	12	14	11	3	
138	84	6	17	613	149	76	388
107	91	131	42	842	114	159	569
		6	53	5		5	
332	24	52	18	157	90	67	
		10					
		10					

2-5 按行业(小类)、学历分组的事业法人单位就业人数

行业	法人单位数(个)	就业人数(人)	具有研究生及以上学历人员	具有大学本科学历人员	具有大专学历人员	具有高中学历人员	具有初中及以下学历人员
总计	**2753**	**162574**	**6522**	**54780**	**56451**	**31601**	**13220**
农、林、牧、渔业	**2**	**946**	**1**	**20**	**100**	**360**	**465**
农业	2	946	1	20	100	360	465
谷物及其他作物的种植	2	946	1	20	100	360	465
谷物的种植	2	946	1	20	100	360	465
电力、燃气及水的生产和供应业	**1**	**39**		**5**	**34**		
水的生产和供应业	1	39		5	34		
自来水的生产和供应	1	39		5	34		
自来水的生产和供应	1	39		5	34		
交通运输、仓储和邮政业	**33**	**2839**	**2**	**258**	**1044**	**707**	**828**
道路运输业	28	2604	2	212	915	647	828
公路旅客运输	1	46		7	34	5	
公路旅客运输	1	46		7	34	5	
道路运输辅助活动	27	2558	2	205	881	642	828
公路管理与养护	26	2535	2	201	871	634	827
其他道路运输辅助活动	1	23		4	10	8	1
航空运输业	1	3			2	1	
航空客货运输	1	3			2	1	
航空货物运输	1	3			2	1	
仓储业	4	232		46	127	59	
谷物、棉花等农产品仓储	2	54		8	27	19	
谷物、棉花等农产品仓储	2	54		8	27	19	
其他仓储	2	178		38	100	40	
其他仓储	2	178		38	100	40	
信息传输、计算机服务和软件业	**15**	**944**	**8**	**474**	**379**	**47**	**36**
电信和其他信息传输服务业	12	913	5	458	369	46	35
电信	4	104		33	51	12	8
固定电信服务	2	10		5	2	3	
其他电信服务	2	94		28	49	9	8
互联网信息服务	3	44	3	29	11	1	
互联网信息服务	3	44	3	29	11	1	
广播电视传输服务	5	765	2	396	307	33	27
有线广播电视传输服务	4	715	2	395	274	33	11
无线广播电视传输服务	1	50		1	33		16
计算机服务业	3	31	3	16	10	1	1
计算机系统服务	2	29	3	16	10		
计算机系统服务	2	29	3	16	10		
其他计算机服务	1	2				1	1
其他计算机服务	1	2				1	1
住宿和餐饮业	**4**	**634**	**1**	**36**	**48**	**426**	**123**
住宿业	2	441	1	20	36	378	6
旅游饭店	1	435	1	20	36	378	
旅游饭店	1	435	1	20	36	378	
一般旅馆	1	6					6
一般旅馆	1	6					6
餐饮业	2	193		16	12	48	117
正餐服务	2	193		16	12	48	117
正餐服务	2	193		16	12	48	117

2-5　续表 1

行　业	法人单位数（个）	就业人数（人）	具有研究生及以上学历人员	具有大学本科学历人员	具有大专学历人员	具有高中学历人员	具有初中及以下学历人员
金融业	**8**	**305**	**12**	**165**	**86**	**38**	**4**
银行业	3	220	6	124	53	33	4
中央银行	3	220	6	124	53	33	4
中央银行	3	220	6	124	53	33	4
保险业	1	38	6	26	3	3	
保险辅助服务	1	38	6	26	3	3	
保险辅助服务	1	38	6	26	3	3	
其他金融活动	4	47		15	30	2	
金融信托与管理	1	27		8	18	1	
金融信托与管理	1	27		8	18	1	
其他未列明的金融活动	3	20		7	12	1	
其他未列明的金融活动	3	20		7	12	1	
租赁和商务服务业	**98**	**1473**	**55**	**495**	**516**	**357**	**50**
商务服务业	98	1473	55	495	516	357	50
企业管理服务	45	533	12	126	230	138	27
企业管理机构	11	126	2	25	73	13	13
投资与资产管理	6	65	3	8	32	18	4
其他企业管理服务	28	342	7	93	125	107	10
法律服务	18	220	20	111	67	22	
律师及相关的法律服务	8	69	15	24	21	9	
公证服务	10	151	5	87	46	13	
咨询与调查	15	290	12	129	91	58	
会计、审计及税务服务	2	56		9	19	28	
市场调查	10	188	7	98	58	25	
其他专业咨询	3	46	5	22	14	5	
广告业	1	7		5	2		
广告业	1	7		5	2		
知识产权服务	3	22	4	14	2	2	
知识产权服务	3	22	4	14	2	2	
职业中介服务	7	111	7	58	33	11	2
职业中介服务	7	111	7	58	33	11	2
市场管理	6	221		39	68	98	16
市场管理	6	221		39	68	98	16
其他商务服务	3	69		13	23	28	5
会议及展览服务	2	66		13	22	26	5
保安服务	1	3			1	2	
科学研究、技术服务和地质勘查业	**259**	**8372**	**339**	**2479**	**2813**	**1997**	**744**
研究与试验发展	21	1690	224	496	382	540	48
自然科学研究与试验发展	1	335	101	166	52	16	
自然科学研究与试验发展	1	335	101	166	52	16	
工程和技术研究与试验发展	3	575	14	192	222	126	21
工程和技术研究与试验发展	3	575	14	192	222	126	21
农业科学研究与试验发展	9	525	3	73	64	378	7
农业科学研究与试验发展	9	525	3	73	64	378	7

2-5 续表 2

行　业	法人单位数(个)	就业人数(人)	具有研究生及以上学历人员	具有大学本科学历人员	具有大专学历人员	具有高中学历人员	具有初中及以下学历人员
医学研究与试验发展	1	12	1	4	5	2	
医学研究与试验发展	1	12	1	4	5	2	
社会人文科学研究与试验发展	7	243	105	61	39	18	20
社会人文科学研究与试验发展	7	243	105	61	39	18	20
专业技术服务业	115	2771	70	1052	1038	473	138
气象服务	29	608	16	297	214	65	16
气象服务	29	608	16	297	214	65	16
地震服务	20	361	12	124	151	68	6
地震服务	20	361	12	124	151	68	6
测绘服务	7	400	10	113	166	57	54
测绘服务	7	400	10	113	166	57	54
技术检测	24	631	11	222	239	123	36
技术检测	24	631	11	222	239	123	36
环境监测	5	200	5	89	79	27	
环境监测	5	200	5	89	79	27	
工程技术与规划管理	30	571	16	207	189	133	26
工程管理服务	13	181	9	70	79	20	3
工程勘察设计	3	51	1	31	15	4	
规划管理	14	339	6	106	95	109	23
科技交流和推广服务业	115	2802	27	753	1126	495	401
技术推广服务	108	2696	21	703	1089	482	401
技术推广服务	108	2696	21	703	1089	482	401
科技中介服务	4	25	1	7	11	6	
科技中介服务	4	25	1	7	11	6	
其他科技服务	3	81	5	43	26	7	
其他科技服务	3	81	5	43	26	7	
地质勘查业	8	1109	18	178	267	489	157
基础地质勘查	7	1068	17	166	258	488	139
基础地质勘查	7	1068	17	166	258	488	139
地质勘查技术服务	1	41	1	12	9	1	18
地质勘查技术服务	1	41	1	12	9	1	18
水利、环境和公共设施管理业	**145**	**12631**	**39**	**1335**	**3859**	**3727**	**3671**
水利管理业	74	5632	20	869	2049	1893	801
防洪管理	6	107		25	39	40	3
防洪管理	6	107		25	39	40	3
水资源管理	53	4990	18	680	1819	1780	693
水库管理	10	256		48	136	67	5
调水、引水管理	38	4406	15	564	1517	1651	659
其他水资源管理	5	328	3	68	166	62	29
其他水利管理	15	535	2	164	191	73	105
其他水利管理	15	535	2	164	191	73	105
环境管理业	38	4796	13	335	1332	1143	1973
自然保护	20	658	6	129	240	146	137
自然保护区管理	8	389	6	76	150	80	77
其他自然保护	12	269		53	90	66	60
环境治理	18	4138	7	206	1092	997	1836
城市市容管理	4	1042		38	155	101	748
城市环境卫生管理	10	2753	7	148	889	810	899
水污染治理	2	84		15	36	28	5
其他环境治理	2	259		5	12	58	184

2-5　续表 3

行　业	法人单位数(个)	就业人数(人)	具有研究生及以上学历人员	具有大学本科学历人员	具有大专学历人员	具有高中学历人员	具有初中及以下学历人员
公共设施管理业	33	2203	6	131	478	691	897
市政公共设施管理	13	520	3	53	188	125	151
市政公共设施管理	13	520	3	53	188	125	151
城市绿化管理	14	1371	3	52	231	447	638
城市绿化管理	14	1371	3	52	231	447	638
游览景区管理	6	312		26	59	119	108
风景名胜区管理	1	7			3	4	
公园管理	3	286		23	50	105	108
其他游览景区管理	2	19		3	6	10	
居民服务和其他服务业	**7**	**119**	**1**	**15**	**50**	**34**	**19**
居民服务业	6	88	1	12	34	22	19
殡葬服务	6	88	1	12	34	22	19
殡葬服务	6	88	1	12	34	22	19
其他服务业	1	31		3	16	12	
其他未列明的服务	1	31		3	16	12	
其他未列明的服务	1	31		3	16	12	
教育	**988**	**76906**	**3100**	**32967**	**26822**	**12086**	**1931**
教育	988	76906	3100	32967	26822	12086	1931
学前教育	43	2247	17	568	1074	478	110
学前教育	43	2247	17	568	1074	478	110
初等教育	555	34457	103	8282	16547	8856	669
初等教育	555	34457	103	8282	16547	8856	669
中等教育	315	31712	1105	20402	7599	2013	593
初中教育	222	17871	216	10887	5282	1206	280
高中教育	53	9279	568	6835	1272	473	131
中等专业教育	13	1498	72	864	333	155	74
职业中学教育	18	2494	224	1516	504	146	104
技工学校教育	2	182	12	93	55	22	
其他中等教育	7	388	13	207	153	11	4
高等教育	12	6218	1761	2616	878	500	463
普通高等教育	7	6088	1754	2527	848	496	463
成人高等教育	5	130	7	89	30	4	
其他教育	63	2272	114	1099	724	239	96
职业技能培训	21	589	5	216	158	132	78
特殊教育	3	543		245	257	39	2
其他未列明的教育	39	1140	109	638	309	68	16
卫生、社会保障和社会福利业	**422**	**27460**	**712**	**7822**	**10664**	**6678**	**1584**
卫生	353	26251	694	7396	10254	6476	1431
医院	66	18651	615	6052	6688	4370	926
综合医院	43	15588	586	5153	5424	3675	750
中医医院	17	2486	26	696	1000	623	141
中西医结合医院	1	164	1	53	83	26	1
专科医院	1	163	1	68	63	9	22
疗养院	4	250	1	82	118	37	12

2-5 续表 4

行业	法人单位数(个)	就业人数(人)	具有研究生及以上学历人员	具有大学本科学历人员	具有大专学历人员	具有高中学历人员	具有初中及以下学历人员
卫生院及社区医疗活动	179	3659	12	471	1841	1088	247
卫生院及社区医疗活动	179	3659	12	471	1841	1088	247
门诊部医疗活动	23	360	2	36	179	123	20
门诊部医疗活动	23	360	2	36	179	123	20
计划生育技术服务活动	19	415	9	93	189	117	7
计划生育技术服务活动	19	415	9	93	189	117	7
妇幼保健活动	21	1487	4	288	641	435	119
妇幼保健活动	21	1487	4	288	641	435	119
专科疾病防治活动	2	246	1	48	90	48	59
专科疾病防治活动	2	246	1	48	90	48	59
疾病预防控制及防疫活动	34	1205	29	342	533	251	50
疾病预防控制及防疫活动	34	1205	29	342	533	251	50
其他卫生活动	9	228	22	66	93	44	3
其他卫生活动	9	228	22	66	93	44	3
社会保障业	45	607	9	285	253	47	13
社会保障业	45	607	9	285	253	47	13
社会保障业	45	607	9	285	253	47	13
社会福利业	24	602	9	141	157	155	140
提供住宿的社会福利	15	547	3	114	141	149	140
干部休养所	6	94	1	23	29	31	10
收养收容服务	9	453	2	91	112	118	130
不提供住宿的社会福利	9	55	6	27	16	6	
不提供住宿的社会福利	9	55	6	27	16	6	
文化、体育和娱乐业	**158**	**5976**	**91**	**1807**	**2223**	**1538**	**317**
新闻出版业	20	1399	40	728	404	131	96
新闻业	6	326	5	134	93	63	31
新闻业	6	326	5	134	93	63	31
出版业	14	1073	35	594	311	68	65
图书出版	4	215	19	141	43	6	6
报纸出版	9	848	15	446	267	61	59
期刊出版	1	10	1	7	1	1	
广播、电视、电影和音像业	23	1676	9	474	732	429	32
广播	7	361		86	171	87	17
广播	7	361		86	171	87	17
电视	10	1212	4	351	521	321	15
电视	10	1212	4	351	521	321	15
电影	6	103	5	37	40	21	
电影制作与发行	1	61	5	30	23	3	
电影放映	5	42		7	17	18	
文化艺术业	93	2468	20	503	940	862	143
文艺创作与表演	12	906	4	89	178	557	78
文艺创作与表演	12	906	4	89	178	557	78
艺术表演场馆	1	16		2	4	7	3
艺术表演场馆	1	16		2	4	7	3
图书馆与档案馆	23	508	7	124	286	60	31
图书馆	17	405	6	92	223	53	31
档案馆	6	103	1	32	63	7	

2-5　续表 5

行　业	法　人单位数（个）	就业人数（人）	具有研究生及以上学历人员	具有大学本科学历人　员	具有大专学历人员	具有高中学历人员	具有初中及以下学历人员
文物及文化保护	14	257	5	79	128	40	5
文物及文化保护	14	257	5	79	128	40	5
博物馆	12	310		99	142	48	21
博物馆	12	310		99	142	48	21
烈士陵园、纪念馆	2	18	1	1	10	6	
烈士陵园、纪念馆	2	18	1	1	10	6	
群众文化活动	23	417	1	93	178	140	5
群众文化活动	23	417	1	93	178	140	5
其他文化艺术	6	36	2	16	14	4	
其他文化艺术	6	36	2	16	14	4	
体育	18	310	17	44	115	91	43
体育组织	14	246	17	37	82	75	35
体育组织	14	246	17	37	82	75	35
体育场馆	2	50		5	26	13	6
体育场馆	2	50		5	26	13	6
其他体育	2	14		2	7	3	2
其他体育	2	14		2	7	3	2
娱乐业	4	123	5	58	32	25	3
室内娱乐活动	1	17		3	13	1	
室内娱乐活动	1	17		3	13	1	
休闲健身娱乐活动	1	2			2		
休闲健身娱乐活动	1	2			2		
其他娱乐活动	2	104	5	55	17	24	3
其他娱乐活动	2	104	5	55	17	24	3
公共管理和社会组织	**613**	**23930**	**2161**	**6902**	**7813**	**3606**	**3448**
中国共产党机关	3	76		15	33	26	2
中国共产党机关	3	76		15	33	26	2
中国共产党机关	3	76		15	33	26	2
国家机构	609	23853	2161	6887	7779	3580	3446
国家权力机构	2	48		26	18	4	
国家权力机构	2	48		26	18	4	
国家行政机构	599	22034	2135	6689	7704	3327	2179
综合事务管理机构	76	2045	58	600	678	362	347
对外事务管理机构	4	25	2	8	14	1	
公共安全管理机构	26	737	2	174	418	130	13
社会事务管理机构	113	3706	121	1254	1696	507	128
经济事务管理机构	211	10867	1880	3292	3126	1417	1152
政府事务管理机构	36	784	7	243	222	172	140
行政监督检查机构	133	3870	65	1118	1550	738	399
人民法院和人民检察院	2	255	26	150	30	49	
人民法院	1	218	26	121	24	47	
人民检察院	1	37		29	6	2	
其他国家机构	6	1516		22	27	200	1267
其他国家机构	6	1516		22	27	200	1267
人民政协和民主党派	1	1			1		
民主党派	1	1			1		
民主党派	1	1			1		

2-6 按行业(小类)、专业技术职称分组的事业法人单位就业人数

行 业	事业法人单位数(个)	就业人数(人)	#具有高级技术职称人员	#具有中级技术职称人员	#具有初级技术职称人员
总 计	**2753**	**162574**	**17019**	**45292**	**46073**
农、林、牧、渔业	**2**	**946**	**7**	**26**	**50**
农业	2	946	7	26	50
谷物及其他作物的种植	2	946	7	26	50
谷物的种植	2	946	7	26	50
电力、燃气及水的生产和供应业	**1**	**39**	**1**	**2**	
水的生产和供应业	1	39	1	2	
自来水的生产和供应	1	39	1	2	
自来水的生产和供应	1	39	1	2	
交通运输、仓储和邮政业	**33**	**2839**	**22**	**183**	**556**
道路运输业	28	2604	15	157	505
公路旅客运输	1	46	2	2	
公路旅客运输	1	46	2	2	
道路运输辅助活动	27	2558	13	155	505
公路管理与养护	26	2535	13	149	504
其他道路运输辅助活动	1	23		6	1
航空运输业	1	3			
航空客货运输	1	3			
航空货物运输	1	3			
仓储业	4	232	7	26	51
谷物、棉花等农产品仓储	2	54	7	13	14
谷物、棉花等农产品仓储	2	54	7	13	14
其他仓储	2	178		13	37
其他仓储	2	178		13	37
信息传输、计算机服务和软件业	**15**	**944**	**144**	**201**	**282**
电信和其他信息传输服务业	12	913	134	197	274
电信	4	104	1	10	37
固定电信服务	2	10		2	3
其他电信服务	2	94	1	8	34
互联网信息服务	3	44	4	2	15
互联网信息服务	3	44	4	2	15
广播电视传输服务	5	765	129	185	222
有线广播电视传输服务	4	715	129	185	222
无线广播电视传输服务	1	50			
计算机服务业	3	31	10	4	8
计算机系统服务	2	29	10	4	8
计算机系统服务	2	29	10	4	8
其他计算机服务	1	2			
其他计算机服务	1	2			
住宿和餐饮业	**4**	**634**		**6**	
住宿业	2	441			
旅游饭店	1	435			
旅游饭店	1	435			
一般旅馆	1	6			
一般旅馆	1	6			
餐饮业	2	193		6	
正餐服务	2	193		6	
正餐服务	2	193		6	

2-6 续表 1

行业	事业法人单位数（个）	就业人数（人）	#具有高级技术职称人员	#具有中级技术职称人员	#具有初级技术职称人员
金融业	**8**	**305**	**6**	**116**	**62**
银行业	3	220	1	89	41
中央银行	3	220	1	89	41
中央银行	3	220	1	89	41
保险业	1	38	5	15	13
保险辅助服务	1	38	5	15	13
保险辅助服务	1	38	5	15	13
其他金融活动	4	47		12	8
金融信托与管理	1	27		5	5
金融信托与管理	1	27		5	5
其他未列明的金融活动	3	20		7	3
其他未列明的金融活动	3	20		7	3
租赁和商务服务业	**98**	**1473**	**67**	**209**	**193**
商务服务业	98	1473	67	209	193
企业管理服务	45	533	24	94	93
企业管理机构	11	126	11	32	17
投资与资产管理	6	65	5	9	9
其他企业管理服务	28	342	8	53	67
法律服务	18	220	6	20	16
律师及相关的法律服务	8	69		4	2
公证服务	10	151	6	16	14
咨询与调查	15	290	10	38	36
会计、审计及税务服务	2	56	3	17	20
市场调查	10	188	7	21	16
其他专业咨询	3	46			
广告业	1	7			2
广告业	1	7			2
知识产权服务	3	22	4	6	5
知识产权服务	3	22	4	6	5
职业中介服务	7	111	14	21	16
职业中介服务	7	111	14	21	16
市场管理	6	221	8	25	23
市场管理	6	221	8	25	23
其他商务服务	3	69	1	5	2
会议及展览服务	2	66	1	5	2
保安服务	1	3			
科学研究、技术服务和地质勘查业	**259**	**8372**	**993**	**2008**	**1857**
研究与试验发展	21	1690	347	347	374
自然科学研究与试验发展	1	335	135	103	95
自然科学研究与试验发展	1	335	135	103	95
工程和技术研究与试验发展	3	575	108	149	210
工程和技术研究与试验发展	3	575	108	149	210
农业科学研究与试验发展	9	525	61	55	47
农业科学研究与试验发展	9	525	61	55	47

2-6 续表 2

行业	事业法人单位数（个）	就业人数（人）	#具有高级技术职称人员	#具有中级技术职称人员	#具有初级技术职称人员
医学研究与试验发展	1	12	6	5	1
医学研究与试验发展	1	12	6	5	1
社会人文科学研究与试验发展	7	243	37	35	21
社会人文科学研究与试验发展	7	243	37	35	21
专业技术服务业	115	2771	284	662	620
气象服务	29	608	59	234	234
气象服务	29	608	59	234	234
地震服务	20	361	17	71	54
地震服务	20	361	17	71	54
测绘服务	7	400	39	70	93
测绘服务	7	400	39	70	93
技术检测	24	631	80	126	119
技术检测	24	631	80	126	119
环境监测	5	200	22	32	40
环境监测	5	200	22	32	40
工程技术与规划管理	30	571	67	129	80
工程管理服务	13	181	29	69	37
工程勘察设计	3	51	6	14	4
规划管理	14	339	32	46	39
科技交流和推广服务业	115	2802	269	771	682
技术推广服务	108	2696	239	742	665
技术推广服务	108	2696	239	742	665
科技中介服务	4	25	1	11	2
科技中介服务	4	25	1	11	2
其他科技服务	3	81	29	18	15
其他科技服务	3	81	29	18	15
地质勘查业	8	1109	93	228	181
基础地质勘查	7	1068	77	215	175
基础地质勘查	7	1068	77	215	175
地质勘查技术服务	1	41	16	13	6
地质勘查技术服务	1	41	16	13	6
水利、环境和公共设施管理业	**145**	**12631**	**286**	**911**	**1543**
水利管理业	74	5632	213	702	1065
防洪管理	6	107	13	23	11
防洪管理	6	107	13	23	11
水资源管理	53	4990	136	543	929
水库管理	10	256	10	57	141
调水、引水管理	38	4406	99	404	710
其他水资源管理	5	328	27	82	78
其他水利管理	15	535	64	136	125
其他水利管理	15	535	64	136	125
环境管理业	38	4796	50	138	281
自然保护	20	658	39	79	125
自然保护区管理	8	389	33	26	70
其他自然保护	12	269	6	53	55
环境治理	18	4138	11	59	156
城市市容管理	4	1042	2	8	73
城市环境卫生管理	10	2753	5	49	71
水污染治理	2	84	4	2	12
其他环境治理	2	259			

2-6　续表 3

行　业	事业法人单位数（个）	就业人数（人）	#具有高级技术职称人员	#具有中级技术职称人员	#具有初级技术职称人员
公共设施管理业	33	2203	23	71	197
市政公共设施管理	13	520	9	39	50
市政公共设施管理	13	520	9	39	50
城市绿化管理	14	1371	10	24	141
城市绿化管理	14	1371	10	24	141
游览景区管理	6	312	4	8	6
风景名胜区管理	1	7			
公园管理	3	286	4	8	2
其他游览景区管理	2	19			4
居民服务和其他服务业	**7**	**119**		**4**	**10**
居民服务业	6	88		2	1
殡葬服务	6	88		2	1
殡葬服务	6	88		2	1
其他服务业	1	31		2	9
其他未列明的服务	1	31		2	9
其他未列明的服务	1	31		2	9
教育	**988**	**76906**	**9892**	**31040**	**25710**
教育	988	76906	9892	31040	25710
学前教育	43	2247	58	846	685
学前教育	43	2247	58	846	685
初等教育	555	34457	1527	16309	13722
初等教育	555	34457	1527	16309	13722
中等教育	315	31712	6262	11703	9076
初中教育	222	17871	2873	7100	5925
高中教育	53	9279	2409	3229	2112
中等专业教育	13	1498	252	354	288
职业中学教育	18	2494	613	842	546
技工学校教育	2	182	44	59	54
其他中等教育	7	388	71	119	151
高等教育	12	6218	1738	1711	1824
普通高等教育	7	6088	1714	1685	1807
成人高等教育	5	130	24	26	17
其他教育	63	2272	307	471	403
职业技能培训	21	589	80	126	81
特殊教育	3	543	5	60	142
其他未列明的教育	39	1140	222	285	180
卫生、社会保障和社会福利业	**422**	**27460**	**2552**	**6838**	**11333**
卫生	353	26251	2499	6667	11110
医院	66	18651	2023	4786	7936
综合医院	43	15588	1733	4097	6595
中医医院	17	2486	236	557	1058
中西医结合医院	1	164	19	46	88
专科医院	1	163	19	31	106
疗养院	4	250	16	55	89

2-6 续表 4

行业	事业法人单位数(个)	就业人数(人)	#具有高级技术职称人员	#具有中级技术职称人员	#具有初级技术职称人员
卫生院及社区医疗活动	179	3659	88	835	1748
卫生院及社区医疗活动	179	3659	88	835	1748
门诊部医疗活动	23	360	3	56	175
门诊部医疗活动	23	360	3	56	175
计划生育技术服务活动	19	415	30	98	106
计划生育技术服务活动	19	415	30	98	106
妇幼保健活动	21	1487	146	396	596
妇幼保健活动	21	1487	146	396	596
专科疾病防治活动	2	246	19	61	71
专科疾病防治活动	2	246	19	61	71
疾病预防控制及防疫活动	34	1205	171	365	405
疾病预防控制及防疫活动	34	1205	171	365	405
其他卫生活动	9	228	19	70	73
其他卫生活动	9	228	19	70	73
社会保障业	45	607	25	126	124
社会保障业	45	607	25	126	124
社会保障业	45	607	25	126	124
社会福利业	24	602	28	45	99
提供住宿的社会福利	15	547	27	40	98
干部休养所	6	94	11	14	9
收养收容服务	9	453	16	26	89
不提供住宿的社会福利	9	55	1	5	1
不提供住宿的社会福利	9	55	1	5	1
文化、体育和娱乐业	**158**	**5976**	**514**	**1303**	**1506**
新闻出版业	20	1399	153	243	218
新闻业	6	326	16	32	39
新闻业	6	326	16	32	39
出版业	14	1073	137	211	179
图书出版	4	215	46	57	28
报纸出版	9	848	84	152	150
期刊出版	1	10	7	2	1
广播、电视、电影和音像业	23	1676	78	329	581
广播	7	361	10	67	153
广播	7	361	10	67	153
电视	10	1212	55	242	395
电视	10	1212	55	242	395
电影	6	103	13	20	33
电影制作与发行	1	61	11	5	13
电影放映	5	42	2	15	20
文化艺术业	93	2468	270	681	652
文艺创作与表演	12	906	173	325	245
文艺创作与表演	12	906	173	325	245
艺术表演场馆	1	16		5	3
艺术表演场馆	1	16		5	3
图书馆与档案馆	23	508	28	141	145
图书馆	17	405	25	133	139
档案馆	6	103	3	8	6

2-6 续表5

行业	事业法人单位数（个）	就业人数（人）	#具有高级技术职称人员	#具有中级技术职称人员	#具有初级技术职称人员
文物及文化保护	14	257	16	39	72
文物及文化保护	14	257	16	39	72
博物馆	12	310	17	67	79
博物馆	12	310	17	67	79
烈士陵园、纪念馆	2	18		2	1
烈士陵园、纪念馆	2	18		2	1
群众文化活动	23	417	36	101	105
群众文化活动	23	417	36	101	105
其他文化艺术	6	36		1	2
其他文化艺术	6	36		1	2
体育	18	310	12	44	52
体育组织	14	246	9	32	42
体育组织	14	246	9	32	42
体育场馆	2	50	3	12	8
体育场馆	2	50	3	12	8
其他体育	2	14			2
其他体育	2	14			2
娱乐业	4	123	1	6	3
室内娱乐活动	1	17	1	6	3
室内娱乐活动	1	17	1	6	3
休闲健身娱乐活动	1	2			
休闲健身娱乐活动	1	2			
其他娱乐活动	2	104			
其他娱乐活动	2	104			
公共管理和社会组织	**613**	**23930**	**2535**	**2445**	**2971**
中国共产党机关	3	76	3	3	3
中国共产党机关	3	76	3	3	3
中国共产党机关	3	76	3	3	3
国家机构	609	23853	2532	2442	2968
国家权力机构	2	48			
国家权力机构	2	48			
国家行政机构	599	22034	2532	2433	2948
综合事务管理机构	76	2045	32	137	141
对外事务管理机构	4	25	2	4	7
公共安全管理机构	26	737	15	35	32
社会事务管理机构	113	3706	330	736	705
经济事务管理机构	211	10867	1957	823	1267
政府事务管理机构	36	784	15	100	95
行政监督检查机构	133	3870	181	598	701
人民法院和人民检察院	2	255			
人民法院	1	218			
人民检察院	1	37			
其他国家机构	6	1516		9	20
其他国家机构	6	1516		9	20
人民政协和民主党派	1	1			
民主党派	1	1			
民主党派	1	1			

2-7 按行业(小类)、技术等级分组的事业法人单位就业人数

行业	事业法人单位数(个)	就业人数(人)				
			#高级技师	#技师	#高级工	#中级工
总计	**2753**	**162574**	**2676**	**567**	**5551**	**6836**
农、林、牧、渔业	**2**	**946**	**56**	**126**	**463**	**227**
农业	2	946	56	126	463	227
谷物及其他作物的种植	2	946	56	126	463	227
谷物的种植	2	946	56	126	463	227
电力、燃气及水的生产和供应业	**1**	**39**				
水的生产和供应业	1	39				
自来水的生产和供应	1	39				
自来水的生产和供应	1	39				
交通运输、仓储和邮政业	**33**	**2839**	**1**	**9**	**335**	**674**
道路运输业	28	2604		4	299	627
公路旅客运输	1	46				
公路旅客运输	1	46				
道路运输辅助活动	27	2558		4	299	627
公路管理与养护	26	2535		4	299	627
其他道路运输辅助活动	1	23				
航空运输业	1	3				
航空客货运输	1	3				
航空货物运输	1	3				
仓储业	4	232	1	5	36	47
谷物、棉花等农产品仓储	2	54	1	2		1
谷物、棉花等农产品仓储	2	54	1	2		1
其他仓储	2	178		3	36	46
其他仓储	2	178		3	36	46
信息传输、计算机服务和软件业	**15**	**944**		**1**	**14**	**35**
电信和其他信息传输服务业	12	913		1	14	35
电信	4	104			4	12
固定电信服务	2	10				2
其他电信服务	2	94			4	10
互联网信息服务	3	44				
互联网信息服务	3	44				
广播电视传输服务	5	765		1	10	23
有线广播电视传输服务	4	715		1	8	12
无线广播电视传输服务	1	50			2	11
计算机服务业	3	31				
计算机系统服务	2	29				
计算机系统服务	2	29				
其他计算机服务	1	2				
其他计算机服务	1	2				
住宿和餐饮业	**4**	**634**	**4**	**2**		
住宿业	2	441				
旅游饭店	1	435				
旅游饭店	1	435				
一般旅馆	1	6				
一般旅馆	1	6				
餐饮业	2	193	4	2		
正餐服务	2	193	4	2		
正餐服务	2	193	4	2		

2-7　续表 1

行　业	事业法人单位数(个)	就业人数(人)	#高级技师	#技师	#高级工	#中级工
金融业	**8**	**305**		**5**	**3**	
银行业	3	220		5	2	
中央银行	3	220		5	2	
中央银行	3	220		5	2	
保险业	1	38				
保险辅助服务	1	38				
保险辅助服务	1	38				
其他金融活动	4	47			1	
金融信托与管理	1	27			1	
金融信托与管理	1	27			1	
其他未列明的金融活动	3	20				
其他未列明的金融活动	3	20				
租赁和商务服务业	**98**	**1473**	**2**	**3**	**48**	**57**
商务服务业	98	1473	2	3	48	57
企业管理服务	45	533		2	33	43
企业管理机构	11	126			1	4
投资与资产管理	6	65			1	1
其他企业管理服务	28	342		2	31	38
法律服务	18	220			2	4
律师及相关的法律服务	8	69			2	2
公证服务	10	151				2
咨询与调查	15	290			2	6
会计、审计及税务服务	2	56				
市场调查	10	188			2	6
其他专业咨询	3	46				
广告业	1	7				
广告业	1	7				
知识产权服务	3	22				
知识产权服务	3	22				
职业中介服务	7	111	2		3	
职业中介服务	7	111	2		3	
市场管理	6	221		1	6	2
市场管理	6	221		1	6	2
其他商务服务	3	69			2	2
会议及展览服务	2	66			2	2
保安服务	1	3				
科学研究、技术服务和地质勘查业	**259**	**8372**	**85**	**58**	**895**	**798**
研究与试验发展	21	1690	19	5	104	140
自然科学研究与试验发展	1	335				
自然科学研究与试验发展	1	335				
工程和技术研究与试验发展	3	575				6
工程和技术研究与试验发展	3	575				6
农业科学研究与试验发展	9	525	14	5	93	127
农业科学研究与试验发展	9	525	14	5	93	127

2-7 续表 2

行业	事业法人单位数(个)	就业人数(人)	#高级技师	#技师	#高级工	#中级工
医学研究与试验发展	1	12				
医学研究与试验发展	1	12				
社会人文科学研究与试验发展	7	243	5		11	7
社会人文科学研究与试验发展	7	243	5		11	7
专业技术服务业	115	2771	21	42	182	147
气象服务	29	608	3	9	2	
气象服务	29	608	3	9	2	
地震服务	20	361		3	6	7
地震服务	20	361		3	6	7
测绘服务	7	400		1	39	14
测绘服务	7	400		1	39	14
技术检测	24	631	1	8	40	40
技术检测	24	631	1	8	40	40
环境监测	5	200	11	14	8	9
环境监测	5	200	11	14	8	9
工程技术与规划管理	30	571	6	7	87	77
工程管理服务	13	181	5	2	3	4
工程勘察设计	3	51			2	1
规划管理	14	339	1	5	82	72
科技交流和推广服务业	115	2802	13	10	218	338
技术推广服务	108	2696	12	9	214	328
技术推广服务	108	2696	12	9	214	328
科技中介服务	4	25			1	7
科技中介服务	4	25			1	7
其他科技服务	3	81	1	1	3	3
其他科技服务	3	81	1	1	3	3
地质勘查业	8	1109	32	1	391	173
基础地质勘查	7	1068	32	1	388	172
基础地质勘查	7	1068	32	1	388	172
地质勘查技术服务	1	41			3	1
地质勘查技术服务	1	41			3	1
水利、环境和公共设施管理业	**145**	**12631**	**7**	**52**	**1472**	**2349**
水利管理业	74	5632	3	30	919	1564
防洪管理	6	107			16	20
防洪管理	6	107			16	20
水资源管理	53	4990	3	23	792	1496
水库管理	10	256		1	29	11
调水、引水管理	38	4406	3	21	700	1417
其他水资源管理	5	328		1	63	68
其他水利管理	15	535		7	111	48
其他水利管理	15	535		7	111	48
环境管理业	38	4796	3	13	220	426
自然保护	20	658	3	6	56	158
自然保护区管理	8	389		3	39	116
其他自然保护	12	269	3	3	17	42
环境治理	18	4138		7	164	268
城市市容管理	4	1042		5	51	29
城市环境卫生管理	10	2753		2	112	222
水污染治理	2	84			1	17
其他环境治理	2	259				

2-7　续表 3

行　业	事业法人单位数（个）	就业人数（人）	#高级技师	#技师	#高级工	#中级工
公共设施管理业	33	2203	1	9	333	359
市政公共设施管理	13	520		4	97	78
市政公共设施管理	13	520		4	97	78
城市绿化管理	14	1371		4	190	231
城市绿化管理	14	1371		4	190	231
游览景区管理	6	312	1	1	46	50
风景名胜区管理	1	7				
公园管理	3	286		1	46	50
其他游览景区管理	2	19	1			
居民服务和其他服务业	**7**	**119**	**1**	**5**	**16**	**9**
居民服务业	6	88		2	11	9
殡葬服务	6	88		2	11	9
殡葬服务	6	88		2	11	9
其他服务业	1	31	1	3	5	
其他未列明的服务	1	31	1	3	5	
其他未列明的服务	1	31	1	3	5	
教育	**988**	**76906**	**257**	**106**	**826**	**678**
教育	988	76906	257	106	826	678
学前教育	43	2247		1	107	83
学前教育	43	2247		1	107	83
初等教育	555	34457	50	2	54	113
初等教育	555	34457	50	2	54	113
中等教育	315	31712	197	61	451	361
初中教育	222	17871	189	17	106	178
高中教育	53	9279	6	18	139	107
中等专业教育	13	1498		13	66	17
职业中学教育	18	2494	2	13	134	55
技工学校教育	2	182			6	4
其他中等教育	7	388				
高等教育	12	6218	8	21	118	39
普通高等教育	7	6088	8	21	116	39
成人高等教育	5	130			2	
其他教育	63	2272	2	21	96	82
职业技能培训	21	589		5	31	29
特殊教育	3	543				
其他未列明的教育	39	1140	2	16	65	53
卫生、社会保障和社会福利业	**422**	**27460**	**41**	**68**	**483**	**568**
卫生	353	26251	39	62	432	525
医院	66	18651	27	37	311	344
综合医院	43	15588	23	26	281	289
中医医院	17	2486	1	6	24	45
中西医结合医院	1	164			2	9
专科医院	1	163			1	
疗养院	4	250	3	5	3	1

2-7 续表 4

行业	事业法人单位数(个)	就业人数(人)	#高级技师	#技师	#高级工	#中级工
卫生院及社区医疗活动	179	3659	9	12	28	79
卫生院及社区医疗活动	179	3659	9	12	28	79
门诊部医疗活动	23	360				
门诊部医疗活动	23	360				
计划生育技术服务活动	19	415		1	12	32
计划生育技术服务活动	19	415		1	12	32
妇幼保健活动	21	1487	1	4	16	18
妇幼保健活动	21	1487	1	4	16	18
专科疾病防治活动	2	246		3	10	4
专科疾病防治活动	2	246		3	10	4
疾病预防控制及防疫活动	34	1205		5	49	39
疾病预防控制及防疫活动	34	1205		5	49	39
其他卫生活动	9	228	2		6	9
其他卫生活动	9	228	2		6	9
社会保障业	45	607	1	3	10	16
社会保障业	45	607	1	3	10	16
社会保障业	45	607	1	3	10	16
社会福利业	24	602	1	3	41	27
提供住宿的社会福利	15	547	1	3	36	26
干部休养所	6	94			9	8
收养收容服务	9	453	1	3	27	18
不提供住宿的社会福利	9	55			5	1
不提供住宿的社会福利	9	55			5	1
文化、体育和娱乐业	**158**	**5976**	**5**	**36**	**273**	**237**
新闻出版业	20	1399	5	8	54	38
新闻业	6	326		1	1	5
新闻业	6	326		1	1	5
出版业	14	1073	5	7	53	33
图书出版	4	215	2	3		
报纸出版	9	848	3	4	53	33
期刊出版	1	10				
广播、电视、电影和音像业	23	1676		10	134	102
广播	7	361		2	27	26
广播	7	361		2	27	26
电视	10	1212		6	106	75
电视	10	1212		6	106	75
电影	6	103		2	1	1
电影制作与发行	1	61		2	1	
电影放映	5	42				1
文化艺术业	93	2468		10	59	82
文艺创作与表演	12	906		3	16	13
文艺创作与表演	12	906		3	16	13
艺术表演场馆	1	16			2	6
艺术表演场馆	1	16			2	6
图书馆与档案馆	23	508			8	5
图书馆	17	405			8	5
档案馆	6	103				

2-7　续表 5

行　业	事业法人单位数（个）	就业人数（人）	#高级技师	#技师	#高级工	#中级工
文物及文化保护	14	257		1	9	17
文物及文化保护	14	257		1	9	17
博物馆	12	310			4	6
博物馆	12	310			4	6
烈士陵园、纪念馆	2	18				15
烈士陵园、纪念馆	2	18				15
群众文化活动	23	417		5	20	20
群众文化活动	23	417		5	20	20
其他文化艺术	6	36		1		
其他文化艺术	6	36		1		
体育	18	310		7	24	15
体育组织	14	246		7	18	14
体育组织	14	246		7	18	14
体育场馆	2	50			1	1
体育场馆	2	50			1	1
其他体育	2	14			5	
其他体育	2	14			5	
娱乐业	4	123		1	2	
室内娱乐活动	1	17		1	2	
室内娱乐活动	1	17		1	2	
休闲健身娱乐活动	1	2				
休闲健身娱乐活动	1	2				
其他娱乐活动	2	104				
其他娱乐活动	2	104				
公共管理和社会组织	**613**	**23930**	**2217**	**96**	**723**	**1204**
中国共产党机关	3	76				1
中国共产党机关	3	76				1
中国共产党机关	3	76				1
国家机构	609	23853	2217	96	723	1203
国家权力机构	2	48		15	18	10
国家权力机构	2	48		15	18	10
国家行政机构	599	22034	2217	80	699	1185
综合事务管理机构	76	2045	9	25	49	38
对外事务管理机构	4	25			1	
公共安全管理机构	26	737		2	6	29
社会事务管理机构	113	3706	9	11	85	114
经济事务管理机构	211	10867	2185	20	361	704
政府事务管理机构	36	784		1	71	85
行政监督检查机构	133	3870	14	21	126	215
人民法院和人民检察院	2	255				
人民法院	1	218				
人民检察院	1	37				
其他国家机构	6	1516		1	6	8
其他国家机构	6	1516		1	6	8
人民政协和民主党派	1	1				
民主党派	1	1				
民主党派	1	1				

2-8 按地区分组的机关法人单位数及就业人数

地　　区	机关法人单位数（个）	单产业法人	多产业法人	就业人数（人）	女性
总　　计	**1465**	**890**	**575**	**61373**	**15876**
银川市	**448**	**299**	**149**	**21722**	**6235**
兴庆区	138	99	39	9576	3091
西夏区	35	31	4	1056	327
金凤区	128	96	32	5487	1444
永宁县	53	32	21	1652	440
贺兰县	48	21	27	1363	375
灵武市	46	20	26	2588	558
石嘴山市	**225**	**164**	**61**	**7732**	**2188**
大武口区	126	117	9	4038	1134
惠农区	44	17	27	1366	431
平罗县	55	30	25	2328	623
吴忠市	**277**	**144**	**133**	**12405**	**3073**
红寺堡区	36	21	15	800	139
利通区	83	35	48	5467	1501
盐池县	48	23	25	1593	379
同心县	54	38	16	1633	272
青铜峡市	56	27	29	2912	782
固原市	**329**	**178**	**151**	**12164**	**2618**
原州区	113	91	22	4572	1023
西吉县	60	24	36	2230	425
隆德县	50	17	33	2112	507
泾源县	48	20	28	1175	274
彭阳县	58	26	32	2075	389
中卫市	**186**	**105**	**81**	**7350**	**1762**
沙坡头区	72	51	21	2506	563
中宁县	62	40	22	2393	698
海原县	52	14	38	2451	501

2-9 按地区、就业人数组距分组的机关法人单位数

地 区	机关法人单位数(个)	7人及以下	8-19人	20-49人	50-99人	100-299人	300-499人	500-999人	1000-2999人	3000-4999人	5000人及以上
总 计	**1465**	**235**	**390**	**462**	**255**	**108**	**13**	**2**			
银川市	**448**	**69**	**114**	**135**	**79**	**42**	**8**	**1**			
兴庆区	138	14	27	38	30	23	5	1			
西夏区	35	8	10	11	4	2					
金凤区	128	19	37	45	15	10	2				
永宁县	53	14	13	14	11	1					
贺兰县	48	13	12	13	9	1					
灵武市	46	1	15	14	10	5	1				
石嘴山市	**225**	**43**	**75**	**59**	**35**	**12**	**1**				
大武口区	126	27	47	31	13	8					
惠农区	44	11	12	13	7	1					
平罗县	55	5	16	15	15	3	1				
吴忠市	**277**	**48**	**59**	**88**	**56**	**24**	**1**	**1**			
红寺堡区	36	12	9	11	3	1					
利通区	83	8	8	30	23	13		1			
盐池县	48	10	13	15	9	1					
同心县	54	8	19	17	8	2					
青铜峡市	56	10	10	15	13	7	1				
固原市	**329**	**49**	**92**	**122**	**46**	**17**	**3**				
原州区	113	12	41	37	15	5	3				
西吉县	60	6	16	24	12	2					
隆德县	50	5	12	21	7	5					
泾源县	48	11	13	19	5						
彭阳县	58	15	10	21	7	5					
中卫市	**186**	**26**	**50**	**58**	**39**	**13**					
沙坡头区	72	11	22	24	9	6					
中宁县	62	11	18	17	12	4					
海原县	52	4	10	17	18	3					

2-10 按地区、技术等级分组的机关法人单位就业人数

地 区	机关法人单位数（个）	就业人数（人）	#高级技师	#技师	#高级工	#中级工
总 计	**1465**	**61373**	**119**	**330**	**1404**	**1705**
银川市	**448**	**21722**	**56**	**135**	**467**	**505**
兴庆区	138	9576	25	74	192	114
西夏区	35	1056	1	1	18	36
金凤区	128	5487	15	38	124	114
永宁县	53	1652	1	2	28	46
贺兰县	48	1363	2	4	19	27
灵武市	46	2588	12	16	86	168
石嘴山市	**225**	**7732**	**7**	**36**	**152**	**157**
大武口区	126	4038	2	16	79	65
惠农区	44	1366	2	3	20	29
平罗县	55	2328	3	17	53	63
吴忠市	**277**	**12405**	**9**	**49**	**219**	**315**
红寺堡区	36	800	1	1	7	47
利通区	83	5467	2	19	113	128
盐池县	48	1593	4	6	38	29
同心县	54	1633		6	24	63
青铜峡市	56	2912	2	17	37	48
固原市	**329**	**12164**	**24**	**67**	**363**	**424**
原州区	113	4572	8	23	110	92
西吉县	60	2230	4	20	91	150
隆德县	50	2112	6	2	77	35
泾源县	48	1175	1	2	48	63
彭阳县	58	2075	5	20	37	84
中卫市	**186**	**7350**	**23**	**43**	**203**	**304**
沙坡头区	72	2506	6	8	44	41
中宁县	62	2393	7	24	87	84
海原县	52	2451	10	11	72	179

2-11 按地区分组的社团法人单位数及就业人数

地 区	社团法人单位数（个）	单产业法人单位	多产业法人单位	就业人数（人）	女性
总 计	**2098**	**2079**	**19**	**18245**	**3957**
银川市	**855**	**847**	**8**	**9278**	**2436**
兴庆区	250	246	4	4931	1583
西夏区	88	87	1	617	61
金凤区	44	43	1	231	92
永宁县	158	158		2096	486
贺兰县	167	165	2	853	170
灵武市	148	148		550	44
石嘴山市	**269**	**269**		**1462**	**215**
大武口区	129	129		501	90
惠农区	83	83		548	91
平罗县	57	57		413	34
吴忠市	**331**	**326**	**5**	**1849**	**368**
红寺堡区	5	5		20	5
利通区	125	122	3	1257	259
盐池县	30	29	1	209	52
同心县	16	16		74	18
青铜峡市	155	154	1	289	34
固原市	**269**	**265**	**4**	**2165**	**460**
原州区	42	42		401	109
西吉县	21	20	1	272	27
隆德县	69	67	2	266	31
泾源县	23	22	1	349	123
彭阳县	114	114		877	170
中卫市	**374**	**372**	**2**	**3491**	**478**
沙坡头区	170	170		1869	290
中宁县	108	106	2	683	66
海原县	96	96		939	122

2-12 按地区、就业人数组距

地　　区	社团法人单位数（个）	7人及以下	8-19人	20-49人	50-99人
总　计	**2098**	**1733**	**244**	**71**	**36**
银川市	**855**	**682**	**121**	**32**	**14**
兴庆区	250	200	30	10	7
西夏区	88	70	12	4	2
金凤区	44	38	4	2	
永宁县	158	93	47	10	5
贺兰县	167	144	19	4	
灵武市	148	137	9	2	
石嘴山市	**269**	**232**	**26**	**7**	**2**
大武口区	129	116	8	4	
惠农区	83	69	12	1	
平罗县	57	47	6	2	2
吴忠市	**331**	**284**	**31**	**12**	**3**
红寺堡区	5	5			
利通区	125	88	25	8	3
盐池县	30	25	2	3	
同心县	16	15		1	
青铜峡市	155	151	4		
固原市	**269**	**227**	**24**	**7**	**8**
原州区	42	31	8	1	1
西吉县	21	16	1	2	2
隆德县	69	65	4		
泾源县	23	14	4	3	2
彭阳县	114	101	7	1	3
中卫市	**374**	**308**	**42**	**13**	**9**
沙坡头区	170	130	21	12	6
中宁县	108	101	5		2
海原县	96	77	16	1	1

分组的社团法人单位数

100-299人	300-499人	500-999人	1000-2999人	3000-4999人	5000人及以上
9	3	1	1		
3	1	1	1		
	1	1	1		
3					
2					
1					
1					
1					
1					
3					
1					
2					
	2				
	1				
	1				

2-13 按地区、学历分组的社团法人单位就业人数

地　区	社团法人单位数(个)	就业人数(人)	具有研究生及以上学历人员	具有大学本科学历人　员	具有大专学历人员	具有高中学历人员	具有初中及以下学历 人 员
总　计	**2098**	**18245**	**261**	**4240**	**2574**	**3749**	**7421**
银川市	**855**	**9278**	**191**	**3134**	**1482**	**1552**	**2919**
兴庆区	250	4931	168	2801	1050	407	505
西夏区	88	617	10	38	67	225	277
金凤区	44	231	2	105	63	36	25
永宁县	158	2096	4	134	142	502	1314
贺兰县	167	853	1	28	106	268	450
灵武市	148	550	6	28	54	114	348
石嘴山市	**269**	**1462**	**12**	**208**	**248**	**375**	**619**
大武口区	129	501	3	142	90	79	187
惠农区	83	548	5	45	110	175	213
平罗县	57	413	4	21	48	121	219
吴忠市	**331**	**1849**	**27**	**196**	**273**	**484**	**869**
红寺堡区	5	20	1	7	2	3	7
利通区	125	1257	21	123	182	244	687
盐池县	30	209	1	17	21	60	110
同心县	16	74	2	20	32	12	8
青铜峡市	155	289	2	29	36	165	57
固原市	**269**	**2165**	**20**	**508**	**326**	**541**	**770**
原州区	42	401	20	188	90	49	54
西吉县	21	272		49	78	115	30
隆德县	69	266		10	17	165	74
泾源县	23	349		6	24	62	257
彭阳县	114	877		255	117	150	355
中卫市	**374**	**3491**	**11**	**194**	**245**	**797**	**2244**
沙坡头区	170	1869	1	72	84	445	1267
中宁县	108	683	1	93	98	145	346
海原县	96	939	9	29	63	207	631

2-14　按地区、专业技术职称分组的社团法人单位就业人数

地　　区	社团法人单位数(个)	就业人数(人)	#具有高级技术职称人员	#具有中级技术职称人员	#具有初级技术职称人员
总　　计	**2098**	**18245**	**410**	**2055**	**1020**
银川市	**855**	**9278**	**268**	**1672**	**654**
兴庆区	250	4931	243	1616	556
西夏区	88	617	3	4	8
金凤区	44	231	8	6	4
永宁县	158	2096	8	31	53
贺兰县	167	853	5	10	12
灵武市	148	550	1	5	21
石嘴山市	**269**	**1462**	**5**	**52**	**30**
大武口区	129	501	2	14	4
惠农区	83	548	2	30	18
平罗县	57	413	1	8	8
吴忠市	**331**	**1849**	**16**	**58**	**106**
红寺堡区	5	20			1
利通区	125	1257	13	57	103
盐池县	30	209	1		
同心县	16	74	1	1	1
青铜峡市	155	289	1		1
固原市	**269**	**2165**	**114**	**214**	**176**
原州区	42	401	74	71	26
西吉县	21	272	1		12
隆德县	69	266		6	1
泾源县	23	349		4	11
彭阳县	114	877	39	133	126
中卫市	**374**	**3491**	**7**	**59**	**54**
沙坡头区	170	1869	4	24	28
中宁县	108	683	2	32	22
海原县	96	939	1	3	4

2-15 按地区、技术等级分组的社团法人单位就业人数

地区	社团法人单位数(个)	就业人数(人)	#高级技师	#技师	#高级工	#中级工
总计	**2098**	**18245**	**18**	**45**	**85**	**172**
银川市	**855**	**9278**	**15**	**14**	**41**	**59**
兴庆区	250	4931	2	5	11	7
西夏区	88	617			4	3
金凤区	44	231	2		3	
永宁县	158	2096	6	6	16	40
贺兰县	167	853	5	1	3	5
灵武市	148	550		2	4	4
石嘴山市	**269**	**1462**	**1**	**15**	**2**	**7**
大武口区	129	501		3	1	
惠农区	83	548		11	1	3
平罗县	57	413	1	1		4
吴忠市	**331**	**1849**		**2**	**7**	**71**
红寺堡区	5	20				
利通区	125	1257		1	6	55
盐池县	30	209		1		2
同心县	16	74				
青铜峡市	155	289			1	14
固原市	**269**	**2165**	**2**	**7**	**19**	**18**
原州区	42	401	1	3	11	4
西吉县	21	272	1	2	7	2
隆德县	69	266		1		1
泾源县	23	349			1	3
彭阳县	114	877		1		8
中卫市	**374**	**3491**		**7**	**16**	**17**
沙坡头区	170	1869		2	11	8
中宁县	108	683		2	2	6
海原县	96	939		3	3	3

2-16 按地区分组的民办非企业法人单位数及就业人数

地区	民办非企业法人单位数(个)	单产业法人单位	多产业法人单位	就业人数(人)	女性
总计	**492**	**489**	**3**	**6855**	**4429**
银川市	**233**	**231**	**2**	**4412**	**2769**
兴庆区	115	113	2	1697	1067
西夏区	53	53		912	598
金凤区	22	22		475	337
永宁县	9	9		622	328
贺兰县	22	22		409	284
灵武市	12	12		297	155
石嘴山市	**76**	**75**	**1**	**799**	**572**
大武口区	50	50		490	358
惠农区	25	24	1	305	214
平罗县	1	1		4	
吴忠市	**40**	**40**		**573**	**419**
红寺堡区	1	1		50	46
利通区	24	24		389	271
同心县	4	4		36	16
青铜峡市	11	11		98	86
固原市	**11**	**11**		**259**	**174**
原州区	5	5		114	78
西吉县	2	2		57	25
隆德县	1	1		19	5
彭阳县	3	3		69	66
中卫市	**132**	**132**		**812**	**495**
沙坡头区	16	16		315	222
中宁县	113	113		412	248
海原县	3	3		85	25

2-17 按地区、就业人数组距

地　　区	民办非企业法人单位数(个)	7人及以下	8-19人	20-49人
总　　计	**492**	**259**	**144**	**66**
银川市	**233**	**108**	**69**	**38**
兴庆区	115	45	42	21
西夏区	53	28	13	9
金凤区	22	15	3	1
永宁县	9	4	1	3
贺兰县	22	14	3	3
灵武市	12	2	7	1
石嘴山市	**76**	**38**	**28**	**9**
大武口区	50	28	15	7
惠农区	25	9	13	2
平罗县	1	1		
吴忠市	**40**	**11**	**21**	**7**
红寺堡区	1			
利通区	24	5	12	7
同心县	4	3	1	
青铜峡市	11	3	8	
固原市	**11**	**2**	**5**	**3**
原州区	5	2	1	1
西吉县	2		1	1
隆德县	1		1	
彭阳县	3		2	1
中卫市	**132**	**100**	**21**	**9**
沙坡头区	16	3	8	3
中宁县	113	97	12	4
海原县	3		1	2

分组的民办非企业法人单位数

50-99人	100-299人	300-499人	500-999人	1000-2999人	3000-4999人	5000人及以上
16	6	1				
11	6	1				
7						
2	1					
1	2					
		1				
	2					
1	1					
1						
1						
1						
1						
1						
1						
2						
2						

2-18 按地区、学历分组的民办非企业法人单位就业人数

地区	民办非企业法人单位数（个）	就业人数（人）	具有研究生及以上学历人员	具有大学本科学历人员	具有大专学历人员	具有高中学历人员	具有初中及以下学历人员
总 计	**492**	**6855**	**253**	**1990**	**2524**	**1576**	**512**
银川市	**233**	**4412**	**203**	**1605**	**1587**	**788**	**229**
兴庆区	115	1697	60	686	606	271	74
西夏区	53	912	70	317	333	167	25
金凤区	22	475	1	135	182	121	36
永宁县	9	622	62	270	211	64	15
贺兰县	22	409		65	186	114	44
灵武市	12	297	10	132	69	51	35
石嘴山市	**76**	**799**	**25**	**159**	**262**	**266**	**87**
大武口区	50	490	7	103	200	149	31
惠农区	25	305	18	56	62	117	52
平罗县	1	4					4
吴忠市	**40**	**573**	**25**	**99**	**281**	**110**	**58**
红寺堡区	1	50		11	28	7	4
利通区	24	389	11	62	205	74	37
同心县	4	36		4	11	7	14
青铜峡市	11	98	14	22	37	22	3
固原市	**11**	**259**		**23**	**121**	**81**	**34**
原州区	5	114		13	52	23	26
西吉县	2	57		8	22	27	
隆德县	1	19		2	8	7	2
彭阳县	3	69			39	24	6
中卫市	**132**	**812**		**104**	**273**	**331**	**104**
沙坡头区	16	315		49	111	125	30
中宁县	113	412		52	149	167	44
海原县	3	85		3	13	39	30

2-19　按地区、专业技术职称分组的民办非企业法人单位就业人数

地　区	民办非企业法人单位数(个)	就业人数(人)	#具有高级技术职称人员	#具有中级技术职称人员	#具有初级技术职称人员
总　计	**492**	**6855**	**438**	**683**	**697**
银川市	**233**	**4412**	**374**	**511**	**460**
兴庆区	115	1697	99	186	133
西夏区	53	912	87	90	67
金凤区	22	475	28	70	54
永宁县	9	622	75	75	191
贺兰县	22	409	13	39	14
灵武市	12	297	72	51	1
石嘴山市	**76**	**799**	**40**	**50**	**40**
大武口区	50	490	31	36	18
惠农区	25	305	9	14	22
平罗县	1	4			
吴忠市	**40**	**573**	**6**	**25**	**57**
红寺堡区	1	50		5	39
利通区	24	389	6	16	10
同心县	4	36			
青铜峡市	11	98		4	8
固原市	**11**	**259**	**10**	**28**	**9**
原州区	5	114	3	8	3
西吉县	2	57	6	8	2
隆德县	1	19	1	12	4
彭阳县	3	69			
中卫市	**132**	**812**	**8**	**69**	**131**
沙坡头区	16	315	3	22	68
中宁县	113	412	5	35	53
海原县	3	85		12	10

2-20 按地区、技术等级分组的民办非法人单位就业人数

地　区	民办非企业法人单位数（个）	就业人数（人）	#高级技师	#技师	#高级工	#中级工
总　计	**492**	**6855**	**4**	**11**	**86**	**106**
银川市	**233**	**4412**	**4**	**6**	**63**	**61**
兴庆区	115	1697	3	4	12	23
西夏区	53	912	1		9	24
金凤区	22	475		1	2	
永宁县	9	622		1	40	14
贺兰县	22	409				
灵武市	12	297				
石嘴山市	**76**	**799**			**6**	**10**
大武口区	50	490			6	10
惠农区	25	305				
平罗县	1	4				
吴忠市	**40**	**573**		**2**	**1**	**11**
红寺堡区	1	50		2		4
利通区	24	389				3
同心县	4	36				
青铜峡市	11	98			1	4
固原市	**11**	**259**			**4**	**4**
原州区	5	114			2	4
西吉县	2	57				
隆德县	1	19			2	
彭阳县	3	69				
中卫市	**132**	**812**		**3**	**12**	**20**
沙坡头区	16	315		1		
中宁县	113	412			2	
海原县	3	85		2	10	20

第3篇

信息化

3-1　按行业(小类)分组的法人单位信息化状况

行　　业	年末在用计算机数(台)	年末拥有网站数(个)	全年电子商务采购金额(千元)	全年电子商务销售金额(千元)
总　　计	**128889**	**1336**	**894116**	**1453775**
采矿业	**6003**	**33**	**6520**	**6720**
煤炭开采和洗选业	5748	33	6520	6720
烟煤和无烟煤的开采洗选	5748	33	6520	6720
烟煤和无烟煤的开采洗选	5748	33	6520	6720
石油和天然气开采业	105			
天然原油和天然气开采	5			
天然原油和天然气开采	5			
与石油和天然气开采有关的服务活动	100			
与石油和天然气开采有关的服务活动	100			
黑色金属矿采选业	9			
铁矿采选	9			
铁矿采选	9			
有色金属矿采选业	13			
常用有色金属矿采选	12			
镍钴矿采选	8			
镁矿采选	4			
稀有稀土金属矿采选	1			
稀土金属矿采选	1			
非金属矿采选业	128			
土砂石开采	105			
石灰石、石膏开采	16			
建筑装饰用石开采	10			
粘土及其他土砂石开采	79			
石棉及其他非金属矿采选	23			
石墨、滑石采选	1			
其他非金属矿采选	22			
制造业	**19531**	**445**	**131122**	**1131504**
农副食品加工业	736	44	13178	31826
谷物磨制	214	13	2123	22400
谷物磨制	214	13	2123	22400
饲料加工	162	8	27	6
饲料加工	162	8	27	6
植物油加工	49	4	96	
食用植物油加工	49	4	96	
制糖	2			
制糖	2			
屠宰及肉类加工	81	4	150	6720
畜禽屠宰	37	3	150	5720
肉制品及副产品加工	44	1		1000
蔬菜、水果和坚果加工	91	5	10200	2700
蔬菜、水果和坚果加工	91	5	10200	2700
其他农副食品加工	137	10	582	
淀粉及淀粉制品的制造	94	6	502	
豆制品制造	6	1		
蛋品加工	5			
其他未列明的农副食品加工	32	3	80	

3-1 续表 1

行　业	年末在用计算机数(台)	年末拥有网站数(个)	全年电子商务采购金额(千元)	全年电子商务销售金额(千元)
食品制造业	964	28	2795	474982
焙烤食品制造	76	6	10	
糕点、面包制造	73	6	10	
饼干及其他焙烤食品制造	3			
糖果、巧克力及蜜饯制造	15	1		
糖果、巧克力制造	10	1		
蜜饯制作	5			
方便食品制造	28	1		
米、面制品制造	12			
速冻食品制造	12			
方便面及其他方便食品制造	4	1		
液体乳及乳制品制造	384	9	2484	472097
液体乳及乳制品制造	384	9	2484	472097
罐头制造	3			
蔬菜、水果罐头制造	3			
调味品、发酵制品制造	350	7	50	35
味精制造	120	2	50	
酱油、食醋及类似制品的制造	17	3		35
其他调味品、发酵制品制造	213	2		
其他食品制造	108	4	251	2850
营养、保健食品制造	51	2	250	2850
食品及饲料添加剂制造	44	1		
其他未列明的食品制造	13	1	1	
饮料制造业	728	21	6842	9600
酒的制造	585	13	6842	9597
白酒制造	72	6	6842	9597
啤酒制造	130	1		
黄酒制造	1			
葡萄酒制造	112	3		
其他酒制造	270	3		
软饮料制造	130	6		3
瓶(罐)装饮用水制造	19	2		
果菜汁及果菜汁饮料制造	99	2		3
含乳饮料和植物蛋白饮料制造	8	1		
固体饮料制造	3			
茶饮料及其他软饮料制造	1	1		
精制茶加工	13	2		
精制茶加工	13	2		
烟草制品业	3			
烟叶复烤	3			
烟叶复烤	3			
纺织业	462	6		
棉、化纤纺织及印染精加工	8			
棉、化纤纺织加工	8			
毛纺织和染整精加工	428	4		
毛纺织	428	4		

3-1 续表 2

行　　业	年末在用计算机数(台)	年末拥有网站数(个)	全年电子商务采购金额(千元)	全年电子商务销售金额(千元)
丝绢纺织及精加工	2	1		
缫丝加工	2	1		
纺织制成品制造	18	1		
棉及化纤制品制造	5			
毛制品制造	4	1		
麻制品制造	2			
绳、索、缆的制造	6			
其他纺织制成品制造	1			
针织品、编织品及其制品制造	6			
棉、化纤针织品及编织品制造	5			
毛针织品及编织品制造	1			
纺织服装、鞋、帽制造业	112	1		
纺织服装制造	112	1		
纺织服装制造	112	1		
皮革、毛皮、羽毛(绒)及其制品业	43	4	11000	9993
皮革鞣制加工	3			
皮革鞣制加工	3			
皮革制品制造	2			
皮鞋制造	2			
毛皮鞣制及制品加工	34	3	11000	9993
毛皮鞣制加工	19	2	11000	9993
毛皮服装加工	7	1		
其他毛皮制品加工	8			
羽毛(绒)加工及制品制造	4	1		
羽毛(绒)加工	4	1		
木材加工及木、竹、藤、棕、草制品业	36	4	260	450
锯材、木片加工	4			
锯材加工	3			
木片加工	1			
人造板制造	4			
胶合板制造	3			
其他人造板、材制造	1			
木制品制造	27	4	260	450
建筑用木料及木材组件加工	25	4	260	450
木容器制造	2			
竹、藤、棕、草制品制造	1			
竹、藤、棕、草制品制造	1			
家具制造业	68	3		
木质家具制造	53	2		
木质家具制造	53	2		
金属家具制造	6	1		
金属家具制造	6	1		
其他家具制造	9			
其他家具制造	9			
造纸及纸制品业	622	10	1126	154
造纸	567	8	1123	154
机制纸及纸板制造	551	8	885	
加工纸制造	16		238	154

3-1 续表 3

行　业	年末在用计算机数（台）	年末拥有网站数（个）	全年电子商务采购金额（千元）	全年电子商务销售金额（千元）
纸制品制造	55	2	3	
纸和纸板容器的制造	27	1		
其他纸制品制造	28	1	3	
印刷业和记录媒介的复制	439	8	7	
印刷	422	8	7	
书、报、刊印刷	189	3	3	
本册印制	98	2		
包装装潢及其他印刷	135	3	4	
装订及其他印刷服务活动	17			
装订及其他印刷服务活动	17			
文教体育用品制造业	3			
文化用品制造	2			
文具制造	2			
体育用品制造	1			
体育器材及配件制造	1			
石油加工、炼焦及核燃料加工业	1029	10	21114	
精炼石油产品的制造	763	3	21114	
原油加工及石油制品制造	763	3	21114	
炼焦	266	7		
炼焦	266	7		
化学原料及化学制品制造业	2782	69	53702	87316
基础化学原料制造	702	42	1112	82519
无机酸制造	16			
无机碱制造	27	1		
无机盐制造	180	3	1000	1500
有机化学原料制造	163	8		80000
其他基础化学原料制造	316	30	112	1019
肥料制造	1354	13	50516	2454
氮肥制造	1214	9	20104	
磷肥制造	96	1		
钾肥制造	26	1	28600	
复混肥料制造	13	2	1812	2454
有机肥料及微生物肥料制造	5			
农药制造	29	1	3	
化学农药制造	29	1	3	
涂料、油墨、颜料及类似产品制造	36	2	1818	2310
涂料制造	18	1	1791	2310
颜料制造	4			
染料制造	14	1	27	
合成材料制造	458	2		
初级形态的塑料及合成树脂制造	456	2		
合成橡胶制造	1			
其他合成材料制造	1			
专用化学产品制造	191	8	253	33
化学试剂和助剂制造	58	3	1	
专项化学用品制造	29	3		

3-1 续表 4

行业	年末在用计算机数(台)	年末拥有网站数(个)	全年电子商务采购金额(千元)	全年电子商务销售金额(千元)
林产化学产品制造	70	2		
炸药及火工产品制造	10			
环境污染处理专用药剂材料制造	2			
动物胶制造	4			
其他专用化学产品制造	18		252	33
日用化学产品制造	12	1		
肥皂及合成洗涤剂制造	4			
化妆品制造	5	1		
其他日用化学产品制造	3			
医药制造业	695	10		
化学药品原药制造	303	1		
化学药品原药制造	303	1		
化学药品制剂制造	94	3		
化学药品制剂制造	94	3		
中药饮片加工	14	1		
中药饮片加工	14	1		
中成药制造	129	3		
中成药制造	129	3		
兽用药品制造	145	2		
兽用药品制造	145	2		
生物、生化制品的制造	10			
生物、生化制品的制造	10			
化学纤维制造业	4			
合成纤维制造	4			
涤纶纤维制造	3			
维纶纤维制造	1			
橡胶制品业	198	3		
轮胎制造	166	1		
车辆、飞机及工程机械轮胎制造	163			
轮胎翻新加工	3	1		
橡胶板、管、带的制造	26	2		
橡胶板、管、带的制造	26	2		
橡胶零件制造	1			
橡胶零件制造	1			
再生橡胶制造	1			
再生橡胶制造	1			
日用及医用橡胶制品制造	4			
日用及医用橡胶制品制造	4			
塑料制品业	265	13	1	
塑料薄膜制造	24	2		
塑料薄膜制造	24	2		
塑料板、管、型材的制造	121	3		
塑料板、管、型材的制造	121	3		
塑料丝、绳及编织品的制造	74	7	1	
塑料丝、绳及编织品的制造	74	7	1	
泡沫塑料制造	15	1		
泡沫塑料制造	15	1		

3-1 续表 5

行业	年末在用计算机数(台)	年末拥有网站数(个)	全年电子商务采购金额(千元)	全年电子商务销售金额(千元)
塑料包装箱及容器制造	15			
塑料包装箱及容器制造	15			
塑料零件制造	3			
塑料零件制造	3			
日用塑料制造	7			
日用塑料杂品制造	7			
其他塑料制品制造	6			
其他塑料制品制造	6			
非金属矿物制品业	1754	74	445	5763
水泥、石灰和石膏的制造	670	9		
水泥制造	660	9		
石灰和石膏制造	10			
水泥及石膏制品制造	243	23	445	
水泥制品制造	189	17	445	
砼结构构件制造	35	3		
轻质建筑材料制造	16	3		
其他水泥制品制造	3			
砖瓦、石材及其他建筑材料制造	191	2		
粘土砖瓦及建筑砌块制造	106	2		
建筑陶瓷制品制造	24			
建筑用石加工	17			
防水建筑材料制造	7			
隔热和隔音材料制造	11			
其他建筑材料制造	26			
玻璃及玻璃制品制造	45			
平板玻璃制造	4			
技术玻璃制品制造	17			
日用玻璃制品及玻璃包装容器制造	20			
玻璃保温容器制造	1			
玻璃纤维及制品制造	1			
玻璃纤维增强塑料制品制造	1			
其他玻璃制品制造	1			
陶瓷制品制造	1			
日用陶瓷制品制造	1			
耐火材料制品制造	17	1		
石棉制品制造	4			
耐火陶瓷制品及其他耐火材料制造	13	1		
石墨及其他非金属矿物制品制造	587	39		5763
石墨及碳素制品制造	397	33		563
其他非金属矿物制品制造	190	6		5200
黑色金属冶炼及压延加工业	925	23	104	86201
炼铁	131	1		
炼铁	131	1		
炼钢	1			
炼钢	1			
钢压延加工	283	1	103	
钢压延加工	283	1	103	

3-1　续表 6

行　业	年末在用计算机数（台）	年末拥有网站数（个）	全年电子商务采购金额（千元）	全年电子商务销售金额（千元）
铁合金冶炼	510	21	1	86201
铁合金冶炼	510	21	1	86201
有色金属冶炼及压延加工业	2181	9	8700	308876
常用有色金属冶炼	1378	6	8700	308876
铜冶炼	4			
铅锌冶炼	75	2		
铝冶炼	1205	3	8700	308876
镁冶炼	65			
其他常用有色金属冶炼	29	1		
稀有稀土金属冶炼	765	3		
稀土金属冶炼	12			
其他稀有金属冶炼	753	3		
有色金属合金制造	18			
有色金属合金制造	18			
有色金属压延加工	20			
常用有色金属压延加工	20			
金属制品业	583	19	359	16247
结构性金属制品制造	291	9	9	9
金属结构制造	173	5	9	9
金属门窗制造	118	4		
金属工具制造	8			
手工具制造	1			
农用及园林用金属工具制造	2			
其他金属工具制造	5			
集装箱及金属包装容器制造	17	1		
金属包装容器制造	17	1		
金属丝绳及其制品的制造	146	1		15738
金属丝绳及其制品的制造	146	1		15738
建筑、安全用金属制品制造	53	3	300	500
建筑、家具用金属配件制造	10	1		
建筑装饰及水暖管道零件制造	30	1	300	500
其他建筑、安全用金属制品制造	13	1		
金属表面处理及热处理加工	14	1		
金属表面处理及热处理加工	14	1		
搪瓷制品制造	5			
工业生产配套用搪瓷制品制造	5			
不锈钢及类似日用金属制品制造	21	1	50	
金属制厨房调理及卫生器具制造	2			
其他日用金属制品制造	19	1	50	
其他金属制品制造	28	3		
其他未列明的金属制品制造	28	3		
通用设备制造业	2278	43	1473	89608
锅炉及原动机制造	75	3		
锅炉及辅助设备制造	73	3		
内燃机及配件制造	2			
金属加工机械制造	814	12	1464	1626
金属切削机床制造	711	5		

3-1　续表 7

行　业	年末在用计算机数(台)	年末拥有网站数(个)	全年电子商务采购金额(千元)	全年电子商务销售金额(千元)
金属成形机床制造	39	2		
铸造机械制造	6	1		
金属切割及焊接设备制造	1			
机床附件制造	43	3		
其他金属加工机械制造	14	1	1464	1626
起重运输设备制造	260	10		
起重运输设备制造	260	10		
泵、阀门、压缩机及类似机械的制造	51	1		
泵及真空设备制造	16			
阀门和旋塞的制造	12	1		
液压和气压动力机械及元件制造	23			
轴承、齿轮、传动和驱动部件的制造	537	2		
轴承制造	512	2		
齿轮、传动和驱动部件制造	25			
烘炉、熔炉及电炉制造	5	1		
烘炉、熔炉及电炉制造	5	1		
风机、衡器、包装设备等通用设备制造	66	4		
风机、风扇制造	21			
制冷、空调设备制造	23	1		
包装专用设备制造	3	2		
衡器制造	9			
其他通用设备制造	10	1		
通用零部件制造及机械修理	56	3		
金属密封件制造	6			
紧固件、弹簧制造	3			
机械零部件加工及设备修理	46	3		
其他通用零部件制造	1			
金属铸、锻加工	414	7	9	87982
钢铁铸件制造	410	6	9	87982
锻件及粉末冶金制品制造	4	1		
专用设备制造业	862	9	5	
矿山、冶金、建筑专用设备制造	710	5	5	
采矿、采石设备制造	688	4	5	
石油钻采专用设备制造	20	1		
建筑工程用机械制造	2			
化工、木材、非金属加工专用设备制造	22			
塑料加工专用设备制造	5			
模具制造	17			
食品、饮料、烟草及饲料生产专用设备制造	3			
饲料生产专用设备制造	3			
印刷、制药、日化生产专用设备制造	12			
制浆和造纸专用设备制造	12			
电子和电工机械专用设备制造	66	1		
电工机械专用设备制造	9			
电子工业专用设备制造	57	1		
农、林、牧、渔专用机械制造	16	2		
机械化农业及园艺机具制造	3			
畜牧机械制造	3	1		
其他农林牧渔业机械制造及机械修理	10	1		

3-1 续表 8

行　　业	年末在用计算机数(台)	年末拥有网站数(个)	全年电子商务采购金额(千元)	全年电子商务销售金额(千元)
医疗仪器设备及器械制造	23	1		
医疗诊断、监护及治疗设备制造	15	1		
假肢、人工器官及植(介)入器械制造	7			
其他医疗设备及器械制造	1			
环保、社会公共安全及其他专用设备制造	10			
环境污染防治专用设备制造	9			
其他专用设备制造	1			
交通运输设备制造业	151	7	27	
汽车制造	123	2		
汽车整车制造	18			
改装汽车制造	4			
汽车零部件及配件制造	27	1		
汽车修理	74	1		
摩托车制造	2			
摩托车零部件及配件制造	2			
自行车制造	1			
脚踏自行车及残疾人座车制造	1			
交通器材及其他交通运输设备制造	25	5	27	
交通管理用金属标志及设施制造	25	5	27	
电气机械及器材制造业	892	15	9813	10200
电机制造	306	4		
发电机及发电机组制造	71	2		
电动机制造	235	2		
输配电及控制设备制造	372	7	13	
变压器、整流器和电感器制造	117	1		
电容器及其配套设备制造	10	1		
配电开关控制设备制造	231	5	13	
电力电子元器件制造	3			
其他输配电及控制设备制造	11			
电线、电缆、光缆及电工器材制造	59	1		
电线电缆制造	57	1		
其他电工器材制造	2			
电池制造	24	1		
电池制造	24	1		
家用电力器具制造	1			
家用厨房电器具制造	1			
非电力家用器具制造	31	2	9800	10200
燃气、太阳能及类似能源的器具制造	31	2	9800	10200
照明器具制造	6			
照明灯具制造	5			
灯用电器附件及其他照明器具制造	1			
其他电气机械及器材制造	93			
其他未列明的电气机械制造	93			
通信设备、计算机及其他电子设备制造业	14			
通信设备制造	4			
通信传输设备制造	4			

3-1 续表 9

行　　业	年末在用计算机数(台)	年末拥有网站数(个)	全年电子商务采购金额(千元)	全年电子商务销售金额(千元)
电子计算机制造	9			
计算机网络设备制造	9			
家用视听设备制造	1			
家用影视设备制造	1			
仪器仪表及文化、办公用机械制造业	653	9	170	288
通用仪器仪表制造	605	6	30	80
工业自动控制系统装置制造	298	1		
电工仪器仪表制造	206	1		
实验分析仪器制造	10			
试验机制造	52	3	30	80
供应用仪表及其他通用仪器制造	39	1		
专用仪器仪表制造	3			
汽车及其他用计数仪表制造	1			
其他专用仪器制造	2			
光学仪器及眼镜制造	1			
眼镜制造	1			
文化、办公用机械制造	38	2	140	
照相机及器材制造	31	1	110	
其他文化、办公用机械制造	7	1	30	
其他仪器仪表的制造及修理	6	1		208
其他仪器仪表的制造及修理	6	1		208
工艺品及其他制造业	45	3	1	
工艺美术品制造	16	2	1	
雕塑工艺品制造	8	1	1	
金属工艺品制造	2			
地毯、挂毯制造	1			
其他工艺美术品制造	5	1		
日用杂品制造	1			
其他日用杂品制造	1			
煤制品制造	25	1		
煤制品制造	25	1		
其他未列明的制造业	3			
其他未列明的制造业	3			
废弃资源和废旧材料回收加工业	4			
非金属废料和碎屑的加工处理	4			
非金属废料和碎屑的加工处理	4			
电力、燃气及水的生产和供应业	**9588**	**28**	**11678**	**10**
电力、热力的生产和供应业	8818	9	5268	
电力生产	3067	5	2688	
火力发电	2779	3	2688	
水力发电	194	2		
核力发电	18			
其他能源发电	76			
电力供应	5434	1		
电力供应	5434	1		

3-1 续表 10

行业	年末在用计算机数（台）	年末拥有网站数（个）	全年电子商务采购金额（千元）	全年电子商务销售金额（千元）
热力生产和供应	317	3	2580	
热力生产和供应	317	3	2580	
燃气生产和供应业	191	3		
燃气生产和供应业	191	3		
燃气生产和供应业	191	3		
水的生产和供应业	579	16	6410	10
自来水的生产和供应	539	15	6410	10
自来水的生产和供应	539	15	6410	10
污水处理及其再生利用	39	1		
污水处理及其再生利用	39	1		
其他水的处理、利用与分配	1			
其他水的处理、利用与分配	1			
建筑业	**6834**	**55**	**1739**	**800**
房屋和土木工程建筑业	5284	23	424	
房屋工程建筑	2214	10	114	
房屋工程建筑	2214	10	114	
土木工程建筑	3070	13	310	
铁路、道路、隧道和桥梁工程建筑	637	4		
水利和港口工程建筑	412	1	9	
工矿工程建筑	1240	1	301	
架线和管道工程建筑	438	3		
其他土木工程建筑	343	4		
建筑安装业	767	13	1303	800
建筑安装业	767	13	1303	800
建筑安装业	767	13	1303	800
建筑装饰业	713	17	3	
建筑装饰业	713	17	3	
建筑装饰业	713	17	3	
其他建筑业	70	2	9	
工程准备	51	2	9	
工程准备	51	2	9	
提供施工设备服务	4			
提供施工设备服务	4			
其他未列明的建筑活动	15			
其他未列明的建筑活动	15			
交通运输、仓储和邮政业	**3285**	**22**	**51**	**120**
道路运输业	448	13		
公路旅客运输	158	5		
公路旅客运输	158	5		
道路货物运输	270	7		
道路货物运输	270	7		
道路运输辅助活动	20	1		
客运汽车站	7			
公路管理与养护	10			
其他道路运输辅助活动	3	1		
城市公共交通业	147	2	15	
公共电汽车客运	102			
公共电汽车客运	102			

3-1 续表 11

行 业	年末在用计算机数(台)	年末拥有网站数(个)	全年电子商务采购金额(千元)	全年电子商务销售金额(千元)
出租车客运	44	2	15	
出租车客运	44	2	15	
其他城市公共交通	1			
其他城市公共交通	1			
航空运输业	97	1		
航空客货运输	20			
航空货物运输	20			
航空运输辅助活动	77	1		
机场	77	1		
管道运输业	2			
管道运输业	2			
管道运输业	2			
装卸搬运和其他运输服务业	123	6	36	36
装卸搬运	24	1		
装卸搬运	24	1		
运输代理服务	99	5	36	36
运输代理服务	99	5	36	36
仓储业	190			84
谷物、棉花等农产品仓储	167			84
谷物、棉花等农产品仓储	167			84
其他仓储	23			
其他仓储	23			
邮政业	2278			
国家邮政	2254			
国家邮政	2254			
其他寄递服务	24			
其他寄递服务	24			
信息传输、计算机服务和软件业	**38427**	**213**	**236339**	**20**
电信和其他信息传输服务业	7281	11	235830	
电信	6329	9	235830	
固定电信服务	1651	4		
移动电信服务	4526	4	235830	
其他电信服务	152	1		
互联网信息服务	773	2		
互联网信息服务	773	2		
广播电视传输服务	172			
有线广播电视传输服务	120			
无线广播电视传输服务	52			
卫星传输服务	7			
卫星传输服务	7			
计算机服务业	30731	190	158	20
计算机系统服务	292	9	100	20
计算机系统服务	292	9	100	20
计算机维修	88	1		
计算机维修	88	1		

3-1　续表 12

行　业	年末在用计算机数(台)	年末拥有网站数(个)	全年电子商务采购金额(千元)	全年电子商务销售金额(千元)
其他计算机服务	30351	180	58	
其他计算机服务	30351	180	58	
软件业	415	12	351	
公共软件服务	414	12	351	
基础软件服务	352	8	351	
应用软件服务	62	4		
其他软件服务	1			
其他软件服务	1			
批发和零售业	**13060**	**259**	**504108**	**298553**
批发业	7145	150	247572	211270
农畜产品批发	344	16	10	3543
谷物、豆及薯类批发	133	11	10	3543
种子、饲料批发	174	4		
棉、麻批发	1			
其他农畜产品批发	36	1		
食品、饮料及烟草制品批发	1457	11	25833	1228
米、面制品及食用油批发	68	1	5	
糕点、糖果及糖批发	5	3		110
果品、蔬菜批发	21		894	1118
肉、禽、蛋及水产品批发	9		20	
盐及调味品批发	63	1		
饮料及茶叶批发	203	6	345	
烟草制品批发	1043		24569	
其他食品批发	45			
纺织、服装及日用品批发	249	1		
纺织品、针织品及原料批发	55	1		
服装批发	65			
鞋帽批发	1			
厨房、卫生间用具及日用杂货批发	13			
化妆品及卫生用品批发	42			
其他日用品批发	73			
文化、体育用品及器材批发	202	5	20	
文具用品批发	74	2	20	
体育用品批发	2			
图书批发	83	1		
音像制品及电子出版物批发	21	1		
其他文化用品批发	22	1		
医药及医疗器材批发	236	7		
西药批发	120	5		
中药材及中成药批发	29	1		
医疗用品及器材批发	87	1		
矿产品、建材及化工产品批发	2602	58	209136	205316
煤炭及制品批发	351	6	5	
石油及制品批发	679	4	312	310
非金属矿及制品批发	43	1		
金属及金属矿批发	852	30	208801	205000

3-1 续表 13

行业	年末在用计算机数(台)	年末拥有网站数(个)	全年电子商务采购金额(千元)	全年电子商务销售金额(千元)
建材批发	287	4	8	6
化肥批发	171	4		
农药批发	7	1	10	
农用薄膜批发	6			
其他化工产品批发	206	8		
机械设备、五金交电及电子产品批发	1774	42	12569	1183
农业机械批发	87	2	10729	
汽车、摩托车及零配件批发	298	6		
五金、交电批发	266	3	19	
家用电器批发	61	2		
计算机、软件及辅助设备批发	136	3		
通讯及广播电视设备批发	77	2		
其他机械设备及电子产品批发	849	24	1821	1183
贸易经纪与代理	78	3		
贸易经纪与代理	78	3		
其他批发	203	7	4	
再生物资回收与批发	113	6		
其他未列明的批发	90	1	4	
零售业	5915	109	256536	87283
综合零售	837	8		
百货零售	498	7		
超级市场零售	294	1		
其他综合零售	45			
食品、饮料及烟草制品专门零售	167	6	6	
粮油零售	66	2		
糕点、面包零售	3			
果品、蔬菜零售	2			
肉、禽、蛋及水产品零售	5	1	6	
饮料及茶叶零售	42			
烟草制品零售	10	1		
其他食品零售	39	2		
纺织、服装及日用品专门零售	303	8	98	1
纺织品及针织品零售	29		2	1
服装零售	143	3		
鞋帽零售	9			
钟表、眼镜零售	29	1		
化妆品及卫生用品零售	42		96	
其他日用品零售	51	4		
文化、体育用品及器材专门零售	396	3	170	1424
文具用品零售	75	1		
体育用品零售	26			
图书零售	180	1	170	1424
音像制品及电子出版物零售	33			
珠宝首饰零售	28	1		
工艺美术品及收藏品零售	14			
照相器材零售	4			
其他文化用品零售	36			

3-1 续表 14

行业	年末在用计算机数(台)	年末拥有网站数(个)	全年电子商务采购金额(千元)	全年电子商务销售金额(千元)
医药及医疗器材专门零售	648	7	5859	
药品零售	604	6	5854	
医疗用品及器材零售	44	1	5	
汽车、摩托车、燃料及零配件专门零售	1258	30	138548	42405
汽车零售	753	13	138504	42405
汽车零配件零售	98	6	23	
摩托车及零配件零售	75	2		
机动车燃料零售	332	9	21	
家用电器及电子产品专门零售	1759	37	111779	43450
家用电器零售	565	3		
计算机、软件及辅助设备零售	838	25	111695	43390
通信设备零售	254	3	81	60
其他电子产品零售	102	6	3	
五金、家具及室内装修材料专门零售	346	6		3
五金零售	163	3		3
家具零售	70	2		
涂料零售	10	1		
其他室内装修材料零售	103			
无店铺及其他零售	201	4	76	
生活用燃料零售	57	2		
花卉零售	21	1		
其他未列明的零售	123	1	76	
住宿和餐饮业	**2466**	**44**	**137**	**53**
住宿业	1433	27	41	53
旅游饭店	1004	17		
旅游饭店	1004	17		
一般旅馆	396	6	41	53
一般旅馆	396	6	41	53
其他住宿服务	33	4		
其他住宿服务	33	4		
餐饮业	1033	17	96	
正餐服务	1000	16	90	
正餐服务	1000	16	90	
快餐服务	25	1		
快餐服务	25	1		
饮料及冷饮服务	3		6	
饮料及冷饮服务	3		6	
其他餐饮服务	5			
其他餐饮服务	5			
金融业	**15033**	**22**		**7720**
银行业	10494	8		
商业银行	9821	7		
商业银行	9821	7		
其他银行	673	1		
其他银行	673	1		

3-1 续表 15

行　　业	年末在用计算机数(台)	年末拥有网站数(个)	全年电子商务采购金额(千元)	全年电子商务销售金额(千元)
证券业	302			
证券经纪与交易	300			
证券经纪与交易	300			
证券投资	2			
证券投资	2			
保险业	3427	12		7720
人寿保险	2120	9		
人寿保险	2120	9		
非人寿保险	1255	3		7720
非人寿保险	1255	3		7720
保险辅助服务	52			
保险辅助服务	52			
其他金融活动	810	2		
金融信托与管理	18			
金融信托与管理	18			
金融租赁	1			
金融租赁	1			
财务公司	2			
财务公司	2			
邮政储蓄	497	1		
邮政储蓄	497	1		
典当	64			
典当	64			
其他未列明的金融活动	228	1		
其他未列明的金融活动	228	1		
房地产业	**4364**	**43**	**213**	**6**
房地产业	4364	43	213	6
房地产开发经营	2864	27	166	
房地产开发经营	2864	27	166	
物业管理	992	10	41	1
物业管理	992	10	41	1
房地产中介服务	344	6	6	5
房地产中介服务	344	6	6	5
其他房地产活动	164			
其他房地产活动	164			
租赁和商务服务业	**3893**	**114**	**851**	**1011**
租赁业	201	2		
机械设备租赁	198	2		
汽车租赁	171	2		
建筑工程机械与设备租赁	26			
计算机及通讯设备租赁	1			
文化及日用品出租	3			
图书及音像制品出租	2			
其他文化及日用品出租	1			
商务服务业	3692	112	851	1011
企业管理服务	989	4		

3-1 续表 16

行 业	年末在用计算机数(台)	年末拥有网站数(个)	全年电子商务采购金额(千元)	全年电子商务销售金额(千元)
企业管理机构	539	1		
投资与资产管理	360	3		
其他企业管理服务	90			
法律服务	220	6		
律师及相关的法律服务	195	6		
公证服务	25			
咨询与调查	827	10	2	
会计、审计及税务服务	499	4	2	
市场调查	8	1		
社会经济咨询	240	2		
其他专业咨询	80	3		
广告业	831	61	829	1011
广告业	831	61	829	1011
知识产权服务	63	7		
知识产权服务	63	7		
职业中介服务	123	0	0	0
职业中介服务	123	0	0	0
市场管理	92	3		
市场管理	92	3		
旅行社	294	16	20	
旅行社	294	16	20	
其他商务服务	253	5		
会议及展览服务	21	1		
保安服务	68			
办公服务	100	3		
其他未列明的商务服务	64	1		
科学研究、技术服务和地质勘查业	**3663**	**18**	**934**	**6903**
研究与试验发展	109		210	5900
自然科学研究与试验发展	43		210	5900
自然科学研究与试验发展	43		210	5900
工程和技术研究与试验发展	30			
工程和技术研究与试验发展	30			
农业科学研究与试验发展	9			
农业科学研究与试验发展	9			
医学研究与试验发展	27			
医学研究与试验发展	27			
专业技术服务业	3341	16	224	3
气象服务	8			
气象服务	8			
测绘服务	45	1		
测绘服务	45	1		
技术检测	152	1		
技术检测	152	1		
环境监测	31			
环境监测	31			

3-1 续表 17

行　业	年末在用计算机数(台)	年末拥有网站数(个)	全年电子商务采购金额(千元)	全年电子商务销售金额(千元)
工程技术与规划管理	2965	11	222	
工程管理服务	1250	7	62	
工程勘察设计	1711	4	160	
规划管理	4			
其他专业技术服务	140	3	2	3
其他专业技术服务	140	3	2	3
科技交流和推广服务业	71	1		
技术推广服务	57			
技术推广服务	57			
科技中介服务	12	1		
科技中介服务	12	1		
其他科技服务	2			
其他科技服务	2			
地质勘查业	142	1	500	1000
矿产地质勘查	93		500	1000
能源矿产地质勘查	89		500	1000
固体矿产地质勘查	4			
基础地质勘查	11			
基础地质勘查	11			
地质勘查技术服务	38	1		
地质勘查技术服务	38	1		
水利、环境和公共设施管理业	**254**	**2**		
水利管理业	52			
水资源管理	34			
其他水资源管理	34			
其他水利管理	18			
其他水利管理	18			
环境管理业	25			
环境治理	25			
城市环境卫生管理	7			
水污染治理	4			
其他环境治理	14			
公共设施管理业	177	2		
市政公共设施管理	16			
市政公共设施管理	16			
城市绿化管理	130	1		
城市绿化管理	130	1		
游览景区管理	31	1		
风景名胜区管理	23	1		
公园管理	6			
其他游览景区管理	2			
居民服务和其他服务业	**564**	**8**	**79**	**97**
居民服务业	248	2		
家庭服务	15			
家庭服务	15			
托儿所	2			
托儿所	2			

3-1　续表 18

行　　业	年末在用计算机数（台）	年末拥有网站数（个）	全年电子商务采购金额（千元）	全年电子商务销售金额（千元）
洗染服务	3			
洗染服务	3			
理发及美容保健服务	28			
理发及美容保健服务	28			
洗浴服务	101			
洗浴服务	101			
婚姻服务	12	1		
婚姻服务	12	1		
殡葬服务	27	1		
殡葬服务	27	1		
摄影扩印服务	55			
摄影扩印服务	55			
其他居民服务	5			
其他居民服务	5			
其他服务业	316	6	79	97
修理与维护	240	6	79	97
汽车、摩托车维护与保养	198	6	79	97
办公设备维修	11			
家用电器修理	28			
其他日用品修理	3			
清洁服务	31			
建筑物清洁服务	2			
其他清洁服务	29			
其他未列明的服务	45			
其他未列明的服务	45			
教育	**965**	**7**	**12**	
教育	965	7	12	
学前教育	30			
学前教育	30			
中等教育	53			
初中教育	1			
职业中学教育	50			
其他中等教育	2			
其他教育	882	7	12	
职业技能培训	860	7	12	
其他未列明的教育	22			
卫生、社会保障和社会福利业	**498**	**13**	**233**	**158**
卫生	498	13	233	158
医院	310	6	233	158
综合医院	204	4	228	158
中医医院	3			
中西医结合医院	17	1		
民族医院	7			
专科医院	79	1	5	
卫生院及社区医疗活动	125	6		
卫生院及社区医疗活动	125	6		

3-1 续表 19

行业	年末在用计算机数(台)	年末拥有网站数(个)	全年电子商务采购金额(千元)	全年电子商务销售金额(千元)
门诊部医疗活动	31	1		
门诊部医疗活动	31	1		
其他卫生活动	32			
其他卫生活动	32			
文化、体育和娱乐业	**461**	**10**	**100**	**100**
新闻出版业	201	1		
出版业	201	1		
图书出版	186	1		
电子出版物出版	11			
其他出版	4			
广播、电视、电影和音像业	71	1		
广播	11			
广播	11			
电视	8			
电视	8			
电影	39	1		
电影制作与发行	1			
电影放映	38	1		
音像制作	13			
音像制作	13			
文化艺术业	8			
文艺创作与表演	2			
文艺创作与表演	2			
艺术表演场馆	2			
艺术表演场馆	2			
文化艺术经纪代理	2			
文化艺术经纪代理	2			
其他文化艺术	2			
其他文化艺术	2			
体育	10	2		
体育组织	1			
体育组织	1			
体育场馆	5	1		
体育场馆	5	1		
其他体育	4	1		
其他体育	4	1		
娱乐业	171	6	100	100
室内娱乐活动	135	1		
室内娱乐活动	135	1		
游乐园	18	4	100	100
游乐园	18	4	100	100
休闲健身娱乐活动	11	1		
休闲健身娱乐活动	11	1		
其他娱乐活动	7			
其他娱乐活动	7			

3-2　按登记注册类型分组的法人单位信息化状况

登记注册类型	年末在用计算机数（台）	年末拥有网站数（个）	全年电子商务采购金额（千元）	全年电子商务销售金额（千元）
总　　计	**128889**	**1336**	**894116**	**1453775**
内资	**121732**	**1292**	**657913**	**1365793**
国有	23056	64	31503	7469
集体	937	15		
股份合作	1577	10		110
国有联营	45	2		
集体联营	31	1		
国有与集体联营	7	1		
其他联营	114	2		
国有独资公司	7425	25	11699	308912
其他有限责任公司	16080	174	133732	63155
股份有限公司	13888	45	41446	436726
私营独资产	27996	248	579	5871
私营合伙	3470	23	126	97
私营有限责任公司	25291	651	438015	542433
私营股份有限公司	1085	24	806	1020
其他内资	730	7	7	
港、澳、台商投资	**657**	**7**	**500**	
与港澳台合资经营	252	2		
与港澳台合作经营	2			
与港、澳、台商独资	148	2		
港、澳、台商投资股份有限公司	255	3	500	
外商投资	**6500**	**37**	**235703**	**87982**
中外合资经营	1692	25		87982
中外合作经营	92	2		
外资企业	4522	10	235703	
外商投资股份有限公司	194			

3-3 按行业(小类)分组的非企业法人单位信息化状况

行　　业	年末在用计算机数(台)	年末拥有网站数(个)	全年电子商务采购金额(千元)	全年电子商务销售金额(千元)
总　　计	**156518**	**820**	**16902**	**8113**
交通运输、仓储和邮政业	**346**	**1**		
道路运输业	279	1		
公路旅客运输	10			
公路旅客运输	10			
道路运输辅助活动	269	1		
公路管理与养护	264	1		
其他道路运输辅助活动	5			
仓储业	67			
谷物、棉花等农产品仓储	10			
谷物、棉花等农产品仓储	10			
其他仓储	57			
其他仓储	57			
信息传输、计算机服务和软件业	**477**	**6**		
电信和其他信息传输服务业	429	6		
电信	50			
固定电信服务	20			
其他电信服务	30			
互联网信息服务	47	5		
互联网信息服务	47	5		
广播电视传输服务	332	1		
有线广播电视传输服务	304	1		
无线广播电视传输服务	28			
计算机服务业	48			
计算机系统服务	33			
计算机系统服务	33			
其他计算机服务	15			
其他计算机服务	15			
金融业	**2148**	**1**	**930**	
银行业	2040	1	930	
中央银行	2040	1	930	
中央银行	2040	1	930	
保险业	65			
保险辅助服务	65			
保险辅助服务	65			
其他金融活动	43			
金融信托与管理	20			
金融信托与管理	20			
其他未列明的金融活动	23			
其他未列明的金融活动	23			
租赁和商务服务业	**801**	**9**	**4776**	**3953**
商务服务业	801	9	4776	3953
企业管理服务	193		24	
企业管理机构	22			
投资与资产管理	44			
其他企业管理服务	127		24	

3-3　续表 1

行　业	年末在用计算机数(台)	年末拥有网站数(个)	全年电子商务采购金额(千元)	全年电子商务销售金额(千元)
法律服务	260	5		
律师及相关的法律服务	165	4		
公证服务	95	1		
咨询与调查	158	2		
会计、审计及税务服务	11			
市场调查	131	2		
其他专业咨询	16			
广告业	2			
广告业	2			
知识产权服务	22			
知识产权服务	22			
职业中介服务	91	1	4745	3953
职业中介服务	91	1	4745	3953
市场管理	22			
市场管理	22			
其他商务服务	53	1	7	
会议及展览服务	52	1	7	
保安服务	1			
科学研究、技术服务和地质勘查业	**3169**	**30**	**518**	
研究与试验发展	789	2		
自然科学研究与试验发展	352			
自然科学研究与试验发展	352			
工程和技术研究与试验发展	188	1		
工程和技术研究与试验发展	188	1		
农业科学研究与试验发展	66			
农业科学研究与试验发展	66			
医学研究与试验发展	13			
医学研究与试验发展	13			
社会人文科学研究与试验发展	170	1		
社会人文科学研究与试验发展	170	1		
专业技术服务业	1578	19	475	
气象服务	501	10	449	
气象服务	501	10	449	
地震服务	275	3	26	
地震服务	275	3	26	
测绘服务	160	1		
测绘服务	160	1		
技术检测	227			
技术检测	227			
环境监测	152			
环境监测	152			
工程技术与规划管理	263	5		
工程管理服务	138	5		
工程勘察设计	28			
规划管理	97			
科技交流和推广服务业	706	7	43	
技术推广服务	619	4	29	
技术推广服务	619	4	29	

3-3 续表 2

行　　业	年末在用计算机数(台)	年末拥有网站数(个)	全年电子商务采购金额(千元)	全年电子商务销售金额(千元)
科技中介服务	12	2		
科技中介服务	12	2		
其他科技服务	75	1		14
其他科技服务	75	1		14
地质勘查业	96	2		
基础地质勘查	81			
基础地质勘查	81			
地质勘查技术服务	15	2		
地质勘查技术服务	15	2		
水利、环境和公共设施管理业	**1615**	**4**		**1**
水利管理业	1066	2		1
防洪管理	27			
防洪管理	27			
水资源管理	798	1		1
水库管理	35			
调水、引水管理	617			1
其他水资源管理	146	1		
其他水利管理	241	1		
其他水利管理	241	1		
环境管理业	277	1		
自然保护	145	1		
自然保护区管理	74	1		
其他自然保护	71			
环境治理	132			
城市市容管理	18			
城市环境卫生管理	90			
水污染治理	22			
其他环境治理	2			
公共设施管理业	272	1		
市政公共设施管理	81			
市政公共设施管理	81			
城市绿化管理	145			
城市绿化管理	145			
游览景区管理	46	1		
风景名胜区管理	1			
公园管理	13			
其他游览景区管理	32	1		
居民服务和其他服务业	**49**	**1**		
居民服务业	28	1		
家庭服务	5			
家庭服务	5			
理发及美容保健服务	2			
理发及美容保健服务	2			
婚姻服务	4	1		
婚姻服务	4	1		
殡葬服务	17			
殡葬服务	17			
其他服务业	21			
其他未列明的服务	21			
其他未列明的服务	21			

3-3　续表 3

行　　业	年末在用计算机数(台)	年末拥有网站数(个)	全年电子商务采购金额(千元)	全年电子商务销售金额(千元)
教育	**88418**	**238**	**3466**	**7**
教育	88418	238	3466	7
学前教育	731	10		
学前教育	731	10		
初等教育	29764	72	293	
初等教育	29764	72	293	
中等教育	41338	70	2689	
初中教育	21096	37	2651	
高中教育	12356	19	38	
中等专业教育	2204	4		
职业中学教育	4571	6		
技工学校教育	382	1		
其他中等教育	729	3		
高等教育	13896	68		
普通高等教育	13616	65		
成人高等教育	280	3		
其他教育	2689	18	484	7
职业技能培训	1255	9	475	
特殊教育	79	1		
其他未列明的教育	1355	8	9	7
卫生、社会保障和社会福利业	**5116**	**58**	**1073**	**82**
卫生	4444	30	263	82
医院	2716	9	160	82
综合医院	2121	5		
中医医院	423	4		
中西医结合医院	62		160	82
专科医院	23			
疗养院	87			
卫生院及社区医疗活动	578	7	10	
卫生院及社区医疗活动	578	7	10	
门诊部医疗活动	98			
门诊部医疗活动	98			
计划生育技术服务活动	110	4		
计划生育技术服务活动	110	4		
妇幼保健活动	326	3	18	
妇幼保健活动	326	3	18	
专科疾病防治活动	71	1		
专科疾病防治活动	71	1		
疾病预防控制及防疫活动	445	5		
疾病预防控制及防疫活动	445	5		
其他卫生活动	100	1	75	
其他卫生活动	100	1	75	
社会保障业	524	24	810	
社会保障业	524	24	810	
社会保障业	524	24	810	
社会福利业	148	4		
提供住宿的社会福利	89	3		
干部休养所	28			
收养收容服务	61	3		

3-3 续表 4

行　业	年末在用计算机数(台)	年末拥有网站数(个)	全年电子商务采购金额(千元)	全年电子商务销售金额(千元)
不提供住宿的社会福利	59	1		
不提供住宿的社会福利	59	1		
文化、体育和娱乐业	**2467**	**15**	**858**	
新闻出版业	902	4		
新闻业	224	1		
新闻业	224	1		
出版业	678	3		
图书出版	19	1		
报纸出版	650	2		
期刊出版	9			
广播、电视、电影和音像业	412	2	178	
广播	89		178	
广播	89		178	
电视	267	2		
电视	267	2		
电影	56			
电影制作与发行	51			
电影放映	5			
文化艺术业	1005	6	680	
文艺创作与表演	73	2		
文艺创作与表演	73	2		
艺术表演场馆	5			
艺术表演场馆	5			
图书馆与档案馆	502	2	680	
图书馆	464	2	680	
档案馆	38			
文物及文化保护	59	1		
文物及文化保护	59	1		
博物馆	75			
博物馆	75			
烈士陵园、纪念馆	3			
烈士陵园、纪念馆	3			
群众文化活动	268	1		
群众文化活动	268	1		
其他文化艺术	20			
其他文化艺术	20			
体育	59	3		
体育组织	44	2		
体育组织	44	2		
体育场馆	10	1		
体育场馆	10	1		
其他体育	5			
其他体育	5			
娱乐业	89			
室内娱乐活动	7			
室内娱乐活动	7			

3-3　续表 5

行　业	年末在用计算机数(台)	年末拥有网站数(个)	全年电子商务采购金额(千元)	全年电子商务销售金额(千元)
休闲健身娱乐活动	2			
休闲健身娱乐活动	2			
其他娱乐活动	80			
其他娱乐活动	80			
公共管理和社会组织	**51912**	**457**	**5280**	**4071**
中国共产党机关	2301	14	117	
中国共产党机关	2301	14	117	
中国共产党机关	2301	14	117	
国家机构	44690	357	4859	359
国家权力机构	808	1	29	
国家权力机构	808	1	29	
国家行政机构	40454	343	4774	359
综合事务管理机构	13202	147	1343	
对外事务管理机构	111	2	284	
公共安全管理机构	7384	39		
社会事务管理机构	6323	58	1947	224
经济事务管理机构	9036	50	1160	135
政府事务管理机构	2003	30	24	
行政监督检查机构	2395	17	16	
人民法院和人民检察院	3405	12	56	
人民法院	1606	4		
人民检察院	1799	8	56	
其他国家机构	23	1		
其他国家机构	23	1		
人民政协和民主党派	595	5		
人民政协	449	1		
人民政协	449	1		
民主党派	146	4		
民主党派	146	4		
群众团体、社会团体和宗教组织	1633	26	221	3712
群众团体	584	5		
工会	190	2		
妇联	127			
共青团	80	3		
其他群众团体	187			
社会团体	877	20	221	3712
专业性团体	370	10	88	687
行业性团体	387	8	133	3025
其他社会团体	120	2		
宗教组织	172	1		
宗教组织	172	1		
基层群众自治组织	2693	55	83	
社区自治组织	797	10		
社区自治组织	797	10		
村民自治组织	1896	45	83	
村民自治组织	1896	45	83	

3-4 按地区分组的非企业法人单位信息化状况

地　　区	年末在用计算机数（台）	年末拥有网站数（个）	全年电子商务采购金额（千元）	全年电子商务销售金额（千元）
总　　计	**156518**	**820**	**16902**	**8113**
银川市	**68786**	**455**	**8139**	**6985**
兴庆区	25619	133	7332	3978
西夏区	17657	90		
金凤区	10200	78	587	
永宁县	5226	23	25	3000
贺兰县	4515	30	188	
灵武市	5569	101	7	7
石嘴山市	**22534**	**106**	**1540**	**306**
大武口区	11085	66	1299	224
惠农区	4939	25	231	82
平罗县	6510	15	10	
吴忠市	**24395**	**102**	**1448**	**135**
红寺堡区	1468	9	723	
利通区	9828	41	439	
盐池县	3824	1	76	135
同心县	2842	14		
青铜峡市	6433	37	210	
固原市	**21383**	**87**	**3359**	
原州区	9220	48	3076	
西吉县	4327		200	
隆德县	3170	15	64	
泾源县	1146	21	19	
彭阳县	3520	3		
中卫市	**19420**	**70**	**2416**	**687**
沙坡头区	9276	30	533	602
中宁县	6047	17	49	
海原县	4097	23	1834	85

3-5　按登记注册类型分组的非企业法人单位信息化状况

登记注册类型	年末在用计算机数（台）	年末拥有网站数（个）	全年电子商务采购金额（千元）	全年电子商务销售金额（千元）
总　计	**156518**	**820**	**16902**	**8113**
内资	**156511**	**819**	**16902**	**8113**
国有	147711	708	15753	4314
集体	179	1		
股份合作	125		20	
国有联营	87	2	258	
集体联营	2			
其他联营	559	1		
股份有限公司	34	1		
私营独资产	295	4	460	5
私营合伙	274	5		
私营有限责任公司	62	2		
私营股份有限公司	46			
其他内资	7137	95	411	3794
外商投资	**7**	**1**		
中外合资经营	1			
中外合作经营	6	1		

第4篇

能源

4-1 能源

项 目	能源合计		煤合计	原 煤	洗精煤
	(发电煤耗计算法)	(电热当量计算法)			
一、可供本地区消费的能源量	**3229.69**	**3230.15**	**2775.43**	**3888.64**	**-975.42**
1. 一次能源生产量	3229.61	3181.72	3139.53	3139.53	
2. 回 收 能					
3. 外省(区、市)调入量	1828.76	1804.97	1141.18	1138.57	
4. 进 口 量					
5. 我轮、机在外国加油量					
6. 本省(区、市)调出量(-)	-1670.58	-1598.44	-1351.46	-242.53	-971.28
7. 出 口 量(-)	-8.83	-8.83	-8.83		-8.83
8. 外轮、机在我国加油量(-)					
9. 库存增(-)、减(+)量	-149.26	-149.26	-144.99	-146.94	4.69
二、加工转换投入(-)产出(+)量	**-102.27**	**-1048.99**	**-1879.67**	**-3116.49**	**1080.89**
1. 火力发电	0.00	-923.34	-1441.94	-1406.80	
2. 供 热	0.00	-23.38	-121.66	-118.24	-1.15
3. 洗 选 煤	-29.39	-29.39	-35.79	-1432.69	1200.38
4. 炼 焦	-40.24	-40.24	-253.32	-131.80	-118.33
5. 炼 油	-12.07	-12.07			
6. 制 气					
#焦炭再投入量(-)					
7. 煤制品加工	-20.58	-20.58	-26.96	-26.96	
三、损 失 量	**59.25**	**21.88**			
四、终端消费量	**3067.74**	**2158.85**	**895.33**	**771.71**	**105.47**
1. 农、林、牧、渔业	52.42	29.12	2.57	2.57	
2. 工 业	2560.45	1749.52	785.15	661.54	105.47
#用作原料、材料	336.89	336.89	112.81	37.68	72.27
3. 建 筑 业	36.27	28.99	3.98	3.98	
4. 交通运输、仓储和邮政业	150.39	138.05	3.50	3.50	
5. 批发、零售业和住宿、餐饮业	42.67	34.03	14.19	14.19	
6. 生活消费	141.43	108.13	50.62	50.62	
城 镇	85.15	60.46	10.70	10.70	
乡 村	56.27	47.67	39.91	39.91	
7. 其 他	84.09	71.02	35.32	35.32	
五、平衡差额	**0.43**	**0.43**	**0.43**	**0.44**	
六、能源消费总量	**3229.26**	**3229.72**			

平衡表(标准量)

单位：万吨标准煤

其他洗煤	煤制品	焦炭	焦炉煤气	其他煤气	其 他 焦化产品	油品合计
-140.07	**2.29**	**39.21**				**256.07**
						14.16
	2.61	179.39				320.50
-137.65		-132.95				-71.81
-2.42	-0.32	-7.24				-6.78
155.92		**189.59**	**14.07**	**0.89**	**8.53**	**-12.14**
-35.14						-0.08
-2.27						
196.53						
-3.19		189.59	14.07	0.89	8.53	
						-12.07
15.85	**2.29**	**228.80**	**14.07**	**0.89**	**8.53**	**243.93**
						12.90
15.85	2.29	228.80	13.72	0.89	8.53	74.67
0.77	2.08	119.03			7.30	0.17
						15.41
						120.07
			0.36			3.34
						8.73
						6.01
						2.73
						8.81
0.00	**0.00**					**0.00**

4-1 续表

项　目	原油	汽油	煤油	柴油	燃料油
一、可供本地区消费的能源量	**262.51**	**-65.33**	**5.47**	**15.96**	**7.73**
1. 一次能源生产量	14.16				
2. 回 收 能					
3. 外省(区、市)调入量	249.32	1.43	5.53	23.56	8.69
4. 进 口 量					
5. 我轮、机在外国加油量					
6. 本省(区、市)调出量(－)		-67.64		-4.25	
7. 出 口 量(–)					
8. 外轮、机在我国加油量(–)					
9. 库存增(–)、减(+)量	-0.97	0.88	-0.06	-3.35	-0.96
二、加工转换投入(–)产出(+)量	**-262.50**	**95.73**		**124.59**	**-4.90**
1. 火力发电				-0.08	
2. 供　　热					
3. 洗 选 煤					
4. 炼　　焦					
5. 炼　　油	-262.50	95.73		124.67	-4.90
6. 制　　气					
#焦炭再投入量(–)					
7. 煤制品加工					
三、损 失 量					
四、终端消费量		**30.40**	**5.47**	**140.55**	**2.83**
1. 农、林、牧、渔业		0.24	0.57	12.09	
2. 工　　业		2.41	0.07	11.41	0.66
#用作原料、材料					
3. 建 筑 业		2.74	0.04	12.25	0.37
4. 交通运输、仓储和邮政业		12.11	4.58	101.94	1.34
5. 批发、零售业和住宿、餐饮业		1.12	0.07	1.73	
6. 生活消费		4.68		0.06	
城　　镇		2.24		0.01	
乡　　村		2.44		0.04	
7. 其　　他		7.11	0.13	1.06	0.46
五、平衡差额					
六、能源消费总量					

单位：万吨标准煤

液 化 石油气	炼厂干气	其 他 石油制品	天然气	热力	电力	其他能源
2.13		**27.61**	**146.30**		**-0.27**	**13.41**
					28.03	
1.82		30.16	146.30		13.92	3.67
0.09					-42.23	
0.22		-2.55				9.74
19.44	**8.25**	**7.25**	**-6.11**	**104.85**	**540.56**	**-9.56**
				-0.65	540.56	-21.24
			-6.11	105.49		-1.10
						6.40
19.44	8.25	7.25				
						6.38
					21.88	
21.57	**8.25**	**34.86**	**140.19**	**104.85**	**518.42**	**3.85**
					13.64	
17.01	8.25	34.86	109.84	56.76	467.31	3.85
		0.17	97.59			
				6.14	3.47	
0.10			2.80	5.12	6.56	
0.41			4.26	7.84	4.04	
3.99			18.91	11.94	17.94	
3.75			18.91	11.94	12.91	
0.24					5.03	
0.05			4.39	17.05	5.44	

4-2 能源

项 目	煤合计 (万吨)	原煤 (万吨)	洗精煤 (万吨)	其他洗煤 (万吨)
一、可供本地区消费的能源量	**4287.48**	**5534.75**	**-1017.02**	**-233.45**
1. 一次能源生产量	4395.25	4395.25		
2. 回 收 能				
3. 外省(区、市)调入量	1662.08	1658.43		
4. 进 口 量				
5. 我轮、机在外国加油量				
6. 本省(区、市)调出量(－)	-1555.55	-313.22	-1012.91	-229.42
7. 出 口 量(－)	-9.21		-9.21	
8. 外轮、机在我国加油量(－)				
9. 库存增(－)、减(+)量	-205.09	-205.71	5.10	-4.03
二、加工转换投入(－)产出(+)量	**-3242.74**	**-4631.33**	**1136.27**	**252.32**
1. 火力发电	-2384.57	-2330.72		-53.85
2. 供 热	-190.07	-185.48	-1.28	-3.31
3. 洗 选 煤	-314.88	-1899.36	1269.03	315.45
4. 炼 焦	-318.69	-181.24	-131.48	-5.97
5. 炼 油				
6. 制 气				
#焦炭再投入量(－)				
7. 煤制品加工	-34.53	-34.53		
三、损 失 量				
四、终端消费量	**1044.23**	**902.91**	**119.25**	**18.87**
1. 农、林、牧、渔业	3.01	3.01		
2. 工 业	915.32	774.00	119.25	18.87
#用作原料、材料	129.63	44.09	81.71	0.92
3. 建 筑 业	4.66	4.66		
4. 交通运输、仓储和邮政业	4.10	4.10		
5. 批发、零售业和住宿、餐饮业	16.60	16.60		
6. 生活消费	59.22	59.22		
城 镇	12.52	12.52		
乡 村	46.70	46.70		
7. 其 他	41.32	41.32		
五、平衡差额	**0.51**	**0.51**	**0.00**	
六、能源消费总量	**4286.97**	**5534.24**	**252.01**	**82.00**

平衡表(实物量)

煤制品(万吨)	焦炭(万吨)	焦炉煤气(亿立方米)	其他煤气(亿立方米)	其他焦化产品(万吨)	油品合计(万吨)	原油(万吨)
3.20	**40.37**			**0.77**	**187.75**	**183.75**
					9.91	9.91
3.65	184.68			1.01	231.60	174.52
	-136.86				-48.84	
-0.45	-7.45			-0.24	-4.92	-0.68
	197.62	**5.12**	**0.50**	**6.46**	**-14.45**	**-183.75**
					-0.05	
	197.62	5.12	0.50	6.46		
					-14.40	-183.75
3.20	**237.98**	**5.12**	**0.50**	**7.23**	**173.30**	
					8.85	
3.20	237.98	4.99	0.50	7.23	57.8	
2.91	123.80			6.19	0.16	
					10.56	
					82.30	
		0.13			2.24	
					5.55	
					3.72	
					1.83	
					6.00	
					0.00	**0.00**
3.20	**237.98**	**5.12**	**0.50**	**7.23**	**187.75**	**183.75**

4-2 续表

项　目	汽油（万吨）	煤油（万吨）	柴油（万吨）	燃料油（万吨）
一、可供本地区消费的能源量	**-44.40**	**3.72**	**10.95**	**5.41**
1. 一次能源生产量				
2. 回 收 能				
3. 外省(区、市)调入量	0.97	3.76	16.17	6.08
4. 进 口 量				
5. 我轮、机在外国加油量				
6. 本省(区、市)调出量(－)	-45.97		-2.92	
7. 出 口 量(－)				
8. 外轮、机在我国加油量(－)				
9. 库存增(－)、减(+)量	0.60	-0.04	-2.30	-0.67
二、加工转换投入(－)产出(+)量	**65.06**		**85.51**	**-3.43**
1. 火力发电			-0.05	
2. 供　热				
3. 洗 选 煤				
4. 炼　焦				
5. 炼　油	65.06		85.56	-3.43
6. 制　气				
#焦炭再投入量(－)				
7. 煤制品加工				
三、损 失 量				
四、终端消费量	**20.66**	**3.72**	**96.46**	**1.98**
1. 农、林、牧、渔业	0.16	0.39	8.30	
2. 工　业	1.64	0.05	7.83	0.46
#用作原料、材料				
3. 建 筑 业	1.86	0.03	8.41	0.26
4. 交通运输、仓储和邮政业	8.23	3.11	69.96	0.94
5. 批发、零售业和住宿、餐饮业	0.76	0.05	1.19	
6. 生活消费	3.18		0.04	
城　镇	1.52		0.01	
乡　村	1.66		0.03	
7. 其　他	4.83	0.09	0.73	0.32
五、平衡差额				
六、能源消费总量	**20.66**	**3.72**	**96.51**	**1.98**

液化石油气（万吨）	炼厂干气（万吨）	其他石油制品（万吨）	天然气（亿立方米）	热力（百亿千焦）	电力（亿千瓦小时）	其他能源（万吨标煤）
1.24		**27.08**	**11.00**		**-0.22**	**13.41**
					22.81	
1.06		29.04	11.00		11.33	3.67
0.05					-34.36	
0.13		-1.96				9.74
11.34	**5.25**	**5.57**	**-0.47**	**3074.65**	**439.84**	**-9.56**
				-19.04	439.84	-21.24
			-0.47	3093.69		-1.10
						6.40
11.34	5.25	5.57				
						6.38
					17.80	
12.58	**5.25**	**32.65**	**10.53**	**3074.65**	**421.82**	**3.85**
					11.10	
9.92	5.25	32.65	8.25	1664.65	380.24	3.85
		0.16	7.33			
				180.00	2.82	
0.06			0.21	150.00	5.34	
0.24			0.32	230.00	3.29	
2.33			1.42	350.00	14.60	
2.19			1.42	350.00	10.50	
0.14					4.10	
0.03			0.33	500.00	4.43	
					0.00	
12.58	**5.25**	**32.65**	**11.00**	**3093.69**	**439.62**	**26.19**

4-3 分行业分品种能源消费总量

行业	能源消费合计(万吨标准煤)(发电煤耗计算法)	能源消费合计(万吨标准煤)(电热当量计算法)	煤合计(万吨)	原煤(万吨)	洗精煤(万吨)
消费合计	**3229.26**	**3229.72**	**4286.97**	**5534.24**	**252.01**
一、农、林、牧、渔业	**52.42**	**29.12**	**3.01**	**3.01**	
二、工业	**2721.98**	**2820.39**	**4158.06**	**5405.33**	**252.01**
(一)采掘业	214.85	235.37	566.57	2048.86	17.47
煤炭开采和洗选业	204.14	227.19	565.63	2047.92	17.47
石油和天然气开采业	1.62	0.85	0.20	0.20	
黑色金属矿采选业	6.80	5.54			
有色金属矿采选业	0.03	0.01			
非金属矿采选业	2.23	1.76	0.74	0.74	
其他采矿业	0.03	0.01			
(二)制造业	2291.12	1689.94	1391.70	1215.12	233.26
农副食品加工业	29.49	22.08	17.04	17.04	
食品制造业	43.93	44.65	55.29	55.29	
饮料制造业	6.06	5.81	6.57	6.57	
烟草制品业	0.85	0.83	0.96	0.96	
纺织业	3.25	2.64	2.62	2.62	
纺织服装、鞋、帽制造业					
皮革、毛皮、羽毛(绒)及其制品业	0.38	0.30	0.29	0.29	
木材加工及木、竹、藤、棕、草制品业	0.04	0.02	0.01	0.01	
家具制造业	0.25	0.15	0.10	0.10	
造纸及纸制品业	87.12	85.28	105.88	105.74	0.14
印刷业和记录媒介的复制	2.71	2.60	2.94	2.94	
文教体育用品制造业					
石油加工、炼焦及核燃料加工业	117.88	112.64	290.48	257.62	93.67
化学原料及化学制品制造业	777.84	642.74	458.58	422.68	46.89
医药制造业	36.80	33.16	40.79	40.79	
化学纤维制造业	0.78	0.74	0.84	0.84	
橡胶制品业	15.25	11.96	11.88	3.25	
塑料制品业	2.31	2.04	2.15	2.15	
非金属矿物制品业	319.74	267.56	251.13	188.71	59.49
黑色金属冶炼及压延加工业	402.41	212.23	44.44	11.37	33.07
有色金属冶炼及压延加工业	408.53	214.62	75.38	74.46	
金属制品业	8.01	7.15	7.65	7.65	
通用设备制造业	15.25	11.82	9.11	6.47	
专用设备制造业	6.18	4.61	4.00	4.00	
交通运输设备制造业	0.03	0.01			
电气机械及器材制造业	2.85	1.93	1.40	1.40	
通信设备、计算机及其他电子设备制造业					
仪器仪表及文化、办公用机械制造业	1.34	1.09	1.05	1.05	
工艺品及其他制造业	1.59	1.17	1.07	1.07	
废弃资源和废旧材料回收加工业	0.21	0.10	0.05	0.05	
(三)电力、煤气及水生产和供应业	216.00	895.08	2199.79	2141.35	1.28
电力、热力的生产和供应业	203.78	886.10	2182.97	2124.53	1.28
燃气生产和供应业	3.10	2.62	2.68	2.68	
水的生产和供应业	9.12	6.36	14.14	14.14	
三、建筑业	**36.27**	**26.03**	**4.66**	**4.66**	
四、交通运输、仓储和邮政业	**150.39**	**138.05**	**4.10**	**4.10**	
五、批发、零售业和住宿、餐饮业	**42.67**	**34.03**	**16.60**	**16.60**	
六、城乡居民生活	**141.43**	**108.13**	**59.22**	**59.22**	
七、其他行业	**84.09**	**71.02**	**41.32**	**41.32**	

(包括中间消费和损失量)

其他洗煤（万吨）	煤制品（万吨）	焦炭（万吨）	焦炉煤气（亿立方米）	其他煤气（亿立方米）	其他焦化产品（万吨）	油品合计（万吨）
82.00	**3.20**	**237.98**	**5.12**	**0.50**	**7.23**	**187.75**
						8.85
82.00	**3.20**	**237.98**	**4.99**	**0.50**	**7.23**	**72.25**
5.35		6.20			0.59	4.64
5.35		1.20			0.59	3.90
						0.15
		5.00				
						0.59
19.49	3.20	231.78	4.99	0.50	6.64	66.90
						0.16
						0.13
						0.03
						0.03
						0.13
						0.02
6.01		0.97	0.52	0.05		30.26
1.29	0.27	124.14			3.18	1.34
						0.18
8.63						
						0.03
	2.93	9.35			2.73	1.97
		79.40	1.82	0.45	0.73	0.52
0.92		17.90	2.65			31.70
						0.07
2.64						0.17
		0.02				0.08
						0.04
						0.03
						0.01
57.16						0.71
57.16						0.65
						0.03
						0.03
						10.56
						82.30
			0.13			**2.24**
						5.55
						6.00

4-3 续表

行业	原油(万吨)	汽油(万吨)	煤油(万吨)	柴油(万吨)	燃料油(万吨)
消费合计	**183.75**	**20.66**	**3.72**	**96.51**	**1.98**
一、农、林、牧、渔业		**0.16**	**0.39**	**8.30**	
二、工业	**183.75**	**1.64**	**0.05**	**7.88**	**0.46**
(一)采掘业		0.38	0.02	4.14	
煤炭开采和洗选业		0.23		3.57	
石油和天然气开采业		0.07		0.08	
黑色金属矿采选业					
有色金属矿采选业					
非金属矿采选业		0.08	0.02	0.49	
其他采矿业					
(二)制造业	183.75	0.92	0.03	3.47	0.36
农副食品加工业		0.08		0.06	
食品制造业		0.05		0.08	
饮料制造业				0.03	
烟草制品业					
纺织业		0.03			
纺织服装、鞋、帽制造业					
皮革、毛皮、羽毛(绒)及其制品业					
木材加工及木、竹、藤、棕、草制品业					
家具制造业					
造纸及纸制品业		0.03		0.04	0.06
印刷业和记录媒介的复制		0.02			
文教体育用品制造业					
石油加工、炼焦及核燃料加工业	183.75	0.03		0.28	
化学原料及化学制品制造业		0.06		0.98	0.30
医药制造业		0.18			
化学纤维制造业					
橡胶制品业					
塑料制品业		0.01		0.02	
非金属矿物制品业		0.12	0.01	1.20	
黑色金属冶炼及压延加工业		0.02		0.36	
有色金属冶炼及压延加工业		0.05		0.28	
金属制品业		0.05		0.02	
通用设备制造业		0.08	0.02	0.07	
专用设备制造业		0.05		0.03	
交通运输设备制造业					
电气机械及器材制造业		0.03		0.01	
通信设备、计算机及其他电子设备制造业					
仪器仪表及文化、办公用机械制造业		0.03			
工艺品及其他制造业				0.01	
废弃资源和废旧材料回收加工业					
(三)电力、煤气及水生产和供应业		0.34		0.27	0.10
电力、热力的生产和供应业		0.30		0.25	0.10
燃气生产和供应业		0.02		0.01	
水的生产和供应业		0.02		0.01	
三、建筑业		**1.86**	**0.03**	**8.41**	**0.26**
四、交通运输、仓储和邮政业		**8.23**	**3.11**	**69.96**	**0.94**
五、批发、零售业和住宿、餐饮业		**0.76**	**0.05**	**1.19**	
六、城乡居民生活		**3.18**		**0.04**	
七、其他行业		**4.83**	**0.09**	**0.73**	**0.32**

液化石油气 (万吨)	炼厂干气 (万吨)	其他石油制品 (万吨)	天然气 (亿立方米)	热力 (百亿千焦)	电力 (亿千瓦小时)	其他燃料 (万吨标准煤)
12.58	**5.25**	**32.65**	**11.00**	**3093.70**	**439.62**	**26.19**
					11.10	
9.92	**5.25**	**32.65**	**8.72**	**1683.70**	**398.04**	**26.19**
		0.10	0.10	81.06	11.35	11.80
		0.10	0.10	81.06	10.14	11.80
					0.37	
					0.60	
					0.01	
					0.22	
					0.01	
9.92	5.25	32.55	8.06	1602.64	327.85	12.69
0.02				197.94	3.14	
				431.92	1.05	
					0.12	
					0.01	
					0.29	
					0.04	
					0.01	
					0.05	
			0.02	146.82	6.96	3.55
					0.05	
9.90	5.25	0.40			2.50	
			7.37	504.06	95.86	4.06
				207.85	3.15	
					0.02	
					1.57	
					0.13	
		0.64	0.04	19.04	26.55	5.08
		0.14			90.58	
		31.37	0.48	91.92	92.17	
					0.41	
			0.13	3.09	1.62	
			0.01		0.75	
					0.01	
			0.01		0.44	
					0.12	
					0.20	
					0.05	
			0.56		58.84	1.70
			0.56		56.69	1.70
					0.23	
					1.92	
				180.00	**2.82**	
0.06			**0.21**	**150.00**	**5.34**	
0.24			**0.32**	**230.00**	**3.29**	
2.33			**1.42**	**350.00**	**14.60**	
0.03			**0.33**	**500.00**	**4.43**	

宁夏经济普查年鉴

Ningxia Economic Census Yearbook

2008

第三产业卷

宁夏回族自治区人民政府第二次
全国经济普查领导小组办公室 编
宁夏回族自治区统计局

中国统计出版社
China Statistics Press

(京)新登字 041 号

图书在版编目（CIP）数据

宁夏经济普查年鉴. 2008/ 宁夏回族自治区人民政府第二次全国经济普查领导小组办公室，宁夏回族自治区统计局编
—北京：中国统计出版社，2010.10
ISBN 978-7-5037-6075-4

I.①宁… II.①宁… ②宁… III.①经济－普查－统计资料－宁夏 -2008- 年鉴
IV. F127.43-54

中国版本图书馆 CIP 数据核字(2010)第 176800 号

宁夏经济普查年鉴— 2008（第三产业卷）

作　　者/宁夏回族自治区人民政府第二次全国经济普查领导小组办公室
　　　　/宁夏回族自治区统计局
责任编辑/马　平
装帧设计/黄俊杰　李雪燕
出版发行/中国统计出版社
通信地址/北京市西城区月坛南街57号
邮政编码/100826
办公地址/北京市丰台区西三环南路甲6号
网　　址/www.stats.gov.cn/tjshujia
电　　话/邮购（010）63376907　书店（010）68783172
印　　刷/宁夏雅昌彩色印务有限公司
经　　销/新华书店
开　　本/880×1230毫米　1/16
字　　数/436千字
印　　张/14.25
版　　别/2010年11月第1版
版　　次/2010年11月第1次印刷
书　　号/ISBN 978-7-5037-6075-4/F・2939
定　　价/880. 00元 （全四册 附光盘）

编辑委员会

编辑说明

为了全面掌握我国第二产业和第三产业的发展规模及布局，了解我国产业组织、产业结构、产业技术的现状以及各生产要素的构成，摸清我国各类企业和单位能源消耗的基本情况，建立健全覆盖国民经济各行业的基本单位名录库、基础信息数据库和统计电子地理信息系统，为加强和改善宏观调控，科学制定中长期发展规划，提供科学准确的统计信息支持，国务院决定在2008年开展第二次全国经济普查。按照全国的统一部署，我区组织开展了全区第二次全国经济普查。这次普查的标准时点是2008年12月31日，时期资料为2008年度。普查对象是在我区行政区划内从事第二产业和第三产业的全部法人单位、产业活动单位和个体经营户。普查主要内容包括单位基本属性、从业人员、财务状况、生产经营情况、生产能力、能源消耗、科技活动情况等。

在自治区党委、政府及全区各级党和政府的高度重视和领导下，在各有关部门的密切配合下，经过全区各级普查机构和4万多名普查工作者两年的艰苦努力和辛勤工作，全区第二次全国经济普查的主要任务已圆满完成，取得重要成果。

《宁夏经济普查年鉴—2008》是根据宁夏第二次全国经济普查结果汇编的，并按照现行的国家统计分类标准对基础数据进行加工汇总而成的一部大型资料集。全书分为综合卷、第二产业卷和第三产业卷，并随书配送同版本电子光盘一张。与第一次经济普查年鉴相比，综合卷增加了信息化情况表式。本书通过大量的数据，诠释了全区社会发展、经济增长和科技进步的本来面貌，内容全面，资料丰富，是各级党政领导、行政管理人员以及科研机构和社会各界全面了解和认识我区的重要参考资料。同时，为我区宏观经济政策制定和经济社会发展规划编制提供科学依据，为社会各方面应用提供翔实数据，服务于现代化。

为使读者能够更好地使用本资料，现对有关问题做如下说明:

1. 本资料中地区分组数据均按法人单位实际所在行政区的原则进行汇总。

2. 本资料中部分分组数据相加与总计有差异，原因是分组所列项目不全，或分组所列项目只限定部分数据对象填写。

3. 本资料各表种中所列出的“单位数”存在差异，是由于经济普查对不同的表种限定了不同的填报范围，因此各表种的“单位数”均显示为实际填报该表种的单位数量。

4． 本资料中使用的符号：“空格”表示该项指标无数据；“＃”表示主要项中的其中部分项目，“…”表示数据不足该表最小单位数。

第三产业卷 目录

第1篇 交通运输业、仓储和邮政业资产负债

第2篇 批发和零售业商品销售和财务状况

A. 批发和零售业法人单位商品销售情况

B. 批发和零售业法人单位主要财务状况

第3篇 住宿和餐饮业经营及财务状况

第4篇　房地产生产经营及财务状况

第5篇　其他服务业企业生产经营及财务状况

第6篇　行政事业单位财务状况

附　录

第 1 篇

交通运输业、仓储和邮政业资产负债

1-1　按行业分交通运输、仓储和邮政业资产负债

单位：千元

行　　业	固定资产原价	本年折旧	所有者权益
总　　计	**4010428**	**376709**	**2323362**
道路运输业	1464145	158515	1003024
公路旅客运输	846981	116684	400601
道路货物运输	568219	29742	575887
道路运输辅助活动	48945	12089	26536
城市公共交通业	386970	27915	205044
公共电汽车客运	355865	26903	159252
出租车客运	29072	944	43159
其他城市公共交通	2033	68	2633
水上运输业	1323	15	1486
水上货物运输	1323	15	1486
航空运输业	502131	31038	605983
航空客货运输	1054	750	983
航空运输辅助活动	501077	30288	605000
管道运输业	430		
管道运输业	430		
装卸搬运和其他运输服务业	74103	7030	62838
装卸搬运	47500	6380	23419
运输代理服务	26603	650	39419
仓储业	433605	62681	356016
谷物、棉花等农产品仓储	400838	61376	308710
其他仓储	32767	1305	47306
邮政业	1147721	89515	88971
国家邮政	1146417	89129	82212
其他寄递服务	1304	386	6759

1-2 按行业分交通运输、仓储和邮政业实收资本

单位：千元

行业	实收资本	国家资本	集体资本	法人资本	个人资本	港澳台资本	外商资本
总计	**2028175**	**339626**	**109979**	**957870**	**619700**	**1000**	
道路运输业	852085	75544	16012	214386	546143		
公路旅客运输	345040	15282	6785	143109	179864		
道路货物运输	478157	55111	7977	65077	349992		
道路运输辅助活动	28888	5151	1250	6200	16287		
城市公共交通业	90417	42070	10200	7863	30284		
公共电汽车客运	68726	42070	10200	1000	15456		
出租车客运	20311			6863	13448		
其他城市公共交通	1380				1380		
水上运输业	1486		120	220	1146		
水上货物运输	1486		120	220	1146		
航空运输业	606895	4717	2178	600000			
航空客货运输	1895	1895					
航空运输辅助活动	605000	2822	2178	600000			
管道运输业	3000				3000		
管道运输业	3000				3000		
装卸搬运和其他运输服务业	51491	100	1560	30017	18814	1000	
装卸搬运	24421		700	13217	10504		
运输代理服务	27070	100	860	16800	8310	1000	
仓储业	321866	202595	4384	98924	15963		
谷物、棉花等农产品仓储	284452	196245		80924	7283		
其他仓储	37414	6350	4384	18000	8680		
邮政业	100935	14600	75525	6460	4350		
国家邮政	96585	14600	75525	6460			
其他寄递服务	4350				4350		

1-3　按行业分交通运输、仓储和邮政业营业状况

单位：千元

行　业	营业收入合计	主营业务收入	主营业务成本	主营业务税金及附加	费用合计	营业利润	全部从业人员年平均人数（人）
总　计	**2899578**	**2755695**	**2368993**	**52297**	**787723**	**-396586**	**23567**
道路运输业	1421538	1321275	969267	32288	190515	162119	9900
公路旅客运输	577956	480302	344245	15228	113271	39053	3984
道路货物运输	830916	828341	617553	16640	74080	121463	5570
道路运输辅助活动	12666	12632	7469	420	3164	1603	346
城市公共交通业	208271	195995	193948	6554	26222	-21919	4041
公共电汽车客运	172124	161350	171602	5199	20851	-28753	3510
出租车客运	33751	33251	22176	1279	3489	5709	497
其他城市公共交通	2396	1394	170	76	1882	1125	34
水上运输业	671	671	469	23	28	151	27
水上货物运输	671	671	469	23	28	151	27
航空运输业	99638	99568	85603	3118	12367	-2394	1077
航空客货运输	2410	2387	2701	84	3	-1322	37
航空运输辅助活动	97228	97181	82902	3034	12364	-1072	1040
管道运输业	321	321		15	4876	-4570	23
管道运输业	321	321		15	4876	-4570	23
装卸搬运和其他运输服务业	91584	90452	52245	2503	21864	6048	1086
装卸搬运	58655	58596	28261	1936	17335	2580	882
运输代理服务	32929	31856	23984	567	4529	3468	204
仓储业	602714	598571	575673	808	108218	-75734	948
谷物、棉花等农产品仓储	567302	566477	553587	84	99758	-76772	773
其他仓储	35412	32094	22086	724	8460	1038	175
邮政业	474841	448842	491788	6988	423633	-460287	6465
国家邮政	470964	444965	489712	6841	423026	-461633	6397
其他寄递服务	3877	3877	2076	147	607	1346	68

1-4 按地区分交通运输、仓储和邮政业营业状况

单位：千元

地　区	营业收入合　计	主营业务收入	主营业务成　本	主营业务税金及附加	费用合计	营业利润
总　计	**2899578**	**2755695**	**2368993**	**52297**	**787723**	**-396586**
银川市	**1385070**	**1270731**	**1189516**	**27344**	**574396**	**-461820**
兴庆区	905942	792811	761305	20942	505953	-437497
西夏区	67481	67481	53719	1386	13880	-1041
金凤区	241104	240473	235335	730	26185	-21159
永宁县	9570	9540	7131	314	2286	-191
贺兰县	16593	16593	10320	562	5130	581
灵武市	144380	143833	121706	3410	20962	-2513
石嘴山市	**430211**	**423392**	**302776**	**4507**	**62255**	**49085**
大武口区	138364	135847	101012	2945	34020	-7812
惠农区	259880	255578	171622	1350	19448	65026
平罗县	31967	31967	30142	212	8787	-8129
吴忠市	**248139**	**246378**	**190463**	**6674**	**43781**	**-7168**
红寺堡区	1297	1297		62	1304	-69
利通区	74546	72785	69818	1900	12200	-14725
盐池县	45894	45894	40765	1776	2883	672
同心县	3128	3128	1630	288	174	1036
青铜峡市	123274	123274	78250	2648	27220	5918
固原市	**367369**	**351957**	**291685**	**2938**	**42655**	**14241**
原州区	190566	176752	173166	1526	29241	-26281
西吉县	109072	107494	64209	368	2815	40844
隆德县	44408	44408	36068	816	5514	2010
泾源县	18021	18001	14111	165	4110	-2465
彭阳县	5302	5302	4131	63	975	133
中卫市	**468789**	**463237**	**394553**	**10834**	**64636**	**9076**
沙坡头区	253351	247799	216221	5980	47967	-6517
中宁县	124793	124793	121059	1024	13450	-10730
海原县	90645	90645	57273	3830	3219	26323

1-5　按地区分交通运输、仓储和邮政业资产负债

单位：千元

地　区	固定资产原价	本年折旧	所有者权益合计
总　计	**4010428**	**376709**	**2323362**
银川市	**2470445**	**229967**	**1164562**
兴庆区	1664564	181823	359518
西夏区	31296	3781	28774
金凤区	108723	5111	103198
永宁县	34194	831	20086
贺兰县	39073	4948	9827
灵武市	592595	33473	643159
石嘴山市	**226503**	**43432**	**213277**
大武口区	144576	10879	85615
惠农区	45398	9772	98481
平罗县	36529	22781	29181
吴忠市	**299453**	**24949**	**221489**
红寺堡区	6253	46	5708
利通区	133988	14260	45791
盐池县	54263	3307	41495
同心县	13076		14644
青铜峡市	91873	7336	113851
固原市	**504571**	**18854**	**377006**
原州区	239121	14298	140786
西吉县	174397	220	150160
隆德县	39931	4032	38225
泾源县	48912	270	45344
彭阳县	2210	34	2491
中卫市	**509456**	**59507**	**347028**
沙坡头区	359982	27623	213029
中宁县	90309	22384	82972
海原县	59165	9500	51027

第2篇

批发和零售业商品销售和财务状况

A. 批发和零售业法人单位商品销售情况

2-A-1　按登记注册类型分批发和零售业法人单位商品销售情况

单位：千元

登记注册类型	法人单位(个)	从业人数(人)	销售合计	批发额	零售额
总　计	**5669**	**62488**	**48933064**	**36238071**	**12694993**
内资企业	5647	61973	48634407	35939414	12694993
国有企业	179	7263	8205257	6910673	1294584
集体企业	163	1525	18010		18010
股份合作企业	12	426	144512		144512
联营企业	7	155	419650	419650	
国有联营企业	2	61	419650	419650	
集体联营企业	2	45			
国有与集体联营企业	1	5			
其他联营企业	2	44			
有限责任公司	550	9092	9216262	5672909	3543353
国有独资公司	6	466	958144	752796	205348
其他有限责任公司	544	8626	8258118	4920113	3338005
股份有限公司	46	3555	13174870	10715392	2459478
私营企业	4654	39781	17455846	12220790	5235056
私营独资企业	939	6099	219592	48739	170853
私营合伙企业	152	1336			
私营有限责任公司	3365	30109	16581987	11871647	4710340
私营股份有限公司	198	2237	654267	300404	353863
其他企业	36	176			
港、澳、台商投资企业	10	156			
合资经营企业(港或澳、台资)	5	45			
港、澳、台商独资经营企业	3	99			
港、澳、台商投资股份有限公司	2	12			
外商投资企业	12	359	298657	298657	
中外合资经营企业	3	27			
外资企业	7	305	298657	298657	
外商投资股份有限公司	2	27			

2-A-2 按登记注册类型分批发业法人单位商品销售情况

单位：千元

登记注册类型	法人单位(个)	从业人数(人)	销售合计	批发额	零售额
总 计	**3124**	**31782**	**35615746**	**34615840**	**999906**
内资企业	3110	31404	35317089	34317183	999906
国有企业	93	3783	6945487	6900569	44918
集体企业	114	986			
股份合作企业	9	54			
联营企业	7	155	419650	419650	
国有联营企业	2	61	419650	419650	
集体联营企业	2	45			
国有与集体联营企业	1	5			
其他联营企业	2	44			
有限责任公司	297	4113	5004106	4785015	219091
国有独资公司	4	424	950894	752796	198098
其他有限责任公司	293	3689	4053212	4032219	20993
股份有限公司	16	1825	10986161	10321657	664504
私营企业	2556	20402	11961685	11890292	71393
私营独资企业	342	2303	28348	28348	
私营合伙企业	79	800			
私营有限责任公司	2026	16239	11623783	11561540	62243
私营股份有限公司	109	1060	309554	300404	9150
其他企业	18	86			
港、澳、台商投资企业	5	57			
合资经营企业(港或澳、台资)	2	18			
港、澳、台商独资经营企业	2	35			
港、澳、台商投资股份有限公司	1	4			
外商投资企业	9	321	298657	298657	
中外合资经营企业	2	7			
外资企业	5	287	298657	298657	
外商投资股份有限公司	2	27			

2-A-3　按登记注册类型分零售业法人单位商品销售情况

单位：千元

登记注册类型	法人单位（个）	从业人数（人）	销售合计	批发额	零售额
总　计	**2545**	**30706**	**13317318**	**1622231**	**11695087**
内资企业	2537	30569	13317318	1622231	11695087
国有企业	86	3480	1259770	10104	1249666
集体企业	49	539	18010		18010
股份合作企业	3	372	144512		144512
有限责任公司	253	4979	4212156	887894	3324262
国有独资公司	2	42	7250		7250
其他有限责任公司	251	4937	4204906	887894	3317012
股份有限公司	30	1730	2188709	393735	1794974
私营企业	2098	19379	5494161	330498	5163663
私营独资企业	597	3796	191244	20391	170853
私营合伙企业	73	536			
私营有限责任公司	1339	13870	4958204	310107	4648097
私营股份有限公司	89	1177	344713		344713
其他企业	18	90			
港、澳、台商投资企业	5	99			
合资经营企业(港或澳、台资)	3	27			
港、澳、台商独资经营企业	1	64			
港、澳、台商投资股份有限公司	1	8			
外商投资企业	3	38			
中外合资经营企业	1	20			
外资企业	2	18			

2-A-4 按行业分批发和零售业法人单位商品销售情况

单位：千元

行业	法人单位(个)	从业人数(人)	销售合计	批发额	零售额
总计	**5669**	**62488**	**48933064**	**36238071**	**12694993**
一、批发业	**3124**	**31782**	**35615746**	**34615840**	**999906**
农畜产品批发	203	2716	658281	637248	21033
谷物、豆及薯类批发	55	889	614437	593404	21033
种子、饲料批发	87	893	43844	43844	
棉、麻批发	1	2			
其他农畜产品批发	60	932			
食品、饮料及烟草制品批发	175	4242	3504249	3484927	19322
米、面制品及食用油批发	31	431	133740	133740	
糕点、糖果及糖批发	4	26	28375	28375	
果品、蔬菜批发	36	879	35127	35127	
肉、禽、蛋及水产品批发	8	67	45185	45185	
盐及调味品批发	21	356	43971	43971	
饮料及茶叶批发	46	835	453949	445277	8672
烟草制品批发	8	1258	2736452	2736452	
其他食品批发	21	390	27450	16800	10650
纺织、服装及日用品批发	101	1130	839551	839551	
纺织品、针织品及原料批发	22	179	419650	419650	
服装批发	20	224	419901	419901	
鞋帽批发	1	3			
厨房、卫生间用具及日用杂货批发	8	79			
化妆品及卫生用品批发	17	159			
其他日用品批发	33	486			
文化、体育用品及器材批发	61	646	527146	524413	2733
文具用品批发	30	244	61048	61048	
体育用品批发	1	8			
图书批发	15	249	105691	105691	
音像制品及电子出版物批发	3	45			
其他文化用品批发	12	100	360407	357674	2733
医药及医疗器材批发	85	1220	190419	164483	25936
西药批发	17	538	190419	164483	25936
中药材及中成药批发	32	420			
医疗用品及器材批发	36	262			
矿产品、建材及化工产品批发	1359	12233	26323881	25418518	905363
煤炭及制品批发	144	1853	2448261	2420042	28219
石油及制品批发	112	2904	13184493	12308703	875790
非金属矿及制品批发	22	215	215523	215523	
金属及金属矿批发	477	3247	9261354	9261354	
建材批发	270	1572	40819	40819	
化肥批发	163	1216	811975	810621	1354
农药批发	11	45			
农用薄膜批发	11	96			
其他化工产品批发	149	1085	361456	361456	
机械设备、五金交电及电子产品批发	921	7265	2884057	2858538	25519
农业机械批发	56	476	495429	495429	
汽车、摩托车及零配件批发	104	1397	1342656	1319653	23003
五金、交电批发	184	1047	130355	128239	2116
家用电器批发	35	309			
计算机、软件及辅助设备批发	39	315			
通讯及广播电视设备批发	25	208			
其他机械设备及电子产品批发	478	3513	915617	915217	400
贸易经纪与代理	31	211			
贸易经纪与代理	31	211			
其他批发	188	2119	688162	688162	
再生物资回收与批发	137	1170	623161	623161	
其他未列明的批发	51	949	65001	65001	

2-A-4 续表　　单位：千元

行　业	法人单位(个)	从业人数(人)	销售合计	批发额	零售额
二、零售业	**2545**	**30706**	**13317318**	**1622231**	**11695087**
综合零售	188	8413	3799930		3799930
百货零售	88	5591	2852032		2852032
超级市场零售	39	2289	947898		947898
其他综合零售	61	533			
食品、饮料及烟草制品专门零售	174	1697	53649		53649
粮油零售	54	721	45675		45675
糕点、面包零售	3	40			
果品、蔬菜零售	6	84			
肉、禽、蛋及水产品零售	14	140			
饮料及茶叶零售	38	295			
烟草制品零售	14	47			
其他食品零售	45	370	7974		7974
纺织、服装及日用品专门零售	257	2017	73831		73831
纺织品及针织品零售	26	146			
服装零售	97	946	31689		31689
鞋帽零售	10	106			
钟表、眼镜零售	25	244	42142		42142
化妆品及卫生用品零售	39	274			
其他日用品零售	60	301			
文化、体育用品及器材专门零售	193	1681	225334	3204	222130
文具用品零售	63	265			
体育用品零售	25	179	16790		16790
图书零售	38	706	151602	2824	148778
音像制品及电子出版物零售	9	105			
珠宝首饰零售	18	230	48210	380	47830
工艺美术品及收藏品零售	18	73			
照相器材零售	1	5			
其他文化用品零售	21	118	8732		8732
医药及医疗器材专门零售	161	3241	1175657	28755	1146902
药品零售	124	2994	1175657	28755	1146902
医疗用品及器材零售	37	247			
汽车、摩托车、燃料及零配件专门零售	505	5473	5629349	1117953	4511396
汽车零售	131	2724	3723901	612394	3111507
汽车零配件零售	93	455	20280		20280
摩托车及零配件零售	71	434	180947	8517	172430
机动车燃料零售	210	1860	1704221	497042	1207179
家用电器及电子产品专门零售	500	4533	1875398	468140	1407258
家用电器零售	130	1450	1172167	348587	823580
计算机、软件及辅助设备零售	235	1852	596923	108250	488673
通信设备零售	77	938	106308	11303	95005
其他电子产品零售	58	293			
五金、家具及室内装修材料专门零售	407	2138	23362		23362
五金零售	231	918			
家具零售	54	620	23362		23362
涂料零售	7	53			
其他室内装修材料零售	115	547			
无店铺及其他零售	160	1513	460808	4179	456629
流动货摊零售	1	5			
邮购及电子销售	1	5			
生活用燃料零售	43	686	301162		301162
花卉零售	13	144			
旧货零售	2	3			
其他未列明的零售	100	670	159646	4179	155467

2-A-5 按行业分批发和零售业法人

行业	内资企业				
	法人单位(个)	从业人数(人)	销售合计(千元)	批发额(千元)	零售额(千元)
总计	**29174**	**866552**	**48634407**	**35939414**	**12694993**
一、批发业	**3110**	**31404**	**35317089**	**34317183**	**999906**
农畜产品批发	202	2708	658281	637248	21033
食品、饮料及烟草制品批发	171	3939	3205592	3186270	19322
纺织、服装及日用品批发	100	1113	839551	839551	
文化、体育用品及器材批发	61	646	527146	524413	2733
医药及医疗器材批发	85	1220	190419	164483	25936
矿产品、建材及化工产品批发	1356	12216	26323881	25418518	905363
机械设备、五金交电及电子产品批发	918	7246	2884057	2858538	25519
贸易经纪与代理	30	206			
其他批发	187	2110	688162	688162	
二、零售业	**2537**	**30569**	**13317318**	**1622231**	**11695087**
综合零售	187	8407	3799930		3799930
食品、饮料及烟草制品专门零售	171	1608	53649		53649
纺织、服装及日用品专门零售	255	2003	73831		73831
文化、体育用品及器材专门零售	193	1681	225334	3204	222130
医药及医疗器材专门零售	160	3233	1175657	28755	1146902
汽车、摩托车、燃料及零配件专门零售	505	5473	5629349	1117953	4511396
家用电器及电子产品专门零售	499	4513	1875398	468140	1407258
五金、家具及室内装修材料专门零售	407	2138	23362		23362
无店铺及其他零售	160	1513	460808	4179	456629

2-A-5 续表 1

行业	股份合作企业				
	法人单位(个)	从业人数(人)	销售合计(千元)	批发额(千元)	零售额(千元)
总计	**84**	**5472**	**144512**		**144512**
一、批发业	**9**	**54**			
农畜产品批发					
食品、饮料及烟草制品批发	1	4			
纺织、服装及日用品批发					
文化、体育用品及器材批发					
医药及医疗器材批发					
矿产品、建材及化工产品批发	6	38			
机械设备、五金交电及电子产品批发	1	3			
贸易经纪与代理					
其他批发	1	9			
二、零售业	**3**	**372**	**144512**		**144512**
综合零售	2	369	144512		144512
食品、饮料及烟草制品专门零售					
纺织、服装及日用品专门零售	1	3			
文化、体育用品及器材专门零售					
医药及医疗器材专门零售					
汽车、摩托车、燃料及零配件专门零售					
家用电器及电子产品专门零售					
五金、家具及室内装修材料专门零售					
无店铺及其他零售					

单位商品销售情况(按登记注册类型分)

国有企业					集体企业				
法人单位(个)	从业人数(人)	销售合计(千元)	批发额(千元)	零售额(千元)	法人单位(个)	从业人数(人)	销售合计(千元)	批发额(千元)	零售额(千元)
5180	**321377**	**8205257**	**6910673**	**1294584**	**580**	**10816**	**18010**		**18010**
93	**3783**	**6945487**	**6900569**	**44918**	**114**	**986**			
28	876	573808	552775	21033	10	35			
28	1816	2925993	2920951	5042	5	50			
					2	26			
3	217	105691	105691						
2	148	74590	58320	16270					
17	556	3173241	3170668	2573	76	549			
6	49				7	136			
4	34				1	37			
5	87	92164	92164		13	153			
86	**3480**	**1259770**	**10104**	**1249666**	**49**	**539**	**18010**		**18010**
4	628	208132		208132	24	277			
36	601	45675		45675	3	81			
					2	14			
20	692	158377	3204	155173	3	10			
14	973	463646	2721	460925	3	26			
3	133	301079		301079	7	41	18010		18010
3	44								
					4	38			
6	409	82861	4179	78682	3	52			

联营企业					国有联营企业				
法人单位(个)	从业人数(人)	销售合计(千元)	批发额(千元)	零售额(千元)	法人单位(个)	从业人数(人)	销售合计(千元)	批发额(千元)	零售额(千元)
43	**3337**	**419650**	**419650**		**13**	**1672**	**419650**	**419650**	
7	**155**	**419650**	**419650**		**2**	**61**	**419650**	**419650**	
2	52								
2	37								
1	55	419650	419650		1	55	419650	419650	
1	5								
1	6				1	6			

2-A-5 续表 2

行业	集体联营企业				
	法人单位(个)	从业人数(人)	销售合计(千元)	批发额(千元)	零售额(千元)
总计	**11**	**489**			
一、批发业	**2**	**45**			
农畜产品批发	1	30			
食品、饮料及烟草制品批发	1	15			
纺织、服装及日用品批发					
文化、体育用品及器材批发					
医药及医疗器材批发					
矿产品、建材及化工产品批发					
机械设备、五金交电及电子产品批发					
贸易经纪与代理					
其他批发					
二、零售业					
综合零售					
食品、饮料及烟草制品专门零售					
纺织、服装及日用品专门零售					
文化、体育用品及器材专门零售					
医药及医疗器材专门零售					
汽车、摩托车、燃料及零配件专门零售					
家用电器及电子产品专门零售					
五金、家具及室内装修材料专门零售					
无店铺及其他零售					

2-A-5 续表 3

行业	有限责任公司				
	法人单位(个)	从业人数(人)	销售合计(千元)	批发额(千元)	零售额(千元)
总计	**1814**	**173894**	**9216262**	**5672909**	**3543353**
一、批发业	**297**	**4113**	**5004106**	**4785015**	**219091**
农畜产品批发	9	268	43844	43844	
食品、饮料及烟草制品批发	13	117			
纺织、服装及日用品批发	15	140			
文化、体育用品及器材批发	7	91	61048	61048	
医药及医疗器材批发	7	190	92243	87323	4920
矿产品、建材及化工产品批发	132	1848	3677629	3468916	208713
机械设备、五金交电及电子产品批发	91	1002	950354	944896	5458
贸易经纪与代理	5	24			
其他批发	18	433	178988	178988	
二、零售业	**253**	**4979**	**4212156**	**887894**	**3324262**
综合零售	16	1353	986487		986487
食品、饮料及烟草制品专门零售	12	55			
纺织、服装及日用品专门零售	33	389	31689		31689
文化、体育用品及器材专门零售	24	125			
医药及医疗器材专门零售	14	498	349971	21420	328551
汽车、摩托车、燃料及零配件专门零售	64	1448	1847030	503209	1343821
家用电器及电子产品专门零售	46	776	980080	363265	616815
五金、家具及室内装修材料专门零售	29	246	16899		16899
无店铺及其他零售	15	89			

国有与集体联营企业					其他联营企业				
法人单位(个)	从业人数(人)	销售合计(千元)	批发额(千元)	零售额(千元)	法人单位(个)	从业人数(人)	销售合计(千元)	批发额(千元)	零售额(千元)
4	**55**				**15**	**1121**			
1	**5**				**2**	**44**			
					1	22			
					1	22			
1	5								

国有独资公司					其他有限责任公司				
法人单位(个)	从业人数(人)	销售合计(千元)	批发额(千元)	零售额(千元)	法人单位(个)	从业人数(人)	销售合计(千元)	批发额(千元)	零售额(千元)
79	**61091**	**958144**	**752796**	**205348**	**1735**	**112803**	**8258118**	**4920113**	**3338005**
4	**424**	**950894**	**752796**	**198098**	**293**	**3689**	**4053212**	**4032219**	**20993**
					9	268	43844	43844	
					13	117			
					15	140			
					7	91	61048	61048	
					7	190	92243	87323	4920
3	410	950894	752796	198098	129	1438	2726735	2716120	10615
1	14				90	988	950354	944896	5458
					5	24			
					18	433	178988	178988	
2	**42**	**7250**		**7250**	**251**	**4937**	**4204906**	**887894**	**3317012**
1	23	7250		7250	15	1330	979237		979237
					12	55			
					33	389	31689		31689
					24	125			
					14	498	349971	21420	328551
					64	1448	1847030	503209	1343821
1	19				45	757	980080	363265	616815
					29	246	16899		16899
					15	89			

2-A-5 续表 4

行业	股份有限公司				
	法人单位（个）	从业人数（人）	销售合计（千元）	批发额（千元）	零售额（千元）
总计	**220**	**63651**	**13174870**	**10715392**	**2459478**
一、批发业	**16**	**1825**	**10986161**	**10321657**	**664504**
农畜产品批发	3	28			
食品、饮料及烟草制品批发					
纺织、服装及日用品批发	1	13			
文化、体育用品及器材批发					
医药及医疗器材批发					
矿产品、建材及化工产品批发	8	1357	10986161	10321657	664504
机械设备、五金交电及电子产品批发	2	8			
贸易经纪与代理	1	11			
其他批发	1	408			
二、零售业	**30**	**1730**	**2188709**	**393735**	**1794974**
综合零售	2	998	1127933		1127933
食品、饮料及烟草制品专门零售	3	9			
纺织、服装及日用品专门零售	3	15			
文化、体育用品及器材专门零售	6	53			
医药及医疗器材专门零售	3	95	21200	33	21167
汽车、摩托车、燃料及零配件专门零售	3	486	1039576	393702	645874
家用电器及电子产品专门零售	3	27			
五金、家具及室内装修材料专门零售	4	24			
无店铺及其他零售	3	23			

2-A-5 续表 5

行业	私营合伙企业				
	法人单位（个）	从业人数（人）	销售合计（千元）	批发额（千元）	零售额（千元）
总计	**473**	**6980**			
一、批发业	**79**	**800**			
农畜产品批发	10	108			
食品、饮料及烟草制品批发	8	86			
纺织、服装及日用品批发	7	215			
文化、体育用品及器材批发	1	4			
医药及医疗器材批发	3	55			
矿产品、建材及化工产品批发	27	185			
机械设备、五金交电及电子产品批发	19	113			
贸易经纪与代理					
其他批发	4	34			
二、零售业	**73**	**536**			
综合零售	5	54			
食品、饮料及烟草制品专门零售	4	20			
纺织、服装及日用品专门零售	9	54			
文化、体育用品及器材专门零售	6	36			
医药及医疗器材专门零售	1	15			
汽车、摩托车、燃料及零配件专门零售	11	57			
家用电器及电子产品专门零售	21	146			
五金、家具及室内装修材料专门零售	9	50			
无店铺及其他零售	7	104			

私营企业					私营独资企业				
法人单位(个)	从业人数(人)	销售合计(千元)	批发额(千元)	零售额(千元)	法人单位(个)	从业人数(人)	销售合计(千元)	批发额(千元)	零售额(千元)
12384	**240715**	**17455846**	**12220790**	**5235056**	**3407**	**47483**	**219592**	**48739**	**170853**
2556	**20402**	**11961685**	**11890292**	**71393**	**342**	**2303**	**28348**	**28348**	
149	1443	40629	40629		42	559			
118	1898	279599	265319	14280	27	161			
81	879	419901	419901		10	121			
51	338	360407	357674	2733	7	41			
76	882	23586	18840	4746	15	168			
1108	7826	8486850	8457277	29573	125	653			
806	6018	1933703	1913642	20061	81	428	28348	28348	
19	100				5	11			
148	1018	417010	417010		30	161			
2098	**19379**	**5494161**	**330498**	**5163663**	**597**	**3796**	**191244**	**20391**	**170853**
138	4777	1332866		1332866	42	688	16830		16830
117	862	7974		7974	33	152			
215	1574	42142		42142	50	332			
139	799	66957		66957	31	130			
123	1633	340840	4581	336259	57	486	15062	4581	10481
421	3326	2423654	221042	2202612	163	813	126482	15810	110672
447	3666	895318	104875	790443	81	499			
366	1810	6463		6463	94	428			
132	932	377947		377947	46	268	32870		32870

私营有限责任公司					私营股份有限公司			
法人单位(个)	从业人数(人)	销售合计(千元)	批发额(千元)	零售额(千元)	法人单位(个)	从业人数(人)	销售合计(千元)	批发额(千元)
8081	**179067**	**16581987**	**11871647**	**4710340**	**423**	**7185**	**654267**	**300404**
2026	**16239**	**11623783**	**11561540**	**62243**	**109**	**1060**	**309554**	**300404**
88	719	40629	40629		9	57		
78	1423	279599	265319	14280	5	228		
63	541	419901	419901		1	2		
40	280	360407	357674	2733	3	13		
53	594	23586	18840	4746	5	65		
917	6731	8256317	8235894	20423	39	257	230533	221383
670	5121	1826334	1806273	20061	36	356	79021	79021
7	28				7	61		
110	802	417010	417010		4	21		
1339	**13870**	**4958204**	**310107**	**4648097**	**89**	**1177**	**344713**	
85	3498	1011492		1011492	6	537	304544	
74	628	7974		7974	6	62		
140	1054	42142		42142	16	134		
98	617	66957		66957	4	16		
60	984	315852		315852	5	148	9926	
234	2370	2297172	205232	2091940	13	86		
326	2918	895318	104875	790443	19	103		
246	1253	6463		6463	17	79		
76	548	314834		314834	3	12	30243	

2-A-5 续表 6

行　业	零售额(千元)	其他企业				
		法人单位(个)	从业人数(人)	销售合计(千元)	批发额(千元)	零售额(千元)
总　　计	**353863**	**8869**	**47290**			
一、批发业	**9150**	**18**	**86**			
农畜产品批发		1	6			
食品、饮料及烟草制品批发		4	17			
纺织、服装及日用品批发						
文化、体育用品及器材批发						
医药及医疗器材批发						
矿产品、建材及化工产品批发	9150	8	37			
机械设备、五金交电及电子产品批发		4	24			
贸易经纪与代理						
其他批发		1	2			
二、零售业	**344713**	**18**	**90**			
综合零售	304544	1	5			
食品、饮料及烟草制品专门零售						
纺织、服装及日用品专门零售		1	8			
文化、体育用品及器材专门零售		1	2			
医药及医疗器材专门零售	9926	3	8			
汽车、摩托车、燃料及零配件专门零售		7	39			
家用电器及电子产品专门零售						
五金、家具及室内装修材料专门零售		4	20			
无店铺及其他零售	30243	1	8			

2-A-5 续表 7

行　业	合作经营企业(港或澳、台资)				
	法人单位(个)	从业人数(人)	销售合计(千元)	批发额(千元)	零售额(千元)
总　　计	**1**	**7**			
一、批发业					
农畜产品批发					
食品、饮料及烟草制品批发					
纺织、服装及日用品批发					
文化、体育用品及器材批发					
医药及医疗器材批发					
矿产品、建材及化工产品批发					
机械设备、五金交电及电子产品批发					
贸易经纪与代理					
其他批发					
二、零售业					
综合零售					
食品、饮料及烟草制品专门零售					
纺织、服装及日用品专门零售					
文化、体育用品及器材专门零售					
医药及医疗器材专门零售					
汽车、摩托车、燃料及零配件专门零售					
家用电器及电子产品专门零售					
五金、家具及室内装修材料专门零售					
无店铺及其他零售					

港、澳、台商投资企业					合资经营企业(港或澳、台资)				
法人单位(个)	从业人数(人)	销售合计(千元)	批发额(千元)	零售额(千元)	法人单位(个)	从业人数(人)	销售合计(千元)	批发额(千元)	零售额(千元)
33	**1851**				**14**	**817**			
5	**57**				**2**	**18**			
2	30								
1	5				1	5			
1	13				1	13			
1	9								
5	**99**				**3**	**27**			
1	6				1	6			
2	79				1	15			
2	14				1	6			

港、澳、台商独资经营企业					港、澳、台商投资股份有限公司				
法人单位(个)	从业人数(人)	销售合计(千元)	批发额(千元)	零售额(千元)	法人单位(个)	从业人数(人)	销售合计(千元)	批发额(千元)	零售额(千元)
9	**583**				**9**	**444**			
2	**35**				**1**	**4**			
1	26				1	4			
1	9								
1	**64**				**1**	**8**			
1	64								
					1	8			

2-A-5 续表 8

行 业	外商投资企业				
	法人单位(个)	从业人数(人)	销售合计(千元)	批发额(千元)	零售额(千元)
总 计	**93**	**18726**	**298657**	**298657**	
一、批发业	**9**	**321**	**298657**	**298657**	
农畜产品批发	1	8			
食品、饮料及烟草制品批发	2	273	298657	298657	
纺织、服装及日用品批发	1	17			
文化、体育用品及器材批发					
医药及医疗器材批发					
矿产品、建材及化工产品批发	2	12			
机械设备、五金交电及电子产品批发	2	6			
贸易经纪与代理	1	5			
其他批发					
二、零售业	**3**	**38**			
综合零售					
食品、饮料及烟草制品专门零售	1	10			
纺织、服装及日用品专门零售					
文化、体育用品及器材专门零售					
医药及医疗器材专门零售	1	8			
汽车、摩托车、燃料及零配件专门零售					
家用电器及电子产品专门零售	1	20			
五金、家具及室内装修材料专门零售					
无店铺及其他零售					

2-A-5 续表 9

行 业	外资企业				
	法人单位(个)	从业人数(人)	销售合计(千元)	批发额(千元)	零售额(千元)
总 计	**30**	**5609**	**298657**	**298657**	
一、批发业	**5**	**287**	**298657**	**298657**	
农畜产品批发	1	8			
食品、饮料及烟草制品批发	2	273	298657	298657	
纺织、服装及日用品批发					
文化、体育用品及器材批发					
医药及医疗器材批发					
矿产品、建材及化工产品批发					
机械设备、五金交电及电子产品批发	2	6			
贸易经纪与代理					
其他批发					
二、零售业	**2**	**18**			
综合零售					
食品、饮料及烟草制品专门零售	1	10			
纺织、服装及日用品专门零售					
文化、体育用品及器材专门零售					
医药及医疗器材专门零售	1	8			
汽车、摩托车、燃料及零配件专门零售					
家用电器及电子产品专门零售					
五金、家具及室内装修材料专门零售					
无店铺及其他零售					

中外合资经营企业					中外合作经营企业				
法人单位（个）	从业人数（人）	销售合计（千元）	批发额（千元）	零售额（千元）	法人单位（个）	从业人数（人）	销售合计（千元）	批发额（千元）	零售额（千元）
52	**12075**				**7**	**463**			
2	**7**								
1	2								
1	5								
1	**20**								
1	20								

外商投资股份有限公司				
法人单位（个）	从业人数（人）	销售合计（千元）	批发额（千元）	零售额（千元）
4	**579**			
2	**27**			
1	17			
1	10			

2-A-6 批发和零售业法人单位分类商品销售情况

单位：千元

商品名称	销售合计	批发额	零售额
总　　计	**48933064**	**36238071**	**12694993**
1.粮油、食品、饮料、烟酒类	5055976	4053267	1002709
(1)粮油、食品类	1663670	907686	755984
#粮油类	875431	703997	171434
肉禽蛋类	118594		118594
水产品类	80395	45185	35210
蔬菜类	45493		45493
干鲜果品类	89183	35127	54056
(2)饮料类	391392	315457	75935
(3)烟酒类	3000914	2830124	170790
2.服装、鞋帽、针纺织品类	2478506	865565	1612941
(1)服装类	1445443	430562	1014881
(2)鞋帽类	334094		334094
(3)针纺织品类	698969	435003	263966
3.化妆品类	155292		155292
4.金银珠宝类	426053		426053
5.日用品类	436703	33631	403072
#洗涤用品类	91880		91880
儿童玩具类	43988	31559	12429
6.五金、电料类	47197	38239	8958
7.体育、娱乐用品类	50612		50612
8.书报杂志类	254345	108515	145830
9.电子出版物及音像制品类	4446		4446
10.家用电器和音像器材类	1202633	355759	846874
11.中西药品类	1364506	193238	1171268
#西药类	1191569	156916	1034653
中草药及中成药类	172347	36192	136155
12.文化办公用品类	998673	494859	503814
13.家具类	25266		25266
14.通讯器材类	445656	39714	405942
15.煤炭及制品类	2597815	2342635	255180
16.木材及制品类	2379	2379	
17.石油及制品类	15097263	12935612	2161651
18.化工材料及制品类	1452014	1452014	
#化肥类	808549	808549	
19.金属材料类	9059822	9059822	
20.建筑及装潢材料类	52591	52591	
21.机电产品及设备类	1362928	1237717	125211
#农机类	147935	147935	
22.汽车类	5382657	2195965	3186692
25.其他类	979731	776549	203182

2-A-7　批发业法人单位分类商品销售情况

单位：千元

商品名称	销售合计	批发额	零售额
总　　计	**35615746**	**34615840**	**999906**
1.粮油、食品、饮料、烟酒类	4093270	4053267	40003
(1)粮油、食品类	934357	907686	26671
#粮油类	725030	703997	21033
肉禽蛋类	420		420
水产品类	45185	45185	
干鲜果品类	35135	35127	8
(2)饮料类	317621	315457	2164
(3)烟酒类	2841292	2830124	11168
2.服装、鞋帽、针纺织品类	865985	865565	420
(1)服装类	430562	430562	
(3)针纺织品类	435423	435003	420
5.日用品类	34612	33631	981
儿童玩具类	31559	31559	
6.五金、电料类	38544	38239	305
8.书报杂志类	105691	105691	
10.家用电器和音像器材类	8020	7620	400
11.中西药品类	190419	164483	25936
#西药类	156067	138881	17186
中草药及中成药类	33762	25472	8290
12.文化办公用品类	414572	414572	
15.煤炭及制品类	2367904	2342635	25269
16.木材及制品类	2379	2379	
17.石油及制品类	13310181	12434391	875790
18.化工材料及制品类	1452014	1452014	
#化肥类	808549	808549	
19.金属材料类	9059822	9059822	
20.建筑及装潢材料类	52591	52591	
21.机电产品及设备类	1195636	1190787	4849
#农机类	147935	147935	
22.汽车类	1647937	1621984	25953
25.其他类	776169	776169	

2-A-8 零售业法人单位分类商品销售情况

单位：千元

商品名称	销售合计	批发额	零售额
总　　计	**13317318**	**1622231**	**11695087**
1.粮油、食品、饮料、烟酒类	962706		962706
(1)粮油、食品类	729313		729313
#粮油类	150401		150401
肉禽蛋类	118174		118174
水产品类	35210		35210
蔬菜类	45493		45493
干鲜果品类	54048		54048
(2)饮料类	73771		73771
(3)烟酒类	159622		159622
2.服装、鞋帽、针纺织品类	1612521		1612521
(1)服装类	1014881		1014881
(2)鞋帽类	334094		334094
(3)针纺织品类	263546		263546
3.化妆品类	155292		155292
4.金银珠宝类	426053		426053
5.日用品类	402091		402091
#洗涤用品类	91880		91880
儿童玩具类	12429		12429
6.五金、电料类	8653		8653
7.体育、娱乐用品类	50612		50612
8.书报杂志类	148654	2824	145830
9.电子出版物及音像制品类	4446		4446
10.家用电器和音像器材类	1194613	348139	846474
11.中西药品类	1174087	28755	1145332
#西药类	1035502	18035	1017467
中草药及中成药类	138585	10720	127865
12.文化办公用品类	584101	80287	503814
13.家具类	25266		25266
14.通讯器材类	445656	39714	405942
15.煤炭及制品类	229911		229911
17.石油及制品类	1787082	501221	1285861
21.机电产品及设备类	167292	46930	120362
22.汽车类	3734720	573981	3160739
25.其他类	203562	380	203182

2-A-9　批发和零售业法人单位分类商品销售情况
(按登记注册类型分)

单位：千元

商品名称	内资企业			国有企业		
	销售合计	批发额	零售额	销售合计	批发额	零售额
总　　计	**48634407**	**35939414**	**12694993**	**8205257**	**6910673**	**1294584**
1.粮油、食品、饮料、烟酒类	4757319	3754610	1002709	3554724	3448662	106062
(1)粮油、食品类	1663670	907686	755984	786397	698558	87839
#粮油类	875431	703997	171434	672188	603556	68632
肉禽蛋类	118594		118594	1890		1890
水产品类	80395	45185	35210	172		172
蔬菜类	45493		45493			
干鲜果品类	89183	35127	54056	17145		17145
(2)饮料类	92735	16800	75935	4012		4012
(3)烟酒类	3000914	2830124	170790	2764315	2750104	14211
2.服装、鞋帽、针纺织品类	2478506	865565	1612941	118921		118921
(1)服装类	1445443	430562	1014881	58801		58801
(2)鞋帽类	334094		334094	19358		19358
(3)针纺织品类	698969	435003	263966	40762		40762
3.化妆品类	155292		155292	1138		1138
4.金银珠宝类	426053		426053	56169		56169
5.日用品类	436703	33631	403072	13172		13172
#洗涤用品类	91880		91880	4621		4621
儿童玩具类	43988	31559	12429			
6.五金、电料类	47197	38239	8958			
7.体育、娱乐用品类	50612		50612			
8.书报杂志类	254345	108515	145830	240780	108515	132265
9.电子出版物及音像制品类	4446		4446	3758		3758
10.家用电器和音像器材类	1202633	355759	846874			
11.中西药品类	1364506	193238	1171268	535234	61041	474193
#西药类	1191569	156916	1034653	479505	48895	430610
中草药及中成药类	172347	36192	136155	55729	12146	43583
12.文化办公用品类	998673	494859	503814			
13.家具类	25266		25266			
14.通讯器材类	445656	39714	405942			
15.煤炭及制品类	2597815	2342635	255180	569710	569710	
16.木材及制品类	2379	2379		2379	2379	
17.石油及制品类	15097263	12935612	2161651	554733	172399	382334
18.化工材料及制品类	1452014	1452014		121246	121246	
#化肥类	808549	808549				
19.金属材料类	9059822	9059822		2305236	2305236	
20.建筑及装潢材料类	52591	52591				
21.机电产品及设备类	1362928	1237717	125211			
#农机类	147935	147935				
22.汽车类	5382657	2195965	3186692			
25.其他类	979731	776549	203182	128057	121485	6572

2-A-9 续表 1

商品名称	集体企业			股份合作企业		
	销售合计	批发额	零售额	销售合计	批发额	零售额
总　计	**18010**		**18010**	**144512**		**144512**
1.粮油、食品、饮料、烟酒类				35155		35155
(1)粮油、食品类				23474		23474
#粮油类				23474		23474
肉禽蛋类						
水产品类						
蔬菜类						
干鲜果品类						
(2)饮料类				2647		2647
(3)烟酒类				9034		9034
2.服装、鞋帽、针纺织品类				63761		63761
(1)服装类				46600		46600
(2)鞋帽类				8144		8144
(3)针纺织品类				9017		9017
3.化妆品类				10231		10231
4.金银珠宝类				22549		22549
5.日用品类				9490		9490
#洗涤用品类						
儿童玩具类						
6.五金、电料类						
7.体育、娱乐用品类				415		415
8.书报杂志类						
9.电子出版物及音像制品类						
10.家用电器和音像器材类						
11.中西药品类						
#西药类						
中草药及中成药类						
12.文化办公用品类						
13.家具类						
14.通讯器材类						
15.煤炭及制品类						
16.木材及制品类						
17.石油及制品类	18010		18010			
18.化工材料及制品类						
#化肥类						
19.金属材料类						
20.建筑及装潢材料类						
21.机电产品及设备类						
#农机类						
22.汽车类						
25.其他类				2911		2911

单位：千元

联营企业			国有联营企业			集体联营企业		
销售合计	批发额	零售额	销售合计	批发额	零售额	销售合计	批发额	零售额
419650	**419650**		**419650**	**419650**				
419650	419650		419650	419650				
419650	419650		419650	419650				

2-A-9 续表 2

商品名称	有限责任公司			国有独资公司		
	销售合计	批发额	零售额	销售合计	批发额	零售额
总 计	**9216262**	**5672909**	**3543353**	**958144**	**752796**	**205348**
1.粮油、食品、饮料、烟酒类	255493		255493	1520		1520
(1)粮油、食品类	197200		197200			
#粮油类	18288		18288			
肉禽蛋类	44710		44710			
水产品类	23088		23088			
蔬菜类	13318		13318			
干鲜果品类	21023		21023			
(2)饮料类	18401		18401			
(3)烟酒类	39892		39892	1520		1520
2.服装、鞋帽、针纺织品类	464484	26014	438470	570		570
(1)服装类	251606	10912	240694	260		260
(2)鞋帽类	88433		88433			
(3)针纺织品类	124445	15102	109343	310		310
3.化妆品类	39555		39555	20		20
4.金银珠宝类	79405		79405			
5.日用品类	98417	3584	94833	1130		1130
#洗涤用品类	21033		21033			
儿童玩具类	5284	3584	1700			
6.五金、电料类	3197		3197	530		530
7.体育、娱乐用品类	11585		11585			
8.书报杂志类	700		700			
9.电子出版物及音像制品类						
10.家用电器和音像器材类	649059	316013	333046			
11.中西药品类	443134	108743	334391			
#西药类	378266	89622	288644			
中草药及中成药类	64278	18991	45287			
12.文化办公用品类	204932	89169	115763			
13.家具类	18803		18803			
14.通讯器材类	286465	28411	258054			
15.煤炭及制品类	1003624	1003624				
16.木材及制品类						
17.石油及制品类	1231001	893637	337364	916015	717917	198098
18.化工材料及制品类	521819	521819		34879	34879	
#化肥类	333970	333970				
19.金属材料类	809770	809770				
20.建筑及装潢材料类						
21.机电产品及设备类	238027	238027				
#农机类						
22.汽车类	2363417	1145093	1218324			
25.其他类	493375	489005	4370	3480		3480

单位：千元

其他有限责任公司			股份有限公司			私营企业		
销售合计	批发额	零售额	销售合计	批发额	零售额	销售合计	批发额	零售额
8258118	**4920113**	**3338005**	**13174870**	**10715392**	**2459478**	**17455846**	**12220790**	**5235056**
253973		253973	37456		37456	874491	305948	568543
197200		197200	8089		8089	648510	209128	439382
18288		18288	8089		8089	153392	100441	52951
44710		44710				71994		71994
23088		23088				57135	45185	11950
13318		13318				32175		32175
21023		21023				51015	35127	15888
18401		18401	1599		1599	66076	16800	49276
38372		38372	27768		27768	159905	80020	79885
463914	26014	437900	582344		582344	829346	419901	409445
251346	10912	240434	438106		438106	230680		230680
88433		88433	114247		114247	103912		103912
124135	15102	109033	29991		29991	494754	419901	74853
39535		39535	79120		79120	25248		25248
79405		79405	175427		175427	92503		92503
97287	3584	93703	91212		91212	224412	30047	194365
21033		21033	2113		2113	64113		64113
5284	3584	1700	3710		3710	34994	27975	7019
2667		2667	800		800	43200	38239	4961
11585		11585	25551		25551	13061		13061
700		700				12865		12865
						688		688
649059	316013	333046	87113		87113	466461	39746	426715
443134	108743	334391	21200	33	21167	364938	23421	341517
378266	89622	288644	4278	20	4258	329520	18379	311141
64278	18991	45287	16922	13	16909	35418	5042	30376
204932	89169	115763	37053		37053	756688	405690	350998
18803		18803				6463		6463
286465	28411	258054	11857		11857	147334	11303	136031
1003624	1003624					1024481	769301	255180
314986	175720	139266	11838608	10528230	1310378	1454911	1341346	113565
486940	486940		187129	187129		621820	621820	
333970	333970		187129	187129		287450	287450	
809770	809770					5944816	5944816	
						52591	52591	
238027	238027					1124901	999690	125211
						147935	147935	
2363417	1145093	1218324				3019240	1050872	1968368
489895	489005	890				355388	166059	189329

2-A-9 续表 3

商品名称	私营独资企业			私营有限责任公司		
	销售合计	批发额	零售额	销售合计	批发额	零售额
总　计	**219592**	**48739**	**170853**	**16581987**	**11871647**	**4710340**
1.粮油、食品、饮料、烟酒类	7370		7370	866532	305948	560584
(1)粮油、食品类	6160		6160	642048	209128	432920
#粮油类	2010		2010	151230	100441	50789
肉禽蛋类	3360		3360	68616		68616
水产品类	170		170	56945	45185	11760
蔬菜类	340		340	31790		31790
干鲜果品类	280		280	50668	35127	15541
(2)饮料类	330		330	65559	16800	48759
(3)烟酒类	880		880	158925	80020	78905
2.服装、鞋帽、针纺织品类	4440		4440	596409	419901	176508
(1)服装类	3520		3520	76474		76474
(2)鞋帽类	790		790	47051		47051
(3)针纺织品类	130		130	472884	419901	52983
3.化妆品类	600		600	10647		10647
4.金银珠宝类				34041		34041
5.日用品类	2760		2760	221350	30047	191303
#洗涤用品类	2180		2180	61781		61781
儿童玩具类	580		580	34264	27975	6289
6.五金、电料类				43095	38239	4856
7.体育、娱乐用品类	180		180	12629		12629
8.书报杂志类				12865		12865
9.电子出版物及音像制品类				670		670
10.家用电器和音像器材类	1330		1330	465131	39746	425385
11.中西药品类	15062	4581	10481	339950	18840	321110
#西药类	11252	4000	7252	311246	14379	296867
中草药及中成药类	3810	581	3229	28704	4461	24243
12.文化办公用品类	150		150	756518	405690	350828
13.家具类				6463		6463
14.通讯器材类				146156	11303	134853
15.煤炭及制品类				952461	703481	248980
16.木材及制品类						
17.石油及制品类				1454911	1341346	113565
18.化工材料及制品类				621820	621820	
#化肥类				287450	287450	
19.金属材料类				5789253	5789253	
20.建筑及装潢材料类				52591	52591	
21.机电产品及设备类	28348	28348		1095575	970364	125211
#农机类	28348	28348		119587	119587	
22.汽车类	121443	15810	105633	2816804	957019	1859785
25.其他类	37909		37909	286116	166059	120057

单位：千元

私营股份有限公司			外商投资企业			外资企业		
销售合计	批发额	零售额	销售合计	批发额	零售额	销售合计	批发额	零售额
654267	**300404**	**353863**	**298657**	**298657**		**298657**	**298657**	
589		589	298657	298657		298657	298657	
302		302						
152		152						
18		18						
20		20						
45		45						
67		67						
187		187	298657	298657		298657	298657	
100		100						
228497		228497						
150686		150686						
56071		56071						
21740		21740						
14001		14001						
58462		58462						
302		302						
152		152						
150		150						
105		105						
252		252						
18		18						
9926		9926						
7022		7022						
2904		2904						
20		20						
1178		1178						
72020	65820	6200						
155563	155563							
978	978							
80993	78043	2950						
31363		31363						

2-A-10 按地区分限额以上批发和零售业法人商品销售情况

单位：个、人、千元

地区	法人企业	年末从业人员数合计	销售额	批发额	零售额
总计	**364**	**22877**	**48933064**	**36238071**	**12694993**
银川市	249	15186	38828986	28903635	9925351
兴庆区	153	8877	15353199	9833305	5519894
西夏区	14	1161	6181939	5634491	547448
金凤区	36	3113	12711582	10316022	2395560
永宁县	2	53	103586	98840	4746
贺兰县	35	1389	3105741	1685429	1420312
灵武市	9	593	1372939	1335548	37391
石嘴山市	45	2794	3728188	3288249	439939
大武口区	31	2133	3243414	2973673	269741
惠农区	10	553	355770	211730	144040
平罗县	4	108	129004	102846	26158
吴忠市	34	1736	2575584	1484180	1091404
红寺堡区					
利通区	22	1455	2238572	1215001	1023571
盐池县	2	88	42378	35937	6441
同心县	3	98	93945	66151	27794
青铜峡市	7	95	200689	167091	33598
固原市	12	1074	1398335	1081851	316484
原州区	7	983	1338197	1069505	268692
西吉县	4	61	49215	12346	36869
隆德县					
泾源县					
彭阳县	1	30	10923		10923
中卫市	24	2087	2401971	1480156	921815
沙坡头区	15	1146	1129822	904414	225408
中宁县	6	699	1242064	574382	667682
海原县	3	242	30085	1360	28725

2-A-11　按地区分限额以上批发业法人商品销售情况

单位：个、人、千元

地　区	法人企业	年末从业人员数合计	销售额	批发额	零售额
总　计	**178**	**8423**	**35615746**	**34615840**	**999906**
银川市	124	4944	28459919	27741936	717983
兴庆区	76	2690	9805494	9621653	183841
西夏区	13	1088	6157369	5634491	522878
金凤区	17	426	9879653	9877080	2573
永宁县	2	53	103586	98840	4746
贺兰县	11	420	1178269	1174324	3945
灵武市	5	267	1335548	1335548	
石嘴山市	27	1284	3316435	3288216	28219
大武口区	19	1132	2973673	2973673	
惠农区	6	97	229447	211697	17750
平罗县	2	55	113315	102846	10469
吴忠市	14	523	1452122	1431089	21033
红寺堡区					
利通区	7	358	1165131	1165131	
盐池县	1	36	32716	32716	
同心县	2	86	87184	66151	21033
青铜峡市	4	43	167091	167091	
固原市	4	942	1283173	1069505	213668
原州区	4	942	1283173	1069505	213668
西吉县					
隆德县					
泾源县					
彭阳县					
中卫市	9	730	1104097	1085094	19003
沙坡头区	7	634	923417	904414	19003
中宁县	2	96	180680	180680	
海原县					

2-A-12 按地区分限额以上零售业法人商品销售情况

单位：个、人、千元

地区	法人企业	年末从业人员数合计	销售额	批发额	零售额
总 计	**186**	**14454**	**13317318**	**1622231**	**11695087**
银川市	125	10242	10369067	1161699	9207368
兴庆区	77	6187	5547705	211652	5336053
西夏区	1	73	24570		24570
金凤区	19	2687	2831929	438942	2392987
永宁县					
贺兰县	24	969	1927472	511105	1416367
灵武市	4	326	37391		37391
石嘴山市	18	1510	411753	33	411720
大武口区	12	1001	269741		269741
惠农区	4	456	126323	33	126290
平罗县	2	53	15689		15689
吴忠市	20	1213	1123462	53091	1070371
红寺堡区					
利通区	15	1097	1073441	49870	1023571
盐池县	1	52	9662	3221	6441
同心县	1	12	6761		6761
青铜峡市	3	52	33598		33598
固原市	8	132	115162	12346	102816
原州区	3	41	55024		55024
西吉县	4	61	49215	12346	36869
隆德县					
泾源县					
彭阳县	1	30	10923		10923
中卫市	15	1357	1297874	395062	902812
沙坡头区	8	512	206405		206405
中宁县	4	603	1061384	393702	667682
海原县	3	242	30085	1360	28725

2-A-13　按地区分限额以下批发和零售业法人商品销售情况

单位：个、人、千元

地　区	法人单位数	年末从业人员数合计	销售额	批发额	零售额
全　区	**5305**	**39611**	**19875753**	**16310604**	**3565149**
银川市	3266	23096	13939272	11948686	1990586
兴庆区	2325	15976	10110711	8522152	1588559
西夏区	223	1209	2006587	1906756	99831
金凤区	413	3264	890277	757408	132869
永宁县	66	587	196083	131013	65070
贺兰县	141	1093	356594	294124	62470
灵武市	98	967	379020	337233	41787
石嘴山市	686	5241	2430857	2012961	417896
大武口区	436	3469	1198660	928957	269703
惠农区	127	993	993795	886093	107702
平罗县	123	779	238402	197911	40491
吴忠市	686	4911	1800438	1336550	463888
红寺堡区	24	157	55765	34487	21278
利通区	339	2618	883082	626372	256710
盐池县	118	685	147219	78900	68319
同心县	78	557	159924	106893	53031
青铜峡市	127	894	554448	489898	64550
固原市	252	2806	717212	327146	390066
原州区	111	1492	291429	185703	105726
西吉县	39	446	207324	60007	147317
隆德县	26	454	84008	44209	39799
泾源县	19	107	39156	927	38229
彭阳县	57	307	95295	36300	58995
中卫市	415	3557	987974	685261	302713
沙坡头区	187	1327	394928	269860	125068
中宁县	175	1843	461309	361045	100264
海原县	53	387	131737	54356	77381

2-A-14 按地区分限额以下批发业法人商品销售情况

单位：个、人、千元

地　区	法人单位数	年末从业人员数合计	销售额	批发额	零售额
全　区	**2946**	**23359**	**16522369**	**16222553**	**299816**
银川市	2058	15015	12048647	11890722	157925
兴庆区	1395	9693	8565651	8481094	84557
西夏区	177	923	1929812	1906737	23075
金凤区	293	2520	761753	755567	6186
永宁县	43	413	133825	127891	5934
贺兰县	88	704	313890	286747	27143
灵武市	62	762	343716	332686	11030
石嘴山市	293	2830	2032311	2010691	21620
大武口区	169	1728	931285	927940	3345
惠农区	55	589	903048	884995	18053
平罗县	69	513	197978	197756	222
吴忠市	307	2200	1361891	1323916	37975
红寺堡区	14	79	45998	34103	11895
利通区	132	1100	631764	617961	13803
盐池县	54	228	82788	75061	7727
同心县	25	264	111443	106893	4550
青铜峡市	82	529	489898	489898	
固原市	94	1419	380449	314925	65524
原州区	46	826	202925	179505	23420
西吉县	11	120	83399	57986	25413
隆德县	16	360	59220	44209	15011
泾源县	1	7	874	874	
彭阳县	20	106	34031	32351	1680
中卫市	194	1895	699071	682299	16772
沙坡头区	77	551	270145	269860	285
中宁县	101	1200	374727	360745	13982
海原县	16	144	54199	51694	2505

2-A-15　按地区分限额以下零售业法人商品销售情况

单位：个、人、千元

地　　区	法人单位数	年末从业人员数合计	销售额	批发额	零售额
全　　区	**2359**	**16252**	**3353384**	**88051**	**3265333**
银川市	1208	8081	1890625	57964	1832661
兴庆区	930	6283	1545060	41058	1504002
西夏区	46	286	76775	19	76756
金凤区	120	744	128524	1841	126683
永宁县	23	174	62258	3122	59136
贺兰县	53	389	42704	7377	35327
灵武市	36	205	35304	4547	30757
石嘴山市	393	2411	398546	2270	396276
大武口区	267	1741	267375	1017	266358
惠农区	72	404	90747	1098	89649
平罗县	54	266	40424	155	40269
吴忠市	379	2711	438547	12634	425913
红寺堡区	10	78	9767	384	9383
利通区	207	1518	251318	8411	242907
盐池县	64	457	64431	3839	60592
同心县	53	293	48481		48481
青铜峡市	45	365	64550		64550
固原市	158	1387	336763	12221	324542
原州区	65	666	88504	6198	82306
西吉县	28	326	123925	2021	121904
隆德县	10	94	24788		24788
泾源县	18	100	38282	53	38229
彭阳县	37	201	61264	3949	57315
中卫市	221	1662	288903	2962	285941
沙坡头区	110	776	124783		124783
中宁县	74	643	86582	300	86282
海原县	37	243	77538	2662	74876

B. 批发和零售业法人单位主要财务状况

2-B-1 按登记注册类型分批发和零售业法人单位资产负债状况

单位：千元

登记注册类型	资产总计	负债合计	所有者权益
总　　计	**17623450**	**12314579**	**5308871**
内资企业	17066027	12136183	4929844
国有企业	2911338	1434178	1477160
集体企业	2168	2573	-405
股份合作企业	91481	117202	-25721
联营企业	711500	722680	-11180
国有联营企业	711500	722680	-11180
有限责任公司	3295933	2379854	916079
国有独资公司	46443	3158	43285
其他有限责任公司	3249490	2376696	872794
股份有限公司	1938410	1146201	792209
私营企业	8115197	6333495	1781702
私营独资企业	122309	100907	21402
私营有限责任公司	7432498	5754625	1677873
私营股份有限公司	560390	477963	82427
外商投资企业	557423	178396	379027
外资企业	557423	178396	379027

2-B-2　按行业分批发和零售业法人单位资产负债状况

单位：千元

行　业	资产总计	负债合计	所有者权益
总　计	**17623450**	**12314579**	**5308871**
一、批发业	**11407711**	**7891674**	**3516037**
农畜产品批发	411806	356443	55363
谷物、豆及薯类批发	316269	289589	26680
种子、饲料批发	95537	66854	28683
食品、饮料及烟草制品批发	1943972	486995	1456977
米、面制品及食用油批发	244344	188373	55971
糕点、糖果及糖批发	16008	13127	2881
果品、蔬菜批发	12015	3982	8033
肉、禽、蛋及水产品批发	33561	16233	17328
盐及调味品批发	61711	8617	53094
饮料及茶叶批发	616424	209208	407216
烟草制品批发	959909	47455	912454
纺织、服装及日用品批发	1237709	1104155	133554
纺织品、针织品及原料批发	711500	722680	-11180
服装批发	526209	381475	144734
文化、体育用品及器材批发	304980	129715	175265
文具用品批发	47447	37876	9571
图书批发	96491	64927	31564
其他文化用品批发	161042	26912	134130
医药及医疗器材批发	83744	70137	13607
西药批发	83744	70137	13607
矿产品、建材及化工产品批发	6076723	4556287	1520436
煤炭及制品批发	430722	243022	187700
石油及制品批发	1900830	1578027	322803
非金属矿及制品批发	87794	20250	67544
金属及金属矿批发	3049200	2212093	837107
建材批发	110510	97513	12997
化肥批发	385374	310680	74694
其他化工产品批发	112293	94702	17591
机械设备、五金交电及电子产品批发	1173215	1024328	148887
农业机械批发	134756	122140	12616
汽车、摩托车及零配件批发	519560	430416	89144
五金、交电批发	38684	36843	1841
其他机械设备及电子产品批发	480215	434929	45286
其他批发	175562	163614	11948
再生物资回收与批发	57116	59841	-2725
其他未列明的批发	118446	103773	14673

2-B-2 续表 单位：千元

行　　业	资产总计	负债合计	所有者权益
二、零售业	**6215739**	**4422905**	**1792834**
综合零售	2372430	1379663	992767
百货零售	2008933	1131807	877126
超级市场零售	363497	247856	115641
食品、饮料及烟草制品专门零售	46921	55167	-8246
粮油零售	45528	54036	-8508
其他食品零售	1393	1131	262
纺织、服装及日用品专门零售	52020	41815	10205
服装零售	21835	21909	-74
钟表、眼镜零售	30185	19906	10279
文化、体育用品及器材专门零售	196433	148988	47445
体育用品零售	7692	6712	980
图书零售	127502	93973	33529
珠宝首饰零售	57535	45178	12357
其他文化用品零售	3704	3125	579
医药及医疗器材专门零售	597462	545959	51503
药品零售	597462	545959	51503
汽车、摩托车、燃料及零配件专门零售	1931702	1480283	451419
汽车零售	1600605	1274990	325615
汽车零配件零售	5702	4614	1088
摩托车及零配件零售	83706	61539	22167
机动车燃料零售	241689	139140	102549
家用电器及电子产品专门零售	844750	661048	183702
家用电器零售	570981	479444	91537
计算机、软件及辅助设备零售	247296	161606	85690
通信设备零售	26473	19998	6475
五金、家具及室内装修材料专门零售	33688	34280	-592
家具零售	33688	34280	-592
无店铺及其他零售	140333	75702	64631
生活用燃料零售	95170	49229	45941
其他未列明的零售	45163	26473	18690

2-B-3　按行业分批发和零售业法人单位

单位：千元

指标名称	内资企业			国有企业		
	资产总计	负债合计	所有者权益	资产总计	负债合计	所有者权益
总　　计	**17066027**	**12136183**	**4929844**	**2911338**	**1434178**	**1477160**
一、批发业	**10850288**	**7713278**	**3137010**	**2287117**	**961937**	**1325180**
农畜产品批发	411806	356443	55363	309707	289539	20168
食品、饮料及烟草制品批发	1386549	308599	1077950	1276463	239000	1037463
纺织、服装及日用品批发	1237709	1104155	133554			
文化、体育用品及器材批发	304980	129715	175265	96491	64927	31564
医药及医疗器材批发	83744	70137	13607	36981	30107	6874
矿产品、建材及化工产品批发	6076723	4556287	1520436	561470	319534	241936
机械设备、五金交电及电子产品批发	1173215	1024328	148887			
其他批发	175562	163614	11948	6005	18830	-12825
二、零售业	**6215739**	**4422905**	**1792834**	**624221**	**472241**	**151980**
综合零售	2372430	1379663	992767	113369	65414	47955
食品、饮料及烟草制品专门零售	46921	55167	-8246	45528	54036	-8508
纺织、服装及日用品专门零售	52020	41815	10205			
文化、体育用品及器材专门零售	196433	148988	47445	164001	125715	38286
医药及医疗器材专门零售	597462	545959	51503	193929	178023	15906
汽车、摩托车、燃料及零配件专门零售	1931702	1480283	451419	48552	31533	17019
家用电器及电子产品专门零售	844750	661048	183702			
五金、家具及室内装修材料专门零售	33688	34280	-592			
无店铺及其他零售	140333	75702	64631	58842	17520	41322

2-B-3　续表 1

单位：千元

指标名称	集体企业			股份合作企业		
	资产总计	负债合计	所有者权益	资产总计	负责合计	所有者权益
总　　计	**2168**	**2573**	**-405**	**91481**	**117202**	**-25721**
一、批发业						
农畜产品批发						
食品、饮料及烟草制品批发						
纺织、服装及日用品批发						
文化、体育用品及器材批发						
医药及医疗器材批发						
矿产品、建材及化工产品批发						
机械设备、五金交电及电子产品批发						
其他批发						
二、零售业	**2168**	**2573**	**-405**	**91481**	**117202**	**-25721**
综合零售				91481	117202	-25721
食品、饮料及烟草制品专门零售						
纺织、服装及日用品专门零售						
文化、体育用品及器材专门零售						
医药及医疗器材专门零售						
汽车、摩托车、燃料及零配件专门零售	2168	2573	-405			
家用电器及电子产品专门零售						
五金、家具及室内装修材料专门零售						
无店铺及其他零售						

2-B-3 续表 2

单位：千元

指标名称	联营企业			国有联营企业		
	资产总计	负债合计	所有者权益	资产总计	负债合计	所有者权益
总　计	**711500**	**722680**	**-11180**	**711500**	**722680**	**-11180**
一、批发业	**711500**	**722680**	**-11180**	**711500**	**722680**	**-11180**
农畜产品批发						
食品、饮料及烟草制品批发						
纺织、服装及日用品批发	711500	722680	-11180	711500	722680	-11180
文化、体育用品及器材批发						
医药及医疗器材批发						
矿产品、建材及化工产品批发						
机械设备、五金交电及电子产品批发						
其他批发						
二、零售业						
综合零售						
食品、饮料及烟草制品专门零售						
纺织、服装及日用品专门零售						
文化、体育用品及器材专门零售						
医药及医疗器材专门零售						
汽车、摩托车、燃料及零配件专门零售						
家用电器及电子产品专门零售						
五金、家具及室内装修材料专门零售						
无店铺及其他零售						

2-B-3 续表 3

单位：千元

指标名称	有限责任公司			国有独资公司		
	资产总计	负债合计	所有者权益	资产总计	负债合计	所有者权益
总　计	**3295933**	**2379854**	**916079**	**46443**	**3158**	**43285**
一、批发业	**1488655**	**1085179**	**403476**	**38206**	**683**	**37523**
农畜产品批发	95537	66854	28683			
食品、饮料及烟草制品批发						
纺织、服装及日用品批发						
文化、体育用品及器材批发	47447	37876	9571			
医药及医疗器材批发	29572	27131	2441			
矿产品、建材及化工产品批发	897399	598898	298501	38206	683	37523
机械设备、五金交电及电子产品批发	400817	339393	61424			
其他批发	17883	15027	2856			
二、零售业	**1807278**	**1294675**	**512603**	**8237**	**2475**	**5762**
综合零售	516658	300765	215893	8237	2475	5762
食品、饮料及烟草制品专门零售						
纺织、服装及日用品专门零售	21835	21909	-74			
文化、体育用品及器材专门零售						
医药及医疗器材专门零售	193431	170621	22810			
汽车、摩托车、燃料及零配件专门零售	782635	592077	190558			
家用电器及电子产品专门零售	279995	200535	79460			
五金、家具及室内装修材料专门零售	12724	8768	3956			
无店铺及其他零售						

2-B-3　续表 4

单位：千元

指标名称	其他有限责任公司			股份有限公司		
	资产总计	负债合计	所有者权益	资产总计	负债合计	所有者权益
总　　计	**3249490**	**2376696**	**872794**	**1938410**	**1146201**	**792209**
一、批发业	**1450449**	**1084496**	**365953**	**998895**	**769096**	**229799**
农畜产品批发	95537	66854	28683			
食品、饮料及烟草制品批发						
纺织、服装及日用品批发						
文化、体育用品及器材批发	47447	37876	9571			
医药及医疗器材批发	29572	27131	2441			
矿产品、建材及化工产品批发	859193	598215	260978	998895	769096	229799
机械设备、五金交电及电子产品批发	400817	339393	61424			
其他批发	17883	15027	2856			
二、零售业	**1799041**	**1292200**	**506841**	**939515**	**377105**	**562410**
综合零售	508421	298290	210131	903307	371849	531458
食品、饮料及烟草制品专门零售						
纺织、服装及日用品专门零售	21835	21909	-74			
文化、体育用品及器材专门零售						
医药及医疗器材专门零售	193431	170621	22810	7608	5256	2352
汽车、摩托车、燃料及零配件专门零售	782635	592077	190558	28600		28600
家用电器及电子产品专门零售	279995	200535	79460			
五金、家具及室内装修材料专门零售	12724	8768	3956			
无店铺及其他零售						

2-B-3　续表 5

单位：千元

指标名称	私营企业			私营独资企业		
	资产总计	负债合计	所有者权益	资产总计	负债合计	所有者权益
总　　计	**8115197**	**6333495**	**1781702**	**122309**	**100907**	**21402**
一、批发业	**5364121**	**4174386**	**1189735**	**13021**	**12129**	**892**
农畜产品批发	6562	50	6512			
食品、饮料及烟草制品批发	110086	69599	40487			
纺织、服装及日用品批发	526209	381475	144734			
文化、体育用品及器材批发	161042	26912	134130			
医药及医疗器材批发	17191	12899	4292			
矿产品、建材及化工产品批发	3618959	2868759	750200			
机械设备、五金交电及电子产品批发	772398	684935	87463	13021	12129	892
其他批发	151674	129757	21917			
二、零售业	**2751076**	**2159109**	**591967**	**109288**	**88778**	**20510**
综合零售	747615	524433	223182	8856	1622	7234
食品、饮料及烟草制品专门零售	1393	1131	262			
纺织、服装及日用品专门零售	30185	19906	10279			
文化、体育用品及器材专门零售	32432	23273	9159			
医药及医疗器材专门零售	202494	192059	10435	10619	9588	1031
汽车、摩托车、燃料及零配件专门零售	1069747	854100	215647	76796	73178	3618
家用电器及电子产品专门零售	564755	460513	104242			
五金、家具及室内装修材料专门零售	20964	25512	-4548			
无店铺及其他零售	81491	58182	23309	13017	4390	8627

2-B-3 续表 6

单位：千元

指标名称	私营有限责任公司			私营股份有限公司		
	资产总计	负债合计	所有者权益	资产总计	负债合计	所有者权益
总　　计	**7432498**	**5754625**	**1677873**	**560390**	**477963**	**82427**
一、批发业	**5186626**	**4027683**	**1158943**	**164474**	**134574**	**29900**
农畜产品批发	6562	50	6512			
食品、饮料及烟草制品批发	110086	69599	40487			
纺织、服装及日用品批发	526209	381475	144734			
文化、体育用品及器材批发	161042	26912	134130			
医药及医疗器材批发	17191	12899	4292			
矿产品、建材及化工产品批发	3528140	2790895	737245	90819	77864	12955
机械设备、五金交电及电子产品批发	685722	616096	69626	73655	56710	16945
其他批发	151674	129757	21917			
二、零售业	**2245872**	**1726942**	**518930**	**395916**	**343389**	**52527**
综合零售	366013	202266	163747	372746	320545	52201
食品、饮料及烟草制品专门零售	1393	1131	262			
纺织、服装及日用品专门零售	30185	19906	10279			
文化、体育用品及器材专门零售	32432	23273	9159			
医药及医疗器材专门零售	169480	161073	8407	22395	21398	997
汽车、摩托车、燃料及零配件专门零售	992951	780922	212029			
家用电器及电子产品专门零售	564755	460513	104242			
五金、家具及室内装修材料专门零售	20964	25512	-4548			
无店铺及其他零售	67699	52346	15353	775	1446	-671

2-B-3 续表 7

单位：千元

指标名称	外商投资企业			外资企业		
	资产总计	负债合计	所有者权益	资产总计	负债合计	所有者权益
总　　计	**557423**	**178396**	**379027**	**557423**	**178396**	**379027**
一、批发业	**557423**	**178396**	**379027**	**557423**	**178396**	**379027**
农畜产品批发						
食品、饮料及烟草制品批发	557423	178396	379027	557423	178396	379027
纺织、服装及日用品批发						
文化、体育用品及器材批发						
医药及医疗器材批发						
矿产品、建材及化工产品批发						
机械设备、五金交电及电子产品批发						
其他批发						
二、零售业						
综合零售						
食品、饮料及烟草制品专门零售						
纺织、服装及日用品专门零售						
文化、体育用品及器材专门零售						
医药及医疗器材专门零售						
汽车、摩托车、燃料及零配件专门零售						
家用电器及电子产品专门零售						
五金、家具及室内装修材料专门零售						
无店铺及其他零售						

2-B-4　按登记注册类型分批发和零售业法人单位损益状况

单位：千元

登记注册类型	主营业务收入	主营业务成本	主营业务税金及附加	利润总额
批发和零售业合计	**41934783**	**38435331**	**345201**	**963943**
内资企业	41679521	38310286	345201	893088
国有企业	6996349	6040872	58477	472311
集体企业	15393	14718	13	-18
股份合作企业	214367	207535	744	-6190
联营企业	419650	358350	12000	1310
国有联营企业	419650	358350	12000	1310
有限责任公司	7281839	6652863	43604	121485
国有独资公司	37061	34886	151	-304
其他有限责任公司	7244778	6617977	43453	121789
股份有限公司	11480147	10666757	136363	259182
私营企业	15271776	14369191	94000	45008
私营独资企业	196992	172781	387	8614
私营有限责任公司	14496050	13674969	90466	39454
私营股份有限公司	578734	521441	3147	-3060
外商投资企业	255262	125045		70855
外资企业	255262	125045		70855

2-B-5 按行业分批发和零售业法人单位损益状况

单位：千元

行业	主营业务收入	主营业务成本	主营业务税金及附加	利润总额
总计	**41934783**	**38435331**	**345201**	**963943**
一、批发业	**30450349**	**28295835**	**157321**	**735145**
农畜产品批发	661710	641584	1227	-5130
谷物、豆及薯类批发	617866	602314	3	-5493
种子、饲料批发	43844	39270	1224	363
食品、饮料及烟草制品批发	2723396	1977441	8992	524909
米、面制品及食用油批发	130067	122787	11	2196
糕点、糖果及糖批发	24252	22376	10	28
果品、蔬菜批发	35100	32421	40	1691
肉、禽、蛋及水产品批发	38620	25333	8	13029
盐及调味品批发	38913	24817	296	6863
饮料及茶叶批发	388988	246866	153	72149
烟草制品批发	2067456	1502841	8474	428953
纺织、服装及日用品批发	778540	692385	12049	23279
纺织品、针织品及原料批发	419650	358350	12000	1310
服装批发	358890	334035	49	21969
文化、体育用品及器材批发	445670	398038	176	29736
文具用品批发	54618	50157	40	-528
图书批发	83012	69979	129	1204
其他文化用品批发	308040	277902	7	29060
医药及医疗器材批发	147071	130519	218	1553
西药批发	147071	130519	218	1553
矿产品、建材及化工产品批发	22469967	21374118	131000	159735
煤炭及制品批发	2249386	1953532	24443	30842
石油及制品批发	10763545	10289631	5855	125148
非金属矿及制品批发	184208	171131	238	-1780
金属及金属矿批发	8104424	7823322	97848	4117
建材批发	40819	35512	2256	-578
化肥批发	810458	806184	27	791
其他化工产品批发	317127	294806	333	1195
机械设备、五金交电及电子产品批发	2550379	2400417	1741	6840
农业机械批发	440169	405985	267	3485
汽车、摩托车及零配件批发	1167356	1121069	918	1418
五金、交电批发	111415	100745	67	-595
其他机械设备及电子产品批发	831439	772618	489	2532
其他批发	673616	681333	1918	-5777
再生物资回收与批发	614961	625870	1380	-2172
其他未列明的批发	58655	55463	538	-3605

2-B-5　续表　　　　单位：千元

行　　业	主营业务收　　入	主营业务成　　本	主营业务税金及附加	利润总额
二、零售业	**11484434**	**10139496**	**187880**	**228798**
综合零售	3250687	2725349	34805	152716
百货零售	2342426	1947211	30121	133534
超级市场零售	908261	778138	4684	19182
食品、饮料及烟草制品专门零售	33175	38181	23	624
粮油零售	25201	31327	2	640
其他食品零售	7974	6854	21	-16
纺织、服装及日用品专门零售	63095	49815	102	1930
服装零售	27085	22493	20	-286
钟表、眼镜零售	36010	27322	82	2216
文化、体育用品及器材专门零售	189285	150365	1010	1414
体育用品零售	14351	11851	12	12
图书零售	126264	100307	272	-140
珠宝首饰零售	41207	31928	718	1464
其他文化用品零售	7463	6279	8	78
医药及医疗器材专门零售	1031347	924410	1770	4648
药品零售	1031347	924410	1770	4648
汽车、摩托车、燃料及零配件专门零售	4846562	4380420	146317	20947
汽车零售	3185428	3009656	2088	10931
汽车零配件零售	20280	18950	18	69
摩托车及零配件零售	138886	131407	646	468
机动车燃料零售	1501968	1220407	143565	9479
家用电器及电子产品专门零售	1602832	1461307	3010	31350
家用电器零售	994371	892734	2327	27559
计算机、软件及辅助设备零售	517599	487041	447	3661
通信设备零售	90862	81532	236	130
五金、家具及室内装修材料专门零售	19968	16461	41	-961
家具零售	19968	16461	41	-961
无店铺及其他零售	447483	393188	802	16130
生活用燃料零售	292953	266099	233	-2393
其他未列明的零售	154530	127089	569	18523

2-B-6 按行业分批发和零售业法人单位损益状况
(按登记注册类型分)

单位：千元

指标名称	内资企业			
	主营业务收入	主营业务成本	主营业务税金及附加	利润总额
总　计	**41679521**	**38310286**	**345201**	**893088**
一、批发业	**30195087**	**28170790**	**157321**	**664290**
农畜产品批发	661710	641584	1227	-5130
食品、饮料及烟草制品批发	2468134	1852396	8992	454054
纺织、服装及日用品批发	778540	692385	12049	23279
文化、体育用品及器材批发	445670	398038	176	29736
医药及医疗器材批发	147071	130519	218	1553
矿产品、建材及化工产品批发	22469967	21374118	131000	159735
机械设备、五金交电及电子产品批发	2550379	2400417	1741	6840
其他批发	673616	681333	1918	-5777
二、零售业	**11484434**	**10139496**	**187880**	**228798**
综合零售	3250687	2725349	34805	152716
食品、饮料及烟草制品专门零售	33175	38181	23	624
纺织、服装及日用品专门零售	63095	49815	102	1930
文化、体育用品及器材专门零售	189285	150365	1010	1414
医药及医疗器材专门零售	1031347	924410	1770	4648
汽车、摩托车、燃料及零配件专门零售	4846562	4380420	146317	20947
家用电器及电子产品专门零售	1602832	1461307	3010	31350
五金、家具及室内装修材料专门零售	19968	16461	41	-961
无店铺及其他零售	447483	393188	802	16130

2-B-6 续表 1

单位：千元

指标名称	国有企业			
	主营业务收入	主营业务成本	主营业务税金及附加	利润总额
总 计	**6996349**	**6040872**	**58477**	**472311**
一、批发业	**5866148**	**5097579**	**31992**	**463396**
农畜产品批发	577237	562114	1	-5717
食品、饮料及烟草制品批发	2245581	1655818	8880	438626
纺织、服装及日用品批发				
文化、体育用品及器材批发	83012	69979	129	1204
医药及医疗器材批发	66000	56382	153	801
矿产品、建材及化工产品批发	2802154	2663739	22470	27717
机械设备、五金交电及电子产品批发				
其他批发	92164	89547	359	765
二、零售业	**1130201**	**943293**	**26485**	**8915**
综合零售	162028	137885	1830	1548
食品、饮料及烟草制品专门零售	25201	31327	2	640
纺织、服装及日用品专门零售				
文化、体育用品及器材专门零售	142957	112091	874	-29
医药及医疗器材专门零售	425619	374230	1061	-1015
汽车、摩托车、燃料及零配件专门零售	301079	222811	22569	8914
家用电器及电子产品专门零售				
五金、家具及室内装修材料专门零售				
无店铺及其他零售	73317	64949	149	-1143

2-B-6 续表 2

单位：千元

指标名称	集体企业			
	主营业务收入	主营业务成本	主营业务税金及附加	利润总额
总　计	**15393**	**14718**	**13**	**-18**
一、批发业				
农畜产品批发				
食品、饮料及烟草制品批发				
纺织、服装及日用品批发				
文化、体育用品及器材批发				
医药及医疗器材批发				
矿产品、建材及化工产品批发				
机械设备、五金交电及电子产品批发				
其他批发				
二、零售业	**15393**	**14718**	**13**	**-18**
综合零售				
食品、饮料及烟草制品专门零售				
纺织、服装及日用品专门零售				
文化、体育用品及器材专门零售				
医药及医疗器材专门零售				
汽车、摩托车、燃料及零配件专门零售	15393	14718	13	-18
家用电器及电子产品专门零售				
五金、家具及室内装修材料专门零售				
无店铺及其他零售				

2-B-7　按地区分限额以上批发和零售业法人资产负债情况

单位：千元

地　区	资产总计	负债合计	所有者权益合计
总　计	**17623450**	**12314579**	**5308871**
银川市	14141340	10365033	3776307
兴庆区	7838758	5514549	2324209
西夏区	1509602	1209065	300537
金凤区	2755806	1959997	795809
永宁县	29017	23824	5193
贺兰县	1187712	909179	278533
灵武市	820445	748419	72026
石嘴山市	1419482	758379	661103
大武口区	1171887	536250	635637
惠农区	182759	166980	15779
平罗县	64836	55149	9687
吴忠市	1008955	687735	321220
红寺堡区			
利通区	857936	588475	269461
盐池县	19725	15839	3886
同心县	54004	27001	27003
青铜峡市	77290	56420	20870
固原市	19255	14133	5122
原州区			
西吉县	13227	9481	3746
隆德县			
泾源县			
彭阳县	6028	4652	1376
中卫市	1034418	489299	545119
沙坡头区	801402	325990	475412
中宁县	192014	114154	77860
海原县	41002	49155	-8153

2-B-8 按地区分限额以上批发业法人资产负债情况

单位：千元

地　区	资产总计	负债合计	所有者权益合计
总　计	**11407711**	**7891674**	**3516037**
银川市	8899312	6768080	2131232
兴庆区	4625318	3384863	1240455
西夏区	1498509	1201218	297291
金凤区	1507577	1061511	446066
永宁县	29017	23824	5193
贺兰县	459242	362086	97156
灵武市	779649	734578	45071
石嘴山市	1094129	477741	616388
大武口区	969321	378023	591298
惠农区	71978	52530	19448
平罗县	52830	47188	5642
吴忠市	578517	316644	261873
红寺堡区			
利通区	455549	234572	220977
盐池县	16139	13010	3129
同心县	48087	24528	23559
青铜峡市	58742	44534	14208
固原市			
原州区			
西吉县			
隆德县			
泾源县			
彭阳县			
中卫市	835753	329209	506544
沙坡头区	698472	237620	460852
中宁县	137281	91589	45692
海原县			

2-B-9　按地区分限额以上零售业法人资产负债情况

单位：千元

地　区	资产总计	负债合计	所有者权益合计
总　计	**6215739**	**4422905**	**1792834**
银川市	5242028	3596953	1645075
兴庆区	3213440	2129686	1083754
西夏区	11093	7847	3246
金凤区	1248229	898486	349743
永宁县			
贺兰县	728470	547093	181377
灵武市	40796	13841	26955
石嘴山市	325353	280638	44715
大武口区	202566	158227	44339
惠农区	110781	114450	-3669
平罗县	12006	7961	4045
吴忠市	430438	371091	59347
红寺堡区			
利通区	402387	353903	48484
盐池县	3586	2829	757
同心县	5917	2473	3444
青铜峡市	18548	11886	6662
固原市	19255	14133	5122
原州区			
西吉县	13227	9481	3746
隆德县			
泾源县			
彭阳县	6028	4652	1376
中卫市	198665	160090	38575
沙坡头区	102930	88370	14560
中宁县	54733	22565	32168
海原县	41002	49155	-8153

2-B-10 按地区分限额以上批发和零售业法人损益分配情况

单位：千元

地　区	主营业务收入	主营业务成本	主营业务税金及附加	利润总额
总　计	**41934783**	**38435331**	**345201**	**963943**
银川市	33687413	31350545	176148	638183
兴庆区	13325120	12032551	63633	346745
西夏区	4920456	4647872	20533	73449
金凤区	11465455	10816390	87638	269872
永宁县	100166	94809	1321	1105
贺兰县	2672624	2510374	2145	13234
灵武市	1203592	1248549	878	-66222
石嘴山市	3551051	3118658	9162	108835
大武口区	3150261	2737653	8360	113925
惠农区	278452	266358	664	-4136
平罗县	122338	114647	138	-954
吴忠市	2505766	2202591	36447	92868
红寺堡区				
利通区	2171462	1883365	36081	92748
盐池县	41810	39158	21	134
同心县	93344	92536	2	-1574
青铜峡市	199150	187532	343	1560
固原市	58226	54542	464	210
原州区				
西吉县	47303	44487	461	224
隆德县				
泾源县				
彭阳县	10923	10055	3	-14
中卫市	2132327	1708995	122980	123847
沙坡头区	1022703	815789	2034	114400
中宁县	1080392	867497	120866	8817
海原县	29232	25709	80	630

2-B-11 按地区分限额以上批发业法人损益分配情况

单位：千元

地 区	主营业务收入	主营业务成本	主营业务税金及附加	利润总额
总 计	**30450349**	**28295835**	**157321**	**735145**
银川市	24880853	23474647	144241	425530
兴庆区	8641323	7896327	40205	214304
西夏区	4906220	4635761	20489	73545
金凤区	9038044	8660944	80375	203151
永宁县	100166	94809	1321	1105
贺兰县	1026226	968056	1077	1126
灵武市	1168874	1218750	774	-67701
石嘴山市	3213229	2844117	7422	97390
大武口区	2883103	2524243	7052	99284
惠农区	222833	217924	322	-234
平罗县	107293	101950	48	-1660
吴忠市	1350201	1192134	4429	89349
红寺堡区				
利通区	1065196	915848	4150	90252
盐池县	32247	31129	6	134
同心县	87184	87220	2	-1732
青铜峡市	165574	157937	271	695
固原市				
原州区				
西吉县				
隆德县				
泾源县				
彭阳县				
中卫市	1006066	784937	1229	122876
沙坡头区	834122	644861	1229	113381
中宁县	171944	140076		9495
海原县				

2-B-12 按地区分限额以上零售业法人损益分配情况

单位：千元

地 区	主营业务收入	主营业务成本	主营业务 税金及附加	利润总额
总 计	**11484434**	**10139496**	**187880**	**228798**
银川市	8806560	7875898	31907	212653
兴庆区	4683797	4136224	23428	132441
西夏区	14236	12111	44	-96
金凤区	2427411	2155446	7263	66721
永宁县				
贺兰县	1646398	1542318	1068	12108
灵武市	34718	29799	104	1479
石嘴山市	337822	274541	1740	11445
大武口区	267158	213410	1308	14641
惠农区	55619	48434	342	-3902
平罗县	15045	12697	90	706
吴忠市	1155565	1010457	32018	3519
红寺堡区				
利通区	1106266	967517	31931	2496
盐池县	9563	8029	15	
同心县	6160	5316		158
青铜峡市	33576	29595	72	865
固原市	58226	54542	464	210
原州区				
西吉县	47303	44487	461	224
隆德县				
泾源县				
彭阳县	10923	10055	3	-14
中卫市	1126261	924058	121751	971
沙坡头区	188581	170928	805	1019
中宁县	908448	727421	120866	-678
海原县	29232	25709	80	630

2-B-13　按地区分限额以下批发和零售业法人财务状况

单位：千元

地　区	所有者权益合计	主营业务收入	主营业务成本	主营业务税金及附加	营业利润
总　计	**6512242**	**17674514**	**15804515**	**103336**	**337293**
银川市	4657023	12049962	10890955	55021	175199
兴庆区	3192025	8642602	7734234	41667	210178
西夏区	375532	1747373	1686737	3035	5525
金凤区	753282	785304	688143	5574	-49623
永宁县	85402	190901	153919	279	12144
贺兰县	123959	310202	280093	1550	-4922
灵武市	126823	373580	347829	2916	1897
石嘴山市	547543	2286585	2185982	9246	17869
大武口区	386589	1090463	1081292	5312	12966
惠农区	77675	960407	919112	1713	71
平罗县	83279	235715	185578	2221	4832
吴忠市	639291	1741312	1356000	21274	45063
红寺堡区	12457	55565	54082	232	-1611
利通区	354694	839926	553452	11240	28525
盐池县	66801	143286	117592	857	8102
同心县	107724	159904	132255	2441	18056
青铜峡市	97615	542631	498619	6504	-8009
固原市	285755	662778	571881	6089	33702
原州区	135487	260769	219790	3446	14859
西吉县	57865	207324	195358	1370	6618
隆德县	26663	69938	54616	249	1608
泾源县	11917	29103	22375	61	1418
彭阳县	53823	95644	79742	963	9199
中卫市	382630	933877	799697	11706	65460
沙坡头区	117027	372266	341386	2419	6300
中宁县	213456	429968	353657	7573	35921
海原县	52147	131643	104654	1714	23239

2-B-14 按地区分限额以下批发业法人财务状况

单位：千元

地 区	所有者权益合计	主营业务收入	主营业务成本	主营业务税金及附加	营业利润
总 计	**4843381**	**14618139**	**13239075**	**66474**	**158346**
银川市	3777505	10414343	9477961	38003	69016
兴庆区	2484954	7326010	6592967	27638	114202
西夏区	355439	1674107	1627336	2266	565
金凤区	674472	668478	589396	4088	-54623
永宁县	59352	131436	100806	66	9083
贺兰县	104802	274370	249868	1295	-1407
灵武市	98486	339942	317588	2650	1196
石嘴山市	391338	1896909	1851384	6464	12601
大武口区	288497	825115	853352	4012	7502
惠农区	44005	875335	841494	848	1393
平罗县	58836	196459	156538	1604	3706
吴忠市	351807	1303506	1027032	12722	25298
红寺堡区	10503	45798	45091	116	-1980
利通区	158876	583180	374587	5346	22667
盐池县	37850	83003	73453	321	2410
同心县	70157	111423	93064	1581	12786
青铜峡市	74421	480102	440837	5358	-10585
固原市	140973	345245	307121	2993	13015
原州区	75145	179524	159064	1637	6433
西吉县	30894	83399	78614	1113	2781
隆德县	12346	47450	40323	27	558
泾源县	60	841	559	3	20
彭阳县	22528	34031	28561	213	3223
中卫市	181758	658136	575577	6292	38416
沙坡头区	43149	254116	240556	627	1629
中宁县	121403	349915	292761	4762	26653
海原县	17206	54105	42260	903	10134

2-B-15　按地区分限额以下零售业法人财务状况

单位：千元

地　区	所有者权益合计	主营业务收入	主营业务成本	主营业务税金及附加	营业利润
总　计	**1668861**	**3056375**	**2565440**	**36862**	**178947**
银川市	879518	1635619	1412994	17018	106183
兴庆区	707071	1316592	1141267	14029	95976
西夏区	20093	73266	59401	769	4960
金凤区	78810	116826	98747	1486	5000
永宁县	26050	59465	53113	213	3061
贺兰县	19157	35832	30225	255	-3515
灵武市	28337	33638	30241	266	701
石嘴山市	156205	389676	334598	2782	5268
大武口区	98092	265348	227940	1300	5464
惠农区	33670	85072	77618	865	-1322
平罗县	24443	39256	29040	617	1126
吴忠市	287484	437806	328968	8552	19765
红寺堡区	1954	9767	8991	116	369
利通区	195818	256746	178865	5894	5858
盐池县	28951	60283	44139	536	5692
同心县	37567	48481	39191	860	5270
青铜峡市	23194	62529	57782	1146	2576
固原市	144782	317533	264760	3096	20687
原州区	60342	81245	60726	1809	8426
西吉县	26971	123925	116744	257	3837
隆德县	14317	22488	14293	222	1050
泾源县	11857	28262	21816	58	1398
彭阳县	31295	61613	51181	750	5976
中卫市	200872	275741	224120	5414	27044
沙坡头区	73878	118150	100830	1792	4671
中宁县	92053	80053	60896	2811	9268
海原县	34941	77538	62394	811	13105

C. 其他服务业法人单位所属的批发和零售业产业活动单位商品销售情况

2-C-1 按登记注册类型分其他行业法人单位附属批发和零售业产业活动单位商品销售情况

单位：千元

登记注册类型	产业活动单位(个)	从业人员(人)	销售合计	批发额	零售额
总　计	**22474**	**565680**	**354637**	**315369**	**39268**
内资企业	22380	547544	354637	315369	39268
国有企业	4053	173520	557	121	436
集体企业	408	7909	6073	5355	718
股份合作企业	55	2109	13302		13302
联营企业	35	2546			
国有联营企业	11	1611			
集体联营企业	9	444			
国有与集体联营企业	3	50			
其他联营企业	12	441			
有限责任公司	1235	92255	326216	306173	20043
国有独资公司	67	5022			
其他有限责任公司	1168	87233	326216	306173	20043
股份有限公司	138	33723	2224		2224
私营企业	7649	188892	6265	3720	2545
私营独资企业	2457	40825			
私营合伙企业	320	5641			
私营有限责任公司	4650	137537	6265	3720	2545
私营股份有限公司	222	4889			
其他企业	8807	46590			
港、澳、台商投资企业	20	1285			
合资经营企业(港或澳、台资)	9	772			
合作经营企业(港或澳、台资)	1	7			
港、澳、台商独资经营企业	5	348			
港、澳、台商投资股份有限公司	5	158			
外商投资企业	74	16851			
中外合资经营企业	48	11737			
中外合作经营企业	6	435			
外资企业	19	4351			
外商投资股份有限公司	1	328			

2-C-2　按行业分其他行业法人单位附属批发和零售业产业活动单位商品销售情况

单位：千元

行　业	销售合计	批发额	零售额
总　计			
一、批发业	314709	314709	
农畜产品批发	5341	5341	
谷物、豆及薯类批发	1	1	
种子、饲料批发	5340	5340	
棉、麻批发			
牲畜批发			
其他农畜产品批发			
食品、饮料及烟草制品批发			
米、面制品及食用油批发			
糕点、糖果及糖批发			
果品、蔬菜批发			
肉、禽、蛋及水产品批发			
盐及调味品批发			
饮料及茶叶批发			
烟草制品批发			
其他食品批发			
纺织、服装及日用品批发	301403	301403	
纺织品、针织品及原料批发	301403	301403	
服装批发			
鞋帽批发			
厨房、卫生间用具及日用杂货批发			
化妆品及卫生用品批发			
其他日用品批发			
文化、体育用品及器材批发			
文具用品批发			
体育用品批发			
图书批发			
报刊批发			
音像制品及电子出版物批发			
首饰、工艺品及收藏品批发			
其他文化用品批发			
医药及医疗器材批发			
西药批发			
中药材及中成药批发			
医疗用品及器材批发			

2-C-2 续表 1 单位：千元

指标名称	销售合计	批发额	零售额
矿产品、建材及化工产品批发	7965	7965	
煤炭及制品批发			
石油及制品批发	4770	4770	
非金属矿及制品批发			
金属及金属矿批发	3180	3180	
建材批发	15	15	
化肥批发			
农药批发			
农用薄膜批发			
其他化工产品批发			
机械设备、五金交电及电子产品批发			
农业机械批发			
汽车、摩托车及零配件批发			
五金、交电批发			
家用电器批发			
计算机、软件及辅助设备批发			
通讯及广播电视设备批发			
其他机械设备及电子产品批发			
贸易经纪与代理			
贸易经纪与代理			
其他批发			
再生物资回收与批发			
其他未列明的批发			
二、零售业	**39928**	**660**	**39268**
综合零售	1218		1218
百货零售	718		718
超级市场零售			
其他综合零售	500		500
食品、饮料及烟草制品专门零售	18039	540	17499
粮油零售	540	540	
糕点、面包零售	17289		17289
果品、蔬菜零售			
肉、禽、蛋及水产品零售			
饮料及茶叶零售	210		210
烟草制品零售			
其他食品零售			
纺织、服装及日用品专门零售			
纺织品及针织品零售			
服装零售			
鞋帽零售			

2-C-2　续表 2　　单位：千元

指标名称	销售合计	批发额	零售额
钟表、眼镜零售			
化妆品及卫生用品零售			
其他日用品零售			
文化、体育用品及器材专门零售	46		46
文具用品零售			
体育用品零售			
图书零售	36		36
报刊零售	10		10
音像制品及电子出版物零售			
珠宝首饰零售			
工艺美术品及收藏品零售			
照相器材零售			
其他文化用品零售			
医药及医疗器材专门零售			
药品零售			
医疗用品及器材零售			
汽车、摩托车、燃料及零配件专门零售	18145		18145
汽车零售			
汽车零配件零售	2619		2619
摩托车及零配件零售			
机动车燃料零售	15526		15526
家用电器及电子产品专门零售	2001		2001
家用电器零售			
计算机、软件及辅助设备零售	2001		2001
通信设备零售			
其他电子产品零售			
五金、家具及室内装修材料专门零售	179		179
五金零售	179		179
家具零售			
涂料零售			
其他室内装修材料零售			
无店铺及其他零售	300	120	180
流动货摊零售			
邮购及电子销售			
生活用燃料零售			
花卉零售	300	120	180
旧货零售			
其他未列明的零售			

2-C-3 按法人单位行业分其他行业法人单位附属批发和零售业产业活动单位商品销售情况

单位：千元

指标名称	产业活动单位(个)	从业人数(人)	销售合计	批发额	零售额
总　　计	**28894**	**627929**	**9809618**	**5514960**	**4294658**
工业法人	4474	225569	322591	305123	17468
建筑业法人	832	49731	15	15	
房地产业法人	764	24690	500		500
批发和零售业法人	-	-	-	-	-
住宿和餐饮业法人	478	20904	718		718
服务企业法人	5385	136366	210		210
行政事业单位法人	2870	14397			
社团法人	5987	31310			
农业法人	2	24	5341	5341	
其他法人	8102	124938	9480243	5204481	4275762

2-C-4 其他行业法人单位附属批发和零售业产业活动单位分类商品销售情况

单位：千元

商品名称	销售合计	批发额	零售额
总　　计	**354637**	**315369**	**39268**
1.粮油、食品、饮料、烟酒类	18440	541	17899
2.服装、鞋帽、针纺织品类	301403	301403	
5.日用品类	318		318
6.五金、电料类	179		179
8.书报杂志类	46		46
10.家用电器和音像器材类	1001		1001
12.文化办公用品类	200		200
14.通讯器材类	800		800
17.石油及制品类	21296	4770	16526
19.金属材料类	3180	3180	
20.建筑及装潢材料类	515	15	500
21.机电产品及设备类	619		619
22.汽车类	1000		1000
23.种子饲料类	5340	5340	
25.其他类	300	120	180

第3篇

住宿和餐饮业经营及财务状况

A. 住宿和餐饮业法人单位经营情况

3-A-1 按登记注册类型分住宿和餐饮业法人单位经营情况

单位：千元

登记注册类型	法人单位（个）	从业人数（人）	营业额		
				客房收入	餐费收入
总　　计	**490**	**22046**	**1245295**	**348032**	**762245**
内资企业	487	21453	1219627	334739	750939
国有企业	36	2484	141194	61474	60987
集体企业	18	429	4327	945	2779
股份合作企业	3	113	5582		4732
有限责任公司	57	4104	274684	98761	137110
国有独资公司	1	65	6380	4440	1920
其他有限责任公司	56	4039	268304	94321	135190
股份有限公司	8	202			
私营企业	357	14045	793840	173559	545331
私营独资企业	160	3337	145303	18137	117203
私营合伙企业	17	507	25790	960	20800
私营有限责任公司	168	9715	605126	152706	394224
私营股份有限公司	12	486	17621	1756	13104
其他企业	8	76			
外商投资企业	3	593	25668	13293	11306
中外合作经营企业	1	257	21932	13293	8145
外资企业	1	8			
外商投资股份有限公司	1	328	3736		3161

3-A-2　按登记注册类型、行业分住宿业法人单位经营情况

单位：千元

登记注册类型	法人单位(个)	从业人数(人)	营业额		
				客房收入	餐费收入
总　计	**260**	**10219**	**518203**	**240835**	**199739**
一、按登记注册类型分组					
内资企业	258	9954	496271	227542	191594
国有企业	29	2131	129098	57480	53172
集体企业	14	263			
股份合作企业	1	13			
有限责任公司	37	2135	142786	61061	51332
国有独资公司	1	65	6380	4440	1920
其他有限责任公司	36	2070	136406	56621	49412
股份有限公司	5	165			
私营企业	165	5177	224387	109001	87090
私营独资企业	71	1124	27959	8426	19277
私营合伙企业	6	26			
私营有限责任公司	82	3864	192399	98819	65582
私营股份有限公司	6	163	4029	1756	2231
其他企业	7	70			
外商投资企业	2	265	21932	13293	8145
中外合作经营企业	1	257	21932	13293	8145
外资企业	1	8			
二、按住宿行业中类分组					
旅游饭店	77	6420	435373	212544	156478
一般饭店	169	3550	82830	28291	43261
其他住宿服务	14	249			

3-A-3 按登记注册类型、行业分住宿业法人单位经营情况(按星级分)

注册登记类型	四星			
	法人单位(个)	营业额		
			客房收入	餐费收入
总　　计	**6**	**132306**	**56994**	**40366**
一、按登记注册类型分组				
内资企业	5	110374	43701	32221
国有企业				
集体企业				
股份合作企业				
有限责任公司	2	63133	23457	13902
国有独资公司				
其他有限责任公司	2	63133	23457	13902
股份有限公司				
私营企业	3	47241	20244	18319
私营独资企业				
私营合伙企业				
私营有限责任公司	3	47241	20244	18319
私营股份有限公司				
其他企业				
外商投资企业	1	21932	13293	8145
中外合作经营企业	1	21932	13293	8145
外资企业				
二、按住宿行业中类分组				
旅游饭店	5	119165	52143	34236
一般饭店	1	13141	4851	6130
其他住宿服务				

3-A-3　续表 1

注册登记类型	三星				二星			
	法人单位（个）	营业额			法人单位（个）	营业额		
			客房收入	餐费收入			客房收入	餐费收入
总　计	**33**	**239856**	**109212**	**102351**	**15**	**44840**	**21137**	**21733**
一、按登记注册类型分组								
内资企业	33	239856	109212	102351	15	44840	21137	21733
国有企业	7	80200	31648	37377	2			
集体企业								
股份合作企业								
有限责任公司	7	51206	24157	22602	4	25650	12130	13420
国有独资公司					1	6380	4440	1920
其他有限责任公司	7	51206	24157	22602	3	19270	7690	11500
股份有限公司								
私营企业	19	108450	53407	42372	8	19190	9007	8313
私营独资企业	3	17670	6305	11305	3	3010	890	1940
私营合伙企业								
私营有限责任公司	15	86751	45346	28836	3	16180	8117	6373
私营股份有限公司	1	4029	1756	2231	2			
其他企业					1			
外商投资企业								
中外合作经营企业								
外资企业								
二、按住宿行业中类分组								
旅游饭店	25	210717	99898	86250	9	31466	14875	16311
一般饭店	8	29139	9314	16101	6	13374	6262	5422
其他住宿服务								

3-A-3 续表 2

注册登记类型	一星				其他			
	法人单位（个）	营业额			法人单位（个）	营业额		
			客房收入	餐费收入			客房收入	餐费收入
总　计	**1**				**204**	**101201**	**53492**	**35289**
一、按登记注册类型分组								
内资企业	1				203	101201	53492	35289
国有企业					20	48898	25832	15795
集体企业					14			
股份合作企业					1			
有限责任公司					24	2797	1317	1408
国有独资公司								
其他有限责任公司					24	2797	1317	1408
股份有限公司					5			
私营企业	1				133	49506	26343	18086
私营独资企业	1				63	7279	1231	6032
私营合伙企业					6			
私营有限责任公司					61	42227	25112	12054
私营股份有限公司					3			
其他企业					6			
外商投资企业					1			
中外合作经营企业								
外资企业					1			
二、按住宿行业中类分组								
旅游饭店					38	74025	45628	19681
一般饭店	1				152	27176	7864	15608
其他住宿服务					14			

3-A-4　按登记注册类型、行业分餐饮业法人单位经营情况

单位：千元

登记注册类型	法人单位(个)	从业人数(人)	营业额	客房收入	餐费收入
总　　计	**230**	**11827**	**727092**	**107197**	**562506**
一、按登记注册类型分					
内资企业	229	11499	723356	107197	559345
国有企业	7	353	12096	3994	7815
集体企业	4	166	4327	945	2779
股份合作企业	2	100	5582		4732
有限责任公司	20	1969	131898	37700	85778
其他有限责任公司	20	1969	131898	37700	85778
股份有限公司	3	37			
私营企业	192	8868	569453	64558	458241
私营独资企业	89	2213	117344	9711	97926
私营合伙企业	11	481	25790	960	20800
私营有限责任公司	86	5851	412727	53887	328642
私营股份有限公司	6	323	13592		10873
其他企业	1	6			
外商投资企业	1	328	3736		3161
外商投资股份有限公司	1	328	3736		3161
二、按行业分					
正餐服务	208	11367	718182	107197	553596
快餐服务	7	286	8910		8910
饮料及冷饮服务	7	36			
其他餐饮服务	8	138			

3-A-5 按行业分住宿和餐饮业

行业	内资企业				
	法人单位（个）	从业人数（人）	营业额		
				客房收入	餐费收入
总　计	**487**	**21453**	**1219627**	**334739**	**750939**
一、住宿业	**258**	**9954**	**496271**	**227542**	**191594**
旅游饭店	76	6163	413441	199251	148333
一般饭店	168	3542	82830	28291	43261
其他住宿服务	14	249			
二、餐饮业	**229**	**11499**	**723356**	**107197**	**559345**
正餐服务	207	11039	714446	107197	550435
快餐服务	7	286	8910		8910
饮料及冷饮服务	7	36			
其他餐饮服务	8	138			

3-A-5　续表 1

行业	股份合作企业				
	法人单位（个）	从业人数（人）	营业额		
				客房收入	餐费收入
总　计	**3**	**3**	**5582**		**4732**
一、住宿业	**1**	**1**			
旅游饭店					
一般饭店	1	1			
其他住宿服务					
二、餐饮业	**2**	**2**	**5582**		**4732**
正餐服务	2	2	5582		4732
快餐服务					
饮料及冷饮服务					
其他餐饮服务					

法人单位经营情况(按登记注册类型分)

单位：千元

国有企业					集体企业				
法人单位(个)	从业人数(人)	营业额			法人单位(个)	从业人数(人)	营业额		
			客房收入	餐费收入				客房收入	餐费收入
36	**36**	**141194**	**61474**	**60987**	**18**	**18**	**4327**	**945**	**2779**
29	**29**	**129098**	**57480**	**53172**	**14**	**14**			
11	11	115522	52447	44629					
17	17	13576	5033	8543	14	14			
1	1								
7	**7**	**12096**	**3994**	**7815**	**4**	**4**	**4327**	**945**	**2779**
6	6	12096	3994	7815	4	4	4327	945	2779
1	1								

单位：千元

有限责任公司					国有独资公司				
法人单位(个)	从业人数(人)	营业额			法人单位(个)	从业人数(人)	营业额		
			客房收入	餐费收入				客房收入	餐费收入
57	**4104**	**274684**	**98761**	**137110**	**1**	**65**	**6380**	**4440**	**1920**
37	**2135**	**142786**	**61061**	**51332**	**1**	**65**	**6380**	**4440**	**1920**
16	1725	142786	61061	51332	1	65	6380	4440	1920
17	351								
4	59								
20	**1969**	**131898**	**37700**	**85778**					
20	1969	131898	37700	85778					

3-A-5 续表 2

行业	其他有限责任公司				
	法人单位(个)	从业人数(人)	营业额	客房收入	餐费收入
总 计	**56**	**4039**	**268304**	**94321**	**135190**
一、住宿业	**36**	**2070**	**136406**	**56621**	**49412**
旅游饭店	15	1660	136406	56621	49412
一般饭店	17	351			
其他住宿服务	4	59			
二、餐饮业	**20**	**1969**	**131898**	**37700**	**85778**
正餐服务	20	1969	131898	37700	85778
快餐服务					
饮料及冷饮服务					
其他餐饮服务					

3-A-5 续表 3

行业	私营独资企业				
	法人单位(个)	从业人数(人)	营业额	客房收入	餐费收入
总 计	**160**	**3337**	**145303**	**18137**	**117203**
一、住宿业	**71**	**1124**	**27959**	**8426**	**19277**
旅游饭店	11	407	20680	7195	13245
一般饭店	59	711	7279	1231	6032
其他住宿服务	1	6			
二、餐饮业	**89**	**2213**	**117344**	**9711**	**97926**
正餐服务	73	1931	114414	9711	94996
快餐服务	4	165	2930		2930
饮料及冷饮服务	7	36			
其他餐饮服务	5	81			

单位：千元

股份有限公司					私营企业				
法人单位（个）	从业人数（人）	营业额			法人单位（个）	从业人数（人）	营业额		
			客房收入	餐费收入				客房收入	餐费收入
8	**202**				**357**	**14045**	**793840**	**173559**	**545331**
5	**165**				**165**	**5177**	**224387**	**109001**	**87090**
1	11				46	2787	155133	85743	52372
4	154				110	2284	69254	23258	34718
					9	106			
3	**37**				**192**	**8868**	**569453**	**64558**	**458241**
3	37				171	8425	560543	64558	449331
					7	286	8910		8910
					7	36			
					7	121			

单位：千元

私营合伙企业					私营有限责任公司				
法人单位（个）	从业人数（人）	营业额			法人单位（个）	从业人数（人）	营业额		
			客房收入	餐费收入				客房收入	餐费收入
17	**507**	**25790**	**960**	**20800**	**168**	**9715**	**605126**	**152706**	**394224**
6	**26**				**82**	**3864**	**192399**	**98819**	**65582**
1	6				33	2358	134453	78548	39127
5	20				43	1421	57946	20271	26455
					6	85			
11	**481**	**25790**	**960**	**20800**	**86**	**5851**	**412727**	**53887**	**328642**
9	436	25790	960	20800	83	5735	406747	53887	322662
1	10				2	111	5980		5980
1	35				1	5			

3-A-5 续表 4

行　业	私营股份有限公司					其他企业				
	法人单位(个)	从业人数(人)	营业额			法人单位(个)	从业人数(人)	营业额		
				客房收入	餐费收入				客房收入	餐费收入
总　计	**12**	**12**	**17621**	**1756**	**13104**	**8**	**8**			
一、住宿业	**6**	**6**	**4029**	**1756**	**2231**	**7**	**7**			
旅游饭店	1	1				2	2			
一般饭店	3	3	4029	1756	2231	5	5			
其他住宿服务	2	2								
二、餐饮业	**6**	**6**	**13592**		**10873**	**1**	**1**			
正餐服务	6	6	13592		10873	1	1			
快餐服务										
饮料及冷饮服务										
其他餐饮服务										

3-A-5 续表 5

行　业	外资企业					外商投资股份有限公司				
	法人单位(个)	从业人数(人)	营业额			法人单位(个)	从业人数(人)	营业额		
				客房收入	餐费收入				客房收入	餐费收入
总　计	**1**	**8**				**1**	**328**	**3736**		**3161**
一、住宿业	**1**	**8**								
旅游饭店										
一般饭店	1	8								
其他住宿服务										
二、餐饮业						**1**	**328**	**3736**		**3161**
正餐服务						1	328	3736		3161
快餐服务										
饮料及冷饮服务										
其他餐饮服务										

单位：千元

外商投资企业					中外合作经营企业				
法人单位(个)	从业人数(人)	营业额			法人单位(个)	从业人数(人)	营业额		
			客房收入	餐费收入				客房收入	餐费收入
3	**3**	**25668**	**13293**	**11306**	**1**	**257**	**21932**	**13293**	**8145**
2	**2**	**21932**	**13293**	**8145**	**1**	**257**	**21932**	**13293**	**8145**
1	1	21932	13293	8145	1	257	21932	13293	8145
1	1								
1	**1**	**3736**		**3161**					
1	1	3736		3161					

单位：千元

外资企业					外商投资股份有限公司				
法人单位(个)	从业人数(人)	营业额			法人单位(个)	从业人数(人)	营业额		
			客房收入	餐费收入				客房收入	餐费收入
1	**8**				**1**	**328**	**3736**		**3161**
1	**8**								
1	8								
					1	**328**	**3736**		**3161**
					1	328	3736		3161

3-A-6 按行业分住宿和餐饮业法人单位设施状况

指标名称	客房数(间)	床位数(个)	餐位数(位)
总 计	**8349**	**14959**	**51617**
一、住宿业	5735	10292	19414
旅游饭店	4698	8277	12733
一般饭店	1037	2015	6681
二、餐饮业	2614	4667	32203
正餐服务	2614	4667	31559
快餐服务			644

3-A-7 按地区分限额以上住宿餐饮业法人经营情况

单位：千元

地 区	法人单位数(个)	年末从业人员数(人)	营业额	客房收入	餐费收入
总 计	**125**	**15406**	**1245295**	**348032**	**762245**
银川市	81	9806	887180	260562	546433
兴庆区	63	7795	742520	219983	457723
西夏区	6	472	27798	8199	16944
金凤区	8	1346	103691	30605	61197
永宁县					
贺兰县	2	100	4970	638	3505
灵武市	2	93	8201	1137	7064
石嘴山市	13	1291	95844	17634	69207
大武口区	10	1010	84095	15954	60667
惠农区	1	57	5883		4439
平罗县	2	224	5866	1680	4101
吴忠市	14	1691	110643	32137	62063
红寺堡区	1	79	3350	1206	1720
利通区	9	1139	71947	21272	40129
盐池县	2	250	17605	6789	10774
同心县					
青铜峡市	2	223	17741	2870	9440
固原市	5	1054	69990	15415	41564
市辖区					
原州区	4	954	61114	14285	35954
西吉县					
隆德县					
泾源县					
彭阳县	1	100	8876	1130	5610
中卫市	12	1564	81638	22284	42978
沙坡头区	8	1026	52800	15733	25637
中宁县	3	475	21559	5320	11309
海原县	1	63	7279	1231	6032

3-A-8　按地区分限额以上住宿业法人经营情况

单位：千元

地　　区	法人单位数（个）	年末从业人员数（人）	营业额	客房收入	餐费收入
总　　计	**50**	**6573**	**518203**	**240835**	**199739**
银川市	32	4056	343022	181357	113826
兴庆区	27	3181	270022	144511	87753
西夏区	3	280	17985	6581	9250
金凤区	2	595	55015	30265	16823
永宁县					
贺兰县					
灵武市					
石嘴山市	2	162	20562	8050	10531
大武口区	2	162	20562	8050	10531
惠农区					
平罗县					
吴忠市	7	819	64017	24535	31902
红寺堡区	1	79	3350	1206	1720
利通区	4	490	43062	16540	19408
盐池县	2	250	17605	6789	10774
同心县					
青铜峡市					
固原市	2	662	39713	14285	17272
原州区	2	662	39713	14285	17272
西吉县					
隆德县					
泾源县					
彭阳县					
中卫市	7	874	50889	12608	26208
沙坡头区	5	662	37540	9557	18006
中宁县	1	149	6070	1820	2170
海原县	1	63	7279	1231	6032

3-A-9 按地区分限额以上餐饮业法人经营情况

单位：千元

地　区	法人单位数（个）	年末从业人员数（人）	营业额	客房收入	餐费收入
总　计	**75**	**8833**	**727092**	**107197**	**562506**
银川市	49	5750	544158	79205	432607
兴庆区	36	4614	472498	75472	369970
西夏区	3	192	9813	1618	7694
金凤区	6	751	48676	340	44374
永宁县					
贺兰县	2	100	4970	638	3505
灵武市	2	93	8201	1137	7064
石嘴山市	11	1129	75282	9584	58676
大武口区	8	848	63533	7904	50136
惠农区	1	57	5883		4439
平罗县	2	224	5866	1680	4101
吴忠市	7	872	46626	7602	30161
红寺堡区					
利通区	5	649	28885	4732	20721
盐池县					
同心县					
青铜峡市	2	223	17741	2870	9440
固原市	3	392	30277	1130	24292
原州区	2	292	21401		18682
西吉县					
隆德县					
泾源县					
彭阳县	1	100	8876	1130	5610
中卫市	5	690	30749	9676	16770
沙坡头区	3	364	15260	6176	7631
中宁县	2	326	15489	3500	9139
海原县					

3-A-10　按地区分限额以上住宿和餐饮业法人设施状况

地　区	住宿业客房数（间）	住宿业床位数（个）	餐位数（位）
总　计	**8349**	**14959**	**51617**
银川市	5068	8750	30209
兴庆区	3976	6954	23155
西夏区	326	641	2120
金凤区	678	983	3854
永宁县			
贺兰县	28	52	630
灵武市	60	120	450
石嘴山市	628	1093	4212
大武口区	501	861	3369
惠农区			550
平罗县	127	232	293
吴忠市	1186	2341	8331
红寺堡区	72	144	420
利通区	755	1478	5261
盐池县	199	411	1550
同心县			
青铜峡市	160	308	1100
固原市	471	881	3251
原州区	373	690	2041
西吉县			
隆德县			
泾源县			
彭阳县	98	191	1210
中卫市	996	1894	5614
沙坡头区	680	1272	3736
中宁县	232	458	1258
海原县	84	164	620

3-A-11 按地区分限额以上住宿业法人设施状况

地　区	住宿业客房数（间）	住宿业床位数（个）	餐位数（位）
总　计	**5735**	**10292**	**19414**
银川市	3807	6665	8775
兴庆区	2904	5246	6541
西夏区	237	461	1010
金凤区	666	958	1224
永宁县			
贺兰县			
灵武市			
石嘴山市	170	288	802
大武口区	170	288	802
惠农区			
平罗县			
吴忠市	804	1565	5011
红寺堡区	72	144	420
利通区	533	1010	3041
盐池县	199	411	1550
同心县			
青铜峡市			
固原市	373	690	1890
原州区	373	690	1890
西吉县			
隆德县			
泾源县			
彭阳县			
中卫市	581	1084	2936
沙坡头区	399	732	1566
中宁县	98	188	750
海原县	84	164	620

3-A-12 按地区分限额以上餐饮业法人设施状况

地区	住宿业客房数（间）	住宿业床位数（个）	餐位数（位）
总计	**2614**	**4667**	**32203**
银川市	1261	2085	21434
兴庆区	1072	1708	16614
西夏区	89	180	1110
金凤区	12	25	2630
永宁县			
贺兰县	28	52	630
灵武市	60	120	450
石嘴山市	458	805	3410
大武口区	331	573	2567
惠农区			550
平罗县	127	232	293
吴忠市	382	776	3320
红寺堡区			
利通区	222	468	2220
盐池县			
同心县			
青铜峡市	160	308	1100
固原市	98	191	1361
原州区			151
西吉县			
隆德县			
泾源县			
彭阳县	98	191	1210
中卫市	415	810	2678
沙坡头区	281	540	2170
中宁县	134	270	508
海原县			

3-A-13 按地区分限额以下住宿和餐饮业法人经营情况

地区	法人单位数（个）	年末从业人员数（人）	营业额（千元）	
			客房收入	餐费收入
总计	**365**	**6640**	**301737**	**127466**	**153579**
银川市	182	3566	179373	74564	93677
兴庆区	126	2272	126761	53579	65175
西夏区	22	436	15569	9942	5065
金凤区	18	504	20730	6822	13687
永宁县	3	63	4583	1310	3273
贺兰县	8	133	6128	1737	3166
灵武市	5	158	5602	1174	3311
石嘴山市	41	644	23322	6472	15617
大武口区	20	419	11518	3081	7254
惠农区	7	94	5739	2709	3030
平罗县	14	131	6065	682	5333
吴忠市	61	847	24865	12261	10819
红寺堡区	2	20	590	240	250
利通区	30	359	10800	4073	6395
盐池县	11	85	2373	834	945
同心县	7	240	7215	4405	2520
青铜峡市	11	143	3887	2709	709
固原市	34	826	33734	15844	14750
原州区	18	455	20259	8381	8768
西吉县	3	109	3601	2251	1346
隆德县	4	77	2466	2466	
泾源县	6	122	3528	866	2636
彭阳县	3	63	3880	1880	2000
中卫市	47	757	40443	18325	18716
沙坡头区	25	470	19214	10299	6674
中宁县	16	214	15553	4300	10092
海原县	6	73	5676	3726	1950

3-A-14　按地区分限额以下住宿业法人经营情况

地　区	法人单位数（个）	年末从业人员数（人）	营业额（千元）		
				客房收入	餐费收入
总　计	**210**	**3646**	**156846**	**116268**	**28790**
银川市	99	1911	88585	69330	13344
兴庆区	69	1169	59895	51315	3749
西夏区	16	375	13780	9790	3508
金凤区	9	257	9588	5642	3725
永宁县	1	31	2183	810	1373
贺兰县	3	72	3103	1737	989
灵武市	1	7	36	36	
石嘴山市	19	207	9480	4971	4509
大武口区	8	66	1733	1580	153
惠农区	7	94	5739	2709	3030
平罗县	4	47	2008	682	1326
吴忠市	36	514	15711	12014	2509
红寺堡区	2	20	590	240	250
利通区	16	140	4236	3904	
盐池县	5	29	1143	776	
同心县	6	225	6855	4405	2210
青铜峡市	7	100	2887	2639	49
固原市	23	517	19877	13176	4089
原州区	10	250	10413	6581	1250
西吉县	3	109	3601	2251	1346
隆德县	4	77	2466	2466	
泾源县	5	66	1577	858	693
彭阳县	1	15	1820	1020	800
中卫市	33	497	23193	16777	4339
沙坡头区	22	396	16303	10231	4055
中宁县	6	56	3164	2820	284
海原县	5	45	3726	3726	

3-A-15 按地区分限额以下餐饮业法人经营情况

地区	法人单位数（个）	年末从业人员数（人）	营业额（千元）	客房收入	餐费收入
总计	**155**	**2994**	**144891**	**11198**	**124789**
银川市	83	1655	90788	5234	80333
兴庆区	57	1103	66866	2264	61426
西夏区	6	61	1789	152	1557
金凤区	9	247	11142	1180	9962
永宁县	2	32	2400	500	1900
贺兰县	5	61	3025		2177
灵武市	4	151	5566	1138	3311
石嘴山市	22	437	13842	1501	11108
大武口区	12	353	9785	1501	7101
惠农区					
平罗县	10	84	4057		4007
吴忠市	25	333	9154	247	8310
红寺堡区					
利通区	14	219	6564	169	6395
盐池县	6	56	1230	58	945
同心县	1	15	360		310
青铜峡市	4	43	1000	20	660
固原市	11	309	13857	2668	10661
原州区	8	205	9846	1800	7518
西吉县					
隆德县					
泾源县	1	56	1951	8	1943
彭阳县	2	48	2060	860	1200
中卫市	14	260	17250	1548	14377
沙坡头区	3	74	2911	68	2619
中宁县	10	158	12389	1480	9808
海原县	1	28	1950		1950

3-A-16　按地区分限额以下住宿和餐饮业法人设施状况

地　　区	客房数（间）	床位数（个）	餐位数（位）
总　　计	**8664**	**16932**	**33033**
银川市	4790	9031	17582
兴庆区	3363	6054	6997
西夏区	627	1320	3730
金凤区	402	708	2371
永宁县	155	473	1210
贺兰县	142	280	1450
灵武市	101	196	1824
石嘴山市	592	1201	3661
大武口区	310	628	1581
惠农区	198	405	150
平罗县	84	168	1930
吴忠市	1030	2042	3128
红寺堡区	41	92	120
利通区	342	638	1617
盐池县	137	278	369
同心县	303	597	702
青铜峡市	207	437	320
固原市	1097	2364	4048
原州区	524	1122	2510
西吉县	127	249	300
隆德县	125	272	350
泾源县	238	536	100
彭阳县	83	185	788
中卫市	1155	2294	4614
沙坡头区	852	1642	3020
中宁县	131	268	1553
海原县	172	384	41

3-A-17 按地区分限额以下住宿业法人设施状况

地　区	客房数（间）	床位数（个）	餐位数（位）
总　计	**7842**	**15211**	**11242**
银川市	4294	8006	5843
兴庆区	3125	5675	683
西夏区	601	1268	2480
金凤区	368	650	1780
永宁县	38	83	200
贺兰县	142	280	700
灵武市	20	50	
石嘴山市	474	935	669
大武口区	192	362	19
惠农区	198	405	150
平罗县	84	168	500
吴忠市	953	1905	882
红寺堡区	41	92	120
利通区	312	578	100
盐池县	97	208	
同心县	303	597	582
青铜峡市	200	430	80
固原市	1018	2160	2040
原州区	509	1068	640
西吉县	127	249	300
隆德县	125	272	350
泾源县	215	487	50
彭阳县	42	84	700
中卫市	1103	2205	1808
沙坡头区	824	1595	1790
中宁县	107	226	18
海原县	172	384	

3-A-18　按地区分限额以下餐饮业法人设施状况

地　区	客房数（间）	床位数（个）	餐位数（位）
总　计	**822**	**1721**	**21791**
银川市	496	1025	11739
兴庆区	238	379	6314
西夏区	26	52	1250
金凤区	34	58	591
永宁县	117	390	1010
贺兰县			750
灵武市	81	146	1824
石嘴山市	118	266	2992
大武口区	118	266	1562
惠农区			
平罗县			1430
吴忠市	77	137	2246
红寺堡区			
利通区	30	60	1517
盐池县	40	70	369
同心县			120
青铜峡市	7	7	240
固原市	79	204	2008
原州区	15	54	1870
西吉县			
隆德县			
泾源县	23	49	50
彭阳县	41	101	88
中卫市	52	89	2806
沙坡头区	28	47	1230
中宁县	24	42	1535
海原县			41

B. 住宿和餐饮业法人单位主要财务状况

3-B-1 按登记注册类型分住宿和餐饮业法人单位资产负债状况

单位：千元

登记注册类型	资产总计	负债合计	所有者权益
总　计	**2655937**	**1815759**	**840178**
按《按登记注册类型分组》分组			
内资企业	2548567	1752409	796158
国有企业	452506	406753	45753
集体企业	970	1114	-144
股份合作企业	8961	1704	7257
有限责任公司	631710	377925	253785
国有独资公司	21044	2675	18369
其他有限责任公司	610666	375250	235416
私营企业	1454420	964913	489507
私营独资企业	182673	104368	78305
私营合伙企业	16125	4451	11674
私营有限责任公司	1231938	837713	394225
私营股份有限公司	23684	18381	5303
外商投资企业	107370	63350	44020
中外合作经营企业	86788	61636	25152
外商投资股份有限公司	20582	1714	18868

3-B-2 按登记注册类型、行业分住宿业法人单位资产负债状况

单位：千元

登记注册类型/行业	资产总计	负债合计	所有者权益
总　计	**1640783**	**1112228**	**528555**
一、按登记注册类型分			
内资企业	1553995	1050592	503403
国有企业	397866	356773	41093
有限责任公司	316439	115481	200958
国有独资公司	21044	2675	18369
其他有限责任公司	295395	112806	182589
私营企业	839690	578338	261352
私营独资企业	46701	37176	9525
私营有限责任公司	781611	529814	251797
私营股份有限公司	11378	11348	30
外商投资企业	86788	61636	25152
中外合作经营企业	86788	61636	25152
二、按行业分			
旅游饭店	1310835	911425	399410
一般饭店	329948	200803	129145

3-B-3　按登记注册类型、行业分餐饮业法人单位资产负债状况

单位：千元

登记注册类型/行业	资产总计	负债合计	所有者权益
总　计	**1015154**	**703531**	**311623**
一、按登记注册类型分			
内资企业	994572	701817	292755
国有企业	54640	49980	4660
集体企业	970	1114	-144
股份合作企业	8961	1704	7257
有限责任公司	315271	262444	52827
其他有限责任公司	315271	262444	52827
私营企业	614730	386575	228155
私营独资企业	135972	67192	68780
私营合伙企业	16125	4451	11674
私营有限责任公司	450327	307899	142428
私营股份有限公司	12306	7033	5273
外商投资企业	20582	1714	18868
外商投资股份有限公司	20582	1714	18868
二、按行业分			
正餐服务	1007007	702164	304843
快餐服务	8147	1367	6780

3-B-4 按行业分住宿和餐饮业法人单位

行业	内资企业			国有企业		
	资产总计	负债合计	所有者权益	资产总计	负债合计	所有者权益
总　计	**2548567**	**1752409**	**796158**	**452506**	**406753**	**45753**
一、住宿业	**1553995**	**1050592**	**503403**	**397866**	**356773**	**41093**
旅游饭店	1224047	849789	374258	384910	352676	32234
一般饭店	329948	200803	129145	12956	4097	8859
二、餐饮业	**994572**	**701817**	**292755**	**54640**	**49980**	**4660**
正餐服务	986425	700450	285975	54640	49980	4660
快餐服务	8147	1367	6780			

3-B-4　续表 1

行业	有限责任公司			国有独资公司		
	资产总计	负债合计	所有者权益	资产总计	负债合计	所有者权益
总　计	**631710**	**377925**	**253785**	**21044**	**2675**	**18369**
一、住宿业	**316439**	**115481**	**200958**	**21044**	**2675**	**18369**
旅游饭店	316439	115481	200958	21044	2675	18369
一般饭店						
二、餐饮业	**315271**	**262444**	**52827**			
正餐服务	315271	262444	52827			
快餐服务						

资产负债状况(按登记注册类型分)

集体企业			股份合作企业		
资产总计	负债合计	所有者权益	资产总计	负债合计	所有者权益
970	**1114**	**-144**	**8961**	**1704**	**7257**
970	**1114**	**-144**	**8961**	**1704**	**7257**
970	1114	-144	8961	1704	7257

其他有限责任公司			私营企业		
资产总计	负债合计	所有者权益	资产总计	负债合计	所有者权益
610666	**375250**	**235416**	**1454420**	**964913**	**489507**
295395	**112806**	**182589**	**839690**	**578338**	**261352**
295395	112806	182589	522698	381632	141066
			316992	196706	120286
315271	**262444**	**52827**	**614730**	**386575**	**228155**
315271	262444	52827	606583	385208	221375
			8147	1367	6780

3-B-4 续表 2

行业	私营独资企业			私营合伙企业		
	资产总计	负债合计	所有者权益	资产总计	负债合计	所有者权益
总计	**182673**	**104368**	**78305**	**16125**	**4451**	**11674**
一、住宿业	**46701**	**37176**	**9525**			
旅游饭店	39543	32246	7297			
一般饭店	7158	4930	2228			
二、餐饮业	**135972**	**67192**	**68780**	**16125**	**4451**	**11674**
正餐服务	135282	66282	69000	16125	4451	11674
快餐服务	690	910	-220			

3-B-4 续表 3

行业	外商投资企业		
	资产总计	负债合计	所有者权益
总计	**107370**	**63350**	**44020**
一、住宿业	**86788**	**61636**	**25152**
旅游饭店	86788	61636	25152
一般饭店			
二、餐饮业	**20582**	**1714**	**18868**
正餐服务	20582	1714	18868
快餐服务			

私营有限责任公司			私营股份有限公司		
资产总计	负债合计	所有者权益	资产总计	负债合计	所有者权益
1231938	**837713**	**394225**	**23684**	**18381**	**5303**
781611	**529814**	**251797**	**11378**	**11348**	**30**
483155	349386	133769			
298456	180428	118028	11378	11348	30
450327	**307899**	**142428**	**12306**	**7033**	**5273**
442870	307442	135428	12306	7033	5273
7457	457	7000			

中外合作经营企业			外商投资股份有限公司		
资产总计	负债合计	所有者权益	资产总计	负债合计	所有者权益
86788	**61636**	**25152**	**20582**	**1714**	**18868**
86788	**61636**	**25152**			
86788	61636	25152			
			20582	**1714**	**18868**
			20582	1714	18868

3-B-5 按登记注册类型分住宿和餐饮业法人单位损益状况

单位：千元

登记注册类型	主营业务收入	主营业务成本	主营业务税金及附加	利润总额
总计	**1239836**	**539381**	**69469**	**-58250**
内资企业	1214168	532557	68054	-49945
国有企业	141982	51440	4810	-14273
集体企业	4327	1800	258	241
股份合作企业	5582	2629	196	-274
有限责任公司	269818	104674	16456	-16792
国有独资公司	6380	3158	346	61
其他有限责任公司	263438	101516	16110	-16853
私营企业	792459	372014	46334	-18847
私营独资企业	145304	76068	8834	-3135
私营合伙企业	25922	14859	1772	623
私营有限责任公司	603654	271288	34655	-15356
私营股份有限公司	17579	9799	1073	-979
外商投资企业	25668	6824	1415	-8305
中外合作经营企业	21932	4067	1229	-5895
外商投资股份有限公司	3736	2757	186	-2410

3-B-6　按登记注册类型、行业分住宿业法人单位损益状况

单位：千元

登记注册类型	主营业务收入	主营业务成本	主营业务税金及附加	利润总额
总　计	**510887**	**175731**	**27621**	**-42071**
一、按登记注册类型分	-	-	-	-
内资企业	488955	171664	26392	-36176
国有企业	129050	44835	4144	-8447
有限责任公司	137930	50996	9348	-3369
国有独资公司	6380	3158	346	61
其他有限责任公司	131550	47838	9002	-3430
私营企业	221975	75833	12900	-24360
私营独资企业	27959	12593	1529	-573
私营有限责任公司	190029	60964	11149	-22535
私营股份有限公司	3987	2276	222	-1252
外商投资企业	21932	4067	1229	-5895
中外合作经营企业	21932	4067	1229	-5895
二、按行业分	-	-	-	-
旅游饭店	428941	141443	23129	-32404
一般饭店	81946	34288	4492	-9667

3-B-7　按登记注册类型、行业分餐饮业法人单位损益状况

单位：千元

登记注册类型	主营业务收入	主营业务成本	主营业务税金及附加	利润总额
总　计	**728949**	**363650**	**41848**	**-16179**
一、按登记注册类型分				
内资企业	725213	360893	41662	-13769
国有企业	12932	6605	666	-5826
集体企业	4327	1800	258	241
股份合作企业	5582	2629	196	-274
有限责任公司	131888	53678	7108	-13423
其他有限责任公司	131888	53678	7108	-13423
私营企业	570484	296181	33434	5513
私营独资企业	117345	63475	7305	-2562
私营合伙企业	25922	14859	1772	623
私营有限责任公司	413625	210324	23506	7179
私营股份有限公司	13592	7523	851	273
外商投资企业	3736	2757	186	-2410
外商投资股份有限公司	3736	2757	186	-2410
二、按行业分				
正餐服务	720039	359938	41280	-16445
快餐服务	8910	3712	568	266

3-B-8 按行业分住宿和餐饮业法人单位

行业	内资企业				国有企业			
	主营业务收入	主营业务成本	主营业务税金及附加	利润总额	主营业务收入	主营业务成本	主营业务税金及附加	利润总额
总计	**1214168**	**532557**	**68054**	**-49945**	**141982**	**51440**	**4810**	**-14273**
一、住宿业	**488955**	**171664**	**26392**	**-36176**	**129050**	**44835**	**4144**	**-8447**
旅游饭店	407009	137376	21900	-26509	115474	37481	3397	-8769
一般饭店	81946	34288	4492	-9667	13576	7354	747	322
二、餐饮业	**725213**	**360893**	**41662**	**-13769**	**12932**	**6605**	**666**	**-5826**
正餐服务	716303	357181	41094	-14035	12932	6605	666	-5826
快餐服务	8910	3712	568	266				

3-B-8 续表 1

行业	有限责任公司				国有独资公司			
	主营业务收入	主营业务成本	主营业务税金及附加	利润总额	主营业务收入	主营业务成本	主营业务税金及附加	利润总额
总计	**269818**	**104674**	**16456**	**-16792**	**6380**	**3158**	**346**	**61**
一、住宿业	**137930**	**50996**	**9348**	**-3369**	**6380**	**3158**	**346**	**61**
旅游饭店	137930	50996	9348	-3369	6380	3158	346	61
一般饭店								
二、餐饮业	**131888**	**53678**	**7108**	**-13423**				
正餐服务	131888	53678	7108	-13423				
快餐服务								

损益状况(按登记注册类型分)

单位：千元

集体企业				股份合作企业			
主营业务收　入	主营业务成　本	主营业务税金及附加	利润总额	主营业务收　入	主营业务成　本	主营业务税金及附加	利润总额
4327	**1800**	**258**	**241**	**5582**	**2629**	**196**	**-274**
4327	**1800**	**258**	**241**	**5582**	**2629**	**196**	**-274**
4327	1800	258	241	5582	2629	196	-274

单位：千元

其他有限责任公司				私营企业			
主营业务收　入	主营业务成　本	主营业务税金及附加	利润总额	主营业务收　入	主营业务成　本	主营业务税金及附加	利润总额
263438	**101516**	**16110**	**-16853**	**792459**	**372014**	**46334**	**-18847**
131550	**47838**	**9002**	**-3430**	**221975**	**75833**	**12900**	**-24360**
131550	47838	9002	-3430	153605	48899	9155	-14371
				68370	26934	3745	-9989
131888	**53678**	**7108**	**-13423**	**570484**	**296181**	**33434**	**5513**
131888	53678	7108	-13423	561574	292469	32866	5247
				8910	3712	568	266

3-B-8 续表 2

行业	私营独资企业				私营合伙企业			
	主营业务收入	主营业务成本	主营业务税金及附加	利润总额	主营业务收入	主营业务成本	主营业务税金及附加	利润总额
总计	**145304**	**76068**	**8834**	**-3135**	**25922**	**14859**	**1772**	**623**
一、住宿业	**27959**	**12593**	**1529**	**-573**				
旅游饭店	20680	7947	1124	-1088				
一般饭店	7279	4646	405	515				
二、餐饮业	**117345**	**63475**	**7305**	**-2562**	**25922**	**14859**	**1772**	**623**
正餐服务	114415	62465	7166	-2560	25922	14859	1772	623
快餐服务	2930	1010	139	-2				

3-B-8 续表 3

行业	外商投资企业			
	主营业务收入	主营业务成本	主营业务税金及附加	利润总额
总计	**25668**	**6824**	**1415**	**-8305**
一、住宿业	**21932**	**4067**	**1229**	**-5895**
旅游饭店	21932	4067	1229	-5895
一般饭店				
二、餐饮业	**3736**	**2757**	**186**	**-2410**
正餐服务	3736	2757	186	-2410
快餐服务				

单位：千元

私营有限责任公司				私营股份有限公司			
主营业务收　　入	主营业务成　　本	主营业务税金及附加	利润总额	主营业务收　　入	主营业务成　　本	主营业务税金及附加	利润总额
603654	**271288**	**34655**	**-15356**	**17579**	**9799**	**1073**	**-979**
190029	**60964**	**11149**	**-22535**	**3987**	**2276**	**222**	**-1252**
132925	40952	8031	-13283				
57104	20012	3118	-9252	3987	2276	222	-1252
413625	**210324**	**23506**	**7179**	**13592**	**7523**	**851**	**273**
407645	207622	23077	6911	13592	7523	851	273
5980	2702	429	268				

单位：千元

中外合作经营企业			
主营业务收　　入	主营业务成　　本	主营业务税金及附加	利润总额
21932	**4067**	**1229**	**-5895**
21932	**4067**	**1229**	**-5895**
21932	4067	1229	-5895

3-B-9 按地区分限额以上住宿和餐饮业法人损益状况

单位：千元

地　区	主营业务收入	主营业务成本	主营业务税金及附加	利润总额
总　计	**1239836**	**539381**	**69469**	**-58250**
银川市	881692	369069	49585	-35346
兴庆区	737711	308734	45138	-28068
西夏区	27798	12666	1562	-4937
金凤区	103036	41200	2095	-1223
永宁县				
贺兰县	4945	2106	273	2
灵武市	8202	4363	517	-1120
石嘴山市	95732	54307	5674	-2960
大武口区	84260	46885	5039	-551
惠农区	5604	3517	307	312
平罗县	5868	3905	328	-2721
吴忠市	112109	48426	6053	-9540
红寺堡区	3350	1468	187	-644
利通区	73455	30715	4066	-9344
盐池县	17563	9630	969	-930
同心县				
青铜峡市	17741	6613	831	1378
固原市	69086	32528	3540	-2320
原州区	60210	27425	3471	-3531
西吉县				
隆德县				
泾源县				
彭阳县	8876	5103	69	1211
中卫市	81217	35051	4617	-8084
沙坡头区	52704	21017	3035	-4622
中宁县	21234	9388	1177	-3977
海原县	7279	4646	405	515

3-B-10　按地区分限额以上住宿业法人损益状况

单位：千元

地　区	主营业务收入	主营业务成本	主营业务税金及附加	利润总额
总　计	**510887**	**175731**	**27621**	**-42071**
银川市	337558	98850	17939	-26565
兴庆区	265213	78115	16642	-21980
西夏区	17985	6667	981	-2117
金凤区	54360	14068	316	-2468
永宁县				
贺兰县				
灵武市				
石嘴山市	20594	13842	1151	797
大武口区	20594	13842	1151	797
惠农区				
平罗县				
吴忠市	63366	25641	3451	-8186
红寺堡区	3350	1468	187	-644
利通区	42453	14543	2295	-6612
盐池县	17563	9630	969	-930
同心县				
青铜峡市				
固原市	38809	14674	2149	-4336
原州区	38809	14674	2149	-4336
西吉县				
隆德县				
泾源县				
彭阳县				
中卫市	50560	22724	2931	-3781
沙坡头区	37444	15930	2201	-2352
中宁县	5837	2148	325	-1944
海原县	7279	4646	405	515

3-B-11 按地区分限额以上餐饮业法人损益状况

单位：千元

地区	主营业务收入	主营业务成本	主营业务税金及附加	利润总额
总计	**728949**	**363650**	**41848**	**-16179**
银川市	544134	270219	31646	-8781
兴庆区	472498	230619	28496	-6088
西夏区	9813	5999	581	-2820
金凤区	48676	27132	1779	1245
永宁县				
贺兰县	4945	2106	273	2
灵武市	8202	4363	517	-1120
石嘴山市	75138	40465	4523	-3757
大武口区	63666	33043	3888	-1348
惠农区	5604	3517	307	312
平罗县	5868	3905	328	-2721
吴忠市	48743	22785	2602	-1354
红寺堡区				
利通区	31002	16172	1771	-2732
盐池县				
同心县				
青铜峡市	17741	6613	831	1378
固原市	30277	17854	1391	2016
原州区	21401	12751	1322	805
西吉县				
隆德县				
泾源县				
彭阳县	8876	5103	69	1211
中卫市	30657	12327	1686	-4303
沙坡头区	15260	5087	834	-2270
中宁县	15397	7240	852	-2033
海原县				

3-B-12　按地区分限额以下住宿和餐饮业财务状况

单位：千元

地　区	所有者权益合计	主营业务收　入	主营业务成　本	主营业务税金及附加	营业利润
总　计	**558706**	**279921**	**144931**	**14511**	**15648**
银川市	247111	167388	89080	8906	6369
兴庆区	190406	123613	66012	6621	7065
西夏区	19707	15299	5611	964	1603
金凤区	19700	13718	8507	737	-181
永宁县	6460	3273	2525	178	827
贺兰县	10308	5971	3807	195	-1360
灵武市	530	5514	2618	211	-1585
石嘴山市	42178	22736	13113	1159	1870
大武口区	21895	11445	6844	554	113
惠农区	9544	5226	2218	337	777
平罗县	10739	6065	4051	268	980
吴忠市	64130	22424	9180	1236	1179
红寺堡区	1240	590	110	23	295
利通区	22761	10791	3749	500	612
盐池县	5282	2391	1291	49	873
同心县	23339	4765	2154	395	-1042
青铜峡市	11508	3887	1876	269	441
固原市	88046	28246	15564	1546	2446
原州区	58272	16015	9817	720	-1226
西吉县	3710	2251	1609	209	493
隆德县	5234	2626	1060	331	287
泾源县	11540	3474	1394	158	1534
彭阳县	9290	3880	1684	128	1358
中卫市	117241	39127	17994	1664	3784
沙坡头区	58082	19262	8103	1001	-874
中宁县	48191	14189	6737	540	2596
海原县	10968	5676	3154	123	2062

3-B-13 按地区分限额以下住宿业财务状况

单位：千元

地　区	所有者权益合计	主营业务收入	主营业务成本	主营业务税金及附加	营业利润
总　计	**407045**	**145625**	**68834**	**8437**	**3695**
银川市	181977	85046	41918	4982	1470
兴庆区	143359	58477	28821	3356	1929
西夏区	16327	13570	4648	833	1039
金凤区	10234	8521	5611	496	3
永宁县	2560	1373	1295	168	117
贺兰县	8908	3069	1515	126	-1610
灵武市	589	36	28	3	-8
石嘴山市	16745	8967	3952	506	949
大武口区	1022	1733	528	65	44
惠农区	9544	5226	2218	337	777
平罗县	6179	2008	1206	104	128
吴忠市	47190	13332	5575	746	377
红寺堡区	1240	590	110	23	295
利通区	15154	4307	1678	122	312
盐池县	4029	1143	436	28	555
同心县	23239	4405	1944	345	-1056
青铜峡市	3528	2887	1407	228	271
固原市	78952	14893	7101	1113	493
原州区	52342	6665	3409	461	-2006
西吉县	3710	2251	1609	209	493
隆德县	5234	2626	1060	331	287
泾源县	10666	1531	373	62	1129
彭阳县	7000	1820	650	50	590
中卫市	82181	23387	10288	1090	406
沙坡头区	47484	16551	6711	822	-1655
中宁县	24702	3110	1691	165	586
海原县	9995	3726	1886	103	1475

3-B-14　按地区分限额以下餐饮业财务状况

单位：千元

地　　区	所有者权益合计	主营业务收　入	主营业务成　本	主营业务税金及附加	营业利润
总　　计	**151661**	**134296**	**76097**	**6074**	**11953**
银川市	65134	82342	47162	3924	4899
兴庆区	47047	65136	37191	3265	5136
西夏区	3380	1729	963	131	564
金凤区	9466	5197	2896	241	-184
永宁县	3900	1900	1230	10	710
贺兰县	1400	2902	2292	69	250
灵武市	-59	5478	2590	208	-1577
石嘴山市	25433	13769	9161	653	921
大武口区	20873	9712	6316	489	69
惠农区					
平罗县	4560	4057	2845	164	852
吴忠市	16940	9092	3605	490	802
红寺堡区					
利通区	7607	6484	2071	378	300
盐池县	1253	1248	855	21	318
同心县	100	360	210	50	14
青铜峡市	7980	1000	469	41	170
固原市	9094	13353	8463	433	1953
原州区	5930	9350	6408	259	780
西吉县					
隆德县					
泾源县	874	1943	1021	96	405
彭阳县	2290	2060	1034	78	768
中卫市	35060	15740	7706	574	3378
沙坡头区	10598	2711	1392	179	781
中宁县	23489	11079	5046	375	2010
海原县	973	1950	1268	20	587

C. 其他法人单位所属的住宿和餐饮业产业活动单位经营情况

3-C-1 按登记注册类型分其他行业法人单位附属住宿和餐饮业产业活动单位经营情况

登记注册类型	产业活动单位（个）	从业人数（人）	营业额（千元）		
				客房收入	餐费收入
总　　计	**27484**	**599437**	**109141**	**33157**	**64301**
内资企业	27371	581381	108516	33157	64001
国有企业	4170	176571	6397	1572	3486
集体企业	539	8788	1638	154	
股份合作企业	62	2185	1273	1020	253
联营企业	42	2701			
国有联营企业	13	1672			
集体联营企业	11	489			
国有与集体联营企业	4	55			
其他联营企业	14	485			
有限责任公司	1701	97139	41257	16572	16380
国有独资公司	73	5952	28803	9688	14721
其他有限责任公司	1628	91187	12454	6884	1659
股份有限公司	170	35760	49119	11045	38074
私营企业	11851	211546	8832	2794	5808
私营独资企业	3228	43564			
私营合伙企业	450	6224			
私营有限责任公司	7773	155291	8832	2794	5808
私营股份有限公司	400	6467			
其他企业	8836	46691			
港、澳、台商投资企业	30	1441			
合资经营企业(港或澳、台资)	14	817			
合作经营企业(港或澳、台资)	1	7			
港、澳、台商独资经营企业	8	447			
港、澳、台商投资股份有限公司	7	170			
外商投资企业	83	16615	625		300
中外合资经营企业	51	11764			
中外合作经营企业	5	178			
外资企业	25	4648			
外商投资股份有限公司	2	25	625		300

3-C-2　按行业分其他行业法人单位附属住宿和餐饮业产业活动单位经营情况

行　业	产业活动单位(个)	从业人数(人)	营业额(千元)	#客房收入	#餐费收入
一、住宿业	**27476**	**599192**	**98607**	**32790**	**56167**
旅游饭店	27460	597596	13363	8436	2117
一般饭店	27471	598224	58142	16367	39329
其他住宿服务	27459	598234	27102	7987	14721
二、餐饮业	**27465**	**597676**	**10534**	**367**	**8134**
正餐服务	27460	597594	5513	367	3113
快餐服务	27461	597507	4671		4671
饮料及冷饮服务	27457	597431			
其他餐饮服务	27458	597437	350		350

3-C-3　按法人单位行业分其他行业法人单位附属住宿和餐饮业产业活动单位经营情况

行　业	产业活动单位(个)	从业人数(人)	营业额(千元)
总　计	**27994**	**618391**	**184832**
工业法人	4459	225478	40253
建筑业法人	832	49731	6130
房地产业法人	768	24675	5196
批发和零售业法人	5502	52920	5412
住宿和餐饮业法人	-	-	-
服务企业法人	5391	136360	45482
行政事业单位法人	2871	14398	
社团法人	5987	31310	
农业法人	1	1	350
其他法人	2183	83518	82009

第4篇

房地产生产经营及财务状况

4-1 按各种分组的房地产

分组	企业个数(个)	年末从业人员(人)	计划总投资	自开始建设累计完成投资	本年完成投资	土地开发投资额	配套工程投资
总计	**341**	**8982**	**2557819**	**1787724**	**1175853**	**23265**	**21927**
一、按登记注册类型分							
内资	337	8836	2497212	1757604	1164642	22237	21387
国有	3	64	40839	25844	21489		
集体	3	33	16100	15650	15650		1100
股份合作	1	38	4340	4340	4340		
联营	1	15	3950	3932	1700		
集体联营	1	15	3950	3932	1700		
国有独资公司	13	532	196289	147436	120727	750	900
其他有限责任公司	70	1735	374039	283444	184064	3451	4786
股份有限公司	2	31	13260	13260	7111	876	
私营	244	6388	1848395	1263698	809561	17160	14601
私营独资	3	97	15012	11360	8790	250	120
私营合伙	2	21	2860	2860	2310		
私营有限责任公司	229	6073	1744505	1195922	771428	12029	13701
私营股份有限公司	10	197	86018	53556	27033	4881	780
外商投资	4	146	60607	30120	11211	1028	540
外商合资经营	3	57	35567	15165	5456	360	540
外商独资	1	89	25040	14955	5755	668	
二、按隶属关系分							
中央	3	207	99718	75686	55040		
地方	338	8775	2458101	1712038	1120813	23265	21927
三、按控股情况分							
国有控股	33	988	314004	228235	183709	750	4034
集体控股	12	323	76623	60338	46635		1100
私人控股	292	7525	2106585	1469031	934298	21487	16253
外商控股	4	146	60607	30120	11211	1028	540
四、按资质等级分							
一级	11	807	434289	322015	206091	975	5733
二级	60	2458	708767	506458	356673	1603	4144
三级	91	2231	587897	436490	277910	11022	5175
四级	90	1726	294328	237349	146364	4126	2452
暂定	70	1355	380848	171033	107670	4841	4104
其他	19	405	151690	114379	81145	698	319

开发企业生产经营情况

单位：万元、平方米、套

本年完成投资按构成分								
建筑工程	安装工程	设备工器具购置	其他费用	#旧建筑物购置费	#土地购置费	住宅投资	90平方米以下住房	140平方米以上住房
986702	**28906**	**17447**	**142798**	**6561**	**75707**	**878549**	**338034**	**102034**
976149	28636	17217	142640	6561	75649	868047	335124	96437
21489						20843	7739	97
11058	200		4392	1032	2851	14420	7698	
3440			900		900	3983	3566	
1700						1700	650	
1700						1700	650	
114692	770	200	5065	1692	1570	103368	52493	2942
161132	5336	4886	12710	154	6119	142805	49976	24621
4335			2776	1280	876	6721	3905	
658303	22330	12131	116797	2403	63333	574207	209097	68777
6062			2728		2528	7510	1750	950
2078	151		81	54		1015	50	
630896	21574	12031	106927	2349	55524	541219	203282	67677
19267	605	100	7061		5281	24463	4015	150
10553	270	230	158		58	10502	2910	5597
4798	270	230	158		58	4747	595	2157
5755						5755	2315	3440
53992			1048		1000	45350	28790	830
932710	28906	17447	141750	6561	74707	833199	309244	101204
170545	770	4660	7734	1692	2578	160298	70339	19982
38997	506		7132	1032	4071	37654	20337	74
766607	27360	12557	127774	3837	69000	670095	244448	76381
10553	270	230	158		58	10502	2910	5597
178575	5035	109	22372		12799	151313	63973	33712
307430	7933	5735	35575		14617	285523	79900	33901
231053	3341	2515	41001	4739	22542	212451	95599	13949
111384	6397	6671	21912	594	14553	89257	37939	6502
81854	3683	1117	21016	1228	10544	79406	34132	11149
76406	2517	1300	922		652	60599	26491	2821

4-1 续表 1

分组	本年完成投资额按用途分					本年新增固定资产
	经济适用房	别墅、高档公寓	办公楼	商业营业用房	其他	
总计	**70359**	**13427**	**42458**	**198260**	**56586**	**911591**
一、按登记注册类型分						
内资	70359	9634	42458	198044	56093	895877
国有	9470			646		13991
集体				1230		10544
股份合作				357		3440
联营						3695
集体联营						3695
国有独资公司	32967	830	7273	6672	3414	77836
其他有限责任公司	10317	5519	7659	28884	4716	187954
股份有限公司				390		6100
私营	17605	3285	27526	159865	47963	592317
私营独资				1280		770
私营合伙				1295		2860
私营有限责任公司	17605	3285	27526	154980	47703	565971
私营股份有限公司				2310	260	22716
外商投资		3793		216	493	15714
外商合资经营		353		216	493	7727
外商独资		3440				7987
二、按隶属关系分						
中央		830	7158	1467	1065	54300
地方	70359	12597	35300	196793	55521	857291
三、按控股情况分						
国有控股	50108	830	7273	10490	5648	131818
集体控股	2646		4780	3540	661	50186
私人控股	17605	8804	30405	184014	49784	713873
外商控股		3793		216	493	15714
四、按资质等级分						
一级		2030	8228	24720	21830	192989
二级	19360	3725	4400	57341	9409	268880
三级	26658	5869	17954	39577	7928	250052
四级	11621		8039	36302	12766	89590
暂定		1109	2327	21554	4383	65574
其他	12720	694	1510	18766	270	44506

单位：万元、平方米、套

本年资金来源合计	上年末结余资金	本年资金来源小计	国内贷款	银行贷款	非银行金融机构贷款	利用外资	外商直接投资	自筹资金	企事业单位自有资金
1325401	**79531**	**1245870**	**169049**	**152076**	**16973**			**413443**	**258233**
1309449	75737	1233712	169049	152076	16973			410998	255788
22043	28	22015	18514	18514					
15390	820	14570	3000	1000	2000			6000	5000
4190		4190	270		270			3920	3920
546	185	361							
546	185	361							
127179	14875	112304	12700	12700				53384	42517
217616	16491	201125	16197	15927	270			70972	49817
11799	312	11487	1447	600	847			740	740
910686	43026	867660	116921	103335	13586			275982	153794
8960	13	8947	450		450			7910	
2307	3	2304						918	
873431	42890	830541	115189	102053	13136			263358	150498
25988	120	25868	1282	1282				3796	3296
15952	3794	12158						2445	2445
10067	3794	6273							
5885		5885						2445	2445
63562	8673	54889	3000	3000				42500	42187
1261839	70858	1190981	166049	149076	16973			370943	216046
184348	18755	165593	31894	31894				55589	42762
45399	2563	42836	7540	5000	2540			19340	15491
1079702	54419	1025283	129615	115182	14433			336069	197535
15952	3794	12158						2445	2445
240126	19551	220575	32310	31210	1100			52238	44812
396051	26989	369062	53452	48635	4817			123113	68706
329132	15947	313185	46693	37972	8721			97259	75809
162845	8389	154456	13961	12151	1810			71062	35966
131136	7361	123775	3839	3314	525			53110	26906
66111	1294	64817	18794	18794				16661	6034

4-1 续表 2

分组	其他资金来源	定金及预收款	个人按揭贷款	本年各项应付款总计	工程款	本年完成开发土地面积
总计	**663378**	**483890**	**128320**	**162069**	**124574**	**1721159**
一、按登记注册类型分						
内资	653665	476770	125727	161733	124238	1714717
国有	3501	2485	1016	5047	4871	
集体	5570	2970	500	1760	1760	
股份合作				150	150	
联营	361	361		1155		
集体联营	361	361		1155		
国有独资公司	46220	33277	4397	18989	17366	69363
其他有限责任公司	113956	99947	7422	38917	20602	263754
股份有限公司	9300	7200	2100	250	250	36685
私营	474757	330530	110292	95465	79239	1344915
私营独资	587	587		4250	3900	42490
私营合伙	1386	1274	112	3		
私营有限责任公司	451994	313684	104905	89650	74899	1065321
私营股份有限公司	20790	14985	5275	1562	440	237104
外商投资	9713	7120	2593	336	336	6442
外商合资经营	6273	3680	2593	324	324	6442
外商独资	3440	3440		12	12	
二、按隶属关系分						
中央	9389	4653	2506			
地方	653989	479237	125814	162069	124574	1721159
三、按控股情况分						
国有控股	78110	64151	5413	31836	28760	69363
集体控股	15956	12411	1445	9198	4018	
私人控股	559599	400208	118869	120699	91460	1645354
外商控股	9713	7120	2593	336	336	6442
四、按资质等级分						
一级	136027	112454	20843	8391	8391	
二级	192497	144852	38167	36974	27769	118270
三级	169233	116250	30612	37986	28574	747311
四级	69433	53741	8379	33713	21907	322077
暂定	66826	35829	22405	19071	12716	271068
其他	29362	20764	7914	25934	25217	262433

单位：万元、平方米、套

待开发土地面积	本年购置土地面积	本年土地成交价款	商品住宅竣工套数（套）					全年从业人员劳动报酬
				90平米以下住房竣工套数	140平米以上住房竣工套数	经济适用房竣工套数	别墅、高档公寓	
1126995	**1588627**	**73555**	**49193**	**22960**	**2610**	**1638**	**307**	**22065**
1124195	1588627	73555	48782	22960	2439	1638	200	21080
			1307	1137				172
	113924	2851	1222	672				98
	48000	1800	403	367				56
			392	161				17
			392	161				17
			5569	3136	35	996	35	2412
122853	111595	6051	8106	3523	826	390	128	3717
	36685	876	582	459				105
1001342	1278423	61977	31201	13505	1578	252	37	14503
15452	57942	4056						172
			75	5				36
985890	977383	53040	29803	13188	1558	252	37	14021
	243098	4881	1323	312	20			274
2800			411		171		107	985
2800			304		64			262
			107		107		107	723
			3759	1957	35		35	862
1126995	1588627	73555	45434	21003	2575	1638	272	21203
25277	25277	1008	8021	4383	660	1106	35	3711
	161924	4651	3335	2148		280		602
1098918	1401426	67896	37426	16429	1779	252	165	16767
2800			411		171		107	985
	329001	19980	10197	4483	1001		35	3285
59007	286802	20021	12160	4102	1039		107	7543
123563	720133	19498	14326	7559	271	1276	36	4825
641096	92857	2433	5295	2855		110		3309
253529	150034	10971	3783	1243	63		21	2467
49800	9800	652	3432	2718	236	252	108	637

4-1 续表 3

分组	施工面积总计	新开工面积合计	竣工面积总计	竣工房屋价值	住宅施工面积	新开工面积
总计	**15806877**	**8673923**	**6342321**	**806249**	**11957467**	**7289554**
一、按登记注册类型分						
内资	15491723	8537423	6258061	790535	11682849	7165217
国有	364723	248284	124814	13991	310182	193743
集体	137755	137755	115755	10544	125139	125139
股份合作	36202	36202	36202	3440	33225	33225
联营	34333		33592	3695	34333	
集体联营	34333		33592	3695	34333	
国有独资公司	1602269	1317190	548094	75920	1438574	1173921
其他有限责任公司	2822992	1331341	1241078	171139	2149338	1161386
股份有限公司	58184	58184	58184	6100	55000	55000
私营	10435265	5408467	4100342	505706	7537058	4422803
私营独资	85740	68511	4163	770	68211	68211
私营合伙	20355	1755	20355	2860	8661	430
私营有限责任公司	10051845	5126416	3924756	482550	7210870	4162186
私营股份有限公司	277325	211785	151068	19526	249316	191976
外商投资	315154	136500	84260	15714	274618	124337
外商合资经营	231435	136500	52313	7727	190899	124337
外商独资	83719		31947	7987	83719	
二、按隶属关系分						
中央	748732	585544	373979	52413	667919	514390
地方	15058145	8088379	5968342	753836	11289548	6775164
三、按控股情况分						
国有控股	2561985	1924292	873555	116460	2301052	1703708
集体控股	589137	299285	417580	50186	464334	277322
私人控股	12340601	6313846	4966926	623889	8917463	5184187
外商控股	315154	136500	84260	15714	274618	124337
四、按资质等级分						
一级	2357911	962428	1204114	158023	1820931	784476
二级	4325568	2497620	1786974	245148	3255024	2071193
三级	4179388	2648676	1794668	216268	3303107	2347225
四级	2030343	1100131	642843	82527	1405148	977572
暂定	1774742	769301	533667	60147	1257666	545816
其他	1138925	695767	380055	44136	915591	563272

单位：万元、平方米、套

住宅竣工面积	住宅竣工价值	别墅、高档公寓施工面积	新开工面积	别墅、高档公寓竣工面积	别墅、高档公寓竣工价值	经济适用房施工面积	新开工面积	经济适用房竣工面积
4964055	**602522**	**154429**	**67116**	**74765**	**15503**	**1183228**	**1011340**	**143045**
4889854	588417	112464	57098	42818	7516	1183228	1011340	143045
120273	13601					127111	94000	
103139	8713							
33225	3156							
33592	3695							
33592	3695							
512697	70931	6818		6818	1705	524659	435585	85542
914964	117384	74462	41624	26798	4724	310458	281755	36503
55000	5500							
3116964	365437	31184	15474	9202	1087	221000	200000	21000
8661	1218							
2969135	346333	31184	15474	9202	1087	221000	200000	21000
139168	17886							
74201	14105	41965	10018	31947	7987			
42254	6118	10018	10018					
31947	7987	31947		31947	7987			
355913	49466	6818		6818	1705			
4608142	553056	147611	67116	67947	13798	1183228	1011340	143045
815609	108745	6818		6818	1705	899967	777782	93342
307400	31643					62261	33558	28703
3766845	448029	105646	57098	36000	5811	221000	200000	21000
74201	14105	41965	10018	31947	7987			
1036754	132756	11975		6818	1705			
1329383	178262	41119	9172	31947	7987	240335	181518	
1392506	155430	62742	51642	11100	2340	604811	545851	114245
492671	58324					189971	189971	7800
373741	38907	18693	4700	5000	550			
339000	38843	19900	1602	19900	2921	148111	94000	21000

4-1 续表 4

分组	经济适用房竣工价值	办公楼施工面积	新开工面积	办公楼竣工面积	办公楼竣工价值	商业营业用房施工面积
总计	**16240**	**551683**	**204887**	**178683**	**29092**	**2708148**
一、按登记注册类型分						
内资	16240	551683	204887	178683	29092	2692490
国有						54541
集体						12616
股份合作						2977
联营						
集体联营						
国有独资公司	9778	39258	39258			82210
其他有限责任公司	3212	122990	18572	93399	14549	492364
股份有限公司						3184
私营	3250	389435	147057	85284	14543	2044598
私营独资						17529
私营合伙						11694
私营有限责任公司	3250	389435	147057	85284	14543	1988566
私营股份有限公司						26809
外商投资						15658
外商合资经营						15658
外商独资						
二、按隶属关系分						
中央		37367	37367			26931
地方	16240	514316	167520	178683	29092	2681217
三、按控股情况分						
国有控股	10383	39258	39258			163206
集体控股	2607	85755		85755	13825	34151
私人控股	3250	426670	165629	92928	15267	2495133
外商控股						15658
四、按资质等级分						
一级		100941	79751	21190	3630	260552
二级		53969	26137	9830	2457	895813
三级	12385	260384	64726	111792	16559	522219
四级	605	96730	14294	30513	5751	432939
暂定		35598	17001	1297	226	394308
其他	3250	4061	2978	4061	469	202317

单位：万元、平方米、套

新开工面积	商业营业用房竣工面积	商业营业用房竣工价值	其他房屋施工面积	新开工面积	其他房屋竣工面积	其他房屋竣工价值	出租房屋面积	住宅出租面积
932300	**1001163**	**147419**	**589579**	**247182**	**198420**	**27216**	**417490**	**14909**
932300	991104	145810	564701	235019	198420	27216	417490	14909
54541	4541	390					3013	
12616	12616	1831						
2977	2977	284						
76052	13371	2222	42227	27959	22026	2767	9551	
130928	212641	36961	58300	20455	20074	2245	63696	
3184	3184	600						
652002	741774	103522	464174	186605	156320	22204	341230	14909
300	4163	770						
1325	11694	1642						
631568	715217	99590	462974	185605	155120	22084	324518	14909
18809	10700	1520	1200	1000	1200	120	16712	
	10059	1609	24878	12163				
	10059	1609	24878	12163				
24086	6661	1066	16515	9701	11405	1881	11890	
908214	994502	146353	573064	237481	187015	25335	405600	14909
152893	21867	3318	58469	28433	36079	4397	24584	
18026	23465	4630	4897	3937	960	88	5502	
761381	945772	137862	501335	202649	161381	22731	387404	14909
	10059	1609	24878	12163				
51979	78339	11154	175487	46222	67831	10483	132946	14909
346744	401874	59094	120762	53546	45887	5335	154238	
174012	268086	41865	93678	62713	22284	2414	92736	
89191	69580	11093	95526	19074	50079	7359	24079	
140857	146290	19389	87170	65627	12339	1625	13491	
129517	36994	4824	16956					

4-1 续表 5

分　　组	商品房销售面积	住宅销售面　　积	90平米以下住房销售面积	140平米以上住房销售面积	经济适用房销售面积	别墅、高档公寓销售面积
总　　计	**5148108**	**4532613**	**1535290**	**452711**	**208474**	**80923**
一、按登记注册类型分						
内资	5032230	4418754	1531031	384740	208474	34977
国有	49313	47336	36979		20351	
集体	59106	54714	24156	781		
股份合作	9767	9767	3392			
联营	19836	19836	4498			
集体联营	19836	19836	4498			
国有独资公司	455486	441589	172766	28026	145233	8529
其他有限责任公司	888436	761730	228108	64783	24840	14404
股份有限公司	58184	55000	40000			
私营	3492102	3028782	1021132	291150	18050	12044
私营独资	39134	39134	10250	5600		
私营合伙	9699	2461	86			
私营有限责任公司	3269233	2821769	977949	282610	18050	12044
私营股份有限公司	174036	165418	32847	2940		
外商投资	115878	113859	4259	67971		45946
外商合资经营	45844	45493	3843	11064		
外商独资	70034	68366	416	56907		45946
二、按隶属关系分						
中央	172687	171054	21464	9778		8301
地方	4975421	4361559	1513826	442933	208474	72622
三、按控股情况分						
国有控股	584814	558168	223158	37659	173122	8529
集体控股	167719	159356	73180	1996	17225	
私人控股	4279697	3701230	1234693	345085	18127	26448
外商控股	115878	113859	4259	67971		45946
四、按资质等级分						
一级	733372	673167	158776	126840		17292
二级	1505382	1294676	351059	164116	36790	48471
三级	1420645	1276125	523357	81237	125745	5452
四级	552343	433984	158309	27117	7538	
暂定	630110	562785	210459	42121		2394
其他	306256	291876	133330	11280	38401	7314

单位：万元、平方米、套

办公楼销售面积	商业营业用房销售面积	其他房屋销售面积	商品房销售额	住宅销售额	90平米以下住房销售额	140平米以上住房销售额	经济适用房销售额	别墅、高档公寓销售额
66217	**518740**	**30538**	**1253781**	**1004196**	**314916**	**156354**	**30166**	**43250**
66217	516721	30538	1204186	955618	314154	119229	30166	13061
	1936	41	10775	10441	8115		4356	
	4392		8296	7162	3294	140		
			1175	1175	435			
			3214	3214	716			
			3214	3214	716			
	7530	6367	69530	66481	24239	6835	20544	3399
14165	109870	2671	198405	152937	41929	18711	3176	4322
	3184		8959	7677	5577			
52052	389809	21459	903832	706531	229849	93543	2090	5340
			12800	12800	3588	1960		
	7238		1386	344	16			
52052	373953	21459	857667	664111	220468	90993	2090	5340
	8618		31979	29276	5777	590		
	2019		49595	48578	762	37125		30189
	351		9548	9436	612	1631		
	1668		40047	39142	150	35494		30189
	1633		22991	22112	2046	3793		3331
66217	517107	30538	1230790	982084	312870	152561	30166	39919
	19081	7565	98335	91952	34232	10203	25864	3399
1071	7292		29396	26462	13442	378	2204	
65146	490348	22973	1076455	837204	266480	108648	2098	9662
	2019		49595	48578	762	37125		30189
12836	40515	6854	222741	195060	42644	50332		8093
33538	171462	5706	423863	326282	76905	62833	4508	30654
4988	128176	11356	287517	235314	94509	20176	18248	2455
11569	106349	441	122704	78724	26687	8774	964	
3286	57858	6181	147234	123024	50724	11745		466
	14380		49722	45792	23447	2494	6446	1582

4-1 续表 6

分组	办公楼销售额	商业营业用房销售额	其他房屋销售额	空置面积	住宅空置面积	90平米以下住房空置面积
总计	**24672**	**220119**	**4794**	**4230340**	**2381369**	**731257**
一、按登记注册类型分						
内资	24672	219102	4794	4110642	2336401	729756
国有		328	6	18058	17292	13237
集体		1134		115865	100197	52609
股份合作				12202	8839	2952
联营				23365	23365	10064
集体联营				23365	23365	10064
国有独资公司		2729	320	375355	313748	107545
其他有限责任公司	4161	41101	206	771204	438799	129924
股份有限公司		1282				
私营	20511	172528	4262	2794593	1434161	413425
私营独资				4163		
私营合伙		1042		10656	6200	344
私营有限责任公司	20511	168783	4262	2728397	1399183	408421
私营股份有限公司		2703		51377	28778	4660
外商投资		1017		119698	44968	1501
外商合资经营		112		26519	16460	1501
外商独资		905		93179	28508	
二、按隶属关系分						
中央		879		315159	292832	94155
地方	24672	219240	4794	3915181	2088537	637102
三、按控股情况分						
国有控股		5998	385	442108	353549	125769
集体控股	366	2568		212184	165879	82229
私人控股	24306	210536	4409	3456350	1816973	521758
外商控股		1017		119698	44968	1501
四、按资质等级分						
一级	4940	21274	1467	590956	449156	131385
二级	12662	84019	900	1437996	649293	133929
三级	1700	48647	1856	1067734	627179	251544
四级	4525	39383	72	527600	276514	90553
暂定	845	22866	499	377064	181812	40963
其他		3930		228990	197415	82883

单位：万元、平方米、套

140平米以上住房空置面积	经济适用房空置面积	别墅、高档公寓空置面积	办公楼空置面积	商业营业用房空置面积	其他房屋空置面积	空置1-3年面积	住宅空置1-3年面积	90平米以下住房空置1-3年面积
283683	**35055**	**75345**	**132670**	**1585773**	**130528**	**1385946**	**581366**	**154066**
243454	35055	68713	126662	1520572	127007	1306276	566367	152565
	12760			573	193	5298	4532	477
613				15668		114744	99624	52477
				3363		12202	8839	2952
29324	6122	23786	3016	49129	9462	53327	11712	3638
48336	11622	31928	5152	309721	17532	247381	114809	18309
165181	4551	12999	118494	1142118	99820	873324	326851	74712
				4163		4163		
				4456				
165181	4551	12999	118494	1115434	95286	863394	324593	74212
				18065	4534	5767	2258	500
40229		6632	6008	65201	3521	79670	14999	1501
11721				10059		1501	1501	1501
28508		6632	6008	55142	3521	78169	13498	
27430		23003		22327		32448	12934	177
256253	35055	52342	132670	1563446	130528	1353498	568432	153889
33016	20526	23786	3511	72175	12873	95263	34429	5932
1452	9978		1252	45053		146911	113421	58722
208986	4551	44927	121899	1403344	114134	1064102	418517	87911
40229		6632	6008	65201	3521	79670	14999	1501
76010	128	28964	3104	111167	27529	101993	40024	9147
101447	6122	10728	47404	696374	44925	523346	190578	50279
59566	9978	15512	48834	364512	27209	430551	198145	71614
4332	1644	1328	30710	198183	22193	114774	69948	7516
7503		897	2618	183962	8672	177214	62310	9971
34825	17183	17916		31575		38068	20361	5539

4-1 续表 7

分组	140平米以上住房空置1-3年面积	经济适用房空置1-3年面积	别墅、高档公寓空置1-3年面积	办公楼空置1-3年面积	商业营业用房空置1-3年面积	其他房屋空置1-3年面积
总计	**65733**	**2475**	**16472**	**41231**	**713094**	**50255**
一、按登记注册类型分						
内资	52235	2475	16472	35223	657952	46734
国有					573	193
集体	613				15120	
股份合作					3363	
联营						
集体联营						
国有独资公司	7260	2242	2314	3016	37487	1112
其他有限责任公司	8796	233	3016	3067	124098	5407
股份有限公司						
私营	35566		11142	29140	477311	40022
私营独资					4163	
私营合伙						
私营有限责任公司	35566		11142	29140	469639	40022
私营股份有限公司					3509	
外商投资	13498			6008	55142	3521
外商合资经营						
外商独资	13498			6008	55142	3521
二、按隶属关系分						
中央	6741		2314		19514	
地方	58992	2475	14158	41231	693580	50255
三、按控股情况分						
国有控股	10952	2475	2314	3016	53641	4177
集体控股	613			1252	32238	
私人控股	40670		14158	30955	572073	42557
外商控股	13498			6008	55142	3521
四、按资质等级分						
一级	17640		8275	3104	48948	9917
二级	29998	2242	1684	23743	295427	13598
三级	12630		4168	4608	211716	16082
四级	2165	233		7383	35111	2332
暂定	1262		897	2393	104185	8326
其他	2038		1448		17707	

单位：万元、平方米、套

空置3年以上面积	住宅空置3年以上面积	90平米以下住房空置3年以上面积	140平米以上住房空置3年以上面积	经济适用房空置3年以上面积	别墅、高档公寓空置3年以上面积	办公楼空置3年以上面积	商业营业用房空置3年以上面积	其他房屋空置3年以上面积
176913	**36789**	**7045**	**22475**	**3880**	**18117**	**14036**	**117073**	**9015**
176913	36789	7045	22475	3880	18117	14036	117073	9015
441	441							
23499	20475	1757	17080	3880	16488		3024	
25338	4368	1649	2376		1100	2085	18885	
127635	11505	3639	3019		529	11951	95164	9015
117073	11505	3639	3019		529	11951	84602	9015
10562							10562	
15705	15705		15705		15705			
161208	21084	7045	6770	3880	2412	14036	117073	9015
24097	20475	1757	17080	3880	16488	495	3127	
441	441							
152375	15873	5288	5395		1629	13541	113946	9015
23948	16860	79	15848		15705		5647	1441
83707	16533	6894	4363	3880	2412	9512	57568	94
29996	3112	72	1980			1591	17813	7480
38978						2933	36045	
284	284		284					

4-2 按各种分组的房地产

分 组	年初存货	流动资产总计		固定资产原价	累计折旧	
			存货			本年折旧
总 计	**1691733**	**3630918**	**2237628**	**204413**	**44102**	**10156**
一、按登记注册类型分						
内资	1605505	3505501	2176539	203630	43851	9933
国有	55687	96364	56111	817	256	47
集体	21624	24203	14660	665	106	52
股份合作	788	2164	1597	400	35	14
联营	313	2942	53	21	8	2
集体联营	313	2942	53	21	8	2
国有独资公司	84430	431303	280509	11907	2395	632
其他有限责任公司	250487	660728	431521	23664	5342	1229
股份有限公司	1579	19738	6893	239	38	15
私营	1190598	2268060	1385194	165917	35671	7942
私营独资	7602	25559	9329	163	21	16
私营合伙	1158	2568	9329	331	1	1
私营有限责任公司	1153412	2181230	9329	163686	35270	7839
私营股份有限公司	28426	58703	9329	1738	378	87
外商投资	86227	125417	9329	783	251	223
外商合资经营	7930	25604	9329	357	53	25
外商独资	78297	99813	9329	426	198	198
二、按隶属关系分			**9329**			
中央	36147	195598	9329	5309	1099	348
地方	1655585	3435321	9329	199103	43003	9808
三、按控股情况分			**9329**			
国有控股	203342	707215	9329	17511	3954	911
集体控股	36304	90968	9329	3080	581	162
私人控股	1365859	2707318	9329	183039	39316	8860
外商控股	86227	125417	9329	783	251	223
四、按资质等级分			**9329**			
一级	338410	647720	9329	69562	12266	3087
二级	584143	1220083	9329	60976	15899	3414
三级	338784	664824	9329	36452	8372	1564
四级	204567	397550	9329	24113	4625	1372
暂定	136491	529731	9329	12128	2549	609
其他	89337	171011	9329	1182	391	110

开发企业主要财务指标

单位：万元

资产总计	负债合计	所有者权益合计	实收资本					
				国家资本	集体资本	法人资本	个人资本	外商资本
4022778	**3223567**	**799211**	**722072**	**57334**	**8073**	**186946**	**453694**	**16025**
3894283	3129022	765262	701530	57334	8073	182429	453694	
97791	101071	-3280	1207	764		442		
25988	23615	2374	2059	190	1167	167	535	
2528	1650	878	810		617		193	
4858	3260	1598	800		800			
4858	3260	1598	800		800			
463127	432471	30657	43385	42885		500		
704602	528447	176155	158749	9389	5129	105081	39150	
19939	13980	5959	6900				6900	
2575450	2024529	550922	487620	4105	360	76239	406916	
26273	22834	3439	810				810	
2914	798	2116	585				585	
2484731	1954994	529737	469918	4105	360	69508	395945	
61532	45902	15630	16307			6731	9576	
128495	94546	33949	20542			4517		16025
28123	13956	14168	15417			4517		10900
100372	80590	19782	5125					5125
202686	192846	9840	19406	9872		9534		
3820092	3030721	789371	702667	47462	8073	177412	453694	16025
746327	633994	112333	127092	52958		73789	345	
102923	85662	17261	19301	190	7599	1368	10144	
3045033	2409366	635668	555137	4185	474	107272	443206	
128495	94546	33949	20542			4517		16025
756500	665978	90522	71024	7872		4898	58255	
1327123	1027377	299746	216365	21426	600	20533	168681	5125
773833	620508	153326	153905	23131	4372	39213	77289	9900
440792	342016	98776	98302	2093	2391	25797	67020	1000
552077	399486	152592	171919	2812	710	92982	75415	
172453	168203	4250	10559			3524	7035	

4-2 续表 1

分组	营业收入总计	土地转让收入	商品房屋销售收入	房屋出租收入	其他收入
总计	**1170449**	**631**	**1150469**	**9076**	**10274**
一、按登记注册类型分					
内资	1102808	631	1083650	9076	9451
国有	8458		8446	12	
集体	10044		10044		
股份合作	1176		1176		
联营	1536		1536		
集体联营	1536		1536		
国有独资公司	86384		86249	136	
其他有限责任公司	225847	615	217289	1428	6516
股份有限公司	540		540		
私营	768822	16	758370	7501	2936
私营独资	6637		6637		
私营合伙	1386		1386		
私营有限责任公司	735283		725200	7228	2856
私营股份有限公司	25516	16	25147	273	80
外商投资	67641		66819		822
外商合资经营	4077		3255		822
外商独资	63564		63564		
二、按隶属关系分					
中央	32513		32297	217	
地方	1137936	631	1118172	8859	10274
三、按控股情况分					
国有控股	176788		169992	366	6430
集体控股	24079		23903	138	38
私人控股	901941	631	889755	8572	2983
外商控股	67641		66819		822
四、按资质等级分					
一级	224878		219200	5580	98
二级	521837	16	519975	1673	173
三级	215855		208150	1234	6471
四级	110534		106756	332	3446
暂定	70156		69814	257	86
其他	27189	615	26574		

单位：万元

主营业务成本	主营业务税金及附加	主营业务利润	其他业务收入	其他业务利润	销售费用	管理费用		
							税金	差旅费
960396	**69464**	**122910**	**11913**	**5317**	**17680**	**66448**	**7385**	**2630**
913814	66090	105735	11545	5573	17169	65423	7331	2378
7165	467	409	154	130	417	482	100	35
9052	632	360	27	27		196	4	10
920	65	191	14	14		149	3	6
1047	90	347			52	59	1	
1047	90	347			52	59	1	
70361	5193	9262	35	24	1569	4677	612	54
195031	12472	16684	1237	595	1660	9069	1087	382
449	341	-250				617	32	20
629789	46831	78731	10078	4784	13471	50174	5494	1871
4427	393	1735			81	520	13	47
1373	77	-64				67	2	1
602611	44927	74636	10078	4784	13109	48523	5423	1782
21378	1434	2424			280	1063	56	41
46582	3374	17175	368	-256	511	1025	53	252
3730	193	-71			225	390	18	1
42852	3181	17246	368	-256	286	636	35	251
25028	2420	4557			508	1862	105	13
935368	67044	118352	11913	5317	17172	64587	7279	2617
149002	10444	14882	207	170	2460	7591	1091	140
19993	1679	2144	236	307	263	1545	119	64
744819	53967	88710	11103	5096	14446	56287	6122	2174
46582	3374	17175	368	-256	511	1025	53	252
178127	14248	29107	3579	2800	3397	11601	1126	240
422545	28526	64862	5623	1178	5904	23014	2901	891
180948	13225	18249	1392	850	3434	14654	1583	628
93596	6729	8115	556	470	2095	8499	732	396
62408	5378	264	601	-118	2107	6815	685	378
22773	1359	2314	163	138	743	1866	359	98

4-2 续表 2

分 组	工会经费	财务费用	利息支出	营业利润	投资收益
总 计	**387**	**20760**	**18963**	**41018**	**566**
一、按登记注册类型分					
内资	384	20763	19005	25122	566
国有		454	448	-397	
集体	1	65	65	126	
股份合作		15	15	41	
联营	1	48	48	240	
集体联营	1	48	48	240	
国有独资公司	65	138	130	4471	25
其他有限责任公司	55	3489	3362	4721	22
股份有限公司		311	311	-1178	
私营	263	16242	14626	17099	519
私营独资	4	69	63	1146	
私营合伙				-131	
私营有限责任公司	257	15156	13778	15741	439
私营股份有限公司	2	1018	785	343	80
外商投资	3	-3	-42	15896	
外商合资经营		33		-493	
外商独资	3	-36	-42	16389	
二、按隶属关系分					
中央	3	-191	-191	2886	17
地方	384	20951	19154	38132	549
三、按控股情况分					
国有控股	78	520	474	6941	43
集体控股	8	278	274	628	
私人控股	298	19965	18257	17553	523
外商控股	3	-3	-42	15896	
四、按资质等级分					
一级	52	3745	3510	16561	391
二级	139	9316	8722	33711	147
三级	65	3309	2624	1135	28
四级	53	2066	1847	-1981	1
暂定	72	1543	1482	-8212	
其他	7	782	778	-196	

单位：万元

营业外收入	营业外支出	利润总额	应交所得税	劳动、失业保险费	住房公积金及住房补贴	本年应付工资总额	本年应付福利费总额	全部从业人员年平均人数（人）
1776	**7650**	**35710**	**11725**	**1313**	**545**	**22065**	**1337**	**8932**
1771	7590	19869	11717	1298	533	21080	1335	8567
22	2	-378	11	16	6	172	21	66
3	14	114	34	9		98	13	33
		41	10			56	5	38
	14	226	55	7		17		15
	14	226	55	7		17		15
65	485	4076	578	73	70	2412	55	504
485	1244	3985	1763	328	141	3717	260	1681
	2	-1180		9		105	19	42
1196	5829	12985	9266	856	317	14503	963	6188
	18	1128		2		172	18	75
		-132				36	2	21
1072	5717	11534	9201	852	317	14021	913	5911
124	93	454	65	2		274	30	181
5	61	15841	7	15	12	985	1	365
	14	-507	7	13	2	262	1	80
5	47	16348		2	10	723		285
26	384	2545	292	8	7	862	45	190
1750	7266	33165	11433	1305	539	21203	1292	8742
229	863	6351	1519	183	154	3711	145	957
36	70	595	316	72	20	602	51	341
1505	6658	12924	9882	1043	359	16767	1139	7269
5	61	15841	7	15	12	985	1	365
191	2142	15001	3577	193	117	3285	192	815
774	2109	32522	4256	422	198	7543	292	2574
522	2389	-704	1936	316	117	4825	382	2226
245	420	-2156	1184	281	109	3309	241	1677
43	439	-8607	724	90	3	2467	165	1361
1	152	-347	48	10	2	637	65	279

4-3 各市县房地产开发

地 区	企业数(个)	年末从业人员(人)	计划总投资	自开始建设累计完成投资	本年完成投资	土地开发投资额	配套工程投资
总 计	**341**	**8982**	**2557819**	**1787724**	**1175853**	**23265**	**21927**
银川市	209	6097	1671399	1212250	786159	7030	9645
兴庆区	105	2997	996827	727674	439456	1583	5184
西夏区	14	438	69184	55767	49979	1347	130
金凤区	56	1861	385872	273320	194608	1688	3082
永宁县	6	102	5400	5400	5140		
贺兰县	18	407	119273	82537	53464	1548	1239
灵武市	10	292	94843	67552	43512	864	10
石嘴山市	44	1218	407188	220356	158050	3464	8788
大武口区	31	884	325445	152139	116332	2208	3045
惠农区	6	161	27812	20986	13019	1020	2536
平罗县	7	173	53931	47231	28699	236	3207
吴忠市	34	673	168150	134709	97554	315	2899
利通区	19	450	122119	104006	72182		2859
盐池县	3	52	10200	9099	7908		
同心县	6	63	16797	8470	6330	105	40
青铜峡市	6	108	19034	13134	11134	210	
固原市	21	373	151723	86818	38238	8630	445
原州区	15	277	127626	64764	32603	7160	30
西吉县	3	39	3280	3280	1420	500	
隆德县	1	10	5400	5400	970	970	
彭阳县	2	47	15417	13374	3245		415
中卫市	33	621	159359	133591	95852	3826	150
沙坡头区	26	496	138990	116382	78643	3135	150
中宁县	7	125	20369	17209	17209	691	

企业生产经营情况

单位：万元、平方米

本年完成投资按构成分						本年完成投资按工程用途分				
建筑工程	安装工程	设备工器具购置	其他费用	旧建筑物购置费	土地购置费	住宅投资	90平方米以下住房	140平方米以上住房	经济适用房	别墅、高档公寓
986702	**28906**	**17447**	**142798**	**6561**	**75707**	**878549**	**338034**	**102034**	**70359**	**13427**
672581	11076	12130	90372	220	45190	569614	225278	87569	25581	12427
360853	4965	11579	62059		34260	310311	125023	49894	16625	2030
42419			7560		2355	36440	24604	590	4421	
172788	4840	551	16429		5405	151514	50597	32384	1889	4078
4890			250			3646	2238	280		
51396	157		1911	220	1297	42053	19811	3390		6319
40235	1114		2163		1873	25650	3005	1031	2646	
126327	8049	1450	22224	3892	9486	118561	63223	3651	34328	500
96709	6006	834	12783	2452	4635	87559	45539	2155	34328	
7388	1936	616	3079	408	1100	5980	3209	496		
22230	107		6362	1032	3751	25022	14475	1000		500
82876	956	758	12964	903	8393	84197	22165	6900		500
60471	155	758	10798		7639	63003	13840	5865		
7441	151		316	289		6213	1306			
5810	50		470			5660	3942	535		
9154	600		1380	614	754	9321	3077	500		500
27493	787	40	9918	1546	7212	33695	8497	566		
23164	21		9418	1546	7212	28310	7070	566		
600	320		500			1420	420			
970						970	151			
2759	446	40				2995	856			
77425	8038	3069	7320		5426	72482	18871	3348	10450	
62818	6528	3069	6228		4484	55447	18218	3348	10450	
14607	1510		1092		942	17035	653			

4-3 续表 1

地区	办公楼	商业营业用房	其他	本年新增固定资产	本年资金来源合计	上年末结余资金	本年资金来源小计	国内贷款
总计	**42458**	**198260**	**56586**	**911591**	**1325401**	**79531**	**1245870**	**169049**
银川市	38523	135693	42329	583032	886615	53721	832894	118840
兴庆区	21846	79415	27884	389313	507311	39067	468244	75065
西夏区		9498	4041	18709	51704	2321	49383	1380
金凤区	14072	19204	9818	104541	241101	11725	229376	41033
永宁县		1494		5400	5140		5140	
贺兰县	2605	8408	398	54743	49372	573	48799	1362
灵武市		17674	188	10326	31987	35	31952	
石嘴山市	2960	31241	5288	129837	196791	12407	184384	15970
大武口区	2000	21904	4869	95625	153713	12316	141397	11600
惠农区	560	6060	419	12144	16017	91	15926	
平罗县	400	3277		22068	27061		27061	4370
吴忠市	648	10857	1852	102966	95635	269	95366	17868
利通区	648	6679	1852	85323	70503	266	70237	17000
盐池县		1695		7108	7905	3	7902	
同心县		670		2926	6093		6093	100
青铜峡市		1813		7609	11134		11134	768
固原市	70	4187	286	28493	46620	692	45928	3266
原州区	70	3937	286	24346	38700	542	38158	3102
西吉县				902	1420	150	1270	
隆德县					970		970	164
彭阳县		250		3245	5530		5530	
中卫市	257	16282	6831	67263	99740	12442	87298	13105
沙坡头区	109	16256	6831	53867	79458	11402	68056	6365
中宁县	148	26		13396	20282	1040	19242	6740

单位：万元、平方米

银行贷款	非银行金融机构贷款	利用外资	外商直接投资	自筹资金	企事业单位自有资金	其他资金来源	定金及预收款	个人按揭贷款	本年各项应付款总计
152076	**16973**			**413443**	**258233**	**663378**	**483890**	**128320**	**162069**
106009	12831			280132	175173	433922	308501	86128	86100
65929	9136			134645	94880	258534	180753	50423	40930
1300	80			10904	9474	37099	21778	9284	9779
37418	3615			88322	42892	100021	78169	17668	16810
				3620	3520	1520	750	770	
1362				24646	15312	22791	15156	5921	4191
				17995	9095	13957	11895	2062	14390
13625	2345			46146	20537	122268	101676	15452	41974
11525	75			29274	8090	100523	87697	9786	37939
				1176	477	14750	9809	4941	785
2100	2270			15696	11970	6995	4170	725	3250
17868				32266	26421	45232	32333	12899	1992
17000				22463	20507	30774	22546	8228	1679
				3778	1853	4124	2678	1446	3
100				1713	800	4280	3950	330	310
768				4312	3261	6054	3159	2895	
2319	947			11078	3823	31584	15852	9259	6809
2155	947			9722	2467	25334	15652	7822	2282
				550	550	720	200		1158
164				806	806				
						5530		1437	3369
12255	850			43821	32279	30372	25528	4582	25194
5515	850			36839	26001	24852	21108	3482	24394
6740				6982	6278	5520	4420	1100	800

4-3 续表 2

地区	工程款	本年完成开发土地面积	待开发土地面积	本年购置土地面积	本年土地成交价款	商品住宅竣工套数	90平米以下住房竣工套数
总计	**124574**	**1721159**	**1126995**	**1588627**	**73555**	**49193**	**22960**
银川市	74194	684210	501315	721842	45843	29700	15131
兴庆区	33660	107281	271367	551734	39446	19431	9906
西夏区	8382	17969	28639	46601	2607	1566	1057
金凤区	14130	223966	50667	16398	650	4909	2123
永宁县						461	284
贺兰县	3654	225167	31807	30733	1267	2727	1541
灵武市	14368	109827	118835	76376	1873	606	220
石嘴山市	28532	305280	44266	161924	4651	7805	4198
大武口区	26406	240843	8466			4970	2505
惠农区	376	42437	2800			579	279
平罗县	1750	22000	33000	161924	4651	2256	1414
吴忠市	1259	51000	10200	263192	12010	5512	1533
利通区	949			254071	11656	4410	1241
盐池县			10200			449	191
同心县	310	51000					
青铜峡市				9121	354	653	101
固原市	2398	373246		350895	7066	2589	983
原州区	560	350895		350895	7066	2160	811
西吉县	660					119	66
隆德县		22351					
彭阳县	1178					310	106
中卫市	18191	307423	571214	90774	3985	3587	1115
沙坡头区	17406	300898	571214	64994	3444	2736	1115
中宁县	785	6525		25780	541	851	

单位：万元、平方米

140平米以上住房竣工套数	经济适用房竣工套数	别墅、高档公寓竣工套数	本年应付工资总额	房屋施工面积	新开工面积	房屋竣工面积	竣工房屋价值
2610	**1638**	**307**	**22065**	**15806877**	**8673923**	**6342321**	**806249**
2199	390	286	16064	10340184	5123266	4028334	519431
1360		35	8545	5704864	2635541	2546877	338298
	110		1129	515697	319911	175976	18709
541		107	5190	2551339	1464837	686970	93757
10			153	52836	27117	52836	5400
288		144	624	994298	409528	480362	53047
	280		423	521150	266332	85313	10220
67	996		3095	2596399	1527394	896617	115390
61	996		2541	2007304	1318637	595130	81994
6			251	178681	40400	86369	11336
			303	410414	168357	215118	22060
264		21	1074	1189555	873425	704303	76172
243			722	769441	577334	565784	61455
			92	99663	37963	60080	7108
			114	172292	134969		
21		21	146	148159	123159	78439	7609
22			627	524522	359082	279370	27993
22			493	458708	321254	236142	23846
			31	12435	6800	12200	902
			22	22351			
			81	31028	31028	31028	3245
58	252		1204	1156217	790756	433697	67263
58	252		1008	964025	607083	342888	53867
			196	192192	183673	90809	13396

4-3 续表 3

地　区	住宅施工面　积	新开工面　积	住宅竣工面　积	住宅竣工价　值	别墅、高档公寓施工面积	新开工面　积	别墅、高档公寓竣工面积
总　计	**11957467**	**7289554**	**4964055**	**602522**	**154429**	**67116**	**74765**
银川市	7381805	4150536	3024013	375439	141776	62416	69765
兴庆区	3866955	2033994	1942618	247998	11975		6818
西夏区	391099	264969	140991	14571			
金凤区	1997956	1255088	534191	71490	51137	19190	31947
永宁县	41523	17297	41523	4100			
贺兰县	673755	364783	297499	28948	78664	43226	31000
灵武市	410517	214405	67191	8332			
石嘴山市	2152121	1317011	739444	88183	7653		
大武口区	1651840	1134347	490403	63475			
惠农区	125420	29900	52216	5583			
平罗县	374861	152764	196825	19125	7653		
吴忠市	1024205	770366	600914	63300	5000	4700	5000
利通区	668504	506169	489253	52138			
盐池县	85319	36638	46410	5086			
同心县	145792	119969					
青铜峡市	124590	107590	65251	6076	5000	4700	5000
固原市	463639	323262	251591	24048			
原州区	400953	288562	211491	20151			
西吉县	12435	6800	12200	902			
隆德县	22351						
彭阳县	27900	27900	27900	2995			
中卫市	935697	728379	348093	51552			
沙坡头区	745535	546736	257284	38156			
中宁县	190162	181643	90809	13396			

单位：万元、平方米

别墅、高档公寓竣工价值	经济适用房施工面积	新开工面积	经济适用房竣工面积	经济适用房竣工价值	办公楼施工面积	新开工面积	办公楼竣工面积	办公楼竣工价值	商业营业用房施工面积
15503	**1183228**	**1011340**	**143045**	**16240**	**551683**	**204887**	**178683**	**29092**	**2708148**
14953	370821	294308	36503	3212	489187	174376	165076	27421	2012364
1705	207111	174000			311162	147831	116688	19868	1243667
	69971	69971	7800	605					96028
7987	31478	16779			155886	23567	40649	6540	272991
									11313
5261					22139	2978	7739	1013	279648
	62261	33558	28703	2607					108717
	671407	597032	85542	9778	47702	22564	7168	798	336722
	671407	597032	85542	9778	43655	21514	5871	572	260818
					2347	1050	1297	226	42051
					1700				33853
550					7887	2592	4887	673	139651
					7887	2592	4887	673	75238
									14344
									26500
550									23569
					3498	3498			53086
					3498	3498			49958
									3128
	141000	120000	21000	3250	3409	1857	1552	200	166325
	141000	120000	21000	3250	1552		1552	200	166152
					1857	1857			173

4-3 续表 4

地区	新开工面积	商业营业用房竣工面积	商业营业用房竣工价值	其他房屋施工面积	新开工面积	其他房屋竣工面积	其他房屋竣工价值
总计	**932300**	**1001163**	**147419**	**589579**	**247182**	**198420**	**27216**
银川市	617508	731850	100996	456828	180846	107395	15575
兴庆区	351809	404057	58374	283080	101907	83514	12058
西夏区	54471	34514	4097	28570	471	471	41
金凤区	110470	89680	12339	124506	75712	22450	3388
永宁县	9820	11313	1300				
贺兰县	39967	175124	23086	18756	1800		
灵武市	50971	17162	1800	1916	956	960	88
石嘴山市	147964	120778	23423	59854	39855	29227	2986
大武口区	123421	77992	15964	50991	39355	20864	1983
惠农区	8950	24493	4524	8863	500	8363	1003
平罗县	15593	18293	2935				
吴忠市	86355	83954	10805	17812	14112	14548	1394
利通区	54461	57096	7250	17812	14112	14548	1394
盐池县	1325	13670	2022				
同心县	15000						
青铜峡市	15569	13188	1533				
固原市	28394	25951	3699	4299	3928	1828	246
原州区	25266	22823	3449	4299	3928	1828	246
西吉县							
隆德县							
彭阳县	3128	3128	250				
中卫市	52079	38630	8496	50786	8441	45422	7015
沙坡头区	51906	38630	8496	50786	8441	45422	7015
中宁县	173						

单位：万元、平方米

出租房屋面积	住宅出租面积	商品房销售面积	住宅销售面积	90平米以下住房销售面积	140平米以上住房销售面积	经济适用房销售面积	别墅、高档公寓销售面积	办公楼销售面积	商业营业用房销售面积	其他房屋销售面积
417490	**14909**	**5148108**	**4532613**	**1535290**	**452711**	**208474**	**80923**	**66217**	**518740**	**30538**
305085	14909	3077312	2693860	875587	391562	57825	76229	61804	310353	11295
201078	14909	1409965	1209791	399379	141316	32985	17292	22846	170334	6994
22300		182018	163234	78058	1741	7538			18587	197
40168		946140	853881	233301	222006	77	45946	38958	49197	4104
		45609	42337	24380	7301				3272	
41539		314665	281328	117469	19198		12991		33337	
		178915	143289	23000		17225			35626	
26766		816579	719024	397141	14055	132599	228	4413	76891	16251
26766		584068	522416	301975	10178	132599	228	4413	45583	11656
		79344	63180	32010	3096				11569	4595
		153167	133428	63156	781				19739	
65750		598332	540356	109906	30015		4466		55025	2951
65750		438678	401198	72740	29259		3710		34529	2951
		56707	46442	16294					10265	
		13959	10768	360					3191	
		88988	81948	20512	756		756		7040	
		302030	285006	83256	3197				17024	
		242495	227337	65905	3197				15158	
		10875	10875	5700						
		18894	18894	2387						
		29766	27900	9264					1866	
19889		353855	294367	69400	13882	18050			59447	41
19889		250949	193343	54324	13882	18050			57565	41
		102906	101024	15076					1882	

4-3 续表 5

地区	商品房销售额	住宅销售额					办公楼销售额
			90平米以下住房销售额	140平米以上住房销售额	经济适用房销售额	别墅、高档公寓销售额	
总计	**1253781**	**1004196**	**314916**	**156354**	**30166**	**43250**	**24672**
银川市	870211	698243	209200	144703	9394	42345	23378
兴庆区	447220	343529	113844	50945	6218	8093	8749
西夏区	47812	35970	14842	461	964		
金凤区	289454	249425	54380	87525	8	30189	14629
永宁县	7088	6058	3849	477			
贺兰县	52364	44480	18720	5295		4063	
灵武市	26273	18781	3565		2204		
石嘴山市	152889	117653	63990	2491	18682	68	1294
大武口区	112428	88359	50116	2073	18682	68	1294
惠农区	14450	9763	4952	278			
平罗县	26011	19531	8922	140			
吴忠市	113334	98904	18903	6504		837	
利通区	85581	76406	12982	6323		656	
盐池县	8713	7152	2515				
同心县	2706	1769	58				
青铜峡市	16334	13577	3348	181		181	
固原市	45662	40617	11675	396			
原州区	36692	31994	8955	396			
西吉县	1468	1468	769				
隆德县	1972	1972	230				
彭阳县	5530	5183	1721				
中卫市	71685	48779	11148	2260	2090		
沙坡头区	55699	33315	8886	2260	2090		
中宁县	15986	15464	2262				

单位：万元、平方米

商业营业用房销售额	其他房屋销售额	空置面积	住宅空置面积	90平米以下住房空置面积	140平米以上住房空置面积	经济适用房空置面积	别墅、高档公寓空置面积	办公楼空置面积	商业营业用房空置面积	其他房屋空置面积
220119	**4794**	**4230340**	**2381369**	**731257**	**283683**	**35055**	**75345**	**132670**	**1585773**	**130528**
146110	2480	2934434	1484966	502613	216917	30632	68037	129558	1232962	86948
93398	1544	1388601	781404	270769	93523	19010	30821	41955	526634	38608
11787	55	113171	49096	12401	2557	1644		1815	59725	2535
24519	881	894767	422254	137541	73934		6632	84122	342586	45805
1030		10498	9889	6695					609	
7884		374904	208385	65585	46903		30584		166519	
7492		152493	13938	9622		9978		1666	136889	
32060	1882	376885	272231	108038	3236		783	1522	86117	17015
21143	1632	171104	106435	22502	2258		783	225	51197	13247
4437	250	31156	13326	5332	365			1297	12765	3768
6480		174625	152470	80204	613				22155	
14004	426	648807	438906	78385	52873		6525	1590	186473	21838
8749	426	576266	398787	75668	51976		5628	1590	154051	21838
1561		11106	6200	344					4906	
937		20885							20885	
2757		40550	33919	2373	897		897		6631	
5045		34105	26440	6153					7665	
4698		30648	22983	5196					7665	
		3457	3457	957						
347										
22900	6	236109	158826	36068	10657	4423			72556	4727
22378	6	197005	127598	35865	10657	4423			64680	4727
522		39104	31228	203					7876	

4-3 续表 6

地区	空置1-3年面积	住宅空置1-3年面积	90平米以下住房空置1-3年面积	140平米以上住房空置1-3年面积	经济适用房空置1-3年面积	别墅、高档公寓空置1-3年面积	办公楼空置1-3年面积	商业营业用房空置1-3年面积
总　计	**1385946**	**581366**	**154066**	**65733**	**2475**	**16472**	**41231**	**713094**
银川市	869264	236917	62924	53208	2475	13891	39934	569082
兴庆区	332197	110092	26172	29786	2242	8275	18654	190256
西夏区	47363	13730	2818		233		1815	29283
金凤区	264281	71937	28599	17806			17799	166944
永宁县								
贺兰县	135769	41158	5335	5616		5616		94611
灵武市	89654						1666	87988
石嘴山市	286321	206614	77011	1960			1297	61741
大武口区	128219	84825	16250	982				30493
惠农区	31156	13326	5332	365			1297	12765
平罗县	126946	108463	55429	613				18483
吴忠市	150739	99746	12015	9975		2581		40931
利通区	110641	65827	9642	9078		1684		34752
盐池县	450							450
同心县	1356							1356
青铜峡市	38292	33919	2373	897		897		4373
固原市	3457	3457	957					
原州区								
西吉县								
隆德县	3457	3457	957					
彭阳县								
中卫市	76165	34632	1159	590				41340
沙坡头区	38419	3404	956	590				34822
中宁县	37746	31228	203					6518

单位：万元、平方米

其他房屋空置1-3年面积	空置3年以上面积	住宅空置3年以上面积	90平米以下住房空置3年以上面积	140平米以上住房空置3年以上面积	经济适用房空置3年以上面积	别墅、高档公寓空置3年以上面积	办公楼空置3年以上面积	商业营业用房空置3年以上面积	其他房屋空置3年以上面积
50255	**176913**	**36789**	**7045**	**22475**	**3880**	**18117**	**14036**	**117073**	**9015**
23331	100218	31090	5396	20099	3880	16234	12446	47667	9015
13195	70626	26085	2573	18807	3880	16234	5695	37405	1441
2535	3395	271						3124	
7601	26197	4734	2823	1292			6751	7138	7574
16669	17656	2679	72	1276		783		14977	
12901	13543	2238	72	1276		783		11305	
3768									
	4113	441						3672	
10062	57814	2677	1577	1100		1100	1590	53547	
10062	36027	2677	1577	1100		1100	1590	31760	
	19529							19529	
	2258							2258	
193	1225	343						882	
193	1225	343						882	

4-4 各市县房地产开发

地区	年初存货	流动资产总计	存货	固定资产原价	累计折旧	本年折旧
总计	**16917326**	**36309184**	**22376276**	**2044126**	**441018**	**101558**
银川市	13768791	28440783	17884258	1551562	347467	80406
兴庆区	8551021	16933185	11530018	1033422	233981	55291
西夏区	362944	1143116	643900	72195	11038	2333
金凤区	3992097	8176702	4115685	361482	80293	19238
永宁县	116711	202017	150292	29709	5939	985
贺兰县	527096	1505565	1153246	25139	5280	1772
灵武市	218922	480198	291117	29615	10936	787
石嘴山市	1531499	3722747	2015986	137395	33123	8813
大武口区	1095630	3130682	1587341	117346	30165	7767
惠农区	85656	127404	80141	7045	794	169
平罗县	350213	464661	348504	13004	2164	877
吴忠市	877871	1829907	1139287	155067	38368	6299
利通区	671592	1425081	927909	115923	27533	5199
盐池县	13708	75494	40414	4677	131	54
同心县	38923	135029	37140	21687	6765	790
青铜峡市	153648	194303	133824	12780	3939	256
固原市	164939	653496	248951	88770	3820	1022
原州区	154902	593706	231273	84649	2592	587
西吉县	10037	19742	16646	2060	737	117
隆德县		3129	1032	1001	231	218
彭阳县		36919		1060	260	100
中卫市	574226	1662251	1087794	111332	18240	5018
沙坡头区	400206	1359871	854851	83277	10427	3374
中宁县	174020	302380	232943	28055	7813	1644

企业主要财务指标

单位：万元

资产总计	负债合计	所有者权益合计	实收资本					
				国家资本	集体资本	法人资本	个人资本	外商资本
40227783	**32235672**	**7992111**	**7220721**	**573335**	**80733**	**1869461**	**4536940**	**160252**
31501617	25412643	6088974	5453186	447840	37669	1498578	3308847	160252
18870271	15805284	3064987	2927384	273087	20000	849747	1784550	
1231553	744594	486959	367680	84300		64730	218650	
9068911	7016740	2052171	1668685	90453	9600	393803	1014577	160252
266682	175532	91150	82279			51662	30617	
1539233	1321237	217996	271561			138636	132925	
524967	349256	175711	135597		8069		127528	
4049252	3481453	567799	613681	96673	16797	79152	421059	
3430866	2971742	459124	509226	96673	7980	50400	354173	
135438	105044	30394	43100		1143	19190	22767	
482948	404667	78281	61355		7674	9562	44119	
2039588	1329252	710336	640088	3903	7100	101404	527681	
1579448	980915	598533	518320	2003		66976	449341	
85800	51845	33955	17435				17435	
166950	138673	28277	57700	1900	7100	16589	32111	
207390	157819	49571	46633			17839	28794	
745993	507011	238982	240474			137190	103284	
676253	453037	223216	225974			126090	99884	
22094	15494	6600	6400			3000	3400	
4894	793	4101	4040			4040		
42752	37687	5065	4060			4060		
1891333	1505313	386020	273292	24919	19167	53137	176069	
1518154	1235628	282526	205582	24919	19167	45957	115539	
373179	269685	103494	67710			7180	60530	

4-4 续表 1

地区	营业收入总计	土地转让收入	商品房屋销售收入	商品房屋销售收入	其他收入	主营业务成本
总计	**11704491**	**6307**	**11504688**	**90761**	**102735**	**9603956**
银川市	8816118		8726992	76466	12660	7162067
兴庆区	4838064		4770105	64566	3393	3950389
西夏区	297253		293756	3497		235872
金凤区	3133730		3117633	6830	9267	2506103
永宁县	207851		207851			188051
贺兰县	208939		207366	1573		176592
灵武市	130281		130281			105060
石嘴山市	1149441		1078649	6637	64155	1011869
大武口区	798866		728212	6637	64017	701271
惠农区	125342		125342			115232
平罗县	225233		225095		138	195366
吴忠市	763933	159	758083	4891	800	642242
利通区	583425	159	577575	4891	800	487458
盐池县	32021		32021			30543
同心县	8157		8157			6891
青铜峡市	140330		140330			117350
固原市	297052		297052			245194
原州区	217222		217222			184062
西吉县	6800		6800			4920
隆德县	17730		17730			6701
彭阳县	55300		55300			49511
中卫市	677947	6148	643912	2767	25120	542584
沙坡头区	523324	6148	489859	2767	24550	413079
中宁县	154623		154053		570	129505

单位：万元

主营业务税金及附加	主营业务利润	其他业务收入	其他业务利润	销售费用	管理费用	税金	差旅费
694644	**1229095**	**119134**	**53171**	**176796**	**664481**	**73848**	**26304**
522241	992925	110482	48745	138885	500926	61453	17058
302301	510233	83117	40897	75141	277242	26883	7856
20655	31556	3049	1725	9170	24164	3987	589
170112	407909	23284	5073	49606	164172	21095	7418
12118	7529	10	127	153	7199	2006	339
10604	17951	1022	923	3792	17685	4318	726
6451	17747			1023	10464	3164	130
64867	58642	8450	2934	14063	68545	6385	3114
44350	42972	3496	2586	10273	53438	5532	2448
7177	-786	628	-61	3719	6492	542	513
13340	16456	4326	409	71	8615	311	153
43725	64588	20	20	13378	40984	3424	1877
30929	53271			11767	31884	2636	846
3767	-2402	20	20	113	1500	109	63
454	812				2030	64	350
8575	12907			1498	5570	615	618
19983	24622	1	33	7253	17607	521	2234
15734	16236	1	1	1190	14549	64	1884
381	1114		32	385	912	358	274
788	4563			5678	1166	89	36
3080	2709				980	10	40
43828	88318	181	1439	3217	36419	2065	2021
35910	71282	181	1620	3053	27542	1583	1369
7918	17036		-181	164	8877	482	652

4-4 续表 2

地区	工会经费	财务费用	利息支出	营业利润	投资收益	营业外收入
总计	**3873**	**207601**	**189630**	**410184**	**5661**	**17755**
银川市	2640	146646	136603	394098	4562	13348
兴庆区	1193	69886	65235	204002	4060	7115
西夏区	207	9823	9807	-706	177	1056
金凤区	654	61922	56473	186888	325	4565
永宁县	26	1518	1523	-1061		48
贺兰县	518	1291	1371	-102		60
灵武市	42	2206	2194	5077		504
石嘴山市	779	10855	10606	-17824	252	948
大武口区	722	8144	7891	-16024	252	943
惠农区	28	1043	1049	-8382		5
平罗县	29	1668	1666	6582		
吴忠市	70	18180	16998	5444	800	386
利通区	47	16198	15017	5189	800	25
盐池县				-3882		
同心县	7	1704	1704	-2922		30
青铜峡市	16	278	277	7059		331
固原市	248	11405	5156	-4357		2457
原州区	133	10543	4294	-8855		2457
西吉县	102	145	145	89		
隆德县		39	39	3358		
彭阳县	13	678	678	1051		
中卫市	136	20515	20267	32823	47	616
沙坡头区	127	11613	11365	33747	47	616
中宁县	9	8902	8902	-924		

单位：万元

营业外支出	利润总额	应交所得税	劳动、失业保险费	住房公积金及住房补贴	本年应付工资总额	本年应付福利费总额	全部从业人员年平均人数（人）
76502	**357098**	**117245**	**13126**	**5451**	**220648**	**13367**	**8932**
61533	350475	97554	10902	4736	160643	7921	6047
36783	178394	61317	6974	3279	85450	4969	2997
2928	-2401	1651	1083	501	11293	229	402
19415	172363	30138	2478	782	51901	1648	1985
574	-1587	836	106		1533	135	102
1336	-1378	752	68	35	6239	414	320
497	5084	2860	193	139	4227	526	241
8097	-24721	3110	1263	567	30950	2338	1269
6774	-21603	3493	1032	561	25410	1897	913
346	-8723	-1352	121	6	2506	87	178
977	5605	969	110		3034	354	178
2708	3922	3635	285	5	10744	797	637
2483	3531	2544	188	5	7219	374	421
70	-3952				923	11	52
59	-2951	1	34		1141	152	63
96	7294	1090	63		1461	260	101
762	-2662	781	124		6273	731	357
532	-6930	365	90		4932	415	268
230	-141	68	34		310	15	32
	3358	86			220	31	10
	1051	262			811	270	47
3402	30084	12165	552	143	12038	1580	622
3317	31093	11336	460	143	10080	1499	486
85	-1009	829	92		1958	81	136

4-5 各市县按登记注册类型

地　　区	企业(单位)数合计	内资	国有	集体	股份合作	联营	集体联营	有限责任公　　司
总　　计	**341**	**337**	**3**	**3**	**1**	**1**	**1**	**83**
银川市	209	206	1					42
兴庆区	105	105	1					18
西夏区	14	14						6
金凤区	56	53						9
永宁县	6	6						
贺兰县	18	18						8
灵武市	10	10						1
石嘴山市	44	43		1	1			22
大武口区	31	31						17
惠农区	6	5						3
平罗县	7	7		1	1			2
吴忠市	34	34		1				3
利通区	19	19						3
盐池县	3	3						
同心县	6	6		1				
青铜峡市	6	6						
固原市	21	21						3
原州区	15	15						1
西吉县	3	3						2
隆德县	1	1						
彭阳县	2	2						
中卫市	33	33	2	1		1	1	13
沙坡头区	26	26	1	1		1	1	13
中宁县	7	7	1					

分的房地产企业(单位)数

单位：个

								外商投资		
国有独资公司	其他有限责任公司	股份有限公司	私营	私营独资	私营合伙	私营有限责任	私营股份有限公司		外商合资经营	外商独资
13	**70**	**2**	**244**	**3**	**2**	**229**	**10**	**4**	**3**	**1**
9	33		163	1	1	161		3	2	1
4	14		86	1	1	84				
2	4		8			8				
3	6		44			44		3	2	1
			6			6				
	8		10			10				
	1		9			9				
4	18	1	18	1		17		1	1	
3	14	1	13	1		12				
1	2		2			2		1	1	
	2		3			3				
	3		30		1	25	4			
	3		16			14	2			
			3		1	2				
			5			5				
			6			4	2			
	3	1	17			12	5			
	1	1	13			8	5			
	2		1			1				
			1			1				
			2			2				
	13		16	1		14	1			
	13		10	1		8	1			
			6			6				

4-6 各市县按登记注册类型分的

地　区	企业(单位)人数合计	内资						
			国有	集体	股份合作	联营		有限责任公司
							集体联营	
总　计	**8982**	**8836**	**64**	**33**	**38**	**15**	**15**	**2267**
银川市	6097	5965	23					1295
兴庆区	2997	2997	23					577
西夏区	438	438						239
金凤区	1861	1729						270
永宁县	102	102						
贺兰县	407	407						172
灵武市	292	292						37
石嘴山市	1218	1204		13	38			696
大武口区	884	884						573
惠农区	161	147						90
平罗县	173	173		13	38			33
吴忠市	673	673		13				27
利通区	450	450						27
盐池县	52	52						
同心县	63	63		13				
青铜峡市	108	108						
固原市	373	373						40
原州区	277	277						16
西吉县	39	39						24
隆德县	10	10						
彭阳县	47	47						
中卫市	621	621	41	7		15	15	209
沙坡头区	496	496	32	7		15	15	209
中宁县	125	125	9					

房地产开发企业(单位)人数

单位：人

国有独资公司	其他有限责任公司	股份有限公司	私营					外商投资		
				私营独资	私营合伙	私营有限责任	私营股份有限公司		外商合资经营	外商独资
532	**1735**	**31**	**6388**	**97**	**21**	**6073**	**197**	**146**	**57**	**89**
372	923		4647	17	6	4624		132	43	89
229	348		2397	17	6	2374				
69	170		199			199				
74	196		1459			1459		132	43	89
			102			102				
	172		235			235				
	37		255			255				
160	536	9	448	22		426		14	14	
145	428	9	302	22		280				
15	75		57			57		14	14	
	33		89			89				
	27		633		15	504	114			
	27		423			372	51			
			52		15	37				
			50			50				
			108			45	63			
	40	22	311			239	72			
	16	22	239			167	72			
	24		15			15				
			10			10				
			47			47				
	209		349	58		280	11			
	209		233	58		164	11			
			116			116				

4-7 各市县按资质等级分的房地产企业(单位)数

单位：个

地　区	企业(单位)数合计	一级	二级	三级	四级	暂定	其他
总　计	**341**	**11**	**60**	**91**	**90**	**70**	**19**
银川市	209	11	43	57	46	44	8
兴庆区	105	9	19	26	23	27	1
西夏区	14		3	2	6	3	
金凤区	56	2	18	16	14	6	
永宁县	6			5		1	
贺兰县	18			5		7	6
灵武市	10		3	3	3		1
石嘴山市	44		3	16	13	12	
大武口区	31		3	14	8	6	
惠农区	6				3	3	
平罗县	7			2	2	3	
吴忠市	34		10	8	10	6	
利通区	19		9	6	1	3	
盐池县	3			1	2		
同心县	6		1		4	1	
青铜峡市	6			1	3	2	
固原市	21		1	4	11	5	
原州区	15		1	4	5	5	
西吉县	3				3		
隆德县	1				1		
彭阳县	2				2		
中卫市	33		3	6	10	3	11
沙坡头区	26		2	4	7	2	11
中宁县	7		1	2	3	1	

4-8 各市县按资质等级分的房地产开发企业(单位)人数

单位：人

地　　区	企业(单位)人数合计	一级	二级	三级	四级	暂定	其他
总　　计	**8982**	**807**	**2458**	**2231**	**1726**	**1355**	**405**
银川市	6097	807	1914	1327	963	853	233
兴庆区	2997	643	840	540	474	477	23
西夏区	438		125	63	138	112	
金凤区	1861	164	841	442	308	106	
永宁县	102			83		19	
贺兰县	407			132		139	136
灵武市	292		108	67	43		74
石嘴山市	1218		180	453	311	274	
大武口区	884		180	402	159	143	
惠农区	161				90	71	
平罗县	173			51	62	60	
吴忠市	673		270	181	125	97	
利通区	450		256	147	17	30	
盐池县	52			22	30		
同心县	63		14		36	13	
青铜峡市	108			12	42	54	
固原市	373		12	104	170	87	
原州区	277		12	104	74	87	
西吉县	39				39		
隆德县	10				10		
彭阳县	47				47		
中卫市	621		82	166	157	44	172
沙坡头区	496		72	82	136	34	172
中宁县	125		10	84	21	10	

4-9 按户型分的商品住宅

分组	商品住宅施工面积					
	合计	90平方米以下住宅	90-120平方米住宅	120-140平方米住宅	140平方米以上住宅	高层住宅
总计	**11957467**	**5254398**	**4308257**	**1339788**	**1055024**	**1058362**
一、按登记注册类型分						
内资企业	11682849	5077466	4295917	1306851	1002615	1048344
国有企业	310182	266704	21417	20617	1444	47642
集体企业	125139	78561	46578			
股份合作企业	33225	29749	3476			
集体联营企业	34333	23173	4146	7014		
国有独资公司	1438574	829465	530075	47425	31609	29064
其他有限责任公司	2149338	914264	739921	243596	251557	225152
股份有限公司	55000	40000	9826	5174		
私营独资企业	68211	16380	31071	11760	9000	
私营合伙企业	8661	430	2510	5721		
私营有限责任公司	7210870	2830298	2757735	916772	706065	736486
私营股份有限公司	249316	48442	149162	48772	2940	10000
外商投资企业	274618	176932	12340	32937	52409	10018
中外合资经营企业	190899	125160	12340	32937	20462	10018
外资企业	83719	51772			31947	
二、按隶属关系分						
中央	667919	326838	326126	8137	6818	
省(自治区、直辖市)	683019	363636	106441	83734	129208	210411
地区(州、盟、省辖市)	1374661	895385	336463	110541	32272	63853
县(区、市、旗)	180625	109139	71486			
镇	40000	40000				
其他	9011243	3519400	3467741	1137376	886726	784098
三、按控股情况分						
国有控股	2301052	1403607	595544	147640	154261	274264
集体控股	464334	301477	133856	28072	929	
私人控股	8917463	3372382	3566517	1131139	847425	774080
外商控股	274618	176932	12340	32937	52409	10018
四、按资质等级分						
一级	1820931	789598	499193	238689	293451	251766
二级	3255024	1161040	1292574	508826	292584	424788
三级	3303107	1598301	1267811	233985	203010	169652
四级	1405148	660972	518320	131018	94838	51360
暂定	1257666	506320	444515	180065	126766	113154
其他	915591	538167	285844	47205	44375	47642

施工面积、竣工面积

单位：平方米

商品住宅竣工面积					
合计	90平方米以下住宅	90-120平方米住宅	120-140平方米住宅	140平方米以上住宅	高层住宅
4964055	**1859600**	**2022952**	**615196**	**466307**	**277712**
4889854	1859600	2002901	606164	421189	277712
120273	100704		19569		
103139	56561	46578			
33225	29749	3476			
33592	12748	17724	3120		
512697	222134	276819	6926	6818	
914964	297702	374564	82940	159758	174839
55000	40000	9826	5174		
8661	430	2510	5721		
2969135	1072617	1203395	441450	251673	97873
139168	26955	68009	41264	2940	5000
74201		20051	9032	45118	
42254		20051	9032	13171	
31947				31947	
355913	127555	221540		6818	
253881	40149	39779	54101	119852	174839
448150	253549	144975	36518	13108	
147067	87939	59128			
18000	18000				
3741044	1332408	1557530	524577	326529	102873
815609	330638	284631	73670	126670	174839
307400	178158	110572	18670		
3766845	1350804	1607698	513824	294519	102873
74201		20051	9032	45118	
1036754	321532	413907	142610	158705	58016
1329383	335191	511568	280838	201786	214696
1392506	634501	622661	79032	56312	
492671	235202	224429	33040		
373741	101923	203822	56867	11129	5000
339000	231251	46565	22809	38375	

4-9 续表

分组	商品住宅销售面积					
	合计	90平方米以下住宅	90-120平方米住宅	120-140平方米住宅	140平方米以上住宅	高层住宅
总计	**4532613**	**1535290**	**1922273**	**622339**	**452711**	**293203**
一、按登记注册类型分						
内资企业	4418754	1531031	1900739	602244	384740	281191
国有企业	47336	36979	9119	1238		
集体企业	54714	24156	28242	1535	781	
股份合作企业	9767	3392	6375			
集体联营企业	19836	4498	12669	2669		
国有独资公司	441589	172766	216629	24168	28026	10562
其他有限责任公司	761730	228108	359183	109656	64783	95242
股份有限公司	55000	40000	9826	5174		
私营独资企业	39134	10250	15894	7390	5600	
私营合伙企业	2461	86	600	1775		
私营有限责任公司	2821769	977949	1148466	412744	282610	171887
私营股份有限公司	165418	32847	93736	35895	2940	3500
外商投资企业	113859	4259	21534	20095	67971	12012
中外合资经营企业	45493	3843	14014	16572	11064	
外资企业	68366	416	7520	3523	56907	12012
二、按隶属关系分						
中央	171054	21464	134575	5237	9778	696
省(自治区、直辖市)	153888	50772	47670	39547	15899	28912
地区(州、盟、省辖市)	392430	210964	157583	9616	14267	9866
县(区、市、旗)	83391	36733	44342	1535	781	
镇	3039	3039				
其他	3728811	1212318	1538103	566404	411986	253729
三、按控股情况分						
国有控股	558168	223158	248470	48881	37659	39474
集体控股	159356	73180	73503	10677	1996	
私人控股	3701230	1234693	1578766	542686	345085	241717
外商控股	113859	4259	21534	20095	67971	12012
四、按资质等级分						
一级	673167	158776	259932	127619	126840	50283
二级	1294676	351059	533507	245994	164116	130307
三级	1276125	523357	568227	103304	81237	55299
四级	433984	158309	205872	42686	27117	20861
暂定	562785	210459	230875	79330	42121	36453
其他	291876	133330	123860	23406	11280	

单位：平方米

商品住宅空置面积					
合计	90平方米以下住宅	90-120平方米住宅	120-140平方米住宅	140平方米以上住宅	高层住宅
2381369	**731257**	**999062**	**367367**	**283683**	**111314**
2336401	729756	998099	365092	243454	111314
17292	13237	3005	1050		
100197	52609	35750	11225	613	
8839	2952	5887			
23365	10064	6566	6735		
313748	107545	175224	1655	29324	4427
438799	129924	205603	54936	48336	10902
6200	344	1910	3946		
1399183	408421	546951	278630	165181	94227
28778	4660	17203	6915		1758
44968	1501	963	2275	40229	
16460	1501	963	2275	11721	
28508				28508	
292832	94155	168174	3073	27430	4427
37303	14897	13205	5509	3692	8294
94156	31172	30040	21866	11078	
119722	65133	42751	11225	613	
132	132				
1837224	525768	744892	325694	240870	98593
353549	125769	184384	10380	33016	12721
165879	82229	55480	26718	1452	
1816973	521758	758235	327994	208986	98593
44968	1501	963	2275	40229	
449156	131385	201968	39793	76010	27489
649293	133929	235074	178843	101447	48153
627179	251544	258679	57390	59566	3587
276514	90553	114878	66751	4332	26708
181812	40963	110314	23032	7503	5377
197415	82883	78149	1558	34825	

4-10 按各种分组的房地产物业

分　　组	企业个数(个)	年末从业人员总计(人)	在管物业占地面积(平方米)	在管房屋建筑面积(平方米)	住宅	办公用房	商业营业用房
总　　计	**258**	**14714**	**75276382**	**80792884**	**46452572**	**8692518**	**18638448**
一、按登记注册类型分							
内资企业	256	14618	75160682	80566884	46404572	8692518	18638448
国有企业	25	3179	7486402	8558537	5292755	398620	85486
集体企业	4	257	1093000	1330000	775000	470533	84467
国有联营企业	2	46	105069	99026	84838	358	13830
国有独资公司	4	208	635055	544874	475910	51815	16939
其他有限责任公司	69	5148	38146399	40790906	16886281	7090295	15371898
股份有限公司	3	46	61200	80595	76595		
私营独资企业	10	631	3837200	3282480	1022400	37180	137900
私营合伙企业	3	29	59000	94000	94000		
私营有限责任公司	123	4649	11856816	14002355	11830142	555125	1122932
私营股份有限公司	4	74	92384	252939	202504	6700	21161
其他企业	9	351	11788157	11531172	9664147	81892	1783835
外商投资企业	2	96	115700	226000	48000		
中外合资经营企业	1	68	37900	178000			
外资企业	1	28	77800	48000	48000		
二、按资质等级分							
一级	2	613	10060000	13190465	6200843	6270270	719352
二级	19	4055	10021006	9638750	7531657	1177495	260631
三级	171	7531	49560257	53613515	29474847	880461	17389606
其他	66	2515	5635119	4350154	3245225	364292	268859
三、按隶属关系分							
省(自治区、直辖市)	23	3903	23533366	23658092	5714276	949180	13985216
地区(州、盟、省辖市)	34	2342	5639444	7232215	6126913	146441	360970
县(区、市、旗)	17	557	1365046	1367899	1236725	22621	88353
街道	2	20	9600	36200	36200		
镇	2	40	205000	207000	167000		40000
乡	1	17	61333	41696	24780	176	16740
村委会	1	30	3150000	293000	29000	2000	1000
其他	178	7805	41312593	47956782	33117678	7572100	4146169
四、按地区分							
银川市	169	11625	63498984	72236782	40167574	7979783	18143859
兴庆区	79	6897	50134677	57706081	30516759	7357180	17187015
西夏区	20	1913	5064206	6051647	3055185	281068	209126
金凤区	39	2173	6004004	6763820	5248221	320102	444078
永宁县	7	79	290094	299651	194744	1598	103109
贺兰县	11	203	516869	551168	392624	14286	124258
灵武市	13	360	1489134	864415	760041	5549	76273
石嘴山市	34	1616	3120465	2943278	2503962	100441	197015
大武口区	23	1039	1966870	2043219	1757442	49914	118601
惠农区	5	451	683595	379164	309995	35863	9435
平罗县	6	126	470000	520895	436525	14664	68979
吴忠市	33	938	6801926	4315595	2788660	537272	212487
利通区	15	516	2191625	2548469	1875391	485573	127505
盐池县	2	25	34702	61467	20118	40	2040
同心县	3	81	225912	190245	137345	2900	50000
青铜峡市	13	316	4349687	1515414	755806	48759	32942
固原市	11	147	461791	624061	573852	12037	25172
原州区	8	117	303791	488061	448852	1937	24272
西吉县	1	3					
隆德县	1	19	28000	36000	35000	100	900
彭阳县	1	8	130000	100000	90000	10000	
中卫市	11	388	1393216	673168	418524	62985	59915
沙坡头区	6	266	1141016	404225	176331	62635	33515
中宁县	5	122	252200	268943	242193	350	26400

管理企业主要指标完成情况

单位：千元

厂房	固定资产原价	本年折旧	实收资本	国家资本	集体资本	法人资本	个人资本	港澳台资本	外商资本
542976	**278961**	**24586**	**459680**	**174386**	**15083**	**128021**	**141530**	**160**	**500**
542976	278710	24543	458868	174386	15083	128021	141378		
24707	123780	8585	166106	159305	2201	1600	3000		
	659	8	2398		1060		1338		
	3444	562	3500	2300	1200				
210	3979	159	1570	1570					
393127	52905	5406	142339	10128	8622	83263	40326		
	1884	766	2300		1500		800		
15000	3517	384	5325			3860	1465		
	153	3	700				700		
109932	81364	8131	129177	1000	500	37588	90089		
	342	99	2690			670	2020		
	6683	440	2763	83		1040	1640		
	251	43	812				152	160	500
	198	19	312				152	160	
	53	24	500						500
	8078	1373	10000		4475	5000	525		
	41196	4455	61465	13978	2201	25369	19917		
527049	98264	13212	173104	28431	7247	37987	98939		500
15927	131423	5546	215111	131977	1160	59665	22149	160	
416907	128915	7243	198410	152730	3401	42279			
210	23140	3963	36439	12341	300	13773	10025		
20200	16035	1314	13698	3932	660	3170	5936		
	10	1	500			500			
	999	74	1960	1000		960			
	19	2	500			470	30		
	452	52	461			461			
105659	109391	11937	207712	4383	10722	66408	125539	160	500
125132	226136	17929	398431	159759	13623	110476	113913	160	500
9932	97569	10832	155635	14881	10422	86880	43452		
	101769	5123	179724	139613	2601	3860	33650		
80000	22050	1633	48696	5265	600	14106	28065	160	500
200	2559	284	2580			2530	50		
20000	926	42	7260			2600	4660		
15000	1263	15	4536			500	4036		
937	26229	4291	31078	8761		10883	11434		
210	10333	909	22704	8761		4763	9180		
	15040	3262	3140			1540	1600		
727	856	120	5234			4580	654		
416907	9489	359	20895	5866	800	2931	11298		
	1988	134	10095	70	300	1970	7755		
	160	5	500				500		
	421		1236	421		500	315		
416907	6920	220	9064	5375	500	461	2728		
	1801	69	5011		660	3331	1020		
	1091	69	4716		500	3196	1020		
	160		160		160				
	500		80			80			
	50		55			55			
	15306	1938	4265			400	3865		
	11506	1327	1050			400	650		
	3800	611	3215				3215		

4-10 续表

分　组	年初存货	年末存货	所有者权益合计	营业收入	主营业务收入	营业成本	主营业务成本	营业税金及附加	主营业务税金及附加
总　计	**36511**	**33975**	**347524**	**607017**	**562965**	**520082**	**489031**	**24477**	**21226**
一、按登记注册类型分									
内资企业	36500	33964	347895	603253	559201	519066	488015	24287	21036
国有企业	1929	4874	98041	198556	196281	217131	215871	8477	6695
集体企业	2	1	2081	3721	3721	2133	2133	158	158
国有联营企业			3532	1352	1352	1027	1027	17	17
国有独资公司	351	271	3331	11103	10546	7727	7727	399	399
其他有限责任公司	30791	22594	122942	209146	172677	164063	137290	9034	7717
股份有限公司		126	1324	2704	2539	2006	1965	57	57
私营独资企业	342	348	-1278	13851	13851	14246	14246	355	355
私营合伙企业	4	4	700	384	384	313	313	23	23
私营有限责任公司	3012	5390	116330	153381	148798	102190	99213	5526	5374
私营股份有限公司	26	28	-798	1387	1387	1190	1190	50	50
其他企业	43	328	1690	7668	7665	7040	7040	191	191
外商投资企业	11	11	-371	3764	3764	1016	1016	190	190
中外合资经营企业			312	2985	2985			149	149
外资企业	11	11	-683	779	779	1016	1016	41	41
二、按资质等级分									
一级	1517	594	10449	39832	34630	32489	29551	1800	1599
二级	3031	5005	57191	176300	147044	137886	114074	7432	6433
三级	13020	13723	80210	243798	236521	198811	196133	10549	8661
其他	18943	14653	199674	147087	144770	150896	149273	4696	4533
三、按隶属关系分									
省(自治区、直辖市)	20299	18190	163542	251539	222236	234118	209147	11365	8584
地区(州、盟、省辖市)	746	1419	25232	65983	65340	61906	61869	2340	2335
县(区、市、旗)	376	314	-16	21375	18610	25279	25199	856	830
街道			550	258	258			3	3
镇	25	25	1488	710	710	447	447	27	27
乡			500	62	62			4	4
村委会			461	689	672	833	812	44	38
其他	15065	14027	155767	266401	255077	197499	191557	9838	9405
四、按地区分									
银川市	33317	28959	300478	524243	484243	441005	410339	21525	18366
兴庆区	22667	17756	142392	299836	262231	226366	197048	11742	10420
西夏区	9860	9334	108644	147815	146115	160415	159259	6160	4381
金凤区	718	1733	36395	71421	70728	49922	49810	3356	3329
永宁县	2	2	3410	569	569	513	513	52	52
贺兰县	35	93	5051	1957	1955	1352	1272	106	101
灵武市	35	41	4586	2645	2645	2437	2437	109	83
石嘴山市	949	1593	5498	47654	44124	55183	55164	1462	1380
大武口区	803	638	8998	30852	29780	34874	34873	1098	1098
惠农区	134	935	-7912	13856	11398	19023	19005	202	202
平罗县	12	20	4412	2946	2946	1286	1286	162	80
吴忠市	922	1106	21356	15775	15636	11454	11088	652	642
利通区	478	760	8024	7653	7624	5233	4980	255	251
盐池县			500	111	111	98	98	4	4
同心县	210	90	586	257	257	288	288	3	3
青铜峡市	234	256	12246	7754	7644	5835	5722	390	384
固原市		10	4854	2125	2125	1681	1681	44	44
原州区		7	4554	1922	1922	1598	1598	43	43
西吉县			160	53	53	3	3		
隆德县			80	70	70	80	80	1	1
彭阳县		3	60	80	80				
中卫市	1323	2307	15338	17220	16837	10759	10759	794	794
沙坡头区	988	2025	11893	14009	13626	7602	7602	712	712
中宁县	335	282	3445	3211	3211	3157	3157	82	82

单位：千元

主营业务利润	其他业务利润	三项费用总计	税金	利息支出	营业利润	职工工资和福利费	本年应交增值税	全部从业人员年平均人数	资产减值损失	公允价值变动收益	投资收益
40456	**14752**	**151940**	**2256**	**1622**	**-78150**	**238105**	**3641**	**14595**	**409**		**-188**
37898	14729	149087	2256	1622	-78907	236792	3641	14499	409		-188
-28064	-55	39679	738	-1	-65219	105554	764	3377	409		
302		610	18	5	-108	1400		257			
308		694			-386	223	47	46			
2420	276	2899	28		-203	3575	63	208			
27189	6143	54671	718	1542	-18748	69759	881	5181			-62
517	113	1286			-656	543	22	45			
-1002	439	2048	41	18	-2610	5707	85	532			
48		160	16		-1	216		27			
35535	7819	44289	595	62	10140	46163	1558	4404			-126
147	3	994	6		-844	698	80	74			
498	-9	1757	96	-4	-272	2954	141	348			
2558	23	2853			757	1313		96			
2836		2593			243	816		68			
-278	23	260			514	497		28			
3480	2048	4021	99	400	1507	16963	21	613			
26200	4274	44442	212	-106	-12976	79580	311	4004	394		
19380	7688	75906	1054	1216	-32285	90946	2929	7611	15		
-8604	742	27571	891	112	-34396	50616	380	2367			-188
2725	2104	51587	880	-104	-43742	83456	757	3943			
1151	457	25686	79	6	-23987	52374	539	2348	409		-62
-7420	350	3713	30	8	-9069	10712	58	704			
255		221			34	113		15			
236	3	283	2	18	-43	272	22	40			
58		86			28	68		17			
-178		119	38		-297	395		30			
43629	11838	70245	1227	1694	-1074	90715	2265	7498			-126
44234	13202	120542	1923	1583	-49534	176007	3281	11378			-116
46009	10863	71487	994	955	-5359	91182	2371	6831			
-19777	-201	24953	750	622	-42172	54034	528	1900			-116
17254	2505	21857	152	-14	-669	26902	376	2164			
4		302	14		-298	579		74			
532	35	1296	13	11	-514	1574	6	184			
212		647		9	-522	1736		225			
-11940	974	22896	113	3	-30177	50035	342	1804	409		
-6011	578	12853	46	3	-16655	41100	38	1145	394		
-7808	14	7694	16		-13441	7951	304	542	15		
1879	382	2349	51		-81	984		117			
2184	61	5024	121	-52	-2740	7942	18	882			-10
669	29	2081	17	-53	-1344	3167		479			
11		43			-32	156		16			-10
-34		482	2		-516	622		81			
1538	32	2418	102	1	-848	3997	18	306			
313		1006		5	-556	1171		147			
233		996			-626	811		117			
50		10		5	40	33		3			
-10					-10	297		19			
40					40	30		8			
5665	515	2472	99	83	4857	2950		384			-62
5339	515	1887	17	83	3958	2396		266			-62
326		585	82		899	554		118			

4-11 按各种分组的房地产中介

分组	企业数（个）	年末从业人员（人）	年初存货	年末存货	固定资产原价	所有者权益合计	实收资本
总计	**118**	**1565**	**10438**	**10242**	**299599**	**826700**	**773672**
国有及国有控股企业	4	90	2255	2255	41140	211755	126935
一、按登记注册类型分							
内资企业	118	1565	10438	10242	299599	826700	773672
国有企业	2	69	2250	2250	24985	193350	111160
集体企业	2	27	1	1	10801	102465	100085
股份合作企业	1	21			124	360	300
国有独资公司	1	11			15599	18405	15000
其他有限责任公司	21	275	7216	7137	32215	49702	51520
股份有限公司	2	8			4350	1880	2021
私营独资企业	15	125	55	69	31674	38152	33748
私营合伙企业	2	33	101	101	19796	17992	21983
私营有限责任公司	68	938	815	684	154145	404847	435765
私营股份有限公司	2	52			5640	-720	1760
其他企业	2	6			270	267	330
二、按隶属关系分							
省(自治区、直辖市)	4	49	2251	2251	6965	152055	116325
地区(州、盟、省辖市)	11	160	7019	7018	45111	74136	30044
县(区、市、旗)	3	14	177	194	2550	-521	35250
其他	100	1342	991	779	244973	601030	592053
三、按地区分							
银川市	100	1437	3556	3354	278502	806015	759036
兴庆区	72	1037	3346	3134	194747	467244	390481
西夏区	4	205	128	128	61835	300150	335025
金凤区	12	151	50	50	21124	32126	26997
贺兰县	10	28		10	94	2092	2130
灵武市	2	16	32	32	702	4403	4403
石嘴山市	10	90	8	7	18114	8089	6894
大武口区	10	90	8	7	18114	8089	6894
吴忠市	2	12	250	257	1050	1169	900
青铜峡市	2	12	250	257	1050	1169	900
固原市	2	9			50	50	50
原州区	1	1			50	50	50
隆德县	1	8					
中卫市	4	17	6624	6624	1883	11377	6792
沙坡头区	3	14	6624	6624	1863	11067	6772
中宁县	1	3			20	310	20

服务企业主要指标完成情况

单位：千元

国家资本	集体资本	法人资本	个人资本	港澳台资本	外商资本	本年折旧	营业收入	主营业务收入	营业成本	主营业务成本
129662	**160225**	**45731**	**438054**			**20961**	**178179**	**157772**	**113941**	**90583**
126160			775			4317	20344	18206	10165	7014
129662	160225	45731	438054			20961	178179	157772	113941	90583
111160						3635	17334	15196	7765	4614
	100085					1103	915	915	376	376
			300			32	318	318	97	7
15000						586	1365	1365	870	870
3500	31778	5754	10488			855	15441	15441	2510	2509
			2021				680	680	190	190
2	19362	3	14381			1288	13637	12767	8790	8790
			21983			2739	1620	1620	370	370
	9000	39674	387091			10456	125678	108279	91602	72786
		300	1460			267	1116	1116	1370	70
			330				75	75	1	1
106040	9085	1000	200			93	965	965	476	476
20120	6542	1602	1780			4619	21556	19418	8941	5700
		34840	410			169	768	748	165	165
3502	144598	8289	435664			16080	154890	136641	104359	84242
129662	153683	44931	430760			20213	172346	151939	112675	89317
129662	153598	8872	98349			18517	61777	59069	20227	15685
	85	34840	300100			167	85454	68625	84628	65813
		1219	25778			952	24002	23132	7614	7614
			2130			20	772	772	206	205
			4403			557	341	341		
		500	6394			612	4622	4622	405	405
		500	6394			612	4622	4622	405	405
		300	600			105	789	789	661	661
		300	600			105	789	789	661	661
			50							
			50							
	6542		250			31	422	422	200	200
	6542		230			31	316	316	194	194
			20				106	106	6	6

4-11 续表

指标名称	营业税金及附加	主营业务税金及附加	主营业务利润	其他业务利润	三项费用总计	税金	利息支出	营业利润	职工工资和福利费
总计	**11241**	**9759**	**57070**	**22088**	**77923**	**1056**	**324**	**4998**	**27940**
国有及国有控股企业	1069	1069	10993	2138	8287	80		6374	2537
一、按登记注册类型分组									
内资企业	11241	9759	57070	22088	77923	1056	324	4998	27940
国有企业	916	916	9666	2138	5121	40		6683	2145
集体企业	92	92	447		318	50		129	297
股份合作企业	3	3	23		195	1		23	169
国有独资公司	77	77	1288		1636	30		-348	
其他有限责任公司	1067	1064	11828	684	12804	530	17	-264	5052
股份有限公司	15	15	-25	500	690	45	40	-165	115
私营独资企业	4563	4128	-104	872	4284	61	-1162	-2460	1567
私营合伙企业	167	167	1160		1351			-263	355
私营有限责任公司	3141	2097	32867	17894	49884	299	1429	3383	17533
私营股份有限公司	1194	1194	-148		1572			-1720	620
其他企业	6	6	68		68				87
二、按隶属关系分									
省(自治区、直辖市)	83	83	406		2355	55		-1899	1266
地区(州、盟、省辖市)	1176	1176	13105	2818	6748	120	135	8690	2385
县(区、市、旗)	33	27	-49		484	22		44	104
其他	9949	8473	43608	19270	68336	859	189	-1837	24185
三、按地区分									
银川市	10903	9421	52917	21588	73706	891	157	4183	26641
兴庆区	4913	4526	39698	3822	41619	866	88	4721	17896
西夏区	824	182	2031	16813	19339	22		82	3162
金凤区	5133	4686	10820	870	12195	3		-505	5391
贺兰县	10	4	50	83	5			115	58
灵武市	23	23	318		548		69	-230	134
石嘴山市	273	273	3468	500	4031	159	160	316	1046
大武口区	273	273	3468	500	4031	159	160	316	1046
吴忠市	31	31	497		139	4	3	358	104
青铜峡市	31	31	497		139	4	3	358	104
固原市									5
原州区									5
隆德县									
中卫市	34	34	188		47	2	4	141	144
沙坡头区	19	19	103		16		3	87	124
中宁县	15	15	85		31	2	1	54	20

单位：千元

本年应交增值税	全部从业人员年平均人数	资产减值损失	公允价值变动收益	投资收益	房屋代理销售			房屋代理出租		
					成交合同面积（平方米）	成交合同数（个）	成交合同金额	成交合同面积（平方米）	成交合同数（个）	成交合同金额
327	**1777**	**20**			**7890461**	**1832**	**1079722**	**142896**	**1541**	**746319**
	92							60		1365
327	1777	20			7890461	1832	1079722	142896	1541	746319
	71									
	27							3800	35	500
	21									
	11							60		1365
105	273				7730249	236	72681	16449	244	35038
	8									
47	112				4169	47	28378	22800	61	3871
	33							52	6	1620
175	1163	20			154818	1529	975483	98755	1178	703024
	52									
	6				1225	20	3180	980	17	901
	51				680	7	326	780	12	6000
4	155				300	4	200	182	10	2135
	14				3030	31	5000	300	2	200
323	1557	20			7886451	1790	1074196	141634	1517	737984
278	1662				7861569	1512	968408	136416	1471	735761
135	1228				7800738	890	898674	110306	1393	687959
140	205				350	4	750	20000	20	1
3	186				20668	214	5267	5810	56	47601
	27				39813	404	63717	300	2	200
	16									
45	85				812	10	1000	120	2	10
45	85				812	10	1000	120	2	10
4	12	20			7680	80	13524	3840	40	48
4	12	20			7680	80	13524	3840	40	48
	1									
	1									
	17				20400	230	96790	2520	28	10500
	14				1800	20	94000	2520	28	10500
	3				18600	210	2790			

4-12 按各种分组的其他房地产

分　组	企业数（个）	资产总计	年末从业人员（人）	年初存货	年末存货	固定资产原价	所有者权益合计
总　计	**55**	**2060612**	**1151**	**68221**	**121873**	**809690**	**1170098**
国有及国有控股企业	5	328226	112	273	1493	52036	271453
一、按登记注册类型分							
内资企业	55	2060612	1151	68221	121873	809690	1170098
国有企业	4	9030	69	273	310	7647	6622
集体企业	3	14166	41			38244	45711
股份合作企业	1	319196	43		1183	44389	264831
国有独资公司	10	1460163	368	31792	33930	583834	698927
其他有限责任公司	2	30580	143	5	1	1387	3595
股份有限公司	2	482	6	159	64	339	600
私营独资企业	1	40	11		1	39	-105
私营合伙企业	28	214988	440	3596	56689	129424	119763
私营有限责任公司	4	11967	30	32396	29695	4387	30154
私营股份有限公司							
其他企业	3	357649	178	5	1184	59598	279657
二、按隶属关系分	**7**	**26164**	**139**	**190**	**2079**	**10880**	**18325**
省(自治区、直辖市)	5	7537	51	262	638	28118	3709
地区(州、盟、省辖市)	1	10000	10			10000	10000
县(区、市、旗)	1	3512	19			27218	36062
其他	38	1655750	754	67764	117972	673876	822345
三、按地区分							
银川市	30	1903900	709	64199	64565	692696	1120142
兴庆区	18	116594	380	63952	63129	55443	117939
西夏区	3	1733878	248	241	1428	623778	951052
金凤区	7	41713	44	6	8	12625	40952
贺兰县	2	11715	37			850	10199
灵武市	11	46077	137	396	2627	34514	24108
石嘴山市	11	46077	137	396	2627	34514	24108
大武口区	6	96411	188	2991	53845	69019	11481
吴忠市	3	85064	168	2905	53760	59292	735
青铜峡市	1	8000	3			8000	8000
固原市	2	3347	17	86	85	1727	2746
原州区	3	10354	25	600	800	10354	11066
隆德县	3	10354	25	600	800	10354	11066
中卫市	5	3870	92	35	36	3107	3301
沙坡头区	3	2690	75			2690	3048
中宁县	2	1180	17	35	36	417	253

企业生产经营情况

单位：千元

实收资本	国家资本	集体资本	法人资本	个人资本	港澳台资本	外商资本	本年折旧	营业收入
842855	**583**	**56868**	**616739**	**168665**			**78823**	**148177**
74613	583		74030				1650	6457
842855	583	56868	616739	168665			78823	148177
1833	583		1250				346	4674
54288		54008		280			1292	4882
72780			72780				1304	1783
558840			500573	58267			72699	56982
11660		2860	3520	5280			80	10915
600				600			112	236
50				50			7	40
108784			35616	73168			2604	27574
34020			3000	31020			379	41091
85640		2860	72780	10000			2295	15670
17258	**330**		**1250**	**15678**			**2116**	**5418**
1583	253			1330			506	6129
6500		6500					100	1800
47508		47508					1142	2972
684366			542709	141657			72664	116188
788078		56868	596953	134257			75938	125753
111585		2860	17100	91625			2184	104274
629893		47508	569253	13132			73397	16614
36200		6500	600	29100			229	3065
10400			10000	400			128	1800
23290	330			22960			877	8883
23290	330			22960			877	8883
17420	100		11520	5800			68	7782
8800			3520	5280			30	6952
8000			8000					
620	100			520			38	830
11066			8266	2800			164	1751
11066			8266	2800			164	1751
3001	153			2848			1776	4008
2748				2748			1743	2050
253	153			100			33	1958

4-12 续表

分组	主营业务收入	营业成本	主营业务成本	营业税金及附加	主营业务税金及附加	主营业务利润
总计	**146137**	**98624**	**95021**	**8775**	**8672**	**39791**
国有及国有控股企业	6457	693	693	518	518	5246
一、按登记注册类型分						
内资企业	146137	98624	95021	8775	8672	39791
国有企业	4674	624	624	237	237	3813
集体企业	4882	6	6	318	318	4558
股份合作企业	1783	69	69	281	281	1433
国有独资公司	56982	38006	38006	3673	3625	15397
其他有限责任公司	10915	8425	8425	546	491	1943
股份有限公司	236	173	173	12	12	51
私营独资企业	40	1	1	2	2	37
私营合伙企业	27554	12185	12185	1200	1200	11526
私营有限责任公司	39071	39135	35532	2506	2506	1033
私营股份有限公司						
其他企业	15670	8494	8494	990	990	6185
二、按隶属关系分	**5418**	**774**	**774**	**313**	**265**	**3785**
省(自治区、直辖市)	6129	1739	1739	183	183	1550
地区(州、盟、省辖市)	1800			40	40	1760
县(区、市、旗)	2972			275	275	2697
其他	114148	87617	84014	6974	6919	23814
三、按地区分						
银川市	123733	89577	85974	7733	7733	30659
兴庆区	102254	87568	83965	6163	6163	12765
西夏区	16614	69	69	1399	1399	15146
金凤区	3065	540	540	75	75	2444
贺兰县	1800	1400	1400	96	96	304
灵武市	8883	1239	1239	335	287	4106
石嘴山市	8883	1239	1239	335	287	4106
大武口区	7762	5943	5943	430	375	1409
吴忠市	6932	5527	5527	384	329	1041
青铜峡市						
固原市	830	416	416	46	46	368
原州区	1751	700	700	42	42	1009
隆德县	1751	700	700	42	42	1009
中卫市	4008	1165	1165	235	235	2608
沙坡头区	2050	986	986	128	128	936
中宁县	1958	179	179	107	107	1672

单位：千元

其他业务利　润	三项费用合　计	税金	利息支出	营业利润	职工工资和福利费	本年应交增值税	全部从业人员年平均人数	资产减值损　失
1811	**108547**	**1155**	**296**	**-65038**	**18337**	**509**	**1163**	**78**
	10525	178	4	-5479	5498	46	123	
1811	108547	1155	296	-65038	18337	509	1163	78
	3335	53	4	278	1835	3	80	
10	6836	4		-2268	597	16	41	
	7190	125		-5757	3663	43	43	
130	68662	577	153	-52588	5850	147	416	
1246	2133	52	20	1190	1000	234	143	78
	90	11	-76	-39	52		7	
	406	2		-369	128		11	
	16674	259	195	-3722	4775	66	392	
425	3221	72		-1763	437		30	
1246	11636	278	-1	-4204	4579	277	184	
	14356	**450**	**285**	**-6579**	**1743**	**69**	**159**	
	3100	11	-4	907	1130		51	
	1500			260	150	16	10	
	5157			-2460	360		19	
565	72798	416	16	-52962	10375	147	740	78
1811	88444	636	-5	-60967	13762	440	773	
1811	13783	505	-5	-4206	5290	381	428	
	72046	125		-56900	6852	43	248	
	2414	6		36	660	16	46	
	201			103	960		51	
	9926	404	86	692	2077	3	148	
	9926	404	86	692	2077	3	148	
	1405	56	20	137	1427		113	78
	1196	56	20	-22	1198		93	78
							3	
	209			159	229		17	
	632			377	392		25	
	632			377	392		25	
	8140	59	195	-5277	679	66	104	
	7914	59	195	-6523	320	66	87	
	226			1246	359		17	

第5篇

其他服务业企业生产经营及财务状况

5-1　按行业(中类)分组的其他服务业企业财务状况

单位：千元、人

行　　业	资产负债		损益及分配			从业人员报酬	所有者权益合计	全部从业人员年平均人数
	固定资产原价	年末存货	营业收入	营业费用、管理费用、财务费用合计	营业利润			
总　　计	**13271564**	**429912**	**8933946**	**2665674**	**2115795**	**1123200**	**21903329**	**49703**
信息传输、计算机服务和软件业	7677006	91602	5299479	1325375	1908850	284718	7525057	10624
电信和其他信息传输服务业	7441817	51345	5035577	1261097	1869646	242739	7155217	7596
电信	7293568	46288	4830630	1216008	1837804	216927	6935651	6993
互联网信息服务	5277	1271	85047	17235	44116	1696	15646	113
广播电视传输服务	142666	3786	119653	27456	-11870	23665	205302	483
卫星传输服务	306		247	398	-404	451	-1382	7
计算机服务业	210112	19093	163252	38861	33744	29679	234038	2405
计算机系统服务	13680	4939	29183	6402	854	4698	38577	283
计算机维修	3755	3410	9382	2540	916	1587	12973	117
其他计算机服务	192677	10744	124687	29919	31974	23394	182488	2005
软件业	25077	21164	100650	25417	5460	12300	135802	623
公共软件服务	25057	21164	100650	25417	5460	12300	135802	621
其他软件服务	20							2
金融业	165760	10742	120192	53006	42904	13042	1755094	703
其他金融活动	165760	10742	120192	53006	42904	13042	1755094	703
金融信托与管理	69880		840	349	439	618	548494	20
金融租赁			74	39	21	36	8500	3
财务公司	803		4800	3038	1495	215	31556	8
典当	46710	9562	33546	11275	12773	4346	259794	220
其他未列明的金融活动	48367	1180	80932	38305	28176	7827	906750	452
租赁和商务服务业	3808525	83450	1650605	732029	76301	375805	10110625	17791
租赁业	206334	2986	72781	30933	4627	12873	220749	898
机械设备租赁	205233	2746	72724	30877	4646	12821	219749	893
文化及日用品出租	1101	240	57	56	-19	52	1000	5
商务服务业	3602191	80464	1577824	701096	71674	362932	9889876	16893
企业管理服务	2444029	30806	617299	384443	43068	151502	8606171	4091
法律服务	16241	219	38467	17580	7011	12302	14362	554
咨询与调查	173940	2688	182160	50075	12673	45740	332126	1460
广告业	68154	11545	163280	41710	8481	23612	172820	1593
知识产权服务	16148	29	5526	2742	573	1752	30767	154
职业中介服务	208138	7690	93990	16018	-28641	61418	38678	3051
市场管理	367494	16880	82620	56645	-4263	15541	225858	1215
旅行社	213312	1290	265181	42387	26744	15936	250267	1005
其他商务服务	94735	9317	129301	89496	6028	35129	218827	3770
科学研究、技术服务和地质勘查业	454659	45237	997374	281417	46353	259508	1288350	8594
研究与试验发展	16923	237	14515	6305	-51	5525	160725	278
自然科学研究与试验发展	2894		7559	1498	1738	1546	5940	65
工程和技术研究与试验发展	2120	60	4134	1075	48	839	8828	38
农业科学研究与试验发展	11563		1960	3060	-1516	2550	144391	123

5-1 续表 1 单位：千元、人

行业	资产负债		损益及分配			从业人员报酬	所有者权益合计	全部从业人员年平均人数
	固定资产原价	年末存货	营业收入	营业费用、管理费用、财务费用合计	营业利润			
医学研究与试验发展	46	177	782	632	-303	530	1536	47
社会人文科学研究与试验发展	300		80	40	-18	60	30	5
专业技术服务业	371107	33562	893500	248492	35644	216492	1041947	7016
气象服务	872	13	2672	691	56	1436	1975	73
测绘服务	5656	45	11790	3790	181	2882	6870	109
技术检测	60984	69	46457	19613	-7929	17018	36911	647
环境监测	3452	152	6545	6481	-4360	2629	3587	86
工程技术与规划管理	291708	31426	776562	212970	49884	187954	949760	5958
其他专业技术服务	8435	1857	49474	4947	-2188	4573	42844	143
科技交流和推广服务业	48408	9501	50017	9679	7848	8809	66658	570
技术推广服务	35609	9066	33926	7802	3760	7257	52642	494
科技中介服务	12749	430	15652	1846	3923	1464	13966	68
其他科技服务	50	5	439	31	165	88	50	8
地质勘查业	18221	1937	39342	16941	2912	28682	19020	730
矿产地质勘查	10498	1737	28750	14657	1656	23223	12265	255
基础地质勘查	4314		5880	899	804	4325	2997	440
地质勘查技术服务	3409	200	4712	1385	452	1134	3758	35
水利、环境和公共设施管理业	302095	102421	175526	39880	8501	28032	482776	1828
水利管理业	3540		9723	5373	1249	2580	195726	127
水资源管理	1094		3709	3815	-224	2005	193083	76
其他水利管理	2446		6014	1558	1473	575	2643	51
环境管理业	96203	565	21469	2536	-647	4685	96022	314
自然保护	5114		341	358	-214	173	5434	47
环境治理	91089	565	21128	2178	-433	4512	90588	267
公共设施管理业	202352	101856	144334	31971	7899	20767	191028	1387
市 政公共设施管理	4339	17	8399	7722	-6010	1239	18862	62
城市绿化管理	39866	100505	112328	15693	5961	12971	117455	819
游览景区管理	158147	1334	23607	8556	7948	6557	54711	506
居民服务和其他服务业	218169	45406	292821	90991	12969	60815	222765	4280
居民服务业	112074	21082	128989	44500	5840	22436	111367	1592
家庭服务	2469	63	3034	1204	-149	1412	4871	127
托儿所	80		100	120	-44	80	456	10
洗染服务	1190	25	647	87	110	231	1245	26
理发及美容保健服务	3605	644	7010	3962	800	2179	6162	183
洗浴服务	39747	1109	42519	19389	6408	8542	40689	634
婚姻服务	410	56	560	229	-13	340	2212	44
殡葬服务	47406	16868	57134	14195	-2418	5653	37156	278
摄影扩印服务	13331	2269	17357	4863	1148	3583	15363	257
其他居民服务	3836	48	628	451	-2	416	3213	33
其他服务业	106095	24324	163832	46491	7129	38379	111398	2688
修理与维护	85264	19321	124540	31221	7501	23261	87472	1758
清洁服务	8250	636	14431	6052	940	5572	9073	468
其他未列明的服务	12581	4367	24861	9218	-1312	9546	14853	462

5-1　续表 2　　单位：千元、人

行　业	资产负债		损益及分配			从业人员报　酬	所有者权益合计	全部从业人员年平均人数
	固定资产原　价	年末存货	营业收入	营业费用、管理费用、财务费用合计	营业利润			
教育	126560	2225	72470	16365	5406	22068	81928	1381
教育	126560	2225	72470	16365	5406	22068	81928	1381
学前教育	15216	312	4637	1910	385	2435	8068	247
中等教育	29137		23027	3964	-2000	6938	20586	232
其他教育	82207	1913	44806	10491	7021	12695	53274	902
卫生、社会保障和社会福利业	210129	15155	150117	47205	11814	45878	130223	2628
卫生	210129	15155	150117	47205	11814	45878	130223	2628
医院	162841	11775	115435	39296	6296	27624	106624	1983
卫生院及社区医疗活动	32622	1826	14938	2363	4427	13221	10307	346
门诊部医疗活动	9991	1434	10888	1559	180	2546	7562	187
计划生育技术服务活动	100	20	400		-1	120	250	12
疾病预防控制及防疫活动	1		84		25	21		3
其他卫生活动	4574	100	8372	3987	887	2346	5480	97
文化、体育和娱乐业	308661	33674	175362	79406	2697	33334	306511	1874
新闻出版业	79343	30133	64843	19703	-1647	10262	106412	209
出版业	79343	30133	64843	19703	-1647	10262	106412	209
广播、电视、电影和音像业	61741	233	35937	21521	1220	7552	42279	317
广播	4595	39	4150	2822	577	873	2908	25
电视	300		2080	170	210	110	500	7
电影	56551	124	28647	18426	216	6462	37751	275
音像制作	295	70	1060	103	217	107	1120	10
文化艺术业	1100		1670	323	280	314	2312	10
文艺创作与表演	1000		700	100	90	40	1300	3
艺术表演场馆			280	60	76	120	400	2
文化艺术经纪代理			500	33	65	24	412	2
其他文化艺术	100		190	130	49	130	200	3
体育	2275	290	3166	7973	-5848	1078	437	31
体育组织			2	1	-40	24		2
体育场馆	1445		1564	702	102	584	9307	10
其他体育	830	290	1600	7270	-5910	470	-8870	19
娱乐业	164202	3018	69746	29886	8692	14128	155071	1307
室内娱乐活动	41201	2140	40147	12854	5672	7798	43691	770
游乐园	49324	87	18350	10618	5015	3481	22151	358
休闲健身娱乐活动	2756	535	3616	2230	39	1083	16034	75
其他娱乐活动	70921	256	7633	4184	-2034	1766	73195	104

注：本表数据不包括银行、证券、保险。

5-2 按地区分组的其他服务业企业财务状况

单位：个、千元、人

地区	法人单位数	资产负债		损益及分配			从业人员报酬	所有者权益合计	全部从业人员年平均人数
		固定资产原价	年末存货	营业收入	营业费用、管理费用、财务费用合计	营业利润			
总计	**2754**	**13271564**	**429912**	**8933946**	**2665674**	**2115795**	**1123200**	**21903329**	**49703**
银川市	**1730**	**9273224**	**329575**	**6531130**	**2054405**	**1331077**	**844673**	**17757646**	**34846**
兴庆区	988	4262338	196072	3771830	1053273	1121322	505782	10971994	19628
西夏区	133	183715	13912	185603	74336	19379	64875	1246191	2753
金凤区	404	4377465	87014	2435890	889597	210570	237263	5131337	10190
永宁县	46	96291	5807	25745	4308	2769	13619	114089	439
贺兰县	74	97671	16870	47785	22349	1598	7834	226218	504
灵武市	85	255744	9900	64277	10542	-24561	15300	67817	1332
石嘴山市	**358**	**1476856**	**40933**	**840441**	**219267**	**262982**	**95666**	**1373147**	**5516**
大武口区	235	1023438	15143	619356	134781	245424	56521	936440	3083
惠农区	45	26604	5957	20764	8082	-1154	6295	107303	463
平罗县	78	426814	19833	200321	76404	18712	32850	329404	1970
吴忠市	**278**	**1019525**	**20961**	**721646**	**161628**	**293890**	**87176**	**1556056**	**3821**
红寺堡区	8	1822	84	1449	189	467	214	1790	29
利通区	121	757292	9147	649398	142988	283424	62227	1451103	2310
盐池县	70	87482	3365	17472	6176	1926	5549	16363	425
同心县	31	58838	4590	17610	3444	3818	8109	18112	473
青铜峡市	48	114091	3775	35717	8831	4255	11077	68688	584
固原市	**157**	**617267**	**18003**	**419605**	**109070**	**110527**	**38139**	**443950**	**2192**
原州区	92	578313	15744	396782	105930	104900	32474	403778	1773
西吉县	27	13703	51	10422	960	4301	2488	12097	200
隆德县	12	3068	804	4660	660	208	1248	3059	73
泾源县	12	18997	1224	4320	1235	-188	1124	20395	96
彭阳县	14	3186	180	3421	285	1306	805	4621	50
中卫市	**231**	**884692**	**20440**	**421124**	**121304**	**117319**	**57546**	**772530**	**3328**
沙坡头区	146	793245	17611	344853	105111	104565	40896	665550	2199
中宁县	54	68936	2216	44757	14559	631	12254	82265	844
海原县	31	22511	613	31514	1634	12123	4396	24715	285

5-3 按登记注册类型分组的其他服务业企业财务状况

单位：个、千元、人

登记注册类型	法人单位数	资产负债		损益及分配			从业人员报酬	所有者权益合计	全部从业人员年平均人数
		固定资产原价	年末存货	营业收入	营业费用、管理费用、财务费用合计	营业利润			
总　计	**2754**	**13271564**	**429912**	**8933946**	**2665674**	**2115795**	**1123200**	**21903329**	**49703**
内资企业	2734	8902013	385677	5126238	1776060	385332	1002301	17641833	45763
国有企业	165	2427420	74804	965729	513067	-274088	209699	3240155	8377
集体企业	62	285096	4155	109686	51961	7940	26906	171346	1550
股份合作企业	15	105929	2996	71875	20655	32287	8401	136818	298
联营企业	5	3225		2839	490	148	461	3780	40
国有联营企业	2	1715		1424	255	208	178	300	17
集体联营企业	1	1200		500	45	385	120	1200	12
国有与集体联营企业	1	80		900	185	-455	163	2000	8
其他联营企业	1	230		15	5	10		280	3
有限责任公司	365	1459959	57498	1199739	463050	150155	266902	6692089	10252
国有独资公司	14	348648	551	79332	103705	43410	16990	2948753	552
其他有限责任公司	351	1111311	56947	1120407	359345	106745	249912	3743336	9700
股份有限公司	39	2789864	19568	1105260	240727	350082	143360	4027851	4113
私营企业	2030	1803115	225135	1628841	476250	111486	335387	3339655	20408
私营独资企业	723	596881	50802	296848	62622	23467	73511	392010	6123
私营合伙企业	133	152520	10265	152396	47294	31124	32837	167262	1551
私营有限责任公司	1096	948712	158677	1068817	332292	57707	203233	2663530	11451
私营股份有限公司	78	105002	5391	110780	34042	-812	25806	116853	1283
其他企业	53	27405	1521	42269	9860	7322	11185	30139	725
港、澳、台商投资企业	8	612995	17498	330161	65587	206414	11445	329612	376
合资经营企业(港或澳、台资)	2	8200	382	9765	4702	-1249	376	13825	57
合作经营企业(港或澳、台资)	1	658		538	251	257	97	10243	7
港、澳、台商独资经营企业	2	5489	635	43163	8489	22759	3254	24162	4
港、澳、台商投资股份有限公司	3	598648	16481	276695	52145	184647	7718	281382	308
外商投资企业	12	3756556	26737	3477547	824027	1524049	109454	3931884	3564
中外合资经营企业	4	306573	2831	272596	61608	130496	11636	503080	384
外资企业	7	3276967	23082	2927315	714190	1220413	95130	3428804	2956
外商投资股份有限公司	1	173016	824	277636	48229	173140	2688		224

第6篇

行政事业单位财务状况

6-1 按行业(中类)分组的

行业	固定资产原价	本年收入合计	财政拨款	事业收入	经营收入
总计	**24490365**	**28388995**	**21413329**	**4291346**	**1091150**
交通运输、仓储和邮政业	**133511**	**181862**	**134833**	**18166**	**7375**
道路运输业	110277	168383	126516	13004	7375
公路旅客运输	4222	1500		1500	
道路运输辅助活动	106055	166883	126516	11504	7375
仓储业	23234	13479	8317	5162	
谷物、棉花等农产品仓储	120	450	450		
其他仓储	23114	13029	7867	5162	
信息传输、计算机服务和软件业	**145282**	**198164**	**39478**	**155721**	**48**
电信和其他信息传输服务业	143803	196350	38487	154898	48
电信	9140	9286	6080	998	48
互联网信息服务	2535	8897	8760		
广播电视传输服务	132128	178167	23647	153900	
计算机服务业	1479	1814	991	823	
计算机系统服务	1479	1814	991	823	
金融业	**553687**	**138811**	**46496**	**6401**	**38162**
银行业	539323	101433	17405		38162
中央银行	539323	101433	17405		38162
保险业	5654	6719	6719		
保险辅助服务	5654	6719	6719		
其他金融活动	8710	30659	22372	6401	
金融信托与管理	4342	3246	27	3108	
其他未列明的金融活动	4368	27413	22345	3293	
租赁和商务服务业	**189603**	**140299**	**109883**	**12532**	**12408**
商务服务业	189603	140299	109883	12532	12408
企业管理服务	34379	46506	44330	999	815
法律服务	4530	12338	3266	825	8247
咨询与调查	12101	28310	27200	59	3
知识产权服务	999	1492	1094	296	100
职业中介服务	19908	29258	23643	1409	777
市场管理	34732	11952	5191	4450	1690
其他商务服务	82954	10443	5159	4494	776
科学研究、技术服务和地质勘查业	**618377**	**1038337**	**767186**	**133220**	**110714**
研究与试验发展	156752	256007	166610	83070	3607
自然科学研究与试验发展	43556	96105	89942	5160	
工程和技术研究与试验发展	86181	104614	26730	77065	
农业科学研究与试验发展	10770	25785	22016	261	2610
医学研究与试验发展	344	2323	1686	366	271
社会人文科学研究与试验发展	15901	27180	26236	218	726
专业技术服务业	271390	302768	188287	37251	61146
气象服务	72759	55036	44474	5562	207
地震服务	38345	42121	30371	339	9244
测绘服务	19309	57015	17699	9842	24537
技术检测	49801	43287	26009	7164	10114
环境监测	35411	25071	19165	55	3862
工程技术与规划管理	55765	80238	50569	14289	13182

行政事业单位财务状况

单位：千元、人

本年支出合计	工资福利支出	商品和服务支出	取暖费(降温费)	劳务费	差旅费	出国费
26820006	**7873615**	**8275384**	**374024**	**305240**	**262992**	**15716**
174874	**72575**	**39740**	**2956**	**2416**	**1529**	
160246	66228	35819	2156	2404	1412	
1440	1200	220	80	50	60	
158806	65028	35599	2076	2354	1352	
14628	6347	3921	800	12	117	
450	420	30	10	10	10	
14178	5927	3891	790	2	107	
195991	**22733**	**114302**	**442**	**538**	**900**	
194363	21788	113627	400	538	803	
9252	3021	3399	78	272	40	
7302	1246	1776	33	230	66	
177809	17521	108452	289	36	697	
1628	945	675	42		97	
1628	945	675	42		97	
245187	**62492**	**98157**	**5038**	**2360**	**7408**	**170**
228941	57765	92851	4951	2195	6914	170
228941	57765	92851	4951	2195	6914	170
7642	2510	2870	66	60	384	
7642	2510	2870	66	60	384	
8604	2217	2436	21	105	110	
3208	1375	1116	11	75	4	
5396	842	1320	10	30	106	
132991	**50559**	**43246**	**2766**	**1216**	**1846**	**123**
132991	50559	43246	2766	1216	1846	123
49761	9400	16834	1075	349	687	30
11782	7148	1851	363	63	256	
25741	9648	7908	424	562	502	45
1418	661	427		4	56	
22323	15838	5167	217	122	117	
10127	6082	1185	420	104	126	48
11839	1782	9874	267	12	102	
961303	**281920**	**227536**	**20377**	**8207**	**9034**	**342**
259623	83123	94287	1988	2584	1379	41
95977	19918	14773	343	96	227	41
109489	37006	69823	1041		414	
26143	16919	3645	315	573	428	
2284	318	1584	15	88	54	
25730	8962	4462	274	1827	256	
262753	91782	75846	14342	1849	5406	208
51797	19030	20770	2170	424	1475	
42025	14522	13206	8684	409	1236	164
42258	15544	9927	314	683	579	
28189	14933	9218	1323	134	693	8
23838	5386	3960	125	16	148	
74646	22367	18765	1726	183	1275	36

6-1 续表 1-1

行　业	固定资产原　价	本年收入合　计	财政拨款	事业收入	经营收入
科技交流和推广服务业	120172	358941	342197	10321	3060
技术推广服务	117097	184049	167670	10224	3002
科技中介服务	1104	1508	1253	45	
其他科技服务	1971	173384	173274	52	58
地质勘查业	70063	120621	70092	2578	42901
基础地质勘查	49553	105471	65452	1318	33651
地质勘查技术服务	20510	15150	4640	1260	9250
水利、环境和公共设施管理业	**2605532**	**850784**	**461232**	**138932**	**223215**
水利管理业	1893250	477650	126685	123994	213638
防洪管理	3054	14404	14059	126	219
水资源管理	1753814	409128	81193	119268	195334
其他水利管理	136382	54118	31433	4600	18085
环境管理业	263668	167617	144823	8870	2765
自然保护	43256	41420	35681	3530	1752
环境治理	220412	126197	109142	5340	1013
公共设施管理业	448614	205517	189724	6068	6812
市政公共设施管理	24677	83481	82647	744	
城市绿化管理	212076	99442	88853	3571	5212
游览景区管理	211861	22594	18224	1753	1600
居民服务和其他服务业	**16031**	**17801**	**5039**	**12276**	
居民服务业	14098	13978	1216	12276	
殡葬服务	14098	13978	1216	12276	
其他服务业	1933	3823	3823		
其他未列明的服务	1933	3823	3823		
教育	**7511490**	**5770386**	**4663359**	**761197**	**60697**
教育	7511490	5770386	4663359	761197	60697
学前教育	129192	112484	81246	22302	3885
初等教育	1982860	1780259	1708909	48462	1821
中等教育	3119425	2589242	2063695	342805	33844
高等教育	1977528	1103168	673671	321053	3380
其他教育	302485	185233	135838	26575	17767
卫生、社会保障和社会福利业	**3250694**	**4069655**	**999034**	**2494142**	**505647**
卫生	3137232	3867741	815252	2481298	505499
医院	2539251	3127243	481897	2159456	478064
卫生院及社区医疗活动	222874	296369	114232	150205	20696
门诊部医疗活动	19540	24641	9950	13372	858
计划生育技术服务活动	24930	32060	23254	4532	105
妇幼保健活动	107702	160655	51186	102591	5016
专科疾病防治活动	25881	24358	13267	10902	
疾病预防控制及防疫活动	170077	168832	113366	19008	757
其他卫生活动	26977	33583	8100	21232	3
社会保障业	54573	149808	143206	5161	
社会保障业	54573	149808	143206	5161	
社会福利业	58889	52106	40576	7683	148
提供住宿的社会福利	52889	42356	31414	7099	148
不提供住宿的社会福利	6000	9750	9162	584	

单位：千元、人

本年支出合计	工资福利支出	商品和服务支出				
			取暖费(降温费)	劳务费	差旅费	出国费
355279	75833	45204	1848	625	1296	93
179861	72241	42782	1746	622	1137	30
1607	780	165	3		41	
173811	2812	2257	99	3	118	63
83648	31182	12199	2199	3149	953	
71298	22430	11135	1932	2754	772	
12350	8752	1064	267	395	181	
721546	**322769**	**211477**	**7024**	**25777**	**3331**	**725**
413143	181292	140911	2783	22787	2142	
15145	3553	10810	33	15	49	
342680	156935	122447	2503	22743	1712	
55318	20804	7654	247	29	381	
159934	85756	44749	2900	1583	756	725
35363	16304	11625	769	755	470	45
124571	69452	33124	2131	828	286	680
148469	55721	25817	1341	1407	433	
33739	16236	11083	476	186	151	
97849	32803	10421	565	192	241	
16881	6682	4313	300	1029	41	
24514	**4770**	**9638**	**378**	**206**	**180**	
20703	3583	8155	184	103	148	
20703	3583	8155	184	103	148	
3811	1187	1483	194	103	32	
3811	1187	1483	194	103	32	
5701204	**2552094**	**1418575**	**161502**	**71663**	**39433**	**1387**
5701204	2552094	1418575	161502	71663	39433	1387
110699	66056	22350	2964	3260	593	23
1763427	1040520	386049	58349	21890	8076	43
2623592	1067009	628227	76593	28489	16449	647
1036638	313151	324720	19827	14373	12376	369
166848	65358	57229	3769	3651	1939	305
4008046	**954398**	**1941636**	**42414**	**26294**	**13595**	**187**
3818121	915467	1845089	38687	24555	11707	153
3151344	680141	1536015	27132	15879	7792	130
287192	104338	142112	6434	4180	988	
24603	8355	13607	1392	91	73	
31127	13133	13692	251	231	470	
147349	52081	75448	1178	1779	556	23
22334	9715	9278	917	421	237	
121801	40328	40667	990	1862	1061	
32371	7376	14270	393	112	530	
141604	21075	78288	823	1619	1274	34
141604	21075	78288	823	1619	1274	34
48321	17856	18259	2904	120	614	
39647	15437	12850	2711	97	326	
8674	2419	5409	193	23	288	

6-1 续表 1-2

行业	固定资产原价	本年收入合计			
			财政拨款	事业收入	经营收入
文化、体育和娱乐业	**633532**	**523591**	**324064**	**137197**	**43216**
新闻出版业	29041	54496	11671	15215	23971
新闻业	18223	21471	6368	7515	6988
出版业	10818	33025	5303	7700	16983
广播、电视、电影和音像业	213218	157425	110293	36694	8878
广播	54400	27887	20075	5488	1125
电视	134913	84472	45278	31090	7753
电影	23905	45066	44940	116	
文化艺术业	201060	205889	180761	19122	3354
文艺创作与表演	27348	62389	56382	3270	932
艺术表演场馆	8236	943	863	80	
图书馆与档案馆	64679	60641	60050	274	255
文物及文化保护	19348	27298	16682	10400	93
博物馆	28149	25090	22235	829	1800
烈士陵园、纪念馆	5000	377	377		
群众文化活动	48005	27560	22581	4269	274
其他文化艺术	295	1591	1591		
体育	141644	32254	19782	1166	7013
体育组织	139649	27134	15818	199	6824
体育场馆	1935	5082	3926	967	189
其他体育	60	38	38		
娱乐业	48569	73527	1557	65000	
室内娱乐活动	549	1557	1557		
休闲健身娱乐活动	2494	842		842	
其他娱乐活动	45526	71128		64158	
公共管理和社会组织	**8832626**	**15459305**	**13862725**	**421562**	**89668**
中国共产党机关	298539	428749	408354	629	
中国共产党机关	298539	428749	408354	629	
国家机构	8398616	14828284	13272255	416373	88599
国家权力机构	153181	202854	185634	4930	29
国家行政机构	7859461	14143147	12613207	410315	88540
人民法院和人民检察院	373046	466898	460924	19	
其他国家机构	12928	15385	12490	1109	30
人民政协和民主党派	98865	111342	107901	11	
人民政协	91689	93281	90127		
民主党派	7176	18061	17774	11	
群众团体、社会团体和宗教组织	33140	78384	63188	4549	163
群众团体	24665	57339	44399	3352	
社会团体	7899	19266	17010	1197	163
宗教组织	576	1779	1779		
基层群众自治组织	3466	12546	11027		906
社区自治组织	1399	10617	10209		19
村民自治组织	2067	1929	818		887

单位：千元、人

本年支出合计	工资福利支出	商品和服务支出	取暖费(降温费)	劳务费	差旅费	出国费
461921	**159508**	**158550**	**9795**	**7599**	**5888**	**318**
45871	18958	20986	636	3614	1601	
16499	8410	6557	329	1615	973	
29372	10548	14429	307	1999	628	
144488	44874	74735	1595	1119	1178	64
25213	9128	11223	778	224	249	
76532	33409	30743	788	647	564	
42743	2337	32769	29	248	365	64
184132	79535	49271	6227	2417	2522	254
58310	29898	13609	3340	1000	1349	58
943	545	341	82		5	
49292	18194	11574	858	169	285	
25864	8880	6162	675	310	232	39
22817	7311	8828	284	383	186	
377	377					
25123	13458	8328	970	508	435	157
1406	872	429	18	47	30	
21986	8231	6696	1180	440	271	
17046	7370	3826	805	114	195	
4902	823	2870	375	326	76	
38	38					
65444	7910	6862	157	9	316	
1557	481	769	97	9	7	
737	9	19			19	
63150	7420	6074	60		290	
14192429	**3389797**	**4012527**	**121332**	**158964**	**179848**	**12464**
442600	118096	186558	4417	7418	14664	740
442600	118096	186558	4417	7418	14664	740
13557497	3196543	3767890	115538	150978	161886	11628
185551	53130	58044	1525	772	4242	528
12928913	2985057	3568076	106728	148222	140373	10976
427770	157060	139892	6844	1886	17213	124
15263	1296	1878	441	98	58	
99682	43465	27499	511	159	1834	66
81304	34499	22465	434	149	1481	41
18378	8966	5034	77	10	353	25
79771	28510	30017	682	373	1464	30
58642	19396	22113	448	205	1068	
19350	8261	7272	223	168	351	
1779	853	632	11		45	30
12879	3183	563	184	36		
10743	2954	481	112	36		
2136	229	82	72			

6-1 续表 2-2

行 业	工会经费	福利费	对个人和家庭的补助	抚恤金
科技交流和推广服务业	227	462	21719	939
技术推广服务	194	459	19678	850
科技中介服务	8	1	318	
其他科技服务	25	2	1723	89
地质勘查业	432	418	22233	700
基础地质勘查	337	292	19699	700
地质勘查技术服务	95	126	2534	
水利、环境和公共设施管理业	**2619**	**4094**	**52185**	**1247**
水利管理业	2021	3205	25979	612
防洪管理	8	5	461	
水资源管理	1942	2539	15151	494
其他水利管理	71	661	10367	118
环境管理业	344	604	13916	435
自然保护	66	152	5405	123
环境治理	278	452	8511	312
公共设施管理业	254	285	12290	200
市政公共设施管理	108	65	5938	73
城市绿化管理	114	164	4338	46
游览景区管理	32	56	2014	81
居民服务和其他服务业	**112**	**37**	**1144**	**11**
居民服务业	96	4	797	
殡葬服务	96	4	797	
其他服务业	16	33	347	11
其他未列明的服务	16	33	347	11
教育	**11494**	**28669**	**703476**	**12458**
教育	11494	28669	703476	12458
学前教育	402	653	13259	132
初等教育	3018	6695	213331	6044
中等教育	5074	13968	273357	4906
高等教育	2584	6763	183304	1012
其他教育	416	590	20225	364
卫生、社会保障和社会福利业	**6820**	**100620**	**209107**	**2742**
卫生	6571	99472	160196	2563
医院	4430	98165	114621	1564
卫生院及社区医疗活动	402	519	13908	646
门诊部医疗活动	63	12	1726	
计划生育技术服务活动	29	126	1339	
妇幼保健活动	595	316	13049	14
专科疾病防治活动	73	6	2054	
疾病预防控制及防疫活动	597	172	12469	316
其他卫生活动	382	156	1030	23
社会保障业	116	556	38468	81
社会保障业	116	556	38468	81
社会福利业	133	592	10443	98
提供住宿的社会福利	119	591	9786	94
不提供住宿的社会福利	14	1	657	4

事业单位财务状况

单位：千元、人

差旅费	出国费	工会经费	福利费	对个人和家庭的补助	抚恤金	生活补助	救济费	助学金	退职(役)费	经营支出	经营税金	全部从业人员年平均人数
262992	**15716**	**55180**	**238524**	**3024954**	**79689**	**280734**	**437540**	**181175**	**86923**	**1321262**	**16688**	**221508**
135889	**12319**	**30103**	**168454**	**1238884**	**26669**	**66466**	**39476**	**104585**	**33332**	**781142**	**11486**	**84877**
68826	8979	19482	127061	542861	13406	37722	6378	23367	7880	604181	7317	38118
18104	626	4390	12598	261490	2929	5771	31602	65149	13303	68760	2744	14061
36181	2005	4045	19367	224864	5520	6217	634	10646	4610	16012	974	13996
2959	45	574	1546	49159	723	5185	2	4021	804	6324	5	5950
4496		724	2173	56938	2238	3416	542	1136	4954	35552	198	5255
5323	664	888	5709	103572	1853	8155	318	266	1781	50313	248	7497
31834	**1907**	**8138**	**27472**	**424724**	**10082**	**17129**	**70692**	**6560**	**17626**	**168001**	**1383**	**25779**
20334	1688	4639	20670	207799	3796	4752	26821	5369	1820	102152	1329	11692
4085	50	2364	3192	92838	2816	3122	30054	244	8351	60251		6123
7415	169	1135	3610	124087	3470	9255	13817	947	7455	5598	54	7964
31495	**746**	**7654**	**20689**	**372119**	**11090**	**78431**	**24375**	**9299**	**6860**	**195383**	**2431**	**42375**
2666	67	40	306	33672	248	24365	2028	349	59	28671		2455
14307	396	5087	15213	126590	3367	16443	12423	2790	306	79084	1880	16057
2633		184	1656	80490	1769	8704	8023	1930	1606	2176		5833
7565	105	397	1004	69856	1395	11360	173	3176	900	3924	2	8288
4324	178	1946	2510	61511	4311	17559	1728	1054	3989	81528	549	9742
39072	**523**	**3088**	**12994**	**480887**	**10907**	**64649**	**106983**	**48246**	**17387**	**8949**	**186**	**39688**
15170	470	1881	7528	201088	5603	16815	49248	20507	4164	7105	182	15585
6530	30	452	2016	93072	2342	4479	48666	16894	285	103		9619
3969	23	151	1432	53212	799	7493	336	6388	5637	1221	4	5881
4223		39	330	27481	238	1330	396	444	2719	202		2668
9180		565	1688	106034	1925	34532	8337	4013	4582	318		5935
24702	**221**	**6197**	**8915**	**508340**	**20941**	**54059**	**196014**	**12485**	**11718**	**167787**	**1202**	**28789**
10460	4	3125	4475	117668	4193	14847	11935	5354	1116	16835	253	9899
5610	85	2430	2471	134361	11925	13058	50237	1640	6362	99563	949	9034
8632	132	642	1969	256311	4823	26154	133842	5491	4240	51389		9856

6-3 按登记注册类型分组的

登记注册类型	固定资产原价	本年收入合计				本年支出合计				
			财政拨款	事业收入	经营收入		工资福利支出	商品和服务支出	取暖费(降温费)	劳务费
总　计	**24490365**	**28388995**	**21413329**	**4291346**	**1091150**	**26820006**	**7873615**	**8275384**	**374024**	**305240**
内资企业	24490365	28388995	21413329	4291346	1091150	26820006	7873615	8275384	374024	305240
国有企业	23651897	27948196	21122808	4190175	1053838	26388938	7760972	8122618	365866	302610
集体企业	33235	36107	32027	3698	282	36685	20271	7909	1229	158
股份合作企业	7600	4800			4800	2900	1900	515	500	
联营企业	86388	44184	1141	42188	697	62877	6952	14850	66	72
国有联营企业	1143	1224	76	293	697	727	339	263	43	10
其他联营企业	85245	42960	1065	41895		62150	6613	14587	23	62
股份有限公司	200000	1567			1567					
私营企业	101681	20107	510	1630	17967	38775	10422	11678	882	230
私营独资企业	965	1238	510	590	138	1312	195	198	182	
私营合伙企业	2536	2920		1040	1880	2670	2610	50	20	
私营有限责任公司	31180	620			620	3850	720	630	180	230
私营股份有限公司	67000	15329			15329	30943	6897	10800	500	
其他企业	409564	334034	256843	53655	11999	289831	73098	117814	5481	2170

行政事业单位财务状况

单位：千元、人

差旅费	出国费	工会经费	福利费	对个人和家庭的补助	抚恤金	生活补助	救济费	助学金	退职(役)费	经营支出	经营税金	全部从业人员年平均人数
262992	**15716**	**55180**	**238524**	**3024954**	**79689**	**280734**	**437540**	**181175**	**86923**	**1321262**	**16688**	**221508**
262992	15716	55180	238524	3024954	79689	280734	437540	181175	86923	1321262	16688	221508
260483	15611	54443	236809	2972240	79018	278272	430503	175525	86597	1308814	16633	217523
92	15	5	279	1861	296	55		2		438		543
5		5	5							480	5	32
195	17		38	4430				1555		415		123
10	17		18	18						415		55
185			20	4412				1555				68
										1775		247
185		20	61	400		45	30	125		5458	50	354
15			1							16		63
20			10	10		5		5		650	50	99
150		20	50	190		40	30	120		292		36
				200						4500		156
2032	73	707	1332	46023	375	2362	7007	3968	326	3882		2686

6-4 按行业(中类)分组的

行业	固定资产原价	本年收入合计	捐赠收入	会费收入	提供服务收入	政府补助收入	本年费用合计	业务活动成本
总计	**4344074**	**1087887**	**114513**	**78742**	**448924**	**237665**	**926801**	**557675**
交通运输、仓储和邮政业	**2800**	**1200**			**1200**		**900**	**900**
道路运输业	2800	1200			1200		900	900
道路运输辅助活动	2800	1200			1200		900	900
信息传输、计算机服务和软件业	**1770**	**8880**		**530**	**1100**	**2300**	**6640**	**2390**
电信和其他信息传输服务业	1580	8800		530	1100	2300	6600	2350
广播电视传输服务	1580	8800		530	1100	2300	6600	2350
计算机服务业	190	80					40	40
其他计算机服务	190	80					40	40
租赁和商务服务业	**12322**	**27868**		**2501**	**20584**	**1112**	**17261**	**11510**
商务服务业	12322	27868		2501	20584	1112	17261	11510
企业管理服务	2058	9032			8830	164	1292	801
法律服务	5536	12293			10116	700	10418	8119
咨询与调查	969	2786		2427	359		2227	826
广告业	18	1196					998	
知识产权服务	94	71		71			65	55
职业中介服务	263	1079			831	248	1095	624
市场管理	3344	1335			375		1059	1010
旅行社		43		3	40		43	43
其他商务服务	40	33			33		64	32
科学研究、技术服务和地质勘查业	**2459**	**1440**		**20**	**719**	**701**	**1567**	**273**
研究与试验发展	1017	866		20	146	700	897	126
自然科学研究与试验发展	1000	700				700	700	
农业科学研究与试验发展	17						22	
社会人文科学研究与试验发展		166		20	146		175	126
专业技术服务业	1407	542			541	1	638	147
技术检测	1106	541			541		327	132
环境监测	289						310	15
工程技术与规划管理	12	1				1	1	
科技交流和推广服务业	35	32			32		32	
技术推广服务	35	32			32		32	
水利、环境和公共设施管理业	**2060**	**1931**			**1107**	**800**	**1362**	**484**
水利管理业	1400	1074			1050		484	484
水资源管理	1400	1074			1050		484	484
环境管理业	60	57			57		78	
自然保护	60	57			57		78	
公共设施管理业	600	800				800	800	
市政公共设施管理	600	800				800	800	
居民服务和其他服务业	**2373**	**955**			**955**		**1558**	**437**
居民服务业	2373	955			955		1558	437
家庭服务	110	330			330		249	130
理发及美容保健服务	60	180			180		170	150
婚姻服务	203	245			245		99	57
殡葬服务	2000	200			200		1040	100

社会团体及其他单位财务状况

单位：千元、人

人员费用	日常费用	固定资产折旧	税费	管理费用	人员费用	日常费用	固定资产折旧	税费	净资产变动额	全部从业人员年平均人数
162716	**236171**	**20455**	**9034**	**294861**	**123331**	**126270**	**13351**	**3681**	**81196**	**45569**
600	**190**	**110**								**21**
600	190	110								21
600	190	110								21
30				**3500**						**58**
				3500						50
				3500						50
30										8
30										8
5873	**2849**	**631**	**1015**	**4638**	**1292**	**1873**	**254**	**412**	**460**	**504**
5873	2849	631	1015	4638	1292	1873	254	412	460	504
545	114			376	99	16			8	33
5170	855	625	987	2095	629	785	151	309	90	325
24	777	5	2	1331	324	852	95	15	416	26
				279	121	79		79		7
55				10		10				5
30	69		25	466	62	117		7	-55	16
	1010			49	41	8				74
37	6									13
12	18	1	1	32	16	6	8	2	1	5
139	**46**	**15**	**73**	**1284**	**920**	**16**	**15**	**140**	**314**	**60**
91	35			761	718	4			341	18
				700	700					4
				22	18	4			350	4
91	35			39					-9	10
48	11	15	73	491	172	10	15	140	-27	34
48	11		73	195	172	9			-27	22
		15		295			15	140		11
				1		1				1
				32	30	2				8
				32	30	2				8
68	**400**	**16**		**802**	**578**	**100**	**24**			**76**
68	400	16								5
68	400	16								5
				78	78					9
				78	78					9
				724	500	100	24			62
				724	500	100	24			62
202	**35**	**11**	**10**	**531**	**155**	**317**	**26**	**5**		**52**
202	35	11	10	531	155	317	26	5		52
			10	109	86	13	5	5		11
110		1		20	19		1			15
42	15			42	10	4				18
50	20	10		360	40	300	20			8

6-4 续表

行业	固定资产原价	本年收入合计	捐赠收入	会费收入	提供服务收入	政府补助收入	本年费用合计	业务活动成本
教育	**232435**	**100278**	**818**	**1825**	**76805**	**4281**	**90272**	**49475**
教育	232435	100278	818	1825	76805	4281	90272	49475
学前教育	129675	42503	466	1116	33455	1329	39862	21374
初等教育	51236	16360			11789	946	17353	6021
中等教育	16719	15321			12712	932	11854	9702
其他教育	34805	26094	352	709	18849	1074	21203	12378
卫生、社会保障和社会福利业	**32092**	**33202**	**405**	**155**	**27996**	**3949**	**32197**	**25300**
卫生	24318	29647		150	27846	1439	28278	23392
医院	14866	9637			9520		9010	6606
卫生院及社区医疗活动	5363	11390		150	10306	847	11135	9248
门诊部医疗活动	4027	8556			7964	584	8069	7513
计划生育技术服务活动		8				8	8	8
其他卫生活动	62	56			56		56	17
社会福利业	7774	3555	405	5	150	2510	3919	1908
提供住宿的社会福利	7374	3050	405		150	2010	3414	1908
不提供住宿的社会福利	400	505		5		500	505	
文化、体育和娱乐业	**116706**	**127757**			**108424**	**10287**	**116764**	**69360**
新闻出版业	111929	126512			107826	9975	114808	68156
新闻业		360				360	360	
出版业	111929	126152			107826	9615	114448	68156
文化艺术业	3944	584			224	25	683	387
文艺创作与表演	530	224			224		192	192
博物馆	2994						130	130
群众文化活动	420	360				25	361	65
体育	623	556			269	287	1100	659
体育组织	383	320			269	51	864	423
其他体育	240	236				236	236	236
娱乐业	210	105			105		173	158
休闲健身娱乐活动	210	105			105		173	158
公共管理和社会组织	**3939057**	**784376**	**113290**	**73711**	**210034**	**214235**	**658280**	**397546**
国家机构	85739	46093			8197	22485	34815	30938
国家行政机构	82179	45713			8097	22205	34415	30818
其他国家机构	3560	380			100	280	400	120
人民政协和民主党派		27		3		24	25	6
民主党派		27		3		24	25	6
群众团体、社会团体和宗教组织	3105622	516513	105864	71954	160383	66632	429288	264519
群众团体	24574	61330	3681	20230	3843	31582	57915	26804
社会团体	330540	338887	10471	47597	150765	30124	259452	175402
宗教组织	2750508	116296	91712	4127	5775	4926	111921	62313
基层群众自治组织	747696	221743	7426	1754	41454	125094	194152	102083
社区自治组织	63093	20795	1460	36	2340	15772	20592	10060
村民自治组织	684603	200948	5966	1718	39114	109322	173560	92023

单位：千元、人

				管理费用					净资产变动额	全部从业人员年平均人数
人员费用	日常费用	固定资产折旧	税费		人员费用	日常费用	固定资产折旧	税费		
29857	**9329**	**3561**	**341**	**35808**	**13505**	**9620**	**2869**	**2057**	**1269**	**3724**
29857	9329	3561	341	35808	13505	9620	2869	2057	1269	3724
11251	5053	1926	53	16888	7989	4594	1117	580	676	2170
4482	301	522	1	8995	1256	2579	655	1190		401
7494	720	125		1554	318	362	696		275	267
6630	3255	988	287	8371	3942	2085	401	287	318	886
9325	**13970**	**95**	**120**	**5706**	**3637**	**804**	**297**	**373**	**697**	**907**
7956	13443	84	120	3944	2491	368	237	373	697	794
1005	4940	40	60	2388	1567	90	227	370		161
4033	4675	8	8	1005	442	242			33	247
2900	3821	36	52	512	452	30	10		664	321
6	2									60
12	5			39	30	6		3		5
1369	527	11		1762	1146	436	60			113
1369	527	11		1257	642	435	60			110
				505	504	1				3
18469	**42523**	**1094**	**6885**	**43820**	**14843**	**25868**	**2935**		**6257**	**749**
17815	42268	1021	6838	43362	14698	25570	2930		5705	641
				360	360					8
17815	42268	1021	6838	43002	14338	25570	2930		5705	633
229	156			9						58
144	46									16
45	85									3
40	25			9						39
375	26	58	27	439	140	298			552	42
165		58	27	439	140	298			552	35
210	26									7
50	73	15	20	10	5		5			8
50	73	15	20	10	5		5			8
98153	**166829**	**14922**	**590**	**198772**	**88401**	**87672**	**6931**	**694**	**72199**	**39418**
310	28058	2560		2397	1410	372	50	315	-1	1532
310	27938	2560		2117	1130	372	50	315	-1	76
	120			280	280					1456
	6			19		7				4
	6			19		7				4
69954	105013	11230	586	126358	51074	59838	5176	352	63526	26189
4587	15215	7		26490	11976	11063		24	512	606
46336	59154	4821	550	54654	21357	25984	2419	241	56299	11499
19031	30644	6402	36	45214	17741	22791	2757	87	6715	14084
27889	33752	1132	4	69998	35917	27455	1705	27	8674	11693
6988	1850	130	2	9602	7549	1541	197	4	6	2527
20901	31902	1002	2	60396	28368	25914	1508	23	8668	9166

6-5 按地区分组的社会团体

地　区	固定资产原　价	本年收入合　计	捐赠收入	会费收入	提供服务收　入	政府补助收　入	本年费用合　计	业务活动成　本
总　计	**4344074**	**1087887**	**114513**	**78742**	**448924**	**237665**	**926801**	**557675**
银川市	**1163854**	**535595**	**28846**	**48892**	**255141**	**90915**	**442543**	**246583**
兴庆区	369444	277574	6367	36474	173714	36040	234643	135375
西夏区	121341	35875	1586	1676	23279	7687	33192	20841
金凤区	144084	45574	8233	3151	9277	20049	36330	18599
永宁县	152479	69122	2591	1679	14354	5593	32996	16824
贺兰县	95050	38498	2829	1693	19162	8417	39153	23993
灵武市	281456	68952	7240	4219	15355	13129	66229	30951
石嘴山市	**1435870**	**83044**	**13679**	**6044**	**28141**	**20588**	**67624**	**16782**
大武口区	244349	29738	4640	5607	9892	4623	25407	7376
惠农区	80436	17015	2428	260	7895	3787	15187	6507
平罗县	1111085	36291	6611	177	10354	12178	27030	2899
吴忠市	**685981**	**206810**	**31586**	**7928**	**44173**	**76584**	**183069**	**126639**
红寺堡区	12946	2129	69		181	1706	2253	1910
利通区	404326	141050	11498	4837	31123	52028	123730	102293
盐池县	25521	18758	912	419	5600	9614	17498	8507
同心县	149638	21263	15596	112	1094	4361	21225	4536
青铜峡市	93550	23610	3511	2560	6175	8875	18363	9393
固原市	**465983**	**79667**	**13509**	**2995**	**27748**	**26182**	**65032**	**39639**
原州区	131218	15730	6521	1394	4849	2752	13790	2205
西吉县	143740	17847	1711	847	3018	3433	14701	10233
隆德县	27807	9199			1173	8024	9334	7587
泾源县	98500	10425	2004	169	4380	3700	8093	5349
彭阳县	64718	26466	3273	585	14328	8273	19114	14265
中卫市	**592386**	**182771**	**26893**	**12883**	**93721**	**23396**	**168533**	**128032**
沙坡头区	196629	126649	4130	11455	79688	12625	114931	87947
中宁县	173400	31256	6725	293	10822	7481	27663	18714
海原县	222357	24866	16038	1135	3211	3290	25939	21371

及其他单位财务状况

单位：千元、人

人员费用	日常费用	固定资产折旧	税费	管理费用	人员费用	日常费用	固定资产折旧	税费	净资产变动额	全部从业人员年平均人数
162716	**236171**	**20455**	**9034**	**294861**	**123331**	**126270**	**13351**	**3681**	**81196**	**45569**
69235	**95453**	**14312**	**8040**	**153612**	**58750**	**65287**	**9019**	**3131**	**21756**	**13031**
40684	68756	4515	7586	85723	30322	41287	5862	2061	11729	4629
5700	8247	1638	115	11678	6628	2835	411	390	126	1675
3513	8028	261	28	16897	7337	8315	642	267	-24	1135
6203	4151	943	221	14341	6328	6153	496	120	7558	2524
5725	1859	1115	85	11489	2973	1731	15	36	1318	1666
7410	4412	5840	5	13484	5162	4966	1593	257	1049	1402
10599	**4980**	**470**	**214**	**42117**	**13193**	**26722**	**537**	**308**	**837**	**3937**
4576	2526	99	20	12444	4446	7118	124	300	837	903
4271	1506	359	194	7612	4729	1956	369	8		1372
1752	948	12		22061	4018	17648	44			1662
29045	**67476**	**1218**	**101**	**44599**	**17356**	**18701**	**1373**	**51**	**43644**	**9578**
1463	426	1		341	218	74				320
17800	61730	695	17	12436	3381	3885	50	39	42426	5295
6231	1025	308	7	7416	1574	5462	307	2	1218	601
1429	975		36	16144	8152	6981	966			2633
2122	3320	214	41	8262	4031	2299	50	10		729
18233	**12761**	**422**	**116**	**23429**	**14294**	**7708**	**246**		**551**	**9842**
1331	525	51	81	11452	7203	3605	224		253	2378
4127	5606	200	5	4400	3446	745	14			2967
2391	436			1731	690	1041				678
1762	3124	133		2245	761	910	8		298	1609
8622	3070	38	30	3601	2194	1407				2210
35604	**55501**	**4033**	**563**	**31104**	**19738**	**7852**	**2176**	**191**	**14408**	**9181**
18585	40873	1690	471	19228	12412	4516	1520	132	9344	3459
6648	6759	257	32	7451	4750	2074	108	44		1890
10371	7869	2086	60	4425	2576	1262	548	15	5064	3832

6-6 按登记注册类型分组的

登记注册类型	固定资产原价	本年收入合计	捐赠收入	会费收入	提供服务收入	政府补助收入	本年费用合计	业务活动成本
总计	**4344074**	**1087887**	**114513**	**78742**	**448924**	**237665**	**926801**	**557675**
内资企业	**4343360**	**1086976**	**114513**	**78742**	**448013**	**237665**	**925973**	**557008**
国有企业	479924	255164	13635	10188	133550	63020	225887	139671
集体企业	24628	17332	235	3252	11333	924	14131	11505
股份合作企业	3105	3734			3214	520	2053	1210
联营企业	4997	3194	2	38	2868	285	2877	1893
国有联营企业	3622	649			369	280	669	389
集体联营企业	472	1768		10	1752	5	1766	1291
国有与集体联营企业	493	747			747		435	206
其他联营企业	410	30	2	28			7	7
有限责任公司	180	164	4		80		126	106
国有独资公司	50	80					43	23
其他有限责任公司	130	84	4		80		83	83
股份有限公司	253	208			208		190	42
私营企业	119312	46478	182	2510	32847	227	38876	24603
私营独资企业	87195	24912	132	2417	16696	216	20077	12682
私营合伙企业	25797	13407	50	91	8014	11	11559	6803
私营有限责任公司	5907	7774			7774		6883	4960
私营股份有限公司	413	385		2	363		357	158
其他企业	3710961	760702	100455	62754	263913	172689	641833	377978
外商投资企业	**714**	**911**			**911**		**828**	**667**
中外合资经营企业	21	110			110		85	73
中外合作经营企业	693	801			801		743	594

社会团体及其他单位财务状况

单位：千元、人

				管理费用					净资产变动额	全部从业人员年平均人数
人员费用	日常费用	固定资产折旧	税费		人员费用	日常费用	固定资产折旧	税费		
162716	**236171**	**20455**	**9034**	**294861**	**123331**	**126270**	**13351**	**3681**	**81196**	**45569**
162231	**236004**	**20440**	**9034**	**294700**	**123227**	**126238**	**13326**	**3681**	**81196**	**45546**
30297	84363	3868	6879	76336	25092	37530	3894	1701	8872	2639
3901	3705	180	1	1811	943	622	56	92	267	743
910	205	16	61	663	389	239		2		436
479	125	53	18	558	348	28	4			1518
192	120	35	18	280	280					1465
285		18		100	68	28	4			23
				178						27
2	5									3
92	11	3		20	10	5	5			18
10	10	3		20	10	5	5			7
82	1									11
	9		33	148	133	13				11
10008	9700	1774	714	11609	5573	3738	643	801	7593	2346
5368	4075	1167	210	6417	3107	1971	392	236	7458	1233
4453	801	597	407	3075	904	1602	251	202		891
49	4814		97	1923	1510	50		363	135	76
138	10	10		194	52	115				146
116544	137886	14546	1328	203555	90739	84063	8724	1085	64464	37835
485	**167**	**15**		**161**	**104**	**32**	**25**			**23**
23	50			12	12					3
462	117	15		149	92	32	25			20

附录

主要指标解释